《中国广播电视视听年鉴（2023）》编写委员会

中国广播电视视听年鉴（2023）

China TV & Radio Rating Yearbook (2023)

丁 迈 主编

社会科学文献出版社
SOCIAL SCIENCES ACADEMIC PRESS (CHINA)

出版说明

为更好地服务于业界，作为中国最专业、最权威的视听率调查公司，CSM 媒研究自 2003 年起每年编写出版一部《中国电视收视年鉴》，自 2005 年起每年编写版一部《中国广播收听年鉴》。2021 年，CSM 媒介研究汇总电视广播领域的研究果及权威数据每年编写出版《中国广播电视视听年鉴》。

《中国广播电视视听年鉴（2023）》包括以下四部分内容：第一部分：综述。部分主要从电视和广播两个维度，在收视/收听环境、观众/听众视听行为及特频道/频率竞争、节目竞争、广告投放与竞争等方面对 2022 年中国电视收视市场广播收听市场进行了全景式的描述与分析。第二部分：专题。本部分除了对 2022 全国电视剧、新闻、综艺、体育几个主要电视节目类型以及新闻综合、交通、音文艺、都市生活几个主要频率类型的收听状况进行分析外，还对融媒体背景下业关注的热点问题，如 IPTV 和 OTT 家庭观众收视特征、省级台新闻及剧综融合传播数、城市广电新闻融合传播指数、电视媒体短视频用户价值等进行多维度深入研究第三部分：电视收视数据。本部分是关于全国电视收视市场以及重点市场的收视计数据，主要指标涉及基本收视条件、人均收视时间、全年和全天收视率走势、类频道的市场份额、各类节目的播出份额与收视份额以及主要节目类型的收视排等。第四部分：广播收听数据。本部分是 CSM 媒介研究 2022 年收听率调查各城市及各省网的收听统计数据，主要内容涉及人均收听时间、全天收听走势、听众构和频率竞争状况等。

《中国广播电视视听年鉴（2023）》既可为广大媒介从业人员提供有关 2022 年中国电视收视市场和广播收听市场的全面分析，又可为他们提供 2022 年全国以及各重点市场翔实的视听率数据，是媒介从业人员必备的一本工具书。

目 录
CONTENTS

第一部分 综 述

第二部分 专 题

第三部分　电视收视数据

第四部分　广播收听数据

第一部分

综　述

2022年是实施“十四五”规划的关键之年，是我国踏上全面建设社会主义现代化国家新征程、向第二个百年奋斗目标进军的重要一年。广播电视系统以习近平新时代中国特色社会主义思想和党的二十大精神为指引，在党中央、国务院和中宣部正确领导下，认真贯彻落实中央部署和总局要求，围绕中心、服务大局，坚持扎实工作、守正创新、勇毅前行，事业产业建设发展继续保持了良好的发展势头，各方面工作取得了新的显著成绩，谱写了新时代广电事业高质量发展的新篇章。

2022年，我国广播电视业全面贯彻落实党的二十大精神，坚持正确的政治方向、宣传导向和价值取向，深刻领悟“两个确立”，增强“四个意识”，坚定“四个自信”，做到“两个维护”，勇于担当、开拓进取，各方面工作都取得重要进展和显著成效。2022年，我国广电行业用情用心深入宣传习近平新时代中国特色社会主义思想，紧紧围绕迎接、学习、宣传、贯彻党的二十大精神主题主线，深化主题主线宣传，强化价值引领，传播正能量，唱响了时代主旋律，广受社会各界好评。2022年，我国电视业加强创作生产，丰富人民精神文化生活，始终坚持以人民为中心的工作导向，面向基层，服务群众，坚持为民惠民，公共文化服务提质升级，电视公共服务水平显著提升；坚持品质至上，聚焦落实新发展理念，推进创新创优，内容产业发展方式从以数量规模增长为主向以质量效益提高为主转变，视听内容创作生产百花齐放、精品荟萃，精品创作生产再上一个新台阶。2022年，我国广电行业始终坚持科技引领，坚持改革创新，围绕加快广电网络转型升级协同推进各项重点工作，取得了优异成绩，广电5G建设实现新突破，全国一网整合取得新进展，国家政策和重点项目获得新支持，融合发展开创新局面，科技创新取得新成果，事业产业不断发展壮大。2022年，我国广播电视业管理体制机制持续优化，科技管理体系进一步完善，管理效能进一步改善，治理体系和治理能力进一步提高，人才队伍建设取得新成果，产业转型步伐更加稳健，产业经营交出新答卷，企业治理实现新升级。2022年广电行业认真落实意识形态工作责任制，安全播出保障能力进一步提高，行业监测监管水平不断提高，安全保障坚实有力，确保高质量、高标准完成了党的二十大期间安全播出保障任务。2022年，我国广播电视业继续加强国际传播能力建设，深耕内容建设，讲好中国故事，大力弘扬中华优秀文化，更有力地发出中国声音，传递中国价值。广电行业加强构建国际传播体系，创新理念，依托重点项目和活动，巩固拓展走出去平台，深化融合，走出去取得新进展，全方位走出去格局进一步完善，国际传播卓有成效，国际传播能力显著提升，事业产业创出了新业绩、迈上了新台阶。

一　电视收视环境

1. 全国共有电视台25座，广播电视台2449座，教育电视台33座

根据《中国广播电视年鉴（2023）》的最新统计，截至2022年底，全国共批准设立电视台25座①，广播电视台2449座，教育电视台33座。其中国家级电视台有中央电视台和中国教育电视台，每个省、自治区、直辖市，每个地级及以上城市至少有一座电视台或广播电视台。全国微波线路7.4万公里，有线广播电视网络传输干线达224.5万公里，全国电视节目综合人口覆盖率为99.7%。全国有线广播电视用户数为19964.3万户，有线数字电视用户数为19198.7万户，增值业务用户数为5998.0万户。2022年全年制作的电视节目时间为285.2万小时，全年公共电视节目播出时间为2003.6万小时。

2. 家庭电视机拥有率达94.2%，拥有二台及以上电视机家庭的比例为19.6%

2022年CSM媒介研究全国收视调查网基础研究数据显示，我国居民家庭电视机拥有率达94.2%，比2021年下降1.0个百分点，拥有二台及以上电视机家庭的比例为19.5%，比上一年下降1.8个百分点，平均每百户居民家庭的电视机拥有量达118.5台，比上一年减少3.2台（表1.1.1）。其中，城市居民家庭的电视机拥有率为92.7%，农村居民家庭的电视机拥有率为95.9%；拥有二台及以上电视机的家庭比例在城市为18.2%，在农村为21.0%；平均百户电视机拥有量在城市为116.2台，在农村为121.0台。

从各大行政区来看，电视机拥有情况在全国存在显著的地域差异。拥有二台及以上电视机的居民家庭比例，华东地区最高，达29.5%；西北最低，仅为7.6%。百户电视机拥有量也是华东地区最高，达133.5台；而东北地区最低，只有103.5台；华中地区为118.1台，西南地区为117.4台，华北地区为109.3台，华南地区为108.4台，西北地区为105.0台（表1.1.2）。

表1.1.1　2022年全国城乡居民家庭电视机拥有情况

单位：台，%

电视机拥有情况	全国	城市	农村
一台户比例	74.7	74.5	74.9
二台及以上户比例	19.5	18.2	21.0

① 随着广播电台和电视台合并进程的推进，全国电视台数量较前些年明显减少，广播电视台数量相应增加。

续表

电视机拥有情况	全国	城市	农村
没有电视机户比例	5.8	7.3	4.1
百户电视机拥有量	118.5	116.2	121.0

数据来源：CSM 媒介研究 2022 年全国收视调查网基础研究。

表 1.1.2　2022 年全国各大行政区居民家庭电视机拥有情况

单位：台，%

电视机拥有情况	东北	华北	华东	华南	华中	西北	西南
一台户比例	83.1	78.7	64.9	82.9	72.4	88.7	76.2
二台及以上户比例	9.7	14.3	29.5	11.2	21.2	7.6	19.0
没有电视机户比例	7.2	7.0	5.6	5.9	6.4	3.7	4.8
百户电视机拥有量	103.5	109.3	133.5	108.4	118.1	105.0	117.4

数据来源：CSM 媒介研究 2022 年全国收视调查网基础研究。

2022 年我国城乡居民家庭电视机更新换代速度进一步加快，液晶电视机已经成为绝大多数居民家庭的主流机型，液晶电视机的拥有率在 2022 年全国居民家庭户中已经达到 92.3%，比 2021 年的 91.2% 提高了 1.1 个百分点；而非液晶电视机的拥有率则从 2021 年的 12.7% 下降到 2022 年的 10.8%（图 1.1.1）。分城乡来看，2022 年城市居民家庭拥有液晶电视机的比例已达 95.4%，农村居民家庭拥有液晶电视机的比例也达到 89.0%（表 1.1.3）。分地区来看，各地区液晶电视机的拥有率都在 88% 以上，华南地区更是高达 97.1%，东北、华东、华中、西南地区分别为 93.1%、92.4%、91.4% 和 91.1%，华北地区也达到 90.7%；拥有率相对较低的地区是西北地区，液晶电视机的拥有率为 88.5%。

自从 2012 年智能电视走进大众视野，几年内在城乡之间迅速渗透，拥有率逐年攀升。2022 年全国居民家庭智能电视机拥有率达 55.9%，比 2021 年的 53.4% 增长了 2.5 个百分点（图 1.1.1）；其中城市为 60.2%，农村为 51.3%（表 1.1.3），都比上一年有所增加。分地区来看，华南地区家庭智能电视机拥有率最高，达 65.4%，华中地区为 63.0%；华北、华东和东北地区分别为 56.8%、54.0% 和 53.4%，而家庭拥有智能电视机的比例在西北和西南地区较低，分别为 49.1% 和 48.3%。随着数字电视的发展，高清信号源的增多，以及高品质电视机价格的不断下降，液晶电视机、智能电视机的拥有率必将进一步提高。

表 1.1.3　2022 年全国及城乡居民家庭拥有不同类型电视机的比例

单位：%

电视机类型	全国	城市	农村
液晶电视机	92.3	95.4	89.0
非液晶电视机	10.8	6.5	15.3
智能电视机	55.9	60.2	51.3

数据来源：CSM 媒介研究 2022 年全国收视调查网基础研究。

表 1.1.4　2022 年全国各大行政区拥有不同类型电视机的家庭比例

单位：%

电视机类型	东北	华北	华东	华南	华中	西北	西南
液晶电视机	93.1	90.7	92.4	97.1	91.4	88.5	91.1
非液晶电视机	8.4	12.5	11.1	4.3	13.3	13.9	12.1
智能电视机	53.4	56.8	54.0	65.4	63.0	49.1	48.3

数据来源：CSM 媒介研究 2022 年全国收视调查网基础研究。

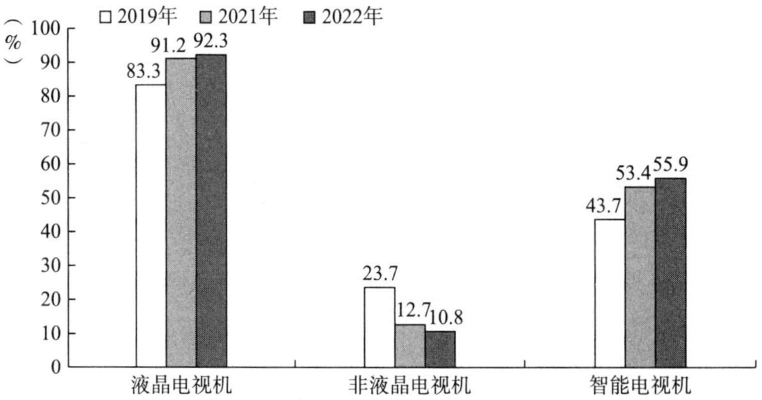

图 1.1.1　2019～2022 年全国居民家庭拥有液晶和智能电视机的比例

说明：无 2020 年数据。

数据来源：CSM 媒介研究 2019～2022 年全国收视调查网基础研究。

3. 城乡居民家庭平均每户可以收看到 97.0 个频道

随着有线电视数字化建设全面展开，越来越多的有线电视网整体平移，使城乡居民家庭能够收看到的电视频道数量增加。根据 CSM 媒介研究历年全国收视调查网基础研究数据，全国城乡居民家庭可以接收到的电视频道数量逐年增加，2022 年全国平均每户可以接收 97.0 个电视频道，其中，城市居民家庭平均每户可以接收到 103.5 个频道，农村居民家庭平均可以接收 90.1 个频道（表 1.1.5）。从分地区的情况来看，2022 年平均每户可接收到的电视频道数量最多的是西南地区，达 114.0 个频道，华北地区也达到 107.9 个频道，而接收频道较少的有华东和华中地区，平均每户可接收到的电视频道数都在 90 个以下，分别为 89.6 个和 81.2 个（图 1.1.2）。

表 1.1.5　2007～2022 年全国及城乡居民家庭可以接收到的电视频道数量

单位：个

年份	全国	城市	农村
2007	25.6	35.1	21.4
2008	30.4	40.5	26.0
2009	39.1	50.1	33.2
2010	41.4	53.0	34.7
2011	47.6	58.5	40.4
2012	54.3	63.8	47.7
2013	59.4	68.7	52.9
2014	64.8	73.1	59.1
2015	67.7	77.2	61.1
2016	75.2	83.7	69.2
2017	83.3	91.8	77.4
2018	82.9	92.7	75.8
2019	86.3	93.5	81.1
2021	89.3	97.6	80.5
2022	97.0	103.5	90.1

注：无 2020 年数据。

数据来源：CSM 媒介研究历年全国收视调查网基础研究。

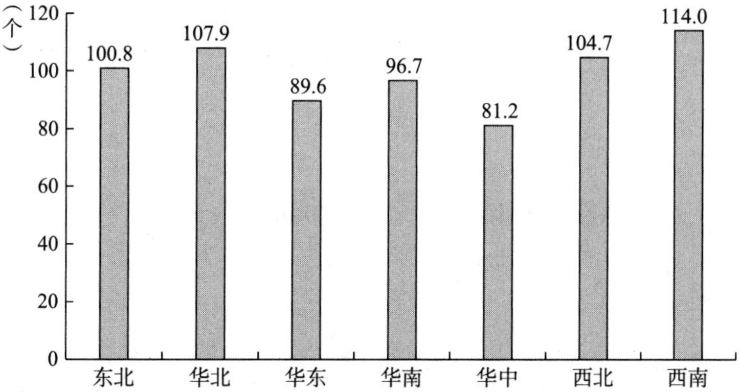

图 1.1.2　2022 年全国各大行政区居民家庭可以接收到的电视频道数量

数据来源：CSM 媒介研究 2022 年全国收视调查网基础研究。

4. 有线接收已成为城乡居民家庭接收电视信号的主要方式，可接收数字电视、IPTV、OTT 的家庭比例继续增长

随着电视信号数字化、网络化进程的不断推进，有线电视网络频道增多，信号清晰度增加，有线接收已是全国城乡居民家庭接收电视信号的主要方式。根据 2022 年 CSM 媒介研究全国收视调查网基础研究数据，全国电视家庭户中，有线电视用户

普及率为95.8%，比2021年略微增长0.2个百分点；其中城市为96.7%，比2021年增长0.4个百分点；农村为94.8%，与2021年基本持平，有线接收方式也已经成为绝大多数城市居民家庭和农村居民家庭接收电视信号的主要方式（图1.1.3）。

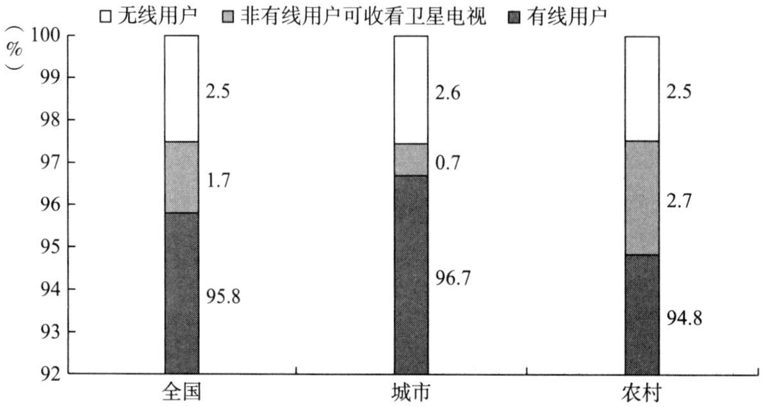

图1.1.3　2022年全国城乡居民家庭不同电视信号接收方式的比例

数据来源：CSM媒介研究2022年全国收视调查网基础研究。

从各大行政区的情况来看，有线电视普及率较高的是华南、西北和西南地区，分别达到97.4%、96.8%和96.1%，其他地区有线电视普及率也均在93%以上，其中华东为95.9%，华北为95.6%，东北为94.8%，华中地区最低，为93.8%（图1.1.4）。华中地区通过非有线方式收看卫视频道的比例较大，达2.5%，该比例在华东和华南地区也较高，分别为2.0%和1.9%，东北地区通过非有线方式收看卫星电视的比例较小，仅为0.8%。无线用户的比例在东北、华中和华北地区相对较高，分别为4.4%、3.8%和3.0%，而在华东和西北地区则较低，均为2.1%，华南地区最低，仅为0.6%。

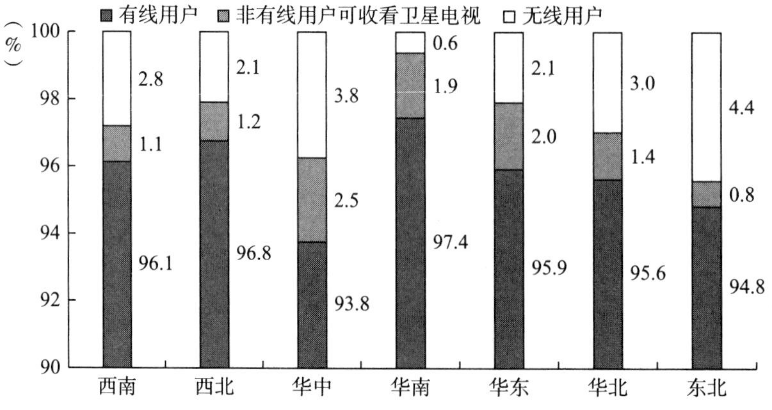

图1.1.4　2022年全国各大行政区居民家庭不同电视信号接收方式的比例

数据来源：CSM媒介研究2022年全国收视调查网基础研究。

CSM 媒介研究全国收视调查网基础研究数据表明，近年来我国电视家庭中可接收数字电视或 IPTV 的比例稳步增长，2022 年该比例已达 80.2%，比 2021 年略微增长 0.1 个百分点；其中在城市为 83.4%，比 2021 年相比下降 0.8 个百分点；在农村为 76.7%，比 2021 年增长 0.9 个百分点（图 1.1.5）。从不同地区来看，全国七大行政区中可接收数字电视或 IPTV 的电视家庭比例有一定差异，西南地区最高，达 84.8%，在华东、华南和西北地区，其比例也都在 80% 以上，其中华东 84.3%，华南 82.9%；华北和东北地区，该比例在 75% 至 78% 之间；而在华中地区的这一比例则最低，仅有 67.3% 的电视家庭可接收数字电视或 IPTV（图 1.1.6）。

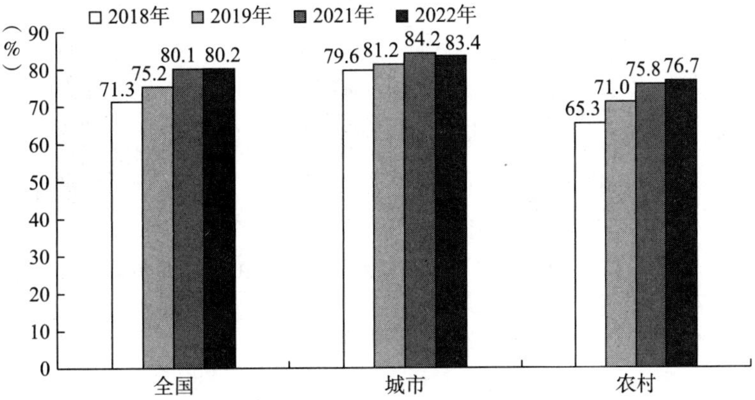

图 1.1.5 2018～2022 年全国城乡居民家庭可接收数字电视或 IPTV 的比例

说明：无 2020 年数据。

数据来源：CSM 媒介研究历年全国收视调查网基础研究。

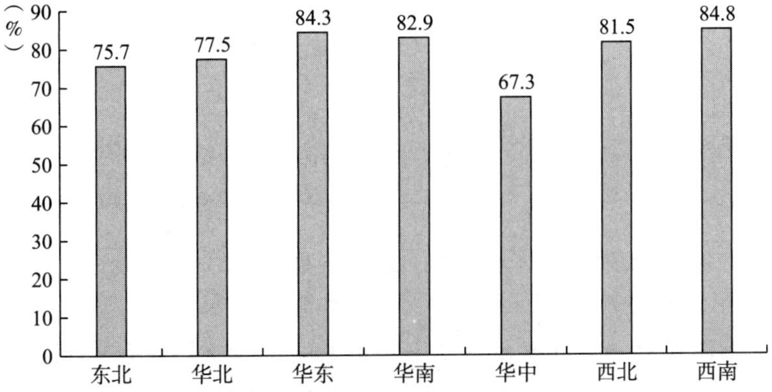

图 1.1.6 2022 年全国各大行政区居民家庭可接收数字电视或 IPTV 的比例

数据来源：CSM 媒介研究 2022 年全国收视调查网基础研究。

我国电视家庭中 OTT 用户的比例也显著增长。根据 2022 年 CSM 媒介研究全国收视调查网基础研究数据，2022 年 OTT 用户比例已达 39.7%，比 2021 年增长 3.0 个百分点；其中在城市为 42.6%，比 2021 年增长 4.6 个百分点；在农村为 36.6%，比 2021 年增长 1.3 个百分点（图 1.1.7）。从不同地区来看，全国七大行政区中 OTT 家庭比例有一定差异，华南地区最高，达 50.1%，华中地区为 48.8%，在华北、华东和东北地区，其比例也都在 35% 以上，其中华北地区为 40.9%；西北和西南地区该比例较低，其中西北地区为 33.1%，西南地区的这一比例最低，仅有 29.8% 的电视家庭有 OTT（图 1.1.8）。

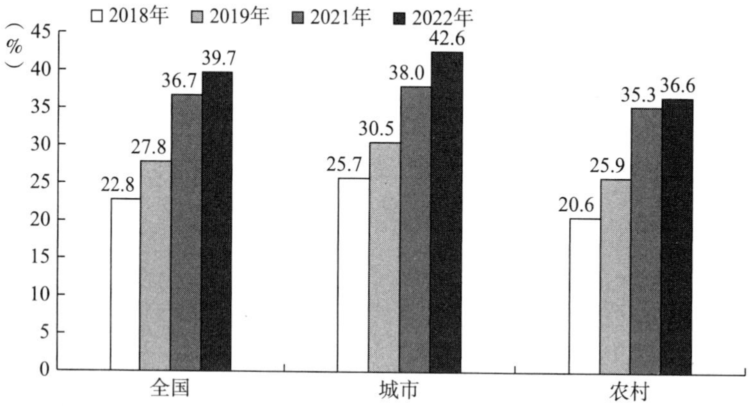

图 1.1.7　2018～2022 年全国城乡居民家庭中 OTT 用户的比例

说明：无 2020 年数据。

数据来源：CSM 媒介研究历年全国收视调查网基础研究。

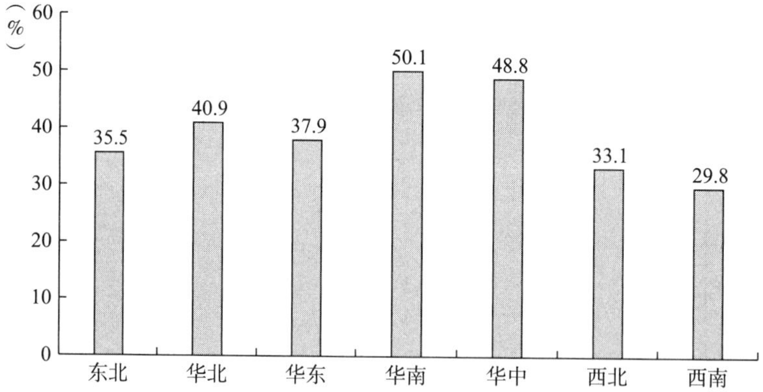

图 1.1.8　2022 年全国各大行政区居民家庭中 OTT 用户的比例

数据来源：CSM 媒介研究 2022 年全国收视调查网基础研究。

5. 中央广播电视总台继续保持其全国覆盖优势，省级卫视在本地区的覆盖优势较大①

中央广播电视总台依靠其强大的资源优势和作为国家级频道的特殊地位，在全国的覆盖率仍然保持了很大优势（表 1.1.6）。CSM 媒介研究 2022 年全国收视调查网基础研究数据显示，在全国覆盖率排名前十位的频道中，中央广播电视总台频道

① 本小节中频道覆盖率为标清频道和高清频道合并的直播电视频道覆盖率。

有九个，而进入覆盖率排名前二十位的频道中，中央广播电视总台频道有十一个。2022 年中央电视台综合频道排名第一位，覆盖率达 83.5%，中央台十套、中央台二套和中央台十二套排名第二位（并列），覆盖率均为 83.4%；中央电视台新闻频道、中央台四套、中央电视台少儿频道、中央电视台音乐频道和中央台十一套的覆盖率也都在 83% 以上。在省级卫视频道中，江苏卫视的覆盖率最高，为 83.1%，排名第六位（并列）。除了排名前十位的江苏卫视外，进入覆盖率排名前二十位的卫视频道还包括湖南卫视、东方卫视、北京卫视、浙江卫视、江西卫视、深圳卫视、广东卫视和安徽卫视这八个卫视频道。2022 年覆盖率排名前二十位频道的覆盖率都在 82% 以上。

表 1.1.6　2022 年全国卫视频道覆盖率排名前二十位

单位：%

排名	频道	覆盖率	排名	频道	覆盖率
1	中央电视台综合频道	83.5	11	湖南卫视	82.9
2	中央台十套	83.4	11	东方卫视	82.9
2	中央台二套	83.4	13	北京卫视	82.8
2	中央台十二套	83.4	13	浙江卫视	82.8
5	中央电视台新闻频道	83.2	15	中央台七套	82.6
6	江苏卫视	83.1	16	江西卫视	82.3
6	中央台四套	83.1	16	深圳卫视	82.3
8	中央电视台少儿频道	83.0	16	广东卫视	82.3
8	中央电视台音乐频道	83.0	19	安徽卫视	82.2
8	中央台十一套	83.0	19	中央台九套纪录频道	82.2

数据来源：CSM 媒介研究 2022 年全国收视调查网基础研究。

在城市地区，覆盖率排名前十位的频道中，中央广播电视总台频道有九个，包括中央电视台综合频道、中央台十套、中央台四套、中央台十二套、中央电视台新闻频道、中央台二套、中央台十一套、中央电视台音乐频道和中央电视台少儿频道，其中中央电视台综合频道排第一位，覆盖率达 85.9%；另外中央台七套和中央台九套纪录频道也进入覆盖率排名前二十位（表 1.1.7）。在城市地区，2022 年有九个省级或地方卫视频道进入覆盖率排名前二十位，其中江苏卫视在城市地区排名靠前，位居覆盖率排名表的第九位（并列）。另外，北京卫视、湖南卫视、东方卫视、浙江卫视、深圳卫视、天津卫视、江西卫视和广东卫视进入了覆盖率排名前二十位。

表 1.1.7　2022 年城市地区卫视频道覆盖率排名前二十位

单位：%

排名	频道	覆盖率	排名	频道	覆盖率
1	中央电视台综合频道	85.9	11	北京卫视	84.8
2	中央台十套	85.4	11	湖南卫视	84.8
3	中央台四套	85.3	11	东方卫视	84.8
3	中央台十二套	85.3	11	中央台七套	84.8
5	中央电视台新闻频道	85.2	11	浙江卫视	84.8
5	中央台二套	85.2	16	深圳卫视	84.4
7	中央台十一套	85.1	16	中央台九套纪录频道	84.4
8	中央电视台音乐频道	85.0	18	天津卫视	84.2
9	中央电视台少儿频道	84.9	18	江西卫视	84.2
9	江苏卫视	84.9	20	广东卫视	84.1

数据来源：CSM 媒介研究 2022 年全国收视调查网基础研究。

2022 年卫视频道在农村地区的覆盖率整体上要比在城市地区稍低。从排名前二十位的频道来看，在农村地区，2022 年排名最后一位频道的覆盖率是 79.9%，低于城市地区的 84.1%。中央广播电视总台频道的覆盖率在农村地区同样有着绝对的强势地位，在覆盖率排名前二十位的频道中，中央广播电视总台频道有十个；中央台二套、中央台十二套、中央台十套、中央电视台新闻频道、中央电视台少儿频道、中央电视台综合频道和中央电视台音乐频道进入覆盖率排名前十位。农村地区进入覆盖率排名前二十位的省级和地方卫视频道也有十个，其中江苏卫视、湖南卫视、东方卫视和浙江卫视在农村地区的覆盖率进入前十位（并列），北京卫视、安徽卫视、江西卫视、广东卫视、深圳卫视和四川卫视进入了排名前二十位（表 1.1.8）。

表 1.1.8　2022 年农村地区卫视频道覆盖率排名前二十位

单位：%

排名	频道	覆盖率	排名	频道	覆盖率
1	中央台二套	81.4	10	浙江卫视	80.8
2	中央台十二套	81.3	12	中央台十一套	80.7
2	中央台十套	81.3	12	北京卫视	80.7
2	江苏卫视	81.3	12	中央台四套	80.7
5	中央电视台新闻频道	81.1	15	安徽卫视	80.4
6	中央电视台少儿频道	81.0	15	中央台七套	80.4
7	中央电视台综合频道	80.9	15	江西卫视	80.4
7	中央电视台音乐频道	80.9	18	广东卫视	80.3
7	湖南卫视	80.9	19	深圳卫视	80.1
10	东方卫视	80.8	20	四川卫视	79.9

数据来源：CSM 媒介研究 2022 年全国收视调查网基础研究。

随着有线网络的普及以及数字电视的不断推广，频道竞争日益加剧，各卫视频道在不同地区的覆盖率明显不同。中央广播电视总台频道在各个地区都呈现明显优势地位，但在不同地区，其优势还是呈现不同程度的差异。CSM媒介研究2022年全国收视调查网基础研究数据表明，在各大行政区覆盖率排名前二十位的频道中，中央广播电视总台频道在华东和华南地区各有十一个，在华北和华中地区各有十个，在西北地区有九个，在东北地区有八个，在西南地区有七个。各省级卫视的覆盖率排名在不同地区差异很大，一般来说各省级卫视在本地区的覆盖排名较具优势。如在东北地区，吉林卫视和辽宁卫视均排在第六位（并列），黑龙江卫视排在第十二位（并列）。北京卫视在华北地区排名第九位（并列）；江苏卫视、江西卫视、东方卫视和浙江卫视在华东地区都进入了前二十位，江苏卫视更是高居榜首；深圳卫视和广东卫视在华南地区覆盖率排名则位列第二位（并列）；湖北卫视、湖南卫视和河南广播电视台卫星频道（一套）在华中地区覆盖率排名均进入前二十位，其中湖北卫视排名第七位（并列）；重庆卫视、贵州卫视、四川卫视和云南广播电视台卫视频道（一套）在西南地区的覆盖率排名也进入了前二十位。

表 1.1.9　2022 年东北地区卫视频道覆盖率排名前二十位

单位：%

排名	频道	覆盖率	排名	频道	覆盖率
1	中央电视台综合频道	82.4	9	东方卫视	82.0
2	中央台二套	82.3	9	山东卫视	82.0
2	中央台十二套	82.3	12	黑龙江卫视	81.9
2	中央台十套	82.3	12	江苏卫视	81.9
2	中央台十一套	82.3	12	湖南卫视	81.9
6	吉林卫视	82.1	12	中央台九套纪录频道	81.9
6	辽宁卫视	82.1	12	中央电视台新闻频道	81.9
6	天津卫视	82.1	18	中央台四套	81.8
9	浙江卫视	82.0	18	北京卫视	81.8
9	安徽卫视	82.0	20	湖北卫视	81.7

数据来源：CSM媒介研究2022年全国收视调查网基础研究。

表 1.1.10　2022 年华北地区卫视频道覆盖率排名前二十位

单位：%

排名	频道	覆盖率	排名	频道	覆盖率
1	中央台二套	90.3	2	中央台十套	90.2

续表

排名	频道	覆盖率	排名	频道	覆盖率
2	中央电视台新闻频道	90.2	12	安徽卫视	89.3
2	中央台十二套	90.2	12	江西卫视	89.3
5	中央台四套	90.1	12	江苏卫视	89.3
5	中央台十一套	90.1	12	广东卫视	89.3
5	中央电视台音乐频道	90.1	16	中央电视台综合频道	89.2
8	中央电视台少儿频道	89.8	16	浙江卫视	89.2
9	北京卫视	89.5	16	重庆卫视	89.2
9	中央台七套	89.5	16	东方卫视	89.2
11	河南广播电视台卫星频道（一套）	89.4	16	山西卫视	89.2

数据来源：CSM 媒介研究 2022 年全国收视调查网基础研究。

表 1.1.11　2022 年华东地区卫视频道覆盖率排名前二十位

单位：%

排名	频道	覆盖率	排名	频道	覆盖率
1	江苏卫视	79.9	11	中央电视台音乐频道	79.3
2	中央电视台综合频道	79.8	11	东方卫视	79.3
2	中央台十套	79.8	13	北京卫视	79.2
4	中央台二套	79.7	13	中央电视台少儿频道	79.2
4	中央台十二套	79.7	15	湖南卫视	78.9
4	中央台四套	79.7	16	浙江卫视	78.8
4	中央台十一套	79.7	17	辽宁卫视	78.7
8	中央电视台新闻频道	79.5	18	中央台九套纪录频道	78.4
9	中央台七套	79.4	19	深圳卫视	78.3
9	江西卫视	79.4	20	广东卫视	78.0

数据来源：CSM 媒介研究 2022 年全国收视调查网基础研究。

表 1.1.12　2022 年华南地区卫视频道覆盖率排名前二十位

单位：%

排名	频道	覆盖率	排名	频道	覆盖率
1	中央电视台综合频道	87.7	6	中央台四套	86.3
2	深圳卫视	87.0	7	中央台十套	86.2
2	广东卫视	87.0	7	中央台十二套	86.2
4	湖南卫视	86.6	7	江苏卫视	86.2
5	中央台九套纪录频道	86.4	10	北京卫视	86.1

续表

排名	频道	覆盖率	排名	频道	覆盖率
10	中央台二套	86.1	16	中央台七套	85.9
10	中央电视台新闻频道	86.1	17	中央台十一套	85.7
10	东方卫视	86.1	17	中央电视台少儿频道	85.7
10	中央电视台音乐频道	86.1	19	安徽卫视	85.2
15	浙江卫视	86.0	20	四川卫视	84.9

数据来源：CSM 媒介研究 2022 年全国收视调查网基础研究。

表 1.1.13　2022 年华中地区卫视频道覆盖率排名前二十位

单位：%

排名	频道	覆盖率	排名	频道	覆盖率
1	中央电视台少儿频道	77.1	10	重庆卫视	76.6
1	中央台十套	77.1	10	安徽卫视	76.6
1	中央台十二套	77.1	13	浙江卫视	76.5
4	中央台二套	77.0	13	湖南卫视	76.5
5	中央电视台新闻频道	76.9	15	中央台七套	76.4
6	中央电视台音乐频道	76.8	16	江西卫视	76.3
7	中央电视台综合频道	76.7	16	中央台十一套	76.3
7	中央台四套	76.7	18	江苏卫视	76.1
7	湖北卫视	76.7	19	东方卫视	76.0
10	天津卫视	76.6	19	河南广播电视台卫星频道（一套）	76.0

数据来源：CSM 媒介研究 2022 年全国收视调查网基础研究。

表 1.1.14　2022 年西北地区卫视频道覆盖率排名前二十位

单位：%

排名	频道	覆盖率	排名	频道	覆盖率
1	中央台十二套	87.7	6	江苏卫视	87.5
1	中央台十套	87.7	12	安徽卫视	87.4
1	中央台二套	87.7	12	北京卫视	87.4
1	中央电视台新闻频道	87.7	12	黑龙江卫视	87.4
5	江西卫视	87.6	12	浙江卫视	87.4
6	中央电视台少儿频道	87.5	12	湖南卫视	87.4
6	中央台十一套	87.5	12	东方卫视	87.4
6	湖北卫视	87.5	12	四川卫视	87.4
6	中央电视台综合频道	87.5	12	广东卫视	87.4
6	中央台四套	87.5	20	中央台七套	87.3

数据来源：CSM 媒介研究 2022 年全国收视调查网基础研究。

表 1.1.15　2022 年西南地区卫视频道覆盖率排名前二十位

单位：%

排名	频道	覆盖率	排名	频道	覆盖率
1	中央电视台综合频道	87.9	4	河南广播电视台卫星频道（一套）	87.6
2	中央台七套	87.8	12	中央台十二套	87.5
3	中央台二套	87.7	12	贵州卫视	87.5
4	中央电视台少儿频道	87.6	12	浙江卫视	87.5
4	中央台十套	87.6	12	湖南卫视	87.5
4	北京卫视	87.6	12	江苏卫视	87.5
4	天津卫视	87.6	17	东方卫视	87.4
4	中央电视台新闻频道	87.6	18	四川卫视	87.3
4	重庆卫视	87.6	19	辽宁卫视	87.2
4	安徽卫视	87.6	19	云南广播电视台卫视频道（一套）	87.2

数据来源：CSM 媒介研究 2022 年全国收视调查网基础研究。

二　电视观众特征

2022 年，全国电视观众规模为 12.9 亿人，与 2021 年相比小幅增长；电视观众性别构成持续稳定，与实际人口结构趋同；4 ~ 14 岁和 25 ~ 34 岁观众的城乡占比差异较大；城市观众受教育程度高于农村观众；城乡观众职业构成存在明显地域差异；城乡观众个人月收入水平差异较大。

1. 全国电视观众规模为 12.9 亿人，较 2021 年小幅增长

CSM 媒介研究最新的全国收视调查网基础研究数据显示，2022 年，中国内地年龄在 4 岁及以上的电视观众规模为 12.9 亿人，与 2021 年的 12.89 亿电视观众规模相比，小幅增长。2022 年，年龄在 4 岁及以上的电视观众规模占全国 4 岁及以上人口的 95.5%，这一占比与 2021 年持平。

2. 电视观众性别构成与人口性别构成趋同，结构依然保持稳定

2022 年全国测量仪收视调查网电视观众数据显示，男性观众比例为 51.0%，女性观众比例为 49.0%，与 2021 年相同，说明目前我国电视观众的性别结构基本保持稳定。同时，这一性别构成也与中国内地人口的性别构成差异较小。《中国统计年鉴 2023》① 数据显示，2022 年全国男性人口占总人口的比例为 51.1%，女性人口所占

① 国家统计局：《中国统计年鉴（2023）》，https://data.stats.gov.cn/easyquery.htm? cn = C01。

比例为 48.9%。城乡电视观众的性别构成与全国整体观众的性别构成也基本保持一致，在城市观众中，男性群体所占比例为 50.9%，女性群体所占比例为 49.1%；在乡村，男女观众所占比例分别为 51.1% 和 48.9%（图 1.2.1）。

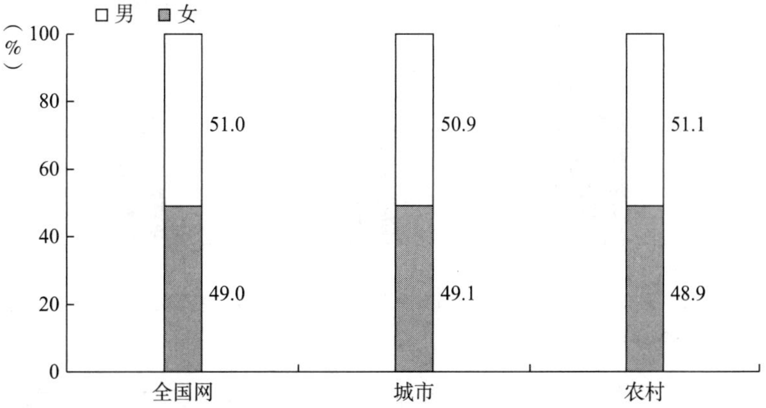

图 1.2.1 2022 年全国测量仪收视调查网及分城乡电视观众的性别构成

数据来源：CSM 媒介研究。

3. 4 ~ 14 岁和 25 ~ 34 岁观众城乡占比差异较大

2022 年全国电视观众年龄构成数据显示，45 ~ 54 岁群体在所有电视观众中占比最高，为 17.5%；其次是 25 ~ 34 岁和 65 岁及以上观众，占比分别为 15.8% 和 14.5%；这三者占比之和接近五成；15 ~ 24 岁的观众群体所占比例相对最小，为 10.6%。与 2021 年各年龄段观众相比，15 ~ 24 岁观众占比下降较多，65 岁及以上观众提升明显。

对比城乡观众的年龄构成我们看到，有两类人群的城乡差异较大：一类是 4 ~ 14 岁观众，他们在城市电视观众中所占比例为 12.2%，而在农村占比达 16.2%，远高于城市比例；另一类是 25 ~ 34 岁观众，他们在城市和农村的占比分别为 17.8% 和 14.0%，相差 3.8 个百分点（图 1.2.2）。这一数据结果也与现在农村青年进城务工以及农村留守儿童的实际社会情况相吻合。

4. 大学及以上受教育程度电视观众占比增长

全国电视观众的文化程度构成数据显示，占比居前三位的分别是初中、小学和高中文化程度观众，所占比例依次为 31.9%、26.1% 和 18.6%；排在第四位的是大学及以上受教育程度的观众，所占比例为 14.8%；未受过正规教育的观众群体占比为 8.6%。对比 2021 年数据可以发现，初中、高中和大学及以上文化程度观众的比例均略有下降，分别减少了 1.5 个百分点、2.4 个百分点和 1.3 个百分点；而未受过正规教育和小学受教育程度观众的比例有所增加，分别增长了 1.6 个百分点和 3.7 个百分点。

城乡观众的文化程度构成也呈现各自鲜明的特征，即城市观众的文化程度明显

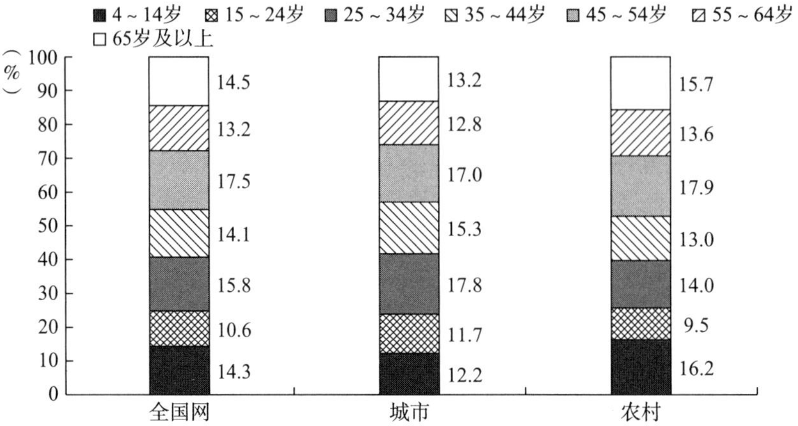

图 1.2.2　2022 年全国测量仪收视调查网及分城乡电视观众的年龄构成

数据来源：CSM 媒介研究。

高于农村观众。从具体数值来看，在城市中，高中及以上文化程度观众所占比例达 45.0%，而农村中该类观众所占比例为 22.6%，只有城市观众中同类型人群所占比例的一半左右；城市观众中小学及以下文化程度观众所占比例为 26.1%，在农村观众中该类观众群体所占比例则高达 42.6%（图 1.2.3）。

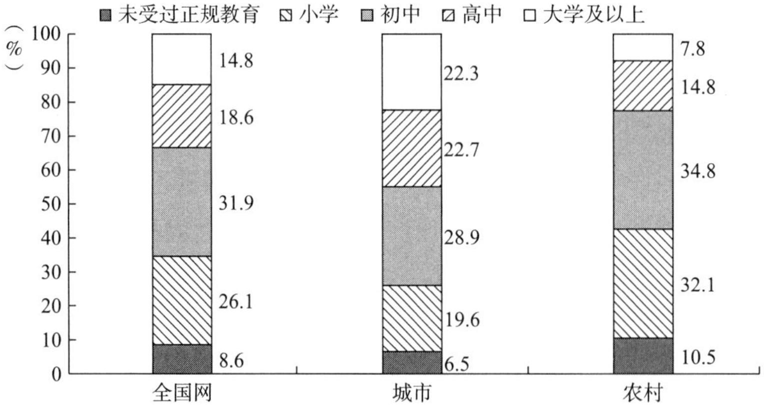

图 1.2.3　2022 年全国测量仪收视调查网及分城乡电视观众的文化程度构成

数据来源：CSM 媒介研究。

5. 城乡观众职业构成地域差异明显

2022 年全国观众职业构成显示，其他从业人员和无业群体（包括离退休人员）在电视观众中占比最大，均超过 20%；排名第三位的是学生，所占比例为 16.8%；随后依次为个体/私营企业人员、初级公务员/雇员和工人，所占比例分别为 13.8%、12.9% 和 12.5%；干部/管理人员占比很低，仅为 1.1%。需要说明的是，全国测量仪收视调查网的职业分类中，农民/渔民/牧民等都包含在其他类中，因此该群体在全国电视观众中的占比较高。

城乡观众职业构成最大的差别在于农村拥有较高比例的农民群体，因此职业类别为“其他”的观众所占比例高达32.2%，居首位，高出城市中该类观众占比20个百分点以上；城市观众中的初级公务员/雇员所占的比例则远高于农村中同类别观众群体的占比，两者分别为18.8%和7.4%（图1.2.4）。

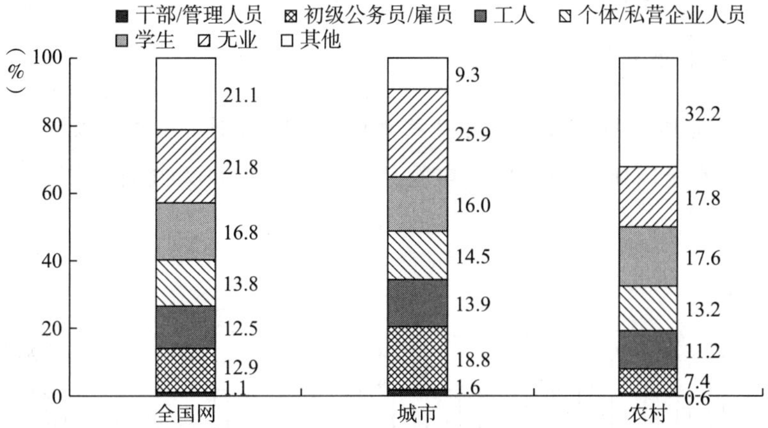

图1.2.4 2022年全国测量仪收视调查网及分城乡电视观众的职业构成

数据来源：CSM媒介研究。

6. 城乡观众个人月收入差异显著

从2022年全国观众个人月收入构成整体来看，我们可以大致划分为以下几档：无收入人群、1～3000元的中低收入人群、3001～6000元的中高收入人群和6001元及以上的高收入人群。前三者各自占比三成左右，相对均衡，高收入人群占比略低，不足一成。城乡观众收入差异较大，其中，个人月收入在1～2000元的观众在城市占比仅为12.1%，在农村占比为29.0%；个人月收入在4001元及以上的中高收入人群在城市中占比合计35.6%，而在农村仅为17.6%（图1.2.5）。

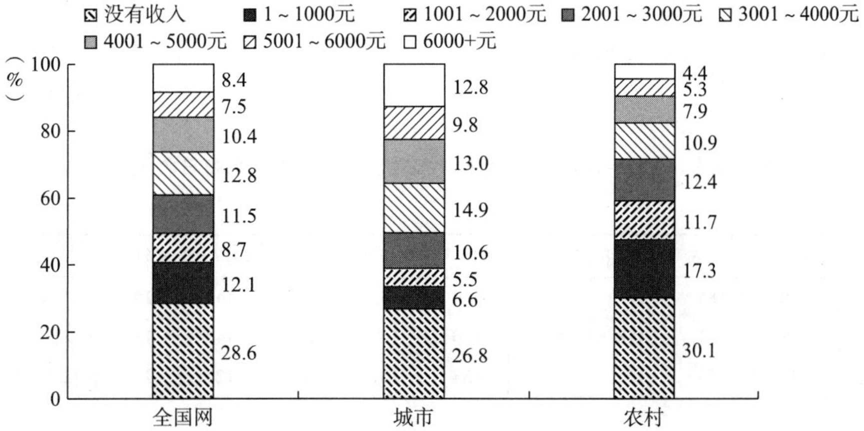

图1.2.5 2022年全国测量仪收视调查网及分城乡电视观众的个人月收入构成

数据来源：CSM媒介研究。

三　观众收视行为

2022 年全国电视观众人均每日收视时长同比略降，主要体现在晚间收视高峰时段的小幅下滑。从全年整体来看，收视走势平稳，第四季度收视明显上扬。

（一）人均收视时间

1. 2022 年全国电视观众人均每日收视时长 110 分钟，小幅下滑

2022 年，在全国所有调查城市电视市场中，人均每天收看电视 110 分钟，较 2021 年减少 8 分钟，降幅为 6.8%（图 1.3.1）。

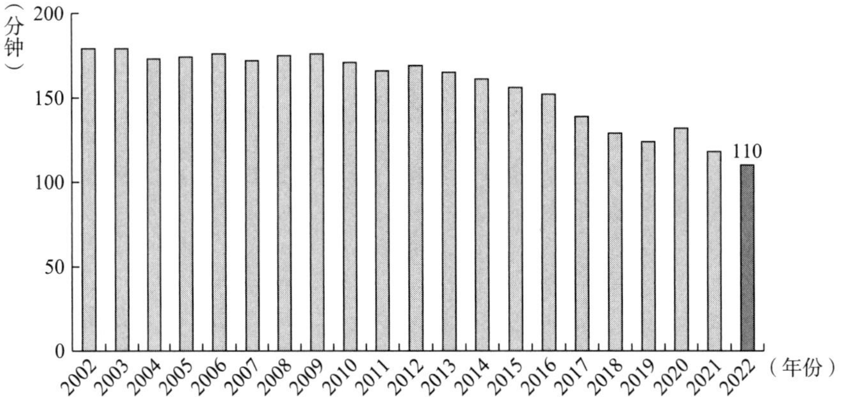

图 1.3.1　2002～2022 年全国样本市（县）① 电视观众人均每日收视时长

数据来源：CSM 媒介研究。

2. 七大行政区收视量均略降，华东、西南较多，华北、华南最少

2022 年，七大行政区人均每日收视时长均较 2021 年有不同程度的下降，其中，华东和西南地区下降相对较多，分别减少了 12 分钟和 14 分钟，降幅分别达 10.6% 和 9.5%；华北和华南地区下降最少，分别为 4 分钟和 3 分钟，降幅分别为 3.4% 和 2.8%（表 1.3.1）。

表 1.3.1　2012～2022 年全国七大行政区电视观众人均每日收视时长

单位：分钟

地区	2012 年	2013 年	2014 年	2015 年	2016 年	2017 年	2018 年	2019 年	2020 年	2021 年	2022 年
东北	190	184	181	179	173	155	147	140	147	130	119
华北	198	193	188	176	170	160	147	142	138	118	114
西北	172	169	165	157	154	142	133	124	131	117	109

① 注：2009 年以前的数据包含样本城市和样本县，从 2009 年起的数据全部为样本城市。

续表

地区	2012 年	2013 年	2014 年	2015 年	2016 年	2017 年	2018 年	2019 年	2020 年	2021 年	2022 年
西南	174	170	173	174	179	163	153	144	159	147	133
华东	162	157	151	145	139	128	116	109	119	113	101
华南	149	146	138	136	133	122	118	117	126	109	106
华中	166	164	163	161	153	132	116	112	123	111	101

数据来源：CSM 媒介研究。

从 2022 年各大行政区人均每日收视时长较全国平均水平的差异来看，西南地区一直是电视收视水平较高的区域，2022 年高于全国平均水平 20.9%；其次是东北地区，比平均水平高 8.2%；华北、西北和华南地区与全国平均水平接近，上下浮动不超过 5%；华东和华中两地的人均每日收视时长相对较短，比全国平均水平低 8.2%。

3. 男性和女性观众人均每日收视时长相同

2022 年观众人均每日收视时长显示，男性和女性观众人均每日收视时长均为 110 分钟，较 2021 年分别有 7 分钟和 10 分钟的减少，降幅分别为 6.0% 和 8.3%，这也是近十年来，男女观众首次收视时长相同（表 1.3.2）。

表 1.3.2　2012 ~ 2022 年全国样本城市男女观众平均每日收视时长

单位：分钟

性别	2012 年	2013 年	2014 年	2015 年	2016 年	2017 年	2018 年	2019 年	2020 年	2021 年	2022 年
男	164	161	157	153	149	136	127	121	129	117	110
女	173	170	165	160	156	142	132	126	134	120	110

数据来源：CSM 媒介研究。

4. 4 ~ 14 岁观众人均每日收视时长保持稳定

2022 年，在各个年龄段观众群体中，收视的主力人群依然是 55 岁及以上的老年观众，占据收视总量的一半以上。相比 2021 年同期，35 ~ 44 岁观众收视量降幅相对较大，减少了 9 分钟，降幅达 10.7%；4 ~ 14 岁观众收视量保持稳定，仅减少了 1 分钟；其他各年龄段观众收视量也有不同比例的下降，降幅均在 3% ~ 8%（图 1.3.2）。

5. 各类受教育程度观众人均每日收视时长略降

整体而言，不同受教育程度观众的人均每日收视时长较 2021 年同期普遍略降，降幅均在 3% ~ 9%。其中，初中和高中受教育程度观众下降相对最多，降幅分别为 8.1% 和 7.4%（图 1.3.3）。

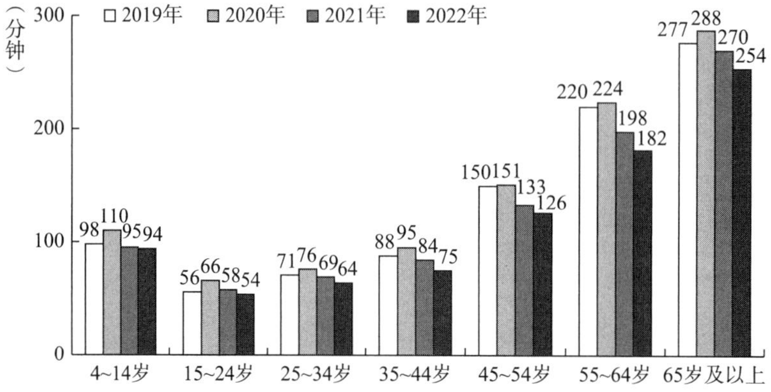

图 1.3.2　2019～2022 年全国样本城市不同年龄段观众人均每日收视时长

数据来源：CSM 媒介研究。

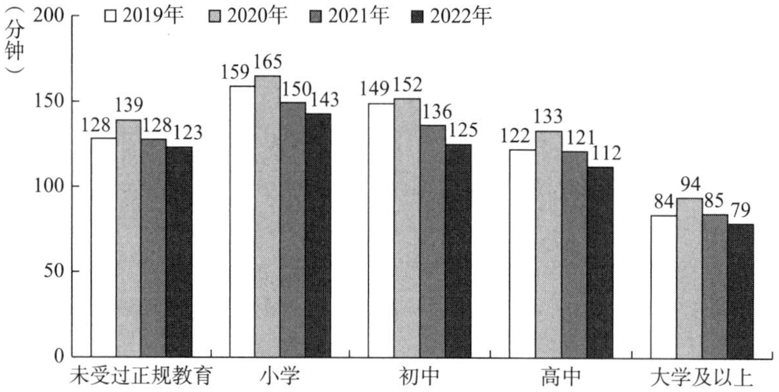

图 1.3.3　2019～2022 年全国样本城市不同受教育程度观众人均每日收视时长

数据来源：CSM 媒介研究。

（二）全年收视走势

1. 2022 年全年各周收视率走势平稳，第四季度收视上扬

2022 年分周收视率走势整体保持稳定，春节所在的第 5 周达到全年各周收视率峰值 9.95%；47～48 周受疫情影响，人们短暂居家学习、办公，收视随之小幅增长；第四季度收视呈现较明显上扬态势。相比上一年同期，2022 年在 2 月和 7～8 月的收视落差较为明显，其余各周收视率水平相近（图 1.3.4）。

2. 北方地区收视水平普遍偏高，季节性差异明显

从不同行政区全年各周的收视率来看，西南地区的收视水平较高，尤其体现在 5 月至 9 月；东北地区在 3 月底至 4 月收视领跑，随后有所回落；西北地区收视波动略大，呈现年初和年底收视水平占优、但 4 月至 7 月收视偏低的态势；其他区域的收视水平相对偏低，且十分接近（图 1.3.5）。

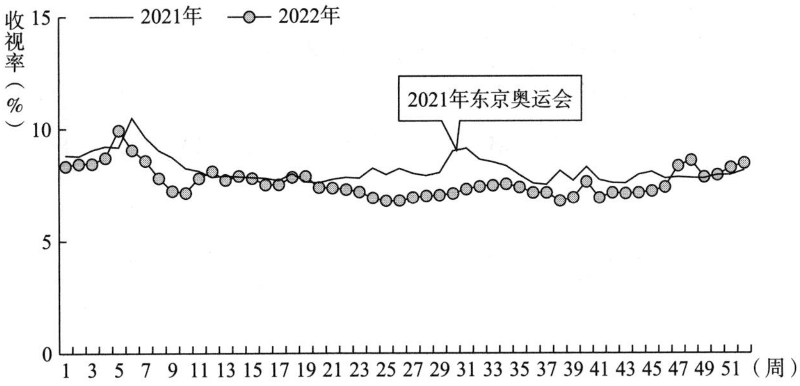

图 1.3.4 2021 年和 2022 年全国样本城市观众全年分周收视走势

数据来源：CSM 媒介研究。

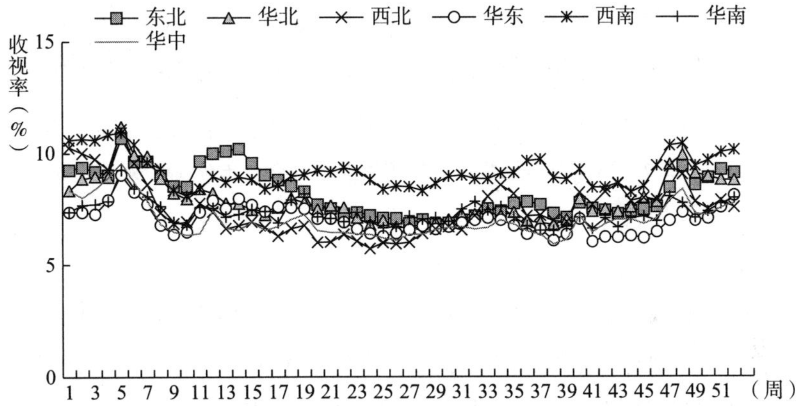

图 1.3.5 2022 年全国七大行政区观众全年分周收视走势

数据来源：CSM 媒介研究。

3. 全年男性和女性观众收视水平十分接近

2022 年，男性和女性观众全年收视走势趋同，且收视水平十分接近（图 1.3.6）。

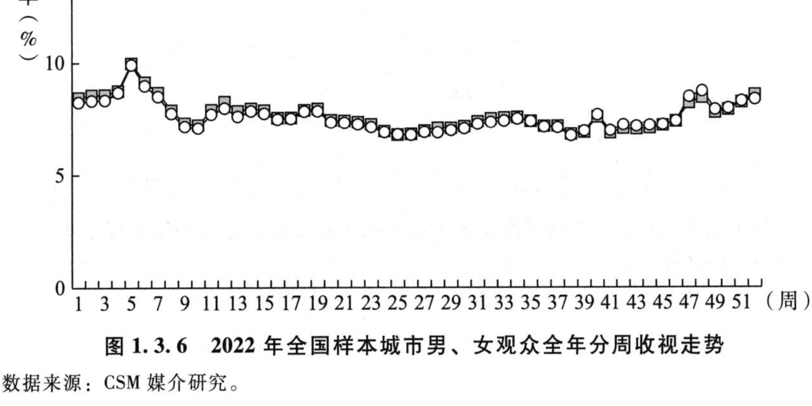

图 1.3.6 2022 年全国样本城市男、女观众全年分周收视走势

数据来源：CSM 媒介研究。

4. 4～14 岁观众假期收视明显上扬，中老年观众收视居高

整体而言，除4～14 岁观众在寒假和暑假收视水平增长显著之外，其他各年龄段观众全年仅在春节期间收视上浮，其他时期收视波动较小，走势十分平稳。其中，45 岁及以上中老年人群在全年各周收视水平明显高于 44 岁及以下的观众（图 1.3.7）。

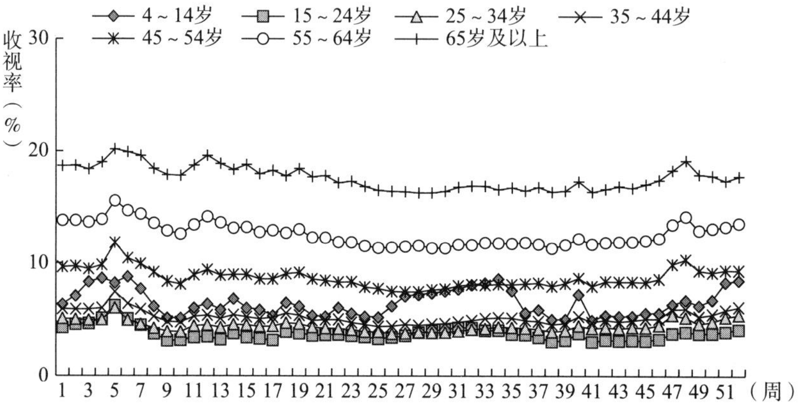

图 1.3.7　2022 年全国样本城市不同年龄观众全年分周收视走势

数据来源：CSM 媒介研究。

5. 小学文化程度观众全年收视水平较高

未受过正规教育、小学和初中文化程度的观众全年收视水平位列前三，由于这三类受教育程度的人群中包含了大量学生和学龄前观众，所以他们的收视呈现一定时期特征，在假期收视提升明显；大学及以上文化程度的观众收视水平相对偏低，收视走势平稳（图 1.3.8）。

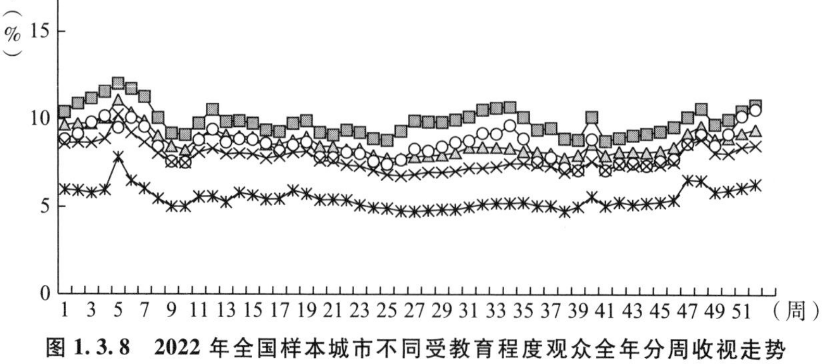

图 1.3.8　2022 年全国样本城市不同受教育程度观众全年分周收视走势

数据来源：CSM 媒介研究。

（三）全天收视走势

1. 2022 年晚黄档时段收视率下降相对明显

2022 年全天各时段收视走势与 2021 年相比保持一致，除晚间 19：30～21：30 收视率下降相对较多之外，其他各时段收视率水平十分接近。2022 年的午间收视高峰出现在 11：45～13：30，收视率均在 8% 以上，在 12：15～12：30 收视率最高，超过 9.5%，与 2021 年午间峰值相同；晚间收视高峰出现在 19：00～21：30，收视率均在 20% 以上，其中，在 20：00～20：30 达到全天的收视峰值 25.0%，较 2021 年的 28.8% 下降了 3.8 个百分点（图 1.3.9）。

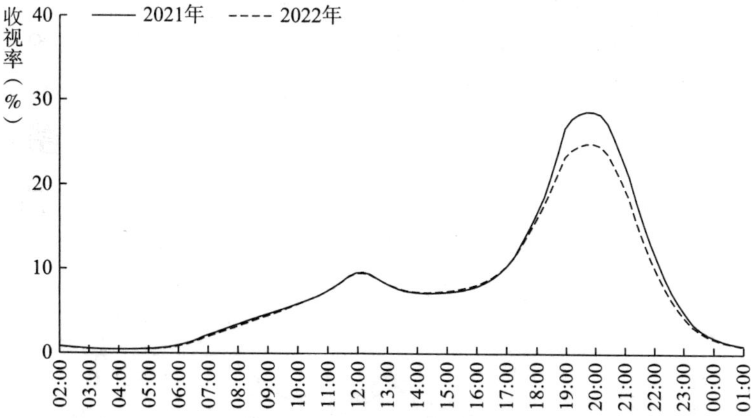

图 1.3.9　2021 年和 2022 年全国样本城市观众全天收视走势

数据来源：CSM 媒介研究。

2. 西南地区晚高峰收视优势显著

不同行政区域的观众在全天各时段的收视分布也不尽相同。东北地区的观众在 06：00～10：00 和 16：30～18：30 的收视水平占优；西南地区在晚间 19：30～22：00的收视水平明显高于其他各地同时段的收视表现；西北地区在晚间 22：00 之后的收视水平相对较高（图 1.3.10）。

3. 女性观众在午后和晚黄档时段收视水平略高于男性

整体来看，男、女观众全天收视走势趋同，女性观众在午后 14：30～16：00 和晚间 19：30～21：30 的收视水平略高于男性观众（图 1.3.11）。

4. 不同年龄段观众表现出与其年龄相契合的收视特征

各年龄段观众在全天收视率走势基本趋同的情况下，收视水平上表现出较大差异。45 岁及以上观众是收视的主力人群，收视率水平随年龄段的增长递增；44 岁及以下的观众整体收视水平相对偏低，尤其体现在晚间高峰收视时段（图 1.3.12）。

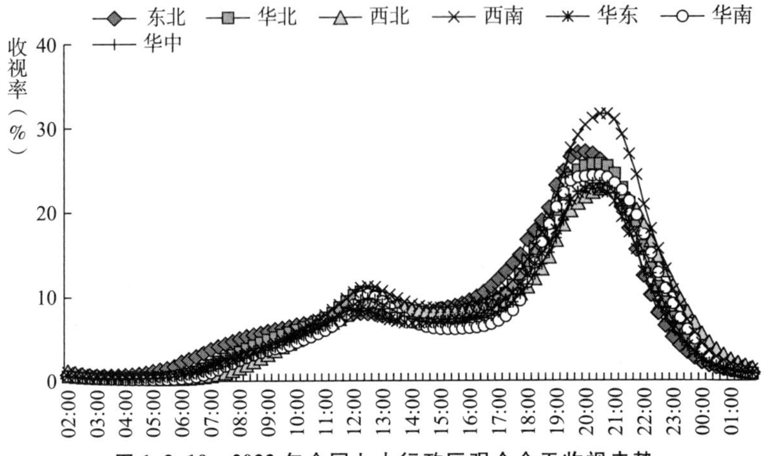

图 1.3.10　2022 年全国七大行政区观众全天收视走势

数据来源：CSM 媒介研究。

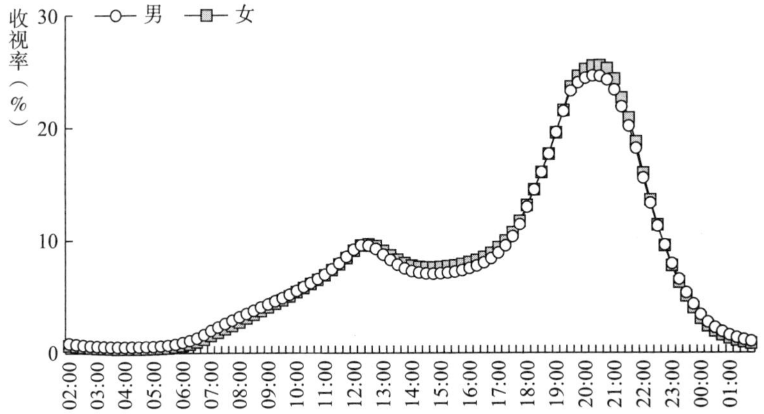

图 1.3.11　2022 年全国样本城市不同性别观众全天收视走势

数据来源：CSM 媒介研究。

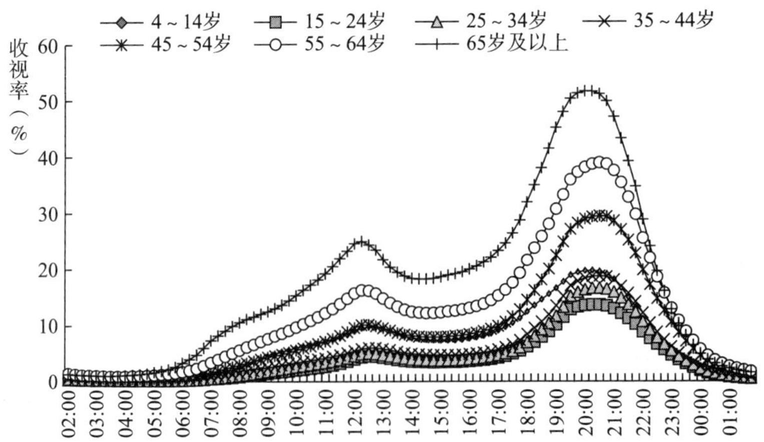

图 1.3.12　2022 年全国样本城市不同年龄观众全天收视走势

数据来源：CSM 媒介研究。

5. 不同文化程度观众全天收视走势细分特征明显

在不同受教育程度的观众中，小学受教育程度观众在全天大部分时段的收视率水平均较高；未受过正规教育的观众傍晚时段收视优势较明显，晚间收视高峰结束最早，自 21：00 左右开始明显滑落；初、高中学历观众收视率水平十分接近；大学及以上学历观众的收视水平整体偏低，晚高峰收视跨度最大，呈扁平化特征（图 1.3.13）。

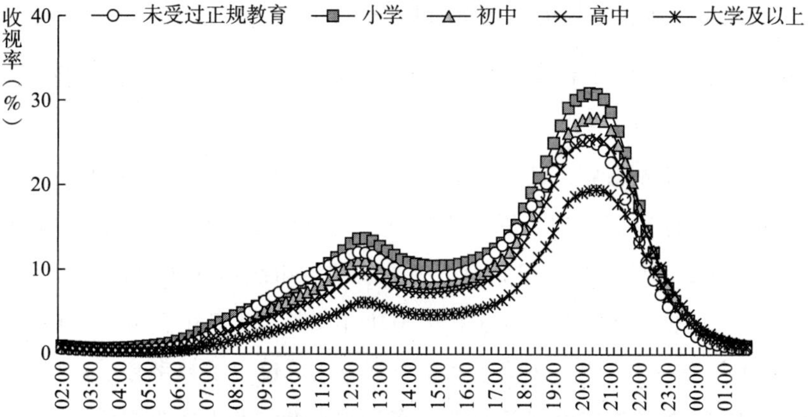

图 1.3.13　2022 年全国样本城市不同受教育程度观众全天收视走势

数据来源：CSM 媒介研究。

6. 周末大部分时段收视水平明显高于工作日

与往年相似，2022 年观众在周末和工作日的收视趋势保持一致，周末的收视率水平普遍高于工作日，集中体现在白天的 9：00～18：00（图 1.3.14）。

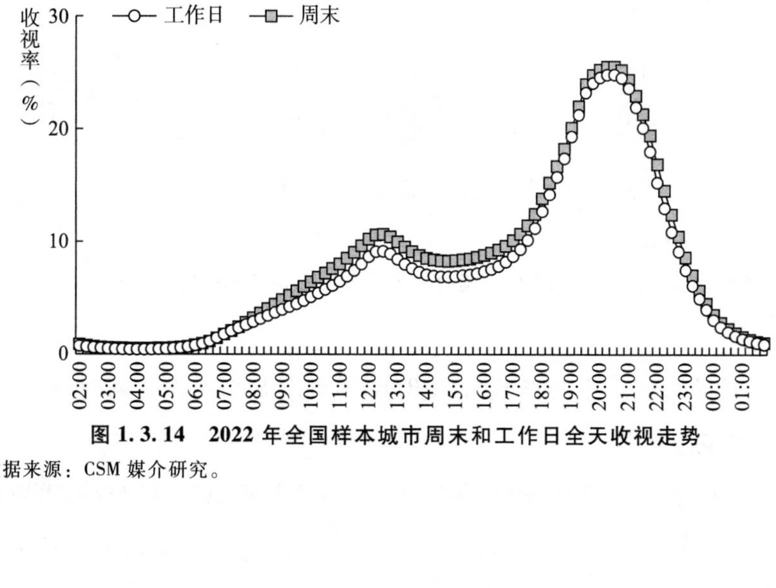

图 1.3.14　2022 年全国样本城市周末和工作日全天收视走势

数据来源：CSM 媒介研究。

四　频道竞争格局

本部分以2022年CSM媒介研究在全国98个调查城市以及在江西省、北京市、上海市、广州市等重点省市的收视调查数据为基础，探析不同层级电视收视市场中频道竞争格局的发展与变化。

（一）全国电视收视市场的频道竞争格局

1. 中央广播电视总台市场份额增长，省级上星频道市场份额下降

2022年，在全国98个城市电视收视市场的频道竞争中，中央广播电视总台和省级上星频道保持着领先态势，其中中央广播电视总台的市场份额由2021年的23.8%增长3.6个百分点达到27.4%，跃居市场首位；省级上星频道的市场份额则由2021年的31.6%降至26.4%。除上星频道之外，省级、市级地面频道在2022年迎来不同的发展态势，省级非上星频道市场份额较2021年增长了1.5个百分点，市级频道市场份额则较2021年进一步下滑，下降了0.3个百分点。包含了数字频道、境外卫视等直播频道以及IPTV、外接智能电视及OTT设备回看点播等非直播收视行为的其他频道组的市场份额增速放缓，由2021年的26.9%略增至2022年的27.3%（图1.4.1）。

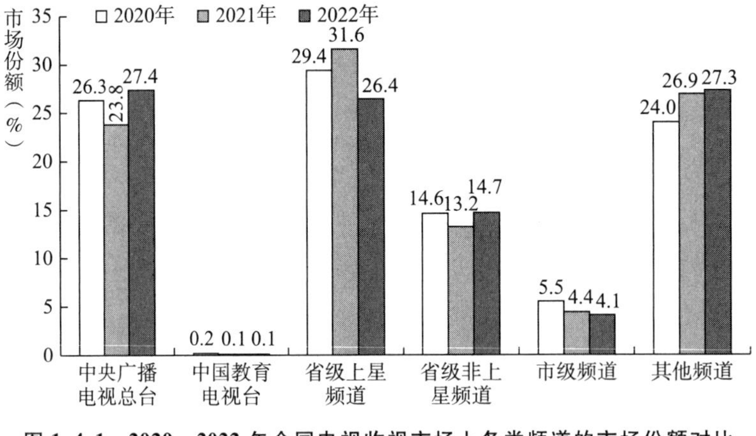

图1.4.1　2020～2022年全国电视收视市场上各类频道的市场份额对比

数据来源：CSM媒介研究。

2. 中央广播电视总台早午晚时段优势明显，省级卫视晚间时段领先，地面频道傍晚时段竞争力提升

2022年，在全天不同时段的收视竞争中，各级频道以自身的资源优势适配受众的收视习惯，形成了差异化的竞争格局。中央广播电视总台从早间04：30就开启全天高峰，在04：30～09：30的整个早间时段，保持了绝对的领先优势，尤其在早间

06：00～07：30 的竞争力更强，市场份额最高超过 48%；11：30～13：00 随着午间新闻的陆续开播，中央广播电视总台处于竞争领头羊地位；晚间 18：30～19：30，中央广播电视总台也获得了较高的市场份额，主导市场竞争。省级上星频道在晚间 19：30～22：15 竞争力均反超中央广播电视总台，阶段性领跑收视市场。省市两级地面频道，在整体上无法与上星频道相抗衡，但在 17：30～19：30 的民生新闻时段竞争力明显提升，尤其是省级非上星频道在 18：30～19：15 的市场份额甚至赶超省级上星频道，最高份额逾 25%（图 1.4.2）。

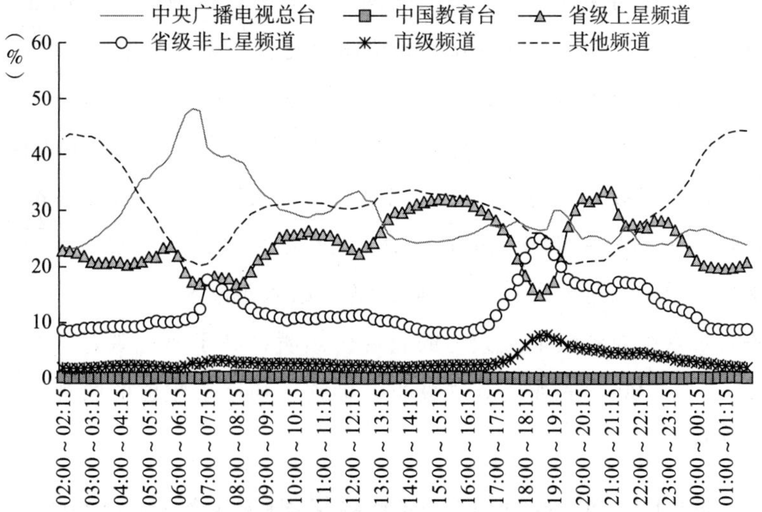

图 1.4.2　2022 年全国电视收视市场各类频道市场份额全天走势

数据来源：CSM 媒介研究。

3. 中央广播电视总台更受男性、中老年观众青睐，省级卫视在年轻人群中竞争力强，地面频道更具大众化优势

2022 年，全国电视收视市场上各级频道在不同细分受众群体中竞争激烈，各级电视频道凭借其多年的运营经验以及在广大受众中积累的口碑与影响力，核心观众群基本保持稳定，但不同频道之间各有特色和互补优势。中央广播电视总台继续在男性、中老年、中等学历、中等收入人员中保持着相对竞争优势，省级上星频道则对女性、年轻观众、低学历和高学历观众更具吸引力，省市两级地面频道在中高年龄层、中低学历和收入观众中的市场份额更高（表 1.4.1）。

在以性别为细分标准的收视市场上，男性观众对中央广播电视总台的收视份额较所有观众平均水平高出 1.7 个百分点，女性观众对省级上星频道的收视份额则较所有观众的平均水平高出 0.9 个百分点；省市两级地面频道在男女观众中市场份额差异不大，省级非上星频道在男性中略高，市级频道二者持平。在以年龄为细分标准的收视市场上，中央广播电视总台频道对 45 岁及以上的中老年观众，尤其是 65

岁及以上的老年观众的吸引力更强，该类观众对中央广播电视总台频道的收视份额远高于4岁及以上观众的平均水平，其中，65岁及以上观众的收视份额较平均水平高出8.4个百分点；省级上星频道在15～34岁观众群体中的收视份额较所有观众平均水平更高，收视份额逾30%；省市级地面频道对55岁及以上的中老年收视群体较具影响力。在以学历为细分标准的收视市场上，初中、高中学历收视群体对中央广播电视总台的收视份额高于4岁及以上观众的平均水平；未受过正规教育和大学及以上的观众则对省级上星频道的收视份额相对更高；省级非上星频道市级频道在中小学学历观众中收视份额高于所有观众平均水平。在以职业为细分标准的收视市场上，以离退休人员为主体的无业观众和其他职业类别的观众、干部/管理人员对中央广播电视总台频道的收视份额较高；而工人及初级公务员/雇员群体对省级上星频道表现出更高的收视份额；无业和其他职业类别观众对省级非上星频道收视份额更高；工人和无业群体对市级频道的收视份额相对更高。在以收入为细分标准的收视市场上，个人月收入在1701～5000元的观众对中央广播电视总台收视份额明显高于所有观众平均水平；而个人月收入在0～600元的低收入观众和个人月收入在5001元及以上的高收入观众则对省级上星频道的收视份额明显高于所有观众的平均水平；个人月收入在601～1700元的观众对省级非上星频道和市级频道的收视份额高于4岁及以上所有观众的平均水平。

表1.4.1　2022年全国市场各类频道在不同目标观众中的市场份额

单位：%

目标观众	中央广播电视总台	中国教育台	省级上星频道	省级非上星频道	市级频道	其他频道
4岁及以上所有人	27.4	0.1	26.4	14.7	4.1	27.3
男	29.1	0.1	25.6	14.8	4.1	26.3
女	25.5	0.1	27.3	14.5	4.1	28.5
4～14岁	14.3	0.1	26.0	9.4	1.9	48.3
15～24岁	22.9	0.1	30.9	10.8	3.8	31.5
25～34岁	19.6	0.1	31.0	10.7	4.5	34.1
35～44岁	22.0	0.1	28.8	11.1	2.8	35.2
45～54岁	29.1	0.1	25.6	12.9	3.8	28.5
55～64岁	30.5	0.1	24.9	18.3	4.6	21.6
65岁及以上	35.8	0.2	23.4	20.3	5.2	15.1
未受过正规教育	18.6	0.1	28.2	12.5	4.9	35.7
小学	24.9	0.1	25.3	18.7	4.9	26.1
初中	28.9	0.1	26.5	16.4	4.5	23.6

续表

目标观众	中央广播电视总台	中国教育台	省级上星频道	省级非上星频道	市级频道	其他频道
高中	28.8	0.1	25.8	14.4	3.5	27.4
大学及以上	27.0	0.1	27.6	10.1	3.6	31.6
干部/管理人员	28.3	0.1	25.2	8.7	3.7	34.0
个体/私营企业人员	26.5	0.1	27.1	12.5	3.9	29.9
初级公务员/雇员	24.6	0.1	28.0	10.8	4.1	32.4
工人	25.8	0.1	27.3	15.7	4.6	26.5
学生	18.0	0.1	26.7	9.6	1.9	43.7
无业	30.6	0.1	25.4	17.1	4.5	22.3
其他	30.2	0.2	25.9	22.4	4.1	17.2
0~600 元	20.2	0.1	27.7	12.8	3.0	36.2
601~1200 元	29.9	0.2	25.0	22.3	6.1	16.5
1201~1700 元	28.9	0.1	25.0	20.4	5.3	20.3
1701~2600 元	31.7	0.1	25.8	17.7	4.6	20.1
2601~3500 元	31.7	0.1	24.9	15.5	4.8	23.0
3501~5000 元	30.1	0.1	25.3	14.6	4.4	25.5
5001 元及以上	25.7	0.1	28.1	12.6	3.7	29.8

数据来源：CSM 媒介研究。

4. 中央广播电视总台频道垄断单频道市场竞争前五位，省级卫视中多频道竞争力下滑

2022 年，在全国收视市场份额排名前 15 位的频道中，中央广播电视总台频道垄断榜单前五位，其中中央电视台综合频道、中央台四套、中央台六套分别以 4.0%、3.9% 和 3.5% 的份额占据前三名，中央台八套、中央电视台新闻频道分别以 3.3% 和 3.0% 的份额紧随其后。在省级卫视中，湖南卫视、浙江卫视和江苏卫视以超过 2.5% 的份额位居第六至第八位。从市场份额年度变化来看，中央广播电视总台多个频道市场份额与 2021 年相比提升较为明显，而省级卫视多个频道的市场份额较 2021 年均有下降（表 1.4.2）。

表 1.4.2　2022 年全国电视收视市场市场份额排名前十五位的频道

单位：%

排名	频道	2022 年	2021 年
1	中央电视台综合频道	4.0	3.4
2	中央台四套	3.9	3.3
2	中央台六套	3.5	2.9
4	中央台八套	3.3	2.8

续表

排名	频道	2022 年	2021 年
4	中央电视台新闻频道	3.0	2.4
6	湖南卫视	2.9	3.7
7	浙江卫视	2.8	3.5
8	江苏卫视	2.7	3.5
9	中央台五套	2.4	1.8
10	东方卫视	2.0	3.4
11	北京卫视	1.6	2.6
12	中央台三套	1.3	1.7
12	深圳卫视	1.3	1.5
12	广东广播电视台珠江频道	1.3	1.0
15	广东卫视	1.2	1.6

注：2021 年为 102 城市，2022 年为 98 城市。
数据来源：CSM 媒介研究。

（二）江西省电视收视市场的频道竞争格局

1. 中央广播电视总台领跑市场，江西省级频道斩获二成份额

2022 年，在江西省电视收视市场，中央广播电视总台领跑收视市场，占据 27.2% 的市场份额，且这一数值较 2021 年增长了 3.2 个百分点。江西省级频道紧随其后，以 21.7% 的份额位居市场次位。外省卫视 2022 年收视份额较 2021 年下降了 5 个百分点，为 18.5%。伴随智能收视终端崛起而不断增长的其他频道市场份额在江西省电视市场也较高，达到 32.5%，较 2021 年增加了 2.4 个百分点（图 1.4.3）。

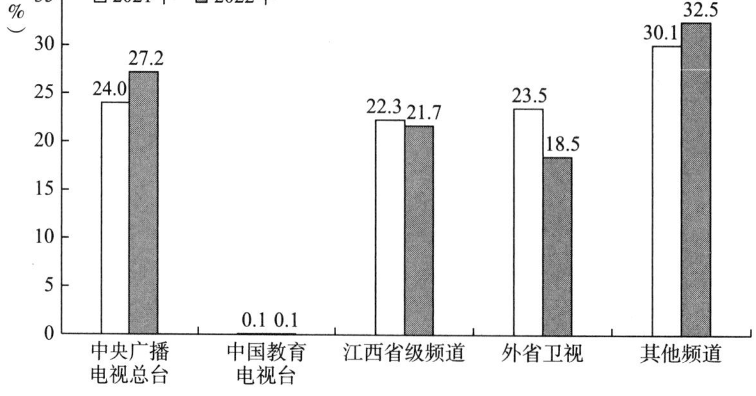

图 1.4.3　2021 年和 2022 年江西省电视收视市场上各类频道的市场份额对比
数据来源：CSM 媒介研究。

2. 中央广播电视总台领跑早间及晚间时段，江西台晚间后半段优势明显，外省卫视下午收视突出

在江西省电视收视市场全天时段的竞争中，中央广播电视总台在早间 05：45～08：00和晚间 19：00～20：45 领先优势明显，江西省级频道在 20：45～22：00 的晚间时段后半段份额也保持领先。外省卫视的收视高峰主要集中在下午时段，13：45～16：45 市场份额一度超过中央广播电视总台和江西省台，形成突围之势（图 1.4.4）。

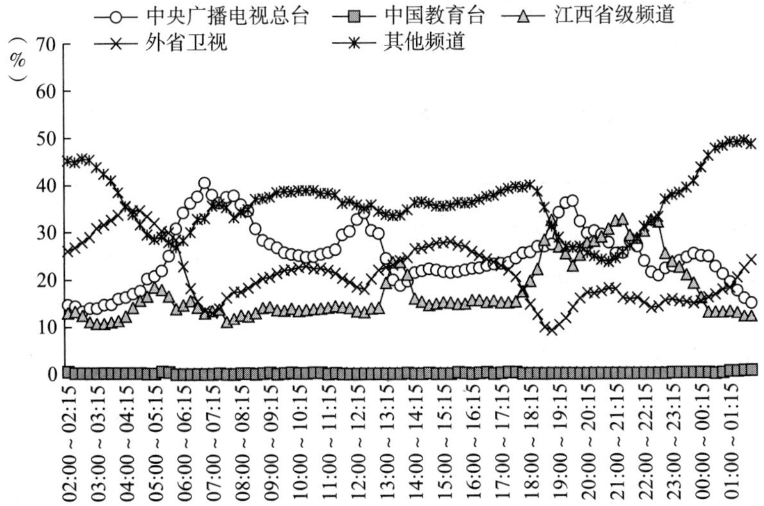

图 1.4.4　2022 年江西省电视收视市场各类频道市场份额全天走势

数据来源：CSM 媒介研究。

3. 江西省级频道在男性和老年观众中竞争力强，中央广播电视总台和外省卫视优势受众各具优势

2022 年，在江西省电视收视市场各级频道对细分目标观众的竞争中，江西省级频道更加吸引男性、中老年、低学历、中低收入以及工人和其他职业群体，重度受众分布较为广泛；中央广播电视总台和外省卫视竞争力更强的受众群体之间则各具特色：中央广播电视总台更吸引男性、中老年、中高学历、中高收入、干部/管理人员进行收视，外省卫视重度受众呈现年轻化特点，女性、年轻群体、低学历和较低收入人员对其的收视份额更高（表 1.4.3）。

在以性别为细分标准的收视市场上，中央广播电视总台和江西省级频道在男性观众中的收视份额明显更高；外省卫视则在女性观众收视中获得更多的关注。在以年龄为细分标准的收视市场上，中央广播电视总台和江西省级频道在 55 岁及以上的中老年观众中的收视份额高于其在 4 岁及以上所有观众中的平均水平；而外省卫视则在 4～24 岁的年轻观众中更受青睐。在以学历为细分标准的收视市场上，小学及以下学历的收视群体对江西省级频道的收视份额相对较高；高中及以上的中高学历

的收视群体对中央广播电视总台的收视份额明显更高；未受过正规教育的群体对外省卫视的收视倾向性更强。在以职业为细分标准的收视市场上，江西省级频道在工人和其他职业群体中的收视份额显著高于平均水平；中央广播电视总台在干部/管理人员、初级公务员/雇员及无业群体中份额更高；外省卫视对干部/管理人员、学生和无业人员的收视影响力更强。在以收入为细分标准的收视市场上，江西省级频道在个人月收入301～1700元的较低收入群体中具有一定优势；中央广播电视总台对个人月收入在2601～5000元的中高收入观众吸引力较强；而外省卫视则在个人月收入0～300元的低收入群体中影响力更大。

表1.4.3　2022年江西省市场各类频道在不同目标观众中的市场份额

单位：%

目标观众	中央广播电视总台	中国教育台	江西省级频道	外省卫视	其他频道
4岁及以上所有人	27.2	0.1	21.7	18.5	32.5
男	28.8	0.1	21.8	16.4	32.9
女	25.6	0.1	21.6	20.6	32.1
4～14岁	13.1	0.1	13.2	25.1	48.5
15～24岁	22.3	0.1	19.4	23.1	35.1
25～34岁	24.2	0.1	16.2	18.4	41.1
35～44岁	27.5	0.1	19.8	21.8	30.8
45～54岁	30.5	0.1	18.2	15.5	35.7
55～64岁	31.4	0.1	28.9	16.3	23.3
65岁及以上	37.8	0.2	31.9	13.1	17.0
未受过正规教育	17.4	0.1	23.8	26.0	32.7
小学	20.8	0.1	23.5	17.7	37.9
初中	30.3	0.1	22.3	18.3	29.0
高中	33.5	0.2	18.9	15.0	32.4
大学及以上	43.2	0.1	13.4	19.0	24.3
干部/管理人员	48.3	0.0	9.8	21.2	20.7
个体/私营企业人员	27.6	0.1	15.3	17.8	39.2
初级公务员/雇员	34.7	0.1	16.6	19.7	28.9
工人	24.6	0.1	27.4	18.2	29.7
学生	14.9	0.1	14.3	20.3	50.4
无业	33.3	0.2	19.0	20.4	27.1
其他	27.2	0.1	37.9	12.7	22.1

续表

目标观众	中央广播电视总台	中国教育台	江西省级频道	外省卫视	其他频道
0～300 元	19.5	0.1	18.5	22.3	39.6
301～900 元	28.0	0.1	40.0	10.6	21.3
901～1700 元	28.9	0.2	35.7	15.3	19.9
1701～2600 元	29.7	0.1	24.6	16.4	29.2
2601～3500 元	39.5	0.2	18.9	17.6	23.8
3501～5000 元	32.5	0.1	18.3	16.3	32.8
5001 元及以上	28.5	0.1	16.9	17.7	36.8

数据来源：CSM 媒介研究。

4. 中央广播电视总台占据市场份额前十五位中的七个席位，江西卫视以绝对优势领跑市场

2022 年，在江西省电视市场单个频道的收视竞争中，中央广播电视总台频道在竞争中占据数量优势，前 15 位中有 7 个是中央广播电视总台频道，其中，中央电视台综合频道以 5.1% 的市场份额获得第三的位置。江西省级频道虽然仅有 4 个频道入围收视排名前 15 位，但其头部频道竞争优势明显，江西卫视和江西电视台都市频道（二套）稳居前 2 位，其中，江西卫视更是以绝对优势领跑市场。外省卫视中，湖南电视台金鹰卡通频道和卡酷少儿频道分别排名第 5 位和第 10 位（表 1.4.4）。

表 1.4.4 2022 年江西省电视收视市场市场份额排名前十五位的频道

单位：%

排名	频道	2021 年	2022 年
1	江西卫视	10.0	9.3
2	江西电视台都市频道（二套）	4.4	5.6
3	中央电视台综合频道	3.9	5.1
4	中央台四套	3.1	4.0
5	湖南电视台金鹰卡通频道	4.6	3.6
6	中央台六套	2.8	2.8
7	中央电视台新闻频道	2.0	2.8
8	江西电视台影视旅游频道（四套）	2.2	2.7
9	中央台八套	1.7	2.6
10	卡酷少儿频道	2.9	2.4
11	中央电视台少儿频道	1.8	2.0
12	湖南卫视	3.0	1.8

续表

排名	频道	2021 年	2022 年
12	江西电视台公共农业频道（五套）	3.2	1.8
12	浙江卫视	2.6	1.8
15	中央台三套	2.9	1.7

数据来源：CSM 媒介研究。

（三）北京市电视收视市场的频道竞争格局

1. 中央广播电视总台在北京市场份额提升，北京台和外省卫视份额下降

2022 年，在北京市电视收视市场，中央广播电视总台的市场竞争力大幅提高，市场份额由 2021 年的 27.1% 增至 31.1%，增幅达 14.8%，稳居市场首位。北京电视台市场份额有所下滑，较 2021 年下降 1.3 个百分点，为 26.3%。外省卫视在北京市场的竞争力持续下滑，2022 年市场份额较 2021 年下降了 1.6 个百分点，为 16.8%。北京市场其他频道组的市场份额也一改增长态势，转为下滑，2022 年较上年减少了 1 个百分点，跌至 25.5%（图 1.4.5）。

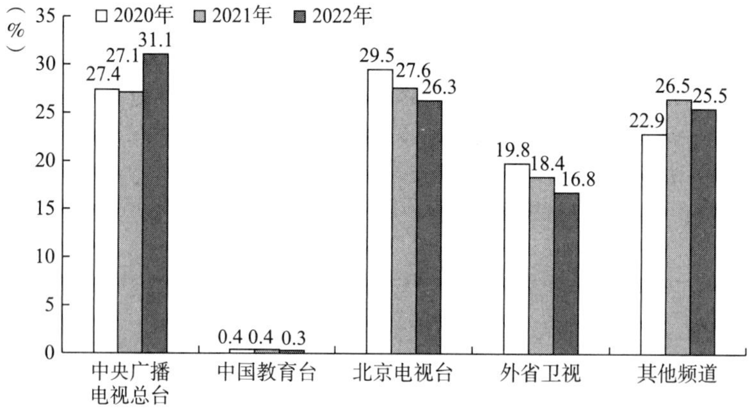

图 1.4.5　2020 ~ 2022 年北京市电视收视市场上各类频道的市场份额对比

数据来源：CSM 媒介研究。

2. 中央广播电视总台全天多时段保持领先，北京电视台早、晚时段实力突围

北京市电视收视市场各级频道在全天各时段的收视竞争中，在整体市场呈现领先之势的中央广播电视总台，在全天多时段市场份额领跑，在晨间 05：45 ~ 07：00、上午和中午 08：15 ~ 13：15、傍晚 16：30 ~ 18：15 以及晚间 20：15 ~ 22：30 竞争力居首位。北京电视台在早、晚两大时段的竞争优势明显，早间 07：00 ~ 08：15、晚间 18：00 ~ 19：30 引领整个市场的收视，领先优势较大，尤其晚间 18：45 ~ 19：00 的最高市场份额达到 50.7%。外省卫视主要集中在午后和晚间后段发力，其在下午 13：30 ~ 17：00 竞争力超过北京电视台（图 1.4.6）。

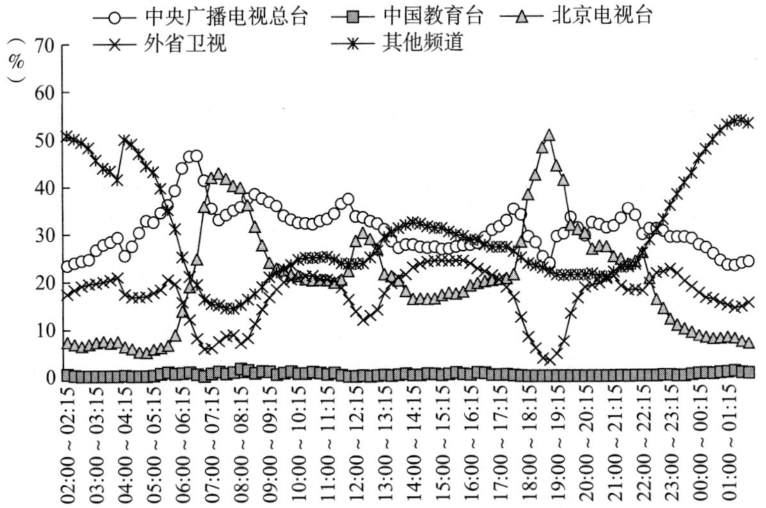

图 1.4.6　2022 年北京市电视收视市场各类频道市场份额全天走势

数据来源：CSM 媒介研究。

3. 北京电视台更吸引中老年、中等学历及收入群体，中央广播电视总台和外省卫视优势受众互补

2022 年，在北京电视收视市场各级频道对细分观众群体的收视竞争中，北京电视台继续保持对女性、中老年、中等学历和收入观众的较强吸引力，中央广播电视总台和外省卫视的优势受众形成互补：中央广播电视总台则更吸引男性、老年、中等学历和低收入及高收入群体收视，外省卫视相对更受女性、年轻、低学历和低收入观众的青睐（表 1.4.5）。

在以性别为细分标准的收视市场上，男性观众对中央广播电视总台的收视份额高于所有观众平均水平；而女性观众则对北京电视台和外省卫视更加青睐，其收视份额较 4 岁及以上观众的平均水平更高。在以年龄为细分标准的收视市场上，北京电视台对 55 岁及以上观众保持了较强的吸引力；中央广播电视总台对 55 岁及以上的老年观众继续发挥强大影响力，其中 65 岁及以上收视份额达到 37.8%，较 4 岁及以上所有观众平均的 31.1% 高出 6.7 个百分点；外省卫视对 15～24 岁年轻观众的吸引力明显更强，收视份额超过 24%。在以学历为细分标准的收视市场上，北京电视台和中央广播电视总台更吸引初中学历观众收视，外省卫视对未受过正规教育的观众的吸引力更大。在以职业为细分标准的收视市场上，北京电视台和中央广播电视总台对以离退休人员为主的无业观众的吸引力更强；外省卫视对个体/私营企业人员和其他职业类别观众群体有较强吸引力。在以收入为细分标准的收视市场上，北京电视台更吸引人均月收入在 601～2600 元的中低收入人群观看；中央广播电视总台对个人月收入在 601～1200 元的低收入群体和 3501 元及以上的中高收入群体更具号召力；外省卫视频道对于个人月收入在 601～1200 元的低收入群体的凝聚力相对更强。

表 1.4.5　2022 年北京市电视收视市场各类频道在不同目标观众中的市场份额

单位：%

目标观众	中央广播电视总台	中国教育台	北京电视台	外省卫视	其他频道
4 岁及以上所有人	31.1	0.3	26.3	16.8	25.5
男	33.3	0.4	25.2	16.1	25.0
女	29.0	0.3	27.3	17.6	25.8
4～14 岁	19.6	0.1	16.0	18.3	46.0
15～24 岁	26.1	0.1	14.5	24.1	35.2
25～34 岁	22.9	0.2	18.1	16.4	42.4
35～44 岁	21.3	0.3	18.4	21.3	38.7
45～54 岁	30.6	0.3	21.5	17.6	30.0
55～64 岁	34.3	0.4	29.7	16.4	19.2
65 岁及以上	37.8	0.5	35.4	14.4	11.9
未受过正规教育	23.2	0.2	20.1	21.4	35.1
小学	30.7	0.6	26.9	19.7	22.1
初中	34.7	0.5	33.6	15.4	15.8
高中	31.2	0.4	27.4	16.9	24.1
大学及以上	29.1	0.2	20.6	16.9	33.2
干部/管理人员	28.4	0.2	19.8	18.0	33.6
个体/私营企业人员	29.5	0.4	19.1	20.3	30.7
初级公务员/雇员	26.6	0.2	17.6	17.8	37.8
工人	31.2	0.3	23.1	14.6	30.8
学生	24.7	0.2	15.7	19.3	40.1
无业	33.8	0.4	32.1	15.7	18.0
其他	25.6	0.7	26.6	27.2	19.9
0～600 元	22.8	0.2	20.4	19.2	37.4
601～1200 元	33.4	0.4	34.2	21.1	10.9
1201～1700 元	26.4	0.9	37.2	16.4	19.1
1701～2600 元	32.3	0.4	35.3	17.4	14.6
2601～3500 元	30.5	0.7	31.2	18.3	19.3
3501～5000 元	32.5	0.4	30.8	16.0	20.3
5001 元及以上	32.5	0.2	22.0	16.0	29.3

数据来源：CSM 媒介研究。

4. 北京卫视继续以绝对优势领跑，中央广播电视总台有七个频道入围前十五位

2022 年，在北京市电视收视市场单个频道的竞争中，北京卫视以绝对的优势对收视市场形成引领之势，市场份额与 2021 年持平。北京广播电视台影视频道以 5.7% 的市场份额位居第二，市场份额较上年略有下降。此外，北京广播电视台生活频道、北京广播电视台文艺频道和北京广播电视台纪实科教频道市场份额均挺入前 15 位。中央广播电视总台在市场份额排名前 15 位中占据明显数量优势，共有 7 个频道入围，其中中央台四套、八套、五套、新闻频道和综合频道分别位居第三和并列第四位，市场份额均在 3.7% 及以上。在北京电视台和中央广播电视总台的强势竞争下，外省卫视在北京市场不具有数量优势（仅有 3 家频道入围），但头部省卫视的竞争力仍不可小觑，湖南卫视和江苏卫视均获得了不低于 2.0% 的市场份额，分列第九位和第十位（表 1.4.6）。

表 1.4.6　2022 年北京市电视收视市场市场份额排名前十五位的频道

单位：%

排名	频道	2022 年	2021 年
1	北京卫视	11.2	11.2
2	北京广播电视台影视频道	5.7	5.9
3	中央台四套	5.1	4.6
4	中央台八套	3.7	3.4
4	中央台五套	3.7	2.4
4	中央电视台新闻频道	3.7	2.8
4	中央电视台综合频道	3.7	2.9
8	中央台六套	2.7	2.3
9	湖南卫视	2.5	2.4
10	江苏卫视	2.1	1.9
11	北京广播电视台生活频道	2.0	2.7
12	北京广播电视台文艺频道	1.7	2.0
13	中央台三套	1.6	2.0
13	北京广播电视台纪实科教频道	1.6	1.8
15	浙江卫视	1.5	2.1

数据来源：CSM 媒介研究。

（四）上海市电视收视市场的频道竞争格局

1. 上海本地频道占据近四成市场份额，中央广播电视总台份额增势迅猛

2022 年，在上海市电视收视市场，上海本地频道依旧以绝对的领先优势领跑收

视市场，所占据的市场份额接近四成，达到36.8%，且较2021年有1.5个百分点的增长。中央广播电视总台的竞争力次之，2022年共获得20.1%的市场份额，竞争力较2021年有非常显著的增长，增幅达到30.5%。外省卫视2022年共获得18.9%的市场份额，较上年有所下滑。上海市场也属于时移收视较为发达的地区，包括时移收视在内的其他频道收视份额近年来呈现不断增长之势，但2022年这种增长态势发生逆转，其他频道组市场份额下跌至24.1%（图1.4.7）。

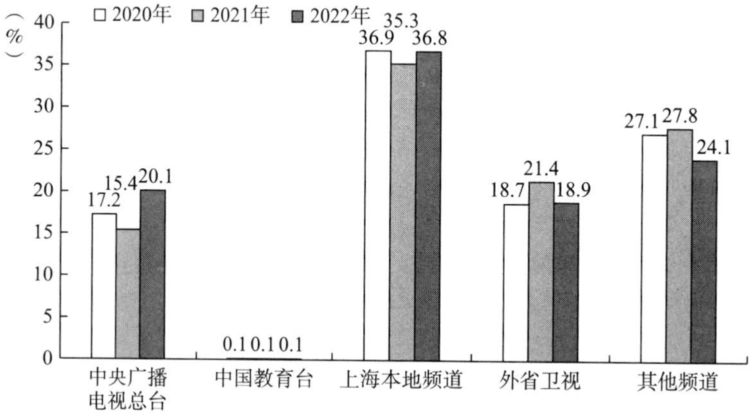

图1.4.7　2020～2022年上海市电视收视市场上各类频道的市场份额对比

数据来源：CSM媒介研究。

2. 上海本地频道在多数时段保持领先优势，中央广播电视总台在清晨时段竞争力胜出

2022年，在上海市电视收视市场全天各时段的收视竞争中，上海本土频道以绝对的优势在07：00～12：45和17：15～22：45保持领先，尤其在07：00～07：15以及18：30～19：00这两个时段的竞争力凸显，最高市场份额达到64.6%。在如此强有力的竞争之下，中央广播电视总台仅在清晨05：00～07：00这一时段形成突围之势，市场份额超越上海本地频道，最高份额超过47%。外省卫视在上海市场的竞争优势不明显，全天难以形成突破，但相对自身而言，在下午和晚间时段的竞争力稍强，彰显出其自身的竞争优势（图1.4.8）。

3. 上海本地频道在中老年、中等学历及收入观众中优势更为明显，中央广播电视总台和外省卫视优势受众差异互补

2022年，在上海市电视收视市场细分受众的收视竞争中，上海本地频道保持着在各类目标观众中的绝对竞争优势；相较于其在所有观众中的平均水平而言，更受到女性、中老年、中等学历、中等收入、离退休和其他职业观众的喜爱。中央广播电视总台和外省卫视的优势受众差异互补，中央广播电视总台在男性、老年、中低学历、无业和中高收入观众中具有相对竞争优势，外省卫视则更受男性、年轻、高

学历和低收入观众的青睐（表 1.4.7）。

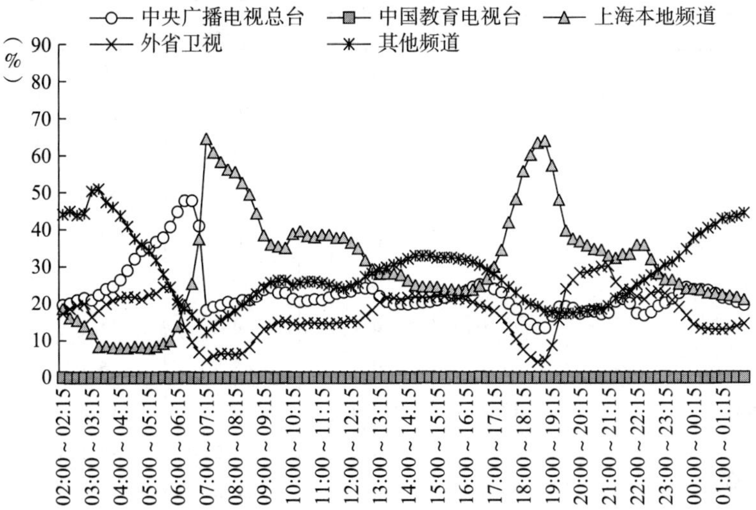

图 1.4.8　2022 年上海市电视收视市场各类频道市场份额全天走势

数据来源：CSM 媒介研究。

在以性别为细分标准的收视市场上，中央广播电视总台和外省卫视更吸引男性观众的收视；上海本地频道则对女性观众更具吸引力。在以年龄为细分标准的收视市场上，上海本地频道更受 55 岁及以上的中老年观众的青睐；中央广播电视总台对 45～54 岁、65 岁及以上的老年人吸引力相对更强；外省卫视对 15～34 岁观众更具吸引力，其在 15～24 岁观众中的市场份额高达 28.8%。在以学历为细分标准的收视市场上，上海本地频道和中央广播电视总台对初中学历观众更具吸引力，外省卫视在大学及以上学历观众中影响力更强。在以职业为细分标准的收视市场上，上海本地频道和中央广播电视总台对以离退休人员为主体的无业观众吸引力较强，其中上海本地频道还受到其他职业类别的受众的青睐；外省卫视对初级公务员/雇员和学生群体有较强吸引力。在以收入为细分标准的收视市场上，上海本地频道更吸引个人月收入在 1201～3500 元的中等收入群体；中央广播电视总台对个人月收入在 2601～5000 元的中高收入群体号召力更强；外省卫视在个人月收入在 0～600 元的低收入观众中市场份额更高。

表 1.4.7　2022 年上海市电视收视市场各类频道在不同目标观众中的市场份额

单位：%

目标观众	中央广播电视总台	中国教育台	上海本地频道	外省卫视	其他频道
4 岁及以上所有人	20.1	0.1	36.8	18.9	24.1
男	22.3	0.1	36.0	19.3	22.3

续表

目标观众	中央广播电视总台	中国教育台	上海本地频道	外省卫视	其他频道
女	17.8	0.1	37.7	18.5	25.9
4～14岁	10.9	0.1	19.1	20.0	49.9
15～24岁	13.2	0.1	28.2	28.8	29.7
25～34岁	17.6	0.0	28.2	24.0	30.2
35～44岁	15.3	0.1	26.7	22.7	35.2
45～54岁	22.4	0.1	31.8	20.8	24.9
55～64岁	19.7	0.1	40.3	13.9	26.0
65岁及以上	23.3	0.1	45.8	16.1	14.7
未受过正规教育	12.3	0.0	20.6	16.3	50.8
小学	20.2	0.2	36.2	20.1	23.3
初中	23.0	0.1	44.6	18.2	14.1
高中	19.7	0.1	40.2	16.9	23.1
大学及以上	19.1	0.1	28.8	21.8	30.2
干部/管理人员	19.2	0.0	21.4	20.0	39.4
个体/私营企业人员	20.2	0.0	35.9	19.1	24.8
初级公务员/雇员	18.7	0.1	28.5	22.2	30.5
工人	19.7	0.1	35.8	21.3	23.1
学生	14.4	0.1	28.6	25.0	31.9
无业	21.4	0.1	42.6	16.3	19.6
其他	19.0	0.0	51.7	20.6	8.7
0～600元	13.4	0.1	26.0	24.3	36.2
601～1200元	18.0	0.1	62.6	9.9	9.4
1201～1700元	17.2	0.3	49.7	21.4	11.4
1701～2600元	21.4	0.1	47.5	22.9	8.1
2601～3500元	23.6	0.0	47.0	12.9	16.5
3501～5000元	24.5	0.1	40.5	16.9	18.0
5001元及以上	18.3	0.1	34.3	19.7	27.6

数据来源：CSM媒介研究。

4. 上海本地频道垄断市场份额排名前三位，中央广播电视总台6个频道入围前十五位

2022年，在上海电视收视市场单个频道的竞争中，上海电视台单频道竞争优势明显，市场份额前三位均为上海本土频道：其中，上海电视台新闻综合频道以11.7%的份额跃居榜首，份额较2021年提升了2.7个百分点；东方卫视和上海电视

台东方影视频道分别以 8.2% 和 7.8% 的份额位居第二、第三，3 个频道合计已经占据整体市场近三成的空间。中央广播电视总台共有 6 个频道入围前 15 位，中央台四套竞争力较强，2022 年获得 3.8% 的市场份额。外省卫视 4 个频道排名进入前 15 位，湖南卫视竞争力相对较强，以 3.3% 的市场份额居并列第五位，较 2021 年下降了 0.4 个百分点，江苏卫视获得了 2.6% 的市场份额，较上年下降了 0.4 个百分点，居第八位（表 1.4.8）。

表 1.4.8 2022 年上海市电视收视市场市场份额排名前十五位的频道

单位：%

排名	频道	2022 年	2021 年
1	上海电视台新闻综合频道	11.7	9.0
2	东方卫视	8.2	11.6
3	上海电视台东方影视频道	7.8	5.3
4	中央台四套	3.8	2.9
5	上海电视台五星体育频道	3.3	3.0
5	湖南卫视	3.3	3.7
7	中央台六套	2.9	2.1
8	江苏卫视	2.6	3.0
9	浙江卫视	2.5	2.9
9	上海电视台都市频道	2.5	3.1
9	中央台五套	2.5	1.5
12	中央电视台新闻频道	2.1	1.5
13	中央台八套	2.0	1.3
14	中央电视台综合频道	1.8	1.2
15	深圳卫视	1.3	1.1

数据来源：CSM 媒介研究。

（五）广州市电视收视市场的频道竞争格局

1. 中央广播电视总台及广东广播电视台份额增长，广州台和外省卫视份额下滑

2022 年，在广州电视收视市场，中央广播电视总台和广东广播电视台份额同比增长，广州市广播电视台和外省卫视的市场份额则略有下跌。中央广播电视总台共获得 13.3% 的市场份额，较 2021 年上升了 1.1 个百分点；广东广播电视台在广州市电视收视市场竞争力大幅上涨，获得了 31.9% 的市场份额，较上年增长 4.6 个百分点，增幅达 16.8%。广州广播电视台的市场份额为 8.3%，较上年下降了 1 个百分

点；外省卫视13.9%的份额较2021年减少了2.5个百分点；境外频道在广州市场的份额稳定在6.5%。此外，在广州市场其他频道的市场份额也开始下降，为26.0%（图1.4.9）。

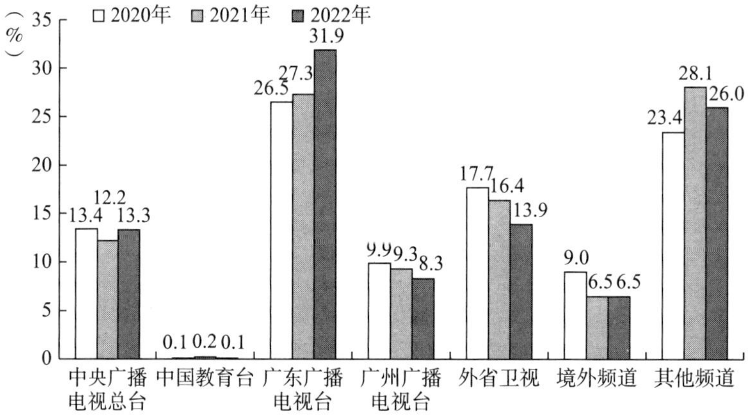

图1.4.9 2020～2022年广州市电视收视市场上各类频道的市场份额对比

数据来源：CSM媒介研究。

2. 广东广播电视台早午晚三大时段领跑收视市场，其他各级频道凭借实力轮番登场

2022年，在广州市电视收视市场全天不同时段的频道竞争中，广东广播电视台在06：15～08：30、11：45～14：00、17：45～24：00三大时段保持着领先的优势，尤其在晚间19：00～19：30的市场份额最高超过41%。中央广播电视总台、广州广播电视台、外省卫视和境外频道则凭借着各自的实力在不同时段形成自己的相对竞争优势。中央广播电视总台在上午07：30～08：30竞争力相对突出，市场份额相对较高；广州广播电视台在晚间18：00～19：45市场份额相对较高；其中，晚间18：00～19：00市场份额超过19%；外省卫视则在清晨、上午、下午以及晚间时段拥有相对竞争优势，06：00～06：15市场份额最高超过33%；境外频道虽然全天时段难以与其他各级别频道组相抗衡，但在早间07：30～09：00竞争力相对较强，最高份额超过15%（图1.4.10）。

3. 广东广播电视台吸引大众收视，中央广播电视总台和境外频道更吸引高端群体，广州广播电视台和外省卫视差异互补

2022年，在广州市电视收视市场细分观众群体的收视竞争中，广东广播电视台更吸引男性、年轻及中老年、中低学历、无业及其他职业类别等大众群体的收视，中央广播电视总台和境外频道分别在干部/管理人员和高学历等高端收视群体中相对更具竞争优势，广州广播电视台和外省卫视则凭借各自的优势，在不同类别观众中差异互补（表1.4.9）。

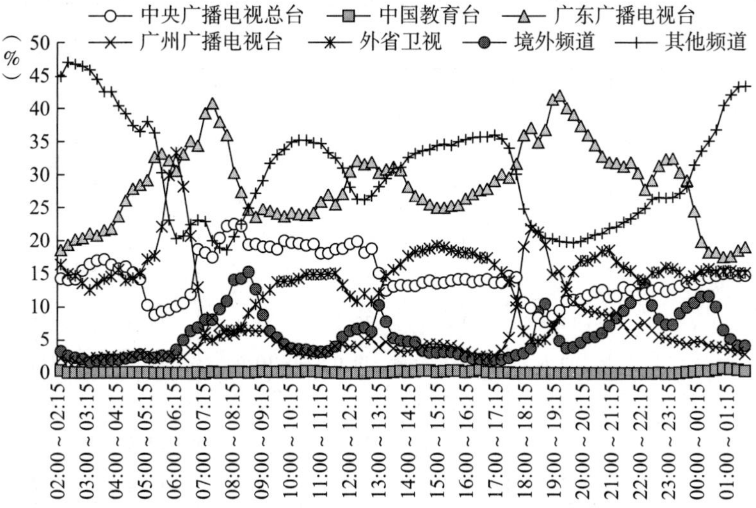

图 1.4.10　2022 年广州市电视收视市场各类频道市场份额全天走势

数据来源：CSM 媒介研究。

在以性别为细分标准的收视市场上，中央广播电视总台和广东广播电视台对男性观众具有较强的吸引力；广州广播电视台、外省卫视和境外频道都更受女性观众的青睐。在以年龄为细分标准的收视市场上，中央广播电视总台对 45～54 岁和 65 岁及以上的中老年观众吸引力更强；广东广播电视台对 15～24 岁、55 岁及以上观众更具影响力；境外频道更吸引 25～34 岁、55～64 岁观众的收视；广州广播电视台对 25～34 岁的观众吸引力更强；外省卫视更吸引 45～54 岁的青年观众。在以学历为细分标准的收视市场上，广东广播电视台对小学及以下学历观众更具吸引力；中央广播电视总台在高中学历观众中其收视份额高于 4 岁及以上观众的平均水平；广州广播电视台和境外频道明显更受大学及以上高学历观众的喜爱；外省卫视更吸引初中和大学及以上学历的观众。在以职业为细分标准的收视市场上，广东广播电视台对无业和其他职业类别观众影响力更强；中央广播电视总台对干部/管理人员、个体/私营企业人员和无业人员更具吸引力；广州广播电视台较受工人和初级公务员/雇员青睐；外省卫视对干部/管理人员和无业人员具有较强吸引力；境外频道更吸引初级公务员/雇员的青睐。在以收入为细分标准的收视市场上，广东广播电视台在个人月收入 0～1700 元的低收入群体中市场份额更高；中央广播电视总台在个人月收入 3501～5000 元的收入群体中影响力更强；境外频道受到个人月收入 2601～5000 元的群体青睐；广州广播电视台较受个人月收入 1701～3500 元的观众喜爱；外省卫视在个人月收入 1701～2600 元和 5000 元及以上的高收入群体中保持着较强的收视影响力。

表 1.4.9　2022 年广州市电视收视市场各类频道在不同目标观众中的市场份额

单位：%

目标观众	中央广播电视总台	中国教育台	广东广播电视台	广州广播电视台	外省卫视	境外频道	其他频道
4 岁及以上所有人	13.3	0.1	31.9	8.3	13.9	6.5	26.0
男	14.6	0.1	32.3	7.8	13.7	6.2	25.3
女	11.8	0.1	31.4	8.7	14.2	6.7	27.1
4～14 岁	6.3	0.1	31.1	2.5	12.2	2.9	44.9
15～24 岁	14.7	0.0	36.8	3.7	14.3	3.5	27.0
25～34 岁	9.6	0.1	29.0	10.9	14.2	8.4	27.8
35～44 岁	12.4	0.0	26.5	5.3	12.8	4.5	38.5
45～54 岁	15.4	0.1	27.4	8.7	15.2	6.0	27.2
55～64 岁	13.8	0.1	34.7	9.9	14.2	9.2	18.1
65 岁及以上	17.4	0.1	38.4	9.5	13.7	6.3	14.6
未受过正规教育	5.8	0.1	39.6	4.7	12.0	3.4	34.4
小学	8.4	0.1	46.2	7.2	10.3	2.5	25.3
初中	13.3	0.2	36.1	7.8	16.4	5.6	20.6
高中	17.1	0.1	28.9	7.7	13.1	7.1	26.0
大学及以上	13.0	0.1	19.8	11.0	15.1	9.8	31.2
干部/管理人员	20.7	0.0	16.1	5.8	17.4	5.0	35.0
个体/私营企业人员	16.9	0.1	31.4	4.0	13.8	4.1	29.7
初级公务员/雇员	10.8	0.0	21.5	11.3	14.1	9.0	33.3
工人	11.7	0.1	33.9	10.4	12.6	6.3	25.0
学生	8.0	0.1	33.2	3.4	11.8	2.3	41.2
无业	14.7	0.1	34.5	8.5	15.1	7.5	19.6
其他	4.0	0.8	65.4	6.4	3.8	1.2	18.4
0～600 元	7.6	0.1	39.1	3.5	12.1	3.2	34.4
601～1200 元	8.0	0.0	55.5	5.8	9.1	3.4	18.2
1201～1700 元	11.5	0.2	39.8	8.8	9.6	4.9	25.2
1701～2600 元	13.1	0.2	38.4	12.2	21.6	7.0	7.5
2601～3500 元	12.7	0.1	36.4	12.1	14.7	8.2	15.8
3501～5000 元	18.9	0.1	21.8	10.6	12.9	9.4	26.3
5001 元及以上	14.2	0.1	23.3	6.0	15.0	5.3	36.1

数据来源：CSM 媒介研究。

4. 本土频道垄断收视竞争前 7 位，中央广播电视总台和外省卫视共有四个频道上榜

2022 年，在广州市电视收视市场单个频道的收视竞争中，广东、广州本地频道的竞争优势依旧十分明显，垄断了市场份额排行的前 7 位，对整个市场形成强有力的影

响。本地频道中，广东广播电视台珠江频道仍然以较大的优势拔得头筹，2022 年获得 10.0% 的市场份额，较 2021 年上升了 1.1 个百分点。广东广播电视台影视频道和广东广播电视台大湾区卫视分别以 5.4% 和 4.7% 的份额排名第二、三位，市场份额较 2021 年均有较大幅度提升。中央广播电视总台和外省卫视共有 4 个频道入围前 15 位，湖南卫视以 2.2% 的份额排在第八位，份额较 2021 年下降了 0.2 个百分点；中央电视台综合频道以 2.1% 的份额排在第九位，份额较 2021 年增长了 0.3 个百分点（表 1.4.10）。

表 1.4.10　2022 年广州市电视收视市场市场份额排名前十五位的频道

单位：%

排名	频道	2022 年	2021 年
1	广东广播电视台珠江频道	10.0	8.9
2	广东广播电视台影视频道	5.4	3.9
3	广东广播电视台大湾区卫视	4.7	3.5
4	翡翠台（中文）（有线网转播）	4.6	5.1
5	广州市广播电视台综合频道	4.2	4.4
6	广东广播电视台公共频道	3.1	2.7
7	广州市广播电视台影视频道	2.3	2.6
8	湖南卫视	2.2	2.4
9	中央电视台综合频道	2.1	1.8
10	广东广播电视台体育频道	1.9	1.9
11	广东广播电视台少儿频道	1.8	1.3
11	浙江卫视	1.8	2.0
11	广东广播电视台嘉佳卡通频道	1.8	1.5
14	广东卫视	1.7	2.2
14	中央电视台新闻频道	1.7	1.4

数据来源：CSM 媒介研究。

五　电视节目竞争格局

（一）全国电视收视市场节目竞争格局

1. 全国节目收视市场头部格局稳固，新闻和体育节目收视比重涨幅最大

2022 年全国节目收视市场，电视剧、新闻/时事和综艺节目收视比重稳居 TOP 3，收视比重合计达 59.7%、较上一年减少 1.7 个百分点。其中，电视剧和综艺类节目收视比重较 2021 年分别下降 0.8 个百分点和 2.4 个百分点。生活服务、专题、电影、青少和体育类节目收视比重在 4% ~7%。2022 年，新闻/时事类节目收视比重比上一年增加 1.5 个百分点，体育类节目较上一年增加 1.0 个百分点，是各类节目中涨幅最大的两个类别（图 1.5.1）。

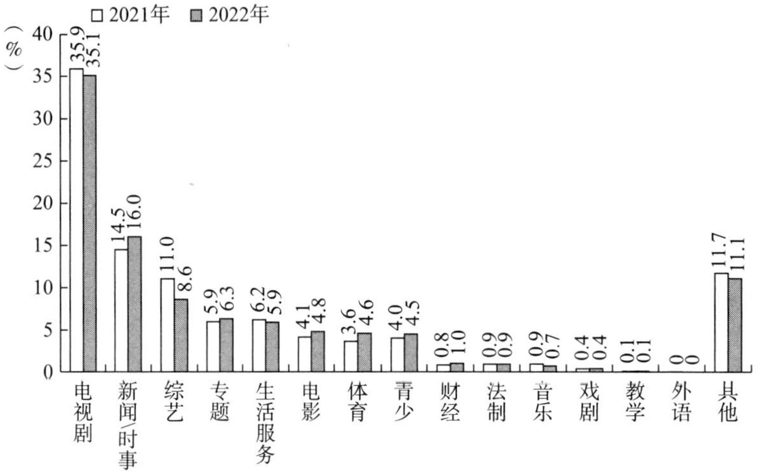

图 1.5.1　2021～2022 年全国市场各类节目的收视比重

数据来源：CSM 媒介研究。

2022 年时移收视市场节目收看主要集中于电视剧、综艺、电影、青少和新闻/时事，5 类节目收视比重总计超过 82%。其中，电视剧类节目以超 49% 的时移收视比重排在首位，综艺和电影分别以 8.8% 和 8.2% 时移收视比重位居市场第二、第三位，青少类和新闻/时事类节目时移收视比重都超过 7%。相比 2021 年时移市场，电视剧类节目收视比重上升了 8.8 个百分点，增幅最大，其次是青少和电影类节目，分别上升了 1.6 个百分点和 1.5 个百分点。生活服务、新闻/时事和综艺类节目收视比重都有所减少（图 1.5.2）。

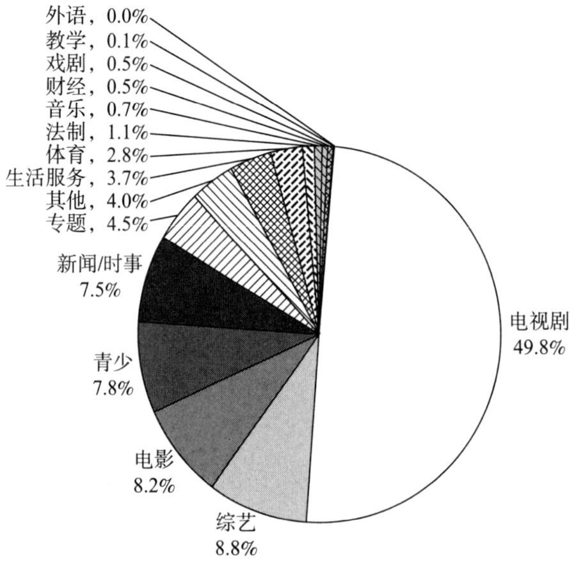

图 1.5.2　2022 年 64 个城市时移收视市场各类节目的收视比重

数据来源：CSM 媒介研究。

2. 中央广播电视总台在电影等10类节目市场占优，省级卫视保持在青少等4类节目市场领先

2022年，中央广播电视总台在全国10类节目市场的收视份额居首位，在电影、财经、体育和音乐类节目市场收视份额都超过了70%，具有绝对优势；在法制、专题、戏剧、外语和教学类节目市场收视份额都超过50%，新闻/时事类节目占比为49.5%。中央广播电视总台在综艺类节目市场居亚军位置，收视份额低于省级上星频道。在电视剧、生活服务和青少类节目市场中，中央广播电视总台收视份额都不超过22%、弱于省级台（图1.5.3）。

2022年全国节目市场频道竞争中，省级上星频道在青少、综艺、电视剧和生活服务类节目市场保持领先优势，收视份额都超过38%。在教学、新闻/时事、专题、外语、音乐和戏剧类节目市场，省级上星频道收视份额都在18%～38%，位居市场亚军或季军位置。省级上星频道在其余各类节目市场收视份额都不超过10%（图1.5.3）。

省级非上星频道在2022年全国市场各类节目频道收视竞争中，表现出一定的竞争力，在法制、生活服务和电视剧类节目市场的收视份额超过23%。在电视剧、青少和生活服务三个类别中，仅次于省级卫视居亚军位置。在新闻/时事、体育、外语、青少、综艺、戏剧、教学和专题类节目市场，省级非上星频道处于中上游位置，收视份额在10%～20%（图1.5.3）。

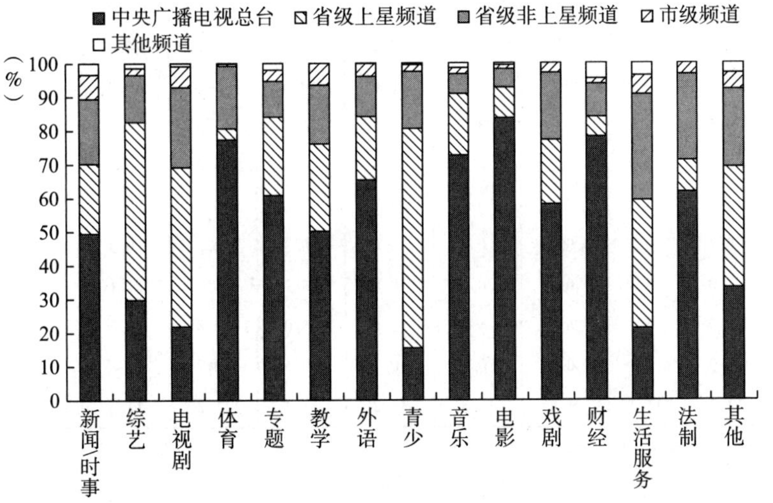

图1.5.3 2022年各类频道在全国不同节目市场中的收视份额

数据来源：CSM媒介研究。

2022年市级频道在新闻/时事类节目的表现最好，获得7.2%的收视份额，其次为教学、电视剧和生活服务类，收视份额均超过5%（图1.5.3）。

2022年其他频道整体竞争力相对较弱，在财经、生活服务和新闻/时事类节目市

场收视份额超3%，在其余各类节目市场都不超过2%（图1.5.3）。

3. 观众群体节目收视兴趣各异，收视结构差异明显

2022年全国市场，男性观众更倾向于收看新闻/时事、体育、专题、电影和财经类节目，女性观众明显偏爱综艺、电视剧、青少和生活服务类节目。男性和女性观众在其余各类节目上的收视差异较小（表1.5.1）。

各年龄段观众在电视剧类节目中的收视比重都是最高的。相比其他年龄段观众，4～14岁观众在青少类节目收视中分配的时间比重更高，达到23.7%；15～34岁观众在综艺节目收视中分配的时间比重相对高于其他年龄段观众；35～54岁观众收看电影类节目的行为突出，55岁及以上观众更偏爱收看财经、体育、专题和新闻/时事类节目，其中65岁及以上观众更偏爱电视剧和新闻/时事类节目（表1.5.1）。

表1.5.1　2022年全国市场不同性别和年龄观众对各类节目的收视比重

单位：%

节目类型	4岁及以上所有人	性别		年龄						
		男	女	4～14岁	15～24岁	25～34岁	35～44岁	45～54岁	55～64岁	65岁及以上
新闻/时事	16.0	16.9	15.1	10.0	14.7	13.6	13.9	15.4	16.9	19.1
综艺	8.6	8.2	8.9	7.8	11.6	10.7	9.9	8.7	7.8	7.0
电视剧	35.1	33.8	36.5	26.7	34.9	34.7	32.6	34.9	36.5	37.1
体育	4.6	5.2	4.0	3.2	4.7	4.4	5.0	4.9	4.8	4.7
专题	6.3	6.6	6.0	4.6	6.2	5.6	5.7	6.9	6.5	6.7
教学	0.1	0.0	0.0	0.0	0.1	0.1	0.0	0.1	0.0	0.0
外语	0.0	0.0	0.0	0.0	0.0	0.0	0.0	0.0	0.0	0.0
青少	4.5	4.2	4.7	23.7	3.2	6.6	7.5	2.3	2.8	1.5
音乐	0.7	0.7	0.7	0.7	0.9	0.7	0.8	0.8	0.7	0.7
电影	4.8	5.3	4.3	5.1	4.7	4.6	5.7	6.9	4.4	3.4
戏剧	0.4	0.4	0.4	0.2	0.4	0.3	0.2	0.3	0.2	0.7
财经	1.0	1.1	0.9	0.5	0.8	0.7	1.0	1.1	1.1	1.1
生活服务	5.9	5.7	6.2	5.2	5.9	6.0	5.8	5.7	6.0	6.1
法制	0.9	0.8	0.9	0.5	0.7	0.6	0.7	0.8	1.0	1.1
其他	11.1	11.1	11.4	11.8	11.2	11.4	11.2	11.2	11.3	10.8

数据来源：CSM媒介研究。

2022年全国节目市场，较高学历的观众在体育、新闻/时事、专题和综艺类节目上的收视比重更高。在不同受教育程度的观众中，未受过正规教育的观众相对其他各职业类别观众更喜爱收看青少类节目，小学学历观众更偏爱收看电视剧、电影，初中学历的观众对电视剧和电影类节目的收视兴致较高，高中及以上学历的观众在财经、生活服务、体育、新闻/时事、专题和综艺类节目上的收视比重较大（表1.5.2）。

表 1.5.2 2022 年全国市场不同受教育程度和个人月收入观众对各类节目的收视比重

单位：%

节目类型	4 岁及以上所有人	受教育程度					个人月收入						
		未受过正规教育	小学	初中	高中	大学及以上	0～600 元	601～1200 元	1201～1700 元	1701～2600 元	2601～3500 元	3501～5000 元	5001 元及以上
新闻/时事	16.0	11.3	13.7	16.0	17.3	17.2	12.5	14.0	14.6	15.9	17.4	17.3	17.4
综艺	8.6	6.3	7.5	8.4	8.7	9.9	8.7	7.9	7.9	8.2	8.1	8.5	9.2
电视剧	35.1	31.0	38.8	36.8	34.0	31.5	34.2	41.0	39.9	37.7	35.5	34.1	33.4
体育	4.6	2.4	3.0	4.2	5.4	6.2	3.4	3.0	3.3	4.0	4.6	5.3	6.0
专题	6.3	5.0	5.6	6.3	6.7	6.8	5.3	6.0	6.0	6.2	6.6	6.7	6.7
教学	0.1	0.1	0.0	0.0	0.1	0.1	0.0	0.0	0.0	0.1	0.0	0.1	0.1
外语	0.0	0.0	0.0	0.0	0.0	0.0	0.0	0.0	0.0	0.0	0.0	0.0	0.0
青少	4.5	19.5	6.0	3.1	3.1	4.1	10.5	3.0	3.2	3.1	2.8	3.1	3.1
音乐	0.7	0.7	0.7	0.7	0.8	0.7	0.8	0.8	0.7	0.7	0.7	0.7	0.7
电影	4.8	4.9	5.3	5.1	4.6	4.4	5.2	5.1	5.1	4.8	4.6	4.9	4.6
戏剧	0.4	0.5	0.5	0.4	0.3	0.3	0.4	0.5	0.4	0.4	0.4	0.4	0.3
财经	1.0	0.6	0.6	0.9	1.2	1.2	0.7	0.7	0.8	0.9	1.0	1.1	1.2
生活服务	5.9	5.3	5.7	5.9	6.0	6.0	5.7	5.7	5.7	5.8	5.9	6.0	6.0
法制	0.9	0.6	0.7	0.9	0.9	0.8	0.7	0.9	1.0	1.0	1.0	0.9	0.8
其他	11.1	11.8	11.9	11.3	10.9	10.8	11.9	11.4	11.4	11.2	11.4	10.9	10.5

数据来源：CSM 媒介研究。

对于不同个人月收入的观众，收入水平较高的观众更偏爱收看新闻/时事、财经、体育和综艺类节目。相比其他收入水平的观众，收入 0～600 元的观众分配在青少类节目上的时间比重最高，收入 601～1700 元的观众倾向收看电视剧类节目，收入 1701～3500 元的观众更偏爱收看电视剧、法制和新闻/时事类节目，月收入 3501 元及以上的观众在观看生活服务、体育、新闻/时事、专题节目上的收视比重高于其他收入段观众（表 1.5.2）。

2022 年全国各类型职业的观众中，干部/管理人员在财经、体育和专题类节目上的收视比重最大，个体/私营企业人员更偏爱收看电视剧和电影类节目，初级公务员/雇员收看体育、专题、电影和综艺类节目的时间比重高于所有观众平均水平，工人与其他观众相比收看电视剧和电影类节目的行为较突出，学生在青少和综艺类节目上的收视比重明显高于其他职业观众，无业人群在电视剧、财经、生活服务、戏剧、新闻/时事、法制、专题类节目上的收视比重高于所有观众平均水平（表 1.5.3）。

表 1.5.3　2022 年全国市场不同职业观众对各类节目的收视比重

单位：%

节目类型	4 岁及以上所有人	职业						
		干部/管理人员	个体/私营企业人员	初级公务员/雇员	工人	学生	无业	其他
新闻/时事	16.0	17.3	14.8	16.0	14.3	12.7	17.5	12.5
综艺	8.6	9.6	9.0	10.3	9.2	10.6	7.4	8.3
电视剧	35.1	29.3	35.2	32.9	35.7	31.3	35.9	40.8
体育	4.6	7.5	4.5	5.8	4.4	4.4	4.5	2.5
专题	6.3	7.6	6.6	6.6	6.0	5.6	6.4	5.5
教学	0.1	0.1	0.1	0.1	0.0	0.0	0.0	0.0
外语	0.0	0.0	0.0	0.0	0.0	0.0	0.0	0.0
青少	4.5	3.3	4.4	3.9	4.1	10.8	4.0	4.0
音乐	0.7	0.7	0.7	0.7	0.7	0.8	0.7	0.7
电影	4.8	5.8	6.0	5.1	6.3	5.2	3.9	6.6
戏剧	0.4	0.3	0.3	0.3	0.2	0.3	0.5	0.5
财经	1.0	1.2	1.0	1.0	0.8	0.7	1.1	0.6
生活服务	5.9	6.0	5.6	5.8	5.7	5.6	6.1	5.7
法制	0.9	0.7	0.7	0.7	0.7	0.6	1.0	1.0
其他	11.1	10.6	11.1	10.8	11.9	11.4	11.0	11.3

数据来源：CSM 媒介研究。

（二）江西省电视收视市场节目竞争格局

1. 江西省节目收视格局总体稳定，新闻/时事类节目收视比重增加最多

2022 年江西省节目收视市场整体稳定，电视剧和新闻/时事类节目收视比重明显高于其他类型节目，与 2021 年相比，电视剧收视比重减少 0.2 个百分点，新闻/时事类节目增加了 3.2 个百分点。青少类节目收视比重位居江西市场第三，相比上一年有小幅下降，排在第四位的综艺类节目今年下降幅度较大，减少了 3.1 个百分点。专题、生活服务、电影和体育类节目收视比重都在 2% ~7% 。其余类型节目收视比重都不超 1%，较上一年变化不大（图 1.5.4）。

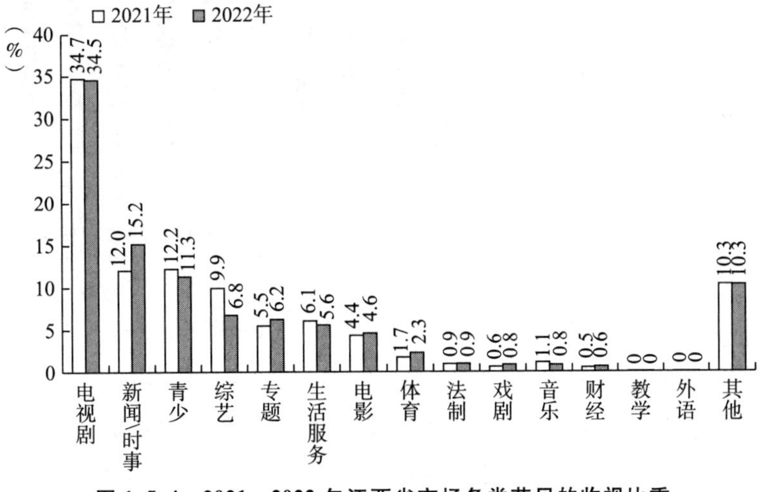

图 1.5.4　2021 ~2022 年江西省市场各类节目的收视比重

数据来源：CSM 媒介研究。

2. 中央广播电视总台在 11 个节目市场表现强势，本省台在生活服务和电视剧市场占优

2022 年江西电视节目收视市场中，中央广播电视总台在新闻/时事、综艺、体育、专题、教学、外语、音乐、电影、戏剧、财经和法制类节目市场占主体地位，收视份额都在 40% ~97% 。在生活服务和青少类节目市场中，中央广播电视总台分别以超 21% 收视份额位居亚军，具有一定的竞争力（图 1.5.5）。

2022 年，外省卫视在江西青少类节目市场收视竞争中领先，收视份额达到 64.6% 。在综艺、电视剧、体育、教学、外语、电影、戏剧类节目市场，外省卫视居亚军位置。在其余类型节目市场，外省卫视竞争力不强（图 1.5.5）。

2022 年江西广播电视台在本省生活服务和电视剧类节目市场频道竞争占优，收视份额均为 47.4% 。在新闻/时事、专题、音乐和法制类节目市场，江西广播电视台居亚军位置。在其余类型节目市场，江西广播电视台竞争力较弱（图 1.5.5）。

在江西省各类节目市场频道竞争中，其他频道整体偏弱。2022 年其他频道仅在新闻/时事和财经类节目市场获得超过 2.9% 收视份额，在其余各类节目市场的收视份额都低于 2%（图 1.5.5）。

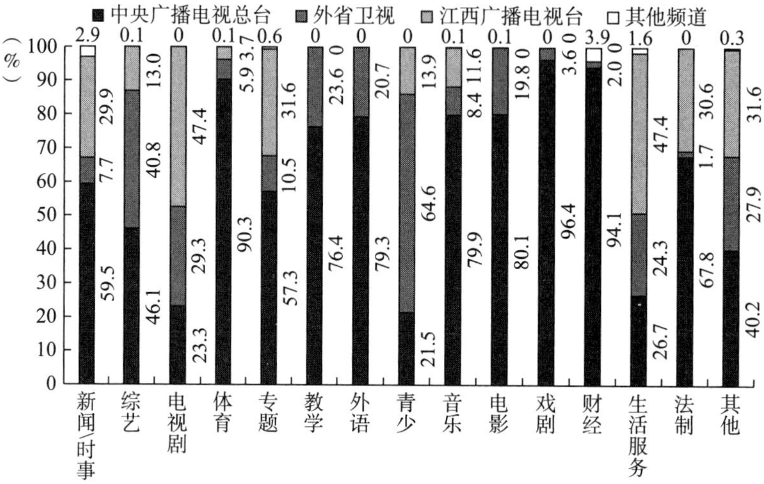

图 1.5.5　2022 年江西省市场各类频道在不同类别节目中的收视份额

数据来源：CSM 媒介研究。

3. 收视比重显示收视差异，类型节目满足观众个性化需求

2022 年江西省节目市场，男性观众用于观看新闻/时事、体育、专题和电影类节目的时间比重明显高于女性，女性观众更倾向观看青少、生活服务和综艺类节目。在其余类型节目上，江西省男性和女性观众的收视差异不明显（表 1.5.4）。

在江西省不同年龄观众中，4～14 岁观众收看青少类节目的时间比重远超过其他年龄段观众，为 35.2%。15～24 岁观众在音乐和法制类节目上的收视比重超过了其他各年龄段观众，25～34 岁观众在综艺类节目上的收视比重高于其他年龄段，35～54 岁观众用于收看体育、财经和电影类节目的时间比重较突出，55 岁及以上观众较为偏爱收看电视剧、生活服务、新闻/时事和专题类节目（表 1.5.4）。

表 1.5.4　2022 年江西省市场不同性别和年龄观众对各类节目的收视比重

单位：%

节目类型	4 岁及以上所有人	性别		年龄						
		男	女	4～14 岁	15～24 岁	25～34 岁	35～44 岁	45～54 岁	55～64 岁	65 岁及以上
新闻/时事	15.2	17.3	13.0	6.3	11.6	13.8	13.4	13.4	16.4	22.3
综艺	6.8	6.3	7.3	5.2	8.2	9.0	6.1	7.3	7.8	6.0
电视剧	34.5	34.6	34.5	23.7	31.3	34.1	34.8	37.1	39.2	37.7
体育	2.3	2.5	2.0	0.9	2.9	1.8	3.4	3.3	1.6	2.3

续表

节目类型	4岁及以上所有人	性别		年龄						
		男	女	4～14岁	15～24岁	25～34岁	35～44岁	45～54岁	55～64岁	65岁及以上
专题	6.2	6.7	5.8	4.0	6.9	5.3	5.8	7.0	6.6	7.1
教学	0.0	0.0	0.0	0.0	0.0	0.0	0.0	0.0	0.0	0.0
外语	0.0	0.0	0.0	0.0	0.0	0.0	0.0	0.0	0.0	0.0
青少	11.3	8.7	13.9	35.2	15.1	13.2	10.7	7.6	5.7	1.5
音乐	0.8	0.8	0.8	0.9	1.3	0.7	0.6	0.9	0.8	0.6
电影	4.6	5.1	4.1	6.3	3.5	4.2	5.8	5.0	4.7	3.4
戏剧	0.8	0.9	0.8	1.1	0.4	0.3	2.5	0.2	0.2	1.1
财经	0.6	0.6	0.6	0.3	0.3	0.8	0.4	1.1	0.9	0.6
生活服务	5.6	5.5	5.7	4.8	6.2	5.3	5.2	5.4	5.2	6.3
法制	0.9	0.8	1.0	0.4	1.4	0.7	0.7	1.1	1.0	1.2
其他	10.4	10.2	10.5	10.9	10.9	10.8	10.6	10.6	9.9	9.9

数据来源：CSM媒介研究。

在受教育程度方面，未受过正规教育观众的时间主要用于收看电视剧和青少类节目。小学学历观众用于收看电视剧类节目的时间比重高于其他学历观众。初中学历观众相对偏爱收看综艺类节目，高中学历观众在新闻/时事类和体育类节目上的收视比重在各学历观众中最高。大学及以上学历观众收看财经、专题和综艺类节目的时间比重高于其他学历观众（表1.5.5）。

在个人月收入方面，收入0～300元的观众收看青少类节目和电影的时间高于其他收入段观众。相比江西省观众平均水平，收入301～900元的观众在电视剧、戏剧和生活服务类节目上的收视比重突出，收入901～1700元的观众更多收看综艺类节目，收入1701～2600元的观众较青睐财经、戏剧和法制类节目。相比其他收入水平观众，收入2601元及以上的观众最爱收看专题、电影、体育和新闻/时事类节目（表1.5.5）。

2022年，在江西省各职业的观众中，个体/私营企业人员更偏爱收看电视剧和电影类节目，初级公务员在综艺、专题类节目的收视比重较高，工人在电视剧、体育和戏剧类节目上的收视比重高于观众平均水平，学生收看青少类节目的行为最突出，无业观众尤为偏爱电视剧和新闻/时事类节目（表1.5.6）。

表 1.5.5　2022 年江西省市场不同受教育程度和个人月收入观众对各类节目的收视比重

单位：%

节目类型	4 岁及以上所有人	受教育程度					个人月收入					
		未受过正规教育	小学	初中	高中	大学及以上	0 ~ 300 元	301 ~ 900 元	901 ~ 1700 元	1701 ~ 2600 元	2601 ~ 3500 元	3501 元及以上
新闻/时事	15.2	10.3	12.4	16.7	19.5	16.9	11.4	12.1	16.0	16.6	20.1	17.6
综艺	6.8	4.2	5.1	7.9	7.5	10.1	6.1	6.0	9.8	6.5	5.9	7.7
电视剧	34.5	28.0	37.8	34.0	35.1	32.5	30.5	40.5	39.6	38.6	34.1	35.1
体育	2.3	1.0	1.1	2.7	4.1	3.0	1.6	1.2	0.7	2.8	3.9	2.8
专题	6.2	4.3	5.6	6.3	7.5	8.7	5.2	5.7	6.3	6.8	6.8	7.4
教学	0.0	0.0	0.0	0.0	0.0	0.1	0.0	0.0	0.0	0.1	0.0	0.0
外语	0.0	0.0	0.0	0.0	0.0	0.0	0.0	0.0	0.0	0.0	0.0	0.0
青少	11.3	29.3	13.4	8.3	4.0	6.2	21.0	8.2	5.4	5.1	6.6	5.8
音乐	0.8	0.9	0.9	0.8	0.6	0.6	1.0	1.1	0.9	0.5	0.5	0.7
电影	4.6	4.0	5.4	4.7	3.6	3.8	5.2	4.1	4.8	3.2	4.0	4.9
戏剧	0.8	0.4	1.3	1.0	0.3	0.2	0.8	1.9	0.2	1.7	1.0	0.2
财经	0.6	0.2	0.4	0.6	0.9	1.2	0.3	0.6	0.5	1.1	0.7	0.8
生活服务	5.6	5.6	5.7	5.6	5.5	5.0	5.4	7.2	5.9	5.5	5.3	5.4
法制	0.9	0.6	0.8	1.0	1.2	1.2	0.8	0.4	0.7	1.4	1.2	1.0
其他	10.4	11.2	10.1	10.4	10.2	10.5	10.7	11.0	9.2	10.1	9.9	10.6

数据来源：CSM 媒介研究。

表 1.5.6　2022 年江西省市场不同职业观众对各类节目的收视比重

单位：%

节目类型	4 岁及以上所有人	职业						
		干部/管理人员	个体/私营企业人员	初级公务员/雇员	工人	学生	无业	其他
新闻/时事	15.2	*	14.0	18.1	13.7	9.8	18.5	13.1
综艺	6.8	*	7.1	8.7	6.4	6.6	6.6	6.4
电视剧	34.5	*	41.6	33.6	36.1	29.9	31.0	40.5
体育	2.3	*	2.1	3.0	3.2	1.3	2.8	1.0
专题	6.2	*	7.0	7.1	5.5	5.9	6.4	5.9
教学	0.0	*	0.0	0.0	0.0	0.0	0.0	0.0
外语	0.0	*	0.0	0.0	0.0	0.0	0.0	0.0
青少	11.3	*	4.3	6.4	11.1	20.7	13.1	6.9
音乐	0.8	*	0.6	0.8	0.6	1.0	0.7	1.1
电影	4.6	*	6.8	4.7	4.0	6.0	3.4	5.1
戏剧	0.8	*	0.4	0.2	1.8	1.3	0.2	1.4
财经	0.6	*	0.9	0.8	0.4	0.4	0.8	0.5
生活服务	5.6	*	4.9	5.2	5.6	5.7	5.2	6.7
法制	0.9	*	0.7	0.9	0.8	0.6	1.2	1.0
其他	10.4	*	9.6	10.5	10.8	10.8	10.1	10.4

数据来源：CSM 媒介研究。

（三）北京市电视收视市场节目竞争格局

1. 北京节目收视格局整体稳定，体育类节目收视比重涨幅最大，综艺节目比重明显下滑

2022 年北京体育类节目收视比重增长 2.0 个百分点，新闻/时事类节目增长 1.8 个百分点，综艺类节目下降 2.3 个百分点，其他各类型节目收视比重变化都不超过 1 个百分点。收视格局上，电视剧类节目持续稳居龙头地位；新闻/时事节目稳居市场第二位；综艺、专题、生活服务和体育类节目收视比重都超过 6%，其余各类节目收视比重均低于 4%（图 1.5.6）。

2. 中央广播电视总台在财经、戏剧等多个节目市场称雄，北京台在法制和生活服务类节目市场占优

2022 年北京节目市场，中央广播电视总台在财经、戏剧、体育、电影、音乐、教学、外语、专题和新闻/时事类共 9 个市场最受观众欢迎，收视份额在 55% ~ 93%。在法制、综艺、电视剧和青少类节目市场，中央广播电视总台收视份额在 20% ~33%，也具有一定的收视竞争力（图 1.5.7）。

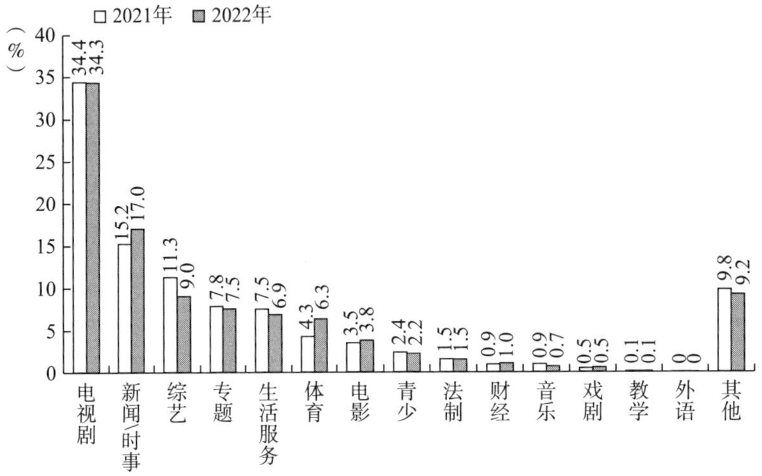

图 1.5.6　2021～2022 年北京市场各类节目的收视比重

数据来源：CSM 媒介研究。

北京广播电视台在本地的法制类节目市场高居龙头位置，收视份额达到 67.2%，其次是生活服务类节目，收视份额为 62.8%。同时，北京广播电视台在新闻/时事、综艺、电视剧、专题和青少类节目市场位居亚军或季军位置，收视份额在 27%～44%。其他各类节目市场中，北京广播电视台收视份额都不超过 13%（图 1.5.7）。

2022 年外省卫视在北京节目市场以 34.2% 收视份额领跑综艺类节目市场。在其他各类节目市场，外省卫视不敌中央广播电视总台或北京广播电视台（图 1.5.7）。

其他频道 2022 年北京节目市场竞争格局占比较小，收视份额均不超过 1%（图 1.5.7）。

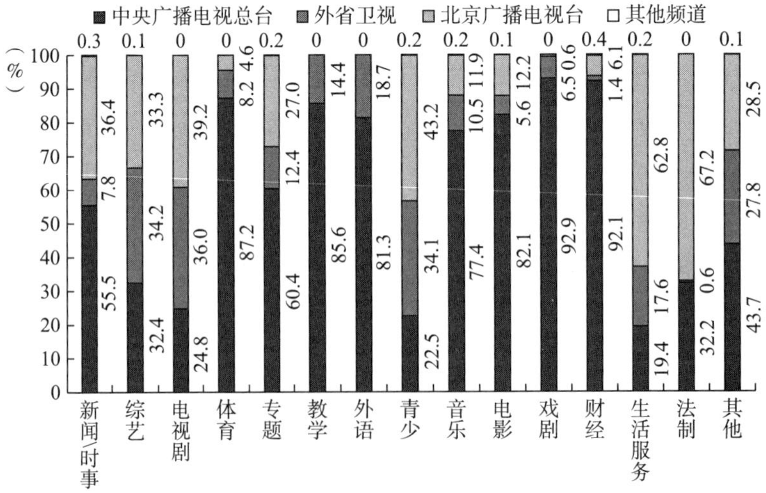

图 1.5.7　2022 年北京市场各类频道在不同节目类别中的收视份额

数据来源：CSM 媒介研究。

3. 观众类型节目收视各有千秋，节目收视结构彰显观众偏好

2022 年北京市场，男性观众偏向收看电影、体育、财经、新闻/时事和专题类节目，女性观众更偏爱电视剧、青少和生活服务类节目。不同性别的观众对其余类型节目收视差异不明显（表 1.5.7）。

2022 年北京各年龄段观众中，4～14 岁的观众把 17.3% 的时间用于收看青少类节目，收视比重明显高于其他年龄段观众；15～24 岁观众用于收看体育类节目的时间比重最大；25～34 岁观众收看综艺类节目的时间比重最大；35～44 岁观众在电影类节目上的收视比重居各年龄段观众之首（并列）；45～54 岁观众更偏爱收看专题类节目；55～64 岁观众收看专题类节目的时间比重高于其他年龄段观众；65 岁及以上观众收看电视剧、戏剧、生活服务和新闻/时事类节目的行为最突出（表 1.5.7）。

表 1.5.7　2022 年北京市场不同性别和年龄观众对各类节目的收视比重

单位：%

节目类型	4 岁及以上所有人	性别		年龄						
		男	女	4～14 岁	15～24 岁	25～34 岁	35～44 岁	45～54 岁	55～64 岁	65 岁及以上
新闻/时事	17.0	17.3	16.7	11.5	18.7	15.4	9.6	15.9	18.0	19.4
综艺	9.0	9.0	9.0	10.2	11.2	12.5	10.0	9.8	8.9	7.4
电视剧	34.3	32.8	35.8	26.3	32.5	30.1	35.0	33.8	34.0	36.3
体育	6.3	7.2	5.5	6.0	8.8	7.1	8.0	7.1	6.4	5.2
专题	7.5	7.9	7.2	5.5	6.1	6.7	5.9	7.8	8.3	7.8
教学	0.1	0.1	0.1	0.0	0.0	0.0	0.0	0.1	0.0	0.1
外语	0.0	0.0	0.0	0.0	0.0	0.0	0.0	0.0	0.0	0.0
青少	2.2	2.1	2.3	17.3	1.2	3.3	6.8	1.0	1.3	1.0
音乐	0.7	0.7	0.6	0.6	0.5	1.0	0.6	0.8	0.8	0.5
电影	3.8	4.2	3.4	5.5	3.7	3.5	5.5	5.3	3.4	2.8
戏剧	0.5	0.5	0.5	0.4	0.3	0.6	0.2	0.4	0.2	0.8
财经	1.0	1.1	0.9	0.4	0.5	0.8	1.1	1.0	1.2	1.1
生活服务	6.9	6.6	7.2	5.6	5.8	7.2	6.4	6.2	7.2	7.2
法制	1.5	1.4	1.5	0.6	0.7	2.1	1.2	1.2	1.4	1.7
其他	9.2	9.1	9.3	10.1	10.0	9.7	9.7	9.6	8.9	8.7

数据来源：CSM 媒介研究。

相比其他学历观众，2022 年北京未受过正规教育的观众收看青少类节目的行为突出，小学学历的观众对电视剧和电影类节目兴趣突出，初中学历观众收看生活服务和法制类节目的时间比重高于其他学历观众，高中学历观众对音乐类节目的兴趣更浓厚，大学及以上学历观众收视兴趣最广泛，用于收看新闻/时事、财经、体育、专题和综艺类节目的时间比重都高于其他各学历观众（表 1.5.8）。

表 1.5.8　2022 年北京市场不同受教育程度和收入观众对各类节目的收视比重

单位：%

节目类型	4 岁及以上所有人	受教育程度					个人月收入						
		未受过正规教育	小学	初中	高中	大学及以上	0～600 元	601～1200 元	1201～1700 元	1701～2600 元	2601～3500 元	3501～5000 元	5001 元及以上
新闻/时事	17.0	17.1	14.7	16.9	17.3	17.4	13.5	17.2	13.3	13.3	16.7	17.3	18.5
综艺	9.0	9.7	7.0	9.2	8.3	9.9	10.2	6.8	10.9	8.7	8.9	8.5	9.2
电视剧	34.3	28.9	41.7	36.5	35.1	30.1	33.0	42.0	37.8	43.1	36.8	35.9	30.5
体育	6.3	5.4	3.2	5.2	5.8	8.6	5.5	5.7	6.5	3.6	5.2	4.7	8.5
专题	7.5	6.1	6.0	7.4	7.8	7.9	6.4	6.3	6.3	6.2	7.3	7.7	8.2
教学	0.1	0.0	0.1	0.0	0.1	0.1	0.0	0.0	0.0	0.2	0.0	0.0	0.0
外语	0.0	0.0	0.0	0.0	0.0	0.0	0.0	0.0	0.0	0.0	0.0	0.0	0.0
青少	2.2	11.8	3.8	1.1	1.7	2.7	6.3	1.5	1.0	1.2	2.0	1.7	1.9
音乐	0.7	0.5	0.5	0.7	0.8	0.6	0.8	0.4	1.0	0.7	0.7	0.6	0.7
电影	3.8	2.8	4.6	3.6	3.9	3.7	4.3	2.7	3.0	4.1	3.4	3.6	3.9
戏剧	0.5	0.5	0.7	0.6	0.5	0.4	0.6	0.4	0.4	0.6	0.6	0.7	0.3
财经	1.0	0.6	0.5	0.9	1.0	1.3	0.6	0.3	0.6	0.5	0.8	1.1	1.3
生活服务	6.9	5.8	6.3	7.2	7.0	6.6	7.1	6.4	6.7	7.1	6.8	7.4	6.5
法制	1.5	0.7	1.4	1.6	1.5	1.4	2.1	0.8	2.9	1.2	1.9	1.6	1.2
其他	9.2	10.1	9.5	9.1	9.2	9.3	9.6	9.5	9.6	9.5	8.9	9.2	9.3

数据来源：CSM 媒介研究。

从个人月收入来看，收入 0～600 元的观众更偏爱电影类节目，收入 601～1200 元的观众较为喜爱电视剧、体育和新闻/时事类节目，收入 1201～1700 元的观众在综艺、体育、音乐和法制类节目上的收视比重高于其他收入的观众，收入 1701～2600 元的观众最关注电视剧，收入 2601～3500 元的观众在电视剧、戏剧和法制类节目上投入的时间高于 4 岁及以上所有人，收入 3501～5000 元的观众更青睐生活服务、戏剧和财经类节目，收入 5001 元及以上观众分配在新闻/时事、财经、体育和专题类节目上的时间比重高于其他个人月收入观众（表 1.5.8）。

2022 年，在北京不同职业观众中，干部/管理人员更喜爱收看体育、新闻/时事和专题类节目，个体/私营企业人员在教学和电影类节目上的收视比重在不同职业观众中最高，初级公务员/雇员在财经和音乐类节目上的收视比重高于其他收入群体，工人收看综艺类节目的行为突出，学生最关注青少类节目，无业观众较偏爱新闻/时事和生活服务类节目（表 1.5.9）。

表 1.5.9　2022 年北京市场不同职业观众对各类节目的收视比重

单位：%

节目类型	4 岁及以上所有人	职业						
		干部/管理人员	个体/私营企业人员	初级公务员/雇员	工人	学生	无业	其他
新闻/时事	17.0	17.7	13.5	16.0	15.9	15.0	17.9	11.6
综艺	9.0	10.2	9.5	11.0	11.3	9.6	8.2	9.4
电视剧	34.3	29.9	35.1	30.0	34.3	28.4	35.9	44.3
体育	6.3	11.8	6.4	8.1	5.8	8.4	5.5	3.5
专题	7.5	8.2	7.8	7.5	7.4	5.8	7.6	4.1
教学	0.1	0.1	0.2	0.0	0.0	0.0	0.0	0.0
外语	0.0	0.0	0.0	0.0	0.0	0.0	0.0	0.0
青少	2.2	1.0	2.5	3.3	2.4	9.4	1.5	2.6
音乐	0.7	0.6	0.7	0.8	0.7	0.5	0.6	0.4
电影	3.8	2.9	6.1	4.8	4.9	5.6	3.1	5.1
戏剧	0.5	0.4	0.2	0.4	0.3	0.4	0.6	0.9
财经	1.0	0.8	1.0	1.2	0.8	0.4	1.0	0.2
生活服务	6.9	6.4	6.2	6.2	6.3	5.9	7.3	5.9
法制	1.5	0.7	1.1	1.2	0.9	0.7	1.7	0.5
其他	9.2	9.3	9.7	9.5	9.0	9.9	9.1	11.5

数据来源：CSM 媒介研究。

（四）上海市电视收视市场节目竞争格局

1. 上海新闻类节目增幅较大，电视剧收视比重略有下降

2022 年上海综艺、新闻/时事和体育类节目收视比重变化明显，其他各类节目市场格局稳定。电视剧类节目以超 35% 的收视比重位居市场之首，同比减少 0.5 个百分点；新闻/时事类节目以 19.5% 的收视比重位居市场第二位，收视比重提升了 3.5 个百分点。综艺、体育和生活服务类节目紧随其后，收视比重在 6% ~8%，体育类节目较上一年增长 1.5 个百分点，综艺和生活服务类节目分别减少 3.2 个百分点和 0.8 个百分点。其余类型节目变化不大（图 1.5.8）。

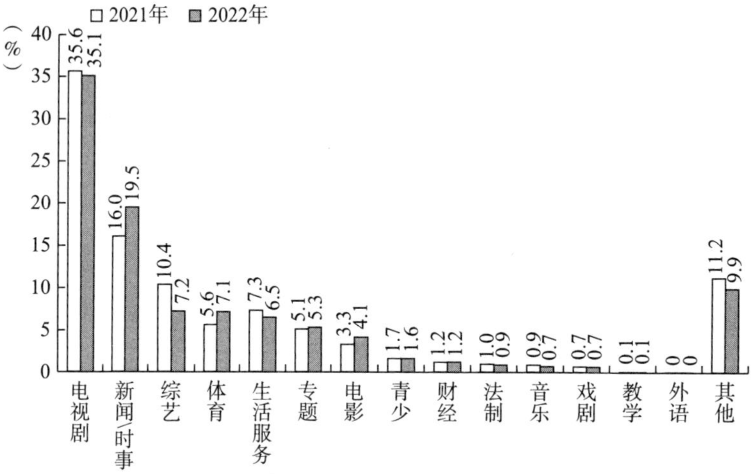

图 1.5.8　2021 ~ 2022 年上海市场各类节目的收视比重

数据来源：CSM 媒介研究。

2. 上海市级频道固守本地节目市场，中央广播电视总台领跑戏剧、电影、音乐和专题类市场

2022 年上海节目市场，上海市级频道在新闻/时事、电视剧、体育、教学、外语、财经、生活服务和法制共 8 个类型节目市场占主导优势，分别以 45% ~75% 收视份额位居市场之首。在综艺、专题和青少类节目市场，上海市级频道也都以超 25% 的收视份额位居亚军（图 1.5.9）。

2022 年中央广播电视总台在上海戏剧、电影、音乐和专题类细分节目市场登顶，收视份额都超过了 51%。在新闻/时事、体育、教学、外语、财经和法制类节目市场，中央广播电视总台的收视份额都在 25% ~43%，居亚军位置；在其余类型节目市场，中央广播电视总台收视竞争力弱于本地频道（图 1.5.9）。

相比本地频道和中央广播电视总台，2022 年外省卫视在上海的类型节目市场竞争优势一般，仅在综艺和青少类节目市场表现强势，收视份额都在 46% ~51%。外

省卫视在电视剧、戏剧和生活服务类节目市场位居亚军，收视份额都在21%～38%。在其余类型节目市场，外省卫视的收视份额都不超过16%（图1.5.9）。

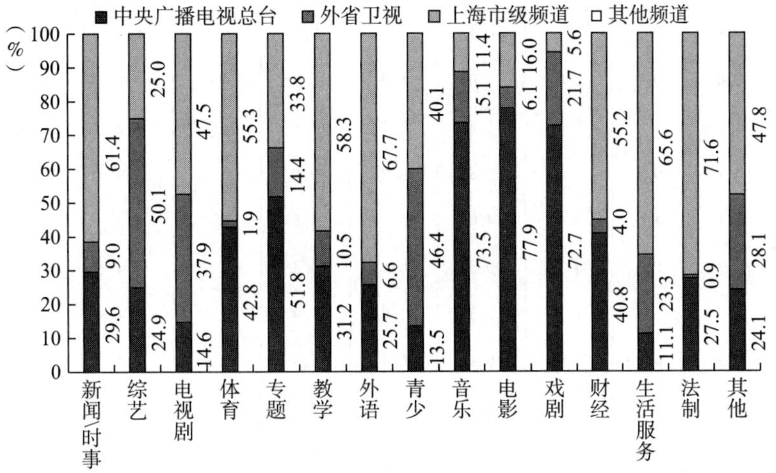

图1.5.9 2022年上海市场各类频道在不同类型节目中的收视份额

数据来源：CSM媒介研究。

3. 上海市场观众节目收视各取所需，类型节目契合观众个性需求

2022年上海男性观众收看电影、体育、财经、新闻/时事和专题类节目行为突出，女性观众偏爱电视剧、青少、生活服务和综艺类节目。不同性别的观众在其他各类节目收视上的差异不大（表1.5.10）。

2022年上海4～14岁观众是青少类节目最忠实观众，收视比重在各年龄段观众中最大；相比其他年龄段观众，15～24岁和25～34岁观众用于综艺类节目的时间比重较大，35～44岁的观众更喜爱收看电影和体育类节目，45～54岁的观众专题类节目收视比重高于其他年龄组，55～64岁观众分配在新闻/时事类节目的时间比重更大，65岁及以上的观众在电视剧类节目上的时间比重明显更大（表1.5.10）。

表1.5.10 2022年上海市场不同性别和年龄观众对各类节目的收视比重

单位：%

节目类型	4岁及以所有人	性别		年龄						
		男	女	4～14岁	15～24岁	25～34岁	35～44岁	45～54岁	55～64岁	65岁及以上
新闻/时事	19.5	20.2	18.6	14.9	16.9	16.6	16.7	19.1	22.0	20.7
综艺	7.2	6.9	7.5	9.2	10.1	10.2	9.7	8.0	5.8	5.6
电视剧	35.1	33.4	36.9	29.0	33.7	35.5	31.7	33.0	34.4	37.1
体育	7.1	8.4	5.8	7.4	7.2	6.1	8.5	7.2	8.4	6.7
专题	5.3	5.5	5.0	4.1	4.4	5.5	4.5	6.5	5.0	5.3

续表

节目类型	4岁及以所有人	性别		年龄						
		男	女	4~14岁	15~24岁	25~34岁	35~44岁	45~54岁	55~64岁	65岁及以上
教学	0.1	0.1	0.1	0.1	0.0	0.1	0.1	0.1	0.0	0.1
外语	0.0	0.0	0.0	0.0	0.0	0.1	0.0	0.0	0.0	0.0
青少	1.6	1.3	2.0	11.8	3.1	1.8	4.3	1.2	1.0	0.6
音乐	0.7	0.7	0.8	0.8	0.8	0.8	0.9	0.9	0.6	0.7
电影	4.1	4.6	3.6	4.0	5.3	4.5	5.4	5.2	3.5	3.5
戏剧	0.7	0.6	0.7	0.3	0.5	0.3	0.3	0.4	0.3	1.1
财经	1.2	1.4	1.1	1.3	1.0	1.0	0.7	1.4	1.3	1.4
生活服务	6.5	6.1	7.0	6.1	6.4	6.9	6.3	6.4	6.7	6.4
法制	0.9	0.9	0.9	0.8	0.7	0.7	0.7	0.9	1.1	1.0
其他	10.0	9.9	10.0	10.2	9.9	9.9	10.2	9.7	9.9	9.8

数据来源：CSM媒介研究。

在不同受教育程度的观众中，2022年上海未受过正规教育的观众收看青少类节目的时间比重最大，为15.4%；小学学历观众对电视剧和音乐类节目的兴趣浓厚，收视比重高于其他学历观众；相比其他受教育程度观众，初中学历观众倾向收看法制和生活服务类节目，高中学历的观众对财经和新闻/时事类节目最感兴趣，大学及以上学历观众用于专题、体育、电影和综艺类节目的收视比重在各学历观众中最大（表1.5.11）。

2022年，在上海不同个人月收入观众中，收入0~600元的观众收看青少和综艺类节目的时间比重超过其他收入段观众。相比其他个人月收入的观众，收入1201~1700元的观众更倾向收看电视剧、法制和戏剧类节目，收入1701~2600元的观众更关注电影类节目，收入2601~3500元观众收看财经和新闻/时事类节目的时间比重高于其他收入段观众；收入3501~5000元的观众在音乐类节目上的时间比重在各收入观众中最高；5001元及以上个人月收入的观众用于体育、生活服务和音乐类节目的收视时长占比较为突出（表1.5.11）。

2022年上海干部/管理人员用于收看电影、生活服务和青少类节目的时间比重位于各职业观众前列，个体/私营企业人员在财经类节目上的时间比重在各职业观众中位居前列，初级公务员/雇员收看专题类节目的时间比重更大，工人收看体育类节目行为较为突出，学生更喜爱收看综艺类节目，无业观众在新闻/时事类节目上的收视比重在各职业人群中处于最高水平（表1.5.12）。

表 1.5.11　2022 年上海市场不同受教育程度和个人月收入观众对各类节目的收视比重

单位：%

节目类型	4 岁及以上所有人	受教育程度					个人月收入						
		未受过正规教育	小学	初中	高中	大学及以上	0～600 元	601～1200 元	1201～1700 元	1701～2600 元	2601～3500 元	3501～5000 元	5001 元及以上
新闻/时事	19.5	15.9	15.5	19.3	21.2	18.4	17.5	*	11.1	16.0	21.0	19.5	19.9
综艺	7.2	8.0	6.6	6.2	6.4	9.1	9.2	*	6.9	5.8	5.4	6.6	7.6
电视剧	35.1	30.5	41.4	36.9	35.0	32.5	31.0	*	46.5	45.6	37.5	35.4	34.1
体育	7.1	3.2	5.0	6.8	7.5	7.6	7.0	*	3.6	4.0	6.6	7.2	7.5
专题	5.3	4.6	5.2	5.0	5.2	5.7	4.8	*	4.5	4.1	5.0	5.3	5.5
教学	0.1	0.1	0.0	0.0	0.1	0.1	0.0	*	0.0	0.1	0.0	0.1	0.1
外语	0.0	0.0	0.0	0.0	0.0	0.0	0.0	*	0.0	0.0	0.0	0.0	0.0
青少	1.6	15.4	2.1	1.1	0.9	2.3	6.3	*	2.7	0.6	0.8	1.7	1.2
音乐	0.7	0.7	0.9	0.7	0.8	0.7	0.6	*	0.8	0.6	0.7	0.8	0.8
电影	4.1	2.4	4.7	4.4	3.5	4.8	4.4	*	5.2	6.1	2.9	4.4	4.0
戏剧	0.7	1.8	1.6	1.0	0.5	0.4	0.4	*	2.4	1.1	1.5	0.8	0.4
财经	1.2	0.5	0.5	1.1	1.6	1.1	1.2	*	0.4	0.4	1.5	1.2	1.3
生活服务	6.5	5.8	6.0	6.5	6.6	6.5	6.5	*	5.6	5.2	6.3	6.3	6.8
法制	0.9	0.9	0.9	1.0	1.0	0.8	0.8	*	1.1	0.9	0.9	0.9	0.9
其他	10.0	10.2	9.6	10.0	9.7	10.0	10.3	*	9.2	9.5	9.9	9.8	9.9

数据来源：CSM 媒介研究。

注：“*”表示目标观众样本量不足，无法进行统计推断

表 1.5.12　2022 年上海市场不同职业观众对各类节目的收视比重

单位：%

节目类型	4 岁及以上所有人	职业						
		干部/管理人员	个体/私营企业人员	初级公务员/雇员	工人	学生	无业	其他
新闻/时事	19.5	16.6	19.1	17.6	16.6	17.8	20.8	11.4
综艺	7.2	5.8	8.6	9.3	7.6	10.1	5.9	4.0
电视剧	35.1	23.5	29.1	34.5	34.0	32.2	36.0	58.5
体育	7.1	8.2	6.0	7.6	10.2	8.6	6.7	1.2
专题	5.3	5.0	5.5	5.6	4.6	4.6	5.2	3.4
教学	0.1	0.1	0.1	0.1	0.1	0.0	0.1	0.0
外语	0.0	0.0	0.0	0.0	0.0	0.0	0.0	0.0
青少	1.6	10.8	6.1	1.2	1.8	1.8	1.4	0.7
音乐	0.7	1.3	0.7	0.9	0.8	0.6	0.7	0.6
电影	4.1	7.5	5.4	4.8	5.8	5.3	3.5	2.0
戏剧	0.7	0.3	0.3	0.3	0.5	0.5	0.9	2.9
财经	1.2	0.5	1.4	1.0	0.7	1.4	1.4	0.5
生活服务	6.5	9.2	6.7	6.4	6.1	6.4	6.5	5.1
法制	0.9	0.6	1.0	0.8	0.8	0.8	1.0	1.6
其他	10.0	10.6	10.0	9.9	10.4	9.9	9.9	8.1

数据来源：CSM 媒介研究。

（五）广州市电视收视市场节目竞争格局

1. *广州市场各类型节目收视市场整体稳定，电视剧类节目收视比重增长最多*

2022 年广州市场电视剧和新闻/时事类节目收视总量稳居前两位，收视比重总和达到 52.7%，收视比重同比 2021 年分别增长 2.1 个百分点和 0.8 个百分点。生活服务、青少、专题、综艺和体育类节目收视量位居其后，收视比重都在 5% ~8%，其中青少类节目收视比重同比增长 0.8 个百分点，综艺类节目比重减少 1.9 个百分点。其余类型节目的收视比重变化不大（图 1.5.10）。

2. *中央广播电视总台和广东广播电视台角逐广州节目市场，外省卫视以综艺破局*

2022 年，在广州收视市场中，中央广播电视总台领跑体育、专题、教学、外语、音乐、电影、财经和法制类合计 8 个细分节目市场的收视率，收视份额都在 38% ~88%，高于其他各级频道；中央广播电视总台在综艺和戏剧类节目市场位居第二，具有一定收视竞争力；在其余类型节目市场，中央广播电视总台竞争力一般（图 1.5.11）。

外省卫视保持在广州综艺类节目市场主导地位，收视份额为 55.2%；在青少、电视剧、外语、生活服务和教学类节目市场，外省卫视位居市场第二；在其余类型节目市场中，外省卫视收视竞争力位处中下游（图 1.5.11）。

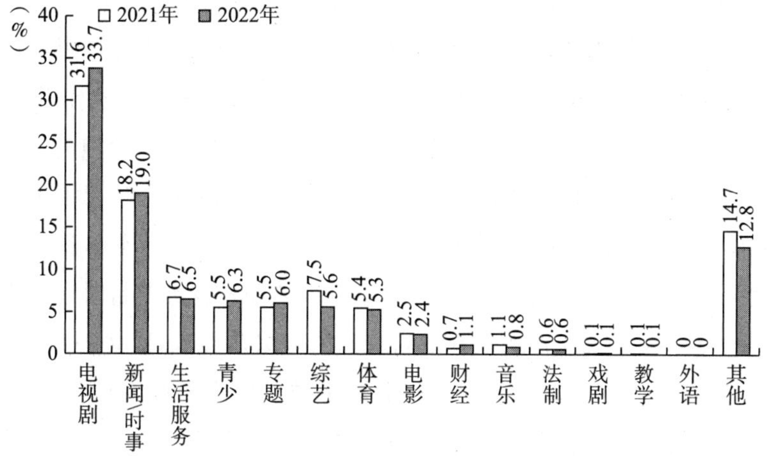

图 1.5.10 2021～2022 年广州市场各类节目的收视比重

数据来源：CSM 媒介研究。

2021 年广东广播电视台在新闻/时事、电视剧、青少、戏剧和生活服务类节目市场收视量居首位，收视份额都在 37%～69%。在体育、专题和电影类节目市场中，广东广播电视台位居亚军位置，在其余各类型节目市场收视竞争力不强（图 1.5.11）。

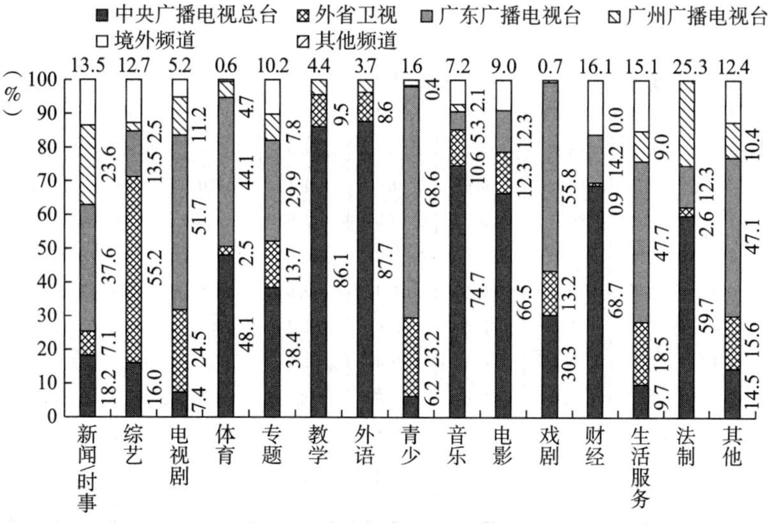

图 1.5.11 2022 年广州市场各类频道在不同节目类别中的收视份额

数据来源：CSM 媒介研究。

广州广播电视台 2022 年本地节目市场竞争格局中，在法制和新闻/时事类节目市场居亚军位置，收视份额分别为 25.3% 和 23.6%；在电视剧类节目上的收视份额为 11.2%，其余各类型节目市场收视份额都不超过 10%（图 1.5.11）。

2022 年境外频道在新闻/时事、综艺、专题、财经和生活服务类节目市场，收视份额都超过了 10%，表现相对较好，在其他各类节目收视中竞争力较为有限（图 1.5.11）。

3. 广州市场观众类型节目收看分化明显，类型节目各有专长

2022 年广州男性观众对新闻/时事、体育、专题、音乐、电影、财经和法制类节目的收看较女性观众更突出，女性观众用于青少、电视剧和综艺类节目的收看时间比重更高，不同性别的观众收看其余类型节目差异不明显（表 1.5.13）。

不同年龄段观众中，2022 年广州 4～14 岁观众将超 21% 的时间用于收看青少类节目，收视比重远超其他年龄段观众；15～24 岁观众用于收看专题和财经类节目的时间比重最大，25～34 岁观众收看新闻/时事、综艺和青少类节目时间比重高于所有观众平均值，35～44 岁观众青睐收看法制、音乐和综艺类节目，45～54 岁观众对电影类节目更感兴趣，55～64 岁观众在新闻/时事类节目上的收视比重较大，65 岁及以上观众最喜爱收看生活服务、新闻/时事和电视剧类节目，收视比重高于其他年龄观众（表 1.5.13）。

表 1.5.13　2022 年广州市场不同性别和年龄观众对各类节目的收视比重

单位：%

节目类型	4 岁及以上所有人	性别		年龄						
		男	女	4～14 岁	15～24 岁	25～34 岁	35～44 岁	45～54 岁	55～64 岁	65 岁及以上
新闻/时事	19.0	19.5	18.5	12.7	16.8	19.5	18.7	16.2	21.4	21.4
综艺	5.6	5.0	6.1	4.1	6.8	6.8	7.1	6.8	4.8	3.7
电视剧	33.7	33.4	34.1	31.6	33.7	33.5	29.3	33.9	32.7	36.9
体育	5.3	5.9	4.6	2.5	6.4	4.0	6.1	6.7	6.0	4.6
专题	6.0	6.2	5.7	4.2	7.1	4.8	5.8	6.9	6.2	6.4
教学	0.1	0.1	0.0	0.0	0.0	0.1	0.0	0.0	0.1	0.0
外语	0.0	0.0	0.0	0.0	0.0	0.0	0.0	0.0	0.0	0.0
青少	6.3	5.3	7.3	21.9	3.2	8.0	7.5	3.6	4.9	3.9
音乐	0.8	0.9	0.7	0.6	1.4	0.6	1.5	0.9	0.5	0.7
电影	2.4	2.6	2.0	2.5	2.0	2.2	2.6	4.2	1.7	1.5
戏剧	0.1	0.1	0.1	0.1	0.4	0.1	0.1	0.1	0.1	0.1
财经	1.1	1.3	0.8	0.6	2.8	0.5	2.3	1.7	0.7	0.6
生活服务	6.5	6.4	6.6	5.8	6.8	6.3	5.9	6.2	6.7	7.0
法制	0.6	0.6	0.5	0.6	0.3	0.4	0.9	0.4	0.6	0.7
其他	12.5	12.7	13.0	12.8	12.3	13.2	12.2	12.4	13.6	12.5

数据来源：CSM 媒介研究。

2022 年，在广州不同受教育程度的观众中，未受过正规教育的观众在收看青少类节目上的收视比重最大，小学学历的观众尤其喜爱收看电视剧和生活服务类节目，初中学历的观众收看电影类节目行为突出，高中学历的观众偏爱收看体育、专题、财经、法制和音乐类节目，大学及以上学历观众对新闻/时事和综艺类节目最感兴趣（表 1.5.14）。

表 1.5.14 2022 年广州市场不同受教育程度和个人月收入观众对各类节目的收视比重

单位：%

节目类型	4 岁及以上所有人	受教育程度					个人月收入（元）						
		未受过正规教育	小学	初中	高中	大学及以上	0 ~ 600 元	601 ~ 1200 元	1201 ~ 1700 元	1701 ~ 2600 元	2601 ~ 3500 元	3501 ~ 5000 元	5001 元及以上
新闻/时事	19.0	10.1	13.1	18.7	21.0	22.6	14.6	12.5	14.0	17.9	20.0	23.9	18.7
综艺	5.6	3.0	3.2	4.9	6.1	8.0	5.0	2.8	3.6	4.7	5.6	5.9	7.3
电视剧	33.7	36.6	42.1	36.5	30.3	28.3	35.6	43.3	40.8	39.8	36.2	27.6	30.1
体育	5.3	1.9	3.9	5.4	6.0	5.7	3.6	4.4	13.6	3.4	3.3	6.5	8.3
专题	6.0	4.3	5.2	6.0	6.5	6.1	4.8	6.0	3.2	4.9	5.6	7.4	6.7
教学	0.1	0.0	0.0	0.0	0.1	0.1	0.0	0.0	0.0	0.0	0.0	0.2	0.0
外语	0.0	0.0	0.0	0.0	0.0	0.0	0.0	0.0	0.0	0.0	0.0	0.0	0.0
青少	6.3	21.5	8.4	4.9	4.9	5.4	12.3	6.7	2.9	5.9	5.6	3.4	5.1
音乐	0.8	0.4	0.7	0.5	1.2	0.8	1.4	0.6	1.0	0.5	0.6	0.8	0.6
电影	2.4	2.1	2.4	2.6	2.4	2.0	2.2	1.7	1.2	2.2	2.2	2.2	3.4
戏剧	0.1	0.2	0.2	0.2	0.1	0.1	0.2	0.2	0.0	0.0	0.1	0.1	0.1
财经	1.1	0.4	0.5	0.5	1.8	1.3	0.5	0.6	0.4	0.3	0.8	2.0	1.3
生活服务	6.5	5.7	6.6	6.6	6.4	6.4	6.3	7.1	5.2	6.6	6.4	6.8	6.0
法制	0.6	0.6	0.3	0.6	0.7	0.5	0.5	0.2	0.2	0.7	0.6	0.7	0.6
其他	12.5	13.2	13.4	12.6	12.5	12.7	12.8	13.9	13.9	13.1	13.0	12.5	11.8

数据来源：CSM 媒介研究。

广州个人月收入 0～600 元的观众收看青少和音乐类节目的时间最长；相比其他个人月收入段的观众，收入在 601～1200 元的观众对电视剧和生活服务类节目的收看更突出，收入为 1201～1700 元的观众收看体育类节目的兴致最高，收入 1701～2600 元的观众对法制类节目更感兴趣，收入 2601～3500 元的观众在电视剧、新闻/时事和综艺类节目上的收视比重高于广州 4 岁及以上观众平均水平，收入 3501～5000 元的观众更倾向收看专题和法制类节目，收入 5001 元及以上的观众在综艺和电影类节目上的收视比重高于其他收入水平观众（表 1.5.14）。

2022 年广州不同职业观众中，干部/管理人员最倾向收看新闻/时事、综艺和体育类节目，个体/私营企业人员在财经、电影和专题类节目上的收视比重最大，初级公务员/雇员在新闻/时事、综艺、体育和青少类节目上的收视比重高于 4 岁及以上所有观众平均值，工人投入在电视剧上的时间最长，学生更喜欢收看青少类节目，无业观众在生活服务和音乐类节目上的收视比重最大（表 1.5.15）。

表 1.5.15　2022 年广州市场不同职业观众对各类节目的收视比重

单位：%

节目类型	4 岁及以上所有人	职业						
		干部/管理人员	个体/私营企业人员	初级公务员/雇员	工人	学生	无业	其他
新闻/时事	19.0	21.6	16.7	21.4	16.9	15.3	20.6	7.3
综艺	5.6	8.9	5.6	8.5	5.5	5.9	4.6	1.6
电视剧	33.7	24.5	31.4	29.0	35.9	34.7	34.5	50.8
体育	5.3	11.3	5.7	5.5	6.4	4.1	4.5	0.4
专题	6.0	8.2	8.4	4.9	5.7	5.4	6.0	2.8
教学	0.1	0.1	0.0	0.1	0.0	0.0	0.1	0.0
外语	0.0	0.0	0.0	0.0	0.0	0.0	0.0	0.0
青少	6.3	4.0	4.4	7.3	5.0	10.9	6.1	16.1
音乐	0.8	0.6	0.6	0.7	0.6	0.7	1.0	0.2
电影	2.4	3.0	4.3	2.4	2.5	2.3	1.8	1.9
戏剧	0.1	0.1	0.1	0.1	0.1	0.4	0.1	0.1
财经	1.1	0.5	2.9	1.0	1.5	0.7	0.6	0.1
生活服务	6.5	5.4	6.5	5.9	6.4	6.5	6.7	6.3
法制	0.6	0.7	0.6	0.4	0.5	0.3	0.7	0.2
其他	12.5	11.1	12.8	12.8	13.0	12.8	12.7	12.2

数据来源：CSM 媒介研究。

六　电视广告投放与竞争格局

根据央视市场研究（CTR）发布的广告监测数据①，以媒体公开的广告投放刊例价为统计标准，2022 年中国广告市场同比减少 11.8%，在受到疫情冲击、国内外市场环境复杂严峻等多重超预期挑战的影响下，电视广告投放刊例额减少 14.6%；广播广告投放刊例额减少 13.0%；报纸广告投放刊例额下降 31.0%；杂志广告投放刊例额下降 17.6%。

（一）中国电视广告投放基本情况

1. 2022 年中国电视广告投放刊例额同比 2021 年减少 14.6%

2022 年，中国电视广告投放刊例额为 3711 亿元人民币，同比 2021 年减少 14.6%。从月度投放变化来看，电视广告开年以来连续 4 个月下滑，至 5 月份重回正增长。全年广告投放刊例额最高的月份是 1 月份，单月广告投放刊例额 360 亿元人民币，广告投放刊例额最低的月份是 4 月份，单月广告投放刊例额 284 亿元人民币（图 1.6.1）。

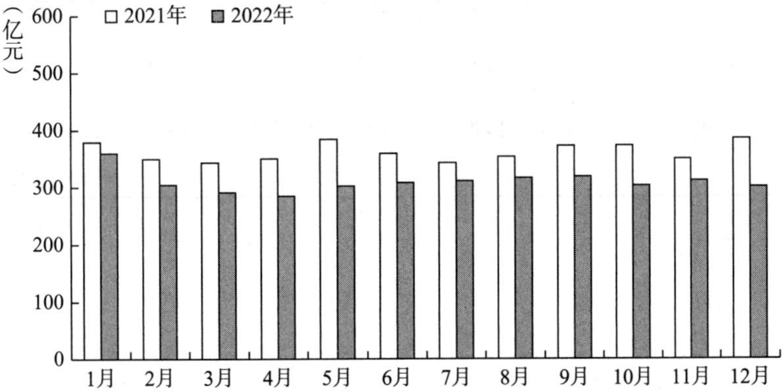

图 1.6.1　2021 年、2022 年各月中国电视广告投放刊例额

数据来源：CTR 媒介智讯，广告监测数据库 AdEx。

2. 电视广告投放刊例额前三位的行业是药品、食品和饮料

2022 年电视整体的头部行业均呈现不同程度的减投，广告投放刊例额排名头部行业是药品、食品、饮料、酒精类饮品和商业及服务性等行业。其中，药品行业电视广告投放刊例额同比减少 7.0%，食品行业的电视广告投放刊例额同比微跌 0.9%，电视投放量较大的饮料行业花费同比减少 18.3%（表 1.6.1）。

---

① 2022 年广告投放刊例额以 CTR2022 年监测范围为基准进行统计，2022 年广告投放增长情况以 CTR2021 年监测范围为基准进行比较；广告投放刊例额以媒体公开报价为统计标准，不含折扣；电视广告监测时间为 17：00～24：00。

表 1.6.1　2022 年中国电视广告投放刊例额排名前 10 位的品类

单位：亿元，%

品类	2022 年	2021 年	投放刊例额变化
药品	792.1	851.9	-7.0%
食品	731.3	737.8	-0.9%
饮料	457.0	559.6	-18.3%
酒精类饮品	246.9	286.4	-13.8%
商业及服务性行业	176.8	180.4	-2.0%
个人用品	165.0	185.3	-11.0%
活动类	161.2	248.4	-35.1%
娱乐及休闲	149.5	192.5	-22.3%
化妆品/浴室用品	142.2	257.0	-44.7%
家居用品	124.9	134.0	-6.8%

数据来源：CTR 媒介智讯，广告监测数据库 AdEx。

3. 电视广告投放刊例额前三位的品牌是陈李济、伊利和同溢堂

2022 年电视广告投放刊例额 TOP 10 的品牌中有 6 个来自药品行业，它们是陈李济、同溢堂、蒙奇、养无极、天草和曹清华，其中陈李济和同溢堂分别排名第一位和第三位。2021 年排名第二位的舒肤佳品牌跌出 TOP 10（表 1.6.2）。

表 1.6.2　2022 年中国电视广告投放刊例额排名前 10 位的品牌

单位：亿元，%

品牌	所属品类	2022 年	2021 年	投放刊例额变化
陈李济	药品、活动类	112.6	100.8	11.7%
伊利	饮料、食品、活动类	67.8	62.2	9.0%
同溢堂	药品	66.6	81.3	-18.1%
蒙奇	药品、活动类	62.7	28.5	120.1%
养无极	药品、活动类	52.7	77.5	-31.9%
天草	药品、活动类	50.2	45.7	9.9%
汤臣倍健	食品、药品	45.1	39.4	14.5%
曹清华	药品	43.7	18.4	137.5%
君乐宝	饮料、活动类	43.4	44.3	-2.0%
超视立	个人用品、商业及服务性行业	43.1	41.2	4.6%

数据来源：CTR 媒介智讯，广告监测数据库 AdEx。

4. 省级台广告投放刊例额下降幅度较大

从各级电视频道广告投放刊例额来看，2022 年中央级频道广告同比 2021 年下降 13.2%；省级卫视广告同比下降 14.8%；省级地面频道广告同比下降 16.6%；省会

城市台广告下降9.3%；其他频道广告同比下降8.6%（图1.6.2）。

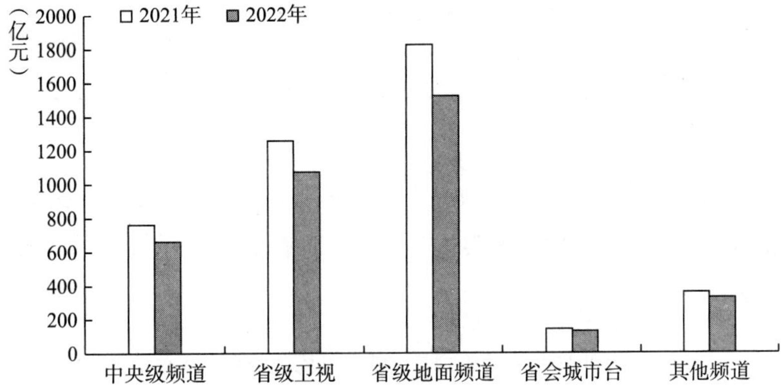

图1.6.2 2021年、2022年全国各级频道的广告投放刊例额

数据来源：CTR媒介智讯，广告监测数据库AdEx。

2022年中央广播电视总台广告投放刊例额TOP 5的行业是食品、饮料、药品、酒精类饮品和邮电通信，其中食品、饮料和酒精类饮品行业呈现正增长，药品行业出现了较大负增长（表1.6.3）。

表1.6.3 2022年中央广播电视总台广告投放刊例额排名前5位的品类

单位：亿元，%

品类	2022年	2021年	增长率
食品	136.0	128.4	6.0%
饮料	116.8	108.7	7.5%
药品	80.2	98.6	-18.6%
酒精类饮品	78.4	77.5	1.2%
邮电通信	52.7	57.2	-7.9%

数据来源：CTR媒介智讯，广告监测数据库AdEx。

2022年中央广播电视总台广告投放刊例额排名TOP 5的品牌是飞鹤、君乐宝、怡宝、燕小厨和易开得，前三位均来自饮料行业，其中怡宝广告投放刊例额实现了超过两倍的增长（表1.6.4）。

表1.6.4 2022年中央广播电视总台广告投放刊例额排名前5位的品牌

单位：亿元，%

品牌	所属品类	2022年	2021年	增长率
飞鹤	饮料	26.5	23.7	11.8%
君乐宝	饮料、活动类	17.0	17.9	-5.0%
怡宝	饮料	16.8	4.7	257.4%

续表

品牌	所属品类	2022 年	2021 年	增长率
燕小厨	食品	15.8	12.3	28.5%
易开得	家用电器	15.2	16.8	-9.6%

数据来源：CTR 媒介智讯，广告监测数据库 AdEx。

2022 年省级卫视广告投放中，排名 TOP 5 的行业是食品、饮料、药品、化妆品/浴室用品和酒精类饮品，其中酒精类饮品行业广告有 8.5% 增长，其他 4 个行业均呈现负增长（表 1.6.5）。

表 1.6.5　2022 年省级卫视广告投放刊例额排名前 5 位的品类

单位：亿元，%

品类	2022 年	2021 年	增长率
食品	303.4	315.9	-4.0%
饮料	195.5	253.6	-22.9%
药品	178.3	214.6	-16.9%
化妆品/浴室用品	80.0	121.2	-34.0%
酒精类饮品	71.5	65.9	8.5%

数据来源：CTR 媒介智讯，广告监测数据库 AdEx。

2022 年省级卫视广告投放刊例额排名 TOP 5 的品牌是伊利、汤臣倍健、同溢堂、钙尔奇和旺旺，其中汤臣倍健和钙尔奇呈现近一倍的增长（表 1.6.6）。

表 1.6.6　2022 年省级卫视广告投放刊例额排名前 5 位的品牌

单位：亿元，%

品牌	所属品类	2022 年	2021 年	增长率
伊利	饮料、食品	32.1	27.4	17.2%
汤臣倍健	食品	32.0	16.4	95.1%
同溢堂	药品	31.9	38.4	-16.9%
钙尔奇	食品	20.4	10.4	96.2%
旺旺	饮料、食品	18.4	18.9	-2.6%

数据来源：CTR 媒介智讯，广告监测数据库 AdEx

（二）中国电视广告市场竞争格局

1. 频道间竞争：省级地面频道广告份额下滑较明显

2022 年，在各级电视频道广告投放竞争中，中央级频道广告份额同比增长 0.3 个百分点；省级卫视频道广告份额下降 0.1 个百分点；省级地面频道广告份额下降

1.0 个百分点；省会城市台广告份额增长 0.2 个百分点；其他频道份额增长 0.6 个百分点（表 1.6.7）。

表 1.6.7 2021 年、2022 年各类电视频道广告投放刊例额所占份额及其变化

单位：%

频道类别	2021 年	2022 年	份额变化（百分点）
中央级频道	17.5	17.8	0.3
省级卫视	29.0	28.9	-0.1
省级地面频道	42.0	41.0	-1.0
省会城市台	3.3	3.5	0.2
其他频道	8.2	8.8	0.6

数据来源：CTR 媒介智讯，广告监测数据库 AdEx。

2022 年，在省级卫视广告投放刊例额排名 TOP 10 的频道中，河南卫视、天津卫视和江苏卫视排名前 3 位。由于数据统计口径只统计硬广告刊例价，以媒体公开报价为统计标准，不含折扣，所以湖南卫视、东方卫视等比较强势的省级卫视没能进入 TOP 10（表 1.6.8）。

表 1.6.8 2021 年、2022 年广告投放刊例额排名前 10 位的省级卫视

单位：亿元

排名	2021 年		2022 年	
	频道	投放刊例额	频道	投放刊例额
1	湖北卫视	91.5	河南卫视	86.3
2	河南卫视	88.2	天津卫视	75.9
3	天津卫视	79.6	江苏卫视	72.0
4	安徽卫视	77.3	安徽卫视	67.0
5	重庆卫视	73.6	湖北卫视	66.5
6	江苏卫视	73.1	重庆卫视	56.9
7	贵州卫视	64.7	东南卫视	55.2
8	浙江卫视	63.0	浙江卫视	51.4
9	宁夏卫视	56.0	贵州卫视	49.3
10	山东卫视	54.1	河北广播电视台卫视频道	43.3

数据来源：CTR 媒介智讯，广告监测数据库 AdEx。

在省会城市台广告投放刊例额排名 TOP 10 中，排名前 3 位的是昆明电视台、广州电视台和南京电视台，与 2021 年保持一致。按媒体公开报价为统计标准，不含折扣，昆明电视台广告投放刊例额连续多年居省会城市电视台榜首（表 1.6.9）。

表 1.6.9　2021 年、2022 年广告投放刊例额排名前 10 位的省会城市电视台

单位：亿元

排名	2021 年		2022 年	
	频道	投放刊例额	频道	投放刊例额
1	昆明电视台	24.6	昆明电视台	26.5
2	广州电视台	15.2	广州电视台	15.4
3	南京电视台	12.2	南京电视台	13.4
4	济南电视台	11.7	济南电视台	11.9
5	成都电视台	9.8	郑州电视台	7.6
6	长沙电视台	8.8	南宁电视台	6.5
7	郑州电视台	8.3	长沙电视台	6.2
8	武汉电视台	7.4	成都电视台	5.3
9	南宁电视台	6.7	武汉电视台	5.0
10	西安电视台	6.5	杭州电视台	4.1

数据来源：CTR 媒介智讯，广告监测数据库 AdEx。

2. 行业投放竞争：电视广告投放刊例额减少受到头部行业减投影响较明显

在 21 个行业中有 3 个行业广告增长、18 个行业下跌。各行业对电视广告投放的贡献率①有所不同，其中药品、食品和饮料等行业对电视广告投放呈现较大负贡献（图 1.6.3）。

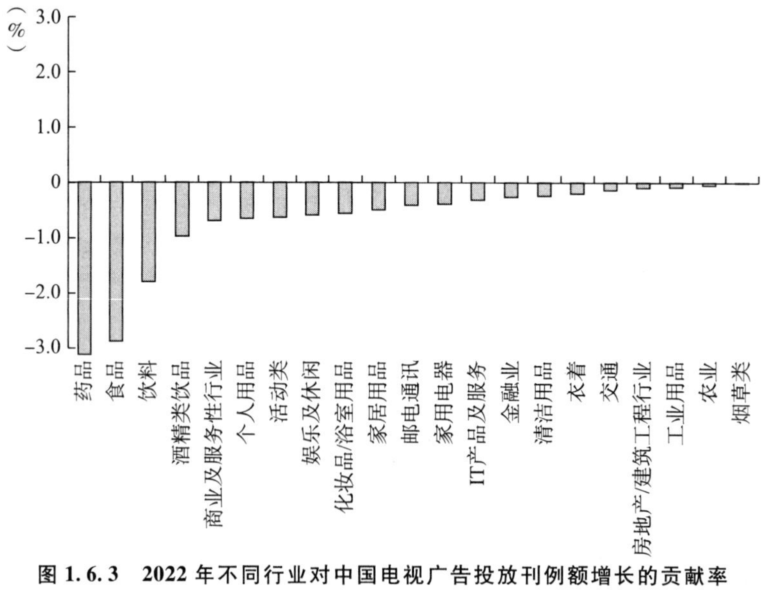

图 1.6.3　2022 年不同行业对中国电视广告投放刊例额增长的贡献率

数据来源：CTR 媒介智讯，广告监测数据库 AdEx。

① 某行业对电视广告增长贡献率 = 某行业电视广告增长额/电视广告总增长额 × 电视广告总增长率。

七　广播收听环境

1. 全国共有广播电台20座，广播电视台2449座

根据《中国广播电视年鉴（2023）》的最新统计，截至2022年底，全国共有广播电台20座①，广播电视台2449座。国家级广播电台有中央人民广播电台和中国国际广播电台，每个省、自治区或直辖市，每个地级或以上城市都至少有一座广播电台或广播电视台。全国现有中、短波广播转播发射台819座。全国广播节目在国内的人口综合覆盖率达到99.7%。2022年全年公共广播节目播出时间为1602.2万小时，其中，播出新闻资讯类节目318.6万小时，专题服务类节目334.9万小时，综艺益智类节目358.5万小时，广播剧类节目99.4万小时，广告类节目140.5万小时，其他类节目350.3万小时。2022年，全国广电系统制作广播节目787.6万小时，其中，新闻资讯类节目142.7万小时，专题服务类节目216.8万小时，综艺类节目189.1万小时，广播剧类节目20.1万小时，广告类节目65.4万小时，其他类节目153.5万小时。

2. 在全国17个重点城市中，音乐类、综合类和交通类频率数量最多

根据CSM媒介研究收集的2022年全国17个重点城市可接收的广播频率数量分布资料，在不包括境外频率的305个广播频率中，综合类（56个）、音乐类（55个）和交通类（52个）频率的数量较多（表1.7.1）。“跨领域”频率的现象比较普遍，在名称定位于“综合”的56个频率中，有33个频率同时在名称中涉及了其他领域；在名称定位于“新闻”的46个频率中，有30个频率同时在名称中涉及了其他领域；在名称定位于“交通”的52个频率中，有10个频率同时在名称中涉及了其他领域；在名称定位于“文艺”（42个）和“城市”（18个）的频率中，有9个频率同时在名称中涉及了其他领域；在名称定位于“生活”的19个频率中，有7个频率同时在名称中涉及了其他领域；在名称定位于“音乐”（55个）、“经济”（30个）和“资讯”（12个）的频率中，有6个频率同时在名称中涉及了其他领域；在名称定位于“教育”的6个频率中，有5个频率同时在名称中涉及了其他领域；在名称定位于“旅游”的4个频率中，也有3个频率同时在名称中涉及了其他领域。在各类频率中，以“综合、新闻”进行双重定位的频率数量最多，达到了27个，以“城市、生活”进行双重定位的频率有4个，以“交通、文艺”进行双重定位的频率有3个，

① 随着广播电台和电视台合并进程的推进，全国广播电台数量较前些年明显减少，广播电视台数量相应增加。

以“交通、经济”进行双重定位的频率有 3 个，以“新闻、资讯”进行双重定位的频率有 2 个，以“音乐、城市”进行双重定位的频率有 2 个，以“经济、交通”双重定位的频率也有 2 个，以“综合、交通”进行双重定位的频率也有 2 个。城市中专门给有车族人群开办的频率发展态势良好，在 17 个调查城市中有 8 个针对有车族广播的休闲娱乐频率。与 2021 年情形类似，目标受众的细化仍然是广播频率发展的重要特征之一。

表 1.7.1　2022 年 17 个重点城市各类频率的数量分布

单位：个

序号	频率类别	频率数量	涉及其他类别的频率数量
1	综合	56	33
2	音乐	55	6
3	新闻	46	30
4	交通	52	10
5	经济	30	6
6	文艺	42	9
7	城市	18	9
8	生活	19	7
9	资讯	12	6
10	体育	5	1
11	外语	4	2
12	健康	3	1
13	教育	6	5
14	旅游	4	3
15	农村	10	0
16	其他	5	0
不重复合计		305	66

数据来源：CSM 媒介研究。

3. 全国拥有正在使用的收听设备的家庭比例达到 47.9%

根据 CSM 媒介研究全国网 2022 年基础调查数据，在全国范围内，有 47.9% 的家庭拥有正在使用的收听设备，与 2021 年相比增长了 0.3 个百分点；收听设备的百户拥有量为 56 台，与 2021 年相比增加了 1 台。2022 年，在全国城市拥有正在使用收听设备的家庭比例为 51.3%，比 2021 年上升了 0.4 个百分点，在农村这个比例是 44.1%，比 2021 年增加了 0.2 个百分点。在收听设备的百户拥有量方面，2022 年城市为 62 台，比 2021 年增加了 1 台；农村为 49 台，与 2021 年持平。在拥有收听设备的家庭中，绝大多数家庭只拥有 1 台收听设备，拥有 2 台及以上收听设备的家庭比例还是比较小，全国只有 6.4%，但与 2021 年相比，增长了 0.6 个百分点（表 1.7.2）。

表 1.7.2 2010～2022 年全国正在使用收听设备的拥有状况

单位：%，台

年份	区域	1 台	2 台	3 台及以上	无收听设备	百户拥有量
2010	全国	22.6	4.2	1.9	71.3	38
	城市	30.2	7.3	3.1	59.4	56
	乡域	18.3	2.4	1.2	78.1	27
2011	全国	25.0	4.2	1.6	69.2	39
	城市	32.7	6.6	2.8	57.9	56
	农村	19.8	2.6	0.9	76.7	28
2012	全国	26.8	4.5	1.9	66.8	43
	城市	33.5	7.0	3.5	56.0	60
	农村	22.1	2.8	0.8	74.2	31
2013	全国	28.3	5.8	3.3	62.6	51
	城市	33.9	7.6	4.3	54.2	64
	农村	24.3	4.5	2.6	68.6	42
2014	全国	28.4	5.2	2.3	64.1	47
	城市	33.0	7.1	3.0	56.9	58
	农村	25.2	3.8	1.8	69.2	39
2015	全国	29.9	5.9	2.7	61.5	51
	城市	34.6	7.5	3.3	54.6	61
	农村	26.5	4.8	2.3	66.4	44
2016	全国	31.5	4.8	1.7	62.0	47
	城市	35.8	5.8	2.0	56.4	54
	农村	28.5	4.0	1.5	66.0	42
2017	全国	34.3	4.5	1.0	60.2	47
	城市	38.0	6.3	1.5	54.2	56
	农村	31.6	3.2	0.7	64.5	41
2018	全国	35.0	3.8	0.8	60.4	46
	城市	39.2	5.6	1.4	53.8	55
	农村	31.9	2.5	0.4	65.2	38
2019	全国	37.3	3.9	0.9	57.9	49
	城市	40.7	6.0	1.6	51.7	58
	农村	34.8	2.4	0.5	62.3	41

续表

年份	区域	1 台	2 台	3 台及以上	无收听设备	百户拥有量
2021	全国	41.8	4.6	1.2	52.4	55
	城市	43.5	5.7	1.7	49.1	61
	农村	40.0	3.4	0.5	56.1	49
2022	全国	41.5	5.1	1.3	52.1	56
	城市	42.9	6.7	1.7	48.7	62
	农村	40.0	3.4	0.7	55.9	49

数据来源：CSM 媒介研究。

根据 CSM 媒介研究全国网 2022 年基础调查数据，在全国七大行政区中，华北、西北和华东地区的收听设备拥有率较高，均达到 50% 以上，每百户均拥有收听设备也在 59 台及以上。其中华北地区收听设备拥有率最高，达到 56.9%，平均每百户收听设备拥有量达到 72 台；西北地区收听设备拥有率达到了 55.4%，平均每百户收听设备拥有量达到 72 台；华东地区收听设备拥有率达到了 51.0%，平均每百户收听设备拥有量达到 59 台。东北地区收听设备拥有率为 46.8%，每百户均拥有收听设备为 54 台；华中地区收听设备拥有率为 46.6%，每百户均拥有收听设备为 52 台；西南地区收听设备拥有率为 42.8%，每百户均拥有收听设备为 51 台；而华南地区是七大行政区中收听设备拥有率最低的地区，仅为 36.3%，每百户均拥有收听设备也仅为 40 台（表 1.7.3）。

表 1.7.3　2022 年全国各大行政区正在使用收听设备的拥有状况

单位：%，台

大行政区	1 台	2 台	3 台及以上	无收听设备	百户拥有量（台）
东北	41.3	4.6	0.9	53.2	54
华北	46.7	7.2	3.0	43.1	72
华东	44.5	5.6	0.9	49.0	59
华南	33.9	1.7	0.7	63.7	40
华中	42.5	3.3	0.8	53.4	52
西北	42.6	10.6	2.2	44.6	72
西南	36.6	5.0	1.2	57.2	51

数据来源：CSM 媒介研究。

4. 全国广播听众中使用车载广播作为经常收听途径的比例高达 74.0%

根据 CSM 媒介研究全国网 2022 年基础调查数据，在全国范围内，广播听众中使用车载广播作为经常收听途径的比例高达 74.0%，收音机的比例为 13.9%，手机内置收音机或者手机 APP 的比例为 35.4%。在城市广播听众中，75.9% 的听众经常使用车载广播收听，13.8% 的听众经常使用收音机收听，39.1% 的听众经常使用手机内置收音机和手机 APP 收听。在农村广播听众中，使用车载广播作为经常收听途径的比例为 70.3%，低于城市听众，使用收音机的比例为 14.0%，与城市听众比例差异不大，使用手机内置收音机和手机 APP 的比例为 28.1%，比例大幅落后于城市地区（表 1.7.4）。

表 1.7.4　2022 年全国及分城乡广播听众经常使用的收听设备或途径

单位：%

收听设备或途径	全国	城市	农村
车载广播	74.0	75.9	70.3
收音机	13.9	13.8	14.0
手机内置收音机	3.2	3.1	3.6
手机 APP	32.2	36.0	24.5
音响	1.1	1.0	1.2
智能音箱	3.1	3.5	2.3
有线（数字）电视	0.3	0.2	0.4
平板电脑/PC	0.9	1.1	0.6
MP3/MP4	0.2	0.2	0.2
收录机/随身听	0.2	0.1	0.3
其他	8.0	4.9	14.6

数据来源：CSM 媒介研究。

从各大行政区来看，根据 CSM 媒介研究全国网 2022 年基础调查数据，在全国七大行政区中，广播听众中使用车载广播作为经常收听途径的比例最高的是华南地区，高达 81.1%，其次为华北（80.4%）和华东（76.9%），车载广播作为经常收听途径比例最低的是西南地区，为 58.8%。与此相对应，在全国七大行政区中，广播听众中使用收音机作为经常收听途径比例最高的是东北地区，高达 30.3%，其次为西北（17.3%）和华中（16.2%），收音机作为经常收听途径比例最低的是西南地区，只有 8.0%。另外，在华南地区，有高达 51.4% 的广播听众经常使用手机内置收音机和手机 APP 收听广播，该比例在华中地区也达到 41.6%，该比例在东北、华东和华北的广播听众中也达到 33% 以上，而使用手机内置收音机和手机 APP 收听广播比例较低的西北和西南地区，仅分别为 26.4% 和 25.7%（表 1.7.5）。

表 1.7.5　2022 年全国各大行政区广播听众经常使用的收听设备或途径

单位：%

收听设备或途径	东北	华北	华东	华南	华中	西北	西南
车载广播	65.0	80.4	76.9	81.1	72.9	72.3	58.8
收音机	30.3	12.6	11.5	11.0	16.2	17.3	8.0
手机内置收音机	6.4	3.3	2.6	2.9	2.9	3.4	3.4
手机 APP	30.1	30.5	31.5	48.5	38.7	23.0	22.3
音响	0.0	0.1	0.5	0.2	1.2	0.3	6.5
智能音箱	2.4	1.4	3.4	4.9	4.9	2.9	1.3
有线（数字）电视	0.0	0.0	0.6	0.1	0.0	0.5	0.2
平板电脑/PC	0.4	0.4	1.0	2.1	1.2	0.9	0.4
MP3/MP4	0.3	0.0	0.1	0.3	0.1	0.6	0.2
收录机/随身听	0.5	0.2	0.1	0.0	0.0	0.1	0.5
其他	0.3	0.4	8.3	0.1	4.1	21.4	23.3

数据来源：CSM 媒介研究。

八　广播听众特征

1. 全国 10 岁及以上听众规模达 694647000 人

根据《中国广播电视年鉴（2023）》的数据，截至 2022 年底，全国广播节目人口覆盖率达到 99.65%。但是，在广播实际收听方面，由于部分家庭不购置收听设备，或者一些家庭的收听设备已经闲置，所以实际的广播听众规模要明显小于广播覆盖的人口规模。我们所说的广播听众是指拥有正在使用的广播收听设备或家庭成员中有人在近三个月内收听过广播的家庭中 10 岁及以上人口。

根据 CSM 媒介研究 2022 年全国网基础调查数据，2022 年全国广播听众规模为 694647000 人，占全国 10 岁及以上人口总数的 55.9%；其中城市的广播听众规模为 375133000 人，占全国城市 10 岁及以上人口总数的 61.1%；农村的广播听众规模为 319514000 人，占全国农村 10 岁及以上人口的 50.9%。

2. 广播听众结构与全国人口结构基本一致，男性所占比例略高于女性

CSM 媒介研究 2022 年全国网基础研究调查数据显示，在全国广播听众中，男性比例略高于女性，男性占 51.3%，女性占 48.7%，这个构成与全国 10 岁及以上人口的性别构成基本一致。城市广播听众中男性占 51.3%，女性占 48.7%，男性所占比例略高于女性，并且与全国城市 10 岁及以上人口性别构成也基本一致；在农村听众

中，男性占51.3%，女性占48.7%，男性所占比例同样高于女性，与全国农村10岁及以上人口性别构成基本一致（图1.8.1、图1.8.2）。

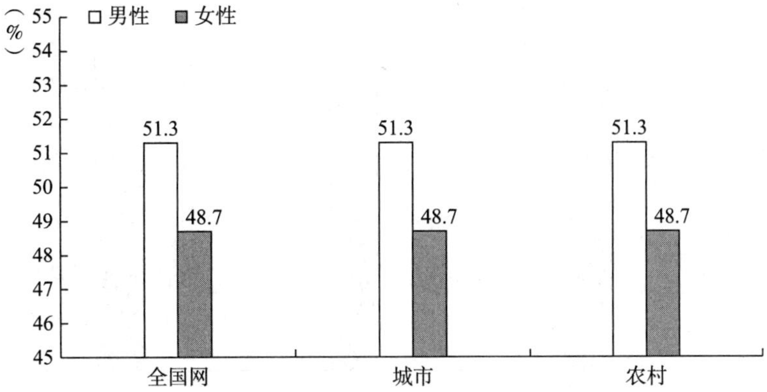

图1.8.1　2022年全国广播听众性别构成

数据来源：CSM媒介研究。

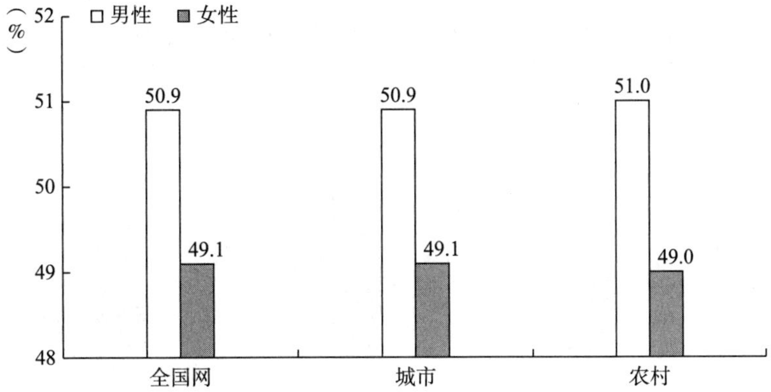

图1.8.2　2022年全国10岁及以上人口性别构成

数据来源：CSM媒介研究。

3. 25~34岁人群所占比例最高，城乡听众年龄结构同中有异

CSM媒介研究2022年全国网基础研究调查数据显示，25~34岁、45~54岁和35~44岁年龄段的听众是广播听众中占比相对较高的群体，其中25~34岁听众群体在全国、城市和农村中所占比例均超过20.0%，占比居首；45~54岁听众群体在全国和农村，35~44岁听众群体在城市所占比例均超过18.0%，位居次席；35~44岁听众群体在全国和农村占比分别为17.7%和17.0%，45~54岁听众群体在城市所占比例为17.7%，位列第三；各年龄段听众构成与各自的人口构成比例基本保持一致。从城乡各年龄段广播听众所占比例比较来看，城市广播听众中15~24岁、25~34岁和35~44岁人群所占比例高于农村同年龄段人群，而农村广播听众中则是10~14岁、45~54岁、55~64岁和65岁及以上的群体所占比例高

过城市（图 1.8.3、图 1.8.4）。

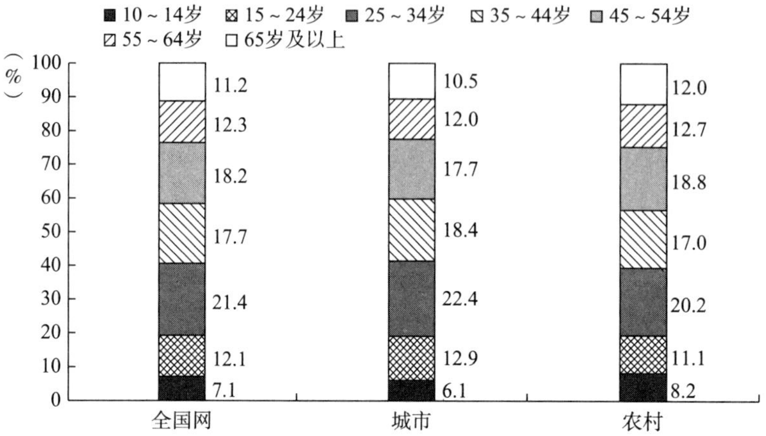

图 1.8.3　2022 年全国广播听众年龄构成

数据来源：CSM 媒介研究。

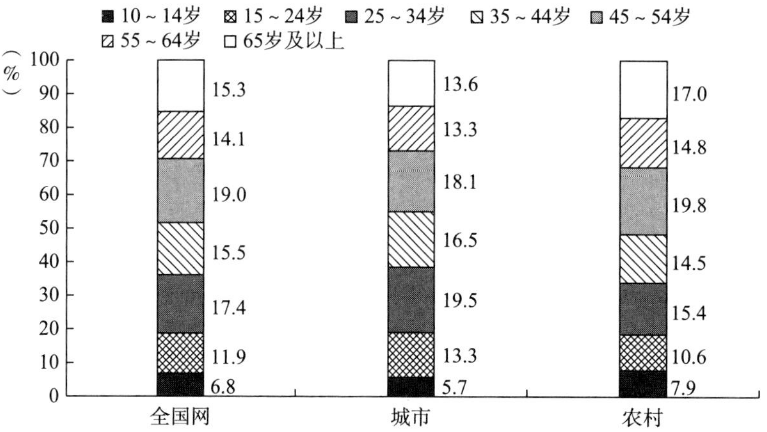

图 1.8.4　2022 年全国 10 岁及以上人口年龄构成

数据来源：CSM 媒介研究。

4. *城乡听众受教育程度差异显著，城市听众高学历比例相对更高*

2022 年 CSM 媒介研究全国网基础研究调查数据显示，城乡广播听众的受教育程度差异明显，这与全国城乡人口受教育程度差异较大的特征也基本相符（图 1.8.5、图 1.8.6）。在城市听众中，具有大学及以上学历听众所占比例居首位，为 29.2%，远高于农村同等学历群体的 12.8%。而未受过正规教育和小学文化程度听众所占比例在城市分别为 2.6% 和 14.5%，远低于农村同类人群的 4.6% 和 23.7%。在全国网和农村，具有初中文化程度的听众是占比最高的一类人群，所占比例分别为 33.9% 和 39.6%，在城市，则是大学及以上学历人群所占比例最高，高达 29.2%。

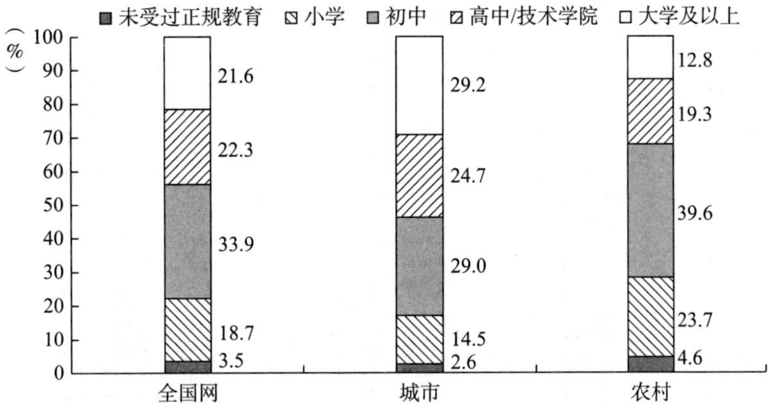

图 1.8.5　2022 年全国广播听众受教育程度构成

数据来源：CSM 媒介研究。

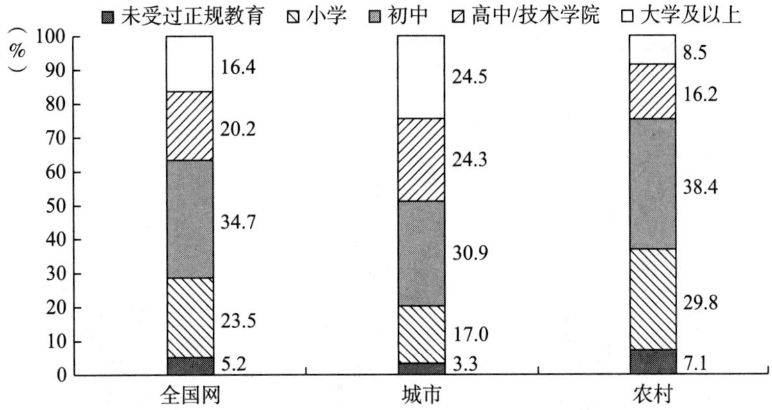

图 1.8.6　2022 年全国 10 岁及以上人口受教育程度构成

数据来源：CSM 媒介研究。

5. 城乡听众职业构成存在差异，初级公务员/雇员和其他职业人员分别在城市和农村占比最高

2022 年 CSM 媒介研究全国网基础研究调查数据显示，城乡听众职业构成存在差异，这主要是由城乡居民职业构成的差异所决定的。在城市听众中，初级公务员/雇员群体占比最大，所占比例为 24.2%；包含退休人员在内的无业人群和个体/私营企业人员所占比例也分别达到了 20.8% 和 17.6%。农村听众职业构成则自有特色，以农、林、牧、渔业为主的其他职业类别听众以 26.9% 的比例居首位；个体/私营企业人员以 18.9% 的比例位列其后（图 1.8.7、图 1.8.8）。

6. 城市和农村听众收入差异显著，城市高收入听众比例明显高于农村

2022 年 CSM 媒介研究全国网基础研究调查数据显示，城乡广播听众的个人月收

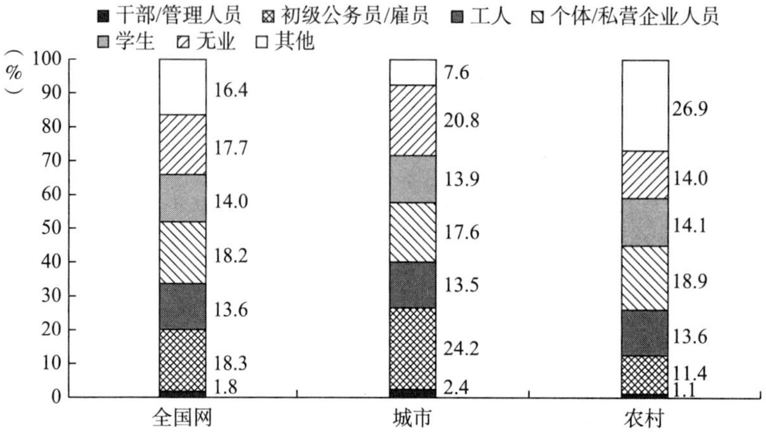

图 1.8.7　2022 年全国广播听众的职业构成

数据来源：CSM 媒介研究。

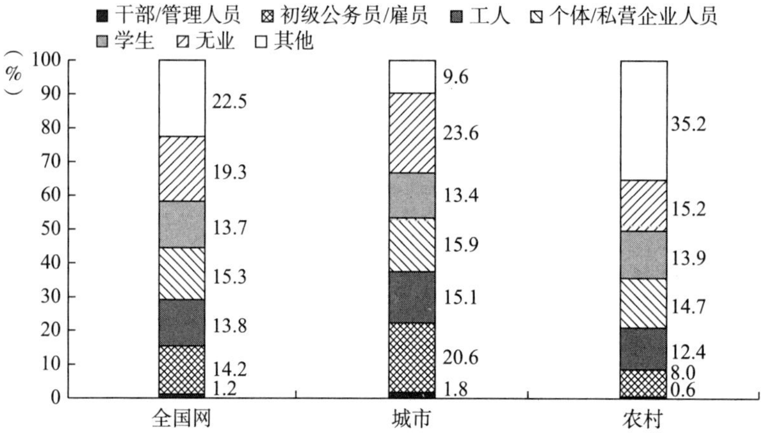

图 1.8.8　2022 年全国 10 岁及以上人口的职业构成

数据来源：CSM 媒介研究。

入构成存在明显差异，目前我国城乡之间经济发展还不均衡，城乡居民收入水平差异较大，这也是造成该差异的主要原因（图 1.8.9、图 1.8.10）。从全国广播听众的个人月收入构成来看，月收入在 6001 元及以上的高收入听众共占比 12.8%，高于相同收入群体的人口构成比例（9.4%）；从城市的情况来看，个人月收入在 6001 元及以上的高收入听众所占比例为 17.2%，高于这一收入群体的人口构成比例（13.9%）；农村也表现出相同的特点，个人月收入在 6001 元及以上的人群所占比例为 7.8%，同样也高于这一收入群体的人口构成比例（4.9%）。城市广播高收入听众占比明显高于农村。

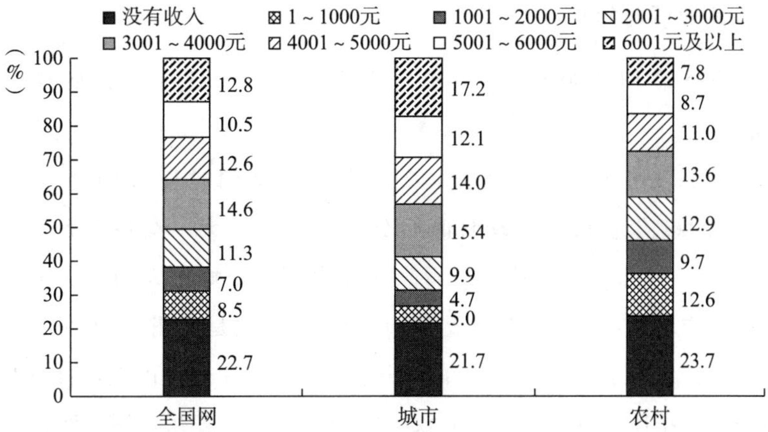

图 1.8.9 2022 年全国广播听众的个人月收入构成

数据来源：CSM 媒介研究。

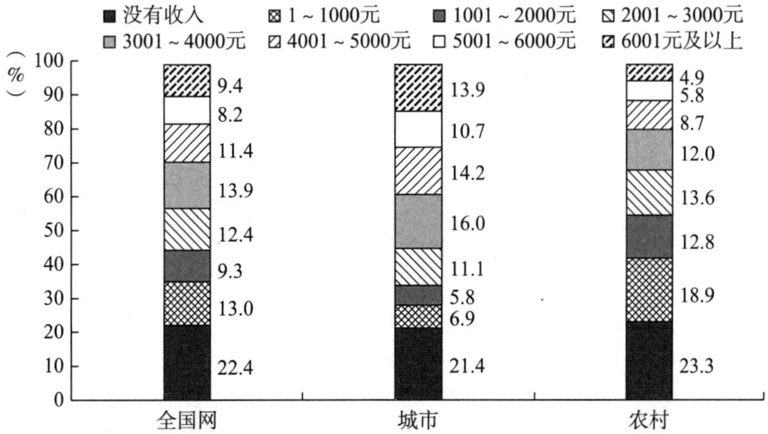

图 1.8.10 2022 年全国 10 岁及以上人口的个人月收入构成

数据来源：CSM 媒介研究。

九　听众收听行为

（一）人均收听时间①

1. 2022 年全国 17 个城市②人均收听时间略低于 2021 年，各城市人均收听时间参差不齐

在全国 17 个城市中，2022 年人均每日收听广播的时长为 51.5 分钟，略低于 2021 年水平。2022 年各城市人均日收听分钟数差异较大，参差不齐。哈尔滨、广州、上海、北京、乌鲁木齐、济南、石家庄和太原 8 个城市人均日收听分钟数均高于 17 个城市平均水平：哈尔滨最高达 71.0 分钟，其次是广州为 68.9 分钟，再次是上海为 67.9 分钟，北京以 65.6 分钟的时长位列第四，4 个城市人均日收听分钟数均超过了 65 分钟。相反南京、无锡、武汉、郑州、合肥、苏州、深圳和杭州 8 个城市的人均收听时长较低，平均每人每天的收听量不足 50 分钟，特别是重庆，人均每日收听时长仅为 28.4 分钟，约为排名第一的哈尔滨的 2/5（表 1.9.1）。

表 1.9.1　2022 年各城市听众人均每日收听广播时长（全年连续调查数据）

单位：分钟

城市	人均收听时长	城市	人均收听时长
哈尔滨	71.0	无锡	48.8
广州	68.9	武汉	48.6
上海	67.9	郑州	45.5
北京	65.6	合肥	44.8
乌鲁木齐	62.6	苏州	39.8
济南	58.0	深圳	34.6
石家庄	57.4	杭州	30.3

① 目前 CSM 媒介研究在不同城市分别采用日记卡法和虚拟测量仪法进行广播收听率调查，这两种调查方法的目标人群有所差异，日记卡法为 10 岁及以上所有人，虚拟测量仪法为 15 岁及以上所有人。本年鉴综述部分对 2022 年广播收听状况的分析针对 15 岁及以上人群展开，主要原因有以下两点。一是 10 ~ 14 岁人群在广播听众中所占比例很低，对广播收听的贡献很小。2022 年 CSM 媒介研究进行广播收听率连续调查的 17 个城市中，10 ~ 14 岁的听众构成比例仅为 0.4%；10 ~ 14 岁人群平均到达率为 171000 人，仅占 10 岁及以上人群的 0.4%；人均日收听时长为 13 分钟，远低于其他年龄段人群。二是为了便于 17 个城市整体相关指标的计算以及同一指标在不同城市之间的比较。

② 本年鉴在有关收听状况的分析中，主要采用 2022 年全年 CSM 媒介研究进行收听率调查的 17 个连续调查城市的数据，包括：北京、重庆、广州、杭州、哈尔滨、合肥、济南、南京、上海、石家庄、太原、深圳、乌鲁木齐、武汉、苏州、无锡和郑州。

续表

城市	人均收听时长	城市	人均收听时长
太原	56.1	重庆	28.4
南京	49.1		
17 个城市平均水平		51.5	

数据来源：CSM 媒介研究。

2. 第二季度人均收听时间相对略长，乌鲁木齐在第一季度优势明显，哈尔滨在第二、三季度表现突出，广州在第四季度拔得头筹

CSM 媒介研究对 2022 年 17 个连续调查城市在各个季度的收听情况进行分析发现，2022 年全国 17 个城市整体第二季度人均日收听时长略高于其他季度，第一季度位列第二，第四和第三季度略低（表 1.9.2）。

具体到各个城市，各季度之间差异也不尽相同。乌鲁木齐在第一个季度的人均每天收听时长在 17 个城市中排名首位，高达 77.7 分钟。乌鲁木齐属中温带大陆性干旱气候，冬天时间较长，每年从 11 月 13 日到次年 4 月 8 日长达 150 天，最冷的是 1 月。[①] 天气寒冷，人们的户外活动减少，居家时间变长，所以他们在第一季度收听广播的时长在各季度中也相对最高。哈尔滨在第二和第三季度的人均每天收听时长在 17 个城市中排名第一。哈尔滨属中温带大陆性季风气候，冬长夏短，4～6 月为春季，气温回升快而且变化无常，全年降水主要集中在 6～9 月，夏季占全年降水量的 60%，[②] 受变化无常的天气的影响，听众居家时间相对变长，所以他们在第二和第三季度收听广播的时长在各季度中也相对较长。广州在第四季度的人均每天收听时长在 17 个城市中位居榜首。广州属海洋性亚热带季风气候，全年水热同期，每年 12 月至次年 2 月为阴凉的冬季。[③] 2022 年 11～12 月广州地区受防控疫情政策影响，人们居家时间增多，收听广播的机会大幅提升，因此广州地区听众在第四季度对广播的收听时长在各季度中相对最高（表 1.9.2）。

表 1.9.2　2022 年各城市听众在四个季度人均每日收听广播时间

单位：分钟

城市	第一季度	第二季度	第三季度	第四季度
北京	63.6	67.0	65.7	66.2
重庆	31.2	30.1	28.4	24.1

① 资料来源：https://baike.baidu.com/item/%E4%B9%8C%E9%B2%81%E6%9C%A8%E9%BD%90/121593。

② 资料来源：http://www.qgnews.net/heilongjiang/haerbinshi/755211.html。

③ 资料来源：https://www.dilizhishi.com/wz/597.html。

续表

城市	第一季度	第二季度	第三季度	第四季度
广州	66.5	70.5	68.5	70.0
杭州	31.9	30.6	30.0	28.7
哈尔滨	72.0	72.6	70.6	68.9
合肥	45.7	43.9	44.3	45.2
济南	55.8	56.1	59.4	60.4
南京	52.8	51.8	46.8	45.0
上海	67.8	72.2	66.8	64.9
石家庄	59.7	62.2	57.7	50.3
太原	60.3	55.1	58.6	50.4
深圳	33.0	35.9	32.7	36.6
乌鲁木齐	77.7	71.9	55.0	46.1
武汉	43.1	49.2	53.0	49.0
苏州	43.8	41.3	38.0	36.4
无锡	48.7	52.2	47.6	46.8
郑州	47.4	48.0	49.1	37.4
17 个城市平均水平	52.3	53.6	51.1	48.9

数据来源：CSM 媒介研究。

3. 分目标人群收听各有特色，男性、老年、中低学历和中低收入人群人均收听时长相对较长

2022 年不同目标人群人均每天收听时长各有特色。男性听众人均每天收听时长为 54.5 分钟，较女性听众人均每天收听时长多 6.4 分钟。各年龄段听众，基本呈现年龄越大，人均每天收听时间越长的正向变化关系。15～24 岁青少年听众每日花费在收听广播上的时长仅为 36.0 分钟，不足 55 岁及以上人群人均每天收听广播时长的一半，传统广播听众老龄化趋势明显。

从不同学历听众收听水平来看，高中/技校学历人群人均每天收听广播的时间最长，达到 55.9 分钟，初中学历听众次之，人均每天收听广播时长为 55.2 分钟，二者水平接近，均为传统广播媒体的忠实粉丝。分职业类别来看，其他人群人均每天收听广播的时间最长，高达 71.4 分钟，其次为无业（包括退休）人员，人均每天收听广播的时长也超过了 70 分钟，干部/管理人员、个体/私营企业人员和工人人均每天收听广播的时长均在 50 分钟以上，学生受学习和生活习惯影响，每天收听广播的时间最短，仅为 37.1 分钟。

从不同收入的听众收听水平来看，个人月收入 2001～3000 元的听众人均每天收听广播的时间最长，为 61.4 分钟，紧随其后的是个人月收入 1～2000 元的群体，人

均每天收听广播时长为 60.6 分钟，而个人月收入 3001 元及以上群体的人均每天收听量则相对较少，均不足 1 小时（表 1.9.3）。

表 1.9.3　2022 年 17 个城市不同目标听众人均每日收听广播时长

单位：分钟

目标听众	人均收听时长	目标听众	人均收听时长
男	54.5	干部/管理人员	53.5
女	48.1	初级公务员/雇员	47.6
15～24 岁	36.0	个体/私营企业人员	51.7
25～34 岁	42.5	工人	51.5
35～44 岁	49.3	学生	37.1
45～54 岁	60.7	无业（包括退休）	70.5
55～64 岁	72.9	其他	71.4
65 岁及以上	85.9	没有收入	38.2
未受过正规教育	34.9	1～2000 元	60.6
小学	49.8	2001～3000 元	61.4
初中	55.2	3001～4000 元	58.4
高中/技校	55.9	4001～5000 元	54.2
大学及以上	47.4	5001～6000 元	50.1
		6001 元及以上	49.9

数据来源：CSM 媒介研究。

（二）全天收听走势

1. 早高峰时段出现全天收听峰值，早晚高峰时段工作日收听水平明显高于周末

与电视观众全天收视趋势不同，广播听众全天收听的最高峰值出现在早高峰时段，早晚收听高峰时段工作日收听水平明显高于周末。2022 年全国 17 个城市，工作日早间 07：00～09：00 正值上班高峰时段，开机率高，收听率均在 9% 以上，全天收听峰值出现在 08：15～08：30 时段，高达 10.8%。上午 09：00 之后，收听率开始逐步走低，直至傍晚 17：30～18：45 时段下班晚高峰来临，收听率整体回升至 5% 以上，随后再次持续下跌，虽然在 20：00～21：00 时段有短时小幅回升，收听水平重回 4.2% 以上，形成一个收听小高峰，但峰值已远不及早晚高峰时段（图 1.9.1）。

受听众生活工作习惯影响，工作日与周末的收听率在早晚高峰时段也表现出显著差异，在早间 06：30～08：45 和傍晚 17：00～19：00 的收听高峰时段，工作日的收听水平明显高于周末同时段，其中在 07：00～07：45 时段，两者之间的收听率差值超过 2 个百分点。而周末则在 09：00～16：30 时段的收听水平高于工作日。由此可以看出，收听数据在一定程度上反映了听众的日常生活工作作息习惯：工作日通

常会在早间准备上班过程中和上下班途中收听广播，白天则处于工作或学习状态，周末往往会把起床和出行时间推后，再加上可能会外出游玩，因此在大部分白天时段的收听水平要高于工作日。

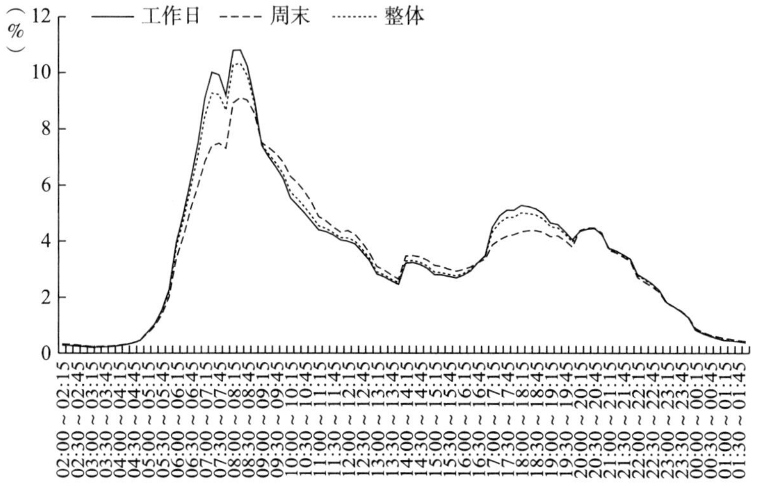

图 1.9.1　2022 年 17 个城市全天收听率走势

数据来源：CSM 媒介研究。

2. 四个季度全天收听走势基本趋同，不同季度收听水平存在差异

2022 年全国 17 个城市听众四个季度的全天收听走势基本趋同，均表现出早间时段的收听最高峰和傍晚及晚间的两个收听次高峰。相对而言，第一季度白天 08：15～11：30、12：30～14：00 和 16：00～17：30 的收听水平更具优势，高于其他三个季度同时段的收听水平（图 1.9.2）。

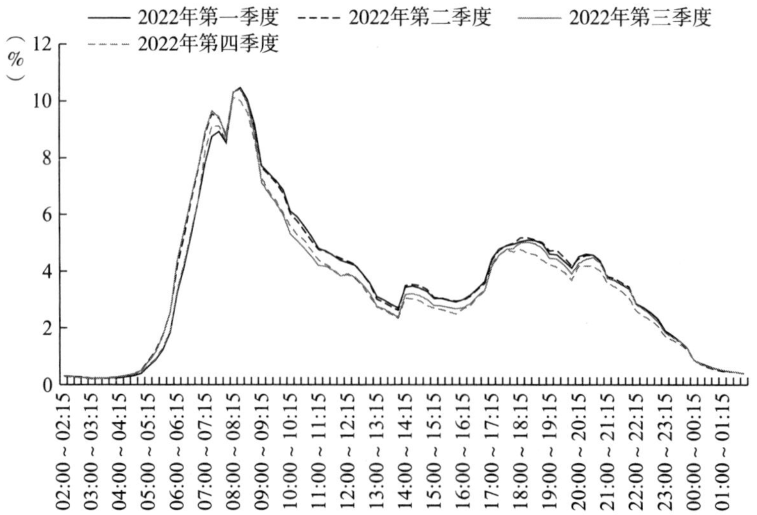

图 1.9.2　2022 年 17 个城市四个季度全天收听率走势

数据来源：CSM 媒介研究。

3. 北京和上海与全国全天收听走势趋同，广州全天收听高峰独树一帜

北京地区听众全天收听走势与全国 17 个城市收听率走势基本一致，工作日早间 06：45 ~ 09：00 创下全天收听高峰，峰值出现在 07：45 ~ 08：00，达 14.5%，远高于周末同时段收听水平。在傍晚 18：30 ~ 19：45 下班时段形成了全天收听次高峰，峰值为 5.2%，收听走势相对较为平缓，没有形成明显起伏。随着听众夜间生活的展开，广播的收听表现也出现了一定的延展，直到深夜仍有收听（图 1.9.3）。

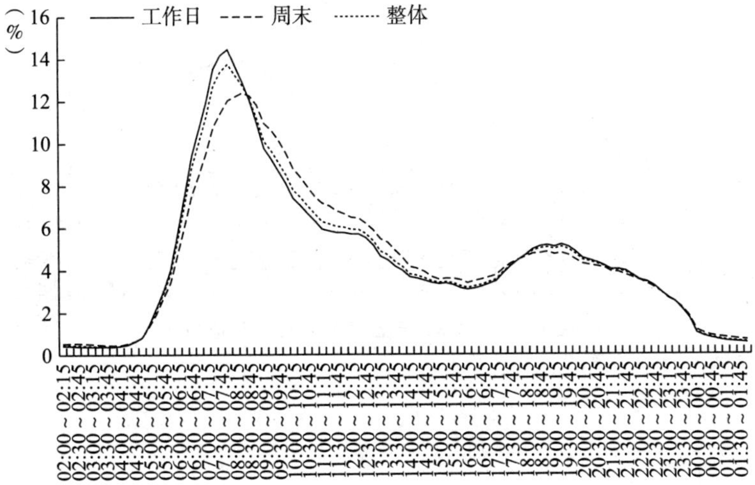

图 1.9.3　2022 年北京全天收听率走势

数据来源：CSM 媒介研究。

上海地区与北京地区类似，全天收听走势与全国 17 个城市整体情况大体趋同，早间 07：00 ~ 09：00 出现了收听率超过 10.0% 的收听高峰带，其中全天峰值出现在 07：30 ~ 07：45，峰值超过 13.0%，之后收听持续下滑，直至傍晚 17：15 ~ 19：00 出现了全天收听的次高峰，峰值接近 5.5%。伴随部分听众"夜听"生活的开始，听众在晚间对广播的收听也出现了一定程度的延伸，直至深夜。工作日 05：45 ~ 08：30 和 17：00 ~ 19：15 的收听水平明显优于周末，周末则在 08：30 ~ 16：15 时段收听水平优于工作日（图 1.9.4）。

与北京、上海乃至全国 17 个城市全天收听走势相比，广州地区听众的全天收听走势可谓独树一帜，自成一派。最大的特点在于早高峰之后，收听水平一直高位运行，直至午间，这与广州人特有的饮早茶习俗有极大关联性。07：00 ~ 09：00 的早高峰，峰值出现在 08：15 ~ 08：30，收听率接近 10.0%；然后一直延续至 08：30 ~ 13：45，收听水平一直高位运行，收听率维持在 6.0% 以上；傍晚 18：30 ~ 19：00 也出现了一个明显的下班收听晚高峰，收听率均在 6.0% 以上，然后一直持续至晚间 22：45，收听水平一直有不俗表现。全天大部分时段工作日收听水平均高于周末，

只在上午 10：00～12：15、下午 14：45～18：00 和晚间 22：15 之后的后晚间时段周末的收听水平高于工作日同时段收听水平（图 1.9.5）。

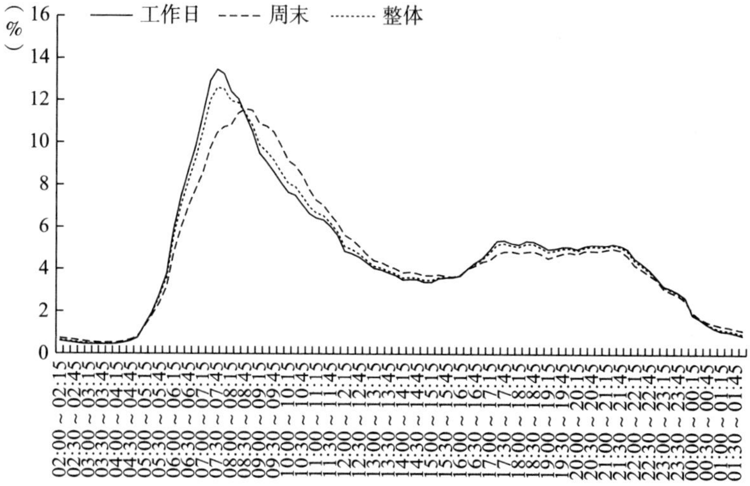

图 1.9.4　2022 年上海全天收听率走势

数据来源：CSM 媒介研究。

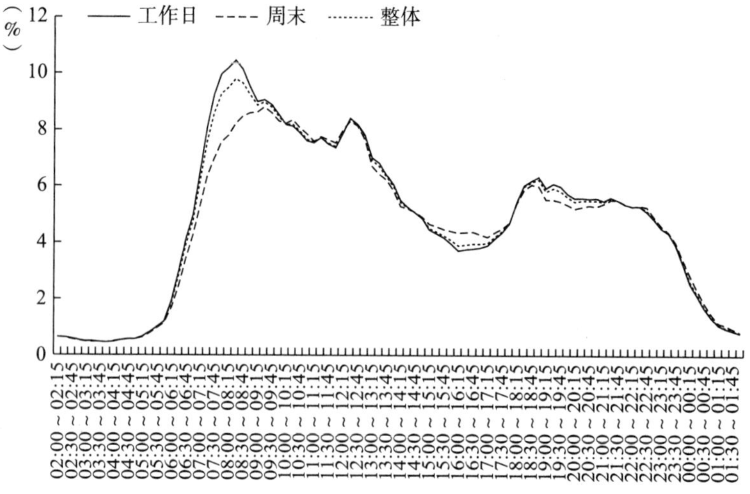

图 1.9.5　2022 年广州全天收听率走势

数据来源：CSM 媒介研究。

4. 不同目标人群在全天不同时段的收听表现各有特色

2022 年，全国 17 个城市收听率数据显示，男性在全天时段的收听水平均优于女性，尤其是在早高峰 06：00～08：30 和晚高峰 17：45～20：00 表现尤为突出（图 1.9.6）。这充分说明男性听众是移动收听的主力军，在早晚上下班的高峰时段，较女性听众具有更为明显的收听优势。

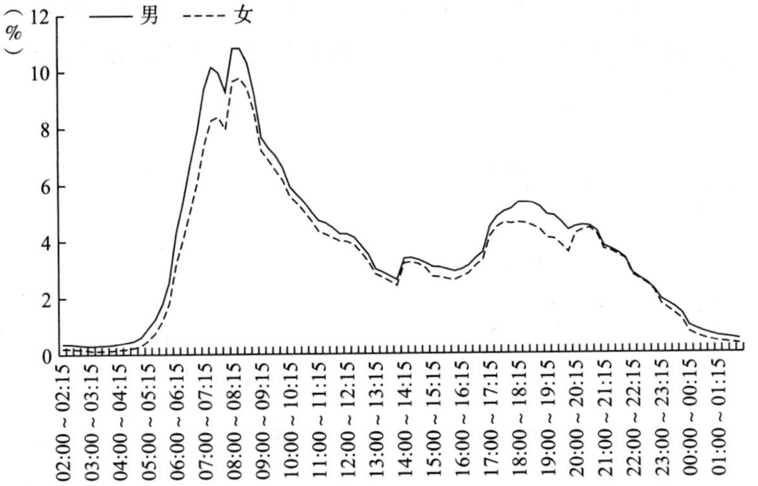

图 1.9.6　2022 年 17 个城市不同性别听众全天收听率走势

数据来源：CSM 媒介研究。

中老年群体依然是传统广播收听的主力军。2022 年 17 个城市的数据显示，55 岁及以上年龄听众的收听水平在全天大部分时段较年轻听众均有明显领先优势，尤其是 65 岁及以上的听众，他们在几乎全天时段的收听水平都位居各年龄层之首（图 1.9.7）。

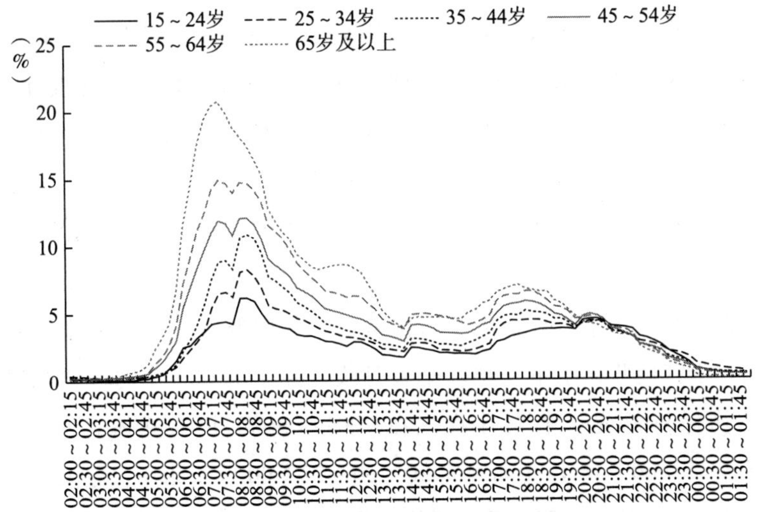

图 1.9.7　2022 年 17 个城市不同年龄听众全天收听率走势

数据来源：CSM 媒介研究。

从受教育程度来看，不同受教育程度听众在不同时段占有收听优势。初中及以上学历听众的收听优势主要集中在早高峰时段，其中尤以高中学历听众略胜一筹，未受过正规教育的听众则在晚间 20：00～22：00 独占鳌头。这反映出听众对广播的收听表现受其生活和工作作息习惯影响颇深，如何做到因“时”施教，有的放矢，在不同时段针对不同目标受众安排能满足他们兴趣爱好的节目和广告是广播电台在做节目编排时需要考虑的问题（图 1.9.8）。

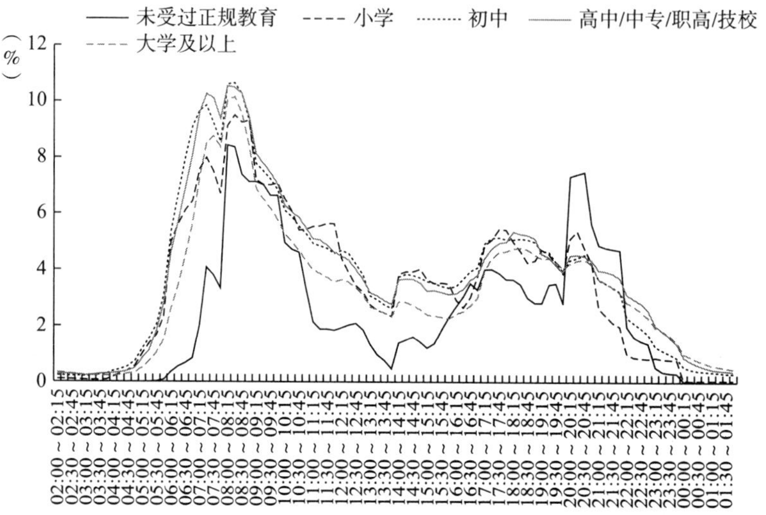

图 1.9.8　2022 年 17 个城市不同受教育程度听众全天收听率走势

数据来源：CSM 媒介研究。

不同职业人群的全天收听走势显示，无业（包括退休）人员的全天收听表现突出，基本在整个白天时段的收听水平均以明显优势领先于其他各类人群。其他职业人群分别在 06：15～08：30、16：30～18：15 和 20：00～21：45 的收听水平以明显优势领先于各职业类别人群，表现特别出色。干部/管理人员在 06：45～09：30 收听率有明显增加。初级公务员/雇员、个体/私营企业人员和工人在上下午部分时段也有较好收听表现，学生群体受生活和学习作息影响，全天多数时段收听水平偏低（图 1.9.9）。

不同个人月收入水平听众全天收听走势显示，中低收入人群的全天收听水平大部分时段领先于其他收入水平人群。个人月收入在 1～2000 元的群体几乎全天时段的收听水平均保持领先。个人月收入在 2001～3000 元的群体在早间 06：00～07：00、下午 15：00～16：45 和晚间 20：00～22：00 收听水平高于其他收入水平人群，个人月收入在 3001～4000 元的群体则在早间 07：00～09：00 收听水平明显冲高，优于个人月收入 1～2000 元和 2001～3000 元人群的收听水平（图 1.9.10）。相比而言，高收入人群收听表现相对平平。基于不同收入群体所表现出的各异的收听特点，广播媒体可以有目的地安排合适的节目和广告投入。

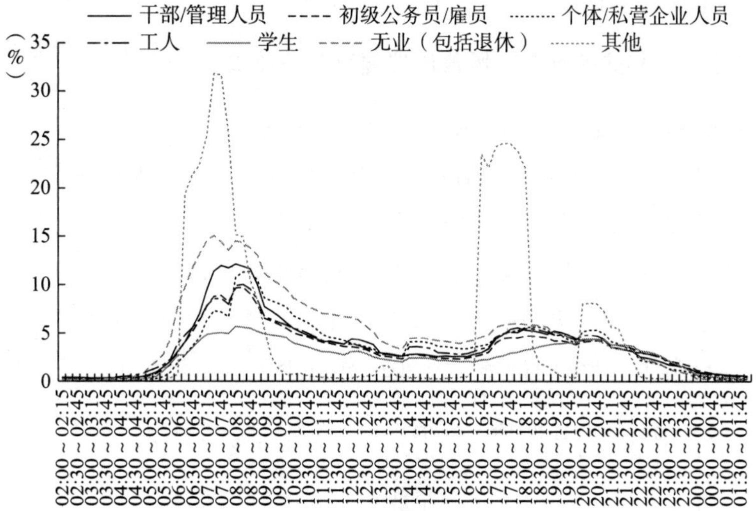

图 1.9.9 2022 年 17 个城市不同职业听众全天收听率走势

数据来源：CSM 媒介研究。

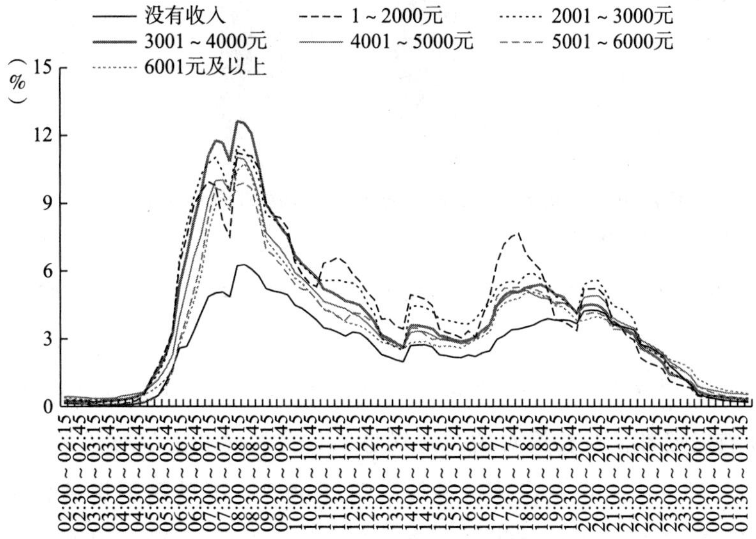

图 1.9.10 2022 年 17 个城市不同个人月收入水平听众全天收听率走势

数据来源：CSM 媒介研究。

十 频率竞争格局

2022 年，广播收听在市场的多变与回归大势下蓄力前行，全国性广播频率和地区性广播频率以内容为依托，以用户为根本，以新应变，以稳促新。本小节基于 CSM 媒介研究 2022 年 17 个城市市场以及在北京、上海、广州市场的全年连续调查数据，对广播收听市场的频率竞争格局①进行分析。

（一）全国17个重点城市市场整体的频率竞争格局

1. 省级频率以绝对优势保持领跑之势，市级频率市场份额有所增长

2022年，在全国17个城市广播收听市场，中央、省、市级频率总体竞争格局稳定，但不同频率之间的竞争力消长仍存变数。省级频率继续以绝对的优势领跑整个市场，共获得61.0%的市场份额，较2021年略有增长。市级广播频率以30.4%的份额位居第二梯队，较2021年获得了1.6个百分点的增长。中央级频率的市场竞争力有所下滑，仅获得了7.8%的份额，较2021年减少了1.7个百分点（图1.10.1）。

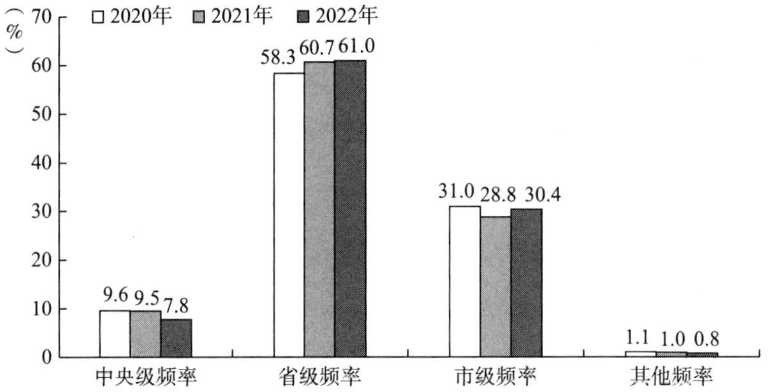

图1.10.1　2020～2022年17个城市市场各类频率的市场份额

数据来源：CSM媒介研究。

2. 省级频率在全天各时段保持领跑之势，市级频率清晨和后晚间时段竞争力上扬

2022年，各级频率在全天时段的收听竞争中延续整体市场的发展态势，省级频率在全天所有时段都保持着绝对的领先优势，其在清晨和上午时段的收听竞争力更强，尤其09：15～10：00的市场份额最高超过66%。市级频率也凭借多年的悉心耕耘在早间、傍晚和晚间时段获得竞争力的提升，尤其在22：00后的后晚间时段最高份额达到36%以上。中央级频率的优势收听时段仍是传统的新闻时段，在早间06：15～07：15以及晚间18：30～19：30收听竞争力相对更强，最高收听份额达到10%以上（图1.10.2）。

3. 省级频率更吸引中年、干部和高收入听众，中央级和市级频率核心受众差异互补

2022年，在细分受众的收听竞争中，各级频率在延续整体市场竞争格局的同时，

① 鉴于部分城市已经采用测量仪方式采集数据，故本部分所用数据范围为15岁及以上所有人。

也凭借自身特色和传统，在各类受众中形成了差异化竞争特点。省级频率更吸引中年、干部/管理人员、高收入听众，中央级和市级频率的核心受众则形成差异互补（表 1.10.1）。具体来看，省级频率对女性、45～54 岁、未受过正规教育、大学本科及以上学历、干部/管理人员、初级公务员/雇员、其他职业和个人月收入 5001 元及以上的听众具有更强的吸引力；中央级频率在男性、65 岁及以上、小学及以下学历、无业和个人月收入 4001～5000 元及 6001 元及以上的听众中市场份额高于其在所有听众中的平均水平；市级频率在男性、15～24 岁、初高中学历、个体/私营企业人员、工人和中等及低收入听众中的市场份额相对高于其在所有听众中的平均水平。

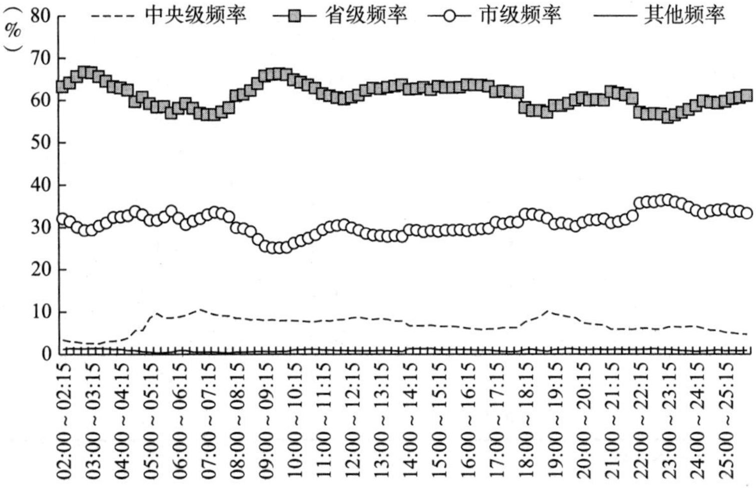

图 1.10.2　2022 年 17 个城市市场各类频率全天不同时段的市场份额

数据来源：CSM 媒介研究。

表 1.10.1　2022 年 17 个城市市场各级频率在不同目标听众中的市场份额

单位：%

目标听众	中央级频率	省级频率	市级频率	其他频率
15 岁及以上所有人	7.8	61.0	30.4	0.8
男	8.2	59.8	31.2	0.8
女	7.4	62.4	29.3	0.9
15～24 岁	6.0	55.6	37.4	1.0
25～34 岁	7.5	62.2	29.5	0.8
35～44 岁	7.1	60.8	31.2	0.9
45～54 岁	7.0	66.5	25.7	0.8
55～64 岁	7.9	60.9	30.5	0.7
65 岁及以上	13.1	56.7	29.6	0.6
未受过正规教育	11.6	80.3	3.9	4.2

续表

目标听众	中央级频率	省级频率	市级频率	其他频率
小学	10.1	58.9	28.8	2.2
初中	7.5	57.1	34.6	0.8
高中/中专/职高/技校	7.3	58.0	33.9	0.8
大学本科及以上	8.3	64.9	26.0	0.8
干部/管理人员	6.7	69.2	23.2	0.9
初级公务员/雇员	7.7	64.0	27.3	1.0
个体/私营企业人员	7.1	56.9	35.1	0.9
工人	7.3	57.5	34.3	0.9
学生	6.5	61.0	31.6	0.9
无业（包括退休人员）	9.8	58.0	31.7	0.5
其他	4.2	65.5	29.8	0.5
没有收入	6.2	60.6	32.3	0.9
1～2000元	6.1	56.5	36.8	0.6
2001～3000元	8.1	56.4	34.8	0.7
3001～4000元	7.6	60.7	31.4	0.3
4001～5000元	8.6	55.6	35.2	0.6
5001～6000元	7.9	63.9	26.6	1.6
6001元及以上	8.4	65.8	24.8	1.0

数据来源：CSM媒介研究。

（二）北京广播收听市场的频率竞争格局

1. 北京人民广播电台占据八成以上收听份额，中央级频率市场份额下降

2022年，北京广播收听市场的频率竞争格局延续了以往的趋势，北京人民广播电台一家独大，占据了八成以上的市场空间，81.3%的收听份额较上年继续上涨了6.8个百分点，涨幅达到9.1%。包括中央人民广播电台和中国国际广播电台在内的中央广播电视总台共获得18.7%的市场份额，较上年明显下降（图1.10.3）。

2. 北京人民广播电台全面领跑全天收听，中央广播电视总台上午时段竞争力提升

2022年，在北京广播收听市场全天各时段的收听竞争中，在整体市场占据主导地位的北京人民广播电台继续在全天各时段领跑收听市场，且在清晨和晚间时段竞争力更强，尤其是清晨02：00～04：00，市场份额达到90%以上。中央广播电视总台频率在北京市场也获得了相对充分的发展，在上午09：00～12：00获得了竞争力的提升，市场份额超过20%（图1.10.4）。

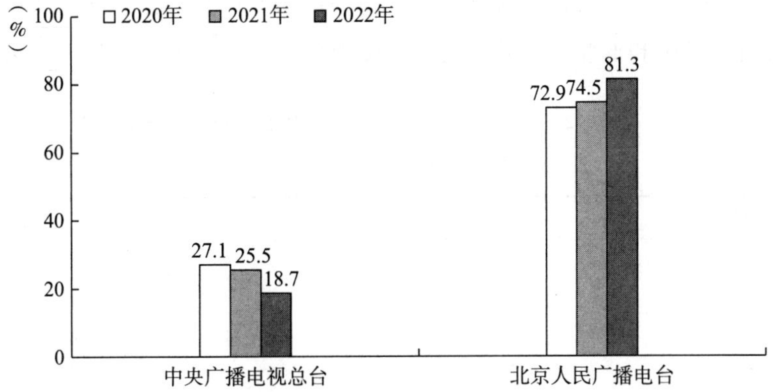

图 1.10.3 2020～2022 年北京市场各类频率的市场份额

说明：北京、上海、广州由于采用测量仪进行收听率调查，所以就不存在“其他频率组”。

数据来源：CSM 媒介研究。

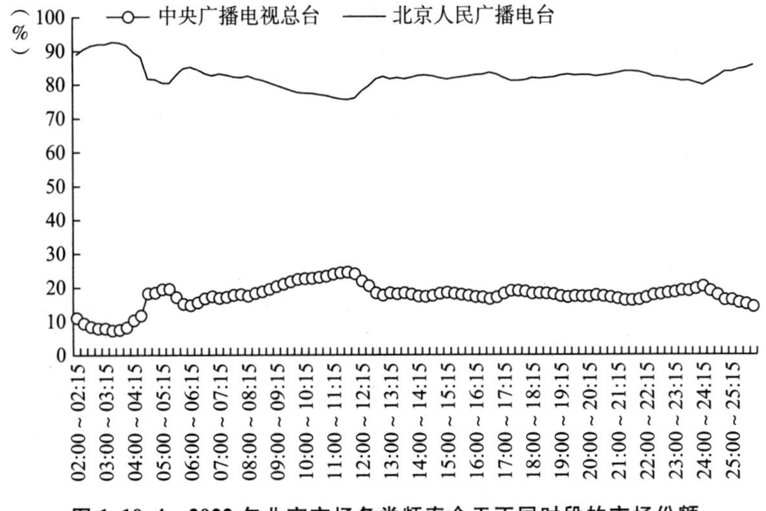

图 1.10.4 2022 年北京市场各类频率全天不同时段的市场份额

数据来源：CSM 媒介研究。

3. 中央广播电视总台在高端收听群体中竞争力相对较强，北京人民广播电台吸引大众收听群体

2022 年，在北京广播市场细分收听群体的竞争中，包括中央人民广播电台和中国国际广播电台在内的中央广播电视总台频率，在男性、高学历和高收入等高端收听群体中的市场份额，较其在 15 岁及以上所有听众中的平均份额明显更高；在整体市场中占据主导地位的北京人民广播电台更吸引女性、中低学历以及中低收入群体收听，受众范围更加大众化（表 1.10.2）。具体来看，中央广播电视总台频率在男性、55 岁及以上、大学本科及以上、个体/私营企业人员、无业（包括退休人员）人员和个人月收入 6001 元及以上群体中的收听份额明显高于其在 15 岁及以上所有

听众中的平均水平；北京人民广播电台则对女性、15～24岁、小学及初中学历、干部/管理人员及学生和低收入的听众具有更强的影响力。

表 1.10.2　2022 年北京市场各类频率在不同目标听众中的市场份额

单位：%

目标听众	中央广播电视总台	北京人民广播电台
15 岁及以上所有人	18.7	81.3
男	20.2	79.8
女	16.2	83.8
15～24 岁	12.0	88.0
25～34 岁	17.4	82.6
35～44 岁	19.4	80.6
45～54 岁	16.5	83.5
55～64 岁	19.9	80.1
65 岁及以上	28.5	71.5
未受过正规教育	*	*
小学	2.4	97.6
初中	13.8	86.2
高中/中专/职高/技校	16.6	83.4
大学本科及以上	21.0	79.0
干部/管理人员	13.7	86.3
初级公务员/雇员	19.0	81.0
个体/私营企业人员	20.0	80.0
工人	18.4	81.6
学生	6.0	94.0
无业（包括退休人员）	26.2	73.8
其他	*	*
没有收入	9.9	90.1
1～2000 元	9.0	91.0
2001～3000 元	22.1	77.9
3001～4000 元	15.0	85.0
4001～5000 元	22.0	78.0
5001～6000 元	16.9	83.1
6001 元及以上	24.8	75.2

注："*"表示该目标听众样本量不足，无法进行统计推断。

数据来源：CSM 媒介研究。

4. 北京人民广播电台频率垄断收听竞争前四位，中央人民广播电台中国之声位列第五

2022 年，在北京广播收听市场的频率竞争中，北京人民广播电台频率垄断了份

额排名前4个席位，其中北京交通广播（FM103.9/CFM95.6）更是以40.2%的份额高居榜首，竞争力不容小觑。北京新闻广播（FM94.5/AM828/CFM90.4）、北京文艺广播（FM87.6/CFM93.8）和北京音乐广播（FM97.4/CFM94.6）以超过9.5%的份额位列第二至第四，具有较强的竞争优势。中央级频率中，中央人民广播电台第一套节目中国之声以6.6%的份额排在第五位（表1.10.3）。

表1.10.3 2022年北京市场收听份额排名前五位的频率

单位：%

排名	频率	市场份额	收听率
1	北京交通广播（FM103.9/CFM95.6）	40.2	1.8
2	北京新闻广播（FM94.5/AM828/CFM90.4）	19.2	0.9
3	北京文艺广播（FM87.6/CFM93.8）	9.8	0.4
4	北京音乐广播（FM97.4/CFM94.6）	9.5	0.4
5	中央人民广播电台第一套节目中国之声	6.6	0.3

数据来源：CSM媒介研究。

（三）上海广播收听市场的频率竞争格局

1. SMG集团频率垄断九成以上收听市场，中央广播电视总台份额下降

2022年，在上海广播收听市场，上海本土频道的竞争优势十分明显，SMG集团频率共占据了超过九成的市场空间，94.0%的份额较2021年增长了0.6个百分点。中央广播电视总台收听份额略有下滑，较2021年减少0.6个百分点，为6.0%（图1.10.5）。

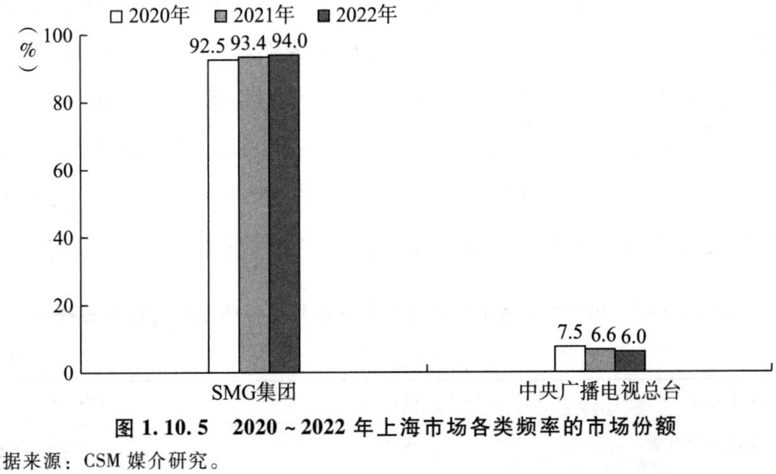

图1.10.5 2020~2022年上海市场各类频率的市场份额

数据来源：CSM媒介研究。

2. SMG集团垄断全天收听，中央人民广播电台在夜间及清晨相对优势上扬

2022年，在上海广播收听市场全天各时段的收听竞争中，SMG集团所属频率的

垄断优势遍布全天，市场份额稳居高位，所有时段都在90%以上。中央广播电视总台整体竞争力难与其匹敌，但在06：00～08：30，竞争力有所提升，达到7%以上（图1.10.6）。

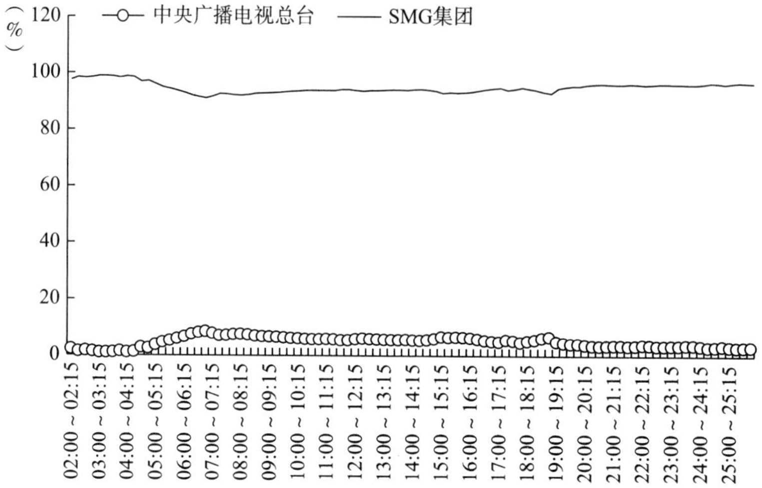

图1.10.6　2022年上海市场各类频率全天不同时段的市场份额

数据来源：CSM媒介研究。

3. 中央广播电视总台频率重度收听群体更趋成熟，SMG频率更吸引年轻有活力的收听群体

在上海广播收听市场，鉴于SMG集团所属频率强劲的竞争优势，各级频率在细分收听群体中所能获取的份额上升空间相对有限，但广播细分收听市场的魅力，也正是其融入受众日常生活点滴的贴近性和多样性，造就了其丰富多样的收听时空。在对细分受众的竞争中，中央广播电视总台频率在成熟群体中具有相对竞争优势，而SMG频率则在年轻有活力的收听群体中优势更为明显（表1.10.4）。中央广播电视总台频率更吸引男性、55岁及以上、高中学历、个体/私营企业人员、工人、包含离退休人员在内的无业听众以及个人月收入4001～5000元的听众收听；SMG集团频率则对女性、15～24岁、45～54岁、初中学历、初级公务员/雇员、学生以及低收入群体具有相对更强的影响力，表现出相对更高的收听份额。

表1.10.4　2022年上海市场各类频率在不同目标听众中的市场份额

单位：%

目标听众	中央广播电视总台	SMG集团
15岁及以上所有人	6.0	94.0
男	6.6	93.4
女	5.4	94.6

续表

目标听众	中央广播电视总台	SMG 集团
15～24 岁	4.5	95.5
25～34 岁	5.7	94.3
35～44 岁	5.2	94.8
45～54 岁	3.8	96.2
55～64 岁	7.0	93.0
65 岁及以上	14.3	85.7
未受过正规教育	*	*
小学	*	*
初中	4.6	95.4
高中/中专/职高/技校	7.7	92.3
大学本科及以上	5.5	94.5
干部/管理人员	6.9	93.1
初级公务员/雇员	4.6	95.4
个体/私营企业人员	8.0	92.0
工人	7.8	92.2
学生	3.6	96.4
无业（包括退休人员）	9.9	90.1
其他	*	*
没有收入	3.8	96.2
1～2000 元	*	*
2001～3000 元	0.6	99.4
3001～4000 元	5.5	94.5
4001～5000 元	9.5	90.5
5001～6000 元	5.8	94.2
6001 元及以上	5.7	94.3

注：“*”表示目标听众样本量不足，无法进行统计推断。
数据来源：CSM 媒介研究。

4. 上海本土频率垄断收听份额排名前五位，上海人民广播电台上海新闻广播高居榜首

2022 年，在上海广播收听市场单个频率的竞争中，上海本土频率依然垄断了收听份额排名的前五位，其中上海人民广播电台上海新闻广播（FM93.4/AM990）超过上海流行音乐广播，跃居收听市场首位，获得了整体市场三成以上的收听量。上海流行音乐广播 动感 101（FM101.7）以 1.5 个百分点的差距位居第二。前两位频率已经占据整体收听市场近六成的收听份额，集中趋势非常明显（表 1.10.5）。

表 1.10.5　2022 年上海市场收听份额排名前五位的频率

单位：%

排名	频率	市场份额	收听率
1	上海人民广播电台上海新闻广播（FM93.4/AM990）	30.6	1.4
2	上海流行音乐广播 动感 101（FM101.7）	29.1	1.4
3	上海经典金曲广播 LoveRadio 最爱调频（FM103.7）	15.7	0.7
4	上海交通广播（AM648/FM105.7）	6.4	0.3
4	第一财经广播（FM90.9）	6.4	0.3

数据来源：CSM 媒介研究。

（四）广州广播收听市场的频率竞争格局

1. 本土频率占据九成以上收听市场，广东台市场份额同比上涨

2022 年，在广州广播收听市场，各级频率的竞争格局稳中有变。以广东广播电视台和广州广播电视台为代表的本土频率继续保持在市场中几近垄断的竞争优势，占据超过九成的收听空间，广东广播电视台份额获得提升。具体来看，广东广播电视台共获得 62.3% 的收听份额，领跑收听市场，且这一数值较 2021 年增长了 4.2 个百分点；广州广播电视台以 32.0% 的份额位居其后，竞争力较上年略下滑；佛山人民广播电台收听份额基本维稳。中央广播电视总台频率在广州市场共获 4.8% 的收听份额，较 2021 年有所下降（图 1.10.7）。

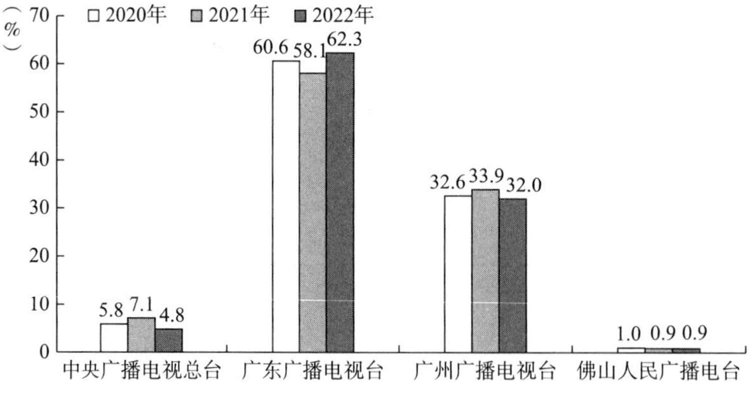

图 1.10.7　2020～2022 年广州市场各类频率的市场份额

数据来源：CSM 媒介研究。

2. 广东广播电视台清晨及上午份额较高，广州广播电视台下午至晚间竞争力上扬，中央广播电视总台优势在中午及深夜

2022 年，在广州广播收听市场全天各时段的竞争中，广东广播电视台继续保持领跑之势，并在清晨和上午时段市场份额较高，最高收听份额达到 75% 以上，形成全天竞争力的高峰。广州广播电视台在全天各时段的收听竞争中稳居第二位，并在

14：45～22：30 的下午至晚间时段竞争力明显提升，最高达到40%。中央广播电视总台整体竞争力不敌本土频率，但也在中午 11：00～12：00 及深夜 22：00～24：00 形成了自己的竞争优势时段（图 1.10.8）。

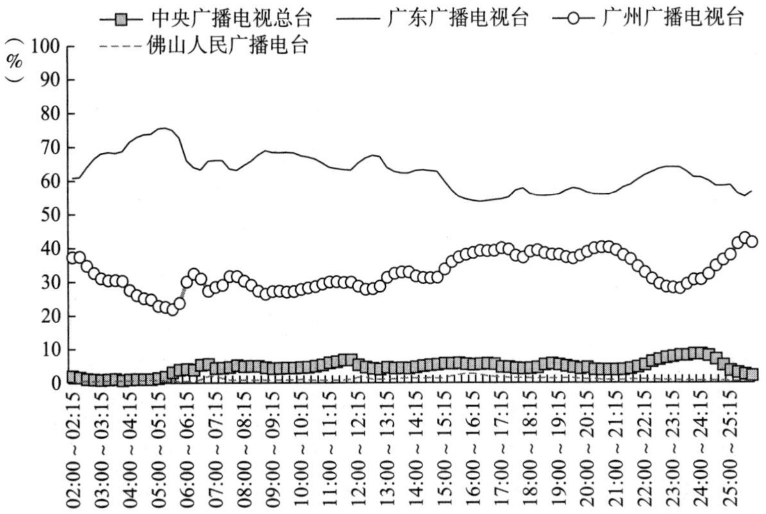

图 1.10.8　2022 年广州市场各类频率全天不同时段的市场份额

数据来源：CSM 媒介研究。

3. 细分广播收听市场竞争格局丰富多样，各级频率细分受众各有所长

整体市场层级较为丰富的广州市场，在细分受众收听的竞争中仍然保持了多样而丰富的格局，各级频率依托长久以来在本土地域文化中的精耕细作，收获了各自的忠实拥趸，在收听竞争中各有所长（表 1.10.6）。具体来看，中央广播电视总台在男性、45～54 岁、65 岁及以上、高中学历、个体/私营企业人员、工人和高收入受众中的收听份额，高于其在 15 岁及以上受众中的平均水平；广东广播电视台在女性、25～34 岁、55～64 岁、低学历、干部/管理人员、个体/私营企业人员、无业人员以及个人月收入 2001～3000 元、5001～6000 元的群体中具有相对更强的影响力；广州广播电视台在男性、15～24 岁、高中学历、学生和低收入听众中的收听份额高于其在所有受众中的平均水平；佛山人民广播电台明显更吸引女性、35～44 岁、65 岁及以上、中低学历、无业人员和没有收入群体。

表 1.10.6　2022 年广州市场各类频率在不同目标听众中的市场份额

单位：%

目标听众	中央广播电视总台	广东广播电视台	广州广播电视台	佛山人民广播电台
15 岁及以上所有人	4.8	62.3	32.0	0.9
男	5.5	60.1	33.6	0.8

续表

目标听众	中央广播电视总台	广东广播电视台	广州广播电视台	佛山人民广播电台
女	3.7	65.2	30.0	1.1
15～24岁	2.3	49.0	48.6	0.1
25～34岁	5.3	65.1	28.6	1.0
35～44岁	3.3	64.0	31.3	1.4
45～54岁	8.8	63.6	27.2	0.4
55～64岁	1.0	67.2	31.3	0.5
65岁及以上	7.4	57.2	33.8	1.6
未受过正规教育	*	*	*	*
小学	5.1	87.8	6.8	0.3
初中	1.1	67.8	29.3	1.8
高中/中专/职高/技校	6.0	56.1	37.3	0.6
大学本科及以上	4.6	65.1	29.2	1.1
干部/管理人员	0.5	64.7	34.6	0.2
初级公务员/雇员	5.2	63.0	31.6	0.2
个体/私营企业人员	5.8	69.3	24.0	0.9
工人	5.7	61.8	31.5	1.0
学生	1.4	39.4	59.0	0.2
无业（包括退休人员）	4.7	64.2	29.3	1.8
其他	*	*	*	*
没有收入	1.2	52.5	43.8	2.5
1～2000元	1.0	59.1	39.8	0.1
2001～3000元	1.1	71.8	25.6	1.5
3001～4000元	3.6	58.3	36.4	1.7
4001～5000元	5.5	57.4	36.4	0.7
5001～6000元	5.4	73.6	20.3	0.7
6001元及以上	6.6	61.2	31.8	0.4

注："*"表示该目标听众样本量不足，无法进行统计推断。

数据来源：CSM媒介研究。

4. 广东广播电视台垄断收听竞争前两位，广东广播电视台羊城交通广播台稳居榜首

2022年，在广州广播收听市场单个频率的竞争中，广东广播电台垄断了收听竞争的前两位，广东广播电视台羊城交通广播台（FM105.2）以22.4%的收听份额高居榜首，广东广播电视台珠江经济广播电台（E FM财富974）以16.4%的份额位列第二位。广州广播电视台有2个频率入围前五位，广州市广播电视台经济交通广播

（FM106.1/AM1098）和广州市广播电视台新闻资讯广播（FM96.2）份额均在9%以上，排在第三位和第四位（表1.10.7）。

表1.10.7　2022年广州市场直播收听份额排名前五位的频率

单位：%

排名	频率	市场份额	收听率
1	广东广播电视台羊城交通广播台（FM105.2）	22.4	1.1
2	广东广播电视台珠江经济广播电台（E FM 财富974）	16.4	0.8
3	广州市广播电视台经济交通广播（FM106.1/AM1098）	11.5	0.5
4	广州市广播电视台新闻资讯广播（FM96.2）	9.5	0.5
5	广东广播电视台音乐之声（FM99.3）	8.8	0.4

数据来源：CSM媒介研究。

十一　广播节目竞争格局①

（一）北京广播收听市场的节目竞争格局

1. 北京广播收听市场新闻类和生活服务类节目收听时长占比过半，主要节目类型收听比重均有所提升

2022年北京广播收听市场，新闻/时事和生活服务类节目的收听比重分别为27.5%和24.2%，两者占比之和过半，稳居第一梯队。位于第二梯队的文艺类和音乐类节目的收听比重分别为16.7%和12.6%，社教类、财经类、体育类、法制类和外语类节目的收听比重较低，合计达到6.54%。2022年北京广播节目竞争格局与2021年相比整体保持稳定，各类节目的收听比重排序均未发生变化；收听占比位于前四位的新闻/时事类、生活服务类、文艺类和音乐类节目的收听比重均有不同程度的提升，其中，文艺类节目增长最多，增加了3.6个百分点；而社教类、财经类、体育类和法制类节目的收听比重均有小幅下降，其中，社教类下降相对较多，为2.4个百分点（图1.11.1）。

2. 北京人民广播电台多类节目收听占比领先

2022年，北京人民广播电台除外语类和财经类外，其余各类节目在北京收听市场继续保持领先位置，收听份额均超过60%。北京人民广播电台在法制类节目市场优势突出，收听份额达99.4%；在生活服务类、文艺类和社教类节目市场，北京人

① 本部分对节目竞争格局的分析，主要针对央视市场研究（CTR）所提供的具有节目监播数据的频率进行，听众群为15岁及以上所有人。

民广播电台收听份额也都超过80%。相比2021年同期，北京人民广播电台在多个节目类型上的收听占比都有不同程度的提升，其中，音乐类和财经类节目增长最多，均超过10个百分点，体育类和新闻/时事类也分别有9.3个百分点和9.1个百分点的提升。

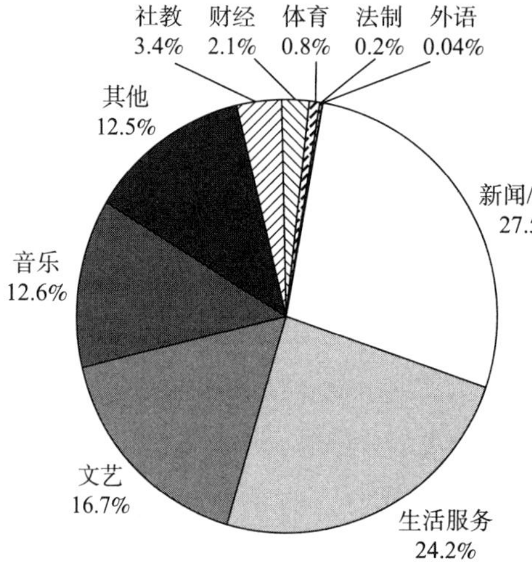

图 1.11.1　2022年北京市场各类节目的收听比重

数据来源：CSM媒介研究。

中央广播电视总台在北京地区的外语类节目收听中继续独霸市场，收听份额达100.0%。其次是财经类节目收听份额表现突出，达72.9%。体育类、音乐类、新闻/时事类和社教类节目，收听占比均超过20%，生活服务类和法制类节目收听份额较低，不足5%。同比2021年，中央广播电视总台在音乐类、财经类、体育类和新闻/时事类节目上的收听份额下降较多，均在9%以上（图1.11.2）。

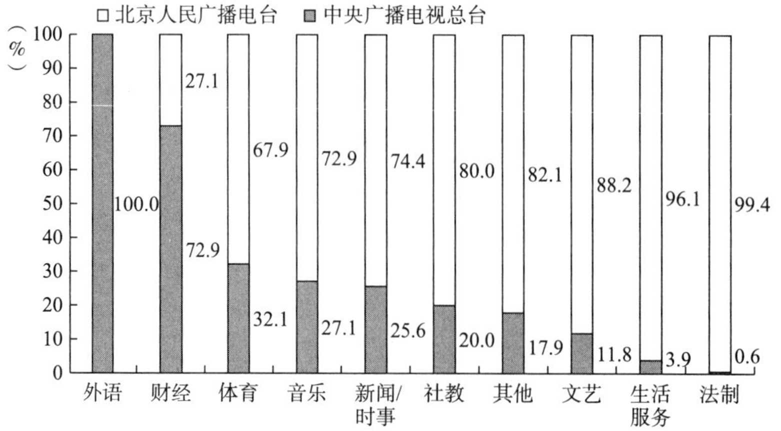

图 1.11.2　2022年各级广播频率在北京市各类节目市场上的收听份额

数据来源：CSM媒介研究。

3. 北京听众类型节目选择各有侧重，收听习惯契合听众习惯与作息

2022 年，在北京市场 15 岁及以上听众中，男性听众除音乐和法制节目外，对其他各类节目的收听集中度都高于女性听众，其中，对于外语类、社教类和体育类节目的收听集中度相对更高；女性听众则对音乐类和法制类节目的收听意向更加突出，收听集中度均在 110% 以上。

从北京市场不同年龄段的听众收听情况来看，15 ~ 24 岁听众对生活服务类节目的收听集中度最高，达到 121. 5% ；25 ~ 34 岁和 35 ~ 44 岁听众都在音乐类节目上有较明显的收听偏好，收听集中度分别为 124. 7% 和 109. 0% ；45 岁及以上的听众是广播收听的主体人群，他们的收听兴趣相对更为广泛，因此，他们在各类节目上表现出的集中度水平也都相对较高，其中，45 ~ 54 岁听众更热衷于社教类、财经类和生活服务类节目的收听；55 ~ 64 岁听众在外语类、体育类和财经类节目上表现出更大的偏好，集中度均在 200% 以上；而 65 岁及以上听众对法制类节目的收听集中度尤为突出，超过 300% （表 1. 11. 1）。

表 1. 11. 1　2022 年北京市场不同性别和年龄听众收听各类节目的集中度

单位：%

节目类别	性别		年龄					
	男	女	15 ~ 24 岁	25 ~ 34 岁	35 ~ 44 岁	45 ~ 54 岁	55 ~ 64 岁	65 岁及以上
新闻/时事	103. 6	94. 4	83. 5	65. 6	85. 0	116	186. 4	238. 8
社教	111. 4	82. 2	49. 4	76. 1	79. 7	121. 3	195. 9	231. 9
文艺	103. 8	94. 0	62. 5	84. 1	99. 2	115. 3	122. 0	178. 6
体育	108. 7	86. 4	36. 2	82. 4	92. 6	81. 2	235. 6	247. 4
音乐	92. 3	112. 0	84. 1	124. 7	109. 0	83. 2	56. 5	43. 2
外语	130. 6	52. 4	42. 5	45. 1	68. 4	77. 5	295. 5	449. 3
财经	101. 5	97. 6	70. 5	48. 5	84. 9	123. 9	251. 1	258. 6
生活服务	103. 2	95. 0	121. 5	68. 6	90. 9	130. 1	165. 4	144. 2
法制	91. 7	112. 9	91. 4	82. 9	78. 2	80. 6	119. 5	305. 8
其他	104. 2	93. 5	118. 7	72. 3	92. 9	111. 5	160. 0	162. 8

数据来源：CSM 媒介研究。

2022 年在北京市场，小学受教育程度的听众占新闻/时事类和社教类节目上的收听集中度最高，超过 110% ；初中受教育程度的听众对文艺类和生活服务类节目表现出更强的收听意向，收听集中度均超过 130% ，其次是新闻/时事类和社教类节目，集中度也均在 120% 以上；具有高中受教育程度的听众节目收听兴趣相对广泛，对除音乐类节目之外的其他各类节目都表现出明显喜好，集中度均超过 100% ，外语类、体育类和生活服务类相对更高，在 130% 以上；大学及以上学历的听众仅对音乐类节

目显示出较高的收听倾向，集中度为117.2%（表1.11.2）。

表1.11.2　2022年北京市场不同受教育程度听众收听各类节目的集中度

单位：%

节目类别	受教育程度				
	未受过正规教育	小学	初中	高中	大学及以上
新闻/时事	*	114.6	124.0	115.5	89.5
社教	*	119.5	129.2	128.6	82.7
文艺	*	43.8	138.1	105.8	92.3
体育	*	73.9	105.8	136.4	82.4
音乐	*	26.4	53.7	77.7	117.2
外语	*	5.8	50.0	139.5	89.9
财经	*	14.4	60.0	115.0	99.8
生活服务	*	107.6	143.3	130.6	79.8
法制	*	103.6	99.7	115.7	92.5
其他	*	83.3	130.7	119.1	87.1

注：“*”表示该目标听众样本量不足，无法进行统计推断。
数据来源：CSM媒介研究。

没有收入的听众更偏爱收听生活服务类节目，收听集中度达130.6%；个人月收入1~2000元的听众对文艺类节目表现出极强的收听意愿，集中度高达191.5%；个人月收入2001~3000元的听众除法制类和音乐类节目外，对其他各类节目的收听集中度都超过100%，其中，外语类、体育类和财经类节目更是超过了200%；个人月收入3001~4000元的听众收听兴趣也较为均衡，除了音乐类、财经类和法制类节目外，其余各类节目的收听集中度均在110%~140%；个人月收入4001~5000元的听众更爱收听体育类和法制类节目，收听集中度在130%以上；个人月收入5001~6000元的听众对法制类节目的收听偏好明显，集中度为129.9%；个人月收入6001元及以上的听众则对财经类节目表现出浓厚的收听兴趣，集中度超过130%（表1.11.3）。

表1.11.3　2022年北京市场不同个人月收入听众收听各类节目的集中度

单位：%

节目类别	个人月收入						
	没有收入	1~2000元	2001~3000元	3001~4000元	4001~5000元	5001~6000元	6001元及以上
新闻/时事	88.2	90.3	121.6	118.1	111.1	96.8	82.5
社教	59.6	96.0	138.3	139.3	104.4	102.6	73.8
文艺	79.3	191.5	145.4	128.7	92.3	96.8	79.2
体育	45.9	41.1	207.1	134.4	133.2	70.0	74.9

续表

节目类别	个人月收入						
	没有收入	1～2000 元	2001～3000 元	3001～4000 元	4001～5000 元	5001～6000 元	6001 元及以上
音乐	109.6	91.4	94.9	94.0	125.1	80.2	104.8
外语	46.6	66.7	275.3	124.2	121.4	92.1	55.4
财经	80.8	31.8	205.1	54.5	109.5	71.5	136.6
生活服务	130.6	142.1	114.3	120.2	98.8	105.7	70.2
法制	79.8	45.3	94.6	80.8	136.3	129.9	73.2
其他	135.3	127.4	111.6	109.7	103.3	101.4	76.3

数据来源：CSM 媒介研究。

在不同职业类别听众中，干部/管理人员对财经类和生活服务类节目较为关注，集中度分别为 114.1% 和 103.7%；初级公务员/雇员的广播节目收听主要集中在音乐类节目上，集中度达 114.4%；工人听众收听兴趣相对广泛，对社教类、文艺类、体育类和生活服务类节目的收听集中度都超过 100%；个体/私营企业人员更偏爱收听文艺类和财经类节目，集中度分别为 125.8% 和 168.8%；学生听众对于生活服务类节目有着较强的收听倾向，集中度为 152.8%；无业（包括退休人员）听众对除音乐类节目以外的各类节目都表现出较高的收听偏好，其中，外语类、财经类和法制类节目最高，都超过 200%（表 1.11.4）。

表 1.11.4　2022 年北京市场不同职业听众收听各类节目的集中度

单位：%

节目类别	职业					
	干部/管理人员	初级公务员/雇员	工人	个体/私营企业人员	学生	无业（包括退休人员）
新闻/时事	85.9	91.1	89.5	75.4	100.7	181.4
社教	73.1	93.5	116.8	79.8	61.1	175.7
文艺	90.6	82.1	150.0	125.8	74.9	161.8
体育	62.5	98.6	105.8	36.1	51.6	170.4
音乐	73.6	114.4	87.4	81.5	87.0	68.3
外语	95.0	68.0	99.2	43.2	57.6	340.7
财经	114.1	71.1	96.9	168.8	95.3	226.4
生活服务	103.7	89.0	105.5	90.6	152.8	129.1
法制	58.2	92.2	99.9	23.9	98.0	211.6
其他	94.8	87.3	103.4	88.5	150.0	144.8

数据来源：CSM 媒介研究。

（二）上海广播收听市场的节目竞争格局

1. 上海节目收听市场竞争格局稳定，超六成收听时间集中于音乐类和新闻类节目

2022年在上海广播收听市场，音乐类和新闻/时事类节目收听时长比重合计超过六成，分别为38.9%和25.9%，且均较上一年有小幅增长。生活服务类、文艺类、财经类和社教类节目收听比重在3%~8%，与2021年相比，文艺类和社教类节目收听比重略有提升，生活服务类和财经类收听比重略降。体育类、法制类和外语类节目的收听比重较低，合计不足2%（图1.11.3）。

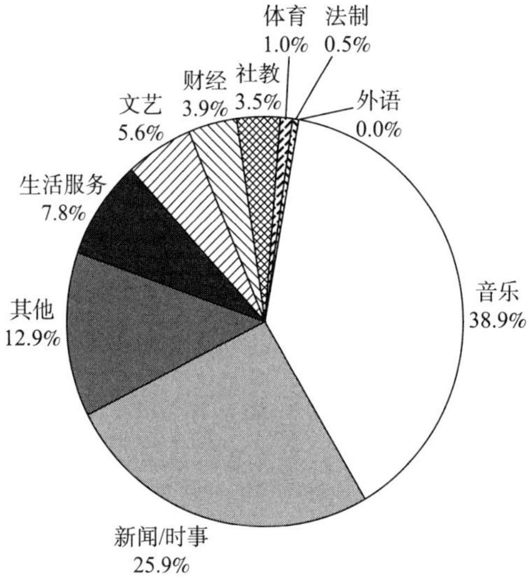

图1.11.3　2022年上海市场各类节目的收听比重

数据来源：CSM媒介研究。

2. 上海人民广播电视台在本地节目市场竞争优势明显

2022年上海人民广播电视台频率在上海各类节目市场中依然保持绝对领先优势：在法制类、音乐类、生活服务类和文艺类节目上的收听份额均超过了95%；而对余下的其他各类节目的收听份额也均在60%以上。与2021年相比，上海人民广播电台在财经类节目中的收听占比有5.8个百分点的增长，而新闻/时事类节目收听占比相对下降较多，为3.8个百分点，其他各类节目占比保持稳定。

中央广播电视总台在上海市场外语类和新闻/时事类节目的竞争有一定竞争力，收听份额在10%以上，在其他各类节目上的收听份额相对较低。同比2021年，中央广播电视总台在新闻/时事类和社教类节目市场的收听份额有所提升，财经类节目下降略多（图1.11.4）。

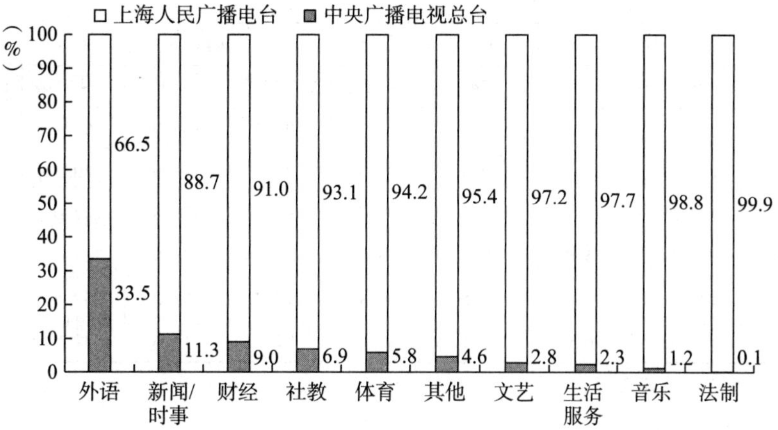

图 1.11.4　2022 年各级广播频率在上海各类节目市场上的收听份额

数据来源：CSM 媒介研究。

3. 上海市场节目收听行为体现内容偏好，中老年、中等学历、中等收入听众收听兴趣广泛

2022 年上海广播收听市场中，男性听众对社教类、外语类、财经类和生活服务类节目表现出更强的收听偏好，收听集中度均超过 120%；女性听众则对文艺类和音乐类节目青睐有加。

在不同年龄段听众中，15 ~24 岁青少年听众对体育类、音乐类和文艺类节目的收听意向突出，集中度均超过 120%；25 ~34 岁听众收听主要集中在体育类和音乐类节目上；35 ~44 岁听众除对音乐类节目收听略高之外，对其他各类节目的收听集中度均未超过 100%；45 ~54 岁听众对外语类、财经类和生活服务类节目的收听集中度较高，均在 130% 以上；55 ~64 岁的上海听众对除音乐类以外的各类节目都有着较高的收听集中度水平，其中，对生活服务类和法制类节目的收听集中度超过 200%；65 岁及以上的上海听众更加关注新闻/时事类节目，其收听集中度高达 254.3%，高于其他各年龄段听众（表 1.11.5）。

表 1.11.5　2022 年上海市场不同性别和年龄听众收听各类节目的集中度

单位：%

节目类别	性别		年龄					
	男	女	15 ~24 岁	25 ~34 岁	35 ~44 岁	45 ~54 岁	55 ~64 岁	65 岁及以上
新闻/时事	114.1	86.8	55.6	58.1	79.0	108.2	182.0	254.3
社教	120.2	81.0	82.8	73.3	77.0	99.3	195.8	174.5
文艺	96.6	103.2	163.9	91.4	84.2	105.5	119.0	58.2
体育	106.8	93.5	124.7	109.8	75.2	103.2	142.5	51.9

续表

节目类别	性别		年龄					
	男	女	15～24岁	25～34岁	35～44岁	45～54岁	55～64岁	65岁及以上
音乐	93.8	105.8	142.8	109.4	102.9	108.9	63.2	23.9
外语	128.4	73.2	50.0	90.3	22.2	172.6	129.3	246.7
财经	122.2	79.1	66.3	59.1	95.9	153.3	172.0	85.3
生活服务	136.3	65.8	70.2	59.9	78.8	133.9	225.1	113.1
法制	102.1	98.1	67.5	54.9	79.3	94.2	259.4	184.9
其他	103.6	96.6	104.1	83.4	92.2	110.6	131.5	113.4

数据来源：CSM媒介研究。

初中和高中受教育程度的听众收听兴趣十分广泛，除社教类、体育类和财经类节目外，初中学历听众对其他各类节目的收听集中度都超过100%，其中，对法制类节目的收听集中度最高，达159.8%；高中学历听众则对除音乐类和外语类节目外的各类节目都抱有浓厚的收听兴趣，在新闻/时事类、社教类、生活服务类和法制类节目上的收听集中度均超过150%；大学及以上学历听众收听则主要集中在音乐类和外语类节目上，对其他各类节目的收听集中度不足100%（表1.11.6）

表1.11.6　2022年上海市场不同受教育程度听众收听各类节目的集中度

单位：%

节目类别	受教育程度				
	未受过正规教育	小学	初中	高中	大学及以上
新闻/时事	*	*	138.7	151.7	78.7
社教	*	*	95.3	156.3	83.7
文艺	*	*	139.3	116.0	89.0
体育	*	*	50.6	120.8	91.4
音乐	*	*	110.6	88.8	101.4
外语	*	*	112.7	59.9	111.5
财经	*	*	66.1	133.5	95.6
生活服务	*	*	115.9	158.1	80.2
法制	*	*	159.8	171.0	69.9
其他	*	*	121.8	119.0	90.8

注：“*”表示该目标听众样本量不足，无法进行统计推断。
数据来源：CSM媒介研究。

2022年上海广播收听市场，没有收入的听众对文艺类和音乐类节目有明显的收听倾向，集中度分别为172.9%和140.2%；个人月收入2001～3000元的上海听众对体育类节目偏爱明显，收听集中度均高达 286.0%；个人月收入 3001～4000 元的上海听众收听兴趣相对广泛，其在新闻/时事类、社教类、财经类和法制类节目上的收听集中度都超过 150%；个人月收入 4001～5000 元的上海听众对新闻/时事类和法制类节目最为关注，收听集中度均分别为 130.0% 和 161.4%；个人月收入 5001～6000 元的上海听众收听水平不高，仅对文艺类和音乐类节目收听较多，集中度高于 100%；个人月收入 6001 元及以上的上海听众收听喜好主要集中在体育类、外语类和财经类节目中上，收听集中度均大于 110%（表 1.11.7）。

表 1.11.7　2022 年上海市场不同个人月收入听众收听各类节目的集中度

单位：%

节目类别	个人月收入						
	没有收入	1～2000 元	2001～3000 元	3001～4000 元	4001～5000 元	5001～6000 元	6001 元及以上
新闻/时事	45.3	*	121.6	152.3	130.0	89.9	93.2
社教	40.0	*	61.8	169.5	118.1	84.3	98.6
文艺	172.9	*	94.0	79.0	94.3	101.3	93.8
体育	51.4	*	286.0	77.3	76.1	88.6	113.0
音乐	140.2	*	77.6	82.8	85.2	108.7	98.4
外语	100.4	*	0.0	118.8	87.9	21.3	127.8
财经	58.0	*	105.1	170.4	81.4	48.3	113.2
生活服务	66.6	*	71.9	113.7	122.8	89.7	101.6
法制	38.2	*	80.2	154.0	161.4	93.0	86.3
其他	100.7	*	94.2	113.2	103.5	94.7	98.0

注：“*”表示目标听众样本量不足，无法进行统计推断。

数据来源：CSM 媒介研究。

2022 年上海的干部/管理人员的收听主要集中在新闻/时事类、社教类、体育类、外语类和生活服务类节目上；初级公务员/雇员的节目收听兴趣相对单一，仅在音乐类节目的收听集中度高于 100%；工人听众更关注新闻/时事类、社教类和法制类节目，集中度均在 120% 以上；个体/私营企业人员对除体育类、音乐类和外语类以外的其他各类节目均表现出较强的收听偏好，其中，对于法制类节目的关注尤为突出，收听集中度高达 250.8%；学生听众则仅对文艺类和音乐类节目有比较明显的收听偏爱，收听集中度分别为 170.1% 和 142.3%；无业人员则对除文艺类和音乐类以外的各类节目都表现出较高的收听倾向，其中，对新闻/时事类节目和社教类节目的收听集中度水平在各类职业听众中最高（表 1.11.8）。

表 1.11.8　2022 年上海市场不同职业听众收听各类节目的集中度

单位：%

节目类别	职业					
	干部/管理人员	初级公务员/雇员	工人	个体/私营企业人员	学生	无业（包括退休人员）
新闻/时事	134.1	73.9	125.4	104.1	43.9	207.2
社教	124.6	79.8	142.3	132.7	40.6	173.1
文艺	105.3	92.4	83.4	136.7	170.1	81.2
体育	137.5	95.4	109.9	56.0	50.2	132.4
音乐	85.8	102.7	115.7	94.7	142.3	54.3
外语	251.5	69.7	12.3	53.8	100.6	170.7
财经	102.7	95.6	72.5	196.9	55.8	139.1
生活服务	118.3	94.6	107.8	153.0	64.7	112.1
法制	93.5	79.3	141.3	250.8	37.3	172.4
其他	106.6	91.2	114.1	115.7	99.9	117.1

数据来源：CSM 媒介研究。

（三）广州广播收听市场的节目竞争格局

1. 广州广播收听市场节目竞争相对均衡，主要节目类别收听比重相近

2022 年广州广播节目收听市场各类节目的竞争实力相对均衡，生活服务类、文艺类、音乐类和新闻/时事类节目收听比重分别为 18.3%、18.2%、17.2% 和 13.2%，共同占据近七成的收听市场。其中，生活服务类节目较 2021 年有 3 个百分点的下降，文艺类节目有 4.3 个百分点的增长，整体竞争格局保持稳定。社教类节目以 8.2% 的收听比重居第五位（图 1.11.5）。

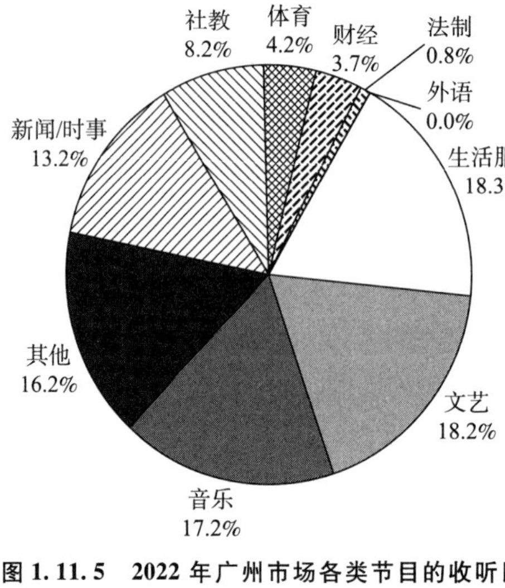

图 1.11.5　2022 年广州市场各类节目的收听比重

数据来源：CSM 媒介研究。

2. 广州市场省台竞争优势突出，市台各类节目占比均衡

2022 年，除外语类节目外，广东广播电视台在广州其他各节目类型市场均保持领先地位。其在文艺类、体育类、生活服务类、财经类和法制类节目市场的收听份额都高于 70%，其中，法制类节目更是以 94.2% 的占比遥遥领先；财经类节目在 2022 年同比增长了 20 个百分点，其他各类节目竞争力保持稳定。

广州广播电视台在除财经类、法制类和外语之外的其他各类节目市场都有着较为均衡的竞争力，收听份额在 25% ~37%。其中，在音乐类和社教类节目上的收听份额超过 30%。相比 2021 年，财经类节目的收听份额下降了 7.2 个百分点，相对较多，其他各类节目变化不大。

面对本地电台强有力的竞争，2022 年中央广播电视总台在广州地区外语类节目市场独占鳌头，收听份额为 99.6%。其次，新闻/时事类和财经类节目市场也具有一定竞争力，收听份额分别为 17.8% 和 16.5%（图 1.11.6）。

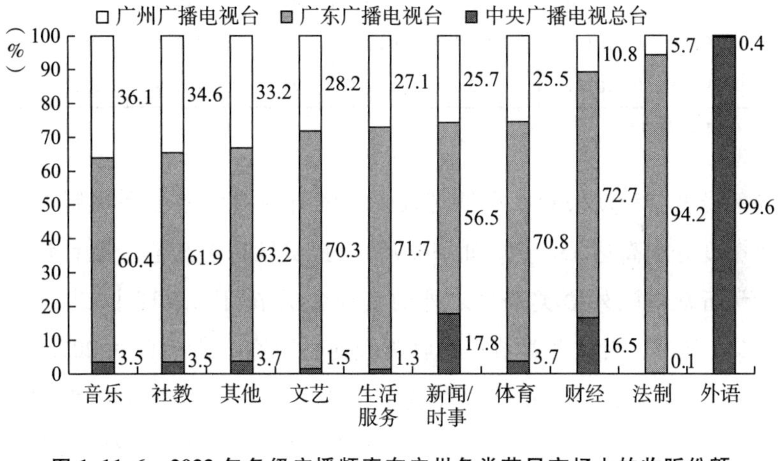

图 1.11.6　2022 年各级广播频率在广州各类节目市场上的收听份额

数据来源：CSM 媒介研究。

3. 广州类型节目满足听众节目收听偏好，中老年、中等学历和收入、无业听众收听兴趣更广泛

2022 年广州男性听众对外语类、社教类和生活服务类广播节目有着较明显的收听倾向，收听集中度均超过 100%；女性听众则对财经类和文艺类节目表现出较大兴趣，收听集中度分别为 128.5% 和 107.8%。

在广州市场不同年龄段听众中，15 ~34 岁听众对收听广播节目的倾向性不强，各类广播节目的收听集中度都低于 100%；35 ~44 岁听众仅对生活服务类节目收听水平略高，收听集中度为 102.0%；45 ~54 岁听众收听广播的兴趣较为广泛，对除文艺类、音乐类和外语类节目以外的各类节目收听集中度都超过 100%；55 岁及以

上的听众是广州地区广播收听的重度人群，他们对几乎各类广播节目都有较高的收听水平，收听集中度超出平均水平较多（表 1. 11. 9）。

表 1. 11. 9　2022 年广州市场不同性别和年龄听众收听各类节目的集中度

单位：%

节目类别	性别		年龄					
	男	女	15～24 岁	25～34 岁	35～44 岁	45～54 岁	55～64 岁	65 岁及以上
新闻/时事	99. 6	100. 5	71. 3	52. 8	88. 3	117. 8	152. 2	237. 3
社教	105. 1	93. 6	68. 7	49. 9	94. 6	108. 2	207. 8	199. 8
文艺	93. 8	107. 8	51. 1	68. 1	88. 0	92. 9	222. 2	191. 4
体育	96. 7	104. 2	77. 2	49. 4	91. 3	118. 0	160. 1	226. 1
音乐	99. 1	101. 1	98. 7	71. 5	94. 6	98. 8	183. 5	130. 4
外语	124. 5	69. 1	1. 4	18. 9	89. 9	41. 5	20. 5	677. 8
财经	77. 4	128. 5	31. 7	65. 2	60. 6	118. 3	198. 5	268. 2
生活服务	104. 8	94. 0	41. 1	56. 6	102. 0	116. 3	220. 1	172. 5
法制	96. 4	104. 5	29. 1	67. 2	97. 4	102. 1	255. 0	155. 4
其他	99. 0	101. 3	50. 3	56. 9	93. 3	105. 4	222. 1	195. 9

数据来源：CSM 媒介研究。

从不同的受教育程度来看，小学受教育程度听众对财经类和法制类节目尤为关注，收听集中度分别高达 336. 6% 和 236. 7%，且明显高于其他受教育程度听众的水平；初中学历听众对除外语类节目之外的其他各类节目都表现出较高的收听喜好，均超出 100%，其中，对体育类节目的收听倾向性更高，集中度达 227. 0%；高中受教育程度的听众对各类广播节目的喜爱水平十分均衡，收听集中度均在 130%～160%；大学及以上学历听众则对各类广播节目的收听水平相对较低，收听集中度均未超过 100%（表 1. 11. 10）。

表 1. 11. 10　2022 年广州市场不同受教育程度听众收听各类节目的集中度

单位：%

节目类别	受教育程度				
	未受过正规教育	小学	初中	高中	大学及以上
新闻/时事	*	151. 4	171. 8	140. 0	69. 9
社教	*	92. 3	185. 2	159. 5	60. 6
文艺	*	192. 1	191. 6	136. 1	68. 1
体育	*	89. 7	227. 0	133. 7	67. 3
音乐	*	105. 2	157. 6	139. 1	73. 6
外语	*	0. 0	37. 6	134. 1	93. 9

续表

节目类别	受教育程度				
	未受过正规教育	小学	初中	高中	大学及以上
财经	*	336.6	179.6	145.9	61.0
生活服务	*	195.0	160.3	145.0	67.9
法制	*	236.7	169.3	153.8	62.0
其他	*	188.3	172.6	145.5	66.3

注："*"表示目标听众样本量不足，无法进行统计推断。

数据来源：CSM 媒介研究。

在不同个人月收入的听众中，没有收入的听众对新闻/时事类节目最为关注，收听集中度为 147.4%；个人月收入 1～2000 元广州听众对体育类节目的收听倾向十分突出，收听集中度高达 235.1%，在不同收入听众中最高；个人月收入 2001～3000 元的广州听众对体育类、音乐类和文艺类节目表现出浓厚的收听兴趣，集中度均高于 148%；个人月收入 3001～4000 元的最爱收听的广播节目前四类依次是体育类、音乐类、社教类和财经类节目，收听集中度都超过 110%；个人月收入 4001～5000 元的听众对除社教类和外语类以外的各类广播节目都表示出明显偏爱，集中度都超过 100%；个人月收入 5001～6000 元的听众收听节目类型范围较广，对除体育类节目以外各类节目均青睐有加，集中度都高于 100%；个人月收入 6001 元及以上的听众仅对外语类节目有一定收听兴趣，其他各类节目的收听集中度均低于 100%（表 1.11.11）。

表 1.11.11　2022 年广州市场不同个人月收入听众收听各类节目的集中度

单位：%

节目类别	个人月收入						
	没有收入	1～2000 元	2001～3000 元	3001～4000 元	4001～5000 元	5001～6000 元	6001 元及以上
新闻/时事	147.4	80.7	69.8	93.3	101.0	120.8	92.7
社教	111.8	110.7	109.2	115.0	96.5	126.1	79.3
文艺	104.9	145.9	148.2	108.5	116.2	108.2	74.0
体育	40.6	235.1	172.1	117.7	109.2	89.7	81.6
音乐	121.6	92.5	148.7	117.5	103.6	106.2	77.3
外语	0.0	0.0	2.3	102.9	21.6	253.3	103.2
财经	107.0	139.1	120.5	110.8	159.5	104.6	60.5
生活服务	87.1	114.3	83.3	93.3	107.0	115.3	97.4
法制	110.7	47.9	92.3	102.9	109.1	129.5	84.9
其他	96.4	116.1	115.8	101.4	118.2	106.0	86.1

数据来源：CSM 媒介研究。

2022 年在广州收听市场上，干部/管理人员仅对生活服务类节目收听较多，收听集中度高于 100%；初级公务员/雇员的收听偏好并不突出，对各类广播节目的收听集中度均未达到 100%；工人听众对法制类、生活服务类和社教类节目最为喜爱，收听集中度依次为 141.7%、126.2% 和 117.6%；个体/私营企业人员对体育类节目的收听偏好十分明显，收听集中度达 171.4%；学生听众仅在音乐类广播节目中有较高的收听水平，收听集中度超过 100%；无业（包括退休人员）听众对各类节目都表现出浓厚的收听兴趣，收听集中度都高于 100%（表 1.11.12）。

表 1.11.12　2022 年广州市场不同职业听众收听各类节目的集中度

单位：%

节目类别	职业					
	干部/管理人员	初级公务员/雇员	工人	个体/私营企业人员	学生	无业（包括退休人员）
新闻/时事	63.0	71.6	101.7	66.4	95.8	189.5
社教	86.3	64.4	117.6	72.2	80.0	181.4
文艺	92.3	73.9	93.5	74.2	68.0	189.9
体育	56.1	72.8	84.0	171.4	95.8	172.0
音乐	94.0	85.2	109.9	64.7	102.3	135.8
外语	1.0	56.1	16.3	103.6	0.0	374.9
财经	27.7	67.2	79.6	56.0	16.4	271.6
生活服务	108.2	63.9	126.2	74.7	52.0	174.8
法制	60.5	61.7	141.7	100.0	17.4	181.6
其他	85.9	67.4	105.9	77.0	59.0	195.1

数据来源：CSM 媒介研究。

十二　广播广告投放与竞争格局

1. 京、沪、穗三地广播广告投放刊例额同比 2021 年减少 3.5%

2022 年京沪穗三地广播广告投放刊例额合计为 92.2 亿元，同比 2021 年减少 3.5%，三个一线城市广播广告投放情况有所不同，其中北京和上海的广播广告投放减少超过 20%，而广州广播广告投放额因药品广告的大幅增长而略有增加。

三地广播广告投放刊例额最高的前五位行业是药品、家居用品、食品、金融业和商业及服务性行业，合计占比为 63.3%（图 1.12.1）。在所有行业中，广告投放刊例额增长最快的行业是药品和化妆品/浴室用品行业。

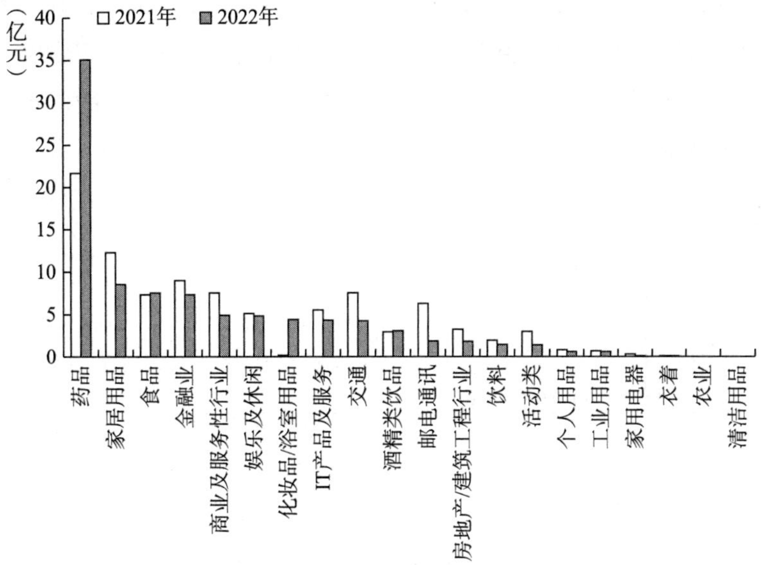

图 1.12.1 2021 年、2022 年京、沪、穗三地分行业广播广告投放刊例额

数据来源：CTR 媒介智讯，广告监测数据库 AdEx。

2022 年，北京地区广播广告投放刊例额排名前 10 位的行业中增长最快的是酒精类饮品行业，广告增长超过两倍。上海和广州地区广播广告投放刊例额增长的行业除了药品行业外，化妆品/浴室用品行业也有较大增长（表 1.12.1）。

表 1.12.1 2021 年、2022 年京、沪、穗三地广播广告投放刊例额排名前十位的行业

排名	北京		上海		广州	
	2021 年	2022 年	2021 年	2022 年	2021 年	2022 年
1	家居用品	家居用品	家居用品	家居用品	药品	药品
2	商业及服务性行业	酒精类饮品	商业及服务性行业	娱乐及休闲	食品	食品
3	金融业	金融业	金融业	金融业	金融业	金融业
4	交通	商业及服务性行业	交通	商业及服务性行业	邮电通信	化妆品/浴室用品
5	活动类	活动类	娱乐及休闲	食品	交通	IT 产品及服务
6	酒精类饮品	娱乐及休闲	IT 产品及服务	交通	商业及服务性行业	交通
7	IT 产品及服务	交通	活动类	IT 产品及服务	IT 产品及服务	商业及服务性行业
8	娱乐及休闲	邮电通信	食品	房地产/建筑工程行业	娱乐及休闲	娱乐及休闲
9	食品	IT 产品及服务	邮电通信	饮料	房地产/建筑工程行业	酒精类饮品
10	邮电通信	食品	饮料	邮电通讯	酒精类饮品	邮电通信

数据来源：CTR 媒介智讯，广告监测数据库 AdEx。

2. 京、沪、穗三地广播广告投放中药品和化妆品/浴室用品呈现大幅增长

在2022年京沪穗三地广播广告投放刊例额同比呈现正增长的行业中（图1.12.2），广告增长明显的行业是药品（增长61.6%）、化妆品/浴室用品（由于基数低，增长近28倍）。

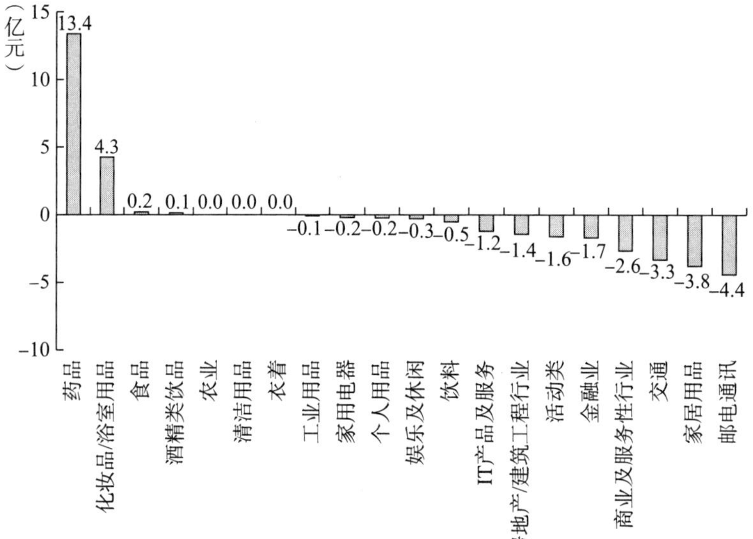

图1.12.2　2022年京、沪、穗三地各行业广播广告投放刊例额同比变化情况

数据来源：CTR媒介智讯，广告监测数据库AdEx。

3. 京、沪、穗三地广播广告投放刊例额前10位的品牌分别来自家居用品、药品、商业及服务性行业等不同行业

2022年北京广播广告投放刊例额排名前10位的品牌主要来自家居用品、酒精类饮品和商业及服务性等行业，排名前3位的品牌是全包圆、五粮液和华医。上海广播广告投放刊例额排名前10位的品牌分别来自家居用品、商业及服务性和金融等行业，排名前3位的品牌是尚海、沪尚茗居和汇正。广州广播广告投放刊例额排名前10位的品牌来自药品等行业，排名前3位的品牌是天草、同溢堂和陈李济（表1.12.2）。

表1.12.2　2022年京、沪、穗三地广播广告投放刊例额排名前十位的品牌①

排名	北京		上海		广州	
	品牌名称	所属品类	品牌名称	所属品类	品牌名称	所属品类
1	全包圆	家居用品	尚海	家居用品	天草	药品

① 由于同一品牌有不同的产品线，根据央视市场研究（CTR）的分类标准，用广告当中的产品判定品牌所属行业类别；此处统计的是某一品牌整体的广告投放额，所以可能出现某一品牌同时属于不同品类的情况。

续表

排名	北京		上海		广州	
	品牌名称	所属品类	品牌名称	所属品类	品牌名称	所属品类
2	五粮液	酒精类饮品	沪尚茗居	商业及服务性行业	同溢堂	药品
3	华医	商业及服务性行业	汇正	金融业	陈李济	药品
4	中国人民保险	金融业	上汽通用别克	交通、活动类	好视力	药品、个人用品
5	中国移动通信	邮电通信、活动类	格乐利雅	娱乐及休闲、活动类、商业及服务性行业	好易康	化妆品/浴室用品
6	同仁堂	药品	光明	饮料、活动类	汇正	金融业
7	中国银行	金融业	崇明	食品	燕之屋	食品
8	北京银行	金融业	崇明甲鱼	食品	钧明	娱乐及休闲、房地产/建筑工程行业
9	牛栏山	酒精类饮品	云兰	家居用品	吉盛伟邦	商业及服务性行业
10	永丰	酒精类饮品	中国平安保险	金融业、IT产品及服务	竹笋	IT产品及服务

数据来源：CTR媒介智讯，广告监测数据库AdEx。

4. 京、沪、穗三地广播广告投放刊例额排名前五位的频率上海地区变化最大

2022年，北京地区广播广告投放刊例额排名前5位的频率依次是北京人民广播电台交通广播（FM103.9）、北京人民广播电台文艺广播（FM87.6）、北京人民广播电台音乐广播（FM97.4）、北京新闻广播（FM94.5）、北京人民广播电台体育广播（FM102.5）；上海地区广播广告投放刊例额排名前5位的频率依次是上海人民广播电台五星体育广播（FM94.0）、上海人民广播电台动感流行音乐广播（FM101.7）、上海人民广播电台新闻广播（FM93.4）、上海人民广播电台魅力流行音乐广播（FM103.7）和上海长三角之声（FM89.9），其中上海人民广播电台五星体育广播（FM94.0）荣登榜首；广州地区广播广告投放刊例额排名前5位的频率依次是广东广播电视台珠江经济广播（FM97.4）、广东广播电视台羊城交通广播（FM105.2）、广州交通电台（FM106.1）、广东广播电视台音乐之声（FM99.3）和广州汽车音乐电台（FM102.7）。

表1.12.3 2022年京、沪、穗三地广播广告投放刊例额排名前五位的频率

排名	北京	上海	广州
1	北京人民广播电台交通广播（FM103.9）	上海人民广播电台五星体育广播（FM94.0）	广东广播电视台珠江经济广播（FM97.4）

续表

排名	北京	上海	广州
2	北京人民广播电台文艺广播（FM87.6）	上海人民广播电台动感流行音乐广播（FM101.7）	广东广播电视台羊城交通广播（FM105.2）
3	北京人民广播电台音乐广播（FM97.4）	上海人民广播电台新闻广播（FM93.4）（24）	广州交通电台（FM106.1）
4	北京新闻广播（FM94.5）［原新闻广播（FM100.6）］	上海人民广播电台魅力流行音乐广播（FM103.7）	广东广播电视台音乐之声（FM99.3）
5	北京人民广播电台体育广播（FM102.5）	上海长三角之声（FM89.9）（原东方都市驾车调频）	广州汽车音乐电台（FM102.7）

数据来源：CTR 媒介智讯，广告监测数据库 AdEx。

2022 年，北京地区广播广告投放刊例额最高的频率是北京人民广播电台交通广播（FM103.9），其广告投放刊例额排名前 3 位的行业是家居用品、商业及服务性行业和酒精类饮品；上海地区广播广告投放刊例额最高的频率是上海人民广播电台五星体育广播（FM94.0），其广告投放刊例额排名前 3 位的行业是家居用品、食品和房地产/建筑工程行业；广州地区广播广告投放刊例额最高的频率是广东广播电视台珠江经济广播（FM97.4），其广告投放刊例额排名前 3 位的行业是药品、金融业和化妆品/浴室用品（表 1.12.4）。

表 1.12.4　2022 年京、沪、穗三地广播广告投放刊例额最高的频率中投放额排名前十位的行业

排名	北京	上海	广州
	北京人民广播电台交通广播（FM103.9）	上海人民广播电台五星体育广播（FM94.0）	广东广播电视台珠江经济广播（FM97.4）
1	家居用品	家居用品	药品
2	商业及服务性行业	食品	金融业
3	酒精类饮品	房地产/建筑工程行业	化妆品/浴室用品
4	金融业	IT 产品及服务	食品
5	交通	活动类	IT 产品及服务
6	食品	化妆品/浴室用品	商业及服务性行业
7	活动类	商业及服务性行业	工业用品
8	娱乐及休闲	金融业	活动类
9	邮电通信	个人用品	酒精类饮品
10	IT 产品及服务	衣着	房地产/建筑工程行业

数据来源：CTR 媒介智讯，广告监测数据库 AdEx。

2022 年，北京人民广播电台交通广播（FM103.9）广告投放刊例额最高的 3 个品牌是全包圆、华医和牛栏山，分别来自家居用品、商业及服务性和酒精类饮品行业；上海人民广播电台五星体育广播（FM94.0）广告投放刊例额最高的3个品牌是尚海、俞润和崇明，分别来自家居用品、房地产/建筑工程和食品行业；广东广播电视台珠江经济广播（FM97.4）广告投放刊例额最高的3个品牌是好视力、天草和同溢堂，全部来自药品行业（表1.12.5）。

表1.12.5 2022年京、沪、穗三地广播广告投放刊例额最大的频率中投放额排名前十位的品牌

排名	北京人民广播电台交通广播（FM103.9）		上海人民广播电台五星体育广播（FM94.0）		广东广播电视台珠江经济广播（FM97.4）	
	品牌名称	所属品类	品牌名称	所属品类	品牌名称	所属品类
1	全包圆	家居用品	尚海	家居用品	好视力	药品
2	华医	商业及服务性行业	俞润	房地产/建筑工程行业	天草	药品
3	牛栏山	酒精类饮品	崇明	食品	同溢堂	药品
4	永丰	酒精类饮品	云兰	家居用品	陈李济	药品
5	八达岭	酒精类饮品	崇明甲鱼	食品	汇正	金融业
6	今朝	家居用品	美源	化妆品/浴室用品	好易康	化妆品/浴室用品
7	哪吒	交通	A佳精选	IT产品及服务	明兴	药品
8	北京银行	金融业	吴良材	商业及服务性行业	同溢堂&白云山	药品
9	中国银行	金融业	崇明散养农家草鸡&草鸡蛋	食品	白云山	药品
10	国门1号	商业及服务性行业	超萌武娃	IT产品及服务	柏德	商业及服务性行业

数据来源：CTR媒介智讯，广告监测数据库AdEx。

第二部分

专　题

2022年全国电视剧市场收播特征盘点

2022年，我国电视剧市场在数据上呈现错综复杂却又层次分明的特征，“减量提质”一直在进行。从“量”上看，2022年是一个典型的“小年”，生产量、发行量和播出量处于历史低谷；从“质”上言，可谓一个“大年”，在现实主义创作理念指导下，各类型百舸争流，不仅都市生活、社会伦理两大类题材依旧坚挺，而且时代变迁、当代主旋律、青春、商战、奋斗励志、重大题材等昔日小众题材亦不断成长。现实主义创作方法深入市场肌理，现实佳作闪耀荧屏，构筑精品矩阵，传播主流价值观。本文基于中国广视索福瑞媒介研究（简称CSM）全国市场和64个城市收视调查数据，盘点2022年电视剧市场的播出与收视特征。

一 市场总量

1. 供给侧：冷热交替，电视剧获批发行量创历史新低

我国电视剧市场在供给侧出现了“一冷一热”的两极格局。

一是上游市场采取“冷静自省”的态度。一方面，国家广电总局继续严控新剧的审批量，获得审批发行的电视剧数量连年下滑，疫情防控期间下行态势不变。2022年，全年全国生产完成并获得《国产电视剧发行许可证》的剧目仅160部、5283集，年度削减34部、1439集，跌至历史新低（图1）；平均每部集数是33集，年度缩短1.6集。另一方面，制作公司资金短缺、生存困难，主动减少了剧集的开发——2022年全国拍摄制作电视剧备案公示的剧目是472部、15429集，年度同比减少5~6个百分点。这一串数据的背后既体现出政府“减量提质”的决心，也折射出制作方对于市场变化的应对态度。随着疫情的结束和经济发展的需求，电视剧制作市场有望在一定程度上回暖。

二是现实题材越来越“热”，当代剧“炙手可热”。数据显示，现实题材已成政府主推类型和市场投资重点，虽然在绝对量上也在连年减少，但占比一直在提升：2018年占63.2%，2020年达到71.3%，2022年更是突破80%。其中，当代剧一骑绝尘，从2018年不足60%到2022年的近80%，5年来比重涨幅超过20个百分点。

相比之下，近代剧和古装剧比例出现大幅收缩，2022 年处于历史最低值（表 1）。

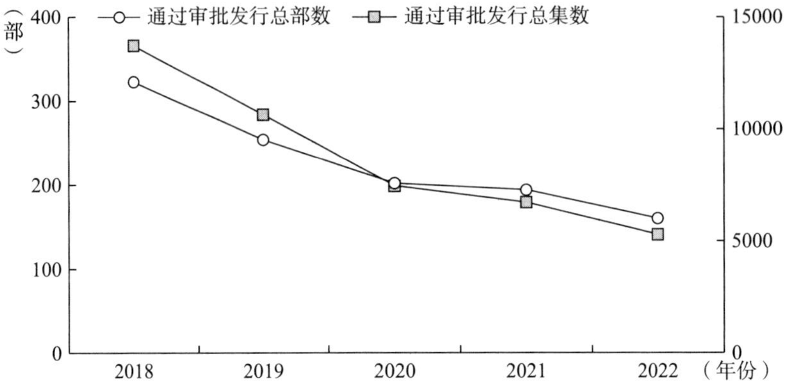

图 1　近年来全国生产完成并获得《国产电视剧发行许可证》的剧目数量走势

数据来源：国家广播电视总局。

表 1　2018～2022 年全国生产完成并获得《国产电视剧发行许可证》的剧目题材占比

类型	当代剧	现代剧	近代剧	古装剧	重大题材
2018 年	57.6%	5.6%	21.4%	14.6%	0.9%
2019 年	59.8%	9.8%	16.9%	11.8%	1.6%
2020 年	68.3%	3.0%	13.4%	12.4%	3.0%
2021 年	71.1%	3.1%	12.4%	7.7%	5.7%
2022 年	78.8%	1.9%	9.4%	6.3%	3.8%

数据来源：国家广播电视总局。

2. 输出端：稳中有变，电视剧收视比重平稳中微降

电视剧“稳字当头”，多年来地位稳定，是我国电视内容市场的播出和收视主力，疫情期间尤其充当了人们舒缓情感的润滑剂。全国市场，电视剧播出比重 2020 年增加到 29.8%，收视比重 2021 年达到近年来的最高点 35.9%。2022 年，电视剧仍是各类节目中的龙头，播出比重是 28.8%、收视比重是 35.1%（图 2）。从供求结构上来看，电视剧在大屏上“供不应求”，吸引了观众更多的注意力，长期以来都是中流砥柱。

然而值得警惕的是，多媒体时代的多屏分流，对大屏造成了一定的威胁：2022 年，全国电视剧市场人均总收看时长同比减少 1115 分钟；人均收视时长跌破 30 分钟、减少 3 分钟。如何保持这块蛋糕不被其他竞争对手继续分割，电视大屏仍需努力。

3. 上星端：上新不足，晚黄档首轮剧播出量跌至谷底

我国上星频道晚黄档是电视剧市场的必争之地，然而近年来电视剧不重复播出

部数连年直降，2022 年是 317 部，同比下滑 23 部。上星频道晚黄档首轮剧部数也每况愈下，2020 年是 113 部，2021 年是 107 部，2022 年仅 100 部（图 3）。

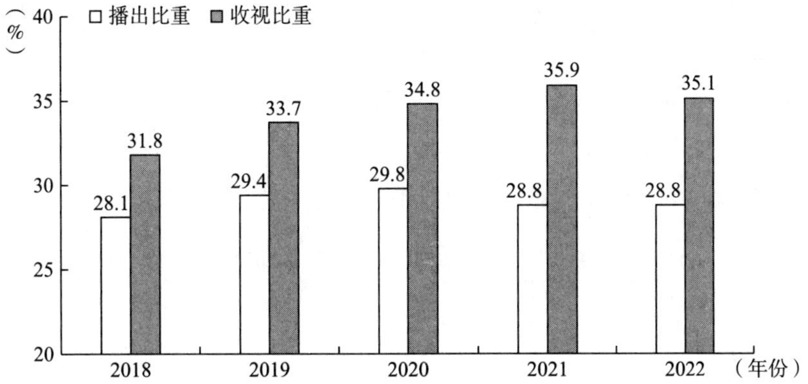

图 2 近年来全国市场电视剧播出与收视比重（历年所有调查城市，全天）

数据来源：CSM 媒介研究。

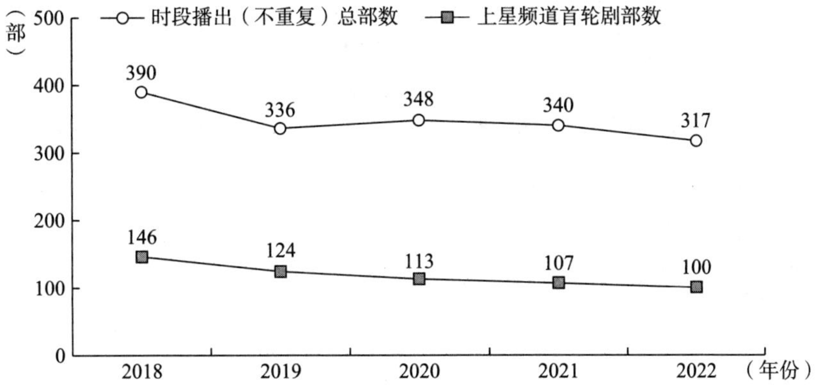

图 3 近年来上星频道晚黄档电视剧不重复播出总部数和首轮剧总部数走势（19：30～21：30）

数据来源：CSM 媒介研究。

在所有上星频道中，有能力购买和播出首轮剧的成了少数派，播出二轮剧的成了多数派。2022 年，有 52% 的上星频道在晚上黄金档只播二轮剧。在上星频道晚黄档所播剧目中，首轮剧部数比例不容乐观，2022 年占比仅 32%。

二轮剧成了上星频道晚间黄金强档的“内容食粮”，疫情期间播出量如下：2020 年 230 部、2021 年 226 部、2022 年 209 部，连续三年播出量均是首轮剧的两倍有余。

二 竞争格局

1. 不同频道组份额瓜分：两个上升、一个下降

全国市场电视剧收视盘子里，“遥控器拉锯战”硝烟弥漫。近年来上星频道和地

面频道电视剧收视份额呈现“七三开”的格局：上星频道整体约占70%，地面频道合计约占30%。

和2021年相比，2022年的电视剧收视份额出现了“一降二升”的局面：省级上星频道出现五年来首次较大跌幅，占比跌破48%，年度下降7.8个百分点；中央级频道组电视剧收视份额逼近22%，上升3.2个百分点；省级非上星频道组狠狠涨了一截，提升了4.5个百分点，达到了23.7%（图4）。这种此消彼长的态势，鲜明凸显出各级频道在争夺观众注意力的大战中竞争优劣势的波动。

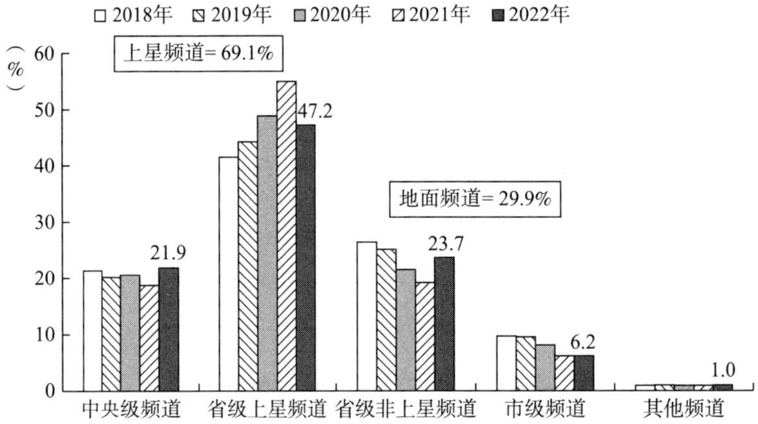

图4　全国市场不同频道组的电视剧收视份额分布（历年所有调查城市，全天）

数据来源：CSM媒介研究。

2. 上星频道晚黄档竞争格局：内卷时代的“永平调”

上星频道晚黄档早已步入内卷时代，“卷卷不休”的结果之一是电视剧连年奏响“永平调”。对比疫情期间头部十大上星频道晚黄档的电视剧年度平均收视率变化，可以发现2022年尽管一线上星频道电视剧平均收视率出现了普降，然而各个梯队成员之间的“扁平化”依旧构成了共同特征。2022年64个城市组，晚黄档电视剧年度平均收视率超过1%的第一梯队里，湖南卫视以1.33%的收视率重夺冠军，浙江卫视以0.07个百分点的差距位列亚军，季军中央电视台综合频道是1.18%，江苏卫视与季军仅差0.02个百分点位居第四。电视剧年度平均收视率在0.5%～1%的第二梯队里，东方卫视和中央台八套分获0.91%和0.85%，相差无几；电视剧平均收视率低于0.5%的第三梯队里，广东卫视、安徽卫视和深圳卫视收视率在0.41%～0.45%，彼此之间最多相差0.04个百分点（图5）。

三　题材类型

各级频道晚黄档的电视剧题材呈现“道不同不相为谋”的播出策略，在2022年各显其能。

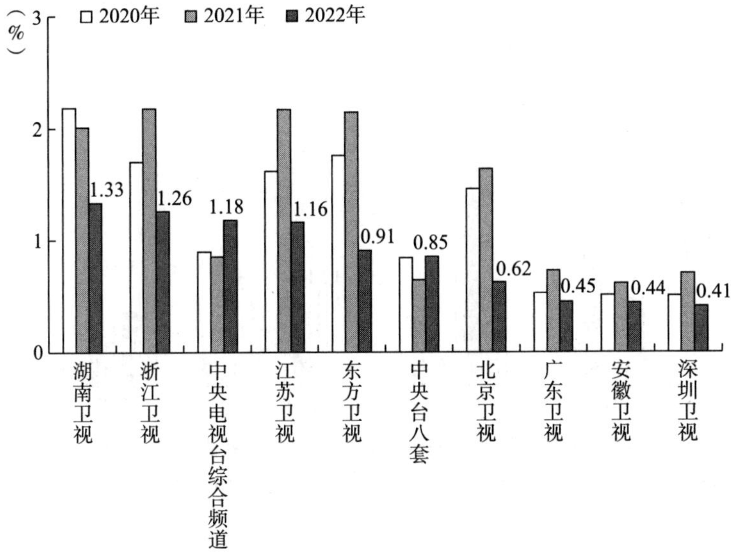

图 5 头部上星频道晚黄档电视剧年度平均收视率（64 个测量仪城市组，19∶30～21∶30）

数据来源：CSM 媒介研究。

中央广播电视总台两个电视剧主播频道花开两朵、差异互补。中央电视台综合频道基本以厚重、宏大题材为主，根据时代需求不断调整特定题材播出量，以“高密度高集中”的方式传递主流价值观。其在 2022 年晚黄档播出时长最大的是时代变迁和当代主旋律剧，各占 30% 左右；奋斗励志剧占近 15%，都市生活占近 8%，农村剧和社会伦理各占 4% ～5%；2021 年占比超过 40% 的重大革命剧则下调到 2%；还播出了 1 部青春题材剧《超越》，成为一道亮丽风景。中央台八套晚黄档剧类更加多元化，“三大类”打头阵：时代变迁剧以 23% 的占比一跃成为最热题材，社会伦理和都市生活剧各占约 20%；还包括军事斗争、奋斗励志、军旅生活、反特/谍战剧等。

省级上星频道晚黄档剧则试图采取走“平衡木”的战术，在保证主旋律宣传效果的同时，兼顾市场化需求：播出比重超过 10% 的四大类相对均衡：都市生活、时代变迁、重大革命、反特/谍战剧，占比皆在 10% ～12%。此外，当代主旋律剧占 9.6%，社会伦理剧占 7.7%，透露出省级上星频道在主题性题材和自创性题材之间试图兼顾的意图。

地面频道在 64 个城市的晚黄档主播题材以“三驾马车”为首：军事斗争剧占比最高达 20.5%，其次是反特/谍战剧占 17.5%，近代传奇剧占 11.3%。第二矩阵包括社会伦理、都市生活、时代变迁剧，在地面频道播出占比均超过 7%；重大革命、言情、涉案、当代主旋律、奋斗励志、农村、军旅生活、悬疑剧等也有少量播出（图 6）。

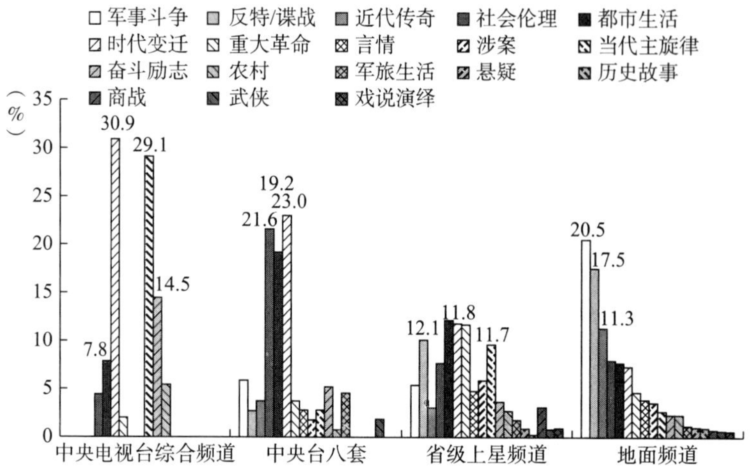

图 6　2022 年不同频道组晚黄档电视剧各类题材播出时长所占比重（64 个测量仪城市组，上星频道 19：30～21：30，地面频道 18：00～24：00）

数据来源：CSM 媒介研究。

四　市场热点

1. 上星频道现实题材逼近 80%，主旋律大剧多家上星辐射广

剧情映射现实，现实为剧情提供了丰厚土壤。2022 年现实题材在上星频道中进一步提升分量，占比已经高达 79%，较之 2021 年提升了 6 个百分点（图 7）。

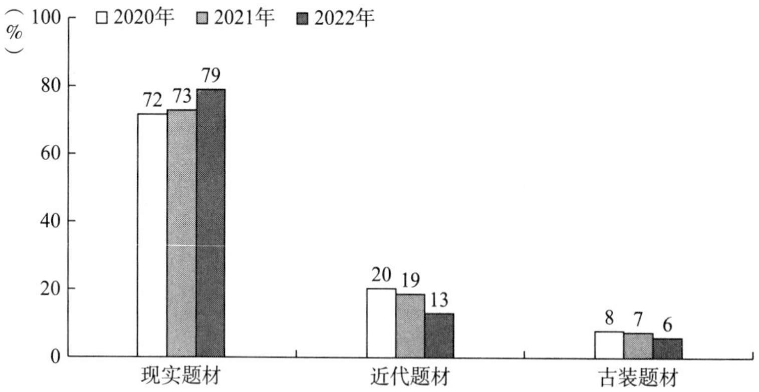

图 7　2020～2022 年上星频道晚黄档首轮剧各类题材播出比重（19：30～21：30）

数据来源：CSM 媒介研究。

各种现实剧目中，主旋律剧目深耕现实、立意各异、形态多样，在 2022 年大放光彩。《县委大院》《我们这十年》《春风又绿江南岸》《运河边的人们》《大山的女儿》《山河锦绣》等剧，营造出了献礼党的二十大的热烈氛围，起到了集群效应。

重磅剧目通过联播方式，营造出“N +”的宣传效果，有两部当代主旋律剧目尤其值得关注。

一部是《我们这十年》。该剧阵容强大，制作精良，扎根现实，内容鲜活，于2022 年 10 月 10 日起登陆浙江、江苏、上海东方等 7 家上星频道，多台联动引发社会热议，在 64 个城市组总收视率超过 5%。

另一部是《县委大院》。该剧由东阳正午阳光影视有限公司制作，是国家广电总局“我们的新时代”主题作品创作展播活动的重点项目，由中央电视台综合频道（CCTV –1）在 2022 年 12 月 7 日首播，北京卫视、东方卫视和浙江卫视跟播，64 个城市组总收视率达 5. 19%（图 8）。

这两部剧有一个共同特点：小切口、大叙事，小人物、大时代，视角低、格局大。《我们这十年》以“平民视角”、多单元结构，讲述了 2012 ~2022 年，这十年各行各业奋斗者的故事；《县委大院》则以“基层视角”、写实风格，聚焦如何推动基层深化改革干部作风。两部大剧紧扣时代脉搏，虽是主题性创作题材，却在市场中起到了“头羊”作用，运用了年轻化表达方式，部分剧集单元如“唐宫夜宴”（《我们这十年》）在年轻观众中也引发了共鸣。

还有一部英模剧《大山的女儿》（中央电视台综合频道，2022/6/26 首播），以英年早逝的时代楷模白坭村第一书记黄文秀的真人真事为原型，用艺术化形式为当代年轻农村干部立传，经过青年演员杨蓉的精彩演绎后，故事感人肺腑、好评如潮，豆瓣评分超过 9，二创视频 B 站播放量破百万，是一部形式创新、内容扎实、美誉度极高的佳作。

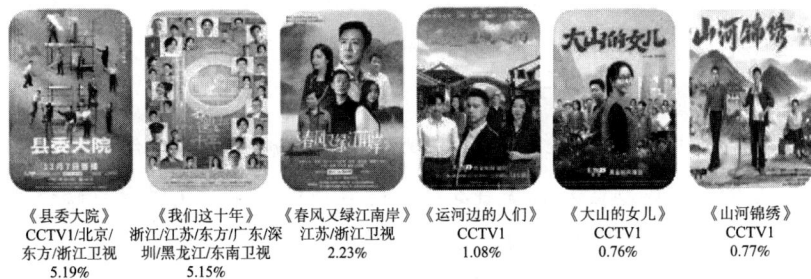

《县委大院》
CCTV1/北京/东方/浙江卫视
5.19%

《我们这十年》
浙江/江苏/东方/广东/深圳/黑龙江/东南卫视
5.15%

《春风又绿江南岸》
江苏/浙江卫视
2.23%

《运河边的人们》
CCTV1
1.08%

《大山的女儿》
CCTV1
0.76%

《山河锦绣》
CCTV1
0.77%

图 8　2022 年部分主旋律剧目在上星频道晚黄档的首播效果（64 个测量仪城市组，19：00 ~22：00）

数据来源：CSM 媒介研究。

2. 行业剧凸显大国制造，工业题材各凭“硬核”突围

“国之重器”故事在 2022 年拉开序幕。一批展现我国制作业、工业发展的行业剧脱颖而出，主题高远、内容新颖、题材多样、风格迥异，形成不可小觑的热浪。这批行业剧最大的特点是剧情“硬核”，触及的各行各业多属大国重工之类。

其中包括：在中央电视台综合频道播出的奋斗励志剧《麓山之歌》（2022/8/19），浓墨重彩描绘中国重工制造业的艰难转型，在64个城市组收视率突破1.3%。在浙江和东方卫视联播的商战剧《大博弈》（2022/11/5），以中国重型装备制造业改革、百年老厂走向国际为故事背景，64个城市组共获收视率2.67%。在浙江卫视和江苏卫视播出的商战剧《风吹半夏》（2022/11/27），别出心裁以女性许半夏为主角，抒写大女主在钢铁行业厮杀的奋斗史，“刚与柔”的交融增添新意，64个城市组总收视率突破3%。北京卫视和江苏卫视联袂推出时代变迁剧《沸腾人生》（2022/9/26），镜头对准中国重卡汽车行业，也获得了不错的收视效果。

此外，也有一部分电视剧聚焦我国其他行业的发展和现状。例如，述说我国商业调查业的《简言的夏冬》（江苏卫视，2022/8/24）、演绎我国民航业发展的《向风而行》（中央台八套，2022/12/26）等，在电视剧市场中也拥有一席之地。

3. 都市情感剧聚焦“小人物”，人间烟火酿造“大作品”

“家之情怀”成为剧集市场强音。都市生活和社会伦理剧是我国现实题材最重要的剧目类型，2022年对“家”的临摹是重头戏，小人物、烟火气、强情感是共同语言，涌现出以下经典剧集。

“什么是家”？中央电视台综合频道年初重磅推出根据梁晓声同名作改编的爆款大戏《人世间》（2022/1/28），以真情实感告知世人答案：看那屋檐之下燃起一方烟火，听那小人物催人泪下的浮沉往事，品那人间恣意流淌的真情，64个城市组斩获收视率2.25%，成为未来文学佳作影视化改编的一座高峰。

“家有考生”。中央电视台综合频道联合东方卫视和浙江卫视，播出了沈严执导的高考题材剧《大考》（2022/9/21），该剧作为国家广电总局“我们的新时代”主题重点电视剧项目，主题点出疫情之下，不仅是高三考生的“高考”，也是对国家各层面的考验，总收视率逼近2.79%。

“家在装修”。中央电视台综合频道播映装修题材剧《新居之约》（2022/4/28），紧扣百姓关心的家装议题，风格诙谐幽默，情节轻松有趣，在揭露装修行业内幕之余，更探讨了家和幸福的主旨，64个城市组收视率突破2.62%。

“家有小孩”。中央台八套播出社会伦理剧《亲爱的小孩》（2022/4/10），白描当代女性在婚姻育儿中的困境，细节的真实性引发女性强烈共鸣和热议，64个城市组收视率也达到1%。

“我想成家”。北京卫视和东方卫视联播言情剧《欢迎光临》（2022/5/18），门童追空姐看似不可能的组合，通过努力梦想成真，“打工人”的励志故事融入“快乐”元素，在正午阳光的高品质加持下，64个城市组取得1.92%的好成绩。

“心安是家”。由滕华涛执导的《心居》（2022/3/17），通过讲述“外来媳妇本地姑”的故事，探讨当代女性对自我身份的归属感，传达“家不是战场”的理念，在海清、童瑶、张颂文等实力派演绎之下，在浙江卫视和东方卫视共获得1.27%的总收视率（图9）。

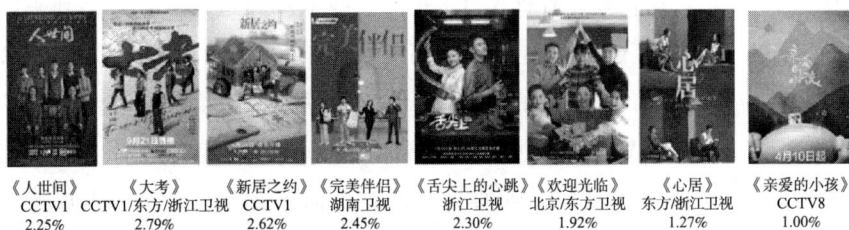

《人世间》 CCTV1 2.25%
《大考》 CCTV1/东方/浙江卫视 2.79%
《新居之约》 CCTV1 2.62%
《完美伴侣》 湖南卫视 2.45%
《舌尖上的心跳》 浙江卫视 2.30%
《欢迎光临》 北京/东方卫视 1.92%
《心居》 东方/浙江卫视 1.27%
《亲爱的小孩》 CCTV8 1.00%

图9　2022年部分都市情感剧在上星频道晚黄档的首播效果（64个测量仪城市组，19：00～22：00）

数据来源：CSM媒介研究。

4. 青春励志题材进阶，冬奥剧和“IP剧二代”脱颖而出

“少年强则中国强”，彰显我国青少年风采的青春励志剧目在2022年不断出现在上星频道晚黄档，让大屏充满正能量，64个城市组出现了如下两类代表作。

一类是主题性节点剧，包括《超越》《冰雪之名》这两部冬奥题材剧，以及国球剧《荣耀乒乓》。主打短道速滑项目的《超越》在2022年1月9日起陆续登陆中央电视台综合频道、东方卫视和北京卫视，总收视率是1.5%；布局“花样滑冰、短道速滑、传统式越野滑雪”项目的《冰雪之名》于2022年2月5日起相继在北京、江苏、浙江、河北、吉林、黑龙江多家上星频道播出，这几部剧以艺术化形式呈现我国体育运动员的拼搏精神，写实风格突出，比赛场面激烈，情节紧张刺激，竞技元素满分，“为国争光”的理念赋予了剧目非同一般的感染力，获得了市场好评。

另一类是学子剧，展现年轻人在学业比赛磨砺中获得宝贵成长，毕业后努力适应社会、青春无悔。中央台八套在暑期播出了成长励志剧《天才基本法》（2022/7/22），极具创新性地采用了双时空的概念，男女主角穿行于平行世界，一步步揭开悬念谜底，被剧迷评为非常上头，收视率为1.05%。在省级上星频道剧目中，湖南卫视有两部大热IP续集在暑期获得高关注：一是《少年派2》（2022/7/21），该剧沿袭前部原班人马，四位昔日同窗好友大学毕业在即奋力前行，代入感很强，收视率突破1.1%；二是《二十不惑2》（2022/8/17），演绎几位主角从校园到职场，社会化进行时所经历人生重大阶段的蜕变。

此外，还有刻画我国年轻人在职场风采的剧目，包括我国消防员职业的都市消防救援剧《蓝焰突击》、青春励志喜剧《追梦者联盟》等，为青春励志题材注入新的能量。

5. “她话题”热度不断贯全年，“中年剧”推陈出新正崛起

“她已中年”，却走向更广阔的视野深处，追逐人生逆袭。“她剧集”碰到“中年剧”，推陈出新，融汇成更深广的一股热流。

2022年，女性“中年剧”不断发力，抢滩一线上星频道平台，一年到头四季花开不败，部分女性“青年剧”也持续受到高度热议。2022年1月，《完美伴侣》在湖南卫视上映，抒写中年职场女性家庭和事业的困境，64个城市组收视率超过2.4%。2022年2月，《婚姻的两种猜想》（湖南卫视）、《我们的婚姻》（北京卫视）两部话题剧首播，前者描绘职场女性的“闪婚”生活，后者是全职太太重返职场的成长故事。2022年3月，《心居》在浙江卫视、东方卫视问世，以双女主的架构来讲述单亲妈妈追寻自身价值的转变。2022年4~6月，中央台八套相继推出《亲爱的小孩》《女士的法则》《加油妈妈》《关于唐医生的一切》。2022年暑期（8月），《玫瑰之战》《欢乐颂3》《二十不惑2》分别在中央台八套、东方卫视和湖南卫视独播，三剧争相辉映，三台展开“正面刚”，收视率均破1.3%，可谓三方皆赢。2022年9月，《她们的名字》在浙江卫视热播，收视率达到1.46%。2022年11月，《风吹半夏》“大杀四方”，平凡女孩奋斗记大获好评（表2）。

表2　2022年部分中年剧和“她剧集”在上星频道晚黄档的首播效果
（64个测量仪城市组，19：00~22：00）

单位：%

首播剧	题材	首播上星频道	开播日期	总收视率
《完美伴侣》	都市生活	湖南卫视	2022/1/5	2.45
《婚姻的两种猜想》	言情	湖南卫视	2022/2/21	0.74
《我们的婚姻》	都市生活	北京卫视	2022/2/23	0.32
《心居》	都市生活	浙江卫视、东方卫视	2022/3/17	1.27
《亲爱的小孩》	社会伦理	中央台八套	2022/4/10	1.00
《女士的法则》	都市生活	中央台八套	2022/5/9	0.55
《加油妈妈》	都市生活	中央台八套	2022/6/5	0.62
《关于唐医生的一切》	社会伦理	中央台八套	2022/6/25	0.89
《玫瑰之战》	都市生活	中央台八套	2022/8/8	1.34
《欢乐颂3》	都市生活	东方卫视	2022/8/11	1.35
《二十不惑2》	青春	湖南卫视	2022/8/17	1.60
《她们的名字》	都市生活	浙江卫视	2022/9/5	1.46
《风吹半夏》	商战	浙江卫视、江苏卫视	2022/11/27	3.08

数据来源：CSM媒介研究。

五 热播剧目

1. 上星频道晚黄档：主题性大剧联播效果佳，头部平台垄断独播爆款

上星频道拼抢大热剧目不惜代价，僧多粥少又想分杯羹的途径之一是联播。2022 年 64 个城市组上星频道晚黄档首轮剧中，联播剧（含跟播）共 20 部，总收视率超过 1% 的有 17 部，总收视率超过 2% 的有 7 部，总收视率超过 3% 的有 3 部，总收视率超过 5% 的有 2 部。

2022 年晚黄档，浙江卫视和东方卫视参与联播频次最高，均超过 10 部，北京卫视和江苏卫视至少合播了 7 部。“合纵连横”催生了几对“金牌盟友”。

在南方上星频道中，浙江卫视最为活跃，频频与两位高邻结盟。一位是东方卫视，与之至少联播了 7 部剧：《大考》《县委大院》《大博弈》《特战荣耀》《心居》《相逢时节》《我们这十年》。另一位是江苏卫视，至少合作了 6 部剧：《我们这十年》《风吹半夏》《数风流人物》《春风又绿江南岸》《匆匆的青春》《冰雪之名》。再看北方上星频道也不甘寂寞，北京卫视和东方卫视“南北大联盟”，至少合作了 6 部剧：《县委大院》《超越》《勇者无惧》《林深见鹿》《欢迎光临》《幸福到万家》。

值得关注的是，一贯极少或只捎带二三线上星频道联播的中央电视台综合频道，2022 年也开始携手北京、东方、浙江这几家一线省级上星频道，播出了 3 部主题性大剧——《县委大院》、《大考》和《超越》。

从具体剧目来看，总收视率年度冠军花落主旋律大剧《县委大院》（5.19%），在中央电视台综合频道和北京卫视、东方卫视、浙江卫视这四家头部频道上星首播。其次是《我们这十年》，在浙江卫视、江苏卫视、东方卫视、广东卫视、深圳卫视、黑龙江卫视等多家上星频道的总收视率是 5.15%。商战剧《风吹半夏》在浙江卫视、江苏卫视共得收视率 3.08%。

总收视率超过 2% 的电视剧还有：《大考》《大博弈》《春风又绿江南岸》《数风流人物》。《匆匆的青春》《欢迎光临》《林深见鹿》《沸腾人生》《超越》，总收视率也均不低于 1.5%（表 3）。

表 3 2022 年上星频道晚黄档部分联播剧播出与收视情况
（64 个测量仪城市组，19：00~22：00）

单位：%

联播剧	题材	时代背景	首轮（含跟播）上星频道	最早开播日期	总收视率
《超越》	青春	当代剧	中央电视台综合频道、东方、北京	2022/1/9	1.50

续表

联播剧	题材	时代背景	首轮（含跟播）上星频道	最早开播日期	总收视率
《冰雪之名》	青春	当代剧	北京、江苏、浙江、河北、吉林、黑龙江	2022/2/5	1.43
《相逢时节》	社会伦理	当代剧	浙江、东方	2022/2/23	1.24
《心居》	都市生活	当代剧	浙江、东方	2022/3/17	1.27
《特战荣耀》	军旅生活	当代剧	浙江、东方	2022/4/5	1.45
《欢迎光临》	言情	当代剧	北京、东方	2022/5/18	1.92
《春风又绿江南岸》	当代主旋律	当代剧	江苏、浙江	2022/5/25	2.23
《林深见鹿》	都市生活	当代剧	北京、东方	2022/6/7	1.80
《数风流人物》	重大革命	近代剧	江苏、浙江、山东	2022/6/15	2.16
《幸福到万家》	农村	当代剧	北京、东方	2022/6/29	1.42
《匆匆的青春》	都市生活	当代剧	江苏、浙江	2022/7/8	1.97
《大考》	社会伦理	当代剧	中央电视台综合频道、东方、浙江	2022/9/21	2.79
《沸腾人生》	时代变迁	当代剧	北京、江苏	2022/9/26	1.67
《我们这十年》	当代主旋律	当代剧	浙江、江苏、东方、广东、深圳、黑龙江、东南	2022/10/10	5.15
《大博弈》	商战	当代剧	浙江、东方	2022/11/5	2.67
《风吹半夏》	商战	当代剧	浙江、江苏	2022/11/27	3.08
《县委大院》	当代主旋律	当代剧	中央电视台综合频道、北京、东方、浙江	2022/12/7	5.19

数据来源：CSM 媒介研究。

上星频道内卷已经深入到每部剧，单兵作战已然常态化。2022 年 64 个城市组，上星频道晚黄档首轮剧中独播剧共占 80 部，单频道收视率超过（含）1% 的有 30 部，单频道收视率超过 2% 的有 5 部。这些优质剧目全部被 6 家上星频道瓜分，其中以湖南卫视占领席位最多，共 9 部，中央台八套占 8 部，中央电视台综合频道占 5 部，江苏卫视和浙江卫视各占 3 部，东方卫视占 2 部。

收视率“2% 及以上”的独播剧阵营。剧王是都市生活剧《新居之约》，该剧将触角伸及鱼龙混杂且又和千家万户息息相关的家装行业，聚焦“真假”装修，题材创新突破口下沉成功，搭乘中央电视台综合频道后，收视率冲到 2.62%。榜眼是湖南卫视的《完美伴侣》（2.45%），探花是浙江卫视的言情治愈系美食剧《舌尖上的心跳》（2.30%）。中央电视台综合频道的时代变迁情感大戏《人世间》，让各圈层观众产生强烈情感共鸣，收视、口碑、热度三合一，收视率达到 2.25%。湖南卫视的飞行员题材剧《勇敢的翅膀》鹰击长空，收视率也破了 2%。

收视率“1% ~2%”的独播剧阵营。总共有 25 部，包含都市生活剧 5 部，涉案剧3部，奋斗励志、近代传奇、言情、反特/谍战、青春剧各2部，当代主旋律、军事斗争、时代变迁、商战、重大历史、社会伦理、军旅生活剧各1部。湖南卫视的重大历史剧《天下长河》、涉案剧《底线》和青春剧《二十不惑2》，中央台八套的古装谍战剧《风起陇西》，东方卫视的近代谍战剧《信仰》，这5部剧单频道收视率均超过了1.5%（表4）。

表4 2022年上星频道晚黄档部分独播剧播出与收视情况（64个测量仪城市组，19：00~22：00）

单位:%

独播剧	题材	时代背景	首播上星频道	开播日期	平均收视率
《完美伴侣》	都市生活	当代剧	湖南卫视	2022/1/5	2.45
《舌尖上的心跳》	言情	当代剧	浙江卫视	2022/1/13	2.30
《今生有你》	言情	当代剧	CCTV－8	2022/1/18	1.09
《人世间》	时代变迁	现当代剧	CCTV－1	2022/1/28	2.25
《爱拼会赢》	时代变迁	当代剧	CCTV－1	2022/3/15	1.24
《一代洪商》	近代传奇	近代剧	CCTV－8	2022/3/27	1.03
《亲爱的小孩》	社会伦理	当代剧	CCTV－8	2022/4/10	1.00
《好好说话》	都市生活	当代剧	湖南卫视	2022/4/25	1.21
《风起陇西》	反特/谍战	古装剧	CCTV－8	2022/4/27	1.72
《新居之约》	都市生活	当代剧	CCTV－1	2022/4/28	2.62
《凭栏一片风云起》	近代传奇	近代剧	湖南卫视	2022/5/19	1.39
《遇见璀璨的你》	言情	当代剧	湖南卫视	2022/6/15	1.49
《少年派2》	青春	当代剧	湖南卫视	2022/7/21	1.16
《天才基本法》	奋斗励志	当代剧	CCTV－8	2022/7/22	1.05
《分界线》	涉案	当代剧	江苏卫视	2022/8/1	1.32
《第二次拥抱》	都市生活	当代剧	浙江卫视	2022/8/1	1.32
《运河边的人们》	当代主旋律	当代剧	CCTV－1	2022/8/1	1.08
《玫瑰之战》	都市生活	当代剧	CCTV－8	2022/8/8	1.34
《欢乐颂3》	都市生活	当代剧	东方卫视	2022/8/11	1.35
《二十不惑2》	青春	当代剧	湖南卫视	2022/8/17	1.60
《麓山之歌》	奋斗励志	当代剧	CCTV－1	2022/8/19	1.31
《简言的夏冬》	商战	当代剧	江苏卫视	2022/8/24	1.35
《决胜零距离》	军旅生活	当代剧	CCTV－8	2022/8/28	1.45
《她们的名字》	都市生活	当代剧	浙江卫视	2022/9/5	1.46
《底线》	涉案	当代剧	湖南卫视	2022/9/19	1.81
《天下长河》	重大历史	古装剧	湖南卫视	2022/11/11	1.97
《信仰》	反特/谍战	近代剧	东方卫视	2022/11/28	1.71
《虎胆巍城》	军事斗争	近代剧	CCTV－8	2022/11/30	1.05

续表

独播剧	题材	时代背景	首播上星频道	开播日期	平均收视率
《勇敢的翅膀》	军旅生活	当代剧	湖南卫视	2022/12/13	2.13
《护卫者》	涉案	当代剧	江苏卫视	2022/12/16	1.36

数据来源：CSM媒介研究。

2. 地面晚黄档：积年老剧下沉市场效果坚挺，红色剧目收视长虹

“红”与“老”的故事继续在2022年地面频道晚黄档上演。在64个城市晚间18：00～24：00、进入当地收视排名前20位次数较多的电视剧题材中，军事斗争、反特/谍战和近代传奇剧这三大类占主流，可见红色题材历久弥新。

老剧陈酿日香，制作年代相对久远的电视剧在64个城市地面频道播出效果较好。地面播出王是2013年制作完成的军事斗争剧《烽火勇士》，共14次进入所播城市的TOP 20；其次是2012年的近代传奇题材老剧《上海滩生死较量》，2018年制作的军事斗争剧《勇敢的心2》，均13次进入各地TOP 20。

进入频次不低于10次的电视剧还包括：2009年制作的社会伦理剧《姐妹情缘》，2012年的反特/谍战剧《利箭行动》，2013年的军事斗争剧《我和我的传奇奶奶》，2014年的近代传奇剧《妇道》，2015年的近代传奇剧《黎明破晓前》、军事斗争剧《猎豹纵队》，2016年的近代传奇剧《乱世丽人行》，2017年的军事斗争剧《怒海红尘》《津门飞鹰》。

地面市场，不仅老剧广受欢迎，制作年代较近的次新剧和二轮剧也是香饽饽。自2019年以来，制作相对较新的剧目有近代传奇剧《小娘惹》、社会伦理剧《微笑妈妈》，2020年的军事斗争剧《烽烟尽处》，2020年的言情剧《爱的厘米》，2021年的反特/谍战剧《前行者》，等等（表5）。

地面频道在电视剧市场竞争中，充分利用经典老剧，既证明了老剧魅力不衰，也透露出地面频道对新剧资源的掌控力在不断流失。

表5　地面频道晚黄档进入各地电视剧收视率前20名频次较多的剧目
（64个测量仪城市，18：00～24：00）

剧目	题材	制作年代	进入前20名的城市数	编剧	导演	演员	制作机构
《烽火勇士》	军事斗争	2013	14	陈庄、冉光泽、陈秋平	花箐、牛牛	林江国、吴其江、衣珊	四川星空影视文化传媒有限公司
《上海滩生死较量》	近代传奇	2012	13	王少威、由甲、赵伟	赵青、王德功	于震、胡可	凤凰传奇影业有限公司

续表

剧目	题材	制作年代	进入前20名的城市数	编剧	导演	演员	制作机构
《勇敢的心2》	军事斗争	2018	13	郭靖宇、魏凤华	柏杉	杨志刚、寇世勋、张子健、何花、杨昆、倪虹洁	北京世纪伙伴文化传媒有限公司
《怒海红尘》	军事斗争	2017	12	王辉	刘闻、张赫洋	何晟铭、孙坚、杰西卡·C、钟楚曦	深圳广播电影电视集团
《利箭行动》	反特/谍战	2012	11	姚东氚、韩锦昆、杨晓慧、王兰华	国建勇、王飞、刘宝、董萌	于震、杨烁、赵达、张振华、刘萌萌、吴晓敏	浙江永乐影视制作有限公司
《猎豹纵队》	军事斗争	2015	11	孙天禾、骆烨、胡守文	伍松、曹振宇	陈龙、李彩桦	东阳长城影视传媒有限公司
《津门飞鹰》	军事斗争	2017	11	钱雁秋	钱雁秋	张子建、陶慧娜	北京京奇非凡影视文化有限公司
《小娘惹》	近代传奇	2019	11	洪荣狄	郭靖宇	寇家瑞、肖燕、岳丽娜	天津长信影视传媒有限公司
《我和我的传奇奶奶》	军事斗争	2013	11	李娜、张子明、卓朝阳、李国新	陶秋普	罗晋、芦芳生、宁静	吉林电视台
《乱世丽人行》	近代传奇	2016	11	李晖	卢伦常	张丹峰、付辛博、李泽锋、张皓然、韩雪、毛林林	北京华录百纳影视股份有限公司
《妇道》	近代传奇	2014	10	李顺慈	李云亮、顾其铭	靳东、陈昭荣、黄曼	浙江华策影视股份有限公司
《姐妹情缘》	社会伦理	2009	10	饶晖、刘深、郭俊立	张建栋、白涛	牛清峰、赵琳、刘芸	浙江华策影视有限公司
《微笑妈妈》	社会伦理	2019	10	蒋雪蓝、陈卫东	曲有为	宋佳伦、王雅捷	云南金彩视界影业有限公司
《烽烟尽处》	军事斗争	2020	10	郎诺林	连奕名	张翰、焦俊艳	北京金色池塘传媒股份有限公司
《前行者》	反特/谍战	2021	10	郎雪枫	龚朝晖	张鲁一、聂远、韩雪、郭晓婷	河北广电影视文化有限公司
《黎明破晓前》	近代传奇	2015	10	于立清	于立清	于震、王维维	上海电影集团影视文化投资发展有限公司
《爱的厘米》	言情	2020	10	南西	潘越	佟大为、韩童生、檀健次、佟丽娅	北京华录百纳影视股份有限公司

结 语

2022 年，我国电视剧市场涌现了不少现实主义力作，娓娓讲述时代巨变、悲欢离合的故事：《风起陇西》后《春风又绿江南岸》，一对《完美伴侣》度过《匆匆的青春》，《相逢时节》《遇见璀璨的你》，品味《舌尖上的心跳》，《风吹半夏》时《林深见鹿》，根据《新居之约》搬进《心居》，喜迎《幸福到万家》。

俱往矣，《数风流人物》，还看《大山的女儿》！《二十不惑 2》时，凭借《天才基本法》，乘着《勇敢的翅膀》，唱响《麓山之歌》，纵览《天下长河》，坚守《底线》，于《玫瑰之战》中《决胜零距离》，在《人世间》的《县委大院》，历经《大博弈》通过《大考》，《超越》自我，无愧《沸腾人生》！

《我们这十年》踔厉奋发，2022 年是个《分界线》，疫情后《凭栏一片风云起》，且轻轻道声：2023 年，《欢迎光临》！

（作者：李红玲）

2022年全国新闻节目收视分析

2022年是极具意义的一年，10月16日上午10时，举世瞩目的中国共产党第二十次全国代表大会在北京人民大会堂开幕，大会高举中国特色社会主义伟大旗帜，全面贯彻新时代中国特色社会主义思想，弘扬伟大建党精神，自信自强、守正创新，踔厉奋发、勇毅前行，为全面建设社会主义现代化国家、全面推进中华民族伟大复兴而团结奋斗；2月24日，乌克兰危机爆发，引发全民持续关注，西方武器援助、乌克兰申请加入北约、北溪管道被炸等揭示当前国际环境复杂多变且严峻，特别是8月2日美国会众议长南希·佩洛西事件引发台海紧张局势，全民激愤，全国瞩目；从3月开始，天宫课堂、神舟十三号、天舟四号、神州十四号、问天实验舱、句芒号、夸父号、神舟十五号等航天大事件每月均有发生，密集问天彰显大国航天实力。2022年又是极不平凡的一年，新冠疫情经历了多地零星散发、上海的网格化管理到6月解封，到发布《关于进一步优化新冠肺炎疫情防控措施 科学精准做好防控工作的通知》（简称“二十条”）以及《关于进一步优化落实新冠肺炎疫情防控措施的通知》（简称“新十条”），抗疫终于取得阶段性成果。2022年还是体育盛年，2月4日至2月20日，来自91个国家和地区的奥运健儿齐聚北京冬奥“一起向未来”；11月20日至12月18日来自5个大洲足球联合会的32支球队齐聚卡塔尔，角逐大力神杯。这些重大事件都对新闻节目的播出和收视产生影响，本文通过CSM媒介研究2022年在全国98个城市的收视调查数据，梳理和分析全国新闻节目的收视状况。

一　新闻节目整体收播状况

1. 新闻节目收视比重和资源使用效率继续提升

最近三年，新闻节目收视比重和资源使用效率有明显提升。数据显示，近十年来，新闻节目的播出比重始终稳定在10%～12%，收视比重在2020年之前呈现稳中略降的趋势，2022年收视比重达到16%，相比2021年的14.5%有明显提升，涨幅达10.3%；新闻节目的资源使用效率提升更加明显，2020年以前新闻节目资源使用效率基本在30%以下，2022年资源使用效率达到了48%，为近十年来的次高峰值，相比2021年的39%增长幅度超过了20%（图1）。在播出比重保持稳定的情况下，收视比重和资源使用效率明显提升表明观众对新闻节目的关注度与日俱增。

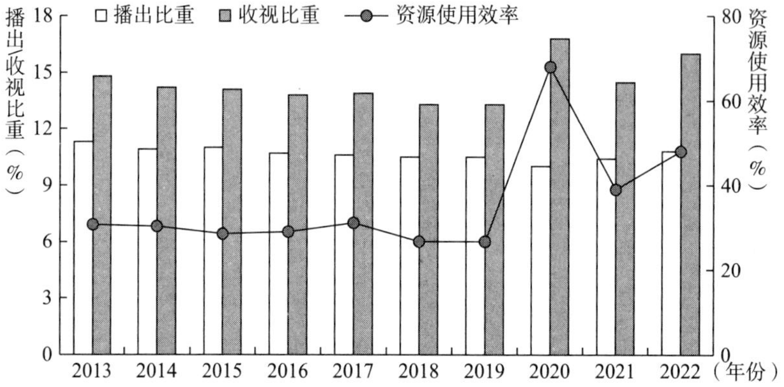

图1　2013～2022年新闻节目收播比重及资源使用效率（历年所有调查城市）

数据来源：CSM媒介研究。

2. 各地新闻节目人均收视水平差异明显

2022年，新闻节目整体收视比重明显提升，但在不同城市，新闻节目收视水平差异明显。CSM 35个中心城市数据显示，2022年晚间17：00～24：00，新闻收视总时长最高的三地（贵阳、广州、上海）均超过了70个小时，最低的三地（拉萨、银川、南昌）均不足40个小时。对比2021年同期数据，贵阳、青岛、北京、南宁、天津是新闻收视总时长增长最多的5个城市，均在5个小时以上，其中，贵阳总时长增长最多，超过20个小时；而哈尔滨、成都、长沙、昆明、西安是新闻收视总时长减少最多的5个城市，均超过8个小时（图2）。

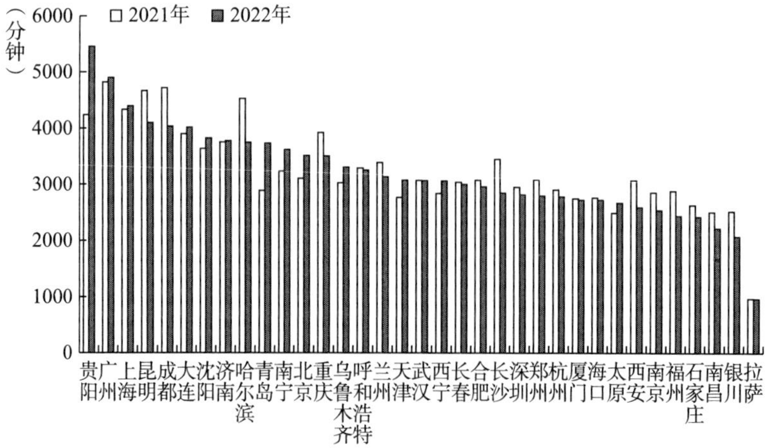

图2　2021～2022年晚间新闻节目的人均收视总时长（17：00～24：00，35个城市）

数据来源：CSM媒介研究。

3. 新闻节目全天多时段收视微升，峰值略降，整体平稳

2022 年新闻节目在全天各时段的人均收视时长分布与 2021 年整体趋势保持一致，晚间 18：00～20：00 是全天收视高峰时段。相比 2021 年，全天多个时段收视微升，主要表现在 7：30～12：00、18：00～18：30、19：30～22：00 等时段，而 19：00～19：30 收视有 0.6 分钟的小幅下滑（图 3）。

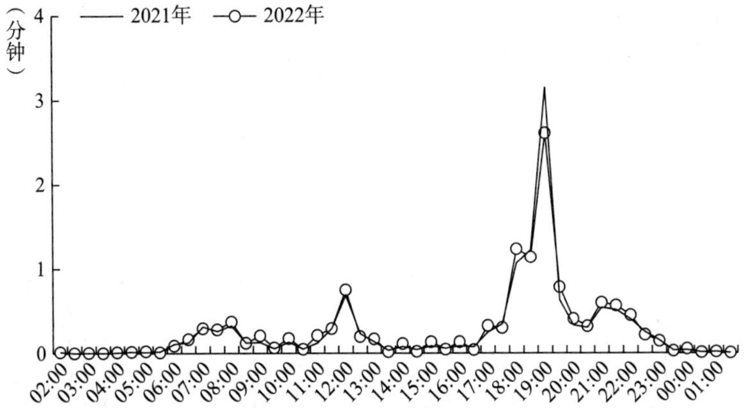

图 3　2021～2022 年新闻节目全天各时段人均收视时长（历年所有调查城市）

数据来源：CSM 媒介研究。

4. 新闻热点事件引领收视高峰

2022 年多个新闻热点事件贯穿全年，形成多个收视高峰。自 2022 年 2 月下旬乌克兰危机爆发以来，西方武器援助、乌克兰申请加入北约等，持续引发全球关注；美国会众议长佩洛西窜访台湾、东部战区密集军演，台海动作不断；此外，新冠疫情多地散发，到二十条、新十条发布，新冠实施乙类乙管，疫情取得阶段性成果；北京冬奥会、卡塔尔世界杯首尾呼应，体育盛事吸引全民关注；党的二十大胜利开幕，举世瞩目（图 4）。

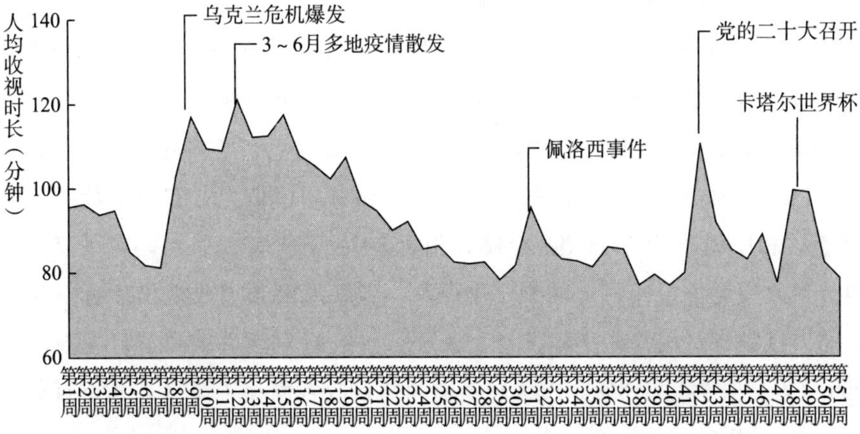

图 4　2022 年新闻节目全年收视总量分周走势（所有调查城市）

数据来源：CSM 媒介研究。

5. 新闻节目男性、大学及以上学历观众占比提升

对比近两年的电视新闻节目观众构成可以看到，各类目标观众对新闻节目的整体收视表现十分稳定，男性、45 岁及以上、中等受教育程度观众始终是电视新闻节目的主要受众。在 2022 年，男性观众比例持续增长；45 岁及以上新闻节目观众累计占比超过七成，特别是 65 岁及以上观众比例进一步提升，相比 2021 年涨幅达到 11%；不同学历观众中，高中和大学及以上学历的观众比例有所提升，特别是大学及以上学历观众所占比重相较上一年增长幅度达 10%（图 5）。

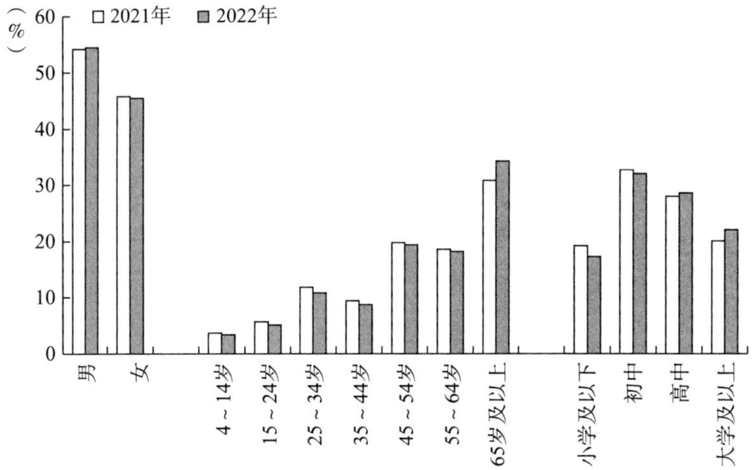

图 5　2021～2022 年新闻节目观众构成对比（历年所有调查城市）

数据来源：CSM 媒介研究。

二　新闻节目收视竞争格局

1. 中央级频道新闻节目占近半市场份额

2022 年，国际国内新闻大事件此起彼伏，观众对新闻节目关注度不断提升。在全国电视大屏新闻节目收视市场各级频道竞争中，中央级频道占据近半市场，份额达到 49.4%，相比 2021 年收视份额增长了 6.4 个百分点，增幅近 15.0%，体现了在重大事件报道方面中央级媒体的强大报道力量和新闻公信力；省级上星频道收视份额 20.8%，相比 2021 年有较明显下降，相比 2020 年的 22.3% 也略有下降。地面频道新闻节目收视竞争中，则出现了分化现象，省级地面频道收视份额近三年来稳中有升，而市级频道份额持续小幅下滑，其中，省级地面频道新闻节目收视同比上升 0.7 个百分点，升幅达 3.8%，市级频道新闻节目收视同比下降了 0.9 个百分点，降幅达 11.1%（图 6）。

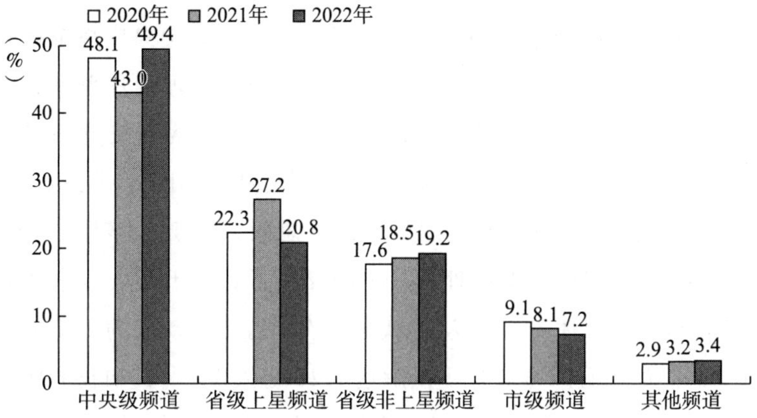

图6 2020～2022年新闻节目各级频道收视份额（历年所有调查城市）

数据来源：CSM媒介研究。

2. 中央级频道的新闻评述类节目优势突出，地面频道以民生新闻为代表的其他新闻节目受关注

新闻节目按节目类型可以划分为综合新闻、新闻评述和新闻/时事其他三类。考察不同级别频道在各类新闻节目中的收视竞争特点，可以发现其竞争优势各有特色。在综合新闻节目中，上星频道和市级频道平分秋色，其中，中央级频道和省级非上星频道实力相当；在新闻评述类节目中，中央级频道具有天然的竞争优势，收视占比近七成，占据绝对领先地位；以各地民生新闻为代表的新闻/时事其他类新闻节目，将触角深入当地百姓生活，贴近百姓需求，受到当地百姓关注，省级频道和市级频道合计收视份额达到48.9%（图7）。

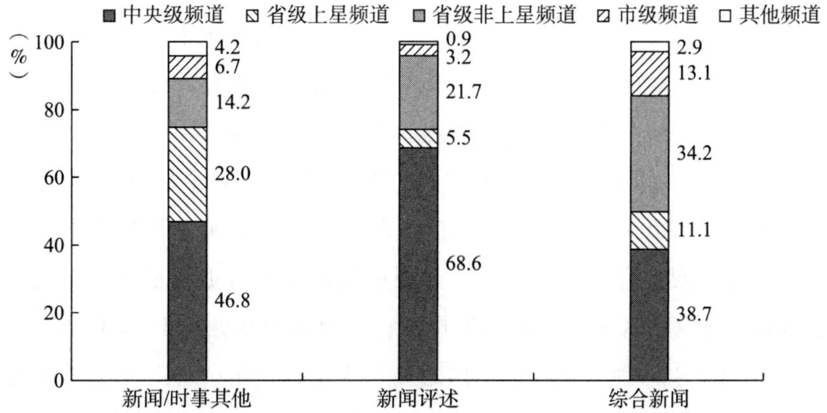

图7 2022年各级频道不同类型新闻节目收视份额（历年所有调查城市）

数据来源：CSM媒介研究。

3. 党的二十大主题报道节目[①]亮点纷呈

党的二十大宣传报道是2022年的重点宣传任务之一，中央广播电视总台和各省级广播电视台均积极广泛参与，按报道主题可以分为电视理论片系列、十年伟大成就系列、人物榜样系列、文化自信系列，节目亮点纷呈。为迎接党的二十大胜利召开，电视理论片重磅报道，由国家广播电视总局直接策划调度，北京、上海、江苏、浙江、湖南五家卫视联制联播的重点理论节目《思想耀江山》，聚焦宣传阐释创新、协调、绿色、开放、共享的新发展理念，生动反映了党的十八大以来各地践行新发展理念的丰富实践，全媒体受众触达2.94亿人次；有力推动党的创新理论“飞入寻常百姓家”，《思想的田野》全媒体受众触达1.16亿人次；《我和我的新时代》全媒体受众触达2.18亿人次；《黄河安澜》全媒体受众触达1.05亿人次；聚焦伟大变革，记录十年成就，湖南卫视微纪录片《这十年》聚焦国防、民生、教育、医疗、大国工程、乡村振兴等众多领域，讲述50位各行各业人物的奋斗故事，全媒体受众触达5.12亿人次；江苏省广播电视总台《奋斗在新时代赶考路上》，展现十年间江苏经济强、百姓富、环境美、社会文明程度高的美好画卷，全媒体受众触达1800万人次；北京卫视《见微知著——大国首都 十年跨越》展现北京在新时代新征程上的第一个非凡十年所取得的成就，全媒体受众触达2700万人次；山东卫视《壮阔十年》、河南卫视《非凡十年 出彩中原》、深圳卫视《图鉴中国——昂首阔步这十年》等立足本区域特色，展示群众实实在在的获得感幸福感安全感，全媒体受众触达分别为2700万、6900万、9000万人次；人物榜样系列中，湖南卫视《这十年·追光者》以党的十八大以来十年间“时代大事件”为背景引入，聚焦各行业领域的年轻追光者，展现党的十八大以来十年间中国发展的巨变和成就，全媒体受众触达2.36亿人次；东方卫视《时间的答卷第二季》以“我和我们的未来”为主题，聚焦来自深海、航天、考古、政法、环保、教育等多个领域的奋斗者，谱写了将个人成长融入时代发展的命运交响，全媒体受众触达3100万人次；河北卫视《筑梦》、广东卫视《行进大湾区·奋楫扬帆》、东南卫视《信仰的力量》全媒体受众触达分别为1400万、6800万和7700万人次；文化自信系列，东方卫视《最早的中国·文明探源看东方》大型融媒体直播特别报道，寻根中国的远古历史和祖先，呈现早期中华文化圈，聚焦中华文明探源工程的实证探索，全媒体受众触达1.44亿人次；山东卫视《戏宇宙》以“弘戏曲文化，传中国之美”为定位，用“心”见证戏曲文化极致表达，全媒体受众触达4.64亿千人次；湖南卫视《思想的旅程》、贵州卫视《一江清水向东流》等大力彰显了中华文化精神内涵和审美风范。

---

① 本部分数据来源于CSM全媒体视听同源数据，数据截至2022年10月25日。

结 语

2022年是实施“十四五”规划的关键之年，是我国踏上全面建设社会主义现代化国家新征程、向第二个百年奋斗目标进军的重要一年，2022年新闻大事热点不断，新闻收视率持续提升，中央级频道更是发挥新型主流媒体担当，占据新闻收视市场半壁江山。当下媒体融合发展已进入全面发力、深化改革、构建体系的新阶段，新闻节目作为媒体融合中的重要抓手，借助传统媒体固有的新闻公信力，融合全媒体传播的影响力，打造融合传播新时代的竞争力，让我们期待电视新闻媒体在全媒体传播中再铸辉煌！

（作者：封翔）

2022 年全国综艺节目收视分析

综艺节目的艺术形式和内容表现为多元化，且具有较强的感染力和冲击力，是深受观众喜欢的节目类型，也是电视媒体吸引观众的收视利器。本文采用 2022 年全国所有城市收视数据，从综艺节目整体收播概况、频道竞争状况、节目收视表现、节目上新状况等方面入手，对综艺节目的收视表现进行年度回顾。

一　综艺节目整体收播概况

1. 综艺节目播出时长和收视时长逐年下降

近三年的全国电视市场上，综艺节目的播出体量和收视体量都有着不同程度的缩减。2022 年综艺节目的收视时长降幅较大（图 1），这与疫情之下综艺节目的制作难度加大和观众收视心理变化等因素有一定的关系。

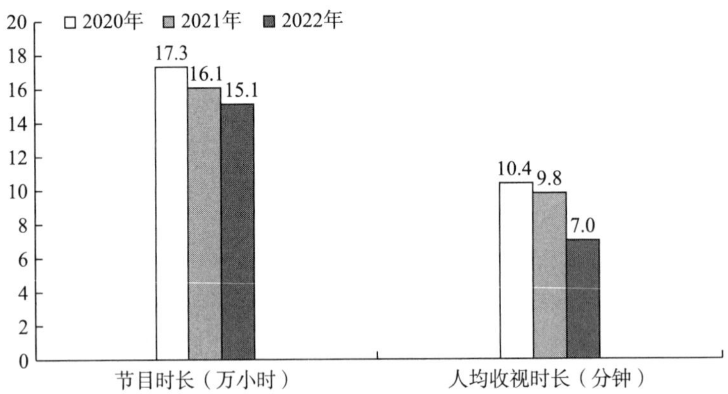

图 1　2020～2022 年综艺节目播出与收视时长（历年所有调查城市）

数据来源：CSM 媒介研究。

2. 综艺节目周一、周二、周六的播出与收视份额同比增长

综艺节目不同周天的播出份额不同，休息日相对较高，这一点 2021 年与 2022 年无异；工作日中，2022 年在周一和周二的播出份额同比增长明显，周四、周五有所下降，于是周一成为 2022 年工作日中综艺节目播出份额最高的一天。从 2022

年的收视份额来看，周五、周六、周日的收视份额在一周中领先，其中周六的收视份额最高，达 24.5%；与上年同比，2022 年在周一和周六的收视份额增长显著（图 2）。

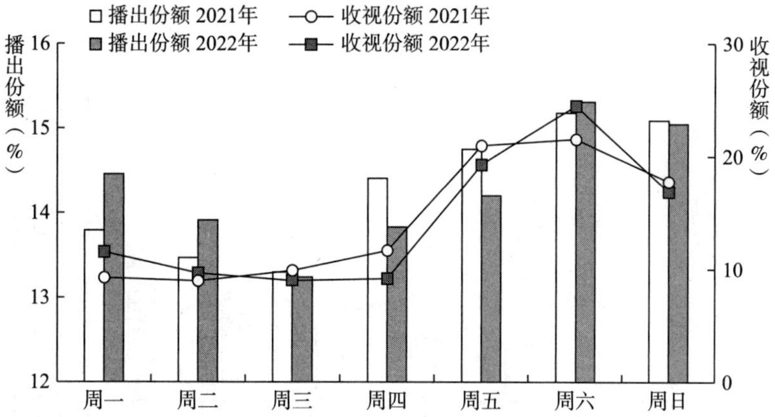

图 2 2021～2022 年综艺节目不同周天播出份额与收视份额（历年所有调查城市）

数据来源：CSM 媒介研究。

3. 综艺节目 18：00～21：00 收视份额增长较多

从综艺节目的收视份额走势看，全天出现午间和晚间两次收视高峰，第一波收视小高峰出现在午间 12：00～13：00，收视份额峰值为 4.2%。第二波收视高峰出现在晚间 21：00～22：00，收视份额高达 19.5%。与 2021 年同期相比，晚间 21：00～22：00 的收视份额峰值有小幅下降，18：00～21：00 的收视份额出现相对明显的增长（图 3）。

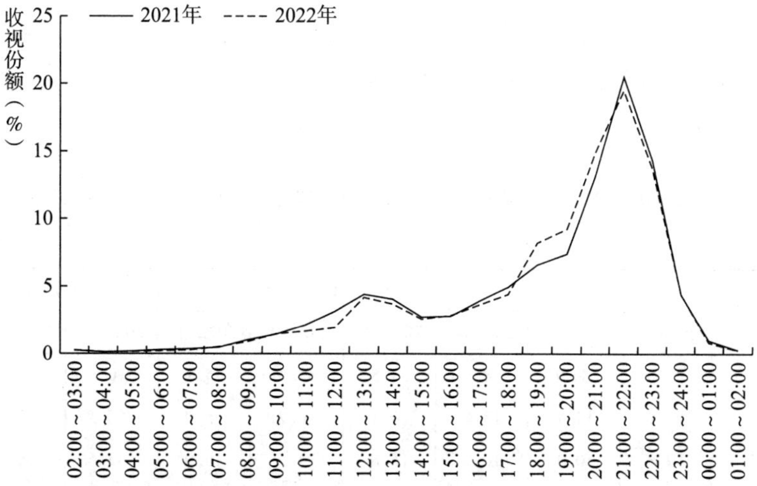

图 3 2021～2022 年综艺节目全天收视份额走势（历年所有调查城市）

数据来源：CSM 媒介研究。

4. 各年龄段人群综艺节目收看时长皆有缩短，年轻观众降幅相对较小

2022 年，不同年龄段观众在综艺节目上的收视时间花费均有所下降，其中 4～14 岁、55 岁及以上人群的收视时长降幅相对明显，15～24 岁年轻观众的收视时长降幅最小（图 4）。

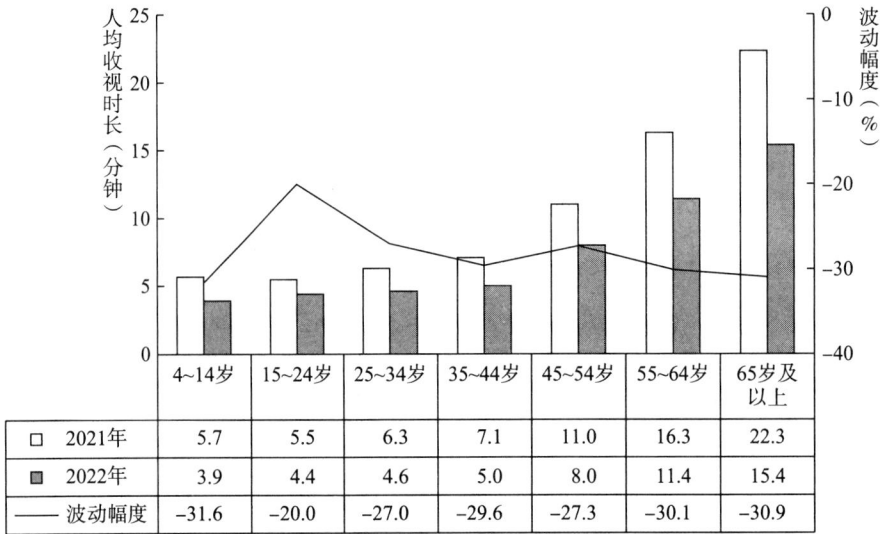

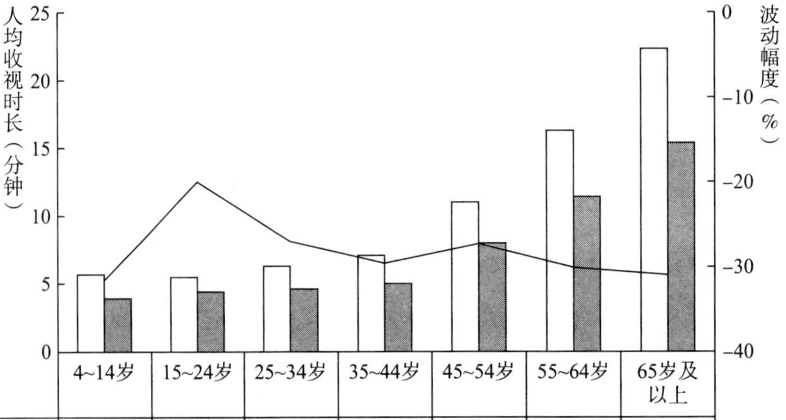

	4~14岁	15~24岁	25~34岁	35~44岁	45~54岁	55~64岁	65岁及以上
□ 2021年	5.7	5.5	6.3	7.1	11.0	16.3	22.3
■ 2022年	3.9	4.4	4.6	5.0	8.0	11.4	15.4
—— 波动幅度	-31.6	-20.0	-27.0	-29.6	-27.3	-30.1	-30.9

图 4　2021～2022 年各年龄段观众综艺节目人均收视时长（历年所有调查城市）

数据来源：CSM 媒介研究。

5. 综艺节目收视比重略降，但资源使用效率仍保持最高

在 2022 年主要类型节目的收、播竞争中，综艺节目的播出比重只有 4.2%，与前两年接近；收视比重为 8.6%，较前两年有小幅下降。我们注意到，新闻/时事和专题节目在 2022 年的收视占比均较上一年有所提高，这也对综艺节目的收视比重下降有一定影响。尽管如此，综艺节目仍有超过 100% 的资源使用效率，占各主要类型节目之首（表 1）。

表 1　2020～2022 年主要类型节目收、播情况比较（历年所有调查城市）

单位：%

主要类型节目	播出比重			收视比重			资源使用效率		
	2020 年	2021 年	2022 年	2020 年	2021 年	2022 年	2020 年	2021 年	2022 年
电视剧	29.8	28.9	28.8	34.8	35.9	35.1	16.8	24.2	21.9
生活服务	13.9	14.7	13.6	6.1	6.2	5.9	-56.1	-57.8	-56.6
新闻/时事	10.8	10.4	10.8	16.8	14.5	16.0	55.6	39.4	48.1
专题	8.9	10.0	11.5	5.9	5.9	6.3	-33.7	-41.0	-45.2
综艺	4.5	4.3	4.2	10.1	11.0	8.6	124.4	155.8	104.8

数据来源：CSM 媒介研究。

二 综艺节目的频道竞争状况

1. 综艺节目收视市场中省级上星频道收视份额占比过半

2022 年，在全国市场各级频道的综艺节目收视竞争中，省级上星频道竞争优势明显，收视份额占比过半，但较上年下降 6.2 个百分点。省级非上星频道、市级频道、中央级频道的收视份额同比分别上升 2.6 个百分点、0.3 个百分点和 2.9 个百分点（图 5）。

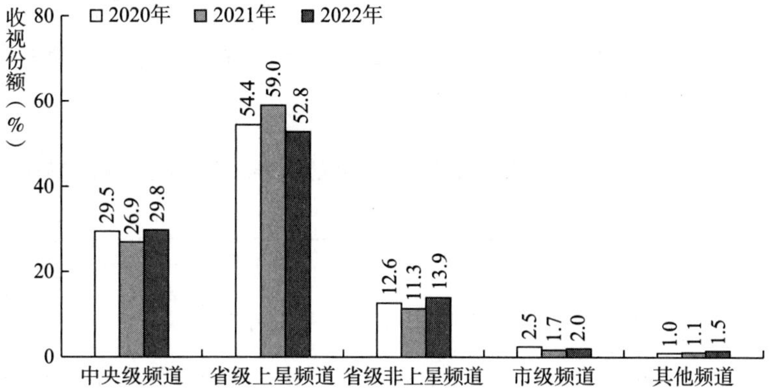

图 5 2020～2022 年综艺节目收视市场竞争格局（历年所有调查城市）

数据来源：CSM 媒介研究。

2. 综艺收视竞争中 CCTV－3 拔得头筹，CCTV－6 竞争力显著提升

2022 年，在所有上星频道的综艺节目收视竞争中，中央广播电视总台有 4 个频道进入收视份额排名前十位，CCTV－3 更是凭借 20.5% 的收视份额占据首位。与 2021 年同期相比，CCTV－3、浙江卫视、湖南卫视、CCTV－6、CCTV－1、CCTV－4 的收视份额都有不同程度的增长，其中，CCTV－6 的增幅最显著，其次是 CCTV－1。江苏卫视、东方卫视、安徽卫视则同比均有下降（图 6）。

3. 湖南电视台娱乐频道在长沙的综艺收视实力强劲，领跑当地综艺市场

地面频道由于传播的局限性，很难做到本省份外的传播，故分别考察主要中心城市本埠所有频道的综艺节目收视份额，我们发现一些地面频道在当地的综艺收视竞争中也相当强势。湖南电视台娱乐频道在长沙的综艺收视市场竞争中，凭借 25.2% 的收视份额稳居榜首。天津电视台五套（体育频道）、安徽综艺·体育、大连广播电视台文体频道也都分别在天津、合肥、大连的综艺收视竞争中夺魁（表 2）。大部分地面频道的实力与上星频道有一定差距，在大型综艺节目上很难与之抗衡，因此另辟蹊径的多在棋、牌类竞技，以及娱乐资讯等类型节目上着力。

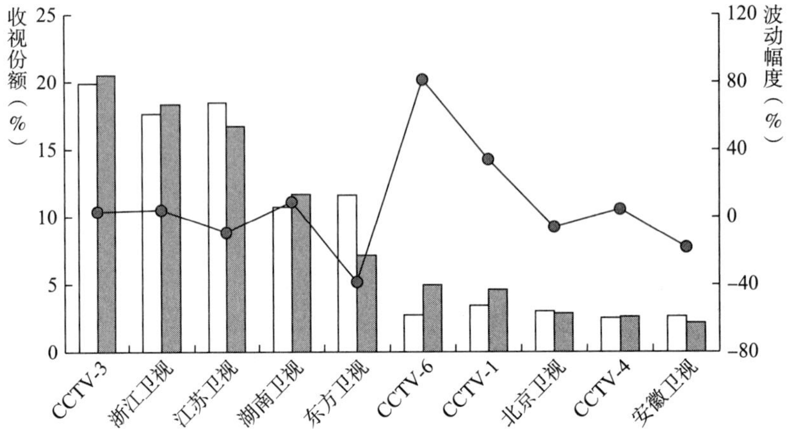

图6　2021～2022年所有上星频道综艺节目收视份额TOP 10（历年所有调查城市）

数据来源：CSM媒介研究。

表2　2022年各主要中心城市综艺竞争力强的地面频道及综艺收视份额排名

单位：位，%

城市	频道	当地综艺节目收视份额排名	当地综艺节目收视份额
长沙	湖南电视台娱乐频道	1	25.2
天津	天津电视台五套（体育频道）	1	21.1
合肥	安徽综艺·体育	1	20.9
大连	大连广播电视台文体频道	1	19.4
沈阳	辽宁广播电视台体育频道	2	15.2
重庆	重庆电视台文体娱乐频道（五套）	3	14.6
青岛	青岛广播电视台文化娱乐频道	3	14.2
北京	北京广播电视台生活频道	2	13.9
长春	吉林广播电视台生活频道	2	12.8
南京	江苏电视台体育休闲频道	4	12.2
乌鲁木齐	新疆电视台十套（体育健康频道）	4	11.9
太原	山西黄河电视台	4	11.3
南昌	江西电视台都市频道（二套）	4	11.1
哈尔滨	黑龙江电视台文体频道	3	10.9
西安	陕西广播电视台体育休闲频道（七套）	4	9.5
上海	上海电视台都市频道	6	9.3
郑州	河南广播电视台民生频道（三套）	4	8.9
武汉	湖北影视	6	7.6
广州	广东广播电视台珠江频道	6	6.8
杭州	杭州电视台西湖明珠频道	6	5.7
兰州	甘肃电视台都市频道	7	5.5
济南	山东广播电视台体育频道	6	5.5
深圳	深圳电视台五套（体育健康频道）	6	3.6

续表

城市	频道	当地综艺节目收视份额排名	当地综艺节目收视份额
厦门	厦门电视台影视频道	10	3.1
呼和浩特	内蒙古广播电视台文体娱乐频道	11	2.4
成都	四川电视台经济频道（原文化旅游频道）	10	2.4
石家庄	河北广播电视台都市频道	9	2.0
昆明	云南广播电视台都市频道（二套）	11	1.3
南宁	南宁广播电视台影视娱乐频道	12	1.0
海口	海南广播电视总台经济频道	18	0.3
福州	福建电视台旅游频道	18	0.2
银川	银川电视台公共频道	21	0.2
贵阳	贵州广播电视台影视文艺频道	29	0.1
西宁	青海电视台经济生活频道	41	0.0

数据来源：CSM 媒介研究。

4. 地面频道综艺节目男性观众比例占优，省级上星频道综艺收视以青年、中年群体为主

2022 年各级频道综艺节目观众结构显示，中央级频道观众的男、女比例基本持平，省级上星频道则是女性比例高于男性，省级非上星频道、市级频道的男性观众占比要高于女性。中央级频道、省级非上星频道、市级频道 65 岁及以上老年群体是综艺节目收视主力人群，省级上星频道综艺节目则以 25～34 岁、45～54 岁观众为主。从观众受教育程度来看，初中学历群体在各级频道的比例均最高，省级上星频道的大学及以上受教育程度的观众比例要高于其他各级频道（图 7）。

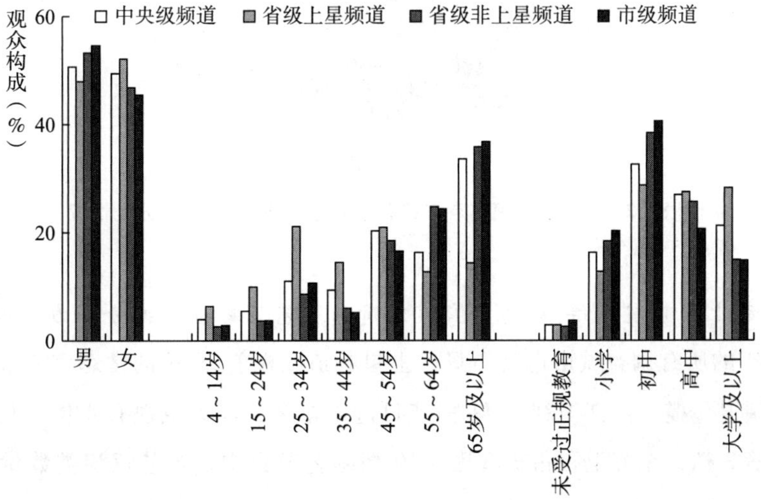

图 7　2022 年各级频道综艺节目观众构成（所有调查城市）

数据来源：CSM 媒介研究。

三　综艺节目收视表现

（一）上星频道综艺节目竞争

1. 上星频道中表演选秀、游戏竞技类综艺是主流

分析上星频道收视率前100位的综艺节目可以发现，表演选秀类综艺节目占比领先，达到22%；其次是游戏竞技类，占比为21%。两类综艺势均力敌，合计占比超过四成。此外，文化艺术、旅行纪实、才艺竞演、美食探索、纪录纪实、参与体验类也有着一定市场，占比均在5%及以上（图8）。表演选秀类综艺中，以歌曲演唱、才艺展示、喜剧小品等作为主题的节目数量领先；游戏竞技类综艺则涉及运动、游戏、答题、才艺、竞赛等多种形式。近年来，主打文化元素的综艺节目亦有相当数量增长，如表演选秀、游戏竞技、文化艺术、旅行纪实等类的综艺节目中都凸显文化元素。

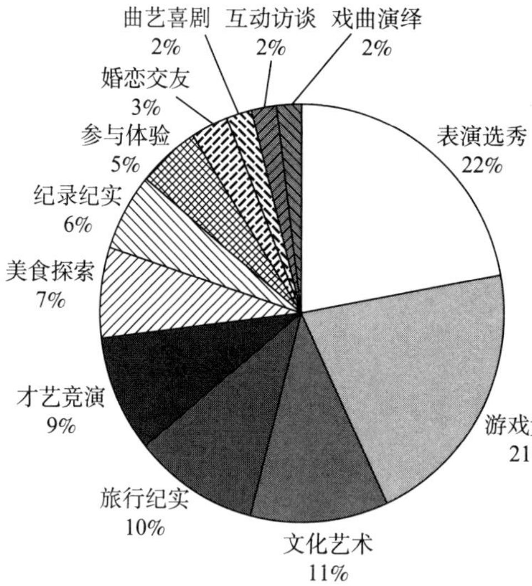

图8　2022年上星频道常态综艺节目收视率TOP 100分类情况

数据来源：CSM媒介研究。

2. 头部上星频道“综N代”依然吸睛，综艺节目垂直细分助力赛道再拓宽

2022年的所有调查城市电视市场，上星频道收视前20位的常态综艺节目由头部省级上星频道包揽。浙江卫视有11档节目进入排名，江苏卫视有4档节目入围，湖南卫视上榜3档，东方卫视占据2席。20档综艺节目中，才艺竞演类数量最多（有6档），游戏竞技类有4档，参与体验、美食探索、表演选秀各有2档，其余文化艺术、旅行纪实、婚恋交友、纪录纪实类各有1档。“综N代”在综艺收视市场仍执牛

耳，9档节目进入收视前20名，其中浙江卫视《奔跑吧》、《中国好声音》和《王牌对王牌》，湖南卫视《向往的生活》（大海篇）分别排名第1、3、4、5位。排名第2位的浙江卫视《奔跑吧·共同富裕篇》虽然为综一代，但常驻嘉宾与《奔跑吧》为同批，属其衍生节目。江苏卫视《点赞达人秀》，浙江卫视《闪光的乐队》《无限超越班》，湖南卫视《会画少年的天空》和《时光音乐会》（第一季）等"综一代"来势虽猛，但收视排名相对靠后，与"综N代"相比仍存在一定差距。收视前20位的综艺节目呈现节目垂直细分程度更高的特点，以才艺竞演类综艺节目为例，分别又涉及音乐、舞蹈、演技等二级品类，音乐类中浙江卫视《闪光的乐队》以音乐社交为主打元素，东方卫视《我们的歌》以代际潮音为特色，浙江卫视《为歌而赞》（第二季）将跨屏互动音乐作为创作理念，湖南卫视《时光音乐会》（第一季）则呈现了一档户外音乐会。《奔跑吧》和《奔跑吧·共同富裕篇》虽然嘉宾相同，且同属游戏竞技类，但前者主打户外竞技，后者落点于公益助农（表3）。

表3 2022年上星频道常态综艺节目收视率TOP 20（所有调查城市）

单位：%

排名	名称	分类	频道	收视率	市场份额	播出周期	主打元素
1	《奔跑吧》	游戏竞技	浙江卫视	2.4	11.2	综N代	户外竞技
2	《奔跑吧·共同富裕篇》	游戏竞技	浙江卫视	2.2	10.0	综一代	公益助农
3	《中国好声音》	表演选秀	浙江卫视	2.1	9.8	综N代	原创音乐
4	《王牌对王牌》	游戏竞技	浙江卫视	2.0	9.3	综N代	室内竞技
5	《向往的生活》（大海篇）	纪录纪实	湖南卫视	1.9	18.1	综N代	田园生活
6	《极限挑战》	参与体验	东方卫视	1.9	10.9	综N代	体验挑战
7	《嗨放派》（第二季）	参与体验	浙江卫视	1.9	8.6	综二代	奇趣实验
8	《青春环游记》	旅行纪实	浙江卫视	1.9	7.3	综N代	文旅探索
9	《最强大脑之燃烧吧大脑》	游戏竞技	江苏卫视	1.8	10.0	综N代	智力竞赛
10	《点赞达人秀》	表演选秀	江苏卫视	1.8	9.8	综一代	全民才艺
11	《闪光的乐队》	才艺竞演	浙江卫视	1.8	7.3	综一代	音乐社交
12	《我们的歌》	才艺竞演	东方卫视	1.7	9.4	综N代	代际潮音
13	《非诚勿扰》	婚恋交友	江苏卫视	1.7	7.5	固定周播	都市青年
14	《无限超越班》	才艺竞演	浙江卫视	1.7	7.4	综一代	经典重演
15	《会画少年的天空》	文化艺术	湖南卫视	1.6	15.0	综一代	美学绘画
16	《蒙面舞王》	才艺竞演	江苏卫视	1.6	9.1	综N代	蒙面舞蹈竞猜
17	《为歌而赞》（第二季）	才艺竞演	浙江卫视	1.6	7.1	综二代	跨屏互动音乐
18	《时光音乐会》（第一季）	才艺竞演	湖南卫视	1.6	6.4	综一代	户外音乐会

续表

排名	名称	分类	频道	收视率	市场份额	播出周期	主打元素
19	《听说很好吃》	美食探索	浙江卫视	1.5	12.0	综二代	创意美食
20	《超燃美食记》（第二季）	美食探索	浙江卫视	1.5	11.6	综二代	青春美食之旅

数据来源：CSM 媒介研究。

3. 中央广播电视总台节庆晚会实力强劲，省级上星频道台网携手打造定制晚会

非常态综艺节目的收视竞争中，中央广播电视总台的节庆晚会实力强劲，CCTV－1 的《2022 中央广播电视总台春节联欢晚会》凭借 7.6% 的收视率登顶，《中央广播电视总台元宵晚会》位列第二，《2022 年中央广播电视总台中秋晚会》排第六位。CCTV－3 的《新春喜剧之夜》亦榜上有名，位列第七。头部省级上星频道的晚会收视实力也不容小觑，东方卫视《2023 圆梦东方跨年盛典》跻身第三位，北京卫视春晚和湖南卫视的跨年晚会也有着不俗表现。除特殊节日的晚会外，省级卫视携手网络平台打造的定制晚会也是一道亮丽的风景线，湖南卫视与知乎联合制作《2022 知乎答案奇遇夜》，浙江卫视与易车 APP 联合推出《超级 818 汽车狂欢夜 2022 浙江卫视年中盛典》，再次印证了台网的向深融合（表 4）。

表 4　2022 年上星频道非常态综艺节目收视率 TOP 10（所有调查城市）

单位：%

排名	节目名称	频道	收视率	市场份额
1	《2022 中央广播电视总台春节联欢晚会》	CCTV－1	7.6	25.8
2	《2022 年中央广播电视总台元宵晚会》	CCTV－1	4.2	16.6
3	《2023 梦圆东方跨年盛典》	东方卫视	2.8	12.1
4	《2022 年北京广播电视台春节联欢晚会》	北京卫视	2.8	11.9
5	《2022～2023 跨年晚会》	湖南卫视	2.2	9.6
6	《2022 年中央广播电视总台中秋晚会》	CCTV－1	2.0	8.3
7	《新春喜剧之夜》	CCTV－3	1.9	6.8
8	《2021 国剧盛典》	安徽卫视	1.7	7.0
9	《2022 知乎答案奇遇夜》	湖南卫视	1.6	7.7
10	《超级 818 汽车狂欢夜 2022 浙江卫视年中盛典》	浙江卫视	1.6	7.5

数据来源：CSM 媒介研究。

（二）地面频道综艺节目竞争

1. 地面频道综艺节目的娱乐属性更突出

地面频道收视率前 50 位的常态综艺节目中，棋牌竞技类综艺最受观众欢迎，占

比达到26%。如北京广播电视台体育休闲频道《欢乐二打一》扑克挑战赛、重庆电视台文体娱乐频道（五套）《渝乐耍大牌》棋牌益智、天津电视台五套（体育频道）《旗开得胜斗地主电视擂台赛》扑克牌竞赛、湖南电视台娱乐频道《我是大赢家》互动棋牌比赛等，皆以棋牌作为游戏竞技的对象。观众对于地面频道综艺中的喜剧曲艺类节目也有着较强的收视兴趣，广播电视台占比为16%，广东广播电视台珠江频道《梗系要开心》、上海电视台都市频道《嘎讪胡》、北京广播电视台文艺频道《北京喜剧幽默大赛》、苏州新闻综合频道《苏州电视书场》等，或以方言喜剧为切入口，或以评书、相声、小品等传统曲艺为主打，吸引观众收看。此外，婚恋交友、娱乐资讯、音乐竞演的占比相当，均为8%（图9），也有着相当扎实的观众基础。方言节目也是地面频道颇具特色的综艺节目类型，除前所述的《嘎讪胡》《梗系要开心》外，上海电视台都市频道的《长三角方言大会》、《沪语人气王》（第三季）也都是以方言作为节目看点。从50档节目的播出周期来看，日播类数量最多，占比达到50%；其次为季播类，占比为32%。与上星频道综艺节目以季播方式为主不同，地面频道采用日播方式便于观众形成收视习惯，而且能够和上星频道形成错位竞争。

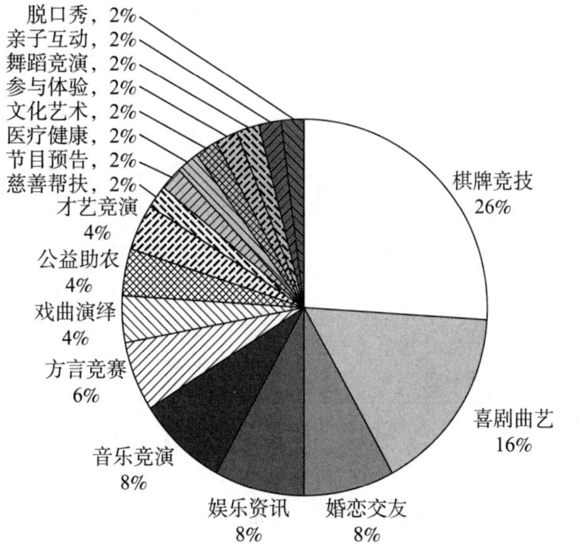

图9 2022年地面频道常态综艺节目收视率TOP 50分类情况

数据来源：CSM媒介研究。

2. 广东、上海地面频道的综艺节目收视相对较好

从地面频道在全国城市组排名前20位的常态综艺节目来看，广东台和上海台的综艺节目进入排名的数量领先，前者有8档、后者有6档，且都以方言类节目而见长；反观北京台、重庆台、天津台、湖南台、辽宁台的频道，进入排名内的则都是棋牌竞技类节目（表5）。

表5　2022年地面频道常态综艺节目收视率TOP 20（所有调查城市）

单位：%

全国城市市场排名	名称	播出频道	全国市场		当地省会城市		播出周期	类别
			收视率	市场份额	收视率	市场份额		
1	《欢乐二打一》	北京广播电视台体育休闲频道	0.20	1.28	3.42	18.52	日播	棋牌竞技
2	《梗系要开心》（第二季）	广东广播电视台珠江频道	0.19	1.07	1.88	9.27	季播	喜剧曲艺
3	《娱乐没有圈》	广东广播电视台珠江频道	0.18	1.30	1.60	8.59	周播	娱乐资讯
4	《渝乐耍大牌》	重庆电视台文体娱乐频道（五套）	0.18	1.10	2.63	13.59	日播	棋牌竞技
5	《粤韵风华》	广东广播电视台珠江频道	0.18	1.06	1.81	8.75	周播	戏曲演绎
6	《周末大放送》	上海电视台新闻综合频道	0.17	0.76	2.52	10.29	周播	娱乐资讯
7	《超级辣妈6》	广东广播电视台珠江频道	0.16	0.94	1.57	7.65	季播	亲子互动
8	《乡村振兴大擂台》	广东广播电视台珠江频道	0.13	0.92	1.02	6.11	季播	公益助农
9	《旗开得胜斗地主电视擂台赛》	天津电视台五套（体育频道）	0.13	0.84	3.53	19.59	日播	棋牌竞技
10	《梗系要开心》	广东广播电视台珠江频道	0.12	0.92	1.21	6.08	季播	喜剧曲艺
11	《笑口组》	广东广播电视台大湾区卫视	0.10	0.64	1.02	5.23	日播	喜剧曲艺
12	《广东电影报道》	广东广播电视台影视频道	0.09	0.66	0.99	5.57	日播	娱乐资讯
13	《长三角方言大会二》	上海电视台都市频道	0.07	0.33	1.06	4.00	季播	方言竞赛
14	《我是大赢家》	湖南电视台娱乐频道	0.06	0.46	1.00	10.61	日播	棋牌竞技
15	《沪语人气王》（第三季）	上海电视台都市频道	0.06	0.30	0.94	4.45	季播	方言竞赛
16	《长三角方言大会》	上海电视台都市频道	0.06	0.25	0.82	3.72	季播	方言竞赛
17	《智慧斗士》	辽宁广播电视台体育频道	0.05	0.31	1.48	7.23	日播	棋牌竞技
18	《天天耍大牌》	山东广播电视台体育频道	0.05	0.30	0.71	3.54	日播	棋牌竞技

续表

全国城市市场排名	名称	播出频道	全国市场		当地省会城市		播出周期	类别
			收视率	市场份额	收视率	市场份额		
19	《嘎讪胡》	上海电视台都市频道	0.05	0.25	0.80	3.37	日播	喜剧曲艺
20	《36.7℃》	上海电视台都市频道	0.05	0.23	0.70	3.29	日播	医疗健康

数据来源：CSM 媒介研究。

四　综艺节目上新状况

电视节目不断出新，一方面是电视媒体生产力活跃的象征，另一方面可以满足电视观众收视需求的升级。2022 年综艺常态新节目有 69 档，占所有常态新节目的 31.9%；综艺非常态新节目 742 档，在所有非常态新节目中占比为 22.6%。

1. 综艺常态新节目在暑期投放较为密集，湖南卫视新节目数量居上星频道之首

2022 年各级频道均有综艺常态新节目推出，省级上星频道的上新力度最大，共有 48 档节目，省级地面频道投放了 11 档，中央级频道有 7 档，市级地面频道亦有 3 档推出。从综艺常态新节目全年各月的上新数量可知，7 月、8 月暑期档投放量相对较多，省级上星频道在暑期上新 15 档，中央级频道有 4 档，省级地面频道有 2 档；9 月开学季则成推新的低谷期，仅省级上星频道开播 2 档（图 10）。

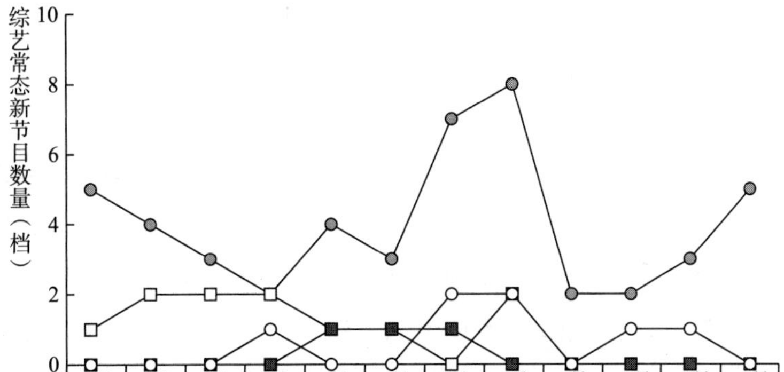

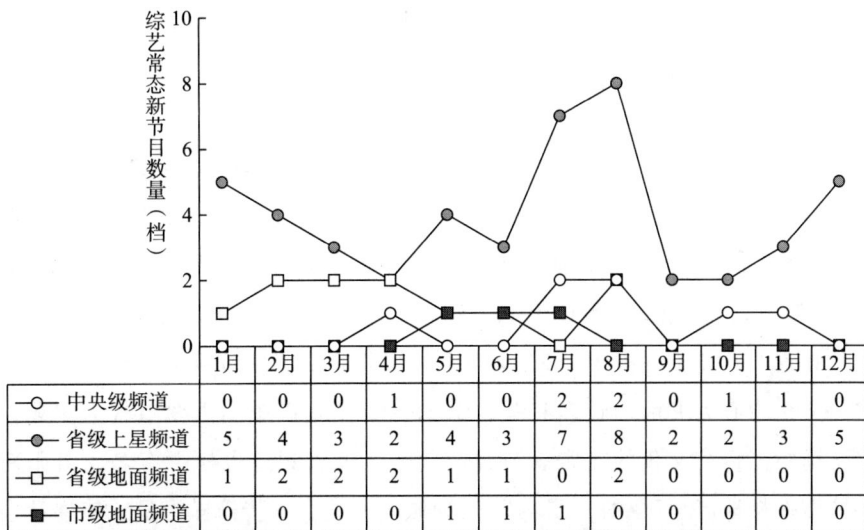

	1月	2月	3月	4月	5月	6月	7月	8月	9月	10月	11月	12月
中央级频道	0	0	0	1	0	0	2	2	0	1	1	0
省级上星频道	5	4	3	2	4	3	7	8	2	2	3	5
省级地面频道	1	2	2	2	1	1	0	2	0	0	0	0
市级地面频道	0	0	0	0	1	1	1	0	0	0	0	0

图 10　2022 年综艺常态新节目各月上新数量（71 城市）

数据来源：CSM 媒介研究。

上星频道的节目创新和制作能力相对较强，一直是新节目生产的主力。2022 年综艺常态节目推新中，湖南卫视的表现最为引人瞩目，上新比例达到 21.8%，大幅领先；浙江卫视占比为 10.9%，居第 2 位；CCTV－3、东方卫视和北京卫视推新实力旗鼓相当，占比均为 9.1%；值得一提的是，东南卫视的上新表现亮眼，占比为 7.3%（图 11）。

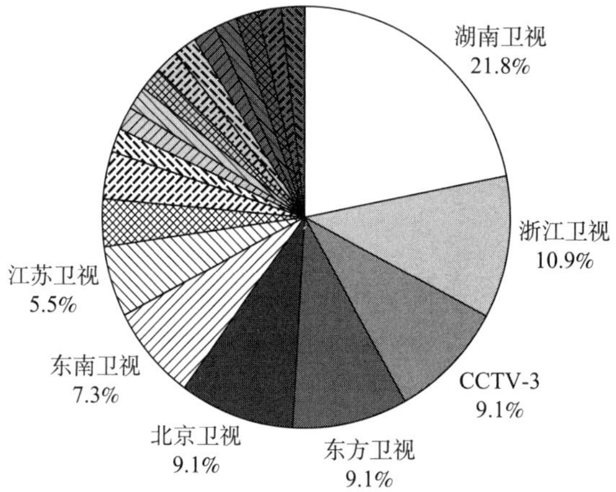

图 11　2022 年上星频道常态新节目投放量占比（71 城市）

数据来源：CSM 媒介研究。

2. 元旦、春节、中秋是综艺非常态新节目投放热季，北京卫视推新数量夺魁

省级、市级地面频道数量众多，且综艺非常态新节目的制作难度相对较低，故 2022 年全国 71 城市综艺市场的非常态新节目中，省级、市级地面频道的数量占比处于领先地位，投放比例分别为 31.5% 和 33.4%，省级上星频道 27.4%，中央级频道 7.7%。纵观各月的非常态新节目数量分布，1 月、2 月是投放红海，占据了全年投放量的 43.3%，其中与元旦和春节相关的节庆晚会贡献最大；中秋节也是各级频道推出节庆晚会的热门时节，9 月的上新数量仅次于 1 月、2 月（图 12）。2022 年上新的综艺非常态新节目中，为节庆假日而制作的非常态节目占比为 41.0%，比赛/活动类占比为 9.8%，节目/剧目特别节目类占比为 20.2%，非节庆性的庆典/颁奖/晚会类占比为 27.5%，专题性的占比为 1.3%。

在各频道中，北京卫视于 2022 年推出的综艺非常态新节目数量最多，这与北京作为政治文化中心大型活动较多有关；CCTV－3 则是以中国重要节气为主题，推出了多档弘扬中国传统文化的非常态节目。此外，地面频道也榜上有名，洛阳新闻综合频道推出多档地区/行业的“最美”人物颁奖典礼，宣传榜样力量，传递社会正能量；内蒙古文体娱乐频道则以各市/县的春节晚会为主（图 13）。

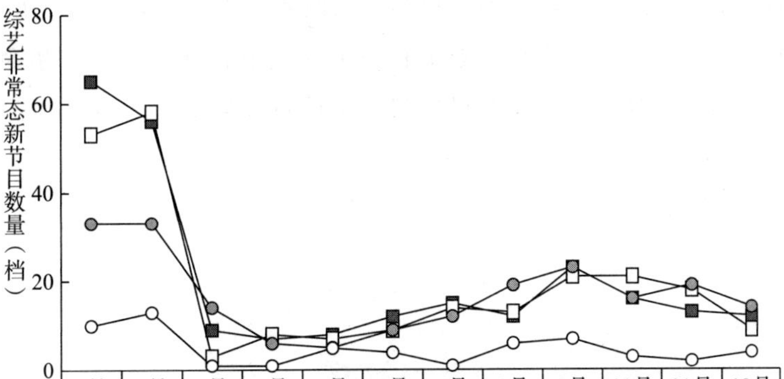

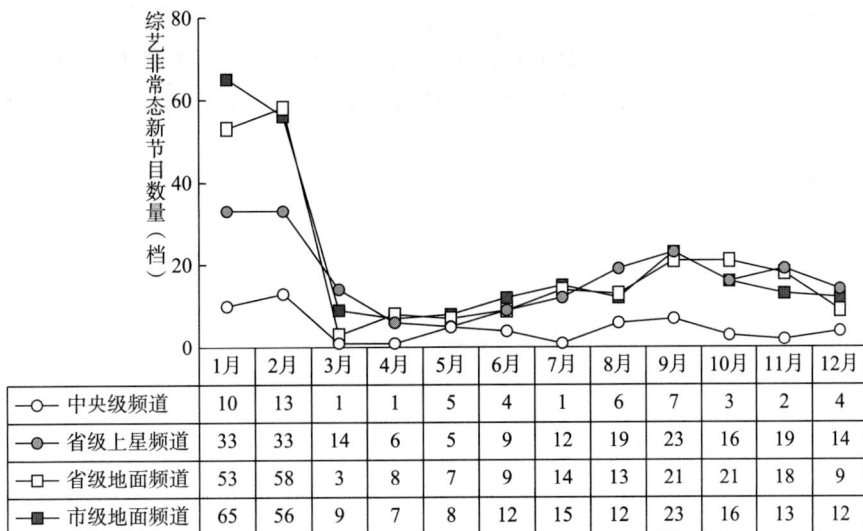

1月	2月	3月	4月	5月	6月	7月	8月	9月	10月	11月	12月
—○— 中央级频道	10	13	1	1	5	4	1	6	7	3	2	4
—●— 省级上星频道	33	33	14	6	5	9	12	19	23	16	19	14
—□— 省级地面频道	53	58	3	8	7	9	14	13	21	21	18	9
—■— 市级地面频道	65	56	9	7	8	12	15	12	23	16	13	12

图 12　2022 年综艺非常态新节目各月上新数量（71 城市）

数据来源：CSM 媒介研究。

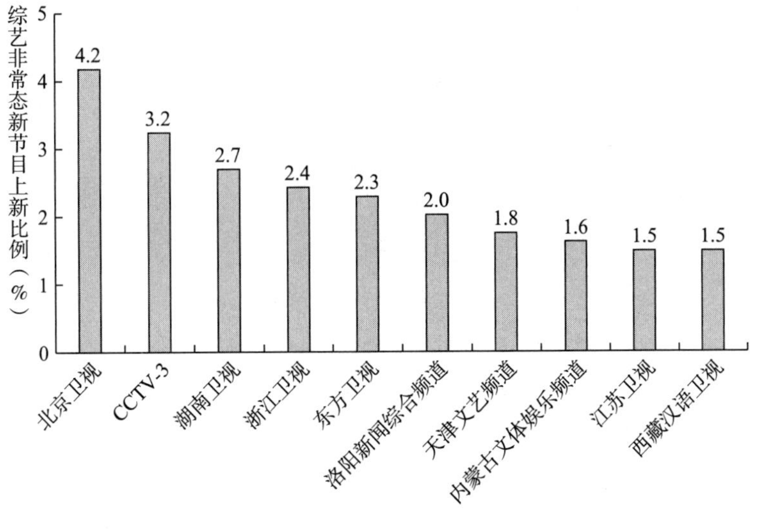

图 13　2022 年综艺非常态上新数量 TOP 10 频道（71 城市）

数据来源：CSM 媒介研究。

结　语

2022 年综艺节目的播出和收视时长均有小幅下降，但仍保持较高的资源使用效率。省级上星频道的综艺收视份额占比过半，其他各级频道均出现不同程度的增长。在综艺常态节目中，表演选秀、游戏竞技是上星频道中的主流类型，地面频道综艺节目的娱乐属性更强，以棋牌竞技和喜剧曲艺类为主。2022 年共推出了 69 档综艺常态新节目和 742 档综艺非常态新节目，为综艺节目注入了新的生命力。2023 年相信会有更多的综艺热点和亮点节目出现，让我们拭目以待。

（作者：秦政）

2022 年全国体育节目收视分析

2022 年，北京冬奥会和卡塔尔世界杯接棒 2021 年的欧洲杯和东京奥运会，给体育迷带来了无与伦比的赛事盛景。连续两年大型体育赛事的举办并没有使观众产生观赛的疲劳；精彩纷呈的体育竞技场面，扣人心弦的体育明星故事，带动了观众高涨的观赛热情。2022 年的体育圈亮点依然。

一　2022 年体育大事件盘点

2022 年伊始，期待已久的北京冬奥会终于到来，北京也因此成为奥运史上第一座双奥之城，此次北京冬奥会在赛场内外都给观众带来了众多的经典记忆。赛场外，“雪花”形状的火炬台成为北京一个新的地标和打卡合影点；首钢园废弃的工业厂房和设备改造成滑雪大跳台，带有浓郁后现代“朋克风”的比赛场地令人叹为观止；憨萌可爱的“冰墩墩”不出意外地俘获了万千宠爱，奥运会期间变得“一墩难求”；谷爱凌在比赛间隙一边吃着韭菜盒子一边等待评委打分的画面成了奥运赛事的名场面。赛场内，圆梦和超越成为本届奥运会最大的主题。范可欣、徐梦桃、齐广璞、隋文静/韩聪终于如愿以偿，在自己家门口奏响了国歌，站上了最高的领奖台；谷爱凌、苏翊鸣打破了国外选手的垄断，凭借高难度的旋转和跳跃，成功超越自己，共取得 3 金 2 银的佳绩，成为中国奥运队中最闪亮的明星；外国知名运动员中，“千金”谢尔巴科娃勇夺花样滑冰女单冠军，花滑传奇羽生结弦尽管未能在赛场完成史诗级的“4A”跳，但丝毫不会影响他在冰迷心中的崇高地位；单板传奇肖恩 · 怀特已经 36 岁，是 U 形池有史以来年龄最大的奥运选手，尽管在本届冬奥会上未能站上领奖台，但他高超的技艺和对滑雪的无限热忱令人感动和拜服。

北京冬奥会之后，经过了大半年的等待，在 2022 年末尾，我们又迎来了另一项顶级国际体育赛事——卡塔尔世界杯。这是西亚国家首次举办世界杯，也是第一次在年末举行世界杯。阿根廷的梅西和法国的姆巴佩成为本届世界杯最火的球星，决赛中两人火星撞地球般的激情碰撞书写了世界杯决赛历史上的名场面。最终，梅西在自己很可能的“最后一舞”中笑到最后，最终捧杯。本届比赛，1998 年的姆巴佩已成“老将”，众多“00后”初登世界杯舞台。2000年的阿尔瓦雷斯4球1助，在阿根廷的冠军之路上立下赫赫战功；2001年的恩佐当选最佳新秀，收获了各大豪门的关注；2002年的格瓦迪奥尔是克罗地亚攻守兼备的后防中坚；2003年的贝林厄姆成为本届世界杯上首位进球的“00后”；甚至刚刚成年的2004年小将中，也有加维这样可以在西班牙踢上首发的后起之秀。除梅西之外，我们也见证了数位老将的华丽谢幕。36岁的吉鲁打入4球助法国进入决赛；37岁的莫德里奇率克罗地亚“黄金一代”勇夺季军；同样37岁的C罗却只能黯然神伤，自身表现不佳，球队也倒在了1/4决赛上，抱憾出局。当然世界杯上永远不会缺少黑马：摩洛哥连克西葡两强，成为非洲史上第一支世界杯四强；日本在“死亡之组”中力压西、德两支世界冠军头名出线；沙特小组赛首战逆转最终的冠军阿根廷，带给世界一份来自亚洲的震撼。以上所有这些都会记录在世界杯的历史上，成为人们永久的记忆珍藏。

2022年对于中国体育军团来说，是收获颇丰的一年。北京冬奥会上中国共取得了9金4银2铜的成绩，金牌数和奖牌数均创历史新高；中国女足时隔16年再夺亚洲杯冠军；女篮姑娘们28年后再入世界杯决赛；中国乒乓球队在主场先后包揽世乒赛男女团体冠军和WTT世界杯决赛男女单冠军，继续捍卫国球荣耀；游泳世锦赛上，中国跳水队囊括全部13金，花游队4金2铜创造历史最佳。

除了中国军团的出色战绩之外，2022年的体坛还有很多事情值得关注。国际足坛方面，有成功的欢笑也有送别的泪水。皇马夺得第14座欧冠奖杯，本泽马圆梦金球奖；哈兰德登陆英超，职业生涯迈上新台阶；AC米兰强势归来，时隔11年再夺意甲；球王贝利离世，世界人民深切哀悼；C罗与曼联解约，告别欧洲足球中心，远赴沙特。F1，法拉利高开低走、梅奔全年挣扎，成就红牛维斯塔潘轻松连冠；四冠王维特尔光荣退役，又是一代人青春的结束。男子网坛方面，纳达尔、德约科维奇共获三座大满贯；19岁的阿尔卡拉斯美网夺魁，成为ATP史上最年轻的世界第一。

国内体坛，中超升班马武汉三镇夺冠，实现“三年三冠”的壮举；CBA总决赛辽宁男篮横扫广厦夺队史第二冠；周冠宇正式开启F1生涯，巴林站首秀拿分激动落泪，第一季F1表现可圈可点；郑钦文首次闯入法网女单16强，在年末荣获WTA年度最佳新人，年度世界排名跻身前30。中国年青一代运动员值得期待。

回首2022年，体育的故事不会落幕，那些闪耀的光芒点亮了观众内心的激情。过往的传奇正逐渐退出赛事的中心，新生代正慢慢成为舞台的焦点。2022年末，疫情的阴霾逐渐褪去，生活正在回归本来的面貌。期待着来年赛事的复苏，球迷的呐喊，给观众带来更多的惊喜。

二　体育节目整体播出及收视状况

2022 年，我国体育节目人均收视总时长增长至近四年以来的最高峰，各类目标观众体育节目收视时长也顺势增长，体育节目播出占比和收视占比更是近十年来最高。这一年，国内、国际体育赛事轮番登场。年初的北京冬奥会上，谷爱凌、苏翊鸣等运动员的亮眼表现；9 月的女篮世界杯，中国女篮一路乘风破浪，时隔 28 年再夺亚军；紧接着在成都举办的乒乓球团体世锦赛，中国男女乒成功卫冕；最后到年底的卡塔尔世界杯，“球王”梅西最终带领阿根廷队捧得大力神杯，圆梦卡塔尔。这些赛事都是 2022 年我国体育节目表现亮眼的原因。

1. 体育节目人均收视总时长强势回升，达到疫情三年以来的最高值

2022 年初，北京冬奥会及冬残奥会的顺利举办，点燃了全国电视受众的观看热情。年底备受期待的卡塔尔世界杯，又一次吸引了人们的观赛目光。凭借这“一头一尾”两大赛事，2022 年我国体育节目人均收视总时长提升至 1393 分钟，较 2021 年增加了 218 分钟，涨幅达 18.6%，是近四年以来的最高值（图 1）。

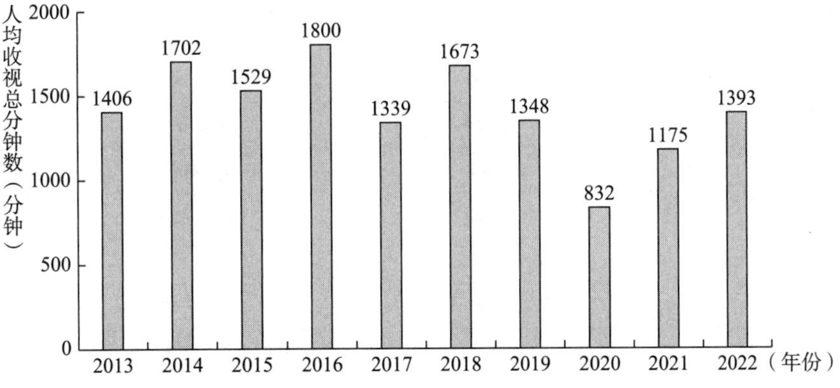

图 1　2013～2022 年体育节目人均收视总分钟数（历年所有调查城市）

数据来源：CSM 媒介研究。

2022 年我国体育节目人均收视总时长的增长，在各类目标人群中均有所体现。2022 年，相较于男性观众 1583 分钟的体育节目收视总时长，女性观众仅为 1193 分钟；但与 2021 年相比，女性观众涨幅高达 20.5%，略高于男性的 17.0%。不同职业观众中，干部/管理人员和学生群体的体育节目人均收视总时长涨幅均超过 30%，领先于其他职业人群。从观众的受教育程度来看，中高等学历观众的体育节目的人均收视总时长高于低学历观众，其中高中学历观众的体育节目人均收视总时长最长，为 1645 分钟，相较于 2021 年增加了 17.8%；大学及以上学历观众 2022 年体育节目

人均收视总时长为1274分钟，涨幅为29.1%，是所有目标学历观众中涨幅最高的。在各年龄层群体中，65岁及以上观众的体育节目人均收视总时长依然是所有年龄层中涨幅最大的，高达3738分钟，同比2021年增长了16.2%；4～14岁群体的体育节目人均收视总时长虽然仅有586分钟，在所有年龄层中处于尾端，但同比涨幅达26.0%，是所有年龄层中涨幅最大的。2022年不同个人月收入目标群体的体育节目人均收视总时长的差异呈缩减趋势，个人平均月收入在601～5000元的观众，体育节目人均收视总时长均高于1600分钟；个人平均月收入在5001元及以上的观众的体育节目人均收视总时长为1469分钟，同比上一年涨幅达27.1%，涨幅最大（表1）。

表1　2022年各类目标观众体育节目人均收视总时长（所有调查城市）

单位：分钟

目标观众		人均收视总分钟数	目标观众		人均收视总分钟数
性别	男	1583	年龄	4～14岁	586
	女	1193		15～24岁	650
职业类型	干部/管理人员	1476		25～34岁	693
	个体/私营企业人员	1109		35～44岁	912
	初级公务员/雇员	1074		45～54岁	1661
	工人	1065		55～64岁	2537
	学生	629		65岁及以上	3738
	无业	2508	个人平均月收入（元）	0～600元	1235
	其他	1020		601～1200元	1606
受教育程度	未受过正规教育	700		1201～1700元	1602
	小学	1172		1701～2600元	1701
	初中	1491		2601～3500元	1673
	高中	1645		3501～5000元	1666
	大学及以上	1274		5001元及以上	1469

数据来源：CSM媒介研究。

2. 体育节目播出时长持续增长，人均收视总时长在年初和年底出现两个高峰

2022年全国体育节目各月的播出时长均较2021年同期有不同程度的增长，全年平均涨幅为6.4%。其中，受益于北京冬奥会的开幕，2月涨幅最高，达15.5%。从人均收视总时长来看，2022年各月相较于前一年同期涨跌幅不一，2月人均收视总时长高达300分钟，是2021年同期的6倍；11月的卡塔尔世界杯也成功吸引了观众

的眼球，人均收视总时长达200分钟，涨幅逼近200%。

2022年初开幕的北京冬奥会及冬残奥会，既是亿万国人、全世界关注的国事焦点，也是冬季项目体育迷的一次观赛盛宴，同时中国女足亚洲杯问鼎，引起了又一波体育热情，2月体育节目人均收视总时长达到300分钟，占到全年的21.5%。3月，虽然人均收视总时长收缩至91分钟，但相较于2021年同期依然有40.0%的涨幅；得益于大量冬奥赛事的重播和冬残奥会的接档，以及乒乓球WTT赛事的开展，该月体育节目播出时长逼近1万小时，是全年播出时长第二高的月份。年中各月，各类赛事接连不断，虽然相较于2021年欧洲杯期间有明显下滑，但体育节目播出时长和人均收视总时长总体保持平稳状态。4月，CBA联赛进入到季后赛阶段，辽宁队以4∶0的成绩零封浙江广厦，拿到队史第二冠；5月，羽毛球赛场迎来汤姆斯杯和尤伯杯的精彩对决，中国队2∶3憾负于韩国队，无缘卫冕尤伯杯。5月底至7月初，法网和温网接踵而至，在最热的季节释放出网球魅力。7月，世界女排联赛、男篮亚洲杯、世界田径锦标赛等多点开花，体育节目人均收视总时长略有增长，是4月至9月的最高值。8月，欧洲五大联赛相继开赛，绿茵赛场掀起新一轮风暴。中国男排时隔10年夺下亚洲杯第二冠，中国女排则在亚洲杯遗憾败北于日本。9月底至10月初，女篮世界杯、世界女排锦标赛和世界乒乓球团体锦标赛逐一开启，其中，中国女篮姑娘在淘汰赛阶段先后击败法国队和劲敌澳大利亚队，成功挺进决赛，虽负于强敌美国队屈居亚军，但也追平了中国女篮28年前的成绩，为祖国73周年华诞献礼。十一假期期间，在成都“家门口”举行的乒乓球团体锦标赛，掀起了一场国球热潮，假期与热点赛事的碰撞擦出了浓烈的火花，使得10月体育节目人均收视总时长一改前几个月的平稳态势，迅猛增至144分钟，较9月翻番，较2021年同期增加一倍之多。11月，历经四年等待，世界杯决赛圈32强聚集在波斯湾西南岸的卡塔尔，吸引了全世界关注的目光；得益于赛程时间安排对国内转播有利，小组赛阶段18点、21点开赛的赛事得到了超高关注，推高了11月人均收视总时长，达到了年内第二个收视高峰。12月人均收视总时长继续保持较高水平，同时该月体育节目播出时长超过1万小时，成为2022年播出时长之冠（图2）。

3. 体育节目播出比重和收视比重双双达到近十年峰值

得益于2022年北京冬奥会和卡塔尔世界杯两大赛事的顺利举办，我国体育类节目播出比重和人均收视总时长比重均有可喜的表现。3.0%的播出占比和4.6%的收视占比，均为近十年以来的最高值。与同样举办过冬奥会和世界杯的2018年相比，2022年体育节目播出占比和收视占比分别增长了25.0个百分点和9.5个百分点（图3）。

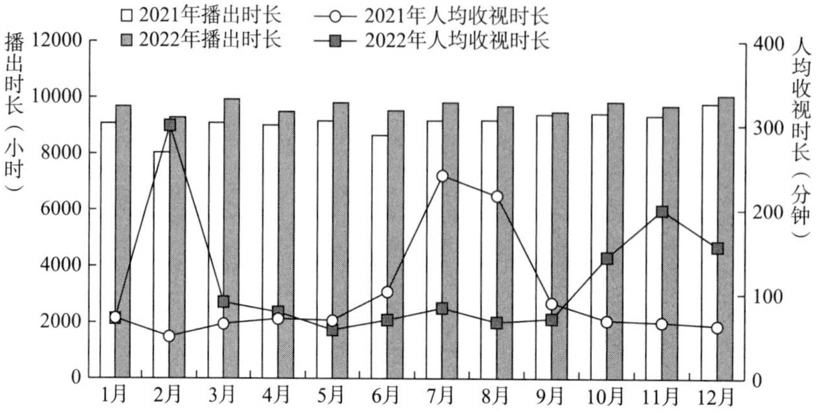

图 2　2021～2022 年各月体育节目播出时长及人均收视时长（历年所有调查城市）

数据来源：CSM 媒介研究。

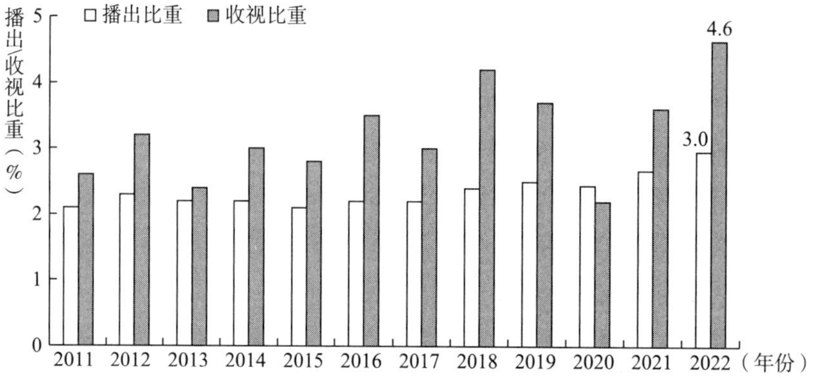

图 3　2011～2022 年体育节目播出比重与收视比重（历年所有调查城市）

数据来源：CSM 媒介研究。

三　体育节目收视市场竞争概况

与往年相比，2022 年的北京冬奥会给体育电视市场各级频道的竞争格局带来了很大的变化。与冬奥相关的两个全国性频道相继开播：中央广播电视总台奥林匹克频道于 2021 年 10 月底开播，成为第三个以体育内容为主的中央级频道；北京冬奥纪实频道作为以冬奥为主题的省级体育上星频道在 2019 年上线，同时北京体育频道停播，2022 年北京冬奥会结束后北京冬奥纪实频道调整为纪实科教频道，北京体育休闲频道作为省级地面频道恢复播出。因此，中央级频道的播出份额较往年有很大的提升，省级地面频道播出份额较去年有小幅上涨，同时省级上星频道播出份额明显下滑（表 2）。

表 2 2019～2022 年各级频道在体育节目中的播出份额与收视份额（历年所有调查城市）

单位：%

年份	中央级频道		省级上星频道		省级地面频道		市级频道		其他频道	
	播出份额	收视份额	播出份额	收视份额	播出份额	收视份额	播出份额	收视份额	播出份额	收视份额
2019	15.5	72.2	6.4	4.4	53.2	22.0	24.3	1.4	0.6	0.1
2020	16.9	66.0	7.9	6.2	51.1	26.4	23.7	1.3	0.4	0.1
2021	17.4	73.4	7.0	3.9	48.9	21.2	26.1	0.9	0.5	0.7
2022	21.3	77.3	1.6	3.3	50.7	18.5	26.2	0.7	0.2	0.1

数据来源：CSM 媒介研究。

在体育大年，中央级频道的资源优势更加明显。除冬奥期间的北京冬奥纪实频道外，冬奥会、世界杯等顶级国际大赛的转播都以中央级频道为主要转播平台。因此，尽管 2021 年是名副其实的体育大年，2022 年中央级频道的收视份额仍然实现了进一步增长。省级上星频道的播出内容仍然以搏击为主，近几年的收视份额都相对稳定；省级、市级地面频道由于赛事资源相对有限，收视份额继续下滑；其他频道覆盖范围较小，收视份额较低。

四 体育节目观众特征

由于连续两年都是大赛年，2022 年中国体育节目的观众特征与 2021 年基本一致。男性、45 岁及以上、初中及以上学历、中高收入人群构成了 2022 年中国体育电视观众的主体（图 4）。

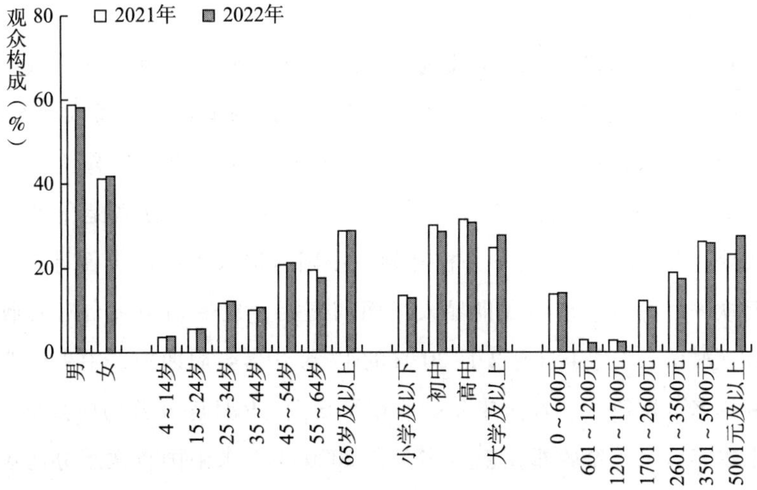

图 4 2021～2022 年体育节目观众构成对比（历年所有调查城市）

数据来源：CSM 媒介研究。

将体育节目观众构成与所有节目观众构成进行比较，可以看到较大差异。从性别来看，尽管奥运会等大赛吸引到了更多的女性观众，但男性仍然是体育节目的收视主体；体育节目与所有节目观众构成在年龄属性上差异不大；此外，高学历和中高收入人群在体育节目观众中的比例明显高于所有节目，可见这些人群对体育节目的偏好更高，体育节目男性化和精英化的特征继续保持（图5）。

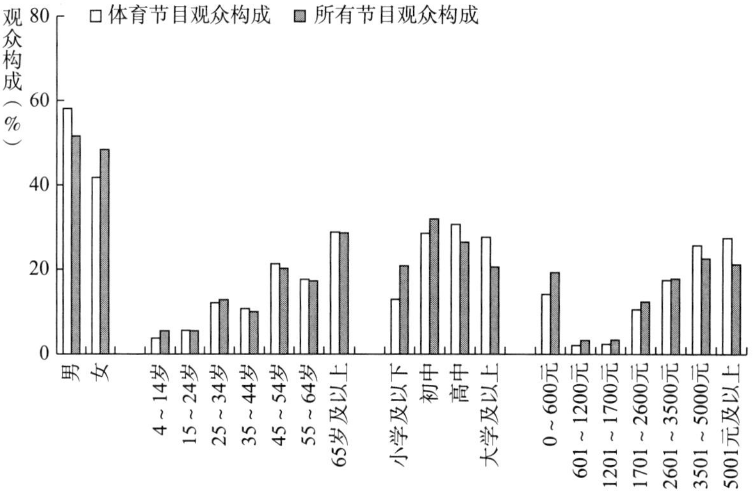

图5　2022年体育节目与所有节目观众构成对比（所有调查城市）

数据来源：CSM媒介研究。

五　中央级频道体育节目收视概况

1. 中央台五套整体收视概况

在体育长河中，2022年无疑是能被载入史册的一年，充满了各种戏剧化的场面和值得铭记的时刻。北京冬奥会、卡塔尔世界杯、成都世乒赛等重大赛事接踵而至，各有各的精彩，为体育观众提供了不少难忘的瞬间。中央台五套作为专业体育电视媒体，在2022年受几大顶尖国际赛事和国内联赛拉动，收视率提升明显。自2015年北京正式获得2022年冬奥会举办权开始，中国就进入了冬奥会倒计时。2022年2月，这一万众瞩目的赛事正式在世界人民面前亮相，也带动中央台五套收视曲线达到本年度收视峰值。2月4日至2月20日的17天冬奥会周期中，中央台五套累计14天收视份额排名全国第一。经过半年的收视平稳期，9月底开幕的成都世乒赛为中央台五套带来本年度第二个收视高潮，作为自2020年以来中国首次承办的国际乒乓球赛事，国乒男团、女团双双夺冠也让中国球迷大饱眼福。而11月开幕的卡塔尔世界杯为2022年中央台五套收视成功收尾，延迟的赛期并未冷却球迷的激情，当梅西高捧大力神杯的那一刻，世界球迷为之欢呼，世界杯期间中央台五套收视率也达到可与北京冬奥会比肩的高度（图 6）。

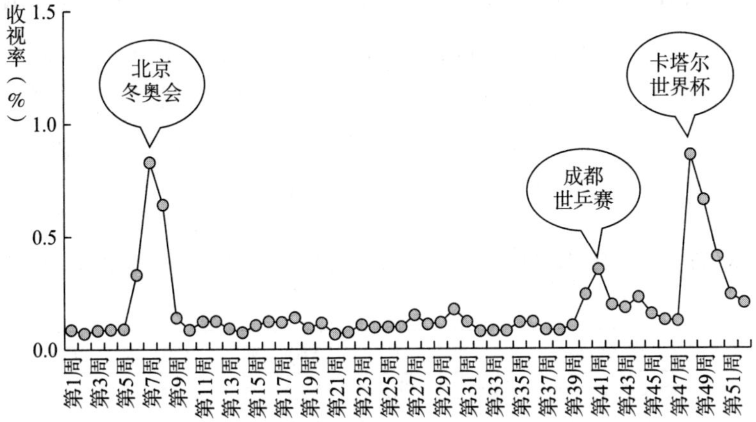

图 6　2022 年中央台五套周平均收视率走势（所有调查城市）

数据来源：CSM 媒介研究。

在全天各时段收视走势方面，中央台五套在 2022 年的收视曲线在大部分时段高于上一年。全天共出现三个收视高峰，分别在中午 12∶00、傍晚 18∶00 和晚间 19∶30～23∶00。其中，受大型赛事影响，18∶00～02∶00 的收视率同比 2021 年涨幅最为明显，晚间黄金时段收视率涨幅超三成，世界杯直播带动午夜 00∶00～02∶00时段收视率增长超一倍（图 7）。

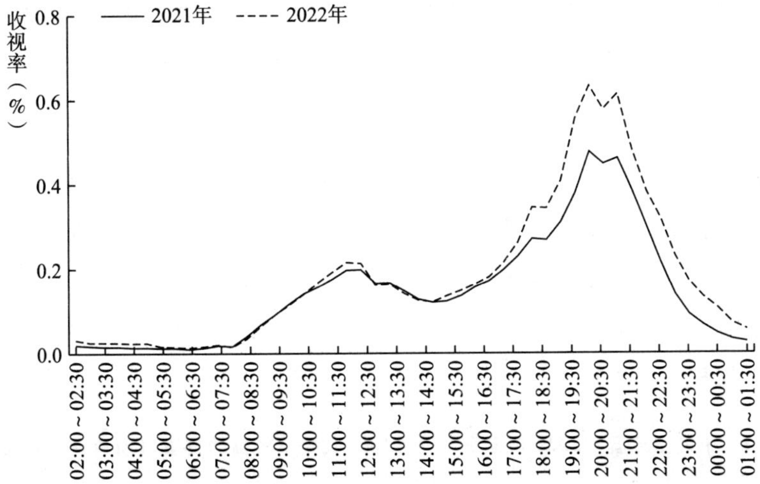

图 7　2021～2022 年中央台五套全天收视率走势（历年所有调查城市）

数据来源：CSM 媒介研究。

2. 重点赛事收视表现

北京冬奥会于 2022 年 2 月 4 日至 2 月 20 日在中国北京和张家口举行，北京成为奥运史上第一个举办过夏季奥林匹克运动会和冬季奥林匹克运动会的“双奥”城市，也是继 1952 年挪威的奥斯陆之后时隔整整 70 年后第二个举办冬奥会的首都城市。短道速滑是中国最具实力的冲金项目，也取得了不俗的收视表现。夺得收视率冠军的比赛是来自 2 月 7 日进行的短道速滑男子 1000 米决赛，收视率为 4.3%，市场份额为 16.5%。同天播出的短道速滑女子 500 米决赛获得收视率亚军，收视率为 4.1%，市场份额为 15.0%。2 月 7 日播出的短道速滑男子 1000 米半决赛获得收视率季军，收视率为 3.9%，市场份额为 14.0%（表 3）。

表 3　中央台五套“2022 年北京冬奥会”收视率较高的赛事（所有调查城市）

单位：%

比赛名称	播出日期	开始时间	收视率	市场份额
2022 年北京冬奥会短道速滑男子 1000 米决赛	2022/2/7	21：03：09	4.3	16.5
2022 年北京冬奥会短道速滑女子 500 米决赛	2022/2/7	20：49：11	4.1	15.0
2022 年北京冬奥会短道速滑男子 1000 米半决赛	2022/2/7	20：31：34	3.9	14.0
2022 年北京冬奥会短道速滑女子 3000 米接力半决赛	2022/2/9	20：50：28	3.8	14.6
2022 年北京冬奥会短道速滑女子 500 米半决赛	2022/2/7	20：23：10	3.7	13.2
2022 年北京冬奥会短道速滑男子 1000 米 1/4 决赛	2022/2/7	19：51：32	3.6	12.9
2022 年北京冬奥会短道速滑女子 1000 米预赛	2022/2/9	19：42：50	3.5	13.2
2022 年北京冬奥会短道速滑男子 1500 米半决赛	2022/2/9	20：29：39	3.5	13.2
2022 年北京冬奥会短道速滑女子 3000 米接力决赛	2022/2/13	19：35：38	3.5	13.1
2022 年北京冬奥会短道速滑男子 5000 米接力半决赛	2022/2/11	20：05：55	3.4	12.6

注：该排名不包括颁奖仪式及集锦。

数据来源：CSM 媒介研究。

2022 年世界杯于 2022 年 11 月 20 日至 12 月 18 日在卡塔尔境内 8 座球场举行，是历史上首次在中东国家境内举行，也是第二次在亚洲举行的世界杯足球赛，卡塔尔世界杯还是首次在北半球冬季举行，首次由从未进过世界杯决赛圈的国家举办的世界杯足球赛。获得本届世界杯并列收视率冠军的两场赛事分别是 11 月 23 日晚间黄金时段进行的小组赛/德国 VS 日本和 11 月 24 日播出的小组赛/乌拉圭 VS 韩国，收视率均为 3.9%（表 4）。

表 4　中央台五套“2022 年卡塔尔世界杯”收视率较高的赛事（所有调查城市）

单位：%

比赛名称	播出日期	开始时间	收视率	市场份额
我爱世界杯：2022 年世界杯小组赛 E 组第 1 轮/德国 VS 日本	2022/11/23	20：51：15	3.9	21.0

续表

比赛名称	播出日期	开始时间	收视率	市场份额
我爱世界杯：2022 年世界杯 H 组第 1 轮/乌拉圭 VS 韩国	2022/11/24	20：51：07	3.9	20.4
我爱世界杯：2022 年世界杯 C 组小组赛第 1 轮/阿根廷 VS 沙特阿拉伯	2022/11/22	17：51：35	3.6	16.2
我爱世界杯：2022 年世界杯 A 组第 2 轮/卡塔尔 VS 塞内加尔	2022/11/25	20：51：38	3.5	17.5
我爱世界杯：2022 年世界杯 C 组第 2 轮/波兰 VS 沙特阿拉伯	2022/11/26	20：52：21	3.5	17.0
我爱世界杯：2022 年世界杯 E 组第 2 轮/日本 VS 哥斯达黎加	2022/11/27	17：52：26	3.5	15.0
我爱世界杯：2022 年世界杯 H 组第 2 轮/韩国 VS 加纳	2022/11/28	20：52：10	3.3	18.0
我爱世界杯：2022 年世界杯 B 组第 2 轮/威尔士 VS 伊朗	2022/11/25	17：52：32	3.2	14.4
我爱世界杯：2022 年世界杯 G 组第 2 轮/喀麦隆 VS 塞尔维亚	2022/11/28	17：52：17	3.2	14.2
我爱世界杯：2022 年世界杯 F 组第 2 轮/比利时 VS 摩洛哥	2022/11/27	20：51：45	3.1	15.4

注：该排名不包括颁奖仪式及集锦。
数据来源：CSM 媒介研究。

2022 年成都世界乒乓球团体锦标赛于 2022 年 9 月 30 日至 10 月 9 日举行，共有 32 支男队和 28 支女队参赛。由樊振东、马龙、王楚钦出阵的中国队战胜欧洲劲旅德国队，获得冠军，实现了世乒赛男团十连冠。10 月 8 日女团决赛，中国队以大比分 3∶0 战胜日本队，完成世乒赛女团五连冠壮举，这也是中国队史上第 22 次夺得世乒赛女团冠军，该场比赛获得收视率冠军，收视率为 2.2%，市场份额为 9.5%，男团决赛收视率也达到了 2.2%，市场份额为 9.2%（表 5）。

表 5 中央台五套“2022 年世界乒乓球团体锦标赛”收视率较高的赛事（所有调查城市）

单位：%

比赛名称	播出日期	开始时间	收视率	市场份额
现场直播：2022 年世界乒乓球团体锦标赛女团决赛	2022/10/8	19：33：16	2.2	9.5
现场直播：2022 年世界乒乓球团体锦标赛男团决赛	2022/10/9	19：33：28	2.2	9.2
现场直播：2022 年世界乒乓球团体锦标赛男团 1/4 决赛	2022/10/7	19：33：23	1.8	7.5
现场直播：2022 年世界乒乓球团体锦标赛女团 1/4 决赛	2022/10/6	19：33：21	1.3	5.3
现场直播：2022 年世界乒乓球团体锦标赛女团 1/8 决赛	2022/10/5	19：33：43	1.1	4.8
现场直播：2022 年世界乒乓球团体锦标赛男团小组赛	2022/10/3	19：03：09	1.1	4.8

续表

比赛名称	播出日期	开始时间	收视率	市场份额
现场直播：2022 年世界乒乓球团体锦标赛男团半决赛	2022/10/8	11：04：51	1.0	11.5
现场直播：2022 年世界乒乓球团体锦标赛男团半决赛	2022/10/8	19：15：41	1.0	4.3
现场直播：2022 年世界乒乓球团体锦标赛女团小组赛	2022/10/4	19：02：58	0.9	4.1
现场直播：2022 年世界乒乓球团体锦标赛男团小组赛	2022/10/2	19：03：23	0.8	4.1

注：该排名不包括颁奖仪式及集锦。
数据来源：CSM 媒介研究。

3. 主要运动项目播出与收视概况

2022 年，北京冬奥会、冬残奥会的举办，使得冰上/水上运动项目在 2022 年中央台五套播出的各类体育项目中的播出占比最高，达到 16.6%；收视比重为 19.3%，较 2021 年涨幅达 11.3 个百分点。足球类赛事依托卡塔尔世界杯的举办，以及中国女足在 2022 年的强势表现，关注度显著提升，2022 年的足球项目资源使用率增长 11.0 个百分点。

尽管 CBA 联赛和 NBA 联赛在 2022 年平稳进行，中国女篮时隔 28 年再获世界杯亚军，但篮球项目在各类主要体育运动项目中播出比重下降了 2.6 个百分点，导致收视比重也下降了近 2.1 个百分点。

在 2022 年里，中国乒乓球队继续征战世界各地，取得一个又一个胜利，赢得一个又一个冠军。马龙、樊振东、王一迪等主力球员参加各项重要赛事，年轻球员在挑战赛、地区赛等一般赛事中崭露头角，乒乓球项目在 2022 年的收视比重达到 8.6%，较 2021 年略有下降。

2022 年国际排联全部赛事中最有分量的当数四年一届的世界排球锦标赛，意大利男排和塞尔维亚女排成功夺冠，证明了世界排球的中心还是在欧洲排坛。意大利女排在世联赛总决赛夺冠，也让意大利排球一年之内夺得国际大赛两冠，中国男排在亚洲杯上时隔 10 年再次夺冠，尽管含金量有限，但依旧是男排难得的一冠！排球类项目在 2022 年播出比重较 2021 年增长 2.3 个百分点，受时差影响收视比重下降 2.0 个百分点（表 6）。

表 6　2022 年中央台五套各主要运动项目频道内播出比重与收视比重（所有调查城市）

单位：%

运动项目	播出比重	收视比重
冰上/水上运动	16.6	19.3
足球	13.1	20.1
篮球	9.8	10.5

续表

运动项目	播出比重	收视比重
台球	8.8	3.5
乒乓球	6.1	8.6
排球	5.2	5.3
网球	4.5	1.1
羽毛球	4.3	2.0

数据来源：CSM 媒介研究。

结　语

回望 2022 年，世界体坛亮点纷呈。北京冬奥会、冬残奥会成功举办，卡塔尔世界杯阿根廷队最终问鼎……运动员们在赛场上奋勇拼搏、超越自我，完美诠释了体育精神，也带给我们一次次的感动。

2022 年的世界体坛和中国体坛克服重重困难，如期举办了不少重大赛事，体坛或许还未恢复如常，但每一位克服疫情影响、在赛场上诠释光荣与梦想的体育健儿正在坚定地把人类带回到那个热血沸腾的鲜活世界。没有男足世界杯，也没有奥运会，2023 年不能算是体育大年，但由于是通往巴黎奥运的关键阶段，各种大赛也不少。中国体育人将带着更多的期待，拨开疫情的阴霾、拥抱希望、全新出发，2023 年值得我们更多的期待！

（作者：于松涛）

2022年电视大屏数字化收视设备观察

——IPTV、OTT收视及观众分析

综观2022年国内环境，疫情防控之下的居家工作学习，强化了“慢节奏”的生活，电视大屏作为家庭娱乐中心的地位，其海量内容资源及丰富功能，很大程度上满足了人们对于居家休闲消遣的需要。同时，党的二十大、北京冬季奥运会、卡塔尔世界杯、俄乌局势等热点事件也让大屏的内容及公信力优势得以体现。CSM全国测量仪数据显示，2022年电视大屏累计触达全国12.6亿人口，观众存量庞大。作为主流收视设备，交互式互联网电视（后文简写为IPTV）及智能电视和互联网盒子（后文简写为OTT）[①] 也在顺势发展。由于设备自身特性的差异，它们在直播和点播等互动服务方面的收视表现、观众特征等存在诸多差异。本文将从电视大屏数字化收视设备用户覆盖的变化、IPTV直播频道及互动平台与OTT互动平台的发展比较、智能电视开屏行为及观众特征等角度，梳理2022年电视大屏IPTV和OTT的收视情况。

一 数字化收视设备覆盖情况

有线数字电视（后文简写为DVB）、IPTV和OTT是目前我国电视家庭中最主要的三种数字化收视设备。随着用户收视设备的更新迭代，智能设备的普及率越来越高。CSM基础研究数据显示，2022年OTT设备覆盖全国56.8%的电视家庭，较2021年提升2.4个百分点，该设备的家庭覆盖率和涨幅最大，领先于其他设备；IPTV设备覆盖全国55.7%的电视家庭，较上一年度提升1.4个百分点；而DVB设备覆盖占比则继续收缩，为26.8%（图1），较上一年度下降1.7个百分点，但相较往年降幅有所趋缓。

2022年三种主流数字化收视设备总体的家庭覆盖占比进一步提升，电视观众家庭收视设备的复合度逐年提升，直点播并用、多设备混用的收视场景愈加普遍。细

① 智能电视和互联网盒子（OTT）：含联网设备和非联网设备。

看三种设备在服务能力方面的差异，受政策限制，目前只有 DVB 设备和 IPTV 设备能够提供直播频道收视；而在点播服务方面，三种设备均具有提供点播服务的条件。其中，IPTV 设备自来就具有回看、点播功能，其设备覆盖率直观体现了其点播服务的覆盖水平，而 DVB 设备则只有经过双向网改①才能够为用户提供点播服务。此外，OTT 设备需要用户先将设备连接至互联网，才能够使用点播服务。因此对于智能电视来说，如果设备未联网，则只能作为普通电视使用。

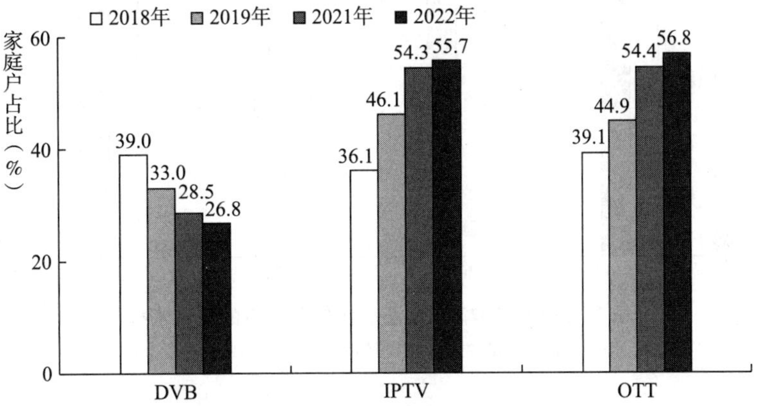

图 1　2018～2022 年中国家庭电视收视设备覆盖情况

说明：无 2020 年数据。

数据来源：CSM 2018～2022 年全国基础研究数据。

下文将结合国家统计局和工信部官方发布数据及 CSM 基础研究数据对三种收视设备进行进一步观察。

1. DVB 用户规模仍处下行态势

随着电视终端技术的飞速发展，有线电视全国“一网化”整合，积极推动数字化转型，满足用户在 5G 时代的多样化视听需求。从国家统计局发布的历年《中华人民共和国国民经济和社会发展统计公报》数据来看，DVB 设备覆盖总体处于下行态势，有线数字电视实际用户数量从 2019 年的 1.98 亿户下滑到了 2022 年的 1.90 亿户（图 2）。

2. IPTV 用户规模持续扩大

作为三网融合②的典型业务，伴随着电信运营商宽带业务的普及，IPTV 的用户体量得到迅速增大。同时，作为提供直播频道收视的两种主流设备之一，IPTV 的设备覆盖规模与 DVB “此消彼长”。工信部统计了全国 IPTV 用户数量，数据显示，

① 双向网改：使原“单向传输”的 DVB 设备和其所在区域网络本身具备双向传输能力，以开通互动服务。

② 三网融合：指电信网、互联网和有线电视网通过技术升级和改造，实现互联互通、资源共享，并能同时提供包括语音、数据、图像等在内的综合媒体业务。

2022 年全国 IPTV 用户总量已达到 3.80 亿户，用户规模持续稳定增长（图 3）。IPTV 设备需与家庭宽带伴随使用。2022 年，工信部发布的固定互联网宽带接入用户数为 5.9 亿户，IPTV 用户约占 64.4%，仍有较大上升空间。需要特别说明的是，工信部发布的“用户”不等同于“家庭户”，以免与上文口径混淆。

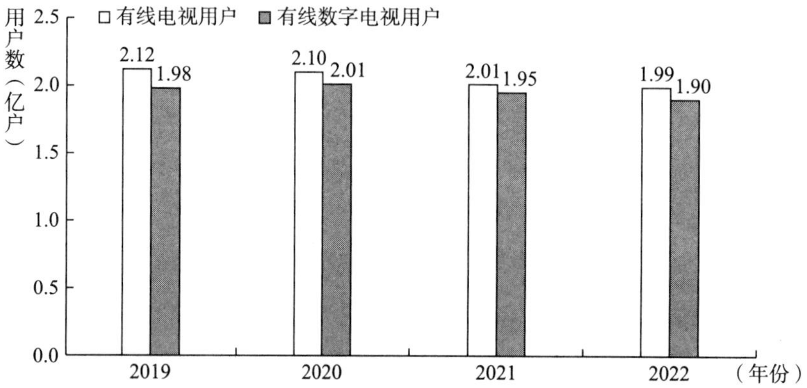

图 2　2019～2022 年全国有线电视用户的覆盖规模

数据来源：国家统计局《中华人民共和国国民经济和社会发展统计公报》。

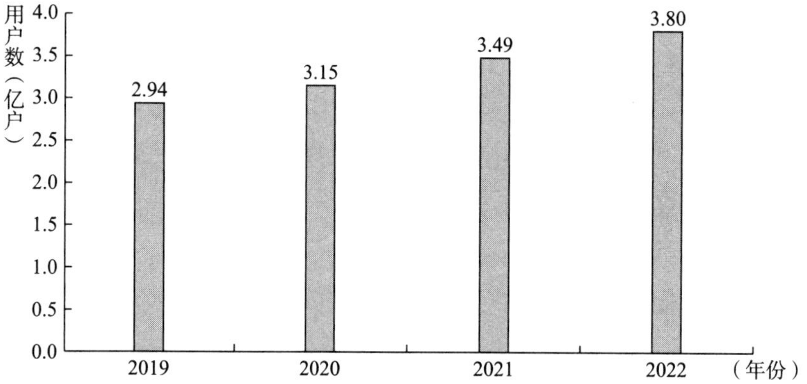

图 3　2019～2022 年全国 IPTV 用户的覆盖规模

数据来源：工信部历年《通信业统计公报》。

3. OTT 设备联网率逐年增长

设备连接互联网，是 OTT 提供点播服务的基本条件。CSM 基础研究数据显示，2018 年到 2022 年 OTT 设备联网率呈现逐年增长的态势。2022 年全国使用 OTT 设备进行联网收看的家庭占所有电视家庭的 39.7%，占所有拥有 OTT 设备的家庭的 69.9%，联网率进一步提升（图 4）。

OTT 设备的联网状态是观众互联网点播收视行为的基础，随着技术的不断迭代升级，OTT 也不再局限于视频点播业务，包括投屏、育儿、健身、K 歌、游戏、大屏办公、空中课堂、视频通话等在内的多元化互动服务极大拓展了 OTT 设备的应用场景，在助力客厅大屏重回家庭娱乐中心的同时，也使得电视大屏端的竞争日趋复杂。

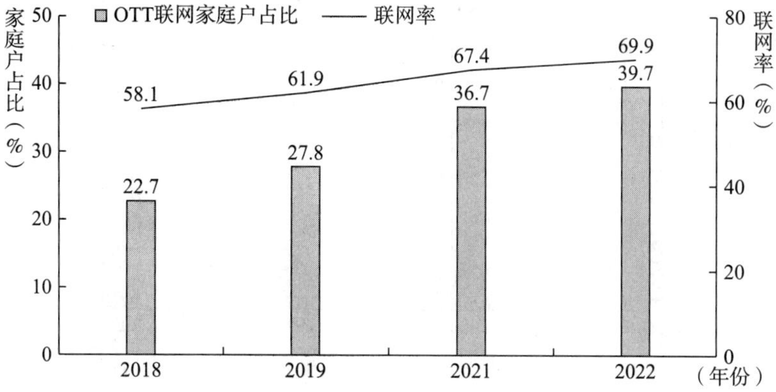

图 4　2018～2022 年 OTT 联网家庭户占比及联网率

说明：无 2020 年数据。

数据来源：CSM 2018～2022 年全国基础研究数据。

二　互动收视的发展情况

除直播频道收视外，来自电视大屏端的其他收视的集合被称为非直播收视。随着互联网技术的发展，近年来，以数字化收视设备的互动收视等为主的非直播频道的市场份额逐年提升，越来越多的电视观众加入到互动收视平台的使用中。下文将基于CSM 数据，针对近年来发展迅速的 IPTV 互动平台和 OTT 互动平台进行具体分析。

1. IPTV 与 OTT 收视份额均持续增长，OTT 增幅最为显著

CSM 重点测量仪城市组同源跨平台收视数据显示，IPTV 互动平台收视①和 OTT 互动平台收视②是非直播收视的主要来源。收视设备的升级让互动平台得到了迅速发展，IPTV 与 OTT 的市场份额之和由 2019 年的 15.3% 上升至 2022 年的 21.4%。其中，2019 年 IPTV 互动平台的收视份额为 7.6%，OTT 互动平台的收视份额为 7.7%；到 2022 年，IPTV 互动平台与 OTT 互动平台的收视份额分别达到 8.5% 和 12.9%，二者之和占非直播频道收视的 77.6%。从数据来看，IPTV 互动平台与 OTT 互动平台在 2019 年的收视份额十分接近，但近年来 OTT 互动平台收视份额的增长更为显著，后发优势逐渐显现。

此外，除 IPTV、OTT 互动平台外，新其他频道的市场份额在 2022 年为 6.2%（图 5），这一部分包括 DVB 双向互动设备、数字频道及其他外接设备的非直播收视。

① IPTV 互动平台收视：观众在 IPTV 机顶盒上使用回看、点播、数字频道及其他应用所产生的收视。

② OTT 互动平台收视：观众在智能电视和 OTT 盒子上使用的点播、应用等产生的收视。

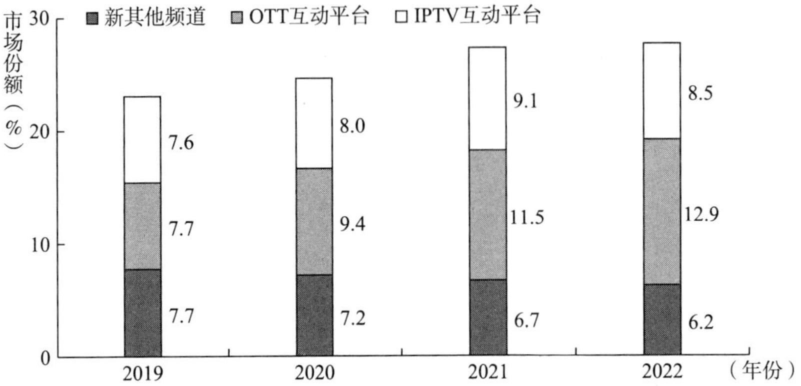

图 5　2019～2022 年电视大屏其他频道拆分的市场份额

数据来源：CSM 2019～2022 年重点测量仪城市组。

2. IPTV 与 OTT 互动到达率稳步提升

作为非直播收视主要来源的 IPTV 互动平台和 OTT 互动平台，其年度到达率由 2019 年的 50.3% 逐步上升至 2022 年的 67.0%，同时，二者的独立到达率连续四年同样呈现稳步增长之势。2019 年，IPTV 互动平台的独立到达率为 23.6%，OTT 互动平台的独立到达率为 17.0%；2022 年，IPTV 互动平台的独立到达率增长到 28.8%，OTT 互动平台的独立到达率增长到 22.7%。相比之下，IPTV 互动平台拥有更大的观众规模，但 OTT 互动平台观众独立到达的增长趋势更为显著，渠道传播优势提升迅速（图 6）。

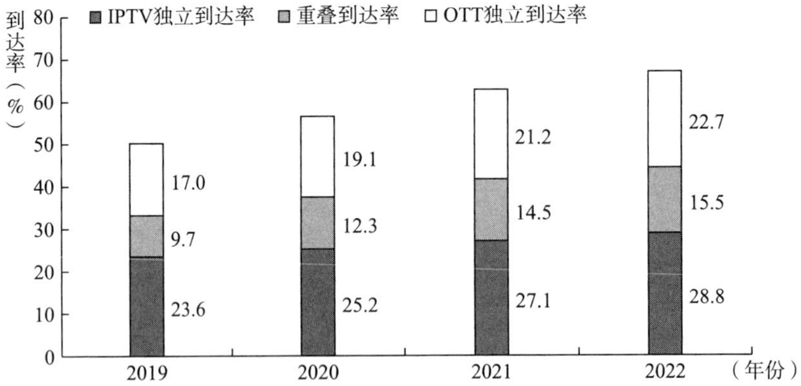

图 6　2019～2022 年 IPTV 与 OTT 互动平台的独立和重叠到达率

数据来源：CSM 2019～2022 年重点测量仪城市组。

3. 互动平台较直播频道观众明显更为年轻

CSM 同源跨平台收视数据与常规收视数据都是到“人”的收视数据，可以明确其观众属性。从性别、年龄、受教育程度等方面对直播频道与互动平台（IPTV 及 OTT）的观众构成进行分析，可以看出，在性别方面，直播频道男性观众收视占比更高，为 51.6%；互动平台女性观众收视占比更高，为 51.5%。

年龄方面，互动平台的观众相比直播频道的观众明显更为年轻，4～34 岁年龄段的观众收视占比高于直播频道，其中在 4～14 岁的观众年龄区间，互动平台的收视占比为 15.4%，比直播频道高出 10.1 个百分点；55 岁及以上年龄段的观众收视占比低于直播频道，其中，在 65 岁及以上的观众年龄区间，互动平台的收视占比为 11.3%，比直播频道低 18.3 个百分点。

在受教育程度方面，互动平台观众的受教育程度相对更高。大学及以上学历的观众收视占比最高，为 26.5%；其次是高中学历观众，占比为 26.4%。而直播频道的观众中，初中学历观众收视占比最高，为 31.7%；其次是高中学历观众，占比为 27.0%（图 7）。

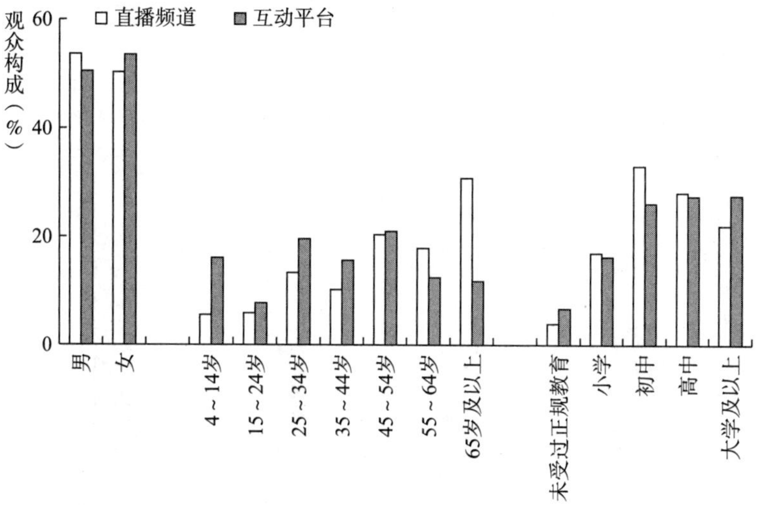

图 7 2022 年直播频道与互动平台（IPTV 与 OTT）观众构成对比

数据来源：CSM 2022 年重点测量仪城市组。

三 IPTV 平台的收视表现与观众特征

近年来，在 DVB 设备用户持续流失的同时，同样具有直播内容、多元化互动服务的 IPTV 拥有了更多发展机会。本部分从 IPTV 平台的收视表现及观众特征两方面入手，基于 CSM 重点测量仪城市组同源跨平台收视数据，首先根据观众 2019 年至 2022 年在 IPTV 平台上的收视表现，比较、观察 IPTV 平台（包含 IPTV 直播频道[①]及

① 观众在电视大屏端以 IPTV 机顶盒为信号源收看直播，即为 IPTV 直播频道的收视数据。

互动平台[①]收视，下同）的收视特点和趋势；其次通过对比2022年IPTV平台直播频道及互动平台的观众属性差异及各自同比变化，洞察IPTV平台的收视观众特征。

1. IPTV平台收视：规模扩大，直播较互动黏性更佳

（1）IPTV占据全国重点城市三分之一的大屏收视市场

市场份额反映收视的竞争力水平，2022年IPTV平台占据全国重点城市三分之一的收视市场，为33.8%，较2019年份额增加10.7个百分点，在电视大屏越发复杂的竞争格局中拥有了更大声量。具体来看，IPTV直播服务在数值和增量上较其互动服务均更具收视优势。2022年IPTV直播频道市场份额为25.3%，较2021年增加了3.6个百分点；IPTV互动平台市场份额为8.5%，较2021年减少了0.6个百分点。同时，观察2019年至2022年的数据可以发现，随着IPTV平台的加速扩张，其直播收视份额增势显著，互动收视份额变化不大，两者间的数值差异逐年拉大（图8）。

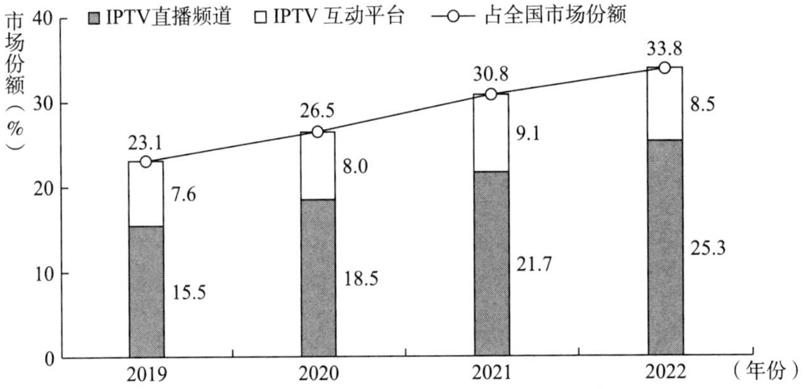

图8　2019～2022年IPTV平台的市场份额

数据来源：CSM 2019～2022年重点测量仪城市组。

（2）IPTV平台观众规模逐年扩大

在IPTV家庭覆盖率逐年递增的同时，其所触达的观众规模也随之扩大。CSM重点测量仪城市组同源跨平台收视数据显示，IPTV平台的观众到达率在逐年增长，从2019年的34.2%，增长到2022年的46.2%，四年间观众到达率增加了12.0个百分点（图9）。

（3）IPTV直播频道观众收视黏性更佳，人均每天收视近3.5小时

从直播频道、互动平台两方面比较IPTV平台的人均收视时长，可以发现IPTV直播频道较IPTV互动平台持续保持领先，除2021年外均保持上涨；而IPTV互动平台则整体呈现下降态势。具体来看，2022年，观众对IPTV直播频道的收视黏性增

① 观众使用IPTV回看、点播等互动服务的数据，即为IPTV互动平台收视数据。

加，平均每位观众每天观看 202 分钟，较 2019 年增加 33 分钟，增幅 19.5%；而 IPTV 互动平台平均每位观众每天观看 108 分钟，较 2019 年降低 14 分钟，降幅 11.5%，且观众收视时长在 2020～2022 年连续呈下降态势（图 10）。

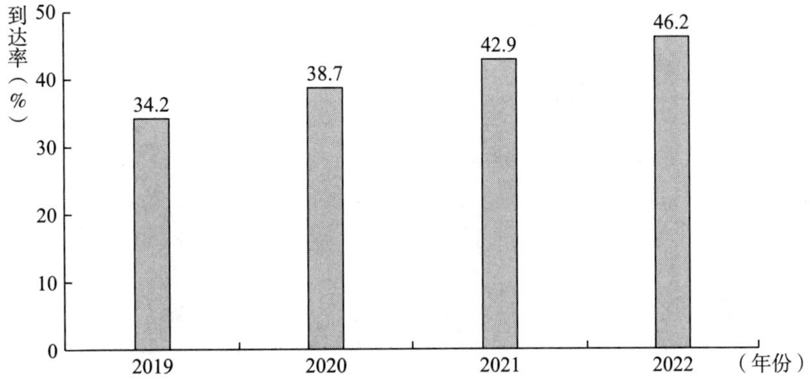

图 9　2019～2022 年 IPTV 平台的到达率

数据来源：CSM 2019～2022 年重点测量仪城市组。

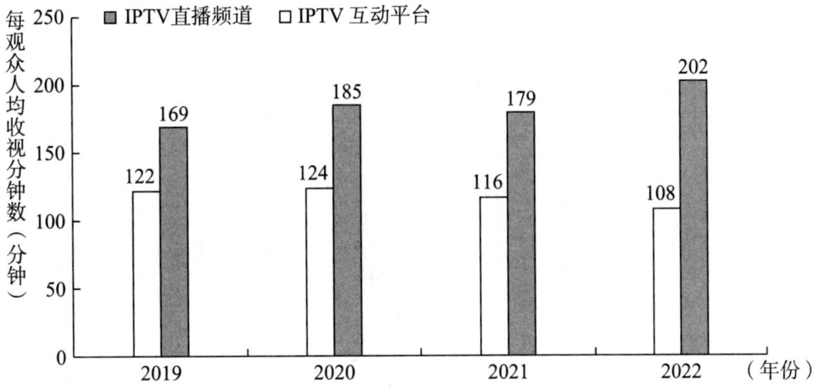

图 10　2019～2022 年 IPTV 平台直播、互动的人均收视时长（观众）

数据来源：CSM 2019～2022 年重点测量仪城市组。

（4）东北地区观众覆盖同比增幅较大

IPTV 采取二级播控架构制度，全国唯一的 IPTV 集成播控总平台为爱上电视传媒（北京）有限公司，二级集成播控权则由各地广电的新媒体部门把控。虽然 IPTV 的用户总量庞大，但由于各地区 IPTV 业务、技术等方面发展情况不一，重心各有差别，故呈现明显的地域“割据”特征。在此，我们以西北和东北为例浅析 IPTV 的区域化收视表现。

2022 年 CSM 重点测量仪城市组同源跨平台收视数据显示，观众规模方面，IPTV 平台在西北地区具备显著优势，观众到达率高达 68.9%；而在东北地区，IPTV 平台观众到达率较低，仅为 26.0%，但对比 2021 年数据可发现，2022 年东北地区在观众覆盖上的提升格外显著，到达率增幅较大。此外，观众收视时长方面，2022 年西北地区人均收视 252 分钟，观众收视黏性较大；而东北地区观众在 IPTV 平台的人均收视时长高达 263 分钟，在观众收视黏性上独具优势（图 11、图 12）。

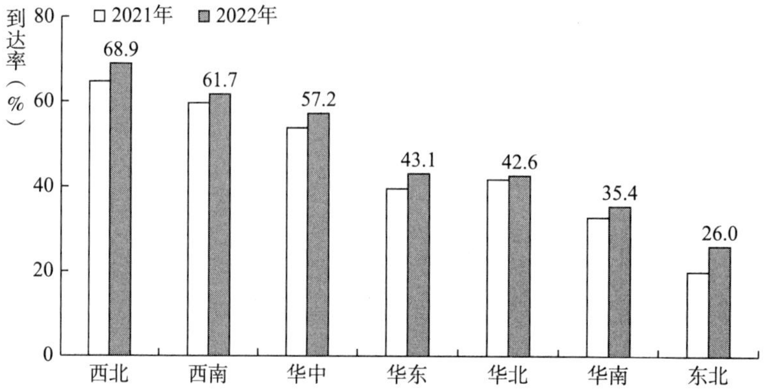

图 11　2021～2022 年 IPTV 平台在不同地区的到达率

数据来源：CSM 2021～2022 年重点测量仪城市组。

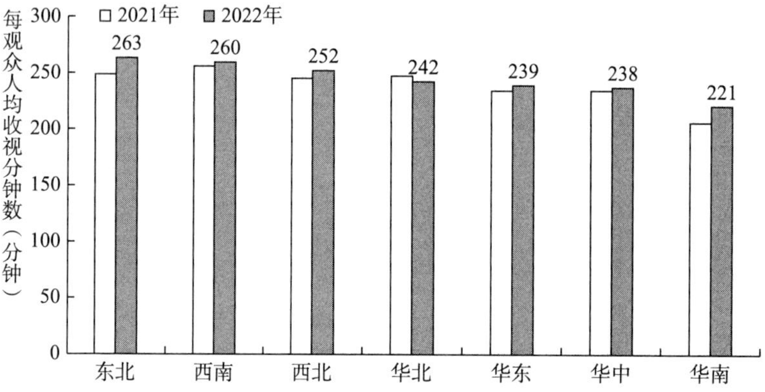

图 12　2021～2022 年 IPTV 平台在不同地区的人均收视时长（观众）

数据来源：CSM 2021～2022 年重点测量仪城市组。

2. IPTV 平台观众：互动平台观众相较直播频道观众年轻

（1）IPTV 直播频道银发群体收视贡献大，多人收视比例高

观察 IPTV 平台直播频道观众特征的变化，2022 年 IPTV 直播频道观众中男性占比略高于女性，男性为 51.4%，较 2021 年上涨；女性为 48.6%，同比 2021 年有所下降。

年龄方面，IPTV 平台直播频道观众中 65 岁及以上观众占比最高，为 23.7%；45～54 岁观众占比次之，为 21.5%；4～14 岁及 15～24 岁观众占比最低，均为 6.3%。同比 2021 年，65 岁及以上银发群体观看 IPTV 直播频道的比例显著增多，而 25～34 岁观众收视下滑相对明显。

受教育程度方面，收看 IPTV 直播频道的观众的学历集中在初中与高中，分别为

31.5%与27.0%，但均较2021年略微下滑。此外，大学及以上学历观众收视占比为21.3%（图13）。

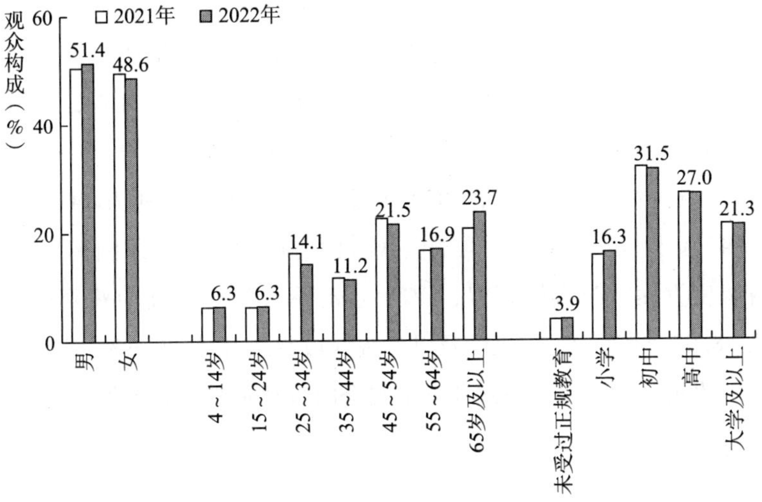

图13　2021～2022年IPTV平台直播频道各类观众占比

数据来源：CSM 2021～2022年重点测量仪城市组。

家庭规模方面，“三口以上家庭”对IPTV直播频道收视贡献高达67.9%，相较2021年占比略有下滑。“两口之家”观众贡献28.2%的收视，而“一人独居”观众的收视贡献较小，仅为3.9%。

此外，电视大屏作为家庭化的收视终端，在家庭环境中，屏幕前以多人收视场景为主。2022年CSM重点测量仪城市组同源跨平台收视数据显示，IPTV直播频道观众中单人与多人的收视贡献比为3∶7，七成收视场景为多人一同收看（图14）。

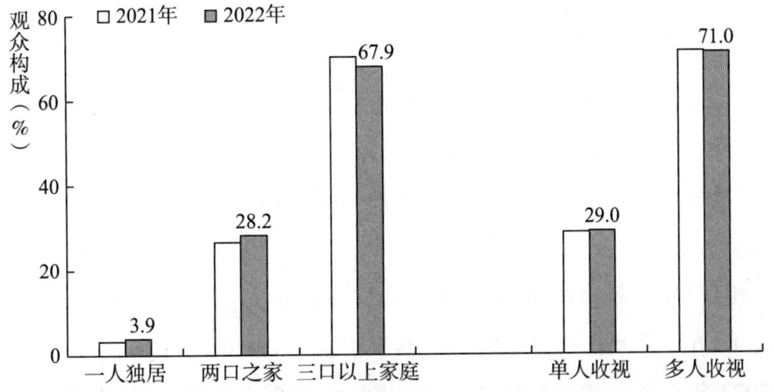

图14　2021～2022年IPTV平台直播频道不同家庭规模与收视场景观众占比

数据来源：CSM 2021～2022年重点测量仪城市组。

（2）IPTV 互动平台儿童、青少年观众收视贡献同比明显增加

不同于直播，相较 2021 年，2022 年 IPTV 互动平台观众收视贡献男“降”女“升”，男性为 49.3%，女性为 50.7%。

年龄方面，使用 IPTV 互动服务的观众较直播观众相对年轻，其中 45～54 岁观众占比最高，为 23.1%；4～14 岁观众次之，为 16.0%。具体来看，受 2022 年因疫情学生通过“居家网课”模式学习等因素影响，4～14 岁儿童与 15～24 岁少年、青年观众的互动收视贡献同比上涨，2022 年较 2021 年涨幅分别为 24.0% 与 20.0%；25～34 岁和 45 岁及以上年龄段观众的收视占比则有不同程度的下降。

受教育程度方面，与直播相似，IPTV 互动平台初中与高中观众的收视占比突出，分别为 28.0% 与 26.9%，大学及以上观众收视占比为 20.6%。同时随着 4～14 岁观众群体的收视贡献增大，小学及以下观众的收视贡献显著增加（图 15）。

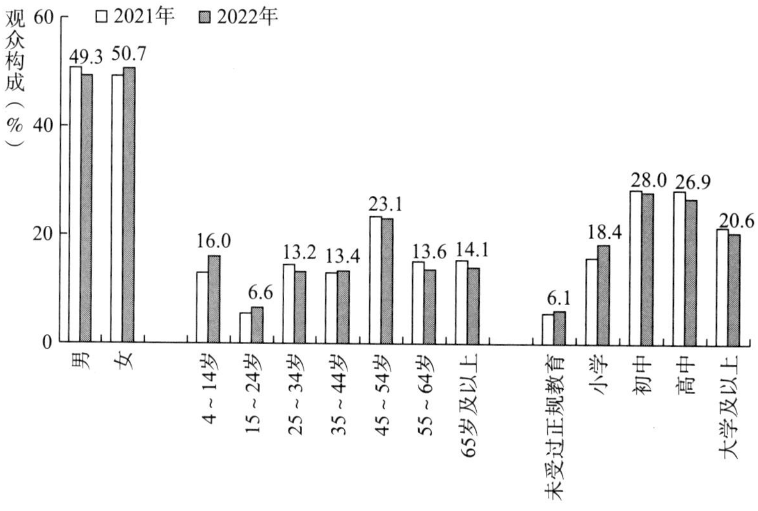

图 15　2021～2022 年 IPTV 互动平台各类观众占比

数据来源：CSM 2021～2022 年重点测量仪城市组。

家庭规模方面，“三口以上家庭” IPTV 互动观众收视贡献高达 72.8%，高于直播 4.9 个百分点；“两口之家”观众收视贡献则低于直播 4.7 个百分点，为 23.5%。与 2021 年收视相比，“三口以上家庭” IPTV 互动收视贡献增加，“两口之家”收视占比同比减少。

此外，相较 2021 年，IPTV 互动平台在屏前观众人数方面无明显变化，单人与多人收视比为 4∶6，单人收视贡献的占比高于直播（图 16）。

纵观 2022 年全年，银发群体为 IPTV 直播贡献更多收视，使用 IPTV 互动服务的观众较直播观众年轻。此外，随着人们生活回归常态，收视习惯日趋稳定，IPTV 观众群体的收视变化也将连续平稳化，并向传统电视观众逐步靠拢。

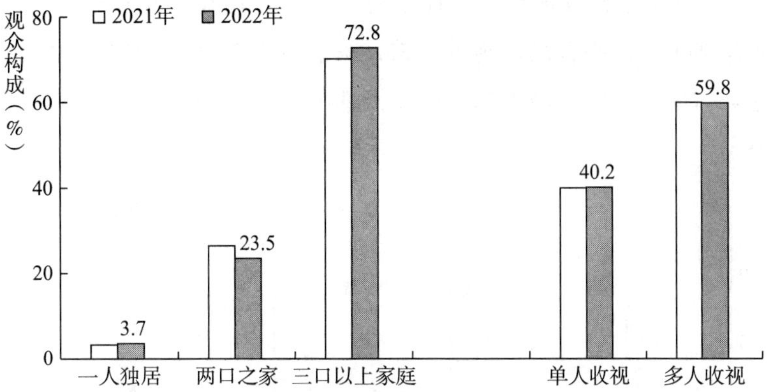

图 16　2021～2022 年 IPTV 互动平台不同家庭规模与收视场景观众占比

数据来源：CSM 2021～2022 年重点测量仪城市组。

四　OTT 平台的收视表现与观众特征

观众在电视大屏端以联网智能电视或盒子为信号源进行点播等互动收视的数据，即为 OTT 互动平台收视数据。2016 年及之前，有线电视曾是我国电视行业的主流，近年来，随着技术的进步，光纤入户得以普及，家庭网络带宽持续增长，OTT 也随之迎来高速发展阶段。在 CSM 重点测量仪城市组同源跨平台收视数据中，OTT 互动平台作为频道进入 Infosys +。本部分我们将对 OTT 互动平台的发展情况进行概述。

1. OTT 互动平台市场份额逐年上涨，占非直播收视的比例逐年递增

OTT 近年来的长足发展可以从 OTT 互动平台的市场份额中体现。CSM 重点测量仪城市组同源跨平台收视数据显示，2019 年，OTT 互动平台的市场份额为 7.7%，这一数字以每年约 2 个百分点的速度递增，到 2022 年达到 12.9%（图 17）。

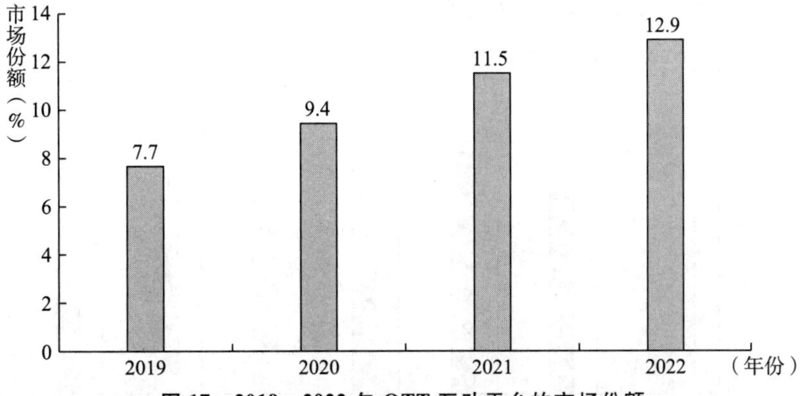

图 17　2019～2022 年 OTT 互动平台的市场份额

数据来源：CSM 2019～2022 年重点测量仪城市组。

同时，OTT 互动平台收视在非直播收视中的占比也在逐年提升。2019 年，非直播收视中来自 OTT 互动平台的收视仅占 33.3%，到 2022 年，OTT 互动平台已占据了非直播收视 46.7% 的份额。越来越多的观众选择在 OTT 互动平台上收看自己想要的内容（图 18）。

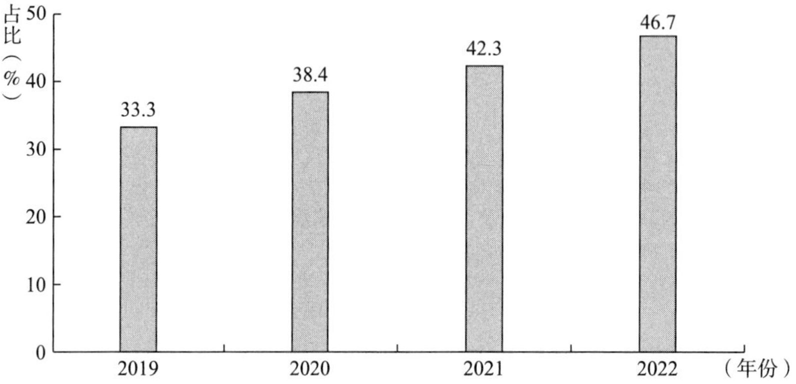

图 18　2019～2022 年 OTT 互动平台收视在非直播收视中的占比

数据来源：CSM 2019～2022 年重点测量仪城市组。

2. OTT 互动平台华南和华中地区的到达率最高

不同于 IPTV 受到本地运营商管理，OTT 设备没有使用限制和内容差异，用户可自行购买安装使用。但受到数字化设备发展程度、观众使用习惯的影响，OTT 互动平台在不同地域也存在一定差异。CSM 重点测量仪城市组同源跨平台收视数据显示，近两年来，全国七大区域 OTT 互动平台的市场份额均呈现上升的态势。其中，西北地区城市和华南地区城市的 OTT 互动平台在 2022 年市场份额分别达 15.8% 和 15.4%，居前两位。西南地区 OTT 互动平台市场份额相对较低，为 9.4%。华中地区和西北地区 2022 年 OTT 互动平台的市场份额与 2021 年相比增长显著，分别上升了 4.1 个百分点和 3.9 个百分点（图 19）。

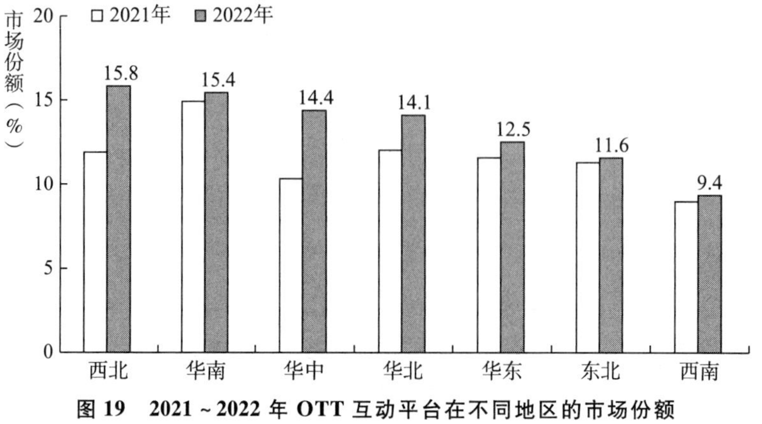

图 19　2021～2022 年 OTT 互动平台在不同地区的市场份额

数据来源：CSM 2021～2022 年重点测量仪城市组。

3. OTT 互动平台到达率接近四成，收视时长稳态浮动

OTT 互动平台在收视份额上的领先可以具体拆分到观众规模和观看时长两个维度来进一步观察。其中，到达率是反映 OTT 互动平台所触达观众规模的直观指标，人均收视时长则是 OTT 互动平台观众忠实度的象征，它们分别代表着 OTT 互动平台在用户“广度”和“深度”两个维度的表现。

CSM 重点测量仪城市组同源跨平台收视数据显示，近年来 OTT 互动平台到达率持续增长，2019 年，OTT 互动平台的到达率为 26.6%，2022 年，这一数字达 38.1%，相比 2019 年增长了 11.5 个百分点。这意味着，2022 年 CSM 重点城市组有 38.1% 的观众在 OTT 互动平台进行过点播和互动收视（图 20）。

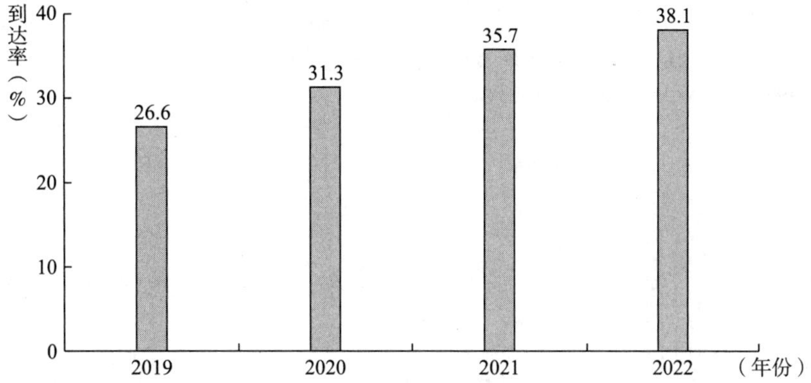

图 20　2019 ~ 2022 年 OTT 互动平台的到达率

数据来源：CSM 2019 ~ 2022 年重点测量仪城市组。

人均收视时长可以反映出 OTT 互动平台观众的忠实程度，也就是用户黏性。2019 ~ 2022 年，OTT 互动平台观众收视时长最长的年份为 2020 年，达 151 分钟，即平均每位 OTT 互动平台观众在 2020 年每天观看 OTT 互动平台的时长达 151 分钟，约相当于四集电视剧的时间。这一数据在 2021 年回落到 141 分钟，在 2022 年又略有上升，达 144 分钟，与疫情开始前的 2019 年持平。受疫情防控影响，可在观众居家期间提供丰富娱乐消遣的 OTT 互动平台，收视时长必然在一定范围内产生波动，因而其观众黏性和忠实度还需通过后续更长时间维度来进行观察（图 21）。

4. OTT 互动平台观众主要集中在中青年和高学历人口

CSM 重点测量仪城市组同源跨平台收视数据显示，近年来，OTT 互动平台女性观众的占比始终略高于男性，2021 年和 2022 年分别为 51.5% 和 52.0%。在年龄分布上，25 ~ 34 岁观众在所有年龄组中占比最高，2022 年为 22.5%；其次为 45 ~ 54 岁观众，占比为 18.2%。此外，4 ~ 14 岁观众所占比例上升，比 2021 年提高了 1.5 个百分点，达 15.1%，越来越多的少儿观众开始加入 OTT 平台的点播或互动收看当中。从受教育程度来看，OTT 互动平台观众的受教育程度仍然处于较高水平区间，

大学及以上学历观众占比最高，在2022年达30.3%。整体而言，OTT互动平台的观众构成较为稳定，主要集中在中青年和高学历人口（图22）。

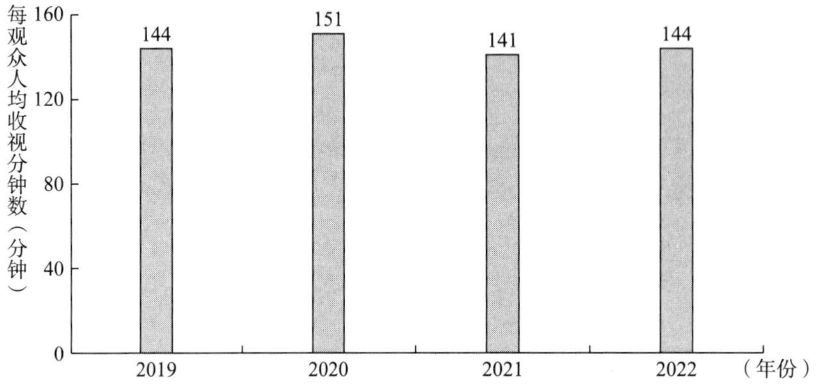

图21　2019～2022年OTT互动平台的人均收视时长（观众）

数据来源：CSM 2019～2022年重点测量仪城市组。

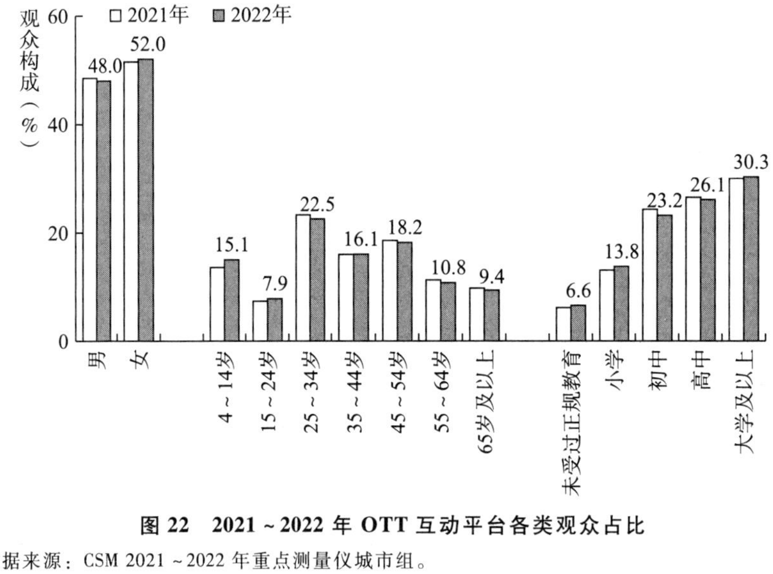

图22　2021～2022年OTT互动平台各类观众占比

数据来源：CSM 2021～2022年重点测量仪城市组。

五　智能电视开屏行为分析

虽然观众收看电视内容的信号来源日益丰富，但智能电视作为核心设备，是接触各类电视内容信号源的“第一入口”。与过去的电视机开机过程不同，智能电视的“开机”在媒介研究中有着更为重要的意义，例如观众接触到开机广告的机会。CSM通过在样户家庭电视上安装硬件采集智能电视的电流信号，识别电视的开关机状态，同时结合样本手控器信息，获取到开屏的人员信息，从而测量到人的智能电视开屏行为。

1. 开屏到达率始终呈稳定上升趋势

所谓开屏到达率，指的是智能电视设备开屏时，电视屏幕前的不重复观众人数占推及人口的比例。CSM 重点测量仪城市组同源跨平台收视数据显示，2019 年，智能电视开屏观众到达率为 22.5%；2022 年，智能电视开屏观众到达率达 32.9%，相比 2019 年增加了 10.4 个百分点。2019～2022 年，智能电视开屏所触达的观众规模始终呈稳定上升趋势（图 23），这样的变化与 OTT 行业的发展以及 OTT 设备的家庭覆盖率发展趋势一致。

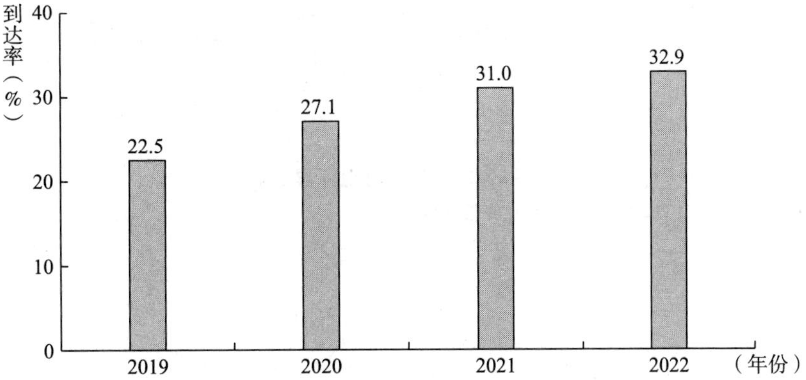

图 23　2019～2022 年智能电视开屏到达率

数据来源：CSM 2019～2022 年重点测量仪城市组。

2. 观众年龄分布向更为均衡化的方向发展

作为一个瞬时的状态，智能电视开屏时接触到开机广告的观众是电视开机广告的受众群体，而并不等同于智能电视端的互动收视观众。打开智能电视接触到开屏内容的观众，下一步可能会进入 DVB 收看直播频道的内容，也可能会进入 IPTV 或 OTT 互动平台收看点播内容；反过来说，在智能电视上进行互动收视的观众也可能并非打开智能电视时接触到开屏内容的那位家庭成员。基于同源到人的 CSM 跨平台收视数据，可以对开屏观众的属性构成进行进一步分析，为智能电视开机广告投放的决策、实践与执行提供数据基础和依据。

CSM 重点测量仪城市组同源跨平台收视数据显示，2022 年智能电视开屏观众的性别分布中，男性开屏观众占比为 50.8%，女性开屏观众占比为 49.2%，这一比例在近几年内变化十分微小。相对而言，开屏观众的年龄分布变化更为明显。近年来，随着智能电视的逐渐普及，开机广告可触达观众的年龄也在向着更为均衡化的方向发展。25～64 岁观众占比呈下降态势，而 4～14 岁和 65 岁及以上观众占比上升，在 2022 年分别达到 12.0% 和 14.2%。受教育程度方面的分布变化不大，2021 年和 2022 年，大学及以上学历观众占比均最高（分别为 28.6% 和 28.7%）（图 24）。

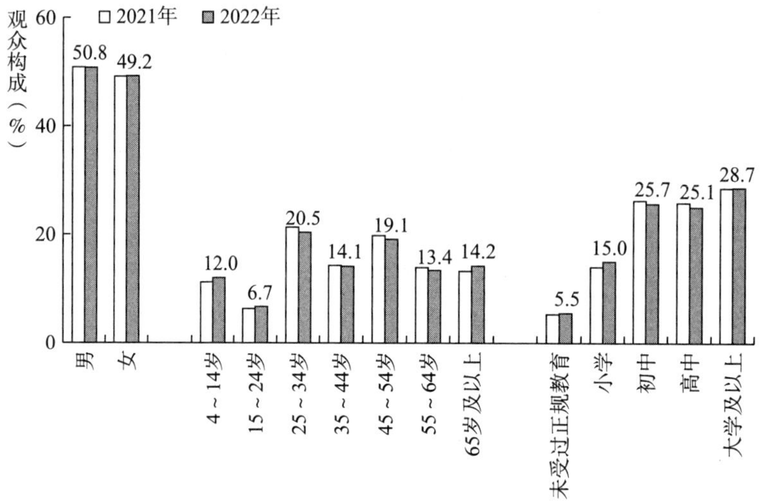

图 24　2021～2022 年智能电视开屏各类观众占比

数据来源：CSM 2021～2022 年重点测量仪城市组。

结　语

2022 年，全国重点城市电视大屏的数字化建设快速发展。OTT 设备家庭覆盖稳步增长，联网率持续提高；IPTV 设备覆盖比例过半，全国用户总量持续上涨至 3.8 亿户。随着设备覆盖的提升，IPTV 与 OTT 两种设备的竞争力亦逐渐强势，在全国重点城市的覆盖占比近半，且呈现逐年上涨趋势，持续抢夺 DVB 设备的市场份额。

虽然地域间发展差异较大，但 IPTV 同时拥有电视直播及互动服务双重功能，极大程度上满足了不同年龄段、不同圈层观众多元化的大屏收视需求。OTT 互动平台凭借丰富多元的内容资源及互动服务选择，也获得了越来越多的观众群体，特别是中青年和高学历人口的青睐。

随着近年广电 5G 的入局，智慧广电飞速建设，“元宇宙”“人工智能”“云计算”等新概念、新技术的发展日新月异，用户需求越发多元，商业模式不断更迭，大屏间各设备间的竞争将日益激烈，未来电视大屏的收视格局将会怎样发展呢？我们也将通过“TV + 同源收视测量”系列研究数据持续观察。

（作者：刘洁婷　王雅昆　杨天琪）

2022 年省级台新闻融合传播指数观察

2022 年，我国媒体融合持续纵深推进，在机制创新、区域协同、产业发展、智能技术应用等方面迈向新发展阶段。各级媒体在建立全媒体传播体系、升级自有平台建设、融媒体内容及形式创新上取得显著成效。CSM 全国省级台新闻融合传播指数①的相关数据显示，2022 年省级台新闻内容融合传播效果进一步提升、传播量再创新高，同时新闻融合传播新格局正在加速重构。

2022 年的省级台新闻融合传播年度指数有两个变化，一是将中国记协评选的“中国新闻奖”、国家广播电视总局评选的“全国广播电视媒体融合先导单位、典型案例、成长项目”“广电媒体融合新品牌”等奖项结果纳入评价体系；二是将新闻账号在微信视频号、微博视频号的传播情况纳入效果评估范围，以期更为全面、客观地反映新闻融合传播水平。

一　23 家省级台新闻融合传播效果提升，网络传播助力黑马台赶超

全媒体矩阵多端引流，23 家省级台新闻融合传播效果提升。2022 年，省级台加速推进媒体融合，深化传统阵地与互联网阵地相互赋能。CSM 媒介研究数据显示，23 家省级台的新闻融合传播年度指数值较 2021 年增长，新闻融合传播效果明显提升；年度指数整体均值由 2021 年的 59.1，攀升至 2022 年的 84.1，其中指数值超 100 的省级台由 2021 年的 5 家增至 10 家。

网络传播成长力强劲，“三微”传播量增幅超 40%。在移动优先的战略布局下，省级台新闻融合网络传播指数均值由 2021 年的 90.4 升至 2022 年的 139.6，指数值超过 100 的省级台由 2021 年的 11 家增至 14 家。各省级台加速自有平台建设，借力商业化平台发力融媒体矩阵，推动新闻融合传播量持续走高。以“三微”传播为例，

① CSM 省级台新闻融合传播指数综合反映省级台新闻内容在电视大屏、“三微”（短视频、微博、微信）、“一端”（自有客户端）等渠道的融合传播效果；下含新闻融合网络传播、短视频传播、微博传播、微信传播、自有客户端传播 5 个分指数，其中，新闻融合网络传播指数综合反映新闻内容在“三微一端”的网络传播效果。

省级台新闻类账号“三微”发布量达 630.9 万条、传播量[①]超 2745.2 亿次，较 2021 年分别增长 9.9%、43.5%。

短视频[②]构筑高增长赛道，省级台新闻短视频全年传播总量超 2706.2 亿次，较 2021 年上涨 55.0%；8 家台全年短视频传播量破百亿次，河南台、湖北台、上海台领跑百亿次阵营。省级台集中发力短视频赛道，新闻融合短视频传播指数均值由 2021 年的 119.7，升至 2022 年的 194.6；指数值超过 100 的省级台由 2021 年的 10 家增至 15 家。

二　河南台、上海台稳居新闻融合传播年度指数前二，湖北台跃居第三，江西台挺进前十

2022 年，省级台新闻融合传播头部阵营竞争依然激烈。随着主力军全面挺进主战场，网络传播对新闻融合整体传播效果的影响持续强化，从 2022 年新闻融合传播年度指数来看，跻身年度指数前十的省级台，也是进入新闻融合网络传播指数前十的台，其中湖北台、黑龙江台、江西台的网络传播指数排名赶超大屏（表 1）。

表 1　2022 年省级台新闻融合传播年度指数 TOP 10

序号	机构名称	序号	机构名称
1	河南台	6	北京台
2	上海台	7	福建台
3	湖北台	8	黑龙江台
4	广东台	9	江西台
5	山东台	10	四川台

数据来源：CSM 媒介研究。

河南台坚持“移动优先、互联互通、融合传播”，蝉联省级台新闻融合传播年度指数首位。河南台融媒体矩阵全面发力，新闻融合短视频传播指数强势领跑、微博传播指数跃居首位，形成以内容打造品牌、以移动互联扩大品牌影响的传播新模式。

上海台坚持新闻立台，以用户思维深挖内容与渠道价值，稳居省级台新闻融合传播年度指数第二位。上海台持续巩固各渠道的传播优势，拉动大小屏用户黏性增强。2022 年上海台新闻融合电视传播指数跃居首位，在稳守并有效提升新闻内容大

---

① 传播量为播放量或阅读量与互动量的总和，因页面显示规则，抖音、微信（视频号）平台不包含播放量。互动量为转发、评论和点赞量的总和。

② 短视频内容监测平台：腾讯新闻、今日头条、抖音、快手、网易新闻、微信视频号、微博视频号、好看视频、土豆视频、腾讯视频等。

屏传播头部地位的同时，在移动端传播也保持着领先水平。另外，在 2022 年中国新闻奖及总局媒体融合等奖项评选中，上海台获得的新闻融合相关奖项数量居省级台前列。

湖北台在短视频传播效果提升的驱动下弯道超车，新闻融合传播年度指数跻身省级台第三。湖北台深耕时政及民生新闻，优化生产流程，持续将大屏品牌转化为融合品牌，打造了一批有网端影响力的新闻账号。

广东台在保持电视大屏端传播优势的同时，新闻融合短视频、微信传播指数均居前五，助力其新闻融合传播年度指数排名稳居前列。

山东台注重新闻融合各渠道均衡发展，稳固电视大屏传播优势，发力短视频及微博传播，助力年度指数排名进阶前五。

北京台以重点渠道传播拉动新闻融合传播年度指数走高。北京台在保持微博传播优势的同时，电视与微信端的传播效果明显提升；同时，北京台在 2022 年中国新闻奖及国家广播电视总局媒体融合等奖项评选中，获得的新闻融合相关奖项数量居省级台前列；其中“中国新闻奖”获奖作品共 10 件、一等奖作品四件，创历史最好成绩。

福建台新闻融合传播年度指数排名提升两位，升至第七位。面对 2022 年台海复杂情势，福建台“精准发力”短视频赛道，持续放大台海资讯内容优势。

黑龙江台稳居新闻融合传播年度指数 TOP 10，连续 4 年领跑省级台新闻微信传播，占据微信传播指数首位，短视频传播效果同步提升。

四川台新闻融合传播发展稳健，短视频、微博和自有客户端传播指数均居前十位，在网络端传播优势突出。

江西台成为 2022 年“黑马台”，新闻融合传播年度指数挺进前十。江西台短视频深耕新闻资讯、民生服务等内容领域，并在微信传播的共同助力下，大幅提升新闻融合传播效果。

值得关注的是，陕西台年度指数虽未进入前十，但在网络传播的助力下，新闻融合传播年度指数值提升 33.3%；新闻融合微博、微信传播指数均跻身前五，短视频传播指数在 2022 年 6 次进入月度指数前十（表 2）。

三　短视频传播头部格局更迭，河南台稳居首位，江西台、海南台成年度黑马

2022 年，31 家省级台共发布 448.2 万条新闻短视频内容，揽获 2543.6 亿次的播放量和 162.6 亿次的互动量。全年共有 136 个新闻短视频账号传播量破亿次，较

2021 年增加 93 个，占全年新闻类在更活跃账号总量的 24.7%；其中，@ 看看新闻 Knews 播放量近两百亿次，领跑省级台中新闻类账号，@ 大象新闻、@ 河南民生频道、@ 四川观察 3 个账号播放量破百亿次，共同构筑头部顶流（表 3）。

表 2　2022 年省级台新闻短视频传播指数 TOP 10

序号	机构名称	序号	机构名称
1	河南台	6	福建台
2	湖北台	7	江西台
3	上海台	8	四川台
4	广东台	9	海南台
5	山东台	10	陕西台

数据来源：CSM 媒介研究。

同时，短视频账号头部效应显著，传播竞争格局呈现趋稳势头。省级台传播量 TOP 15 短视频账号合计贡献超五成传播总量；相较于 2020～2021 年的 TOP 15 账号半数更迭，2022 年传播量 TOP 15 账号中仅 4 个更迭，@ 湖北综合频道、@ 江西都市现场、@ 触电新闻、@ 打鱼晒网在 2022 年新晋头部账号。

表 3　2022 年省级台新闻短视频播放量 TOP 10 账号

单位：亿次

序号	账号名称	播放量	序号	账号名称	播放量
1	@ 看看新闻	199.1	6	@ 湖北新闻	87.9
2	@ 大象新闻	143.9	7	@ 江西都市现场	85.1
3	@ 河南民生频道	131.1	8	@ 河南都市频道	80.5
4	@ 四川观察	104.9	9	@ 海峡新干线	76.8
5	@ 湖北综合频道	90.0	10	@ 垄上行	76.1

数据来源：CSM 媒介研究。

河南台进一步做强民生新闻账号矩阵，连续两年稳居新闻融合短视频传播指数首位，其新闻短视频发布总量和传播总量位列省级台首位（表 4）。2022 年，台内 9 个账号传播量破 15 亿次，其中 2 个账号破百亿次。具体来看，融媒品牌@ 大象新闻以全年 164.0 亿次传播量崛起，升至台内账号流量首位，较 2021 年增幅达 222.7%；其次是@ 河南民生频道传播量达 134.8 亿次，两个账号贡献台内半数以上流量，并分列省级台新闻类账号传播量第二位、第三位。@ 河南都市频道、@ 打鱼晒网、@ 河南都市报道、@ 大象直播间、@ 民生大参考、@ 小莉帮忙等共筑民生新闻账号矩阵，皆揽获超 15 亿次传播量。此外，@ 唐宫夜宴在快手平台发布内容以新闻为主，传播量超 15 亿次。

表 4 2022 年省级台新闻短视频互动量 TOP 10 账号

单位：亿次

序号	账号名称	互动量	序号	账号名称	互动量
1	@大象新闻	20.1	6	@海峡新干线	5.8
2	@湖北新闻	10.2	7	@长江说法	4.0
3	@看看新闻	8.2	8	@帮女郎在行动	3.9
4	@四川观察	7.9	9	@江西都市现场	3.9
5	@新闻启示录	5.8	10	@河南民生频道	3.7

数据来源：CSM 媒介研究。

湖北台构建“时政＋本地＋民生”的垂直化新闻品牌账号格局，新闻短视频账号粉丝量、传播量均列省级台第二位，新闻融合短视频传播指数排名升至第二。湖北台 3 个账号传播量破 75 亿次，传播量超 10 亿次的账号较 2021 年增加 3 个。@湖北新闻主要聚焦时政新闻，@湖北综合频道、@垄上行更多关注省内及民生新闻，皆揽获超 75 亿次传播量；其中@湖北新闻传播量跃居台内首位，与 2021 年相比涨幅达 101.7%。@帮女郎在行动以惠民、帮办内容获超 43 亿次传播量，是 2021 年的 4.7 倍；@湖北经视聚焦民生新闻，全年传播量超 29 亿次；@长江新闻号、@长江号外共建台内国际新闻账号品牌，合计传播量超 50 亿次。

上海台发挥新闻生产与传播优势，聚焦时政、财经内容，全年新闻短视频发布量 70.8 万条，居各省级台榜首；旗下 1 个新闻账号传播量超 200 亿次，另有多个新闻类账号传播量过亿。融媒品牌@看看新闻 Knews 发布内容关注时事热点、国际动态等，年度发布量 59.7 万条、年度传播量 207.2 亿次，均占据省级台新闻短视频账号首位，粉丝量居省级台第二名；2022 年传播量同比增长 92.2%，贡献台内新闻短视频超九成流量。此外，@第一财经传播量快速提升至超 7 亿次，较 2021 年涨幅达 240.3%；@究竟视频以财经新闻内容揽获超 2 亿次传播量；@SMGNEWS、@环球交叉点、@看看新闻全球眼、@Tonight 今晚 4 个账号关注国际新闻内容，栏目账号@上海早晨以“主播说新闻”形式发布热点事件/国内外新闻点评，均揽获过亿传播量。此外，@上海五星体育频道发布内容以体育资讯为主，传播量过亿。

广东台融媒品牌、节目账号聚焦民生记录、突发新闻等内容，1 个账号超 50 亿次，另有 4 个账号传播量超 19 亿次。融媒品牌@触电新闻以全年 58.6 亿次传播量领跑台内账号，贡献台内超三成流量；节目账号@DV 现场、@今日一线，频道账号@广东电视珠江频道、@广东新闻频道以突发新闻、民生记录等内容，均揽获超 19 亿次传播量。

山东台持续深耕民生新闻、民生帮办内容，1 个账号传播量超 70 亿次，另有 3

个账号传播量超30亿次，新闻融合短视频传播指数排名重返前五。2022年第四季度，山东台新闻短视频传播效果提升明显，短视频传播指数进入省级台前三。台内融媒品牌@闪电新闻、频道账号@齐鲁频道关注民生趣事等内容，合计揽获109.8亿次传播量，较2021年增长32.3%，共同贡献台内超五成流量；节目账号@一切为了群众、@生活帮皆聚焦民生新闻、社会记录，揽获超30亿次传播量。

福建台新闻融合短视频传播指数排名连续两年提升，台内进一步发挥地缘优势，聚焦台海关系，同时关注俄乌冲突等国际热点内容，持续提升台海及军情内容传播力，@海峡新干线以82.6亿次传播量领跑全台，其次是@新闻启示录传播量超30亿次，@东南军情、@今日海峡等账号揽获超10亿次传播量。

江西台新闻短视频全年发布量达28.5万条，位列省级台第四，新闻融合短视频传播指数排名跻身前十。@江西都市现场以89亿次传播量领跑全台，与@今视频皆聚焦民生新闻、社会记录，两账号合计贡献台内超九成流量。

四川台继续放大融媒品牌“四川观察”的IP影响力，集纳政务资源、聚合国内外热点内容。@四川观察担当台内砥柱账号，聚焦民生百态、三星堆系列内容，传播量超百亿、贡献台内超95%的流量，位列省级台账号传播量第四，粉丝量位居省级台新闻短视频账号第一。@四川新闻频道快速提升，2022年传播量超3亿次，为2021年的2.7倍。

海南台首次进入新闻融合短视频传播指数排名前十位，其以微信视频号为主要发布平台、短视频发布量超1/4。主打国际新闻/热点的@三沙卫视贡献台内近六成流量；@直播海南、@海南广播电视总台关注本地新闻、防疫热点，揽获超10亿次传播量。

陕西台保持在新闻融合短视频传播指数前十，@陕视新闻为主力账号，聚合全网和台内资源、紧跟国内外热点新闻/事件，以29.6亿次传播量居台内首位，贡献台内55.6%的传播量；@陕西都市快报、@陕西1频道、@陕西卫视更侧重本地民生、疫情资讯内容，传播量皆破4亿次。

四　黑龙江台、上海台、辽宁台蝉联新闻融合微信传播指数前三位，海南台、河南台跻身前十

2022年，或受微信视频号分流等多重影响，省级台新闻融合微信（公众号）①传播指数在头部台保持增长的同时，整体平均值较2021年出现了小幅下滑。总的来

① 因页面显示规则，微信（公众号及视频号）平台阅读量、互动量超过10万的均显示为10万+，文中均写为“10万+”。

看，7家电视台的微信传播指数值超过100，比2021年增加1家。

表5 2022年省级台新闻融合微信传播指数TOP 10

序号	机构名称	序号	机构名称
1	黑龙江台	6	北京台
2	上海台	7	贵州台
3	辽宁台	8	安徽台
4	广东台	9	海南台
5	陕西台	10	河南台

数据来源：CSM媒介研究。

表6 2022年省级台新闻微信传播量TOP 10账号

单位：亿次

序号	账号名称	互动量	序号	账号名称	互动量
1	@新闻夜航	4.0	6	@DV现场	1.6
2	@新闻坊	3.8	7	@百姓关注	1.4
3	@陕西都市快报	1.7	8	@江西都市现场	1.3
4	@新北方	1.7	9	@动静贵州	1.3
5	@极光新闻	1.7	10	@直播海南	1.1

数据来源：CSM媒介研究。

黑龙江台连续四年蝉联省级台新闻融合微信传播指数首位，2022年传播总量7亿+，较2021年增长81.7%；@新闻夜航、@龙视新闻在线、@极光新闻3个账号包揽省级台新闻微信公众号发布量前三位。两个微信账号传播量破亿，合力贡献台内近八成流量；其中，栏目账号@新闻夜航年度发布量超过1.4万条、传播量超4亿，均列省级台新闻类微信账号之首；融媒账号@极光新闻传播量1.6亿+，互动量位居省级台新闻类微信账号首位。另外，@龙视新闻在线发布量居省级台微信公众号第二位，传播量近亿，居省级台账号第11位，与@新闻夜航、@极光新闻合力巩固黑龙江台微信传播头部地位。

上海台、辽宁台均是依托老牌新闻栏目账号持续发力，稳居新闻融合微信传播指数前三名。上海台主力账号@新闻坊传播量3.8亿+，贡献台内新闻类微信账号传播量的75.3%。辽宁台主力账号@新北方强势领跑，以1.7亿+传播量贡献台内68.6%的流量。

广东台、陕西台稳居新闻融合微信传播指数前五，全年新闻类微信传播总量较2021年上涨超60%。广东台主力账号@DV现场全年传播量1.6亿+，与2021年相比涨幅达127.3%。陕西台账号@陕西都市快报以1.7亿+传播量位列省级台新闻类微信账号第三，贡献台内近八成流量；@起点新闻、@陕视新闻传播量较2021年提升显著，其中@陕视新闻涨幅超130%。

北京台新闻融合微信传播指数大幅提升，主力账号@北京新闻聚焦北京时政新闻、民生热点、文化生活等内容，传播量较2021年增长226.1%，贡献全台微信传播总量的43.4%。

海南台新闻融合微信传播指数排名显著提升，继2019年第二次进入前十名。@直播海南传播量较2021年上涨60.6%，贡献台内超六成流量。

贵州台保持在新闻融合微信传播指数第七位，@百姓关注、@动静贵州关注时事热点、本地资讯等，传播量均破亿，贡献台内超九成流量。

安徽台新闻融合微信传播指数排名小幅提升至第八位，全年新闻类微信发布量位列省级台第三，@AHTV第一时间、@安徽卫视、@帮女郎帮你忙AHTV传播量较2021年上涨超50%，三账号合力贡献全台近九成流量。

河南台跻身新闻融合微信传播指数前十，@小莉帮忙、@河南都市频道、@河南都市报道、@民生大参考4个账号传播量破千万、合力贡献台内近八成流量。其中，@小莉帮忙及@河南都市频道传播量与2021年相比涨幅皆超60%。

五　河南台跃居新闻融合微博传播指数首位，北京台、江苏台稳居前三

从微博传播情况看，2022年省级台新闻融合微博传播指数均值较2021年相比有所提升，8家省级台新闻融合微博传播指数值超100，数量与2021年持平。

表7　2022年省级台新闻融合微博传播指数TOP 10

序号	机构名称	序号	机构名称
1	河南台	6	浙江台
2	北京台	7	山东台
3	江苏台	8	四川台
4	陕西台	9	贵州台
5	上海台	10	河北台

数据来源：CSM媒介研究。

表8　2022年省级台新闻微博互动量TOP 10账号

单位：万次

序号	账号名称	互动量	序号	账号名称	互动量
1	@时间视频	2725.3	2	@荔枝新闻	2605.7

续表

序号	账号名称	互动量	序号	账号名称	互动量
3	@四川观察	2584.8	7	@民生大参考	742.9
4	@百姓关注	1010.0	8	@我苏特稿	735.6
5	@闪电新闻	942.5	9	@1818 黄金眼	701.6
6	@陕视新闻	784.3	10	@江苏新闻	692.6

数据来源：CSM 媒介研究。

河南台频道、节目、融媒账号共同发力，带动河南台跃居省级台新闻融合微博传播指数首位。其中，节目账号@民生大参考、@小莉帮忙、@河南都市报道、@打鱼晒网，频道账号@河南都市频道和融媒账号@猛犸新闻、@大象新闻的账号互动量均超百万，合力贡献台内96.5%的互动量。

北京台新闻融合微博传播指数位居第二，指数值较2021年提升20%。"时间系"融媒账号展现强劲传播力，其中@时间视频在关注本地民生新闻的同时兼顾社会热点，粉丝量居省级台新闻微博账号第三；账号全年互动量超2700万次，占据省级台新闻类微博账号首位，贡献台内68.5%的流量。

江苏台、陕西台依托头部融媒账号传播优势，带动新闻融合微博传播指数稳居前列。江苏台@荔枝新闻账号互动量超2500万次，位居省级台新闻类微博账号互动量第二，贡献台内超六成互动量，助力江苏台稳居新闻融合微博传播指数前三。陕西台主力账号@陕视新闻全年互动量近800万次，贡献全台超八成流量，拉动新闻融合微博传播指数排名提升两位，升至第四位。

浙江台主力账号@1818黄金眼和@钱江视频聚焦本地民生新闻、兼顾全国政策资讯，合计揽获超千万互动量，共同贡献台内近八成流量。

山东台持续提升融媒账号影响力，@闪电新闻揽获近千万互动量，较2021年上涨233.7%，贡献台内近九成流量，助力全台微博传播效果提升。

贵州台、河北台立足百姓视角，频道及节目账号以接地气内容揽获关注。贵州台节目账号@百姓关注延续2022年上半年传播优势，全年揽获超千万互动量；河北台主力账号@河北农民频道全年互动量超600万次，是2021年的近12倍，贡献台内超九成互动量。

TOP 10台之外，重庆台聚焦民生热点、本地资讯等发力微博内容传播，拉动新闻融合微博传播指数排名上升8位；主力账号@重庆第1眼年度互动量超400万次，贡献全台超九成互动量，进入省级台新闻微博账号前20位。

六　省级台自有客户端内容聚合力增强，政务及民生服务力提升

省级广电机构将自有客户端建设作为重点，内容聚合能力不断增强，政务及民生服务能力提升。2022 年以来，省级台自有客户端持续整合内外部资源，强化垂直内容生态体系建设，并在资讯服务、政务信息、社会民生等方面不断突破，探索用户黏性和活跃度提升。

上海台“看看新闻”客户端坚持以原创视频深度报道、重大事件融媒直播为核心竞争力，持续占据省级台自有客户端头部阵营。“看看新闻”App 加大硬核时政新闻、深度评论类访谈、社会“暖”新闻等各类视频的生产和传播，尤其在上海疫情期间及时发布最新资讯，有效提升用户黏性。

北京台“北京时间”客户端增设“接诉即办”“爱宠”等频道，服务城市治理与市民生活。北京时间“接诉即办”与北京市 12345 市民服务热线联手，搭建视频诉求平台，致力于未诉先办，一键转诉，帮助群众解决“急难愁盼”问题。另外，“爱宠”频道是北京台与市农业农村局共同打造的“城市动物智慧服务平台”，提供养宠政策、科学养宠内容，服务市民健康养宠。

四川台“四川观察”客户端已上线六周年，其间持续完善“快新闻 + 慢直播”的内容生态，传播力和影响力不断提升。同时，“四川观察”App 以医疗和教育等作为切入口，为用户提供更多垂类服务内容，探索品牌 IP 变现。值得关注的是，“四川观察”短视频账号在第三方平台的传播及品牌影响力有效提升了网民对“四川观察”客户端的认知与使用，2021 年、2022 年的 CSM 短视频用户调查数据显示，“使用过四川观察 App 的网民”比例连续两年居省级台新闻客户端前列。

河南台“大象新闻”客户端践行“我为群众办实事”机制，在抗疫、医疗、助农等多方面为用户提供服务。比如，“大象新闻”App 联合全省各地市相关部门、河南广电品牌栏目，共同打通“抗疫互助通道”，实现群众和媒体、政府之间的互联互通。针对多地农产品遭遇滞销等问题，“大象新闻”开通“大象帮助农通道”，为农户搭建对接平台、打通销路。

黑龙江台“极光新闻”客户端不断扩大内容聚合、加强政务合作，并重点打造全省学习交流“体验场”。结合全省能力作风建设年工作部署等，“极光新闻”App 相继开设“能力作风建设”“新风龙江”等频道，为全省各级党组织和党员提供“随时听、随身学、能分享”的互动学习平台，助力营造良好的社会文化环境。

广东台“触电新闻”客户端聚焦重大主题事件、乡村发展等，建立联播、大湾区、乡村振兴、党史和广东地市频道、广东民声热线等 35 个聚合垂直频道，为用户

提供生活资讯内容。

山东台“闪电新闻”客户端兼顾重大主题报道创新与地域特色内容生产，综合运用“深度报道+新媒体直播+融媒产品”形式，发力党的二十大报道、“新时代美德山东”融媒宣传等。同时，“闪电新闻”着力打造“融媒朋友圈”，强化与央媒、省市媒体、商业媒体的深度合作。

江苏台“荔枝新闻”客户端坚持“新闻性+社交性+服务性+知识性”原则，加强信息服务与社群资源的链接，构建全媒体服务平台。“荔枝新闻”在跟进重大事件/活动报道的同时，积极探索中长视频内容共制等创新模式，布局军事、健康、教育、房产等垂类，强化服务功能。

结　语

媒体融合探索至今，主流媒体通过转型升级、机构融合、发展创新等，持续推动融媒传播格局发展变化。伴随全媒体传播体系更趋完善、主流价值影响力版图不断扩大，主流媒体新闻融合传播有望打开更大空间。

（作者：王蕾　田园　张天莉）

2022年省级台剧综融合传播指数观察

2022年，伴随行业整体环境的变化，剧综市场回归理性。面对剧综市场降本增效的运营环境，网络平台深耕自制内容、扶持微短剧和微综艺等的发展策略，广电媒体剧综网端传播增长面临新的困难。中国广视索福瑞媒介研究（以下简称CSM媒介研究）数据显示，2022年省级台剧综内容“三微”发布量142.2万次、传播量[1]360.3亿次，在发布量增长的情况下，传播量同比较2021年明显下降。

尽管如此，在剧综市场规范化、内容精品化的发展趋势下，广电媒体探索不辍、求新求变。整体来看，2022年省级台剧综融合传播呈现“主题创作破圈成长，多元类型破屏传播”的态势，反映时代发展、传承文化价值、注重人文情怀的内容传播力凸显；同时，部分省级台试水微短剧、微综艺等中视频赛道，探索“微”生态下的内容创新增长点。

2022年省级台剧综融合传播年度指数[2]有三个变化：一是将国家广播电视总局“广播电视创新创优节目”评选结果纳入评价体系；二是将剧综账号在微信视频号、微博视频号的传播情况纳入效果评估范围；三是将微短剧、微综艺等中视频传播情况纳入指数评价，以期更为全面客观地反映剧综融合传播水平。

一　五大台保持剧综融合传播年度指数领先地位，湖南台居首，河南台跻身前十

从省级台剧综融合传播年度指数看，省级台马太效应依然凸显，竞争力进一步向头部集中，五大台地位稳固，其中湖南台、浙江台、上海台指数值高于100。山东

① 传播量为播放量或阅读量与互动量的总和；互动量为转发、评论和点赞量的总和。因页面显示规则，抖音、微信（视频号）平台不包含播放量；微信（公众号及视频号）平台阅读量、互动量超过10万的均显示为10万+，文中均写为“10万+”。

② CSM省级台剧综融合传播指数是综合反映剧综内容多渠道、多形式传播效果的综合观察工具，包括电视大屏（含直播、回看）、“三微”（短视频、微博、微信）和长、中视频等的传播效果；下含剧综融合网络传播、短视频传播、微博传播、微信传播、长视频（含中视频）传播5个分指数，其中，剧综融合网络传播指数综合反映剧综内容在“三微”和长视频（含中视频）的网络传播效果。

台在网络传播助力下排名进阶至第六，河南台首次跻身前十（表1）。

表1 2022年省级台剧综融合传播指数TOP 10台

序号	机构名称	序号	机构名称
1	湖南台	6	山东台
2	浙江台	7	天津台
3	上海台	8	广东台
4	江苏台	9	河南台
5	北京台	10	安徽台

数据来源：CSM媒介研究。

湖南台蝉联省级台剧综融合传播年度指数首位，领跑省级台剧综内容融合传播。2022年，湖南台启动湖南卫视和芒果TV双平台融合，台网同频共振，构建系统化剧综内容生产体系，在电视大屏和网端传播全面发力，剧综融合电视和网络传播指数均居省级台首位。另外，芒果TV推出“大芒计划”，积极打造微短剧、轻综艺等中视频厂牌，持续放大其剧综内容传播优势。

浙江台依托丰富的剧集及综艺IP资源，稳居省级台剧综融合传播年度指数第二位。浙江台持续提升全屏传播力，以品牌综艺强大影响力巩固网端传播优势，并针对网端用户偏好拓展节目矩阵，短视频传播指数居首，长视频及微博传播指数跻身TOP 2。

上海台剧综融合传播各渠道发展均衡，以综艺、晚会以及剧集构建高质量内容生态，“三微”及长视频传播效果均居前列，大小屏打通成效显著。上海台聚焦户外文旅、音综、喜剧、美食等内容领域，持续提升剧综融合传播效果。此外，上海台依托百视TV试水中视频赛道，打造“百视短剧”品牌、推出微综艺作品，探索剧综内容与形式创新。

江苏台稳固其大屏传播优势，汇集优质剧集资源、探索多元题材节目，微博传播效果大幅提升。江苏台在延续科学竞技、婚恋、职场综艺内容传播的基础上，持续发力“元宇宙”综艺创新，进一步提升大小屏内容传播力。

北京台在各传播渠道均衡发力，保持在剧综融合传播年度指数前五。北京台剧综“三微”传播指数均居前列，晚会、文化及冰雪类综艺内容带动短视频传播效果提升。值得关注的是，在国家广播电视总局“电视创新创优节目”季度评选中，北京台《博物馆之城》《书画里的中国第二季》《哇！冰球》等文博及冰雪类节目获评，综艺内容价值凸显。

山东台深挖传统文化富矿、撬动融合传播流量，在保持大屏优势的同时，“三微”传播效果均有提升，带动其年度传播指数进阶至第六位。山东台以文化类剧综内容发力大屏和网端传播，构筑起涵盖国学、民乐、戏曲、地域文化等独具特色的文化类综艺矩阵；其中，《超级语文课》《中国礼中国乐》《乡约》等节目跻身国家广播电视总局季度“电视创新创优节目”之列。

天津台在短视频及长视频传播的助力下，位列剧综融合传播年度指数第七位。天津台深耕情感、求职类综艺内容，通过《非你莫属》《爱情保卫战》等品牌综艺稳固网端传播效果；同时以《群英会》《相声大会》等延续语言类综艺融合传播优势。

广东台依托湾区春晚、综艺及剧集资源，稳居剧综融合传播年度指数前列，大屏传播效果突出。同时，广东台深挖特色化综艺内容，以《国乐大典》《技惊四座》《美好生活欢乐送》等节目相关内容，拉动短视频传播效果提升。

河南台着力打造“中国节日奇妙游”“中国节气”等品牌 IP，相关系列节目入选国家广播电视总局季度“电视创新创优节目”；并以这些文化 IP 及春晚内容拉动大小屏传播效果提升，助力其剧综融合传播年度指数上升至第九位。

安徽台依托微博和微信渠道的共同带动，保持在剧综融合传播年度指数前十位。安徽台汇集大量优质剧集资源，重点发力热门剧集内容传播，并延续“国剧盛典”晚会、台内春晚，以及《男生女生向前冲》等品牌内容的影响力。

二　天津台、安徽台、河南台网络表现优于大屏，北京台、广东台“三微”传播量增长

网络传播对剧综融合整体传播效果的影响持续强化，从 2022 年剧综融合网络传播指数来看，跻身网络传播指数前十位的省级台，也是进入剧综融合年度指数前十位的台。五大台依托大屏优势带动网端传播，湖南台稳居剧综融合网络传播指数首位，浙江台、上海台、江苏台、北京台占据前五位。同时，天津台、安徽台、河南台网络传播水平优于大屏（表 2）。

表 2　2022 年省级台剧综融合网络传播指数 TOP 10 台

序号	机构名称	序号	机构名称
1	湖南台	6	天津台
2	浙江台	7	山东台
3	上海台	8	安徽台
4	江苏台	9	河南台
5	北京台	10	广东台

数据来源：CSM 媒介研究。

辽宁台、吉林台虽未进入剧综融合传播年度指数前十位，但依托优势渠道的带动，网端传播表现仍优于大屏。

值得关注的是，省级台剧综内容网端传播量整体呈下降趋势。相较 2021 年，17 家台剧综“三微”传播量下降，部分头部台降幅明显，但仍有部分台快速提升，比如，北京台、广东台剧综“三微”传播量大幅提升，其中北京台涨幅达 181.0%。

三 浙江台、上海台、湖南台稳居剧综短视频传播指数前三

2022 年，省级台共发布 114.9 万条剧综短视频①内容，揽获 328.6 亿次播放量和 25.6 亿次互动量。其中，浙江台、上海台、湖南台稳居剧综短视频传播指数前三位（表 3）。从账号来看，全年传播量破亿的剧综短视频账号共 55 个，其中@浙江卫视、@东方卫视、@江苏卫视、@奔跑吧、@湖南娱乐频道 5 个账号超 10 亿次（表 4）；@江苏卫视跨年、@东方卫视跨年、@北京卫视跨年晚会 3 个账号以发布 2022 年晚会节目片段和 2023 年晚会预热内容为主，揽获过亿传播量。

表 3 2022 年省级台剧综融合短视频传播指数 TOP 10 台

序号	机构名称	序号	机构名称
1	浙江台	6	江苏台
2	上海台	7	山东台
3	湖南台	8	河南台
4	天津台	9	安徽台
5	北京台	10	广东台

数据来源：CSM 媒介研究。

表 4 2022 年剧综短视频播放量 TOP 10 账号

单位：亿次

序号	账号名称	播放量	序号	账号名称	播放量
1	@浙江卫视	60.3	6	@天津卫视	7.7
2	@东方卫视	43.9	7	@山东卫视	7.3
3	@江苏卫视	18.7	8	@王牌对王牌	7.2
4	@奔跑吧	14.6	9	@湖南卫视	7.1
5	@湖南娱乐频道	14.3	10	@芒果 TV	6.5

数据来源：CSM 媒介研究。

① CSM 剧综短视频内容监测平台：好看视频、快手、土豆、今日头条、抖音、腾讯视频、腾讯新闻、微博视频号、微信视频号；剧综长视频内容监测平台：爱奇艺、优酷、腾讯视频、芒果 TV。

表5　2022年剧综短视频互动量TOP 10账号

单位：万次

序号	机构名称	播放量	序号	机构名称	播放量
1	@浙江卫视	41591.3	6	@芒果TV	9342.2
2	@湖南娱乐频道	27178.9	7	@江苏卫视	8367.6
3	@东方卫视	17802.5	8	@天赐的声音	8001.8
4	@湖南卫视	10983.8	9	@你好星期六	7773.7
5	@奔跑吧	9764.7	10	@为歌而赞	7580.1

数据来源：CSM媒介研究。

浙江台短视频传播延续大屏节目品牌优势，发布内容主要为真人秀、户外露营、艺训竞演等节目片段，连续两年占据剧综融合短视频传播指数首位。浙江台短视频传播量居省级台之首，10个账号传播量破亿；其中，@浙江卫视以64.5亿次传播量领跑省级台剧综账号，贡献台内近六成流量。@奔跑吧、@王牌对王牌跻身台内账号流量前三，合计贡献超两成传播量。与2021年相比，@听说很好吃依托新一季节目内容传播量超2亿次，环比增幅达67.4%；@浙江卫视剧好看、@追星星的人、@中国好声音新晋亿级账号阵营。

上海台依托热门剧集、王牌综艺内容揽获短视频流量，有10个账号传播量过亿次；其中，@东方卫视以45.7亿次传播量位列省级台剧综账号第二，贡献台内65.8%传播量。@东方卫视跨年晚会传播量超2亿次，@剧耀东方、@极限挑战、@欢乐喜剧人、@东方卫视综艺稳居传播量亿级阵营。相较于2021年，多个账号新晋亿级阵营，其中@百视TV发布节目精彩片段、幕后趣事等内容，传播量上涨326.4%；@我们的歌、@打卡吧吃货团传播量升至过亿，分别为2021年的4.0倍、43.5倍；新节目账号@开播情景喜剧表现亮眼。

湖南台稳居剧综融合短视频传播指数前三，频道及节目账号均衡发力，超10个账号传播量过亿次。@湖南娱乐频道以超18亿次传播量居台内账号首位，@湖南卫视与@芒果TV位列台内前三，3个账号合计贡献台内近55%的流量。与2021年相比，@花儿与少年以新一季节目片段等内容揽获破2亿次传播量，新节目账号@你好星期六、音综节目账号@时光音乐会表现亮眼，跻身亿级传播阵营。值得关注的是，依托港乐竞唱献礼和婚礼节目的新账号@声生不息、@中国婚礼皆揽获近9000万次传播量。

天津台持续发挥情感类、求职类综艺节目优势，全年剧综短视频发布量位列省级台第二，3个账号传播量过亿次。@天津卫视以超8亿次传播量位列台内第一，发布量居省级台剧综短视频账号之首；老牌节目账号@非你莫属、@爱情保卫战皆获超 2 亿次传播量。

北京台以文化类、冰雪类综艺内容拉动短视频传播效果提升，剧综融合短视频传播指数升至第五。全年短视频发布量居省级台首位，达 22.8 万条，较 2021 年提升 331.8%，拉动传播量提升 190.8%。台内多个账号传播量过亿次，@北京卫视传播量领跑全台，较 2021 年上涨 92%；@北京台春晚（2022）、@北京卫视跨年晚会、@京城十二时辰跻身亿级传播量账号阵营。另外，北京台借助冬奥冰雪热点及文化综艺“新宇宙”赋能短视频传播，账号@飘雪的日子来看你、@博物馆之城皆揽获超 5000 万次传播量。

江苏台聚焦热播剧集、多元节目发力短视频传播，剧综短视频传播量位居省级台第四。@江苏卫视贡献台内超六成流量，发布内容多为热播剧及综艺节目片段；@江苏卫视跨年也以超 2 亿次传播量，跻身台内头部账号之列。相较于 2021 年，@荔枝剧给力进入亿级账号阵营，以剧集片段、剧评等内容拉动传播量提升；@闪闪发光的你关注职场体验内容，传播量为 2021 年的 13.5 倍。3 个新节目账号@2060 元音之境、@超有趣滑雪大会、@一起露营吧皆依托大屏节目资源，以元宇宙音乐会、冰雪趣玩、露营体验等短视频内容提升传播效果。

山东台借助传统文化创新节目汇聚流量，剧综融合短视频传播指数跻身前十位。台内剧综短视频发布量较 2021 年提升近 100%，带动传播量上涨。@山东卫视领跑全台，传播量较 2021 年上涨 67.7%，贡献台内 75% 的流量，发布内容主要为《黄河文化大会》《国学小名士》《戏宇宙》《求职高手》等文化及职场类节目片段。值得关注的是，@山东卫视在微博视频号发布的《戏宇宙》多条节目高光片段，如“00 后昆腔对话辛弃疾”“云赏花容”等短视频，以及《黄河文化大会》相关片段内容“笔画最多的字不是 biang 是 huang”，均在微博视频号揽获千万级传播量。

河南台短视频传播以传统文化、破圈节目相关内容揽获较高热度。以@河南卫视、@河南春晚官方为主力账号，合计贡献台内 85.7% 的流量。@河南卫视传播量领跑台内账号，发布内容主要为主持人文化分享系列短视频《大卫嘚吧嘚》、“中国节日”奇妙游系列、热播剧片段等。@河南春晚官方主要发布“中国节日”系列内容，揽获 1.8 亿次传播量。比如，@河南卫视在微博视频号发布“重阳奇妙游周笔畅原创国风新韵《辞青》”获得超八百万次传播量。

安徽台主力账号@安徽卫视、@闪耀安徽多发布热门剧集内容，两个账号合计贡献台内 87% 的传播量。老牌闯关综艺节目《男生女生向前冲》2022 年报名率上升，账号@男生女生向前冲在“花式报名梗”的火热带动下，揽获超两千万次的传播量，为 2021 年的 3.6 倍。安徽台短视频账号以“一起追剧”“精彩片段”等话题发布剧集剪辑内容揽获较高流量，如@闪耀安徽在快手发布电视剧《陪你漫步这个世界》女孩找父亲女友谈判片段，获超千万次传播量。

广东台剧综短视频全年发布量较2021年提升13.1%，带动传播量提升281.2%。主力账号@广东卫视发布内容以热播剧集片段为主，传播量为2021年的20.3倍；@国乐大典则以节目精彩片段揽获关注，账号传播量超六千万次，如在快手、抖音平台发布的《浑厚深沉的呼声，犹如千军万马呼啸而来》《山雀啼晓，并翅凌空，这是一段美丽的祝福》等多条短视频，均获得百万级传播量。

四　浙江台、江苏台剧综微博传播指数排名晋升，山东台跃居第六位

从省级台剧综融合微博（图文）传播指数看，5家省级台指数值超100，较2021年增加1家台。湖南台、浙江台、上海台居前三位（表6）。省级台剧综类微博账号中，15个账号互动量破千万次。其中，湖南台@你好星期六、浙江台@奔跑吧均以超6500万次互动量，领跑省级台剧综微博账号传播（表7）。

表6　2022年省级台剧综融合微博传播指数TOP 10台

序号	机构名称	序号	机构名称
1	湖南台	6	山东台
2	浙江台	7	安徽台
3	上海台	8	福建台
4	江苏台	9	河南台
5	北京台	10	湖北台

数据来源：CSM媒介研究。

表7　2022年剧综微博（图文）互动量TOP 10账号

单位：万次

序号	账号名称	播放量	序号	账号名称	播放量
1	@你好星期六	6805.4	6	@江苏卫视	1723.1
2	@奔跑吧	6591.0	7	@江苏卫视跨年	1513.9
3	@王牌对王牌	4614.9	8	@东方卫视	1477.9
4	@东方卫视跨年晚会	2115.8	9	@湖南卫视	1397.0
5	@乘风破浪的姐姐	1777.2	10	@向往的生活	1393.2

数据来源：CSM媒介研究。

湖南台蝉联省级台剧综融合微博传播指数首位，台内互动量千万级账号5个，

合计贡献超六成流量。台内节目账号多发布节目剪辑及动图等，@你好星期六贡献台内剧综微博35%的流量，取代@快乐大本营成为流量担当；@乘风破浪的姐姐以“回忆杀”拉动流量走高，账号互动量较2021年增长66.7%。

浙江台延续综N代节目的国民度和影响力，带动剧综融合微博传播指数升至第二位。@奔跑吧、@王牌对王牌两个账号合计互动量破亿次，贡献台内近六成流量；新节目账号@闪光的乐队、@三个少年、@无限超越班表现吸睛，合计互动量超2000万次。

上海台稳居剧综融合微博传播指数前三位，4个千万级互动量账号，合计贡献台内微博70.3%的流量。其中，@东方卫视跨年晚会微博账号以超2000万次的互动量领跑全台，主要发布晚会相关图文及视频。@东方卫视、@百视TV、@我们的歌3个节目账号互动量均超千万次，前两者聚合台内优质剧综资源，发布资讯、花絮及预告等，后者以经典歌曲演绎片段引发青春回忆。

江苏台剧综融合微博传播指数升至第四位，@江苏卫视、@江苏卫视跨年为台内主力账号，贡献台内近六成互动量。另外，3个节目账号@2060元音之境、@一起露营吧、@超有趣滑雪大会均以大屏节目精彩剪辑、花絮等，揽获超百万次互动量，跻身台内微博账号前列。

北京台稳居剧综融合微博传播指数前五位，主力账号@北京台春晚、@北京卫视合计互动量近2000万次，贡献台内超五成流量。文化类节目矩阵也是北京台剧综微博传播的重要助力，@书画里的中国揽获超200万次互动量，@博物馆之城、@最美中国戏、@最美中轴线等账号也获较高关注。另外，@暖暖的火锅、@运动者联濛等美食、冬奥相关节目账号，也跻身台内互动量前列。

山东台以春晚、国粹文化等内容撬动流量，带动剧综融合微博传播指数排名升至第6位。@山东卫视贡献台内微博互动量的93.6%，高流量内容主要为2022年山东台春晚节目单、舞台剧透等，相关内容贡献近半流量；账号同时发布《戏宇宙》《超级语文课》《黄河文化大会》等大屏节目片段，并结合二十四节气、传统节日等时间节点，以节目内容的再创作揽获高互动。

安徽台、河南台放大晚会内容传播声量，剧综融合微博传播指数排名跻身前十。安徽台两账号合计贡献全台91.5%的微博互动量。其中，@安徽卫视账号以热播剧片段、国剧盛典内容吸引关注；@出发吧去露营延续大屏户外体验节目热度，发布精彩片段、录制随拍等。河南台@河南卫视以超700万次互动量贡献台内超九成流量，2022河南春晚、国潮盛典、奇妙游系列等晚会内容贡献账号近半流量。

五　湖南台蝉联剧综微信传播指数首位，北京台升至第二，安徽台、山东台排名走高

省级台剧综类微信（公众号）账号中，9 个账号传播量破百万次，湖南台蝉联剧综微信传播指数首位（表 8）。其中，卫视账号占据 5 席，地面频道账号和栏目账号各占 2 席。

表 8　2022 年省级台剧综融合微信传播指数 TOP 10 台

序号	机构名称	序号	机构名称
1	湖南台	6	山东台
2	北京台	7	浙江台
3	上海台	8	河北台
4	安徽台	9	天津台
5	江苏台	10	广东台

数据来源：CSM 媒介研究。

湖南台延续剧综内容资源优势，蝉联剧综融合微信传播指数首位。2022 年湖南台剧综类微信传播量 400 万 +，主力账号@湖南卫视全年传播量 280 万 +，位列省级台剧综类微信账号之首，贡献台内超七成流量。

北京台剧综融合微信传播指数升至第二位，全年剧综类微信发布量居省级台之首。@北京台文艺频道、@北京卫视合计贡献 200 万 + 的传播量，占据全台近七成流量；其中@北京台文艺频道跻身传播量百万级账号阵营。

上海台、江苏台延续卫视账号传播优势，剧综融合微信传播指数稳居前五位。上海台@东方卫视剧综微信传播量达 270 万 +、居省级台账号第二位。江苏台@江苏卫视以 110 万 + 的传播量继续领跑，较 2021 年增长 21.7%，贡献台内近五成流量。

安徽台户外竞技类节目账号@男生女生向前冲全年微信传播量破百万次，是 2021 年的 2.3 倍，拉动全台传播总量提升，助力其剧综融合微信传播指数升至第四位。

山东台有两个百万级微信传播量账号，合力拉动其剧综微信传播指数升至第六位。@山东卫视、@山东电视综艺频道传播量皆破百万次，合计贡献台内 96.7% 的传播量；其中，@山东卫视以 210 万 + 传播量位列省级台剧综类微信账号第三。

浙江台主力账号@浙江卫视以多元化剧综内容揽获 180 万 + 微信传播量，贡献

台内近八成流量，助力浙江台稳居剧综融合微信传播指数前列。

河北台、天津台、广东台头部账号持续发力，带动剧综融合微信传播指数稳居前十位。其中，河北台节目账号@中华好诗词以140万+传播量贡献台内超九成流量；天津台地面频道账号@TJTV文艺频道传播量跃居台内首位，与2021年相比涨幅超60%；广东台主力账号@广东卫视贡献全台95.4%的流量。

六 探索“微”生态下的剧综创新点，多台试水微短剧、微综艺

近年来，长短视频平台纷纷瞄准中视频赛道，发布扶持计划、培养优质创作者，以此突围流量竞争，改善内容和商业生态。2022年12月，国家广播电视总局印发的《关于推动短剧创作繁荣发展的意见》明确提出，各电视台及所属新媒体要积极开展自制或主导制作短剧。2022年，部分省级台开启微短剧、微综艺的探索，湖南台、上海台、山东台、河南台、山西台、江苏台等聚焦历史性、文化性、生活性内容，以微叙事形式打造精品内容。

湖南台芒果TV聚焦中视频内容生产和消费业态推出“大芒计划”，现已开发大芒短剧、大芒轻综艺等内容厂牌，致力于打造芒系中短视频内容矩阵。2022年，芒果TV“大芒计划”推出的多部微短剧破圈传播，如《虚颜》《念念无明》传播量皆破6亿次；紧扣青春化、年轻化的战略定位，推出《去野吧！毛孩子》《寻找路人“假”》《逃离15天》等原创轻综艺，均揽获亿级传播量，持续反哺剧综内容生态。

上海台以百视TV为依托发力“百视短剧”，计划推出短剧剧场，涵盖古典文化、奇幻仙侠、现代悬疑、青春校园等不同垂类化剧集内容，已相继上线《山野异事》《我的反派夫君》等多部短剧；其中《我的反派夫君》入围2022年微博电视剧大赏年度短剧。另外，上海台联合普陀法院拍摄15集普法短剧《阿发的小目标》，聚焦婚纱照消费套路、恋爱财产纠纷、群租房陷阱等民法典案例，以喜剧和纪实风格普及法律常识，@剧耀东方、@看法等账号热播，获超千万次的播放量。

山东台围绕节气、民乐等主题，推出《二十四节气风物志》《有礼有乐》两部微综艺，试水微系列品牌内容。其中，微综艺《二十四节气风物志》融合古风、萌宠、京剧、说唱、戏曲等元素，花式体验奇妙节气习俗；《有礼有乐》用古典乐器演奏知名乐曲的方式，解锁鼓乐声里的中国新年。两档微综艺均在哔哩哔哩平台发布，内容形式贴合年轻用户的文化旨趣，凸显和传播中国文化之美。

山西台尝试推出微综艺《首席体验官》，以外国人的视角生动讲述走进山西的故

事，从生态文明建设、乡村振兴等方面，展现地域风光之美。同时，山西台和当地文旅局合作推出微短剧《心灵奇旅》，以短剧主角视角走进芮城永乐宫，瞻仰中国绘画的旷世之作。

河南台推出自制微综艺内容《中国节气》奇遇记系列，以风格轻松、带有科普性质的故事短片，讲述节气的内容寓意和物候特点、节气习俗等。

江苏台联动多方合作、探索人气网文改编短剧，台内网络产品部与番茄小说、乐华娱乐联合出品短剧《我的二分之一男友》，在腾讯视频上线后保持较高热度。

七　高流量剧综短视频：主旋律内容量质兼具，文化类内容“全面开花”

2022年，省级广电媒体紧扣党的二十大、北京冬奥会、香港回归25周年等重要节点，关注社会发展、现实生活、文化传承等领域创新输出剧集、综艺内容产品。从省级台剧综类短视频账号的内容发布与传播情况来看，主旋律内容量质兼具，文化类内容“全面开花”，综N代话题不断，怀旧情怀触抵人心。

主旋律内容兼具热度与品质。为喜迎二十大召开及庆祝香港回归祖国25周年，各省级广电机构在2022年相继推出题材多元的主旋律电视剧和综艺节目，如湖南台的竞唱献礼节目《声生不息·港乐季》采用港乐新唱的形式，完成港乐的新时代表达，节目相关多条短视频揽获百万级互动量；电视台剧综账号发布的《我们这十年》《县委大院》《人世间》《警察荣誉》《底线》等主旋律剧集相关短视频内容，均揽获较高流量。比如，上海台@东方卫视在快手平台发布的《我们这十年》相关短视频“志愿者金然的核酸检测呈阳性，她很害怕被带走，在‘大白’们的鼓励下上了转运车”，揽获935.5万次的传播量。

春晚及跨年晚会开启希望、传递温暖。2022年省级台春晚聚焦奋斗、家国、新时代等关键词，开启充满希望的虎年；2023年各台跨年晚会更多关注普通人，致敬各领域坚守和付出的人们，传递温暖和力量。从相关高流量短视频来看，春晚及晚会中致敬抗疫勇士、传授反诈诀窍、家乡旅程播报等多条节目相关内容引发共鸣、揽获流量。

文化“清流”全面开花、破圈传播。2022年文化类综艺热度不减，内容及形式不断创新，音乐、文博、旅游等各细分门类全面开花，成为省级台剧综融合传播的热门内容。比如，山东台《戏宇宙》《超级语文课》等多条节目短视频，揽获千万级传播量；北京台《博物馆之城》《最美中轴线第2季》等以有意思、有意义的节目短视频跻身流量前列；河南台以“中国节气”系列短视频吸引关注。

综N代热度不减、话题不断。2022年，综N代不断创新、持续霸屏，节目相关短视频也占据网端传播高地。《披荆斩棘》以大湾区哥哥的再次合体揽获高关注，《奔跑吧》也凭借超高国民吸引力和观众缘频上热搜榜单，《王牌对王牌》新一季立足社会生活、观照现实，相关短视频均获高关注。

“情怀牌”“治愈系”内容触发共鸣。从省级台剧综融合传播的高流量内容看，“情怀牌”“治愈系”节目掀起讨论热潮，相关短视频内容揽获较高流量。“0713再就业男团”引发全民选秀怀旧热潮，“经典歌手+代表作”勾起华语金曲记忆，户外露营及生活体验类节目让观众感受自然风景的疗愈力量，这些剧综内容相关的短视频以情怀共振、轻松治愈吸引关注。

深耕垂类聚流量，突破新兴趣圈层。省级台剧综深耕垂直领域，相关短视频突破兴趣圈层引发关注。《打卡吧吃货团》《暖暖的火锅》《听说很好吃》等皆以美食为切入点，高流量内容“烟火气”十足；《飘雪的日子来看你》《超有趣滑雪大会》《冰雪正当燃》等节目短视频结合冬奥冰雪热点，呈现趣味冰雪体验。《闪闪发光的你》《中国婚礼》《超脑少年团》《密室大逃脱》等则分别聚焦职场成长、婚姻情感、解密探案等，以特色化短视频内容持续吸引用户关注。

（作者：王蕾　田园　安帅腾）

2022年城市广电新闻融合发展洞察

2022年全国各级广电媒体融合工作进一步向纵深发展，打造新型主流媒体集群成为融合转型的重要目标。面对行业体制改革，大量城市级广电机构在保证传统广播、电视新闻传播工作的同时，也广泛地将内容扩展到短视频、微信、微博、自有客户端等新型传播渠道上，全方位地满足受众多平台的新闻需求。CSM媒介研究城市广电媒体新闻融合指数显示，2022年全国城市广电新闻融合水平进一步提升，整体市场竞争格局已基本稳固；头部城市台融合传播实力强劲，品牌账号多平台传播效果已达较高水平。

CSM城市广电新闻融合指数是对39个地市级广播电视台，以新闻内容为主的微信、微博、短视频账号进行的综合性评估。与往年不同，2022年CSM城市新闻融合指数将微信视频账号纳入监测，拓展了短视频平台；同时也增加广播电台的新媒体品牌账号，进一步完善了城市广电媒体融合评估体系。

一　整体市场新闻融合传播水平

1. 新闻融合账号发布与传播概况

在媒体融合的浪潮下，城市广电媒体融合已进入实质性深入探索阶段，城市台新媒体账号不断更迭、优化，逐渐从主持人、频道/频率、栏目自发创作等，向中心化、集团化运营转换。2022年CSM监测的39个城市广电机构的短视频、微信、微博新闻类账号超1400个，全年累计发布量超过270.9万条，日均发布7400多条。其中短视频平台总发布量138.9万条，占比为51.3%；微博平台文章81.9万条，占比为30.2%；微信平台文章发布量50.1万条，占比为18.5%。

从传播量来看，微信、微博、短视频全年累计传播量超581.7亿次，日均传播量超1.6亿次；其中短视频平台承担95.5%的传播量，传播量超过555.6亿次；微信传播量25.5亿次，仅占4.4%。

从互动量来看，微信、微博、短视频全年累计互动量达32.1亿次，日均互动量超过879.5万次；其中97.8%的互动量由短视频贡献，微博互动量约6000万次，占比为1.9%。

短视频平台传播量、互动量占比首屈一指，凸显出城市广电机构立足当下，更趋于用最能发挥电视竞争力的动态新闻方式来传递新闻信息，电视台利用电视媒体的人才、技术等自身资源“玩转”短视频新闻具有较大的专业优势（表1）。

表1 2022年城市台新闻融合账号发布量、传播量和互动量在不同平台的分布

平台	总量			占比（%）		
	发布量（万条）	传播量（亿次）	互动量（亿次）	发布量	传播量	互动量
短视频	138.9	555.6	31.4	51.3	95.5	97.8
微信	50.1	25.5	0.1	18.5	4.4	0.3
微博	81.9	0.6	0.6	30.2	0.1	1.9

2. 城市新闻融合竞争格局基本稳固，马太效应依旧

2022年城市广电机构媒体融合工作进一步向纵深发展，媒体融合转型已进入深水区，打造新型主流媒体集群成为融合转型的重要目标。2022年城市台新闻融合竞争格局已经基本稳固，4个头部城市台优势依旧，融合表现远高于中尾部，两极分化的“马太效应”格局依然存在。具体来看，39家城市台中只有深圳广播电影电视集团、广州市广播电视台、杭州文化广播电视集团、苏州广播电视总台这4个城市台处于第一梯队，新闻融合竞争力较强且实力接近；其次是青岛市广播电视台、济南广播电视台、佛山电视台、成都广播电视台、南京广播电视集团、长沙广播电视台、合肥市广播电视台、大连广播电视台、厦门广播电视集团，这9家城市台新闻融合指数均超过平均水平处于第二梯队，新闻融合水平十分接近且仍有发力空间；除此之外，仍有近七成城市台的媒体融合指数低于平均水平，新闻融合水平处于弱势竞争位置，大量城市台成为“沉默的螺旋”堆积在尾部，中尾部城市台有待进一步扩展市场、提高竞争力。

值得注意的是，2022年更多的城市台参与新闻融媒竞争，下半年指数均值较上半年有所提升，第二梯队城市台新闻融合表现提升尤为明显；越来越多城市台蓄势待发，促使城市广电新闻融合水平进一步提升（图1）。

从全年媒体融合综合表现来看，南方区域的城市台新闻融合表现更为突出。深圳广播电影电视集团、广州市广播电视台、杭州文化广播电视集团、苏州广播电视总台这4个城市台在大小屏的媒体融合指数中均超过75，以较强的媒体融合竞争力脱颖而出；青岛市广播电视台、济南广播电视台、佛山电视台、成都广播电视台、南京广播电视集团、长沙广播电视台等位列第4～10。在移动新媒体方面，杭州文化广播电视集团遥遥领先，以近102的移动网络指数荣登榜首，展现出强劲的新媒体

竞争实力；其次是深圳广播电影电视集团，移动网络指数超过 80，也具有较强的融媒竞争实力；成都广播电视台、苏州广播电视总台、青岛市广播电视台、长沙广播电视台、南京广播电视集团这 5 个台移动网络指数也均超 60，位列移动网络指数榜第 3～7，显露出较强的融媒实力（表 2）。

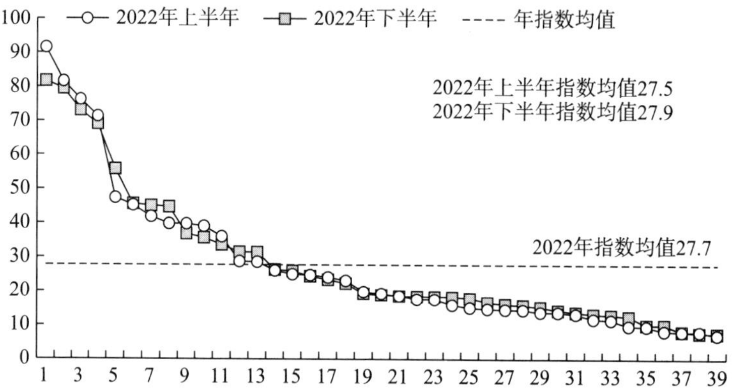

图 1　2022 年 39 个城市台新闻融合传播指数

数据来源：CSM 媒介研究。

表 2　2022 年城市电视台的融媒指数表现

电视台	新闻融合传播指数	电视台	移动网络指数
深圳广播电影电视集团	82.3	杭州文化广播电视集团	101.8
广州市广播电视台	79.0	深圳广播电影电视集团	82.7
杭州文化广播电视集团	75.4	成都广播电视台	66.8
苏州广播电视总台	75.4	苏州广播电视总台	66.5
青岛市广播电视台	51.5	青岛市广播电视台	65.6
济南广播电视台	43.4	长沙广播电视台	65.0
佛山电视台	42.7	南京广播电视集团	64.0
成都广播电视台	42.2	佛山电视台	57.2
南京广播电视集团	39.4	合肥市广播电视台	50.5
长沙广播电视台	37.9	广州市广播电视台	46.7

二　城市广电在各新媒体平台新闻融合表现

在全媒体时代背景下，城市广电媒体主动借助新媒体资源的优势进行联动合作，积极扩展新传播渠道；各城市台利用电视媒体的人才、技术等自身资源优势有的放矢，多元布局新媒体平台，全面实现台、网的深度融合。目前城市台多平台布局初见成效，在不同新媒体赛道构筑独有的头部矩阵，有效提升了媒体融合的竞争实力。

短视频凭借着短、平、快的特征和丰富的内容呈现受到城市广电机构的重视，2022年城市台在短视频平台的布局更为充分。从短视频融媒指数来看，超过四成的城市台（16家）短视频指数超过了均值（25.7）。其中成都广播电视台和南京广播电视集团处于领跑地位，其短视频指数超过85；佛山、青岛、广州、长沙、合肥、深圳和苏州这7个城市的城市台构成了第二矩阵，短视频指数均超50；郑州、沈阳、武汉、南宁、南昌、济南、兰州7个城市的城市台紧随其后，短视频指数也都超过了均值。

近几年在短视频浪潮的推动下，短视频领域也涌现了不少城市台的优质账号，各城市台在短视频单平台的表现也各有差异。如成都广播电视台在多个短视频平台均表现优异，短视频单平台指数排名均位列前五，其平台账号“云上深夜快递”“成视评论”“神鸟资讯”等表现突出；苏州、南京、佛山、青岛、长沙、广州、合肥等城市的城市台在单一短视频平台同样有出色的表现。从具体平台来看，在抖音平台，南京、苏州、南宁、成都、佛山（电视）、青岛这6个城市的城市台单平台指数均超90，处于领先优势；“新闻夜班”“南京广播电视台”“名城苏州小鱼视频”“云上深夜快递”等账号表现出色，位列单平台互动量前五，累计互动量均超1亿次；南京、佛山（电视）、广州、成都、合肥这5个城市的城市台在快手平台成绩优异，有“南京广播电视台”“醒目视频”“广州交通电台”“合肥交通广播”“云上深夜快递”等优质账号；成都、合肥、长沙、深圳、郑州这5个城市的城市台在今日头条/西瓜视频表现出色，优质账号有“云上深夜快递”“合肥交通广播”“星视频”“深圳卫视直播港澳台”“郑州经济广播”等；长沙广播电视台在腾讯新闻平台最为领先，“星视频”账号以超19亿次的传播总量位居单平台第一，传播表现十分突出；佛山（电视）、成都、青岛这3个城市台在微信视频平台表现突出，“小强热线”“神鸟知讯”等账号表现优异。

微信平台是媒体融合传播的主要途径之一，也是城市台新闻传播拓展的核心。2022年共有13家城市台的微信指数超过了均值（52.9），占比为33.3%。杭州文化广播电视集团在公众号的传播表现一枝独秀，微信指数高达313.5，远超其他城市台，显露出极强的竞争优势。深入研究发现，杭州台之所以在微信平台指数最高，主要源自其品牌账号的高发布量与高传播量，该台全年累计发布微信文章超2.8万篇，阅读总量近5亿次；其旗下的“杭州交通918”账号表现十分优异，该账号阅读总量超4.4亿次，为本台贡献了90%的阅读量。其次是深圳、苏州、大连、济南这4个城市的城市台，微信指数均超过100，属于第二方队。

微博平台是城市台的网络舆论重地。2022年有10家城市台微博指数超过了均值（20.3），占比25.6%。其中，长沙广播电视台和深圳广播电影电视集团在微博平台传播中占有优势，微博指数分别为200.7和124.2，属于第一阵营；其次是成都、青岛、杭州、苏州、昆明、厦门、无锡、武汉这8个城市的城市台，微博指数均超平均水平，属于第二阵营（图 2）。在众多的微博账号中，长沙广播电视台的“星视频”账号位居单平台互动量榜首，该账号依托丰富的内容资源库，发布内容多为社会热议话题事件及高流量热点事件，全年互动总量超 3000 万次。

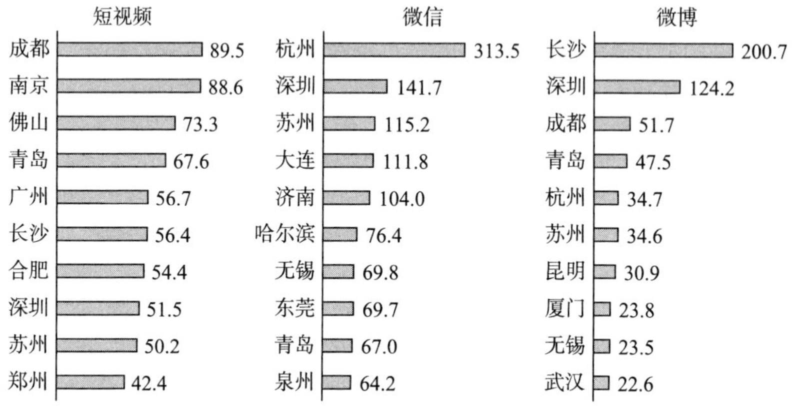

图 2　2022 年不同城市的广电机构在不同新媒体平台新闻融合传播指数 TOP 10

三　城市广电新闻类账号传播表现

1. 各平台头部账号传播量已达较高水平，部分账号粉丝量上千万

随着媒体融合的纵深推进，各新媒体平台账号也持续深度渗透和迭代增长。在短视频领域，2022 年在抖音、快手、今日头条/西瓜视频、腾讯新闻、微信视频这 5 个短视频平台活跃的城市台新闻类账号超 800 个，全年短视频传播总量达 555.6 亿次，其中传播总量排前十名的账号贡献了 65.7% 的流量，头部品牌账号传播表现已达较高水平。粗略统计，2022 年有 14 个城市台账号短视频传播总量超 10 亿次，其中品牌账号“南京广播电视台”短视频传播总量高达 68.2 亿次，日均传播量超 1868 万次，位居短视频领域传播总量榜首；合肥市广播电视台账号“合肥交通广播”紧随其后，短视频传播总量约 60.9 亿次，日均传播量约 1668.5 万次；成都广播电视台的“云上深夜快递”、佛山电视台的“醒目视频”等账号日均传播量也超 1000 万次，展现出品牌账号较强的吸引力。除此之外，短视频账号粉丝聚合力也十分占优，部分账号短视频平台粉丝总量超千万人，千万级品牌大号逐渐崛起（表 3）。

表 3　2022 年城市台短视频平台高传播量账号 TOP 10

序号	账号名称	日均传播量（万次）	粉丝总量（万人）
1	南京广播电视台	1868.4	1953.1
2	合肥交通广播	1668.5	911.3

续表

序号	账号名称	日均传播量（万次）	粉丝总量（万人）
3	云上深夜快递	1341.1	1082.7
4	醒目视频	1047.5	917.1
5	星视频	852.8	602.6
6	小强热线	778.1	348.8
7	郑州经济广播	658.3	687.8
8	直播南京	631.7	745.7
9	南宁广播电视台	613.9	352.9
10	广州交通电台	540.3	847.6

数据来源：CSM 媒介研究。

在“两微”平台，城市台头部品牌账号也创造了较高的传播热度。在微信平台，2022 年“杭州交通 918”、“新闻大连”和“东莞阳光网”等微信公众号，全年传播总量均超 1 亿次。其中“杭州交通 918”日均传播量超 122 万次，阅读量 10 万 + 的文章有 1557 篇；“新闻大连”和“东莞阳光网”日均传播量分别为 43.0 万次和 27.7 万次，阅读量超 10 万 + 的文章分别有 768 篇和 353 篇，均为本台传播热度做出了突出贡献（表 4）。在微博平台，“星视频”“深圳卫视”“点时新闻”等账号在用户“转评赞”的互动行为上同样成绩突出，单平台账号粉丝量也均超百万人（表 5）。

表 4　2022 年城市台微信平台高传播量账号 TOP 3

序号	账号名称	日均传播量（万次）	阅读量 10 万 + 的文章（篇）
1	杭州交通 918	122.2	1557
2	新闻大连	43.0	768
3	东莞阳光网	27.7	353

数据来源：CSM 媒介研究。

表 5　2022 年城市台微博平台高互动量账号 TOP 3

序号	账号名称	互动量（万次）	粉丝量（万人）
1	星视频	8.2	184.5
2	深圳卫视	2.3	998.5
3	点时新闻	0.6	150.9

数据来源：CSM 媒介研究。

2. 品牌账号多平台规模化运营日渐成熟

伴随着媒体融合进入深水区，广电媒体也在不断地调整、优化运营策略。城市广电机构为了在新闻融合竞争中占据优势，通常会采用品牌账号多平台联动、规模化分发的策略；一方面“横向打通”，即同一个品牌账号横跨多个新媒体平台，同时发布相同内容、统一发声，形成内部节奏统一、外部声量共振的良好传播效果；另一方面“纵向深耕”，即品牌账号在多平台分发内容的同时，也根据自身特征选择侧重平台的发布思路。伴随媒体融合的深度推进，城市台也在各自的新媒体平台逐渐形成了头部品牌账号，在内容运营和平台发布格局方面也形成了风格化的特征。

城市广电机构新闻融合账号主要包括综合类集团账号、台级账号、频道/频率账号、电视/广播栏目以及新闻点评类账号等，不同等级账号在新媒体平台发布量的格局也存在差异。例如，台级账号成都广播电视台“看度”系列账号与苏州广播电视总台“名城苏州小鱼视频”账号均以微博平台为主要舆论阵地，发布量占比超三成，抖音、快手等短视频平台发布量均衡；集团品牌账号长沙广播电视台的“星视频”在腾讯新闻倾注了近四成的内容发布量，在今日头条与微博占比近1/4。长沙广播电视台频道账号“长沙政法频道”在微信、微博、腾讯新闻平台发布量较接近；而杭州文化广播电视集团频率账号“杭州交通918”则主要倚重微信平台，发布量占比超40%。品牌栏目类账号短视频平台发布量较均衡，如成都广播电视台的“云上深夜快递”和佛山电视台的“小强热线”，在抖音、快手、今日头条等平台发布量占比十分接近（图3）。城市台针对不同等级品牌账号，在新闻内容“生产力”方面多层次、差异化布局，使新闻内容获得更大的传播率和渗透率。

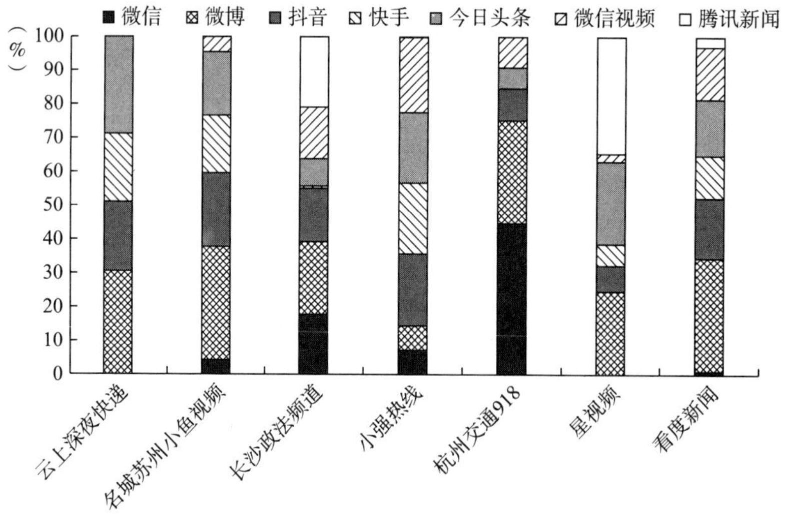

图3　2022年部分城市台账号在不同短视频平台的月均发布量

数据来源：CSM媒介研究。

3. 本地新闻、交通广播频率新媒体表现突出

在媒体体制改革、广播和电视合并的背景下，为了更全面、更精准地评估城市台媒体融合传播实力，2022年城市新闻融合评估体系新增了广播电台新闻类账号。

2022 年新增短视频、微信、微博城市广播电台新闻类账号约有 500 个，其中属于交通、新闻、经济类频率的账号约 350 个，占广播电台新闻类账号总量的 70%，且为广播类新闻账号贡献超过 97% 的传播量，成为广播新媒体传播贡献的主要力量。

从移动网络指数细分机构来看，杭州文化广播电视集团、合肥市广播电视台、青岛市广播电视台、郑州广播电视台等部分城市台本地热门广播新媒体表现比较突出，其广播新媒体指数均高于电视新媒体指数。例如杭州文化广播电视集团，广播新媒体指数为 94.6，电视/综合新媒体指数仅为 21.0，其广播新媒体指数遥遥领先于其他城市台；其次是合肥市广播电视台与青岛市广播电视台，广播新媒体指数均为 49.7，均高于其电视/综合新媒体指数，郑州广播电视台亦是如此（图 4）。细究发现，广播新媒体指数较高的城市台本地强势频率新媒体传播十分优异，尤以交通、新闻频率更优。例如账号“杭州交通广播 918”，在微信、微博、短视频平台全年传播总量为 4.8 亿次，为杭州文化广播电视集团贡献了 34.9% 的传播量；账号“合肥交通广播”全媒体平台传播总量高达 61 亿次，为合肥市广播电视台贡献了 98.2% 的传播量；除此之外，“青岛文艺广播（私家车 964）”“郑州经济广播”“广州交通电台”等账号传播效果也十分优异，均为本台新媒体传播贡献超 30% 的传播量。

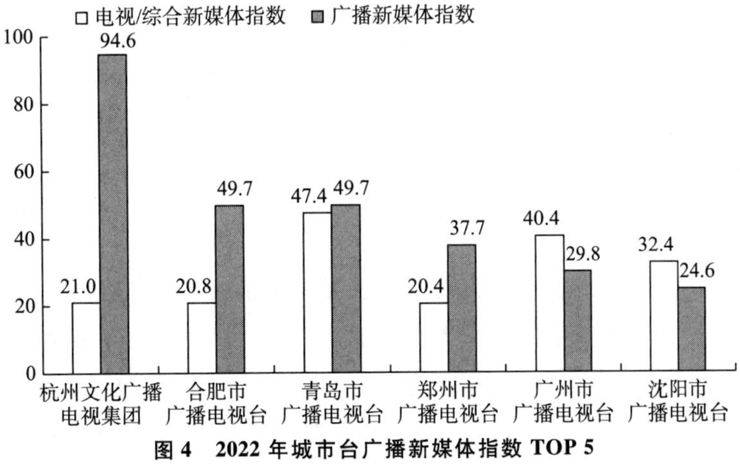

图 4 2022 年城市台广播新媒体指数 TOP 5

数据来源：CSM 媒介研究。

四 分平台热点内容传播特点

从内容层面来看，2022 年城市台账号在新媒体端投放的优质内容主要集中在社会热点新闻事件及本地民生资讯。依托于不同平台的特质，短视频优质账号更多关注全社会层面的阶段性热点事件；城市广电公众号更多立足于本地新闻、民生热点、政府资讯等；微博基于其社交舆论属性，社会热议话题、高流量热点事件更易在短时期内迅速形成舆论爆点。

短视频平台重大社会议题和热点话题更易掀起阶段性传播高点。例如 2022 年北京冬季奥运会、俄乌冲突、“3·21” 东航事故、2022 年高考、佩洛西窜访台湾等事件均在城市广电新闻短视频账号产生阶段性传播高点。粗略统计，含有“北京冬奥”相关关键词的短视频总发布量超 1.6 万条，总传播量超 5.1 亿次；涉及“佩洛西窜访台湾”关键词短视频发布总量超 1.3 万次，总传播量超 8.8 亿次；除此之外，涉及“俄乌冲突”“新冠疫情”“卡塔尔世界杯”“唐山打人事件”等关键词的短视频传播表现也十分突出（图 5）。

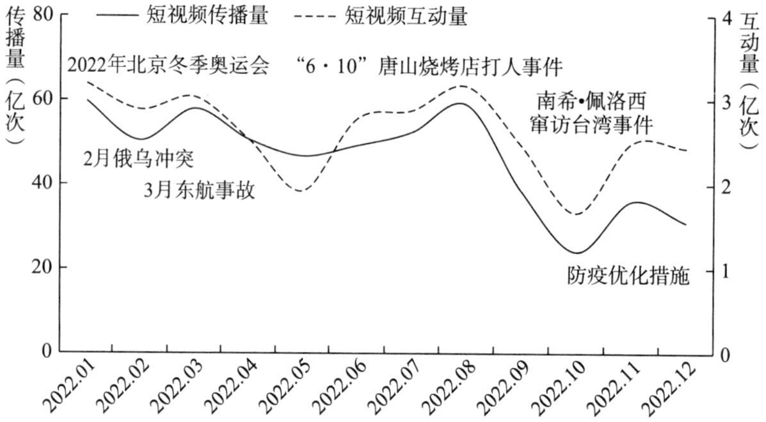

图 5　2022 年大事件对短视频传播量的影响

数据来源：CSM 媒介研究。

微信平台依然是抓住本地用户的主要阵地。城市台品牌账号利用微信平台传播本地重要资讯的同时，不断增强本地服务以提升核心用户黏性。如公众号“杭州交通 918”，作为杭州本地的强势交通频率，在提供基本资讯服务的同时，更专注于做好本地服务，包括民生帮忙、出行查询、购物商场、驾校报名等多种便民内容；该账号利用频率自身的社会影响力与公信力，以服务为卖点，强化本地核心用户的黏性，彻底实现了线上线下、传统与新媒体的融合传播。大连广播电视台“新闻大连”账号在微信平台同样取得了出色的传播效果，在全国城市台新闻类微信账号中排名第二；与账号“杭州交通 918”相似，“新闻大连”也将便民服务放在重要位置，在公众号嵌入“行游大连”小程序，为公众提供“吃、住、行、游、购、娱”一站式旅游服务。除此之外，东莞广播电视台公众号“东莞阳光网”在提供大量本地生活资讯的同时，也更注重账号的便民性功能，如春运期间提供“返莞拼车”服务。

微博作为互动环境下的主要舆论战场，新颖、奇特的话题事件更易引起受众的热议。以长沙台为例，2022 年其微博指数居首位，主账号“星视频”“长沙政法频道”表现较为突出。长沙广电品牌账号“星视频”在微博每日发布48条内容，全年获得微博用户互动3190万次，位列全国城市台新闻类微博账号第一；该账号以民生类短视频为核心内容，在微博平台利用“热门话题”，将受众注意力集中在高话题性新闻，引发微博用户热烈讨论。全年发布含热门话题的微博内容占总发布量的80.3%，其中大部分为自主创建的话题，时有登上微博热搜，为账号热门内容的推广助力。同时，账号配合热点新闻发布相关话题投票，进一步强化话题热度与深度，促进内容二次传播。

结 语

2023年，我国媒体融合战略累足成步，即将走到第一个十年。纵观城市广电媒体融合发展进程，城市广电机构媒体融合发展已初显成效，城市台媒体融合逐渐步入“自我革命”深度融合阶段。然而，城市广电媒体深度融合虽取得了新进展、新成效，但也面临诸多困难和问题，如体制机制改革不够深入、平台竞争力不强、人才队伍支撑不足、技术创新引领不够、经营转型滞后等。未来城市广电要推动媒体融合进入更深层次、更高境界的新型主流媒体建设新阶段，需构建强大的内容资源库，选题策划前置；内容上引领舆论方向，走出民生题材“舒适圈”；洞悉社会情感，深度挖掘各级区域新闻，使得新闻更鲜活有温度；同时积极利用新技术赋能，提高新闻内容传播率和渗透率，使其新闻融合工作获得长足发展。

（作者：张晶晶）

2022年短视频用户价值研究

短视频行业保持高速发展，不断实现内容优化、渠道拓展、营销创新等。作为连续开展五年的调查，中国广视索福瑞媒介研究（以下简称CSM媒介研究）2022年短视频用户调查在聚焦短视频用户群像、用户使用行为及习惯、内容偏好及需求、平台使用及评价、短视频营销变现、短视频与融媒体传播六个方面的基础上，对微短剧、情感婚恋、美食、法治等热点垂类内容开展了专项调研。本文基于CSM媒介研究2022年短视频用户价值调研数据，深入解读当下短视频用户生态，最大化挖掘用户价值。同时，聚焦电视媒体短视频的用户接触及体验，为媒体融合发展提供支持。

一　用户增长红利加速消退，用户结构变化蕴含新的市场创新空间

短视频用户规模高速扩大的流量红利正在加速退去，2022年上半年，短视频用户渗透率升至93.2%；但用户数量增速明显放缓，增幅从2021年的9.3%降至6.4%。行业存量化竞争持续加剧，深挖存量用户价值成为发展关键之一。

短视频全民化特征进一步凸显，在人口老龄化加快的背景下，用户结构变化引发的新需求蕴含市场创新空间。短视频用户结构趋于稳定，各年龄段占比基本与2021年持平。年轻用户数量经历数年高增长后增速触顶，40岁以下用户规模在保持扩大的同时，占比较2018年下降近20个百分点。40岁成为用户年龄结构的“分水岭”，40岁以下同40岁及以上的用户各占半壁江山（表1）。

值得关注的是，50岁以上用户构筑显著增量，占比较2018年增长17.5个百分点；其中50～59岁用户更是主要增量。60岁及以上短视频用户占比升至11.7%，与网民结构中12.0%的老年用户占比接近，但仍低于全国老年人口比例；国家统计局数据显示，2021年我国60岁及以上人口数量占比为18.9%。

表 1　2022 年短视频用户年龄结构（占比）

单位：%

年份	10～19 岁	20～29 岁	30～39 岁	40～49 岁	50～59 岁	60 岁及以上
短视频用户结构	13.7	18.0	21.1	19.2	16.4	11.7

数据来源：CSM 媒介研究。

短视频用户使用黏性不断增强，日均观看时长持续上涨至 90 分钟，较 2021 年增加 3 分钟，增速明显趋缓，注意力争夺更加激烈。同时，近六成用户预期观看短视频的时长增加，其中 50～59 岁用户预期观看增加的比例最高，成为观看时长增长的主力群体。关注社会发展中的用户需求变化，基于不同用户群体挖掘发展机遇，将有助于短视频行业进一步深化内容价值、提高运营效率、提升服务水平。

二　全民化联结加深，拉动用户高黏性、深社交、强互动使用，短视频传播的多元功能更加嵌合数字生活

短视频持续渗透生活多元场景、强力拼接时光碎片，拉动用户高黏性、深社交、强互动使用，用户联结进一步深化。具体来看，将短视频作为晚间“睡前伴侣”的用户占比趋稳，占六成，午休时观看短视频的用户占比超四成；选择在排队/等候、乘坐交通工具、吃饭用餐时等场景观看短视频的用户占比均接近四成，皆为活跃的观看和使用场景。此外，近 1/4 的短视频用户在早上醒来后就会选择观看短视频（表 2）；边看电视边刷短视频的用户占比连年上升，但较 2021 年增速趋缓。

表 2　用户观看短视频的场景（用户占比）

单位：%

观看场景	用户占比
晚上睡觉前	60.3
午休时	44.3
排队/等候	38.5
乘坐交通工具	38.1
吃饭用餐时	36.6
上卫生间	36.0
早上醒来后	23.9
其他空闲时	23.4
看电视时	21.2

数据来源：CSM 媒介研究。

与此同时，近九成短视频用户表示，2022 年上半年，观看短视频时社交互动参与更多、电商购物更加频繁，同时更倾向于简约高效的观看方式。具体来看，56.9%的短视频用户追求简约高效的观看方式，“倍速播放”“特定专区观看”“开启特定模式”“减少权限获取”让用户简约高效地观看到更多内容，提高个人的内容汲取密度。48.9%的用户社交互动方式增加，主要为与他人互动变多，使用新的互动功能。随着短视频平台不断升级电商服务，44.1%的短视频用户在短视频客户端上购物变多，边看边购物越来越方便，电商购物无形中增加了用户打开短视频客户端的次数，未来或成用户留存的利器。

上述用户观看及使用行为的变化，折射出短视频不断联通社会资源、深化休闲娱乐、资讯获取、生活服务、文化传播、购物消费等多元功能的发展特点。在 2022 年调查的预设场景中，42.6%的网民选择短视频作为周末闲暇时光的“唯一消闲媒介”，仍居于各视听媒介首位。同时，近八成用户观看新闻短视频，获取资讯信息；近六成用户在短视频平台有过购买商品或服务的行为；还有超 1/3 的用户为知识短视频付费。

短视频传播的多元化功能满足了用户更多的情感及社交需求。尽管“释放压力，放松休闲”“增长见识，开拓视野”仍是用户观看短视频的两大首要动机，但用户选择比例较 2021 年有所下降。在国内多地疫情反复的情况下，用户观看短视频时的社交互动、情感慰藉诉求凸显，如“寻求精神和情感寄托”的用户占比从 2021 年的 18.8%提升至 2022 年的 28.0%（表 3）；“向他人转发或分享有趣的内容”和“陪家人和身边的人看，增进感情”的用户占比皆有提升。

表 3　2021～2022 年短视频用户观看动机（用户占比）

单位：%

观看动机	2021 年	2022 年
释放压力，放松休闲	61.2	39.5↓
增长见识，开拓视野	50.2	34.8↓
学习实用技能、生活常识	44.2	30.7↓
填补空余时间	40.5	33.3↓
获取新闻资讯，了解最新动态	32.2	32.8
提供聊天话题和内容	29.0	24.3
向他人转发或分享有趣的内容	23.2	27.1↑
关注明星、达人	18.8	20.3
寻求精神和情感寄托	18.8	28.0↑
陪家人和身边的人看，增进感情	13.1	22.3↑

续表

观看动机	2021 年	2022 年
工作/学习需要	11.0	20.0
获得积分/现金奖励	—	18.7

注：标注“—”为 2022 年新增选项，2021 年无对应数据。
数据来源：CSM 媒介研究。

随着短视频在社会文化及经济生活中所承载功能的进一步强化，短视频将成为用户构建个性化数字生活圈的深度参与介质。

三 短视频内容评价稳步提升，平台购物及达人认可率走高

伴随 2022 年“清朗”系列专项行动持续开展，短视频行业呈现健康、活跃的发展态势。在政策监管、行业规制与平台自律的多方联动下，贯穿短视频内容生产、传播运营、营销变现、服务等各环节的良性发展格局正在形成。

一方面，短视频内容生态进一步改善，用户评价稳步提升。2022 年调查显示，用户对短视频内容的评分升至“良好线”（3.74 分），内容丰富、新颖有趣、更新及时仍是用户对短视频内容评价最高的三个维度；重大/热点事件内容、内容实用这两个 2022 年调查的新增选项皆获得用户高认同，占比均超七成。同时，65.8% 的用户认为短视频中“涉及个人隐私的内容减少”（表 4），比 2021 年提升了 10 个百分点。值得关注的是，“内容有深度”的评价为 2020～2022 年调查占比最低值。用户对短视频内容深度性的高需求，将衍生出对优质、精品内容的更高期待。

表 4 2022 年短视频用户对当前短视频内容的评价（选择“比较认同”及“非常认同”的用户比例）

单位：%

内容评价	用户占比
内容丰富	77.9
内容新颖有趣	75.8
内容更新及时	75.1
重大及热点事件内容	74.7
内容实用	71.5
内容有原创性	69.7
内容健康	69.7
内容正能量	69.7
涉及个人隐私的内容减少	65.8

续表

内容评价	用户占比
内容真实	61.0
内容有深度	38.1↓
总是看到不同的内容	12.5

数据来源：CSM 媒介研究。

另一方面，平台不断优化用户使用体验，持续获得用户高评价。2022 年调查显示，用户对最经常使用的短视频平台整体评分为 4.23 分，保持在较高水平。其中，“功能全面”的评价居首位；购物体验、达人生态方面的评分有所提升，成为维持平台评价稳定的重要因素；“个人隐私信息保护”相较于其他的用户评价项，仍需平台继续加力。另外，2022 年调查重点关注了短视频平台加码竞逐的本地服务业务，认可最常用平台“提供本地服务”的用户占比约为四成。平台从用户需求出发，搭建本地服务，强服务性和本地化特点进一步凸显。

四　多元垂类持续深入生活场，实用及服务性带动长线发展韧性，硬核及主流化内容更具强引力

多元垂类深入生活场，用户从中获取实用、有价值的信息，从而产生更强的使用黏性。从短视频内容类型看，泛资讯、泛生活保持热度，泛知识进一步升温，实用性、服务性垂类内容获得用户持续高关注。本次调查涉及的 31 个内容类型中，生活技巧、生活记录、社会记录、自然地理/历史人文、知识科普占据短视频用户偏好 TOP 5（图 1）。相比 2021 年，用户对购物分享、新闻、健康/养生、名人传记/讲座内容的偏好占比提高，帮助用户省钱、保持健康、获取资讯的短视频内容渐受青睐。而个人秀、幽默搞笑内容在近五年调查中，用户偏好占比持续下降，均未进入 TOP 5。

对于“过去半年最经常使用的短视频平台”的内容期待调查显示，用户希望增加主流化、硬核内容传播。对于最经常使用的平台，近四成短视频用户表示希望更多看到“重大报道/热点事件内容”，其次是“最新国际局势/动态”，用户占比分别为 37.2%、34.7%，主流化内容在短视频平台的传播价值日益凸显。“轻松娱乐内容”也较受欢迎，希望更多看到此类内容的用户占比为 34.0%。此外，希望更多看到科技发展动态、知识/文化类内容的用户占比也均超过 30%，垂直化、专业化内容或将拓宽更大的发展空间。

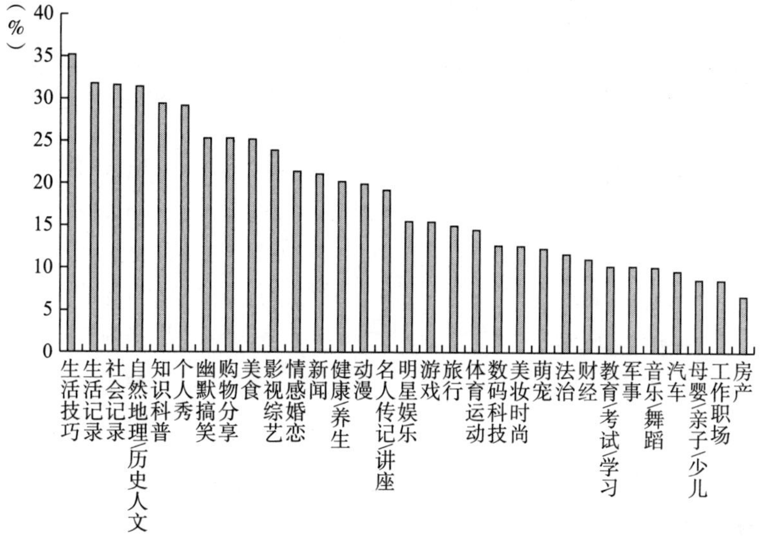

图1 短视频用户喜欢观看的内容类型（用户占比）

数据来源：CSM 媒介研究。

2022 年针对重点垂类的调查显示，美食、婚恋情感、法治等内容类型吸引不同圈层用户群体关注，看过相关内容的用户占比分别为 79.3%、65.1% 和 56.1%。对于美食短视频，用户最感兴趣的内容主要为美食烹饪/教学、美食测评、美食探店三类，用户占比皆超 35%，美食烹饪教学及美食测评、美食探店类短视频以贴近生活的实用信息激活用户骨子里的“吃货基因”。看过美食类短视频后，美食本身的吸引力、美食品质及价格，是影响 73.1% 的用户购买转化的直接原因；而制作及购买的便利性，也是约七成用户考虑购买的重要因素。对于法治类短视频，知识科普、典型案例、观点表达是用户对法治内容的偏好类型，媒体类、专家型法治短视频账号获广泛关注。对于情感类短视频，情感解惑、轻松治愈是用户观看情感婚恋类短视频的主要诉求，低龄用户更热衷嗑 CP，中青年用户则寻求情感共鸣和抚慰。

五 共创共享共荣不断深化，创作者经济加速崛起，用户偏好撬动短视频“长化”布局

参与短视频内容生产的个人与机构数量持续增长，内容共创更趋活跃。过去半年，发布过自制短视频的用户比例持续攀升至 46.9%，其中超 1/5 用户发布自制上传内容是与专业人员/机构合作完成的。生活记录、填补空闲时间仍为用户创作短视频的主因，享受创作成就感、展示自我获关注及表达个人观点同样驱动创作欲；获取收益激励近 1/4 用户参与创作（表 5），创作者经济加速崛起。

表 5　短视频用户自制/上传短视频的原因（用户占比）

单位：%

自制/上传短视频的原因	用户占比
记录生活	46.5
填补空闲时间	42.3
享受创作成就感	40.6
展示自我获关注	33.4↑
表达个人观点	31.2
和他人互动交流	28.7
分享一手素材	23.5
获取收益	22.4↑
工作需要/要求	16.0

数据来源：CSM 媒介研究。

创作者持续推动短视频内容生态的探索与创新，而用户偏好变化撬动短视频“长化”布局，为内容创新提供了更大的想象空间。2022 年调查显示，喜欢 3～10 分钟视频的用户占比达 26.2%，“长化”视频既具备内容承载力又符合用户碎片化习惯，将进一步推动内容与形式创新。

特别是近年来，视频平台和专业机构纷纷以微短剧为切入口探索内容与形式创新，推动微短剧作品数量呈爆发式增长。2022 年调查显示，过去半年，看过微短剧的短视频用户占比为 78.6%，其中看过都市生活和喜剧类的用户占比最高，均超四成；看过悬疑/犯罪、婚姻家庭、爱情、农村题材类微短剧的短视频用户均在三成左右。同时，超八成短视频用户表示未来会观看或有可能观看微短剧，其中都市生活、喜剧类内容的用户期待占比居前两位、均超 30%，探索这两类内容创新或成增强用户观看黏性的重点；用户对探险类、科幻类、历史类、职场类微短剧的期待占比均超 1/4，或成题材创新和差异化内容创作的突破口。

六　资讯硬需求、内容垂直化拉动平台用户深卷入，头部格局稳中有变，央视频迎来快增长

针对用户过去半年在哪些平台（含 33 个平台）看过短视频的调查发现，头部平台用户渗透率格局发生变化，资讯硬需求、内容垂直化拉动用户深卷入。总体上，独立短视频平台占据用户使用率前列，资讯类平台紧随其后。

2022 年上半年，在抖音、快手、微信视频号、央视频上“看过短视频”的用户合计占比达 74.9%。抖音、快手仍占据用户使用率前两位，但较 2021 年占比均有所

下降。作为总台旗下客户端，央视频以冬奥赛事等热点传播为契机，依托多元内容创新及其社交板块“央友圈”的强互动传播，有效提升了用户活跃度，过去半年用户使用率快速提升，较 2021 年提升超 10 个百分点。

今日头条、腾讯新闻、央视新闻 3 个资讯类平台也是用户观看短视频经常使用的平台，“过去半年最经常使用”这三个平台看短视频的用户仅次于抖音、快手，资讯硬需求有效提升用户黏度。受疫情多点高发影响，用户对热点资讯的关注度上升，资讯类平台利用自身优势属性抢占用户注意力。今日头条、腾讯新闻以资讯内容聚合分发为核心，通过自订阅、人工筛选或智能技术推送等手段实现个性化资讯分发；央视新闻则依托总台品牌背书和权威独家内容，不断提升移动端用户黏性。

七 主流媒体移动端影响力显著提升，正能量、时代感、烟火气，解锁融媒短视频流量密码

主流媒体短视频持续获得用户青睐，移动端传播力不断增强。调查显示，主流媒体短视频观看率达 86%，较 2021 年提升近 13 个百分点。同时，短视频用户对主流媒体短视频的整体评价连续两年提升，评分达 3.95 分，略高于行业整体水平（3.74 分）。其中，“内容正能量”连续五年蝉联评价榜首，内容关注热点、体现主旋律亦跻身用户认同率 TOP 3（表 6）。不仅如此，用户对内容时效性、丰富性的认同率增长超 10 个百分点，正能量、时代感、烟火气等成为融媒短视频的“流量密码”。

表 6 对电视台、电视节目在短视频平台发布内容的评价（选择“符合”及“非常符合”的用户占比）

单位：%

评价	2022 年	2021 年
内容正能量	77.0	73.9
内容关注热点	77.0	—
体现主旋律	75.6	69.2
更新速度更快	73.7	63.7
比电视节目更具新意、有创新性	73.4	68.2
符合年轻人喜好	72.7	68.4
更丰富多样	72.4	64.5
适合分享给他人	70.6	64.0

数据来源：CSM 媒介研究。

同时，以短视频为“标配”，主流媒体加速自有客户端建设，不断强化与移动端

用户的有效连接。自新冠疫情发生以来，对权威信息的关注带动资讯内容用户呈现较快增长，通过媒体自有平台获取新闻内容的网民攀升至四成。面对融合发展机遇，主流媒体客户端建设提速，进一步丰富内容资源、强化服务功能，拉动用户规模明显提升。针对调查涉及的36个主流媒体客户端，网民合计使用率达89.3%，与2021年相比提升超10个百分点。其中，央视新闻、央视频的网民使用占比位列前二，领跑主流媒体自有客户端建设。

此外，广电媒体人的IP化探索按下加速键，部分媒体主播逐渐建立起用户黏性。过去半年，74.9%的用户看过媒体主播发布的短视频；“专门去看”的用户从2021年的16.5%升至21.2%，用户主动观看意愿持续提升。超七成用户关注媒体主播账号是被主持人/记者的自带人设和人格魅力吸引，而媒体主播发布的内容凸显正能量、实用性强，以及账号营销痕迹浅等亦成为“吸粉”的重要因素。

八　刚需消费支持短视频营销基本面，多场景、全链路贯通推动商业能力建设升级

短视频营销带货力持续提升，生活刚需消费支持短视频营销基本面。对于在短视频平台购物的用户来说，日用百货、食品饮料、休闲娱乐占据他们主要购买品类的TOP 3。其中，日用百货的消费用户占比较2021年增长最快，增加近15个百分点；食品饮料快速增长近12个百分点，超过休闲娱乐消费，居于第二位。从用户在短视频平台下单的原因看，商品功能、价格优惠、购物便捷性成为用户在短视频平台购物最看重的方面，用户占比均在35%以上，或成为未来揽获新客和提升复购率的突围利器。

同时，对于购买到的商品/服务，用户最满意的品类TOP 3为日用百货、食品饮料、服装服饰（图2）。珠宝首饰/手表、游戏、汽车等高消费及虚拟品类的用户购买满意率尚处低位；与2021年相比，“游戏”“护肤美妆”“数码产品”的购买满意率下降均超20个百分点，兴趣爱好及自我提升等方面的消费满意率走低。

当下，短视频平台已成为用户购物消费的重要渠道之一，平台也逐步加大电商购物发展力度，打通营销全链路。调查显示，97.1%的短视频平台商品购买者认为，过去半年在短视频平台的购物体验有所改善；其中，商品质量更有保障、消费渠道更丰富、营销手段更多样是他们最突出的感受，用户认同比例皆超三成。

随着短视频平台支付升级、多品类商家入驻、优化售后等全链路营销升级，短视频电商购物评价向好。用户对短视频平台电商购物的整体评分升至4.17分，其中“商品价格合理”“支付/退款安全便捷”满意水平较高，满意的用户占比皆超过83%（表7）。随着存量竞争逐渐加剧，抖音、快手等平台先后入局支付领域，完善人、货、场、

支付的商业闭环。同时，“商品质量过关”“销售服务周到”的用户满意率不及“物流高效快捷”和“商品种类齐全”，成为下一阶段电商发展的关键问题。

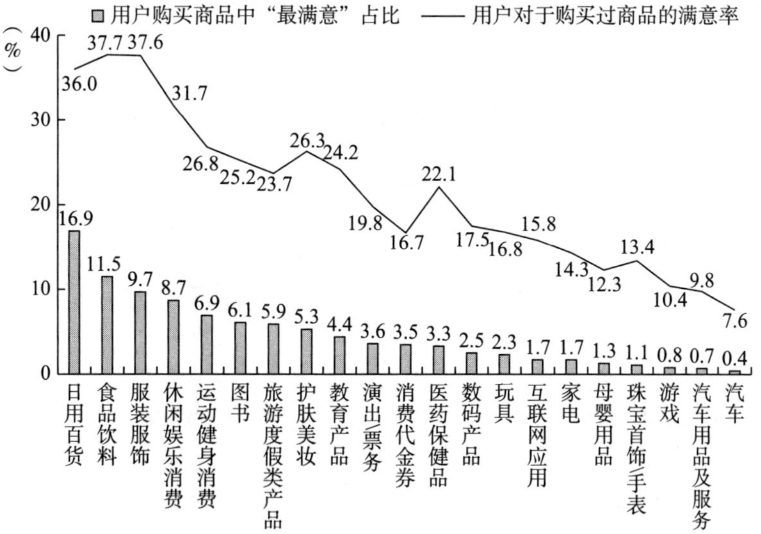

图 2 过去半年短视频用户对购买过的商品或服务最满意的品类（用户占比）

数据来源：CSM 媒介研究。

表 7 短视频用户对短视频客户端购物的满意度（用户比例）（选择“符合”及“非常符合”的用户占比）

单位：%

评价	用户占比
商品价格合理	83.8
支付/退款安全便捷	83.6
商品种类齐全	82.5
物流高效快捷	80.9
商品质量过关	78.9
销售服务周到	78.5

数据来源：CSM 媒介研究。

除了电商经济，短视频还不断探索“内容经济”的商业价值，多元付费模式加速形成。调查显示，用户对内容付费的接受程度持续升高，内容付费用户占比攀升至 67%；且付费金额向高额化发展，过去一年，年花费在 400 元以上的用户占比最高，达 36.2%，较 2021 年上升近 20 个百分点。不仅如此，短视频付费内容的用户满意度稳中有升，评分升至 3.93 分，内容品质及实用性获认可，使用体验及定价满意度持续提升，独特性、原创性评价持续下降。

从用户预期来看，明确表示未来愿意为短视频付费的核心用户增至过半，较

2021 年增长 11 个百分点。购物分享跃居首位，知识科普、生活技巧分别稳居付费类型第二位、第三位，用户对知识性、实用性内容保持高付费意愿（表 8）。整体来看，短视频用户内容付费模式处于成长期，用户付费习惯及成熟商业模式均在加速形成。

表 8　短视频用户愿意为短视频内容付费的类型（用户占比）

单位：%

评价	用户占比	评价	用户占比
购物分享	25.6	明星娱乐	10.2
知识科普	25.3	幽默搞笑	10.1
生活技巧	24.6	新闻	9.4
自然地理/历史人文	21.9	美妆时尚	9.3
社会记录	21.7	数码科技	9.1
生活记录	21.0	旅行	8.6
名人传记/讲座	20.5	萌宠	8.3
个人秀	20.5	财经	8.1
动漫	18.4	法治	7.9
婚恋情感	17.1	母婴/亲子	7.5
健康/养生	16.8	工作职场	7.2
影视综艺	15.7	音乐/舞蹈	7.0
美食	14.3	汽车	5.7
教育/考试/学习	13.1	军事	4.9
游戏	12.7	房产	4.6
体育运动	10.4	—	—

数据来源：CSM 媒介研究。

结　语

在深化网络生态治理、营造更加清朗的网络空间的进程中，国家有关部门将持续加强监管力度，行业自律和平台监督机制建设将更趋完善，短视频内容生产、传播运营、营销变现等全产业链进一步呈现规范化、健康化发展态势。同时，短视频承载的社会、文化及经济等多元功能将更深嵌合数字化生活，“短视频＋”将继续推动多领域、多产业的线上发展，助力数字经济发展。

（作者：张天莉　王蕾）

2022年省级广电融媒主播短视频传播观察

在加快推动媒体融合深化发展进程中，广电机构的主持人、记者、编辑、制片人等加速竞逐短视频赛道，以“融媒主播”的身份深度介入传播的全流程，同时以更接地气的表达方式拉近与受众的距离。CSM媒介研究以短视频传播为切入口，持续关注广电机构融媒主播的创作与传播情况，从主播传播的个体化视角综合观察媒体融合的发展。

CSM短视频用户价值调查数据显示，2022年，“专门去看”电视主持人/记者发布短视频的用户占比达40%以上，为近四年峰值，用户对融媒主播短视频逐渐产生观看黏性。CSM省级广电融媒主播短视频传播指数的相关数据[①]显示，监测的近700位省级台活跃主播，2022年在抖音、快手平台发布短视频近17.9万条，揽获超332.1亿次传播量[②]。其中，浙江台@新闻姐、湖北台@主持人阿喆等头部主播凭借优质内容成功出圈；虽然大多数融媒主播处于长尾部分，但他们以差异化传播语态打造账号人设，拓展广电融合发展的新空间，发布内容以新闻资讯为主，同时挖掘、拓展多元垂类特色内容，传播力具有较大提升空间。

一 699位活跃主播揽获超332亿传播量，山东台、辽宁台等8家发布量占比超六成，浙江台、黑龙江台、安徽台贡献近半数流量

2022年，CSM媒介研究在抖音、快手等平台观察了2022年活跃主播699位，累计粉丝量6.4亿人，发布短视频内容17.9万条，获得308.9亿次播放量和23.2亿次互动量（表1）。相较上半年，下半年活跃主播账号发布量、互动量均有大幅增长，其中发布量增长88.7%、互动量涨幅达149.9%；同时，下半年播放量环比下降18.2%。

① CSM融媒主播短视频内容监测平台：抖音、快手。

② 传播量为播放量或阅读量与互动量的总和；互动量为转发、评论和点赞量的总和。抖音平台传播量统计不包含播放量指标。

表 1　2022 年省级台融媒主播总传播数据

融媒主播数	粉丝量（亿人）	短视频发布量（万条）	传播量（亿次）	播放量（亿次）	互动量（亿次）
699 位	6.4	17.9	332.1	308.9	23.2

数据来源：CSM 媒介研究。

从观察到的各省级台活跃主播的数量来看，2022 年，山东台、湖南台、河南台、辽宁台、黑龙江台活跃主播数量位列前五。其中，山东台、湖南台活跃主播数均在 60 位左右，河南台活跃主播数在 50 位以上。

从各省级台活跃主播账号的内容发布来看，2022 年，8 家省级台融媒主播发布短视频条数破万，合计贡献主播账号发布总量超六成。其中，山东台主播账号以超 2.4 万条发布量居首；辽宁台、浙江台主播账号分别以 1.6 万条、1.4 万条发布量位列第二、第三；安徽台、黑龙江台主播账号下半年发布量分别较上半年增长 97.9%、81.0%，全年发布量跻身 TOP 5（表 2）。

从各省级台活跃主播账号播放量和互动量的整体情况来看，浙江台、黑龙江台、安徽台账号传播量位居前三，合计揽获 157.0 亿次传播量，贡献主播账号 47.3% 的流量。其中，浙江台以超 70 亿次的传播量断层领跑。

具体从各省级台活跃主播账号的播放量来看，2022 年，8 家省级台融媒主播账号播放量破 10 亿次，占主播账号播放总量的 81.1%。其中，浙江台主播账号揽获 63.2 亿次播放量，位居第一；黑龙江台、安徽台、山东台、辽宁台、内蒙古台融媒主播账号的播放量均超 20 亿次；同时，安徽台主播账号下半年播放量较上半年涨幅明显，达 86.4%。

从各省级台活跃主播账号的互动量看，2022 年，7 家省级台融媒主播账号互动量破亿次，贡献主播账号互动总量的 75.2%。其中，浙江台主播账号以 8.4 亿次的互动量领跑，安徽台、黑龙江台主播账号分别揽获 2.5 亿次、1.5 亿次的互动量，位列第二、第三；广东台、海南台主播账号均以 1.4 亿次左右的互动量进入省级台前五。

表 2　2022 年省级台融媒主播数及短视频传播数据 TOP 10 台

融媒主播数	发布量	播放量	互动量
山东台	山东台	浙江台	浙江台
湖南台	辽宁台	黑龙江台	安徽台
河南台	浙江台	安徽台	黑龙江台
黑龙江台	安徽台	山东台	广东台

续表

融媒主播数	发布量	播放量	互动量
辽宁台	黑龙江台	辽宁台	海南台
江苏台	内蒙古台	内蒙古台	湖南台
浙江台	湖南台	湖南台	湖北台
安徽台	河南台	吉林台	山东台
上海台	江苏台	河南台	辽宁台
北京台	湖北台	江苏台	江苏台

数据来源：CSM 媒介研究。

从内容类型来看，省级广电融媒主播账号发布的内容覆盖新闻、三农、历史文化、财经、教育、生活等多元领域。其中，多以新闻内容为主，同时以社会热点、民生新闻等内容见长；另外，部分主播延续在电视大屏或广播节目中的内容特色，在其擅长的垂类领域重点发力。

二 近 1/4 主播账号达传播指数平均线，@新闻姐、@主持人阿喆领跑年度主播短视频传播指数

从 2022 年省级广电融媒主播短视频传播指数①来看，165 个融媒主播短视频传播指数超均值，占到所有融媒主播账号的 23.6%；合计发布 13.7 万条内容，揽获 317.3 亿次传播量，占活跃融媒主播账号总传播量的 95.5%。超 3/4 融媒主播短视频传播指数低于平均值，合计贡献传播量不足 4.5%，长尾效应明显。

从指数 TOP 20 看，浙江台@新闻姐、湖北台@主持人阿喆 2 个融媒主播短视频指数值超 100，即超过 2021 年融媒主播行业的综合最优水平；其次是安徽台@吴薇、浙江台@小强说和广东台@小强快评。超半数融媒主播短视频指数位于中部水平，腰部融媒主播影响力有待提升。此外，湖北台@主持人阿喆、湖南台@李记者的日常在 10～12 月发布的多条疫情、胡鑫宇失联相关内容获高流量，带动两账号传播量提升，推动其 2022 年融媒主播短视频指数排名跻身前列（表 3）。

值得关注的是，城市台中也有融媒主播脱颖而出，如温州广播电视传媒主编@曹小月以发布社会热点评论等内容揽获较高关注，2022 年融媒主播短视频传播指数值超 100。

① 广电融媒主播短视频传播指数：观察主播账号传播发展现状与变化的指数型工具，着眼内容生产、传播及粉丝运营等多维度，综合反映融媒主播账号的短视频传播效果。

表 3　2022 年省级台融媒主播短视频年度指数 TOP 20

序号	账号名称	机构名称	序号	账号名称	机构名称
1	@新闻姐	浙江台	11	@海燕寻人	内蒙古台
2	@主持人阿喆	湖北台	12	@刚子夫妇	辽宁台
3	@吴薇	安徽台	13	@主持人衣阳	吉林台
4	@小强说	浙江台	14	@王小川	安徽台
5	@小强快评	广东台	15	@罗记话安全	广东台
6	@主持人程皓	海南台	16	@主持人王旭	辽宁台
7	@记者杨威	江苏台	17	@李记者的日常	湖南台
8	@唐朝的土豆	甘肃台	18	@主播潘小蓉	浙江台
9	@主持人金星	安徽台	19	@主持人天宇	贵州台
10	@主持人沈涛	浙江台	20	@帮主阿速	山东台

数据来源：CSM 媒介研究。

另外，一些曾位居省级广电融媒主播短视频传播指数前列的主播，从体制内走向体制外，面向社会化竞争，延续账号影响力和传播力。如以新闻播报为主的安徽台@主持人刘雯、关注相亲交友的黑龙江台@主持人袁哲、创作幽默搞笑段子的黑龙江台@周小闹等。

1. @主持人阿喆短视频发布量领先，@小强说、@记者杨威、@主持人天宇等生产提速

从发布维度看，头部融媒主播账号发布内容大多聚焦国内外时事、社会民生事件、生活记录等，并且多数主播账号下半年发布量较上半年相比，均有不同程度上涨。湖北台@主持人阿喆紧跟民生热点话题，如个税、房价、婚闹等，以全年发布量 3540 条居首位（表 4）。主打社会新闻的安徽台@吴薇、@主持人金星，涵盖戏曲文化、娱乐热点的甘肃台@唐朝的土豆，兼顾寻人的浙江台@小强说和以好物分享为主的辽宁台@刚子夫妇等 5 位主播全年发布量超 2000 条。

表 4　2022 年省级台融媒主播短视频年度发布量 TOP 20

单位：条

序号	账号名称	机构名称	发布量	序号	账号名称	机构名称	发布量
1	@主持人阿喆	湖北台	3540	6	@刚子夫妇	辽宁台	2107
2	@吴薇	安徽台	2851	7	@小强快评	广东台	1607
3	@唐朝的土豆	甘肃台	2836	8	@记者杨威	江苏台	1590
4	@主持人金星	安徽台	2610	9	@伟伟说高考	安徽台	1543
5	@小强说	浙江台	2558	10	@左芳说教育	内蒙古台	1375

续表

序号	账号名称	机构名称	发布量	序号	账号名称	机构名称	发布量
11	@主持人天舒	黑龙江台	1357	16	@主持人天宇	贵州台	1255
12	@水涛说	广东台	1356	17	@新闻姐	浙江台	1229
13	@主持人杨悦	辽宁台	1351	18	@拜托了老司机	浙江台	1183
14	@罗记话安全	广东台	1337	19	@主持人程皓	海南台	1157
15	@主持人点点	山东台	1262	20	@主持人王雷	山东台	1148

数据来源：CSM媒介研究。

另外，5个主播账号下半年加大产出力度，内容创作优势凸显。如聚焦输出新闻观点、时事快评的江苏台@记者杨威，贵州台@主持人天宇和海南台@主持人程皓，垂直教育领域的内蒙古台@左芳说教育，以新闻速报为主的辽宁台@主持人杨悦，上述账号在下半年的发布量均较上半年增长达90%以上。

2. @新闻姐超30亿次传播量全力领跑，@小强说、@主持人程皓、@主持人谭江海强劲提升

从播放量看，9个融媒主播账号2022年度播放量破5亿次，合计揽获87.1亿次的播放量，贡献TOP 20总播放量的近七成；其中2个融媒主播账号播放量超10亿次，分别是浙江台@新闻姐和内蒙古台@海燕寻人（表5）。@新闻姐立足热点新闻事件、打通新闻解读评论赛道，以1229条的发布量揽获26.0亿次的播放量，居首位，占短视频传播指数TOP 20融媒主播总播放量的20.6%。而@海燕寻人以寻亲为内容切入点，建立短视频平台寻人渠道，全年发布相关内容1118条，获13.6亿次的播放量，位列第二。另外，浙江台@小强说下半年播放量、单条内容播放量比上半年分别增长102.2%和13.7%，在加大生产分发力度的同时，关注内容质量的提升。

表5 2022年省级台融媒主播短视频年度播放量TOP 20

单位：亿次

序号	账号名称	机构名称	播放量	序号	账号名称	机构名称	播放量
1	@新闻姐	浙江台	26.0	8	@主持人沈涛	浙江台	5.2
2	@海燕寻人	内蒙古台	13.6	9	@小强说	浙江台	5.0
3	@主持人衣阳	吉林台	8.8	10	@主持人文静	山西台	4.9
4	@吴薇	安徽台	8.3	11	@主持人李卓	辽宁台	4.6
5	@主持人胡杨	湖南台	8.1	12	@主播潘小蓉	浙江台	4.4
6	@主持人阿喆	湖北台	6.4	13	@主持人徐倩	河南台	3.9
7	@记者杨威	江苏台	5.7	14	@帮女郎花花	湖南台	3.5

续表

序号	账号名称	机构名称	播放量	序号	账号名称	机构名称	播放量
15	@王小川	安徽台	3.4	18	@主持人尕邓哥	青海台	2.9
16	@主持人春涛	黑龙江台	3.1	19	@主持人王雷	山东台	2.9
17	@主持人王旭	辽宁台	2.9	20	@刚子夫妇	辽宁台	2.2

数据来源：CSM 媒介研究。

从互动量看，6个融媒主播账号互动量跻身亿级阵营，合计揽获超10亿次互动量，占据头部总量的74.1%。浙江台@新闻姐以4.6亿次的互动量强势领跑，其下半年互动量势头强劲，是上半年的2.6倍；海南台@主持人程皓下半年互动量较上半年大幅提升159.5%，拉动全年互动量位居第二。另外，知识文化类账号北京台@主持人谭江海发布的有关人文历史、传统节气由来等内容推动下半年获近2000万次的互动量，较上半年增长125.7%，助力全年互动量挺进前列。

表6 2022年省级台融媒主播短视频年度互动量TOP 20

单位：万次

序号	账号名称	机构名称	互动量	序号	账号名称	机构名称	互动量
1	@新闻姐	浙江台	45770.3	11	@主播潘小蓉	浙江台	3279.5
2	@主持人程皓	海南台	13162.0	12	@王小川	安徽台	2785.7
3	@吴薇	安徽台	12799.1	13	@主持人谭江海	北京台	2659.3
4	@小强快评	广东台	11933.8	14	@主持人衣阳	吉林台	2111.7
5	@小强说	浙江台	10540.6	15	@菲说不可	浙江台	1559.4
6	@主持人阿喆	湖北台	10250.5	16	@主持人名妍	内蒙古台	1526.2
7	@记者杨威	江苏台	5551.0	17	@主持人王旭	辽宁台	1393.3
8	@李记者的日常	湖南台	4114.0	18	@海米提正能量	新疆台	1348.3
9	@主持人沈涛	浙江台	3916.3	19	@温格夫妇	河北台	1319.0
10	@海燕寻人	内蒙古台	3639.2	20	@晓北-城市私家车	浙江台	1318.0

数据来源：CSM 媒介研究。

3. 有思想、讲真话、接地气、正能量是头部融媒主播突出的人设风格

CSM短视频用户价值调查数据显示，“生活化/接地气”“犀利敢言/讲真话”“有思想/有内涵”“正能量/富有正义感”持续成为用户最期待的融媒主播风格表现，“知识渊博”“有一技之长”“高颜值”“时尚潮流”“端正庄重”的用户期待占比上升（表7）。短视频语境下，省级广电机构的主持人、记者以平民化、生活化、个性化的传播方式拉近与受众的距离，通过打造特色鲜明的人设吸引用户的持续性关注。

表 7 2022 年短视频用户最期待的融媒主播风格表现（用户占比）

单位：%

融媒主播风格表现	用户占比	融媒主播风格表现	用户占比
生活化/接地气	39.6	有个性	29.6
犀利敢言/讲真话	37.4	有一技之长	28.2↑
有思想/有内涵	34.6	高颜值	27.5↑
正能量/富有正义感	32.9	时尚潮流	26.4↑
知识渊博	32.6↑	端正庄重	23.3↑
幽默搞笑	30.1		

数据来源：CSM 媒介研究《短视频用户价值研究报告 2022》。

通过观察 2022 年省级广电融媒主播短视频传播指数 TOP 50 的主播账号发现，省级广电融媒主播突出的人设风格印证了 CSM 短视频用户调查的相关数据，同时普遍呈现客观、理性而又不失温度的特点；部分主播通过独到的观点、有态度的表达、丰富的知识储备、多元的表现形式等差异化传播语态打造个人 IP。

具体来看，有思想/有内涵、犀利敢言/讲真话是头部融媒主播短视频指数账号体现出的最突出的两大人设风格。例如，浙江台@新闻姐、广东台@小强快评、江苏台@记者杨威均凭借内容扎实、思路清晰、观点精辟、言辞犀利的新闻评论类短视频实现了传播力和影响力的突破。针对社会热点事件、民生新闻等内容，他们通常能在第一时间进行梳理、评论，并透过新闻热点本身提炼出有深度的观点，为用户在 2～3 分钟的短视频中提供优质新闻干货和解读思考。

融媒主播以生活化/接地气的人设风格构建与网民平等的传播关系，用大众化的语言、具有亲和力的形象、多样化的拍摄场景，增强内容传播的网感和代入感。比如，以分享主持人日常生活为主的浙江台@主持人沈涛通过逗趣的视频风格和生活化的场景获得千万粉丝关注；山东台《生活帮》栏目主持人@帮主阿速立以通俗易懂的语言科普生活常识、实用妙招等；江苏台@林纪平汽车人则立足"泛汽车"领域，以口语化、调侃式的语言发布汽车相关的知识、评论等内容。

融媒主播依托正能量/富有正义感的人设风格输出正向的价值观，实现正面舆论引导。如浙江台@小强说、安徽台@超级表达星金星、内蒙古台@海燕寻人、湖南台@李记者的日常、新疆台@海米提正能量等多位主播在短视频平台发布热点新闻的同时，兼顾寻人寻亲、助农宣传等公益性内容，收获众多网友点赞。

知识渊博、富有文化素养增强了融媒主播在小屏端的吸引力。例如，浙江台@拜托了老司机发布汽车相关专业内容、为用户解答汽车疑难问题；北京台@主持人谭江海以分享文化知识为主，同时兼顾处世智慧、哲理故事等；黑龙江台@思恒说新经济则聚焦财经领域发布经济热点、楼市、房产等相关内容，兼具专业性和实用性。

此外，幽默搞笑、高颜值、有一技之长等人设风格是融媒主播角逐小屏的加分项。如湖北台@主持人阿喆开设“阿喆脱口秀”合集，以诙谐风趣的语言结合时下热门话题发表评论，并搭配极具网感的字幕和音效增强其幽默效果。浙江台@主播潘小蓉、上海台@瑶瑶要早起均为高颜值年轻女主播，前者以轻松搞笑的风格揭秘主持人幕后趣事，后者则以活泼激昂的语言解读体育新闻。黑龙江台@主持人晓雪、江苏台@程鸣分别在舞蹈、健身领域具有一技之长，发布短视频内容以跳舞片段、健身小知识等为主。

4. 主播账号主打新闻热评、兼顾公益及助农，拓展多元垂类

观察2022年省级广电融媒主播账号发现，主播积极发挥台内资源优势和自身专业性，发布内容主打紧跟社会热点的新闻解读、观点提炼等内容，同时包含助农强农、寻人寻亲等公益服务信息。另外兼顾扩展人文历史、财经、法治、体育健身、教育/亲子育儿、情感、生活记录、好物分享、汽车等垂类内容创作，融媒主播账号形成多元化、个性化的特色矩阵模式。

表8　省级台融媒主播账号短视频内容类型

内容类型	账号举例
新闻评说	@新闻姐、@主持人阿喆、@小强快评、@主持人衣阳
本地资讯	@海米提正能量、@主持人金源倩
助农强农	@农业记者猴哥、@学习强农草莓君
寻人寻亲	@海燕寻人、@小强说
人文历史	@主持人谭江海、@总监奶奶爱生活
财经	@思恒说新经济、@冯老道说财经、@杨淇财经
法治	@记者老毕、@罗记话安全
体育健身	@程鸣、@瑶瑶要早起
教育/亲子育儿	@左芳说教育、@伟伟说高考、@张丹丹的育儿经、@主持人于霞
情感	@《小郭跑腿》的小郭、@主持人天舒
生活记录	@主持人沈涛、@主播潘小蓉
好物分享	@刚子夫妇、@喜子
汽车	@拜托了老司机、@林纪平汽车人、@林海说车

数据来源：CSM媒介研究，2022年度省级台融媒主播短视频传播指数。

新闻类主播账号以发布紧跟热点、呈现观点、深度解析的内容为主，通过地缘优势、全方位、即时性吸睛。如浙江台@新闻姐、湖北台@主持人阿喆、广东台@

小强快评通过对“唐山打人事件”“胡鑫宇事件”等社会热点的实时速递、深度点评深得用户关注。如@新闻姐在抖音平台发布的“唐山打人事件”相关内容单条最高获386.3万次互动量，@主持人阿喆在快手发布的“多地11月起常态化核酸收费”内容获1951.3万次传播量。吉林台@主持人衣阳则是以报道俄乌战争、台海局势等国际时事获高流量，其在快手平台发布的“佩洛西窜台”单条内容最高获3079.8万次传播量。另外，本地资讯类内容同样吸睛，如新疆台@海米提正能量、辽宁台@主持人金源倩等账号专注本地资讯，包括本地天气、社会民生热点等内容，@海米提正能量在抖音发布的“53岁新疆党徽大叔帮游客推车拒收钱”的视频获185.9万次互动量。

助农强农、寻人寻亲类主播账号在关注民生热点的同时，打通短视频平台渠道，发布公益性信息，如展现本地乡村环境和三农产品、寻人相关的求助讯息和进展等内容。以三农为主的辽宁台@农业记者猴哥、山东台@学习强农草莓君分别直击农作现场和山东草莓基地，以实景拍摄记录为用户展现食物产出全过程和种植技术，通过在短视频平台开设橱窗打通农产品销路和实现商业化变现，如@农业记者猴哥发布的“你还为春耕前处理秸秆发愁吗?”在快手平台揽获1202.5万次的传播量。另外，内蒙古台@海燕寻人和浙江台@小强说除关注全国影响力大的寻人讯息外，还推动寻找本地失踪人口方面事件的进展，如@海燕寻人在快手发布的“紧急寻吉林市高三女生郑春梅”内容获702.3万次的传播量，@小强说在抖音平台发布的“紧急寻人李前伟!”单条内容获50.6万次的互动量。

人文历史类主播账号以中国传统文化故事撬动流量，北京台《档案》主持人账号@主持人谭江海结合北京古建筑介绍相关历史故事、节气/节日由来等内容获高流量；山东台@总监奶奶爱生活通过讲解《诗经》《菜根谭》《论语》等，为用户解说古诗文中的历史知识和养生之道。两个主播账号在抖音发布的“冬至”相关单条内容分别获97.5万次、52.5万次的互动量。

财经类主播账号通过实用性、专业性等特点吸引用户视线。黑龙江台@思恒说新经济、福建台@冯老道说财经和江苏台@杨淇财经主耕财经金融领域，账号内容涵盖宏观经济市场、楼市房贷政策、股市股盘等。如@思恒说新经济在快手发布的“飞机空难的赔偿标准是什么呢”内容获382.2万次的传播量。

法治类主播账号通过实际案例、民生热点解读相关法律，以通俗化的方式进行法律宣传和科普。辽宁台@记者老毕结合社会时事解析法律条例，多条相关内容进入高流量队列，如在快手平台发布的“北京互联网法院认定：北京吴勇设计工作室不存在。裁判文书透露大量细节”获500.2万次传播量。广东台@罗记话安全关注反诈知识科普，其抖音平台“全民反诈”合集已获近3000万次播放。

教育类主播账号内容关注婴幼儿、青少年的身心发展和价值观树立。湖南台@张丹丹的育儿经针对新手爸妈在育儿过程中的问题展开账号建设，如孩子发脾气怎么办、如何和孩子正确相处等，其在抖音平台发布的“爸爸带娃”内容单条最高收获 12.4 万次互动量；黑龙江台@主持人于霞则更注重孩子学习方面，通过推荐适龄儿童阅读书籍吸引关注。另外，内蒙古台@左芳说教育和安徽台@伟伟说高考立足教育资源，内容涵盖本地中高考改革资讯和相关政策解读、选校择校等。

体育健身类主播账号触达关注日常运动、体育比赛的垂直用户群体。江苏台账号@程鸣与用户分享健身知识、饮食食谱和锻炼动作等内容，在快手发布的“先来挑战一个国足所谓的魔鬼训练”获 156.8 万次传播量。上海台@瑶瑶要早起则是以解说新鲜体育新闻为主，如北京冬奥、2022 卡塔尔世界杯、男/女排亚洲杯、中超联赛等，在快手发布的“徐梦桃圆梦冬奥”单条内容最高揽获 70.1 万次传播量。

情感类主播账号注重分享亲子相处、婆媳关系、夫妻共处的智慧之道。山西台@《小郭跑腿》的小郭发布的内容紧跟热点话题，如亲家相处、父母情感、二胎等均揽获用户高关注，其在快手平台发布的“生命的器官捐赠，爱的呼叫转移?”内容揽获 315.8 万次传播量。黑龙江台@主持人天舒则是以青年恋爱、中老年相亲为基调，展开情感解说。

生活记录类主播账号为用户赋予轻松的娱乐价值，在短视频平台打造具有个性化、有记忆点的融媒主播账号。浙江台@主持人沈涛和@主播潘小蓉通过日常随记分享工作之余的生活状态，并将生活中的所用好物推荐给用户，使其沉浸式“云”共享并种草，如@主持人沈涛发布的“有一个等你下班回家的人，也很幸福啊！”在快手获 2083.6 万次传播量。另外，辽宁台@刚子夫妇和湖北台@喜子均为好物分享类账号，直观展现生活用品的用途、效果内容获高流量，如@刚子夫妇在快手发布的推荐诺特兰德维生素单条内容获 321.6 万次传播量。

汽车类主播账号则是以测评推荐、相关政策等命中爱车懂车用户痛点。浙江台@拜托了老司机、江苏台@林纪平汽车人、重庆台@林海读车均从剖析汽车的角度出发，以讲解推荐、性能/外观测评对比为主，买车注意要点、特斯拉新能源等内容获高关注度，如@林纪平汽车人发布的介绍洒水车单条内容在快手收获 98.0 万次的传播量。另外，@拜托了老司机还创新内容呈现形式，以相声的形式寓教于乐，形成自身鲜明特色，其在抖音发布的“汽车行业内幕曝光 消费车买车需注意（下）#315”获 81.4 万次的互动量。

结 语

在加快推动媒体深度融合的背景下，融媒主播在短视频领域积极发挥主流媒体的人才优势与传播力，在传播社会主流价值方面彰显能量空间与积极效果。立足广电优质资源，结合市场化灵活机制，落实人才激励政策，将有效推动融媒主播人才的梯队建设、培养和创新发展。

（作者：安帅腾）

2022年广电财经短视频发展洞察

财经短视频迅速发展，不仅承载重要的社会责任，传递宏观政策、产业信息，还深刻影响人们的生活。随着大众对财经短视频兴趣的提升，在受众年轻化、理财需求旺盛的趋势下，财经垂类短视频不断扩大内容版图，各平台加速布局财经垂类内容，多元财经短视频创作者数量增长，财经短视频头部破圈账号形式多样、内容丰富，以更多有趣有料的硬核内容贴合用户需求，并不断探索拓宽变现渠道。不仅如此，广电机构依托资源和权威优势，积极布局财经垂类短视频传播，助力财经短视频扩大影响力。

本文主要从财经短视频用户需求、财经短视频头部破圈账号特点、广电财经短视频发展三个方面出发，聚焦分析财经短视频兴趣用户群体特征、内容偏好、付费行为，头部破圈财经短视频账号的内容特点、商业价值，以及广电机构财经短视频内容运营及传播特点，以此回答财经短视频兴趣用户需求风向、头部财经短视频创作者如何破圈、谁在领跑广电财经短视频三个问题，以期为未来广电财经短视频内容创新和传播提升提供借鉴。

一　财经短视频用户需求分析

近年来，大众对财富、时间、自我管理意识的提升，拉动财经短视频的关注度走高。通过观看财经短视频，用户能够在数字化时代及时获取新鲜、实用的财经资讯，满足资产管理等需求。

CSM媒介研究连续多年开展短视频用户调查，本部分选取2020～2022年调查中“喜欢看财经短视频”的用户作为“财经短视频兴趣用户”（文中亦简称为“财经兴趣用户”），分析其群体画像、内容偏好、使用及消费行为等，以期为广电财经短视频的内容创新及传播运营提供参考借鉴。

1. 财经短视频热度连续三年上升，疫情等因素拉动用户关注个人资产管理

财经类内容搭乘短视频的快车，衍生出专业财经新闻、财经知识、商业运营等多元内容，助力用户了解宏观经济环境、最新政策动态，以及管理个人资产等。从

发展趋势看，财经短视频的用户规模仍具较大潜力空间。

财经短视频兴趣用户持续增长，增速保持在两位数。尽管财经类内容较为专业，相比娱乐化内容，其用户群体相对小众，但财经短视频的用户偏好持续走高。CSM短视频用户调查数据显示，喜欢观看财经短视频的用户占比由2020年的6.8%升至2022年的11.0%，2021年较2020年增长2.6个百分点，2022年较2021年增长1.6个百分点（表1）。在2021年针对财经短视频的调查中，近五成短视频用户看过财经相关短视频。受疫情影响，用户重新思考资产管理的安全性、长久性和流动性，财经短视频为用户提供了更丰富的内容和专业的决策指导。

表1　2020～2022年偏好财经短视频及期待财经达人的用户占比

单位：%

年份	2020年	2021年	2022年
偏好财经短视频用户占比	6.8	9.4	11.0
期待财经达人的用户占比	8.0	11.7	13.0

数据来源：CSM媒介研究。

同时，财经达人抢占市场份额，用户期待连续三年提升。多元创作者入局，为财经短视频生产注入活力。CSM调查数据显示，短视频用户对财经达人的期待也呈上升态势，由2020年的8.0%升至2022年的13.0%，财经短视频内容专业性和深度性对财经达人提出更高要求。

2. 主力财经兴趣用户为“高知精英派”，女性群体占比提升

2020～2022年调查数据显示，处于青中年阶段的高学历、职场精英男性，对财经内容展现出浓厚兴趣。他们多为“高知精英派”，在拥有稳定工作、持续收入的前提下，希望以投资理财的方式实现财富积累。

男性用户占比高于女性，女性用户对财经短视频的关注逐渐走高。CSM调查数据显示，2021年财经短视频兴趣用户中，男性用户占比为66.7%，远高于女性用户。但与此同时，女性用户对资产管理、财经知识学习的需求逐渐增强，2022年调查中，男性偏好度虽仍高于女性，但女性占比从33.3%升至42.3%（表2）。

表2　2021～2022年财经短视频兴趣用户性别结构

单位：%

性别	2021年	2022年
男性	66.7	57.7
女性	33.3	42.3

数据来源：CSM媒介研究。

30～49岁中青年用户占比超半数，成为主要偏好群体。具备一定经济基础的中青年成为财经内容主要偏好者，CSM调查数据显示，对财经短视频感兴趣的用户中，30～49岁群体表现出较大兴趣和关注，占比至2022年已超五成。在生活和工作压力下，中青年群体具有更强的理财意识和学习诉求。

高学历属性凸显，主要从事职业为企业/公司中层、一般职员。受过良好教育的职场精英更偏好财经内容，CSM调查数据显示，在财经短视频兴趣用户中，学历为本科的占比达58.8%；职业为企业/公司中层、一般职员的兴趣用户占比达48%。在拥有稳定工作、持续收入的前提下，中高收入群体具有较强的理财观念和资产管理需求，更多用户加入到关注个人资产管理的队伍中。

3. 财经兴趣用户注重“获得感”，以通俗化表达呈现的硬核内容更受青睐

对于精专的财经短视频，财经兴趣用户的观看动机、内容偏好、风格期待等，均体现出他们对于获取新知、助力决策、提升生活质量的期许。

财经兴趣用户更注重获取新知、学习技能，“获得感”成驱动其观看财经短视频的重要因素。CSM媒介研究2020～2022年调查数据显示，对于整体短视频用户来说，财经短视频兴趣用户获取资讯、增长见识、学习常识/技能的短视频观看动机更强，近三年的用户占比均超五成，明显高于短视频用户的整体水平。从TGI指数①来看，财经兴趣用户获取资讯的偏好最强，TGI指数连续两年超160，远高于其他观看动机（表3）。对比整体短视频用户，财经兴趣用户增长见识、学习的短视频观看动机更加凸显，TGI值较2021年有较大提升。

表3　2022年财经短视频兴趣用户观看短视频TOP 4动机的TGI指数

观看动机	2022年
放松休闲	150.9
获取资讯	178.0
增长见识	166.7
学习常识/技能	163.2

数据来源：CSM媒介研究。

基于获取新知识的动机，财经兴趣用户更爱看3～10分钟时长的视频，更具完整性的中短时长内容受关注。CSM调查发现，财经兴趣用户更偏好时长中短、更具完整性的内容：2022年调查显示，偏好3～10分钟时长的财经兴趣用户占比达30.4%，高于整体短视频用户（26.2%），对比2021年财经兴趣用户（18.6%）提

① 倾向性指数TGI代表群体倾向性的强弱，是特定人群相对于总体人群的比值，数值高于100表示倾向性强，数值低于100表示倾向性弱。下文同。

升近12个百分点。中时长视频逐渐受到财经兴趣用户的喜爱，其所承载的完整性内容获得兴趣用户青睐。

实用产品分析、最新资讯动态是“吸睛点”，权威性内容加通俗化表达受青睐。对于观看过财经短视频的用户来说，助力决策和理财实践的内容更易获得他们的偏爱。CSM 2021年针对财经垂类的调查显示，金融理财产品分析、财经新闻资讯、财经人物/业内人士访谈是财经短视频用户最感兴趣的内容类型。同时，财经短视频用户认为财经短视频应具备内容专业/权威可信、内容通俗易懂、知识点丰富等特点（表4），兼具权威性内容与通俗化表达的财经短视频成为“流量密码”。

表4 2021年财经短视频用户偏好财经内容类型及特点 TOP 3

单位：%

偏好内容类型	2022年占比	偏好内容特点	2022年占比
金融理财产品分析	35.8	内容专业/权威可信	57.5
财经新闻资讯	28.0	内容通俗易懂	52.4
财经人物/业内人士访谈	28.3	知识点丰富	48.6

数据来源：CSM媒介研究。

4. 财经短视频兴趣用户更注重自我提升、崇尚理性消费，性价比高、获得感强是拉动其消费的主因

相比短视频用户，财经兴趣用户展现出爱求知、乐养生、善理财等特质，而这些特质也反映在其购物及消费理念上，商品/服务的性价比、知识内容的获得感成为拉动其消费的重要驱动因素。

追新知、爱养生、善理财成财经短视频兴趣用户的最大特质。对比短视频用户，保持对新事物的好奇、爱养生、理性消费、从容面对社交环境成为财经兴趣用户更突出的特点。其中，对世界好奇、关注养生、愿意货比三家成为其最显著的群体特征，认可占比均接近八成（表5）。此外，对于社交环境，兴趣用户比整体短视频用户更能从容面对。

表5 2022年财经短视频兴趣用户突出的特点（用户占比）

单位：%

生活形态	用户占比
对世界好奇	79.9
关注养生	79.2
愿意货比三家	77.1
社交恐惧	39.9

数据来源：CSM媒介研究。

财经兴趣用户注重消费性价比，对于健康改善、知识储备等商品/服务的购买偏好更强。CSM 2022 年调查显示，财经兴趣用户在短视频平台购物的 TOP 3 品类为日用百货、食品饮料、服装服饰等生活“刚需品”，但在运动健身、图书的消费占比上明显高于短视频用户整体水平。从 TGI 指数来看，相比短视频用户，财经兴趣用户对食品饮料、服装服饰等生活用品的购买偏好更强，其运动健身、图书的购买偏好也更突出，TGI 值均大于 100（图 1），他们对于健康的重视和对知识的追求，促使其更多购买相关商品。

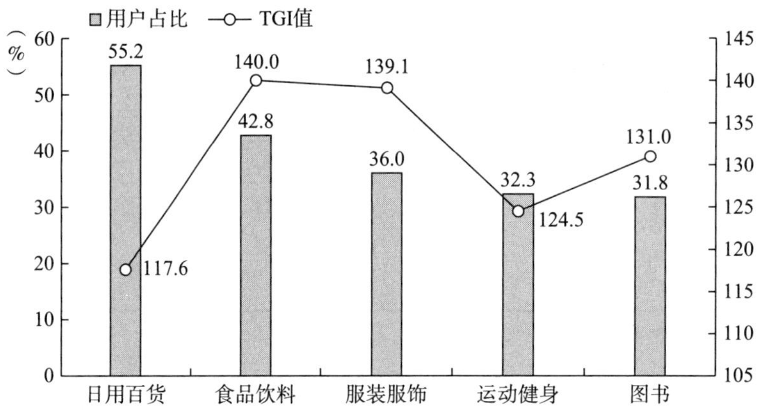

图 1　2022 年财经短视频兴趣用户在短视频平台购买品类 TOP 5

数据来源：CSM 媒介研究。

此外，财经短视频兴趣用户在商品购买中表现出货比三家、理性消费的特点，其对购买商品满意的原因中，满足需求、物美价廉位列前二，选择用户占比皆超五成；其中，选择物美价廉的财经兴趣用户远高于整体短视频用户（35.6%）。

5. 财经短视频兴趣用户乐于为知识内容付费，健康/养生、自然人文内容的付费意愿更明显

财经短视频兴趣用户对内容付费的偏好程度较高，特别是对知识科普、自然人文、健康养生相关内容的付费意愿更明显，对财经内容的付费意愿远高于整体短视频用户。

财经兴趣用户内容付费偏好水平较高，超整体短视频用户。财经兴趣用户对内容付费的接受程度较高，CSM 2022 年调查数据显示，近七成兴趣用户有过内容付费行为，超过整体短视频用户（67%）。其中，知识内容付费为首要类型，占比较短视频用户高约 10 个百分点。从 TGI 指数来看，财经兴趣用户对知识内容、娱乐内容、会员购买、直播打赏等付费偏好皆高于整体短视频用户，TGI 值均大于 100。

知识科普内容稳居愿意付费内容类型首位，健康/养生、自然人文类内容跻身 TOP 5。具体到财经兴趣用户愿意付费的内容类型，TOP 5 为知识科普、生活技巧、

自然人文、财经、健康/养生（图 2）。从 TGI 指数来看，财经兴趣用户对财经、健康/养生内容的付费意愿最明显，成为区别于短视频用户的显著特征。对比 2021 年财经兴趣用户愿意付费内容类型 TOP 5，健康养生、自然人文内容付费意愿增长明显，升至 2022 年付费意愿 TOP 5 内容类型。财经兴趣用户对自然人文、健康/养生内容的较高需求，促使其未来愿意为相关内容知识“买单”。

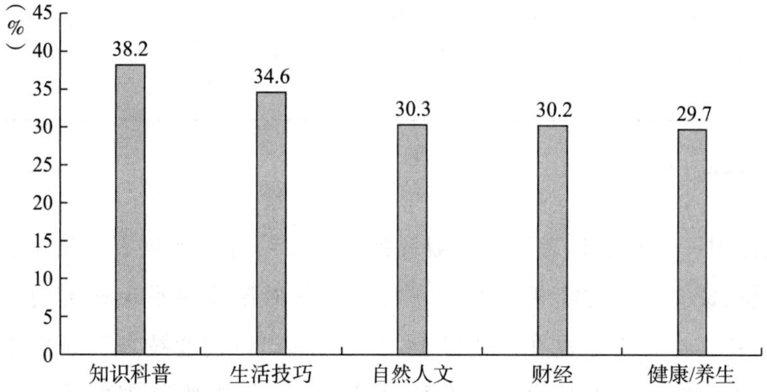

图 2 2022 年财经短视频兴趣用户愿意付费的内容类型 TOP 5

数据来源：CSM 媒介研究。

财经类短视频内容聚焦用户生活日常、资产管理、财富积累等方方面面，潜存大量受众，有待创作者和平台不断挖掘。随着短视频内容的垂类化、精细化趋势加速，财经内容作为多元内容生态版图中的重要一块，发挥着专业知识的实用价值，内容价值重要性逐渐凸显。未来，财经短视频依托知识付费等形式在内容商业变现中尚有无限拓展空间。

二 财经短视频头部破圈账号特点分析

平台的加速布局、财经兴趣用户规模的持续增长，吸引了多元财经创作者涌入短视频赛道。财经短视频创作者规模不断扩大，且分布在财经领域各细分赛道中。本部分通过观察抖音、快手、哔哩哔哩 3 个平台粉丝量 TOP 5 的财经类账号发现：从内容类型看，粉丝量 TOP 5 财经创作者主要集中于“财经知识”“商业故事/创业技巧”“投资理财”三个领域；“财经资讯”“房产”等细分领域也有创作者分布（表 6）。从账号主体来看，财经类短视频创作者既包含个人创作者，也包括 MCN、财经媒体、商业企业等机构创作者，专业机构的参与助力财经内容生产及账号运营。以抖音为例，截至 2022 年 11 月，平台粉丝量 TOP 5 财经类账号中，“机构认证”的创作者占比超四成。

表 6　2022 年 3 家平台粉丝量 TOP 5 财经账号内容分类占比

单位：%

抖音		快手		哔哩哔哩	
内容分类	占比	内容分类	占比	内容分类	占比
财经知识	44.0	财经知识	58.0	财经知识	50.0
商业故事/创业技巧	22.0	投资理财	18.0	商业故事/创业技巧	24.0
投资理财	18.0	商业故事/创业技巧	16.0	投资理财	20.0
财经资讯	10.0	财经资讯	8.0	房产	6.0
房产	6.0	—	—	—	—

注：2022 年 11 月。

数据来源：CSM 媒介研究。

“财经知识”领域创作者发布的短视频内容多结合宏观政策、热点事件、社会生活、行业现象等科普财经相关知识，快手、哔哩哔哩两平台该类创作者占比均超半数，抖音创作者占比也在四成以上。“商业故事/创业技巧”领域创作者主要分享商业界人物或品牌的故事、创业秘籍等，抖音、哔哩哔哩两平台该类创作者占比皆超两成。“投资理财”领域创作者包括股票、基金、保险、债券、银行理财等多个细分类别，重在为用户提供更具实用性的市场分析或投资建议，三个平台该类创作者占比皆在两成左右。“财经资讯”领域创作者以发布经济相关领域的最新资讯为主，尤其关注金融资本市场动态，基本无深度解说或分析；“房产”领域创作者则主要面向有置业或投资需求的用户，分享房产市场动态或实地探访各式房源。

本文通过聚焦抖音、快手、哔哩哔哩 3 个主要平台，并根据粉丝量、涨粉量、变现效果等数据维度选取财经头部账号作为典型案例，着重分析其内容特点、传播效果、商业价值等。

1. 经济学家@韩秀云讲经济解析大经济里的小问题，接地气视角揽获关注

@韩秀云讲经济是著名经济学家韩秀云的短视频账号，截至 2022 年 11 月，该账号在抖音、快手、哔哩哔哩三平台粉丝总数超 1600 万人；其中，该账号在抖音平台粉丝数达 1148.5 万人，跻身平台财经领域粉丝数 TOP 3，共发布作品 858 条，获赞量达 5716.8 万次。

@韩秀云讲经济聚焦宏观经济学，针对近期社会上涌现的新现象、新趋势，从宏观经济、政策走向、行业及群体影响等方面进行全局分析，并以经济学专业视角给出建议。在该账号 2022 年高流量内容中，结婚率下降原因、中国经济突围、人民币贬值、美日意法德欠债不还等多条内容，皆在快手平台获超 200 万次的播放量。

2. @氪财经：依托媒体品牌及内容优势，以选题化思路创作“答疑式”行业解读

@氪财经是科技创投媒体36氪的官方短视频账号。截至2022年11月，该账号在抖音、快手、B站三平台粉丝总数超684万人，其中抖音粉丝数达470.6万人，共发布作品438条，获赞量为1274.6万次。

作为机构类账号，@氪财经借助36氪在商业领域的品牌势能和内容优势，聚焦泛商业领域的短视频生产，通过对某一特定产业或现象的观察和思考，以“提问—答疑”的方式深度剖析行业事件、人物背后的商业逻辑和故事，为用户提供有价值的内容。基于对不同行业的长期观察，@氪财经在抖音平台开设了“行业全解读”合集，截至2022年11月已更新209集，揽获3.3亿次播放量。每期内容通过三集短视频全方位解读行业热点或趋势，既关注房地产、股票、基金、医保等财经细分领域的前沿动向，也科普互联网、数码产品、文娱产业等其他领域中蕴含的商业知识。

3. 逗趣@直男财经解读泛财经内容，高颜值萌妹@小A学财经解密商业大佬及商业经

@直男财经是《每日经济新闻》旗下的财经短视频账号，运营团队曾在广电媒体任职。作为财经领域头部账号，截至2022年11月，@直男财经在抖音、快手、B站三个平台粉丝总数超1760万人；其中，在抖音平台粉丝数达1551.9万人，累计发布作品587条，获赞量1.9亿次。

@直男财经的短视频聚焦泛财经领域，通常以热点事件/话题等为切入点，洞悉其蕴含的金融财经相关问题，聚焦隐藏于泛财经事件背后有关大众生产生活的经济逻辑。该账号选题既聚焦国内外政治经济环境，也关注商业环境、社会民生等。在表达形式上，@直男财经将财经新闻解读与脱口秀形式结合，运用对话式语言，结合大量网络流行段子、表情包、肢体语言等，让更多财经爱好者在深入浅出的讲述中理解财经知识。同时，短视频中的主播形象幽默逗趣，营造出时刻为粉丝着想的亲民人设，拉近与普通受众之间的距离。

@小A学财经自入驻短视频平台以来粉丝数量迅速增加，根据抖音平台2022年9～10月财经领域创作者的涨粉情况，@小A学财经连续两个月斩获榜首，粉丝数分别较上月增加45.5万人、72.3万人。截至2022年11月，该账号在抖音、快手、B站三个平台粉丝总数破千万人，且跻身抖音财经账号TOP 15，集均获赞数达157.2万次。发布的短视频内容以讲述商界大佬、著名企业的故事为主，揭秘其成功背后不为人知的传奇经历，满足新媒体传播时代受众对于故事化内容的需求和猎奇性心理。该账号高颜值的年轻“萌妹”以活泼灵动和富有感染力的真人解说结合影像资料、花字字幕等形式，趣味性十足。

4. 聚焦账号人群探索商业价值，@全说商业白酒带货助力销售额破千万元

根据财经领域 TOP 500 账号近 30 天的直播带货情况，@全说商业账号在抖音、快手平台的场均销售额分列两平台的第一、第二。截至 2022 年 11 月，该账号在抖音、快手、B 站粉丝总数超 1323 万人。@全说商业的短视频内容以评析时下经济热点、产出商业知识为主，并通常提出不同视角的看法，从财经角度对食品业、制造业、互联网等各行业的热点事件进行解读。

@全说商业的变现方式包括直播带货、平台橱窗、广告商单等。以直播带货为例，该账号在带货商品选择上聚焦中年男性的消费偏好，商品类型包括酒水饮料、男装、家用电器等，如该账号 2022 年 11 月 1 日直播中热卖的五粮液和茅台酒销售额破千万元，观看人次达 35.4 万人，位居双十一酒类带货榜第一名；泸州老窖、舍得酒业等旗下白酒的销售额也均破百万元。此外，该账号在抖音、快手橱窗或店铺售卖图书、白酒、毛巾、服装等商品，还与凯迪拉克、剑南春、盼打巧克力 3D 打印机等品牌合作输出广告商单视频。

三　广电财经短视频分析

伴随媒体融合步入深水区，广电机构依托垂类频道及节目资源，持续加大垂类内容在新媒体平台的生产及分发力度，实现传统阵地与互联网阵地“一体策划、一体生产”的深度融合。这其中，专业性较强的财经内容如何借由短视频实现接地气、大众化传播，成为广电机构探索内容和形式创新的关键方向。目前来看，各级广电机构依托财经频道、节目、主持人/记者等纷纷开设财经短视频账号，形成具有一定影响力的财经内容传播矩阵。

本部分基于抖音、西瓜视频、快手和微信视频号 4 个主要平台，选取了 21 家广电机构合并后的 47 个以发布财经内容为主的短视频账号作为研究对象。通过观察这些账号在 2022 年 1 ~ 10 月的生产发布及传播运营情况，分析典型账号和高流量内容特点，以期为广电财经短视频传播提供借鉴参考。

1. 广电财经短视频传播力提升空间大，头部账号品牌力显现

从观察的广电机构垂类账号来看，财经类短视频的账号数量、发布总量不及三农、体育类等，传播总量不及三农、法治类等；但整体表现优于军事、科教类。从单条内容的传播量看，财经类短视频则仅次于三农类，处于上游水平。这说明，财经内容专业性强、内容硬核拥有稳定的用户基础，内容传播力尚有较大提升空间。而且，相较于美食、旅游等日常化、大众化的垂类，财经信息和金融知识具有一定的权威性及专业性门槛，广电机构的媒体资源优势及公信力背书将助力财经短视频传播。

从本部分观察的47个各级广电机构财经账号的传播情况看，2022年1～10月47个广电财经类账号在4个主要平台共发布6.5万条内容，揽获33.1亿次传播量；截至2022年10月，合计粉丝量达4986.4万人。从分月情况看，受“3.15”晚会消费权益保护、俄乌冲突引发经济制裁及能源危机等热点内容拉动，3月广电财经账号以7526条内容揽获6.4亿次传播量，居单月传播量之首。

从头部账号看，观察范围内的47个广电财经账号中，头部账号多为台内财经品牌、财经节目等打造的短视频账号，既聚焦财经专业领域、紧跟经济热点，也兼顾媒体独家资源、发布热点及权威资讯。具体来看，中央广播电视总台账号@央视财经强势领跑广电财经类短视频传播（表7），2022年1～10月传播量破20亿次；其次是上海台@第一财经、中央广播电视总台@打量视频之财经90秒，2个账号传播量均破亿次。另外，少数频道及媒体主播账号跻身前列，以聚焦商业及企业家访谈或财经观点表达等特色化内容获得关注。

表7 2022年1～10月广电机构财经类传播量头部账号

序号	账号名称	序号	账号名称
1	@央视财经	6	@河北经济生活频道
2	@第一财经	7	@财经杨淇
3	@打量视频之财经90秒	8	@湾区财经传媒
4	@浙江经济广播	9	@凤凰网财经
5	@时间财经	10	@东方财经浦东频道

数据来源：CSM媒介研究。

从内容特点看，观察范围内的47个广电财经账号，发布的短视频内容多聚焦国内外经济形势、宏观经济政策、重大财经事件和专业金融理财知识等。比如，国际政治经济环境的复杂多变，以俄乌战争引发的经济制裁、能源短缺、金融核弹等衍生的财经相关内容，成为2022年2月以来贯穿全年的广电财经短视频内容热点。再如，受疫情持续影响，2022年7月房地产领域的“断供潮”在全国快速蔓延、涉及十余个省市，楼盘停供断贷相关内容贡献当月互动总量的25.6%。

2. 中央广播电视总台@央视财经通观全局，占据流量高地，SMG@第一财经兼具本地视角

作为中央广播电视总台财经频道账号，@央视财经深耕财经专业领域短视频传播，聚焦“财经资讯＋社会热点”，以兼具宏观政策环境及民生消费相关内容占据流量高地。2022年1～10月，该账号在抖音、快手、西瓜视频、微信视频共发布1.2万条内容，揽获24.3亿次传播量，在观察范围内的47个广电财经类账号中流量贡

献超七成。@央视财经依托总台内容生产和传播的优势，聚焦财经专业领域，发布的短视频覆盖面广、视角多元，包含国内外政治经济形势、宏观经济政策、经济信息、金融投资市场资讯、民生消费权益等。其中，全国疫情通报信息、全国两会建言提案、总台“3.15”晚会、西方对俄经济制裁、国际能源短缺及粮食危机等相关多条短视频，均揽获高流量。

上海台@第一财经为省级台打造的财经品牌账号，在关注经济形势、解析财经政策的同时，其内容关注本地视角的特点显著。2022年1～10月，该账号在4个平台发布的1.2万条内容，获得5.4亿次传播量，在省级台财经类短视频账号中表现突出。上海台@第一财经在关注国际政治经济环境、最新财税政策的同时，发布的多条上海疫情停工影响、沪指涨跌情况、人民币汇率变化、房地产市场动态等均成为热点内容，揽获百万级传播量。同时，@第一财经聚焦全国两会及当地举办的重大财经活动，如在抖音开设“一财带你看两会”“2022上海全球资产管理高峰论坛”“第五届中国国际进口博览会”等合集，发布重大活动相关的最新动态资讯。该账号还依托大屏栏目，运营“来点财经范儿”“首席评论”等特色短视频合集，充分运用采访素材、专家观点等创作短视频，以联动资源优势发力移动端内容传播。

3. 江苏台@财经杨淇、凤凰卫视@凤凰网财经等个人及财经品牌账号亦跻身传播量前列

作为江苏财经广播的主持人，江苏台账号@财经杨淇着力打造财经主播IP，2022年1～10月在抖音、快手平台共发布63条内容，获470.2万次传播量。该账号以主播个人讲解为主要表现形式，内容紧跟时事热点，短视频内容以对宏观经济、储蓄、楼市、股票等经济观点分析为主。其中，“欧洲天然气价格一度暴跌至负数”“欧洲大举买入人民币，人民币汇率创四年新高”两条内容在快手平台传播量破百万次。另外，该账号在抖音平台特别针对热点话题“美会对我们使用SWIFT吗”开设合集，发布三期内容，播放量破千万次。

凤凰卫视@凤凰网财经发布的内容主要为知名企业家、学者访谈，兼顾财经及股市、楼市等资讯内容。企业家、专家访谈内容是@凤凰网财经的“流量密码”，相关内容贡献该账号半数以上流量。其中，“李嘉诚从商58年后讲述”“张汝京回大陆创中芯国际”“国产光刻机背后的故事”等多条内容在西瓜视频、微信视频平台揽获高流量。而且，该账号针对平台特点分发不同形式内容，如在西瓜视频以横屏为主，抖音则以横+竖相结合。

4. 广电财经高流量内容主要为国内外经济形势，民生消费及就业、疫情及经济影响、股市楼市动态等亦是“吸睛点”

通过观察47个广电财经账号2022年1～10月发布的短视频，梳理播放量及互动

量 TOP 100 内容发现，高流量内容中“国内外经济形势”“民生消费及就业”“疫情经济影响”“股市楼市”等热门话题受到用户高关注。

从“国内外经济形势”内容看，高流量内容主要以国家经济政策、国际财经形势等为主，涉及如财税政策、国际汇率、市场经济、能源问题等。如上海台@第一财经于 2022 年 1 月 5 日在快手平台发布有关宏观经济的“哈萨克斯坦政府宣布解散，为我国重要的天然气供应国#哈萨克斯坦政府宣布解散#国际”，以图片配合文字报道的方式，报道了我国重要天然气供应国哈萨克斯坦政府解散的相关资讯。评论区猜测此次措施可能导致国内煤气、天然气上涨，网友纷纷称“买俄罗斯的”“去年煤气 60（元）一瓶，现在 135（元）了”。

“民生消费及就业”也是用户高度关注的内容，特别是关系消费者权益保障、基础民生经济、就业等问题的多条短视频跻身高流量之列。从消费者权益看，聚焦直播套路、红薯粉/老坛酸菜造假、用户隐私泄露等的多条内容在快手平台传播量均超 650 万次。从基础民生经济看，涉及热门职业招聘、多地楼市动态的内容牵动关注。例如，总台@央视财经于 2022 年 2 月 19 日在抖音平台发布的“人大代表董明珠将再建议：提高工薪阶层税收起征点”获 60.5 万次互动量。该条视频内容戳中基层群众的心声，获评论区一致点赞认同“支持董小姐，说出了多少工薪阶层的心声”“这才是中国企业家”“为董姐姐点赞，太符合现在的情况了”。

值得关注的是，或受大环境影响，用户对资产理财、管理类财经内容的互动力、参与度更强，具有指导性的“股市楼市”等实用财经内容亦跻身高流量之列。从细分内容看，股市开盘/收盘、股盘涨跌停等投资资讯以及各地烂尾楼、房价、预售、限购等楼市信息均为用户高关注内容。比如，上海台@第一财经发布的有关全国“停供潮”的“#全国 15 省超 50 楼盘发布停供声明机构预计涉及房贷约 2 万亿#房地产”视频在抖音平台获超 20 万次互动量，内容对焦全国各地烂尾楼事件。面对楼市动荡，内容引发大量讨论，评论区称“支持现楼发售，禁止预售”“银行没有把资金监管好就是要负责的”“应该禁止贷款买房，禁止使用杠杆”等。

（作者：田园　安帅腾）

2022 年中国电视产业发展报告

——数智化持续赋能电视转型与发展

数智化综合表达了数字化和智能化两层含义，智能化同时向着智慧化升级。媒介数智化趋势持续赋能电视转型与发展，联网电视（Connected TV，CTV）成为大屏视频媒体市场主力。数智化从技术、内容、经营等层面为媒体深度融合进程中的电视创造新机遇。

机遇之一是以大数据和云计算为基础的人工智能解决方案不断刷新电视大屏用户体验，促进回拢用户群体。机遇之二是催生用户视频消费新需求以及联动新营销投资机会，不仅驱动内容需求多元化增长，也为提升广告品效协同提供了独特的大屏方案。机遇之三是驱动电视经济范式丰富与升级，从单纯的收视率经济范式跨进到复合的流量经济范式，以及平台化的指数经济范式。

电视大屏已演变成为直播屏和互动屏的有机叠加，联网电视技术（OTT 终端和智能电视）驱动其中互动部分用户占比持续增长，计算广告和算法内容成为电视流量经济不断发展的动力源泉，数智化赋能电视生态持续创新并进而形成平台经济效应。

一　电视大屏转进流量经济

• 电视大屏加速互联网化，联网电视普及率大幅提升，时间和流量并行，流量经济为大屏市场创新增量

现在是数字电视传播时代，时间即流量；现在也是互联网全面消费时代，流量即时间。看电视或者上网，时间与流量是用户消费活动表达的一体两面。

CSM 发布的 2022 全年收视调查数据显示，当前全国电视观众总量为 12.04 亿人，全年电视消费总时间为 7737 亿小时；同样，据 CNNIC 最新统计报告，截至 2022 年 12 月全国网民规模达 10.67 亿人，网民人均每周上网时间为 26.7 小时。电视观众规模较网民规模领先的情况下，电视消费时间和互联网消费时间既有叠加也有转化，动态重塑着长短视频媒体竞争新格局。

与此同时，在电视与互联网融合发展轨道上，电视大屏互联网化进程正不断加速。流媒体业务监测分析平台 Conviva 发布的最新数据显示，2022 年第二季度，在全球所有地区，流媒体大部分观看时长（77%）发生在联网电视大屏幕上，大屏终端包括 OTT 电视设备（35%）和智能电视（35%）及游戏机（7%）；其次是移动设备（11%）、PC（7%）、平板电脑（5%）和其他（1%）。但是在亚洲地区，流媒体终端使用时长分布则有不同，其中大屏终端仅占 45%，含 OTT 电视设备占 23% 和智能电视占 20% 及游戏机（2%），其次是移动设备占 42%，以及 PC（8%）、平板电脑（5%）和其他（0.4%）。比较可见，以中国为主要影响的亚洲地区，以技术发展为内驱的联网电视大屏端视频流媒体消费正在迎来新的机遇。

近期全球移动通信系统协会（GSMA）发布《互联网价值链报告 2022》①。该报告中解码了全球互联网用户的流量消费结构，其中 78% 为音视频流媒体流量，占绝对主导地位；其余 5% 为游戏（包括 VR）流量，11% 为电子商务流量，6% 为其他。比较可见，全球范围内基于电视大屏的音视频流媒体流量已占到 60%（78% ×77%），而在亚洲地区，大屏驱动的音视频流量消费占比仅有 35%（78% × 45%），增长空间仍然较大。随着智能电视和联网电视普及率大幅提高，流量将持续向大屏回归。

《互联网价值链报告 2022》也沿用 GSMA 于 2016 年首次提出的互联网价值链分析模型，分别从内容权利（content rights）、在线服务提供（online services）、使能技术与服务（enabling technology & services）、互联网链接（internet access connectivity）和用户界面（user interface）等五大要素环节观察和研究互联网生态系统演进特点与趋势。该报告指出，至 2020 年全球互联网价值链中以上各要素收益贡献率依次为 3%、57%、12%、15% 和 13%。与之相对应的 2015 年各要素收益贡献率则分别是 2%、48%、13%、18% 和 20%。五年对比可见，变化最明显的是在线服务提供贡献率增加了 9 个百分点，而用户界面贡献率减少了 7 个百分点。这一变化所揭示的恰是互联网经济泛在化趋势不断增强，而另一方面用户红利不断摊薄所带来的明显影响。

该互联网价值链模型依然遵循了从创造价值、传递价值到实现价值的全价值过程分析方法，其中内容是站在创造价值的起点，而用户是实现价值的终点；用户需求又成为驱动内容创新的原动力，甚至有相当数量用户也参与到内容原创的流程之中。

内容和用户既近又远，由内容端和用户端形成的直接收益只占 16%，而传递价

① GSMA：《互联网价值链报告 2022》，https://www.sgpjbg.com/info/37690.html。

值的过程收益贡献率则高达84%。内容总体是稀缺的，尤其是优质内容；同时内容所驱动的其实不是只有3%占比的规模经济，而是驱动创建更庞大的范围经济，即互联网数字经济。中国互联网协会发布《中国互联网发展报告2022》，测算当前我国互联网数字经济规模总量约为45.5万亿元，已占到现有GDP总量的40%。互联网成为我国经济增长重要引擎并引发新基建战略持续延伸。

互联网价值链的基础载体是流量。内容创生原始流量，各种应用平台、使能技术和接入服务在原始流量基础上大规模派生增长，并最终在用户的流量竞争消费中沉淀和变现。流量与时间承接转换，互相赋能，不断聚变，释放出巨大价值空间，赋能电视大屏持续转进流量经济发展。

二　深挖大屏视频消费新需求

•流媒体内容成为大屏新宠，广告和订户双轮驱动激活新价值链条，流媒体直播进一步盘活大屏优势

数字化内容和互联网技术相结合，生发出日趋多元的视频服务商业模式。这些模式根据不同的资源和应用特性，重组内容、渠道、终端和营销，为用户提供5A级视频产品服务。5A即Anycontent（任一内容）、Anytime（随时）、Anyplace（随地）、Anydevice（任一终端）和Anyuser（任一用户）。

用户是需求侧，用户对视频的消费需求不断流变，供给侧在力争满足用户现有需求的同时也致力于创生新需求。深挖用户视频消费需求是5A级服务道路上的未尽终点，FAST即其中的阶段性新兴代表。FAST是英文Free Ad - supported Streaming TV的缩写，意为“广告支持的免费流媒体直播电视”。

伴随视频流媒体技术深入发展和OTT应用终端广泛覆盖，传统电视直播频道数字化转型之外，一种新型的被称为FAST的流媒体直播电视频道服务模式正在快速兴起。这种新型电视频道和传统直播电视频道相似，都是由服务商预先进行节目线性集合编排并设置广告插播点段，而不是用户定制、点播或者订阅相关内容。

FAST服务提供商也类似传统电视台，通过自制节目或者版权采买，聚合各种视频内容，并根据不同市场细分标准进行频道化、类型化生成和编排，提供用户选择收看。FAST服务商将根据可预测的观众规模、广告回报和投入成本做出是否开办细分频道的决定，其中广告因素的影响举足轻重。和传统电视直播广告不同的是，FAST因基于流媒体视频传输模式而使其广告可以做到基于用户画像的千人千面式精准投放，从而提升广告效益与市场回报。

一家FAST服务商可以提供远比传统电视台更多的直播频道数量，并基于不同的流媒体用户系统进行多元化分发。比如在美国一家名为 PlutoTV 的 FAST 服务商就提供超过 250 个流媒体直播电视频道，分发平台则横跨智能电视、多种 OTT 机顶盒、桌面电脑系统以及移动终端 APP 应用①。一些大型智能电视机厂商为提升其生态系统竞争力，也在不断尝试发展新型 FAST 业务。

FAST 业务被认为是介于直播电视服务和流媒体点播服务之间的又一种互联网视频消费创新，也是视频服务向广告模式的再一次回归。毕竟在经济紧缩周期，让用户花时间看一下广告远比让用户付费观看内容来得更为轻易。Netflix 近期也通过提供含有广告投放的订阅模式以增加用户及提振收入。

业界通常把视频服务划分为电视直播频道、在线点播视频和短视频三大基本类型，三者之间从内容、渠道、终端、营销和用户等层面既相互融合又形成竞争，持续激活视频消费巨大市场，不断壮大流量经济业务规模。其中，电视直播频道以广告经营模式为主，在线点播视频则按经营模式进一步区分为 AVOD（广告模式）、SVOD（订户付费模式）和 TVOD（分次购买模式），短视频更衍生出从广告种草到带货营销的复合业态。基于这些不同模式特点，进而可以建立一个有关视频产品服务的四维八度空间，包括：（1）传统平台/流媒体平台，（2）直播/点播，（3）广告/付费，（4）长视频/短视频。四个维度的不同组合方式足可创生出不同类型共 16 种视频服务模式，其中 FAST 虽是国外新兴样态，在国内业务范式已开始市场酝酿，同时基于短视频的模式创新也不断浸入电视大屏并促发流媒体新增量。

此外，FAST 字面含义即为“快”，也巧妙地道出了视频消费市场竞争之剧和变化之迅。深挖用户视频消费需求，既要“求准”，也要“求快”。回眸 2022 年国内 21 家头部视频平台竞争态势和成绩表单，胜出秘诀其实就离不开这既准又快。

三 做大做强联网电视广告

• 联网电视是收视增长动能区，联网电视广告价值被低估，做大做强联网电视广告符合市场发展预期

日趋丰富的流媒体内容助力联网电视市场快速发展。电视媒体融合发展的重要进程之一即联网电视崛起。同时，联网电视也正在重塑新电视生态并驱动电视与数字媒体深度融合。联网电视即 CTV，特指借助 OTT 设备、蓝光播放器、游戏机等外设，或者透过内置联网功能（智能电视），从而接入并能够使用互联网长短视频内容服务的电视机。在内容、渠道、终端、用户和营销等媒介五要素中，这是由渠道和

① https://en.wikipedia.org/wiki/Pluto_TV。

终端交互变革所引发的新电视业态之一。

近年联网电视市场渗透率快速提高，各种 OTT 设备和智能电视正在成为城乡家庭标配。据国家广播电视总局 2022 年统计公报，① 当前我国互联网电视（OTT）平均月度活跃用户数超过 2.7 亿户，占全国电视观众月活人口比例约为 66%。覆盖是收视的基础或者前提。拥有联网电视机并不必然产生接入和使用互联网视频的收视行为。在多种视频信号传输方式并存格局中，业界仍通过区分直播收视和点播收视来考察电视复合生态。CSM 收视调查数据显示，2022 年全国电视观众大屏互动和点播收视占比已达 27.4%，比上年增加了 0.5 个百分点。

当前电视大屏互动解决方案已基本等同于互联网数字视频解决方案，所以也可以统称为联网电视收视部分。国际互联网广告组织 IAB 于 2023 年 5 月初发布美国版《2021 年视频广告花费及 2022 年展望》营销机构调查报告，② 其中公布美国 2021 年电视直播收视与 CTV 收视比例关系为 67% 对 33%，上一年 CTV 收视占比则是 30%，并预测 2022 年该比例将提升至 36%。这一联网电视收视份额明显高过国内水平。该报告据此认为，基于 CTV 的电视广告花费增长将进入快车道，而当前营销机构对 CTV 市场的广告投入占比仅达所有视频广告花费的 15%，比较而言重视程度远远不够。

该报告基于美国 406 家广告代理机构及广告主调查而展开，这些营销机构高度评价 CTV 平台对广告效果的贡献，参与评价的 KPI 指标按重要程度包括销售提升、到达率、曝光度、品牌促进等。国内市场研究机构 CTR 也每年一度开展“中国广告主营销趋势调查”，2021 年基于全国 300 余家企业样本的调查揭示出同样趋势，即数字媒体广告占比将不断提升，传统电视广告市场加速向包括联网电视广告在内的数字营销模式转变，其中短视频和直播更成为数字营销新宠。无独有偶，来自秒针公司的《2021 NEW TV 营销报告》也显示，“过去一年有 25% 的广告主增加了大屏端的投放预算，近 20% 的品牌主对 OTT 营销进行了独立预算，77% 的受访广告主预计今年品牌投放 OTT 的预算花费将提升”。③

根据多方数据估算，当前我国联网电视广告花费约在 150 亿元，在大屏营销花费中的占比仅为约 17%，在互联网广告营销总花费中的占比则仅约 3%。这些数字显然与 CTV 约 27% 的大屏收视份额占比极不匹配，做大做强联网电视广告迎来最佳市场窗口期。

---

① 参见 http://www.nrta.gov.cn/art/2023/4/27/art_113_64140.html。

② 参见 https://lmtw.com/mzw/content/detail/id/214296。

③ 参见 https://ishare.ifeng.com/c/s/v002hsAqToxgyj4t5l3f4t4kSd7GFE2pBl9QKQP2HOKSSXw_。

四 联网电视为广告品效价值背书

• 联网电视兼具广告品效协同创新的大屏优势，互联网时代的广告品效价值评估新体系为联网电视市场发展背书

三年疫情影响以及经济增速减缓让广告品效问题面临新挑战。但市场缺乏足够的相对统一的基于联网电视广告投放与效果的测量数据。数据始于指标，2022 年 9 月，美国媒体评级委员会（MRC）发布有关广告效果与数据质量的最新行业标准，即“MRC Outcomes and Data Quality Standards”,① 其中特别把当今媒体多元融合发展背景下的广告效果评测标准按广告漏斗效应划分为三级共 12 项指标，尝试重塑广告效果市场测量体系。

这些指标从产品销售促进能力角度出发，进一步区分为间接转化指标和直接转化指标。间接转化指标共七项，分别是（1）线索（Leads）、（2）查询（Inquiries/RFI）、（3）搜索（Search）、（4）购买意向（Purchase Intent），这四项属效果漏斗的一级指标，主要用于测量消费欲望的撬动程度；另外三项包括（5）互动（Interaction）、（6）参与（Engagement）和（7）访问（Visitation/Traffic），属于效果漏斗中的二级指标，反映欲望向初始行动的升级程度。

效果漏斗三级指标即直接转化指标共有五项，分别是（8）转化率（Conversions）、（9）销售量（Sales）、（10）回报率（ROI/ROAS）、（11）增长率（Incrementality）和（12）品牌提升度（Lift），测量的则是整个广告行程对产品销售和品牌营销的终极影响，包括即期和长期。分析以上 12 项指标体系可见，在层层递进关系中，第 7 项和第 8 项即访问量和转化率是介乎间接和直接广告效果测量之间的两项承上启下的节点性指标，具有极为重要的市场地位。

访问量指标的进一步表述是到达率和暴露频次，这一数据在电视媒体广告效果测量中主要以收视率数据体现，在互联网数字媒体广告效果测量中则常以点击率等流量数据反映。比较而言，转化率反而是一个不太容易展开标准化测量的指标。MRC 标准中对转化率的描述定义其实也非常模糊，基本意思是说广告行程通过各种触达和说服影响之后，如何将一个潜在消费者转化成一个意愿上的消费者直至事实上的消费者的能力。如此概念化的一个指标，具体到数据采集和计算层面，市场反应仍莫衷一是。

① https://mediaratingcouncil.org/sites/default/files/Standards/MRC%20Outcomes%20and%20Data%20Quality%20Standards%20%28Final%29.pdf。

从访问量指标和转化率指标再说回到联网电视的广告效果评测。随OTT和智能电视普及率迅速攀升，对联网电视的收视率监测正在基于样本组和回路大数据（RPD）两个层面展开，其中既相互校验又互相融合，重组联网电视广告投放新货币；面向销售提升和品牌促进的转化率方面，则有不少研究机构透过问卷调查方式对联网电视广告效果予以积极正面认证。可见在广告品效协同发展问题上，随着广告品效价值评估体系的创新应用，联网电视必将发挥新的作用。

五　计算广告和算法内容深度定义数智化

•联网电视为电视数智化发展提供了物理基础，大数据和云计算驱动电视数智化发展进程，计算广告和算法内容成为数智化电视的两种典型能力表征

学术界专门为基于数字媒体世代的广告新交易实践加以概念化并学科化为“计算广告”，英文称“Computational Advertising”。计算广告学是跨广告学、营销学与计算机科学、数据科学等交叉产生的新学科，来自实践又回归于实践，其中的最重要应用当数“程序化广告”交易。计算广告早期形态之一是“寻址广告”（Addressable Advertising），这相比传统大众广告已是迈出精细化营销的第一步。雅虎资深研究员Andrei Broder于2008年首次提出计算广告概念并给出其形象定义：“为给定情景C下的用户U找到一个合适的广告A，以实现最优匹配。”① 据此也有学者进一步总结计算广告的三要点：“数据是计算广告的基础，智能算法模型是计算广告的工具，智能决策是计算广告的目的。”②

现今业界通行的收视率调查数据源自受众对电视节目和视频消费行为包括频次与时长的监测和计算，是事后结果，同时也是静态截面结果。换言之是先有广告投放，再有收视监测数据。这种情景下的收视率数据显然与计算广告所依托的过程及算法数据大不同，后者的逻辑是先有数据和算法，后有广告优化投放，同时再将广告投放后的动态数据循环纳入这个过程和算法以不断获得优化效果。可见在计算广告领域，传统意义上的收视率作用正在受到制约并更加趋向形而上。

数字媒体时代，广告之外，数据和算法也日渐成为影响甚至决定视频节目生产和投放的依据。算法内容包含两层含义。其一是指基于算法的内容生产，即AIGC（AI Generated Content），随ChatGPT问世而大热；其二是指基于算法的内容分发，即

---

① 段淳林、杨恒：《数据、模型与决策：计算广告的发展与流变》，《新闻大学》2018年第1期，第128－136页。

② 段淳林、杨恒：《数据、模型与决策：计算广告的发展与流变》，《新闻大学》2018年第1期，第128－136页。

AIDC（AI Distributed Content），也常被称为面向用户的内容智能推送机制。在技术演进和业界实践路径中，AIDC 的出现要早于 AIGC。

媒介传播链条中，内容从生产到分发再到消费形成三个关键环节。人工智能算法介入内容生产和分发，在实现自我革命的同时也必将对内容消费产生深刻影响，使内容消费进入一个崭新的充满变化的时代。算法影响下的内容消费持续呈现非线性、个性化、社交化、碎片化等特点。传统收视率调查是服务于注意力经济的，互联网时代注意力经济演变为流量经济，而人工智能的飞速发展则让算法经济成为流量经济新主角。算法经济是流量经济的重要组成部分，同时具有乘数效应。

数据和模型是算法的一体两面。AI 算法时代，数据是“大数据”，模型是“大模型”。大数据和大模型驱动下的内容消费推动市场进入“大视听”时代。“大视听”既是对视听内容制播分发平台日趋多元化、复合化的全面概括，也是对以视听内容为入口的“视听＋”新业态新模式蓬勃发展的高度整合。算法内容推动“大视听”时代不断变革，生产、分发、消费之外，算法也反向赋能创新创意前端，驱动整个内容业态和内容生态呈螺旋式上升发展。

计算广告和算法内容为电视数智化发展做出了典型性定义，衍生出基于数据和算法的数智化电视新业态，在联网电视日渐普及的市场支撑下演进成为电视转型发展实践新方向。

六 数智化电视开启从收视率经济到指数经济的平台化进程

• 从传统电视的收视率经济发展到互联网电视的流量经济，再发展到数智化电视的平台型指数经济，数智化电视是电视转型发展的现在进行时

向 ChatGPT 提问：“什么是收视率经济？”结果给出如下三段论精辟回答。

第一段是定义：“收视率经济是一种以电视收视率为基础的商业模式。在这种模式下，电视台和广告商通过电视的节目收视率来衡量广告投放效果，并据此计费。”

第二段进一步解释了运作机制：“在这个商业模式中，电视频道会竞争性地提供有高收视率的热门节目，从而赢得广告商的投放。同时，广告商会通过对不同时间段和频道的收视率数据分析，选择能够最有效地吸引他们目标客户群体的时间段和频道进行广告投放。”

第三段则指出问题与趋势：“这种商业模式在电视行业中非常普遍，但是随着数字媒体崛起，人们更多地受到了网络视频和流媒体的影响，传统电视收视率呈现下降趋势，影响到了收视率经济的模式运作。”

最近国家广电总局发布《2022 年全国广播电视行业统计公报》，其中有关数据通过对比电视广告和新媒体广告收入的变化态势，为我们了解当前收视率经济运行状况提供了权威参考，清晰映射出收视率经济向媒体融合经营模式转进的趋势及速度。

收视率是一个极为简单直观的数据指标，正如 ChatGPT 所述，收视率经济模型已不能完全解释当前电视传媒经济发展变化的趋势与特点。随着媒体深度融合发展，视频节目跨媒体多平台复合式传播的现实图景亟须建立与之相适配的新经济模型。

收视率经济模型具有线性规模经济的特点，流量经济模型作为收视率经济模型的放大版，也仍然属于规模经济范畴，而媒体融合过程让传媒价值经营更凸显范围经济效应和平台经济效应。这就非常有必要引入一个新的模型即指数经济模型。

继续提问 ChatGPT 有关“什么是指数经济”的问题，得到如下依然是三段论的回答：第一段是定义：“指数经济是一种以数据为基础的商业模式，利用云计算、大数据分析等先进技术，通过构建数据指数平台，实现数据资源的共享、整合和优化，从而为相关行业提供更高效、智能、体验化的服务。”第二段进一步解释要素和特征：“在指数经济中，数据指数平台是关键，它能将各个维度的数据进行整合和计算，提取数据背后的商业价值，为企业和个人提供数据交流、信息公开、产品销售等服务。”第三段则扩展至应用与趋势：“指数经济广泛应用于金融、科技、零售、医疗、教育、智慧城市等多个领域。指数经济的快速发展，正在推动数字经济及其他新经济和传统经济深度融合，塑造新的商业和社会生态系统。”

国家广播电视总局 2022 年公报明确提出要“推动广播电视和网络视听高质量发展，推动构建现代化大视听发展格局”。与大视听相连接的指数经济模型将既涵盖现有收视率经济要素，也突出数量指标之上的质量效果和平台效应；更可借助大数据和云计算，从视听 + 出发，不断向金融、科技、零售、医疗、教育、智慧城市等领域扩展，将是反映和评价大视听发展能力与水平的重要抓手。

从收视率经济到流量经济是量变，从收视率经济到指数经济是质变；面向日新月异的数智化电视发展，创新并深入研究媒体融合领域的“平台型”指数经济模型及其价值应用，及时放大电视数智化平台效应红利，已是适逢其时、时不我待。

（作者：郑维东）

2023 年中国传媒市场十大发展趋势

2023 年，传媒市场走到了新旧赛道的交汇点。媒体融合进入第 10 个年头，以内容建设为根本、先进技术为支撑的全媒体传播体系建设将赋能融媒体内容生产与传播。内容与用户作为媒介市场中的两极，相互赋能，共同推动媒介传播及消费的融合进路；内容和屏幕之间则突破了一一对应的线性关系，逐渐向多元与交互的方向演进，全媒体测量价值的深度开发和完善成为未来赋能融合传播的关键。本文就以上述变化为出发点，多个角度分析和预测传媒市场在 2023 年的发展及走向。

趋势一　媒体融合：加强全媒体传播体系建设，以更强协同效应塑造主流舆论新格局

2023 年，我国媒体融合战略行至十年关口。十年间，媒介形态与传播生态发生了深刻而持续的转变，与之对应的顶层设计不断优化且明晰。2022 年，《“十四五”文化发展规划》和党的二十大报告进一步明确“全媒体传播体系建设”的发展方向，成为现阶段指导我国媒体融合转型实践的顶层设计思想。

媒体融合发展至今，经历技术创新、实践突破、系统发展，内容、技术、渠道、终端、营销、用户等各要素已初步打通。本质上，媒体融合是发展过程，而建立全媒体传播体系是媒体融合的阶段性目标。这一目标的达成，将实现内容不受时间及空间条件的限制，通过任意媒介、任意场景到达用户。

对于广电媒体而言，建设全媒体传播体系意味着将通过多屏跨端传播重建触达用户的生态体系，探索更有效连接广大用户的价值端口。在此过程中，科学有效地衡量用户在大中小屏上的多种视频消费行为显得尤为重要。CSM 全媒体视听同源数据测量正是以统一标准打通多元传播渠道，实现具体到“人”的全媒体、跨平台、多场景同源测量。根据 CSM 全媒体视听同源数据，中央广播电视总台《2023 年春节联欢晚会》全媒体累计触达 110 亿人次，融合传播效果显著。

为实现全媒体传播体系建设的阶段性目标，广电媒体的融合发展以用户为中心实现互联网化，形成多平台渠道、多形态内容、多场景应用、多样态营销的视听产

业生态。

从内容和技术看，各级广电媒体以内容创新为融合发展的起点，不断利用先进技术向互联网思维转型。以2022年重大主题报道为例，中央广播电视总台系列报道《解码十年》、江苏省广播电视总台互动式数据新闻产品《十年巨变：中国发展“成绩单”》，以卫星遥感、倾斜摄影、三维建模、可视化呈现、交互视频等技术手段呈现新时代的十年成就；伴随“元宇宙”概念的兴起，北京广播电视台“时间小妮”、东方卫视“申苏雅”、湖南卫视“小漾”等广电媒体虚拟主播纷纷参与党的二十大相关报道。

从渠道和终端看，各级广电媒体逐步构建起覆盖多元传播渠道、多种平台终端的全媒体传播矩阵。主流媒体全面挺进互联网主阵地，将自有客户端建设作为重点，同步建构第三方平台账号集群，以全媒体矩阵多端引流。这一背景下，拓展融合传播数据评估指标体系，科学评估内容跨平台传播效果，成为助力广电媒体深度融合发展的关键要素。比如，2022年CSM省级台新闻融合传播指数相关数据显示，23家省级电视台新闻融合传播年度指数实现环比增长，全媒体矩阵的协同效应凸显。

从营销和产业看，全媒体传播体系建设将实现与各行各业连接，助力广电媒体探索流量变现与品牌服务的数字化营销转型。比如，SMG百视TV发力垂直赛道的“百享生活”业务线，芒果迈向独立MCN品牌化运营，四川观察推出基于互联网品牌的全链路服务平台等。全媒体传播体系将以强大连接力、多元服务力，助力广电媒体探索构建可持续的商业模式，以广告营销、用户付费、内容版权、政务服务等强化“自我造血”机能。

媒体融合处在进行时，每一阶段都是站在既有成效和全新背景下的“再出发”。面向未来，广电媒体将进一步整合媒介资源、生产要素，实现信息内容、技术应用、平台终端和营销手段的共融互通，充分发挥媒体融合融入社会治理、融入现代化建设、融合数字化生活的强大辐射作用。

趋势二　电视大屏：大屏产业加速转型变革，围绕家庭视频消费重建新生态

伴随智能终端的普及，电视大屏从休闲观影终端向家庭服务终端转变，电视观众也逐步成为电视用户，从“看电视”到“用电视”变化的背后是大屏生态模式的革新。CSM电视大屏跨平台收视数据显示，2022年全年，与家庭电视终端捆绑相连的IPTV（交互式网络电视）和OTT（互联网电视）两大平台的互动收视份额已超过21%，累计触达超66%的电视观众。作为主流的传播渠道，庞大的用户体量为IPTV

与 OTT 带来广阔的发展空间。

随着近年来用户数量增势放缓、规模面临触顶，各终端厂商的运营重点已逐步转向用户留存及用户活跃度提升。在运营过程中，各终端厂商已清晰认识到内容才是吸引用户、留住用户的核心，均加大了自购内容的力度，并陆续开始试水内容制作以提升终端在内容上的竞争力和控制力。2021 年 11 月，小米电视互联网业务成立内容中心，并创建大屏行业首个独立内容厂牌，着重孵化优质影视综 IP。2022 年 6 月，创维首档自制“亲子综艺”《萌娃上班记》正式上线。2022 年 6 月 30 日起，由中国移动咪咕自制的女性读书成长对话节目《读她》全网上线。在 2022 年世界杯期间，海信与抖音联合打造中国首个 Z 时代足球少年综艺节目《HI！足球少年》。从内容出发，OTT 产业生态链正在快速拓展延伸，内容和目标用户间的传播链进一步缩短，探索后向经营模式，发掘行业新增长点。

作为多生态的终端聚合体，OTT 行业也在积极探索全新的业务赛道。随着精细化运营的逐步推进，电商、K 歌、云游戏、健身、教育、健康等内容渐渐活跃于 OTT 荧屏，为用户提供了更多选择的同时，也为其自身的变革之路开拓了更多选择。

技术的创新与升级，为电视大屏的发展带来无限可能。中国广电 5G 业务在冬奥会的试商用，是 5G 技术在广电行业融合应用的良好开端。而元宇宙概念也在多个领域得到了落地，虚拟主播、虚拟偶像等新兴模式成为视频行业发展的新风口。展望 2023 年，随着大屏功能的多样化发展，电视大屏开始承载如教育、消费等更加丰富的功能，并通过和家庭智能终端的互联互通，打造全新的家庭大屏生态。随着大屏行业竞争的加剧，各运营方更加注重场景化应用的发展，加强节目内容质量，深耕差异化内容制作，通过多种技术手段延伸大屏传播链，优化平台商业化策略，从曝光型媒体向效果型媒体转型；同时注重用户体验的个性化，以丰富的服务满足用户在教育、健康、养老等方面的需求，扩展大屏产业链，拓展电视大屏的服务价值。洞察用户潜在需求，服务用户差异化需求，在家庭大屏新产业模式的发展过程中，伴随行业生态及商业化模式的革新持续推动产业价值升级。

趋势三　电视剧：现实主义创作迈入精耕细作阶段，供给侧倾向优质内容输出，主旋律大剧与高品质商业剧引航市场

2022 年，我国电视剧市场在守正创新中前行，现实题材牢牢把控主流阵地，卫视晚间黄金档共播出首轮剧 100 部，其中现实题材播出比重逼近 80%，较上年度提升 6 个百分点，在密集的政策宣传期向大众传播正能量。2023 年随着疫情结束，经济形势逐步好转，电视剧市场也将迎来新的转机和变化，有几个非常值得关注的变化和趋势。

一是主旋律剧目品质整体得到很大提升，精品频出，带头引领主流价值观。2022年，卫视晚间黄金档单频道剧目破1%的有55部次（占比7%），首轮剧总收视率破1%的占比达47%，两部当代主旋律大剧《县委大院》和《我们这十年》在多平台播出之后，成年度爆款，总收视率分别突破5%、4%；《大考》《大博弈》《人世间》《春风又绿江南岸》《数风流人物》总收视率也均突破2%，以及《麓山之歌》《运河边的人们》《特战荣耀》《幸福到万家》《大山的女儿》《警察荣誉》等，以多样化的艺术化形式契合了人民多样化的审美需求，让观众产生共情共鸣，也为未来主旋律创作树立了新标杆。2023年，密集的献礼剧节奏或将有所放缓，根据优秀文化作品改编的影视作品、重磅剧目有望成为未来热点，如《人生·路遥》《主角》等。

二是商业化剧目多点开花，既有关注当代人情感的都市情感剧，又有深度垂直细分的职业剧，让平凡小人物当主角挑大梁，烟火气与专业化紧密结合，涌现出不少有激情有温度有深度的作品。例如2022年，《底线》《风吹半夏》《新居之约》《完美伴侣》《舌尖上的心跳》《欢迎光临》《天才基本法》《玫瑰之战》《心居》《亲爱的小孩》《关于唐医生的一切》等，富含励志元素，题材花样创新，人物角色写实，行业专业化程度高，获得好评。2023年，头部影视公司制作、国民度高的作品值得关注，包括《大江大河3》《打开生活的正确方式》《无间》《爱情而已》《平凡之路》《繁花》《去有风的地方》等，有可能成为今年市场华彩点睛之处。

三是古装题材出现两个支流方向，趋于“传统美”和“日常美”。一方面，传统风格正剧强势回归，现实主义创作手法“纤毫毕现”，如《梦华录》《天下长河》《风起陇西》《山河月明》等虽然题材各异、情节有所虚构，但细节处处写实，为观众架构了一个代入感极强的真实的历史场景。另一方面，古偶剧向中华传统文化元素汲取灵感，年轻化表达更贴近年轻人的审美趣味。例如，2022年爆款剧目《苍兰诀》将中国的非物质文化遗产融入仙侠题材，《卿卿日常》则通过紧扣“家常故事的日常化表达”一跃而成为黑马。2023年《大汉赋》《大唐赋》《星落凝成糖》《大宋少年志2》等古装剧已进入一线卫视片单，能否突出重围需拭目以待。

趋势四　综艺节目：文化传承与创新双向奔赴，多味元素融合混搭风势盛，社会关怀成为综艺节目创作底色

2022年北京冬奥会的成功举办，不但向世界展示了中国的科技硬实力，也彰显出中国文化的软实力。冬奥后，随着国际影响力的进一步提升，中国民众的文化自信和民族自信也正在快速回归。中国文化在“继承中创新、在创新中继承”成为综艺节目创作中的强音符。湖南卫视推出的《美好年华研习社》通过一群热爱中国传

统文化的年轻人，对传统文化进行二度创作和年轻态表达，在“古老”中挖掘出“新意”。北京卫视的《书画里的中国》（第二季）采用的数字绘景、3D复现等现代技术手段，让传统名画以动感形态呈现在观众眼前。2023年，中央广播电视总台《中国书法大会》通过先进视觉呈现为古老碑帖注入新的生命，鲜活表达中国文化蕴含的思想和精神力量。只有在接力传承中不断创新，才能赓续我们优秀的民族文化，未来中国媒体人也会继续在这条道路上，力争实现双重抵达。

在综艺节目的创新中，“融合”成为主流，多种元素的混搭模式带给观众更多的视听感受。从人的融合来看，一档节目的嘉宾或来自中外不同国家，或来自中国不同地区，或将不同职业、年龄跨界相聚，在差异中实现人与人的互融。从节目的类型来看，文旅娱、美食+、文化+、体育+等不一而足。浙江卫视的《嗨放派》将互动游戏、Cosplay、科学知识、趣味实验、动漫、AI等多种元素融于一体，《超燃美食记》则将职场、美食、旅行、文化等元素混搭。浙江卫视的《无限超越班》是怀旧与励新的融合，香港内地知名艺人与新人，共同重温经典并探索新的打开方式。东方卫视《我们的歌》、浙江卫视《闪光的乐队》则将协作和竞争相互融合，展现了团队内的协作和团队间的竞争，和融竞进看点十足。

过去一年国际形势的复杂多变、国内经济重启等诸多不确定性，让国人身心俱疲。有鉴于此，传递社会关怀、释放积极向上的正能量成为新一年综艺节目的重要命题。岁末年初，北京卫视《暖暖的火锅》从生活里发现有理想、有热爱、有成就、有情感的普通人，食物之暖、相聚之暖、故事之暖，因为暖，所以治愈。东方卫视《今晚开放麦》则用脱口秀的方式分享生活故事和多样人生态度，以幽默诙谐的方式与观众共创共情，为观众输送更多向上力量。

作为广受观众喜爱的节目形式，综艺节目自然更需要与时代同频共振。随着国家经济稳健复苏、科技强国等国家宏观政策的发力，以及国人文化自信的提振，未来的综艺节目中的中国传统文化、科技、助推消费复苏等元素依然是综艺节目的热点。

趋势五 体育：中国体育市场进入复苏期，AI技术将进一步成为推动体育传媒市场变革的主要推手

2022年是个让体育市场注定难忘的一年，北京冬奥会和卡塔尔世界杯首尾呼应，照亮了一年中国的体育市场。中国冬季项目运动员在北京冬奥会的优秀表现，将全国人民的冰雪运动热情提升到了一个新的高度，让三亿人成功爱上冰雪。北京冬奥会的484亿人次全媒体触达，超过中央广播电视总台在2021年东京奥运会的数量，再次刷新近十年来体育赛事触达人次新纪录！2022年末的卡塔尔世界杯期间，共有

9 亿用户通过中央广播电视总台享受了这场四年一度的足球盛宴，收视总时长 59 亿小时。中国诸多企业成为卡塔尔世界杯的赞助商，掀起新一轮中国品牌通过体育营销推动品牌出海的浪潮。2023 年虽然是个体育小年，但本年杭州的亚运会、成都的大运会也会掀起新一轮体育热潮。继 CBA 宣布恢复主客场赛制后，国内最大的中超联赛也将在这个赛季全面恢复主客场制。ATP 1000 上海网球大师赛也将在 2023 年 10 月升级回归，体育赛事的供给量将远超过去三年，同时全新修订的《体育法》自 2023 年开始实施，体育产业首次独立成章；我国体育产业可谓亮点颇多，为体育产业在 2023 年实现复苏奠定了良好的基础。同时，从苏翊鸣和谷爱凌在冬奥赛场上引发的全民追逐，到周冠宇成为 F1 的首位华人车手，再到吴易昺再创历史，中国男网收获 ATP 首冠，善于跨界的 Z 世代体育明星们通过社交媒体将自己完整地展现在粉丝面前，在推动体育市场发展的同时也在改变着受众对体育媒体的需求。

谈及体育传播市场的发展，就必须要谈到高科技在体育传播方面的运用。在卡塔尔世界杯上，除了让人咂舌的豪气以外，卡塔尔世界杯也是人类利用高科技观赛的一个新的里程碑，ADIDAS 的“AL Rihla”比赛用球作为史上速度最快的足球，通过应用创新技术系统 CTR-CORE 后，可以 500 次/秒的速度记录下相关运动数据的能力，并通过内部的传感器，将数据传输给视频助理裁判，日本对阵西班牙比赛中那个 1.88mm 的判罚一定让你对这个新技术印象深刻！卡塔尔世界杯期间，CCTV 16 奥林匹克频道和 CCTV 4K 超高清频道首次采用 4K 超高清信号全程直播赛事，咪咕体育在实现 5G +4K/8K、5G + VR/XR 等超高清技术的同时又将“元宇宙”概念和世界杯首次融合。AI 技术为体育行业带来颠覆式的冲击，国外许多体育联盟都已经将 AI 引入自身运营体系，从自身的运营到赛场布阵再到球迷参与，各个层面都有 AI 技术的身影。比如 NFL 也借助亚马逊之力收集 AI 洞见，推出一套 AI 工具，评估球员的传球表现。而最近大火的 ChatGPT 更是在介绍比赛和预测赛事结果方面出尽风头，大有抢夺主持人饭碗的架势。当观看高清比赛，用智能手机 APP 浏览喜爱的球队、球员最新资讯和数据信息已成为众多球迷的日常标配，AI 技术在体育媒介中的传播作用必将越来越大，体育传媒市场在完成融媒传播后，无疑需要与 AI 尽快融合，迎接下一轮的变革。

趋势六　视频消费：用户分层驱动会员服务走向深耕，付费机制多元化成为必然

近年来，伴随视频平台内容的丰富与垂直发展，以及用户视频消费需求的日趋多元与细分，会员权益分级成为摆在长短视频平台面前的一个课题。从全球情况来

看，海外流媒体付费机制建立时间较长，已经形成了较为成熟的多元付费模式，根据不同用户的消费需求，形成了基于月费的会员订阅模式（SVOD）、基于广告的点播模式（AVOD）、单片付费模式（TVOD）和以线性方式在互联网上交付内容的流媒体电视服务（vMVPD）四种主要模式。而就会员订阅模式而言，以 Netflix 为代表的海外流媒体平台也已经形成了多种阶梯性会员类型。2022 年第四季度，Netflix 在原有基础（9.99 美元）、标准（15.5 美元）和高级（19.99 美元）套餐之外，首次推出 6.99 美元的含广告套餐，根据华尔街日报披露的数据，11 月低价广告版套餐推出后，Netflix 当月新增用户的 9%①选择了这一套餐。

在我国，经过视频网站多年的努力和经营，用户付费收看习惯已经逐渐养成，而在此基础上通过会员权益分级等方法对用户的需求和视频内容进一步加以区分，则是未来视频产业走向更加深度的垂直细分的必由之路。目前，国内的长视频平台会员分级多以手机端和电视端观看权限为区分，爱奇艺有黄金会员、白金会员（银河奇异果会员）和星钻会员，腾讯视频有视频 VIP 以及超级影视 VIP 会员，优酷有优酷视频 VIP 和酷喵 VIP，尚缺乏针对更加精细化经营的订户策略。当然，在这些基本会员分类之外，长视频平台在取消了超前点播之后，也在尝试新的玩法和权益，如大结局点映、与剧集相关的观看礼包等。芒果 TV 在芒果 TVPC 移动影视会员和芒果 TV 全屏影视会员之外，推出了“限定会员”权益，其中包括“披荆斩棘卡”“动漫少儿卡”“电影限定卡”等多个会员项目，未来在用户需求逐步分层的过程中，对于多元化付费服务的探索势在必行。而在会员分级体系的背后，对于用户需求的精细化分析、对高净值用户的维护和管理，乃至视频平台更加丰富的内容和更加完善的服务都是不可或缺的重要支撑。

相对于长视频平台，短视频行业的内容付费则需要经历更加漫长的试水期。与大量免费的泛娱乐内容相比较，知识品类内容含金量更高，付费更易于被用户接受。此外，短剧付费、付费赛事直播间等也是短视频平台内容付费的全新尝试。如 2021 年 11 月，抖音“付费短剧”功能正式上线，付费门槛约为 10 抖币（折合人民币 1 元）解锁 1 集；2022 年 1 月，微信视频号上线首个付费直播间，以一场受球迷热追的 NBA 常规赛开启了微信视频号的付费时代。有鉴于此，对于短视频平台来说，对于目标用户进行更为精细化的分层与聚焦更显得重要，针对具有不同需求的用户群体，洞察其消费行为与消费心理，用更加精品、精准的内容循序渐进地培养用户的付费习惯，是在内容付费时代谋得红利的有效路径。

---

① 参见 https://baijiahao.baidu.com/s?id=1756808913167934678&wfr=spider&for=pc。

趋势七　短视频：短视频多元功能更深嵌合数字化生活，用户变迁催生全新发展机遇

2022 年，短视频用户增长红利加速消退，行业存量竞争加剧，用户结构变化蕴含新的市场创新空间、催生行业发展机遇。CSM 媒介研究 2022 年短视频用户调查显示，2022 年上半年受疫情影响，短视频用户渗透率升至 93.2%；但用户规模增速明显放缓，增幅从 2021 年的 9.3% 降至 6.4%。同时，短视频全民化特征进一步凸显，50～59 岁用户不仅构筑显著规模增量，也是预期观看时长增加的主力群体，未来短视频行业将基于不同用户群体挖掘发展机遇。

国家有关部门持续加强监管力度，网络空间治理推动短视频行业规范健康发展，主题化、主流化创作的内容价值显现。2022 年，中央网信办开展“清朗·整治网络直播、短视频领域乱象”专项行动，互联网信息服务算法推荐、用户账号信息等管理规定相继实施，在鼓励短视频行业发展的同时继续强化管理。网络空间治理推动短视频行业规范健康发展，参与短视频内容生产的媒体及专业机构数量持续增长。CSM 调查显示，用户对短视频的内容评价稳步提升，且主流媒体短视频的用户观看率升至 86%，移动端传播力不断增强。对于最经常使用的平台，近四成短视频用户表示希望更多看到“重大报道/热点事件内容”，主流化内容在短视频平台的传播价值进一步凸显。

同时，用户需求进阶与平台持续赋能共同推动短视频内容生态升级，微短剧、微综艺等成为中短视频精品化发展的“试验田”。CSM 调查显示，短视频用户对 3 分钟以上更具完整性、叙事性的视频内容偏好提升，为平台及专业机构的中视频内容创作提供了更多创新想象空间。仅 2022 年上半年，在国家广播电视总局系统进行规划备案的微短剧达 2859 部，远超 2021 年全年备案微短剧总数 398 部。CSM 短视频用户调查中“微短剧”相关数据显示，超八成短视频用户表示未来有意愿观看微短剧，微短剧、微综艺等已成为中短视频精品化发展的“试验田”。未来，用户行为碎片化和视频节目微短化趋势仍将延续，符合大众审美，兼具思想性、艺术性的精品中短视频将进一步揽获用户关注。

此外，短视频承载的社会、文化及经济等多元功能将更深嵌合数字化生活，“直播场”深度影响用户消费习惯。短视频不断联通社会资源，拉动用户高黏性、深社交、强互动使用，持续深化休闲娱乐、资讯获取、生活服务、文化传播、购物消费等多元功能。值得关注的是，CSM 针对在短视频平台有过商品/服务购买行为的用户调查显示，直播带货的购物转化率达 73.3%；且除商品本身特性外，近六成短视频

平台商品购买者因“直播场景”而购物。短视频、直播与电商融合加速，逐步完善电商产业生态，“内容+电商”的种草变现模式已深度影响用户消费习惯。伴随“短视频+”推进多业态跨界融合、“直播+”探索直播生态产业化，短视频及直播的营销生态将更趋完善。

长期来看，在政策监管、行业规制与平台自律的多方联动下，短视频行业将保持健康、活跃的发展态势，内容生产、传播运营、营销变现等全产业链进一步呈现规范化、健康化发展态势。

趋势八 版权保护与经营：中国全面开启版权强国建设新征程——重大版权作品保护效果显著，版权营销将继续发力

2022年10月16日，习近平总书记在中国共产党第二十次全国代表大会上所作的报告指出，要继续加强知识产权法制保障，形成支持全面创新的基础制度，加之国务院在2021年下半年印发的《知识产权强国建设纲要（2021—2035年）》和《“十四五”国家知识产权保护和运用规划》中对未来知识产权事业发展做出的重大顶层设计，表明中国已全面开启版权强国建设新征程。

推进知识产权强国建设的基础从全面加强知识产权保护开始。2022年是体育大年，冬奥会、世界杯等顶级赛事相继举行。中国作为第24届冬季奥林匹克运动会的主办国家，制定系列措施、切实保护奥运版权，表达出对奥运五环所代表的奥林匹克运动会的尊重，也展示了我国勇于承担国际义务的负责任的大国形象。国家版权局等六部委联合中央广播电视总台，通过制定专项行动方案、发布版权保护预警名单、成立7×24小时反盗版工作专班、与奥运版权合作伙伴及社会各界建立联合工作机制等，共同完成对奥运知识产权的保护。多措并举的全媒体监测维权方案，使得北京冬奥会获得了电视频道零侵权、新媒体侵权数量较东京奥运会减少40%的显著效果，版权保护与维权成绩受到奥组委与国际社会的广泛认可和高度评价。

头部体育赛事对2022年的版权经营发展同样起到重大促进作用。足球世界杯是世界第一大商业体育赛事，2022年全球共有超过140个国家和地区购买卡塔尔世界杯的赛事版权，为国际足联带来约26.4亿美元的收入。中国获权转播平台包括中央广播电视总台、中国移动咪咕、抖音、上海五星体育频道、广东体育频道、广州南国都市频道和广州竞赛频道。其中，抖音作为获权短视频平台，将用户流量优势与自身独特的社交属性优势结合，在赛事转播之外为世界杯版权营造独特的衍生生态，激发站内PUGC和UGC内容的创新与繁荣，与观众互动产生的热度又反哺观赛，探索了新的版权经营之路。

2023 年，版权建设在不断进化的融媒体环境下挑战与机遇并存。版权保护方面，有望在对法律法规制度进行完善的基础上，重点强化维权支撑体系的落地应用。版权经营方面，结合版权内容特点、聚力平台品牌优势、系统性创新性地设计经营模式，将是未来合理利用版权进行有效经营的重要趋势。

趋势九　技术发展：虚拟数字人引发传播变革，算法赋能媒体智能化发展

2023 年初，美国 OpenAI 旗下智能聊天工具 ChatGPT 在全球范围内掀起了一阵"人工智能"热潮。而就传媒领域而言，人工智能技术的运用已经渗透至内容生产、传播等各个环节，从 2022 年冬奥新闻报道中脱胎于人工智能技术的虚拟数字人被广泛应用，到 2023 年全国两会期间从中央广播电视总台到地方电视台超仿真主播、虚拟主播、超写实数字主持人用全新方式播报两会热点话题，一场由人工智能发展引发的传媒产业数字化和智慧化升级正在引领传播各个环节的变革，它让人的数字化继物的数字化之后成为数字化的新方向和关键领域。

人的数字化，是指将人类智力、行为和生理特征等信息进行数字化，在虚拟空间中构建个人数字化的"影像"，并通过应用和智能化算法实现人机交互和智能服务。虚拟数字人作为人的数字化的重要运用形式之一，历经多年的发展变化和技术升级，所触及的行业和应用领域不断拓展，对于传媒市场而言，随着虚拟数字人日趋向智能化、便捷化、精细化和多样化发展，它将为市场带来诸多的积极变革。尤其是近年来非接触需求的不断增长，非接触经济全面提速，虚拟消费习惯引发更多的新型消费体验和传播模式的变化，这对于虚拟数字人所能提供的更加人性化的人工智能解决方案提出了更高的要求。

在此基础上，算法所起到的作用也越来越大，它可以大幅度提高传播的效率、准确性、精准度和创新性。算法首先可以进一步帮助媒体优化内容推荐系统。通过分析用户的兴趣、行为、地理位置等数据，算法可以更精准预测用户的兴趣和需求，匹配或推送更加符合用户需求的内容，减少用户的搜索成本，并提高观众的使用黏性和满意度。不仅如此，随着智能化技术的进步，算法可以实现自然语言处理，向用户提供一种自然语言的互动和信息传递能力。在短视频领域，自然语言处理技术可以帮助识别用户的观影需求、优化视频推荐、生成视频标题、实现智能配音等多个方面。此外，算法还可以对媒体数据进行深度分析和挖掘。通过大数据分析和挖掘，媒体可以了解用户的使用和阅读习惯、需求和偏好，从而根据数据驱动的方式优化产品。

趋势十 价值测量：全媒体测量价值的深度开发全面赋能融合传播

自2014年媒体融合上升为国家战略，经过近十年的实践探索，媒体融合已挺进“深水区”和关键期。视听生产、视听传播等各个环节都发生了前所未有的变化。这种变化不是从“单屏”到“多屏”终端数量的简单叠加，而是新的视听行为和场景下，传播逻辑的革新和置换，内容和屏幕之间突破了一一对应的线性关系，逐渐向多元、复杂、交互的方向演进，正如光束通过不均匀介质发生散射，最终光射方向、面积、强度都是多变的。为此，全媒体测量在全球范围内都是前沿性难题。

在此背景下，传媒市场亟须适配复杂媒介传播环境的全媒体测量方案，支撑媒体融合的深度发展。CSM全媒体视听同源测量数据凭借经过市场检验并标准化的全媒体数据生产流程，率先解决了跨屏测量难题，突破测量技术与视听场景边界，实现对内容跨屏跨端综合传播效果的评估，真实呈现用户全天候、多场景、叠加式、流动态的媒介消费全景。

CSM全媒体视听同源测量数据发布以来，基于融媒实践需求，围绕数据对媒体融合发展的实际效用，不断攻坚克难、迭代升级。2022年全媒体视听同源测量数据向实用化迈出了重要一步，冬奥会、党的二十大、俄乌冲突、世界杯等一系列重大事件和《人世间》《解码十年》等热点内容，全景式、最大化展现了视听节目的跨屏传播效果，彰显了传媒市场精品内容价值。

当前CSM全媒体视听同源数据正基于已有研究成果进行可视化系统的设计和开发。同时，根据市场需求，围绕实际业务定义数据指标、建立数据子集、优化生产流程。未来，CSM将在全媒体数据建设上持续开拓创新，为行业和市场提供更精准，更全面，更具价值的数据服务，并从媒体融合发展的效用角度提供更丰富、更实用的研究思路，全面赋能传媒机构：一是提升融合传播效力，实现传播效果的最大化；二是释放融合传播营销新动能，为提升传播效益提供助力；三是帮助媒体机构更好地了解用户，明晰自身在市场竞争中的方位与发展问题，全力推动媒体融合进程进一步加速。

（作者：丁迈）

2022年新闻综合类频率收听状况分析

广播作为诞生于20世纪的传统媒体，一度是人们沟通交流、获取信息和娱乐休闲的重要途径。但随着新技术和新兴媒体发展，广播受众逐渐被分流。广播媒体虽然因为自身传播特质，在发展创新中受到了诸多限制，但是现今广播市场仍有着巨大潜力和受众存量。在新媒体时代，广播从业者不断地在内容和形式上进行创新，积极融入新媒体技术，实现着多样化和全方位的突破。新闻综合类频率作为资讯传播平台，更是需要以更多样、更快捷的传播方式，让用户第一时间接收到更及时、更全面的资讯信息，从而适应新媒体时代的发展需求。本文以CSM媒介研究2022年17城市收听调查数据和CSM V + Scope融合媒体数据为基础，对2022年新闻综合类频率在收听市场和新媒体平台的表现做简要梳理。

一　整体广播收听市场各类频率竞争表现

1. 第一梯队竞争优势明显，新闻综合类频率增长势头显著

从各类专业频率所占市场份额对比来看，竞争力最强的第一梯队仍然由新闻综合类、交通类、音乐类频率占据，且市场份额较高，相比其他类别频率竞争力显著。对比各类频率2020～2022年的数据可以发现，或因疫情导致出行减少，以实时新闻为主要播报内容的新闻综合类频率上涨势头明显，与排名第二位的交通类频率差距逐渐拉大，2022年新闻综合类频率整体市场份额超过三成（图1）。

2. 强势频率垄断各类收听场所，新闻综合类频率在家中竞争力较强

新闻综合类频率整体市场竞争力占据第一位置，其主要竞争优势场所是在家。2022年新闻综合类频率在家的市场份额达到37.3%，相比其他频率竞争力显著占优；车载市场则使交通类频率一骑绝尘，车上以超过四成份额排名第一位，新闻综合类频率排在第二位；在工作/学习场所则是音乐类频率优势相对显著，市场份额超过三成，新闻综合类频率以微小差距排在其后。第一梯队三大类别频率在不同收听场所都有自身独特的竞争优势，共同引领广播收听市场（表1）。

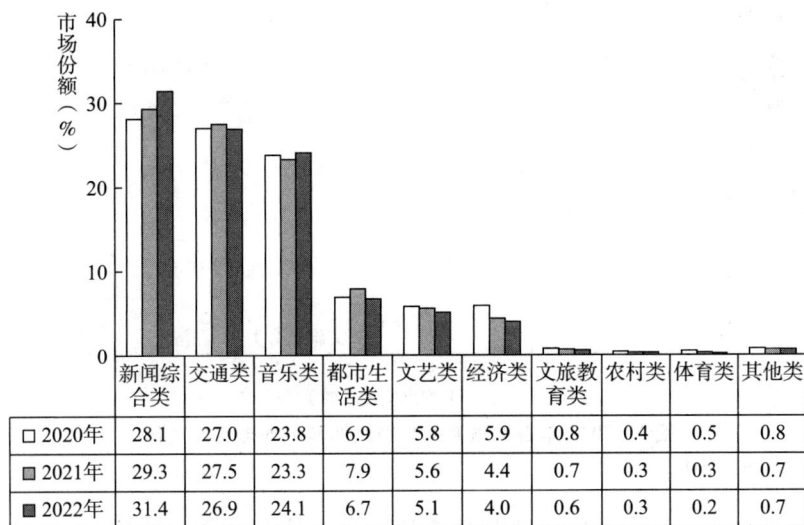

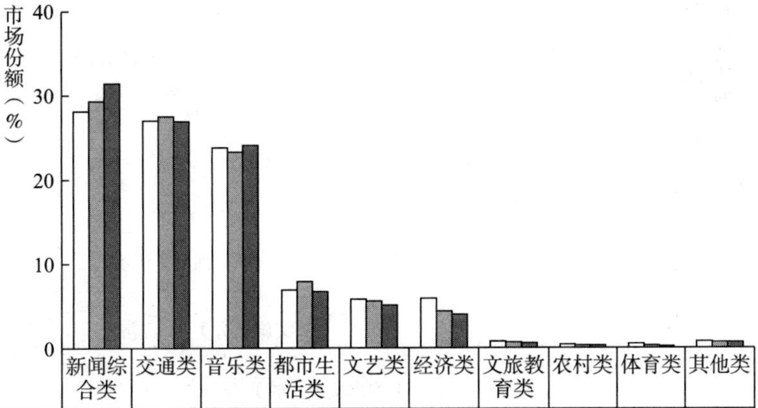

	新闻综合类	交通类	音乐类	都市生活类	文艺类	经济类	文旅教育类	农村类	体育类	其他类
□ 2020年	28.1	27.0	23.8	6.9	5.8	5.9	0.8	0.4	0.5	0.8
▨ 2021年	29.3	27.5	23.3	7.9	5.6	4.4	0.7	0.3	0.3	0.7
■ 2022年	31.4	26.9	24.1	6.7	5.1	4.0	0.6	0.3	0.2	0.7

图 1 2020～2022 年广播收听市场各类专业频率市场份额对比

数据来源：CSM 媒介研究。

表 1 2022 年各类频率在不同收听场所市场份额对比

单位：%

频率	所有场所	在家	车上	工作/学习场所	其他场所
新闻综合类	31.4	37.3	24.6	30.9	36.1
交通类	26.9	16.3	40.7	20.9	15.5
音乐类	24.1	24.0	22.4	31.3	30.6
都市生活类	6.7	8.1	5.3	4.7	7.4
文艺类	5.1	7.3	2.9	5.1	4.1
经济类	4.0	4.9	2.7	5.4	4.8
文旅教育类	0.6	0.5	0.7	0.8	0.5
农村类	0.3	0.5	0.0	0.1	0.2
体育类	0.2	0.2	0.2	0.2	0.4
其他类	0.7	0.9	0.5	0.6	0.4

数据来源：CSM 媒介研究。

3. 第一梯队频率传播广度大幅领先，新闻综合类频率听众基础雄厚

从 2022 年各类频率平均到达率和平均忠实度对比来看，居频率市场份额前三甲的新闻综合类、交通类和音乐类频率平均到达率遥遥领先于其他频率；在平均忠实度方面，交通类和新闻综合类频率排在第三和第四位，音乐类频率虽听众基础较好，但收听黏性相对较低；都市生活类、经济类和文艺类等频率处在第二梯队，听众基础和听众忠实度都排在中游水平；农村类频率的听众忠实度表现突出，但整体听众基础较为薄弱，与文旅教育类和体育类频率处于下游位置（图 2）。

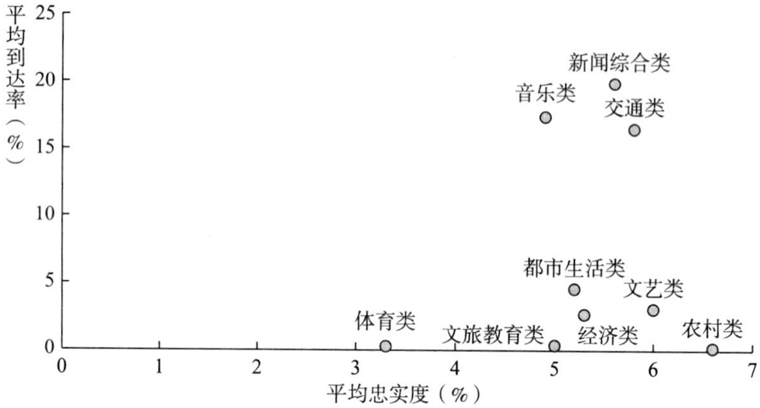

图 2　2022 年各类频率平均到达率和平均忠实度对比

数据来源：CSM 媒介研究。

4. 新闻综合类频率早间引领收听市场，全天时段竞争力强劲

各类频率在全天不同时段的收听表现各有不同，第一梯队中新闻综合类、交通类和音乐类频率全天大多时段的收听表现都领先于其他类别频率，新闻综合类频率在全天早间时段最早发力，早高峰和午间时段竞争力最强；交通类频率早间优势时段略晚于新闻综合类频率，在早间和晚高峰出行时段表现最为强势，上午和下午时段也有稳定收听表现；音乐类频率全天都有较为稳定的收听表现，晚间 20：00 之后时段竞争力尤为强劲；都市生活类频率早间和下午时段领先于除第一梯队外其他频率；经济类和文艺类频率竞争焦灼，全天时段互有高低（图 3）。

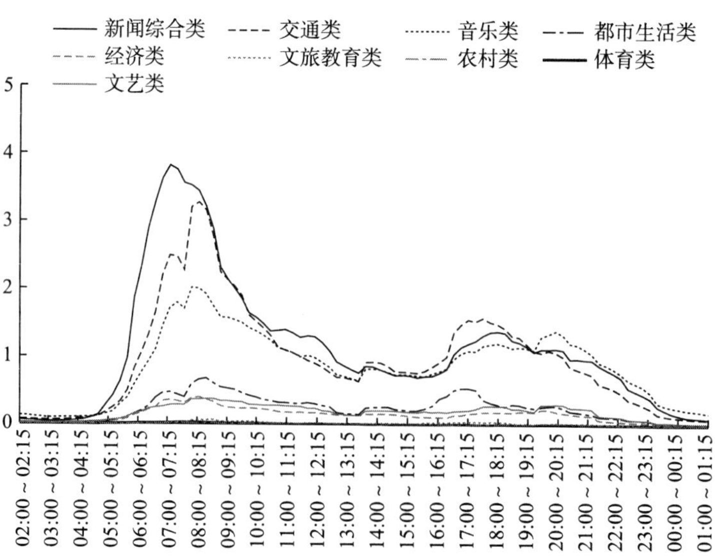

图 3　2022 年各类频率全天收听率走势对比

数据来源：CSM 媒介研究。

二 新闻综合类频率整体收听概况

1. 听众日均到达规模缩水，工作学习场所相对稳定，其余场所都有下滑

从2020～2022年新闻综合类频率日均听众规模对比来看，2022年略低于前两年水平。2020年新闻综合类频率日均听众规模为21.2%，2021年提升至22.1%，2022年降至19.9%，日均听众到达人数下滑至不足两成。从不同场所听众规模的变化来看，在家依然为主要收听场所，日均听众规模为11.0%，但相比前两年下滑较为明显，较2020年下滑了4.4个百分点，相比2021年也下滑了3.8个百分点。车上为听众聚集量第二场所，日均听众量为7.0%，相比前两年同样有较明显下滑。工作/学习场所听众到达水平保持稳定，其他场所听众规模也有较大幅度的下降（图4）。

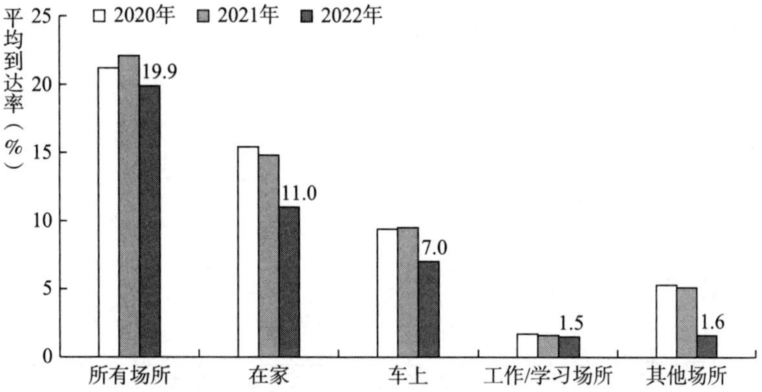

图4 2020～2022年新闻综合类频率在不同场所的平均到达率

数据来源：CSM媒介研究。

2. 听众黏性逐年提升，工作日、周末收听量有所上涨

不同于听众规模的逐年下滑趋势，从2020～2022年新闻综合类频率所有场所日均收听总时长对比来看，无论是工作日还是周末，听众收听时长都呈现逐年上升趋势。2020年新闻综合类频率周末人均收听总时长为1579分钟，相比周末，工作日听众黏性更强，收听总时长达到4022分钟；2021年工作日收听总时长相比2020年提升1分钟，周末收听总时长提升了47分钟；2022年，收听量持续提升，工作日收听量为4248分钟，相比上一年增长45分钟，周末收听量为1658分钟，相比2021年提升32分钟（图5）。

3. 新闻综合类频率三年走势一致，全天大多时段收听有所提升

从新闻综合类频率2020～2022年收听率走势来看，基本保持一致，全天以早间收听高峰最为突出，晚间时段也有较明显收听。相比前两年，2022年新闻综合类频率全天大多数时段收听表现都有不同程度提升。虽然听众规模有所下滑，但仍然留

下来的听众黏性显著增强，整体来说频率竞争力呈现正向增长趋势（图 6）。

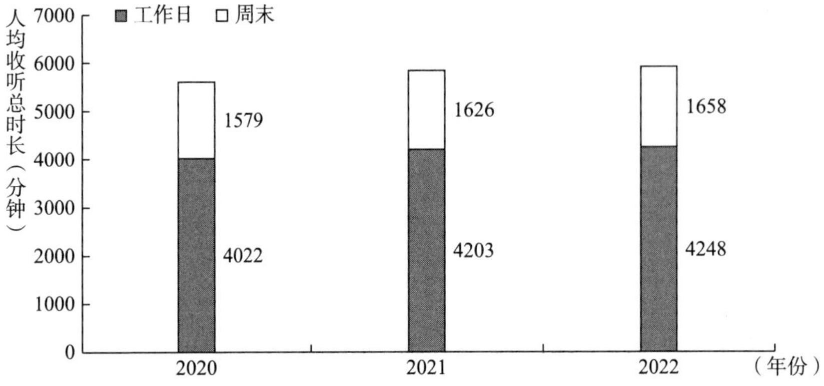

图 5　2020～2022 年新闻综合类频率工作日/周末人均收听总时长对比

数据来源：CSM 媒介研究。

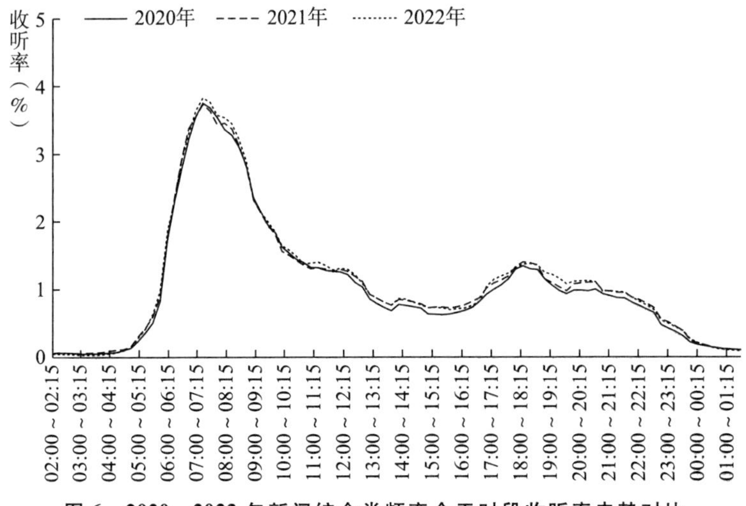

图 6　2020～2022 年新闻综合类频率全天时段收听率走势对比

4. 在家全天整体收听占优，工作/学习场所晚间竞争力突出

从新闻综合类频率全天市场竞争力走势来看，在家依然是竞争力最强的场所，全天大多时段竞争力表现强于其他各场所，早间和上午时段竞争力尤为突出；竞争力贡献第二的场所是工作/学习场所，全天竞争力表现较为平稳，早间和晚间表现突出，凌晨时段竞争力领先（图 7）。

三　新闻综合类频率受众特征

1. 高学历、高收入听众构成比例更高

从听众构成来看，2022 年新闻综合类频率听众男性多于女性；不同年龄段听众构成整体差异不大，65 岁及以上听众占比相对更高；学历与听众构成比例成正比，学历越高听众占比越高，高中及以上听众占比近八成；个人月收入在 5000 元及以上人群中占比最高，占近四成。从听众集中度来看，年龄与喜好程度基本成正比，55 岁及以上听众热衷程度尤为明显；初高中学历、月收入在 1 ~4000 元的听众对新闻综合类频率的喜好程度相对更高（图 8）。

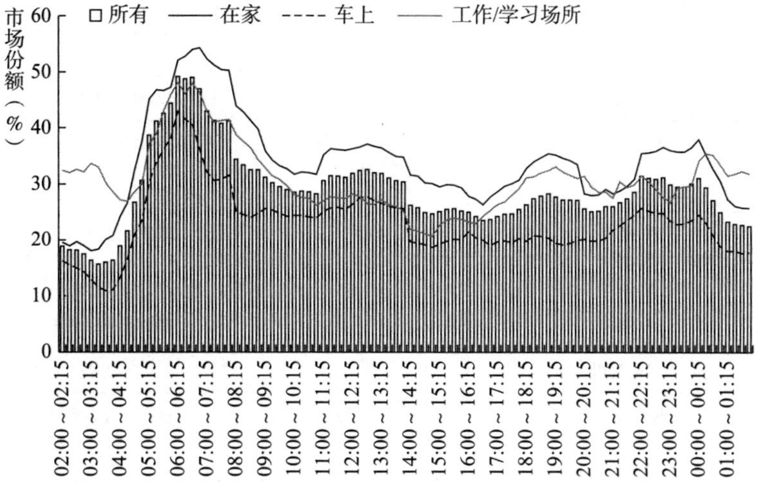

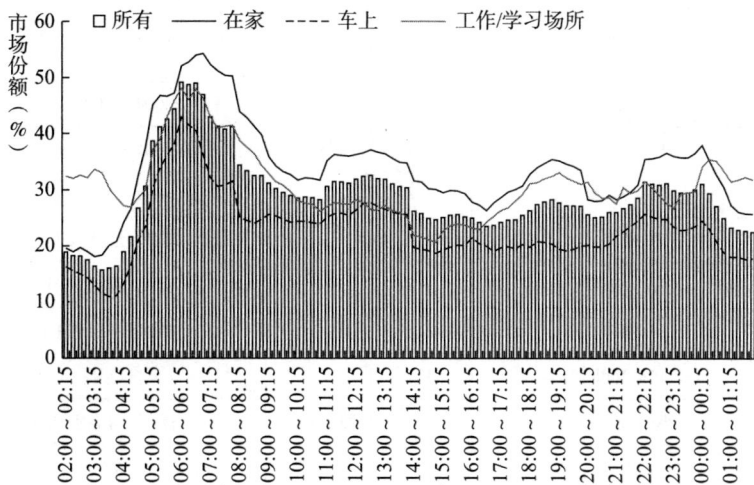

图 7 2022 年新闻综合类频率全天时段不同场所市场份额走势对比

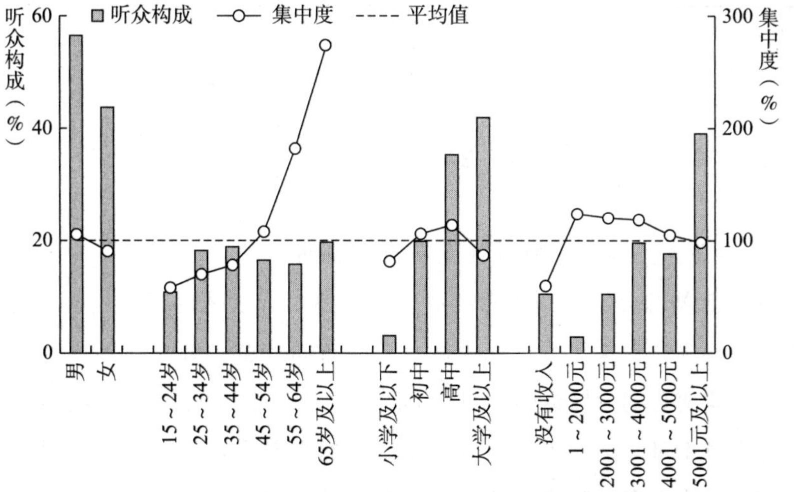

图 8 2022 年新闻综合类频率听众构成与集中度

数据来源：CSM 媒介研究。

2. 各类目标听众收听率表现不尽相同

从新闻综合类频率不同目标听众人群收听率表现来看，男性收听率略高于女性；听众收听率与年龄成正比，65 岁及以上群体收听表现最为突出；受教育程度方面，初高中受教育程度听众收听表现相对较高；不同个人月收入听众收听率水平较接近；

在不同职业类别中，退休及无业人群收听率最高，其次是其他从业者和干部/管理人员（表2）。

表2　2022年新闻综合类频率在不同目标人群中的收听率

单位：%

目标听众		收听率	目标听众		收听率
15岁及以上		1.1	个人月收入	没有收入	0.7
性别	男	1.2		1～2000元	1.4
	女	1.0		2001～3000元	1.4
年龄	15～24岁	0.7		3001～4000元	1.3
	25～34岁	0.8		4001～5000元	1.2
	35～44岁	0.9		5001元及以上	1.1
	45～54岁	1.2	职业类别	干部/管理人员	1.3
	55～64岁	2.0		初级公务员/雇员	1.0
	65岁及以上	3.1		工人	1.0
受教育程度	小学及以下	0.9		个体/私营企业人员	0.7
	初中	1.2		学生	0.6
	高中	1.3		退休及无业	2.2
	大学及以上	1.0		其他	1.3

数据来源：CSM媒介研究。

四　新闻综合类频率在不同地区的收听表现

1. 新闻综合类广播在不同地区竞争力差异明显

2022年，新闻综合类频率在全国不同城市中收听水平也存在差异。我们通过平均忠实度和平均到达率这两个指标来体现，以新闻综合类频率在不同地区所对应这两个指标的平均值分别为横纵轴，划分了图9中的4个区域。处于Ⅰ区域的城市中，其新闻综合类频率可以被称为强势竞争频率，拥有着受众群体广泛且用户黏性较高的特点，这里包含上海和广州两地。处于左上角第Ⅱ区域的城市数量最多，包括郑州、武汉、石家庄、哈尔滨、乌鲁木齐和太原，在这些城市中，听众对新闻综合类频率的忠实程度较高，但是传播广度有所欠缺，听众规模较少，属于小众优质频率。如果能拓宽听众群体，新闻综合类频率在这些地区将会有更大作为。处在右下角的第Ⅳ区域的城市有北京、深圳、南京、无锡和济南，这些地区的新闻综合类频率拥有较为广泛的听众基础，但是听众的停留时间不长，收听黏性不足，所以这些地区的新闻综合类频率需要在保持现有听众规模的基础上，增加频率对听众的吸引力，留住更多的听众。最后处在左下角第Ⅲ区域的城市有重庆、杭州、苏州和合肥，这些地区的新闻综合类频率，其听众规模和收听黏性相对都较低，与其他类别频率相比竞争力相对较弱（图9）。

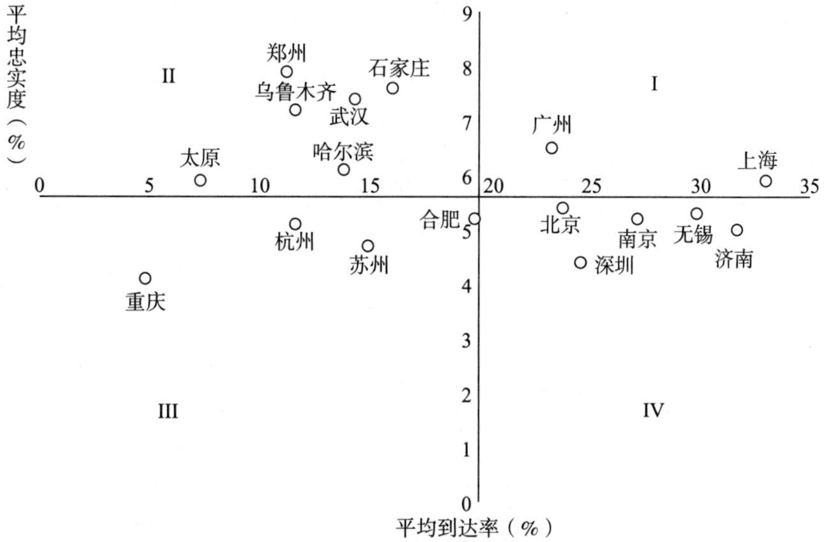

图9　2022年新闻综合类频率在不同城市的平均到达率和平均忠实度对比

数据来源：CSM媒介研究。

2. 本地新闻综合类频率更占优势，省级频率表现更优

2022年，新闻综合类频率在不同城市收听表现各不相同，整体来说，本地广播频率收听表现优于中央级，而省级新闻综合频率整体收听表现优于市级，多数地区收听表现排名靠前的均为省级新闻综合类频率。在多数城市收听竞争中，新闻综合类频率收听优势明显，大多排名都在十名以内，在当地市场中有着亮眼表现。

上海新闻广播、江苏新闻广播、济南新闻综合广播、深圳新闻频率在各自地区竞争力突出，在当地收听表现都稳居第一的位置，市场份额均超过三成；北京新闻广播、浙江之声、黑龙江新闻广播、安徽综合广播、石家庄综合广播、无锡新闻综合广播、无锡梁溪之声广播、苏州综合广播、郑州新闻综合广播在当地都位列前五名之内，且市场份额都超过10%，在当地竞争优势明显；总台的中国之声也在多个地区收听表现优异，有较强竞争力，其中在武汉地区表现最好，市场份额达到13.4%，位居当地市场频率排名第二（表3）。

表 3　2022 年新闻综合类频率在不同城市的市场份额排名

单位：%，位

城市	排名	频率	市场份额
北京	2	北京新闻广播 FM94.5/AM828/CFM90.4	19.2
	5	中央人民广播电台第一套节目中国之声	6.6
重庆	3	重庆人民广播电台重庆之声 FM96.8/AM1314	8.1
	7	中央人民广播电台第一套节目中国之声	0.6
上海	1	上海人民广播电台上海新闻广播 FM93.4/AM990	30.6
	6	中央人民广播电台第一套节目中国之声	3.4
杭州	2	浙江之声 FM88/FM101.6/AM810	13.7
	6	中央人民广播电台第一套节目中国之声	5.5
	7	杭州之声 FM89	3.1
	10	杭州人民广播电台综合频率 AM954	2.5
	14	浙江民生资讯广播 FM99.6	0.7
	16	浙江新闻广播 FM98.8/AM1530	0.3
哈尔滨	4	黑龙江新闻广播 FM94.6/AM621	10.3
	7	哈尔滨广播电视台新闻综合频率 AM837/FM90.4	5.4
	13	中央人民广播电台第一套节目中国之声	1.4
广州	4	广州市广播电视台新闻资讯广播 FM96.2	9.5
	9	广东广播电视台新闻广播 FM91.4/AM648	2.6
	11	中央人民广播电台第一套节目中国之声	1.9
合肥	2	安徽广播电视台综合广播 AM936/FM95.5/FM92.9	13.1
	4	中央人民广播电台第一套节目中国之声	9.9
	5	合肥广播电视台综合广播 FM88.1/AM666	9.9
	17	安徽 FM961	0.4
太原	7	中央人民广播电台第一套节目中国之声	5.6
	8	太原广播电视台综合广播 AM1422/FM91.2	4.7
	15	山西广播电视台综合广播 FM90.4/AM819	0.9
南京	1	江苏新闻广播 FM93.7	34.0
	6	南京人民广播电台新闻综合广播 AM1008/FM106.9	4.1
	7	中央人民广播电台第一套节目中国之声	2.2
	11	江苏新闻综合广播 AM702	0.9
济南	1	济南新闻综合广播 FM105.8/AM1053	35.3
	8	山东广播电视台综合广播 FM97.1/AM918	3.2
	12	中央人民广播电台第一套节目中国之声	1.1
深圳	1	深圳广播电台新闻频率 FM89.8	33.4
	5	中央人民广播电台第一套节目中国之声	6.3
	9	广东广播电视台新闻广播 FM91.4/AM648	0.9

续表

城市	排名	频率	市场份额
石家庄	2	石家庄广播电视台综合广播 AM882/FM88.2	16.8
	6	河北广播电视台新闻广播 FM104.3	5.6
	7	中央人民广播电台第一套节目中国之声	5.3
	9	河北广播电视台综合广播 FM102.9/AM1278	2.6
乌鲁木齐	4	中央人民广播电台第一套节目中国之声	6.2
	5	新疆人民广播电台 961 新闻广播 FM96.1	5.9
	11	乌鲁木齐广播电视台新闻广播 FM100.7/AM792	1.3
无锡	3	无锡广播电视台新闻综合广播 FM93.7	17.2
	4	无锡广播电视台梁溪之声广播 FM92.6	14.4
	5	江苏新闻广播 FM93.7	8.1
	7	无锡广播电视台新闻综合广播 AM1161	5.0
	10	中央人民广播电台第一套节目中国之声	1.6
武汉	2	中央人民广播电台第一套节目中国之声	13.4
	4	湖北之声 AM774/FM104.6	9.6
	6	武汉广播电视台新闻综合广播 AM873/FM88.4	8.4
苏州	3	苏州广播电视总台综合广播 FM91.1	21.0
	6	苏州广播电视总台综合广播 AM1080	1.5
	9	江苏新闻广播 FM93.7	1.1
	10	中央人民广播电台第一套节目中国之声	1.1
	12	江苏新闻综合广播 AM702	0.3
郑州	2	郑州广播电视台新闻综合广播 AM549/FM98.8	12.4
	5	河南广播电视台新闻广播 FM95.5/AM657/FM102.3	8.2
	9	中央人民广播电台第一套节目中国之声	5.1
	14	河南广播电视台信息广播 FM105.6/AM603	1.9
	20	河南新闻广播 FM102.3/AM657	0.6

数据来源：CSM 媒介研究。

五　新闻综合类频率新媒体端传播表现

1. 新闻综合类频率在 APP 端收听表现

随着互联网和智能设备的发展和普及，通过智能 APP 收听新闻综合类频率的用户比例逐渐增长。2021 年，在广播测量仪城市中，用户通过收音机、车载音响等常规环境音收听的时长比例仍占据主体，累计收听时长 4616 分钟，APP 直播收听量达到 2820 分钟，占整体收听时长的 38%；2022 年，新闻综合类频率整体收听时长有所上升，主要由于常规环境音收听量上涨了近10%，达到5058分钟，APP直播收听相比上一年略降至2636分钟，占总收听量的34%（图10）。

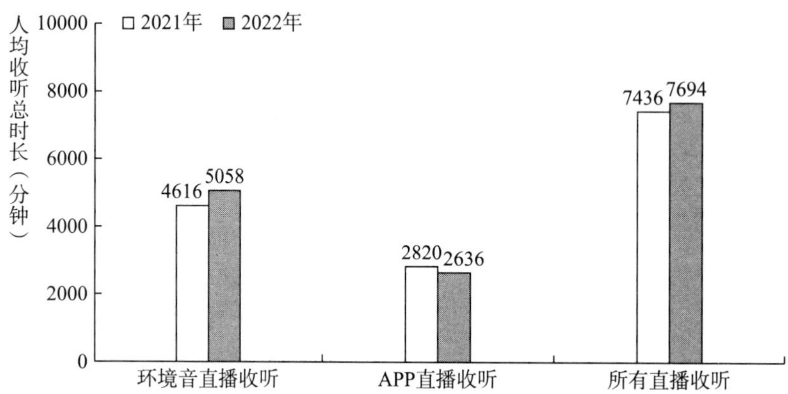

图10　2021～2022年测量仪地区新闻综合类频率收听总时长对比

数据来源：CSM媒介研究。

从新闻综合类频率APP端直播收听量来看，2022年微信超越蜻蜓FM成为收听量最高的平台；蜻蜓FM相比2021年收听量有显著下滑，但仍排名第二；喜马拉雅FM收听量同样有所下滑，排名第三；以上三款APP在新闻综合类频率收听量方面显著领先。阿基米德、小米电台、大蓝鲸等APP也有较为亮眼的收听表现，彼此之间收听差异不大（图11）。

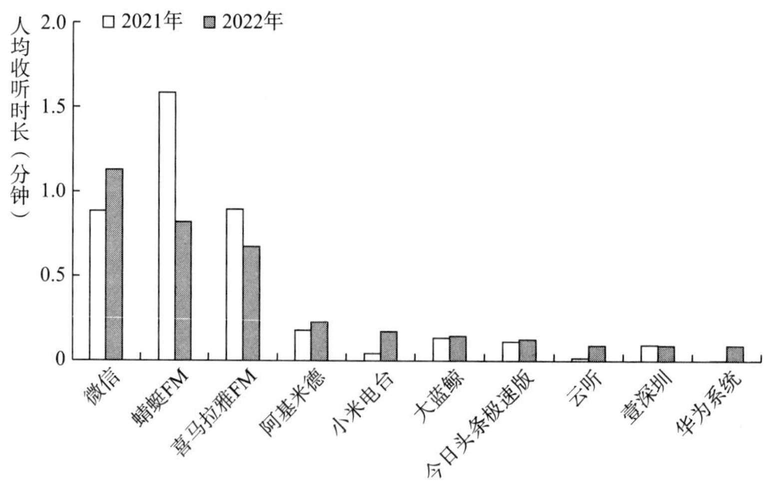

图11　2021～2022年新闻综合类频率APP收听时长对比

数据来源：CSM媒介研究。

2. 新闻综合类频率在新媒体平台传播表现

从短视频平台来看，互动量较高的账号多由省级新闻综合类频率占据。互动量排名前五的账号依次是江苏新闻广播、青岛新闻广播、1018陕广新闻、河北新闻广播和广东新闻广播。其中，抖音平台账号占据前四席，微信视频占据一席；省级账号4个，市级账号1个。排名前五的账号中，江苏新闻广播的传播表现最为突出，2022年共发布短视频作品2574条，年度总互动量近2000万次；排名第二的青岛新闻广播和排名第三的1018陕广新闻的总互动量也在千万级别。从用户存量来看，抖音平台的1018陕广新闻和江苏新闻广播的粉丝量都在300万人以上，河北新闻广播在抖音平台的粉丝数量也在百万级以上（表4）。

表4　2022年新闻综合类频率短视频平台互动量TOP 5

短视频平台账号	平台	发布量（条）	总点赞量（次）	总转发量（次）	总评论量（次）	粉丝数（人）	总互动量（次）
江苏新闻广播	抖音	2574	15213178	3459568	1158639	3772617	19831385
青岛新闻广播	抖音	4404	11984244	2513884	1285586	655935	15783714
1018陕广新闻	抖音	2214	7507795	2307602	1184022	3854125	10999419
河北新闻广播	抖音	1729	6104568	1920587	650928	1298762	8676083
广东新闻广播	微信视频	2194	2366764	4899837	66256	—	7332857

数据来源：CSM媒介研究。

从微博平台传播效果来看，同样是省级平台账号表现更优，互动量居前五的账号全由省级新闻综合频率账号占据。河南新闻广播互动量表现最为突出，凭借23562条的全年发布量居首位，总互动量超过251万次，粉丝基础也最为雄厚，超过650万人；排名第二的937江苏新闻广播全年发布6899条，总互动量超过156万次，粉丝量超过330万人（表5）。

表5　2022年新闻综合类频率微博平台互动量TOP 5

微博平台账号	发布量（条）	总点赞量（次）	总转发量（次）	总评论量（次）	粉丝数（人）	总互动量（次）
河南新闻广播	23562	1587635	736414	192108	6598644	2516157
江苏新闻广播	6899	1437662	61421	70877	3309092	1569960
北京新闻广播	10243	669663	54404	52902	2014207	776969
广东新闻广播	2467	142060	5410	16839	1275378	164309
武汉新闻广播	5837	92128	6734	8987	68999	107849

数据来源：CSM媒介研究。

省级媒体账号在微信平台同样更占优势，传播量居前五位的账号中省级账号占据四席。江苏新闻广播表现最为突出，年发布量3479条，总传播量超过3900万次；郑州新闻广播次之，年发布量3194条，总传播量也超过2900万次；北京新闻广播、福建新闻广播和陕西新闻广播总传播量也均在千万级以上。值得一提的是，江苏新闻广播账号在各新媒体平台都有亮眼表现（表6）。

表 6　2022 年新闻综合类频率微信平台传播量 TOP 5

微信公众号	发布量（条）	总播放量（次）	总点赞量（次）	总在看量（次）	总传播量（次）
江苏新闻广播	3479	38985526	99061	41087	39125674
郑州新闻广播	3194	29067124	50993	25159	29143276
北京新闻广播	4524	15103998	76719	42701	15223418
福建新闻广播	5503	14540464	36198	11726	14588388
陕西新闻广播	4370	12881854	33226	19084	12934164

数据来源：CSM 媒介研究。

从新闻综合类频率在各新媒体平台传播热点来看，各频率在不同平台的发力点差异显著。青岛新闻广播在抖音平台发力明显，2022 年度热点居前三的短视频中青岛新闻广播账号占据第二和第三两个席位，排名第一的则是江苏新闻广播，抖音平台单条互动量超过 355 万次；在微博平台，河南新闻广播则表现出较强传播力，热点居前三的频率中，该频率账号占据两席，单条微博互动量分别在 30 万次和 10 万次以上，排名第一的北京新闻广播单条微博总互动量超过 450 万次；北京新闻广播则是在公众号平台表现为突出，总传播量前两条都为该账号占据，传播量都在 10 万次以上（表 7 ~ 表 9）。

表 7　2022 年新闻综合类频率在短视频平台传播热点 TOP 3

序号	短视频 TOP 3	平台	内容	发布日期	点赞量（次）	评论量（次）	转发量（次）	总互动量（次）
1	江苏新闻广播	抖音	国外网友称发现南京大屠杀惨案彩色照片。记者了解到，目前侵华日军南京大屠杀遇难同胞纪念馆正核实相关信息。关注！	2022/9/1 16：08	2645475	197047	513474	3355996
2	青岛新闻广播	抖音	山东人拜年，跪拜是最高礼仪，这是传承礼仪而不是陋习	2022/1/31 20：03	847307	31701	41867	920875
3	青岛新闻广播	抖音	#台风“南玛都”目前已加强至超强台风级，未来将向日本移动	2022/9/17 10：39	540022	94495	84273	718790

数据来源：CSM 媒介研究。

表 8　2022 年新闻综合类频率在微博平台传播热点 TOP 3

序号	微博 TOP 3	平台	内容	发布日期	点赞量（次）	评论量（次）	转发量（次）	总互动量（次）
1	北京新闻广播	微博	【#北京加快集中隔离场所和方舱医院储备建设#】11 月 25 日，在北京市新型冠状病毒肺炎疫情防控工作第 424 场新闻发布会上，市委宣传部副部长、市政府新闻办主任、市政府新闻发言人徐和建	2022/11/25 17：32	416454	24251	13070	453775

续表

序号	微博 TOP 3	平台	内容	发布日期	点赞量（次）	评论量（次）	转发量（次）	总互动量（次）
1	北京新闻广播	微博	介绍，要强化方舱医院管理及服务保障，坚持底线思维，进一步加快集中隔离场所和方舱医院储备和建设，统筹空间、设施	2022/11/25 17：32	416454	24251	13070	453775
2	河南新闻广播	微博	近日，广东一妈妈在网络平台分享妊娠纹视频，却遭到平台限流甚至屏蔽，#妊娠纹镜头该被剪掉吗#妊娠纹本就是妈妈正常的一部分，值得被客观看待。河南新闻广播的微博视频妊娠纹镜头该被剪掉吗	2022/8/18 11：48	300290	6676	12622	319588
3	河南新闻广播	微博	【#老婆怀孕后老公都做了些什么#】近日，浙江嘉兴一网友拍视频分享了自己怀孕时老公为自己做的一些事，其中有老公给宝宝“上课”、给自己涂妊娠油、按摩等。网友们直呼：这男人把爱都藏在了细节里。也有部分网友晒出了自己怀孕时老公为其做的一些感动的小事。河南新闻广播的微博视频	2022/6/5 13：36	120034	6654	13970	140658

数据来源：CSM 媒介研究。

表 9　2022 年新闻综合类频率在公众号平台传播热点 TOP 3

序号	微信公众号 TOP3	平台	内容	发布日期	阅读量（次）	点赞量（次）	再看量（次）	总传播量（次）
1	北京新闻广播	微信	部分残骸和碎片已找到！MU5735 为什么会坠毁？	2021/2/22 0：28	100001	196	310	100507
2	北京新闻广播	微信	权威专访！“阳过”何时可以返岗？一份“阳康”指南送给你	2021/1/8 9：59	100001	197	162	100360
3	1018 陕广新闻	微信	快讯丨西安 7 月 6 日 0 时起实行 7 天临时性管控措施	2021/8/17 20：00	100001	246	95	100342

注：微信播放量超过 10 万次以上会显示 100001。

数据来源：CSM 媒介研究。

结　语

综观 2022 年广播收听市场，新闻综合类、交通类、音乐类仍是最强势的频率类型，其中，新闻综合类频率处于领头羊位置。新技术和新媒体平台的出现，改变着人们的生活方式和生活习惯，对于广播媒体可以说是机遇与挑战并存。新闻综合类频率在媒体融合进程中不仅要面对新媒体带来的压力，更关键的是自身在多变的市场中要找准定位。在面对日新月异的新媒体技术时，只有以积极创新的心态去学习和融合，才能在全新赛道展现自身优势，在新媒体时代继续大放异彩。

（作者：卢文钊）

2022年交通类频率收听状况分析

2022年，随着中国经济的快速发展，汽车数量继续保持快速增长，公安部数据显示，我国机动车保有量已经达到4.17亿辆，机动车驾驶人数量也已经突破5亿人①。许多人依赖交通广播以获取实时路况和交通信息，因而尽管2022年交通类频率整体市场份额有小幅下降，但凭借自身类型和内容优势，交通类频率在本地车载收听上的优势地位仍然不可撼动。

除了在传统广播领域的竞争之外，交通类频率也在积极拓展新媒体市场，部分频率已经在新媒体市场取得了一定的成效，实现了跨媒体跨平台的全方位传播，2022年的整体传播效果也得到了进一步提升。本文基于CSM媒介研究的城市收听率连续调查数据、MRL测量仪城市APP数据②以及CSM V + Scope融合媒体数据③，观察分析2022年交通类频率的收听情况。

一　交通类频率整体市场竞争表现

1. 交通类频率市场份额小幅下降，仍稳居第二

从2022年各类频率的竞争情况来看，新闻综合类、交通类、音乐类仍然保持着第一梯队的位置，这三大类频率的份额总计超过八成。交通类频率的整体市场份额小幅回落，由2021年的27.5%微降至2022年的26.9%。新闻综合类频率呈上升趋势，与交通类频率的差距被进一步拉大。音乐类的市场份额相较2021年有小幅回升，而都市生活类、文艺类、经济类、文旅教育类、体育类等多类二三梯队频率的市场份额则有不同程度的下降（图1）。

---

① 数据来源：http://www.gov.cn/xinwen/2023-01/11/content_5736176.htm。

② 数据范围：历年收听率连续调查城市，15岁及以上所有人。

③ 本文中提及的新媒体账号为CSM监测的在更账号，数据来源：CSM V + Scope融合媒体数据云平台。因页面显示规则或提供数据不稳定，抖音平台、微信视频号不包含播放量，今日头条及腾讯新闻平台不包含转发量，腾讯视频平台不包含点赞量、转发量及评论量。

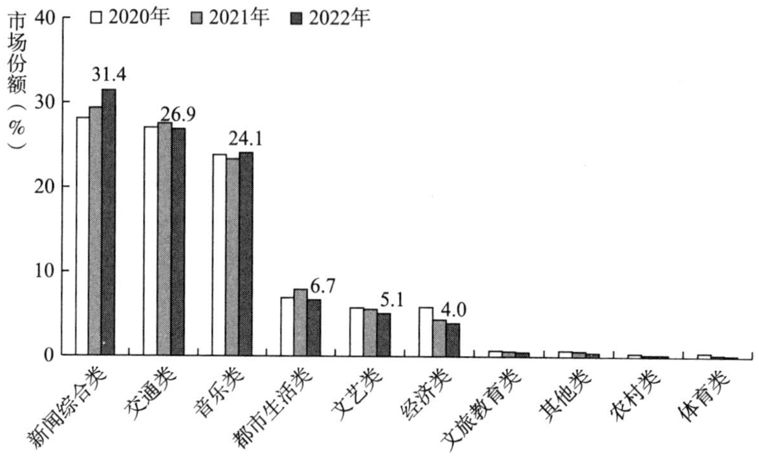

图 1　2020～2022 年各类频率市场份额对比

数据来源：CSM 媒介研究。

2. 交通类频率全天收听走势双高峰明显，晚高峰时段仍有优势

从 2022 年全天收听走势来看，交通类频率在早间 07：00～10：00 时段表现最佳，其中，在 07：15～07：30 时段形成一个早间次高峰，峰值为 2.5%，8：00 开始继续爬升，在 08：15～08：30 时段达到全天最高值，收听率峰值 3.3%，随后缓慢回落。晚间 17：00～19：00 时段交通类频率开始占据上风，收听率领先于新闻综合类频率和音乐类频率，晚间收听峰值在 18：00～18：15，达 1.6%（图 2）。

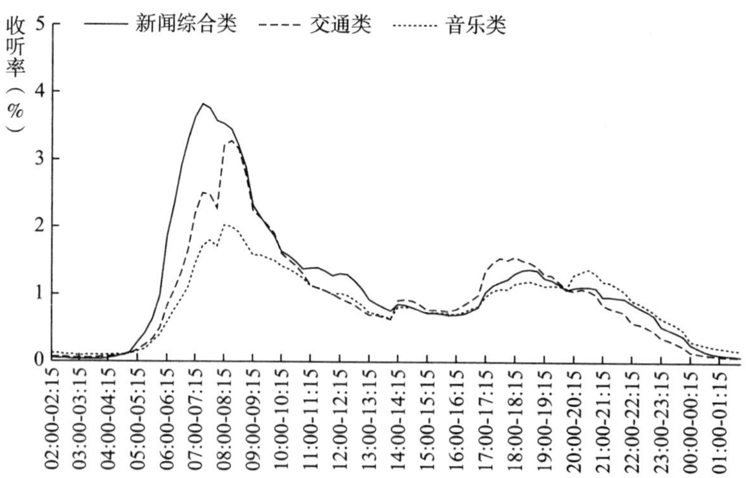

图 2　2022 年三大类型频率全天收听率走势对比

数据来源：CSM 媒介研究。

3. 交通类频率在车载场所的市场竞争力保持领先

作为第一梯队，新闻综合类、交通类和音乐类频率在各个场所的收听表现仍以较大的优势领先于其他类型的频率。尽管交通类频率 2022 年整体市场份额较 2021

年略有下降，但其在车载场所的竞争优势依然稳固，市场份额超过四成。新闻综合类频率的优势更多体现为在家和其他场所，市场份额分别达到 37.3% 和 36.1%。在工作/学习场所表现最好的是音乐类频率，市场份额超过三成（图 3）。

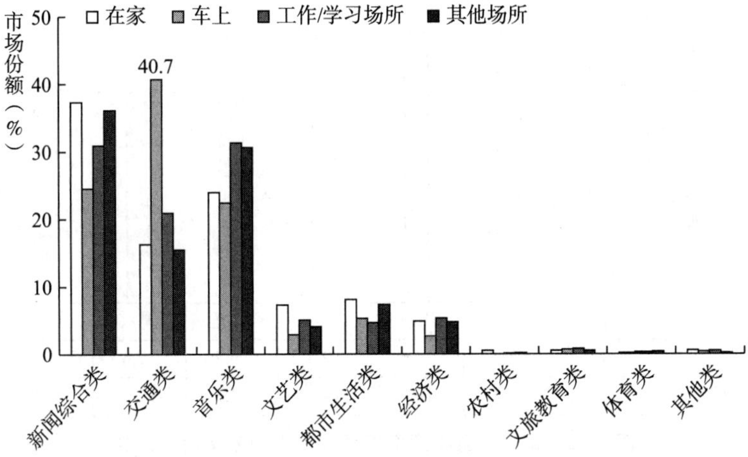

图 3　2022 年各类频率在不同收听场所市场份额对比

数据来源：CSM 媒介研究。

二　交通类频率整体概况

1. 交通类频率工作日收听时长更高

从不同周天的人均收听时长来看，交通类频率在工作日的收听表现较好，其中周一的人均收听时长最高，在所有场所中达到 15.1 分钟。周二人均收听时长略微低于其他工作日，周三有所回升并在之后的周四、周五趋于平稳，受大部分人的作息时间影响，交通类频率周末的人均收听时长相较工作日有所下降，车上的收听情况与所有场所相似（图 4）。

2. 交通类频率工作日收听高峰更明显

2022 年交通类频率工作日与周末的全天收听走势大体相似，但工作日早、晚出行高峰时段的收听率峰值都高于周末，前者收听峰值达到 3.6%，后者峰值仅为 2.5%，且工作日晚间高峰时段更加明显，10：00～16：00 的收听率则略低于周末，到 20：00 之后工作日与周末的走势便趋于相同（图 5）。

3. 男性、25～54 岁、高学历听众为主要收听人群

2022 年交通类频率听众构成与 2021 年相近，男性、35～44 岁、大学及以上受教育程度的听众收听占比最高。从年龄来看，15～34 岁、55 岁及以上的听众占比相较 2021 年有小幅下降，而 35～44 岁和 45～54 岁的听众占比相较 2021 年分别上升了

1.1个百分点和0.6个百分点；从受教育程度来看，大学及以上受教育程度的听众占比相较2021年有2.6个百分点的增长，整体占比超过四成（图6）。

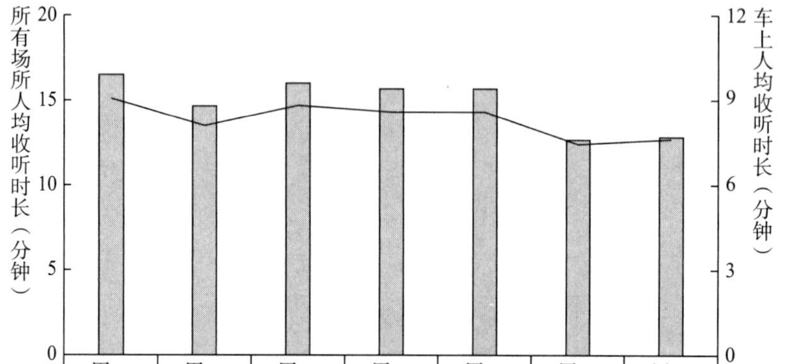

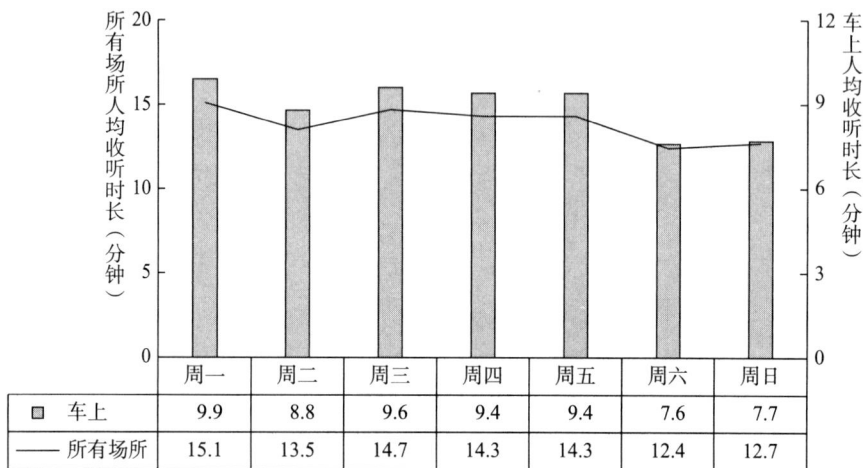

	周一	周二	周三	周四	周五	周六	周日
车上	9.9	8.8	9.6	9.4	9.4	7.6	7.7
所有场所	15.1	13.5	14.7	14.3	14.3	12.4	12.7

图4　2022年交通类频率不同周天人均收听时长对比

数据来源：CSM媒介研究。

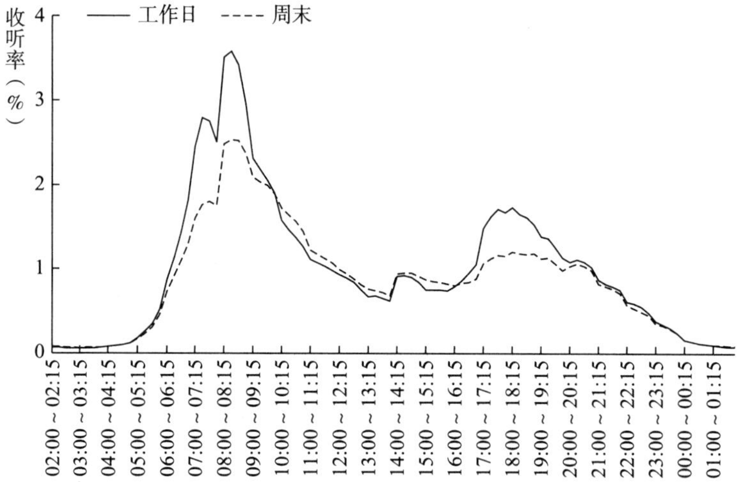

图5　2022年交通类频率工作日及周末全天收听走势对比

数据来源：CSM媒介研究。

三　交通类频率不同地域收听状况

1. 交通类频率人均收听时长地域差异明显

2022年连续调查城市交通类频率的每日人均收听时长为13.9分钟，乌鲁木齐、北京、哈尔滨、广州、太原、石家庄、武汉、合肥和苏州每日人均收听时长均在平均线以上，大多为北方城市。其中，乌鲁木齐的人均收听时长最长，达到34分钟。

交通类频率在一线城市中人均收听时长存在较大差异，北京和广州的人均收听时长分别达到27.6分钟和23.8分钟，排名靠前；深圳与上海的人均收听分钟数则均不足10分钟，收听时长较短（图7）。

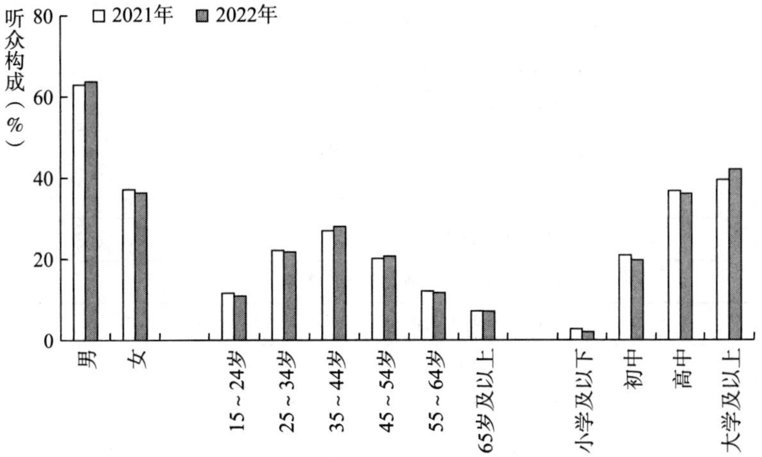

图6 2021~2022年交通类频率听众构成

数据来源：CSM媒介研究。

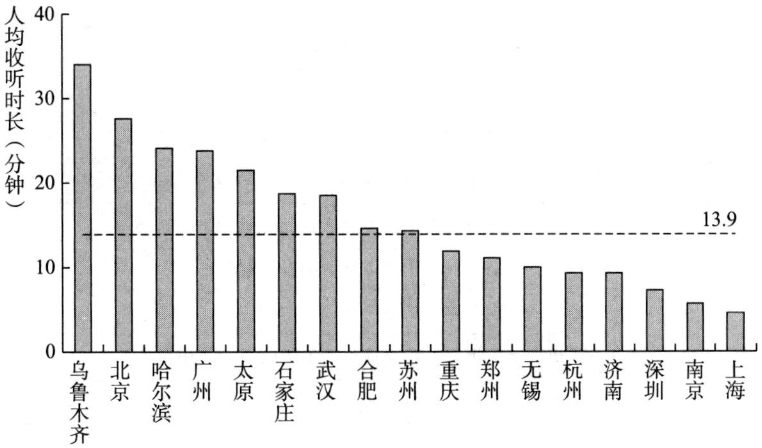

图7 2022年交通类频率在不同城市的收听表现

数据来源：CSM媒介研究。

2. 交通类频率在本地市场竞争力强劲

2022年17个连续调查城市中，有12个城市市场份额排名第一的频率为交通类频率，其市场竞争力可见一斑。其中，北京、乌鲁木齐和重庆地区仅单个交通频率在本地的市场份额就超过四成；苏州地区交通类频率在本地整体市场份额的占比超三成，深圳、杭州、哈尔滨、武汉、广州、太原、合肥地区的交通类频率在本地整体市场的份额超过两成（表1）。

表 1　2022 年交通类频率在不同城市的市场份额及排名

单位：位，%

地区	当地份额排名	频率名称	市场份额
上海	4	上海交通广播 AM648/FM105.7	6.4
深圳	3	深圳广播电台交通频率 FM106.2	20.1
	10	广东广播电视台羊城交通广播台 FM105.2	0.9
杭州	1	杭州交通经济广播 FM91.8	27.7
	8	浙江人民广播电台交通之声 FM93	2.9
北京	1	北京交通广播（FM103.9/CFM95.6）	40.2
哈尔滨	1	黑龙江交通广播 FM99.8	25.9
	5	哈尔滨广播电视台交通频率 FM92.5	8.1
南京	3	江苏交通广播网 FM101.1	8.3
	8	南京交通广播 FM102.4	2.2
	10	江苏人民广播电台金陵之声 FM99.7	1.0
郑州	1	河南广播电视台交通广播 FM104.1	13.4
	4	郑州广播电视台交通广播 FM91.2	9.7
	18	河南广播电视台教育广播 FM106.6/AM1332	0.7
武汉	1	楚天交通广播 FM92.7	24.8
	5	武汉广播电视台交通广播 FM89.6/AM603	9.0
	12	湖北城市之声 FM107.8	1.8
乌鲁木齐	1	新疆人民广播电台 949 交通广播 FM94.9	44.5
	2	新疆人民广播电台 FM107.4 维吾尔语交通文艺广播	13.1
	3	乌鲁木齐广播电视台交通文艺广播（维语）FM104.6	7.3
	8	乌鲁木齐广播电视台交通广播 FM97.4/AM927	2.5
广州	1	广东广播电视台羊城交通广播台 FM105.2	22.4
	3	广州市广播电视台经济交通广播 FM106.1/AM1098	11.5
	17	佛山人民广播电台南海广播 FM92.4	0.6
济南	3	济南交通广播 FM103.1	11.5
	9	山东交通广播 FM101.1	2.2
	10	济南文艺广播私家车 FM93.6	1.9
太原	1	太原人民广播电台交通频率 FM107	26.3
	2	山西广播电视台交通广播 FM88	11.6
重庆	1	重庆人民广播电台交通频率 FM95.5	41.9
石家庄	1	河北广播电视台交通广播 FM99.2	17.3
	3	石家庄广播电视台交通广播 FM94.6	14.8
合肥	1	安徽交通广播 FM90.8	25.6
	7	合肥交通信息广播 AM1053/FM102.6	5.5

续表

地区	当地份额排名	频率名称	市场份额
合肥	15	安徽广播电视台经济广播 FM97.1	0.6
	16	安徽旅游广播高速之声 FM106.5	0.4
无锡	2	无锡广播电视台交通广播 FM106.9/AM1098	18.2
	9	江苏交通广播网 FM101.1	1.6
苏州	1	苏州广播电视总台交通经济广播 FM104.8	34.1
	8	江苏交通广播网 FM101.1	1.4

数据来源：CSM 媒介研究。

四 交通类频率移动端收听特征

1. 交通类频率移动端收听以微信为主

2022 年，微信成为听众通过手机 APP 端收听交通类频率的第一选择，市场份额达到 14.6%，较 2021 年上升了 3.2 个百分点；蜻蜓 FM 相较 2021 年市场份额下降幅度较多，下降了 9.9 个百分点；排名第三的喜马拉雅市场份额也有小幅增长。广电自有 APP 也在市场中占据了一定的份额，如阿基米德在 TOP 10 中排名第六，市场份额相较 2021 年上升了 0.6 个百分点（图 8）。

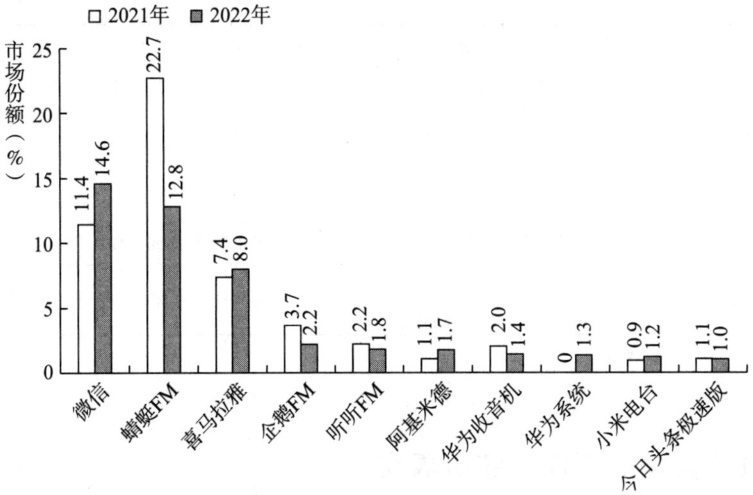

图 8 2022 年交通类频率收听量占比居前十位的 APP（9 个测量仪城市）

数据来源：CSM 媒介研究。

2. 微信、喜马拉雅、蜻蜓 FM 地域综合收听表现较佳，广电旗下 APP 本地市场表现不俗

从各地移动端 APP 的收听情况来看，蜻蜓 FM、微信和喜马拉雅在各个地区的综

合表现较好（图9）。此外，广电自有APP在本地市场的表现也可圈可点，江苏广电的大蓝鲸在南京地区APP直播中的收听总量排名第二；上海SMG旗下的阿基米德在上海地区APP直播中的收听总量排名第一，人均收听时长占比达到17%；广东广电旗下的粤听和深圳广电旗下的壹深圳在广州、深圳地区APP直播中的收听总量也分别跻身前五（表2）。

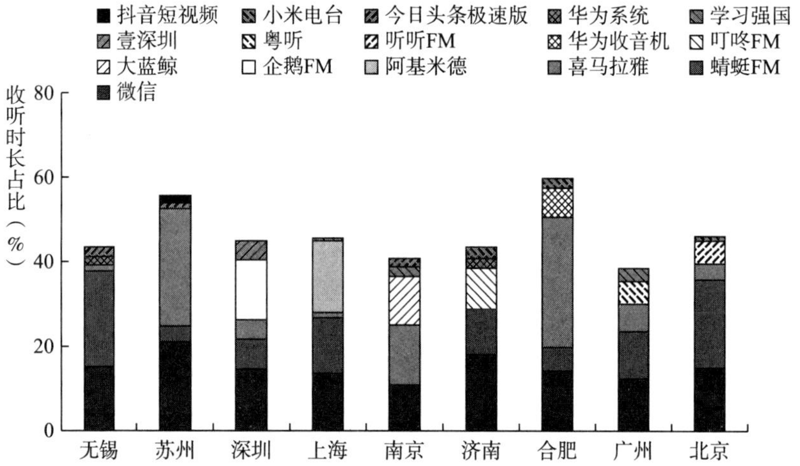

图9　2022年各地交通类频率人均收听时长占比居前五位的音频APP

数据来源：CSM媒介研究。

表2　2022年交通类频率收听量居前五位的APP（人均收听总时长，分钟）

地区	上海	深圳	北京	南京	广州	济南	合肥	无锡	苏州
1	阿基米德	微信	蜻蜓FM	喜马拉雅	微信	微信	喜马拉雅	蜻蜓FM	喜马拉雅
2	微信	企鹅FM	微信	大蓝鲸	蜻蜓FM	蜻蜓FM	微信	微信	微信
3	蜻蜓FM	蜻蜓FM	听听FM	微信	喜马拉雅	叮咚FM	华为收音机	今日头条极速版	蜻蜓FM
4	喜马拉雅	喜马拉雅	喜马拉雅	学习强国	粤听	小米电台	蜻蜓FM	华为系统	抖音短视频
5	学习强国	壹深圳	小米电台	今日头条极速版	学习强国	华为系统	小米电台	喜马拉雅	今日头条极速版

数据来源：CSM媒介研究。

五　交通类频率的新媒体收听表现

1. 短视频、微信平台方兴未艾

随着技术进步与人们生活习惯的改变，拓展新媒体、新技术是当今媒体行业必然的发展趋势。广电媒体也在着力打造融媒传播矩阵，推动传统媒体与新兴媒体的有机融合。从交通类频率2022年在微博、微信和短视频的发布情况来看，微博平台的发布量仍居榜首，但相较 2021 年有所下降，同比降幅达到 18.6%。而短视频和微信的发布量都呈上升趋势，其中微信平台发布量相较 2021 年同比增幅高达 79.4%（图 10）。

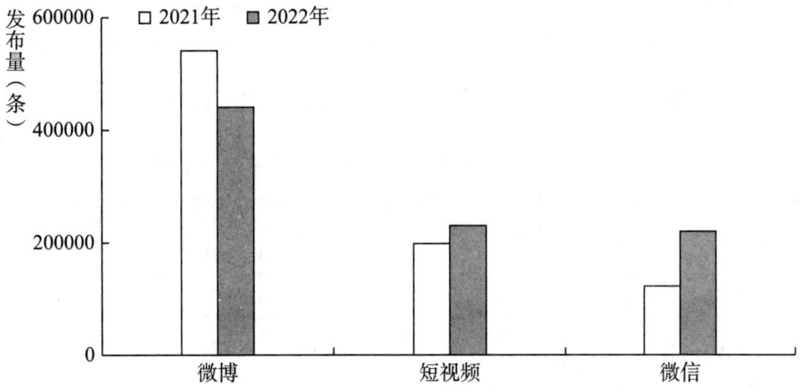

图 10 交通类频率“三微”账号总发布量分布对比

数据来源：CSM 媒介研究。

2. 短视频三大平台仍占制高点，发布内容呈多元化

从 CSM 监测的短视频平台来看，2022 年交通类频率发布内容的主要阵地仍然在抖音、今日头条和快手三个平台。其中，抖音平台独自承揽了交通类频率短视频整体发布量的 48.4%。今日头条与快手平台交通类频率短视频的发布量占比也分别达到了 29.6% 和 18.7%。相较 2021 年，抖音、今日头条和快手的发布量均有上升，抖音平台和快手平台相较 2021 年同比增幅分别达到 38.1% 和 42.2%（图 11）。

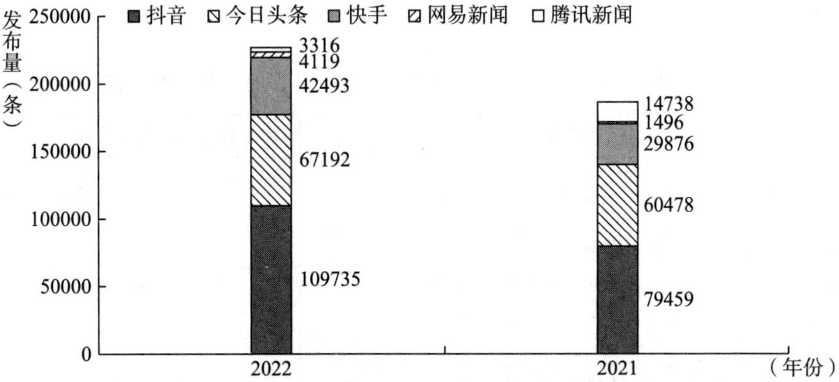

图 11 交通类频率在主要短视频平台的内容发布量（TOP 5）

数据来源：CSM 媒介研究。

从交通类频率账号的传播表现来看，传播量①排名前五位的账号均为频率官方账

① 传播量指播放量/阅读量与互动量的总和，互动量指转发量、点赞量、评论量之和。

号；“合肥交通广播”账号在今日头条/抖音/快手/好看视频平台的发布内容近1.5万条，传播量高达60.9亿次，占到交通类频率在短视频平台整体传播量的四成以上；“南京交通广播”账号以较少的发布量斩获了5.7亿次的传播量，平均单条传播量高达约53万次（表3）。

“合肥交通广播”、“广州交通电台”和“楚天交通广播”等账号良好发挥了多元融媒矩阵的传播优势，在各个短视频平台以及账号所属的广播频率都有不俗的表现。

表3　2022年交通类频率高传播量短视频账号（TOP 5）

排名	账号	平台	发布量（条）	播放量（亿次）	互动量（万次）	传播量（亿次）
1	合肥交通广播	今日头条/抖音/快手/好看视频	14920	59.8	11000	60.9
2	广州交通电台	今日头条/抖音/快手/网易新闻/腾讯新闻	19555	19.3	9664	20.2
3	楚天交通广播	今日头条/抖音/快手	21513	8.4	39000	12.3
4	北京交通广播	今日头条/抖音/快手	7462	6.1	2267	6.3
5	南京交通广播	今日头条/抖音/快手	1079	5.6	1157	5.7

数据来源：CSM媒介研究。

新媒体环境下，内容的丰富性尤为重要，交通类频率账号内容类型的边界也进一步消融。交通类频率在抖音、快手和今日头条三个平台的热门内容类型丰富，除交通资讯、汽车文化和生活外更涵盖了国际新闻、社会热点时事、民生等各个领域的内容。多元化的优质内容符合当下短视频受众的喜好，收获了较高的传播量、互动量（表4）。

表4　2022年交通类频率主要短视频平台高传播、高互动内容

平台	短视频标题	所属账号	发布日期	互动量（次）
抖音	院士放弃专利让救命药一盒仅290元（央视新闻）	合肥交通广播	2022/2/2	329万
	据男孩妈妈介绍，男子被警方送往精神病院，后果由男子父亲负责。目前，小孩暂无生命危险，妈妈也向警方寻求帮助，希望找到见义勇为的路人（冀看点）	河南交通广播	2022/1/11	321万
	界面新闻报道：总人口超过百万的四川省邻水县近日发生新冠肺炎疫情，一周时间感染者已达499例。5月16日，该县开展全域核酸检测。#疫情防控	楚天交通广播	2022/5/16	279万
	病毒学家金冬雁表示，奥密克戎病毒有多种亚型毒株，关于德尔塔与奥密克戎两种病毒而言不同的是：对于没打疫苗的人而言，容易感染德尔塔，不容易感染奥密克戎；而对于打过疫苗的人而言，不容易感染德尔塔而却容易感染奥密克戎	楚天交通广播	2022/12/21	268万

续表

平台	短视频标题	所属账号	发布日期	传播量
快手	智利一卡车司机遇拦路抢劫，最终神操作突围而出	广州交通电台	2022/2/6	6061 万
	这男的敢做不敢当？（网友热评）	广州交通电台	2022/1/14	5921 万
	男子感染奥密克戎康复 20 多天仍无味觉：可大口吃柠檬面不改色（沸点壹刻）	合肥交通广播	2022/4/4	4874 万
	男子逼停对方车辆还拿球棒砸车，最终后悔莫及	广州交通电台	2022/4/7	4349 万
	你怎么看？男子骑电动违规被交警拦停，竟丢下小孩自己骑车走了	广州交通电台	2022/8/29	4326 万
今日头条	#超市自助结账后，工作人员在门口要求核对票据，被#顾客当场拒绝。你觉得超市有权利查票吗？顾客是否可以拒绝？#你怎么看	南京交通广播	2022/2/24	1882 万
	美国警方：4 名中国公民在俄克拉荷马大麻农场内“遭处决”，嫌疑人已被捕	合肥交通广播	2022/11/23	1762 万
	俄驻欧盟代表：俄方结束行动后将从乌克兰撤离军队#俄方称并不需要乌克兰的领土（环球网）	合肥交通广播	2022/2/26	1664 万
	男子逼停对方车辆还拿球棒砸车，最后吓得乖乖趴在地上	广州交通电台	2022/4/7	1660 万
	蛇岛士兵称震惊乌总统宣布自己阵亡（凤凰网视频）	合肥交通广播	2022/3/1	1644 万

数据来源：CSM 媒介研究。

3. 微信：权威发布心系老百姓的“身边事”“关心事”

微信是全球用户规模最大的独立移动应用程序之一，据公开数据显示，微信的用户基数已经超过 12 亿人，交通类频率在微信平台同样有着不错的表现，多个账号传播量破亿次。其中排名第一的是“杭州交通 918”账号，发布内容 1.4 万条，传播量达到 4.5 亿次；微信平台的流量也呈现头部集中的态势，TOP 5 账号总计传播量占到了交通类频率在微信平台整体传播量的五成以上（表 5）。

表 5　2022 年交通类频率高传播量微信账号对比（TOP 5）

账号	发布量（条）	阅读量（亿次）	点赞量（万次）	互动量（万次）	传播量（亿次）
杭州交通 918	14039	4.4	84	120	4.5
安徽交通广播	11768	3.5	82	107	3.6
FM93 交通之声	9402	2.7	54	75	2.8
河北交通广播	9377	2.5	20	29	2.5
黑龙江交通广播	13356	2.0	18	25	2

数据来源：CSM 媒介研究。

交通频率在微信平台的高传播量内容多为权威资讯发布，其中疫情相关的通报占到了不小的比重，为公众了解疫情数据与政策提供了重要渠道，为维护社会稳定做出了重要贡献（表6）。

表6　2022年交通类频率微信高传播量内容对比

内容	所属账号	发布日期	播放量（次）	点赞量（次）	在看量（人次）
河北张家口：疫情防控措施“层层加码”＋“一刀切”！货运车辆通行受阻严重→	1012交通广播	2022/4/26	10万＋	8561	2855
合肥市敏感区域划定	安徽交通广播	2022/4/18	10万＋	6425	1861
目前日本前首相安倍晋三已经没有生命体征	安徽交通广播	2022/7/8	10万＋	6730	795
合肥市今晚（4月18日）最新通报	安徽交通广播	2022/4/18	10万＋	5678	1761
合肥刚刚通报！	安徽交通广播	2022/3/14	10万＋	4129	2126
今晚！东部战区重磅发布！	杭州交通918	2022/8/1	10万＋	4301	1491
合肥疫情处置最新通报（4月19日00：28）	安徽交通广播	2022/4/19	10万＋	3788	910
合肥最新回应	安徽交通广播	2022/4/19	10万＋	3649	998
悲痛！杭州2名消防员在火灾扑救中牺牲	FM93交通之声	2022/6/10	10万＋	1960	2494
合肥刚刚官宣！全部清零！	安徽交通广播	2022/5/9	10万＋	3365	525

数据来源：CSM媒介研究。

4. 微博：主流媒体传播核心价值观

2022年交通类频率在微博平台互动量最高的账号为“北京交通广播”账号，全年发布内容近1.5万条，高发布收获高互动，互动量达到54.1万次；紧随其后的是“青岛交通广播FM897”账号，发布量同样为1.5万条，互动量达到45.4万次（表7）。

表7　2022年交通类频率高互动量微博账号对比

账号	发布量（万条）	互动量（万次）
北京交通广播	1.5	54.1
青岛交通广播FM897	1.5	45.4
扬州交通广播	1.3	32.3
广州交通电台	1.2	30.4
楚天交通广播	1.8	24.1

数据来源：CSM媒介研究。

交通类频率在微博的高互动量内容大多为社会热点时事，本身具有极高的话题性，在微博平台获得了极高的关注度。既有真情温暖、勤劳致富的正能量新闻，也有如“女子乘车未给婴儿买车票被拦”“B站紧急叫停夏日祭庆典活动”等热点时事，一经报道就引发网友热议。在当前网络环境下，广电媒体用官方权威的内容表达，形成了一道独特的风景线，在第一时间用深度报道引领正向价值观，网友纷纷点赞（表8）。

表8 2022年交通类频率微博高互动量内容对比

内容	所属账号	发布日期	互动量（万次）
【#女子深夜假装去世母亲给自己回微信#，“仿佛是妈妈在给我鼓励”】今年6月17日，凌晨2点多，在湖北武汉的乔女士登录了去世妈妈的微信号，假装给自己回复了消息……全文	扬州交通广播	2022/9/22	16
【#研究发现男性当爹大脑皮层会萎缩#】先前已有十几项研究表明，成为母亲后，女性大脑结构会改变。但相对地，父亲这一方却被忽视了。如今，一项新的国际研究确认，初为人父的男性大脑也会经历神经系统的改变……全文	扬州交通广播	2022/9/21	10
【#女子乘车未给婴儿买车票被拦#车站：每十位乘客有一个免票名额】8月29日，广东湛江，一位母亲抱着不足一岁的婴儿在南桥车站乘车时被工作人员拦下要求给婴儿购买车票，遭到这位母亲拒绝，随即双方发生口角争执……全文	武汉劲风	2022/8/30	9
【B站紧急叫停夏日祭庆典活动】最近南京被冲上了热搜，原因是某主办方要在南京举办夏日祭活动。但活动还没开始，就被人举报了。这样的活动意义到底在哪里？更有很多网友在下面跟帖：勿忘国耻……全文	楚天交通广播	2022/7/20	9
【女子自觉不适自测后发现#女子验孕试纸和抗原同时呈阳性#】12月21日，山东青岛。当事人李女士表示自己当天感觉身体不适，便猜测自己可能怀孕了，测了验孕试纸呈阳性，但自己还发着烧，于是又测了抗原，发现抗原也阳了……全文	青岛交通广播FM897	2022/12/22	7

数据来源：CSM媒介研究。

结 语

2022年，在种种挑战下交通类频率仍然保持着出色的市场竞争力，技术进步、人们生活习惯的改变、城市化进程的加快都给交通广播带来了更大的责任和挑战。从近年的听众构成可以看出，交通类频率高学历、高收入人群的比重正在提升，这意味着交通类频率需要提供更精准、更及时的服务信息，更丰富、更具有吸引力的内容。在面临这些挑战的同时，交通广播也具备一些优势。首先，交通广播的受众范围非常广泛，全国日益增加的机动车驾驶人数量都有获取实时交通信息的需求；其次，交通广播的时效性、伴随性、贴近性都非常高，可以及时地传达交通状况和应对措施，与听众进行实时的沟通和反馈，提高互动性和参与度。

当涉及建立新媒体时代的交通广播融媒新格局时，交通广播面临的挑战和机遇并存。为了充分利用交通广播的优势，提供更好的服务和内容，交通广播需要加速与车联网和新媒体的融合，以更多元化和创新的方式呈现信息。在新媒体转型中通过创新内容定位、拓展传播空间等方式突破传统广播的限制，成功地在互联网上获取更广泛的受众群体是交通广播融媒探索的一条成功路径。此外，通过新媒体转型突破传统广播媒体所受的地域限制，开拓更多的传播场景；在内容定位上突破本地交通资讯的范围向更广泛的社会热点新闻等领域拓展，都是交通广播媒体成功获得更多流量的密码。由此可见，结合新媒体思维加快融媒转型，是构建新媒体时代交通广播融媒新格局的关键。

（作者：吴明超）

2022 年音乐类频率收听状况分析

声音是人们生活中难以取缔的一部分，我们常常借此获取和交流信息。当声音被赋予旋律与情感，音乐就成为人们传递思想和感情的纽带。2022 年特殊时期，音乐陪伴我们度过了闲暇时刻，抚平了停工停产的焦虑情绪，又在困难险阻中激励我们砥砺前行。与此同时，音乐类频率也以其独特的魅力在新媒体与短视频方向继续开拓，融合和转型仍然是音乐类频率未来的发展方向。本文基于 CSM 媒介研究全国连续调查城市的收听率数据①、MRL 测量仪城市 APP 数据和 CSM V + Scope 融合媒体数据等，对 2022 年音乐类频率的收听状况进行多角度回顾。

一　音乐类频率市场竞争表现

1. 音乐类频率市场份额小幅提升

从 2022 年各类频率的市场竞争表现来看，新闻综合类、交通类以及音乐类频率仍然领先，三者份额总和超出整体市场总量的八成。其中新闻综合类频率的市场份额稳居第一，且逐年上升，从 2020 年的 28.1% 上升至 2022 年的 31.4%；交通类频率的市场份额从 2020 年的 27.0% 上升至 2021 年的 27.5%，2022 年小幅回落至 26.9%，位列第二；音乐类频率市场份额较 2021 年有所提升，由 23.3% 上升至 24.1%，保持第三，且与交通类频率的差距有所缩小（图 1）。

2. 音乐类频率在工作/学习场所收听表现占优

不同频率因其节目内容的差异，在各个场所的收听表现也呈现多样性。新闻综合类频率在家的市场份额最高，达 37.3%；交通类频率在车载市场的收听表现最佳，占据整体市场的四成以上；音乐类频率在工作/学习场所以 31.3% 的市场份额位居第一，在家以及在其他场所的市场份额分别为 24.0% 和 30.6%，均仅次于新闻综合类频率，位列第二，在车载市场的收听占比为 22.4%，排名第三（图 2）。

---

① 如无特殊说明，文中所用城市组合为各年连续调查城市组：2020 年为 18 城市，2021 年为 17 城市，2022 年为 17 城市，目标人群为 15 岁及以上，时间段为全天。

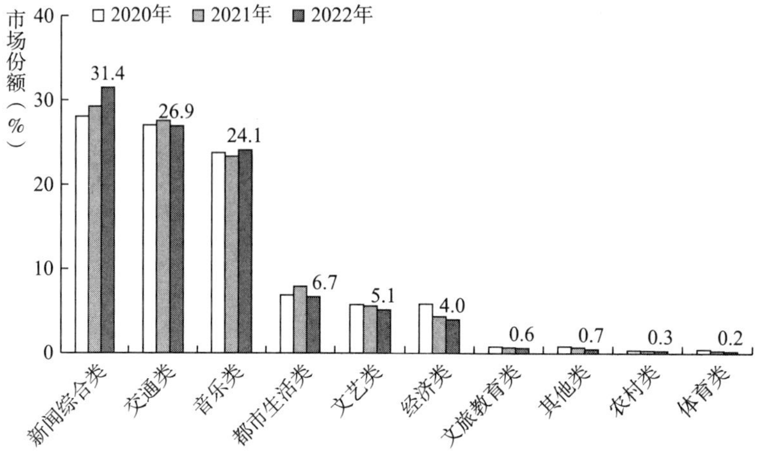

图1　2020～2022年广播收听市场各类频率市场份额对比

数据来源：CSM媒介研究。

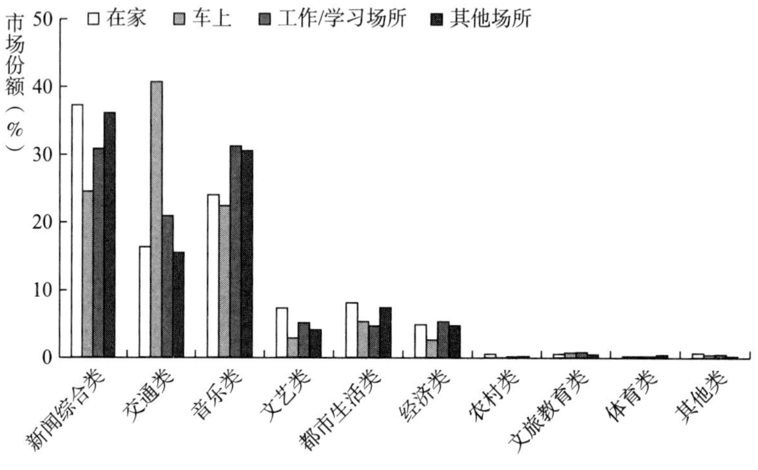

图2　2022年各类频率在不同收听场所市场份额对比

数据来源：CSM媒介研究。

3. 音乐类频率18：00后竞争力优势突出

从各类频率全天市场份额走势来看，新闻综合类、交通类和音乐类频率全天各时段竞争力都明显高于其他各类频率。其中，新闻综合类频率早间5：00～8：00时段优势明显，在6点左右达到峰值，占据近一半的市场份额；交通类频率全天收听表现比较稳定，早上8：00～10：00以及下午17：00～19：00时段的竞争力更为强劲；音乐类频率则是从18：00开始发力，份额一路稳步攀升，自20：00后始终领先于其他频率（图3）。

4. 音乐类频率收听规模均位居前列，听众黏性仍有较大提升空间

平均到达率是听众规模的体现，而平均忠实度则是听众黏性的参照依据，从这

两个重要维度来看，新闻综合类、交通类和音乐类这三类频率的听众规模都十分突出，而农村类和文艺类频率的听众黏性占优，听众规模有待增长。音乐类频率在听众规模（平均到达率）上，仅次于新闻综合类频率，且差距较小；但是在听众黏性（平均忠实度）上，音乐类频率排名稍显落后，有较大的提升空间（图4）。

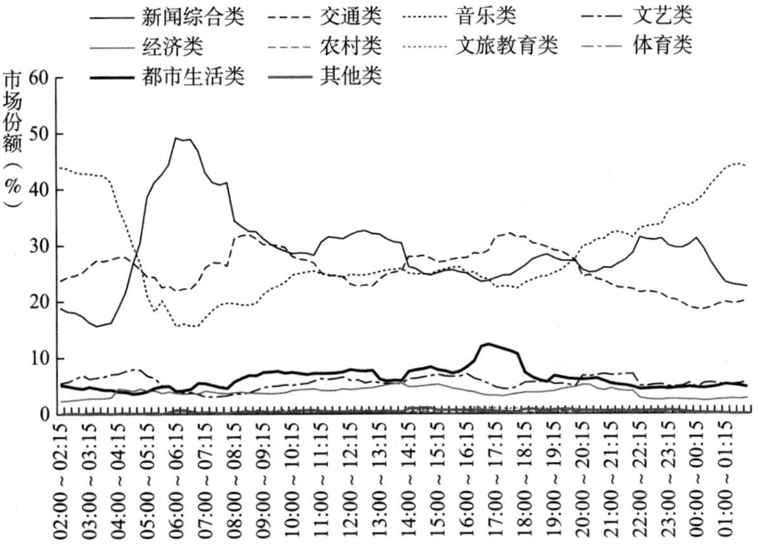

图3　2022年广播收听市场各类频率全天市场份额走势

数据来源：CSM媒介研究。

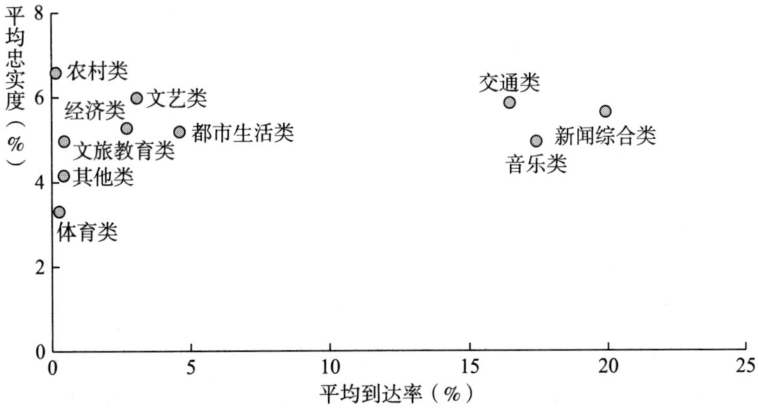

图4　2022年各类频率平均到达率和平均忠实度分布

数据来源：CSM媒介研究。

5. 音乐类频率4～5月收听量增幅显著

2022年受疫情影响，人们的居家时间增多，新闻综合类、交通类和音乐类频率的居家人均收听时长均在4～5月有不同程度的增长。其中，音乐类频率在此期间的收听量涨幅最大，4月和5月的收听量较3月涨幅分别达到35%和42%。随着疫情逐渐得到有效控制，人们陆续复工复产，收听量也随之回落到常态水平（图5）。

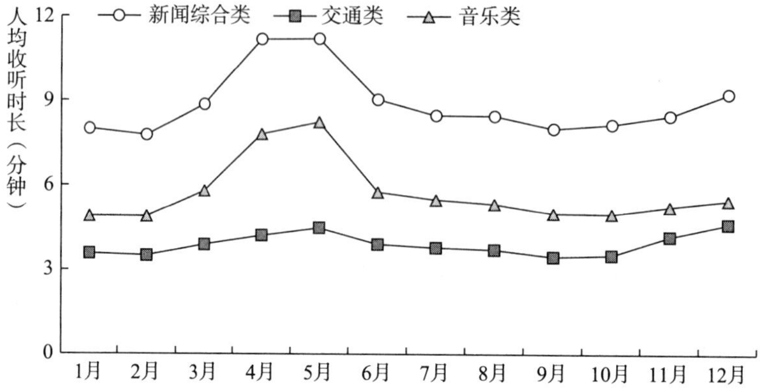

图 5　2022 年新闻综合类、交通类和音乐类频率在家分月人均收听时长

数据来源：CSM 媒介研究。

二　音乐类频率整体收听概况

1. 音乐类频率工作/学习场所收听量稳步上涨，其他场所收听量下降明显

2022 年，音乐类频率人均每日收听时长为 12.4 分钟，相较上年同期的 12.7 分钟基本持平，“在家”和“车上”仍是音乐类频率听众最主要的收听地点。在家、车上以及工作/学习场所音乐类频率的人均收听时长同比均稳中有升，其他场所收听有 0.7 分钟的下降（图 6）。

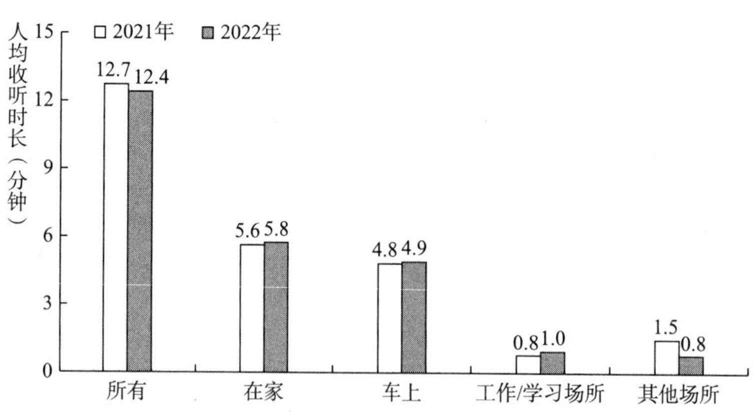

图 6　2021～2022 年音乐类频率在不同场所的人均收听时长比较

数据来源：CSM 媒介研究。

2. 音乐类频率早高峰时段收听率有所下降

近两年音乐类频率的全天收听率走势基本保持稳定，早晚高峰峰值均出现在早间 7：00～10：00 和晚间 19：45～21：30 时段。2022 年早高峰时段收听率较 2021 年略有下降，早高峰收听率峰值由 2021 年的 2.2% 略降为 2022 年的 2.0%，晚高峰

收听率峰值由2021年的1.5%略降为2022年的1.4%（图7）。

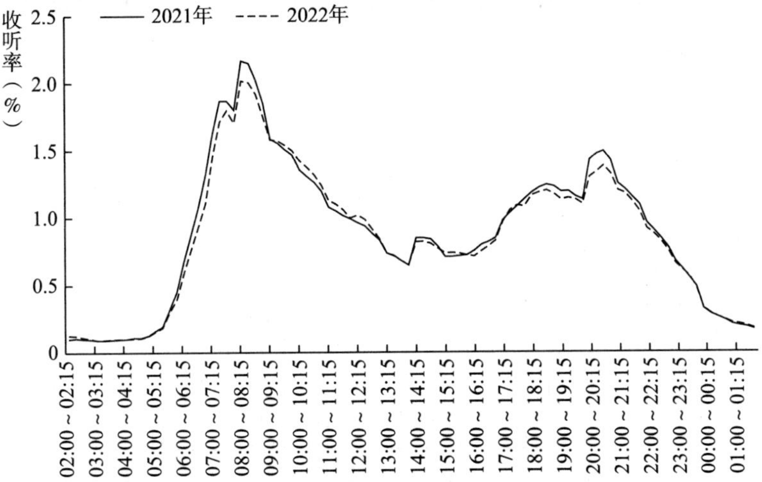

图7 2021～2022年音乐类频率全天收听率走势

数据来源：CSM媒介研究。

3. 音乐类频率各周天收听时长保持稳定，工作日车载收听时长占优

从音乐类频率不同周天的收听时长对比来看，所有场所中不同周天之间以及工作日和周末之间的差别较小，各天收听量保持稳定，人均收听时长基本在12分钟左右。而在车载收听场所中，由于大部分听众周末与工作日的作息不同，收听量差异相对明显，周末两天较周一至周五的平均收听量有0.3分钟的减少（图8）。

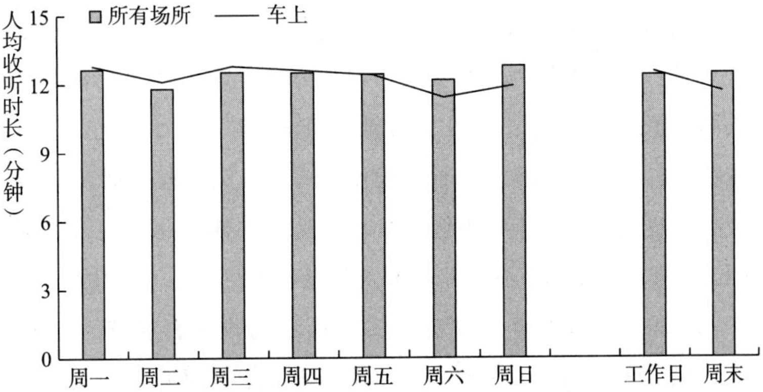

图8 2022年音乐类频率不同周天人均收听时长比较

数据来源：CSM媒介研究。

三 音乐类频率受众特征

1. 音乐类频率听众以女性、年轻、高知和高收入人群为主

通过听众构成指标可以了解收听音乐类频率听众的特征。从数据来看，音乐类

频率女性听众所占比例略高于男性听众；不同年龄段听众中，25～44 岁的中青年听众占比近六成；大学及以上学历听众超出五成；个人月收入 6001 元及以上的高收入人群占比最高，达 30.2%（图 9）。

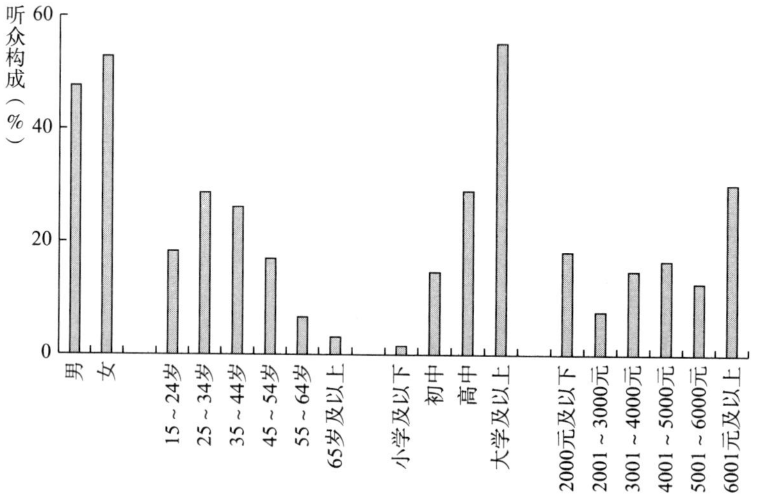

图 9　2022 年音乐类频率听众构成

数据来源：CSM 媒介研究。

2. 音乐类频率在不同城市收听表现差异较大

从全国 17 个城市的音乐类频率人均收听时长和听众规模来看，其在各个城市间的收听表现存在较大的差异。2022 年 17 城市组音乐类频率的整体人均收听时长为 12.4 分钟。分城市来看，仅有上海、南京、苏州和太原这 4 个城市的人均收听时长超过或达到平均值，其中上海地区听众的人均收听时长高达 31.8 分钟，南京地区听众人均收听时长同样超过 20 分钟，为 21.2 分钟，而杭州和乌鲁木齐的人均收听分钟数较短，仅为 2 分钟左右。从各个城市的听众规模来看，与人均收听时长相似，上海地区平均到达率最高，超过 40%，南京地区的平均到达率同样较高，达 32.3%，同样杭州和乌鲁木齐的音乐类频率听众到达率水平相对较低，不足 4%（图 10）。

综合两个指标来看，音乐类频率在上海和南京的收听表现较为出色，到达率和收听量水平均较高，发展均衡；而乌鲁木齐和杭州的音乐频率收听表现尚有待提升。

3. 音乐类频率在本地市场竞争力较强

综观全国 17 个城市中主要音乐类频率在本地的竞争力水平，在所有场所收听中，共有 28 个音乐类频率在当地市场的份额排名进入前十。其中，重庆人民广播电台音乐频率 FM88.1、江苏经典流行音乐广播 FM97.5、上海流行音乐广播动感 101 FM101.7、苏州广播电视总台都市音乐广播 FM102.8、深圳人民广播电台音乐广播 FM97.1、无锡广播电视台音乐广播 FM91.4/AM900 在本地市场的份额水平表现突出，单个频率份额就超过了 20%。无锡广播电视台音乐广播 FM91.4/AM900 在当地市场所有频率份额排名中位居第一（表 1）。

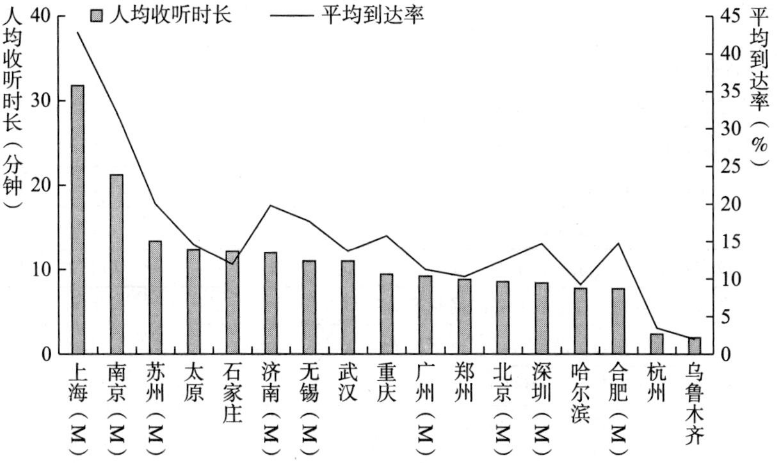

图 10　2022 年音乐类频率在 17 个城市的收听表现

数据来源：CSM 媒介研究。

表 1　2022 年不同城市中主要音乐频率在本地市场的市场份额及排名

单位：%，位

城市	频率名称	所有场所	
		市场份额	排名
北京	北京音乐广播（FM97.4/CFM94.6）	9.5	4
	中央人民广播电台第三套节目音乐之声	2.1	8
重庆	重庆人民广播电台音乐频率 FM88.1	32.5	2
广州	广东广播电视台音乐之声 FM99.3	8.8	5
	广州市广播电视台金曲音乐广播 FM102.7	3.6	8
杭州	动听 968 音乐调频 FM96.8	7.6	5
哈尔滨	黑龙江音乐广播 FM95.8	7.2	6
	哈尔滨广播电视台音乐频率 FM90.9	2.3	12
合肥	安徽音乐广播 FM89.5	11.8	3
济南	济南音乐广播 FM88.7	9.5	4
南京	江苏经典流行音乐广播 FM97.5	32.1	2
	江苏音乐广播 FM89.7	6.1	4
	南京音乐广播 FM105.8	4.3	5
上海	上海流行音乐广播动感 101 FM101.7	29.1	2
	上海经典金曲广播 LoveRadio 最爱调频 FM103.7	15.7	3
石家庄	河北广播电视台音乐广播 FM102.4	11.3	4
	石家庄广播电视台音乐广播 FM106.7	9	5

续表

城市	频率名称	所有场所	
		市场份额	排名
苏州	苏州广播电视总台都市音乐广播 FM102.8	31.9	2
太原	山西广播电视台音乐广播 FM94.0	11.3	3
	太原人民广播电台音乐频率 FM102.6	7.5	5
深圳	深圳人民广播电台音乐广播 FM97.1	20.3	2
	深圳宝安 905 FM90.5	2.7	6
乌鲁木齐	新疆人民广播电台音乐广播 FM103.9	2.9	7
武汉	武汉广播电视台音乐广播 FM101.8	11.9	3
	湖北省广播电视总台经典音乐广播频道 FM103.8	5.4	7
	湖北省广播电视总台楚天音乐广播频道 FM105.8	4.4	8
郑州	河南音乐广播 FM88.1/FM93.6	10.7	3
	郑州广播电视台音乐广播 FM94.4	5.5	8
无锡	无锡广播电视台音乐广播 FM91.4/AM900	21.4	1

数据来源：CSM 媒介研究。

四　音乐类频率移动端收听特征

1. 蜻蜓 FM 收听时长占比下降，微信成为手机端收听音乐类频率直播节目最主要的 APP

随着广播媒体融合的纵深发展，智能收听终端累积了越来越多的用户。2022 年 CSM 9 个测量仪收听率调查城市的数据显示，音乐类频率市场收听总量较 2021 年同比小幅度下滑，降幅约 1.6%。通过手机端 APP 收听音乐类频率直播内容的听众人均收听总时长为 2109 分钟，约为 35 小时，占所有直播收听的 35.0%（图 11）。

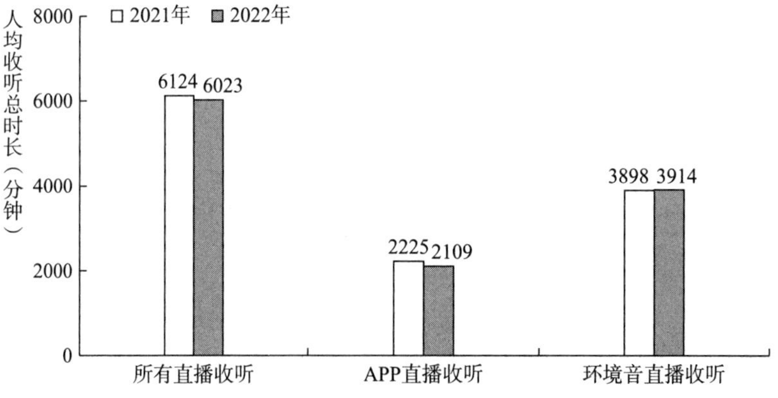

图 11　2021～2022 年 9 个测量仪城市音乐类频率直播收听时长分布

数据来源：CSM 媒介研究。

从各音频软件使用平台来看，2022 年，微信反超蜻蜓 FM，成为听众收听音乐类频率使用最多的 APP，以 15.6% 的市场份额位居第一；蜻蜓 FM 在 APP 直播收听时长的占比随之大幅下降；阿基米德在 APP 直播收听时长的占比显著提升，达到 5.6%，进一步缩短了与排名第三的喜马拉雅 FM 的差距。这四大应用收听音乐类频率直播内容占到所有 APP 直播收听总时长的近四成。此外，江苏广播电视总台旗下的自有 APP 大蓝鲸，借助移动互联网，进军新媒体领域，也有较为亮眼的表现（图 12）。

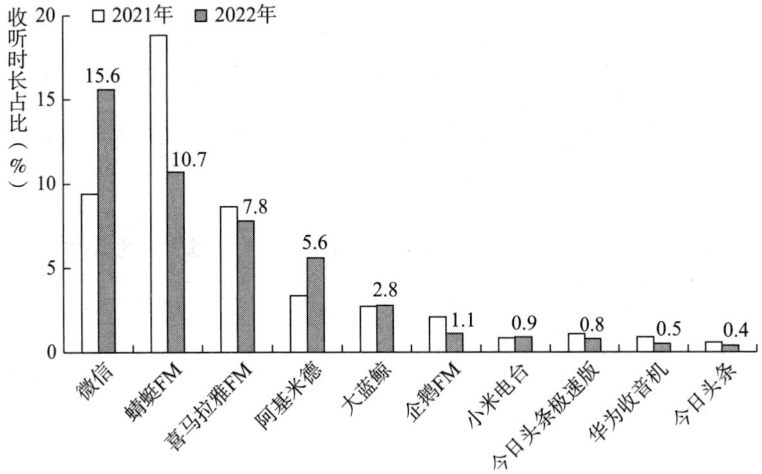

图 12 2021～2022 年 9 个测量仪城市音乐类频率在各音频 APP 直播收听时长占比前 10 名

数据来源：CSM 媒介研究。

2. 广电自有 APP 人均收听总时长基本呈增长趋势

2022 年，在 9 个测量仪城市中，音乐类频率在广电自有 APP 的表现可圈可点。其中阿基米德、大蓝鲸以及壹深圳分别荣获广电自有 APP 人均收听总时长的前三名。阿基米德人均收听总时长呈大幅上升趋势，较去年增长 43.5 分钟；大蓝鲸的人均收听总时长小幅减少 2.6 分钟；壹深圳人均收听总时长位列第三，较去年上升近 10 分钟；自有 APP 粤听、听听 FM 的人均收听总时长也呈上升趋势（图 13）。

3. 音乐类频率移动端传播效果优异，APP 收听总量占比有所增长

2022 年，在 9 个测量仪城市中，音乐类频率在移动端 APP 收听效果较好。上海和南京地区音乐类频率在移动端 APP 的收听时长均排名前二。从各类移动端收听 APP 来看，蜻蜓 FM、微信和喜马拉雅 FM 是听众使用最多的三款 APP 软件，在 8 个城市进入 APP 收听总时长前五名。以外，广电媒体旗下的音频 APP 也将重心更多地放到了本地市场，多个广电媒体 APP 在本地移动收听市场的影响力逐渐扩大。江苏广电旗下的大蓝鲸在南京地区 APP 直播中的收听总量排名第一，上海 SMG 旗下的阿基米德、广东广电旗下的粤听、深圳广电旗下的壹深圳在各自本地的 APP 直播中的收听总量均位列第三（表 2）。

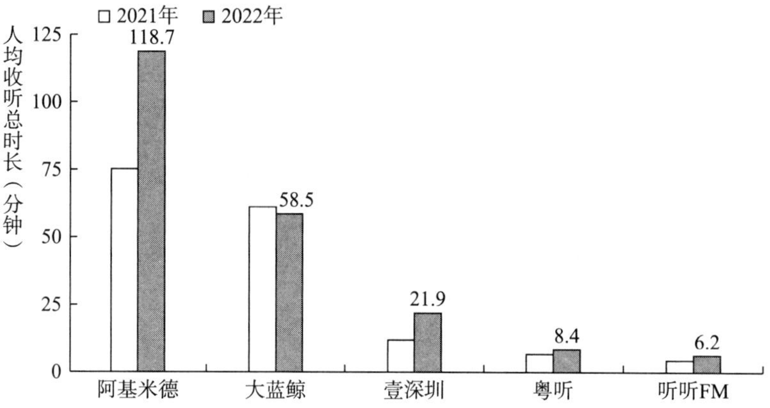

图 13　2021～2022 年 9 个测量仪城市广电自有 APP 直播收听时长前 5 名

数据来源：CSM 媒介研究。

表 2　2022 年 9 个测量仪城市音乐类频率人均收听总时长前 5 名的 APP（分钟）

		上海（M）	深圳（M）	北京（M）	南京（M）	广州（M）	济南（M）	合肥（M）	无锡（M）	苏州（M）
直播	环境音直播	7740	1652	1942	5195	2241	2651	1527	2564	3262
	APP 直播	3788	1395	1166	2449	1102	1680	1271	1409	1532
序号	1	微信	微信	微信	大蓝鲸	微信	微信	喜马拉雅 FM	蜻蜓 FM	喜马拉雅 FM
	2	蜻蜓 FM	企鹅 FM	蜻蜓 FM	微信	蜻蜓 FM	蜻蜓 FM	微信	微信	蜻蜓 FM
	3	阿基米德	壹深圳	喜马拉雅 FM	喜马拉雅 FM	粤听	喜马拉雅 FM	华为收音机	小米电台	微信
	4	喜马拉雅 FM	喜马拉雅 FM	听听 FM	蜻蜓 FM	喜马拉雅 FM	小米电台	蜻蜓 FM	抖音短视频	小米电台
	5	抖音短视频	蜻蜓 FM	小米电台	抖音短视频	FM 手机调频收音机	叮咚 FM	小米电台	手机 QQ	抖音短视频

数据来源：CSM 媒介研究。

五　音乐类频率在新媒体领域表现

1. 音乐类频率在短视频领域有待进一步开拓

随着我国短视频行业快速崛起，市场规模持续扩大，2022 年 3 月中国短视频用户规模已达 9.5 亿人，使用时长达到 689.7 亿小时，具体主要体现在短视频综合平台的用户使用时长增长，环比增长 13.8%，短视频已成为仅次于即时通信的第二大网络应用。①

① 数据引自创享信息发布的文章《短视频行业现状分析及未来发展趋势》。

音乐类频率的短视频比常规短视频更短，更易于碎片化消费和社会化传播，内容上更加垂直，在用户定位上更加精准，有利于产品的精准化设计和推广。

2022 年各音乐类频率短视频账号中，“楚天音乐广播”在抖音/今日头条/快手/好看视频 4 个平台发布了 4968 条短视频，共计收获了 1.1 亿次的传播总量，其中 1.0 亿次的传播量来自今日头条平台，传播总量稳居第一；“襄阳交通音乐广播”收获了 3572.8 万次的传播总量，今日头条单平台收获了 3182.6 万次的传播量，位居第二；“972 青海交通音乐广播”在快手单平台发布，传播总量达 3356.1 万次；“重庆音乐广播”在抖音平台开设账号，互动量超 2000 万次；“河北音乐广播”在快手、今日头条、抖音 3 个平台发布，其中抖音平台的发布量最多，达 4095 条，互动量超 180 万次，其在今日头条的传播量最多，超 1700 万次（表 3）。

表 3　2022 年音乐类频率短视频账号传播总量前 5 名

排名	账号名称	平台	发布量（条）	互动量（万次）	传播量（万次）
1	楚天音乐广播	抖音/今日头条/快手/好看视频	4968	192.4	11000
2	襄阳交通音乐广播	今日头条/抖音	2862	420.5	3572.8
3	972 青海交通音乐广播	快手	927	18.6	3356.1
4	重庆音乐广播	抖音	1744	2012.8	2012.8
5	河北音乐广播	快手/今日头条/抖音	6993	201.0	1912.8

数据来源：CSM 媒介研究。

2. 依托微信平台优势，各音乐类频率账号传播效果较好

微信是一款集社交、通信、购物、旅游等功能于一体的社交网络平台，根据最新数据，[①] 截至 2022 年第一季度微信平台拥有近 12.9 亿用户，每天大约有 7.5 亿用户使用。微信在社交、支付、购物、视频、信息获取等各个方面为人们的生活带来便捷，已成为人们日常生活中不可或缺的一部分。2022 年播放量最高的音乐类频率微信账号是“河北音乐广播”，合计发布量超 7000 条，日均发布超 20 篇文章，以高频率的分发获得了近 1.1 亿次的阅读量，遥遥领先于其他账号；账号“972 青海交通音乐广播”凭借其发布篇幅的多样性获得了 1005.8 万次的播放量，跻身第二；上海地区“动感 101”排名第三，收获了 950.5 万次的总阅读量；账号“940 山西音乐广播”总阅读量位居第四，达 829.1 万次；“河南音乐广播”虽位居第五，但该账号的总阅读量仅 280.0 万次，与前四名存在较大差距（表 4）。

① 数据引自腾讯发布的 2022 年第一季度财报。

表 4　2022 年音乐类频率微信账号阅读总量前 5 名

排名	账号名称	发布量（条）	阅读量（万次）	点赞量（次）	在看量（次）
1	河北音乐广播	7840	10900	57000	14000
2	972 青海交通音乐广播	2392	1005.8	9006	5423
3	动感 101	467	950.5	11000	3368
4	940 山西音乐广播	2029	829.1	8679	4915
5	河南音乐广播	1455	280.0	3157	987

数据来源：CSM 媒介研究。

3. 音乐类频率在微博平台互动量差异明显

截至 2022 年 9 月，微博平台的月活跃用户数为 5.84 亿人，同比净增约 1100 万用户，移动端用户数占月活跃用户数的 95%，2022 年 9 月的日均活跃用户数为 2.53 亿人，同比净增约 500 万用户。[①] 可见微博用户的日活数量之庞大，以及其平台传播速度之快。在此基础上，传统音乐广播借助微博平台传播内容精简化、用户时间碎片化的两大特点，为听众提供了更多的节目互动性，提升用户的体验感。对于音乐类频率而言，在微博平台发布的内容多为音乐节目的预热、歌手 MV 发布以及线上音乐会等相关活动，微博平台作为明星与粉丝间的枢纽，将公众人物与个人体验紧密相连，助力音乐类频率的进一步发展。在音乐类频率相关微博账号中，“北京音乐广播”在视频播放量方面的表现优异，总播放量近 91 亿次，其发布的【#时代少年团冬奥会优秀音乐作品推荐#】单条互动量最高，近 170 万次；“动感 101”在互动量方面的表现最为突出，微博互动量为 1046.8 万次，其发布的【#时代少年团官宣东方风云榜#】单条互动量便超过了 130 万次；而“楚天音乐广播”在发博量上占优，2022 年共收获了 11.0 万次的互动量和 47.3 亿次的全网视频播放量（表 5）。

表 5　2022 年音乐类频率微博账号互动量前 5 名

排名	账号名称	互动量（万次）	发博量（条）	粉丝量（万人）	单条最大互动量（万次）	视频播放量（亿次）
1	北京音乐广播	1203.9	11000	101.2	131.6	91.0
2	动感 101	1046.8	916	120.3	169.4	6.0
3	MusicFM993	26.7	2178	269.4	2.3	15.7
4	河南音乐广播	13.2	5209	51.2	1.2	34.0
5	楚天音乐广播	11.0	11000	29.5	0.6768	47.3

数据来源：CSM 媒介研究。

① 数据引自微博 2022 年第三季度财务报表。

在2022年音乐类频率微博账号博文互动量居前5位的博文中，账号“北京音乐广播”下“#时代少年团冬奥会优秀音乐作品推荐#”相关内容拔得头筹，该频率创建于1993年1月23日，是以流行音乐为主、经典音乐为辅、引导时尚潮流为品牌核心的现代化音乐电台，多角度为受众提供全方位的音乐服务。该账号博文在微博博文互动量前5名中占据三席，发布日期集中于1月下旬，其中两条与2022年北京冬奥会宣传曲“#最美中国画#”相关，另一条则与“#北京音乐广播开播29周年#”相关。账号“动感101”在微博博文互动量前5名中占据两席，发布内容均与“东方风云榜”活动相关，两条内容的发布时间均为第29届“东方风云榜”的举办当日（11月15日），可见“东方风云榜”作为华语音乐类奖项，仍具有一定的影响力（表6）。

表6 2022年音乐类频率微博博文互动量前5名

排名	账号名称	发布日期	发布内容	互动量（万次）
1	北京音乐广播	2022-01-27	#时代少年团冬奥会优秀音乐作品推荐# #最美中国画时代少年团#“喝中国茶，看中国画”快和@时代少年团 一起助力北京2022冬奥会，为冬奥健儿加油！《最美中国画》将于1.28上线北京音乐广播，期待一下哦［打call］［打call］［打call］！北京音乐广播的微博视频	169.4
2	动感101	2022-11-15	#时代少年团官宣东方风云榜# 送纸飞机前往蓝天，《百忧戒》是我独家宣言！11月25日，音乐组合@时代少年团 邀你共赴格乐利雅·第29届#东方风云榜#音乐盛典！中江举帆，驶向大海！#东方风云榜全阵容官宣#	131.6
3	北京音乐广播	2022-01-26	#时代少年团最美中国画# #最美中国画#“喝中国茶，看中国画”由@时代少年团 演唱的《最美中国画》MV今天上线，说到中国文化的精神首推书画，中国的书画中有气韵有形象，有精神有胸怀，展现出独特的属于中国的自然之美，快和@时代少年团 一起助力#北京2022冬奥会# 为冬奥健儿加油！#北京冬奥音乐季# 北京音乐广播的微博视频	125.1
4	北京音乐广播	2022-01-23	#974生日快乐0123#@时代少年团 不惧风浪，满怀希冀，#北京音乐广播开播29周年#【有你】真好！#新春乐不停#@时代少年团队长-马嘉祺@时代少年团-丁程鑫@时代少年团-宋亚轩@时代少年团-刘耀文@时代少年团-张真源@时代少年团-严浩翔@时代少年团-贺峻霖 北京音乐广播的微博视频	121.9

续表

排名	账号名称	发布日期	发布内容	互动量（万次）
5	动感 101	2022－11－15	#刘雨昕官宣东方风云榜# #刘雨昕东方风云榜新舞台# 未知世界自有主张，我走我的路，《我和我》不被设限！11 月 25 日，@ 刘雨昕邀你共赴格乐利雅·第 29 届《东方风云榜》音乐盛典！中江举帆，驶向大海！#东方风云榜全阵容官宣#	85.7

数据来源：CSM 媒介研究。

结　语

互联网时代，传播途径不再局限于传统媒体，新媒体对原有市场造成冲击，同时也敦促着传统媒体市场的转型，音乐类频率作为传统广播类型中的较受欢迎的频率类别，势必需要推陈出新，继续在“三微一端”等多个平台深入探索，从 2022 年音乐类频率在新媒体领域的发展来看，账号“楚天音乐广播”在短视频平台（抖音、今日头条、快手、好看视频）、账号“河北音乐广播”在微信平台、账号“北京音乐广播”在微博平台都结合其自身特色获取了一定传播成果。尽管面对音乐类 APP 以及小程序的应用，音乐类频率在融媒体的发展略显局限，但广播仍具有其无法取代的独特职能。如何提高音乐类频率的核心竞争力，需要从内容上不断创新、打造垂类细分以及塑造主持人的个人特色等多个方面进一步探索，从而开拓音乐类频率在融媒体领域的市场，带来更多的忠实粉丝。

（作者：任诗娴）

2022年文艺类频率收听状况分析

新媒体时代，传统广播媒体发展面临更多挑战，媒体融合已经成为传统广播转型和突围的不二选择。文艺类频率根据其定位大致可分为综合娱乐性、语言文化类和传统戏曲类等，内容丰富多样，向融媒体转型更具优势。本文主要依据 CSM 媒介研究2022年全国17个连续调查城市收听率数据①、MRL测量仪城市移动音频数据和 CSM V + Scope 融合媒体数据，对2022年文艺类频率的收听状况进行简要回顾。

一　文艺类频率市场竞争表现

1. *文艺类频率市场份额排名第五*

2022年从各类专业频率所占市场份额对比来看，新闻综合类、交通类和音乐类这三大类频率仍然处于领先地位，合计占总体市场份额的超八成，相比其他类别频率竞争优势明显。都市生活类、文艺类和经济类这三类频率构成了“第二梯队”，市场份额虽遥不及前三类频率，但始终保持着一定的竞争力，其中文艺类频率市场份额为5.1%，相比前两年有所下滑，处“第二梯队”的中游，排在都市生活类频率之后，在各类频率中排名第五（图1）。

2. *文艺类频率在各个场所收听稳定*

从各类频率在不同场所的收听表现来看，不同频率听众的收听习惯也各不相同。2022年各收听场所市场份额领先的前三位频率均为新闻综合类、交通类和音乐类。新闻综合类频率在家和其他场所收听表现强势，市场份额分别达到37.3%和36.1%；交通类频率在车上收听的竞争力突出，其收听市场份额达到40.7%；音乐类频率在工作/学习场所收听的市场份额达到31.3%，略高于新闻综合类频率，在其他场所收听的市场份额也较高，为30.6%。文艺类频率在家收听的市场份额较高，

---

① 本文数据使用历年连续收听调查城市组，2020年为18城市组，2021年为17城市组，2022年为17城市组，下文均同。

达到7.3%，而在车上收听的市场份额较低，仅为2.9%（表1）。

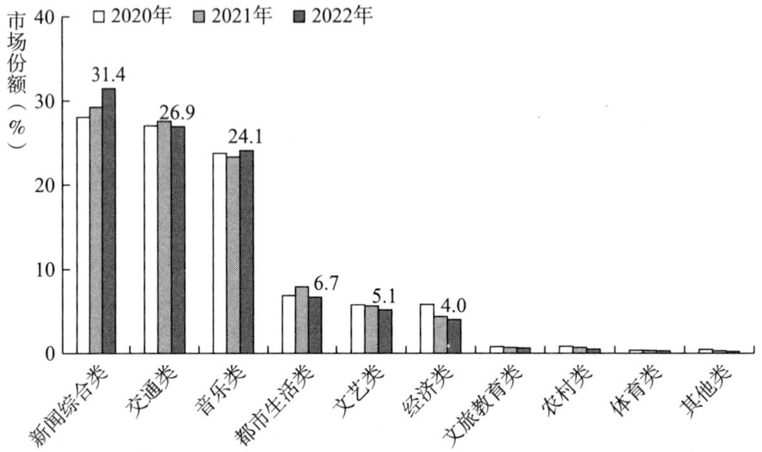

图1　2020～2022年广播收听市场各类频率市场份额对比

数据来源：CSM媒介研究。

表1　2022年各类频率在不同收听场所市场份额对比

单位：%

频率	在家	车上	工作/学习场所	其他场所
新闻综合类	37.3	24.6	30.9	36.1
交通类	16.3	40.7	20.9	15.5
音乐类	24.0	22.4	31.3	30.6
都市生活类	8.1	5.3	4.7	7.4
文艺类	7.3	2.9	5.1	4.1
经济类	4.9	2.7	5.4	4.8
文旅教育类	0.5	0.7	0.8	0.5
农村类	0.5	0.0	0.1	0.2
体育类	0.2	0.2	0.2	0.4
其他类	0.9	0.5	0.6	0.4

数据来源：CSM媒介研究。

3. 文艺类频率全天市场份额走势平稳，早晚时段相对竞争力较强

各类频率在全天不同时段的竞争表现各有不同，新闻综合类、交通类和音乐类频率全天竞争力都保持领先之势。新闻综合类频率在早高峰前达到全天市场份额的峰值，其次在午间时段也保持着一定优势；交通类频率在下午至晚高峰时段最具竞争力；音乐类频率在晚高峰后竞争力开始逐渐凸显，凌晨时段也是其市场份额的高峰时段。相比之下，文艺类频率市场份额全天走势较为平稳，多数时段略低于都市生活类频率，直至20：00后开始反超，随后的市场份额基本都略高于都市生活类频率。文艺类频率在“第二梯队”中最具竞争力的时段则出现在清晨时段，4：30～

4：45 达到全天市场份额的峰值 8%（图 2）。

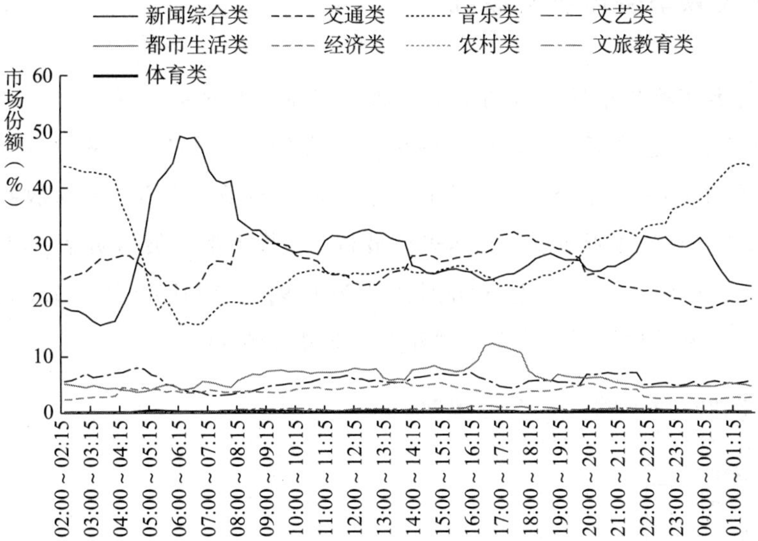

图 2　2022 年各类频率全天市场份额走势对比

数据来源：CSM 媒介研究。

4. 文艺类频率听众忠实度领先，到达规模有待加强

新闻综合类、音乐类和交通类三类频率的平均到达率均在 15% 以上，新闻综合类频率更是趋近 20%，与其他各类频率拉开了明显的差距，在听众到达规模上强势占据了头部位置。文艺类频率听众到达规模为 3.1%，在各类频率中排名第五，仍有待加强；相比之下，文艺类频率的听众忠实度表现亮眼，平均忠实度达到 6%，超过头部三大频率，在各类频率中排名第二。由此也可看出，文艺类频率虽是听众到达规模较小的偏小众频率，但其听众忠实度更高，对频率表现出了较高的黏性（图 3）。

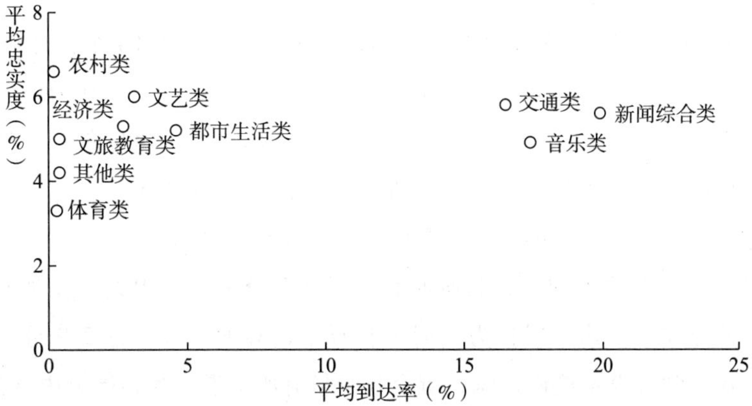

图 3　2022 年各类频率平均到达率和平均忠实度

数据来源：CSM 媒介研究。

二 文艺类频率整体收听概况

1. 文艺类频率各个场所日均听众规模出现不同程度的下滑

近三年来，文艺类频率平均到达率整体呈现逐年下滑趋势，从 2020 年的 7.8% 降至 2022 年的 3.1%，下降了 4.7 个百分点。从不同场所来看，在家收听是文艺类频率听众最常选择的收听地点，到达规模最高，规模下滑也最为明显，较 2021 年同比下滑了 2.2 个百分点；车上日均到达率为 0.9%，同比减少了 1.0 个百分点；工作/学习场所和其他场所也均有不同程度的下滑（图 4）。

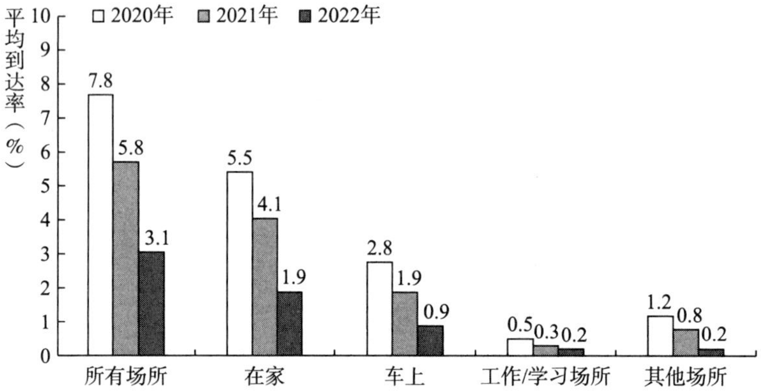

图 4 2020～2022 年文艺类频率在不同场所的听众平均到达率

数据来源：CSM 媒介研究。

2. 文艺类频率峰值时段收听率有所下降

2020～2022 年文艺类频率收听率走势基本一致，观察其全天走势可以看出，文艺类频率全天呈现多个收听高峰。2022 年文艺类频率早晚的收听率保持稳定，在 8：30～9：00 时段迎来全天收听峰值 0.38%，较 2021 年同时段回落 0.04 个百分点；9：00～14：00 时段的收听率较前两年整体有所下降，其中 11：00～12：30 为前两年的波峰时段，2022 年该时段收听率则持续走低；此外，14：00～15：00 和 18：00～19：00 两个峰值时段的收听率在 2020～2022 年呈逐年下降态势（图 5）。

3. 文艺类频率在周末的收听量最高，工作日中周二最低

2022 年文艺类频率人均每天收听时长约为 2.7 分钟。分周天对比来看，听众各周天收听量差异较小，其中周日为一周中收听量最高的一天，达 2.9 分钟，而周二受到部分广播台常规设备检修影响，听众收听量有所下滑，为各周天中最低，仅 2.3 分钟，其他周天收听总量基本一致。工作日平均收听量约为 2.6 分钟，与工作日相比，周末更受文艺类频率听众的青睐，收听量达 2.8 分钟（图 6）。

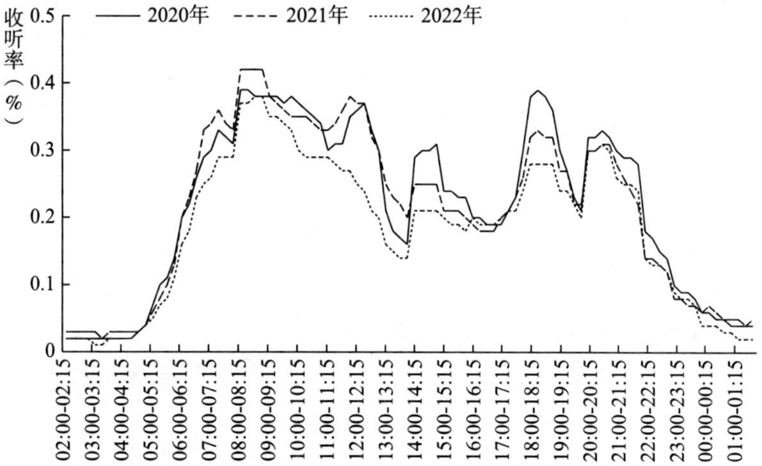

图5 2020～2022年文艺类频率全天收听率走势对比

数据来源：CSM媒介研究。

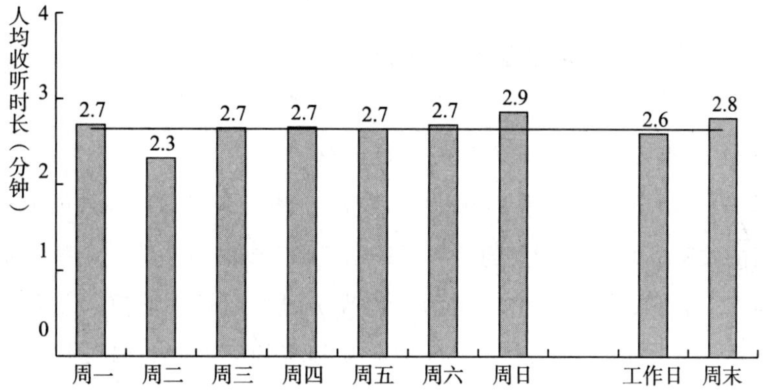

图6 2022年文艺类频率不同周天人均收听时长对比

数据来源：CSM媒介研究。

4. 文艺类频率听众分布均衡，老年、中低学历、中低收入听众更加青睐

听众构成指标反映出谁是文艺类频率的主要收听人群，从性别来看，男性听众比例略高于女性听众，达53.7%；从年龄段来看，各年龄段听众分布较均衡，其中45～54岁听众占比相对较高，达20.4%；从受教育程度来看，初中、高中和大学及以上学历听众占比均在三成上下；从月收入水平来看，月收入在2501～3500元的听众占比最高，达27.6%。集中度指标则反映了谁更爱收听文艺类频率，其中65岁及以上的老年人群、中低学历和中低收入的听众集中度超出平均水平较多，对文艺类频率表现出了更大的收听偏好（图7）。

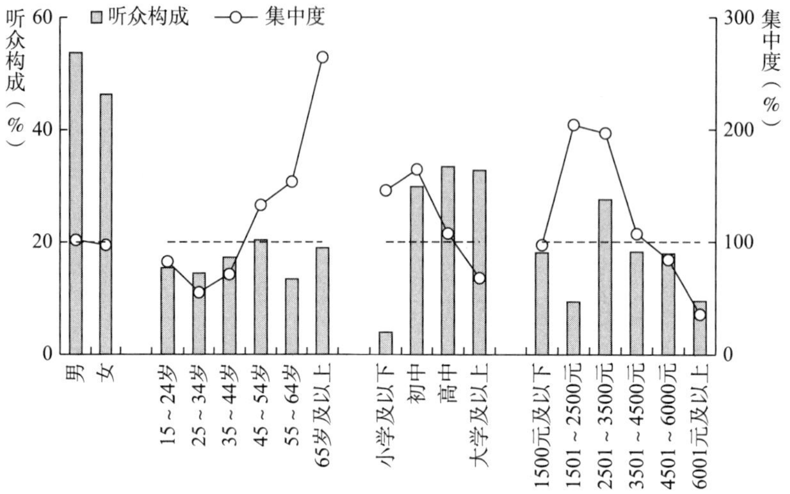

图7　2022年文艺类频率听众构成及集中度

数据来源：CSM 媒介研究。

三　文艺类频率在不同地区的收听表现

1. 文艺类频率在北方城市的收听表现更好

从全国17个城市文艺类频率的人均收听时长和听众到达规模数据可以看到，各个城市之间的收听表现存在较大的差异。2022年17个城市文艺类频率的整体人均日收听时长为2.7分钟，其中7个城市的人均收听时长超过平均值，北方城市的收听表现尤为突出。哈尔滨和乌鲁木齐地区文艺类频率的人均收听时长领先较多，分别达到9.7分钟和9.6分钟；北京地区听众人均收听时长同样较高，为7.9分钟；郑州、太原、济南和合肥4个城市的收听表现也均处于平均水平以上。从各个城市的听众规模来看，与人均收听时长相似，依然是北方城市表现较好，其中，北京和哈尔滨两地平均到达率最高，分别为9.8%和9.6%；值得一提的是，听众人均收听时长排名第二的乌鲁木齐平均到达率仅6.4%，位居第五，到达规模不及太原和合肥地区。

综合两个指标来看，文艺类频率在哈尔滨、乌鲁木齐和北京等北方城市的收听表现最为出色，到达率和收听量水平均较高，发展均衡；而南京、上海等南方城市文艺类频率的规模与收听量仍有较大的提升空间（图8）。

2. 文艺类频率在本地市场竞争力各异

2022年，文艺类频率在本地市场的竞争力各有差异。北京文艺广播FM87.6/CFM93.8、哈尔滨广播电视台文艺频率FM98.4和新疆人民广播电台FM107.4维吾尔语交通文艺广播的市场份额在当地广播市场的排名均居前三，其中哈尔滨广播电视台文艺频率 FM98.4 和新疆人民广播电台 FM107.4 维吾尔语交通文艺广播的市场份额超过 13.0%，在本地的竞争优势明显。太原和郑州地区各有两个文艺类频率的市场份额进入当地前十，太原地区的山西文艺广播 FM101.5 和山西故事广播 FM88.6 合计市场份额达 9.0%，郑州地区的河南广播电视台戏曲广播 FM97.6/AM1143 和河南广播电视台影视广播 FM90.0 合计市场份额达 11.8%，增强了当地文艺类频率的竞争力（表 2）。

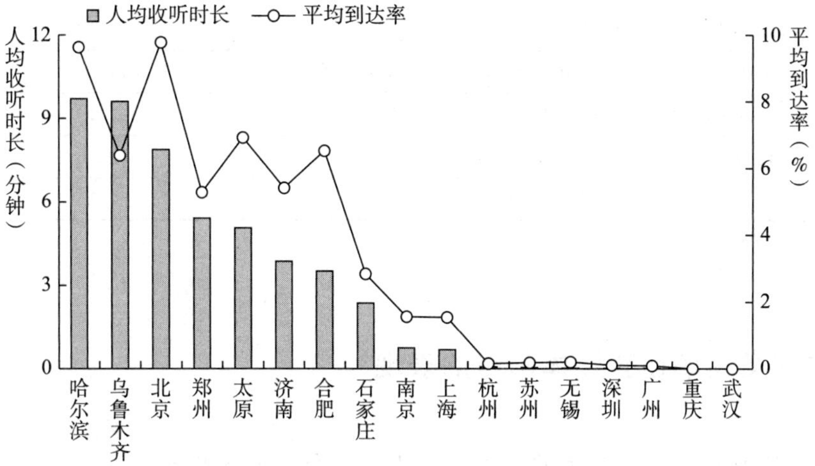

图 8 2022 年文艺类频率在不同城市的人均收听时长和平均到达率

数据来源：CSM 媒介研究。

表 2 2022 年文艺类频率在本地市场的市场份额及排名

单位：%，位

城市	频率	市场份额	排名
北京	北京文艺广播 FM87.6/CFM93.8	9.8	3
	中央人民广播电台第九套节目文艺之声	1.5	10
	北京故事广播 AM603/FM95.4/CFM89.1	0.5	15
	中央人民广播电台阅读之声	0.2	19
哈尔滨	哈尔滨广播电视台文艺频率 FM98.4	13.7	2
杭州	故事广播 FM106.5	0.2	17
合肥	合肥故事广播 FM98.8/AM1170	5.4	8
	安徽老年广播	1.5	11
	安徽戏曲广播	0.8	13
济南	济南故事广播 FM104.3/AM1512	6.2	6
	山东文艺广播 FM97.5	0.4	14
南京	江苏故事广播 AM1206/FM104.9	1.1	9
	江苏文艺广播 AM1053/FM91.4	0.4	17

续表

城市	频率	市场份额	排名
上海	上海戏剧曲艺广播 AM1197/FM97.2	0.6	11
	上海故事广播 FM107.2	0.4	15
石家庄	河北广播电视台文艺广播 AM900/FM90.7	2.8	8
	河北广播电视台经济广播 AM1125/FM107.9	1.3	16
苏州	苏州广播电视总台戏曲广播 AM846	0.1	14
太原	山西文艺广播 FM101.5	5.8	6
	山西故事广播 FM88.6	3.2	9
乌鲁木齐	新疆人民广播电台 FM107.4 维吾尔语交通文艺广播	13.1	2
	新疆人民广播电台 102.8 故事广播 FM102.8	2.2	9
郑州	河南广播电视台戏曲广播 FM97.6/AM1143	7.5	6
	河南广播电视台影视广播 FM90.0	4.3	10

数据来源：CSM 媒介研究。

四　文艺类频率在新媒体领域的表现

1. 文艺类频率 APP 直播收听在三成上下，合肥地区超五成

音频 APP 随着智能手机的普及深入大众的日常生活，我国在线音频用户规模不断增长。从北京、济南、合肥、南京、上海、苏州、无锡、深圳和广州共 9 个测量仪城市在智慧视听环境下的收听表现可以看到，目前文艺类频率仍以环境音直播收听为主，占比为 66%，APP 直播收听占比为 34%。分城市来看，合肥地区是 9 个城市中唯一一个文艺类频率 APP 直播收听占比高于环境音直播收听的城市，其 APP 直播收听文艺类频率的比例达 51.8%，其次为北京地区的 34.2%（图 9）。

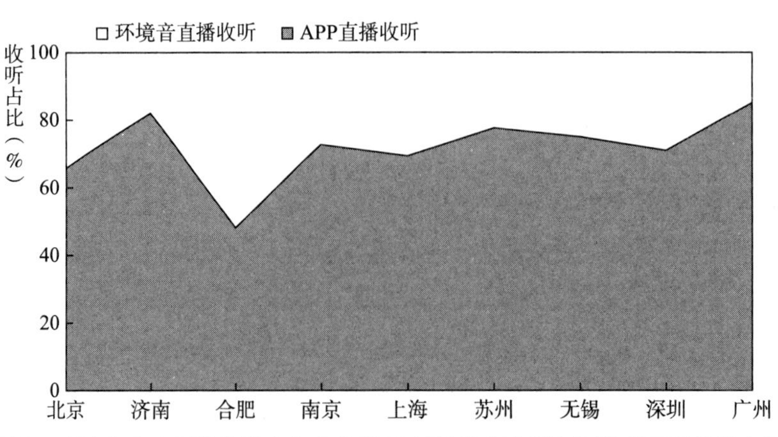

图 9　2022 年 9 个测量仪城市文艺类频率 APP 直播收听与环境音直播收听占比

数据来源：CSM 媒介研究。

2. 文艺类频率在本地音频APP的传播效果良好

从文艺类频率在各移动端APP的传播效果来看，微信是听众收听文艺类频率最常使用的APP，在9个城市的人均收听总时长均排名前五，其次蜻蜓FM和喜马拉雅也是多地听众常使用的APP。除此以外，随着媒体融合的纵深发展，广电媒体纷纷开发自有APP，旗下的音频APP在本地市场的影响力已经占举足轻重地位，比如北京广播电视台官方音频客户端“听听FM”、济南广电旗下的“叮咚FM”、江苏广电旗下的“大蓝鲸”、上海SMG旗下的“阿基米德”均跻身文艺类频率本地市场APP收听前五位（表3）。

表3　2022年9个测量仪城市文艺类频率APP人均收听总时长TOP 5

地区	APP人均收听总时长TOP 5				
北京	微信	蜻蜓FM	喜马拉雅	听听FM	云听
济南	微信	FM手机调频收音机	华为系统	FM电台收音机	叮咚FM
合肥	喜马拉雅	微信	华为收音机	蜻蜓FM	阿基米德
南京	微信	喜马拉雅	蜻蜓FM	大蓝鲸	安卓浏览器
上海	阿基米德	微信	蜻蜓FM	喜马拉雅	今日头条极速版
苏州	喜马拉雅	微信	蜻蜓FM	抖音短视频	学习强国
无锡	蜻蜓FM	微信	抖音短视频	今日头条极速版	华为系统
深圳	微信	云听	今日头条	企鹅FM	安卓浏览器
广州	华为收音机	微信	UC浏览器	今日头条极速版	手机QQ

数据来源：CSM媒介研究。

3. 文艺类频率在微信平台积极布局

微信于2022年第四季度公布的月活数据显示，其月活数已达13亿人，同比增长3.5%，随着越来越多的功能被开发，微信从最早的社交产品，逐渐成为一个产品生态系统，融入了人们的日常生活。依托微信全民普及的用户规模，公众号成为广播新媒体发展的重要领域之一。文艺类频率相关账号中，“新疆1074交通文艺广播”2022年发布量为814篇条，阅读量达585.9万次，处于领先地位；1015山西文艺广播和哈尔滨文艺广播同样有较好的表现；“听听糖耳朵”是北京文艺广播的一档亲子互动节目，514条发布量获总阅读量112.0万次，并且收获了超6600次的点赞量（表4）。

表4　2022年文艺类频率微信公众号阅读量TOP 5

公众号	发布量（条）	阅读量（万次）	点赞量（次）	在看量（人次）
新疆1074交通文艺广播	814	585.9	42000	32000
1015山西文艺广播	1242	269.1	1993	1141

续表

微信公众号	发布量（条）	阅读量（万次）	点赞量（次）	在看量（人次）
哈尔滨文艺广播	1800	118.7	1725	715
听听糖耳朵	514	112.0	6650	2315
山东文艺广播	1158	45.3	1678	1015

数据来源：CSM 媒介研究。

除了公众号，微信还在2020年新推出了微信视频号，2022年腾讯的财报中提到，微信视频号使用时长是2021年同期的三倍，已经超过了朋友圈的使用时长，微信视频号的出现，补足了微信在短视频方面的缺口，也吸引了更多广播新媒体布局发展。文艺类频率相关账号中，“988电台”互动量最高，是合肥故事广播频率官方账号，290条视频合计互动量为31.1万次，其中点赞量达16.6万次；“梨园漫步”为江苏文艺广播的一档戏曲节目，公益传播中华各地优秀传统戏曲，引领更多人倾听传统戏曲的动人音韵，201条视频收获了8.7万次的互动量（表5）。

表5　2022年文艺类频率微信视频号互动量TOP 5

微信视频号	发布量（条）	互动量（万次）	点赞量（万次）	评论量（条）	转发量（万次）
988电台	290	31.1	16.6	12000	13.3
北京文艺广播	430	19.7	5.7	4928	13.5
梨园漫步	201	8.7	3.5	1714	5.1
上海戏曲广播	320	2.0	0.85	470	1.1
好听1015	515	1.5	0.59	249	0.87

数据来源：CSM 媒介研究。

4. 文艺类频率在短视频领域多平台扩大频率影响力

随着移动终端普及和网络的提速，短平快的大流量传播内容逐渐获得大众的青睐，短视频的影响力更是有日益增强的趋势，在媒体融合不断深入的过程中，广播新媒体在短视频平台的布局，越来越深入，越来越立体。文艺类频率在各大短视频平台积极布局，其中抖音平台几乎是各频率的必争之地，传播量居前五的账号中4个账号均有涉及，“安徽戏曲广播”在抖音、快手和今日头条三个平台发布内容，1188条视频合计传播量222.8万次；“河南戏曲广播”和“上海戏曲广播”也同为戏曲类的频率，在短视频平台中的传播量较为领先，尤其是“上海戏曲广播”区别于其他频率，将目光投射于B站平台，仅凭借单一平台就取得了较高的传播量（表6）。

表 6 2022 年文艺类频率短视频账号传播量 TOP 5

微信视频号	发布平台	发布量（条）	传播量（万次）	互动量（万次）
安徽戏曲广播	抖音/快手/今日头条	1188	222.8	50.0
河南戏曲广播	抖音/快手/今日头条	649	133.3	19.2
上海戏曲广播	B 站	137	80.9	12.3
新疆 1074 交通文艺广播	抖音	229	61.8	61.8
合肥故事广播	抖音/腾讯新闻	593	60.0	54.3

数据来源：CSM 媒介研究。

5. 文艺类频率微博账号原创视频播放量存在一定差异

微博在新媒体领域一直占据重要地位，其简洁的博文内容、即时的信息互动和辐射式的传播对于信息的传递有着极大的优势。近年来，文艺类频率积极参与新媒体市场竞争，将微博作为其传播文艺资讯的平台，分享各类日常节目内容、影音节目评论等。文艺类频率相关微博账号中，"北京文艺广播"表现最为突出，2022 年日均发博量超 20 条，共发布超 1 万条博文，揽获 67.1 万次互动量，其中 698 条原创视频合计播放量达 893.5 万次；"988 故事广播"为互动量居前五位的账号中发布量最低的，仅 657 条，但其原创视频的发布量排名第二，60 条原创视频合计播放量 42.2 万次，仅次于"北京文艺广播"（表 7）。

表 7 2022 年文艺类频率微博账号互动量 TOP 5

微博账号	发博量（条）	互动量（万次）	原创视频发布量（条）	原创视频播放量（万次）	粉丝量（万人）
北京文艺广播	10000	67.1	698	893.5	387.5
北京故事广播	4037	8.6	19	1.6	6.6
988 故事广播	657	0.21	60	42.2	15.0
河南戏曲广播	709	0.20	41	0.74	5.0
山东文艺广播	760	0.13	47	1.3	4.9

数据来源：CSM 媒介研究。

北京文艺广播是以文化艺术、娱乐休闲为主要内容的专业电台，其在微博上发布的内容包括文化娱乐、艺术欣赏和生活信息服务等。2022 年"北京文艺广播"发布的微博原创视频播放量 TOP 5 内容以分享影视综艺片段为主，其中播放量最高的视频是"#明星最想销毁的社死现场#"，为综艺《我的小尾巴 2》的片段。该条博文敢于分享，敢于自嘲，既表达了分享欲，又能作为聊天时的切入话题，契合诸多年轻人的喜好，因而获得了相对较高的播放量。综艺《最美中国戏 2》的相关视频

“【一曲霓裳羽衣舞带你梦回盛唐!】”虽在播放量上略低，但引起了网友们的积极互动，提高了大众对传统文化的关注度（表8）。

表8　2022年“北京文艺广播”发布的微博原创视频播放量TOP 5

排名	微博账号	发布日期	发布内容	播放量（万次）	互动量（次）
1	北京文艺广播	2022/1/20	#明星最想销毁的社死现场#本期#我的小尾巴#2明星的社死现场大公开！@袁咏仪靓靓被亲儿子在公众场合拆台diss颜值；@徐梦洁曾在颁奖礼上误会@沙溢要给自己让座，谦让完才发现对方是在向别人打招呼［笑cry］替人尴尬的毛病又控制不住了，听完已经抠出三室一厅，大家还听过哪些明星的社死现场？北京文艺广播的微博视频	68.8	3453
2	北京文艺广播	2022/7/25	#沉香如屑费神仙#、#沉香如屑8集下线14个神仙#仙魔大战后，应渊失明，三大帝君和计都星君全部战亡，连北溟仙君最终都下线了，《沉香如屑》真的太费神仙了，一场仙魔大战几乎整得团灭啊！颜淡和应渊一定要好好活下去好吗!！#沉香如屑#北京文艺广播的微博视频	42.7	8708
3	北京文艺广播	2022/7/17	本周播出的#五十公里桃花坞#中，@董璇与@宋丹丹在车上聊起往事，董璇谈到了曾经“澳洲事件”发生后许多朋友都失去了联系，“你好的时候这些朋友亲戚可多了，你不好的时候瞬间就这人都联系不上了”那么大家是#如何看待在你低谷期消失的朋友#的呢？北京文艺广播的微博视频	42.0	5373
4	北京文艺广播	2022/1/26	【#长津湖之水门桥有哪些看点#最强贺岁档前瞻——《长津湖之水门桥》】作为电影《长津湖》的续集，由@吴京@TFBOYS-易烊千玺主演的《长津湖之水门桥》还没有上映就已经获得了超高的关注。作为今年春节档最大的热门，故事精彩程度不亚于上集，影片到底都有哪些看点，我们先来一睹为快！#876陪你过大年##春节影评大赛#北京文艺广播的微博视频	31.0	4539
5	北京文艺广播	2022/9/17	【一曲霓裳羽衣舞带你梦回盛唐!】#盛唐时期的霓裳羽衣舞有多美#“天阙沉沉夜未央，碧云仙曲舞霓裳”。本期#最美中国戏#中北艺舞蹈团惊艳再现！调皮可爱的唐宫佳人，袅袅婷婷的轻盈身姿，将中原柔媚典雅的神韵和西域俏丽明朗的风情融为一体，美妙绝伦！再搭配上雨水与花灯组成的天然镜面舞台，可谓绝矣！北京文艺广播的微博视频	21.5	8276

数据来源：CSM媒介研究。

结 语

过去几年，新媒体行业逐渐拓宽边界、延展深度，在社会生活与产业结构中发挥着越来越多的连接赋能作用；它所承载的信息传播与服务、文化传播、娱乐与经济等多元化功能逐渐凸显，传统广播向新媒体寻求转变和融合已是大势所趋。文艺类频率2022年的触达人群在减少，但仍有许多忠实的听众坚守，证明了有其存在的价值与需求，文艺类频率以文化娱乐资讯、语言型节目和传统戏曲为节目主要内容，有其独特的竞争优势，有望借助新媒体焕发新生。

（作者：陈滢）

2022年都市生活类频率收听状况分析

都市生活类频率与新闻、交通、音乐类频率主打专业类节目不同，其节目内容更丰富、多元、多彩。近年来受疫情影响，大家的生活习惯发生了一些变化，开始注重健康养生，把生活重心侧向家庭，也更关注生活中的细微小事带来的美好和正能量。2022年伴随各类大事件的发生，短视频平台也进行了一轮扩张、融合及行业洗牌，在此背景下，都市生活类频率的收听会有怎样的变化，在新媒体端的布局有何改变？本文基于CSM媒介研究的城市收听率连续调查数据①、测量仪城市APP数据以及CSM V+Scope融合媒体数据，对2022年都市生活类频率的收听进行梳理和分析。

一　都市生活类频率在整体市场中的竞争表现

1. 都市生活类频率份额微降，仍居第二梯队首位

从近两年各类专业频率所占市场份额的数据来看，新闻综合类、交通类和音乐类三大频率依然为收听市场的第一梯队，三者份额总和超过八成。都市生活类、文艺类和经济类频率构成第二梯队，合计收听份额占15.8%。2022年，新闻综合类和音乐类频道的竞争力有所提升，交通类、都市生活类、文艺类、经济类等多类频率的竞争力略有下降，都市生活类频率的市场份额小幅下滑至6.7%，在各类频率中依然位居第四（图1）

2. 都市生活类频率的听众更为大众化

与其他各类频率相比，都市生活类频率的听众在各类人群中的占比相对均衡：男性听众占比为50.7%，略高于女性，25~34岁和35~44岁的听众占比稍高，分别为19.5%和20.7%，其他各年龄段观众占比在12%至18%之间（图2）。

① 数据范围：如无特别说明，本文收听率数据均为2022年连续调查17城市组。

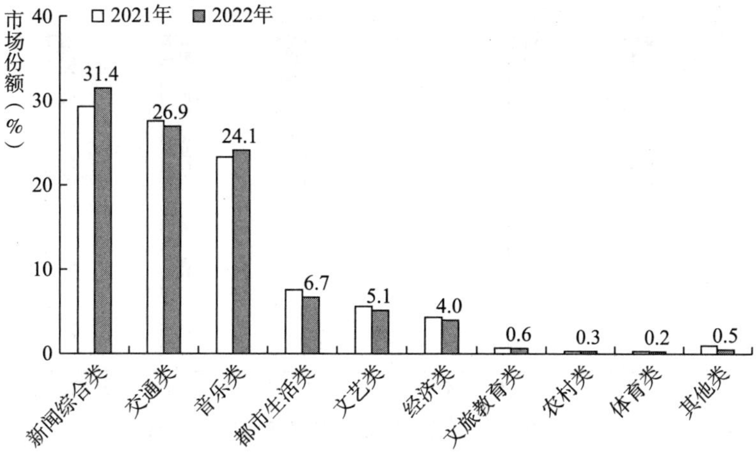

图 1 2021～2022 年各类频率市场份额对比

数据来源：CSM 媒介研究。

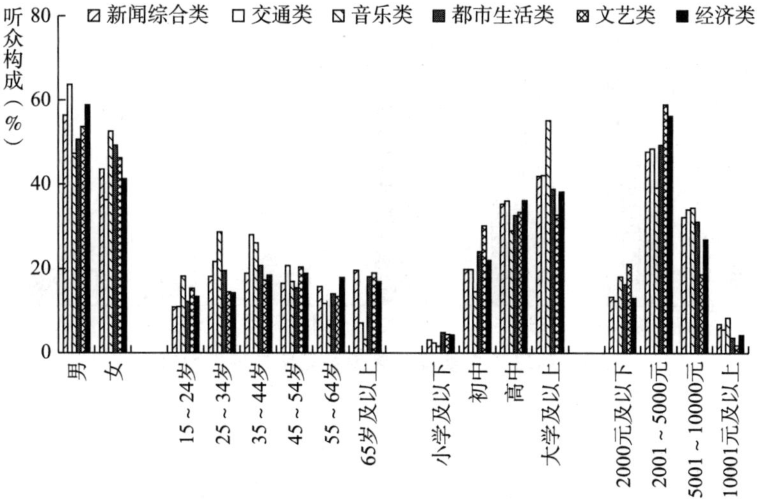

图 2 2022 年主要类别频率的听众对比

数据来源：CSM 媒介研究。

3. 都市生活类频率的收听以在家为主

都市生活类频率在家收听的占比为 56.3%，仅次于文艺类和经济类频率，车上收听占比超过 1/3，低于交通类和音乐类频率。都市生活类两场所的收听占比超过九成（图 3）。

都市生活类频率在家和其他场所的竞争力相对较好，市场份额分别为 8.1% 和 7.4%，在各类频率市场份额排名中均居第四位；在车上和工作/学习场所的竞争力则稍低一些，在 5% 左右（图 4）。

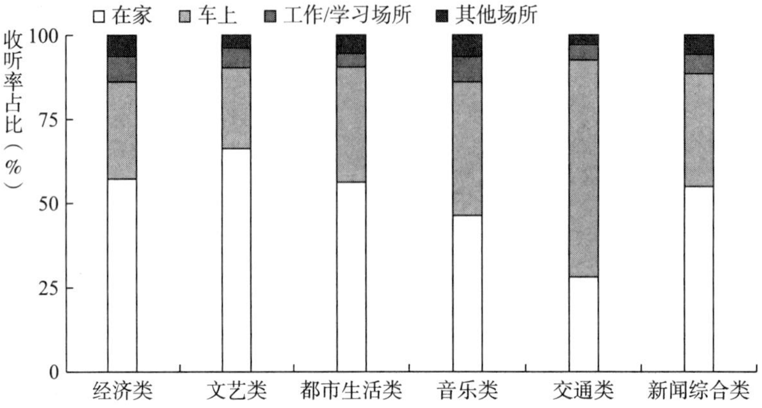

图3　2022年主要类别频率各场所收听率占比

数据来源：CSM媒介研究。

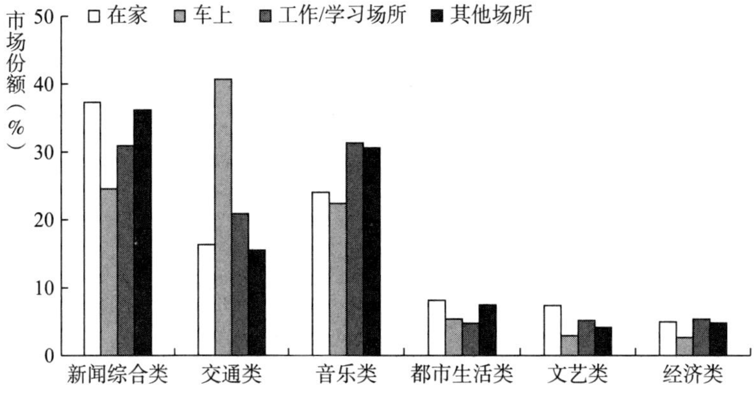

图4　2022年主要类别频率各场所市场份额对比

数据来源：CSM媒介研究。

4. 都市生活类频率在傍晚时段的竞争力相对突出

第一梯队的新闻综合类、交通类和音乐类频率在全天各时段的竞争优势均领先于其他频率，三类频率间呈现类似零和竞争的趋势。

都市生活类频率在傍晚16：00～18：00时段的竞争力较强，形成一个竞争高峰时段，在06：15～18：45和19：00～20：00时段的竞争力也在第二梯队中领先于其他频率（图5）。

5. 都市生活类频率工作日与周末的竞争力差别相对较小

新闻综合类、音乐类和文艺类频率在工作日的竞争力较周末略低；交通类频率则是工作日的竞争力高于周末；都市生活类和经济类频率的竞争力在工作日与周末基本持平（图6）。

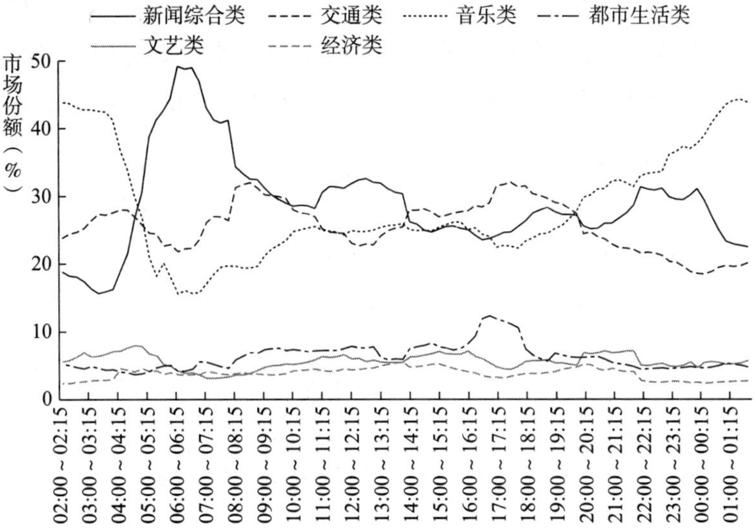

图 5　2022 年主要类别频率全天市场份额走势

数据来源：CSM 媒介研究。

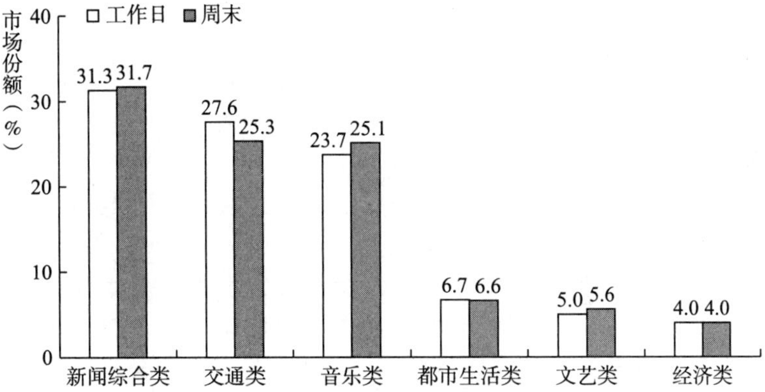

图 6　2022 年主要类别频率不同周天的竞争力表现

数据来源：CSM 媒介研究。

二　都市生活类频率的整体收听概况

1. 都市生活类频率的听众规模和收听时长同比减少，忠实听众的收听时长增加

2022 年，都市生活类频率的月平均到达率为 17.9%，较 2021 年减少了 8.4 个百分点，人均收听时长由 4.1 分钟降至 3.4 分钟，但忠实听众的人均收听时长由 67.9 分钟增至 74.8 分钟（图 7）。

2. 都市生活类频率全天多个时段的收听率同比下滑

都市生活类频率 2022 年的全天收听走势与 2021 年基本类似，在上午和傍晚时段呈现早晚两个收听高峰，早高峰收听率峰值为0.68%，晚高峰峰值为0.54%。与2021年相比，在全天多个时段的收听呈不同幅度的下滑，其中尤以早晚高峰时段下滑明显；午间11：00～15：00时段的收听率水平基本保持稳定（图8）。

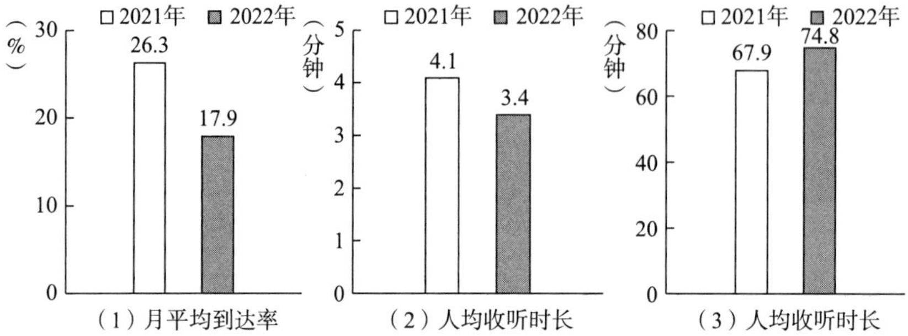

图7 2021～2022年都市生活类频率的听众规模及收听时长变化

数据来源：CSM媒介研究。

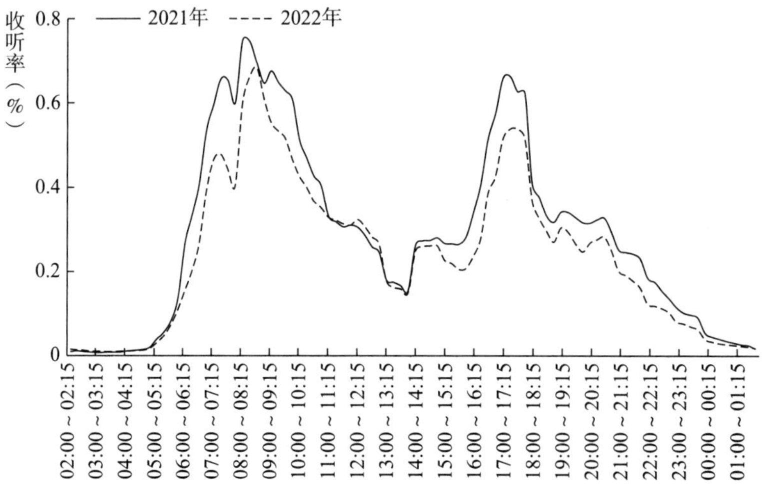

图8 2021～2022年都市生活类频率全天收听走势

数据来源：CSM媒介研究。

3. 都市生活类频率以25～54岁、中高学历、中等收入听众为主体

从2022年都市生活类频率的听众构成来看，女性听众的占比有所增加，达49.3%，性别差异逐渐缩小；年龄层上，25～54岁听众的占比有不同程度的增加，累计占比达55.7%；初中、大学及以上学历听众的占比也有所增加，其中大学及以上学历的增幅更高；个人月收入在2001～5000元的听众占比较2021年略有下降，但仍接近一半，收入5001元及以上的听众占比则有所增加。

从听众集中度来看，女性、25～54岁、65岁及以上、初中、大学及以上、月收入2000元及以下的听众对都市生活类频率的喜好度增加。其中，女性、45岁及以上、高中及以下受教育程度、个人月收入2001～5000元的听众一直是都市生活类频率的重度听众（图 9）。

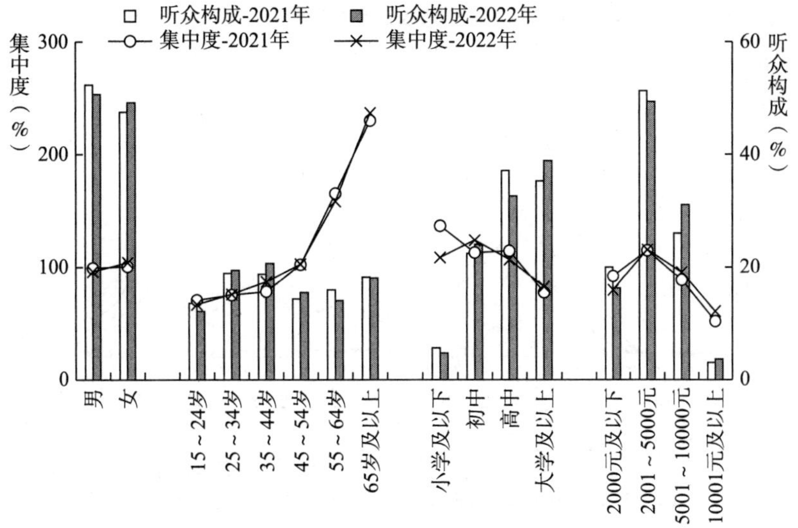

图 9　2022 年都市生活类频率听众特征

数据来源：CSM 媒介研究。

4. 都市生活类频率在家收听下滑明显，主要体现在早晚高峰时段

都市生活类频率在各场所的收听均有所下滑。在家是都市生活类频率的主要收听场所，全天主要时段的收听率均高于其他各个场所，主要收听时段集中在 08：00～11：00 和 16：30～18：00，与去年同期相比，06：00～11：00、14：00～20：00、21：00～24：00 时段的收听呈不同幅度的下滑，11：00～13：00 时段的收听则有所增长，在家整体收听率同比降幅较大；“车上”收听率走势与“在家”颇为类似，但早晚高峰更为集中且峰值偏低，与 2021 年相比，07：00～09：30、16：30～17：30、19：00～22：00 时段的收听率水平小幅下滑；“工作/学习场所”早间 07：00～11：00 的收听高峰下滑，11：15～12：30 收听略有提升，成为新的收听高峰；“其他场所”的收听高峰则是 12：00～13：00 和 19：00～20：00 时段，与去年同期相比，上午、下午及晚间的收听均有所减少，尤其是 06：00～12：00 时段（图 10）。

5. 工作日收听高峰高于周末，车上周末收听明显低于工作日

2022 年，都市生活类频率在工作日和周末的全天收听趋势较为相似，但周末早、晚收听高峰时段的峰值较工作日偏低，而晚间 20：00～21：00 时段的收听率则略高于工作日（图 11）。

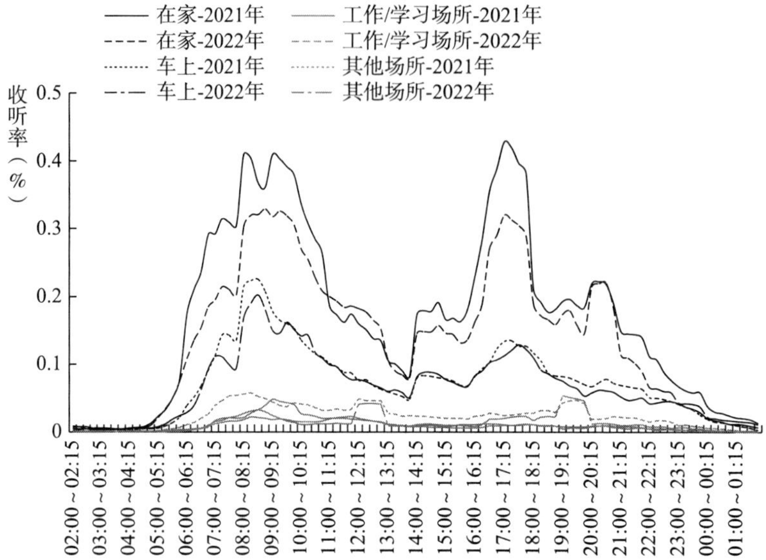

图 10　2021～2022 年都市生活类频率各场所的全天收听走势

数据来源：CSM 媒介研究。

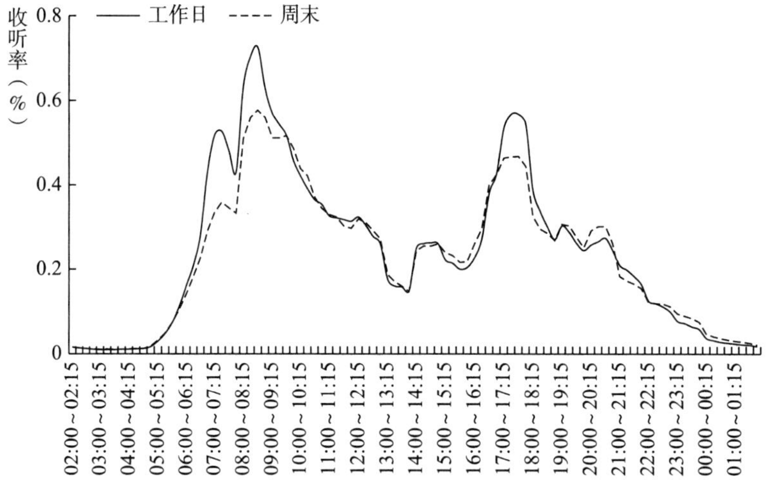

图 11　2022 年都市生活类频率工作日和周末全天收听对比

数据来源：CSM 媒介研究。

三　都市生活类频率在各城市的收听表现

1. 都市生活类频率在各城市的收听差异明显，哈尔滨的听众规模和人均收听时长领先

2022 年，在全国 15 个城市①中，都市生活类频率的听众规模和人均收听时长存

① 济南和郑州两地无都市生活类频率，故此处为 15 个城市。

在较明显的差异。15城市都市生活类频率的整体听众规模为4.9%。其中，哈尔滨、广州、杭州和太原四地的听众规模明显高于平均值，哈尔滨的听众规模最大，达到15.4%，其余三地在8%至10%之间；无锡、合肥和深圳三地的听众规模与平均值较为接近；武汉和南京的听众规模较低，不足1%。各城市都市生活频率的人均收听时长的表现与听众规模相似，仅有哈尔滨、广州、杭州和太原四地的收听时长高于15城市的平均值3.7分钟，依次为14.8分钟、7.2分钟、6.7分钟和6.1分钟，而北京、苏州、武汉和南京的收听时长不足1分钟（图12）。

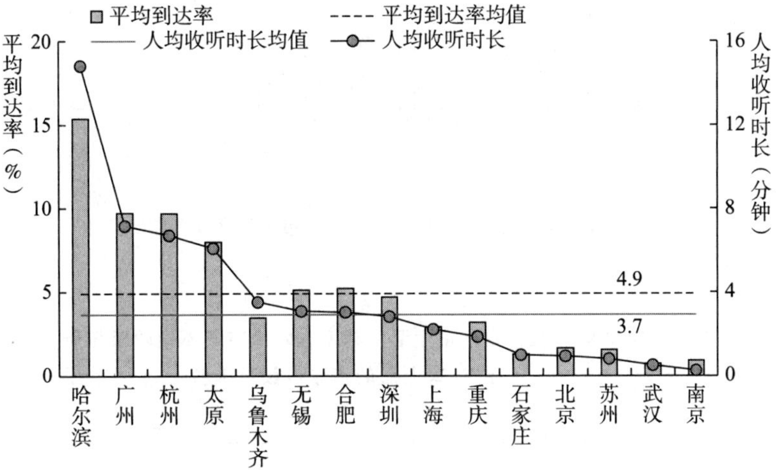

图12　2022年都市生活类频率在15个城市的听众规模和收听时长

数据来源：CSM媒介研究。

2. 都市生活类频率各城市本地收听市场的竞争力表现各异，杭州和哈尔滨位列第三

在14个城市[①]的本地收听竞争中，有6个城市的都市生活类频率市场份额较2021年有所提升，其中以杭州的提升最为明显；8个竞争力同比下滑的城市中，上海的都市生活类频率竞争力下降最多（图13）。2022年，在15个城市中，有6个城市的都市生活类频率能进入本地市场排名前五，其中浙江私家车107城市之声FM107和黑龙江都市女性广播FM102.1在本地市场所有场所中的市场份额超过10%，且均位居第三。

综观都市生活类频率在各城市本地市场不同收听场所（在家/车上）的市场份额和排名可以发现，强势频率在家和车上均具有较强的竞争优势；但在频率选择上也会有一定的差异，部分频率在家的竞争优势要高于车上，如浙江私家车107城市之声FM107在家的竞争力位居第二，车上则位居第五；而一些频率则是车上的竞争力

① 由于苏州在2021年4月由日记卡转为测量仪调查，2021年无法打通，故此处对比为14个城市。

优于在家，如杭州 FM105.4 西湖之声在车上位居第二，在家则排名第五；弱势频率在家和车上的竞争力差异则相对较小（表 1）。

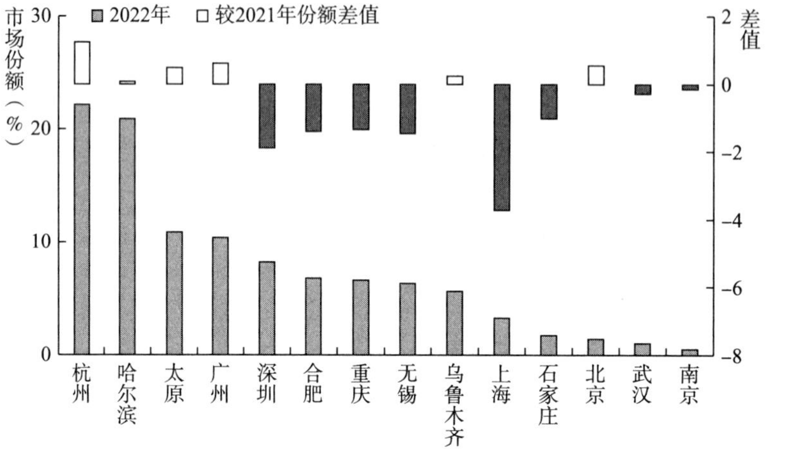

图 13　都市生活类频率在不同城市的竞争力变化

数据来源：CSM 媒介研究。

表 1　2022 年各城市中都市生活类频率在本地市场不同收听场所（在家/车上）的市场份额及排名

单位：%

地区	频率	在家		车上	
		市场份额	排名	市场份额	排名
北京	青年广播（AM927/FM98.2/CFM92.7）	0.70	12	0.48	14
	北京城市广播（FM107.3/AM1026/CFM91.9）	0.50	17	0.41	16
	中央人民广播电台第十套节目老年之声	0.48	18	0.24	17
重庆	重庆人民广播电台都市频率 FM93.8	8.32	5	3.61	3
广州	广州市广播电视台青少年广播 FM88.0/AM1170	6.03	7	8.10	4
	广东广播电视台南方生活广播 FM93.6/AM999	2.01	12	1.34	13
	广东广播电视台城市之声 FM103.6	1.46	13	1.39	11
哈尔滨	黑龙江都市女性广播 FM102.1	14.49	3	2.92	8
	黑龙江生活广播 FM104.5	3.52	9	6.74	4
	黑龙江老年少儿广播 FM97	3.99	8	0.29	12
	黑龙江高校广播 FM99.3	3.21	10	1.42	11
杭州	浙江私家车 107 城市之声 FM107	8.84	2	13.59	5
	杭州 FM105.4 西湖之声	17.60	5	5.06	2
合肥	安徽生活广播	7.45	6	5.40	7
南京	南京麻辣 966 FM96.6	0.41	6	0.38	14
	江苏健康广播 AM846/FM100.5	0.15	19	0.12	20

续表

地区	频率	在家		车上	
		市场份额	排名	市场份额	排名
上海	上海人民广播电台长三角之声 FM89.9/AM792	3.95	6	2.55	7
深圳	深圳电台生活频率 FM94.2	10.89	3	6.63	4
	龙岗广播 FM99.1	0.16	7	0.20	18
石家庄	河北广播电视台生活广播 AM747/FM89	2.25	12	0.46	15
苏州	苏州广播电视总台生活广播 FM96.5	2.44	5	1.43	7
太原	山西广播电视台健康之声广播 FM105.9	11.03	3	2.16	7
	太原人民广播电台老年之声 FM975	4.69	1	0.67	13
乌鲁木齐	新疆人民广播电台城市广播私家车调频 FM92.9	5.30	6	6.75	2
无锡	无锡广播电视台都市生活广播 FM88.1	9.67	4	4.22	6
武汉	湖北省广播电视总台生活广播 auto radio FM96.6	1.26	13	0.48	14
	武汉广播电视台青少广播 M－RADIO936	0.27	17	0.03	16

数据来源：CSM 媒介研究。

四 都市生活类频率在新媒体的传播效果

1. APP 直播收听占比近四成，使用微信、喜马拉雅、蜻蜓 FM 及当地自有 APP 收听较多

随着音频市场的发展变迁，广播收听的途径也越来越多样化。通过环境音直播收听仍是主流，其占比达 63%，APP 直播收听则占 37%。都市生活类频率的环境音直播收听占比与整体水平相当，同为 63%（图 14）。

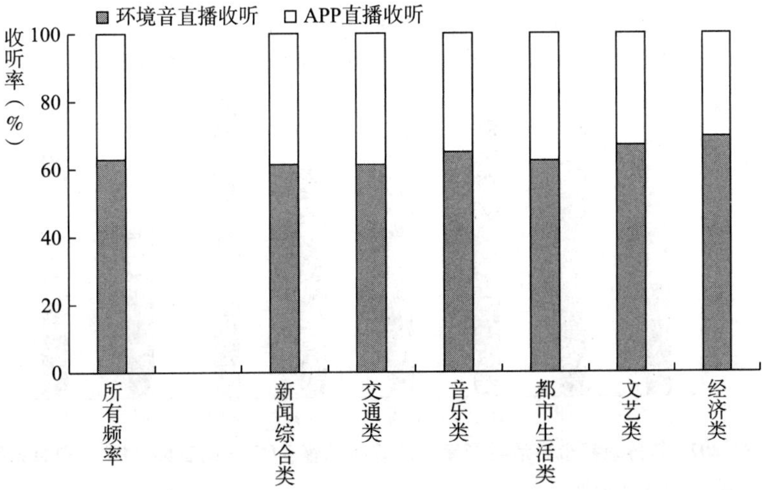

图 14 2022 年主要类别频率的环境音直播收听与 APP 直播收听对比（9 个测量仪城市）

数据来源：CSM 媒介研究。

分城市来看，都市生活类频率不同城市的收听有较明显的差别：在南京，环境音直播收听的占比最高，超过八成，其次是北京和上海，三地均高于平均水平；合肥是唯一一个 APP 直播收听高于环境音直播收听的城市，APP 直播收听占比达 54.4%（图 15）。

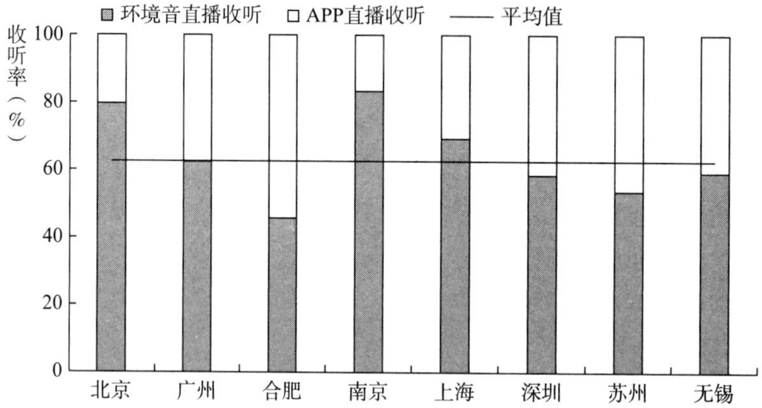

图 15　2022 年各地都市生活类频率的环境音直播收听与 APP 直播收听的对比

数据来源：CSM 媒介研究。

在 APP 直播收听中，各地选择使用的 APP 也有不同。总体来看，微信、喜马拉雅和蜻蜓 FM 是使用时长最多的三款 APP。除此之外，部分广电旗下的 APP 在当地也有一定的竞争力，比如北京广播电视台的“听听 FM”、江苏广电的“大蓝鲸”、上海 SMG 的“阿基米德”和深圳广电的“壹深圳”，其中“壹深圳”的收听时长在当地占比达 14.7%，仅次于微信（图 16）。

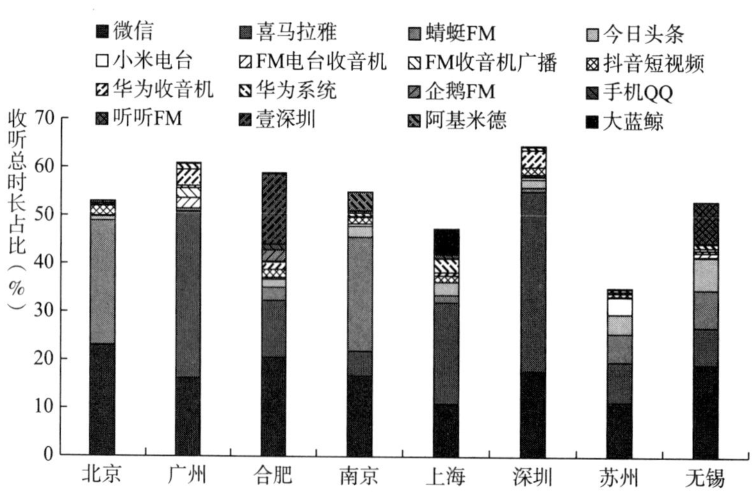

图 16　2022 年各地都市生活类频率人均收听总量 TOP 5 的音频 APP（安卓系统）

数据来源：CSM 媒介研究。

2. 都市生活类频率的微博平台布局较广

随着新媒体平台发展壮大，广播频率也在借助新媒体平台进行宣传推广。微博、微信仍是主要的布局平台，短视频平台在经过一轮优胜劣汰后，布局侧重点发生了些许转变。

在 CSM V + Scope 融合媒体数据中，监测的都市生活类频率旗下的新媒体账号共计 152 个，其中微博账号有 44 个，占总量的 29%，其次是微信、抖音和微信视频，分别占 24%、21% 和 13%（图 17）。

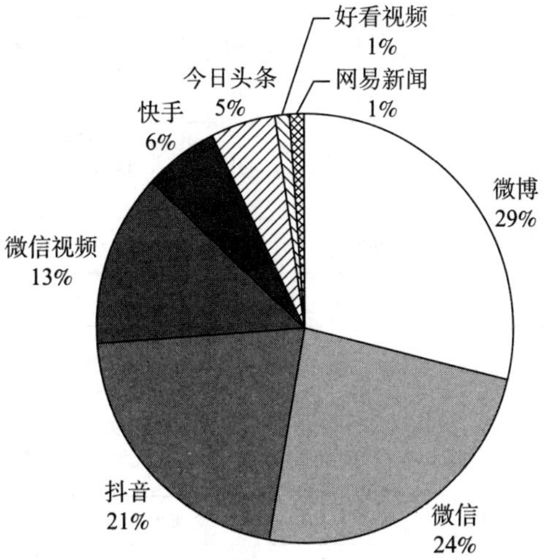

图 17 2022 年都市生活类频率旗下新媒体账号平台分布

数据来源：CSM 媒介研究。

在微博和抖音账号中，主持人账号占比高于频率账号；微信以频率为主辅以节目账号；而微信视频则以频率账号为主（图 18）。

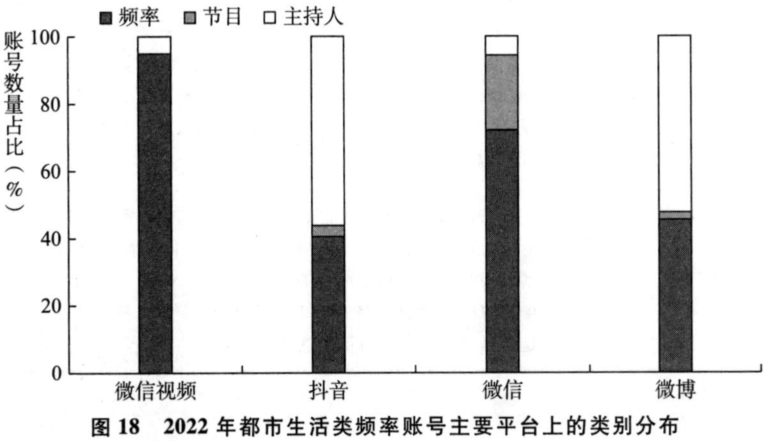

图 18 2022 年都市生活类频率账号主要平台上的类别分布

数据来源：CSM 媒介研究。

都市生活类频率旗下微博账号中，频率官微的表现较好，“长三角之声”2022

年博文发布总量超1.4万条，斩获9.6万次的互动量，视频播放量超过80亿次，居各账号之首，领先优势明显；“浙江城市之声”的发布量虽不算多，但总互动量位居第二，其用户黏度可见一斑（表2）。从具体博文来看，互动量高的博文多为时事热点内容（表3）。

表2　2022年都市生活类频率官方微博账号总互动量TOP 5

账号	所属频率	粉丝量（万人）	总发布量（条）	日均发布量（条）	总互动量（万次）	单条最大互动量（万次）	视频播放量（亿次）
长三角之声	上海长三角之声	113.6	14463	40	9.6	1.8	80.4
浙江城市之声	浙江城市之声	214.7	1367	4	4.5	1.6	0.25
北京城市广播FM 1073	北京城市广播	18.2	8487	23	3.9	0.8	39.6
西湖之声	杭州西湖之声	265.4	7906	22	3.3	1.5	38.6
无锡都市生活广播	无锡都市生活广播	35.7	3536	10	3.1	1.5	26.8

数据来源：CSM媒介研究。

表3　2022年都市生活类频率博文互动量TOP 5

账号	发布日期	发布内容	互动量（万次）
长三角之声	2022/12/13 12：19：01	【研考如期举行#首次全国大规模异地借考如何实现#】	1.8
浙江城市之声	2022/2/1 19：22：36	【相信杭州速度！#浙就是爱抗疫MV#】浙江城市之声的微博视频	1.6
西湖之声	2022/7/1 16：25：02	#杭州爆料#【浙A.C05J5保时捷车主，你被拍下来了！】	1.5
无锡都市生活广播	2022/1/14 8：00：34	#南京西路优衣库#神马情况？#上海疫情##南京西路#有偶朋友爆料：上海南京西路优衣库被隔离了，好像隔壁1788商场也一样，被隔离了被关起来了…LCC小老虎的微博视频	1.5
北京城市广播FM1073	2022/1/27 12：40：50	1月30日21：10相约北京卫视，和@INTO1官博@INTO1－刘宇@INTO1－赞多@INTO1－米卡@INTO1－高卿尘@INTO1－林墨@INTO1－伯远@INTO1－张嘉元@INTO1 －尹浩宇@INTO1－周柯宇@INTO1－刘彰－起倾听#2021我们的年度总结大会#	0.8

数据来源：CSM媒介研究。

3. 都市生活类频率微信头部账号拉开较大差距

微信已成为现今人们生活中不可或缺的一款应用，其月活用户已达13亿人，也是广播媒体在新媒体端的重点布局之一。

都市生活类频率中，频率的微信账号发布和传播较多，其中杭州西湖之声频率的账号“西湖之声”在2022年共发布7213条内容，获得5663万次的阅读量、11.4万次的点赞量和4万次的在看量，平均每条内容的传播量接近8000次，居所有账号之首。位居第二的“浙江城市之声”表现也不错，与其后账号拉开了较大的差距（表4）。

表4 2022年都市生活类频率微信公众号传播量① TOP 5

账号	所属频率	发布量（条）	阅读量（次）	点赞量（次）	在看量（次）	条均传播量（次）
西湖之声	杭州西湖之声	7213	5663万	11.4万	4.0万	7873
浙江城市之声	浙江城市之声	4480	3096万	3.8万	1.4万	6922
高小微	黑龙江高校广播	3523	608万	5573	2100	1728
山西健康之声广播	山西健康之声广播	2493	470万	1.1万	8205	1893
929文化旅游广播	新疆城市广播私家车调频	2158	336万	14万	5100	1568

数据来源：CSM媒介研究。

从单篇内容来看，阅读量超过10万次以上的文章均来自“西湖之声”（表5）。其他账号单条内容最高阅读量均在9万次以下，阅读量高的内容均是新闻热点或与当地居民生活息息相关的事件（表6）。

表5 “西湖之声”微信账号传播量 TOP 5

内容	发布日期	阅读量（次）	点赞量（次）	在看量（次）
杭州官宣：免费3个月！	2022/12/31 7:00	10万+	611	238
张文宏最新解读：未来抗疫有三个“武器”！	2022/3/17 15:48	10万+	389	347
90后小伙退房留下百余瓶“黄色液体”！房东：有50瓶盖子都没盖……	2022/2/19 00:00	10万+	308	232
拱墅区发布最新调整！	2022/4/21 14:24	10万+	87	44
女友请男摄影师拍私房照？杭州小伙：三观震碎!!!	2022/8/4 17:50	10万+	75	41

数据来源：CSM媒介研究。

① 传播量=阅读量+点赞量+在看量。

表 6　部分都市生活类频率微信账号传播量 TOP 1 内容

账号	内容	发布日期	阅读量（次）	点赞量（次）	在看量（次）
浙江城市之声	油价最新消息来了	2022/3/16 20：46	81507	51	20
南方生活广播	大雨不停的湿热天气，就喝这个健脾祛湿、舒筋活络汤！	2022/6/2 15：29	77738	264	113
江苏健康广播	南京发布情况通报	2022/10/14 00：16	76102	12	6
山西健康之声广播	山西一人被“双开”	2022/12/1 18：01	58931	52	20
苏州生活广播	12 月起，江苏新增一个假期！	2022/10/24 17：41	53451	91	36

数据来源：CSM 媒介研究。

4. 安徽城市之声在短视频平台的表现较好

2022 年，都市生活类频率更多集中布局在某几个短视频平台上，从全年发布总量在 500 条以上的频率账号来看，大部分以抖音、微信视频和快手平台为主（图 19）。

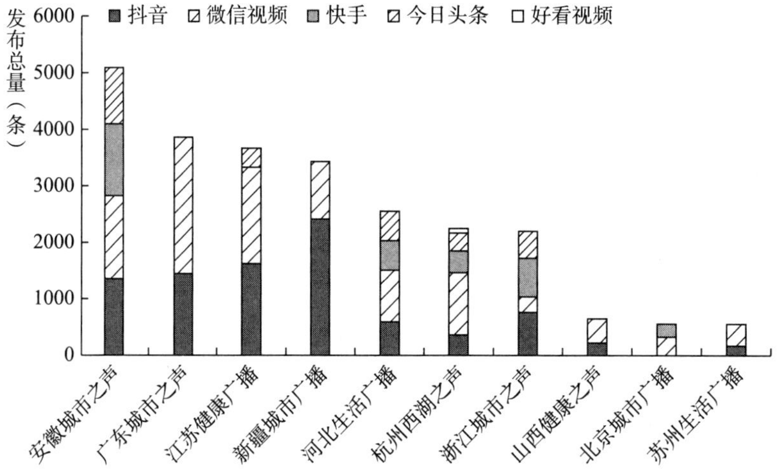

图 19　2022 年主要都市生活类频率短视频账号各平台发布情况

数据来源：CSM 媒介研究。

分平台来看，抖音平台上，安徽城市之声以 481 万次的高传播量遥遥领先，新疆城市广播共发布 2400 余条内容，略多于其他频率；在微信视频上，传播量排名前四的频率，其发布量和传播量实力相当，差距不大；在快手和今日头条上，安徽城市之声以绝对优势领先，传播量和发布量均远高于其他各频率（图 20）。

各平台传播量高的内容有相同亦有不同，但均为当下热点新闻或与本地居民生活息息相关的内容（表 7）。

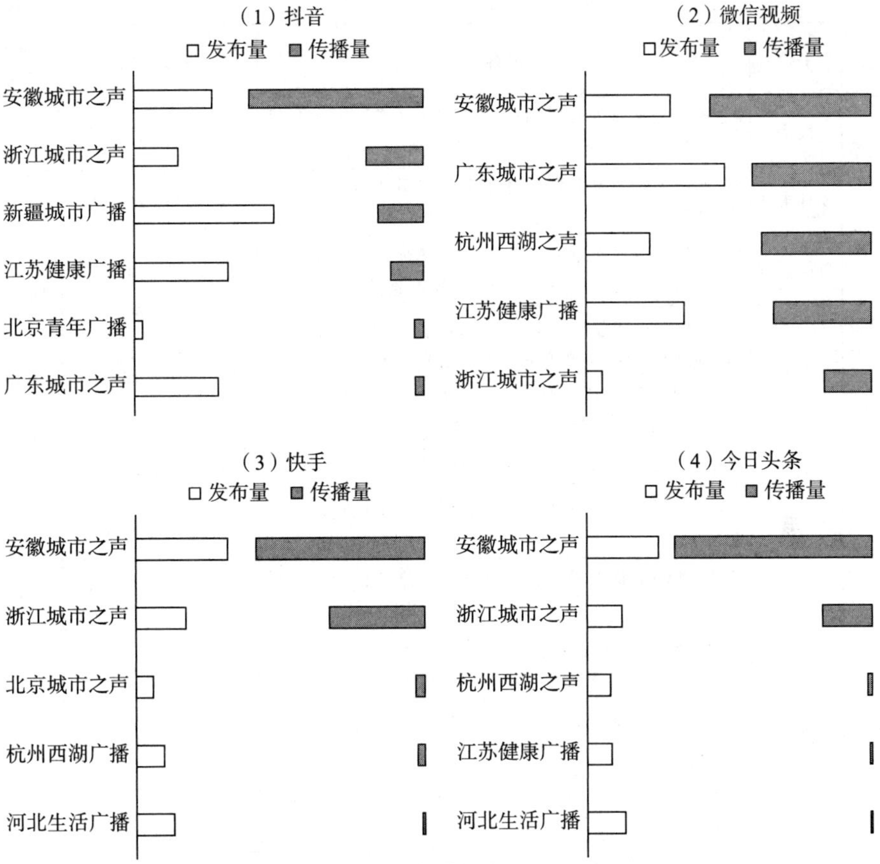

图 20　2022 年各主要平台都市生活类频率传播量 TOP 5

数据来源：CSM 媒介研究。

表 7　主要生活都市类频率账号各平台传播量 TOP 1 内容

频率	平台	内容	发布日期	传播量（万次）
安徽城市之声	抖音	曾被唐山打人事件主嫌犯陈继志非法拘禁者发声：被关在车后备厢十小时，胳膊被打骨折、头被打破	2022/6/15 18：13	87.9
	微信视频	上百人到唐山市公安局反映问题，唐山群众排队四小时未进接待室	2022/6/14 17：53	20.0
	快手	己所不能的事！心里还是要有点数	2022/2/27 13：35	3346.8
	今日头条	为方便翻墙进出校园，高校学生搭出“共享过墙梯”。网友：学历与素养该成正比	2022/4/2 15：41	1111.4
浙江城市之声	抖音	#冬奥会志愿者等开饭的样子萌坏了等着呢？嗯！饿了？嗯！来！走	2022/2/6 11：19	28.0
	微信视频	徒手接娃的英雄找到了！还原了惊心动魄的生死瞬间#好心人徒手接住楼上坠落的幼童#致敬英雄#新闻姐#本地新闻#浙江桐乡	2022/7/21 8：18	20.9

续表

频率	平台	内容	发布日期	传播量（万次）
浙江城市之声	快手	#冬奥会志愿者等开饭的样子萌坏了等着呢？嗯！饿了？嗯！来！走	2022/2/6 11：19	4657.5
	今日头条	#冬奥会志愿者等开饭的样子萌坏了等着呢？嗯！饿了？嗯！来！走	2022/2/6 11：19	416.4
北京城市之声	微信视频	1月23日，422名北京工业大学冬奥会志愿者集结出征！冬奥有我，一起向未来！#高校志愿者出征冬奥	2022/1/23 16：05	0.3
	快手	#孕产妇感染新冠何时应该去医院#我爱问医生，专家为您权威解读——孕产妇感染新冠后哪些情况可居家观察？哪些情况需及时送医？（采访：城市广播副中心之声曹宇）#疫情防控小城君提醒	2022/12/8 18：47	720.5
杭州西湖之声	抖音	摘星星的妈妈回来了！#英雄回家#王亚平#航天	2022/4/16 16：36	7.9
	微信视频	浙A·C05J5保时捷车主，你被拍下来了！#杭州#正能量	2022/7/1 16：17	7.5
	今日头条	浙A·C05J5保时捷车主，你被拍下来了！#杭州#保时捷#正能量	2022/7/1 16：52	142.9
	好看视频	韩国全队赛后围堵主裁！主教练怒骂裁判，被直接出示红牌韩国队主教练吃红牌韩国队世界杯	2022/11/29 01：23	75.0
	快手	摘星星的妈妈回来了！#欢迎英雄回家#中国航天#王亚平	2022/4/16 16：42	952.7
河北生活广播	抖音	你怎么看孩子父母的行为？#3岁男孩高铁吵闹#社会新闻	2022/8/2115：55	13.6
	微信视频	孩子车厢内吵闹乘客受不了与家长发起争执#热点#民生#生活互助汇	2022/8/17 14：41	1.1
	快手	小雨+雨夹雪！未来三天雨雪开始有新动作#河北#河北天气#雨夹雪	2022/11/5 18：27	203.2
	今日头条	你怎么看孩子父母的行为？#3岁男孩高铁吵闹#社会新闻	2022/8/21 15：55	15.5
江苏健康广播	抖音	#新冠感染者食养建议菜谱	2022/12/22 15：23	4.9
	微信视频	最新！国务院联防联控机制：不再判定密接的密接	2022/11/11 14：05	14.8
	今日头条	#男子发热久不愈竟因脚趾缝藏蜱虫#江苏全民目击#注意防范	2022/7/22 17：16	6.4
新疆城市广播	抖音	新疆沙雅县境内勘探出亿吨级油气田@DOU+小助手#油田	2022/1/26 16：34	5.8
	微信视频	我用青春守边疆，你用深情伴我行！一起转发，寻找拥军好人~	2022/8/1 22：48	0.2
广东城市之声	抖音	10月29日：广州白云区进一步加强疫情防控措施#疫情防控新闻发布会#本地新闻#广州	2022/10/29 18：45	6.5
	微信视频	全国各地熊二仿妆做核酸。网友：他们在玩一些很新的东西。#画个熊出没仿妆去见翠花#熊二仿妆	2022/11/2 17：14	9.5

数据来源：CSM媒介研究。

结 语

2022 年，有太多重大事件发生，新闻综合类频率的市场份额有所上升，而都市生活类频率的竞争力则有所减弱，主要体现在高峰收听时段上。都市生活类频率的重度听众、收听习惯并没有明显的变化，在部分城市中仍具有较强的竞争力。在传统广播收听方式之外，用户使用微信、喜马拉雅、蜻蜓 FM 等 APP 收听广播的比例也不低，部分城市广电旗下的 APP 在当地也占有一席之地。除此之外，部分广电媒体在微信、微博以及抖音、微信视频、快手等短视频平台上也有不俗的表现，为广播赋予了更广阔的发展前景。

（作者：唐蕾）

第三部分

电视收视数据

主要收视指标解释与电视节目收视排名规则

一　主要收视指标解释

（1）频道覆盖（入户）率：是指一个地区能够接收到该频道的户数占该地区电视家庭总户数的百分比。它是从接收情况来反映某个频道覆盖状况的指标。

（2）人均收视时间：是指在一个地区某个时间段内所有电视观众平均每人收看某一频道（或节目）的时间，一般以分钟来计算。

（3）收视率：本年鉴中的收视率是个人收视率，是指一个地区的某个时间段中收看某一频道（或节目）的人数占电视观众总人数的百分比。

（4）市场占有率（或市场份额）：本年鉴中的市场占有率是个人市场占有率，指一个地区某个时间段中收看某一频道（或节目）的人数占该时段收看电视总人数的百分比。

（5）观众构成：是指一个地区某个时段收看某一频道（或节目）的观众中各类观众所占的百分比。

（6）各类节目的播出份额：是指各类节目的播出时间长度占所有节目类型播出时间长度的百分比。

（7）各类节目的收视份额：是指各类节目的收视时间长度占所有节目类型收视时间长度的百分比。

二　电视节目收视排名规则

（1）节目收视排名主要按收视率由高到低排序，如收视率相同，再按市场份额排序，高者排前；如果两项指标都相同，则节目排序相同。

（2）全国样本城市电视节目收视排名（包括节目其他指标计算）的时间范围为全天，重点市场电视节目收视排名（包括节目其他指标计算）的时间范围为 17：00 ~ 24：00。

（3）电视节目（栏目）以该节目（栏目）的平均收视率排名，首播、重播分开，取最高档参加排名。

（4）对于常态的一次性播出并有多台同时转播的节目，只取收视率最高一档参加排名，如春晚、元宵晚会、“两会”总理记者会等。新闻突发性事件不在此列。

（5）除极个别情况外，收视排名不考虑节目名称前的“冠名”。

（6）电视剧出现多轮播出的情况，按收视率最高的一轮参加电视剧类和所有节目的排名，并标注播出日期；跨年度播出的电视剧，只统计在2022年度内播出集数的平均收视率并参加电视剧类和所有节目的排名，节目名称后标注集数。

（7）体育节目的收视排名规则为：同一体育项目赛事中只选取该项赛事收视率最高一档参加体育类节目的排名和所有节目的总排名，其他体育节目按平均收视率参加排名。

（8）选秀类节目（比赛部分）选取收视率最高一期参加收视排名并标注日期；有些选秀类节目涉及两季播出，分别计算各季每期平均收视率，选取最高一期代表该季参加排名并标出播出日期；常态类综艺节目（包括季播节目，如果有跨年播出，需注明具体日期范围），计算节目平均收视率并参加排名。

（9）2022年春节晚会的收视率是春节晚会播出期间（2022年1月31日20：00～24：32）的平均收视率。

一　基本收视条件

表 3.1.1　2021～2022 年全国收视调查网视听设备拥有情况

单位：%

	电视机台数		电视机种类		其他视听设备				
	1 台	2 台及以上	液晶电视机	智能电视机	互联网机顶盒	影碟机	智能手机	平板电脑	个人电脑（台式或笔记本）
全国	79.26	20.74	92.29	55.91	3.06	3.51	93.12	17.27	40.12
城市	80.39	19.61	95.42	60.22	3.96	3.42	93.91	23.78	49.03
农村	78.06	21.94	88.96	51.32	2.11	3.60	92.28	10.32	30.61

表 3.1.2　2021～2022 年各省级收视调查网视听设备拥有情况

单位：%

	电视机台数		电视机种类		其他视听设备				
省份	1 台	2 台及以上	液晶电视机	智能电视机	互联网机顶盒	影碟机	智能手机	平板电脑	个人电脑（台式或笔记本）
安徽省	71.9	28.1	91.7	46.6	1.8	0.5	90.0	11.8	33.0
福建省	69.2	30.8	93.4	53.4	3.3	1.2	92.9	15.8	41.6
甘肃省	90.5	9.5	83.9	48.6	2.4	18.1	97.5	9.7	35.4
广东省	88.4	11.6	97.9	67.9	3.6	4.7	89.8	17.5	50.0
广西壮族自治区	86.1	13.9	94.7	57.8	1.8	5.0	94.2	10.2	29.9
贵州省	95.2	4.8	90.5	37.8	0.8	4.2	89.7	4.2	13.6
海南省	92.6	7.4	94.6	61.1	0.5	8.3	94.9	9.2	21.6
河北省	81.6	18.4	88.3	48.8	5.3	0.5	95.9	16.3	35.7
河南省	74.2	25.9	87.6	62.8	4.8	1.8	94.9	13.8	50.7
黑龙江省	95.3	4.7	92.5	55.7	3.4	1.2	95.0	10.1	22.2
湖北省	77.8	22.2	94.5	67.7	1.7	3.7	95.0	18.6	39.7
湖南省	81.3	18.7	94.0	58.8	2.8	1.1	93.8	12.3	32.4
吉林省	89.9	10.1	93.0	47.9	4.6	3.4	94.4	13.7	34.5
江苏省	61.5	38.5	91.7	51.3	2.0	5.0	86.9	25.7	50.9
江西省	65.4	34.6	93.4	61.1	1.6	3.9	95.0	17.5	41.1
辽宁省	83.6	16.5	93.8	54.2	8.0	3.4	95.6	13.6	34.0
内蒙古自治区	92.7	7.3	88.9	54.4	2.6	1.3	97.2	11.6	29.1
宁夏回族自治区	94.4	5.6	84.5	59.6	0.6	2.7	95.1	12.1	33.2

续表

省份	电视机台数		电视机种类		其他视听设备				
	1台	2台及以上	液晶电视机	智能电视机	互联网机顶盒	影碟机	智能手机	平板电脑	个人电脑（台式或笔记本）
山东省	94.4	5.6	89.3	59.8	1.2	1.2	91.8	11.5	39.8
山西省	81.3	18.7	86.8	53.8	3.8	1.0	96.7	20.6	48.1
陕西省	86.9	13.1	88.7	52.4	2.5	4.9	95.0	17.7	41.3
四川省	73.6	26.4	91.9	44.3	1.5	4.2	92.9	9.6	30.5
新疆维吾尔自治区	99.4	0.6	92.5	38.8	5.0	2.9	98.0	9.2	23.2
云南省	84.5	15.5	88.3	67.2	1.7	19.4	96.2	13.9	29.9
浙江省	53.4	46.7	93.9	51.4	5.8	2.4	91.6	28.7	46.7

表 3.1.3　2021～2022 年各城市收视调查网视听设备拥有情况

城市	电视机台数		电视机种类		其他视听设备				
	1台	2台及以上	液晶电视机	智能电视机	互联网机顶盒	影碟机	智能手机	平板电脑	个人电脑（台式或笔记本）
安庆	79.5	20.5	96.0	30.3	3.0	0.0	88.5	18.4	41.9
蚌埠	61.2	38.8	96.4	50.1	5.3	1.2	96.5	28.6	50.5
包头	96.9	3.1	94.9	61.8	6.2	0.0	98.3	19.8	49.8
宝鸡	94.0	6.0	93.2	80.1	3.9	15.0	98.8	31.3	56.3
北海	85.4	14.6	96.9	68.9	7.0	8.1	97.7	21.1	52.6
北京	85.2	14.8	99.0	88.3	3.0	2.1	98.5	60.3	73.2
常德	72.4	27.6	97.4	61.6	5.4	8.2	96.9	22.5	43.6
常州	48.6	51.4	98.7	76.8	4.8	0.0	96.2	40.9	62.5
潮州	69.1	30.9	97.1	75.7	12.6	16.6	95.5	23.0	65.3
成都	79.2	20.8	96.6	43.5	3.7	1.3	96.9	19.4	54.4
赤峰	91.7	8.3	94.6	59.7	4.2	2.7	96.7	13.6	31.1
大理	63.8	36.2	93.3	72.0	3.9	34.3	98.0	30.8	50.5
大连	90.7	9.3	97.0	66.4	9.5	6.5	97.4	30.1	58.6
大庆	94.1	5.9	96.0	64.3	4.4	0.9	97.6	14.9	30.8
大同	96.8	3.2	92.5	26.1	2.1	0.0	97.7	9.3	46.2
丹东	78.7	21.3	97.7	68.6	2.6	4.3	95.8	15.7	35.4
德州	94.5	5.5	95.0	79.7	2.0	0.8	94.8	10.6	46.7
东莞	87.4	12.6	95.3	59.8	3.8	2.4	94.6	16.2	36.0
佛山	81.3	18.7	98.5	61.6	2.0	7.0	94.0	26.5	60.1
福州	61.0	39.0	97.7	64.1	4.1	0.1	96.9	27.0	60.5

续表

城市	电视机台数		电视机种类		其他视听设备				
	1台	2台及以上	液晶电视机	智能电视机	互联网机顶盒	影碟机	智能手机	平板电脑	个人电脑（台式或笔记本）
抚顺	84.1	15.9	97.5	59.2	10.3	13.6	97.8	32.4	56.3
赣州	80.9	19.1	92.9	60.3	2.2	6.4	93.5	16.9	47.1
广元	77.2	22.8	96.5	72.4	0.6	3.9	97.1	19.8	50.8
广州	88.6	11.4	97.6	68.1	5.5	7.1	96.4	25.4	61.1
贵阳	93.4	6.6	96.8	71.3	6.5	6.7	98.4	20.0	47.3
桂林	93.4	6.6	97.4	45.3	7.0	4.2	95.9	18.4	53.3
哈尔滨	92.6	7.4	97.7	68.8	7.5	4.2	98.0	15.5	41.3
海口	93.4	6.6	96.0	65.5	1.1	3.3	94.1	17.3	40.9
杭州	46.4	53.6	97.8	70.0	11.5	0.9	96.7	64.8	79.5
合肥	84.6	15.4	97.9	56.4	3.5	0.0	98.6	10.7	45.8
衡阳	87.0	13.0	95.1	63.4	0.0	1.6	95.8	25.6	29.9
呼和浩特	95.0	5.0	91.9	45.5	5.4	1.9	98.0	19.1	42.3
湖州	35.2	64.8	99.1	59.7	11.2	5.8	97.4	46.0	64.7
惠州	85.8	14.2	98.7	71.0	6.5	1.6	93.4	25.9	40.3
吉林市	85.8	14.2	97.0	44.3	11.8	0.0	97.7	9.3	23.6
济南	90.4	9.6	92.6	58.7	1.1	6.7	94.9	16.2	58.5
济宁	95.4	4.6	94.0	57.7	7.4	5.1	95.1	26.3	58.9
江门	79.4	20.6	95.3	81.1	3.7	7.3	96.5	19.7	55.7
金华	43.4	56.6	99.7	45.9	0.4	0.0	96.0	18.3	58.7
锦州	94.1	5.9	97.4	69.9	4.1	0.0	95.7	13.1	25.6
荆门	87.3	12.7	94.2	66.1	3.3	6.5	95.6	28.4	53.3
荆州	72.4	27.6	97.7	70.7	4.6	10.0	97.5	18.9	45.6
九江	64.5	35.5	96.8	47.4	4.1	5.6	96.1	27.8	58.2
昆明	93.0	7.0	91.3	60.4	5.7	34.5	96.6	32.0	58.8
拉萨	66.0	34.0	94.3	87.4	0.0	32.8	98.7	24.6	21.4
兰州	96.2	3.8	95.8	77.7	9.6	17.3	98.7	23.9	65.7
柳州	93.6	6.4	96.6	77.1	2.2	0.4	98.1	27.7	58.8
泸州	63.5	36.5	96.6	76.9	0.5	15.3	95.6	11.6	32.9
洛阳	92.1	7.9	92.5	87.7	0.9	11.7	96.1	30.7	57.0
牡丹江	91.7	8.3	95.6	54.3	0.5	0.0	98.2	15.8	46.4
南昌	73.1	26.9	95.2	70.9	5.8	8.1	95.7	33.5	66.0
南充	87.3	12.7	92.2	64.7	0.0	4.4	91.8	6.2	33.8
南京	56.7	43.3	97.0	40.8	5.0	3.9	95.0	23.6	65.7

续表

城市	电视机台数		电视机种类		其他视听设备				
	1台	2台及以上	液晶电视机	智能电视机	互联网机顶盒	影碟机	智能手机	平板电脑	个人电脑（台式或笔记本）
南宁	90.7	9.3	97.5	62.6	2.9	6.1	95.8	17.7	55.8
宁波	55.8	44.2	94.9	52.7	7.2	0.6	96.0	25.8	43.9
平顶山	87.9	12.1	96.2	59.2	7.4	0.0	97.8	17.0	62.0
秦皇岛	93.7	6.3	95.7	46.2	0.9	0.2	96.3	15.8	35.2
青岛	94.2	5.8	98.3	72.1	3.6	0.6	94.8	22.2	58.7
衢州	56.6	43.4	96.5	54.1	2.1	2.4	93.7	27.5	52.1
泉州	77.1	22.9	90.5	43.7	0.5	4.6	94.8	12.8	42.7
三亚	88.4	11.6	97.4	72.8	0.0	3.6	95.9	32.4	31.8
厦门	86.4	13.6	96.7	38.9	5.2	0.5	92.8	30.5	59.7
上海	46.4	53.6	99.2	57.7	4.9	0.0	97.3	56.1	72.9
韶关	91.1	8.9	99.4	69.9	3.7	3.7	96.7	14.9	50.5
深圳	98.6	1.4	98.9	81.3	8.7	0.7	98.9	31.6	64.1
沈阳	84.5	15.5	92.8	54.7	10.7	3.6	96.9	23.6	38.3
石家庄	81.0	19.0	95.4	70.7	5.5	0.5	97.1	24.8	58.4
苏州	54.1	45.9	98.1	59.3	5.7	0.6	93.2	36.0	60.1
台州	41.7	58.3	93.4	39.5	3.2	6.5	88.4	25.7	51.6
太原	89.8	10.2	95.6	59.9	8.5	1.3	98.1	31.6	57.5
唐山	93.9	6.1	98.5	45.3	5.6	0.0	97.4	16.9	28.5
天津	84.5	15.5	97.7	46.9	4.3	2.4	98.9	39.7	68.1
铜陵	70.5	29.5	97.9	37.3	3.6	0.4	95.4	17.4	42.7
温州	52.2	47.8	99.8	42.6	9.5	0.2	99.1	31.4	53.6
乌鲁木齐	98.6	1.4	99.2	97.7	25.6	15.0	98.0	36.6	57.9
无锡	49.6	50.4	98.2	50.4	7.7	3.3	90.6	39.1	59.1
芜湖	56.9	43.1	96.8	38.7	4.1	2.0	94.1	26.2	47.8
武汉	79.3	20.7	96.8	88.4	3.4	1.4	96.5	26.2	48.5
西安	93.9	6.1	94.1	48.2	4.5	0.8	97.4	17.7	45.5
西宁	97.9	2.1	97.4	74.9	4.1	0.0	97.3	13.0	49.5
襄阳	81.2	18.8	93.8	46.3	0.8	4.1	93.2	19.8	45.7
徐州	80.4	19.6	96.2	86.3	3.3	13.0	96.2	30.2	74.0
烟台	92.1	7.9	96.0	75.6	2.3	0.0	95.3	14.7	47.3
扬州	53.1	46.9	98.0	45.1	0.2	0.0	91.5	26.5	62.9
宜昌	93.6	6.4	95.9	89.2	1.6	0.0	99.1	27.0	74.5
银川	97.0	3.0	94.5	76.8	1.8	4.8	98.3	24.7	56.2

续表

城市	电视机台数		电视机种类		其他视听设备				
	1台	2台及以上	液晶电视机	智能电视机	互联网机顶盒	影碟机	智能手机	平板电脑	个人电脑（台式或笔记本）
营口	82.5	17.5	96.0	30.8	10.7	0.9	95.1	8.7	41.7
玉溪	83.0	17.0	96.1	88.9	6.7	14.0	92.3	19.8	49.3
岳阳	81.6	18.4	96.5	62.4	3.6	7.9	96.4	20.3	54.4
湛江	92.8	7.2	98.4	77.9	3.6	3.1	95.0	18.3	38.1
长春	92.0	8.0	99.2	72.8	5.3	9.6	97.3	23.2	52.5
长沙	88.8	11.2	97.0	60.7	4.5	2.1	98.4	30.2	63.4
镇江	45.1	54.9	97.3	47.5	8.5	12.3	96.6	52.3	75.7
郑州	89.1	10.9	96.6	70.7	3.3	0.4	97.9	32.4	73.0
中山	74.2	25.8	98.7	84.1	4.3	2.5	97.4	25.7	63.6
重庆	75.9	24.1	94.3	44.0	2.1	2.6	87.5	16.3	37.4
珠海	93.3	6.7	98.8	64.1	5.1	1.2	99.5	31.4	60.2
遵义	92.2	7.8	98.5	39.3	2.2	1.1	98.3	20.2	26.1

表3.1.4　2021～2022年全国收视调查网卫视频道入户覆盖率排名前二十位（标高清合并数据）

单位：%

排名	全国		城市		农村	
	频道	覆盖率	频道	覆盖率	频道	覆盖率
1	中央电视台综合频道（标高清）	83.5	中央电视台综合频道（标高清）	85.9	中央台二套（标高清）	81.4
2	中央台十套（标高清）	83.4	中央台十套（标高清）	85.4	中央台十二套（标高清）	81.3
3	中央台二套（标高清）	83.4	中央台四套（标高清）	85.3	中央台十套（标高清）	81.3
4	中央台十二套（标高清）	83.4	中央台十二套（标高清）	85.3	江苏卫视（标高清）	81.3
5	中央电视台新闻频道（标高清）	83.2	中央电视台新闻频道（标高清）	85.2	中央电视台新闻频道（标高清）	81.1
6	江苏卫视（标高清）	83.1	中央台二套（标高清）	85.2	中央电视台少儿频道（标高清）	81.0
7	中央台四套（标高清）	83.1	中央台十一套（标高清）	85.1	中央电视台综合频道（标高清）	80.9
8	中央电视台少儿频道（标高清）	83.0	中央电视台音乐频道（标高清）	85.0	中央电视台音乐频道（标高清）	80.9
9	中央电视台音乐频道（标高清）	83.0	中央电视台少儿频道（标高清）	84.9	湖南卫视（标高清）	80.9
10	中央台十一套（标高清）	83.0	江苏卫视（标高清）	84.9	东方卫视（标高清）	80.8
11	湖南卫视（标高清）	82.9	北京卫视（标高清）	84.8	浙江卫视（标高清）	80.8
12	东方卫视（标高清）	82.9	湖南卫视（标高清）	84.8	中央台十一套（标高清）	80.7

续表

排名	全国		城市		农村	
	频道	覆盖率	频道	覆盖率	频道	覆盖率
13	北京卫视（标高清）	82.8	东方卫视（标高清）	84.8	北京卫视（标高清）	80.7
14	浙江卫视（标高清）	82.8	中央台七套（标高清）	84.8	中央台四套（标高清）	80.7
15	中央台七套（标高清）	82.6	浙江卫视（标高清）	84.8	安徽卫视（标高清）	80.4
16	江西卫视（标高清）	82.3	深圳卫视（标高清）	84.4	中央台七套（标高清）	80.4
17	深圳卫视（标高清）	82.3	中央台九套纪录频道（标高清）	84.4	江西卫视（标高清）	80.4
18	广东卫视（标高清）	82.3	天津卫视（标高清）	84.2	广东卫视（标高清）	80.3
19	安徽卫视（标高清）	82.2	江西卫视（标高清）	84.2	深圳卫视（标高清）	80.1
20	中央台九套纪录频道（标高清）	82.2	广东卫视（标高清）	84.1	四川卫视（标高清）	79.9

表 3.1.5　2021～2022 年全国收视调查网电视频道接收情况

单位：个

	平均每户可接收频道个数
全国	97
城市	104
农村	90

表 3.1.6　2021～2022 年各省级收视调查网电视频道接收情况

单位：个

省份	平均每户可接收频道个数
安徽省	87
福建省	100
甘肃省	98
广东省	104
广西壮族自治区	74
贵州省	102
海南省	85
河北省	89
河南省	66
黑龙江省	92
湖北省	86
湖南省	99
吉林省	118

续表

省份	平均每户可接收频道个数
江苏省	86
江西省	84
辽宁省	101
内蒙古自治区	118
宁夏回族自治区	92
山东省	78
山西省	95
陕西省	94
四川省	145
新疆维吾尔自治区	136
云南省	81
浙江省	90

表 3.1.7　2021～2022 年各城市收视调查网电视频道接收情况

单位：个

城市	平均每户可接收频道个数
安庆	83
蚌埠	76
包头	125
宝鸡	85
北海	74
北京	167
常德	93
常州	73
潮州	104
成都	159
赤峰	127
大理	99
大连	102
大庆	96
大同	95
丹东	107
德州	91
东莞	101
佛山	92
福州	111

续表

城市	平均每户可接收频道个数
抚顺	116
赣州	78
广元	164
广州	107
贵阳	93
桂林	78
哈尔滨	106
海口	114
杭州	115
合肥	102
衡阳	134
呼和浩特	114
湖州	80
惠州	114
吉林市	112
济南	102
济宁	77
江门	101
金华	96
锦州	107
荆门	87
荆州	91
九江	86
昆明	79
拉萨	73
兰州	105
柳州	107
泸州	144
洛阳	93
牡丹江	91
南昌	90
南充	105
南京	107
南宁	97
宁波	83

续表

城市	平均每户可接收频道个数
平顶山	72
秦皇岛	96
青岛	83
衢州	86
泉州	105
三亚	88
厦门	86
上海	133
韶关	128
深圳	125
沈阳	102
石家庄	93
苏州	92
台州	104
太原	96
唐山	91
天津	88
铜陵	107
温州	74
乌鲁木齐	168
无锡	90
芜湖	101
武汉	91
西安	104
西宁	95
襄阳	72
徐州	89
烟台	87
扬州	85
宜昌	98
银川	100
营口	104
玉溪	88
岳阳	95
湛江	129

续表

城市	平均每户可接收频道个数
长春	111
长沙	98
镇江	91
郑州	90
中山	132
重庆	94
珠海	121
遵义	112

二　全国收视数据

表 3. 2. 1　2018 ~ 2022 年全国样本城市及各城市收视调查网人均收视时间

单位：分钟

全国/城市	2018 年	2019 年	2020 年	2021 年	2022 年
全国	129	124	132	118	110
安庆	88	85	98	83	75
鞍山	174	166	*	*	*
蚌埠	113	*	*	*	*
蚌埠（M）	*	105	102	93	89
包头	115	118	120	98	*
包头（M）	*	*	*	*	117
宝鸡（M）	133	114	113	104	100
北海	103	103	116	104	104
北京（M）	155	153	149	126	124
长春（M）	136	128	126	113	112
长沙（M）	152	134	141	118	105
常德（M）	113	112	116	112	100
常州（M）	112	104	96	77	85
潮州（M）	130	128	129	118	108
成都（M）	156	152	164	152	131
重庆（M）	159	147	171	156	140
滁州	78	83	*	*	*
赤峰	*	98	109	98	*
赤峰（M）	*	*	*	*	86
达州	139	124	125	*	*
大理	134	128	137	118	114
大连（M）	159	143	140	127	122
大同	114	113	100	87	*
大庆	*	88	109	98	97
丹东	121	*	*	*	*
丹东（M）	*	133	117	106	110
德州（M）	130	118	111	89	81
东莞（M）	115	108	124	114	121
佛山（M）	134	146	137	100	96

续表

全国/城市	2018 年	2019 年	2020 年	2021 年	2022 年
福州（M）	104	92	94	99	80
抚顺（M）	171	162	161	135	133
赣州（M）	102	82	86	93	75
广元（M）	123	116	106	82	82
广州（M）	131	136	155	126	122
贵阳（M）	187	176	183	160	154
桂林	135	124	105	80	73
哈尔滨（M）	140	146	186	157	116
海口（M）	129	112	124	106	102
杭州（M）	110	99	101	97	93
合肥（M）	112	111	120	110	97
衡阳（M）	139	134	133	115	109
呼和浩特（M）	123	117	116	100	107
湖州（M）	94	76	82	64	59
惠州（M）	90	99	121	88	79
吉林市	127	116	122	103	109
济南（M）	146	130	139	145	139
济宁（M）	126	117	116	104	108
嘉兴	94	83	88	*	*
江门（M）	126	108	120	108	107
揭阳（M）	133	134	126	*	*
金华（M）	94	99	101	99	61
锦州（M）	130	120	117	129	119
荆门（M）	86	78	84	69	61
荆州（M）	93	88	102	81	79
九江（M）	107	96	115	99	93
昆明（M）	146	129	135	128	118
拉萨（M）	125	107	94	86	78
兰州（M）	134	119	126	123	106
乐山	125	123	127	*	*
柳州（M）	128	109	122	110	112
泸州	106	*	*	*	*
泸州（M）	*	122	120	117	100
洛阳（新）	86	83	121	*	*
洛阳（M）	*	*	*	120	120

续表

全国/城市	2018 年	2019 年	2020 年	2021 年	2022 年
梅州（M）	136	125	124	*	*
牡丹江	137	123	118	95	96
南昌（M）	120	115	135	100	81
南充	111	112	*	*	*
南充（M）	*	*	120	119	101
南京（M）	112	109	116	107	88
南宁（M）	116	109	122	106	98
南通（M）	85	80	84	68	*
宁波（M）	91	82	87	85	70
平顶山	92	87	92	*	*
平顶山（M）	*	*	*	95	82
秦皇岛	115	105	*	*	*
秦皇岛（M）	*	*	123	106	97
青岛（M）	137	134	149	126	122
衢州	107	99	94	*	*
衢州（M）	*	*	*	89	84
泉州（新）	74	81	82	*	*
泉州（M）	*	*	*	72	69
三亚（M）	88	83	75	79	67
厦门（M）	97	96	102	102	92
汕头（M）	125	111	118	91	*
汕尾	107	92	*	*	*
上海（M）	144	128	148	144	128
韶关（M）	129	119	128	111	108
绍兴	89	88	92	87	*
深圳（M）	100	104	104	111	98
沈阳（M）	156	150	156	143	137
石家庄（M）	112	106	112	106	90
苏州（M）	115	104	109	90	91
台州	96	86	90	*	*
台州（M）	*	*	*	86	80
太原（M）	126	111	110	93	100
泰州	92	92	101	*	*
唐山（M）	145	124	119	107	95
天津（城）（M）	165	157	152	129	121

续表

全国/城市	2018 年	2019 年	2020 年	2021 年	2022 年
铜陵	91	89	90	68	53
潍坊（M）	123	119	*	*	*
温州（M）	90	73	71	78	83
乌鲁木齐（M）	145	136	145	124	138
无锡（M）	96	92	105	89	70
芜湖	95	93	106	94	*
芜湖（M）	*	*	*	*	76
武汉（M）	108	116	131	123	120
西安（M）	129	121	128	117	100
西昌	134	*	*	*	*
西宁（M）	128	117	116	103	100
襄阳（襄樊）	141	134	132	*	*
襄阳（M）	*	*	*	102	101
徐州（M）	110	113	120	106	103
烟台（M）	115	107	112	97	77
盐城（M）	101	93	*	*	*
扬州（M）	95	92	97	85	76
阳江	*	*	*	*	*
宜宾	113	98	91	*	*
宜昌（M）	133	126	131	114	87
宜春	104	*	*	*	*
宜春（M）	*	103	98	79	*
银川（M）	121	121	145	109	93
营口	125	*	*	*	*
营口（M）	*	138	134	107	107
永济	115	104	104	96	108
玉溪	*	78	92	93	86
岳阳	100	101	*	*	*
岳阳（M）	*	*	123	141	85
湛江（M）	100	101	118	89	83
漳州	107	92	90	*	*
肇庆（M）	142	141	*	*	*
镇江（M）	115	103	100	91	86
郑州（M）	120	110	116	109	101
中山（M）	115	116	123	87	82

续表

全国/城市	2018 年	2019 年	2020 年	2021 年	2022 年
舟山	*	*	*	*	*
珠海（M）	110	100	117	93	101
株洲（M）	121	115	*	*	*
淄博	99	90	*	*	*
遵义	130	134	149	122	116

注：（1）全国：2018 年包括 116 个样本城市，2019 年包括 104 个样本城市，2020 年包括 109 个样本城市，2021 年包括 102 个样本城市，2022 年包括 98 个样本城市。

（2）标有（M）的城市为采用测量仪调查城市。

（3）＊表示没有数据。

（4）西昌自 2018 年 7 月 1 日起停止调查，本表中该地区 2018 年人均收视分钟数为 2018 年 1～6 月数据计算结果。

（5）金华、南充、秦皇岛、岳阳自 2019 年 10 月 1 日起停止日记卡方式调查，本表中该四个地区 2019 年人均收视分钟数为 2019 年 1～9 月数据计算结果。赤峰、大庆、玉溪自 2019 年 7 月 1 日起开始日记卡方式调查，本表中人均收视分钟数为 2019 年 7～12 月数据计算结果。

（6）潍坊（M）、盐城（M）、株洲（M）、肇庆（M）自 2019 年 7 月 1 日起停止测量仪方式调查，本表中该四个地区 2019 年人均收视分钟数为 2019 年 1～6 月数据计算结果。

（7）汕尾、滁州、鞍山、淄博自 2019 年 7 月 1 日起停止日记卡方式调查，本表中该四个地区 2019 年人均收视分钟数为 2019 年 1～6 月数据计算结果。

（8）泰州、宜宾自 2020 年 7 月 1 日起停止日记卡方式调查，本表中该两个地区 2020 年人均收视分钟数为 2020 年 1～6 月数据计算结果。

（9）芜湖自 2021 年 9 月 1 日起停止日记卡方式调查，本表中该地区 2021 年人均收视分钟数为 2021 年 1～8 月数据计算结果。

（10）永济自 2022 年 1 月 31 日起停止日记卡方式调查，本表中该地区 2022 年人均收视分钟数为 2022 年 1 月数据计算结果。

表 3.2.2　2022 年全国样本城市及各城市收视调查网人均时移收视时间及其占直播收视时间的比例

单位：分钟，%

全国/城市	人均时移收视时间	人均时移收视时间占直播收视时间的比例
全国	4.5	4.2
包头（M）	5.6	5.0
北京（M）	5.0	4.2
蚌埠（M）	3.9	4.6
长春（M）	4.3	4.0
长沙（M）	5.5	5.6
常德（M）	3.8	4.0
成都（M）	4.1	3.2
重庆（M）	6.1	4.5
大连（M）	2.5	2.1

续表

全国/城市	人均时移收视时间	人均时移收视时间占直播收视时间的比例
丹东（M）	1.6	1.5
福州（M）	1.8	2.3
赣州（M）	1.8	2.5
广州（M）	4.9	4.2
贵阳（M）	3.4	2.3
哈尔滨（M）	1.6	1.4
海口（M）	2.7	2.7
杭州（M）	3.0	3.3
合肥（M）	3.5	3.7
呼和浩特（M）	3.9	3.8
惠州（M）	2.2	2.9
济南（M）	6.5	4.9
金华（M）	1.7	2.9
济宁（M）	3.6	3.4
锦州（M）	2.0	1.7
九江（M）	2.7	3.0
昆明（M）	4.0	3.5
拉萨（M）	0.9	1.2
泸州（M）	2.1	2.1
兰州（M）	4.5	4.4
南昌（M）	2.2	2.8
南充（M）	1.2	1.2
南京（M）	4.8	5.8
南宁（M）	3.0	3.2
宁波（M）	2.2	3.2
青岛（M）	7.2	6.3
秦皇岛（M）	9.0	10.2
三亚（M）	2.6	4.0
厦门（M）	2.5	2.8
上海（M）	5.7	4.6
韶关（M）	4.4	4.3
深圳（M）	2.2	2.3
沈阳（M）	1.8	1.3
石家庄（M）	6.6	7.9
太原（M）	5.2	5.5
唐山（M）	6.5	7.4

续表

全国/城市	人均时移收视时间	人均时移收视时间占直播收视时间的比例
天津（城）（M）	10.5	9.5
温州（M）	1.7	2.1
乌鲁木齐（M）	8.9	6.9
无锡（M）	2.6	3.9
武汉（M）	3.6	3.1
西安（M）	5.5	5.8
西宁（M）	2.8	2.9
徐州（M）	5.4	5.6
烟台（M）	3.0	4.1
扬州（M）	1.1	1.5
宜昌（M）	1.7	2.0
银川（M）	7.0	8.1
岳阳（M）	3.1	3.8
湛江（M）	2.8	3.5
郑州（M）	4.1	4.2
洛阳（M）	5.1	4.4
平顶山（M）	2.5	3.1
泉州（M）	2.0	3.0
襄阳（M）	3.4	3.5

注：全国：2022 年包括 64 个采用测量仪方式进行调查的城市。

表 3.2.3　2018～2022 年全国样本城市各目标观众人均收视时间

单位：分钟

目标观众		2018 年	2019 年	2020 年	2021 年	2022 年
4 岁及以上所有人		129	124	132	118	110
性别	男	127	121	129	117	110
	女	132	126	134	120	110
年龄	4～14 岁	105	98	110	95	94
	15～24 岁	61	56	66	58	54
	25～34 岁	77	71	76	69	64
	35～44 岁	95	88	95	84	75
	45～54 岁	163	150	151	133	126
	55～64 岁	229	220	224	198	182
	65 岁及以上	275	277	288	270	254

续表

目标观众		2018 年	2019 年	2020 年	2021 年	2022 年
受教育程度	未受过正规教育	134	128	139	128	123
	小学	163	159	165	150	143
	初中	153	149	152	136	125
	高中	127	122	133	121	112
	大学及以上	91	84	94	85	79
职业类别	干部/管理人员	97	91	96	82	79
	个体/私营企业人员	111	104	110	99	94
	初级公务员/雇员	92	83	91	79	73
	工人	102	99	109	97	87
	学生	76	71	81	69	67
	无业	217	215	221	205	193
	其他	169	165	169	158	136
个人月收入	0～600 元	113	109	115	103	96
	601～1200 元	186	192	202	190	172
	1201～1700 元	168	170	183	171	164
	1701～2600 元	159	157	167	153	144
	2601～3500 元	136	138	149	136	127
	3501～5000 元	123	118	131	118	112
	5001 元及以上	104	96	104	97	93

表 3.2.4　2018～2022 年各省级收视调查网人均收视时间

单位：分钟

省份	目标观众	2018 年	2019 年	2020 年	2021 年	2022 年
安徽	4 岁及以上所有人	82	81	88	70	62
	城市	93	94	102	74	58
	农村	77	74	81	68	65
福建（M）	4 岁及以上所有人	138	126	123	112	106
	城市	106	98	98	90	82
	农村	154	140	134	123	123
甘肃（M）	4 岁及以上所有人	78	76	84	55	63
	城市	104	95	104	79	81
	农村	64	66	73	42	51
广东（M）	4 岁及以上所有人	125	120	121	103	99
	城市	114	113	119	99	95
	农村	140	129	123	108	109

续表

省份	目标观众	2018 年	2019 年	2020 年	2021 年	2022 年
广西	4 岁及以上所有人	104	99	99	94	95
	城市	113	104	104	95	97
	农村	100	96	97	94	95
贵州	4 岁及以上所有人	111	112	122	122	111
	城市	138	130	140	124	119
	农村	101	105	115	122	107
海南（M）	4 岁及以上所有人	108	92	88	78	75
	城市	111	98	99	92	87
	农村	107	89	82	70	66
河北（M）	4 岁及以上所有人	120	102	101	84	77
	城市	122	110	114	102	94
	农村	120	100	97	79	66
河南（M）	4 岁及以上所有人	104	91	96	73	82
	城市	92	85	100	98	106
	农村	107	93	95	61	70
黑龙江	4 岁及以上所有人	98	90	97	87	84
	城市	124	104	112	89	92
	农村	81	81	86	85	76
湖北（M）	4 岁及以上所有人	140	125	123	112	106
	城市	110	109	118	103	97
	农村	163	137	127	119	113
湖南（M）	4 岁及以上所有人	134	114	107	91	83
	城市	133	122	124	112	97
	农村	134	111	103	85	78
吉林	4 岁及以上所有人	119	109	110	92	90
	城市	124	104	109	92	90
	农村	116	112	110	92	89
江苏（M）	4 岁及以上所有人	134	119	115	105	96
	城市	117	105	107	90	80
	农村	148	129	121	116	115
江西（M）	4 岁及以上所有人	105	99	95	83	81
	城市	109	101	110	99	77
	农村	104	99	91	79	83

续表

省份	目标观众	2018 年	2019 年	2020 年	2021 年	2022 年
辽宁（M）	4 岁及以上所有人	153	137	132	114	113
	城市	150	140	138	123	120
	农村	156	135	127	105	104
内蒙古（M）	4 岁及以上所有人	114	109	113	97	94
	城市	109	109	116	94	109
	农村	116	109	111	98	80
宁夏（M）	4 岁及以上所有人	113	104	101	75	72
	城市	126	113	111	85	85
	农村	100	95	91	64	57
山东（M）	4 岁及以上所有人	171	139	142	124	128
	城市	134	122	126	113	103
	农村	190	147	150	130	148
山西（M）	4 岁及以上所有人	117	107	106	95	87
	城市	119	109	105	91	102
	农村	116	106	106	96	77
陕西（M）	4 岁及以上所有人	116	107	106	80	77
	城市	112	102	104	94	91
	农村	119	111	106	72	63
四川（M）	4 岁及以上所有人	143	127	119	106	97
	城市	145	136	137	125	112
	农村	142	122	111	97	86
新疆（M）	4 岁及以上所有人	79	75	90	100	108
	城市	94	86	93	107	126
	农村	68	66	87	94	98
云南	4 岁及以上所有人	114	109	109	101	97
	城市	122	117	119	105	104
	农村	111	106	106	99	94
浙江（M）	4 岁及以上所有人	111	99	91	83	78
	城市	106	92	91	88	81
	农村	115	104	90	80	75

注：(1) 内蒙古（M）自 2021 年 12 月 31 日起停止日记卡方式调查，本表中该地区 2022 年目标观众人均收视分钟数为 2022 年测量仪方式调查数据计算结果。

(2) 山西（M）自 2022 年 1 月 31 日起停止日记卡方式调查，本表中该地区 2022 年目标观众人均收视分钟数为 2022 年 1 ~ 12 月测量仪方式调查数据计算结果。

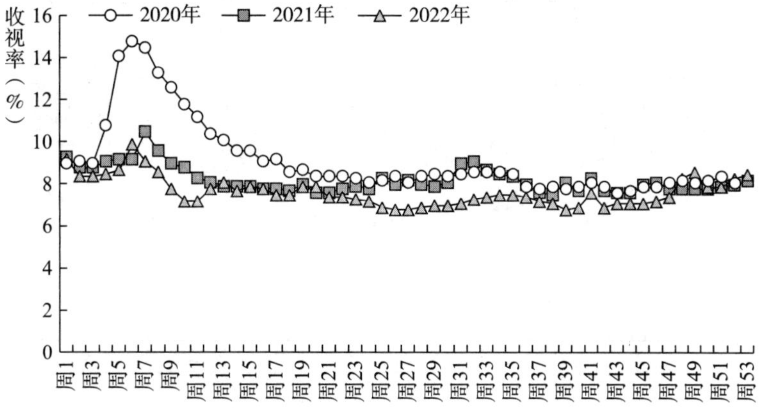

图 3. 2. 1　2020～2022 年全国样本城市观众全年收视率走势

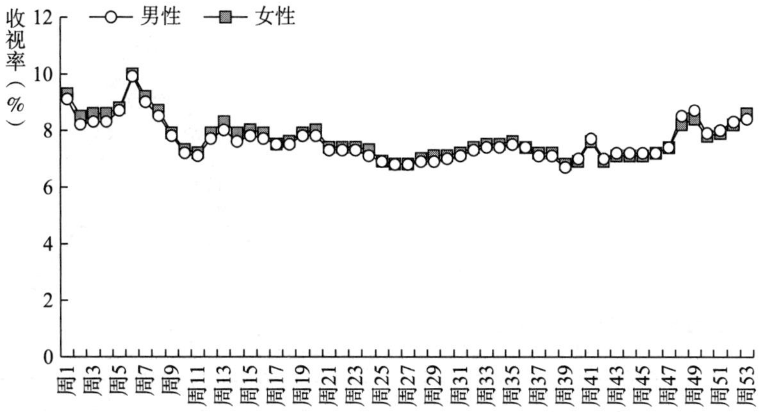

图 3. 2. 2　2022 年全国样本城市不同性别观众全年收视率走势

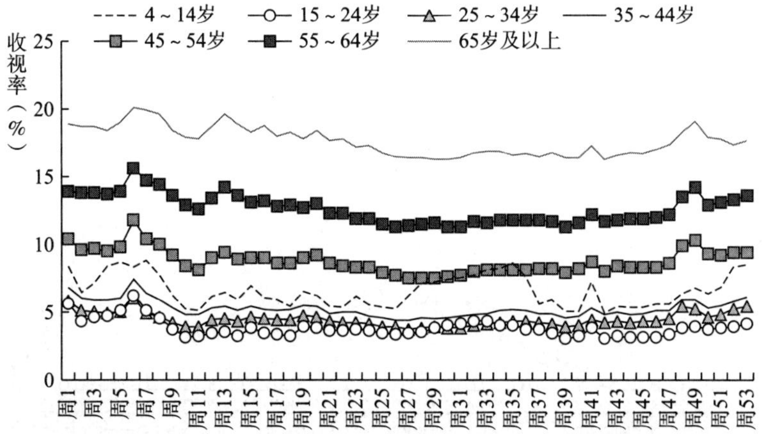

图 3. 2. 3　2022 年全国样本城市不同年龄观众全年收视率走势

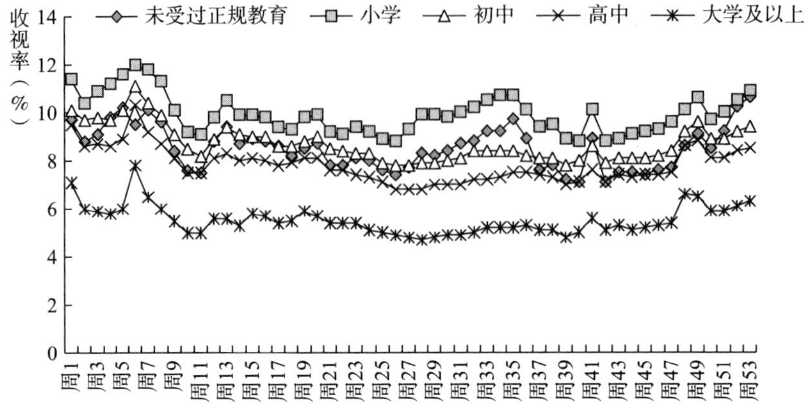

图 3.2.4　2022 年全国样本城市不同文化程度观众全年收视率走势

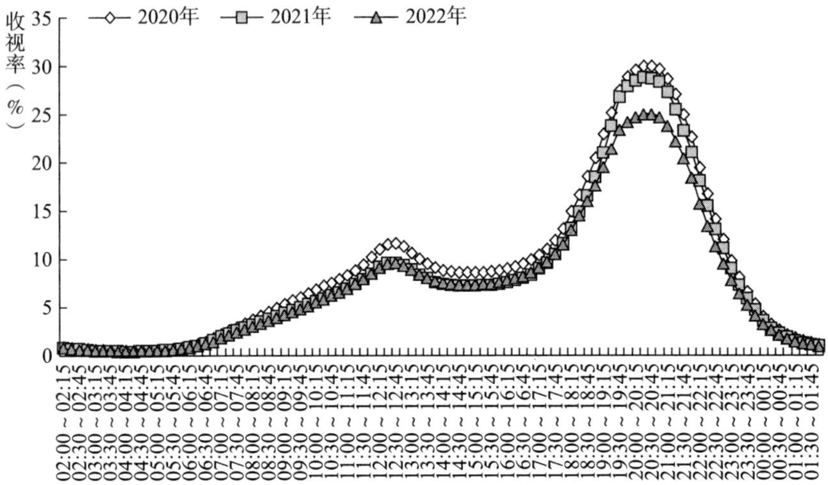

图 3.2.5　2020～2022 年全国样本城市观众全天收视率走势

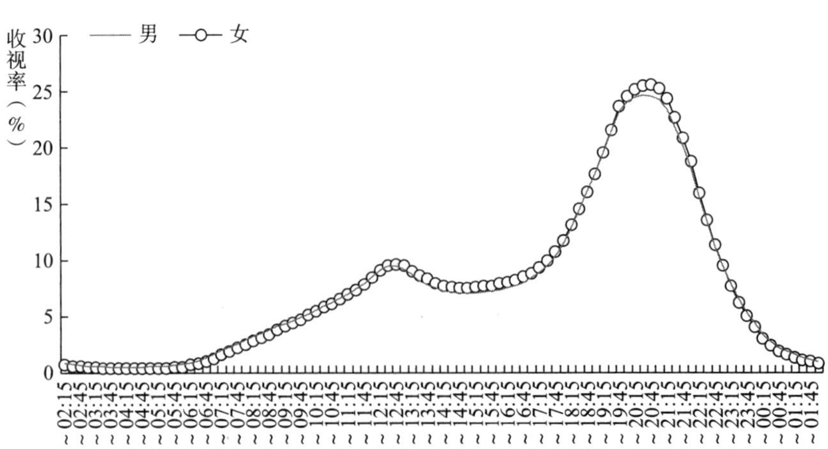

图 3.2.6　2022 年全国样本城市不同性别观众全天收视率走势

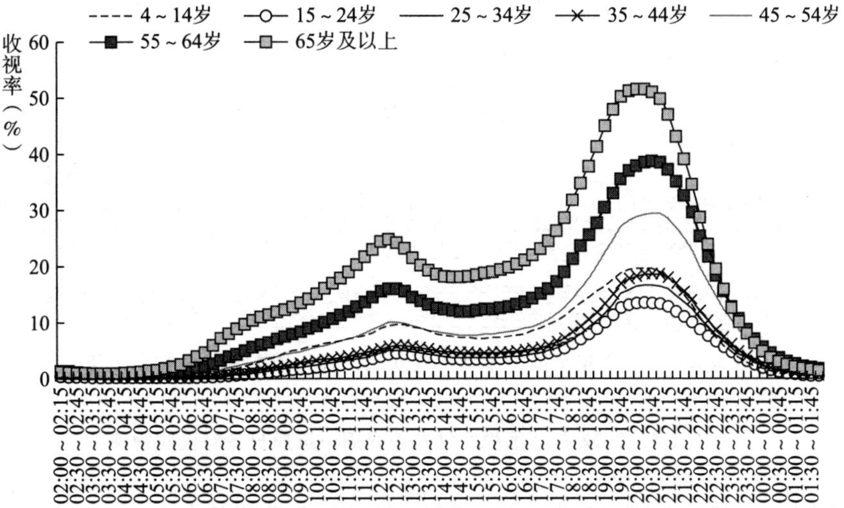

图 3.2.7　2022 年全国样本城市不同年龄观众全天收视率走势

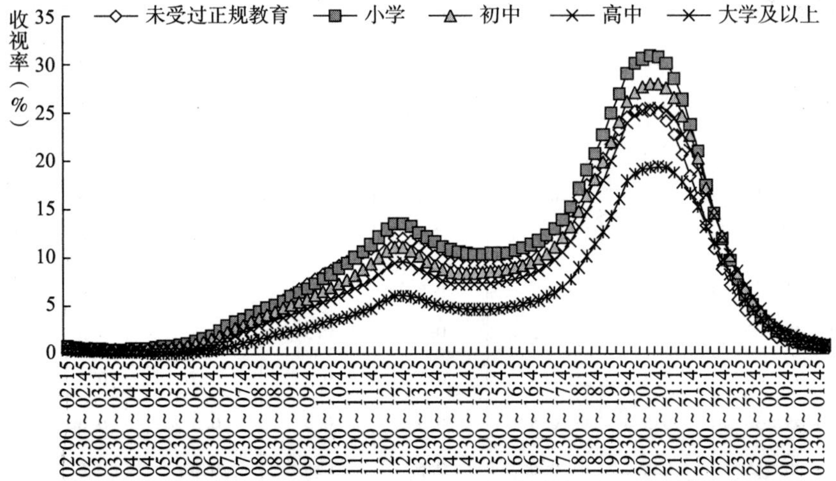

图 3.2.8　2022 年全国样本城市不同文化程度观众全天收视率走势

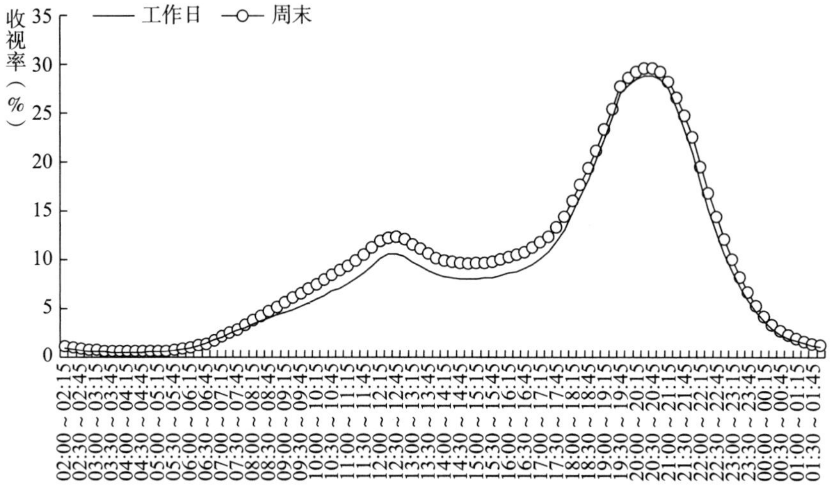

图 3.2.9　2022 年全国样本城市观众工作日与周末全天收视率走势

表 3.2.5　2022 年全国样本城市观众周一至周日各时段收视率

单位：%

时间段	周一	周二	周三	周四	周五	周六	周日
02：00～02：15	0.8	0.8	0.7	0.7	0.7	0.9	0.9
02：15～02：30	0.7	0.7	0.6	0.6	0.6	0.8	0.8
02：30～02：45	0.6	0.6	0.6	0.6	0.6	0.7	0.7
02：45～03：00	0.6	0.5	0.5	0.5	0.5	0.6	0.6
03：00～03：15	0.5	0.5	0.5	0.5	0.5	0.6	0.6
03：15～03：30	0.5	0.5	0.5	0.5	0.5	0.5	0.5
03：30～03：45	0.5	0.4	0.5	0.5	0.4	0.5	0.5
03：45～04：00	0.4	0.4	0.4	0.4	0.4	0.5	0.5
04：00～04：15	0.4	0.4	0.4	0.4	0.4	0.5	0.5
04：15～04：30	0.4	0.4	0.4	0.4	0.4	0.5	0.5
04：30～04：45	0.4	0.4	0.4	0.5	0.4	0.5	0.5
04：45～05：00	0.5	0.5	0.5	0.5	0.5	0.5	0.5
05：00～05：15	0.5	0.5	0.5	0.5	0.5	0.5	0.5
05：15～05：30	0.5	0.5	0.5	0.5	0.5	0.6	0.5
05：30～05：45	0.6	0.6	0.6	0.6	0.6	0.6	0.6
05：45～06：00	0.7	0.6	0.7	0.7	0.7	0.7	0.7
06：00～06：15	0.8	0.8	0.8	0.8	0.8	0.8	0.8
06：15～06：30	0.9	0.9	1.0	1.0	1.0	1.0	0.9
06：30～06：45	1.2	1.2	1.2	1.2	1.2	1.2	1.1

续表

时间段	周一	周二	周三	周四	周五	周六	周日
06：45～07：00	1.5	1.5	1.5	1.5	1.5	1.4	1.4
07：00～07：15	1.8	1.8	1.8	1.8	1.8	1.8	1.8
07：15～07：30	2.1	2.1	2.1	2.1	2.1	2.1	2.1
07：30～07：45	2.4	2.4	2.4	2.4	2.4	2.4	2.4
07：45～08：00	2.7	2.6	2.7	2.6	2.6	2.8	2.8
08：00～08：15	2.9	2.9	2.9	2.9	2.9	3.2	3.2
08：15～08：30	3.2	3.2	3.2	3.2	3.2	3.6	3.6
08：30～08：45	3.5	3.4	3.4	3.4	3.4	4.0	4.0
08：45～09：00	3.8	3.7	3.7	3.7	3.7	4.4	4.5
09：00～09：15	4.0	4.0	4.0	4.0	4.0	4.8	4.9
09：15～09：30	4.3	4.2	4.2	4.2	4.3	5.2	5.3
09：30～09：45	4.5	4.5	4.4	4.5	4.5	5.5	5.7
09：45～10：00	4.8	4.8	4.7	4.8	4.8	5.9	6.1
10：00～10：15	5.1	5.2	5.0	5.1	5.1	6.3	6.5
10：15～10：30	5.5	5.5	5.4	5.4	5.4	6.7	6.9
10：30～10：45	5.8	5.8	5.7	5.7	5.8	7.0	7.3
10：45～11：00	6.1	6.2	6.0	6.1	6.1	7.4	7.7
11：00～11：15	6.5	6.5	6.4	6.4	6.5	7.8	8.1
11：15～11：30	7.0	7.0	6.9	6.9	7.0	8.3	8.6
11：30～11：45	7.5	7.5	7.4	7.4	7.5	8.9	9.2
11：45～12：00	8.1	8.0	7.9	7.9	8.0	9.4	9.8
12：00～12：15	8.7	8.7	8.6	8.6	8.7	10.0	10.4
12：15～12：30	9.2	9.1	9.0	9.0	9.1	10.4	10.7
12：30～12：45	9.2	9.1	9.1	9.1	9.2	10.4	10.8
12：45～13：00	9.0	8.9	8.8	8.8	8.9	10.2	10.6
13：00～13：15	8.5	8.4	8.4	8.4	8.5	9.8	10.1
13：15～13：30	8.1	8.0	7.9	8.0	8.1	9.3	9.6
13：30～13：45	7.7	7.6	7.5	7.6	7.7	9.0	9.2
13：45～14：00	7.3	7.3	7.2	7.2	7.3	8.6	8.9
14：00～14：15	7.1	7.1	7.0	7.0	7.1	8.4	8.6
14：15～14：30	7.0	7.0	6.9	6.9	7.0	8.2	8.5
14：30～14：45	6.9	6.9	6.8	6.8	6.9	8.2	8.4
14：45～15：00	6.9	6.8	6.8	6.8	6.9	8.1	8.4
15：00～15：15	7.0	6.9	6.8	6.9	7.0	8.2	8.4
15：15～15：30	7.1	7.0	6.9	7.0	7.1	8.2	8.5

续表

时间段	周一	周二	周三	周四	周五	周六	周日
15：30～15：45	7.1	7.0	7.0	7.0	7.1	8.3	8.6
15：45～16：00	7.3	7.1	7.1	7.1	7.3	8.5	8.7
16：00～16：15	7.4	7.3	7.3	7.3	7.4	8.6	8.9
16：15～16：30	7.6	7.5	7.5	7.5	7.6	8.8	9.1
16：30～16：45	7.9	7.8	7.7	7.8	7.9	9.1	9.4
16：45～17：00	8.3	8.2	8.1	8.2	8.3	9.5	9.7
17：00～17：15	8.8	8.6	8.6	8.7	8.8	9.9	10.2
17：15～17：30	9.4	9.3	9.2	9.3	9.4	10.5	10.8
17：30～17：45	10.2	10.1	10.0	10.1	10.2	11.2	11.5
17：45～18：00	11.2	11.1	11.1	11.2	11.3	12.2	12.5
18：00～18：15	12.7	12.6	12.6	12.7	12.8	13.6	13.9
18：15～18：30	14.2	14.1	14.1	14.2	14.3	15.1	15.3
18：30～18：45	15.8	15.7	15.6	15.7	15.9	16.5	16.8
18：45～19：00	17.4	17.3	17.3	17.4	17.5	18.1	18.3
19：00～19：15	19.3	19.2	19.2	19.2	19.5	19.9	20.2
19：15～19：30	21.2	21.1	21.0	21.1	21.6	21.9	22.0
19：30～19：45	23.2	23.1	23.0	23.0	23.6	23.9	23.9
19：45～20：00	24.1	23.9	23.8	23.9	24.5	24.7	24.7
20：00～20：15	24.6	24.4	24.2	24.3	25.0	25.3	25.1
20：15～20：30	24.8	24.7	24.5	24.6	25.4	25.6	25.3
20：30～20：45	24.8	24.7	24.5	24.5	25.4	25.7	25.2
20：45～21：00	24.5	24.4	24.1	24.2	25.2	25.4	24.9
21：00～21：15	23.5	23.4	23.2	23.3	24.5	24.6	24.0
21：15～21：30	21.7	21.5	21.3	21.6	23.3	23.4	22.4
21：30～21：45	19.8	19.6	19.4	19.7	21.9	22.0	20.6
21：45～22：00	17.6	17.4	17.2	17.6	20.2	20.2	18.5
22：00～22：15	14.9	14.6	14.3	14.7	17.7	17.6	16.0
22：15～22：30	12.6	12.4	12.1	12.4	15.3	15.1	13.9
22：30～22：45	10.6	10.3	10.0	10.3	13.1	13.0	11.7
22：45～23：00	8.9	8.6	8.3	8.5	11.2	11.1	9.7
23：00～23：15	7.3	7.0	6.8	6.8	9.4	9.4	7.7
23：15～23：30	6.0	5.7	5.5	5.6	7.9	7.8	6.2
23：30～23：45	4.9	4.6	4.5	4.5	6.5	6.3	5.0
23：45～00：00	4.0	3.7	3.6	3.6	5.0	4.9	4.0
00：00～00：15	3.2	2.9	2.8	2.8	3.7	3.9	3.2

续表

时间段	周一	周二	周三	周四	周五	周六	周日
00：15～00：30	2.5	2.3	2.3	2.3	2.9	3.1	2.5
00：30～00：45	2.1	1.9	1.9	1.9	2.3	2.5	2.1
00：45～01：00	1.7	1.6	1.6	1.6	1.9	2.0	1.7
01：00～01：15	1.4	1.3	1.3	1.3	1.6	1.6	1.5
01：15～01：30	1.2	1.1	1.1	1.1	1.3	1.4	1.3
01：30～01：45	1.1	1.0	1.0	1.0	1.2	1.2	1.1
01：45～02：00	0.9	0.9	0.8	0.9	1.0	1.0	1.0

表 3.2.6　2022 年全国样本城市所有频道及各类频道观众构成

单位：%

目标观众		所有频道	中央广播电视总台	中国教育台频道	省级卫视频道	其他频道
4 岁及以上所有人		100.0	100.0	100.0	100.0	100.0
性别	男	50.9	54.2	56.5	49.3	49.0
	女	49.1	45.8	43.5	50.7	51.0
年龄	4～14 岁	7.7	4.0	5.4	7.6	13.6
	15～24 岁	5.9	4.9	5.1	6.9	6.8
	25～34 岁	14.1	10.1	9.7	16.5	17.6
	35～44 岁	11.2	9.0	7.9	12.2	14.3
	45～54 岁	20.4	21.7	17.9	19.7	21.3
	55～64 岁	16.0	17.8	19.4	15.1	12.7
	65 岁及以上	24.8	32.4	34.6	21.9	13.8
受教育程度	未受过正规教育	4.5	3.0	3.9	4.8	5.8
	小学	16.8	15.3	21.1	16.1	16.0
	初中	30.5	32.2	33.8	30.5	26.3
	高中	26.5	28.0	25.2	25.9	26.6
	大学及以上	21.8	21.5	16.0	22.7	25.2
职业类别	干部/管理人员	1.4	1.5	1.7	1.4	1.8
	个体/私营企业人员	12.3	11.9	11.0	12.7	13.5
	初级公务员/雇员	18.0	16.2	14.1	19.1	21.5
	工人	11.8	11.1	8.8	12.2	11.4
	学生	8.0	5.3	6.0	8.1	12.8
	无业	44.9	50.1	53.2	43.1	36.8
	其他	3.5	3.9	5.2	3.5	2.2

续表

目标观众		所有频道	中央广播电视总台	中国教育台频道	省级卫视频道	其他频道
个人月收入	0～600元	21.9	16.2	19.7	23.1	29.1
	601～1200元	2.9	3.2	4.0	2.7	1.7
	1201～1700元	3.1	3.3	3.8	3.0	2.3
	1701～2600元	11.3	13.2	12.2	11.1	8.3
	2601～3500元	16.7	19.4	18.7	15.8	14.0
	3501～5000元	22.0	24.2	22.2	21.0	20.6
	5001元及以上	21.9	20.6	19.3	23.3	23.9

表3.2.7　2018～2022年全国样本城市电视收视市场各类频道的占有率

单位：%

频道类别	2018年	2019年	2020年	2021年	2022年
中央广播电视总台	30.2	27.2	26.3	23.8	27.4
中国教育台频道	0.2	0.1	0.2	0.1	0.1
省级卫视频道	26.4	27.4	29.4	31.6	26.4
其他频道	43.2	45.3	44.1	44.5	46.1

表3.2.8　2020～2022年各类频道在全国样本城市各目标观众中的市场占有率

单位：%

目标观众		中央广播电视总台			省级卫视频道			中国教育台频道		
		2020年	2021年	2022年	2020年	2021年	2022年	2020年	2021年	2022年
4岁及以上所有人		26.3	23.8	27.4	29.4	31.6	26.4	0.2	0.1	0.1
性别	男	28.0	25.4	29.1	28.1	30.4	25.6	0.2	0.1	0.1
	女	24.6	22.1	25.5	30.7	32.7	27.3	0.1	0.1	0.1
年龄	4～14岁	17.2	12.6	14.3	31.1	31.8	26.0	0.1	0.1	0.1
	15～24岁	22.9	19.3	22.9	32.7	36.0	30.9	0.2	0.1	0.1
	25～34岁	18.2	15.5	19.6	32.4	37.7	31.0	0.1	0.1	0.1
	35～44岁	22.9	19.0	22.0	30.7	34.7	28.8	0.1	0.1	0.1
	45～54岁	26.6	24.4	29.1	29.0	31.0	25.6	0.2	0.1	0.1
	55～64岁	28.9	27.0	30.5	28.4	29.0	24.9	0.2	0.2	0.1
	65岁及以上	34.8	32.6	35.8	26.4	27.6	23.4	0.2	0.2	0.2
受教育程度	未受过正规教育	20.9	17.1	18.6	31.2	32.3	28.2	0.1	0.1	0.1
	小学	25.1	22.9	24.9	27.8	30.3	25.3	0.2	0.2	0.1
	初中	28.2	25.2	28.9	28.8	31.1	26.5	0.2	0.2	0.1
	高中	27.2	25.0	28.8	29.5	31.2	25.8	0.1	0.1	0.1
	大学及以上	24.3	22.1	27.0	31.1	33.6	27.6	0.1	0.1	0.1

续表

目标观众		中央广播电视总台			省级卫视频道			中国教育台频道		
		2020 年	2021 年	2022 年	2020 年	2021 年	2022 年	2020 年	2021 年	2022 年
职业类别	干部/管理人员	25.7	23.6	28.3	29.3	30.4	25.2	0.1	0.1	0.1
	个体/私营企业人员	25.9	22.9	26.5	28.6	32.1	27.1	0.2	0.1	0.1
	初级公务员/雇员	22.8	20.1	24.6	30.8	33.3	28.0	0.1	0.1	0.1
	工人	23.8	21.3	25.8	29.7	34.4	27.3	0.1	0.1	0.1
	学生	19.7	15.4	18.0	31.7	32.9	26.7	0.1	0.1	0.1
	无业	29.4	27.2	30.6	28.7	29.7	25.4	0.2	0.2	0.1
	其他	30.5	27.4	30.2	27.3	31.8	25.9	0.2	0.2	0.2
个人月收入	0～600 元	21.7	18.3	20.2	30.8	33.2	27.7	0.1	0.1	0.1
	601～1200 元	29.3	27.9	29.9	26.9	29.6	25.0	0.2	0.2	0.2
	1201～1700 元	30.9	27.9	28.9	29.4	30.1	25.0	0.2	0.2	0.1
	1701～2600 元	30.0	28.4	31.7	29.0	30.7	25.8	0.2	0.1	0.1
	2601～3500 元	29.7	27.4	31.7	28.5	30.3	24.9	0.2	0.1	0.1
	3501～5000 元	26.1	24.8	30.1	29.2	30.8	25.3	0.1	0.1	0.1
	5001 元及以上	23.9	21.0	25.7	29.5	32.9	28.1	0.1	0.1	0.1

表 3.2.9　2020～2022 年全国样本城市市场各类频道在各时段的占有率

单位：%

时间段	中央广播电视总台			省级卫视频道			中国教育台频道		
	2020 年	2021 年	2022 年	2020 年	2021 年	2022 年	2020 年	2021 年	2022 年
02：00～03：00	20.0	22.2	23.5	28.8	26.9	22.6	0.3	0.3	0.2
03：00～04：00	21.5	23.7	26.2	27.0	25.4	20.8	0.2	0.2	0.1
04：00～05：00	26.7	28.7	32.4	25.3	24.4	20.7	0.2	0.2	0.1
05：00～06：00	35.8	35.7	38.0	23.0	23.2	22.7	0.3	0.3	0.2
06：00～07：00	44.1	44.3	47.0	18.4	18.9	18.4	0.3	0.4	0.1
07：00～08：00	39.9	38.0	40.0	19.4	19.2	17.9	0.3	0.3	0.2
08：00～09：00	36.8	34.8	36.6	22.8	21.7	18.7	0.2	0.3	0.3
09：00～10：00	30.9	29.7	31.1	28.0	26.4	24.2	0.3	0.3	0.3
10：00～11：00	28.7	27.7	29.1	30.5	28.7	25.9	0.4	0.3	0.3
11：00～12：00	30.6	28.9	30.9	29.6	28.1	24.9	0.2	0.2	0.2
12：00～13：00	33.3	30.6	32.4	25.7	25.6	23.3	0.1	0.1	0.1
13：00～14：00	27.8	25.3	26.1	30.8	30.7	28.5	0.2	0.2	0.2
14：00～15：00	26.2	23.6	24.4	33.6	34.4	31.2	0.3	0.2	0.2
15：00～16：00	26.1	24.1	24.8	34.1	34.6	31.9	0.3	0.2	0.2
16：00～17：00	27.1	25.4	26.5	33.1	33.0	30.5	0.3	0.2	0.2
17：00～18：00	27.0	25.8	27.5	28.0	26.8	25.0	0.1	0.1	0.1

续表

时间段	中央广播电视总台			省级卫视频道			中国教育台频道		
	2020 年	2021 年	2022 年	2020 年	2021 年	2022 年	2020 年	2021 年	2022 年
18：00～19：00	25.2	24.1	26.8	17.2	17.0	16.2	0.1	0.1	0.0
19：00～20：00	27.4	23.0	28.8	25.7	32.3	24.4	0.1	0.1	0.0
20：00～21：00	21.9	18.4	25.2	36.7	42.1	32.4	0.1	0.1	0.0
21：00～22：00	23.0	20.2	25.6	33.5	37.4	29.6	0.1	0.1	0.1
22：00～23：00	22.7	20.4	23.9	30.2	33.4	27.6	0.1	0.1	0.1
23：00～00：00	23.8	22.6	25.1	29.7	30.9	26.0	0.1	0.1	0.1
00：00～01：00	24.4	23.9	26.4	24.3	24.6	20.4	0.2	0.3	0.2
01：00～02：00	21.6	22.8	24.7	25.5	24.3	20.0	0.3	0.4	0.3

表 3.2.10　2022 年各月全国样本城市市场各类频道的占有率

单位：%

月份	中央广播电视总台	中国教育台频道	省级卫视频道	其他频道
1 月	24.8	0.1	30.9	44.2
2 月	32.9	0.1	21.6	45.4
3 月	29.0	0.1	23.3	47.6
4 月	27.4	0.1	25.2	47.3
5 月	27.2	0.1	26.5	46.2
6 月	26.4	0.1	27.4	46.1
7 月	26.6	0.1	26.4	46.9
8 月	26.0	0.1	27.6	46.3
9 月	26.1	0.1	27.7	46.1
10 月	28.0	0.1	26.3	45.6
11 月	27.9	0.1	25.9	46.1
12 月	26.2	0.1	27.8	45.9

表 3.2.11　2022 年全国样本城市市场份额排名前二十位的频道

单位：%

名次	频道名称	市场份额
1	中央电视台综合频道	4.0
2	中央台四套	3.9
3	中央台六套	3.5
4	中央台八套	3.3
5	中央电视台新闻频道	3.0
6	湖南卫视	2.9
7	浙江卫视	2.8
8	江苏卫视	2.7
9	中央台五套	2.4

续表

名次	频道名称	市场份额
10	东方卫视	2.0
11	北京卫视	1.6
12	中央台三套	1.3
12	深圳卫视	1.3
12	广东广播电视台珠江频道	1.3
15	广东卫视	1.2
16	中央台二套	1.1
16	湖南电视台金鹰卡通频道	1.1
18	翡翠台（中文）（有线网转播）	0.9
18	上海电视台新闻综合频道	0.9
18	安徽卫视	0.9

表 3.2.12 2020～2022 年全国样本城市市场各类节目的播出比重与收视比重

单位：%

节目类别	2020 年		2021 年		2022 年	
	播出比重	收视比重	播出比重	收视比重	播出比重	收视比重
新闻/时事	10.8	16.8	10.4	14.5	10.8	16.0
综艺	4.5	10.1	4.3	11.0	4.2	8.6
电视剧	29.8	34.8	28.9	35.9	28.8	35.1
体育	2.6	2.2	2.9	3.6	3.2	4.6
专题	8.9	5.9	10.0	5.9	11.5	6.3
教学	0.4	0.1	0.3	0.1	0.5	0.0
外语	0.1	0.0	0.1	0.0	0.1	0.0
青少	5.0	4.8	5.0	4.0	5.4	4.5
音乐	1.3	1.2	1.3	0.9	1.3	0.7
电影	2.7	4.2	2.3	4.1	1.9	4.8
戏剧	0.8	0.4	0.9	0.4	1.0	0.4
财经	0.9	0.7	1.0	0.8	1.1	1.0
生活服务	13.9	6.1	14.7	6.2	13.6	5.9
法制	1.2	0.9	1.3	0.9	1.3	0.9
其他	17.1	11.8	16.6	11.7	15.2	11.1

表 3.2.13 2020～2022 年中央广播电视总台各类节目的播出比重与收视比重

单位：%

节目类别	2020 年		2021 年		2022 年	
	播出比重	收视比重	播出比重	收视比重	播出比重	收视比重
新闻/时事	12.4	23.5	11.7	19.3	11.3	21.2
综艺	6.0	8.7	6.5	9.2	6.0	6.9

续表

节目类别	2020年		2021年		2022年	
	播出比重	收视比重	播出比重	收视比重	播出比重	收视比重
电视剧	15.2	20.7	14.8	20.6	13.7	20.5
体育	11.2	4.3	12.1	8.3	15.2	9.6
专题	20.8	10.1	21.2	10.5	20.7	10.3
教学	0.3	0.1	0.3	0.1	0.3	0.1
外语	0.4	0.0	0.5	0.0	0.7	0.0
青少	3.2	2.8	3.1	2.1	3.0	1.8
音乐	4.4	2.8	4.2	2.1	4.3	1.4
电影	5.0	9.6	5.0	10.5	4.8	10.9
戏剧	2.7	0.8	2.4	0.6	2.3	0.6
财经	2.6	1.5	2.8	1.8	2.7	2.0
生活服务	3.7	3.5	3.5	3.4	3.2	3.4
法制	1.8	1.5	1.9	1.6	2.0	1.4
其他	10.3	10.1	10.1	9.8	9.8	9.9

表3.2.14　2020～2022年省级卫视各类节目的播出比重与收视比重

单位：%

节目类别	2020年		2021年		2022年	
	播出比重	收视比重	播出比重	收视比重	播出比重	收视比重
新闻/时事	9.8	9.7	9.3	9.2	9.0	9.2
综艺	4.8	14.3	4.4	15.1	3.7	12.6
电视剧	33.8	44.3	33.8	45.9	34.9	45.9
体育	2.1	0.4	2.0	0.3	2.2	0.6
专题	13.3	3.6	14.1	3.6	15.2	4.1
教学	0.3	0.1	0.2	0.0	0.3	0.0
外语	0.1	0.0	0.1	0.0	0.0	0.0
青少	10.0	7.8	10.0	6.1	10.5	8.1
音乐	0.8	0.4	0.7	0.4	0.7	0.4
电影	1.6	1.1	1.4	1.0	1.0	1.2
戏剧	0.5	0.1	0.6	0.1	0.6	0.2
财经	0.3	0.1	0.3	0.1	0.3	0.2
生活服务	6.0	6.2	6.6	6.4	6.4	6.2
法制	0.1	0.0	0.2	0.0	0.7	0.2
其他	16.5	11.9	16.3	11.7	14.6	11.1

表 3.2.15　2022 年全国样本城市各类节目在各目标观众市场的收视比重

单位：%

目标观众		新闻/时事	综艺	电视剧	体育	专题	教学	外语	青少	音乐	电影	戏剧	财经	生活服务	法制	其他
4 岁及以上所有人		16.0	8.6	35.1	4.6	6.3	0.0	0.0	4.5	0.7	4.8	0.4	1.0	5.9	0.9	11.1
性别	男	16.9	8.2	33.8	5.2	6.6	0.1	0.0	4.2	0.7	5.3	0.4	1.0	5.7	0.8	11.0
	女	15.1	8.9	36.5	4.0	6.0	0.0	0.0	4.7	0.7	4.3	0.4	0.9	6.2	0.9	11.3
年龄	4～14 岁	10.0	7.8	26.7	3.2	4.6	0.0	0.0	23.7	0.7	5.1	0.2	0.5	5.2	0.5	11.6
	15～24 岁	14.7	11.6	34.9	4.7	6.2	0.1	0.0	3.2	0.9	4.7	0.4	0.8	5.9	0.7	11.2
	25～34 岁	13.7	10.7	34.7	4.4	5.6	0.1	0.0	6.6	0.7	4.6	0.3	0.7	6.0	0.6	11.3
	35～44 岁	13.9	9.9	32.6	5.0	5.7	0.0	0.0	7.5	0.8	5.7	0.2	1.0	5.8	0.7	11.2
	45～54 岁	15.4	8.7	34.9	4.9	6.9	0.1	0.0	2.3	0.8	6.9	0.3	1.1	5.7	0.8	11.3
	55～64 岁	16.9	7.8	36.5	4.8	6.5	0.0	0.0	2.8	0.7	4.4	0.2	1.1	6.0	1.0	11.2
	65 岁及以上	19.1	7.0	37.1	4.7	6.7	0.0	0.0	1.5	0.7	3.4	0.7	1.1	6.1	1.1	10.7
教育程度	未受过正规教育	11.3	6.3	31.0	2.4	5.0	0.1	0.0	19.5	0.7	4.9	0.5	0.6	5.3	0.6	11.9
	小学	13.7	7.5	38.8	3.0	5.6	0.0	0.0	6.0	0.7	5.3	0.5	0.6	5.7	0.7	11.8
	初中	16.0	8.4	36.8	4.2	6.3	0.0	0.0	3.1	0.7	5.1	0.4	0.9	5.9	0.9	11.2
	高中	17.3	8.7	34.0	5.4	6.7	0.1	0.0	3.1	0.8	4.6	0.3	1.2	6.0	0.9	10.8
	大学及以上	17.2	9.9	31.5	6.2	6.8	0.1	0.0	4.1	0.7	4.4	0.3	1.2	6.0	0.8	10.7
职业类别	干部/管理人员	17.3	9.6	29.3	7.5	7.6	0.1	0.0	3.3	0.7	5.8	0.3	1.2	6.0	0.7	10.5
	个体/私营企业人员	14.8	9.0	35.2	4.5	6.6	0.1	0.0	4.4	0.7	5.9	0.3	1.0	5.6	0.7	11.3
	初级公务员/雇员	16.0	10.3	32.9	5.8	6.6	0.1	0.0	3.9	0.7	5.1	0.3	1.0	5.8	0.7	10.8
	工人	14.3	9.3	35.7	4.4	6.0	0.0	0.0	4.1	0.7	6.3	0.2	0.8	5.7	0.7	11.7

续表

目标观众		新闻/时事	综艺	电视剧	体育	专题	教学	外语	青少	音乐	电影	戏剧	财经	生活服务	法制	其他
职业类别	学生	12.7	10.6	31.3	4.4	5.5	0.1	0.0	10.8	0.8	5.2	0.3	0.7	5.6	0.6	11.3
	无业	17.5	7.4	35.9	4.5	6.4	0.0	0.0	4.0	0.7	3.9	0.5	1.1	6.1	1.0	11.0
	其他	12.5	8.3	40.8	2.5	5.5	0.0	0.0	4.0	0.7	6.6	0.5	0.6	5.7	1.0	11.4
个人月收入	0～600元	12.5	8.7	34.2	3.4	5.3	0.0	0.0	10.5	0.8	5.2	0.4	0.7	5.7	0.7	11.8
	601～1200元	14.0	7.9	41.0	3.0	6.0	0.0	0.0	3.0	0.8	5.1	0.5	0.7	5.7	0.9	11.5
	1201～1700元	14.6	7.9	39.9	3.3	6.0	0.0	0.0	3.2	0.7	5.1	0.4	0.7	5.7	1.0	11.5
	1701～2600元	15.9	8.2	37.7	4.0	6.2	0.1	0.0	3.1	0.7	4.8	0.4	0.9	5.8	1.0	11.3
	2601～3500元	17.4	8.1	35.5	4.6	6.6	0.0	0.0	2.8	0.7	4.6	0.4	1.0	6.0	1.0	11.2
	3501～5000元	17.3	8.5	34.1	5.3	6.7	0.1	0.0	3.1	0.7	4.9	0.4	1.1	6.0	0.9	10.9
	5001元及以上	17.4	9.2	33.4	6.0	6.7	0.1	0.0	3.1	0.7	4.6	0.3	1.2	6.0	0.8	10.5

表 3.2.16 2022 年全国样本城市市场所有节目收视率排名前三十位

单位：%

名次	节目名称	节目类别	播出频道	平均收视率	平均占有率
1	《2022 中央广播电视总台春节联欢晚会》	综艺	中央电视台综合频道	7.6	25.8
2	《2022 年北京冬奥会短道速滑男子 1000 米决赛》	体育	中央台五套	4.3	16.5
3	《2022 年中央广播电视总台元宵晚会》	综艺	中央电视台综合频道	4.2	16.6
4	《北京冬奥会短道速滑混合接力颁奖仪式》	体育	中央台五套	4.1	14.5
5	《我爱世界杯：2022 年世界杯小组赛 E 组第 1 轮》（德国 VS 日本）	体育	中央台五套	3.9	21.0
6	《2022 北京冬奥会开幕式》	体育	中央电视台综合频道	3.7	12.8
7	《2022 年女足亚洲杯决赛》（中国 VS 韩国）	体育	中央台五套	3.6	13.0
8	《2023 跨年演唱会》（用奋斗点亮幸福）	音乐	江苏卫视	3.2	13.6
9	《2022 北京冬奥会闭幕式》	体育	中央台五套	3.1	11.2
10	《开学第一课》	青少	中央电视台综合频道	3.0	12.1
11	《2023 梦圆东方跨年盛典》	综艺	东方卫视	2.8	12.1
12	《2022 年北京广播电视台春节联欢晚会》	综艺	北京卫视	2.8	11.9
13	《蒙面舞王》（7 月 31 日）	综艺	江苏卫视	2.6	16.2
14	《2022 年北京冬奥会花样滑冰双人自由滑》	体育	中央台五套	2.6	9.8
15	《闪光的乐队》（1 月 8 日）	综艺	浙江卫视	2.5	9.3
16	《中国好声音》（9 月 23 日）	综艺	浙江卫视	2.4	11.2
17	《王牌部队》（11 ~ 40 集）	电视剧	江苏卫视	2.4	7.9
18	《新居之约》	电视剧	中央电视台综合频道	2.3	9.8
19	《小敏家》（39 ~ 45 集）	电视剧	湖南卫视	2.3	8.5
20	《我们的歌》（9 月 25 日）	综艺	东方卫视	2.2	13.6
21	《2021 国剧盛典致敬美好》	综艺	安徽卫视	2.2	12.1
22	《奔跑吧 · 共同富裕篇》	综艺	浙江卫视	2.2	10.0
23	《2022 ~ 2023 跨年晚会》	综艺	湖南卫视	2.2	9.6
24	《现场直播：2022 年世界乒乓球团体锦标赛女团决赛》	体育	中央台五套	2.2	9.5
25	《完美伴侣》	电视剧	湖南卫视	2.2	8.2
26	《现场直播：2022 年世乒联世界杯决赛男单决赛》	体育	中央台五套	2.1	9.0
27	《人世间》	电视剧	中央电视台综合频道	2.1	8.5
28	《2022 年北京冬奥会男子钢架雪车》	体育	中央台五套	2.1	8.2
29	《一起深呼吸》（13 ~ 37 集）	电视剧	江苏卫视	2.1	7.8
30	《舌尖上的心跳》	电视剧	浙江卫视	2.1	7.7

表 3.2.17　2022 年全国样本城市市场电视剧收视率排名前二十位

单位：%

名次	节目名称	播出频道	平均收视率	平均占有率
1	《王牌部队》（11～40 集）	江苏卫视	2.4	7.9
2	《新居之约》	中央电视台综合频道	2.3	9.8
3	《小敏家》（39～45 集）	湖南卫视	2.3	8.5
4	《完美伴侣》	湖南卫视	2.2	8.2
5	《人世间》	中央电视台综合频道	2.1	8.5
6	《一起深呼吸》（13～37 集）	江苏卫视	2.1	7.8
7	《舌尖上的心跳》	浙江卫视	2.1	7.7
8	《输赢》（19～40 集）	浙江卫视	2.0	6.9
9	《输赢》（19～40 集）	北京卫视	2.0	6.8
10	《三生有幸遇上你》（16～40 集）	东方卫视	2.0	6.6
11	《勇敢的翅膀》	湖南卫视	1.9	8.2
12	《天下长河》	湖南卫视	1.8	7.7
13	《底线》	湖南卫视	1.7	8.3
14	《县委大院》	浙江卫视	1.7	6.5
15	《风起陇西》	中央台八套	1.5	6.2
16	《信仰》	东方卫视	1.5	6.0
17	《风吹半夏》	浙江卫视	1.5	5.9
18	《二十不惑二》	湖南卫视	1.4	6.5
19	《我们这十年》	浙江卫视	1.4	6.4
20	《大考》	浙江卫视	1.3	6.8

表 3.2.18　2022 年全国样本城市市场新闻类节目收视率排名前二十位

单位：%

名次	节目名称	播出频道	平均收视率	平均占有率
1	《中国空间站神舟十四号航天员返回 2022》	中央电视台新闻频道	1.8	6.9
2	《中国共产党第二十次全国代表大会开幕会特别报道》	中央电视台综合频道	1.4	17.0
3	《筑梦空间站神舟十四号航天员返回特别报道》	中央台四套	1.4	5.8
4	《新闻联播》	中央电视台综合频道	1.3	6.1
5	《中国舆论场》	中央台四套	1.3	5.1
6	《中国空间站神舟十三号航天员返回 2022》	中央电视台综合频道	1.2	13.8
7	《俄乌局势突变》	中央台四套	1.1	7.2
8	《今日关注》	中央台四套	1.1	5.7
9	《今日亚洲》	中央台四套	1.1	4.7
9	《中国共产党第二十次全国代表大会开幕会专题新闻》	中央电视台综合频道	1.1	4.7

续表

名次	节目名称	播出频道	平均收视率	平均占有率
11	《国务院总理会见中外记者并回答提问》	中央电视台综合频道	1.1	4.5
12	《江泽民同志因病在上海逝世》	中央电视台新闻频道	1.0	5.5
13	《中国共产党第二十次全国代表大会专题新闻》	中央电视台综合频道	1.0	4.3
14	《深度国际》	中央台四套	1.0	4.0
15	《科学控疫情统筹谋发展》	浙江卫视	0.9	5.4
16	《中国新闻》	中央台四套	0.9	4.3
17	《省委十五届一次全会特别报道》	浙江卫视	0.9	4.2
18	《焦点访谈》	中央电视台综合频道	0.9	3.9
19	《海峡两岸》	中央台四套	0.9	3.7
20	《二十届中共中央政治局常委同中外记者见面特别报道》	中央电视台综合频道	0.8	8.8

表 3.2.19　2022 年全国样本城市市场专题类节目收视率排名前二十位

单位：%

名次	节目名称	播出频道	平均收视率	平均占有率
1	《龙腾虎跃中国年》	中央电视台综合频道	1.9	11.9
2	《感动中国 2021 年度人物颁奖盛典》	中央电视台综合频道	1.3	5.8
3	《2022 中国诗词大会（3 月 5 日）》	中央电视台综合频道	1.1	4.9
4	《2021 年大国工匠年度人物发布仪式》	中央电视台综合频道	1.1	5.2
4	《315 公平守正安心消费》	中央台二套	1.1	5.2
6	《零容忍》	中央电视台综合频道	1.1	3.9
7	《功勋闪耀新时代》	中央电视台综合频道	1.0	4.1
8	《丝路古道焕新机——习近平主席出席上合组织撒马尔罕峰会出访中亚两国》	中央电视台综合频道	0.9	4.1
9	《相知跨千年携手创未来——习近平主席赴沙特利雅得出访纪实》	中央电视台综合频道	0.9	3.7
10	《长风浩荡启新程——习近平主席出席二十国集团领导人第十七次峰会》	中央电视台综合频道	0.9	3.5
11	《我在岛屿读书》	江苏卫视	0.8	4.7
12	《情系天山——习近平总书记新疆考察纪实》	中央电视台综合频道	0.8	3.9
13	《绝笔》（第二季）	中央台四套	0.8	3.1
14	《今天你也辛苦了》	湖南卫视	0.8	2.8
15	《思想耀江山》	江苏卫视	0.7	4.2
16	《中国共产党为什么能第十八季而今迈步从头越》	浙江卫视	0.7	3.5
17	《党课开讲啦》	中央电视台综合频道	0.7	3.2
18	《闪亮的名字 2022 最美教师发布仪式》	中央电视台综合频道	0.7	3.1

续表

名次	节目名称	播出频道	平均收视率	平均占有率
18	《初心如磐谱新篇》	东方卫视	0.7	3.1
20	《远方的家》	中央台四套	0.7	3.0

表 3.2.20　2022 年全国样本城市市场电影类节目收视率排名前二十位

单位：%

名次	节目名称	播出频道	平均收视率	平均占有率
1	《长津湖》（10 月 1 日）	中央台六套	1.6	7.2
2	《战狼》（6 月 25 日）	中央台六套	1.4	6.2
3	《叶问二宗师传奇》（5 月 19 日）	中央台六套	1.4	6.0
4	《急先锋》（5 月 15 日）	中央台六套	1.4	5.8
4	《绝招》（12 月 17 日）	中央台六套	1.4	5.8
6	《澳门风云三》（1 月 8 日）	中央台六套	1.4	4.9
7	《红海行动》（12 月 3 日）	中央台六套	1.3	6.5
8	《犯罪现场》（2 月 13 日）	中央台六套	1.3	6.4
9	《澳门风云二》（1 月 8 日）	中央台六套	1.3	6.3
10	《龙门飞甲》（5 月 25 日）	中央台六套	1.3	5.9
11	《开国大典》（12 月 6 日）	中央台六套	1.3	5.8
12	《大决战第三部平津战役》（10 月 15 日）	中央台六套	1.3	5.6
12	《扫黑决战》（12 月 24 日）	中央台六套	1.3	5.6
14	《大决战第二部淮海战役》（10 月 14 日）	中央台六套	1.3	5.5
15	《百团大战》（12 月 3 日）	中央台六套	1.3	5.4
16	《叶问四完结篇》（3 月 25 日）	中央台六套	1.3	5.3
17	《倚天屠龙记之魔教教主》（5 月 27 日）	中央台六套	1.3	5.2
18	《你好李焕英》（2 月 6 日）	中央台六套	1.3	4.9
19	《决战狂沙镇》（1 月 29 日）	中央台六套	1.3	4.8
20	《我和我的父辈》（2 月 1 日）	中央台六套	1.3	4.6

注：多次播出电影取收视率最高值参与排名。

表 3.2.21　2022 年全国样本城市市场综艺节目收视率排名前二十位

单位：%

名次	节目名称	播出频道	平均收视率	平均占有率
1	《2022 中央广播电视总台春节联欢晚会》	中央电视台综合频道	7.6	25.8
2	《2022 年中央广播电视总台元宵晚会》	中央电视台综合频道	4.2	16.6
3	《2023 梦圆东方跨年盛典》	东方卫视	2.8	12.1

续表

名次	节目名称	播出频道	平均收视率	平均占有率
4	《2022 年北京广播电视台春节联欢晚会》	北京卫视	2.8	11.9
5	《蒙面舞王》（7 月 31 日）	江苏卫视	2.6	16.2
6	《闪光的乐队》（1 月 8 日）	浙江卫视	2.5	9.3
7	《中国好声音》（9 月 23 日）	浙江卫视	2.4	11.2
8	《我们的歌》（9 月 25 日）	东方卫视	2.2	13.6
9	《2021 国剧盛典致敬美好》	安徽卫视	2.2	12.1
10	《奔跑吧 · 共同富裕篇》	浙江卫视	2.2	10.0
11	《2022 ~ 2023 跨年晚会》	湖南卫视	2.2	9.6
12	《最强大脑之燃烧吧大脑》（3 月 11 日）	江苏卫视	2.1	12.6
13	《我们的歌后传》（11 月 6 日）	东方卫视	2.0	16.5
14	《2022 年中央广播电视总台中秋晚会》	中央电视台综合频道	2.0	8.3
15	《天赐的声音 3》（4 月 22 日）	浙江卫视	1.9	15.1
16	《极限挑战》	东方卫视	1.9	10.7
17	《无限超越班》（12 月 24 日）	浙江卫视	1.9	8.3
18	《为歌而赞》（第二季）（4 月 23 日）	浙江卫视	1.9	8.0
19	《青春环游记》	浙江卫视	1.9	7.3
20	《新春喜剧之夜》	中央台三套	1.9	6.8

表 3.2.22　2022 年全国样本城市市场冬季奥运会、残奥会比赛收视率排名前二十位

单位：%

名次	节目名称	播出频道	平均收视率	平均占有率
1	《2022 年北京冬奥会短道速滑男子 1000 米决赛》	中央台五套	4.3	16.5
2	《北京冬奥会短道速滑混合接力颁奖仪式》	中央台五套	4.1	14.5
3	《2022 北京冬奥会开幕式》	中央电视台综合频道	3.7	12.8
4	《2022 北京冬奥会闭幕式》	中央台五套	3.1	11.2
5	《2022 年北京冬奥会花样滑冰双人自由滑》	中央台五套	2.6	9.8
6	《2022 年北京冬奥会男子钢架雪车》	中央台五套	2.1	8.2
7	《2022 北京冬奥会开幕式热场节目》	中央台五套	1.8	7.1
8	《2022 年北京冬奥会单板滑雪男子坡面障碍技巧决赛》	中央台五套	1.7	14.2
9	《2022 年北京冬奥会速度滑冰男子 500 米决赛》	中央台五套	1.7	8.8
10	《2022 年北京冬奥会冬季两项混合接力》	中央台五套	1.6	8.4
11	《2022 年北京冬奥会雪橇团体接力决赛》	中央台五套	1.5	8.4
12	《2022 年北京冬奥会女子冰球小组赛》	中央台五套	1.5	7.9
13	《2022 北京冬残奥会开幕式》	中央电视台综合频道	1.5	6.3

续表

名次	节目名称	播出频道	平均收视率	平均占有率
14	《2022 北京冬残奥会闭幕式》	中央电视台综合频道	1.5	6.1
15	《北京 2022 年冬残奥会开幕式特别报道》	中央电视台综合频道	1.4	6.3
16	《北京 2022 年冬残奥会闭幕式特别报道》	中央电视台综合频道	1.4	5.9
17	《2022 年北京冬奥会自由式滑雪女子大跳台决赛》	中央台五套	1.3	17.7
18	《让世界充满爱北京冬奥会闭幕式特别节目》	中央台五套	1.3	6.2
19	《冬奥新闻》	中央台五套	1.2	7.7
20	《北京冬奥赛事特别报道》	中央台五套	1.1	8.0

表 3.2.23　2022 年全国样本城市市场世界杯比赛收视率排名前二十位

单位：%

名次	节目名称	播出频道	平均收视率	平均占有率
1	《我爱世界杯：2022 年世界杯小组赛 E 组第 1 轮》（德国 VS 日本）	中央台五套	3.9	21.0
2	《我爱世界杯：2022 年世界杯 H 组第 1 轮》（乌拉圭 VS 韩国）	中央台五套	3.9	20.4
3	《我爱世界杯：2022 年世界杯 C 组小组赛第 1 轮》（阿根廷 VS 沙特阿拉伯）	中央台五套	3.6	16.2
4	《我爱世界杯：2022 年世界杯 A 组第 2 轮》（卡塔尔 VS 塞内加尔）	中央台五套	3.5	17.5
5	《我爱世界杯：2022 年世界杯 C 组第 2 轮》（波兰 VS 沙特阿拉伯）	中央台五套	3.5	17.0
6	《我爱世界杯：2022 年世界杯 E 组第 2 轮》（日本 VS 哥斯达黎加）	中央台五套	3.5	15.0
7	《我爱世界杯：2022 年世界杯小组赛 H 组第 2 轮》（韩国 VS 加纳）	中央台五套	3.3	18.0
8	《我爱世界杯：2022 年世界杯 B 组第 2 轮》（威尔士 VS 伊朗）	中央台五套	3.2	14.4
9	《我爱世界杯：2022 年世界杯小组赛 G 组第 2 轮》（喀麦隆 VS 塞尔维亚）	中央台五套	3.2	14.2
10	《我爱世界杯：2022 年世界杯 F 组第 2 轮》（比利时 VS 摩洛哥）	中央台五套	3.1	15.4
11	《我爱世界杯：2022 年世界杯决赛》（阿根廷 VS 法国）	中央台五套	3.0	48.7
12	《我爱世界杯：2022 年世界杯 D 组首轮》（丹麦 VS 突尼斯）	中央台五套	3.0	16.7
13	《我爱世界杯：2022 年世界杯 G 组第 1 轮》（瑞士 VS 喀麦隆）	中央台五套	3.0	14.2

续表

名次	节目名称	播出频道	平均收视率	平均占有率
13	《我爱世界杯：2022 年世界杯小组赛 F 组第 1 轮》(摩洛哥 VS 克罗地亚)	中央台五套	3.0	14.2
15	《我爱世界杯：2022 年世界杯 D 组第 2 轮》(突尼斯 VS 澳大利亚)	中央台五套	3.0	13.3
16	《我爱世界杯：2022 年世界杯小组赛 B 组第 1 轮》(英格兰 VS 伊朗)	中央台五套	2.8	17.2
17	《我爱世界杯：2022 年世界杯 1/4 决赛》(摩洛哥 VS 葡萄牙)	中央台五套	2.1	30.5
18	《我爱世界杯：2022 年世界杯 1/4 决赛》(克罗地亚 VS 巴西)	中央台五套	1.9	30.3
19	《我爱世界杯：2022 年世界杯 H 组第 3 轮》(韩国 VS 葡萄牙)	中央台五套	1.8	30.5
20	《我爱世界杯：2022 年世界杯 1/8 决赛》(荷兰 VS 美国)	中央台五套	1.7	28.0

表 3.2.24　2022 年全国样本城市市场体育节目收视率排名前二十位
(冬季奥运会、残奥会、世界杯比赛除外)

单位：%

名次	节目名称	播出频道	平均收视率	平均占有率
1	《女足亚洲杯颁奖仪式》	中央台五套	4.0	14.6
2	《2022 年女足亚洲杯决赛》(中国 VS 韩国)	中央台五套	3.6	13.0
3	《现场直播：2022 年世界乒乓球团体锦标赛女团决赛》	中央台五套	2.2	9.5
4	《现场直播：2022 年世乒联世界杯决赛男单决赛》	中央台五套	2.1	9.0
5	《现场直播：2022 年女篮世界杯决赛》(中国队 VS 美国队)	中央台五套	1.7	18.7
6	《现场直播：2022 年世乒联冠军赛澳门站男单决赛》	中央台五套	1.6	6.9
7	《现场直播：2022 年世界女排锦标赛小组赛》(中国 VS 日本)	中央台五套	1.4	6.6
8	《现场直播：2022 年世界女排联赛总决赛 1/4 决赛》(中国 VS 意大利)	中央台五套	1.1	5.3
9	《现场直播：2022 年女排亚洲杯决赛》(中国队 VS 日本队)	中央台五套	1.0	4.6
9	《现场直播：2022 年世乒联大满贯赛新加坡站男单决赛》	中央台五套	1.0	4.6
11	《现场直播：2022 年男篮亚洲杯 1/4 决赛》(黎巴嫩 VS 中国)	中央台五套	0.9	6.0
12	《现场直播：2022 年东亚足球锦标赛女足第 3 轮》(日本女足 VS 中国女足)	中央台五套	0.9	5.4

续表

名次	节目名称	播出频道	平均收视率	平均占有率
13	《现场直播：2021/2022 赛季 CBA 总决赛第一场》（辽宁本钢 VS 浙江广厦控股）	中央台五套	0.9	4.1
14	《现场直播：2021/2022 赛季 CBA 季后赛半决赛》	中央台五套	0.9	3.7
14	《现场直播：2022/2023 赛季 CBA 常规赛第 2 轮》（辽宁本钢 VS 北京首钢）	中央台五套	0.9	3.7
16	《现场直播：2022 年 CBA 全明星周末扣篮大赛》	中央台五套	0.9	3.3
17	《现场直播：2022 年国际泳联世锦赛跳水 3 米板/10 米台团体决赛》	中央台五套	0.8	3.9
18	《现场直播：2022/2023 赛季 CBA 揭幕战》（辽宁本钢 VS 浙江东阳光）	中央台五套	0.7	3.1
19	《现场直播：2022 年男排亚洲杯决赛》（日本 VS 中国）	中央台五套	0.6	2.7
20	《现场直播：2022 年全国女子举重锦标赛 81 公斤级决赛挺举》	中央台五套	0.6	2.5

三　安徽收视数据

表 3. 3. 1　2018 ~ 2022 年安徽市场各类频道的占有率

单位：%

频道类别	2018 年	2019 年	2020 年	2021 年	2022 年
中央广播电视总台	36. 4	31. 1	31. 7	32. 5	31. 1
中国教育台频道	0. 2	0. 2	0. 2	0. 2	0. 2
安徽省级频道	25. 9	26. 7	26. 1	24. 5	22. 5
其他省级卫视频道	22. 4	21. 6	19. 0	16. 9	15. 4
其他频道	15. 1	20. 4	23. 0	25. 9	30. 8

表 3. 3. 2　2022 年安徽市场各类频道在不同目标观众中的占有率

单位：%

目标观众		中央广播电视总台	中国教育台频道	安徽省级频道	其他省级卫视频道	其他频道
4 岁及以上所有人		31. 1	0. 2	22. 5	15. 4	30. 8
城乡	城市	40. 0	0. 3	23. 0	16. 4	20. 3
	农村	26. 2	0. 2	22. 3	14. 8	36. 5
性别	男	34. 3	0. 3	22. 7	13. 3	29. 4
	女	27. 7	0. 1	22. 3	17. 7	32. 2
年龄	4 ~ 14 岁	19. 2	0. 2	4. 3	18. 2	58. 1
	15 ~ 24 岁	31. 2	0. 8	12. 2	15. 2	40. 6
	25 ~ 34 岁	21. 3	0. 2	16. 2	16. 6	45. 7
	35 ~ 44 岁	27. 3	0. 2	17. 7	16. 0	38. 8
	45 ~ 54 岁	33. 2	0. 1	28. 7	13. 9	24. 1
	55 ~ 64 岁	32. 1	0. 1	30. 5	13. 6	23. 7
	65 岁及以上	42. 5	0. 4	31. 4	15. 6	10. 1
受教育程度	未受过正规教育	29. 7	0. 4	21. 4	13. 1	35. 4
	小学	25. 5	0. 3	28. 3	15. 3	30. 6
	初中	29. 4	0. 3	22. 5	15. 5	32. 3
	高中	40. 4	0. 1	18. 0	16. 3	25. 2
	大学及以上	35. 9	0. 1	16. 3	15. 0	32. 7

续表

目标观众		中央广播电视总台	中国教育台频道	安徽省级频道	其他省级卫视频道	其他频道
职业类别	干部/管理人员	58.5	0.1	13.6	17.8	10.0
	个体/私营企业人员	34.5	0.1	22.0	15.9	27.5
	初级公务员/雇员	40.2	0.1	24.1	14.6	21.0
	工人	33.0	0.2	25.9	16.4	24.5
	学生	23.1	0.5	8.1	16.9	51.4
	无业	34.6	0.1	23.7	16.7	24.9
	其他	25.4	0.3	27.9	12.7	33.7
个人月收入	0～300元	24.3	0.4	15.9	16.4	43.0
	301～900元	29.4	0.9	27.7	14.1	27.9
	901～1700元	32.6	0.0	26.6	13.0	27.8
	1701～2600元	29.4	0.1	26.4	17.1	27.0
	2601～3500元	31.6	0.1	27.7	14.9	25.7
	3501～5000元	38.9	0.1	23.3	15.8	21.9
	5001元及以上	37.5	0.2	19.9	12.9	29.5

表3.3.3　2022年安徽市场各类频道在不同时段的占有率

单位：%

时间段	中央广播电视总台频道	中国教育台频道	安徽省级频道	其他省级卫视频道	其他频道
02：00～03：00	23.2	1.5	6.1	37.7	31.5
03：00～04：00	19.6	0.5	4.2	31.3	44.4
04：00～05：00	44.2	0.0	12.2	25.8	17.8
05：00～06：00	51.9	0.0	14.1	14.5	19.5
06：00～07：00	49.3	0.1	16.2	10.7	23.7
07：00～08：00	49.8	0.2	12.2	11.1	26.7
08：00～09：00	39.3	0.7	13.6	14.9	31.5
09：00～10：00	30.3	1.0	11.7	19.4	37.6
10：00～11：00	26.8	0.7	11.3	22.1	39.1
11：00～12：00	28.9	0.1	11.5	18.9	40.6
12：00～13：00	39.5	0.1	15.9	15.1	29.4
13：00～14：00	32.0	0.1	11.1	19.4	37.4
14：00～15：00	23.1	0.2	11.2	27.7	37.8
15：00～16：00	23.5	0.1	10.2	28.5	37.7
16：00～17：00	26.6	0.1	10.1	22.0	41.2

续表

时间段	中央广播电视总台频道	中国教育台频道	安徽省级频道	其他省级卫视频道	其他频道
17：00～18：00	26. 2	0. 2	19. 5	17. 2	36. 9
18：00～19：00	27. 5	0. 6	33. 4	10. 6	27. 9
19：00～20：00	37. 5	0. 2	26. 3	11. 1	24. 9
20：00～21：00	28. 8	0. 1	28. 4	14. 3	28. 4
21：00～22：00	28. 9	0. 1	25. 3	15. 3	30. 4
22：00～23：00	22. 8	0. 1	23. 9	17. 2	36. 0
23：00～00：00	20. 5	0. 2	16. 5	19. 8	43. 0
00：00～01：00	28. 3	0. 1	13. 3	8. 8	49. 5
01：00～02：00	43. 1	0. 0	1. 3	8. 9	46. 7

表 3. 3. 4　2022 年安徽市场收视份额排名前十位的频道

单位：%

名次	频道名称	收视份额
1	安徽卫视	11. 2
2	中央电视台综合频道	8. 4
3	安徽影视	4. 8
4	中央台八套	3. 8
5	中央电视台新闻频道	3. 6
6	安徽经视	3. 5
7	中央台四套	3. 0
8	中央台六套	2. 8
9	湖南卫视	2. 7
9	中央电视台少儿频道	2. 7

表 3. 3. 5　2022 年安徽市场主要频道的观众构成

单位：%

目标观众		所有频道	主要频道				
			安徽卫视	中央电视台综合频道	安徽影视	中央台八套	中央电视台新闻频道
4 岁及以上所有人		100. 0	100. 0	100. 0	100. 0	100. 0	100. 0
城乡	城市	35. 9	27. 6	48. 6	47. 4	40. 4	45. 4
	乡村	64. 1	72. 4	51. 4	52. 6	59. 6	54. 6
性别	男	52. 4	54. 2	55. 9	49. 5	51. 2	64. 3
	女	47. 6	45. 8	44. 1	50. 5	48. 8	35. 7

续表

目标观众		所有频道	主要频道				
			安徽卫视	中央电视台综合频道	安徽影视	中央台八套	中央电视台新闻频道
年龄	4~14岁	11.8	2.3	3.4	1.8	1.3	1.7
	15~24岁	8.4	4.5	7.8	3.9	3.6	10.6
	25~34岁	9.9	7.3	6.7	6.7	5.7	3.4
	35~44岁	14.2	13.0	13.0	14.3	14.0	13.4
	45~54岁	16.5	21.7	16.5	19.9	26.3	19.5
	55~64岁	18.0	22.0	21.2	26.6	24.2	14.8
	65岁及以上	21.1	29.3	31.3	26.8	24.9	36.6
受教育程度	未受过正规教育	7.3	5.9	7.7	10.9	6.4	6.8
	小学	28.0	32.8	16.0	37.7	30.0	21.7
	初中	34.9	36.6	34.8	30.5	35.5	31.8
	高中	18.7	16.1	27.8	12.9	19.9	27.1
	大学及以上	11.0	8.7	13.7	8.0	8.2	12.6
职业类别	干部/管理人员	1.2	0.7	2.0	0.2	0.4	0.7
	个体/私营企业人员	12.6	15.8	15.2	12.6	10.0	14.2
	初级公务员/雇员	8.7	7.3	11.9	14.1	9.0	11.2
	工人	11.6	15.0	8.9	8.9	19.0	15.6
	学生	14.4	4.9	8.1	4.6	3.1	10.6
	无业	25.6	25.4	27.5	28.4	27.4	29.9
	其他	26.0	30.9	26.4	31.2	31.0	17.8
个人月收入	0~300元	27.7	18.8	17.2	20.1	15.4	19.0
	301~900元	8.7	11.7	10.2	9.7	9.0	9.7
	901~1700元	7.9	7.2	7.6	11.6	12.4	10.2
	1701~2600元	13.3	15.3	16.4	11.8	11.8	10.0
	2601~3500元	14.6	18.8	11.8	18.3	15.8	19.9
	3501~5000元	17.6	19.1	23.0	21.2	25.7	18.0
	5001元及以上	10.1	9.2	13.8	7.4	9.9	13.2

表3.3.6　2020~2022年安徽市场各类节目的播出份额和收视份额

单位：%

节目类型	2020年		2021年		2022年	
	播出份额	收视份额	播出份额	收视份额	播出份额	收视份额
财经	0.9	0.4	1.0	0.3	1.0	0.4
电视剧	21.6	28.7	21.4	29.3	22.3	30.5

续表

节目类型	2020 年		2021 年		2022 年	
	播出份额	收视份额	播出份额	收视份额	播出份额	收视份额
电影	3.7	3.2	3.4	2.6	2.8	3.3
法制	0.9	0.5	0.8	0.6	1.0	0.4
教学	0.3	0.1	0.3	0.0	0.3	0.0
青少	6.9	5.4	6.7	4.6	6.9	4.6
生活服务	7.9	6.7	8.0	6.6	7.6	6.7
体育	3.6	1.4	4.1	2.2	5.1	2.4
外语	0.2	0.0	0.2	0.0	0.3	0.0
戏剧	0.7	0.5	0.5	0.2	0.6	0.3
新闻/时事	18.1	25.0	17.3	23.2	16.7	23.7
音乐	1.8	0.5	1.6	0.5	1.8	0.7
专题	13.9	4.5	15.3	5.4	15.5	5.3
综艺	6.1	8.9	6.3	9.3	5.3	7.1
其他	13.5	14.3	13.1	15.0	12.8	14.6

表 3.3.7　2022 年安徽市场所有节目收视率排名前三十位

单位：%

名次	节目名称	节目类型	播出频道	平均收视率	平均占有率
1	《2022 中央广播电视总台春节联欢晚会》	综艺	中央电视台综合频道	12.8	56.8
2	《2022 年中央广播电视总台中秋晚会》	综艺	中央电视台综合频道	4.5	21.2
3	《圆梦小康皖美呈现》	专题	安徽卫视	4.3	19.2
4	《新闻联播》	新闻	中央电视台综合频道	3.8	19.8
5	《幸福到万家》	电视剧	安徽卫视	3.6	16.8
6	《开学第一课》	青少	中央电视台综合频道	3.6	16.6
7	《北京 2022 年冬残奥会闭幕式特别报道》	体育	中央电视台综合频道	3.6	14.0
8	《分界线》	电视剧	安徽卫视	3.3	16.9
9	《中国这十年安徽主题新闻发布会特别报道》	新闻	安徽卫视	3.3	15.4
10	《相知跨千年携手创未来——习近平主席赴沙特利雅得出访纪实》	专题	中央电视台综合频道	3.3	13.8
11	《运河边的人们》	电视剧	安徽卫视	3.2	17.8
12	《八月桂花开》	电视剧	安徽卫视	3.2	16.9
13	《关于唐医生的一切》	电视剧	安徽卫视	3.2	14.8
14	《大考》（10 月 24 日至 11 月 4 日）	电视剧	安徽卫视	3.1	16.8
15	《天气预报》	生活服务	中央电视台综合频道	3.1	14.2

续表

名次	节目名称	节目类型	播出频道	平均收视率	平均占有率
16	《大博弈》	电视剧	安徽卫视	2.9	14.7
17	《新居之约》	电视剧	安徽卫视	2.9	13.6
18	《我们这十年》	电视剧	安徽卫视	2.8	14.8
19	《完美伴侣》	电视剧	安徽卫视	2.8	13.3
20	《明天会更好》	电视剧	安徽卫视	2.8	13.2
21	《沉香如屑》（1~8集）	电视剧	安徽卫视	2.7	14.1
22	《良辰好景知几何》	电视剧	安徽卫视	2.7	13.6
23	《今生有你》（5月26日至6月10日）	电视剧	安徽卫视	2.7	13.2
24	《第五届中国国际进口博览会开幕式特别报道》	新闻	中央电视台综合频道	2.7	10.7
25	《焦点访谈》	新闻	中央电视台综合频道	2.6	11.3
26	《长风浩荡启新程——习近平主席出席二十国集团领导人第十七次峰会》	专题	中央电视台综合频道	2.5	11.2
27	《对手》	电视剧	安徽卫视	2.5	11.1
28	《安徽新闻联播》	新闻	安徽卫视	2.3	21.9
29	《一生一世》（5~31集）	电视剧	安徽卫视	2.3	11.2
30	《星辰大海》	电视剧	安徽卫视	2.3	11.1

表3.3.8　2022年安徽市场电视剧收视率排名前十位

单位：%

名次	节目名称	播出频道	平均收视率	平均占有率
1	《幸福到万家》	安徽卫视	3.6	16.8
2	《分界线》	安徽卫视	3.3	16.9
3	《运河边的人们》	安徽卫视	3.2	17.8
4	《八月桂花开》	安徽卫视	3.2	16.9
5	《关于唐医生的一切》	安徽卫视	3.2	14.8
6	《大考》（10月24日至11月4日）	安徽卫视	3.1	16.8
7	《大博弈》	安徽卫视	2.9	14.7
8	《新居之约》	安徽卫视	2.9	13.6
9	《我们这十年》	安徽卫视	2.8	14.8
10	《完美伴侣》	安徽卫视	2.8	13.3

表 3.3.9 2022 年安徽市场新闻节目收视率排名前十位

单位：%

名次	节目名称	播出频道	平均收视率	平均占有率
1	《新闻联播》	中央电视台综合频道	3.8	19.8
2	《中国这十年安徽主题新闻发布会特别报道》	安徽卫视	3.3	15.4
3	《第五届中国国际进口博览会开幕式特别报道》	中央电视台综合频道	2.7	10.7
4	《焦点访谈》	中央电视台综合频道	2.6	11.3
5	《安徽新闻联播》	安徽卫视	2.3	21.9
6	《中共中央新闻发布会专题新闻》	中央电视台综合频道	2.0	9.0
7	《中国共产党第二十次全国代表大会开幕会专题新闻》	中央电视台综合频道	1.4	6.5
8	《每日新闻报》	安徽卫视	1.3	17.3
9	《新闻直播间》	中央电视台综合频道	1.1	9.8
10	《共同关注》	中央电视台综合频道	1.1	9.1

表 3.3.10 2022 年安徽市场专题节目收视率排名前十位

单位：%

名次	节目名称	播出频道	平均收视率	平均占有率
1	《圆梦小康皖美呈现》	安徽卫视	4.3	19.2
2	《相知跨千年携手创未来——习近平主席赴沙特利雅得出访纪实》	中央电视台综合频道	3.3	13.8
3	《长风浩荡启新程——习近平主席出席二十国集团领导人第十七次峰会》	中央电视台综合频道	2.5	11.2
4	《情系天山——习近平总书记新疆考察纪实》	中央电视台综合频道	2.3	10.4
5	《龙腾虎跃中国年》	中央电视台综合频道	2.0	20.2
6	《功勋闪耀新时代》	中央电视台综合频道	2.0	8.3
7	《丝路古道焕新机——习近平主席出席上合组织撒马尔罕峰会出访中亚两国》	中央电视台综合频道	1.7	9.3
8	《领航》	中央电视台综合频道	1.5	7.4
9	《零容忍》	中央电视台综合频道	1.5	6.4
10	《香江永奔流》	中央电视台综合频道	1.4	6.2

表 3.3.11 2022 年安徽市场综艺节目收视率排名前十位

单位：%

名次	节目名称	播出频道	平均收视率	平均占有率
1	《2022 中央广播电视总台春节联欢晚会》	中央电视台综合频道	12.8	56.8
2	《2022 年中央广播电视总台中秋晚会》	中央电视台综合频道	4.5	21.2
3	《2021 国剧盛典致敬美好》	安徽卫视	2.1	12.2

续表

名次	节目名称	播出频道	平均收视率	平均占有率
4	《盛开的心愿2022安徽卫视春节联欢晚会》	安徽卫视	1.7	12.3
5	《匠心闪耀2022致敬大国工匠特别节目》	湖南卫视	1.3	6.1
6	《星品之夜》	湖南卫视	1.1	5.6
7	《中国梦劳动美2022五一国际劳动节心连心特别节目》	中央电视台综合频道	1.1	5.4
8	《开门大吉》（1月17日）	中央台三套	1.1	4.6
9	《2022年中央广播电视总台元宵晚会》	中央电视台综合频道	1.0	10.0
10	《第35届中国电影金鸡奖颁奖典礼暨2022年中国金鸡百花电影节闭幕式》	中央台六套	1.0	6.7

表 3.3.12　2022 年安徽市场体育节目收视率排名前十位

单位：%

名次	节目名称	播出频道	平均收视率	平均占有率
1	《北京2022年冬残奥会闭幕式特别报道》	中央电视台综合频道	3.6	14.0
2	《2022年北京冬奥会短道速滑女子500米半决赛》	中央台五套	1.6	5.9
3	《2022年女足亚洲杯决赛》（中国VS韩国）	中央台五套	1.1	4.1
4	《现场直播：2022年跳水世界杯女子三米板决赛》	中央台五套	0.9	5.0
5	《实况录像：2022年卡塔尔世界杯小组赛第3轮》	中央台五套	0.8	3.7
6	《现场直播：2022年CBA全明星周末扣篮大赛》	中央台五套	0.8	2.9
7	《体坛英豪》	中央电视台综合频道	0.7	7.0
8	《现场直播：2022年世乒联冠军赛澳门站男单决赛》	中央台五套	0.7	3.0
9	《现场直播：2022年全国男子举重锦标赛73公斤级决赛抓举》	中央台五套	0.6	2.5
9	《实况录像：2022年世界蹦床锦标赛团体全能决赛》	中央台五套	0.6	2.5

四　福建收视数据

表 3.4.1　2018～2022 年福建市场各类频道的占有率

单位：%

频道类别	2018 年	2019 年	2020 年	2021 年	2022 年
中央广播电视总台	29.4	25.6	23.4	20.9	23.0
中国教育台频道	0.1	0.1	0.1	0.1	0.1
福建省级频道	30.0	29.6	32.7	33.9	33.9
其他省级卫视频道	22.0	20.7	17.5	17.1	13.8
其他频道	18.5	24.0	26.3	28.0	29.2

表 3.4.2　2022 年福建市场各类频道在不同目标观众中的占有率

单位：%

目标观众		中央广播电视总台	中国教育台频道	福建省级频道	其他省级卫视频道	其他频道
4 岁及以上所有人		23.0	0.1	33.9	13.8	29.2
城乡	城市	28.0	0.2	12.5	19.2	40.1
	农村	20.6	0.1	43.8	11.3	24.2
性别	男	24.3	0.1	32.7	12.8	30.1
	女	21.5	0.1	35.1	14.8	28.5
年龄	4～14 岁	10.6	0.1	33.0	14.0	42.3
	15～24 岁	15.7	0.1	35.1	11.3	37.8
	25～34 岁	15.9	0.1	39.4	13.0	31.6
	35～44 岁	15.0	0.0	43.1	10.6	31.3
	45～54 岁	27.3	0.1	34.7	12.7	25.2
	55～64 岁	30.5	0.1	30.7	14.3	24.4
	65 岁及以上	35.6	0.2	25.1	17.9	21.2
受教育程度	未受过正规教育	21.5	0.1	36.6	17.4	24.4
	小学	21.0	0.1	33.9	14.4	30.6
	初中	23.5	0.1	37.7	11.5	27.2
	高中	25.3	0.1	26.6	13.5	34.5
	大学及以上	25.4	0.1	26.5	15.2	32.8

续表

目标观众		中央广播电视总台	中国教育台频道	福建省级频道	其他省级卫视频道	其他频道
职业类别	干部/管理人员	35.8	0.1	18.8	11.7	33.6
	个体/私营企业人员	23.4	0.1	31.2	13.4	31.9
	初级公务员/雇员	26.7	0.1	33.7	11.5	28.0
	工人	21.4	0.1	37.9	12.5	28.1
	学生	10.9	0.0	29.1	12.4	47.6
	无业	27.8	0.1	27.1	16.6	28.4
	其他	20.1	0.1	53.1	12.2	14.5
个人月收入	0～300元	17.3	0.1	31.3	16.0	35.3
	301～900元	25.6	0.1	44.2	13.3	16.8
	901～1700元	15.9	0.1	50.5	10.3	23.2
	1701～2600元	28.7	0.1	37.8	9.7	23.7
	2601～3500元	28.9	0.1	31.0	13.9	26.1
	3501～5000元	25.8	0.2	28.3	13.6	32.1
	5001元及以上	24.5	0.1	30.2	14.0	31.2

表3.4.3　2022年福建市场各类频道在不同时段的占有率

单位：%

时间段	中央广播电视总台	中国教育台频道	福建省级频道	其他省级卫视频道	其他频道
02：00～03：00	23.8	0.1	36.0	16.8	23.3
03：00～04：00	24.9	0.1	40.7	15.3	19.0
04：00～05：00	26.5	0.0	38.5	13.0	22.0
05：00～06：00	33.4	0.1	33.1	13.8	19.6
06：00～07：00	42.3	0.1	15.7	16.5	25.4
07：00～08：00	33.6	0.2	10.2	19.4	36.6
08：00～09：00	29.7	0.3	10.7	17.9	41.4
09：00～10：00	24.3	0.3	10.7	21.9	42.8
10：00～11：00	24.4	0.3	10.6	23.1	41.6
11：00～12：00	27.4	0.2	8.8	22.6	41.0
12：00～13：00	30.4	0.1	6.8	23.0	39.7
13：00～14：00	25.8	0.2	8.1	23.4	42.5
14：00～15：00	24.3	0.3	9.2	26.0	40.2
15：00～16：00	24.0	0.3	10.0	25.8	39.9
16：00～17：00	26.0	0.3	12.2	22.2	39.3

续表

时间段	中央广播电视总台	中国教育台频道	福建省级频道	其他省级卫视频道	其他频道
17：00～18：00	24.3	0.1	25.6	16.0	34.0
18：00～19：00	20.5	0.0	46.4	7.0	26.1
19：00～20：00	23.2	0.0	48.4	7.6	20.8
20：00～21：00	19.2	0.0	48.7	10.4	21.7
21：00～22：00	19.0	0.0	48.2	9.1	23.7
22：00～23：00	22.0	0.1	36.6	12.6	28.7
23：00～00：00	27.0	0.1	26.4	13.7	32.8
00：00～01：00	28.2	0.2	24.6	11.6	35.4
01：00～02：00	24.8	0.3	28.4	13.1	33.4

表 3.4.4　2022 年福建市场收视份额排名前十位的频道

单位：%

名次	频道名称	收视份额
1	东南卫视	13.4
2	福建省广播影视集团综合频道	9.1
3	福建省广播影视集团新闻频道	4.7
3	福建省广播影视集团电视剧频道	4.7
5	中央台八套	3.9
6	中央台六套	3.3
7	中央电视台综合频道	3.0
7	湖南电视台金鹰卡通频道	3.0
7	中央台四套	3.0
10	中央电视台新闻频道	2.6

表 3.4.5　2022 年福建市场各主要频道的观众构成

单位：%

目标观众		所有频道	主要频道				
			东南卫视	福建省广播影视集团综合频道	福建省广播影视集团新闻频道	福建省广播影视集团电视剧频道	中央台八套
4 岁及以上所有人		100.0	100.0	100.0	100.0	100.0	100.0
城乡	城市	31.8	7.7	4.8	16.8	24.8	28.8
	农村	68.2	92.3	95.2	83.2	75.2	71.2

续表

目标观众		所有频道	主要频道				
			东南卫视	福建省广播影视集团综合频道	福建省广播影视集团新闻频道	福建省广播影视集团电视剧频道	中央台八套
性别	男	51.1	47.4	54.9	43.1	51.8	33.9
	女	48.9	52.6	45.1	56.9	48.2	66.1
年龄	4～14岁	13.8	16.0	15.4	6.5	7.1	4.8
	15～24岁	7.6	4.7	10.1	13.5	8.7	2.9
	25～34岁	14.8	26.1	13.4	15.7	3.7	12.6
	35～44岁	11.4	12.6	26.4	8.7	5.8	5.1
	45～54岁	20.9	20.6	10.5	44.4	23.1	23.0
	55～64岁	12.9	11.8	12.1	5.6	16.5	15.2
	65岁及以上	18.6	8.2	12.1	5.6	35.1	36.4
受教育程度	未受过正规教育	14.3	13.8	14.1	11.0	25.7	24.4
	小学	27.2	29.3	27.8	12.1	32.3	23.0
	初中	34.9	40.0	34.9	56.9	28.3	29.8
	高中	14.1	11.0	13.0	8.1	10.9	17.3
	大学及以上	9.5	5.9	10.2	11.9	2.8	5.5
职业类别	干部/管理人员	0.7	0.3	0.6	0.5	0.2	0.4
	个体/私营企业人员	15.4	15.8	10.3	16.7	15.1	14.3
	初级公务员/雇员	12.4	13.0	8.5	24.9	6.1	21.6
	工人	12.6	13.6	19.2	4.6	16.3	8.4
	学生	12.6	10.6	12.7	11.2	7.1	3.7
	无业	31.7	20.7	25.8	19.5	35.8	40.9
	其他	14.6	26.0	22.9	22.6	19.4	10.7
个人月收入	0～300元	33.2	26.5	38.6	25.6	29.4	27.2
	301～900元	9.2	14.4	13.8	3.1	13.1	17.2
	901～1700元	5.9	10.1	14.2	1.7	4.7	2.5
	1701～2600元	12.6	15.3	8.2	19.4	14.4	13.2
	2601～3500元	12.8	6.3	8.5	29.5	15.1	20.7
	3501～5000元	13.3	13.0	10.1	6.8	13.4	8.3
	5001元及以上	13.0	14.4	6.6	13.9	9.9	10.9

表 3.4.6　2020～2022 年福建市场各类节目的播出比重和收视比重

单位：%

节目类别	2020 年		2021 年		2022 年	
	播出比重	收视比重	播出比重	收视比重	播出比重	收视比重
财经	1.1	0.4	1.2	0.6	1.1	0.5
电视剧	20.8	31.8	20.4	31.4	21.7	31.4
电影	3.3	4.5	3.3	4.0	2.9	3.7
法制	0.7	0.8	0.7	0.9	1.0	1.1
教学	0.4	0.0	0.4	0.0	0.5	0.0
青少	7.9	6.3	7.6	5.3	7.8	4.6
生活服务	7.8	5.4	8.1	6.2	8.0	6.4
体育	4.5	0.7	4.9	1.6	5.8	2.0
外语	0.2	0.0	0.2	0.0	0.3	0.0
戏剧	0.6	0.2	0.5	0.2	0.6	0.2
新闻/时事	16.7	19.5	15.8	20.2	15.1	20.8
音乐	2.1	2.0	1.9	1.5	1.9	1.2
专题	15.4	9.1	16.7	9.8	17.0	11.8
综艺	6.2	5.6	6.3	5.6	5.2	4.3
其他	12.3	13.7	11.9	12.7	11.1	12.0

表 3.4.7　2022 年福建市场所有节目收视率排名前三十位

单位：%

名次	节目名称	节目类型	播出频道	平均收视率	平均占有率
1	《虎年福见欢喜就好福星高照福佑中华 2022 福建新春欢喜夜》	综艺	东南卫视	6.3	18.7
2	《雪中悍刀行》（第一季）	电视剧	东南卫视	6.2	22.1
3	《我的青春有片海》	综艺	东南卫视	6.1	21.6
4	《突围》（7～45 集）	电视剧	东南卫视	6.1	19.7
5	《正青春》	电视剧	东南卫视	6.0	22.3
6	《人世间》	电视剧	东南卫视	5.9	21.1
7	《对手》	电视剧	东南卫视	5.8	20.1
8	《麓山之歌》	电视剧	东南卫视	5.7	23.0
9	《小敏家》	电视剧	东南卫视	5.7	18.9
10	《追爱家族》	电视剧	东南卫视	5.6	22.5
11	《春天的回响——在新思想指引下踔厉奋发系列宣讲活动》	专题	东南卫视	5.6	17.6
12	《良辰好景知几何》	电视剧	东南卫视	5.5	22.8
13	《心居》	电视剧	东南卫视	5.5	21.6

续表

名次	节目名称	节目类型	播出频道	平均收视率	平均占有率
13	《爱拼会赢》	电视剧	东南卫视	5.5	21.6
15	《请叫我总监》	电视剧	东南卫视	5.4	22.2
15	《猎狐》	电视剧	东南卫视	5.4	17.7
17	《我们这十年》	电视剧	东南卫视	5.3	20.8
18	《归鸿》	电视剧	东南卫视	5.3	18.6
19	《党旗飘扬》	专题	东南卫视	5.2	22.6
20	《逐梦向未来福建省第一届广播电视播音主持职业技能竞赛总决赛》	专题	东南卫视	5.2	20.7
21	《那些日子》	电视剧	东南卫视	5.2	19.5
22	《转播中央台新闻联播》	新闻/时事	东南卫视	5.0	20.9
23	《闪亮的名字——最美基层高校毕业生发布仪式》	专题	东南卫视	5.0	19.0
24	《开学第一课》	青少	中央电视台综合频道	5.0	17.7
25	《我们的婚姻》	电视剧	东南卫视	4.9	18.8
26	《快乐再出发》	综艺	东南卫视	4.8	19.8
27	《闪亮的名字——2022 年度最美退役军人发布仪式》	专题	东南卫视	4.7	21.4
28	《第十届海峡两岸电视艺术节开幕式我们的中国梦文化进万家》	综艺	东南卫视	4.7	19.6
29	《人类的记忆中国的世界遗产》	专题	东南卫视	4.7	18.9
30	《龙腾虎跃中国年》	专题	中央电视台综合频道	4.6	14.8

表 3.4.8　2022 年福建市场电视剧收视率排名前十位

单位：%

名次	节目名称	播出频道	平均收视率	平均占有率
1	《雪中悍刀行》（第一季）	东南卫视	6.2	22.1
2	《突围》（7～45 集）	东南卫视	6.1	19.7
3	《正青春》	东南卫视	6.0	22.3
4	《人世间》	东南卫视	5.9	21.1
5	《对手》	东南卫视	5.8	20.1
6	《麓山之歌》	东南卫视	5.7	23.0
7	《小敏家》	东南卫视	5.7	18.9
8	《追爱家族》	东南卫视	5.6	22.5
9	《良辰好景知几何》	东南卫视	5.5	22.8
10	《心居》	东南卫视	5.5	21.6
10	《爱拼会赢》	东南卫视	5.5	21.6

表 3.4.9　2022 年福建市场新闻节目收视率排名前十位

单位：%

名次	节目名称	播出频道	平均收视率	平均占有率
1	《转播中央台新闻联播》	东南卫视	5.0	20.9
2	《福建卫视新闻》	东南卫视	4.2	21.5
3	《台湾新闻脸》	东南卫视	3.4	17.0
4	《福建新闻联播》	福建省广播影视集团综合频道	3.2	12.3
5	《新闻启示录》	福建省广播影视集团综合频道	3.2	11.8
6	《新晚报》	福建省广播影视集团新闻频道	2.2	7.7
7	《新闻眼》	福建省广播影视集团新闻频道	2.1	8.0
8	《F4 大搜索》	福建省广播影视集团新闻频道	2.1	7.3
9	《环球报道》	福建省广播影视集团新闻频道	2.0	7.4
10	《第五届中国国际进口博览会开幕式特别报道》	中央电视台新闻频道	1.8	6.1

表 3.4.10　2022 年福建市场专题节目收视率排名前十位

单位：%

名次	节目名称	播出频道	平均收视率	平均占有率
1	《春天的回响——在新思想指引下踔厉奋发系列宣讲活动》	东南卫视	5.6	17.6
2	《党旗飘扬》	东南卫视	5.2	22.6
3	《逐梦向未来福建省第一届广播电视播音主持职业技能竞赛总决赛》	东南卫视	5.2	20.7
4	《闪亮的名字——最美基层高校毕业生发布仪式》	东南卫视	5.0	19.0
5	《闪亮的名字——2022 年度最美退役军人发布仪式》	东南卫视	4.7	21.4
6	《人类的记忆中国的世界遗产》	东南卫视	4.7	18.9
7	《龙腾虎跃中国年》	中央电视台综合频道	4.6	14.8
8	《恢宏新时代逐梦向未来国家广电总局 2022 年重点节目展播》	东南卫视	4.4	20.9
9	《武夷山我们的国家公园先导篇》	东南卫视	4.3	16.7
10	《书香邵武用阅读点亮城市》	东南卫视	4.2	18.4

表 3.4.11　2022 年福建市场综艺节目收视率排名前十位

单位：%

名次	节目名称	播出频道	平均收视率	平均占有率
1	《虎年福见欢喜就好福星高照福佑中华 2022 福建新春欢喜夜》	东南卫视	6.3	18.7
2	《我的青春有片海》	东南卫视	6.1	21.6
3	《快乐再出发》	东南卫视	4.8	19.8

续表

名次	节目名称	播出频道	平均收视率	平均占有率
4	《第十届海峡两岸电视艺术节开幕式我们的中国梦文化进万家》	东南卫视	4.7	19.6
5	《不要回答》	东南卫视	4.4	19.4
6	《我心中的人民中国视协纪念在延安文艺座谈会上的讲话发表80周年》	东南卫视	4.4	18.5
7	《十年逐梦向未来》	东南卫视	4.1	19.1
8	《我有好节目第一届福建省电视节目创新大赛》（11月16日）	福建省广播影视集团综合频道	3.8	19.2
9	《遇见你》	东南卫视	3.8	15.8
10	《神奇主播已就位》	东南卫视	3.6	15.2

表3.4.12　2022年福建市场体育节目收视率排名前十位

单位：%

名次	节目名称	播出频道	平均收视率	平均占有率
1	《2022北京冬残奥会闭幕式》	东南卫视	4.2	16.4
2	《福建省第十七届运动会开幕式》	东南卫视	3.8	14.0
3	《2022年北京冬奥会短道速滑女子3000米接力决赛》	中央台五套	2.9	9.3
4	《女足亚洲杯颁奖仪式》	中央台五套	2.4	8.4
5	《我爱世界杯：2022年世界杯G组第1轮》（瑞士VS喀麦隆）	中央台五套	1.5	6.3
6	《2022年女足亚洲杯决赛》（中国VS韩国）	中央台五套	1.5	5.3
7	《现场直播：2022年世界乒乓球团体锦标赛男团决赛》	中央台五套	1.4	5.5
8	《现场直播：世界乒乓球团体锦标赛颁奖仪式》	中央台五套	1.4	8.1
9	《实况录像：2022年亚洲举重锦标赛女子55公斤级决赛抓举》	中央台五套	1.0	8.7
10	《实况录像：2022年国际田联钻石联赛罗马站女子1500米决赛》	中央台五套	0.9	2.9

五　甘肃收视数据

表 3.5.1　2018～2022 年甘肃市场各类频道的占有率

单位：%

频道类别	2018 年	2019 年	2020 年	2021 年	2022 年
中央广播电视总台	44.9	38.6	39.1	32.0	36.1
中国教育台频道	0.3	0.3	0.5	0.2	0.2
甘肃省级频道	7.5	10.1	10.9	6.1	7.4
其他省级卫视频道	27.0	27.1	27.3	24.7	21.6
其他频道	20.3	23.9	22.2	37.0	34.7

表 3.5.2　2022 年甘肃市场各类频道在不同目标观众中的占有率

单位：%

目标观众		中央广播电视总台	中国教育台频道	甘肃省级频道	其他省级卫视频道	其他频道
4 岁及以上所有人		36.1	0.2	7.4	21.6	34.7
城乡	城市	36.7	0.2	4.9	21.5	36.7
	乡村	35.4	0.1	10.0	21.7	32.8
性别	男	37.0	0.2	7.5	20.6	34.7
	女	35.0	0.1	7.3	22.7	34.9
年龄	4～14 岁	24.7	0.1	4.0	19.5	51.7
	15～24 岁	31.3	0.1	4.9	26.2	37.5
	25～34 岁	31.0	0.1	3.8	23.2	41.9
	35～44 岁	33.6	0.2	5.4	22.2	38.6
	45～54 岁	38.1	0.2	7.4	19.8	34.5
	55～64 岁	38.8	0.2	8.3	18.9	33.8
	65 岁及以上	46.2	0.2	13.1	23.4	17.1
受教育程度	未受过正规教育	32.6	0.2	8.8	16.6	41.8
	小学	37.8	0.2	8.6	25.2	28.2
	初中	35.7	0.2	8.9	21.7	33.5
	高中	34.8	0.1	5.7	22.4	37.0
	大学及以上	38.5	0.1	4.7	18.6	38.1

续表

目标观众		中央广播电视总台	中国教育台频道	甘肃省级频道	其他省级卫视频道	其他频道
职业类别	干部/管理人员	46.8	0.1	2.7	11.0	39.4
	个体/私营企业人员	30.0	0.1	5.0	25.3	39.6
	初级公务员/雇员	38.8	0.1	4.6	19.2	37.3
	工人	32.5	0.2	9.5	23.6	34.2
	学生	28.8	0.1	4.8	23.0	43.3
	无业	37.5	0.2	9.0	21.1	32.2
	其他	42.0	0.3	10.0	20.4	27.3
个人月收入	0～300元	31.1	0.1	6.7	21.9	40.2
	301～900元	42.3	0.2	9.9	24.1	23.5
	901～1700元	44.3	0.2	9.5	17.5	28.5
	1701～2600元	32.0	0.2	10.6	22.1	35.1
	2601～3500元	37.9	0.1	5.1	24.5	32.4
	3501～5000元	41.4	0.3	6.6	20.1	31.6
	5001元及以上	35.4	0.1	4.5	19.7	40.3

表3.5.3　2022年甘肃市场各类频道在不同时段的占有率

单位：%

时间段	中央广播电视总台	中国教育台频道	甘肃省级频道	其他省级卫视频道	其他频道
02：00～03：00	22.3	0.1	3.7	22.3	51.6
03：00～04：00	25.4	0.1	4.0	18.0	52.5
04：00～05：00	38.8	0.0	4.3	13.6	43.3
05：00～06：00	49.8	0.0	3.1	20.1	27.0
06：00～07：00	46.1	0.4	2.6	27.5	23.4
07：00～08：00	45.7	0.3	5.6	25.3	23.1
08：00～09：00	43.2	0.5	5.6	23.0	27.7
09：00～10：00	35.6	0.3	5.1	27.5	31.5
10：00～11：00	33.6	0.3	4.5	28.3	33.3
11：00～12：00	33.7	0.1	4.5	27.2	34.5
12：00～13：00	38.5	0.1	2.9	20.6	37.9
13：00～14：00	29.8	0.3	3.1	23.5	43.3
14：00～15：00	27.7	0.4	3.3	25.6	43.0
15：00～16：00	28.0	0.3	3.8	26.4	41.5
16：00～17：00	30.0	0.3	4.0	25.2	40.5

续表

时间段	中央广播电视总台	中国教育台频道	甘肃省级频道	其他省级卫视频道	其他频道
17：00～18：00	34.4	0.2	3.1	22.3	40.0
18：00～19：00	41.0	0.2	9.3	13.0	36.5
19：00～20：00	44.2	0.1	11.5	15.3	28.9
20：00～21：00	39.0	0.1	10.0	21.3	29.6
21：00～22：00	37.0	0.1	9.8	21.3	31.8
22：00～23：00	31.1	0.2	7.2	22.9	38.6
23：00～00：00	27.8	0.2	6.8	24.9	40.3
00：00～01：00	24.0	0.4	6.4	29.0	40.2
01：00～02：00	21.9	0.3	5.9	30.0	41.9

表 3.5.4　2022 年甘肃市场收视份额排名前十位的频道

单位：%

名次	频道名称	收视份额
1	中央电视台综合频道	7.1
2	中央台八套	5.8
3	中央台六套	5.3
4	甘肃电视台文化影视频道	3.6
5	中央电视台新闻频道	3.4
6	中央台四套	2.7
7	卡酷少儿频道	2.6
8	甘肃卫视	2.1
8	湖南电视台金鹰卡通频道	2.1
10	中央台五套	1.9

表 3.5.5　2022 年甘肃市场各主要频道的观众构成

单位：%

目标观众		主要频道					
		所有频道	中央电视台综合频道	中央台八套	中央台六套	甘肃电视台文化影视频道	中央电视台新闻频道
4 岁及以上所有人		100.0	100.0	100.0	100.0	100.0	100.0
城乡	城市	51.7	52.7	51.2	51.3	27.3	44.1
	乡村	48.3	47.3	48.8	48.7	72.7	55.9

续表

目标观众		主要频道					
		所有频道	中央电视台综合频道	中央台八套	中央台六套	甘肃电视台文化影视频道	中央电视台新闻频道
4 岁及以上所有人		100.0	100.0	100.0	100.0	100.0	100.0
性别	男	51.8	47.7	50.1	56.4	51.7	61.1
	女	48.2	52.3	49.9	43.6	48.3	38.9
年龄	4～14 岁	14.1	9.6	8.6	13.1	8.2	5.4
	15～24 岁	9.2	10.5	8.4	9.0	6.1	7.5
	25～34 岁	8.6	6.4	10.8	8.7	3.2	3.8
	35～44 岁	15.7	12.7	11.2	19.2	7.9	15.6
	45～54 岁	16.2	17.3	19.1	20.4	19.4	15.3
	55～64 岁	15.4	17.9	16.8	15.4	16.3	15.5
	65 岁及以上	20.8	25.6	25.1	14.2	38.9	36.9
受教育程度	未受过正规教育	11.3	7.5	11.8	12.6	18.0	9.6
	小学	23.3	19.9	32.1	28.0	27.5	20.0
	初中	25.3	21.9	25.1	25.1	33.8	25.0
	高中	24.2	29.2	19.7	18.2	13.2	27.3
	大学及以上	15.9	21.5	11.3	16.1	7.5	18.1
职业类别	干部/管理人员	1.7	2.0	1.0	2.5	0.3	3.0
	个体/私营企业人员	14.7	11.0	9.9	14.5	6.0	16.2
	初级公务员/雇员	10.4	15.8	7.9	7.5	6.1	11.9
	工人	4.9	3.9	4.5	5.4	7.6	1.8
	学生	17.3	16.5	13.6	17.7	12.2	9.2
	无业	26.1	30.5	23.9	14.0	26.6	36.0
	其他	24.9	20.3	39.2	38.4	41.2	21.9
个人月收入	0～300 元	35.0	26.9	37.3	39.0	39.4	28.7
	301～900 元	9.0	6.6	12.0	11.9	13.9	11.4
	901～1700 元	10.1	13.4	13.0	9.6	12.9	7.0
	1701～2600 元	12.6	11.9	9.6	8.8	17.3	13.3
	2601～3500 元	13.4	14.8	15.9	8.3	4.7	17.3
	3501～5000 元	12.5	17.2	8.8	16.5	8.8	15.7
	5001 元及以上	7.4	9.2	3.4	5.9	3.0	6.6

表 3.5.6 2020～2022 年甘肃市场各类节目的播出比重和收视比重

单位：%

节目类别	2020 年		2021 年		2022 年	
	播出比重	收视比重	播出比重	收视比重	播出比重	收视比重
财经	1.0	0.7	1.2	0.7	1.2	0.7
电视剧	22.5	31.3	21.9	34.7	22.1	34.5
电影	3.5	2.7	3.3	7.5	3.0	8.7
法制	0.7	0.8	0.7	0.7	0.9	0.5
教学	0.3	0.1	0.3	0.0	0.3	0.0
青少	8.0	6.9	7.7	7.1	8.0	6.9
生活服务	6.9	6.5	7.7	5.1	8.1	5.2
体育	3.9	0.8	4.3	3.9	5.2	3.9
外语	0.2	0.0	0.3	0.0	0.3	0.0
戏剧	0.7	0.4	0.7	0.5	0.7	0.4
新闻/时事	16.4	20.2	15.5	12.9	14.9	13.6
音乐	1.9	1.1	1.7	0.8	1.8	0.6
专题	14.9	7.2	16.3	7.4	16.6	7.1
综艺	6.3	6.9	6.3	8.6	5.5	7.7
其他	12.8	14.4	12.1	10.1	11.4	10.2

表 3.5.7 2022 年甘肃市场所有节目收视率排名前三十位

单位：%

名次	节目名称	节目类别	播出频道	平均收视率	平均占有率
1	《2022 中央广播电视总台春节联欢晚会》	综艺	中央电视台综合频道	11.5	39.0
2	《开学第一课》	青少	中央电视台综合频道	4.7	27.9
3	《2022 年中央广播电视总台元宵晚会》	综艺	中央电视台综合频道	3.9	24.2
4	《南少林永春拳之开山始祖》（8 月 17 日）	电影	中央台六套	3.8	25.1
5	《2022 北京冬奥会开幕式》	体育	中央电视台综合频道	3.7	16.2
6	《龙腾虎跃中国年》	专题	中央电视台综合频道	3.6	25.1
7	《武松血战狮子楼》	电影	中央台六套	3.4	19.5
8	《大决战第二部淮海战役》（10 月 14 日）	电影	中央台六套	3.3	18.0
9	《抗倭传奇》	电影	中央台六套	3.1	23.9
10	《浴血边关》	电影	中央台六套	3.1	19.2
11	《盲侠》	电影	中央台六套	3.0	22.4
12	《南少林永春拳之坚贞永护》（11 月 1 日）	电影	中央台六套	3.0	19.7
13	《红海行动》（10 月 23 日）	电影	中央台六套	2.9	15.5
14	《决战狂沙镇》（9 月 5 日）	电影	中央台六套	2.8	19.4

续表

名次	节目名称	节目类别	播出频道	平均收视率	平均占有率
15	《捍卫者》（8月22日）	电影	中央台六套	2.8	18.9
16	《大转折 下集 挺进大别山》	电影	中央台六套	2.8	16.6
17	《大进军：解放大西北》	电影	中央台六套	2.7	15.7
18	《人世间》	电视剧	中央电视台综合频道	2.7	14.0
19	《六指琴魔》	电影	中央台六套	2.6	19.9
20	《侠捕诡影迷踪》	电影	中央台六套	2.6	17.6
21	《杨门女将白马贺寿》	电影	中央台六套	2.6	15.4
22	《天道王》	电影	中央台六套	2.6	14.4
23	《猎影追凶》（1月23日）	电影	中央台六套	2.6	12.5
24	《盗金者》	电影	中央台六套	2.5	17.9
25	《黄河大侠》	电影	中央台六套	2.5	17.6
26	《捍战二》（10月27日）	电影	中央台六套	2.5	14.4
27	《中国空间站神舟十四号航天员返回2022》	新闻/时事	中央电视台新闻频道	2.5	13.1
28	《黄金刀客》（1月24日）	电影	中央台六套	2.5	12.1
29	《木棉袈裟》（7月31日）	电影	中央台六套	2.4	18.8
30	《铜皮铁骨方世玉》	电影	中央台六套	2.4	17.8

表 3.5.8　2022年甘肃市场电视剧收视率排名前十位

单位：%

名次	节目名称	播出频道	平均收视率	平均占有率
1	《人世间》	中央电视台综合频道	2.7	14.0
2	《虎胆巍城》	中央台八套	2.1	12.7
3	《爱拼会赢》	中央电视台综合频道	2.0	12.1
4	《回家的路有多远》	中央台八套	1.9	16.9
5	《小娘惹》	中央台八套	1.8	14.7
6	《那山那海》	中央电视台综合频道	1.8	10.7
7	《养父的花样年华》	中央台八套	1.7	14.2
8	《木兰妈妈》	中央台八套	1.6	13.4
9	《我最爱的家人》	中央台八套	1.6	11.2
10	《县委大院》	中央电视台综合频道	1.6	10.4

表 3. 5. 9 2022 年甘肃市场新闻节目收视率排名前十位

单位：%

名次	节目名称	播出频道	平均收视率	平均占有率
1	《中国空间站神舟十四号航天员返回2022》	中央电视台新闻频道	2. 5	13. 1
2	《国务院总理会见中外记者并回答提问》	中央电视台综合频道	2. 1	9. 0
3	《新闻联播》	中央电视台综合频道	1. 4	11. 2
4	《中国共产党第二十次全国代表大会开幕会专题新闻》	中央电视台综合频道	1. 4	7. 9
5	《第五届中国国际进口博览会开幕式特别报道》	中央电视台综合频道	1. 2	6. 2
6	《焦点访谈》	中央电视台综合频道	1. 0	6. 7
7	《转播中央台新闻联播》	甘肃卫视	0. 8	6. 4
8	《中国空间站神州十三号航天员返回2022》	中央电视台新闻频道	0. 7	15. 4
9	《甘肃新闻》	甘肃卫视	0. 7	8. 4
10	《共同关注》	中央电视台综合频道	0. 7	5. 0

表 3. 5. 10 2022 年甘肃市场专题节目收视率排名前十位

单位：%

名次	节目名称	播出频道	平均收视率	平均占有率
1	《龙腾虎跃中国年》	中央电视台综合频道	3. 6	25. 1
2	《闪亮的名字——2022 最美教师发布仪式》	中央电视台综合频道	1. 3	9. 1
3	《2021 年大国工匠年度人物发布仪式》	中央电视台综合频道	1. 2	8. 5
4	《功勋闪耀新时代》	中央电视台综合频道	1. 2	8. 3
5	《2022 中国诗词大会》（3 月 8 日）	中央电视台综合频道	1. 2	7. 1
6	《相知跨千年携手创未来——习近平主席赴沙特利雅得出访纪实》	中央电视台综合频道	1. 1	6. 7
7	《记住乡愁》	中央台四套	1. 1	6. 4
8	《长风浩荡启新程——习近平主席出席二十国集团领导人第十七次峰会》	中央电视台综合频道	1. 1	6. 3
9	《古韵新声清明》	中央电视台综合频道	1. 0	9. 8
10	《感动中国 2021 年度人物颁奖盛典》	中央电视台综合频道	1. 0	7. 2

表 3. 5. 11 2022 年甘肃市场综艺节目收视率排名前十位

名次	节目名称	播出频道	平均收视率	平均占有率
1	《2022 中央广播电视总台春节联欢晚会》	中央电视台综合频道	11. 5	39. 0
2	《2022 年中央广播电视总台元宵晚会》	中央电视台综合频道	2. 2	18. 8
3	《2022 年中央广播电视总台中秋晚会》	中央电视台综合频道	1. 7	12. 6

续表

名次	节目名称	播出频道	平均收视率	平均占有率
4	《启航 2023 中央广播电视总台跨年晚会》	中央电视台综合频道	1.7	12.0
5	《星光大道》（1 月 23 日）	中央台三套	1.5	6.8
6	《2022 年奋斗的青春五四青年节特别节目》	中央电视台综合频道	1.2	9.9
7	《中国梦劳动美 2022 五一国际劳动节心连心特别节目》	中央电视台综合频道	1.2	8.0
8	《2022 年中国农民丰收节晚会》	中央电视台综合频道	1.1	7.3
9	《开门大吉》（2 月 7 日）	中央台三套	1.1	5.3
10	《最强大脑之燃烧吧大脑》（3 月 18 日）	江苏卫视	1.0	7.9

表 3.5.12　2022 年甘肃市场体育节目收视率排名前十位

单位：%

名次	节目名称	播出频道	平均收视率	平均占有率
1	《2022 北京冬奥会开幕式》	中央电视台综合频道	3.7	16.2
2	《2022 北京冬残奥会开幕式》	中央电视台综合频道	2.0	11.2
3	《实况录像：2022 年女篮世界杯 1/4 决赛》（中国 VS 法国）	中央台五套	1.9	13.1
4	《现场直播：2022 年男篮亚洲杯 1/4 决赛》（黎巴嫩 VS 中国）	中央台五套	1.5	10.4
5	《现场直播：2022 年世界乒乓球团体锦标赛男团 1/4 决赛》	中央台五套	1.5	9.0
6	《现场直播：2022 年世界女排锦标赛小组赛》（中国 VS 日本）	中央台五套	1.4	11.1
7	《女足亚洲杯颁奖仪式》	中央台五套	1.4	6.4
8	《我爱世界杯：2022 年世界杯小组赛 H 组第 2 轮》（韩国 VS 加纳）	中央台五套	1.3	10.0
9	《现场直播：2022 年世乒联世界杯决赛女单决赛》	中央台五套	1.3	7.3
10	现场直播：2022 年世界女排联赛菲律宾站（日本 VS 中国）	中央台五套	1.2	16.2

六 广东收视数据

表 3.6.1 2018～2022 年广东市场各类频道的占有率

单位：%

频道类别	2018 年	2019 年	2020 年	2021 年	2022 年
中央广播电视总台	19.6	17.3	15.8	14.5	14.6
中国教育台频道	0.1	0.1	0.1	0.1	0.1
广东省级频道	35.8	35.3	33.8	35.5	35.8
其他省级卫视频道	13.0	12.4	13.6	12.9	11.0
境外频道	4.1	4.2	5.1	4.5	5.1
其他频道	27.4	30.7	31.6	32.5	33.4

表 3.6.2 2022 年广东市场各类频道在不同目标观众中的占有率

单位：%

目标观众		中央广播电视总台	中国教育台频道	广东省级频道	其他省级卫视频道	境外频道	其他频道
4 岁及以上所有人		14.6	0.1	35.8	11.0	5.1	33.4
城乡	城市	15.5	0.1	30.2	12.2	6.9	35.1
	农村	12.7	0.1	48.3	8.1	1.0	29.8
性别	男	15.9	0.1	35.2	10.3	5.1	33.4
	女	13.3	0.0	36.4	11.7	5.0	33.6
年龄	4～14 岁	7.5	0.1	36.7	8.8	2.2	44.7
	15～24 岁	13.9	0.0	30.9	12.1	3.5	39.6
	25～34 岁	13.9	0.0	32.9	11.4	5.2	36.6
	35～44 岁	11.6	0.0	30.2	11.4	7.3	39.5
	45～54 岁	19.0	0.1	29.1	13.4	6.0	32.4
	55～64 岁	15.7	0.1	42.6	9.8	6.7	25.1
	65 岁及以上	19.6	0.1	47.1	10.0	4.5	18.7
受教育程度	未受过正规教育	8.0	0.0	44.1	7.9	3.4	36.6
	小学	11.2	0.1	46.5	8.5	2.5	31.2
	初中	14.9	0.1	36.1	11.9	5.5	31.5
	高中	18.2	0.0	28.7	12.4	5.3	35.4
	大学及以上	17.7	0.0	24.9	12.4	8.5	36.5

续表

目标观众		中央广播电视总台	中国教育台频道	广东省级频道	其他省级卫视频道	境外频道	其他频道
职业类别	干部/管理人员	18.2	0.0	18.0	12.2	11.4	40.2
	个体/私营企业人员	18.3	0.1	30.5	15.0	3.8	32.3
	初级公务员/雇员	16.8	0.1	25.8	13.4	7.6	36.3
	工人	15.2	0.0	38.2	10.0	5.8	30.8
	学生	8.1	0.1	32.5	9.9	2.3	47.1
	无业	14.8	0.1	37.9	10.5	5.9	30.8
	其他	13.1	0.1	58.3	6.0	0.7	21.8
个人月收入	0～300元	9.2	0.0	37.8	9.8	3.0	40.2
	301～900元	13.0	0.3	53.9	8.0	1.9	22.9
	901～1700元	15.2	0.0	49.2	7.1	4.0	24.5
	1701～2600元	17.2	0.1	40.8	10.8	5.5	25.6
	2601～3500元	17.9	0.1	36.8	9.8	6.2	29.2
	3501～5000元	18.4	0.0	31.1	11.6	6.9	32.0
	5001元及以上	17.1	0.1	22.1	15.7	7.3	37.7

表3.6.3　2022年广东市场各类频道在不同时段的占有率

单位：%

时间段	中央广播电视总台	中国教育台频道	广东省级频道	其他省级卫视频道	境外频道	其他频道
02：00～03：00	18.7	0.2	17.6	12.8	4.2	46.5
03：00～04：00	22.7	0.1	17.8	12.9	2.7	43.8
04：00～05：00	27.3	0.1	21.0	12.4	1.9	37.3
05：00～06：00	21.4	0.2	27.9	16.4	3.3	30.8
06：00～07：00	21.0	0.2	31.9	10.0	9.9	27.0
07：00～08：00	17.1	0.2	31.6	6.6	10.9	33.6
08：00～09：00	17.6	0.2	28.6	7.4	9.1	37.1
09：00～10：00	16.1	0.2	28.1	10.7	3.7	41.2
10：00～11：00	15.6	0.1	28.2	11.8	3.1	41.2
11：00～12：00	17.8	0.0	29.8	12.1	3.6	36.7
12：00～13：00	17.8	0.0	33.2	10.8	5.4	32.8
13：00～14：00	13.8	0.1	32.5	13.6	4.5	35.5
14：00～15：00	14.0	0.1	27.6	16.2	2.7	39.4
15：00～16：00	14.7	0.1	24.3	16.4	2.9	41.6
16：00～17：00	15.9	0.1	26.4	14.4	2.3	40.9

续表

时间段	中央广播电视总台	中国教育台频道	广东省级频道	其他省级卫视频道	境外频道	其他频道
17：00～18：00	16.1	0.1	29.7	11.3	3.4	39.4
18：00～19：00	12.3	0.0	40.0	5.5	6.8	35.4
19：00～20：00	12.7	0.0	44.2	7.8	4.7	30.6
20：00～21：00	13.5	0.0	43.9	11.2	4.1	27.3
21：00～22：00	13.9	0.0	39.7	11.7	5.6	29.1
22：00～23：00	14.1	0.1	32.0	13.0	8.0	32.8
23：00～00：00	17.4	0.1	26.8	13.7	7.2	34.8
00：00～01：00	22.1	0.3	19.4	11.3	7.6	39.3
01：00～02：00	20.7	0.5	17.6	10.8	5.9	44.5

表 3.6.4　2022 年广东市场收视份额排名前十位的频道

单位：%

名次	频道名称	收视份额
1	广东广播电视台珠江频道	13.3
2	广东广播电视台影视频道	7.5
3	翡翠台（中文）(有线网转播)	3.5
4	广东广播电视台大湾区卫视	3.3
5	广东广播电视台少儿频道	2.6
6	广东广播电视台嘉佳卡通频道	2.1
7	广东卫视	2.0
7	中央台六套	2.0
9	中央台五套	1.9
9	湖南卫视	1.9
9	中央台四套	1.9

表 3.6.5　2022 年广东市场各主要频道的观众构成

单位：%

目标观众		所有频道	主要频道				
			广东广播电视台珠江频道	广东广播电视台影视频道	翡翠台（中文）(有线网转播)	广东广播电视台大湾区卫视	广东广播电视台少儿频道
4 岁及以上所有人		100.0	100.0	100.0	100.0	100.0	100.0
城乡	城市	69.5	53.3	55.8	95.3	71.8	47.0
	农村	30.5	46.7	44.2	4.7	28.2	53.0

续表

目标观众		所有频道	主要频道				
			广东广播电视台珠江频道	广东广播电视台影视频道	翡翠台（中文）（有线网转播）	广东广播电视台大湾区卫视	广东广播电视台少儿频道
性别	男	51.8	49.4	56.0	48.6	48.8	45.5
	女	48.2	50.6	44.0	51.4	51.2	54.5
年龄	4～14岁	16.0	13.6	12.8	7.2	13.7	40.2
	15～24岁	7.0	5.7	4.5	4.1	9.4	4.2
	25～34岁	18.3	18.3	17.0	21.6	11.7	19.6
	35～44岁	11.5	9.7	10.7	19.5	9.3	8.3
	45～54岁	18.8	15.7	15.1	20.3	16.1	10.7
	55～64岁	14.0	16.9	19.5	17.4	16.9	7.4
	65岁及以上	14.4	20.1	20.4	9.9	22.9	9.6
受教育程度	未受过正规教育	7.4	7.5	7.9	5.4	10.3	20.2
	小学	23.8	32.0	32.1	10.6	31.3	35.4
	初中	31.2	32.7	33.7	31.6	31.9	22.8
	高中	20.9	14.9	17.3	21.8	16.9	13.5
	大学及以上	16.7	12.9	9.0	30.6	9.6	8.1
职业类别	干部/管理人员	2.5	1.4	1.1	5.9	0.4	0.5
	个体/私营企业人员	12.9	12.1	9.4	10.3	10.6	9.1
	初级公务员/雇员	13.3	11.0	7.4	22.1	6.6	5.9
	工人	20.7	19.8	30.1	24.6	22.3	15.5
	学生	13.4	11.8	6.4	6.8	16.6	22.3
	无业	29.3	28.1	29.1	29.6	36.1	36.9
	其他	7.9	15.8	16.5	0.7	7.4	9.8
个人月收入	0～300元	31.4	33.4	24.9	17.8	35.2	55.8
	301～900元	5.5	9.3	9.6	1.9	5.8	7.4
	901～1700元	5.3	7.2	8.3	3.3	11.6	6.1
	1701～2600元	10.8	11.6	15.5	12.2	9.3	9.8
	2601～3500元	14.0	13.4	18.0	16.6	16.8	7.2
	3501～5000元	16.3	14.9	15.9	23.6	10.8	7.5
	5001元及以上	16.7	10.2	7.8	24.6	10.5	6.2

表 3.6.6　2020～2022 年广东市场各类节目的播出比重和收视比重

单位：%

节目类型	2020 年		2021 年		2022 年	
	播出比重	收视比重	播出比重	收视比重	播出比重	收视比重
财经	1.1	0.4	1.2	0.6	1.2	0.7
电视剧	21.8	35.0	21.9	36.5	22.7	36.5
电影	3.5	3.4	3.1	3.0	2.9	3.1
法制	0.6	0.2	0.6	0.2	0.8	0.2
教学	0.3	0.1	0.3	0.0	0.3	0.0
青少	7.9	7.4	7.8	7.8	7.9	6.3
生活服务	7.5	6.9	7.9	6.7	7.6	6.7
体育	4.8	2.8	5.0	4.4	5.9	5.1
外语	0.2	0.0	0.2	0.0	0.3	0.0
戏剧	0.6	0.1	0.5	0.1	0.6	0.1
新闻/时事	16.7	16.9	15.9	14.6	15.5	16.5
音乐	1.9	1.6	1.7	0.8	1.7	0.6
专题	13.8	4.7	14.8	4.6	15.3	5.4
综艺	6.0	5.9	6.4	6.1	5.7	6.0
其他	13.3	14.6	12.7	14.6	11.6	12.8

表 3.6.7　2022 年广东市场所有节目收视率排名前三十位

单位：%

名次	节目名称	节目类型	播出频道	平均收视率	平均占有率
1	《爱的厘米》	电视剧	广东广播电视台珠江频道	6.0	23.0
2	《哥哥姐姐的花样年华》（1～34 集）	电视剧	广东广播电视台珠江频道	5.7	21.6
3	《妻子的谎言》	电视剧	广东广播电视台珠江频道	5.6	21.3
3	《爱盛开》（22～30 集）	电视剧	广东广播电视台珠江频道	5.5	21.8
5	《我和我的传奇奶奶》	电视剧	广东广播电视台珠江频道	5.3	22.6
6	《海上繁花》	电视剧	广东广播电视台珠江频道	5.3	22.5
6	《如果我爱你》	电视剧	广东广播电视台珠江频道	5.3	21.5
8	《只为那一刻与你相见》	电视剧	广东广播电视台珠江频道	5.2	21.3
9	《微笑妈妈》	电视剧	广东广播电视台珠江频道	5.2	21.0
10	《不得不爱》	电视剧	广东广播电视台珠江频道	5.1	21.1
11	《家庭秘密》	电视剧	广东广播电视台珠江频道	5.0	19.9
12	《乱世丽人行》	电视剧	广东广播电视台珠江频道	4.7	20.3
13	《勇敢的心二》	电视剧	广东广播电视台珠江频道	4.6	20.7

续表

名次	节目名称	节目类型	播出频道	平均收视率	平均占有率
14	《珠江春暖幸福年 2022 珠江频道除夕特别节目》	综艺	广东广播电视台珠江频道	4.6	17.2
15	《爱的套索》	电视剧	广东广播电视台珠江频道	4.4	18.4
16	《我姥爷 1945 之绝命枪》	电视剧	广东广播电视台珠江频道	4.3	19.5
17	《天气预报》	生活服务	广东广播电视台珠江频道	4.1	21.5
18	《爱情睡醒了》	电视剧	广东广播电视台珠江频道	4.1	19.0
19	《天狼星行动》	电视剧	广东广播电视台影视频道	3.6	16.5
20	《安娜的爱人》	电视剧	广东广播电视台珠江频道	3.5	17.3
21	《山河锦绣》（1～13 集）	电视剧	广东广播电视台珠江频道	3.5	14.8
22	《外来媳妇本地郎》	电视剧	广东广播电视台珠江频道	3.4	14.7
23	《杀出黎明》	电视剧	广东广播电视台影视频道	3.3	14.4
24	《浴血重生》	电视剧	广东广播电视台影视频道	3.2	16.0
25	《冰锋》	电视剧	广东广播电视台影视频道	3.2	15.4
26	《天怒 1931》	电视剧	广东广播电视台影视频道	3.2	14.5
27	《怒江之战》	电视剧	广东广播电视台影视频道	3.1	13.9
27	《北京冬奥会短道速滑混合接力颁奖仪式》	体育	中央台五套	3.1	11.9
29	《雪鹰》	电视剧	广东广播电视台影视频道	3.0	14.8
30	《双枪》	电视剧	广东广播电视台影视频道	3.0	14.1

表 3.6.8　2022 年广东市场电视剧收视率排名前十位

单位：%

名次	节目名称	播出频道	平均收视率	平均占有率
1	《爱的厘米》	广东广播电视台珠江频道	6.0	23.0
2	《哥哥姐姐的花样年华》（1～34 集）	广东广播电视台珠江频道	5.7	21.6
3	《妻子的谎言》	广东广播电视台珠江频道	5.6	21.3
3	《爱盛开》（22～30 集）	广东广播电视台珠江频道	5.5	21.8
5	《我和我的传奇奶奶》	广东广播电视台珠江频道	5.3	22.6
6	《海上繁花》	广东广播电视台珠江频道	5.3	22.5
6	《如果我爱你》	广东广播电视台珠江频道	5.3	21.5
8	《只为那一刻与你相见》	广东广播电视台珠江频道	5.2	21.3
9	《微笑妈妈》	广东广播电视台珠江频道	5.2	21.0
10	《不得不爱》	广东广播电视台珠江频道	5.1	21.1

表 3.6.9　2022 年广东市场新闻节目收视率排名前十位

单位：%

名次	节目名称	播出频道	平均收视率	平均占有率
1	《今日关注》	广东广播电视台珠江频道	2.9	13.5
2	《珠江新闻》	广东广播电视台珠江频道	2.5	18.4
3	《2022 国际大事回顾》（12 月 25 日）	翡翠台（中文）（有线网转播）	1.6	6.1
4	《6 点半新闻报道》	翡翠台（中文）（有线网转播）	1.3	7.1
5	《筑梦空间站神舟十四号航天员返回特别报道》	中央台四套	1.2	5.1
6	《2022 两岸大事回顾》（12 月 24 日）	翡翠台（中文）（有线网转播）	1.2	4.5
7	《DV 现场》	广东广播电视台公共频道	0.9	3.8
8	《2022 香港大事回顾》（12 月 31 日）	翡翠台（中文）（有线网转播）	0.9	3.6
9	《2021 香港大事回顾》（1 月 1 日）	翡翠台（中文）（有线网转播）	0.9	3.4
10	《新闻透视》	翡翠台（中文）（有线网转播）	0.8	3.5
10	《中国空间站神舟十四号航天员返回 2022》	中央电视台新闻频道	0.8	3.5

表 3.6.10　2022 年广东市场专题节目收视率排名前十位

单位：%

名次	节目名称	播出频道	平均收视率	平均占有率
1	《党建引领聚合力乡村振兴添动力》	广东广播电视台珠江频道	1.9	12.1
2	《大匠》	广东广播电视台珠江频道	1.9	8.7
3	《乡村振兴纪事》	广东广播电视台珠江频道	1.5	8.9
4	《文化珠江》	广东广播电视台珠江频道	1.4	9.6
5	《南粤工匠》	广东广播电视台珠江频道	1.1	7.0
6	《龙腾虎跃中国年》	中央电视台综合频道	1.1	5.3
7	《影视专事帮》	广东广播电视台影视频道	0.9	4.8
7	《第六任行政长官李家超》	翡翠台（中文）（有线网转播）	0.9	3.9
9	《无穷之路》	翡翠台（中文）（有线网转播）	0.8	5.0
10	《邵逸夫奖 2022》	翡翠台（中文）（有线网转播）	0.8	3.8

表 3.6.11　2022 年广东市场综艺节目收视率排名前十位

单位：%

名次	节目名称	播出频道	平均收视率	平均占有率
1	《珠江春暖幸福年 2022 珠江频道除夕特别节目》	广东广播电视台珠江频道	4.6	17.2
2	《2022 中央广播电视总台春节联欢晚会》	中央电视台综合频道	3.0	11.9
3	《金牛犇腾迎新春珠江频道 2021 除夕特别节目》	广东广播电视台珠江频道	2.5	14.1
4	《梗系要开心》第二季	广东广播电视台珠江频道	1.9	10.9

续表

名次	节目名称	播出频道	平均收视率	平均占有率
5	《乐队风暴》（1月15日）	广东广播电视台珠江频道	1.8	10.8
6	《庆祝香港回归祖国二十五周年文艺晚会》	翡翠台（中文）（有线网转播）	1.8	7.5
7	《乡村振兴大擂台》（9月3日）	广东广播电视台珠江频道	1.6	12.4
8	《粤韵风华》	广东广播电视台珠江频道	1.6	10.0
9	《2022年中央广播电视总台中秋晚会》	中央电视台综合频道	1.6	6.7
10	《超级辣妈6》	广东广播电视台珠江频道	1.5	8.6

表 3.6.12　2022 年广东市场体育节目收视率排名前十位

单位：%

名次	节目名称	播出频道	平均收视率	平均占有率
1	《北京冬奥会短道速滑混合接力颁奖仪式》	中央台五套	3.1	11.9
2	《我爱世界杯：2022年世界杯C组小组赛第1轮》（阿根廷VS沙特阿拉伯）	中央台五套	2.8	12.7
3	《女足亚洲杯颁奖仪式》	中央台五套	2.8	10.9
4	《2021/2022赛季中国男子篮球职业联赛季后赛半决赛第2轮》（辽宁本钢VS广东东莞大益）	广东广播电视台体育频道	2.5	10.2
5	《现场直播：2022年世界乒乓球团体锦标赛男团决赛》	中央台五套	1.9	8.4
6	《现场直播：2022年世界女排锦标赛小组赛第4轮》（中国队VS捷克队）	中央台五套	1.9	7.9
7	《2022/2023赛季中国男子篮球职业联赛常规赛第18轮》（广东东莞大益VS福建浔兴股份）	广东广播电视台体育频道	1.7	7.5
8	《现场直播：2022年世乒联冠军赛澳门站女单半决赛》	中央台五套	1.5	8.3
8	《现场直播：2022年女篮世界杯半决赛》（澳大利亚队VS中国队）	中央台五套	1.4	9.5
10	《现场直播：2022年世乒联世界杯决赛男单半决赛》	中央台五套	1.4	9.2

七 广西收视数据

表 3.7.1 2018~2022 年广西市场各类频道的占有率

单位：%

频道类别	2018 年	2019 年	2020 年	2021 年	2022 年
中央广播电视总台	38.2	33.0	30.9	27.7	31.2
中国教育台频道	0.2	0.2	0.2	0.2	0.2
广西自治区级频道	26.2	23.8	19.5	20.0	19.9
其他省级卫视频道	24.9	23.8	21.4	17.5	17.3
其他频道	10.6	19.2	28.0	34.7	31.4

表 3.7.2 2022 年广西市场各类频道在不同目标观众中的占有率

单位：%

目标观众		中央广播电视总台	中国教育台频道	广西自治区级频道	其他省级卫视频道	其他频道
4 岁及以上所有人		31.2	0.2	19.9	17.3	31.4
城乡	城市	37.9	0.3	14.4	16.2	31.2
	农村	26.4	0.2	23.7	18.0	31.7
性别	男	34.4	0.2	19.5	15.8	30.1
	女	27.8	0.2	20.3	18.8	32.9
年龄	4~14 岁	20.7	0.3	7.5	22.1	49.4
	15~24 岁	21.1	0.3	14.2	17.9	46.5
	25~34 岁	27.9	0.2	15.6	16.6	39.7
	35~44 岁	30.7	0.4	19.9	21.2	27.8
	45~54 岁	32.1	0.2	21.1	16.6	30.0
	55~64 岁	42.9	0.2	26.7	13.6	16.6
	65 岁及以上	38.9	0.2	31.2	13.3	16.4
受教育程度	未受过正规教育	21.4	0.1	15.3	23.1	40.1
	小学	25.0	0.3	21.0	17.6	36.1
	初中	31.4	0.3	22.5	17.8	28.0
	高中	39.1	0.2	17.1	13.7	29.9
	大学及以上	41.0	0.2	13.6	15.9	29.3

续表

目标观众		中央广播电视总台	中国教育台频道	广西自治区级频道	其他省级卫视频道	其他频道
职业类别	干部/管理人员	47.8	0.1	7.4	20.1	24.6
	个体/私营企业人员	35.8	0.3	20.0	18.5	25.4
	初级公务员/雇员	42.4	0.3	9.9	17.2	30.2
	工人	27.1	0.3	22.5	17.0	33.1
	学生	21.8	0.4	8.0	20.3	49.5
	无业	38.1	0.1	18.5	15.9	27.4
	其他	27.0	0.1	27.5	16.2	29.2
个人月收入	0～300 元	20.6	0.2	16.8	19.1	43.3
	301～900 元	32.8	0.2	29.4	14.3	23.3
	901～1700 元	32.3	0.1	24.2	16.8	26.6
	1701～2600 元	32.7	0.1	23.6	18.9	24.7
	2601～3500 元	41.3	0.5	19.4	15.8	23.0
	3501～5000 元	42.4	0.2	15.3	16.0	26.1
	5001 元及以上	37.3	0.2	14.5	10.5	37.5

表 3.7.3　2022 年广西市场各类频道在不同时段的占有率

单位：%

时间段	中央广播电视总台	中国教育台频道	广西自治区级频道	其他省级卫视频道	其他频道
02：00～03：00	43.7	0.2	5.1	24.3	26.7
03：00～04：00	65.5	0.5	2.5	11.3	20.2
04：00～05：00	54.6	0.6	6.7	13.2	24.9
05：00～06：00	48.5	1.0	16.0	12.4	22.1
06：00～07：00	50.7	0.5	20.5	7.2	21.1
07：00～08：00	53.2	0.4	14.0	8.7	23.7
08：00～09：00	41.7	0.2	10.9	16.2	31.0
09：00～10：00	30.6	0.3	11.1	20.2	37.8
10：00～11：00	27.0	0.4	9.7	23.3	39.6
11：00～12：00	29.1	0.3	7.9	23.4	39.3
12：00～13：00	35.7	0.3	7.9	20.1	36.0
13：00～14：00	29.4	0.3	10.0	22.3	38.0
14：00～15：00	23.6	0.4	13.1	31.5	31.4
15：00～16：00	25.3	0.4	9.6	29.2	35.5
16：00～17：00	27.2	0.4	9.9	23.2	39.3

续表

时间段	中央广播电视总台	中国教育台频道	广西自治区级频道	其他省级卫视频道	其他频道
17：00～18：00	32.1	0.4	9.9	20.4	37.2
18：00～19：00	30.6	0.2	22.3	13.1	33.8
19：00～20：00	36.0	0.1	25.6	10.6	27.7
20：00～21：00	28.5	0.1	27.4	15.7	28.3
21：00～22：00	29.2	0.3	24.9	17.3	28.3
22：00～23：00	30.0	0.2	17.5	21.1	31.2
23：00～00：00	29.6	0.2	20.5	19.5	30.2
00：00～01：00	32.6	0.6	16.4	18.7	31.7
01：00～02：00	30.8	0.6	19.7	19.2	29.7

表 3.7.4　2022 年广西市场收视份额排名前十位的频道

单位：%

名次	频道名称	收视份额
1	广西广播电视台综艺旅游频道	6.8
2	广西卫视	6.2
3	中央电视台综合频道	5.8
4	中央电视台新闻频道	4.1
5	中央电视台少儿频道	3.8
6	广西广播电视台影视频道	3.2
6	中央台四套	3.2
8	中央台五套	2.9
9	中央台六套	2.7
10	中央台八套	2.5

表 3.7.5　2022 年广西市场各主要频道的观众构成

单位：%

目标观众		所有频道	主要频道				
			广西广播电视台综艺旅游频道	广西卫视	中央电视台综合频道	中央电视台新闻频道	中央电视台少儿频道
4 岁及以上所有人		100.0	100.0	100.0	100.0	100.0	100.0
城乡	城市	40.8	26.5	21.0	58.5	45.4	28.4
	农村	59.2	73.5	79.0	41.5	54.6	71.6

续表

目标观众		所有频道	主要频道				
			广西广播电视台综艺旅游频道	广西卫视	中央电视台综合频道	中央电视台新闻频道	中央电视台少儿频道
性别	男	50.8	50.3	53.6	52.4	60.5	51.8
	女	49.2	49.7	46.4	47.6	39.5	48.2
年龄	4～14岁	16.9	5.9	6.6	6.2	5.1	55.5
	15～24岁	10.9	10.1	7.7	6.8	7.8	6.1
	25～34岁	11.0	6.8	11.0	8.1	10.3	8.7
	35～44岁	13.2	10.3	13.2	15.1	10.9	9.8
	45～54岁	15.6	13.4	20.6	20.2	14.9	8.4
	55～64岁	15.7	24.7	20.0	20.6	28.1	6.4
	65岁及以上	16.7	28.8	20.9	23.1	23.0	5.1
受教育程度	未受过正规教育	7.0	4.1	5.8	4.4	1.4	18.7
	小学	26.4	32.5	28.0	15.8	25.2	41.3
	初中	40.4	43.5	48.5	39.6	39.8	30.4
	高中	17.5	14.6	13.6	23.6	22.0	5.9
	大学及以上	8.7	5.4	4.2	16.5	11.6	3.7
职业类别	干部/管理人员	0.8	0.1	0.3	2.2	2.4	0.0
	个体/私营企业人员	15.4	13.0	17.2	19.0	22.0	6.7
	初级公务员/雇员	5.9	3.4	2.5	10.6	7.5	1.7
	工人	9.8	13.1	10.1	6.3	9.0	7.0
	学生	14.3	5.2	4.5	7.5	6.1	38.5
	无业	21.9	20.1	13.8	30.6	22.7	22.9
	其他	31.9	45.0	51.6	23.9	30.4	23.2
个人月收入	0～300元	33.6	31.3	24.5	18.4	17.8	63.2
	301～900元	7.6	11.6	12.8	5.4	13.6	5.7
	901～1700元	8.9	9.2	15.5	8.0	12.1	5.0
	1701～2600元	19.4	26.9	23.7	26.3	19.4	14.5
	2601～3500元	15.2	12.1	13.6	19.1	15.1	5.7
	3501～5000元	10.7	6.0	5.7	15.3	15.5	5.2
	5001元及以上	4.5	2.9	4.1	7.6	6.6	0.7

表 3.7.6　2020～2022 年广西市场各类节目的播出比重和收视比重

单位：%

节目类别	2020 年		2021 年		2022 年	
	播出比重	收视比重	播出比重	收视比重	播出比重	收视比重
财经	1.0	0.4	1.0	0.4	1.1	0.6
电视剧	23.1	31.8	23.3	30.9	23.2	30.0
电影	3.5	2.9	3.3	3.1	3.0	3.6
法制	0.8	1.5	0.9	1.1	1.1	1.0
教学	0.3	0.1	0.3	0.1	0.3	0.1
青少	7.5	8.7	7.3	8.6	7.3	8.0
生活服务	7.4	7.3	7.8	7.6	7.5	7.2
体育	3.9	2.5	4.3	3.5	5.4	4.9
外语	0.2	0.0	0.2	0.0	0.3	0.0
戏剧	0.7	0.1	0.6	0.1	0.7	0.2
新闻/时事	16.7	16.9	15.7	16.7	15.7	18.3
音乐	1.9	1.7	1.8	1.4	1.8	0.9
专题	14.3	5.9	15.3	6.1	15.8	5.9
综艺	5.9	6.0	6.2	6.1	5.4	5.5
其他	12.8	14.2	12.2	14.4	11.4	13.8

表 3.7.7　2022 年广西市场所有节目收视率排名前三十位

单位：%

名次	节目名称	节目类别	播出频道	平均收视率	平均占有率
1	《2022 中央广播电视总台春节联欢晚会》	综艺	中央电视台综合频道	7.0	32.7
2	《龙腾虎跃中国年》	专题	中央电视台综合频道	6.6	19.0
3	《新闻联播》	新闻/时事	中央电视台综合频道	4.0	15.0
4	《北京 2022 年冬残奥会闭幕式特别报道》	体育	中央电视台综合频道	3.7	11.9
5	《2022 北京冬奥会开幕式》	体育	中央电视台综合频道	3.6	13.8
6	《绞杀狼穴》	电视剧	广西广播电视台综艺旅游频道	3.6	11.8
7	《天气预报》	生活服务	中央电视台综合频道	3.5	11.6
8	《丛林战狼》	电视剧	广西广播电视台综艺旅游频道	3.5	12.3
9	《刀客英雄》	电视剧	广西广播电视台综艺旅游频道	3.4	11.8
10	《傲骨秋霜》	电视剧	广西广播电视台综艺旅游频道	3.4	11.7
11	《抗战豪侠李三枪》（9～33 集）	电视剧	广西广播电视台综艺旅游频道	3.4	11.6
12	《血战到底》	电视剧	广西广播电视台综艺旅游频道	3.4	11.3

续表

名次	节目名称	节目类别	播出频道	平均收视率	平均占有率
13	《相知跨千年携手创未来——习近平主席赴沙特利雅得出访纪实》	专题	中央电视台综合频道	3.3	10.0
14	《我爱世界杯：2022 年世界杯 F 组第 2 轮》（比利时 VS 摩洛哥）	体育	中央台五套	3.2	18.7
15	《代号磐石》	电视剧	广西广播电视台综艺旅游频道	3.2	11.1
16	《抗战英雄袁常发》	电视剧	广西广播电视台综艺旅游频道	3.1	11.2
16	《特工 003》	电视剧	广西广播电视台综艺旅游频道	3.1	11.2
18	《眼镜蛇突击队》	电视剧	广西广播电视台综艺旅游频道	3.1	11.1
19	《护宝特战队》	电视剧	广西广播电视台综艺旅游频道	3.1	11.0
20	《草莽英雄雷子枫》	电视剧	广西广播电视台综艺旅游频道	3.1	10.8
21	《金钗行动队》	电视剧	广西广播电视台综艺旅游频道	3.1	10.5
22	《王牌卧底》	电视剧	广西广播电视台综艺旅游频道	2.9	10.7
23	《埋伏》	电视剧	广西广播电视台综艺旅游频道	2.9	10.6
24	《草根英雄赵传奇二》	电视剧	广西广播电视台综艺旅游频道	2.9	10.4
25	《绝地重生》	电视剧	广西广播电视台综艺旅游频道	2.9	9.9
26	《神勇双鹰》	电视剧	广西广播电视台综艺旅游频道	2.8	10.5
27	《决战黄崖洞》	电视剧	广西广播电视台综艺旅游频道	2.8	10.4
28	《丽人抗战》	电视剧	广西广播电视台综艺旅游频道	2.8	9.9
29	《焦点访谈》	新闻/时事	中央电视台综合频道	2.8	9.1
30	《锄奸英雄》	电视剧	广西广播电视台综艺旅游频道	2.7	11.1

表 3.7.8　2022 年广西市场电视剧收视率排名前十位

单位：%

名次	节目名称	播出频道	平均收视率	平均占有率
1	《绞杀狼穴》	广西广播电视台综艺旅游频道	3.6	11.8
2	《丛林战狼》	广西广播电视台综艺旅游频道	3.5	12.3
3	《刀客英雄》	广西广播电视台综艺旅游频道	3.4	11.8
4	《傲骨秋霜》	广西广播电视台综艺旅游频道	3.4	11.7
5	《抗战豪侠李三枪》（9～33 集）	广西广播电视台综艺旅游频道	3.4	11.6
6	《血战到底》	广西广播电视台综艺旅游频道	3.4	11.3
7	《代号磐石》	广西广播电视台综艺旅游频道	3.2	11.1
8	《抗战英雄袁常发》	广西广播电视台综艺旅游频道	3.1	11.2
8	《特工 003》	广西广播电视台综艺旅游频道	3.1	11.2
10	《眼镜蛇突击队》	广西广播电视台综艺旅游频道	3.1	11.1

表 3.7.9　2022 年广西市场新闻节目收视率排名前十位

单位：%

名次	节目名称	播出频道	平均收视率	平均占有率
1	《新闻联播》	中央电视台综合频道	4.0	15.0
2	《焦点访谈》	中央电视台综合频道	2.8	9.1
3	《第五届中国国际进口博览会开幕式特别报道》	广西广播电视台综艺旅游频道	2.6	8.1
4	《转播中央台新闻联播》	广西卫视	2.4	8.8
5	《广西新闻》	广西卫视	2.1	13.4
6	《2022 年壮族三月三·八桂嘉年华》（喜迎党的二十大中华民族一家亲）	广西广播电视台综艺旅游频道	2.1	9.6
7	《中共中央新闻发布会专题新闻》	中央电视台综合频道	1.8	5.7
8	《国务院总理会见中外记者并回答提问》	中央电视台综合频道	1.7	5.1
9	《第五届中国国际进口博览会开幕式特别报道》	中央电视台新闻频道	1.6	5.1
10	《共同关注》	中央电视台综合频道	1.4	8.3

表 3.7.10　2022 年广西市场专题类节目收视率排名前十位

单位：%

名次	节目名称	播出频道	平均收视率	平均占有率
1	《龙腾虎跃中国年》	中央电视台综合频道	6.6	19.0
2	《相知跨千年携手创未——来习近平主席赴沙特利雅得出访纪实》	中央电视台综合频道	3.3	10.0
3	《长风浩荡启新程——习近平主席出席二十国集团领导人第十七次峰会》	中央电视台综合频道	2.7	8.3
4	《非凡的领航 2021》	中央电视台新闻频道	2.7	8.1
5	《情系天山——习近平总书记新疆考察纪实》	中央电视台综合频道	2.5	8.7
6	《八桂楷模发布会》	广西卫视	2.2	7.6
7	《紧跟伟大复兴领航人踔厉笃行》	广西广播电视台综艺旅游频道	2.1	9.1
8	《丝路古道焕新机——习近平主席出席上合组织撒马尔罕峰会出访中亚两国》	中央电视台综合频道	2.0	7.5
9	《功勋闪耀新时代》	中央电视台综合频道	2.0	6.8
10	《民歌里的广西》	广西卫视	1.9	9.0

表 3.7.11　2022 年广西市场综艺节目收视率排名前十位

单位：%

名次	节目名称	播出频道	平均收视率	平均占有率
1	《2022 中央广播电视总台春节联欢晚会》	中央电视台综合频道	7.0	32.7

续表

名次	节目名称	播出频道	平均收视率	平均占有率
2	《2022年中央广播电视总台元宵晚会》	中央电视台综合频道	2.7	9.3
3	《月满漓江梦栖桂林2022年广西广播电视台中秋晚会》	广西广播电视台综艺旅游频道	2.1	8.9
4	《2022年中央广播电视总台中秋晚会》	中央电视台综合频道	1.9	6.8
5	《喜庆二十大奋进新征程第十届全区基层群众文艺会演汇报演出》	广西广播电视台综艺旅游频道	1.7	8.0
6	《歌海元宵2022广西文艺界电视联欢晚会》	广西广播电视台综艺旅游频道	1.6	8.5
7	《你好星期六元旦特别节目》	湖南卫视	1.6	6.7
8	《中国梦劳动美2022五一国际劳动节心连心特别节目》	中央电视台综合频道	1.6	5.8
9	《第四届中国东盟视听周开幕式晚会》	广西广播电视台影视频道	1.5	7.1
10	《2022年中国农民丰收节晚会》	中央电视台综合频道	1.5	5.8

表3.7.12　2022年广西市场体育节目收视率排名前十位

单位：%

名次	节目名称	播出频道	平均收视率	平均占有率
1	《北京2022年冬残奥会闭幕式特别报道》	中央电视台综合频道	3.7	11.9
2	《2022北京冬奥会开幕式》	中央电视台综合频道	3.6	13.8
3	《我爱世界杯：2022年世界杯F组第2轮》（比利时VS摩洛哥）	中央台五套	3.2	18.7
4	《现场直播：2022年世界乒乓球团体锦标赛男团决赛》	中央台五套	1.9	6.6
5	《2022年女足亚洲杯决赛》（中国VS韩国）	中央台五套	1.7	5.3
6	《现场直播：2022年世界女排锦标赛小组赛第4轮》（中国队VS捷克队）	中央台五套	1.6	5.8
7	《现场直播：2022/2023赛季CBA常规赛第13轮》（宁波町渥VS苏州肯帝亚）	中央台五套	1.6	5.4
8	《实况录像：2022年国际泳联世锦赛女子800米自由泳决赛》	中央台五套	1.4	5.4
9	《现场直播：2022年全国男子举重锦标赛73公斤级决赛挺举》	中央台五套	1.4	5.1
10	《实况录像：2022年世界蹦床锦标赛团体全能决赛》	中央台五套	1.3	3.9

八　贵州收视数据

表 3. 8. 1　2018～2022 年贵州市场各类频道的占有率

单位：%

频道类别	2018 年	2019 年	2020 年	2021 年	2022 年
中央广播电视总台	42. 1	40. 0	34. 5	31. 0	32. 0
中国教育台频道	0. 2	0. 2	0. 2	0. 2	0. 3
贵州省级频道	12. 9	12. 9	12. 0	11. 2	12. 6
其他省级卫视频道	35. 5	29. 3	21. 4	19. 9	17. 8
其他频道	9. 3	17. 6	31. 9	37. 7	37. 3

表 3. 8. 2　2022 年贵州市场各类频道在不同目标观众中的占有率

单位：%

目标观众		中央广播电视总台	中国教育台频道	贵州省级频道	其他省级卫视频道	其他频道
4 岁及以上所有人		32. 0	0. 3	12. 6	17. 8	37. 3
城乡	城市	42. 6	0. 1	14. 0	19. 4	23. 9
	农村	25. 3	0. 4	11. 7	16. 8	45. 8
性别	男	34. 2	0. 3	14. 2	16. 7	34. 6
	女	29. 7	0. 4	11. 1	19. 0	39. 8
年龄	4～14 岁	23. 5	0. 6	4. 7	15. 4	55. 8
	15～24 岁	24. 1	0. 2	8. 6	20. 3	46. 8
	25～34 岁	24. 9	0. 2	9. 9	17. 0	48. 0
	35～44 岁	28. 6	0. 3	11. 2	20. 4	39. 5
	45～54 岁	39. 9	0. 1	16. 3	19. 8	23. 9
	55～64 岁	38. 1	0. 6	20. 9	17. 8	22. 6
	65 岁及以上	46. 5	0. 2	18. 8	14. 9	19. 6
受教育程度	未受过正规教育	28. 4	0. 2	10. 4	19. 0	42. 0
	小学	29. 1	0. 6	10. 5	16. 9	42. 9
	初中	29. 7	0. 2	12. 1	17. 4	40. 6
	高中	41. 4	0. 1	17. 0	20. 6	20. 9
	大学及以上	41. 4	0. 1	18. 1	15. 9	24. 5

续表

目标观众		中央广播电视总台	中国教育台频道	贵州省级频道	其他省级卫视频道	其他频道
职业类别	干部/管理人员	52.9	0.0	13.4	11.3	22.4
	个体/私营企业人员	32.3	0.2	10.2	19.9	37.4
	初级公务员/雇员	36.2	0.0	18.0	20.6	25.2
	工人	31.8	0.2	22.8	19.8	25.4
	学生	23.5	0.3	6.0	16.7	53.5
	无业	41.1	0.2	17.7	16.3	24.7
	其他	27.6	0.6	10.6	17.9	43.3
个人月收入	0～300元	25.8	0.5	7.7	17.5	48.5
	301～900元	31.2	0.8	13.0	15.8	39.2
	901～1700元	27.9	0.1	11.4	18.6	42.0
	1701～2600元	32.9	0.2	13.5	21.0	32.4
	2601～3500元	36.2	0.2	17.8	18.5	27.3
	3501～5000元	38.9	0.2	16.2	16.2	28.5
	5001元及以上	38.2	0.2	11.9	15.8	33.9

表3.8.3　2022年贵州市场各类频道在不同时段的占有率

单位：%

时间段	中央广播电视总台	中国教育台频道	贵州省级频道	其他省级卫视频道	其他频道
02：00～03：00	36.4	0.0	7.7	27.8	28.1
03：00～04：00	50.5	0.2	5.0	11.1	33.2
04：00～05：00	50.5	1.2	4.7	11.2	32.4
05：00～06：00	36.2	0.4	15.7	11.3	36.4
06：00～07：00	30.8	0.4	18.5	13.1	37.2
07：00～08：00	41.1	0.3	10.7	12.7	35.2
08：00～09：00	37.1	0.4	9.4	14.6	38.5
09：00～10：00	32.6	0.2	8.5	19.2	39.5
10：00～11：00	31.5	0.2	8.6	21.6	38.1
11：00～12：00	33.4	0.2	7.3	20.9	38.2
12：00～13：00	38.8	0.2	6.4	19.8	34.8
13：00～14：00	33.6	0.1	7.2	21.7	37.4
14：00～15：00	29.5	0.2	7.8	26.4	36.1
15：00～16：00	28.6	0.2	7.2	25.7	38.3
16：00～17：00	28.9	0.5	7.9	22.3	40.4

续表

时间段	中央广播电视总台	中国教育台频道	贵州省级频道	其他省级卫视频道	其他频道
17：00～18：00	30.4	0.5	11.7	19.0	38.4
18：00～19：00	28.0	0.4	22.2	13.5	35.9
19：00～20：00	36.3	0.3	14.9	13.6	34.9
20：00～21：00	30.1	0.3	13.3	17.5	38.8
21：00～22：00	30.1	0.3	13.0	18.0	38.6
22：00～23：00	30.3	0.4	12.8	19.7	36.8
23：00～00：00	29.2	0.4	13.2	18.9	38.3
00：00～01：00	35.7	0.4	12.1	18.4	33.4
01：00～02：00	44.3	0.5	10.8	22.3	22.1

表 3.8.4　2022 年贵州市场收视份额排名前十位的频道

单位：%

名次	频道名称	收视份额
1	中央电视台综合频道	7.0
2	贵州卫视	6.0
3	中央电视台少儿频道	4.4
4	中央台六套	4.1
5	中央电视台新闻频道	3.7
6	贵州广播电视台公共频道	3.2
7	中央台八套	3.0
8	湖南卫视	2.2
9	中央台四套	2.0
9	中央台五套	2.0
9	贵州广播电视台影视文艺频道	2.0

表 3.8.5　2022 年贵州市场各主要频道的观众构成

单位：%

目标观众		所有频道	主要频道				
			中央电视台综合频道	贵州卫视	中央电视台少儿频道	中央台六套	中央电视台新闻频道
4 岁及以上所有人		100.0	100.0	100.0	100.0	100.0	100.0
城乡	城市	38.6	61.0	28.0	29.7	43.7	54.0
	乡村	61.4	39.0	72.0	70.3	56.3	46.0

续表

目标观众		所有频道	主要频道				
			中央电视台综合频道	贵州卫视	中央电视台少儿频道	中央台六套	中央电视台新闻频道
性别	男	49.4	52.8	56.1	44.3	52.4	57.8
	女	50.6	47.2	43.9	55.7	47.6	42.2
年龄	4～14 岁	18.2	9.0	7.3	43.0	12.2	7.4
	15～24 岁	12.0	7.4	9.3	10.2	10.8	8.6
	25～34 岁	12.7	8.9	10.6	15.3	13.9	6.7
	35～44 岁	16.3	17.9	15.8	12.8	17.1	12.6
	45～54 岁	12.9	17.4	19.2	8.9	18.4	16.5
	55～64 岁	13.5	16.4	20.0	6.6	14.6	22.9
	65 岁及以上	14.3	23.1	17.8	3.1	13.0	25.3
受教育程度	未受过正规教育	8.4	5.4	7.8	18.7	4.1	5.5
	小学	30.8	24.9	29.6	40.1	30.7	26.1
	初中	38.6	35.7	39.6	25.5	42.8	32.6
	高中	16.5	23.6	17.3	11.1	16.9	26.1
	大学及以上	5.7	10.5	5.7	4.5	5.6	9.7
职业类别	干部/管理人员	0.9	2.7	1.3	1.2	1.0	0.8
	个体/私营企业人员	15.6	15.9	14.3	11.6	25.8	14.6
	初级公务员/雇员	7.4	12.8	12.1	3.3	5.8	7.5
	工人	4.6	3.7	6.5	2.2	6.5	3.8
	学生	17.6	10.6	9.4	28.8	15.5	7.0
	无业	24.6	28.9	23.6	25.8	18.5	40.6
	其他	29.4	25.4	32.7	27.1	27.0	25.7
个人月收入	0～300 元	28.4	18.3	18.2	50.8	22.1	18.3
	301～900 元	7.5	8.8	10.3	5.8	7.5	8.1
	901～1700 元	11.5	9.1	12.2	8.8	11.0	10.6
	1701～2600 元	13.3	14.7	14.0	11.1	13.9	14.6
	2601～3500 元	17.0	18.5	21.3	12.2	19.2	17.4
	3501～5000 元	15.6	23.0	19.6	7.1	17.4	20.1
	5001 元及以上	6.7	7.6	4.4	4.1	8.8	10.7

表 3.8.6　2020～2022 年贵州市场各类节目的播出比重和收视比重

单位：%

节目类型	2020 年		2021 年		2022 年	
	播出比重	收视比重	播出比重	收视比重	播出比重	收视比重
财经	1.0	0.6	1.0	0.8	1.1	0.8
电视剧	27.0	28.2	27.4	26.6	28.4	24.7
电影	4.0	5.0	3.9	4.9	3.5	5.5
法制	0.6	0.9	0.6	0.9	0.7	0.9
教学	0.3	0.2	0.3	0.2	0.3	0.2
青少	7.0	9.4	6.9	10.0	7.6	9.4
生活服务	6.5	7.2	6.1	6.8	6.4	7.3
体育	4.0	1.2	4.1	2.5	5.3	3.5
外语	0.2	0.0	0.2	0.0	0.2	0.0
戏剧	0.9	0.2	0.9	0.2	0.9	0.3
新闻/时事	10.8	18.4	10.4	16.7	10.5	18.5
音乐	1.7	1.2	1.6	1.4	1.6	1.3
专题	14.0	5.6	14.5	7.0	16.1	7.1
综艺	4.8	6.8	4.7	6.4	4.2	5.9
其他	17.2	15.1	17.4	15.6	13.2	14.6

表 3.8.7　2022 年贵州市场所有节目收视率排名前三十位

单位：%

名次	节目名称	节目类型	播出频道	平均收视率	平均占有率
1	《2022 中央广播电视总台春节联欢晚会》	中央电视台综合频道	综艺	12.2	47.9
2	《第 24 届冬季奥林匹克运动会开幕式特别节目》	中央电视台综合频道	体育	7.0	23.4
3	《北京 2022 年冬残奥会闭幕式特别报道》	中央电视台综合频道	体育	5.2	13.7
4	《新闻联播》	中央电视台综合频道	新闻/时事	4.8	15.9
5	《情系天山——习近平总书记新疆考察纪实》	中央电视台综合频道	专题	4.6	14.2
6	《长风浩荡启新程——习近平主席出席二十国集团领导人第十七次峰会》	中央电视台综合频道	专题	4.6	13.5
7	《天气预报》	中央电视台综合频道	生活服务	4.5	13.7
8	《龙腾虎跃中国年》	中央电视台综合频道	专题	4.4	25.2
9	《贵州省十三届人大五次会议政协贵州省十二届五次会议特别节目》	贵州卫视	新闻/时事	3.9	10.3
10	《焦点访谈》	中央电视台综合频道	新闻/时事	3.8	11.3

续表

名次	节目名称	节目类型	播出频道	平均收视率	平均占有率
11	《相知跨千年携手创未来——习近平主席赴沙特利雅得出访纪实》	中央电视台综合频道	专题	3.5	10.7
12	《中共中央新闻发布会专题新闻》	中央电视台综合频道	新闻/时事	3.3	10.0
13	《历史的今天》	贵州卫视	专题	3.0	9.6
14	《丝路古道焕新机——习近平主席出席上合组织撒马尔罕峰会出访中亚两国》	中央电视台综合频道	专题	2.9	10.0
15	《2022 中国诗词大会》（3 月 8 日）	中央电视台综合频道	专题	2.8	9.0
16	《第五届中国国际进口博览会开幕式特别报道》	中央电视台综合频道	新闻/时事	2.8	7.7
17	《特种兵之深入敌后》	贵州卫视	电视剧	2.7	8.4
18	《一刻不停歇贵州正风肃纪反腐》	贵州卫视	专题	2.7	7.5
19	《我没谈完的那场恋爱》	中央台六套	电影	2.5	8.2
20	《木棉袈裟》（6 月 26 日）	中央台六套	电影	2.5	8.1
21	《扫黑风暴》	贵州卫视	电视剧	2.5	7.8
22	《浴血誓言》（9 月 18 日）	中央台六套	电影	2.5	7.7
23	《中国共产党第二十次全国代表大会开幕会专题新闻》	中央电视台综合频道	新闻/时事	2.5	7.4
24	《天气早知道》	贵州卫视	生活服务	2.4	10.7
25	《摧毁》	贵州卫视	电视剧	2.4	8.0
25	《我的野蛮女掌门》（7 月 11 日）	中央台六套	电影	2.4	8.0
27	《运河风流》	贵州卫视	电视剧	2.4	7.8
28	《锦衣之下》	贵州卫视	电视剧	2.4	7.6
29	《倩女幽魂》（8 月 9 日）	中央台六套	电影	2.3	8.6
30	《2022 年中央广播电视总台元宵晚会》	中央电视台综合频道	综艺	2.3	8.3

表 3.8.8　2022 年贵州市场电视剧收视率排名前十位

单位：%

名次	节目名称	播出频道	平均收视率	平均占有率
1	《特种兵之深入敌后》	贵州卫视	2.7	8.4
2	《扫黑风暴》	贵州卫视	2.5	7.8
3	《摧毁》	贵州卫视	2.4	8.0
4	《运河风流》	贵州卫视	2.4	7.8
5	《锦衣之下》	贵州卫视	2.4	7.6
6	《大决战》	贵州卫视	2.3	7.2
6	《山海情》	贵州卫视	2.3	7.2
8	《大浪淘沙》	贵州卫视	2.2	7.3

续表

名次	节目名称	播出频道	平均收视率	平均占有率
9	《巡回检察组》	贵州卫视	2.2	7.1
10	《玫瑰之战》	贵州卫视	2.2	7.0

表 3.8.9　2022 年贵州市场新闻节目收视率排名前十位

单位：%

名次	节目名称	播出频道	平均收视率	平均占有率
1	《新闻联播》	中央电视台综合频道	4.8	15.9
2	《贵州省十三届人大五次会议政协贵州省十二届五次会议特别节目》	贵州卫视	3.9	10.3
3	《焦点访谈》	中央电视台综合频道	3.8	11.3
4	《中共中央新闻发布会专题新闻》	中央电视台综合频道	3.3	10.0
5	《第五届中国国际进口博览会开幕式特别报道》	中央电视台综合频道	2.8	7.7
6	《中国共产党第二十次全国代表大会开幕会专题新闻》	中央电视台综合频道	2.5	7.4
7	《国务院总理会见中外记者并回答提问》	中央电视台综合频道	2.2	6.4
8	《共同关注》	中央电视台综合频道	2.1	9.6
9	《中国共产党贵州省第十三次代表大会特别节目》	贵州卫视	1.8	5.7
10	《贵州新闻联播》	贵州卫视	1.7	8.1

表 3.8.10　2022 年贵州市场专题节目收视率排名前十位

单位：%

名次	节目名称	播出频道	平均收视率	平均占有率
1	《情系天山——习近平总书记新疆考察纪实》	中央电视台综合频道	4.6	14.2
2	《长风浩荡启新程——习近平主席出席二十国集团领导人第十七次峰会》	中央电视台综合频道	4.6	13.5
3	《龙腾虎跃中国年》	中央电视台综合频道	4.4	25.2
4	《相知跨千年携手创未来——习近平主席赴沙特利雅得出访纪实》	中央电视台综合频道	3.5	10.7
5	《历史的今天》	贵州卫视	3.0	9.6
6	《丝路古道焕新机——习近平主席出席上合组织撒马尔罕峰会出访中亚两国》	中央电视台综合频道	2.9	10.0
7	《2022 中国诗词大会》（3 月 8 日）	中央电视台综合频道	2.8	9.0
8	《一刻不停歇贵州正风肃纪反腐》	贵州卫视	2.7	7.5
9	《朗读者》	中央电视台综合频道	2.3	6.2
10	《感动中国 2021 年度人物颁奖盛典》	中央电视台综合频道	2.2	8.0

表 3. 8. 11　2022 年贵州市场综艺节目收视率排名前十位

单位：%

名次	节目名称	播出频道	平均收视率	平均占有率
1	《2022 中央广播电视总台春节联欢晚会》	中央电视台综合频道	12. 2	47. 9
2	《2022 年中央广播电视总台元宵晚会》	中央电视台综合频道	2. 3	8. 3
3	《2022 年中央广播电视总台中秋晚会》	中央电视台综合频道	2. 3	8. 0
4	《中国梦祖国颂 2022 国庆特别节目》	中央电视台综合频道	2. 3	7. 2
5	《中国梦劳动美 2022 五一国际劳动节心连心特别节目》	中央电视台综合频道	2. 1	7. 0
6	《声生不息 港乐季》（7 月 17 日）	湖南卫视	1. 8	5. 5
7	《第 35 届中国电影金鸡奖颁奖典礼暨 2022 年中国金鸡百花电影节闭幕式》	中央台六套	1. 6	6. 9
8	《第 36 届大众电影百花奖颁奖典礼》	中央台六套	1. 5	5. 2
9	《今日影评》	中央台六套	1. 5	4. 5
10	《新年奇幻夜 2022》	中央电视台少儿频道	1. 4	5. 4

表 3. 8. 12　2022 年贵州市场体育类节目收视率排名前十位

单位：%

名次	节目名称	播出频道	平均收视率	平均占有率
1	《第 24 届冬季奥林匹克运动会开幕式特别节目》	中央电视台综合频道	7. 0	23. 4
2	《北京 2022 年冬残奥会闭幕式特别报道》	中央电视台综合频道	5. 2	13. 7
3	《女足亚洲杯颁奖仪式》	中央台五套	2. 1	7. 8
4	《我爱世界杯：2022 年世界杯 A 组第 2 轮》（卡塔尔 VS 塞内加尔）	中央台五套	2. 0	10. 9
5	《实况录像：2022 年世界体操锦标赛男子吊环决赛》	中央台五套	1. 3	4. 4
6	《实况录像：2022 年世界蹦床锦标赛团体全能决赛》	中央台五套	1. 3	3. 3
7	《实况录像：22 年国际泳联世界锦标赛男女混合 4x100 米混合泳接力决赛》	中央台五套	1. 2	3. 8
8	《现场直播：2022 年世乒联大满贯赛新加坡站女单决赛》	中央台五套	1. 2	3. 2
9	《现场直播：2022 年世界乒乓球团体锦标赛男团决赛》	中央台五套	1. 1	3. 3
10	《实况录像：2021/2022 赛季中国男子篮球职业联赛总决赛第二场》（辽宁本钢 VS 浙江广厦控股）	中央台五套	1. 1	3. 1

九　海南收视数据

表 3.9.1　2018～2022 年海南市场各类频道的占有率

单位：%

频道类别	2018 年	2019 年	2020 年	2021 年	2022 年
中央广播电视总台	36.4	30.8	28.7	29.9	35.5
中国教育台频道	0.3	0.2	0.1	0.1	0.1
海南省级频道	19.5	20.5	20.8	15.8	14.8
其他省级卫视频道	25.0	24.5	22.9	25.2	20.8
其他频道	18.8	24.0	27.5	29.0	28.8

表 3.9.2　2022 年海南市场各类频道在不同目标观众中的占有率

单位：%

目标观众		中央广播电视总台	中国教育台频道	海南省级频道	其他省级卫视频道	其他频道
4 岁及以上所有人		35.5	0.1	14.8	20.8	28.8
城乡	城市	36.4	0.1	13.6	22.3	27.6
	农村	34.8	0.1	15.8	19.6	29.7
性别	男	37.5	0.1	14.1	19.8	28.5
	女	33.4	0.1	15.5	22.0	29.0
年龄	4～14 岁	22.1	0.1	8.2	27.0	42.6
	15～24 岁	28.9	0.0	6.2	16.8	48.1
	25～34 岁	28.5	0.1	10.2	27.2	34.0
	35～44 岁	36.8	0.1	13.1	25.5	24.5
	45～54 岁	43.1	0.2	11.2	16.3	29.2
	55～64 岁	40.5	0.1	16.5	20.1	22.8
	65 岁及以上	40.8	0.1	26.0	15.9	17.2
受教育程度	未受过正规教育	26.3	0.1	10.1	28.6	34.9
	小学	31.4	0.1	12.6	23.6	32.3
	初中	36.2	0.1	17.3	19.3	27.1
	高中	40.7	0.1	15.0	17.8	26.4
	大学及以上	48.0	0.0	13.7	15.6	22.7

续表

目标观众		中央广播电视总台	中国教育台频道	海南省级频道	其他省级卫视频道	其他频道
职业类别	干部/管理人员	28.8	0.1	1.4	4.6	65.1
	个体/私营企业人员	45.8	0.1	12.3	16.3	25.5
	初级公务员/雇员	41.5	0.0	15.6	16.7	26.2
	工人	36.5	0.1	12.6	20.2	30.6
	学生	22.6	0.1	8.0	21.9	47.4
	无业	34.1	0.1	17.7	23.5	24.6
	其他	38.4	0.2	16.9	20.5	24.0
个人月收入	0～300元	26.0	0.1	10.2	25.8	37.9
	301～900元	35.1	0.2	23.3	20.4	21.0
	901～1700元	41.4	0.1	17.7	17.8	23.0
	1701～2600元	40.2	0.1	16.0	16.1	27.6
	2601～3500元	37.6	0.1	13.5	21.8	27.0
	3501～5000元	40.2	0.1	14.8	22.0	22.9
	5001元及以上	47.7	0.0	20.4	12.6	19.3

表3.9.3　2022年海南市场各类频道在不同时段的占有率

单位：%

时间段	中央广播电视总台	中国教育台频道	海南省级频道	其他省级卫视频道	其他频道
02：00～03：00	29.2	0.1	1.6	29.2	39.9
03：00～04：00	30.4	0.3	1.7	35.2	32.4
04：00～05：00	31.6	0.2	1.7	37.5	29.0
05：00～06：00	45.2	0.0	2.5	25.6	26.7
06：00～07：00	49.0	0.1	1.6	24.0	25.3
07：00～08：00	39.0	0.2	7.1	25.4	28.3
08：00～09：00	34.6	0.4	12.0	22.3	30.7
09：00～10：00	29.4	0.3	10.9	25.1	34.3
10：00～11：00	29.9	0.2	10.5	26.3	33.1
11：00～12：00	33.3	0.1	8.9	27.3	30.4
12：00～13：00	37.5	0.1	7.3	25.5	29.6
13：00～14：00	33.3	0.2	4.6	30.3	31.6
14：00～15：00	30.3	0.2	5.7	31.4	32.4
15：00～16：00	30.0	0.2	6.8	29.8	33.2
16：00～17：00	31.0	0.1	8.1	26.0	34.8

续表

时间段	中央广播电视总台	中国教育台频道	海南省级频道	其他省级卫视频道	其他频道
17：00～18：00	32.1	0.0	9.6	24.4	33.9
18：00～19：00	34.9	0.1	22.7	14.2	28.1
19：00～20：00	45.8	0.0	18.0	13.3	22.9
20：00～21：00	37.0	0.0	22.1	15.9	25.0
21：00～22：00	34.5	0.1	23.2	15.6	26.6
22：00～23：00	35.3	0.1	15.0	20.7	28.9
23：00～00：00	32.6	0.1	14.5	22.8	30.0
00：00～01：00	35.2	0.2	4.7	23.2	36.7
01：00～02：00	32.9	0.3	1.9	22.1	42.8

表 3.9.4　2022 年海南市场收视份额排名前十位的频道

单位：%

名次	频道名称	收视份额
1	海南广播电视总台经济频道	7.2
2	中央台六套	5.7
3	中央台八套	4.9
4	中央电视台综合频道	4.8
5	中央台四套	4.5
6	中央台五套	3.5
7	海南广播电视总台公共频道	3.3
7	湖南卫视	3.3
9	中央电视台新闻频道	3.1
10	湖南电视台金鹰卡通频道	2.4

表 3.9.5　2022 年海南市场各主要频道的观众构成

单位：%

目标观众		所有频道	主要频道				
			海南广播电视总台经济频道	中央台六套	中央台八套	中央电视台综合频道	中央台四套
4 岁及以上所有人		100.0	100.0	100.0	100.0	100.0	100.0
城乡	城市	46.2	44.5	47.8	45.0	53.2	60.6
	农村	53.8	55.5	52.2	55.0	46.8	39.4

续表

目标观众		所有频道	主要频道				
			海南广播电视总台经济频道	中央台六套	中央台八套	中央电视台综合频道	中央台四套
性别	男	51.6	49.9	47.3	57.9	50.5	59.4
	女	48.4	50.1	52.7	42.1	49.5	40.6
年龄	4～14岁	18.7	11.4	9.6	12.1	7.1	8.0
	15～24岁	5.1	2.6	1.7	6.7	3.6	5.5
	25～34岁	8.9	6.2	4.9	5.8	8.2	8.5
	35～44岁	11.0	11.0	11.1	15.8	8.1	9.4
	45～54岁	17.2	13.9	15.5	29.3	23.0	19.6
	55～64岁	15.9	20.7	22.1	13.8	20.0	16.5
	65岁及以上	23.1	34.2	35.0	16.6	30.0	32.6
受教育程度	未受过正规教育	10.3	6.6	7.4	7.2	6.7	4.8
	小学	24.9	21.5	22.1	24.7	17.3	18.4
	初中	41.2	43.5	46.2	48.5	37.5	36.7
	高中	17.5	22.1	20.3	15.4	27.3	24.7
	大学及以上	6.1	6.3	4.0	4.2	11.1	15.3
职业类别	干部/管理人员	0.7	0.1	0.3	0.1	1.2	0.3
	个体/私营企业人员	9.3	9.7	8.7	9.0	16.4	14.3
	初级公务员/雇员	7.0	7.7	6.3	7.7	10.5	12.5
	工人	12.9	11.2	12.6	14.9	15.4	12.4
	学生	13.4	9.5	6.9	10.7	6.7	5.8
	无业	31.6	28.8	38.4	22.9	33.7	32.3
	其他	25.0	33.0	26.7	34.7	16.1	22.4
个人月收入	0～300元	31.6	21.4	20.6	25.1	18.4	17.4
	301～900元	7.4	16.9	6.5	9.2	3.9	4.4
	901～1700元	15.2	16.6	23.0	19.9	11.9	17.3
	1701～2600元	19.4	19.4	21.1	20.5	29.1	24.4
	2601～3500元	12.5	13.2	12.5	11.1	13.5	16.3
	3501～5000元	9.1	10.2	11.4	10.9	14.9	7.9
	5001元及以上	4.8	2.2	4.9	3.2	8.2	12.3

表 3.9.6 2020～2022 年海南市场各类节目的播出比重和收视比重

单位：%

节目类别	2020 年		2021 年		2022 年	
	播出比重	收视比重	播出比重	收视比重	播出比重	收视比重
财经	1.0	0.5	1.0	0.5	1.0	0.7
电视剧	22.1	41.6	25.6	37.8	25.5	34.2
电影	3.7	5.5	4.0	6.4	3.6	7.7
法制	0.8	0.3	0.7	0.5	0.8	0.6
教学	0.3	0.1	0.3	0.0	0.3	0.0
青少	7.9	6.3	7.5	8.3	8.0	9.2
生活服务	7.1	4.4	5.8	4.3	5.4	4.0
体育	3.9	2.0	3.9	4.6	5.1	5.6
外语	0.2	0.0	0.2	0.0	0.2	0.0
戏剧	0.8	0.4	1.2	1.4	1.3	2.2
新闻/时事	17.1	13.8	10.9	10.9	11.0	12.6
音乐	1.9	1.3	1.6	1.2	1.7	1.4
专题	14.4	5.7	14.7	5.4	15.3	5.8
综艺	6.2	7.8	4.7	8.2	4.2	5.7
其他	12.6	10.3	18.0	10.5	16.6	10.2

表 3.9.7 2022 年海南市场所有节目收视率排名前三十位

单位：%

名次	节目名称	节目类型	播出频道	平均收视率	平均占有率
1	《现场直播：2022 年世界女排锦标赛小组赛第 4 轮》（中国队 VS 捷克队）	体育	中央台五套	4.9	24.3
2	《现场直播：2022 年世界女排联赛菲律宾站》（日本队 VS 中国队）	体育	中央台五套	4.0	31.4
3	《现场直播：2022 年女排亚洲杯决赛》（中国队 VS 日本队）	体育	中央台五套	4.0	22.9
4	《现场直播：2022 年世界乒乓球团体锦标赛女团决赛》	体育	中央台五套	3.9	20.3
5	《我爷爷和奶奶的故事》	电视剧	海南广播电视总台经济频道	3.7	21.8
6	《现场直播：2022 年世乒联世界杯决赛女单决赛》	体育	中央台五套	3.5	20.0
7	《2022 中央广播电视总台春节联欢晚会》	综艺	中央电视台综合频道	3.4	18.3
8	《战金岭》	电视剧	海南广播电视总台经济频道	3.2	18.8

续表

名次	节目名称	节目类型	播出频道	平均收视率	平均占有率
9	《战魂》	电视剧	海南广播电视总台经济频道	3.1	17.3
10	《铁在烧》	电视剧	海南广播电视总台经济频道	3.0	17.7
10	《尖刀之风雷诀》	电视剧	海南广播电视总台经济频道	3.0	17.7
12	《现场直播：2022年世乒联冠军赛澳门站女单半决赛》	体育	中央台五套	2.9	18.9
13	《铁血718》	电视剧	海南广播电视总台经济频道	2.9	16.9
14	《铁血战狼》	电视剧	海南广播电视总台经济频道	2.9	16.7
15	《利箭纵横》	电视剧	海南广播电视总台经济频道	2.9	16.1
15	《我爱世界杯：2022年世界杯小组赛E组第1轮》（德国VS日本）	体育	中央台五套	2.8	20.5
17	《双枪》	电视剧	海南广播电视总台经济频道	2.8	15.9
18	《浴血誓言》（9月18日）	电影	中央台六套	2.7	15.4
19	《火线之上》	电影	中央台六套	2.7	14.4
19	《2022年北京冬奥会短道速滑男子1000米半决赛》	体育	中央台五套	2.6	12.4
21	《抵抗抵抗》	电影	中央台六套	2.5	14.7
22	《刑警本色》	电影	中央台六套	2.5	12.0
23	《解放终局营救》	电影	中央台六套	2.4	15.5
24	《龙藏深泉王隐林》	电影	中央台六套	2.4	14.0
24	《暗夜较量》	电影	中央台六套	2.4	14.0
26	《黄金战士》	电影	中央台六套	2.4	12.8
27	《利箭行动》	电视剧	海南广播电视总台经济频道	2.3	14.3
28	《侠肝义胆》	电影	中央台六套	2.3	12.6
29	《神枪决》	电影	中央台六套	2.3	11.1
30	《神探荣耀》	电影	中央台六套	2.2	13.9

表 3.9.8　2022 年海南市场电视剧收视率排名前十位

单位：%

名次	节目名称	播出频道	平均收视率	平均占有率
1	《我爷爷和奶奶的故事》	海南广播电视总台经济频道	3.7	21.8
2	《战金岭》	海南广播电视总台经济频道	3.2	18.8
3	《战魂》	海南广播电视总台经济频道	3.1	17.3
4	《铁在烧》	海南广播电视总台经济频道	3.0	17.7
4	《尖刀之风雷诀》	海南广播电视总台经济频道	3.0	17.7
6	《铁血 718》	海南广播电视总台经济频道	2.9	16.9
7	《铁血战狼》	海南广播电视总台经济频道	2.9	16.7
8	《利箭纵横》	海南广播电视总台经济频道	2.9	16.1
9	《双枪》	海南广播电视总台经济频道	2.8	15.9
10	《利箭行动》	海南广播电视总台经济频道	2.3	14.3

表 3.9.9　2022 年海南市场新闻节目收视率排名前十位

单位：%

名次	节目名称	播出频道	平均收视率	平均占有率
1	《中国空间站神舟十四号航天员返回 2022》	中央电视台新闻频道	1.6	9.2
2	《中国共产党第二十次全国代表大会开幕会专题新闻》	中央电视台新闻频道	1.5	8.5
3	《新闻联播》	中央电视台综合频道	1.4	10.7
4	《共同关注》	中央电视台综合频道	1.3	12.7
5	《第五届中国国际进口博览会开幕式特别报道》	中央电视台新闻频道	1.3	7.8
6	《中国舆论场》	中央台四套	1.1	6.4
7	《筑梦空间站神舟十四号航天员返回特别报道》	中央台四套	1.1	6.0
8	《直播海南》	海南广播电视总台经济频道	1.0	12.4
9	《今日亚洲》	中央台四套	1.0	6.5
10	《今日关注》	中央台四套	0.9	5.8

表 3.9.10　2022 年海南市场专题节目收视率排名前十位

单位：%

名次	节目名称	播出频道	平均收视率	平均占有率
1	《龙腾虎跃中国年》	中央电视台综合频道	1.9	16.5
2	《小城故事喜迎二十大走进县城看发展》	海南广播电视总台经济频道	1.7	11.0
3	《乡村振兴进行时》	海南广播电视总台经济频道	1.5	12.5
4	《看见自贸港》	海南广播电视总台经济频道	1.5	11.5

续表

名次	节目名称	播出频道	平均收视率	平均占有率
5	《乡村振兴工作队在行动》	海南广播电视总台经济频道	1.3	9.7
6	《相知跨千年携手创未来——习近平主席赴沙特利雅得出访纪实》	中央电视台综合频道	1.2	7.5
7	《长风浩荡启新程——习近平主席出席二十国集团领导人第十七次峰会》	中央电视台新闻频道	1.2	6.4
8	《新时代党员大会追寻不忘初心牢记使命》	海南广播电视总台经济频道	1.1	9.5
9	《丝路古道焕新机——习近平主席出席上合组织撒马尔罕峰会出访中亚两国》	中央电视台综合频道	1.1	5.8
10	《我来上党课》	海南广播电视总台经济频道	1.0	6.7

表 3.9.11　2022 年海南市场综艺节目收视率排名前十位

单位：%

名次	节目名称	播出频道	平均收视率	平均占有率
1	《2022 中央广播电视总台春节联欢晚会》	中央电视台综合频道	3.4	18.3
2	《2022 星光嘉年华星光大道春节特别节目》	中央台三套	1.6	8.0
3	《2022 年中央广播电视总台元宵晚会》	中央电视台综合频道	1.2	9.3
4	《2022 年中央广播电视总台中秋晚会》	中央电视台综合频道	1.2	6.7
5	《新春喜剧之夜》	中央台三套	1.1	7.2
6	《生龙活虎迎春来》	中央台三套	1.1	6.1
6	《2022 中央广播电视总台春节联欢晚会语言类精编》	中央电视台综合频道	1.0	9.5
8	《2022 春晚倒计时龙腾虎跃好运到》	中央台三套	0.9	6.5
9	《2022 年奋斗的青春五四青年节特别节目》	中央电视台综合频道	0.9	5.6
10	《电影频道传媒荣誉之夜燃动北京城市副中心》	中央台六套	0.9	5.1

表 3.9.12　2022 年海南市场体育节目收视率排名前十位

单位：%

名次	节目名称	播出频道	平均收视率	平均占有率
1	《现场直播：2022 年世界女排锦标赛小组赛第 4 轮》（中国队 VS 捷克队）	中央台五套	4.9	24.3
2	《现场直播：2022 年世界女排联赛菲律宾站》（日本队 VS 中国队）	中央台五套	4.0	31.4
3	《现场直播：2022 年女排亚洲杯决赛》（中国队 VS 日本队）	中央台五套	4.0	22.9
4	《现场直播：2022 年世界乒乓球团体锦标赛女团决赛》	中央台五套	3.9	20.3
5	《现场直播：2022 年世乒联世界杯决赛女单决赛》	中央台五套	3.5	20.0

续表

名次	节目名称	播出频道	平均收视率	平均占有率
6	《现场直播：2022 年世乒联冠军赛澳门站女单半决赛》	中央台五套	2.9	18.9
7	《我爱世界杯：2022 年世界杯小组赛 E 组第 1 轮》（德国 VS 日本）	中央台五套	2.8	20.5
8	《2022 年北京冬奥会短道速滑男子 1000 米半决赛》	中央台五套	2.6	12.4
9	《现场直播：2022 年女篮世界杯半决赛》（澳大利亚队 VS 中国队）	中央台五套	1.9	19.6
10	《2022 年女足亚洲杯决赛》（中国 VS 韩国）	中央台五套	1.9	10.8

十　河北收视数据

表 3.10.1　2018～2022 年河北市场各类频道的占有率

单位：%

频道类别	2018 年	2019 年	2020 年	2021 年	2022 年
中央广播电视总台	40.2	38.3	39.1	37.6	40.2
中国教育台频道	0.2	0.3	0.3	0.3	0.1
河北省级频道	17.5	16.7	13.0	13.4	13.2
其他省级卫视频道	23.0	24.6	24.2	20.9	17.4
其他频道	19.1	20.1	23.4	27.8	29.1

表 3.10.2　2022 年河北市场各类频道在不同目标观众中的占有率

单位：%

目标观众		中央广播电视总台	中国教育台频道	河北省级频道	其他省级卫视频道	其他频道
4 岁及以上所有人		40.2	0.1	13.2	17.4	29.1
城乡	城市	38.9	0.1	11.3	18.1	31.6
	农村	41.3	0.2	14.6	16.9	27.0
性别	男	41.3	0.1	13.1	16.1	29.4
	女	39.1	0.1	13.3	18.8	28.7
年龄	4～14 岁	22.6	0.1	6.2	16.4	54.7
	15～24 岁	34.9	0.0	14.6	23.4	27.1
	25～34 岁	23.4	0.2	7.3	18.8	50.3
	35～44 岁	32.4	0.1	7.1	20.4	40.0
	45～54 岁	40.3	0.1	15.3	17.1	27.2
	55～64 岁	50.0	0.1	14.9	16.9	18.1
	65 岁及以上	50.3	0.2	17.1	15.6	16.8
受教育程度	未受过正规教育	27.2	0.1	8.1	18.7	45.9
	小学	35.1	0.2	15.5	18.4	30.8
	初中	42.9	0.1	14.9	16.4	25.7
	高中	46.5	0.1	10.5	18.7	24.2
	大学及以上	36.0	0.1	8.8	16.1	39.0

续表

目标观众		中央广播电视总台	中国教育台频道	河北省级频道	其他省级卫视频道	其他频道
职业类别	干部/管理人员	53.3	0.1	7.0	11.3	28.3
	个体/私营企业人员	34.8	0.1	16.5	17.3	31.3
	初级公务员/雇员	37.8	0.1	9.9	17.2	35.0
	工人	41.7	0.1	11.5	21.2	25.5
	学生	29.7	0.1	11.0	17.8	41.4
	无业	42.6	0.1	13.6	15.9	27.8
	其他	46.7	0.2	14.4	19.9	18.8
个人月收入	0～300 元	32.3	0.1	12.2	17.1	38.3
	301～900 元	46.7	0.1	16.7	17.7	18.8
	901～1700 元	44.0	0.3	14.3	19.6	21.8
	1701～2600 元	46.0	0.2	14.6	16.8	22.4
	2601～3500 元	46.1	0.1	12.7	15.7	25.4
	3501～5000 元	38.0	0.1	12.1	19.2	30.7
	5001 元及以上	32.8	0.1	6.7	17.1	43.3

表 3.10.3　2022 年河北市场各类频道在不同时段的占有率

单位：%

时间段	中央广播电视总台	中国教育台频道	河北省级频道	其他省级卫视频道	其他频道
02：00～03：00	37.5	0.1	8.0	20.2	34.2
03：00～04：00	38.6	0.1	8.1	24.5	28.7
04：00～05：00	42.5	0.0	9.9	24.4	23.2
05：00～06：00	46.9	0.0	11.7	18.7	22.7
06：00～07：00	55.0	0.3	7.5	13.7	23.5
07：00～08：00	55.0	1.1	4.4	15.5	24.0
08：00～09：00	46.7	0.4	4.9	17.7	30.3
09：00～10：00	38.8	0.4	5.3	21.7	33.8
10：00～11：00	37.5	0.3	5.3	23.2	33.7
11：00～12：00	42.8	0.1	5.4	20.0	31.7
12：00～13：00	42.3	0.1	14.3	15.2	28.1
13：00～14：00	38.2	0.1	7.7	21.0	33.0
14：00～15：00	35.8	0.2	5.9	23.3	34.8
15：00～16：00	35.3	0.2	5.4	23.3	35.8
16：00～17：00	37.8	0.2	4.6	21.9	35.5

续表

时间段	中央广播电视总台	中国教育台频道	河北省级频道	其他省级卫视频道	其他频道
17：00～18：00	44.0	0.1	4.8	17.8	33.3
18：00～19：00	42.5	0.0	16.3	9.1	32.1
19：00～20：00	44.2	0.0	19.2	11.1	25.5
20：00～21：00	37.9	0.0	21.3	17.1	23.7
21：00～22：00	37.2	0.0	20.4	17.9	24.5
22：00～23：00	35.2	0.1	14.2	21.9	28.6
23：00～00：00	36.1	0.2	10.5	22.1	31.1
00：00～01：00	39.1	0.1	7.7	20.0	33.1
01：00～02：00	36.3	0.1	8.7	17.9	37.0

表 3.10.4　2022 年河北市场收视份额排名前十位的频道

单位：%

名次	频道名称	收视份额
1	中央台八套	6.2
2	中央台四套	6.0
3	中央电视台综合频道	5.2
4	中央台六套	4.6
5	河北广播电视台农民频道	4.2
6	中央电视台新闻频道	3.3
7	河北广播电视台经济生活频道	2.9
8	中央台五套	2.7
9	河北广播电视台卫视频道	2.6
10	中央电视台少儿频道	2.2

表 3.10.5　2022 年河北市场各主要频道的观众构成

单位：%

目标观众		所有频道	主要频道				
			中央台八套	中央台四套	中央电视台综合频道	中央台六套	河北广播电视台农民频道
4 岁及以上所有人		100.0	100.0	100.0	100.0	100.0	100.0
城乡	城市	44.4	39.9	43.5	52.0	43.5	26.3
	农村	55.6	60.1	56.5	48.0	56.5	73.7

续表

目标观众		所有频道	主要频道				
			中央台八套	中央台四套	中央电视台综合频道	中央台六套	河北广播电视台农民频道
性别	男	52.5	47.2	57.9	49.1	54.9	50.5
	女	47.5	52.8	42.1	50.9	45.1	49.5
年龄	4～14岁	12.2	5.1	2.3	5.6	5.4	8.0
	15～24岁	7.1	5.7	3.4	8.4	7.4	7.9
	25～34岁	8.1	3.9	2.7	5.0	7.7	2.4
	35～44岁	10.4	5.6	5.5	10.1	12.7	5.5
	45～54岁	15.0	20.8	5.8	15.7	29.3	15.0
	55～64岁	14.7	16.8	27.7	11.4	18.3	19.2
	65岁及以上	32.4	42.2	52.7	43.7	19.2	42.1
受教育程度	未受过正规教育	5.7	4.4	2.3	2.5	3.8	4.1
	小学	23.2	26.0	18.1	15.0	18.0	31.7
	初中	41.5	42.6	46.7	41.0	45.0	48.6
	高中	19.6	21.5	25.3	27.6	24.5	12.1
	大学及以上	10.0	5.5	7.6	13.9	8.7	3.4
职业类别	干部/管理人员	2.0	0.6	1.6	1.8	2.5	1.0
	个体/私营企业人员	13.7	12.3	10.6	10.9	22.0	19.2
	初级公务员/雇员	9.6	6.6	7.5	13.3	10.2	3.3
	工人	5.6	5.3	6.2	4.2	11.1	4.7
	学生	13.2	7.2	5.3	10.6	9.0	14.0
	无业	37.8	35.9	52.4	47.9	22.7	41.0
	其他	18.1	32.0	16.5	11.2	22.6	16.9
个人月收入	0～300元	31.5	23.4	19.6	23.4	20.6	39.2
	301～900元	10.2	22.5	10.6	7.2	18.1	11.7
	901～1700元	11.4	13.1	10.3	8.9	8.6	14.2
	1701～2600元	17.3	17.7	21.5	19.3	16.0	17.3
	2601～3500元	16.3	16.0	27.6	26.7	19.1	10.3
	3501～5000元	9.3	5.5	8.6	9.9	11.2	6.0
	5001元及以上	3.9	1.9	1.8	4.6	6.5	1.2

表 3.10.6　2020～2022 年河北市场各类节目的播出比重和收视比重

单位：%

节目类别	2020 年		2021 年		2022 年	
	播出比重	收视比重	播出比重	收视比重	播出比重	收视比重
财经	1.1	0.7	1.2	0.6	1.2	0.5
电视剧	22.0	35.1	21.8	35.1	22.6	34.1
电影	3.5	5.0	3.4	5.4	3.1	6.3
法制	0.6	0.7	0.6	0.6	0.9	0.6
教学	0.3	0.1	0.3	0.0	0.3	0.0
青少	7.5	7.1	7.4	6.6	7.5	5.3
生活服务	8.3	7.0	8.9	7.1	8.6	7.0
体育	3.9	1.6	4.2	3.2	5.2	4.4
外语	0.2	0.0	0.2	0.0	0.3	0.0
戏剧	0.7	1.6	0.6	1.4	0.7	1.5
新闻/时事	16.6	15.0	15.6	13.9	15.3	15.2
音乐	1.8	1.0	1.7	0.8	1.8	0.6
专题	14.1	6.4	15.1	6.9	15.4	6.7
综艺	6.6	7.8	6.8	7.8	5.8	7.2
其他	12.8	10.9	12.2	10.6	11.5	10.4

表 3.10.7　2022 年河北市场所有节目收视率排名前三十位

单位：%

名次	节目名称	节目类型	播出频道	平均收视率	平均占有率
1	《龙腾虎跃中国年》	专题	中央电视台综合频道	10.0	33.2
2	《2022 中央广播电视总台春节联欢晚会》	综艺	中央电视台综合频道	9.6	34.2
3	《2022 北京冬奥会开幕式》	体育	中央电视台综合频道	4.4	16.2
4	《2022 年中央广播电视总台元宵晚会》	综艺	中央电视台综合频道	3.4	15.1
5	《开学第一课》	青少	中央电视台综合频道	3.0	15.6
6	《2022 年女足亚洲杯决赛》（中国 VS 韩国）	体育	中央台五套	2.6	10.7
7	《我爱世界杯：2022 年世界杯小组赛 G 组第 2 轮》（喀麦隆 VS 塞尔维亚）	体育	中央台五套	2.4	12.7
8	《不离不弃》	电视剧	河北广播电视台农民频道	2.3	13.2
9	《神偷燕子李三》	电影	中央台六套	2.2	11.3
10	《匹夫英雄传》（1 月 27 日）	电影	中央台六套	2.2	10.2
11	《木兰妈妈》	电视剧	中央台八套	2.1	15.6

续表

名次	节目名称	节目类型	播出频道	平均收视率	平均占有率
12	《现场直播：2022 年世界乒乓球团体锦标赛男团 1/4 决赛》	体育	中央台五套	2.1	12.5
13	《小娘惹》	电视剧	中央台八套	2.0	12.9
14	《杜鹃的女儿》	电视剧	河北广播电视台农民频道	2.0	10.6
15	《警察夏一笑的快乐生活》	电影	中央台六套	2.0	9.4
16	《新春喜剧之夜》	综艺	中央台三套	2.0	8.5
17	《神探荣耀》	电影	中央台六套	1.9	14.1
18	《绝招》（12 月 17 日）	电影	中央台六套	1.9	12.0
19	《人世间》	电视剧	中央电视台综合频道	1.9	9.1
19	《一生守护》	电视剧	河北广播电视台农民频道	1.9	9.1
21	《感动中国 2021 年度人物颁奖盛典》	专题	中央电视台综合频道	1.8	10.2
22	《守婚如玉》	电视剧	河北广播电视台农民频道	1.7	11.2
23	《2022 年中央广播电视总台中秋晚会》	综艺	中央电视台综合频道	1.7	10.7
24	《六指琴魔》	电影	中央台六套	1.7	10.3
25	《微笑妈妈》	电视剧	河北广播电视台农民频道	1.7	9.5
26	《进错门的女人》	电视剧	河北广播电视台农民频道	1.7	9.2
27	《杨门女将女儿当自强》	电影	中央台六套	1.6	10.8
28	《开国大典》	电影	中央台六套	1.6	10.2
29	《家有大姐》	电视剧	河北广播电视台农民频道	1.6	10.1
30	《杨门女将情定穆柯寨》	电影	中央台六套	1.6	9.4

表 3.10.8　2022 年河北市场电视剧收视率排名前十位

单位：%

名次	节目名称	播出频道	平均收视率	平均占有率
1	《不离不弃》	河北广播电视台农民频道	2.3	13.2
2	《木兰妈妈》	中央台八套	2.1	15.6
3	《小娘惹》	中央台八套	2.0	12.9
4	《杜鹃的女儿》	河北广播电视台农民频道	2.0	10.6
5	《人世间》	中央电视台综合频道	1.9	9.1
5	《一生守护》	河北广播电视台农民频道	1.9	9.1
7	《守婚如玉》	河北广播电视台农民频道	1.7	11.2

续表

名次	节目名称	播出频道	平均收视率	平均占有率
8	《微笑妈妈》	河北广播电视台农民频道	1.7	9.5
9	《进错门的女人》	河北广播电视台农民频道	1.7	9.2
10	《家有大姐》	河北广播电视台农民频道	1.6	10.1

表 3.10.9　2022 年河北市场新闻节目收视率排名前十位

单位：%

名次	节目名称	播出频道	平均收视率	平均占有率
1	《筑梦空间站神舟十四号航天员返回特别报道》	中央台四套	1.4	7.9
2	《中国空间站神舟十四号航天员返回 2022》	中央电视台新闻频道	1.4	8.1
2	《中国共产党第二十次全国代表大会开幕会专题新闻》	中央电视台综合频道	1.4	8.1
4	《俄乌局势突变》	中央台四套	1.3	10.8
5	《中国舆论场》	中央台四套	1.3	7.6
6	《今日关注》	中央台四套	1.2	9.8
7	《今日亚洲》	中央台四套	1.2	7.3
8	《一起向未来》	中央电视台综合频道	1.1	8.5
9	《新闻联播》	中央电视台综合频道	1.1	7.2
10	《转播中央台新闻联播》	河北广播电视台农民频道	1.1	5.7

表 3.10.10　2022 年河北市场专题节目收视率排名前十位

单位：%

名次	节目名称	播出频道	平均收视率	平均占有率
1	《龙腾虎跃中国年》	中央电视台综合频道	10.0	33.2
2	《感动中国 2021 年度人物颁奖盛典》	中央电视台综合频道	1.8	10.2
3	《相知跨千年携手创未来——习近平主席赴沙特利雅得出访纪实》	中央电视台综合频道	1.3	7.6
4	《315 公平守正安心消费》	中央台二套	1.1	7.3
5	《丝路古道焕新机——习近平主席出席上合组织撒马尔罕峰会出访中亚两国》	中央电视台综合频道	1.0	6.5
6	《零容忍》	中央电视台综合频道	1.0	4.9
7	《穿越海峡的新春祝福》	中央台四套	0.8	9.3
8	《党课开讲啦》	中央电视台综合频道	0.8	6.7
9	《功勋闪耀新时代》	中央电视台综合频道	0.8	4.9
10	《绝笔》（第二季）	中央台四套	0.8	3.9

表 3.10.11　2022 年河北市场综艺节目收视率排名前十位

单位：%

名次	节目名称	播出频道	平均收视率	平均占有率
1	《2022 中央广播电视总台春节联欢晚会》	中央电视台综合频道	9.6	34.2
2	《2022 年中央广播电视总台元宵晚会》	中央电视台综合频道	3.4	15.1
3	《新春喜剧之夜》	中央台三套	2.0	8.5
4	《2022 年中央广播电视总台中秋晚会》	中央电视台综合频道	1.7	10.7
5	《中国梦祖国颂 2022 国庆特别节目》	中央电视台综合频道	1.7	9.1
6	《辽宁卫视 2022 春节联欢晚会》	辽宁卫视	1.3	6.9
7	《第 35 届中国电影金鸡奖颁奖典礼暨 2022 年中国金鸡百花电影节闭幕式》	中央台六套	1.0	7.8
8	《2022 年北京广播电视台春节联欢晚会》	北京卫视	1.0	5.4
9	《2022 星光嘉年华星光大道春节特别节目》	中央台三套	1.0	4.4
10	《启航 2023 中央广播电视总台跨年晚会》	中央电视台综合频道	0.9	7.7

表 3.10.12　2022 年河北市场体育节目收视率排名前十位

单位：%

名次	节目名称	播出频道	平均收视率	平均占有率
1	《2022 北京冬奥会开幕式》	中央电视台综合频道	4.4	16.2
2	《2022 年女足亚洲杯决赛》（中国 VS 韩国）	中央台五套	2.6	10.7
3	《我爱世界杯：2022 年世界杯小组赛 G 组第 2 轮》（喀麦隆 VS 塞尔维亚）	中央台五套	2.4	12.7
4	《现场直播：2022 年世界乒乓球团体锦标赛男团1/4决赛》	中央台五套	2.1	12.5
5	《2022 年北京冬残奥会冰球铜牌赛》	中央台五套	1.1	5.7
6	《现场直播：2022 年世界女排锦标赛小组赛第 4 轮》（中国队 VS 捷克队）	中央台五套	1.0	6.8
7	《现场直播：2022 年国际泳联世锦赛跳水女子双人三米板决赛》	中央台五套	0.9	6.3
8	《现场直播：2021/2022 赛季 CBA 总决赛第一场》（辽宁本钢 VS 浙江广厦控股）	中央台五套	0.9	5.6
9	《现场直播：2022 年女篮世界杯半决赛》（澳大利亚队 VS 中国队）	中央台五套	0.8	9.2
10	《实况录像：2022 年跳水世界杯男子双人十米台决赛》	中央台五套	0.8	8.1

十一 河南收视数据

表 3.11.1 2018～2022 年河南市场各类频道的占有率

单位：%

频道类别	2018 年	2019 年	2020 年	2021 年	2022 年
中央广播电视总台	46.1	44.8	46.1	34.7	35.5
中国教育台频道	0.3	0.3	0.4	0.2	0.2
河南省级频道	14.6	13.9	13.9	12.9	17.0
其他省级卫视频道	31.1	29.4	27.3	20.9	17.6
其他频道	7.9	11.6	12.3	31.3	29.7

注：2021 年起河南省网数为测量仪数据。

表 3.11.2 2022 年河南市场各类频道在不同目标观众中的占有率

单位：%

目标观众		中央广播电视总台	中国教育台频道	河南省级频道	其他省级卫视频道	其他频道
4 岁及以上所有人		35.5	0.2	17.0	17.6	29.7
城乡	城市	35.5	0.2	16.6	19.9	27.8
	农村	35.6	0.2	17.4	16.0	30.8
性别	男	37.4	0.2	16.2	16.9	29.3
	女	33.2	0.2	18.0	18.4	30.2
年龄	4～14 岁	19.5	0.2	4.2	22.6	53.5
	15～24 岁	31.5	0.3	18.4	12.6	37.2
	25～34 岁	26.8	0.2	10.8	21.4	40.8
	35～44 岁	27.5	0.2	8.4	22.1	41.8
	45～54 岁	42.6	0.1	18.2	15.7	23.4
	55～64 岁	40.0	0.1	17.4	18.6	23.9
	65 岁及以上	40.8	0.3	23.9	15.9	19.1
受教育程度	未受过正规教育	26.3	0.2	6.4	27.8	39.3
	小学	29.4	0.2	19.6	18.2	32.6
	初中	32.1	0.2	20.8	17.8	29.1
	高中	44.5	0.2	14.2	14.4	26.7
	大学及以上	44.2	0.1	14.1	15.7	25.9

续表

目标观众		中央广播电视总台	中国教育台频道	河南省级频道	其他省级卫视频道	其他频道
职业类别	干部/管理人员	52.2	0.1	11.4	19.9	16.4
	个体/私营企业人员	35.2	0.2	14.1	18.8	31.7
	初级公务员/雇员	45.1	0.1	12.0	16.3	26.5
	工人	31.2	0.2	19.4	16.6	32.6
	学生	23.3	0.2	9.9	15.3	51.3
	无业	38.6	0.2	17.8	17.8	25.6
	其他	34.2	0.3	21.9	18.8	24.8
个人月收入	0～300元	28.8	0.2	17.2	18.1	35.7
	301～900元	31.4	0.3	17.9	20.6	29.8
	901～1700元	30.6	0.2	18.9	24.6	25.7
	1701～2600元	35.0	0.2	16.9	18.1	29.8
	2601～3500元	43.4	0.3	16.9	14.1	25.3
	3501～5000元	41.9	0.1	16.7	17.1	24.2
	5001元及以上	45.0	0.1	13.1	15.3	26.5

表 3.11.3　2022 年河南市场各类频道在不同时段的占有率

单位：%

时间段	中央广播电视总台	中国教育台频道	河南省级频道	其他省级卫视频道	其他频道
02：00～03：00	23.2	0.5	23.6	22.6	30.1
03：00～04：00	29.6	0.3	24.6	18.3	27.2
04：00～05：00	37.4	0.3	24.5	12.7	25.1
05：00～06：00	41.6	0.3	20.7	16.6	20.8
06：00～07：00	59.0	0.2	9.7	11.2	19.9
07：00～08：00	54.4	0.5	11.9	10.1	23.1
08：00～09：00	46.1	0.4	11.1	14.1	28.3
09：00～10：00	35.7	0.5	8.7	20.6	34.5
10：00～11：00	33.1	0.5	9.0	23.3	34.1
11：00～12：00	36.6	0.2	10.9	20.9	31.4
12：00～13：00	42.7	0.1	11.2	16.6	29.4
13：00～14：00	34.5	0.3	9.6	20.6	35.0
14：00～15：00	31.3	0.4	8.6	24.8	34.9
15：00～16：00	31.8	0.3	7.9	25.7	34.3
16：00～17：00	33.9	0.3	8.0	24.4	33.4

续表

时间段	中央广播电视总台	中国教育台频道	河南省级频道	其他省级卫视频道	其他频道
17：00～18：00	36.1	0.2	10.2	21.1	32.4
18：00～19：00	39.6	0.1	20.5	11.3	28.5
19：00～20：00	40.1	0.1	20.6	12.5	26.7
20：00～21：00	31.8	0.1	24.0	17.3	26.8
21：00～22：00	29.3	0.1	29.2	15.4	26.0
22：00～23：00	24.8	0.1	32.8	14.5	27.8
23：00～00：00	30.0	0.2	24.0	15.9	29.9
00：00～01：00	29.6	0.3	19.5	19.5	31.1
01：00～02：00	24.5	0.4	21.9	22.9	30.3

表 3.11.4　2022 年河南市场收视份额排名前十位的频道

单位：%

名次	频道名称	收视份额
1	中央台四套	6.3
2	中央电视台综合频道	6.2
3	中央台八套	4.3
4	河南广播电视台都市频道（二套）	4.2
5	河南广播电视台卫星频道（一套）	3.5
5	中央台六套	3.5
7	河南广播电视台电视剧频道（五套）	3.2
8	中央电视台新闻频道	3.1
9	河南广播电视台民生频道（三套）	2.8
10	河南广播电视台公共频道（八套）	2.0

表 3.11.5　2022 年河南市场各主要频道的观众构成

单位：%

目标观众		所有频道	主要频道					
			中央台四套	中央电视台综合频道	中央台八套	河南广播电视台都市频道（二套）	河南广播电视台卫星频道（一套）	中央台六套
4 岁及以上所有人		100.0	100.0	100.0	100.0	100.0	100.0	100.0
城乡	城市	42.9	41.9	45.0	36.7	36.4	24.9	40.9
	农村	57.1	58.1	55.0	63.3	63.6	75.1	59.1

续表

目标观众		所有频道	主要频道					
			中央台四套	中央电视台综合频道	中央台八套	河南广播电视台都市频道（二套）	河南广播电视台卫星频道（一套）	中央台六套
性别	男	55.1	67.0	53.1	52.2	47.8	61.3	57.6
	女	44.9	33.0	46.9	47.8	52.2	38.7	42.4
年龄	4～14 岁	12.5	1.5	5.1	4.0	2.0	5.8	5.5
	15～24 岁	8.4	4.7	5.4	4.3	12.2	7.8	7.1
	25～34 岁	6.8	2.8	4.3	2.6	3.3	4.7	11.0
	35～44 岁	8.2	3.1	7.2	5.6	3.2	6.0	10.7
	45～54 岁	17.5	16.7	18.7	23.6	19.3	10.3	30.8
	55～64 岁	12.6	15.5	13.5	16.9	11.3	12.0	10.5
	65 岁及以上	34.0	55.7	45.8	43.0	48.7	53.4	24.4
受教育程度	未受过正规教育	8.0	1.3	3.8	3.8	2.6	3.8	7.3
	小学	20.2	19.2	15.4	14.4	24.7	29.2	23.7
	初中	35.6	29.6	28.4	43.7	45.8	44.2	33.3
	高中	23.9	32.3	36.9	25.1	18.1	18.5	20.1
	大学及以上	12.3	17.6	15.5	13.0	8.8	4.3	15.6
职业类别	干部/管理人员	0.7	2.0	0.8	0.5	0.2	0.1	0.7
	个体/私营企业人员	11.7	6.6	13.8	13.3	10.4	9.1	15.3
	初级公务员/雇员	7.3	9.7	7.2	6.7	6.2	3.7	9.0
	工人	11.2	6.5	8.0	9.1	12.8	9.8	11.5
	学生	10.5	4.0	6.6	5.0	4.4	7.3	7.6
	无业	41.2	49.8	51.4	46.3	43.4	35.0	30.8
	其他	17.4	21.4	12.2	19.1	22.6	35.0	25.1
个人月收入	0～300 元	34.0	25.0	22.6	25.0	31.1	38.2	31.0
	301～900 元	6.5	4.9	3.3	6.8	5.4	11.4	11.2
	901～1700 元	7.0	2.4	6.6	8.7	7.1	6.1	4.4
	1701～2600 元	12.8	13.9	12.1	15.1	18.5	16.1	11.9
	2601～3500 元	20.9	26.1	33.8	26.3	21.1	18.9	20.4
	3501～5000 元	13.4	18.9	15.8	11.5	15.0	7.6	15.0
	5001 元及以上	5.4	8.8	5.8	6.6	1.8	1.7	6.1

表 3.11.6　2020～2022 年河南市场各类节目的播出比重和收视比重

单位：%

节目类别	2020 年		2021 年		2022 年	
	播出比重	收视比重	播出比重	收视比重	播出比重	收视比重
财经	0.9	0.5	1.0	0.6	1.1	0.6
电视剧	26.7	27.3	22.0	30.9	22.4	30.7
电影	4.1	4.4	3.6	5.8	3.5	5.6
法制	0.6	1.4	0.9	0.6	1.2	0.6
教学	0.3	0.1	0.3	0.0	0.3	0.0
青少	6.8	8.9	6.8	7.1	7.0	6.7
生活服务	6.4	6.0	8.3	6.2	7.9	6.5
体育	3.9	1.9	4.1	3.4	5.1	3.5
外语	0.1	0.0	0.2	0.0	0.3	0.0
戏剧	1.2	1.3	0.6	0.9	0.7	0.8
新闻/时事	11.3	18.2	16.1	15.1	15.6	17.5
音乐	1.6	1.0	1.6	0.7	1.7	0.5
专题	14.7	6.1	16.1	9.0	16.5	9.3
综艺	4.6	8.3	6.5	9.1	5.7	7.5
其他	16.8	14.6	11.9	10.5	11.0	10.2

表 3.11.7　2022 年河南市场所有节目收视率排名前三十位

单位：%

名次	节目名称	节目类型	播出频道	平均收视率	平均占有率
1	《开学第一课》	青少	中央电视台综合频道	6.9	36.6
2	《2022 中央广播电视总台春节联欢晚会》	综艺	中央电视台综合频道	6.4	25.8
3	《龙腾虎跃中国年》	专题	中央电视台综合频道	6.4	22.7
4	《2022 北京冬奥会开幕式》	体育	中央电视台综合频道	4.1	19.7
5	《2022 年中央广播电视总台元宵晚会》	综艺	中央电视台综合频道	3.7	20.1
6	《娘妻》	电视剧	河南广播电视台都市频道（二套）	2.4	17.7
7	《七夕奇妙游》（8 月 7 日重播）	综艺	河南广播电视台都市频道（二套）	2.2	13.5
8	《卧虎悍将》（1 月 6 日）	电影	中央台六套	2.1	12.4
9	《鼠胆英雄》	电影	中央台六套	2.1	12.0
10	《我爱世界杯：2022 年世界杯小组赛 E 组第 1 轮》（德国 VS 日本）	体育	中央台五套	2.0	19.6
11	《人世间》	电视剧	中央电视台综合频道	2.0	13.1

续表

名次	节目名称	节目类型	播出频道	平均收视率	平均占有率
12	《2022 年中央广播电视总台中秋晚会》	综艺	中央电视台综合频道	2.0	12.2
13	《2022 年女足亚洲杯决赛》（中国 VS 韩国）	体育	中央台五套	2.0	9.9
14	《樱桃红之袖珍妈妈》	电视剧	河南广播电视台都市频道（二套）	1.9	15.2
15	《生死相依》	电视剧	河南广播电视台都市频道（二套）	1.8	13.7
16	《用一生去爱你》	电视剧	河南广播电视台都市频道（二套）	1.8	12.9
17	《那山那海》	电视剧	中央台八套	1.8	10.6
18	《新春喜剧之夜》	综艺	中央台三套	1.8	9.0
19	《顺娘》	电视剧	河南广播电视台都市频道（二套）	1.6	13.5
20	《悲情母子》	电视剧	河南广播电视台都市频道（二套）	1.6	12.9
21	《一生只爱你》	电视剧	河南广播电视台都市频道（二套）	1.6	12.4
22	《现场直播：2022 年世界乒乓球团体锦标赛男团决赛》	体育	中央台五套	1.6	11.0
23	《养父的花样年华》	电视剧	中央台八套	1.6	10.2
24	《长风浩荡启新程——习近平主席出席二十国集团领导人第十七次峰会》	专题	中央电视台综合频道	1.6	8.9
25	《现场直播：2022 年世乒联世界杯决赛女单决赛》	体育	中央台五套	1.6	8.6
26	《第五届中国国际进口博览会开幕式特别报道》	新闻/时事	中央电视台综合频道	1.6	7.7
27	《望海的女人》	电视剧	河南广播电视台都市频道（二套）	1.5	12.7
28	《50 玫瑰》	电视剧	河南广播电视台都市频道（二套）	1.5	12.5
29	《老爸的心愿》	电视剧	河南广播电视台都市频道（二套）	1.5	12.2
30	《青河镇女人》	电视剧	河南广播电视台都市频道（二套）	1.5	11.4

表 3.11.8　2022 年河南市场电视剧收视率排名前十位

单位：%

名次	节目名称	播出频道	平均收视率	平均占有率
1	《娘妻》	河南广播电视台都市频道（二套）	2.4	17.7

续表

名次	节目名称	播出频道	平均收视率	平均占有率
2	《人世间》	中央电视台综合频道	2.0	13.1
3	《樱桃红之袖珍妈妈》	河南广播电视台都市频道（二套）	1.9	15.2
4	《生死相依》	河南广播电视台都市频道（二套）	1.8	13.7
5	《用一生去爱你》	河南广播电视台都市频道（二套）	1.8	12.9
6	《那山那海》	中央台八套	1.8	10.6
7	《顺娘》	河南广播电视台都市频道（二套）	1.6	13.5
8	《悲情母子》	河南广播电视台都市频道（二套）	1.6	12.9
9	《一生只爱你》	河南广播电视台都市频道（二套）	1.6	12.4
10	《养父的花样年华》	中央台八套	1.6	10.2

表 3.11.9　2022 年河南市场新闻节目收视率排名前十位

单位：%

名次	节目名称	播出频道	平均收视率	平均占有率
1	《第五届中国国际进口博览会开幕式特别报道》	中央电视台综合频道	1.6	7.7
2	《新闻联播》	中央电视台综合频道	1.5	10.1
3	《中国共产党第二十次全国代表大会开幕会专题新闻》	中央电视台综合频道	1.5	9.0
3	《筑梦空间站神舟十四号航天员返回特别报道》	中央台四套	1.5	8.8
5	《国务院总理会见中外记者并回答提问》	中央电视台综合频道	1.4	7.9
6	《中国舆论场》	中央台四套	1.3	7.9
7	《2022 年世界经济论坛视频会议特别报道》	中央台四套	1.2	8.3
8	《团结奋斗向复兴》	中央电视台新闻频道	1.2	8.2
9	《今日亚洲》	中央台四套	1.2	7.4
10	《俄乌局势突变》	中央台四套	1.1	12.3

表 3.11.10　2022 年河南市场专题节目收视率排名前十位

单位：%

名次	节目名称	播出频道	平均收视率	平均占有率
1	《龙腾虎跃中国年》	中央电视台综合频道	6.4	22.7
2	《长风浩荡启新程——习近平主席出席二十国集团领导人第十七次峰会》	中央电视台综合频道	1.6	8.9
3	《丝路古道焕新机——习近平主席出席上合组织撒马尔罕峰会出访中亚两国》	中央电视台综合频道	1.2	9.5
4	《零容忍》	中央电视台综合频道	1.0	5.6
5	《平安行全国交通安全日 2022》	中央电视台综合频道	0.9	6.9
6	《大国基石》	中央电视台综合频道	0.9	5.6

续表

名次	节目名称	播出频道	平均收视率	平均占有率
7	《朗读者》	中央电视台综合频道	0.9	4.4
8	《感动中国2021年度人物颁奖盛典》	中央电视台综合频道	0.8	7.5
9	《2021年大国工匠年度人物发布仪式》	中央电视台综合频道	0.8	6.8
10	《绝笔》（第二季）	中央台四套	0.8	6.1

表3.11.11　2022年河南市场综艺节目收视率排名前十位

单位：%

名次	节目名称	播出频道	平均收视率	平均占有率
1	《2022中央广播电视总台春节联欢晚会》	中央电视台综合频道	6.4	25.8
2	《2022年中央广播电视总台元宵晚会》	中央电视台综合频道	3.7	20.1
3	《七夕奇妙游》（8月7日）	河南广播电视台都市频道（二套）	2.2	13.5
4	《2022年中央广播电视总台中秋晚会》	中央电视台综合频道	2.0	12.2
5	《新春喜剧之夜》	中央台三套	1.8	9.0
6	《中国梦祖国颂2022国庆特别节目》	中央电视台综合频道	1.2	7.2
7	《启航2023中央广播电视总台跨年晚会》	中央电视台综合频道	1.1	9.8
8	《2023梦圆东方跨年盛典》	东方卫视	1.1	9.1
9	《2022新春相声大会》	中央台三套	1.1	6.4
10	《2022中央广播电视总台网络春晚》	中央电视台综合频道	1.0	5.4

表3.11.12　2022年河南市场体育节目收视率排名前十位

单位：%

名次	节目名称	播出频道	平均收视率	平均占有率
1	《2022北京冬奥会开幕式》	中央电视台综合频道	4.1	19.7
2	《我爱世界杯：2022年世界杯小组赛E组第1轮》（德国VS日本）	中央台五套	2.0	19.6
3	《2022年女足亚洲杯决赛》（中国VS韩国）	中央台五套	2.0	9.9
4	《现场直播：2022年世界乒乓球团体锦标赛男团决赛》	中央台五套	1.6	11.0
5	《现场直播：2022年世乒联世界杯决赛女单决赛》	中央台五套	1.6	8.6
6	《实况录像：2022年世界举重锦标赛男子61公斤级决赛抓举》	中央台五套	1.4	10.0
7	《现场直播：2022年女篮世界杯半决赛》（澳大利亚队VS中国队）	中央台五套	1.1	9.8
8	《实况录像：2022年世界跆拳道大奖赛巴黎站男子80公斤以上级决赛》	中央台五套	0.8	7.3

续表

名次	节目名称	播出频道	平均收视率	平均占有率
9	《2022年北京冬残奥会高山滑雪男子滑降坐姿》	中央台五套	0.8	4.4
10	《现场直播：2022年CBA全明星周末技巧挑战赛决赛》	中央台五套	0.7	3.1

十二　黑龙江收视数据

表 3.12.1　2018～2022 年黑龙江市场各类频道的占有率

单位：%

频道类别	2018 年	2019 年	2020 年	2021 年	2022 年
中央广播电视总台	37.7	38.4	39.9	38.6	42.8
中国教育台频道	0.2	0.1	0.2	0.1	0.2
黑龙江省级频道	32.5	28.8	24.0	26.3	25.5
其他省级卫视频道	22.6	23.0	21.2	19.8	18.8
其他频道	7.0	9.7	14.7	15.2	12.7

表 3.12.2　2022 年黑龙江市场各类频道在不同目标观众中的占有率

单位：%

目标观众		中央广播电视总台	中国教育台频道	黑龙江省级频道	其他省级卫视频道	其他频道
4 岁及以上所有人		42.8	0.2	25.5	18.8	12.7
城乡	城市	46.4	0.3	21.7	21.9	9.7
	乡村	38.6	0.1	29.9	15.3	16.1
性别	男	45.0	0.3	25.5	17.5	11.7
	女	40.6	0.2	25.5	20.1	13.6
年龄	4～14 岁	35.9	0.6	20.4	21.5	21.6
	15～24 岁	43.4	0.2	22.4	22.5	11.5
	25～34 岁	38.8	0.2	20.5	20.5	20.0
	35～44 岁	41.3	0.1	19.0	23.2	16.4
	45～54 岁	43.2	0.3	29.3	18.0	9.2
	55～64 岁	41.6	0.3	30.9	16.8	10.4
	65 岁及以上	49.1	0.1	27.9	14.3	8.6
受教育程度	未受过正规教育	37.1	0.0	33.8	11.5	17.6
	小学	42.3	0.1	31.7	16.1	9.8
	初中	41.3	0.2	27.6	18.0	12.9
	高中	45.1	0.3	20.1	20.7	13.8
	大学及以上	46.0	0.1	17.6	24.2	12.1

续表

目标观众		中央广播电视总台	中国教育台频道	黑龙江省级频道	其他省级卫视频道	其他频道
职业类别	干部/管理人员	37.6	1.0	7.4	41.1	12.9
	个体/私营企业人员	43.2	0.2	24.3	19.9	12.4
	初级公务员/雇员	46.1	0.1	16.9	18.9	18.0
	工人	43.0	0.2	20.5	24.0	12.3
	学生	42.2	0.4	19.7	23.1	14.6
	无业	46.3	0.2	25.7	16.4	11.4
	其他	35.0	0.2	37.2	15.5	12.1
个人月收入	0～300元	40.4	0.3	22.9	20.7	15.7
	301～900元	35.3	0.0	43.1	14.8	6.8
	901～1700元	41.6	0.2	33.1	15.5	9.6
	1701～2600元	42.7	0.1	26.0	17.7	13.5
	2601～3500元	43.2	0.2	27.1	18.7	10.8
	3501～5000元	45.7	0.3	21.3	20.6	12.1
	5001元及以上	45.9	0.2	19.3	19.8	14.8

表3.12.3　2022年黑龙江市场各类频道在不同时段的占有率

单位：%

时间段	中央广播电视总台	中国教育台频道	黑龙江省级频道	其他省级卫视频道	其他频道
02：00～03：00	27.8	0.1	11.7	34.9	25.5
03：00～04：00	23.0	0.3	58.0	9.2	9.5
04：00～05：00	36.8	0.1	46.7	9.7	6.7
05：00～06：00	48.3	0.1	35.2	11.9	4.5
06：00～07：00	49.9	0.2	32.7	11.1	6.1
07：00～08：00	52.7	0.4	23.6	14.4	8.9
08：00～09：00	49.6	0.2	18.2	18.7	13.3
09：00～10：00	44.7	0.2	14.6	22.6	17.9
10：00～11：00	45.2	0.1	13.2	24.4	17.1
11：00～12：00	46.5	0.1	12.2	25.0	16.2
12：00～13：00	52.3	0.2	11.2	24.6	11.7
13：00～14：00	43.0	0.3	11.7	33.0	12.0
14：00～15：00	42.4	0.4	10.5	32.7	14.0
15：00～16：00	40.7	0.3	13.1	29.5	16.4
16：00～17：00	42.6	0.1	16.7	24.4	16.2

续表

时间段	中央广播电视总台	中国教育台频道	黑龙江省级频道	其他省级卫视频道	其他频道
17：00～18：00	39.7	0.1	28.7	17.1	14.4
18：00～19：00	36.3	0.1	41.4	11.3	10.9
19：00～20：00	50.9	0.2	27.4	11.8	9.7
20：00～21：00	37.3	0.2	27.3	22.8	12.4
21：00～22：00	33.8	0.6	25.6	25.6	14.4
22：00～23：00	31.6	0.0	22.7	24.3	21.4
23：00～00：00	30.7	0.0	15.6	20.9	32.8
00：00～01：00	28.7	0.0	5.4	18.0	47.9
01：00～02：00	28.9	0.2	3.2	15.0	52.7

表 3.12.4 2022 年黑龙江市场收视份额排名前十位的频道

单位：%

名次	频道名称	收视份额
1	中央电视台综合频道	11.2
2	黑龙江电视台影视频道	8.1
3	黑龙江卫视	6.7
4	中央台八套	5.4
5	中央电视台新闻频道	4.4
6	中央台六套	4.3
7	中央台四套	3.6
8	黑龙江电视台新闻法治频道	3.5
9	中央台三套	3.3
9	中央台五套	3.3

表 3.12.5 2022 年黑龙江市场各主要频道的观众构成

单位：%

目标观众		所有频道	主要频道				
			中央电视台综合频道	黑龙江电视台影视频道	黑龙江卫视	中央台八套	中央电视台新闻频道
4 岁及以上所有人		100.0	100.0	100.0	100.0	100.0	100.0
城乡	城市	53.4	65.7	45.4	36.8	42.2	60.1
	乡村	46.6	34.3	54.6	63.2	57.8	39.9
性别	男	49.3	49.4	48.6	51.5	43.7	51.8
	女	50.7	50.6	51.4	48.5	56.3	48.2

续表

目标观众		所有频道	主要频道				
			中央电视台综合频道	黑龙江电视台影视频道	黑龙江卫视	中央台八套	中央电视台新闻频道
年龄	4～14岁	5.4	3.0	4.2	2.8	2.0	2.3
	15～24岁	8.5	7.4	8.6	6.1	5.9	11.4
	25～34岁	11.7	12.6	11.5	9.2	6.1	9.0
	35～44岁	16.9	16.7	10.0	15.4	15.5	12.9
	45～54岁	20.6	21.5	25.7	26.1	23.9	15.5
	55～64岁	18.2	16.3	20.5	21.3	23.6	19.0
	65岁及以上	18.7	22.5	19.5	19.1	23.0	29.9
受教育程度	未受过正规教育	3.1	1.9	4.3	2.8	2.0	2.9
	小学	16.8	13.6	20.9	22.7	22.0	16.1
	初中	44.7	43.1	47.6	51.1	50.5	48.4
	高中	23.6	27.1	15.7	16.6	17.5	22.2
	大学及以上	11.8	14.3	11.5	6.8	8.0	10.4
职业类别	干部/管理人员	1.2	1.5	0.3	0.5	0.3	1.0
	个体/私营企业人员	24.5	26.0	28.7	20.6	18.2	24.6
	初级公务员/雇员	6.8	7.5	3.8	4.0	7.9	4.9
	工人	8.0	10.4	4.8	6.2	6.8	5.6
	学生	9.9	8.2	6.0	7.3	4.4	12.0
	无业	32.3	35.0	35.8	30.4	41.3	40.1
	其他	17.3	11.4	20.6	31.0	21.1	11.8
个人月收入	0～300元	17.6	13.3	16.7	14.1	13.6	18.4
	301～900元	3.4	2.5	5.0	6.0	3.0	1.5
	901～1700元	6.9	5.3	10.8	9.1	11.7	5.2
	1701～2600元	25.4	22.4	18.7	30.8	31.3	25.2
	2601～3500元	22.7	24.4	28.7	21.5	19.8	28.3
	3501～5000元	16.5	23.1	14.7	14.3	12.3	13.9
	5001元及以上	7.5	9.0	5.4	4.2	8.3	7.5

表3.12.6 2020～2022年黑龙江市场各类节目的播出比重和收视比重

单位：%

节目类别	2020年		2021年		2022年	
	播出比重	收视比重	播出比重	收视比重	播出比重	收视比重
财经	1.0	0.3	1.0	0.4	1.1	0.3

续表

节目类别	2020 年		2021 年		2022 年	
	播出比重	收视比重	播出比重	收视比重	播出比重	收视比重
电视剧	22.4	28.5	22.0	27.8	22.3	27.5
电影	3.4	3.4	3.2	3.9	3.0	4.0
法制	1.3	2.5	1.3	3.2	1.6	3.1
教学	0.3	0.1	0.3	0.1	0.3	0.0
青少	8.1	4.2	8.1	3.1	8.3	3.4
生活服务	6.8	5.7	7.4	5.6	7.0	5.7
体育	4.2	1.5	4.4	2.5	5.3	3.3
外语	0.2	0.0	0.2	0.0	0.3	0.0
戏剧	0.7	0.1	0.6	0.1	0.7	0.3
新闻/时事	16.9	24.8	16.1	23.6	15.7	23.7
音乐	1.9	0.8	1.7	0.8	1.7	0.6
专题	14.3	4.6	15.4	5.0	15.8	5.6
综艺	6.5	10.4	6.8	10.7	6.2	10.2
其他	12.0	13.1	11.5	13.2	10.7	12.3

表 3.12.7　2022 年黑龙江市场所有节目收视率排名前三十位

单位：%

名次	节目名称	节目类型	播出频道	平均收视率	平均占有率
1	《2022 中央广播电视总台春节联欢晚会》	综艺	中央电视台综合频道	26.6	75.7
2	《龙腾虎跃中国年》	专题	中央电视台综合频道	22.5	54.3
3	《第 24 届冬季奥林匹克运动会开幕式特别节目》	体育	中央电视台综合频道	8.7	32.1
4	《新闻联播》	新闻/时事	中央电视台综合频道	8.3	28.6
5	《天气预报》	生活服务	中央电视台综合频道	6.5	22.4
6	《北京 2022 年冬残奥会闭幕式特别报道》	体育	中央电视台综合频道	6.0	21.0
7	《相知跨千年携手创未来——习近平主席赴沙特利雅得出访纪实》	专题	中央电视台综合频道	5.9	19.9
8	《长风浩荡启新程——习近平主席出席二十国集团领导人第十七次峰会》	专题	中央电视台综合频道	5.3	16.5
9	《情系天山——习近平总书记新疆考察纪实》	专题	中央电视台综合频道	5.2	18.8
10	《焦点访谈》	新闻/时事	中央电视台综合频道	5.1	17.9
11	《2022 年中央广播电视总台元宵晚会》	综艺	中央电视台综合频道	4.2	20.5

续表

名次	节目名称	节目类型	播出频道	平均收视率	平均占有率
12	《丝路古道焕新机——习近平主席出席上合组织撒马尔罕峰会出访中亚两国》	专题	中央电视台综合频道	3.9	16.6
13	《2022 年女足亚洲杯决赛》（中国 VS 韩国）	体育	中央台五套	3.6	11.1
14	《2022 年中央广播电视总台中秋晚会》	综艺	中央电视台综合频道	3.1	15.0
15	《功勋闪耀新时代》	专题	中央电视台综合频道	3.0	12.4
16	《第五届中国国际进口博览会开幕式特别报道》	新闻/时事	中央电视台综合频道	3.0	11.3
17	《新闻联播》	新闻/时事	黑龙江卫视	2.9	14.7
18	《中国共产党第二十次全国代表大会开幕会专题新闻》	新闻/时事	中央电视台综合频道	2.7	9.7
19	《启航 2023 中央广播电视总台跨年晚会》	综艺	中央电视台综合频道	2.6	12.6
20	《人世间》	电视剧	中央电视台综合频道	2.5	13.7
21	《猎金行动》	电视剧	黑龙江电视台影视频道	2.4	12.0
22	《光荣时代》	电视剧	黑龙江电视台影视频道	2.4	11.4
23	《民国往事》	电视剧	黑龙江电视台影视频道	2.3	12.5
24	《战地枪王》	电视剧	黑龙江电视台影视频道	2.3	12.1
24	《于硕说天气》	生活服务	黑龙江卫视	2.3	12.1
26	《光影》	电视剧	黑龙江电视台影视频道	2.3	11.8
27	《开学第一课》	青少	中央电视台综合频道	2.3	11.3
28	《中国梦祖国颂 2022 国庆特别节目》	综艺	中央电视台综合频道	2.3	10.5
29	《中共中央新闻发布会专题新闻》	新闻/时事	中央电视台综合频道	2.3	9.0
30	《沸腾冰雪幸福年》	综艺	黑龙江卫视	2.3	5.9

注：黑龙江卫视《新闻联播》为本省新闻联播。

表 3.12.8　2022 年黑龙江市场电视剧收视率排名前十位

单位：%

名次	节目名称	播出频道	平均收视率	平均占有率
1	《人世间》	中央电视台综合频道	2.5	13.7
2	《猎金行动》	黑龙江电视台影视频道	2.4	12.0
3	《光荣时代》	黑龙江电视台影视频道	2.4	11.4
4	《民国往事》	黑龙江电视台影视频道	2.3	12.5
5	《战地枪王》	黑龙江电视台影视频道	2.3	12.1
6	《光影》	黑龙江电视台影视频道	2.3	11.8
7	《丁大命》	黑龙江电视台影视频道	2.2	12.0

续表

名次	节目名称	播出频道	平均收视率	平均占有率
8	《扫黑风暴》	黑龙江电视台影视频道	2.2	11.5
9	《穆桂英挂帅》	黑龙江电视台影视频道	2.2	11.4
10	《五号特工组》	黑龙江电视台影视频道	2.2	11.0

表 3.12.9　2022 年黑龙江市场新闻节目收视率排名前十位

单位：%

名次	节目名称	播出频道	平均收视率	平均占有率
1	《新闻联播》	中央电视台综合频道	8.3	28.6
2	《焦点访谈》	中央电视台综合频道	5.1	17.9
3	《第五届中国国际进口博览会开幕式特别报道》	中央电视台综合频道	3.0	11.3
4	《新闻联播》	黑龙江卫视	2.9	14.7
5	《中国共产党第二十次全国代表大会开幕会专题新闻》	中央电视台综合频道	2.7	9.7
6	《中共中央新闻发布会专题新闻》	中央电视台综合频道	2.3	9.0
7	《共同关注》	中央电视台综合频道	2.1	9.9
8	《国务院总理会见中外记者并回答提问》	中央电视台综合频道	2.0	8.6
9	《今日话题》	黑龙江卫视	1.4	9.5
9	《新华视点》	黑龙江卫视	1.4	9.5

注：黑龙江卫视《新闻联播》为本省新闻联播。

表 3.12.10　2022 年黑龙江市场专题节目收视率排名前十位

单位：%

名次	节目名称	播出频道	平均收视率	平均占有率
1	《龙腾虎跃中国年》	中央电视台综合频道	22.5	54.3
2	《相知跨千年携手创未来——习近平主席赴沙特利雅得出访纪实》	中央电视台综合频道	5.9	19.9
3	《长风浩荡启新程——习近平主席出席二十国集团领导人第十七次峰会》	中央电视台综合频道	5.3	16.5
4	《情系天山——习近平总书记新疆考察纪实》	中央电视台综合频道	5.2	18.8
5	《丝路古道焕新机——习近平主席出席上合组织撒马尔罕峰会出访中亚两国》	中央电视台综合频道	3.9	16.6
6	《功勋闪耀新时代》	中央电视台综合频道	3.0	12.4
7	《朗读者》	中央电视台综合频道	2.2	9.1
8	《2022 中国诗词大会》（3 月 14 日）	中央电视台综合频道	2.1	10.7
9	《香江永奔流》	中央电视台综合频道	2.1	8.6
10	《零容忍》	中央电视台综合频道	2.0	8.2

表 3.12.11　2022 年黑龙江市场综艺节目收视率排名前十位

单位：%

名次	节目名称	播出频道	平均收视率	平均占有率
1	《2022 中央广播电视总台春节联欢晚会》	中央电视台综合频道	26.6	75.7
2	《2022 年中央广播电视总台元宵晚会》	中央电视台综合频道	4.2	20.5
3	《2022 年中央广播电视总台中秋晚会》	中央电视台综合频道	3.1	15.0
4	《启航 2023 中央广播电视总台跨年晚会》	中央电视台综合频道	2.6	12.6
5	《中国梦祖国颂 2022 国庆特别节目》	中央电视台综合频道	2.3	10.5
5	《沸腾冰雪幸福年》	黑龙江卫视	2.3	5.9
7	《中国梦劳动美 2022 五一国际劳动节心连心特别节目》	中央电视台综合频道	1.9	9.0
7	《仙境张家界首届湖南旅游发展大会开幕式暨文化旅游推介会》	湖南卫视	1.9	7.6
9	《开门大吉》（6 月 13 日）	中央台三套	1.8	6.9
10	《经典咏流传》	中央电视台综合频道	1.7	8.5

表 3.12.12　2022 年黑龙江市场体育节目收视率排名前十位

单位：%

名次	节目名称	播出频道	平均收视率	平均占有率
1	《第 24 届冬季奥林匹克运动会开幕式特别节目》	中央电视台综合频道	8.7	32.1
2	《北京 2022 年冬残奥会开幕式特别报道》	中央电视台综合频道	6.0	21.0
3	《2022 年女足亚洲杯决赛》（中国 VS 韩国）	中央台五套	3.6	11.1
4	《实况录像：2022 年世界杯小组赛 G 组第 2 轮》（喀麦隆 VS 塞尔维亚）	中央台五套	1.6	6.1
4	《现场直播：2022 年 CBA 全明星周末技巧挑战赛决赛》	中央台五套	1.3	4.3
6	《实况录像：2022 年世界蹦床锦标赛个人蹦床决赛》	中央台五套	1.1	3.4
6	《现场直播：2022 年世乒联世界杯决赛女单决赛》	中央台五套	1.1	3.3
8	《实况录像：2022 年世界短道速滑锦标赛男子 5000 米接力决赛》	中央台五套	1.0	3.8
9	《实况录像：2022 年世界举重锦标赛女子 49 公斤级决赛抓举》	中央台五套	1.0	3.7
10	《实况录像：2022 年国际篮联三人篮球世界杯小组赛》（日本 VS 中国）	中央台五套	1.0	3.3

十三 湖北收视数据

表 3.13.1 2018～2022 年湖北市场各类频道的占有率

单位：%

频道类别	2018 年	2019 年	2020 年	2021 年	2022 年
中央广播电视总台	32.5	29.2	28.0	24.2	23.2
中国教育台频道	0.1	0.1	0.2	0.1	0.1
湖北省级频道	30.9	30.9	27.5	34.2	31.9
其他省级卫视频道	19.4	20.3	22.3	19.0	17.2
其他频道	17.1	19.5	22.0	22.5	27.6

表 3.13.2 2022 年湖北市场各类频道在不同目标观众中的占有率

单位：%

目标观众		中央广播电视总台	中国教育台频道	湖北省级频道	其他省级卫视频道	其他频道
4 岁及以上所有人		23.2	0.1	31.9	17.2	27.6
城乡	城市	27.5	0.1	16.6	25.6	30.2
	农村	20.4	0.1	41.7	11.9	25.9
性别	男	25.5	0.1	28.6	17.6	28.2
	女	21.0	0.1	35.0	16.8	27.1
年龄	4～14 岁	12.4	0.1	24.3	17.3	45.9
	15～24 岁	24.8	0.1	21.0	20.9	33.2
	25～34 岁	12.2	0.0	41.7	17.4	28.7
	35～44 岁	19.2	0.1	37.2	16.8	26.7
	45～54 岁	24.0	0.1	26.9	16.4	32.6
	55～64 岁	28.5	0.1	32.5	16.9	22.0
	65 岁及以上	35.1	0.1	32.3	17.3	15.2
受教育程度	未受过正规教育	23.3	0.1	26.6	18.4	31.6
	小学	19.7	0.1	37.5	14.5	28.2
	初中	21.0	0.1	38.6	15.7	24.6
	高中	31.8	0.1	20.2	20.0	27.9
	大学及以上	25.0	0.0	17.5	24.4	33.1

续表

目标观众		中央广播电视总台	中国教育台频道	湖北省级频道	其他省级卫视频道	其他频道
职业类别	干部/管理人员	32.4	0.0	3.8	33.3	30.5
	个体/私营企业人员	22.0	0.1	28.0	18.1	31.8
	初级公务员/雇员	27.6	0.1	17.3	25.0	30.0
	工人	27.6	0.1	23.7	20.2	28.4
	学生	14.6	0.1	20.8	16.2	48.3
	无业	23.3	0.1	34.6	16.7	25.3
	其他	23.1	0.1	46.0	12.7	18.1
个人月收入	0～300元	16.7	0.1	36.9	14.9	31.4
	301～900元	23.6	0.1	44.1	13.7	18.5
	901～1700元	19.8	0.1	43.7	12.8	23.6
	1701～2600元	28.3	0.1	27.1	19.2	25.3
	2601～3500元	28.5	0.1	24.8	18.1	28.5
	3501～5000元	32.0	0.1	21.8	19.9	26.2
	5001元及以上	26.0	0.1	12.4	28.8	32.7

表3.13.3　2022年湖北市场各类频道在不同时段的占有率

单位：%

时间段	中央广播电视总台	中国教育台频道	湖北省级频道	其他省级卫视频道	其他频道
02：00～03：00	17.2	0.1	21.1	16.2	45.4
03：00～04：00	18.2	0.0	23.5	13.3	45.0
04：00～05：00	18.3	0.0	26.9	12.5	42.3
05：00～06：00	19.1	0.0	39.6	11.8	29.5
06：00～07：00	27.5	0.1	31.9	12.3	28.2
07：00～08：00	29.4	0.2	28.0	11.8	30.6
08：00～09：00	25.4	0.2	32.0	12.6	29.8
09：00～10：00	22.3	0.2	33.1	14.7	29.7
10：00～11：00	22.7	0.2	31.0	16.3	29.8
11：00～12：00	23.3	0.1	32.6	16.1	27.9
12：00～13：00	25.8	0.1	32.1	14.6	27.4
13：00～14：00	21.8	0.1	27.8	20.2	30.1
14：00～15：00	19.8	0.1	28.4	21.0	30.7
15：00～16：00	20.2	0.1	27.8	20.8	31.1
16：00～17：00	21.5	0.1	26.9	19.9	31.6

续表

时间段	中央广播电视总台	中国教育台频道	湖北省级频道	其他省级卫视频道	其他频道
17：00～18：00	20.9	0.0	33.1	16.6	29.4
18：00～19：00	22.7	0.0	40.7	9.2	27.4
19：00～20：00	27.3	0.0	35.0	13.6	24.1
20：00～21：00	23.9	0.0	33.6	19.9	22.6
21：00～22：00	23.1	0.1	31.8	20.5	24.5
22：00～23：00	20.2	0.1	28.3	21.6	29.8
23：00～00：00	22.7	0.1	15.6	25.2	36.4
00：00～01：00	22.0	0.1	19.5	19.6	38.8
01：00～02：00	19.6	0.1	20.8	16.2	43.3

表 3.13.4 2022 年湖北市场收视份额排名前十位的频道

单位：%

名次	频道名称	收视份额
1	湖北综合	10.0
2	湖北卫视	8.1
3	湖北经视	7.3
4	湖北影视	4.5
5	中央电视台综合频道	3.6
6	中央台六套	3.3
7	中央电视台新闻频道	2.9
8	中央台四套	2.8
9	中央台八套	2.6
10	湖南电视台金鹰卡通频道	2.2

表 3.13.5 2022 年湖北市场各主要频道的观众构成

单位：%

目标观众		所有频道	主要频道				
			湖北综合	湖北卫视	湖北经视	湖北影视	中央电视台综合频道
4 岁及以上所有人		100.0	100.0	100.0	100.0	100.0	100.0
城乡	城市	38.9	7.2	17.2	21.7	37.9	51.6
	农村	61.1	92.8	82.8	78.3	62.1	48.4
性别	男	47.5	37.6	41.0	41.8	52.6	49.6
	女	52.5	62.4	59.0	58.2	47.4	50.4

续表

目标观众		所有频道	主要频道				
			湖北综合	湖北卫视	湖北经视	湖北影视	中央电视台综合频道
年龄	4～14 岁	12.7	16.2	10.5	5.7	2.6	6.4
	15～24 岁	4.6	2.1	1.9	3.6	6.0	3.7
	25～34 岁	14.8	22.8	24.5	20.8	5.9	7.7
	35～44 岁	13.0	18.6	16.8	17.0	5.2	11.0
	45～54 岁	16.5	11.8	14.0	16.6	13.8	15.2
	55～64 岁	18.9	18.7	17.8	11.9	29.9	17.1
	65 岁及以上	19.4	9.8	14.5	24.5	36.6	38.9
受教育程度	未受过正规教育	8.5	8.0	8.7	6.4	4.8	7.1
	小学	27.8	33.7	26.7	29.5	44.1	23.5
	初中	36.2	46.7	51.8	42.0	29.3	30.9
	高中	17.9	8.0	9.5	14.5	13.6	26.6
	大学及以上	9.5	3.5	3.3	7.5	8.2	11.9
职业类别	干部/管理人员	0.5	0.0	0.1	0.1	0.0	0.9
	个体/私营企业人员	12.8	8.3	14.4	11.6	10.9	9.9
	初级公务员/雇员	8.1	1.0	2.2	8.4	9.6	9.0
	工人	11.1	4.7	8.7	11.5	8.5	13.1
	学生	9.2	10.4	5.5	3.7	1.7	5.9
	无业	38.7	46.6	41.2	37.8	35.4	39.1
	其他	19.5	29.0	27.9	26.9	33.8	22.0
个人月收入	0～300 元	35.8	58.5	44.6	32.5	19.3	19.9
	301～900 元	12.5	13.7	18.3	18.9	24.0	18.6
	901～1700 元	6.7	8.7	5.7	9.9	13.4	4.3
	1701～2600 元	15.0	6.2	11.9	20.3	13.8	18.3
	2601～3500 元	12.4	7.2	7.9	8.3	17.5	15.3
	3501～5000 元	10.0	4.2	7.7	7.8	8.2	13.9
	5001 元及以上	7.5	1.5	3.9	2.4	3.8	9.6

表 3.13.6　2020～2022 年湖北市场各类节目的播出比重和收视比重

单位：%

节目类别	2020 年		2021 年		2022 年	
	播出比重	收视比重	播出比重	收视比重	播出比重	收视比重
财经	0.9	0.8	1.0	1.0	1.0	1.1
电视剧	27.5	35.4	26.2	36.7	27.1	37.1

续表

节目类别	2020 年		2021 年		2022 年	
	播出比重	收视比重	播出比重	收视比重	播出比重	收视比重
电影	3.9	4.7	3.8	4.4	3.4	4.3
法制	0.6	0.5	0.6	0.5	0.7	0.5
教学	0.3	0.1	0.5	0.0	0.4	0.1
青少	6.9	6.9	6.8	5.0	7.3	5.2
生活服务	7.7	6.4	8.2	8.0	6.9	9.0
体育	3.9	1.2	4.2	2.2	5.1	2.2
外语	0.1	0.0	0.2	0.0	0.2	0.0
戏剧	0.9	0.5	1.1	0.4	1.0	0.3
新闻/时事	11.5	15.9	10.8	12.9	10.9	13.8
音乐	1.6	1.2	1.5	1.0	1.6	1.0
专题	14.2	5.4	15.1	5.1	15.9	5.3
综艺	5.7	8.4	5.9	9.0	5.1	7.2
其他	14.3	12.6	14.1	13.8	13.4	13.0

表 3.13.7　2022 年湖北市场所有节目收视率排名前三十位

单位：%

名次	节目名称	节目类别	播出频道	平均收视率	平均占有率
1	《2022 中央广播电视总台春节联欢晚会》	中央电视台综合频道	综艺	8.1	23.6
2	《2022 年中央广播电视总台元宵晚会》	中央电视台综合频道	综艺	3.7	15.8
3	《开学第一课》	中央电视台综合频道	青少	3.4	13.2
4	《北京冬奥会短道速滑混合接力颁奖仪式》	中央台五套	体育	3.0	12.0
5	《大侠》	湖北综合	电视剧	2.9	13.3
6	《女侠》	湖北综合	电视剧	2.8	14.6
7	《杀手锏》	湖北综合	电视剧	2.7	14.2
8	《烽火长沙》	湖北综合	电视剧	2.7	12.1
9	《我说国家安全》	湖北综合	专题	2.7	10.6
10	《人大聚焦》	湖北综合	专题	2.6	14.3
11	《暗杀传奇》	湖北综合	电视剧	2.6	13.5
12	《五个儿子一个妈》	湖北经视	电视剧	2.6	13.0
13	《血战长沙》	湖北综合	电视剧	2.6	12.8
14	《荆楚文库书人书事》	湖北综合	专题	2.6	9.3
15	《帮女郎在行动》	湖北综合	新闻/时事	2.5	15.0
16	《家庭战争》	湖北经视	电视剧	2.5	12.6
17	《憨媳进城》	湖北经视	电视剧	2.5	10.9

续表

名次	节目名称	节目类别	播出频道	平均收视率	平均占有率
18	《决战狂沙镇》（1月29日）	中央台六套	电影	2.5	10.2
19	《荆楚消防》	湖北综合	专题	2.5	10.1
20	《阳光行动》	湖北综合	专题	2.5	9.8
21	《袖珍妈妈》	湖北经视	电视剧	2.4	13.5
22	《铁汉子》	湖北综合	电视剧	2.4	13.1
23	《女汉子》	湖北综合	电视剧	2.4	12.9
23	《蜂鸟》	湖北综合	电视剧	2.4	12.9
25	《喋血女人花》	湖北综合	电视剧	2.4	12.8
26	《爱人的阴谋》	湖北经视	电视剧	2.4	12.3
27	《女子炸弹部队》	湖北影视	电视剧	2.4	12.1
28	《血勇出击》	湖北影视	电视剧	2.4	12.0
29	《不惑之年》	湖北经视	电视剧	2.4	11.9
30	《真情母子》	湖北经视	电视剧	2.4	11.6

表3.13.8　2022年湖北市场电视剧收视率排名前十位

单位：%

名次	节目名称	播出频道	平均收视率	平均占有率
1	《大侠》	湖北综合	2.9	13.3
2	《女侠》	湖北综合	2.8	14.6
3	《烽火长沙》	湖北综合	2.7	12.1
4	《杀手锏》	湖北综合	2.7	14.2
5	《暗杀传奇》	湖北综合	2.6	13.5
6	《五个儿子一个妈》	湖北经视	2.6	13.0
7	《血战长沙》	湖北综合	2.6	12.8
8	《家庭战争》	湖北经视	2.5	12.6
9	《憨媳进城》	湖北经视	2.5	10.9
10	《袖珍妈妈》	湖北经视	2.4	13.5

表3.13.9　2022年湖北市场新闻节目收视率排名前十位

单位：%

名次	节目名称	播出频道	平均收视率	平均占有率
1	《帮女郎在行动》	湖北综合	2.5	15.0
2	《新闻360》	湖北综合	2.0	15.3
3	《江泽民同志因病在上海逝世》	中央电视台新闻频道	1.7	7.8

续表

名次	节目名称	播出频道	平均收视率	平均占有率
4	《转播中央台新闻联播》	湖北卫视	1.6	8.0
5	《中国共产党第二十次全国代表大会专题新闻》	中央电视台新闻频道	1.6	6.7
6	《湖北新闻》	湖北卫视	1.5	8.9
7	《中国空间站神舟十四号航天员返回 2022》	中央电视台新闻频道	1.5	7.4
8	《经视直播》	湖北经视	1.3	7.9
9	《第五届中国国际进口博览会开幕式特别报道》	中央电视台综合频道	1.2	5.2
10	《国务院总理会见中外记者并回答提问》	中央电视台综合频道	1.2	5.0

表 3.13.10　2022 年湖北市场专题节目收视率排名前十位

单位：%

名次	节目名称	播出频道	平均收视率	平均占有率
1	《我说国家安全》	湖北综合	2.7	10.6
2	《人大聚焦》	湖北综合	2.6	14.3
3	《荆楚文库书人书事》	湖北综合	2.6	9.3
4	《荆楚消防》	湖北综合	2.5	10.1
5	《阳光行动》	湖北综合	2.5	9.8
6	《是这个理》	湖北综合	2.4	9.9
7	《档案里的湖北答卷》	湖北综合	2.2	10.5
8	《龙腾虎跃中国年》	中央电视台综合频道	2.1	10.1
9	《经视直播 315 特别节目 315 我们在行动》	湖北经视	2.0	11.2
10	《光耀新时代共同向未来 2021 荆楚楷模年度人物发布仪式》	湖北综合	2.0	9.0

表 3.13.11　2022 年湖北市场综艺节目收视率排名前十位

单位：%

名次	节目名称	播出频道	平均收视率	平均占有率
1	《2022 中央广播电视总台春节联欢晚会》	中央电视台综合频道	8.1	23.6
2	《2022 年中央广播电视总台元宵晚会》	中央电视台综合频道	3.7	15.8
3	《抓消防安全保高质量发展 2022 湖北 119 消防宣传特别节目暨启动仪式》	湖北综合	1.9	8.1
4	《我们的歌》（12 月 18 日）	东方卫视	1.8	15.8
5	《为歌而赞》（第二季）（6 月 11 日）	浙江卫视	1.8	8.8
6	《蒙面舞王》（7 月 17 日）	江苏卫视	1.7	12.6
7	《2023 梦圆东方跨年盛典》	东方卫视	1.6	9.7
8	《开播！情景喜剧》（7 月 16 日）	东方卫视	1.6	8.4

续表

名次	节目名称	播出频道	平均收视率	平均占有率
9	《中国好声音》（8月26日）	浙江卫视	1.6	8.1
10	《无限超越班》（12月17日）	浙江卫视	1.5	9.2

表 3.13.12　2022 年湖北市场体育节目收视率排名前十位

单位：%

名次	节目名称	播出频道	平均收视率	平均占有率
1	《北京冬奥会短道速滑混合接力颁奖仪式》	中央台五套	3.0	12.0
2	《2022 年女足亚洲杯决赛》（中国 VS 韩国）	中央台五套	2.3	9.0
3	《我爱世界杯：2022 年世界杯 H 组第 1 轮》（乌拉圭 VS 韩国）	中央台五套	2.2	14.7
4	《现场直播：2022 年世界乒乓球团体锦标赛男团决赛》	中央台五套	1.8	8.0
5	《现场直播：2022 年世乒联世界杯决赛男单决赛》	中央台五套	1.4	7.3
6	《现场直播：2022 年世乒联冠军赛澳门站男单决赛》	中央台五套	1.4	5.9
7	《北京 2022 年冬残奥会闭幕式特别报道》	中央电视台综合频道	1.3	5.8
8	《现场直播：2022 年世界女排锦标赛小组赛》（中国 VS 日本）	中央台五套	1.2	6.5
9	《现场直播：2022 年女篮世界杯半决赛》（澳大利亚队 VS 中国队）	中央台五套	1.1	8.4
10	《实况录像：2022 年国际泳联世界锦标赛男子 4×100 米自由泳接力决赛》	中央台五套	1.0	5.4

十四 湖南收视数据

表 3.14.1 2018～2022 年湖南市场各类频道的占有率

单位：%

频道类别	2018 年	2019 年	2020 年	2021 年	2022 年
中央广播电视总台	19.0	18.0	16.6	14.8	13.9
中国教育台频道	0.2	0.2	0.2	0.2	0.1
湖南省级频道	54.5	48.8	46.2	43.2	40.8
其他省级卫视频道	9.8	11.3	10.2	10.6	7.0
其他频道	16.5	21.7	26.8	31.2	38.2

表 3.14.2 2022 年湖南市场各类频道在不同目标观众中的占有率

单位：%

目标观众		中央广播电视总台	中国教育台频道	湖南省级频道	其他省级卫视频道	其他频道
4 岁及以上所有人		13.9	0.1	40.8	7.0	38.2
城乡	城市	18.4	0.1	38.9	10.4	32.2
	农村	11.6	0.1	41.8	5.2	41.3
性别	男	14.8	0.1	40.7	7.0	37.4
	女	12.9	0.1	40.9	7.0	39.1
年龄	4～14 岁	6.3	0.1	25.3	5.7	62.6
	15～24 岁	14.3	0.0	33.8	8.6	43.3
	25～34 岁	9.3	0.1	35.8	7.8	47.0
	35～44 岁	15.6	0.1	29.5	7.1	47.7
	45～54 岁	14.5	0.1	43.9	6.6	34.9
	55～64 岁	10.6	0.1	45.6	5.4	38.3
	65 岁及以上	21.3	0.3	53.0	8.3	17.1
受教育程度	未受过正规教育	7.4	0.1	39.6	5.5	47.4
	小学	11.3	0.1	48.8	6.4	33.4
	初中	14.2	0.1	39.3	6.5	39.9
	高中	16.6	0.1	36.3	8.1	38.9
	大学及以上	21.2	0.2	32.8	9.7	36.1

续表

目标观众		中央广播电视总台	中国教育台频道	湖南省级频道	其他省级卫视频道	其他频道
职业类别	干部/管理人员	19.6	0.8	14.7	13.0	51.9
	个体/私营企业人员	13.8	0.1	40.8	6.0	39.3
	初级公务员/雇员	19.3	0.1	32.9	9.7	38.0
	工人	14.4	0.1	37.0	7.6	40.9
	学生	8.9	0.0	23.5	7.7	59.9
	无业	18.4	0.1	36.8	7.8	36.9
	其他	9.7	0.2	55.4	5.4	29.3
个人月收入	0～300元	11.0	0.1	33.0	6.4	49.5
	301～900元	12.1	0.2	66.1	5.2	16.4
	901～1700元	12.0	0.2	48.2	6.3	33.3
	1701～2600元	12.8	0.1	41.0	8.0	38.1
	2601～3500元	21.1	0.1	41.2	7.0	30.6
	3501～5000元	19.2	0.1	35.6	7.4	37.7
	5001元及以上	16.1	0.2	38.4	10.9	34.4

表3.14.3　2022年湖南市场各类频道在不同时段的占有率

单位：%

时间段	中央广播电视总台	中国教育台频道	湖南省级频道	其他省级卫视频道	其他频道
02：00～03：00	11.8	0.1	22.5	19.5	46.1
03：00～04：00	12.6	0.2	18.1	10.8	58.3
04：00～05：00	13.5	0.3	16.3	9.0	60.9
05：00～06：00	15.4	0.4	18.0	10.0	56.2
06：00～07：00	28.4	0.1	19.2	6.0	46.3
07：00～08：00	30.0	0.2	22.2	5.3	42.3
08：00～09：00	19.2	0.3	27.5	6.8	46.2
09：00～10：00	14.3	0.5	29.0	8.5	47.7
10：00～11：00	14.8	0.4	28.7	8.7	47.4
11：00～12：00	15.4	0.2	30.1	8.3	46.0
12：00～13：00	17.6	0.1	28.8	7.5	46.0
13：00～14：00	14.5	0.2	31.0	8.7	45.6
14：00～15：00	11.8	0.2	30.9	9.8	47.3
15：00～16：00	11.9	0.1	30.1	9.7	48.2
16：00～17：00	13.5	0.2	28.0	9.4	48.9

续表

时间段	中央广播电视总台	中国教育台频道	湖南省级频道	其他省级卫视频道	其他频道
17：00～18：00	14.2	0.1	33.8	6.7	45.2
18：00～19：00	13.1	0.0	46.6	3.0	37.3
19：00～20：00	15.3	0.1	47.1	4.8	32.7
20：00～21：00	12.5	0.0	50.6	6.7	30.2
21：00～22：00	12.7	0.0	50.6	6.8	29.9
22：00～23：00	11.1	0.1	52.3	6.5	30.0
23：00～00：00	12.5	0.1	43.7	8.4	35.3
00：00～01：00	15.2	0.2	27.1	12.2	45.3
01：00～02：00	13.5	0.2	20.3	16.9	49.1

表 3.14.4　2022 年湖南市场收视份额排名前十位的频道

单位：%

名次	频道名称	收视份额
1	湖南电视台电视剧频道	8.8
2	湖南电视台潇湘电影频道	6.7
3	湖南电视台娱乐频道	6.0
4	湖南卫视	5.1
5	湖南电视台金鹰卡通频道	4.6
6	湖南电视台爱晚频道	3.8
7	湖南电视台经济频道	3.5
8	中央台六套	2.0
9	中央台四套	1.8
9	湖南电视台都市频道	1.8

表 3.14.5　2022 年湖南市场各主要频道的观众构成

单位：%

目标观众		所有频道	主要频道				
			湖南电视台电视剧频道	湖南电视台潇湘电影频道	湖南电视台娱乐频道	湖南卫视	湖南电视台金鹰卡通频道
4 岁及以上所有人		100.0	100.0	100.0	100.0	100.0	100.0
城乡	城市	34.0	29.7	30.6	36.7	39.7	14.0
	农村	66.0	70.3	69.4	63.3	60.3	86.0

续表

目标观众		所有频道	主要频道				
			湖南电视台电视剧频道	湖南电视台潇湘电影频道	湖南电视台娱乐频道	湖南卫视	湖南电视台金鹰卡通频道
性别	男	49.6	51.8	57.4	39.0	45.8	47.3
	女	50.4	48.2	42.6	61.0	54.2	52.7
年龄	4～14岁	13.4	6.5	6.2	5.5	9.7	21.5
	15～24岁	6.3	4.6	5.4	2.6	5.8	7.7
	25～34岁	10.7	11.4	9.2	9.8	9.6	10.5
	35～44岁	10.7	4.2	9.4	5.0	12.2	10.6
	45～54岁	18.0	17.7	23.6	19.5	19.0	14.3
	55～64岁	17.2	19.4	21.2	22.9	16.4	10.0
	65岁及以上	23.8	36.3	25.0	34.6	27.3	25.4
受教育程度	未受过正规教育	7.9	7.0	5.7	4.3	8.1	16.7
	小学	27.3	33.8	32.3	35.3	26.2	36.1
	初中	36.5	36.7	36.3	38.4	31.8	28.2
	高中	20.5	17.7	18.1	17.7	23.2	16.0
	大学及以上	7.8	4.9	7.6	4.3	10.7	3.1
职业类别	干部/管理人员	1.0	0.1	0.1	0.1	1.1	0.2
	个体/私营企业人员	14.3	18.8	19.9	9.5	11.4	14.6
	初级公务员/雇员	6.0	3.2	3.0	7.3	7.7	2.2
	工人	8.7	5.0	10.3	7.2	9.1	8.8
	学生	11.3	5.1	6.3	5.0	8.9	8.0
	无业	30.2	24.3	23.2	27.6	32.9	32.3
	其他	28.6	43.5	37.1	43.3	28.8	34.0
个人月收入	0～300元	33.7	25.0	24.5	20.9	31.6	46.3
	301～900元	7.9	15.4	10.0	18.1	7.6	9.1
	901～1700元	15.7	20.7	22.6	17.8	16.0	16.2
	1701～2600元	13.7	10.4	9.9	18.1	15.9	8.7
	2601～3500元	12.9	11.3	15.8	12.2	11.6	14.9
	3501～5000元	8.8	7.7	9.8	6.8	8.9	3.0
	5001元及以上	7.2	9.5	7.2	6.0	8.3	1.8

表 3.14.6　2020～2022 年湖南市场各类节目的播出比重和收视比重

单位：%

节目类型	2020 年		2021 年		2022 年	
	播出比重	收视比重	播出比重	收视比重	播出比重	收视比重
财经	1.0	0.2	1.0	0.3	1.1	0.4
电视剧	23.1	46.4	27.7	44.1	28.4	44.3
电影	3.9	4.9	4.5	4.9	4.1	6.3
法制	0.6	0.3	0.6	0.3	0.7	0.3
教学	0.3	0.1	0.3	0.1	0.3	0.0
青少	7.1	6.2	7.0	6.4	7.4	7.1
生活服务	6.8	4.8	5.9	4.9	5.7	5.8
体育	3.9	0.8	4.2	2.2	5.2	2.7
外语	0.2	0.0	0.2	0.0	0.2	0.0
戏剧	0.7	0.3	1.0	0.3	1.0	0.2
新闻/时事	17.1	11.7	10.9	9.4	10.9	9.1
音乐	1.8	0.9	1.6	0.7	1.6	0.7
专题	14.2	4.8	15.1	5.9	15.6	5.3
综艺	6.3	6.6	4.9	6.8	4.6	6.1
其他	13.0	12.0	15.2	13.7	13.2	11.7

表 3.14.7　2022 年湖南市场所有节目收视率排名前三十位

单位：%

名次	节目名称	节目类型	播出频道	平均收视率	平均占有率
1	《2022 中央广播电视总台春节联欢晚会》	湖南卫视	综艺	5.0	15.4
2	《枪侠》	湖南电视台电视剧频道	电视剧	3.3	20.4
3	《李天佑血战四平》（12 月 7 日）	湖南电视台潇湘电影频道	电影	3.2	25.0
4	《大进军之席卷大西南》	湖南电视台潇湘电影频道	电影	3.2	16.0
5	《冷风暴》	湖南电视台电视剧频道	电视剧	3.0	18.8
6	《冲破特训营》	湖南电视台电视剧频道	电视剧	2.9	19.0
7	《飘帅》	湖南电视台电视剧频道	电视剧	2.9	18.8
8	《诱狼》（12 月 3 日）	湖南电视台潇湘电影频道	电影	2.9	17.3
9	《黑狐之风影》（38～39 集）	湖南电视台经济频道	电视剧	2.9	11.2
10	《神枪》	湖南电视台电视剧频道	电视剧	2.8	22.1
11	《铁血尖刀》	湖南电视台电视剧频道	电视剧	2.8	18.4
12	《杨门女将之军令如山》	湖南电视台潇湘电影频道	电影	2.7	17.5
13	《护宝风云》	湖南电视台潇湘电影频道	电视剧	2.7	15.6
14	《大进军之南线大追歼》	湖南电视台潇湘电影频道	电影	2.7	14.8

续表

名次	节目名称	节目类型	播出频道	平均收视率	平均占有率
15	《女匪首传奇》	湖南电视台经济频道	电视剧	2.7	14.3
16	《东风破》	湖南电视台潇湘电影频道	电视剧	2.7	12.5
17	《唐山五虎》	湖南电视台潇湘电影频道	电影	2.6	18.1
18	《大丫鬟》	湖南电视台电视剧频道	电视剧	2.6	17.8
19	《笑功震武林》	湖南电视台潇湘电影频道	电影	2.6	17.2
20	《尖刀》	湖南电视台电视剧频道	电视剧	2.6	17.0
21	《少年功夫王》	湖南电视台潇湘电影频道	电影	2.6	16.5
22	《少共国际师》（12 月 1 日）	湖南电视台潇湘电影频道	电影	2.6	16.2
23	《觉醒》	湖南电视台电视剧频道	电视剧	2.6	15.2
24	《神勇武工队传奇》	湖南电视台潇湘电影频道	电视剧	2.6	14.3
25	《螳螂》	湖南电视台潇湘电影频道	电视剧	2.6	13.5
26	《怒海红尘》	湖南电视台电视剧频道	电视剧	2.5	18.1
27	《英雄不流泪》	湖南电视台电视剧频道	电视剧	2.5	16.6
28	《荡寇》	湖南电视台电视剧频道	电视剧	2.5	15.8
29	《刘老庄八十二壮士》（12 月 6 日）	湖南电视台潇湘电影频道	电影	2.5	14.7
30	《九品芝麻官》	湖南电视台潇湘电影频道	电影	2.5	14.4

表 3.14.8　2022 年湖南市场电视剧收视率排名前十位

单位：%

名次	节目名称	播出频道	平均收视率	平均占有率
1	《枪侠》	湖南电视台电视剧频道	3.3	20.4
2	《冷风暴》	湖南电视台电视剧频道	3.0	18.8
3	《冲破特训营》	湖南电视台电视剧频道	2.9	19.0
4	《飘帅》	湖南电视台电视剧频道	2.9	18.8
5	《黑狐之风影》（38～39 集）	湖南电视台经济频道	2.9	11.2
6	《神枪》	湖南电视台电视剧频道	2.8	22.1
7	《铁血尖刀》	湖南电视台电视剧频道	2.8	18.4
8	《护宝风云》	湖南电视台潇湘电影频道	2.7	15.6
9	《女匪首传奇》	湖南电视台经济频道	2.7	14.3
10	《东风破》	湖南电视台潇湘电影频道	2.7	12.5

表 3.14.9　2022 年湖南市场新闻节目收视率排名前十位

单位：%

名次	节目名称	播出频道	平均收视率	平均占有率
1	《转播中央台新闻联播》	湖南卫视	1.7	10.4

续表

名次	节目名称	播出频道	平均收视率	平均占有率
2	《湖南新闻联播》	湖南卫视	1.4	10.5
3	《聚焦俄乌局势》	湖南电视台都市频道	0.7	3.8
4	《中国舆论场》	中央台四套	0.6	2.8
5	《科学控疫情统筹谋发展》	浙江卫视	0.6	2.7
6	《一起向未来》	中央电视台新闻频道	0.5	4.2
7	《今日亚洲》	中央台四套	0.5	2.5
7	《筑梦空间站神舟十四号航天员返回特别报道》	中央台四套	0.5	2.5
9	《国务院总理会见中外记者并回答提问》	中央电视台综合频道	0.5	1.9
10	《都市1时间》	湖南电视台都市频道	0.4	3.0

表 3.14.10　2022 年湖南市场专题节目收视率排名前十位

单位：%

名次	节目名称	播出频道	平均收视率	平均占有率
1	《主播读宪法》	湖南卫视	1.9	7.3
2	《龙腾虎跃中国年》	中央电视台综合频道	1.5	7.7
3	《向你致敬》	湖南卫视	1.5	5.9
4	《反腐倡廉永远在路上》	湖南卫视	1.3	5.1
5	《知识的朋友》	湖南电视台娱乐频道	1.1	3.9
6	《感动中国 2021 年度人物颁奖盛典》	中央电视台综合频道	1.0	4.4
7	《利剑十一届湖南省委巡视工作回眸》	湖南卫视	1.0	4.1
8	《再次见到你》	湖南卫视	1.0	4.0
9	《这十年》	湖南卫视	0.9	4.9
10	《寻情记》	湖南电视台都市频道	0.9	4.2

表 3.14.11　2022 年湖南市场综艺节目收视率排名前十位

单位：%

名次	节目名称	播出频道	平均收视率	平均占有率
1	《2022 中央广播电视总台春节联欢晚会》	湖南卫视	5.0	15.4
2	《湖南卫视 2022 春节联欢晚会》	湖南卫视	2.3	10.6
3	《2022～2023 跨年晚会》	湖南卫视	1.9	11.3
4	《2022 元宵喜乐会》	湖南卫视	1.4	5.7
5	《中秋之夜我在他乡挺好的》	湖南卫视	1.1	7.1
6	《第 14 届中国金鹰电视艺术节开幕式暨文艺晚会》	湖南卫视	1.1	5.2
7	《姐姐的丝绸之旅》	湖南电视台电视剧频道	1.1	4.9

续表

名次	节目名称	播出频道	平均收视率	平均占有率
8	《四海同春2022全球华侨华人春节大联欢》	湖南卫视	1.1	4.8
9	《向往的生活大海篇》	湖南卫视	1.0	14.8
10	《我是大赢家》	湖南电视台娱乐频道	1.0	9.4

表3.14.12　2022年湖南市场体育节目收视率排名前十位

单位：%

名次	节目名称	播出频道	平均收视率	平均占有率
1	《女足亚洲杯颁奖仪式》	中央台五套	2.4	9.3
2	《北京冬奥会短道速滑男子1000米颁奖仪式》	中央台五套	2.4	8.6
3	《现场直播：2022年世界乒乓球团体锦标赛女团决赛》	中央台五套	2.0	10.2
4	《现场直播：2022年世乒联冠军赛澳门站男单决赛》	中央台五套	1.8	8.2
5	《现场直播：2022年世乒联世界杯决赛男单决赛》	中央台五套	1.6	9.3
6	《现场直播：2022年世界女排锦标赛小组赛》（中国VS日本）	中央台五套	1.3	7.3
7	《实况录像：2022年女篮世界杯1/4决赛》（中国VS法国）	中央台五套	1.2	6.7
8	《实况录像：2022年全国体操锦标赛男子自由体操决赛》	中央台五套	1.1	9.2
9	《现场直播：2022年跳水世界杯女子三米板决赛》	中央台五套	1.0	4.9
9	《现场直播：2022年世乒联大满贯赛新加坡站女双决赛》	中央台五套	1.0	4.9
9	《实况录像：2022年国际泳联世界锦标赛男子100米自由泳决赛》	中央台五套	1.0	4.9

十五 吉林收视数据

表 3.15.1 2018～2022 年吉林市场各类频道的占有率

单位：%

频道类别	2018 年	2019 年	2020 年	2021 年	2022 年
中央广播电视总台	39.7	38.4	39.3	39.4	41.0
中国教育台频道	0.1	0.2	0.3	0.2	0.1
吉林省级频道	23.7	24.0	23.1	23.1	22.1
其他省级卫视频道	27.0	27.1	23.9	21.5	21.6
其他频道	9.5	10.3	13.4	15.8	15.2

表 3.15.2 2022 年吉林市场各类频道在不同目标观众中的占有率

单位：%

目标观众		中央广播电视总台	中国教育台频道	吉林省级频道	其他省级卫视频道	其他频道
4 岁及以上所有人		41.0	0.1	22.1	21.6	15.2
性别	城市	46.0	0.1	19.5	17.2	17.2
	农村	36.7	0.2	24.4	25.5	13.2
性别	男	43.0	0.2	22.0	20.3	14.5
	女	39.0	0.1	22.3	22.9	15.7
年龄	4～14 岁	37.9	0.1	8.0	20.4	33.6
	15～24 岁	39.7	0.2	17.8	26.5	15.8
	25～34 岁	35.6	0.1	15.3	28.6	20.4
	35～44 岁	38.8	0.2	18.6	25.5	16.9
	45～54 岁	40.1	0.2	21.1	23.0	15.6
	55～64 岁	45.3	0.1	28.8	16.1	9.7
	65 岁及以上	44.4	0.2	30.8	16.4	8.2
受教育程度	未受过正规教育	37.8	0.1	13.8	21.0	27.3
	小学	33.5	0.1	31.4	19.5	15.5
	初中	40.8	0.2	21.7	23.6	13.7
	高中	44.8	0.1	18.8	20.4	15.9
	大学及以上	48.9	0.1	15.1	21.7	14.2

续表

目标观众		中央广播电视总台	中国教育台频道	吉林省级频道	其他省级卫视频道	其他频道
职业类别	干部/管理人员	39.2	0.6	7.5	24.9	27.8
	个体/私营企业人员	43.0	0.1	19.1	25.6	12.2
	初级公务员/雇员	44.7	0.4	16.9	22.5	15.5
	工人	41.4	0.1	18.1	15.4	25.0
	学生	38.5	0.1	13.2	21.8	26.4
	无业	46.7	0.1	20.8	17.1	15.3
	其他	35.8	0.1	29.2	25.4	9.5
个人月收入	0～300	38.3	0.1	16.4	22.5	22.7
	301～900	37.5	0.1	33.1	21.0	8.3
	901～1700	36.6	0.0	27.5	27.5	8.4
	1701～2600	41.1	0.1	24.9	19.1	14.8
	2601～3500	41.2	0.1	23.8	18.2	16.7
	3501～5000	48.2	0.2	18.6	21.0	12.0
	5001 元及以上	46.2	0.4	12.7	22.9	17.8

表 3.15.3　2022 年吉林市场各类频道在不同时段的占有率

单位：%

时间段	中央广播电视总台	中国教育台频道	吉林省级频道	其他省级卫视频道	其他频道
02：00～03：00	34.3	0.0	8.6	50.2	6.9
03：00～04：00	52.2	0.2	10.3	31.4	5.9
04：00～05：00	48.7	0.0	16.3	31.7	3.3
05：00～06：00	54.8	0.3	16.0	22.7	6.2
06：00～07：00	55.9	0.7	15.4	19.1	8.9
07：00～08：00	56.2	0.3	14.0	20.1	9.4
08：00～09：00	50.8	0.2	13.5	21.9	13.6
09：00～10：00	46.1	0.3	11.4	26.3	15.9
10：00～11：00	43.0	0.2	11.3	28.2	17.3
11：00～12：00	41.8	0.1	14.5	27.5	16.1
12：00～13：00	43.6	0.2	10.5	31.9	13.8
13：00～14：00	37.7	0.1	10.5	36.6	15.1
14：00～15：00	37.2	0.0	12.0	32.3	18.5
15：00～16：00	36.9	0.1	10.5	31.4	21.1
16：00～17：00	32.1	0.1	24.9	24.1	18.8

续表

时间段	中央广播电视总台	中国教育台频道	吉林省级频道	其他省级卫视频道	其他频道
17：00～18：00	28.7	0.1	36.2	17.4	17.6
18：00～19：00	30.5	0.1	39.5	13.8	16.1
19：00～20：00	49.2	0.1	22.6	14.9	13.2
20：00～21：00	38.0	0.1	22.0	24.7	15.2
21：00～22：00	38.2	0.1	18.3	27.2	16.2
22：00～23：00	41.2	0.1	14.2	26.7	17.8
23：00～00：00	45.4	0.0	12.2	25.6	16.8
00：00～01：00	56.0	0.0	9.5	18.1	16.4
01：00～02：00	62.7	0.0	6.2	15.1	16.0

表 3.15.4　2022 年吉林市场收视份额排名前十位的频道

单位：%

名次	频道名称	收视份额
1	中央电视台综合频道	11.0
2	吉林广播电视台乡村频道	6.0
3	中央台八套	4.6
4	吉林广播电视台生活频道	4.3
5	中央电视台新闻频道	3.9
6	中央台六套	3.8
7	中央电视台少儿频道	3.2
8	中央台五套	3.1
9	吉林卫视	3.0
10	中央台四套	2.8

表 3.15.5　2022 年吉林市场各主要频道的观众构成

单位：%

目标观众		所有频道	主要频道				
			中央电视台综合频道	吉林电视台乡村频道	中央台八套	吉林广播电视台生活频道	中央电视台新闻频道
4 岁及以上所有人		100.0	100.0	100.0	100.0	100.0	100.0
城乡	城市	46.3	54.7	24.4	51.2	44.4	64.2
	农村	53.7	45.3	75.6	48.8	55.6	35.8
性别	男	49.6	52.0	49.5	43.6	45.0	56.1
	女	50.4	48.0	50.5	56.4	55.0	43.9

续表

目标观众		所有频道	主要频道				
			中央电视台综合频道	吉林电视台乡村频道	中央台八套	吉林广播电视台生活频道	中央电视台新闻频道
年龄	4～14 岁	6.8	2.9	1.8	2.4	2.1	1.2
	15～24 岁	8.7	7.9	6.4	6.0	5.0	5.4
	25～34 岁	10.1	7.9	4.8	8.0	8.3	7.3
	35～44 岁	17.6	17.6	12.9	15.9	11.0	11.5
	45～54 岁	19.3	19.6	15.2	21.6	18.9	20.2
	55～64 岁	19.1	23.4	29.1	24.8	27.9	21.8
	65 岁及以上	18.3	20.6	29.9	21.3	26.7	32.5
受教育程度	未受过正规教育	2.8	1.2	2.0	1.3	1.7	1.3
	小学	21.4	15.1	43.6	18.3	30.7	14.5
	初中	39.9	36.2	36.8	45.0	39.1	36.5
	高中	25.7	34.0	13.2	28.0	23.5	29.2
	大学及以上	10.2	13.5	4.3	7.4	5.0	18.5
职业类别	干部/管理人员	0.5	0.7	0.1	0.4	0.1	0.3
	个体/私营企业人员	10.6	13.4	7.3	11.4	8.3	11.2
	初级公务员/雇员	7.2	8.3	4.2	7.2	4.8	6.7
	工人	9.8	9.8	3.9	10.0	4.8	11.7
	学生	10.2	7.2	4.5	5.5	4.4	3.2
	无业	27.0	34.7	19.4	28.0	32.0	44.9
	其他	34.6	25.9	60.6	37.5	45.6	22.0
个人月收入	0～300	20.1	15.4	18.8	13.5	10.6	12.5
	301～900	5.4	4.5	10.9	3.6	7.9	3.2
	901～1700	16.3	13.8	24.1	16.5	21.7	12.2
	1701～2600	19.8	19.9	22.7	26.2	26.8	26.5
	2601～3500	17.5	22.0	13.8	19.5	18.8	18.2
	3501～5000	13.8	16.7	5.7	13.0	11.0	16.8
	5001 元及以上	7.1	7.7	4.0	7.6	3.1	10.6

表 3.15.6　2020～2022 年吉林市场各类节目的播出比重和收视比重

单位：%

节目类型	2020 年		2021 年		2022 年	
	播出比重	收视比重	播出比重	收视比重	播出比重	收视比重
财经	0.9	0.4	1.0	0.4	1.1	0.6

续表

节目类型	2020 年		2021 年		2022 年	
	播出比重	收视比重	播出比重	收视比重	播出比重	收视比重
电视剧	23.2	28.4	22.7	27.5	23.0	26.4
电影	4.2	5.1	3.7	4.5	3.2	4.2
法制	0.6	0.7	0.6	0.7	0.9	0.8
教学	0.4	0.1	0.5	0.1	0.5	0.0
青少	6.8	4.3	6.7	4.5	6.9	3.9
生活服务	7.9	7.4	8.5	7.4	8.2	7.8
体育	3.7	1.5	3.9	2.5	5.0	3.5
外语	0.2	0.0	0.2	0.0	0.3	0.0
戏剧	0.7	0.5	0.6	0.3	0.6	0.3
新闻/时事	16.2	20.1	15.2	19.3	14.9	20.4
音乐	1.8	1.0	1.7	0.8	1.8	1.0
专题	13.8	4.3	14.8	4.7	15.4	5.2
综艺	7.0	12.1	7.6	12.1	6.4	11.0
其他	12.6	14.1	12.5	15.1	11.9	14.8

表 3.15.7　2022 年吉林市场所有节目收视率排名前三十位

单位：%

名次	节目名称	节目类型	播出频道	平均收视率	平均占有率
1	《龙腾虎跃中国年》	专题	中央电视台综合频道	30.7	63.1
2	《2022 中央广播电视总台春节联欢晚会》	综艺	中央电视台综合频道	28.1	75.6
3	《第 24 届冬季奥林匹克运动会闭幕式特别报道》	体育	中央电视台综合频道	8.9	33.9
4	《新闻联播》	新闻/时事	中央电视台综合频道	8.4	27.8
5	《北京 2022 年冬残奥会闭幕式特别报道》	体育	中央电视台综合频道	7.5	24.1
6	《相知跨千年携手创未来——习近平主席赴沙特利雅得出访纪实》	专题	中央电视台综合频道	7.1	22.4
7	《天气预报》	生活服务	中央电视台综合频道	6.8	22.4
8	《2022 年中央广播电视总台元宵晚会》	综艺	中央电视台综合频道	5.7	26.5
9	《情系天山——习近平总书记新疆考察纪实》	专题	中央电视台综合频道	5.5	19.5
10	《焦点访谈》	新闻/时事	中央电视台综合频道	5.3	18.2
11	《长风浩荡启新程——习近平主席出席二十国集团领导人第十七次峰会》	专题	中央电视台综合频道	4.8	17.9

续表

名次	节目名称	节目类型	播出频道	平均收视率	平均占有率
12	《丝路古道焕新机——习近平主席出席上合组织撒马尔罕峰会出访中亚两国》	专题	中央电视台综合频道	4.2	15.6
13	《第五届中国国际进口博览会开幕式特别报道》	新闻/时事	中央电视台综合频道	3.9	15.2
14	《功勋闪耀新时代》	专题	中央电视台综合频道	3.7	15.1
15	《中国共产党第二十次全国代表大会专题新闻》	新闻/时事	中央电视台综合频道	3.3	12.5
16	《2022 年中央广播电视总台中秋晚会》	综艺	中央电视台综合频道	3.1	17.5
17	《2022 年女足亚洲杯决赛》（中国 VS 韩国）	体育	中央台五套	3.0	10.0
18	《中国共产党第二十次全国代表大会开幕会专题新闻》	新闻/时事	中央电视台综合频道	2.8	12.6
19	《中国梦祖国颂 2022 国庆特别节目》	综艺	中央电视台综合频道	2.6	13.4
20	《名师高徒》（第二季）	综艺	吉林广播电视台乡村频道	2.5	12.9
21	《共同关注》	新闻/时事	中央电视台综合频道	2.5	11.9
22	《朗读者》	专题	中央电视台综合频道	2.5	10.7
23	《闯关东》（12～52 集）	电视剧	吉林广播电视台乡村频道	2.5	9.6
24	《二人转总动员》	综艺	吉林广播电视台乡村频道	2.3	13.1
25	《好久不见》	专题	吉林广播电视台乡村频道	2.3	11.7
26	《国务院总理会见中外记者并回答提问》	新闻/时事	中央电视台综合频道	2.3	9.6
27	《插树岭》	电视剧	吉林广播电视台乡村频道	2.2	8.3
28	《辽宁卫视 2022 春节联欢晚会》	综艺	辽宁卫视	2.1	15.2
29	《人世间》	电视剧	中央电视台综合频道	2.1	11.8
30	《2021 年大国工匠年度人物发布仪式》	专题	中央电视台综合频道	2.0	12.2

表 3.15.8　2022 年吉林市场电视剧收视率排名前十位

单位：%

名次	节目名称	播出频道	平均收视率	平均占有率
1	《闯关东》（12～52 集）	吉林广播电视台乡村频道	2.5	9.6
2	《插树岭》	吉林广播电视台乡村频道	2.2	8.3
3	《人世间》	中央电视台综合频道	2.1	11.8
4	《花开山乡》	吉林广播电视台乡村频道	2.0	7.4

续表

名次	节目名称	播出频道	平均收视率	平均占有率
5	《我的二哥二嫂》	吉林广播电视台乡村频道	2.0	7.1
6	《黄土高天》	吉林广播电视台乡村频道	1.9	6.8
7	《下辈子还做我老爸》	吉林广播电视台乡村频道	1.8	7.7
8	《亲爱的你在哪里》	吉林广播电视台乡村频道	1.8	7.6
9	《石头开花》	吉林广播电视台乡村频道	1.8	7.0
10	《欢天喜地对亲家》	吉林广播电视台乡村频道	1.8	6.9

表 3.15.9　2022 年吉林市场新闻节目收视率排名前十位

单位：%

名次	节目名称	播出频道	平均收视率	平均占有率
1	《新闻联播》	中央电视台综合频道	8.4	27.8
2	《焦点访谈》	中央电视台综合频道	5.3	18.2
3	《第五届中国国际进口博览会开幕式特别报道》	中央电视台综合频道	3.9	15.2
4	《中国共产党第二十次全国代表大会专题新闻》	中央电视台综合频道	3.3	12.5
5	《中国共产党第二十次全国代表大会开幕会专题新闻》	中央电视台综合频道	2.8	12.6
6	《共同关注》	中央电视台综合频道	2.5	11.9
7	《国务院总理会见中外记者并回答提问》	中央电视台综合频道	2.3	9.6
8	《中共中央新闻发布会专题新闻》	中央电视台综合频道	2.0	8.7
9	《守望都市》	吉林广播电视台都市频道	1.6	7.4
10	《团结奋斗向复兴》	中央电视台综合频道	1.4	7.2

表 3.15.10　2022 年吉林市场专题节目收视率排名前十位

单位：%

名次	节目名称	播出频道	平均收视率	平均占有率
1	《龙腾虎跃中国年》	中央电视台综合频道	30.7	63.1
2	《相知跨千年携手创未来——习近平主席赴沙特利雅得出访纪实》	中央电视台综合频道	7.1	22.4
3	《情系天山——习近平总书记新疆考察纪实》	中央电视台综合频道	5.5	19.5
4	《长风浩荡启新程——习近平主席出席二十国集团领导人第十七次峰会》	中央电视台综合频道	4.8	17.9
5	《丝路古道焕新机——习近平主席出席上合组织撒马尔罕峰会出访中亚两国》	中央电视台综合频道	4.2	15.6
6	《功勋闪耀新时代》	中央电视台综合频道	3.7	15.1
7	《朗读者》	中央电视台综合频道	2.5	10.7
8	《好久不见》	吉林广播电视台乡村频道	2.3	11.7

续表

名次	节目名称	播出频道	平均收视率	平均占有率
9	《2021年大国工匠年度人物发布仪式》	中央电视台综合频道	2.0	12.2
10	《香江永奔流》	中央电视台综合频道	1.9	8.5

表3.15.11　2022年吉林市场综艺节目收视率排名前十位

单位：%

名次	节目名称	播出频道	平均收视率	平均占有率
1	《2022中央广播电视总台春节联欢晚会》	中央电视台综合频道	28.1	75.6
2	《2022年中央广播电视总台元宵晚会》	中央电视台综合频道	5.7	26.5
3	《2022年中央广播电视总台中秋晚会》	中央电视台综合频道	3.1	17.5
4	《中国梦祖国颂2022国庆特别节目》	中央电视台综合频道	2.6	13.4
5	《名师高徒》（第二季）	吉林广播电视台乡村频道	2.5	12.9
6	《二人转总动员》	吉林广播电视台乡村频道	2.3	13.1
7	《辽宁卫视2022春节联欢晚会》	辽宁卫视	2.1	15.2
8	《中国梦劳动美2022五一国际劳动节心连心特别节目》	中央电视台综合频道	1.9	9.4
9	《启航2023中央广播电视总台跨年晚会》	中央电视台综合频道	1.8	10.9
10	《星光大道》（1月16日）	中央台三套	1.5	4.9

表3.15.12　2022年吉林市场体育节目收视率排名前十位

单位：%

名次	节目名称	播出频道	平均收视率	平均占有率
1	《第24届冬季奥林匹克运动会闭幕式特别报道》	中央电视台综合频道	8.9	33.9
2	《北京2022年冬残奥会闭幕式特别报道》	中央电视台综合频道	7.5	24.1
3	《2022年女足亚洲杯决赛》（中国VS韩国）	中央台五套	3.0	10.0
4	《我爱世界杯：2022年世界杯小组赛F组第1轮》（摩洛哥VS克罗地亚）	中央台五套	1.8	7.5
5	《现场直播：2022年CBA全明星周末扣篮大赛》	中央台五套	1.8	6.2
6	《现场直播：2022年世界乒乓球团体锦标赛女团1/8决赛》	中央台五套	1.1	4.8
7	《现场直播：2022年世乒联世界杯决赛女单决赛》	中央台五套	1.1	3.9
8	《现场直播：2022年全国男子举重锦标赛102公斤级决赛挺举》	中央台五套	1.0	6.0
9	《现场直播：2022年世乒联大满贯赛新加坡站女单半决赛》	中央台五套	0.9	4.2
10	《实况录像：2022年世界蹦床锦标赛团体全能决赛》	中央台五套	0.8	3.0

十六　江苏收视数据

表 3.16.1　2018～2022 年江苏市场各类频道的占有率

单位：%

频道类别	2018 年	2019 年	2020 年	2021 年	2022 年
中央广播电视总台	34.7	29.1	26.9	27.1	30.4
中国教育台频道	0.2	0.2	0.2	0.1	0.1
江苏省级频道	28.2	30.0	29.7	30.4	25.7
其他省级卫视频道	17.1	16.6	16.1	13.2	14.2
其他频道	19.8	24.1	27.1	29.2	29.6

表 3.16.2　2022 年江苏市场各类频道在不同目标观众中的占有率

单位：%

目标观众		中央广播电视总台	中国教育台频道	江苏省级频道	其他省级卫视频道	其他频道
4 岁及以上所有人		30.4	0.1	25.7	14.2	29.6
城乡	城市	35.5	0.2	7.3	16.4	40.6
	农村	26.0	0.1	41.4	12.3	20.2
性别	男	34.3	0.2	21.4	14.6	29.5
	女	26.4	0.1	30.1	13.8	29.6
年龄	4～14 岁	12.6	0.1	27.8	16.4	43.1
	15～24 岁	28.8	0.1	28.2	11.3	31.6
	25～34 岁	15.8	0.1	32.3	14.7	37.1
	35～44 岁	21.1	0.1	29.2	12.6	37.0
	45～54 岁	29.4	0.1	36.4	9.5	24.6
	55～64 岁	35.0	0.2	19.7	17.7	27.4
	65 岁及以上	40.7	0.2	17.7	15.6	25.8
受教育程度	未受过正规教育	26.2	0.1	32.3	18.9	22.5
	小学	29.6	0.2	26.5	13.7	30.0
	初中	31.5	0.1	28.1	11.8	28.5
	高中	31.8	0.2	22.5	16.5	29.0
	大学及以上	30.8	0.1	15.2	13.9	40.0

续表

目标观众		中央广播电视总台	中国教育台频道	江苏省级频道	其他省级卫视频道	其他频道
职业类别	干部/管理人员	32.4	0.0	16.7	18.3	32.6
	个体/私营企业人员	29.2	0.2	33.6	11.3	25.7
	初级公务员/雇员	29.3	0.2	17.0	15.7	37.8
	工人	28.2	0.1	29.7	11.3	30.7
	学生	20.3	0.1	18.4	15.9	45.3
	无业	35.2	0.1	15.8	16.1	32.8
	其他	29.0	0.1	42.2	13.0	15.7
个人月收入	0～300元	22.3	0.1	26.9	16.3	34.4
	301～900元	32.7	0.1	36.5	13.0	17.7
	901～1700元	31.3	0.1	24.1	10.4	34.1
	1701～2600元	34.7	0.2	20.6	16.2	28.3
	2601～3500元	37.0	0.1	25.0	13.7	24.2
	3501～5000元	31.1	0.3	23.3	14.5	30.8
	5001元及以上	28.0	0.1	22.9	13.2	35.8

表3.16.3　2022年江苏市场各类频道在不同时段的占有率

单位：%

时间段	中央广播电视总台	中国教育台频道	江苏省级频道	其他省级卫视频道	其他频道
02:00～03:00	35.8	0.2	13.4	17.6	33.0
03:00～04:00	38.8	0.2	10.9	18.3	31.8
04:00～05:00	45.5	0.1	6.8	21.1	26.5
05:00～06:00	54.7	0.2	3.8	19.9	21.4
06:00～07:00	61.0	0.1	5.4	15.0	18.5
07:00～08:00	54.0	0.4	9.5	13.4	22.7
08:00～09:00	39.6	0.6	13.5	17.7	28.6
09:00～10:00	29.9	0.5	18.5	23.7	27.4
10:00～11:00	28.7	0.5	19.6	24.8	26.4
11:00～12:00	33.0	0.2	18.6	21.9	26.3
12:00～13:00	37.1	0.1	13.8	20.1	28.9
13:00～14:00	30.5	0.2	14.4	23.9	31.0
14:00～15:00	28.3	0.3	12.7	27.1	31.6
15:00～16:00	29.4	0.3	12.2	27.3	30.8
16:00～17:00	31.4	0.3	12.7	25.0	30.6

续表

时间段	中央广播电视总台	中国教育台频道	江苏省级频道	其他省级卫视频道	其他频道
17：00～18：00	32.2	0.1	22.8	17.1	27.8
18：00～19：00	26.3	0.0	39.5	6.5	27.7
19：00～20：00	30.3	0.1	34.4	7.6	27.6
20：00～21：00	27.7	0.1	31.4	10.4	30.4
21：00～22：00	27.3	0.1	30.1	10.4	32.1
22：00～23：00	26.1	0.1	29.3	10.6	33.9
23：00～00：00	30.9	0.1	24.4	11.0	33.6
00：00～01：00	33.5	0.1	19.9	10.3	36.2
01：00～02：00	33.4	0.3	16.6	12.8	36.9

表 3.16.4　2022 年江苏市场收视份额排名前十位的频道

单位：%

名次	频道名称	收视份额
1	中央台八套	6.2
2	江苏电视台综艺频道	5.5
3	江苏电视台城市频道	5.2
4	中央台六套	5.0
5	江苏电视台影视频道	4.7
6	江苏卫视	4.4
7	中央台四套	3.8
8	中央电视台综合频道	3.2
8	江苏电视台公共新闻频道	3.2
10	中央电视台新闻频道	2.5

表 3.16.5　2022 年江苏市场各主要频道的观众构成

单位：%

目标观众		所有频道	中央台八套	江苏电视台综艺频道	江苏电视台城市频道	中央台六套	江苏电视台影视频道
4 岁及以上所有人		100.0	100.0	100.0	100.0	100.0	100.0
城乡	城市	45.9	38.4	4.9	11.9	42.8	4.3
	农村	54.1	61.6	95.1	88.1	57.2	95.7
性别	男	50.1	54.0	40.9	45.8	60.0	40.2
	女	49.9	46.0	59.1	54.2	40.0	59.8

续表

目标观众		所有频道	中央台八套	江苏电视台综艺频道	江苏电视台城市频道	中央台六套	江苏电视台影视频道
年龄	4～14岁	8.6	1.9	9.6	10.4	2.8	3.8
	15～24岁	5.4	5.7	9.7	3.0	7.6	5.5
	25～34岁	9.4	5.3	11.1	7.4	4.0	19.4
	35～44岁	8.0	4.0	11.5	8.8	7.3	10.0
	45～54岁	21.3	16.0	28.2	41.0	27.8	26.7
	55～64岁	16.6	21.9	14.2	10.3	14.6	9.6
	65岁及以上	30.7	45.2	15.7	19.1	35.9	25.0
受教育程度	未受过正规教育	10.9	10.9	12.4	18.2	15.7	7.3
	小学	28.0	30.7	30.2	33.3	25.8	25.3
	初中	32.7	38.9	31.3	37.8	39.4	38.9
	高中	17.6	12.9	22.7	7.8	11.1	18.3
	大学及以上	10.8	6.6	3.4	2.9	8.0	10.2
职业类别	干部/管理人员	1.2	0.3	0.5	0.1	0.4	1.6
	个体/私营企业人员	12.4	15.3	13.4	15.8	11.6	22.1
	初级公务员/雇员	12.5	11.1	7.4	6.3	13.6	8.4
	工人	14.7	12.8	13.8	11.6	17.7	27.2
	学生	6.8	2.2	8.0	3.8	3.7	1.5
	无业	32.2	35.0	19.5	15.0	26.6	16.1
	其他	20.2	23.3	37.4	47.4	26.4	23.1
个人月收入	0～300元	21.1	14.1	27.0	18.6	19.2	15.6
	301～900元	13.4	18.0	18.2	28.9	19.8	13.1
	901～1700元	10.8	15.8	14.3	13.0	8.3	6.2
	1701～2600元	13.0	18.5	12.3	9.3	14.7	9.1
	2601～3500元	14.1	12.8	9.5	10.1	15.4	23.9
	3501～5000元	14.2	12.8	9.4	7.4	11.5	20.2
	5001元及以上	13.4	8.0	9.3	12.7	11.1	11.9

表3.16.6　2020～2022年江苏市场各类节目的播出比重和收视比重

单位：%

节目类别	2020年		2021年		2022年	
	播出比重	收视比重	播出比重	收视比重	播出比重	收视比重
财经	1.0	0.3	1.0	0.4	1.1	0.4
电视剧	20.8	34.6	20.4	28.7	21.0	24.1

续表

节目类别	2020 年		2021 年		2022 年	
	播出比重	收视比重	播出比重	收视比重	播出比重	收视比重
电影	3.6	4.4	3.5	6.4	3.4	8.1
法制类	0.7	0.8	0.7	1.1	1.0	1.1
教学	0.4	0.0	0.4	0.0	0.3	0.0
青少	7.2	5.5	7.0	4.8	7.3	4.9
生活服务	7.5	9.3	7.9	10.8	7.8	11.1
体育	4.4	1.2	4.7	1.8	5.6	2.8
外语	0.2	0.0	0.2	0.0	0.3	0.0
戏剧	0.7	0.3	0.6	0.3	0.7	0.4
新闻/时事	16.7	14.6	15.8	13.8	15.5	17.0
音乐	1.9	1.2	1.7	0.8	1.9	1.4
专题	15.0	5.1	16.3	7.4	16.4	7.2
综艺	6.5	9.5	7.0	9.7	6.1	9.0
其他	13.4	13.2	12.8	14.0	11.6	12.5

表 3.16.7　2022 年江苏市场所有节目收视率排名前三十位

单位：%

名次	节目名称	节目类型	播出频道	平均收视率	平均占有率
1	《2023 跨年演唱会》(用奋斗点亮幸福)	音乐	江苏卫视	6.2	29.6
2	《2022 中央广播电视总台春节联欢晚会》	综艺	中央电视台综合频道	5.6	20.1
3	《神枪决》	电影	中央台六套	3.0	12.5
4	《新春喜剧之夜》	综艺	中央台三套	2.9	10.9
5	《女足亚洲杯颁奖仪式》	体育	中央台五套	2.8	11.3
6	《2022 超级小达人春节大联欢》	青少	江苏电视台综艺频道	2.8	10.6
7	《2022 年北京冬奥会短道速滑男子 1000 米决赛》	体育	中央台五套	2.7	11.3
7	《特殊身份》(1 月 7 日)	电影	中央台六套	2.7	11.3
9	《把家虎》(10 月 26 日)	电影	中央台六套	2.6	13.0
10	《第二届中国广播电视大奖广播电视节目奖颁奖晚会秉持初心行路致远》	专题	江苏电视台综艺频道	2.6	11.5
11	《木棉袈裟》(7 月 31 日)	电影	中央台六套	2.5	11.1
12	《红海行动》(12 月 3 日)	电影	中央台六套	2.5	10.9
13	《我爱世界杯：2022 年世界杯 C 组小组赛第 1 轮》(阿根廷 VS 沙特阿拉伯)	体育	中央台五套	2.4	10.7
13	《武当》(7 月 29 日)	电影	中央台六套	2.4	10.7
15	《南少林永春拳之开山始祖》(8 月 17 日)	电影	中央台六套	2.4	10.5

续表

名次	节目名称	节目类型	播出频道	平均收视率	平均占有率
16	《十面埋伏》（4月29日）	电影	中央台六套	2.4	10.1
17	《天道王》	电影	中央台六套	2.3	11.0
18	《怒火重案》（4月1日）	电影	中央台六套	2.3	9.2
19	《养父》	电视剧	江苏电视台影视频道	2.3	8.8
20	《缘来有爱》	生活服务	江苏电视台综艺频道	2.2	10.5
21	《黄金战士》	电影	中央台六套	2.2	10.2
21	《扫黑决战》（12月24日）	电影	中央台六套	2.2	10.2
23	《毒海风云》	电影	中央台六套	2.2	10.0
24	《叶问四完结篇》（10月3日）	电影	中央台六套	2.2	9.7
25	《南拳之英雄崛起》（1月6日）	电影	中央台六套	2.2	9.6
26	《征途》（8月26日）	电影	中央台六套	2.2	9.4
27	《味道》	生活服务	江苏电视台综艺频道	2.2	9.2
28	《新@非常周末》	生活服务	江苏电视台综艺频道	2.2	9.1
29	《第十五法庭》（第2季）（19:40）	电视剧	江苏电视台城市频道	2.2	8.6
30	《天下第一镖局二长风厉》（1月3日）	电影	中央台六套	2.1	9.6

表3.16.8　2022年江苏市场电视剧收视率排名前十位

单位：%

名次	节目名称	播出频道	平均收视率	平均占有率
1	《养父》	江苏电视台影视频道	2.3	8.8
2	《第十五法庭》（第2季）（19:40）	江苏电视台城市频道	2.2	8.6
3	《简言的夏冬》	江苏电视台影视频道	2.1	9.3
4	《推手》	江苏电视台影视频道	1.9	8.0
5	《山月不知心底事》（10~72集）	江苏电视台影视频道	1.8	7.6
6	《底线》	江苏电视台影视频道	1.8	7.5
7	《人世间》	江苏电视台影视频道	1.8	7.4
8	《回家的路有多远》	中央台八套	1.7	12.2
9	《养父的花样年华》（11月12日至11月22日）	中央台八套	1.7	11.9
10	《我最爱的家人》（12月17日至12月30日）	中央台八套	1.7	10.4

表3.16.9　2022年江苏市场新闻节目收视率排名前十位

单位：%

名次	节目名称	播出频道	平均收视率	平均占有率
1	《网罗天下》	江苏电视台公共新闻频道	1.8	13.4
2	《新闻360》	江苏电视台公共新闻频道	1.8	9.3

续表

名次	节目名称	播出频道	平均收视率	平均占有率
3	《零距离》	江苏电视台城市频道	1.7	8.5
4	《中国舆论场》	中央台四套	1.4	5.7
5	《筑梦空间站神舟十四号航天员返回特别报道》（12月4日）	中央台四套	1.2	5.9
6	《中国共产党第二十次全国代表大会开幕会专题新闻》（10月16日）	中央电视台综合频道	1.2	5.6
7	《新闻联播》	中央电视台综合频道	1.1	5.4
8	《今日亚洲》	中央台四套	1.1	4.9
9	《新城市资讯》	江苏电视台城市频道	0.9	7.3
10	《俄乌局势突变》	中央台四套	0.9	5.5

表 3.16.10　2022 年江苏市场专题节目收视率排名前十位

单位：%

名次	节目名称	播出频道	平均收视率	平均占有率
1	《第二届中国广播电视大奖广播电视节目奖颁奖晚会秉持初心行路致远》	江苏电视台综艺频道	2.6	11.5
2	《人间真情》（18：00）	江苏电视台公共新闻频道	2.0	10.3
3	《江苏时代楷模发布厅》（9月29日）	江苏电视台城市频道	1.9	8.5
4	《2021 诚信之星》	江苏电视台城市频道	1.9	7.1
5	《奋斗在新时代赶考路上》	江苏电视台城市频道	1.8	7.8
6	《无声的功勋》（19：40）	江苏电视台城市频道	1.8	7.5
7	《江苏省道德模范与身边好人现场交流活动》	江苏电视台城市频道	1.8	7.3
8	《江苏最美人物》	江苏电视台城市频道	1.8	7.2
8	《德行天下》	江苏电视台城市频道	1.8	7.2
10	《铭记》	江苏电视台城市频道	1.7	7.7

表 3.16.11　2022 年江苏市场综艺节目收视率排名前十位

单位：%

名次	节目名称	播出频道	平均收视率	平均占有率
1	《2022 中央广播电视总台春节联欢晚会》	中央电视台综合频道	5.6	20.1
2	《新春喜剧之夜》	中央台三套	2.9	10.9
3	《2022～2023 跨年晚会》	湖南卫视	1.8	8.7
4	《拉萨市 2022 年春节藏历水虎新年电视联欢会》	江苏电视台综艺频道	1.7	7.2
5	《同心同行青春力量第二届海峡两岸青年文化月开幕式》	江苏电视台综艺频道	1.6	7.2

续表

名次	节目名称	播出频道	平均收视率	平均占有率
6	《2022年中央广播电视总台元宵晚会》	中央台三套	1.6	6.9
7	《开门大吉》（2月7日）	中央台三套	1.6	5.3
8	《江苏省第三届红色故事宣讲大赛成果展示暨颁奖典礼》	江苏电视台城市频道	1.4	7.1
9	《2022年中央广播电视总台中秋晚会》	中央电视台综合频道	1.4	6.3
10	《星光大道》（2月2日）	中央台三套	1.4	5.3

表 3.16.12　2022 年江苏市场体育节目收视率排名前十位

单位：%

名次	节目名称	播出频道	平均收视率	平均占有率
1	《女足亚洲杯颁奖仪式》	中央台五套	2.8	11.3
2	《2022年北京冬奥会短道速滑男子1000米决赛》	中央台五套	2.7	11.3
3	《我爱世界杯：2022年世界杯C组小组赛第1轮》（阿根廷VS沙特阿拉伯）	中央台五套	2.4	10.7
4	《现场直播：2022年世乒联世界杯决赛男单决赛》	中央台五套	1.7	9.5
5	《现场直播：2022年世界乒乓球团体锦标赛女团决赛》	中央台五套	1.7	8.2
6	《现场直播：2022年世界女排联赛总决赛1/4决赛》（中国VS意大利）	中央台五套	1.2	5.2
7	《现场直播：2022年世界女排锦标赛小组赛》（中国VS日本）	中央台五套	1.0	4.8
8	《2022北京冬残奥会开幕式》	中央电视台综合频道	0.9	3.8
9	《现场直播：2022年东亚足球锦标赛女足第3轮》（日本女足VS中国女足）	中央台五套	0.8	4.1
10	《现场直播：2022年跳水世界杯女子三米板决赛》	中央台五套	0.8	3.9

十七　江西收视数据

表 3.17.1　2018～2022 年江西市场各类频道的占有率

单位：%

频道类别	2018 年	2019 年	2020 年	2021 年	2022 年
中央广播电视总台	28.9	25.7	23.8	24.0	27.2
中国教育台频道	0.1	0.1	0.1	0.1	0.1
江西省级频道	33.1	29.9	25.1	22.3	21.7
其他省级卫视频道	22.9	23.5	25.1	23.5	18.5
其他频道	15.0	20.8	25.9	30.1	32.5

表 3.17.2　2022 年江西市场各类频道在不同目标观众中的占有率

单位：%

目标观众		中央广播电视总台	中国教育台频道	江西省级频道	其他省级卫视频道	其他频道
4 岁及以上所有人		27.2	0.1	21.7	18.5	32.5
城乡	城市	33.7	0.1	11.6	18.7	35.9
	农村	23.7	0.1	27.1	18.4	30.7
性别	男	28.8	0.1	21.8	16.4	32.9
	女	25.6	0.1	21.6	20.6	32.1
年龄	4～14 岁	13.1	0.1	13.2	25.1	48.5
	15～24 岁	22.3	0.1	19.4	23.1	35.1
	25～34 岁	24.2	0.1	16.2	18.4	41.1
	35～44 岁	27.5	0.1	19.8	21.8	30.8
	45～54 岁	30.5	0.1	18.2	15.5	35.7
	55～64 岁	31.4	0.1	28.9	16.3	23.3
	65 岁及以上	37.8	0.2	31.9	13.1	17.0
受教育程度	未受过正规教育	17.4	0.1	23.8	26.0	32.7
	小学	20.8	0.1	23.5	17.7	37.9
	初中	30.3	0.1	22.3	18.3	29.0
	高中	33.5	0.2	18.9	15.0	32.4
	大学及以上	43.2	0.1	13.4	19.0	24.3

续表

目标观众		中央广播电视总台	中国教育台频道	江西省级频道	其他省级卫视频道	其他频道
职业类别	干部/管理人员	48.3	0.0	9.8	21.2	20.7
	个体/私营企业人员	27.6	0.1	15.3	17.8	39.2
	初级公务员/雇员	34.7	0.1	16.6	19.7	28.9
	工人	24.6	0.1	27.4	18.2	29.7
	学生	14.9	0.1	14.3	20.3	50.4
	无业	33.3	0.2	19.0	20.4	27.1
	其他	27.2	0.1	37.9	12.7	22.1
个人月收入	0～300元	19.5	0.1	18.5	22.3	39.6
	301～900元	28.0	0.1	40.0	10.6	21.3
	901～1700元	28.9	0.2	35.7	15.3	19.9
	1701～2600元	29.7	0.1	24.6	16.4	29.2
	2601～3500元	39.5	0.2	18.9	17.6	23.8
	3501～5000元	32.5	0.1	18.3	16.3	32.8
	5001元及以上	28.5	0.1	16.9	17.7	36.8

表3.17.3　2022年江西市场各类频道在不同时段的占有率

单位：%

时间段	中央广播电视总台	中国教育台频道	江西省级频道	其他省级卫视频道	其他频道
02：00～03：00	14.2	0.4	12.6	27.4	45.4
03：00～04：00	15.0	0.3	11.0	32.2	41.5
04：00～05：00	17.9	0.3	14.7	34.5	32.6
05：00～06：00	25.0	0.4	16.6	30.1	27.9
06：00～07：00	37.7	0.1	14.1	16.6	31.5
07：00～08：00	37.3	0.1	12.4	15.4	34.8
08：00～09：00	32.1	0.2	13.0	18.9	35.8
09：00～10：00	26.3	0.2	13.8	21.5	38.2
10：00～11：00	25.0	0.2	13.7	22.5	38.6
11：00～12：00	28.0	0.1	14.2	20.7	37.0
12：00～13：00	31.6	0.1	13.6	19.6	35.1
13：00～14：00	20.7	0.1	21.9	23.5	33.8
14：00～15：00	21.8	0.1	15.2	26.9	36.0
15：00～16：00	21.6	0.2	15.0	27.4	35.8
16：00～17：00	22.7	0.2	15.4	24.6	37.1

续表

时间段	中央广播电视总台	中国教育台频道	江西省级频道	其他省级卫视频道	其他频道
17：00～18：00	24.2	0.2	15.8	20.5	39.3
18：00～19：00	26.8	0.1	26.3	11.2	35.6
19：00～20：00	34.6	0.1	24.9	13.2	27.2
20：00～21：00	29.2	0.1	28.7	17.4	24.6
21：00～22：00	26.3	0.1	30.9	16.6	26.1
22：00～23：00	22.2	0.1	30.4	14.6	32.7
23：00～00：00	23.9	0.2	21.9	15.3	38.7
00：00～01：00	23.6	0.2	14.0	16.3	45.9
01：00～02：00	17.1	0.6	12.6	20.9	48.8

表 3.17.4　2022 年江西市场收视份额排名前十位的频道

单位：%

名次	频道名称	收视份额
1	江西卫视	9.3
2	江西电视台都市频道（二套）	5.6
3	中央电视台综合频道	5.1
4	中央台四套	4.0
5	湖南电视台金鹰卡通频道	3.6
6	中央台六套	2.8
6	中央电视台新闻频道	2.8
8	江西电视台影视旅游频道（四套）	2.7
9	中央台八套	2.6
10	卡酷少儿频道	2.4

表 3.17.5　2022 年江西市场各主要频道的观众构成

单位：%

目标观众		所有频道	主要频道				
			江西卫视	江西电视台都市频道（二套）	中央电视台综合频道	中央台四套	湖南电视台金鹰卡通频道
4 岁及以上所有人		100.0	100.0	100.0	100.0	100.0	100.0
城乡	城市	34.9	10.4	32.9	48.9	50.1	13.0
	农村	65.1	89.6	67.1	51.1	49.9	87.0

续表

目标观众		所有频道	主要频道				
			江西卫视	江西电视台都市频道（二套）	中央电视台综合频道	中央台四套	湖南电视台金鹰卡通频道
性别	男	50.1	52.3	49.5	48.4	66.0	47.1
	女	49.9	47.7	50.5	51.6	34.0	52.9
年龄	4～14岁	20.9	10.7	10.9	5.7	2.9	54.5
	15～24岁	7.9	11.4	2.5	6.9	3.1	9.8
	25～34岁	9.3	6.1	8.3	7.1	6.8	9.2
	35～44岁	9.5	7.7	7.2	7.6	5.6	10.9
	45～54岁	17.3	11.4	17.1	22.8	17.5	6.9
	55～64岁	11.7	12.7	19.4	10.7	15.3	5.8
	65岁及以上	23.4	40.0	34.6	39.2	48.8	2.9
受教育程度	未受过正规教育	11.2	13.1	10.8	7.4	4.4	30.6
	小学	32.6	36.2	32.4	20.6	17.4	36.0
	初中	32.8	33.1	36.2	33.8	40.6	22.3
	高中	16.5	15.2	13.4	25.8	27.7	6.5
	大学及以上	6.9	2.4	7.2	12.4	9.9	4.6
职业类别	干部/管理人员	0.3	0.0	0.2	0.9	0.4	0.1
	个体/私营企业人员	10.2	4.4	7.1	8.4	10.7	3.8
	初级公务员/雇员	8.0	5.6	7.9	9.9	12.1	6.1
	工人	13.2	15.1	19.6	9.5	8.6	13.1
	学生	19.4	16.7	8.8	9.0	3.5	29.4
	无业	32.5	21.4	36.2	41.3	58.5	40.2
	其他	16.4	36.8	20.2	21.0	6.2	7.3
个人月收入	0～300元	38.9	35.6	24.4	23.8	21.5	68.1
	301～900元	6.8	19.4	5.8	4.8	2.5	2.1
	901～1700元	7.0	10.5	14.3	5.9	7.5	4.0
	1701～2600元	10.4	7.2	19.0	12.3	11.7	4.5
	2601～3500元	14.0	8.7	16.9	24.6	31.1	11.7
	3501～5000元	13.3	11.3	11.8	18.5	16.7	4.8
	5001元及以上	9.6	7.3	7.8	10.1	9.0	4.8

表 3.17.6　2020～2022 年江西市场各类节目的播出比重和收视比重

单位：%

节目类型	2020 年		2021 年		2022 年	
	播出比重	收视比重	播出比重	收视比重	播出比重	收视比重
财经	0.9	0.4	1.0	0.5	1.1	0.5
电视剧	22.4	35.4	22.2	34.8	22.5	33.0
电影	3.4	4.3	3.2	4.3	2.9	4.7
法制	0.7	1.0	0.9	0.9	1.0	0.8
教学	0.4	0.1	0.4	0.0	0.3	0.0
青少	8.0	11.2	7.8	9.8	7.9	8.4
生活服务	7.4	6.4	8.1	6.9	7.7	6.4
体育	3.8	0.6	4.1	1.5	5.1	2.4
外语	0.2	0.0	0.2	0.0	0.3	0.0
戏剧	0.7	0.3	0.6	0.6	0.7	1.1
新闻/时事	16.9	15.0	15.9	13.9	15.5	18.0
音乐	1.9	1.3	1.7	1.1	1.8	0.8
专题	15.2	5.8	16.2	6.3	16.8	7.2
综艺	5.9	8.3	6.2	9.5	5.5	6.5
其他	12.2	9.9	11.5	9.9	10.9	10.2

表 3.17.7　2022 年江西市场所有节目收视率排名前三十位

单位：%

名次	节目名称	节目类型	播出频道	平均收视率	平均占有率
1	《龙腾虎跃中国年》	专题	中央电视台综合频道	5.3	21.6
2	《摧毁》	电视剧	江西卫视	4.8	24.1
3	《开学第一课》	青少	中央电视台综合频道	4.7	23.6
4	《局中人》	电视剧	江西卫视	3.9	23.2
5	《太极宗师之太极门》	电视剧	江西卫视	3.7	19.6
6	《绝密使命》	电视剧	江西卫视	3.6	18.0
7	《天气预报》	生活服务	江西卫视	3.5	25.5
8	《2022 中央广播电视总台春节联欢晚会》	综艺	中央电视台综合频道	3.5	15.9
9	《大决战》	电视剧	江西卫视	3.2	20.6
10	《激荡》	电视剧	江西卫视	3.1	15.8
11	《叛逆者》	电视剧	江西卫视	3.1	14.2
12	《老表们的新生活》	专题	江西卫视	3.0	14.8
13	《2022 北京冬奥会开幕式》	体育	江西卫视	3.0	13.5

续表

名次	节目名称	节目类型	播出频道	平均收视率	平均占有率
14	《前行者》	电视剧	江西卫视	2.9	17.3
15	《亲爱的孩子们》	电视剧	江西卫视	2.8	15.4
16	转播中央台《新闻联播》	新闻/时事	江西卫视	2.6	16.3
17	《旗袍美探》	电视剧	江西卫视	2.6	13.8
18	《爱拼会赢》	电视剧	江西卫视	2.5	15.8
19	《我们的队伍向太阳江西庆祝中国人民解放军建军95周年军民联欢晚会》	综艺	江西卫视	2.5	15.3
20	《首届江西风景独好云端旅游系列推介会走进南昌》	专题	江西卫视	2.4	15.1
21	《2022北京冬残奥会开幕式》	体育	江西卫视	2.4	12.2
22	《绝境铸剑》	电视剧	江西卫视	2.3	14.7
23	《跨过鸭绿江》	电视剧	江西卫视	2.3	14.1
24	《冬奥一家人》	电视剧	江西卫视	2.3	11.3
25	《开门大吉》（2月7日）	综艺	中央台三套	2.3	9.2
26	《江西新闻联播》	新闻/时事	江西卫视	2.2	17.7
27	《什刹海》	电视剧	江西卫视	2.2	14.5
28	《我是真的爱你》	电视剧	江西卫视	2.2	14.3
29	《2022年中央广播电视总台元宵晚会》	综艺	中央电视台综合频道	2.2	13.5
30	《江西的样子》	专题	江西卫视	2.2	12.5

表3.17.8　2022年江西市场电视剧收视率排名前十位

单位：%

名次	节目名称	播出频道	平均收视率	平均占有率
1	《摧毁》	江西卫视	4.8	24.1
2	《局中人》	江西卫视	3.9	23.2
3	《太极宗师之太极门》	江西卫视	3.7	19.6
4	《绝密使命》	江西卫视	3.6	18.0
5	《大决战》	江西卫视	3.2	20.6
6	《激荡》	江西卫视	3.1	15.8
7	《叛逆者》	江西卫视	3.1	14.2
8	《前行者》	江西卫视	2.9	17.3
9	《亲爱的孩子们》	江西卫视	2.8	15.4
10	《旗袍美探》	江西卫视	2.6	13.8

表 3.17.9　2022 年江西市场新闻节目收视率排名前十位

单位：%

名次	节目名称	播出频道	平均收视率	平均占有率
1	转播中央台《新闻联播》	江西卫视	2.6	16.3
2	《江西新闻联播》	江西卫视	2.2	17.7
3	《第五届中国国际进口博览会开幕式特别报道》	中央电视台综合频道	1.5	8.2
4	《国务院总理会见中外记者并回答提问》	中央电视台综合频道	1.3	6.3
5	《中国舆论场》	中央台四套	1.2	6.0
6	《中国空间站神舟十四号航天员返回 2022》	中央电视台新闻频道	1.1	6.2
7	《共同关注》	中央电视台综合频道	1.0	8.0
7	《中国共产党第二十次全国代表大会开幕会专题新闻》	中央电视台综合频道	1.0	6.6
9	《焦点访谈》	中央电视台综合频道	1.0	5.4
10	《海峡两岸》	中央台四套	0.9	4.8

表 3.17.10　2022 年江西市场专题节目收视率排名前十位

单位：%

名次	节目名称	播出频道	平均收视率	平均占有率
1	《龙腾虎跃中国年》	中央电视台综合频道	5.3	21.6
2	《老表们的新生活》	江西卫视	3.0	14.8
3	《首届江西风景独好云端旅游系列推介会走进南昌》	江西卫视	2.4	15.1
4	《江西的样子》	江西卫视	2.2	12.5
5	《赶考路上》	江西卫视	2.2	11.7
6	《幸福配方》	江西电视台都市频道（二套）	1.5	6.5
7	《闪耀东方》	江西卫视	1.4	11.0
8	《思想的田野》	江西卫视	1.4	10.1
9	《闪耀东方》（第二季）	江西卫视	1.4	9.4
10	《江西三农这十年我们的美好乡村品牌兴农》	江西卫视	1.3	12.3

表 3.17.11　2022 年江西市场综艺节目收视率排名前十位

单位：%

名次	节目名称	播出频道	平均收视率	平均占有率
1	《2022 中央广播电视总台春节联欢晚会》	中央电视台综合频道	3.5	15.9
2	《我们的队伍向太阳江西庆祝中国人民解放军建军 95 周年军民联欢晚会》	江西卫视	2.5	15.3
3	《开门大吉》（2 月 7 日）	中央台三套	2.3	9.2

续表

名次	节目名称	播出频道	平均收视率	平均占有率
4	《2022年中央广播电视总台元宵晚会》	中央电视台综合频道	2.2	13.5
5	《最强大脑之燃烧吧大脑》（1月14日）	江苏卫视	1.9	18.5
6	《首届江西风景独好云端旅游系列推介会走进赣州》	江西卫视	1.8	11.3
7	《闪光的乐队》（1月8日）	浙江卫视	1.6	7.7
8	《2022中央广播电视总台网络春晚》	中央电视台综合频道	1.4	7.3
9	《2022年中央广播电视总台中秋晚会》	中央台四套	1.3	8.1
10	《开播情景喜剧》（7月9日）	东方卫视	1.2	7.6

表3.17.12　2022年江西市场体育节目收视率排名前十位

单位：%

名次	节目名称	播出频道	平均收视率	平均占有率
1	《2022北京冬奥会开幕式》	江西卫视	3.0	13.5
2	《2022北京冬残奥会开幕式》	江西卫视	2.4	12.2
3	《江西省第十六届运动会闭幕式》	江西卫视	1.8	9.9
4	《女足亚洲杯颁奖仪式》	中央台五套	1.8	9.0
5	《现场直播：2022年世界乒乓球团体锦标赛男团决赛》	中央台五套	1.2	7.3
6	《我爱世界杯：2022年世界杯C组第2轮》（波兰VS沙特阿拉伯）	中央台五套	1.0	9.1
7	《现场直播：2022年国际泳联世锦赛跳水3米板》	中央台五套	0.7	4.8
8	《现场直播：2022年世乒联冠军赛澳门站男单决赛》	中央台五套	0.7	4.2
9	《现场直播：2022年女篮世界杯半决赛》（澳大利亚队VS中国队）	中央台五套	0.6	6.8
10	《现场直播：国际足联2022年世界杯预选赛亚洲区第三阶段B组第8轮》（越南VS中国）	中央台五套	0.6	3.5

十八　辽宁收视数据

表 3.18.1　2018～2022 年辽宁市场各类频道的占有率

单位：%

频道类别	2018 年	2019 年	2020 年	2021 年	2022 年
中央广播电视总台	30.6	28.9	27.9	25.8	30.6
中国教育台频道	0.3	0.2	0.2	0.2	0.2
辽宁省级频道	28.1	27.4	25.1	22.1	20.2
其他省级卫视频道	23.8	23.7	24.5	24.0	23.4
其他频道	17.2	19.8	22.3	27.9	25.6

表 3.18.2　2022 年辽宁市场各类频道在不同目标观众中的占有率

单位：%

目标观众		中央广播电视总台	中国教育台频道	辽宁省级频道	其他省级卫视频道	其他频道
4 岁及以上所有人		30.6	0.2	20.2	23.4	25.6
城乡	城市	32.8	0.1	16.6	23.5	27.0
	农村	27.1	0.2	26.2	23.3	23.2
性别	男	32.1	0.2	21.3	21.7	24.7
	女	29.2	0.2	19.2	25.1	26.3
年龄	4～14 岁	16.3	0.1	7.6	30.5	45.5
	15～24 岁	23.9	0.1	11.4	23.3	41.3
	25～34 岁	22.6	0.1	12.6	27.1	37.6
	35～44 岁	25.7	0.1	10.8	24.9	38.5
	45～54 岁	31.0	0.2	16.9	21.4	30.5
	55～64 岁	32.3	0.1	27.5	24.4	15.7
	65 岁及以上	38.5	0.3	27.4	20.1	13.7
受教育程度	未受过正规教育	23.0	0.1	10.4	35.5	31.0
	小学	28.8	0.3	25.5	24.2	21.2
	初中	31.3	0.1	22.5	23.6	22.5
	高中	33.0	0.2	14.6	19.7	32.5
	大学及以上	31.9	0.1	12.7	20.7	34.6

续表

目标观众		中央广播电视总台	中国教育台频道	辽宁省级频道	其他省级卫视频道	其他频道
职业类别	干部/管理人员	34.3	0.0	21.9	21.2	22.6
	个体/私营企业人员	30.2	0.2	17.3	23.7	28.6
	初级公务员/雇员	26.4	0.1	10.7	21.9	40.9
	工人	28.4	0.1	19.0	26.5	26.0
	学生	18.5	0.1	7.5	20.4	53.5
	无业	34.5	0.1	21.7	23.4	20.3
	其他	29.6	0.4	30.0	22.5	17.5
个人月收入	0～300元	23.9	0.2	16.4	26.2	33.3
	301～900元	29.4	0.2	30.6	22.4	17.4
	901～1700元	31.8	0.3	27.4	22.6	17.9
	1701～2600元	34.3	0.2	22.3	22.6	20.6
	2601～3500元	32.9	0.1	19.8	22.8	24.4
	3501～5000元	33.8	0.1	16.3	21.5	28.3
	5001元及以上	31.4	0.1	12.5	22.4	33.6

表3.18.3　2022年辽宁市场各类频道不同时段的占有率

单位：%

时间段	中央广播电视总台	中国教育台频道	辽宁省级频道	其他省级卫视频道	其他频道
02：00～03：00	25.3	0.3	22.1	23.2	29.1
03：00～04：00	23.8	0.2	25.7	21.3	29.0
04：00～05：00	30.5	0.1	23.3	21.8	24.3
05：00～06：00	40.0	0.2	19.0	22.1	18.7
06：00～07：00	42.6	0.1	25.9	13.1	18.3
07：00～08：00	40.9	0.3	21.8	14.4	22.6
08：00～09：00	38.2	0.4	13.9	21.2	26.3
09：00～10：00	33.3	0.3	8.5	29.6	28.3
10：00～11：00	30.7	0.4	5.8	34.2	28.9
11：00～12：00	31.8	0.4	5.8	33.6	28.4
12：00～13：00	31.4	0.1	9.5	29.3	29.7
13：00～14：00	29.4	0.2	5.8	35.7	28.9
14：00～15：00	29.5	0.2	4.6	37.8	27.9
15：00～16：00	30.3	0.2	5.3	36.7	27.5
16：00～17：00	31.1	0.2	11.0	30.8	26.9

续表

时间段	中央广播电视总台	中国教育台频道	辽宁省级频道	其他省级卫视频道	其他频道
17：00～18：00	27.2	0.1	26.1	20.8	25.8
18：00～19：00	27.1	0.1	37.9	10.1	24.8
19：00～20：00	31.1	0.1	32.0	14.2	22.6
20：00～21：00	29.8	0.0	24.4	22.6	23.2
21：00～22：00	31.2	0.1	24.2	20.6	23.9
22：00～23：00	27.1	0.1	23.1	22.7	27.0
23：00～00：00	29.6	0.3	16.1	25.0	29.0
00：00～01：00	29.8	0.3	15.5	24.0	30.4
01：00～02：00	27.8	0.4	17.8	23.6	30.4

表 3.18.4　2022 年辽宁市场收视份额排名前十位的频道

单位：%

名次	频道名称	收视份额
1	辽宁广播电视台影视剧频道	5.4
2	辽宁广播电视台都市频道	5.2
2	中央台八套	5.2
4	中央台六套	4.6
5	中央台四套	4.1
6	中央电视台新闻频道	3.4
7	中央电视台综合频道	3.3
8	辽宁广播电视台体育频道	3.0
9	辽宁卫视	2.8
10	中央台五套	2.5

表 3.18.5　2022 年辽宁市场各主要频道的观众构成

单位：%

目标观众		所有频道	主要频道				
			辽宁广播电视台影视剧频道	辽宁广播电视台都市频道	中央台八套	中央台六套	中央台四套
4 岁及以上所有人		100.0	100.0	100.0	100.0	100.0	100.0
城乡	城市	61.9	41.2	57.2	60.4	58.3	66.5
	农村	38.1	58.8	42.8	39.6	41.7	33.5
性别	男	49.7	54.7	49.7	39.5	55.0	59.7
	女	50.3	45.3	50.3	60.5	45.0	40.3

续表

目标观众		所有频道	主要频道				
			辽宁广播电视台影视剧频道	辽宁广播电视台都市频道	中央台八套	中央台六套	中央台四套
年龄组	4～14岁	8.8	1.9	3.0	3.5	5.8	2.2
	15～24岁	4.4	1.1	4.1	3.0	5.0	2.1
	25～34岁	8.5	5.2	6.4	5.1	6.9	3.5
	35～44岁	10.1	4.5	5.1	5.4	13.1	3.6
	45～54岁	17.4	12.0	15.0	17.0	30.7	13.3
	55～64岁	21.9	32.4	32.5	27.8	20.7	27.2
	65岁及以上	29.0	42.9	34.0	38.2	17.8	48.1
受教育程度	未受过正规教育	5.1	0.9	2.5	3.5	3.4	3.2
	小学	23.4	34.2	25.2	27.8	25.0	19.8
	初中	44.3	50.7	50.5	46.7	48.7	46.5
	高中	16.5	11.2	14.0	13.7	15.3	19.4
	大学及以上	10.6	3.0	7.8	8.2	7.6	11.1
职业类别	干部/管理人员	1.0	0.3	0.6	0.6	0.4	1.3
	个体/私营企业人员	7.9	6.2	7.3	5.3	9.2	5.4
	初级公务员/雇员	8.6	3.9	5.9	6.2	8.5	5.4
	工人	15.3	13.7	13.9	12.0	23.2	11.3
	学生	7.2	1.4	2.4	3.5	5.8	2.5
	无业	44.7	45.2	50.6	55.0	33.4	60.0
	其他	15.4	29.3	19.3	17.4	19.5	14.1
个人月收入	0～300元	24.5	20.2	17.8	25.0	21.3	12.4
	301～900元	6.7	13.8	10.1	8.2	9.1	5.6
	901～1700元	12.4	20.8	14.4	13.0	12.6	17.2
	1701～2600元	18.2	18.1	23.7	22.0	20.1	20.7
	2601～3500元	19.5	16.8	22.3	18.8	18.4	19.8
	3501～5000元	13.1	7.2	7.9	9.6	11.0	17.3
	5001元及以上	5.6	3.0	3.8	3.3	7.5	7.0

表3.18.6　2020～2022年辽宁市场各类节目的播出比重和收视比重

单位：%

节目类别	2020年		2021年		2022年	
	播出比重	收视比重	播出比重	收视比重	播出比重	收视比重
财经	1.0	0.4	1.1	0.5	1.2	0.5

续表

节目类别	2020 年		2021 年		2022 年	
	播出比重	收视比重	播出比重	收视比重	播出比重	收视比重
电视剧	21.4	30.1	21.1	32.5	22.3	31.0
电影	3.7	5.3	3.5	5.5	2.9	6.1
法制	0.8	0.6	0.8	0.4	0.9	0.4
教学	0.3	0.0	0.3	0.0	0.3	0.0
青少	7.2	4.9	6.9	5.2	7.1	5.1
生活服务	8.7	6.9	9.8	7.0	8.8	6.4
体育	4.2	3.6	4.5	4.4	5.5	5.5
外语	0.2	0.0	0.2	0.0	0.3	0.0
戏剧	0.7	0.1	0.5	0.1	0.6	0.2
新闻/时事	16.4	17.5	15.4	14.2	15.1	15.5
音乐	1.8	0.9	1.6	0.6	1.7	0.6
专题	13.9	5.1	15.0	4.9	15.5	5.3
综艺	7.4	13.1	7.3	12.9	6.4	11.5
其他	12.5	11.5	12.0	11.8	11.4	11.9

表 3.18.7　2022 年辽宁市场所有节目收视率排名前三十位

单位：%

名次	节目名称	节目类别	播出频道	平均收视率	平均占有率
1	《辽宁卫视 2022 春节联欢晚会》	综艺	辽宁卫视	11.1	44.6
2	《2022 中央广播电视总台春节联欢晚会》	综艺	中央电视台综合频道	6.7	18.5
3	《2022 年北京冬奥会短道速滑男子 1000 米决赛》	体育	中央台五套	6.6	25.0
4	《龙腾虎跃中国年》	专题	中央电视台综合频道	5.7	16.7
5	《女足亚洲杯颁奖仪式》	体育	中央台五套	4.3	18.5
6	《2022 年中央广播电视总台元宵晚会》	综艺	中央电视台综合频道	3.3	12.5
7	《智慧斗士》（11 月 8 日）	综艺	辽宁广播电视台体育频道	3.2	14.5
8	《现场直播：2021/2022 赛季 CBA 总决赛第四场》（浙江广厦控股 VS 辽宁本钢）	体育	中央台五套	3.2	12.3
9	《神勇武工队传奇》	电视剧	辽宁广播电视台影视剧频道	3.0	14.1
10	《绝地归途》	电视剧	辽宁广播电视台影视剧频道	3.0	13.8
11	《铁血使命》	电视剧	辽宁广播电视台影视剧频道	2.9	12.3
12	《奋勇向前》	电视剧	辽宁广播电视台影视剧频道	2.8	12.1
13	《扫毒二天地对决》（5 月 29 日）	电影	中央台六套	2.8	11.9

续表

名次	节目名称	节目类别	播出频道	平均收视率	平均占有率
14	《猎狼战队》（28～30集）	电视剧	辽宁广播电视台影视剧频道	2.8	11.5
15	《刀锋密战》	电视剧	辽宁广播电视台影视剧频道	2.7	13.3
16	《雪狼花》（12月5日）	电影	中央台六套	2.7	11.9
17	《枪火》	电视剧	辽宁广播电视台影视剧频道	2.7	11.6
18	《猎狼奇兵》	电视剧	辽宁广播电视台影视剧频道	2.7	11.4
19	《猎豹纵队》	电视剧	辽宁广播电视台影视剧频道	2.6	15.6
20	《特战英雄》	电视剧	辽宁广播电视台影视剧频道	2.6	14.1
21	《我爱世界杯：2022年世界杯E组第2轮》（日本VS哥斯达黎加）	体育	中央台五套	2.6	9.7
22	《绝密追踪》	电视剧	辽宁广播电视台影视剧频道	2.5	14.4
23	《怒血枪侠》	电视剧	辽宁广播电视台影视剧频道	2.5	11.2
24	《现场直播：2022年世乒联世界杯决赛女单决赛》	体育	中央台五套	2.5	10.5
24	《扫黑决战》（12月24日）	电影	中央台六套	2.5	10.5
24	《决战狂沙镇》（1月29日）	电影	中央台六套	2.5	10.5
27	《绝招》（12月7日）	电影	中央台六套	2.5	10.1
28	《西地突围》（1月7日）	电影	中央台六套	2.5	9.8
29	《卧虎悍将》（1月6日）	电影	中央台六套	2.5	9.7
30	《烽火勇士》	电视剧	辽宁广播电视台影视剧频道	2.4	13.8

表3.18.8　2022年辽宁市场电视剧收视率排名前十位

单位：%

名次	节目名称	播出频道	平均收视率	平均占有率
1	《神勇武工队传奇》	辽宁广播电视台影视剧频道	3.0	14.1
2	《绝地归途》	辽宁广播电视台影视剧频道	3.0	13.8
3	《铁血使命》	辽宁广播电视台影视剧频道	2.9	12.3
4	《奋勇向前》	辽宁广播电视台影视剧频道	2.8	12.1
5	《猎狼战队》（28～30集）	辽宁广播电视台影视剧频道	2.8	11.5
6	《刀锋密战》	辽宁广播电视台影视剧频道	2.7	13.3
7	《枪火》	辽宁广播电视台影视剧频道	2.7	11.6
8	《猎狼奇兵》	辽宁广播电视台影视剧频道	2.7	11.4
9	《猎豹纵队》	辽宁广播电视台影视剧频道	2.6	15.6
10	《特战英雄》	辽宁广播电视台影视剧频道	2.6	14.1

表 3.18.9　2022 年辽宁市场新闻节目收视率排名前十位

单位：%

名次	节目名称	播出频道	平均收视率	平均占有率
1	《中国空间站神舟十四号航天员返回 2022》	中央电视台新闻频道	2.2	10.7
2	《新北方》	辽宁广播电视台都市频道	2.0	11.3
3	《新闻正前方》	辽宁广播电视台都市频道	1.8	14.7
4	《俄乌局势突变》	中央台四套	1.5	7.3
5	《中国舆论场》	中央台四套	1.4	6.0
6	《今日亚洲》	中央台四套	1.2	5.0
7	《转播中央台新闻联播》	辽宁广播电视台都市频道	1.1	4.7
8	《今日关注》	中央台四套	1.0	7.2
9	《一起向未来》	中央电视台综合频道	1.0	5.1
10	《中国共产党第二十次全国代表大会专题新闻》	中央电视台新闻频道	1.0	4.5

表 3.18.10　2022 年辽宁市场专题节目收视率排名前十位

单位：%

名次	节目名称	播出频道	平均收视率	平均占有率
1	《龙腾虎跃中国年》	中央电视台综合频道	5.7	16.7
2	《微纪实系列片我是党员》	辽宁卫视	0.8	4.2
3	《感动中国 2021 年度人物颁奖盛典》	中央电视台综合频道	0.8	3.5
4	《长风浩荡启新程——习近平主席出席二十国集团领导人第十七次峰会》	中央电视台新闻频道	0.8	3.4
5	《微纪实系列片支部力量》	辽宁广播电视台都市频道	0.7	3.6
6	《丝路古道焕新机——习近平主席出席上合组织撒马尔罕峰会出访中亚两国》	中央电视台综合频道	0.6	2.7
7	《冰雪之约》	中央电视台新闻频道	0.6	2.3
8	《绝笔》（第二季）	中央台四套	0.6	2.2
9	《非凡的领航 2021》	中央电视台新闻频道	0.6	2.1
9	《零容忍》	中央电视台综合频道	0.6	2.1

表 3.18.11　2022 年辽宁市场综艺节目收视率排名前十位

单位：%

名次	节目名称	播出频道	平均收视率	平均占有率
1	《辽宁卫视 2022 春节联欢晚会》	辽宁卫视	11.1	44.6
2	《2022 中央广播电视总台春节联欢晚会》	中央电视台综合频道	6.7	18.5
3	《2022 年中央广播电视总台元宵晚会》	中央电视台综合频道	3.3	12.5
4	《智慧斗士》（11 月 8 日）	辽宁广播电视台体育频道	3.2	14.5

续表

名次	节目名称	播出频道	平均收视率	平均占有率
5	《新春喜剧之夜》	中央台三套	2.2	8.9
6	《开门大吉》（1月24日）	中央台三套	1.8	6.3
7	《闪光的乐队》（1月15日）	浙江卫视	1.6	7.3
8	《越战越勇》（1月12日）	中央台三套	1.6	5.5
9	《欢天喜地闹元宵》	辽宁卫视	1.5	11.0
10	《2022年北京广播电视台春节联欢晚会》	北京卫视	1.4	9.8

表 3.18.12　2022 年辽宁市场体育节目收视率排名前十位

单位：%

名次	节目名称	播出频道	平均收视率	平均占有率
1	《2022年北京冬奥会短道速滑男子1000米决赛》	中央台五套	6.6	25.0
2	《女足亚洲杯颁奖仪式》	中央台五套	4.3	18.5
3	《现场直播：2021/2022赛季CBA总决赛第四场》（浙江广厦控股VS辽宁本钢）	中央台五套	3.2	12.3
4	《我爱世界杯：2022年世界杯E组第2轮》（日本VS哥斯达黎加）	中央台五套	2.6	9.7
5	《现场直播：2022年世乒联世界杯决赛女单决赛》	中央台五套	2.5	10.5
6	《现场直播：2022年世界乒乓球团体锦标赛男团决赛》	中央台五套	2.0	10.5
7	《现场直播：2022年女篮世界杯半决赛》（澳大利亚队VS中国队）	中央台五套	1.8	11.9
8	《现场直播：2023年男篮世界杯亚洲区预选赛》（伊朗队VS中国队）	中央台五套	1.6	16.8
9	《现场直播：2022年男篮亚洲杯小组赛》（中国VS韩国）	中央台五套	1.5	12.6
10	《现场直播：2022年世乒联大满贯赛新加坡站男单决赛》	中央台五套	1.4	7.5

十九　内蒙古收视数据

表 3.19.1　2018～2022 年内蒙古市场各类频道的占有率

单位：%

频道类别	2018 年	2019 年	2020 年	2021 年	2022 年
中央广播电视总台	55.0	56.7	54.7	54.2	40.1
中国教育台频道	0.1	0.1	0.2	0.2	0.2
内蒙古自治区级频道	7.5	6.7	6.6	6.7	9.4
其他省级卫视频道	33.3	29.5	25.3	23.8	19.3
其他频道	4.1	7.0	13.2	15.1	31.0

注：2022 年内蒙古数据为测量仪数据。

表 3.19.2　2022 年内蒙古市场各类频道在不同目标观众中的占有率

单位：%

目标观众		中央广播电视总台	中国教育台频道	内蒙古自治区级频道	其他省级卫视频道	其他频道
4 岁及以上所有人		40.1	0.2	9.4	19.3	31.0
城乡	城市	38.6	0.1	7.9	19.2	34.2
	乡村	41.9	0.4	11.0	19.3	27.4
性别	男	40.5	0.2	8.8	18.6	31.9
	女	39.8	0.2	9.9	19.9	30.2
年龄	4～14 岁	21.6	0.1	6.0	21.1	51.2
	15～24 岁	39.8	0.3	8.0	19.5	32.4
	25～34 岁	27.9	0.1	5.5	18.9	47.6
	35～44 岁	33.9	0.5	6.4	21.2	38.0
	45～54 岁	44.7	0.2	10.8	17.1	27.2
	55～64 岁	48.2	0.3	10.6	20.2	20.7
	65 岁及以上	53.3	0.2	14.4	18.5	13.6
受教育程度	未受过正规教育	36.5	0.2	10.7	19.8	32.8
	小学	41.1	0.2	13.0	19.1	26.6
	初中	38.2	0.2	9.7	16.6	35.3
	高中	46.7	0.4	6.9	20.1	25.9
	大学及以上	35.0	0.1	5.6	24.7	34.6

续表

目标观众		中央广播电视总台	中国教育台频道	内蒙古自治区级频道	其他省级卫视频道	其他频道
职业类别	干部/管理人员	26.6	0.0	4.6	19.3	49.5
	个体/私营企业人员	36.8	0.1	7.1	18.6	37.4
	初级公务员/雇员	37.1	0.1	7.6	23.8	31.4
	工人	46.0	0.2	8.8	17.2	27.8
	学生	30.5	0.2	6.6	19.1	43.6
	无业	38.2	0.1	8.7	21.2	31.8
	其他	50.0	0.7	14.9	14.7	19.7
个人月收入	0～300元	30.4	0.2	7.6	21.0	40.8
	301～900元	52.1	0.2	16.6	17.5	13.6
	901～1700元	45.3	0.5	17.8	17.2	19.2
	1701～2600元	48.6	0.5	11.7	16.6	22.6
	2601～3500元	45.9	0.2	9.1	21.8	23.0
	3501～5000元	41.0	0.1	6.5	19.9	32.5
	5001元及以上	37.1	0.2	4.4	16.0	42.3

表3.19.3　2022年内蒙古市场各类频道在不同时段的占有率

单位：%

时间段	中央广播电视总台	中国教育台频道	内蒙古自治区级频道	其他省级卫视频道	其他频道
02：00～03：00	36.7	0.2	4.9	15.9	42.3
03：00～04：00	40.4	0.1	4.5	12.8	42.2
04：00～05：00	44.7	0.0	4.8	12.5	38.0
05：00～06：00	44.7	0.3	6.6	21.2	27.2
06：00～07：00	44.1	0.5	7.4	15.1	32.9
07：00～08：00	45.1	1.1	6.7	13.2	33.9
08：00～09：00	40.9	1.2	7.2	15.7	35.0
09：00～10：00	34.3	0.9	6.5	21.4	36.9
10：00～11：00	31.8	0.7	5.8	24.5	37.2
11：00～12：00	34.3	0.3	5.5	23.6	36.3
12：00～13：00	39.0	0.1	3.9	20.6	36.4
13：00～14：00	29.7	0.2	3.7	25.8	40.6
14：00～15：00	27.1	0.3	4.4	28.0	40.2
15：00～16：00	27.8	0.4	5.2	28.5	38.1
16：00～17：00	32.2	0.3	5.3	26.8	35.4

续表

时间段	中央广播电视总台	中国教育台频道	内蒙古自治区级频道	其他省级卫视频道	其他频道
17：00～18：00	38.3	0.2	6.5	22.4	32.6
18：00～19：00	45.9	0.1	13.3	11.1	29.6
19：00～20：00	48.6	0.1	13.3	13.2	24.8
20：00～21：00	42.8	0.1	12.4	20.0	24.7
21：00～22：00	42.4	0.1	13.2	18.3	26.0
22：00～23：00	40.1	0.1	10.1	18.0	31.7
23：00～00：00	41.0	0.3	5.7	19.6	33.4
00：00～01：00	42.2	0.4	5.7	17.0	34.7
01：00～02：00	39.7	0.4	6.7	15.6	37.6

表 3.19.4　2022 年内蒙古市场收视份额排名前十位的频道

单位：%

名次	频道名称	收视份额
1	中央台八套	8.5
2	中央台六套	6.7
3	中央电视台综合频道	5.5
4	中央电视台新闻频道	3.6
5	中央台四套	3.4
6	中央台五套	2.8
7	卡酷少儿频道	2.3
7	中央台三套	2.3
9	内蒙古广播电视台内蒙古卫视频道	2.2
9	中央电视台少儿频道	2.2

表 3.19.5　2022 年内蒙古市场各主要频道的观众构成

单位：%

目标		主要频道					
		所有频道	中央台八套	中央台六套	中央电视台综合频道	中央电视台新闻频道	中央台四套
4 岁及以上所有人		100.0	100.0	100.0	100.0	100.0	100.0
城乡	城市	54.1	49.0	49.5	53.4	42.5	58.4
	乡村	45.9	51.0	50.5	46.6	57.5	41.6
性别	男	48.9	44.0	52.3	48.5	50.8	57.3
	女	51.1	56.0	47.7	51.5	49.2	42.7

续表

目标		主要频道					
		所有频道	中央台八套	中央台六套	中央电视台综合频道	中央电视台新闻频道	中央台四套
年龄	4～14岁	11.0	2.9	6.7	4.5	4.8	3.4
	15～24岁	6.7	4.6	8.2	6.7	7.9	3.9
	25～34岁	14.4	8.1	7.8	12.3	13.4	7.3
	35～44岁	13.9	10.3	17.8	10.1	10.1	5.3
	45～54岁	20.2	23.8	26.4	22.5	19.4	24.7
	55～64岁	13.8	18.3	13.5	19.8	18.0	16.6
	65岁及以上	20.0	32.0	19.6	24.1	26.4	38.8
受教育程度	未受过正规教育	7.8	9.1	8.0	4.6	8.7	3.1
	小学	22.2	26.6	26.2	20.8	18.9	16.2
	初中	35.1	31.1	34.9	32.9	38.2	35.5
	高中	21.3	22.1	19.4	26.3	24.9	33.5
	大学及以上	13.6	11.1	11.5	15.4	9.3	11.7
职业类别	干部/管理人员	0.5	0.2	0.2	1.0	0.2	0.3
	个体/私营企业人员	11.8	7.1	14.5	10.5	13.6	9.7
	初级公务员/雇员	8.9	8.1	8.1	10.7	6.7	8.4
	工人	9.8	9.9	12.7	13.6	11.0	12.4
	学生	10.4	4.2	11.0	6.8	9.9	5.1
	无业	39.6	34.9	31.1	36.0	37.3	47.8
	其他	19.0	35.6	22.4	21.4	21.3	16.3
个人月收入	0～300元	32.2	18.7	30.1	20.6	22.3	16.6
	301～900元	5.5	10.4	7.2	6.2	6.7	5.2
	901～1700元	8.1	9.7	9.2	9.4	7.7	11.4
	1701～2600元	15.9	24.3	14.5	22.9	23.7	17.1
	2601～3500元	15.2	16.9	18.4	17.0	18.3	23.4
	3501～5000元	13.3	10.4	12.5	16.1	12.3	15.4
	5001元及以上	9.8	9.6	8.1	7.8	9.0	10.9

表3.19.6　2020～2022年内蒙古市场各类节目的播出比重和收视比重

单位：%

节目类别	2020年		2021年		2022年	
	播出比重	收视比重	播出比重	收视比重	播出比重	收视比重
财经	0.9	0.2	1.1	0.6	1.2	0.6
电视剧	20.5	31.6	21.4	28.3	22.4	33.0

续表

节目类别	2020 年		2021 年		2022 年	
	播出比重	收视比重	播出比重	收视比重	播出比重	收视比重
电影	3.3	4.1	3.7	7.7	3.2	9.6
法制	0.6	0.3	0.7	1.0	1.0	0.5
教学	0.3	0.2	0.3	0.1	0.3	0.0
青少	8.1	6.6	7.8	4.8	8.4	6.4
生活服务	8.2	9.2	7.6	6.1	7.3	4.8
体育	4.6	1.2	4.5	2.1	5.4	4.6
外语	0.3	0.0	0.2	0.0	0.3	0.0
戏剧	0.7	0.4	0.6	0.3	0.7	0.4
新闻/时事	16.6	15.4	16.2	18.3	15.5	14.6
音乐	1.8	0.9	1.8	1.0	1.8	0.6
专题	14.2	4.0	15.8	5.9	16.0	6.2
综艺	7.2	13.2	6.4	10.2	5.6	8.6
其他	12.7	12.7	11.9	13.6	10.9	10.1

表 3.19.7　2022 年内蒙古市场所有节目收视排名前三十位

单位：%

名次	节目名称	节目类别	播出频道	平均收视率	平均占有率
1	《2022 中央广播电视总台春节联欢晚会》	综艺	中央电视台综合频道	14.7	33.9
2	《2022 年中央广播电视总台元宵晚会》	综艺	中央电视台综合频道	7.7	26.0
3	《2022 北京冬奥会开幕式》	体育	中央电视台综合频道	7.7	24.3
4	《龙腾虎跃中国年》	专题	中央电视台综合频道	5.4	22.3
5	《我爱世界杯：2022 年世界杯 B 组第 2 轮》（威尔士 VS 伊朗）	体育	中央台五套	4.3	16.1
6	《扫黑决战》（1 月 24 日）	电影	中央台六套	4.2	14.9
7	《卧虎悍将》（1 月 6 日）	电影	中央台六套	4.1	18.0
8	《刑警本色》（1 月 10 日）	电影	中央台六套	4.1	16.4
9	《唐人街探案三》	电影	中央台六套	4.0	15.9
10	《夺宝黑狐岭》（2 月 18 日）	电影	中央台六套	4.0	15.3
11	《黄金刀客》（1 月 24 日）	电影	中央台六套	4.0	14.3
12	《峰爆》（2 月 3 日）	电影	中央台六套	3.8	14.8
13	《2022 年中央广播电视总台中秋晚会》	综艺	中央电视台综合频道	3.7	17.6
14	《亲爱的小孩》	电视剧	中央台八套	3.7	16.2
15	《震天桥傻王》（1 月 20 日）	电影	中央台六套	3.7	14.9
16	《反贪风暴四》（11 月 19 日）	电影	中央台六套	3.7	14.6

续表

名次	节目名称	节目类别	播出频道	平均收视率	平均占有率
17	《千里追凶》（2 月 17 日）	电影	中央台六套	3.7	14.6
18	《绝招》（12 月 17 日）	电影	中央台六套	3.6	16.0
19	《火线之上》（5 月 7 日）	电影	中央台六套	3.6	15.0
20	《天下第一镖局二长风厉》	电影	中央台六套	3.6	15.0
21	《天刃》（12 月 11 日）	电影	中央台六套	3.5	16.9
22	《神枪决》	电影	中央台六套	3.5	14.3
23	《杨门女将八妹游春》	电影	中央台六套	3.5	14.1
24	《小娘惹》	电视剧	中央台八套	3.4	17.4
25	《木兰妈妈》	电视剧	中央台八套	3.4	16.7
26	《一代洪商》	电视剧	中央台八套	3.4	15.9
27	《阴阳剑》（2 月 11 日）	电影	中央台六套	3.4	13.0
28	《风云太白山》（1 月 22 日）	电影	中央台六套	3.4	12.9
29	《断魂刀》（1 月 27 日）	电影	中央台六套	3.4	12.2
30	《决战狂沙镇》（1 月 29 日）	电影	中央台六套	3.4	11.7

表 3.19.8　2022 年内蒙古市场电视剧收视率排名前十位

单位：%

名次	节目名称	播出频道	平均收视率	平均占有率
1	《亲爱的小孩》	中央台八套	3.7	16.2
2	《小娘惹》	中央台八套	3.4	17.4
3	《木兰妈妈》	中央台八套	3.4	16.7
4	《一代洪商》	中央台八套	3.4	15.9
5	《虎胆巍城》	中央台八套	3.3	15.3
6	《那山那海》	中央台八套	3.3	14.4
7	《人世间》	中央电视台综合频道	3.3	12.5
8	《养父的花样年华》	中央台八套	3.2	16.0
9	《回家的路有多远》	中央台八套	2.9	15.6
10	《灿烂的季节》	中央台八套	2.8	14.5

表 3.19.9　2022 年内蒙古市场新闻节目收视率排名前十位

单位：%

名次	节目名称	播出频道	平均收视率	平均占有率
1	《中共中央新闻发布会专题新闻》	中央电视台综合频道	2.4	9.6
2	《第五届中国国际进口博览会开幕式特别报道》	中央电视台综合频道	2.2	9.1

续表

名次	节目名称	播出频道	平均收视率	平均占有率
3	《国务院总理会见中外记者并回答提问》	中央电视台综合频道	2.2	8.2
4	《新闻联播》	中央电视台综合频道	1.9	9.5
5	《中国共产党第二十次全国代表大会开幕会专题新闻》	中央电视台综合频道	1.8	7.6
6	《2022 年世界经济论坛视频会议特别报道》	中央电视台新闻频道	1.4	7.8
7	《中国空间站神舟十四号航天员返回 2022》	中央电视台新闻频道	1.4	6.5
8	《焦点访谈》	中央电视台综合频道	1.4	6.1
9	《一起向未来》	中央电视台综合频道	1.3	9.7
10	《俄乌局势突变》	中央台四套	1.3	6.7

表 3.19.10 2022 年内蒙古市场专题节目收视率排名前十位

单位：%

名次	节目名称	播出频道	平均收视率	平均占有率
1	《龙腾虎跃中国年》	中央电视台综合频道	5.4	22.3
2	《长风浩荡启新程——习近平主席出席二十国集团领导人第十七次峰会》	中央电视台综合频道	1.9	7.3
3	《零容忍》	中央电视台综合频道	1.8	6.3
4	《好记者讲好故事 2022 年中国记者节特别节目》	中央电视台综合频道	1.5	7.4
5	《闪亮的名字——2022 最美教师发布仪式》	中央电视台综合频道	1.5	7.0
6	《功勋闪耀新时代》	中央电视台综合频道	1.4	7.5
7	《2022 中国诗词大会》（3 月 8 日）	中央电视台综合频道	1.3	5.1
8	《古韵新声七夕》	中央电视台综合频道	1.3	7.4
9	《丝路古道焕新机——习近平主席出席上合组织撒马尔罕峰会出访中亚两国》	中央电视台综合频道	1.3	7.4
10	《感动中国 2021 年度人物颁奖盛典》	中央电视台综合频道	1.2	5.1

表 3.19.11 2022 年内蒙古市场综艺节目收视率排名前十位

单位：%

名次	节目名称	播出频道	平均收视率	平均占有率
1	《2022 中央广播电视总台春节联欢晚会》	中央电视台综合频道	14.7	33.9
2	《2022 年中央广播电视总台元宵晚会》	中央电视台综合频道	4.1	22.0
3	《2022 年中央广播电视总台中秋晚会》	中央电视台综合频道	3.7	17.6
4	《2022 星光嘉年华星光大道春节特别节目》（2 月 2 日）	中央台三套	2.4	8.0
5	《开门大吉》（1 月 24 日）	中央台三套	2.3	7.3

续表

名次	节目名称	播出频道	平均收视率	平均占有率
6	《中国梦劳动美 2022 五一国际劳动节心连心特别节目》	中央电视台综合频道	2.2	9.2
7	《越战越勇》（3 月 2 日）	中央台三套	2.2	7.9
8	《启航 2023 中央广播电视总台跨年晚会》	中央电视台综合频道	2.1	11.4
9	《新春喜剧之夜》	中央台三套	1.9	10.6
10	《2022 年奋斗的青春五四青年节特别节目》	中央电视台综合频道	1.9	8.2

表 3.19.12　2022 年内蒙古市场体育节目收视率排名前十位

单位：%

名次	节目名称	播出频道	平均收视率	平均占有率
1	《2022 北京冬奥会开幕式》	中央电视台综合频道	7.7	24.3
2	《我爱世界杯：2022 年世界杯 B 组第 2 轮》（威尔士 VS 伊朗）	中央台五套	4.3	16.1
3	《女足亚洲杯颁奖仪式》	中央台五套	3.2	12.7
4	《现场直播：2022 年世乒联世界杯决赛男单决赛》	中央台五套	2.9	14.0
5	《现场直播：2022 年世界乒乓球团体锦标赛男团决赛》	中央台五套	2.9	11.8
6	《2022 北京冬残奥会闭幕式》	中央电视台综合频道	2.1	7.3
7	《现场直播：2021/2022 赛季 CBA 季后赛半决赛》（广东东莞大益 VS 辽宁本钢）	中央台五套	1.7	7.8
8	《现场直播：2022 年世界女排联赛保加利亚站》（中国 VS 韩国）	中央台五套	1.5	10.7
9	《现场直播：2022 年女排亚洲杯决赛》（中国队 VS 日本队）	中央台五套	1.1	6.0
10	《现场直播：2022 年跳水世界杯女子三米板决赛》	中央台五套	1.1	5.1

二十 宁夏收视数据

表 3.20.1 2018～2022 年宁夏市场各类频道的占有率

单位：%

频道类别	2018 年	2019 年	2020 年	2021 年	2022 年
中央广播电视总台	55.4	52.0	48.8	29.8	36.1
中国教育台频道	0.2	0.2	0.3	0.1	0.1
宁夏自治区级频道	5.7	4.9	7.8	3.6	3.0
其他省级卫视频道	25.3	24.0	20.8	20.1	19.1
其他频道	13.4	18.9	22.3	46.4	41.7

表 3.20.2 2022 年宁夏市场各类频道在不同目标观众中的占有率

单位：%

目标观众		中央广播电视总台	中国教育台频道	宁夏自治区级频道	其他省级卫视频道	其他频道
4 岁及以上所有人		36.1	0.1	3.0	19.1	41.7
城乡	城市	37.6	0.1	2.5	19.9	39.9
	农村	33.4	0.1	3.9	17.5	45.1
性别	男	37.5	0.1	3.0	17.8	41.6
	女	34.7	0.1	3.0	20.3	41.9
年龄	4～14 岁	15.2	0.1	1.6	16.9	66.2
	15～24 岁	28.8	0.1	2.4	17.2	51.5
	25～34 岁	21.2	0.1	2.5	18.7	57.5
	35～44 岁	33.3	0.1	2.0	18.6	46.0
	45～54 岁	48.1	0.1	3.0	18.4	30.4
	55～64 岁	45.9	0.2	4.4	17.5	32.0
	65 岁及以上	54.4	0.1	4.5	24.7	16.3
受教育程度	未受过正规教育	27.5	0.2	3.4	19.7	49.2
	小学	33.9	0.1	3.1	21.7	41.2
	初中	41.1	0.1	3.4	16.7	38.7
	高中	36.4	0.1	2.6	19.5	41.4
	大学及以上	36.9	0.1	2.5	18.1	42.4

续表

目标观众		中央广播电视总台	中国教育台频道	宁夏自治区级频道	其他省级卫视频道	其他频道
职业类别	干部/管理人员	47.5	0.0	1.8	15.4	35.3
	个体/私营企业人员	38.3	0.1	3.5	16.3	41.8
	初级公务员/雇员	36.8	0.1	2.5	14.4	46.2
	工人	38.5	0.1	3.6	21.3	36.5
	学生	19.7	0.1	1.5	15.6	63.1
	无业	38.5	0.1	3.0	21.2	37.2
	其他	45.9	0.2	4.7	19.8	29.4
个人月收入	0～300元	25.1	0.1	2.1	18.1	54.6
	301～900元	36.9	0.3	4.2	17.8	40.8
	901～1700元	60.2	0.1	5.5	16.4	17.8
	1701～2600元	43.7	0.1	4.9	20.5	30.8
	2601～3500元	45.6	0.1	2.7	20.4	31.2
	3501～5000元	39.3	0.1	2.7	19.4	38.5
	5001元及以上	35.9	0.1	2.6	21.3	40.1

表3.20.3　2022年宁夏市场各类频道在不同时段的占有率

单位：%

时间段	中央广播电视总台	中国教育台频道	宁夏自治区级频道	其他省级卫视频道	其他频道
02：00～03：00	23.8	0.1	0.7	10.7	64.7
03：00～04：00	23.3	0.0	0.5	10.9	65.3
04：00～05：00	28.8	0.0	0.4	10.8	60.0
05：00～06：00	43.4	0.0	0.8	14.3	41.5
06：00～07：00	57.2	0.1	1.2	13.9	27.6
07：00～08：00	54.2	0.1	4.9	12.5	28.3
08：00～09：00	43.7	0.3	3.9	16.1	36.0
09：00～10：00	32.8	0.3	3.0	20.5	43.4
10：00～11：00	29.7	0.3	3.0	21.0	46.0
11：00～12：00	32.3	0.1	2.3	20.0	45.3
12：00～13：00	34.4	0.1	1.7	17.9	45.9
13：00～14：00	26.3	0.1	1.7	22.4	49.5
14：00～15：00	23.5	0.2	2.0	24.8	49.5
15：00～16：00	24.4	0.2	2.3	24.8	48.3
16：00～17：00	27.0	0.2	2.5	23.4	46.9

续表

时间段	中央广播电视总台	中国教育台频道	宁夏自治区级频道	其他省级卫视频道	其他频道
17：00～18：00	32.7	0.1	2.5	19.6	45.1
18：00～19：00	43.1	0.1	5.4	10.2	41.2
19：00～20：00	49.3	0.1	3.5	13.7	33.4
20：00～21：00	40.8	0.1	3.0	21.8	34.3
21：00～22：00	39.2	0.1	3.3	20.1	37.3
22：00～23：00	32.3	0.1	4.0	20.4	43.2
23：00～00：00	29.5	0.2	2.7	20.8	46.8
00：00～01：00	26.5	0.3	1.7	15.8	55.7
01：00～02：00	23.8	0.1	1.4	11.4	63.3

表 3.20.4 2022 年宁夏市场收视份额排名前十位的频道

单位：%

名次	频道名称	收视份额
1	中央台八套	7.2
2	中央台六套	6.7
3	中央电视台综合频道	5.0
4	中央电视台新闻频道	3.6
5	中央台四套	3.2
6	中央台五套	2.2
7	湖南卫视	2.0
8	浙江卫视	1.7
9	江苏卫视	1.5
10	中央台三套	1.4

表 3.20.5 2022 年宁夏市场各主要频道的观众构成

单位：%

目标观众		所有频道	中央台八套	中央台六套	中央电视台综合频道	中央电视台新闻频道	中央台四套
4 岁及以上所有人		100.0	100.0	100.0	100.0	100.0	100.0
城乡	城市	63.9	63.7	63.1	69.0	72.4	72.3
	农村	36.1	36.3	36.9	31.0	27.6	27.7
性别	男	50.9	45.8	59.0	49.0	51.5	58.8
	女	49.1	54.2	41.0	51.0	48.5	41.2

续表

目标观众		所有频道	中央台八套	中央台六套	中央电视台综合频道	中央电视台新闻频道	中央台四套
年龄	4～14岁	18.7	4.5	9.0	6.3	7.1	6.6
	15～24岁	7.4	5.2	7.1	7.1	3.5	3.7
	25～34岁	13.3	3.7	7.6	9.3	11.1	5.9
	35～44岁	10.8	9.4	13.3	10.6	5.4	5.6
	45～54岁	17.2	25.1	28.5	23.8	17.4	22.2
	55～64岁	15.3	20.9	18.5	17.7	20.5	19.3
	65岁及以上	17.4	31.2	15.9	25.2	35.0	36.7
受教育程度	未受过正规教育	12.1	9.3	8.5	7.0	11.0	11.9
	小学	24.4	28.4	21.6	19.9	23.9	20.4
	初中	28.4	37.5	40.9	28.7	25.2	26.0
	高中	21.9	16.4	19.9	23.3	27.5	27.7
	大学及以上	13.1	8.3	9.1	21.1	12.5	14.0
职业类别	干部/管理人员	0.8	1.4	0.2	2.3	0.7	0.5
	个体/私营企业人员	10.2	11.8	15.9	11.3	6.7	6.0
	初级公务员/雇员	8.0	6.5	7.8	9.0	8.7	8.1
	工人	15.7	17.7	21.7	15.4	13.4	11.6
	学生	16.0	7.1	11.5	8.1	5.6	3.7
	无业	39.5	39.8	29.0	45.7	53.0	56.8
	其他	9.7	15.8	13.9	8.3	11.9	13.3
个人月收入	0～300元	38.2	24.0	27.3	25.6	28.1	18.5
	301～900元	6.1	7.2	5.5	4.2	7.5	9.3
	901～1700元	7.3	15.0	12.2	10.3	15.0	15.9
	1701～2600元	11.3	17.3	12.4	16.4	11.0	11.1
	2601～3500元	12.7	13.1	16.7	16.3	16.1	19.4
	3501～5000元	11.2	10.9	12.3	12.3	10.0	15.5
	5001元及以上	13.2	12.5	13.7	14.9	12.3	10.3

表3.20.6　2020～2022年宁夏市场各类节目的播出比重和收视比重

单位：%

节目类别	2020年		2021年		2022年	
	播出比重	收视比重	播出比重	收视比重	播出比重	收视比重
财经	1.0	0.3	1.1	0.6	1.2	0.7
电视剧	22.0	27.9	21.6	31.7	21.8	30.8

续表

节目类别	2020 年		2021 年		2022 年	
	播出比重	收视比重	播出比重	收视比重	播出比重	收视比重
电影	3.8	8.6	4.0	12.3	3.5	11.8
法制	0.7	0.6	0.8	0.5	0.9	0.5
教学	0.4	0.2	0.3	0.1	0.4	0.1
青少	8.1	5.6	7.7	6.4	7.9	6.0
生活服务	6.8	6.4	7.4	4.6	7.1	4.7
体育	4.0	1.7	4.4	4.0	5.2	4.7
外语	0.2	0.0	0.2	0.0	0.3	0.0
戏剧	0.7	0.3	0.6	0.2	0.7	0.3
新闻/时事	17.3	19.4	16.3	13.5	15.8	15.0
音乐	1.9	1.0	1.7	0.8	1.8	0.7
专题	14.6	5.6	15.6	6.0	16.1	6.2
综艺	6.2	8.1	5.9	9.1	5.2	8.4
其他	12.3	14.3	12.4	10.2	12.0	10.1

表 3.20.7　2022 年宁夏市场所有节目收视率排名前三十位

单位：%

名次	节目名称	节目类别	播出频道	平均收视率	平均占有率
1	《2022 中央广播电视总台春节联欢晚会》	综艺	中央电视台综合频道	10.6	37.2
2	《特殊身份》	电影	中央台六套	4.2	19.4
3	《2022 北京冬奥会开幕式》	体育	中央电视台综合频道	4.0	17.4
4	《澳门风云二》	电影	中央台六套	3.5	22.2
5	《开学第一课》	青少	中央电视台综合频道	3.4	22.6
6	《风雪狼道》	电影	中央台六套	3.3	17.0
7	《风云太白山》	电影	中央台六套	3.0	17.9
8	《红麦》	电影	中央台六套	2.9	16.7
9	《扫黑决战》（1 月 2 日）	电影	中央台六套	2.9	13.6
10	《龙腾虎跃中国年》	专题	中央电视台综合频道	2.8	20.4
11	《霍元甲血战津门》	电影	中央台六套	2.8	15.0
12	《火线之上》	电影	中央台六套	2.7	16.8
13	《夜宿梨树湾》	电影	中央台六套	2.6	18.4
14	《大进军解放大西北》	电影	中央台六套	2.6	15.5
15	《人世间》	电视剧	中央电视台综合频道	2.6	13.0
16	《我爱世界杯：2022 年世界杯决赛》（阿根廷 VS 法国）	体育	中央台五套	2.5	40.3

续表

名次	节目名称	节目类别	播出频道	平均收视率	平均占有率
17	《长津湖》	电影	中央台六套	2.5	16.3
18	《虎胆巍城》	电视剧	中央台八套	2.5	13.7
19	《神枪决》	电影	中央台六套	2.5	12.0
20	《大决战第一部辽沈战役》	电影	中央台六套	2.4	15.8
20	《围剿》	电影	中央台六套	2.4	15.7
22	《桃花小霸王》	电影	中央台六套	2.4	14.1
23	《天道王》	电影	中央台六套	2.4	13.4
24	《秋收起义》	电影	中央台六套	2.4	12.0
24	《2022年女足亚洲杯决赛》（中国VS韩国）	体育	中央台五套	2.4	11.5
26	《中央广播电视总台元宵晚会》	综艺	中央电视台综合频道	2.3	17.1
27	《太行山上》	电影	中央台六套	2.3	14.3
28	《大转折下集挺进大别山》	电影	中央台六套	2.3	13.5
29	《精武英雄》	电影	中央台六套	2.3	12.8
30	《沂蒙六姐妹》	电影	中央台六套	2.3	11.1

表3.20.8　2022年宁夏市场电视剧收视率排名前十位

单位：%

名次	节目名称	播出频道	平均收视率	平均占有率
1	《人世间》	中央电视台综合频道	2.6	13.0
2	《虎胆巍城》	中央台八套	2.5	13.7
3	《向风而行》	中央台八套	2.1	10.0
4	《养父的花样年华》	中央台八套	1.9	17.0
5	《那山那海》	中央台八套	1.9	13.3
6	《我最爱的家人》	中央台八套	1.9	12.3
7	《灿烂的季节》	中央台八套	1.9	11.4
8	《木兰妈妈》	中央台八套	1.8	12.7
8	《谢谢你医生》	中央台八套	1.8	12.4
10	《胡同》	中央台八套	1.8	11.7

表3.20.9　2022年宁夏市场新闻节目收视率排名前十位

单位：%

名次	节目名称	播出频道	平均收视率	平均占有率
1	《第五届中国国际进口博览会开幕式特别报道》	中央电视台综合频道	1.7	10.2
2	《中国共产党第二十次全国代表大会开幕会专题新闻》	中央电视台综合频道	1.7	9.0

续表

名次	节目名称	播出频道	平均收视率	平均占有率
3	《新闻联播》	中央电视台综合频道	1.5	11.5
4	《筑梦空间站神舟十四号航天员返回特别报道》	中央台四套	1.3	6.8
5	《2022 年世界经济论坛视频会议特别报道》	中央台四套	1.1	8.5
6	《国务院总理会见中外记者并回答提问》	中央电视台综合频道	1.1	6.5
7	《中国舆论场》	中央台四套	1.0	6.5
8	《新闻直播间》	中央电视台综合频道	1.0	6.4
9	《一起向未来第 24 届冬季奥林匹克运动会闭幕式倒计时特别节目》	中央电视台新闻频道	0.9	7.7
10	《中国空间站神舟十四号航天员返回 2022》	中央电视台新闻频道	0.9	5.1

表 3.20.10　2021 年宁夏市场专题节目收视率排名前十位

单位：%

名次	节目名称	播出频道	平均收视率	平均占有率
1	《龙腾虎跃中国年》	中央电视台综合频道	2.8	20.4
2	《闪亮的名字——2022 最美教师发布仪式》	中央电视台综合频道	1.3	9.3
3	《相知跨千年携手创未来——习近平主席赴沙特利雅得出访纪实》	中央电视台综合频道	1.2	6.9
3	《长风浩荡启新程——习近平主席出席二十国集团领导人第十七次峰会》	中央电视台综合频道	1.2	6.6
5	《2021 年大国工匠年度人物发布仪式》	中央电视台综合频道	1.1	7.0
6	《功勋闪耀新时代》	中央电视台综合频道	1.0	8.1
7	《零容忍》	中央电视台综合频道	0.9	4.4
8	《丝路古道焕新机——习近平主席出席上合组织撒马尔罕峰会出访中亚两国》	中央电视台综合频道	0.8	6.2
9	《感动中国 2021 年度人物颁奖盛典》	中央电视台综合频道	0.8	4.8
10	《大国基石》	中央电视台综合频道	0.7	4.0

表 3.20.11　2022 年宁夏市场综艺节目收视率排名前十位

单位：%

名次	节目名称	播出频道	平均收视率	平均占有率
1	《2022 中央广播电视总台春节联欢晚会》	中央电视台综合频道	10.6	37.2
2	《2022 年中央广播电视总台元宵晚会》	中央电视台综合频道	2.3	17.1
3	《2022 年中央广播电视总台中秋晚会》	中央电视台综合频道	1.7	12.0
4	《2022 年北京广播电视台春节联欢晚会》	北京卫视	1.6	8.9
5	《2022～2023 跨年晚会》	湖南卫视	1.5	9.4

续表

名次	节目名称	播出频道	平均收视率	平均占有率
6	《第35届中国电影金鸡奖颁奖典礼暨2022年中国金鸡百花电影节闭幕式》	中央台六套	1.2	8.2
7	《2022中央广播电视总台春节联欢晚会语言类精编》	中央电视台综合频道	1.1	8.6
8	《启航2023中央广播电视总台跨年晚会》	中央电视台综合频道	1.1	7.0
9	《2021国剧盛典致敬美好》	安徽卫视	1.0	7.8
10	《一路唱响后传》	东方卫视	1.0	5.7

表3.20.12　2022年宁夏市场体育节目收视率排名前十位

单位：%

名次	节目名称	播出频道	平均收视率	平均占有率
1	《2022北京冬奥会开幕式》	中央电视台综合频道	4.0	17.4
2	《我爱世界杯：2022年世界杯决赛》（阿根廷VS法国）	中央台五套	2.5	40.3
3	《2022年女足亚洲杯决赛》（中国VS韩国）	中央台五套	2.4	11.5
4	《现场直播：2022年女篮世界杯决赛》（中国队VS美国队）	中央台五套	2.2	26.2
5	《现场直播：2022年世界乒乓球团体锦标赛女团决赛》	中央台五套	1.6	9.9
6	《现场直播：2022年世界女排锦标赛小组赛》（中国VS日本）	中央台五套	1.3	8.7
7	《北京2022年冬残奥会闭幕式倒计时特别节目》	中央电视台新闻频道	1.1	13.7
8	《现场直播：2022年世乒联冠军赛澳门站男单决赛》	中央台五套	1.0	5.0
9	《现场直播：2022年男篮亚洲杯1/4决赛》（黎巴嫩VS中国）	中央台五套	0.8	7.5
10	《现场直播：2022年世乒联世界杯决赛男单半决赛》	中央台五套	0.8	6.3

二十一　山东收视数据

表 3.21.1　2018～2022 年山东市场各类频道的占有率

单位：%

频道类别	2018 年	2019 年	2020 年	2021 年	2022 年
中央广播电视总台	26.1	27.0	24.8	22.6	22.7
中国教育台频道	0.1	0.1	0.1	0.1	0.0
山东省级频道	43.0	32.7	34.1	33.1	36.4
其他省级卫视频道	16.3	19.4	19.5	19.8	18.2
其他频道	14.5	20.8	21.5	24.4	22.7

表 3.21.2　2022 年山东市场各类频道在不同目标观众中的占有率

单位：%

目标观众		中央广播电视总台	中国教育台频道	山东省级频道	其他省级卫视频道	其他频道
4 岁及以上所有人		22.7	0.0	36.4	18.2	22.7
城乡	城市	28.7	0.1	14.3	25.7	31.2
	乡村	19.3	0.0	48.8	14.0	17.9
性别	男	23.6	0.0	36.6	17.5	22.3
	女	21.9	0.0	36.2	18.9	23.0
年龄	4～14 岁	12.5	0.0	33.1	20.3	34.1
	15～24 岁	17.3	0.0	40.8	14.9	27.0
	25～34 岁	19.2	0.0	32.5	22.2	26.1
	35～44 岁	16.5	0.0	34.8	19.7	29.0
	45～54 岁	24.5	0.1	35.2	18.4	21.8
	55～64 岁	26.7	0.0	39.1	18.9	15.3
	65 岁及以上	32.5	0.1	38.9	13.8	14.7
受教育程度	未受过正规教育	16.8	0.0	40.4	19.8	23.0
	小学	18.0	0.1	44.1	16.2	21.6
	初中	22.5	0.0	38.2	17.5	21.8
	高中	27.9	0.0	31.5	17.2	23.4
	大学及以上	28.0	0.0	19.9	25.7	26.4

续表

目标观众		中央广播电视总台	中国教育台频道	山东省级频道	其他省级卫视频道	其他频道
职业类别	干部/管理人员	37.6	0.0	18.4	20.0	24.0
	个体/私营企业人员	21.7	0.0	29.1	21.3	27.9
	初级公务员/雇员	24.0	0.0	24.1	22.2	29.7
	工人	19.7	0.0	44.7	15.6	20.0
	学生	14.7	0.0	34.0	17.8	33.5
	无业	29.3	0.1	26.0	22.0	22.6
	其他	22.3	0.0	52.0	13.0	12.7
个人月收入	0～300元	17.3	0.0	38.2	18.6	25.9
	301～900元	25.1	0.0	48.1	13.4	13.4
	901～1700元	24.5	0.1	43.3	16.0	16.1
	1701～2600元	23.4	0.0	42.4	17.6	16.6
	2601～3500元	24.7	0.1	27.3	19.0	28.9
	3501～5000元	27.7	0.0	27.5	19.9	24.9
	5001元及以上	23.2	0.0	31.4	20.5	24.9

表3.21.3　2022年山东市场各类频道在不同时段的占有率

单位：%

时间段	中央广播电视总台	中国教育台频道	山东省级频道	其他省级卫视频道	其他频道
02：00～03：00	23.0	0.0	15.7	22.5	38.8
03：00～04：00	25.8	0.0	19.7	19.8	34.7
04：00～05：00	28.5	0.0	34.6	14.3	22.6
05：00～06：00	32.4	0.0	43.8	9.3	14.5
06：00～07：00	41.9	0.0	32.5	9.5	16.1
07：00～08：00	41.4	0.1	26.6	13.3	18.6
08：00～09：00	35.2	0.1	20.0	19.6	25.1
09：00～10：00	26.7	0.1	19.1	27.6	26.5
10：00～11：00	25.3	0.1	18.2	30.2	26.2
11：00～12：00	25.9	0.1	22.7	27.4	23.9
12：00～13：00	28.5	0.0	23.1	22.5	25.9
13：00～14：00	22.1	0.1	23.4	26.5	27.9
14：00～15：00	19.6	0.1	25.5	27.1	27.7
15：00～16：00	18.9	0.1	27.7	26.5	26.8
16：00～17：00	20.3	0.1	29.6	24.7	25.3
17：00～18：00	21.1	0.0	37.8	18.4	22.7

续表

时间段	中央广播电视总台	中国教育台频道	山东省级频道	其他省级卫视频道	其他频道
18：00～19：00	21.6	0.0	48.4	9.5	20.5
19：00～20：00	22.3	0.0	48.3	10.3	19.1
20：00～21：00	18.5	0.0	46.9	15.8	18.8
21：00～22：00	20.1	0.0	44.1	16.0	19.8
22：00～23：00	26.1	0.0	21.1	21.8	31.0
23：00～00：00	25.7	0.0	14.0	23.0	37.3
00：00～01：00	29.1	0.1	14.0	16.5	40.3
01：00～02：00	25.8	0.2	14.1	18.2	41.7

表 3.21.4　2022 年山东市场收视份额排名前十位的频道

名次	频道名称	收视份额（%）
1	山东广播电视台齐鲁频道	13.5
2	山东卫视	10.9
3	中央电视台综合频道	4.3
4	山东广播电视台综艺频道	3.9
5	山东广播电视台少儿频道	3.5
6	中央台六套	3.4
7	中央台四套	2.7
7	中央台八套	2.7
9	中央电视台新闻频道	2.1
10	湖南电视台金鹰卡通频道	1.9

表 3.21.5　2022 年山东市场各主要频道的观众构成

单位：%

目标		主要频道					
		所有频道	山东电视齐鲁频道	山东卫视	中央电视台综合频道	山东广播电视台综艺频道	山东广播电视台少儿频道
4 岁及以上所有人		100.0	100.0	100.0	100.0	100.0	100.0
城乡	城市	35.8	9.1	12.0	38.7	5.0	31.1
	乡村	64.2	90.9	88.0	61.3	95.0	68.9
性别	男	50.5	48.8	54.4	49.5	46.7	47.8
	女	49.5	51.2	45.6	50.5	53.3	52.2

续表

目标		主要频道					
		所有频道	山东电视齐鲁频道	山东卫视	中央电视台综合频道	山东广播电视台综艺频道	山东广播电视台少儿频道
年龄	4～14岁	12.2	9.4	8.7	5.9	11.5	29.8
	15～24岁	7.9	9.0	8.6	6.8	8.9	6.2
	25～34岁	11.5	6.0	11.5	11.1	12.7	16.9
	35～44岁	14.0	9.1	13.8	9.6	29.8	23.0
	45～54岁	16.7	13.6	14.5	14.9	30.0	5.0
	55～64岁	18.0	26.1	17.0	22.4	3.7	13.3
	65岁及以上	19.7	26.8	25.9	29.2	3.3	5.8
受教育程度	未受过正规教育	9.3	11.5	8.6	7.7	6.9	19.0
	小学	18.4	30.7	19.7	14.9	5.9	19.8
	初中	42.7	41.9	44.4	37.7	57.1	41.8
	高中	20.2	11.9	20.8	26.9	25.4	13.2
	大学及以上	9.4	4.0	6.6	12.9	4.7	6.2
职业类别	干部/管理人员	0.9	0.7	0.3	1.3	0.0	0.2
	个体/私营企业人员	12.4	6.8	9.8	13.6	23.4	13.2
	初级公务员/雇员	11.0	7.0	5.5	13.9	9.7	8.7
	工人	21.2	23.3	24.6	16.4	39.5	18.6
	学生	11.0	11.1	7.9	6.5	14.1	17.7
	无业	22.4	11.6	20.1	27.1	10.2	26.1
	其他	21.1	39.4	31.8	21.1	3.1	15.6
个人月收入	0～300元	27.7	28.6	29.6	22.3	23.4	45.5
	301～900元	9.7	16.4	14.8	11.2	1.6	4.0
	901～1700元	9.8	15.1	9.8	8.0	4.1	8.6
	1701～2600元	13.3	14.8	14.3	13.6	30.4	10.2
	2601～3500元	13.7	9.5	9.6	17.2	9.3	9.7
	3501～5000元	13.5	9.2	9.8	15.9	11.0	10.7
	5001元及以上	12.2	6.4	12.1	11.7	20.1	11.3

表3.21.6　2020～2022年山东市场各类节目的播出比重和收视比重

单位：%

节目类别	2020年		2021年		2022年	
	播出比重	收视比重	播出比重	收视比重	播出比重	收视比重
财经	0.9	0.2	1.0	0.4	1.1	0.4

续表

节目类别	2020 年		2021 年		2022 年	
	播出比重	收视比重	播出比重	收视比重	播出比重	收视比重
电视剧	20.5	31.6	20.4	33.7	21.2	31.3
电影	3.3	4.1	3.2	4.1	2.9	4.4
法制	0.6	0.3	0.6	0.2	0.9	0.3
教学	0.3	0.2	0.3	0.0	0.3	0.1
青少	8.1	6.6	7.8	6.6	8.1	7.1
生活服务	8.2	9.2	8.8	10.0	8.6	10.5
体育	4.6	1.2	4.9	1.7	5.8	2.7
外语	0.2	0.0	0.2	0.0	0.3	0.0
戏剧	0.7	0.4	0.6	0.4	0.7	0.5
新闻/时事	16.6	15.4	15.7	14.3	15.1	14.8
音乐	1.8	0.9	1.6	0.5	1.7	0.4
专题	14.2	4.0	15.5	4.7	16.1	5.6
综艺	7.2	13.2	7.3	10.1	5.9	8.4
其他	12.8	12.7	12.1	13.2	11.3	13.5

表 3.21.7　2022 年山东市场所有节目收视率排名前三十位

单位：%

名次	节目名称	节目类型	播出频道	平均收视率	平均占有率
1	《龙腾虎跃中国年》	专题	中央电视台综合频道	13.7	34.3
2	《2022 中央广播电视总台春节联欢晚会》	综艺	中央电视台综合频道	12.5	28.6
3	《齐鲁大英雄》	电视剧	山东广播电视台齐鲁频道	9.1	30.4
4	《暗战风云》	电视剧	山东广播电视台齐鲁频道	9.1	30.2
5	《密战风云》	电视剧	山东广播电视台齐鲁频道	8.7	30.0
6	《余门女将》	电视剧	山东广播电视台齐鲁频道	8.3	26.3
7	《铁娘子》	电视剧	山东广播电视台齐鲁频道	8.2	27.3
8	《左手劈刀》	电视剧	山东广播电视台齐鲁频道	7.7	27.2
9	《灿烂的日子》	电视剧	山东广播电视台齐鲁频道	7.6	21.5
10	《花火花红》	电视剧	山东广播电视台齐鲁频道	7.2	26.9
11	《亲爱的哥嫂》	电视剧	山东广播电视台齐鲁频道	7.2	22.8
12	《小娘惹》	电视剧	山东广播电视台齐鲁频道	7.0	20.9
13	《我最爱的家人》	电视剧	山东广播电视台齐鲁频道	6.9	26.2
14	《虎跃齐鲁万象新山东春节联欢晚会 2022》	综艺	山东卫视	6.8	23.2

续表

名次	节目名称	节目类型	播出频道	平均收视率	平均占有率
15	《2022 北京冬奥会开幕式》	体育	中央电视台综合频道	6.7	18.9
16	《心有暖阳》	电视剧	山东广播电视台齐鲁频道	6.6	25.2
17	《热血福将》	电视剧	山东广播电视台齐鲁频道	6.6	24.0
18	《热血奇兵》	电视剧	山东广播电视台齐鲁频道	6.6	23.7
19	《亲爱的孩子们》	电视剧	山东广播电视台齐鲁频道	6.5	24.4
20	《亲爱的姐姐们》	电视剧	山东广播电视台齐鲁频道	6.5	20.3
21	《铁家伙》	电视剧	山东广播电视台齐鲁频道	6.4	23.6
22	《沙场点兵》	电视剧	山东广播电视台齐鲁频道	6.3	24.0
23	《亲爱的爸妈》	电视剧	山东广播电视台齐鲁频道	6.3	20.8
24	《义海》	电视剧	山东广播电视台齐鲁频道	6.2	22.2
25	《秀才遇到兵》	电视剧	山东广播电视台齐鲁频道	6.1	24.1
26	《烈火战马》	电视剧	山东广播电视台齐鲁频道	6.1	21.4
27	《霞光》（26～44 集）	电视剧	山东卫视	6.0	17.1
28	《火线三兄弟》	电视剧	山东广播电视台齐鲁频道	5.8	21.5
29	《灿烂的季节》	电视剧	山东广播电视台齐鲁频道	5.7	20.8
30	《中国礼中国乐》	综艺	山东广播电视台齐鲁频道	5.7	19.0

表 3.21.8　2022 年山东市场电视剧收视率排名前十位

单位：%

名次	节目名称	播出频道	平均收视率	平均占有率
1	《齐鲁大英雄》	山东广播电视台齐鲁频道	9.1	30.4
2	《暗战风云》	山东广播电视台齐鲁频道	9.1	30.2
3	《密战风云》	山东广播电视台齐鲁频道	8.7	30.0
4	《佘门女将》	山东广播电视台齐鲁频道	8.3	26.3
5	《铁娘子》	山东广播电视台齐鲁频道	8.2	27.3
6	《左手劈刀》	山东广播电视台齐鲁频道	7.7	27.2
7	《灿烂的日子》	山东广播电视台齐鲁频道	7.6	21.5
8	《花火花红》	山东广播电视台齐鲁频道	7.2	26.9
9	《亲爱的哥嫂》	山东广播电视台齐鲁频道	7.2	22.8
10	《小娘惹》	山东广播电视台齐鲁频道	7.0	20.9

表 3. 21. 9　2022 年山东市场新闻节目收视率排名前十位

单位：%

名次	节目名称	播出频道	平均收视率	平均占有率
1	《每日新闻》	山东广播电视台齐鲁频道	5.1	20.3
2	《转播中央台新闻联播》	山东卫视	3.8	12.4
3	《两会特别报道》	山东卫视	3.0	10.0
4	《山东新闻联播》	山东卫视	2.6	10.3
5	《中国共产党第二十次全国代表大会开幕会专题新闻》	中央电视台综合频道	2.4	8.1
6	《一起向未来》	中央电视台综合频道	2.3	9.4
7	《晚间新闻》	山东卫视	1.9	9.0
8	《中国空间站神舟十四号航天员返回 2022》	中央电视台新闻频道	1.9	7.0
9	《拉呱》	山东广播电视台齐鲁频道	1.7	12.6
10	《筑梦空间站神舟十四号航天员返回特别报道》	中央台四套	1.4	5.0

表 3. 21. 10　2022 年山东市场专题节目收视率排名前十位

单位：%

名次	节目名称	播出频道	平均收视率	平均占有率
1	《龙腾虎跃中国年》	中央电视台综合频道	13.7	34.3
2	《大河之洲》（11 月 30 日）	山东广播电视台齐鲁频道	4.9	17.7
3	《陪你一起过大年》	山东广播电视台齐鲁频道	3.7	12.5
4	《文物里的山东》	山东广播电视台综艺频道	3.0	10.1
5	《精神的追寻中国共产党人精神谱系》	山东卫视	2.8	11.1
6	《村光无限好特别策划聚变三涧溪》（7 月 1 日）	山东广播电视台综艺频道	2.8	10.2
7	《村光无限好乡村振兴齐鲁样板》	山东广播电视台综艺频道	2.8	8.9
8	《齐鲁文化大会》	山东卫视	2.3	15.7
9	《此水此山此地寻根焦裕禄精神》	山东广播电视台齐鲁频道	2.2	13.1
10	《蔬菜改变中国》	山东广播电视台综艺频道	2.1	7.6

表 3. 21. 11　2022 年山东市场综艺节目收视率排名前十位

单位：%

名次	节目名称	播出频道	平均收视率	平均占有率
1	《2022 中央广播电视总台春节联欢晚会》	中央电视台综合频道	12.5	28.6
2	《虎跃齐鲁万象新山东春节联欢晚会 2022》	山东卫视	6.8	23.2
3	《中国礼中国乐》	山东广播电视台齐鲁频道	5.7	19.0
4	《灯火耀青春 2022 山东卫视欢乐元宵夜》	山东卫视	5.3	13.3
5	《2022 山东春晚精彩大放送》	山东卫视	5.2	13.4

续表

名次	节目名称	播出频道	平均收视率	平均占有率
6	《2022 年中央广播电视总台元宵晚会》	中央电视台综合频道	4.8	13.8
7	《唱响你的歌》（5 月 2 日）	山东广播电视台综艺频道	3.8	12.3
8	《2022 年中央广播电视总台中秋晚会》	中央电视台综合频道	3.5	11.6
9	《一起上春晚》	山东卫视	3.0	18.4
10	《新春喜剧之夜》	中央台三套	2.5	8.1

表 3.21.12　2022 年山东市场体育节目收视率排名前十位

单位：%

名次	节目名称	播出频道	平均收视率	平均占有率
1	《2022 北京冬奥会开幕式》	中央电视台综合频道	6.7	18.9
2	《2022 北京冬残奥会闭幕式》	山东卫视	4.2	12.6
3	《2022 年女足亚洲杯决赛》（中国 VS 韩国）	中央台五套	3.5	9.3
4	《我爱世界杯：2022 年世界杯小组赛 E 组第 1 轮》（德国 VS 日本）	中央台五套	2.3	14.7
5	《现场直播：2022 年世乒联世界杯决赛男单决赛》	中央台五套	1.5	6.7
6	《现场直播：2022 年世界乒乓球团体锦标赛女团决赛》	中央台五套	1.5	5.7
7	《超级赛场：2021 年中国足协杯决赛》（上海海港 VS 山东泰山）	山东广播电视台体育频道	1.4	3.7
8	《实况录像：2022 年女篮世界杯 1/4 决赛》（中国 VS 法国）	中央台五套	1.1	4.1
9	《现场直播：2022 年世界女排锦标赛小组赛第 4 轮》（中国队 VS 捷克队）	中央台五套	1.1	4.0
10	《现场直播：2022 年世乒联冠军赛澳门站男单决赛》	中央台五套	1.0	3.3

二十二　陕西收视数据

表 3.22.1　2018～2022 年陕西市场各类频道的占有率

单位：%

频道类别	2018 年	2019 年	2020 年	2021 年	2022 年
中央广播电视总台	44.3	41.7	43.0	29.2	33.1
中国教育台频道	0.3	0.3	0.4	0.3	0.3
陕西省级频道	13.9	12.7	8.9	8.4	8.6
其他省级卫视频道	30.9	29.0	25.6	19.5	17.5
其他频道	10.6	16.3	22.1	42.6	40.5

表 3.22.2　2022 年陕西市场各类频道在各目标观众中的占有率

单位：%

目标观众		中央广播电视总台	中国教育台频道	陕西省级频道	其他省级卫视频道	其他频道
4 岁及以上所有人		33.1	0.3	8.6	17.5	40.5
城乡	城市	32.2	0.2	8.7	16.7	42.2
	农村	34.1	0.3	8.2	18.9	38.5
性别	男	35.6	0.3	8.4	17.1	38.6
	女	30.4	0.2	8.8	18.0	42.6
年龄	4～14 岁	15.7	0.2	4.2	18.7	61.2
	15～24 岁	24.0	0.2	6.4	23.3	46.1
	25～34 岁	27.5	0.3	4.3	17.9	50.0
	35～44 岁	24.9	0.2	5.2	17.0	52.7
	45～54 岁	30.2	0.3	9.8	14.6	45.1
	55～64 岁	45.7	0.3	7.1	16.4	30.5
	65 岁及以上	44.6	0.3	15.4	18.2	21.5
受教育程度	未受过正规教育	25.6	0.3	13.1	22.8	38.2
	小学	30.9	0.3	9.0	16.8	43.0
	初中	36.1	0.3	9.7	16.3	37.6
	高中	33.3	0.2	6.8	19.4	40.3
	大学及以上	31.6	0.2	5.7	15.7	46.8

续表

目标观众		中央广播电视总台	中国教育台频道	陕西省级频道	其他省级卫视频道	其他频道
职业类别	干部/管理人员	28.0	0.0	9.5	12.1	50.4
	个体/私营企业人员	27.5	0.2	5.9	21.5	44.9
	初级公务员/雇员	29.1	0.2	6.3	15.8	48.6
	工人	36.0	0.2	6.1	18.9	38.8
	学生	17.1	0.2	4.7	15.6	62.4
	无业	35.9	0.2	6.8	17.6	39.5
	其他	40.7	0.5	14.7	17.2	26.9
个人月收入	0～300元	22.4	0.3	6.7	17.9	52.7
	301～900元	46.0	0.4	15.9	17.5	20.2
	901～1700元	36.9	0.5	19.7	17.8	25.1
	1701～2600元	42.1	0.3	7.6	17.4	32.6
	2601～3500元	40.2	0.3	7.4	15.5	36.6
	3501～5000元	28.9	0.2	6.1	21.2	43.6
	5001元及以上	36.2	0.2	5.9	13.0	44.7

表 3.22.3　2022 年陕西市场各类频道在不同时段的占有率

单位：%

时间段	中央广播电视总台	中国教育台频道	陕西省级频道	其他省级卫视频道	其他频道
02：00～03：00	22.2	0.7	0.8	25.2	51.1
03：00～04：00	19.5	0.7	0.9	30.8	48.1
04：00～05：00	14.6	0.6	1.9	41.9	41.0
05：00～06：00	18.6	0.3	3.0	51.1	27.0
06：00～07：00	48.1	0.4	3.6	28.8	19.1
07：00～08：00	49.7	1.5	6.2	18.7	23.9
08：00～09：00	40.7	1.1	7.8	16.3	34.1
09：00～10：00	32.9	0.9	6.4	21.3	38.5
10：00～11：00	30.8	0.7	6.2	20.5	41.8
11：00～12：00	30.6	0.2	5.9	18.8	44.5
12：00～13：00	31.9	0.1	5.9	17.2	44.9
13：00～14：00	26.4	0.3	5.4	22.0	45.9
14：00～15：00	25.0	0.5	4.9	24.4	45.2
15：00～16：00	25.7	0.4	4.7	24.3	44.9
16：00～17：00	28.3	0.5	4.7	21.0	45.5

续表

时间段	中央广播电视总台	中国教育台频道	陕西省级频道	其他省级卫视频道	其他频道
17：00～18：00	31.9	0.1	5.1	17.5	45.4
18：00～19：00	37.4	0.1	10.6	9.2	42.7
19：00～20：00	40.9	0.1	11.1	11.4	36.5
20：00～21：00	36.4	0.1	11.6	17.0	34.9
21：00～22：00	34.5	0.2	12.6	16.6	36.1
22：00～23：00	30.7	0.1	12.3	16.2	40.7
23：00～00：00	31.2	0.2	7.6	17.6	43.4
00：00～01：00	28.9	0.5	4.5	17.6	48.5
01：00～02：00	25.6	0.8	1.7	20.0	51.9

表 3.22.4　2022 年陕西市场收视份额排名前十位的频道

单位：%

名次	频道名称	收视份额
1	中央台八套	7.7
2	中央台六套	5.4
3	中央电视台综合频道	4.4
4	中央电视台新闻频道	2.9
5	中央台四套	2.7
6	湖南卫视	2.4
7	中央台五套	2.3
8	陕西广播电视台新闻资讯频道（一套）	1.9
9	陕西广播电视台都市青春频道（二套）	1.7
10	江苏卫视	1.3
10	陕西卫视	1.3
10	湖南电视台金鹰卡通频道	1.3

表 3.22.5　2022 年陕西市场各主要频道的观众构成

单位：%

目标观众		所有频道	中央台八套	中央台六套	中央电视台综合频道	中央电视台新闻频道	中央台四套
4 岁及以上所有人		100.0	100.0	100.0	100.0	100.0	100.0
城乡	城市	58.3	46.2	49.0	70.0	68.4	72.8
	农村	41.7	53.8	51.0	30.0	31.6	27.2

续表

目标观众		所有频道	中央台八套	中央台六套	中央电视台综合频道	中央电视台新闻频道	中央台四套
性别	男	51.1	49.1	65.3	51.3	57.2	58.2
	女	48.9	50.9	34.7	48.7	42.8	41.8
年龄	4～14岁	11.4	3.6	5.9	4.7	3.9	3.2
	15～24岁	8.7	7.4	4.2	7.8	5.7	4.8
	25～34岁	10.8	10.7	11.7	8.1	6.3	4.0
	35～44岁	10.9	4.4	16.0	7.8	4.8	4.9
	45～54岁	18.2	15.5	23.7	18.6	15.0	14.9
	55～64岁	17.3	21.9	23.9	22.3	24.6	29.3
	65岁及以上	22.6	36.6	14.6	30.7	39.7	38.9
受教育程度	未受过正规教育	6.1	6.1	2.9	2.9	6.7	2.5
	小学	19.9	20.2	24.2	13.2	13.8	13.6
	初中	35.9	42.3	42.9	37.3	38.9	42.6
	高中	26.2	23.1	20.3	29.7	29.2	31.6
	大学及以上	11.8	8.4	9.7	16.9	11.4	9.7
职业类别	干部/管理人员	0.8	0.4	0.4	1.3	1.0	0.3
	个体/私营企业人员	11.0	11.1	9.5	10.4	10.3	6.2
	初级公务员/雇员	10.1	4.3	10.2	14.4	8.3	8.7
	工人	7.8	9.0	9.1	6.5	7.4	9.8
	学生	13.2	4.5	7.4	7.5	5.4	5.2
	无业	29.3	29.5	22.5	35.0	40.2	44.5
	其他	27.9	41.2	40.9	25.0	27.5	25.2
个人月收入	0～300元	30.9	18.4	23.9	20.6	19.7	11.8
	301～900元	8.2	14.1	12.4	10.9	8.5	12.6
	901～1700元	7.8	10.5	7.6	7.3	9.1	5.1
	1701～2600元	13.5	20.7	22.5	11.1	14.7	14.4
	2601～3500元	15.8	19.9	14.5	21.9	21.0	24.8
	3501～5000元	15.8	8.2	13.1	21.8	12.7	13.1
	5001元及以上	8.1	8.2	5.9	6.4	14.4	18.1

表3.22.6　2020～2022年陕西市场各类节目的播出比重和收视比重

单位：%

节目类别	2020年		2021年		2022年	
	播出比重	收视比重	播出比重	收视比重	播出比重	收视比重
财经	0.9	0.3	1.0	0.5	1.1	0.6

续表

节目类别	2020 年		2021 年		2022 年	
	播出比重	收视比重	播出比重	收视比重	播出比重	收视比重
电视剧	21.9	30.0	21.7	36.8	22.7	35.2
电影	4.2	4.8	4.2	8.7	4.0	10.4
法制	0.7	0.8	0.6	0.6	0.9	0.3
教学	0.3	0.1	0.3	0.0	0.3	0.0
青少	6.9	6.8	6.9	5.4	7.0	5.1
生活服务	7.9	6.4	8.4	5.2	7.8	5.0
体育	4.3	1.2	4.9	3.7	5.9	5.0
外语	0.2	0.0	0.2	0.0	0.3	0.0
戏剧	0.9	1.0	0.8	1.5	0.9	1.2
新闻/时事	17.1	19.8	15.6	11.3	15.2	12.6
音乐	1.9	0.9	1.9	0.8	2.0	0.7
专题	13.9	6.1	15.1	5.6	15.3	5.8
综艺	6.1	7.6	6.5	9.5	5.5	7.8
其他	12.8	14.2	11.9	10.4	11.2	10.3

表 3.22.7　2022 年陕西市场所有节目收视率排名前三十位

单位：%

名次	节目名称	节目类别	播出频道	平均收视率	平均占有率
1	《2022 中央广播电视总台春节联欢晚会》	综艺	中央电视台综合频道	7.1	28.9
2	《龙腾虎跃中国年》	专题	中央电视台综合频道	6.6	24.8
3	《开学第一课》	青少	中央电视台综合频道	6.4	33.3
4	《2022 年中央广播电视总台元宵晚会》	综艺	中央电视台综合频道	3.3	16.2
5	《2022 北京冬奥会开幕式》	体育	中央电视台综合频道	3.2	16.0
6	《虎胆巍城》	电视剧	中央台八套	3.0	16.8
7	《我爱世界杯：2022 年世界杯 E 组第 2 轮》（日本 VS 哥斯达黎加）	体育	中央台五套	2.9	14.4
8	《我最爱的家人》	电视剧	中央台八套	2.7	15.8
9	《谢谢你医生》	电视剧	中央台八套	2.6	16.6
10	《绝招》（12 月 17 日）	电影	中央台六套	2.5	12.0
11	《夜宿梨树湾》	电影	中央台六套	2.4	13.6
12	《沂蒙六姐妹》	电影	中央台六套	2.2	10.8
13	《决战狂沙镇》（1 月 29 日）	电影	中央台六套	2.2	10.2
14	《小娘惹》	电视剧	中央台八套	2.1	16.3
15	《木兰妈妈》	电视剧	中央台八套	2.1	15.7

续表

名次	节目名称	节目类别	播出频道	平均收视率	平均占有率
16	《澳门风云二》	电影	中央台六套	2.1	12.5
17	《围剿》	电影	中央台六套	2.1	12.4
18	《灿烂的季节》	电视剧	中央台八套	2.1	12.0
19	《现场直播：2022 年世界乒乓球团体锦标赛女团决赛》	体育	中央台五套	2.1	11.6
20	《神枪决》	电影	中央台六套	2.1	10.9
21	《幸福二重奏》	电视剧	中央台八套	2.1	10.5
22	《震天桥傻王》	电影	中央台六套	2.1	10.1
23	《2022 年女足亚洲杯决赛》（中国 VS 韩国）	体育	中央台五套	2.1	9.0
24	《那山那海》	电视剧	中央台八套	2.0	14.7
25	《老闺蜜》	电视剧	中央台八套	2.0	10.7
26	《神偷燕子李三》	电影	中央台六套	2.0	10.6
26	《红麦》	电影	中央台六套	2.0	10.6
28	《桃花小霸王》	电影	中央台六套	2.0	10.1
29	《澳门风云三》	电影	中央台六套	2.0	9.9
30	《今生有你》	电视剧	中央台八套	2.0	8.8

表 3.22.8　2022 年陕西市场电视剧收视率排名前十位

单位：%

名次	节目名称	播出频道	平均收视率	平均占有率
1	《虎胆巍城》	中央台八套	3.0	16.8
2	《我最爱的家人》	中央台八套	2.7	15.8
3	《谢谢你医生》	中央台八套	2.6	16.6
4	《小娘惹》	中央台八套	2.1	16.3
5	《木兰妈妈》	中央台八套	2.1	15.7
6	《灿烂的季节》	中央台八套	2.1	12.0
7	《幸福二重奏》	中央台八套	2.1	10.5
8	《那山那海》	中央台八套	2.0	14.7
9	《老闺蜜》	中央台八套	2.0	10.7
10	《今生有你》	中央台八套	2.0	8.8

表 3.22.9　2022 年陕西市场新闻节目收视率排名前十位

单位：%

名次	节目名称	播出频道	平均收视率	平均占有率
1	《中国共产党第二十次全国代表大会开幕会专题新闻》	中央电视台综合频道	1.2	6.5

续表

名次	节目名称	播出频道	平均收视率	平均占有率
2	《中国空间站神舟十四号航天员返回 2022》	中央电视台新闻频道	1.1	5.2
3	《新闻联播》	中央电视台综合频道	1.0	7.9
4	《第五届中国国际进口博览会开幕式特别报道》	中央电视台综合频道	0.9	5.0
4	《筑梦空间站神舟十四号航天员返回特别报道》	中央台四套	0.9	5.0
6	《国务院总理会见中外记者并回答提问》	中央电视台综合频道	0.9	4.6
7	《疫情就是命令防控就是责任今日点击特别节目》	陕西广播电视台新闻资讯频道（一套）	0.9	4.1
8	《陕西新闻联播》	陕西广播电视台都市青春频道（二套）	0.8	4.6
9	《焦点访谈》	中央电视台综合频道	0.7	4.9
10	《中国舆论场》	中央台四套	0.6	3.9

表 3.22.10　2022 年陕西市场专题节目收视率排名前十位

单位：%

名次	节目名称	播出频道	平均收视率	平均占有率
1	《龙腾虎跃中国年》	中央电视台综合频道	6.6	24.8
2	《长风浩荡启新程——习近平主席出席二十国集团领导人第十七次峰会》	中央电视台综合频道	1.5	8.2
3	《感动中国 2021 年度人物颁奖盛典》	中央电视台综合频道	1.3	8.1
4	《2022 中国诗词大会》（3 月 7 日）	中央电视台综合频道	1.1	6.9
5	《315 公平守正安心消费》	中央台二套	1.1	6.6
6	《2021 年大国工匠年度人物发布仪式》	中央电视台综合频道	1.0	5.5
7	《平安行全国交通安全日 2022》	中央电视台综合频道	0.9	8.1
8	《相知跨千年携手创未来——习近平主席赴沙特利雅得出访纪实》	中央电视台综合频道	0.9	5.1
9	《新时代》	中央电视台综合频道	0.9	4.5
10	《功勋闪耀新时代》	中央电视台综合频道	0.8	5.6

表 3.22.11　2022 年陕西市场综艺节目收视率排名前十位

单位：%

名次	节目名称	播出频道	平均收视率	平均占有率
1	《2022 中央广播电视总台春节联欢晚会》	中央电视台综合频道	7.1	28.9
2	《2022 年中央广播电视总台元宵晚会》	中央电视台综合频道	3.3	16.2
3	《启航 2023 中央广播电视总台跨年晚会》	中央电视台综合频道	1.8	8.5
4	《新春喜剧之夜》	中央台三套	1.8	7.0

续表

名次	节目名称	播出频道	平均收视率	平均占有率
5	《2022 年中央广播电视总台中秋晚会》	中央电视台综合频道	1.7	10.7
6	《2022 年北京广播电视台春节联欢晚会》	北京卫视	1.3	5.3
7	《越战越勇》（2 月 16 日）	中央台三套	1.2	7.2
8	《2022 年奋斗的青春五四青年节特别节目》	中央电视台综合频道	0.9	5.9
9	《中国梦劳动美 2022 五一国际劳动节心连心特别节目》	中央电视台综合频道	0.9	5.5
10	《开门大吉》（4 月 11 日）	中央台三套	0.9	4.9

表 3.22.12　2022 年陕西市场体育节目收视率排名前十位

单位：%

名次	节目名称	播出频道	平均收视率	平均占有率
1	《2022 北京冬奥会开幕式》	中央电视台综合频道	3.2	16.0
2	《我爱世界杯：2022 年世界杯 E 组第 2 轮》（日本 VS 哥斯达黎加）	中央台五套	2.9	14.4
3	《现场直播：2022 年世界乒乓球团体锦标赛女团决赛》	中央台五套	2.1	11.6
4	《2022 年女足亚洲杯决赛》（中国 VS 韩国）	中央台五套	2.1	9.0
5	《2022 北京冬残奥会开幕式》	中央电视台综合频道	1.9	10.4
6	《现场直播：2022 年世乒联冠军赛澳门站男单决赛》	中央台五套	1.7	10.0
7	《现场直播：2022 年世乒联世界杯决赛男单决赛》	中央台五套	1.6	11.2
8	《现场直播：2022 年女排亚洲杯决赛》（中国队 VS 日本队）	中央台五套	1.5	8.5
9	《现场直播：2022 年世界女排锦标赛小组赛第 4 轮》（中国队 VS 捷克队）	中央台五套	1.3	7.6
10	《现场直播：2022 年女篮世界杯半决赛》（澳大利亚队 VS 中国队）	中央台五套	1.0	12.7

二十三　山西收视数据

表 3.23.1　2018～2022 年山西市场各类频道的占有率

单位：%

频道类别	2018 年	2019 年	2020 年	2021 年	2022 年
中央广播电视总台	43.9	44.4	44.6	41.8	38.8
中国教育台频道	0.2	0.2	0.2	0.2	0.2
山西省级频道	13.0	12.6	11.9	13.6	11.8
其他省级卫视频道	35.3	33.1	27.9	24.6	23.5
其他频道	7.6	9.7	15.4	19.8	25.7

表 3.23.2　2022 年山西市场各类频道在不同目标观众中的占有率

单位：%

目标观众		中央广播电视总台	中国教育台频道	山西省级频道	其他省级卫视频道	其他频道
4 岁及以上所有人		38.8	0.2	11.8	23.5	25.7
城乡	城市	41.6	0.1	9.3	23.9	25.1
	农村	36.3	0.2	13.9	23.1	26.5
性别	男	38.2	0.2	12.4	23.0	26.2
	女	39.5	0.2	11.0	24.1	25.2
年龄	4～14 岁	21.1	0.1	2.9	27.4	48.5
	15～24 岁	31.5	0.1	8.6	19.8	40.0
	25～34 岁	25.3	0.1	6.0	32.1	36.5
	35～44 岁	33.7	0.1	8.8	26.6	30.8
	45～54 岁	44.3	0.2	8.7	22.2	24.6
	55～64 岁	40.8	0.3	19.1	24.0	15.8
	65 岁及以上	51.8	0.2	17.5	18.4	12.1
受教育程度	未受过正规教育	25.5	0.1	7.2	36.2	31.0
	小学	42.6	0.3	10.2	18.9	28.0
	初中	39.0	0.2	14.8	24.2	21.8
	高中	40.2	0.2	11.9	21.9	25.8
	大学及以上	36.1	0.1	6.4	25.0	32.4

续表

目标观众		中央广播电视总台	中国教育台频道	山西省级频道	其他省级卫视频道	其他频道
职业类别	干部/管理人员	44.6	0.2	13.9	19.3	22.0
	个体/私营企业人员	33.6	0.1	11.4	26.5	28.4
	初级公务员/雇员	42.2	0.1	9.6	22.2	25.9
	工人	36.5	0.3	10.6	22.7	29.9
	学生	25.8	0.1	5.1	20.1	48.9
	无业	42.7	0.2	12.9	23.5	20.7
	其他	45.5	0.5	18.1	22.2	13.7
个人月收入	0～300 元	33.1	0.2	9.8	24.2	32.7
	301～900 元	51.0	0.3	21.8	17.0	9.9
	901～1700 元	41.8	0.2	15.6	21.7	20.7
	1701～2600 元	41.8	0.2	13.9	22.1	22.0
	2601～3500 元	44.7	0.2	10.6	25.2	19.3
	3501～5000 元	42.8	0.1	13.6	20.4	23.1
	5001 元及以上	31.0	0.1	7.5	29.7	31.7

表 3.23.3　2022 年山西市场各类频道在不同时段的占有率

单位：%

时间段	中央广播电视总台	中国教育台频道	山西省级频道	其他省级卫视频道	其他频道
02：00～03：00	25.9	0.5	15.3	31.2	27.1
03：00～04：00	26.8	0.3	20.1	29.9	22.9
04：00～05：00	28.4	0.2	19.3	31.9	20.2
05：00～06：00	39.1	0.2	23.1	22.7	14.9
06：00～07：00	64.1	0.1	10.5	12.0	13.3
07：00～08：00	66.9	0.3	6.1	10.4	16.3
08：00～09：00	51.5	0.4	7.7	17.6	22.8
09：00～10：00	38.9	0.4	7.2	26.2	27.3
10：00～11：00	35.8	0.4	6.3	29.4	28.1
11：00～12：00	38.7	0.3	6.0	27.6	27.4
12：00～13：00	45.7	0.1	7.2	20.7	26.3
13：00～14：00	32.6	0.1	11.4	28.5	27.4
14：00～15：00	31.0	0.3	8.8	31.8	28.1
15：00～16：00	32.1	0.3	5.2	32.9	29.5
16：00～17：00	32.6	0.3	5.2	31.6	30.3

续表

时间段	中央广播电视总台	中国教育台频道	山西省级频道	其他省级卫视频道	其他频道
17：00～18：00	35.4	0.2	6.9	26.4	31.1
18：00～19：00	43.1	0.1	14.5	13.1	29.2
19：00～20：00	45.1	0.1	15.0	16.4	23.4
20：00～21：00	38.6	0.1	14.7	24.2	22.4
21：00～22：00	38.6	0.1	16.1	22.4	22.8
22：00～23：00	33.2	0.1	16.7	23.1	26.9
23：00～00：00	34.5	0.2	11.5	26.1	27.7
00：00～01：00	34.5	0.2	12.7	23.6	29.0
01：00～02：00	30.0	0.3	11.8	27.9	30.0

表 3.23.4　2022 年山西市场收视份额排名前十位的频道

单位：%

名次	频道名称	收视份额
1	中央台八套	8.0
2	中央电视台综合频道	7.3
3	中央台六套	5.1
4	山西卫视	4.1
5	中央电视台新闻频道	3.6
5	中央台四套	3.6
7	山西广播电视台影视频道	3.2
8	中央台五套	2.5
9	山西黄河电视台	2.2
10	湖南卫视	2.0

表 3.23.5　2022 年山西市场各主要频道的观众构成

单位：%

目标观众		所有频道	主要频道					
			中央台八套	中央电视台综合频道	中央台六套	山西卫视	中央电视台新闻频道	中央台四套
4 岁及以上所有人		100.0	100.0	100.0	100.0	100.0	100.0	100.0
城乡	城市	47.2	29.6	67.0	41.1	27.7	44.9	75.0
	农村	52.8	70.4	33.0	58.9	72.3	55.1	25.0
性别	男	53.1	47.6	49.8	57.2	51.4	47.0	60.8
	女	46.9	52.4	50.2	42.8	48.6	53.0	39.2

续表

目标观众		所有频道	主要频道					
			中央台八套	中央电视台综合频道	中央台六套	山西卫视	中央电视台新闻频道	中央台四套
年龄	4～14 岁	10.6	4.4	7.4	5.2	2.3	7.8	2.2
	15～24 岁	8.2	4.3	9.8	8.3	8.7	6.2	6.7
	25～34 岁	12.3	4.6	10.6	8.9	7.4	5.4	9.0
	35～44 岁	9.5	5.6	8.7	12.8	8.9	7.0	6.6
	45～54 岁	17.1	13.3	18.0	35.5	12.2	20.1	15.3
	55～64 岁	16.1	18.8	15.4	16.2	20.9	18.3	17.2
	65 岁及以上	26.2	49.1	30.2	13.1	39.6	35.3	43.0
受教育程度	未受过正规教育	5.1	3.4	3.7	3.2	3.9	2.3	2.1
	小学	18.7	26.4	15.7	15.7	26.2	35.9	14.7
	初中	41.9	46.0	35.8	50.3	44.0	31.9	45.0
	高中	19.6	16.2	26.3	17.3	16.5	20.6	20.4
	大学及以上	14.7	8.1	18.4	13.5	9.4	9.2	17.8
职业类别	干部/管理人员	2.5	3.5	2.8	5.3	1.0	1.0	2.1
	个体/私营企业人员	23.2	13.1	21.6	34.5	17.2	14.7	16.4
	初级公务员/雇员	9.1	6.1	12.3	8.6	9.1	11.9	10.4
	工人	2.4	1.4	3.5	2.7	1.6	0.8	2.7
	学生	10.8	4.0	10.7	7.4	4.6	9.0	4.6
	无业	45.1	65.7	43.2	31.4	51.9	45.8	57.2
	其他	6.9	6.2	6.0	10.1	14.6	16.8	6.7
个人月收入	0～300 元	36.8	42.3	27.9	28.8	37.7	30.3	22.8
	301～900 元	4.5	3.5	5.2	7.3	14.1	13.4	3.3
	901～1700 元	6.9	6.2	7.5	11.9	9.7	3.0	5.5
	1701～2600 元	11.1	7.9	13.5	13.0	7.7	9.8	15.9
	2601～3500 元	16.9	22.8	19.5	15.6	12.1	20.1	23.1
	3501～5000 元	15.8	12.0	19.0	16.5	14.6	19.6	21.9
	5001 元及以上	7.9	5.3	7.3	6.9	4.1	3.9	7.5

表 3.23.6　2020～2022 年山西市场各类节目的播出比重和收视比重

单位：%

节目类别	2020 年		2021 年		2022 年	
	播出比重	收视比重	播出比重	收视比重	播出比重	收视比重
财经	1.1	0.4	1.0	0.4	1.1	0.5

续表

节目类别	2020 年		2021 年		2022 年	
	播出比重	收视比重	播出比重	收视比重	播出比重	收视比重
电视剧	21.3	31.2	21.8	31.2	22.6	34.1
电影	4.0	5.4	3.3	4.5	3.0	6.9
法制	0.7	1.0	0.7	1.4	1.0	0.4
教学	0.3	0.2	0.3	0.1	0.3	0.0
青少	8.2	5.6	7.2	5.7	7.3	4.7
生活服务	7.5	6.4	8.2	6.8	8.4	6.1
体育	3.9	1.0	4.3	2.0	5.3	4.4
外语	0.2	0.2	0.2	0.1	0.3	0.1
戏剧	0.8	0.8	0.6	1.0	0.7	0.7
新闻/时事	16.4	18.3	15.8	17.3	15.2	14.8
音乐	1.9	1.3	1.7	0.9	1.8	0.6
专题	14.3	5.7	15.4	6.4	15.9	6.5
综艺	6.6	8.9	7.0	8.6	5.9	9.1
其他	12.8	13.6	12.5	13.5	11.4	11.1

表 3.23.7　2022 年山西市场所有节目收视率排名前三十位

单位：%

名次	节目名称	节目类型	播出频道	平均收视率	平均占有率
1	《2022 中央广播电视总台春节联欢晚会》	综艺	中央电视台综合频道	13.0	32.9
2	《开学第一课》	青少	中央电视台综合频道	7.1	31.6
3	《2022 北京冬奥会开幕式》	体育	中央电视台综合频道	6.5	19.5
4	《2022 年中央广播电视总台元宵晚会》	综艺	中央电视台综合频道	4.6	26.4
5	《2022 年中央广播电视总台中秋晚会》	综艺	中央电视台综合频道	4.5	20.0
6	《女足亚洲杯颁奖仪式》	体育	中央台五套	4.2	15.3
7	《我爱世界杯：2022 年世界杯小组赛 H 组第 2 轮》（韩国 VS 加纳）	体育	中央台五套	3.9	26.1
8	《黄飞鸿之南北英雄》（4 月 23 日）	电影	中央台六套	3.3	16.0
9	《神勇投弹手》（1 月 28 日）	电影	中央台六套	3.3	13.6
10	《龙腾虎跃中国年》	专题	中央电视台综合频道	3.1	15.9
11	《人世间》（1 月 28 日 –3 月 1 日）	电视剧	中央电视台综合频道	3.1	12.7
12	《新春喜剧之夜》（2 月 1 日）	综艺	中央台三套	3.1	11.3
13	《中国机长》	电影	中央台六套	2.9	14.6
14	《匹夫英雄传》（1 月 27 日）	电影	中央台六套	2.9	12.5

续表

名次	节目名称	节目类型	播出频道	平均收视率	平均占有率
15	《扫黑决战》（12 月 24 日）	电影	中央台六套	2.8	13.8
16	《凿空者使命召唤》（11 月 29 日）	电影	中央台六套	2.8	12.5
17	《决战狂沙镇》（1 月 29 日）	电影	中央台六套	2.8	11.6
18	《天气预报》	生活服务	中央电视台综合频道	2.7	15.8
19	《断魂刀》（1 月 27 日）	电影	中央台六套	2.7	13.4
20	《精武英雄》	电影	中央台六套	2.7	11.5
21	《2022 中国诗词大会》（3 月 5 日）	专题	中央电视台综合频道	2.7	10.8
22	《猎影追凶》（1 月 23 日）	电影	中央台六套	2.7	10.7
23	《古董局中局》（12 月 31 日）	电影	中央台六套	2.7	10.5
24	《寒刀凛》（11 月 11 日）	电影	中央台六套	2.6	14.6
25	《百团大战》	电影	中央台六套	2.6	14.4
26	《武松血战狮子楼》（8 月 25 日）	电影	中央台六套	2.6	12.5
27	《太极张三丰》（11 月 27 日）	电影	中央台六套	2.6	12.4
28	《你好李焕英》（2 月 6 日）	电影	中央台六套	2.6	9.0
29	《生态山西美丽家园》	专题	山西卫视	2.5	13.2
30	《叶问外传张天志》	电影	中央台六套	2.5	13.1

表 3.23.8　2022 年山西市场电视剧收视率排名前十位

单位：%

名次	节目名称	播出频道	平均收视率	平均占有率
1	《人世间》（1 月 28 日至 3 月 1 日）	中央电视台综合频道	3.1	12.7
2	《木兰妈妈》（1 月 16 日至 1 月 28 日）	中央台八套	2.2	14.6
3	《乔家的儿女》（33 ~ 36 集）	山西卫视	2.1	8.7
4	《爱拼会赢》	中央电视台综合频道	1.9	8.1
5	《小娘惹》	中央台八套	1.8	13.2
6	《人世间》（3 月 4 日至 3 月 27 日）	中央台八套	1.8	10.2
7	《幸福二重奏》（1 月 3 日至 1 月 17 日）	中央台八套	1.8	7.9
8	《花开山乡》（1 月 3 日至 1 月 19 日）	山西卫视	1.8	7.5
9	《对手》（33 ~ 37 集）	中央台八套	1.8	7.1
10	《大山的女儿》	中央台八套	1.7	8.9

表 3.23.9　2022 年山西市场新闻节目收视率排名前十位

单位：%

名次	节目名称	播出频道	平均收视率	平均占有率
1	《新闻联播》	中央电视台综合频道	1.9	12.8

续表

名次	节目名称	播出频道	平均收视率	平均占有率
2	《中国共产党第二十次全国代表大会开幕会专题新闻》	中央电视台综合频道	1.8	8.1
3	《一起向未来》	中央电视台综合频道	1.7	14.5
4	《山西新闻联播》	山西卫视	1.3	12.5
5	《焦点访谈》	中央电视台综合频道	1.3	7.2
6	《国务院总理会见中外记者并回答提问》	中央电视台综合频道	1.3	5.1
7	《一枝一叶总关情——习近平总书记深情嘱托传遍三晋大地专题报道》	山西卫视	1.3	4.7
8	《中共中央新闻发布会专题新闻》	中央电视台综合频道	1.2	7.0
9	《筑梦空间站神舟十四号航天员返回特别报道》	中央台四套	1.2	5.6
10	《第五届中国国际进口博览会开幕式特别报道》	中央电视台综合频道	1.1	5.3

表 3.23.10　2022 年山西市场专题节目收视率排名前十位

单位：%

名次	节目名称	播出频道	平均收视率	平均占有率
1	《龙腾虎跃中国年》	中央电视台综合频道	3.1	15.9
2	《2022 中国诗词大会》（3 月 5 日）	中央电视台综合频道	2.7	10.8
3	《生态山西美丽家园》	山西卫视	2.5	13.2
4	《2021 年大国工匠年度人物发布仪式》	中央电视台综合频道	2.1	8.7
5	《长风浩荡启新程——习近平主席出席二十国集团领导人第十七次峰会》	中央电视台综合频道	1.7	8.3
6	《功勋闪耀新时代》	中央电视台综合频道	1.6	9.6
7	《感动中国 2021 年度人物颁奖盛典》	中央电视台综合频道	1.6	7.3
8	《零容忍》	中央电视台综合频道	1.5	5.7
9	《丝路古道焕新机——习近平主席出席上合组织撒马尔罕峰会出访中亚两国》	中央电视台新闻频道	1.4	8.8
10	《晋者进也 2022》	山西卫视	1.3	4.6

表 3.23.11　2022 年山西市场综艺节目收视率排名前十位

单位：%

名次	节目名称	播出频道	平均收视率	平均占有率
1	《2022 中央广播电视总台春节联欢晚会》	中央电视台综合频道	13.0	32.9
2	《2022 年中央广播电视总台元宵晚会》	中央电视台综合频道	4.6	26.4
3	《2022 年中央广播电视总台中秋晚会》	中央电视台综合频道	4.5	20.0
4	《新春喜剧之夜》（2 月 1 日）	中央台三套	3.1	11.3

续表

名次	节目名称	播出频道	平均收视率	平均占有率
5	《2022 山西风光好新春大联欢》	山西卫视	2.5	8.2
6	《开门大吉》（1 月 24 日）	中央台三套	2.2	9.0
7	《2022～2023 跨年晚会》	湖南卫视	1.8	10.2
8	《启航 2023 中央广播电视总台跨年晚会》	中央电视台综合频道	1.8	9.4
9	《2022 星光嘉年华星光大道春节特别节目》（2 月 2 日）	中央台三套	1.8	7.2
10	《2022 中央广播电视总台春节联欢晚会语言类精编》	中央电视台综合频道	1.7	10.5

表 3.23.12　2022 年山西市场体育节目收视率排名前十位

单位：%

名次	节目名称	播出频道	平均收视率	平均占有率
1	《2022 北京冬奥会开幕式》	中央电视台综合频道	6.5	19.5
2	《女足亚洲杯颁奖仪式》	中央台五套	4.2	15.3
3	《我爱世界杯：2022 年世界杯小组赛 H 组第 2 轮》（韩国 VS 加纳）	中央台五套	3.9	26.1
4	《现场直播：2022 年世乒联世界杯决赛男单决赛》	中央台五套	1.5	8.9
5	《现场直播：2021/2022 赛季 CBA 总决赛半决赛》（广东东莞大益 VS 辽宁本钢）	中央台五套	1.4	5.9
6	《现场直播：2022 年世界女排锦标赛小组赛第 4 轮》（中国队 VS 捷克队）	中央台五套	1.3	6.9
7	《现场直播：2022 年女篮世界杯半决赛》（澳大利亚队 VS 中国队）	中央台五套	1.0	12.0
8	《实况录像：2022 年跳水世界杯女子三米板决赛》	中央台五套	0.9	10.6
9	《实况录像：2022 年法国网球公开赛女单第二轮》	中央台五套	0.7	4.0
10	《实况录像：2022 年世界举重锦标赛女子 87 公斤以上级决赛挺举》（12 月 16 日）	中央台五套	0.7	3.5

二十四　四川收视数据

表 3.24.1　2018～2022 年四川市场各类频道的占有率

单位：%

频道类别	2018 年	2019 年	2020 年	2021 年	2022 年
中央广播电视总台	32.8	32.8	34.4	32.9	34.6
中国教育台频道	0.0	0.1	0.1	0.1	0.1
四川省级频道	24.9	22.8	22.3	20.3	21.8
其他省级卫视频道	18.0	19.5	20.0	19.1	16.9
其他频道	24.3	24.8	23.2	27.6	26.6

表 3.24.2　2022 年四川市场各类频道在不同目标观众中的占有率

单位：%

目标观众		中央广播电视总台	中国教育台频道	四川省级频道	其他省级卫视频道	其他频道
4 岁及以上所有人		34.6	0.1	21.8	16.9	26.6
城乡	城市	35.4	0.1	20.8	21.4	22.3
	农村	33.8	0.1	22.8	12.6	30.7
性别	男	34.9	0.1	22.6	16.7	25.7
	女	34.4	0.1	21.0	17.2	27.3
年龄	4～14 岁	18.1	0.1	9.7	21.5	50.6
	15～24 岁	25.3	0.2	18.5	28.7	27.3
	25～34 岁	21.8	0.1	13.7	23.2	41.2
	35～44 岁	28.4	0.1	16.9	18.7	35.9
	45～54 岁	39.9	0.1	20.4	17.4	22.2
	55～64 岁	36.7	0.1	22.4	15.8	25.0
	65 岁及以上	43.6	0.1	31.2	11.8	13.3
受教育程度	未受过正规教育	27.5	0.2	19.3	20.9	32.1
	小学	34.0	0.1	25.2	15.3	25.4
	初中	39.1	0.1	21.1	16.0	23.7
	高中	32.3	0.1	19.5	18.2	29.9
	大学及以上	34.6	0.1	13.3	22.4	29.6

续表

目标观众		中央广播电视总台	中国教育台频道	四川省级频道	其他省级卫视频道	其他频道
职业类别	干部/管理人员	39.4	0.0	13.3	22.4	24.9
	个体/私营企业人员	30.7	0.1	20.4	14.7	34.1
	初级公务员/雇员	33.7	0.1	12.7	24.4	29.1
	工人	32.0	0.1	23.1	17.2	27.6
	学生	18.3	0.1	10.7	18.8	52.1
	无业	36.0	0.1	21.9	18.3	23.7
	其他	42.0	0.2	29.2	12.3	16.3
个人月收入	0～300 元	29.9	0.1	19.5	19.0	31.5
	301～900 元	40.1	0.2	27.2	14.2	18.3
	901～1700 元	36.7	0.1	29.1	13.8	20.3
	1701～2600 元	38.7	0.1	25.3	14.2	21.7
	2601～3500 元	37.9	0.1	18.9	16.2	26.9
	3501～5000 元	34.9	0.1	23.1	18.5	23.4
	5001 元及以上	37.4	0.1	11.7	16.8	34.0

表 3.24.3　2022 年四川市场各类频道在不同时段的占有率

单位：%

时间段	中央广播电视总台	中国教育台频道	四川省级频道	其他省级卫视频道	其他频道
02：00～03：00	43.2	0.2	20.6	17.6	18.4
03：00～04：00	45.5	0.1	22.9	15.5	16.0
04：00～05：00	45.5	0.1	25.8	14.0	14.6
05：00～06：00	47.4	0.1	23.7	15.6	13.2
06：00～07：00	49.4	0.1	14.5	17.2	18.8
07：00～08：00	46.6	0.3	10.9	15.6	26.6
08：00～09：00	41.7	0.3	8.7	16.8	32.5
09：00～10：00	34.4	0.3	10.7	20.1	34.5
10：00～11：00	32.9	0.2	12.1	20.8	34.0
11：00～12：00	36.0	0.2	12.1	20.4	31.3
12：00～13：00	41.4	0.1	12.1	18.0	28.4
13：00～14：00	34.7	0.2	14.8	21.4	28.9
14：00～15：00	31.1	0.2	15.2	23.7	29.8
15：00～16：00	30.4	0.2	14.6	23.8	31.0
16：00～17：00	31.5	0.2	13.5	22.5	32.3

续表

时间段	中央广播电视总台	中国教育台频道	四川省级频道	其他省级卫视频道	其他频道
17：00～18：00	32.8	0.1	13.6	20.5	33.0
18：00～19：00	37.3	0.1	19.3	12.8	30.5
19：00～20：00	40.1	0.0	22.1	13.4	24.4
20：00～21：00	34.4	0.0	26.7	16.0	22.9
21：00～22：00	32.6	0.0	32.1	14.1	21.2
22：00～23：00	25.0	0.1	40.4	12.7	21.8
23：00～00：00	28.5	0.1	31.8	14.6	25.0
00：00～01：00	35.0	0.2	20.1	14.6	30.1
01：00～02：00	40.2	0.3	17.8	15.6	26.1

表 3.24.4　2022 年四川市场收视份额排名前十位的频道

单位：%

名次	频道名称	收视份额
1	四川电视台影视文艺频道	8.7
2	中央台六套	6.0
3	中央台八套	5.7
4	中央电视台综合频道	5.4
5	中央台四套	4.2
6	中央电视台新闻频道	3.3
7	四川电视台文化旅游频道（原经济频道）	3.1
8	中央台三套	2.3
9	四川卫视	2.1
10	四川乡村频道	2.0

表 3.24.5　2022 年四川市场各主要频道的观众构成

单位：%

目标观众		所有频道	主要频道				
			四川电视台影视文艺频道	中央台六套	中央台八套	中央电视台综合频道	中央台四套
4 岁及以上所有人		100.0	100.0	100.0	100.0	100.0	100.0
城乡	城市	50.6	48.1	47.2	55.4	52.5	55.1
	农村	49.4	51.9	52.8	44.6	47.5	44.9
性别	男	52.2	58.6	55.9	41.7	51.9	59.0
	女	47.8	41.4	44.1	58.3	48.1	41.0

续表

目标观众		所有频道	主要频道				
			四川电视台影视文艺频道	中央台六套	中央台八套	中央电视台综合频道	中央台四套
年龄	4～14 岁	14.6	7.2	6.2	4.6	10.6	4.7
	15～24 岁	3.6	1.1	4.1	1.3	2.9	1.1
	25～34 岁	8.3	5.1	6.0	4.5	7.4	3.3
	35～44 岁	7.9	5.5	7.3	3.1	7.4	5.7
	45～54 岁	19.9	16.6	36.6	24.4	16.7	20.4
	55～64 岁	12.2	12.8	12.3	15.8	11.0	12.2
	65 岁及以上	33.6	51.7	27.4	46.3	44.0	52.6
受教育程度	未受过正规教育	10.9	10.9	11.4	10.4	7.1	6.6
	小学	39.0	46.2	40.5	39.7	36.0	35.8
	初中	30.0	27.0	32.4	36.0	32.9	37.5
	高中	14.3	13.3	11.6	9.7	16.5	14.4
	大学及以上	5.8	2.6	4.1	4.2	7.6	5.7
职业类别	干部/管理人员	0.6	0.5	0.8	0.7	0.8	0.5
	个体/私营企业人员	8.8	6.3	12.6	6.1	7.2	6.9
	初级公务员/雇员	8.2	3.7	7.5	8.2	8.0	7.8
	工人	11.6	10.9	19.3	10.2	8.2	8.9
	学生	10.0	5.1	4.1	3.3	8.9	2.9
	无业	35.5	37.4	21.9	34.2	41.7	46.9
	其他	25.3	36.2	33.9	37.3	25.3	26.2
个人月收入	0～300 元	39.5	32.7	30.9	26.9	38.4	29.9
	301～900 元	9.5	16.3	13.2	19.8	7.5	7.8
	901～1700 元	8.8	13.7	10.7	12.1	7.1	7.1
	1701～2600 元	13.2	14.2	14.1	14.0	14.6	18.3
	2601～3500 元	13.9	10.5	15.2	15.0	15.0	20.2
	3501～5000 元	10.9	10.7	11.2	9.5	11.8	12.3
	5001 元及以上	4.1	1.9	4.7	2.7	5.6	4.4

表 3.24.6　2020～2022 年四川市场各类节目的播出比重和收视比重

单位：%

节目类别	2020 年		2021 年		2022 年	
	播出比重	收视比重	播出比重	收视比重	播出比重	收视比重
财经	1.1	0.5	1.0	0.7	1.3	0.7

续表

节目类别	2020 年		2021 年		2022 年	
	播出比重	收视比重	播出比重	收视比重	播出比重	收视比重
电视剧	22.7	40.1	26.5	39.7	22.4	37.4
电影	4.1	8.8	4.5	8.5	3.8	9.6
法制	0.6	0.4	0.6	0.7	0.9	0.3
教学	0.3	0.1	0.2	0.0	0.3	0.0
青少	7.3	5.1	6.7	5.5	7.2	5.6
生活服务	7.6	5.2	8.2	5.2	7.7	5.2
体育	3.8	1.0	4.0	1.7	5.1	2.2
外语	0.2	0.0	0.2	0.0	0.3	0.0
戏剧	0.7	0.4	0.9	0.4	0.7	0.3
新闻/时事	16.7	12.4	10.5	10.9	15.4	13.0
音乐	1.8	1.4	1.5	1.0	1.7	0.6
专题	14.2	5.2	14.1	5.4	16.3	6.5
综艺	6.1	8.0	4.5	8.9	5.4	7.1
其他	12.8	11.4	16.6	11.4	11.5	11.5

表 3.24.7　2022 年四川市场所有节目收视率排名前三十位

单位：%

名次	节目名称	节目类型	播出频道	平均收视率	平均占有率
1	《2022 中央广播电视总台春节联欢晚会》	综艺	中央电视台综合频道	6.0	23.6
2	《2022 北京冬奥会开幕式》	体育	中央电视台综合频道	5.4	14.4
3	《开学第一课》	青少	中央电视台综合频道	4.3	16.2
4	《天狼星行动》	电视剧	四川电视台影视文艺频道	4.1	19.9
5	《大漠枪神》	电视剧	四川电视台影视文艺频道	4.0	22.0
6	《飞虎神鹰》	电视剧	四川电视台影视文艺频道	3.8	20.2
7	《浴血誓言》（11 月 4 日）	电影	中央台六套	3.7	18.0
8	《决战狂沙镇》（1 月 29 日）	电影	中央台六套	3.7	15.4
9	《黄金刀客》（1 月 24 日）	电影	中央台六套	3.7	14.1
10	《半步之遥》	电视剧	四川电视台影视文艺频道	3.6	16.4
11	《天道王》	电影	中央台六套	3.5	14.9
12	《花女的抗战》	电视剧	四川电视台影视文艺频道	3.4	19.6
13	《誓盟》	电视剧	四川电视台影视文艺频道	3.4	18.1
14	《历史的进程》	电视剧	四川电视台影视文艺频道	3.4	16.1
15	《沂蒙六姐妹》	电影	中央台六套	3.4	15.8

续表

名次	节目名称	节目类型	播出频道	平均收视率	平均占有率
16	《阴阳剑》（2月11日）	电影	中央台六套	3.4	14.0
17	《血色樱花》	电视剧	四川电视台影视文艺频道	3.3	18.8
18	《夺宝黑狐岭》（2月18日）	电影	中央台六套	3.3	18.6
19	《精武英雄》	电影	中央台六套	3.3	15.3
20	《怒火英雄》	电视剧	四川电视台影视文艺频道	3.2	17.2
21	《绝地刀锋》	电视剧	四川电视台影视文艺频道	3.2	16.5
22	《马永贞之闸北决》（12月4日）	电影	中央台六套	3.2	15.4
23	《长津湖》（10月9日）	电影	中央台六套	3.2	14.3
24	《神枪决》	电影	中央台六套	3.2	12.5
25	《神探杨金邦》（1～24集）	电视剧	四川电视台影视文艺频道	3.1	18.9
26	《深流》	电视剧	四川电视台影视文艺频道	3.1	15.7
27	《霍元甲》（12月16日）	电影	中央台六套	3.1	15.4
28	《长沙保卫战》	电视剧	四川电视台影视文艺频道	3.0	16.1
29	《新春喜剧之夜》	综艺	中央台三套	3.0	11.8
30	《杨门女将女儿当自强》	电影	中央台六套	2.9	18.1

表3.24.8　2022年四川市场电视剧收视率排名前十位

单位：%

名次	节目名称	播出频道	平均收视率	平均占有率
1	《天狼星行动》	四川电视台影视文艺频道	4.1	19.9
2	《大漠枪神》	四川电视台影视文艺频道	4.0	22.0
3	《飞虎神鹰》	四川电视台影视文艺频道	3.8	20.2
4	《半步之遥》	四川电视台影视文艺频道	3.6	16.4
5	《花女的抗战》	四川电视台影视文艺频道	3.4	19.6
6	《誓盟》	四川电视台影视文艺频道	3.4	18.1
7	《历史的进程》	四川电视台影视文艺频道	3.4	16.1
8	《血色樱花》	四川电视台影视文艺频道	3.3	18.8
9	《怒火英雄》	四川电视台影视文艺频道	3.2	17.2
10	《绝地刀锋》	四川电视台影视文艺频道	3.2	16.5

表3.24.9　2022年四川市场新闻节目收视率排名前十位

单位：%

名次	节目名称	播出频道	平均收视率	平均占有率
1	《中国共产党第二十次全国代表大会开幕会专题新闻》	中央电视台综合频道	2.7	12.6

续表

名次	节目名称	播出频道	平均收视率	平均占有率
2	《国务院总理会见中外记者并回答提问》	中央电视台综合频道	1.6	6.7
3	《新闻联播》	中央电视台综合频道	1.2	7.4
4	《中国舆论场》	中央台四套	1.2	5.8
5	《四川新闻联播》	四川电视台影视文艺频道	1.1	6.2
6	《焦点访谈》	中央电视台综合频道	1.1	5.5
6	《今日关注》	中央台四套	1.1	5.5
8	《今日亚洲》	中央台四套	1.0	5.4
9	《筑梦空间站神舟十四号航天员返回特别报道》	中央台四套	1.0	4.6
10	《中共中央新闻发布会专题新闻》	中央电视台综合频道	1.0	4.5

表 3.24.10　2022 年四川市场专题节目收视率排名前十位

单位：%

名次	节目名称	播出频道	平均收视率	平均占有率
1	《相知跨千年携手创未来——习近平主席赴沙特利雅得出访纪实》	中央电视台综合频道	1.6	7.4
2	《丝路古道焕新机——习近平主席出席上合组织撒马尔罕峰会出访中亚两国》	中央电视台综合频道	1.3	6.7
3	《功勋闪耀新时代》	中央电视台综合频道	1.3	6.2
4	《2022 中国诗词大会》（3 月 8 日）	中央电视台综合频道	1.3	5.9
5	《闪亮的名字——2022 最美教师发布仪式》	中央电视台综合频道	1.3	4.5
6	《长风浩荡启新程——习近平主席出席二十国集团领导人第十七次峰会》	中央电视台综合频道	0.9	4.5
7	《2021 年大国工匠年度人物发布仪式》	中央电视台综合频道	0.9	3.9
8	《古韵新声清明》	中央电视台综合频道	0.9	3.6
9	《国家记忆》	中央台四套	0.8	3.7
10	《好记者讲好故事 2022 年中国记者节特别节目》	中央电视台综合频道	0.8	3.6

表 3.24.11　2022 年四川市场综艺节目收视率排名前十位

单位：%

名次	节目名称	播出频道	平均收视率	平均占有率
1	《2022 中央广播电视总台春节联欢晚会》	中央电视台综合频道	6.0	23.6
2	《新春喜剧之夜》	中央台三套	3.0	11.8
3	《2022 年中央广播电视总台元宵晚会》	中央电视台综合频道	2.6	11.4
4	《2022 年中央广播电视总台中秋晚会》	中央电视台综合频道	2.1	8.0
5	《星光大道》（2 月 18 日）	中央电视台综合频道	2.0	7.2

续表

名次	节目名称	播出频道	平均收视率	平均占有率
6	《开门大吉》（1月24日）	中央台三套	1.9	7.3
7	《生龙活虎迎春来》	中央台三套	1.7	7.2
8	《中国梦劳动美2022五一国际劳动节心连心特别节目》	中央电视台综合频道	1.5	6.7
9	《越战越勇》（2月16日）	中央台三套	1.4	5.7
10	《第36届大众电影百花奖颁奖典礼》	中央台六套	1.3	7.8

表3.24.12　2022年四川市场体育节目收视率排名前十位

单位：%

名次	节目名称	播出频道	平均收视率	平均占有率
1	《2022北京冬奥会开幕式》	中央电视台综合频道	5.4	14.4
2	《女足亚洲杯颁奖仪式》	中央台五套	1.8	8.4
3	《2022北京冬残奥会闭幕式》	中央电视台综合频道	1.7	7.7
4	《我爱世界杯：2022年世界杯C组第2轮》（波兰VS沙特阿拉伯）	中央台五套	1.4	9.3
5	《实况录像：2022年世界举重锦标赛女子49公斤级决赛挺举》	中央台五套	1.3	5.5
6	《现场直播：2022年世乒联世界杯决赛男单决赛》	中央台五套	1.1	5.3
7	《现场直播：2022年世界乒乓球团体锦标赛女团决赛》	中央台五套	1.0	4.2
8	《现场直播：2022年全国男子举重锦标赛109公斤以上级决赛抓举》	中央台五套	0.8	3.9
9	《现场直播：2022年东亚足球锦标赛女足第3轮》（日本女足VS中国女足）	中央台五套	0.7	6.2
10	《现场直播：2022年世乒联冠军赛澳门站女单半决赛》	中央台五套	0.7	3.8

二十五　新疆收视数据

表 3.25.1　2018～2022 年新疆市场各类频道的占有率

单位：%

频道类别	2018 年	2019 年	2020 年	2021 年	2022 年
中央广播电视总台	34.3	36.3	31.1	24.2	25.9
中国教育台频道	0.2	0.2	0.2	0.1	0.1
新疆自治区级频道	22.4	19.0	18.3	6.7	8.6
其他省级卫视频道	16.4	16.3	20.8	14.8	15.4
其他频道	26.7	28.2	29.6	54.2	50.0

表 3.25.2　2022 年新疆市场各类频道在不同目标观众中的占有率

单位：%

目标观众		中央广播电视总台	中国教育台频道	新疆自治区级频道	其他省级卫视频道	其他频道
4 岁及以上所有人		25.9	0.1	8.6	15.4	50.0
城乡	城市	32.2	0.1	5.2	16.9	45.6
	乡村	20.9	0.1	11.3	14.2	53.5
性别	男	27.0	0.1	8.7	14.8	49.4
	女	24.7	0.1	8.5	16.0	50.7
年龄	4～14 岁	13.5	0.1	6.2	14.2	66.0
	15～24 岁	18.0	0.1	10.9	12.2	58.8
	25～34 岁	22.2	0.1	8.5	18.9	50.3
	35～44 岁	21.5	0.1	6.1	18.4	53.9
	45～54 岁	30.4	0.1	9.1	14.7	45.7
	55～64 岁	32.7	0.1	11.7	12.1	43.4
	65 岁及以上	43.5	0.1	8.4	18.0	30.0
受教育程度	未受过正规教育	18.2	0.1	4.5	16.3	60.9
	小学	19.8	0.1	9.9	15.1	55.1
	初中	24.4	0.1	10.5	16.0	49.0
	高中	30.2	0.1	7.7	14.6	47.4
	大学及以上	36.7	0.1	5.1	15.1	43.0

续表

目标观众		中央广播电视总台	中国教育台频道	新疆自治区级频道	其他省级卫视频道疆	其他频道
职业类别	干部/管理人员	22.6	0.0	3.8	5.8	67.8
	个体/私营企业人员	27.3	0.1	6.0	14.9	51.7
	初级公务员/雇员	35.7	0.1	5.1	17.0	42.1
	工人	24.2	0.1	8.9	13.2	53.6
	学生	15.3	0.1	8.0	14.0	62.6
	无业	31.2	0.1	7.3	16.6	44.8
	其他	23.3	0.1	14.6	15.6	46.4
个人月收入	0～300 元	15.2	0.1	7.9	15.3	61.5
	301～900 元	20.1	0.2	16.8	11.5	51.4
	901～1700 元	25.4	0.2	13.8	16.2	44.4
	1701～2600 元	25.6	0.1	12.7	14.6	47.0
	2601～3500 元	35.0	0.1	7.1	13.7	44.1
	3501～5000 元	36.0	0.1	5.7	16.8	41.4
	5001 元及以上	25.5	0.1	4.7	18.4	51.3

表 3.25.3　2022 年新疆市场各类频道在不同时段的占有率

单位：%

时间段	中央广播电视总台	中国教育台频道	新疆自治区级频道	其他省级卫视频道	其他频道
02:00～03:00	21.6	0.2	3.8	8.9	65.5
03:00～04:00	20.0	0.1	3.9	8.0	68.0
04:00～05:00	18.4	0.1	3.2	7.7	70.6
05:00～06:00	15.7	0.1	2.8	7.3	74.1
06:00～07:00	21.4	0.2	2.9	6.8	68.7
07:00～08:00	36.0	0.1	2.5	8.4	53.0
08:00～09:00	41.7	0.1	6.7	13.0	38.5
09:00～10:00	33.3	0.2	6.4	17.8	42.3
10:00～11:00	27.5	0.1	6.6	19.7	46.1
11:00～12:00	24.9	0.0	7.2	18.6	49.3
12:00～13:00	24.2	0.1	7.2	16.7	51.8
13:00～14:00	22.9	0.1	6.2	18.4	52.4
14:00～15:00	21.6	0.1	5.8	19.5	53.0
15:00～16:00	21.4	0.1	6.2	18.8	53.5
16:00～17:00	21.4	0.2	6.4	17.8	54.2

续表

时间段	中央广播电视总台	中国教育台频道	新疆自治区级频道	其他省级卫视频道	其他频道
17：00～18：00	22.5	0.1	6.8	16.4	54.2
18：00～19：00	27.6	0.1	7.0	12.5	52.8
19：00～20：00	33.5	0.0	6.8	13.5	46.2
20：00～21：00	31.0	0.0	6.4	16.8	45.8
21：00～22：00	29.4	0.1	10.3	15.1	45.1
22：00～23：00	25.1	0.1	13.8	14.0	47.0
23：00～00：00	23.9	0.1	13.2	13.0	49.8
00：00～01：00	22.6	0.1	12.5	10.7	54.1
01：00～02：00	22.6	0.2	8.8	9.4	59.0

表 3.25.4　2022 年新疆市场收视份额排名前十位的频道

单位：%

名次	频道名称	收视份额
1	中央电视台综合频道	5.4
2	中央台八套	3.6
3	中央台六套	3.4
4	中央电视台新闻频道	2.4
5	新疆电视台二套（维语新闻综合频道）	2.3
6	湖南电视台金鹰卡通频道	2.0
6	中央台四套	2.0
8	中央台五套	1.9
9	卡酷少儿频道	1.7
9	广东广播电视台嘉佳卡通频道	1.7

表 3.25.5　2022 年新疆市场各主要频道的观众构成

单位：%

目标观众		所有频道	主要频道				
			中央电视台综合频道	中央台八套	中央台六套	中央电视台新闻频道	新疆电视台二套（维语新闻综合频道）
4 岁及以上所有人		100.0	100.0	100.0	100.0	100.0	100.0
城乡	城市	44.3	51.7	58.5	54.9	61.5	24.0
	乡村	55.7	48.3	41.5	45.1	38.5	76.0

续表

目标观众		所有频道	主要频道				
			中央电视台综合频道	中央台八套	中央台六套	中央电视台新闻频道	新疆电视台二套（维语新闻综合频道）
性别	男	51.5	48.0	46.6	55.3	60.2	50.2
	女	48.5	52.0	53.4	44.7	39.8	49.8
年龄	4～14岁	17.3	13.0	4.0	7.0	6.3	11.5
	15～24岁	9.9	7.3	6.1	9.1	5.3	9.4
	25～34岁	13.0	11.3	14.0	9.8	7.2	12.6
	35～44岁	12.6	11.3	8.5	11.7	9.7	9.0
	45～54岁	21.7	21.0	24.3	33.9	26.0	25.4
	55～64岁	13.9	17.7	19.9	18.9	15.5	26.2
	65岁及以上	11.6	18.4	23.2	9.6	30.0	5.9
受教育程度	未受过正规教育	6.7	5.1	3.8	2.7	5.5	3.9
	小学	23.7	15.6	17.0	20.5	13.6	30.8
	初中	33.6	33.8	31.5	31.6	33.5	41.9
	高中	23.0	27.8	30.6	27.0	27.6	18.5
	大学及以上	13.0	17.7	17.1	18.2	19.8	4.9
职业类别	干部/管理人员	1.0	1.1	1.3	1.0	0.4	0.2
	个体/私营企业人员	14.4	14.3	14.3	16.3	14.9	6.7
	初级公务员/雇员	11.4	14.4	15.3	16.8	19.3	4.0
	工人	6.2	5.3	3.5	5.9	6.0	5.4
	学生	19.5	14.0	8.4	12.9	6.1	14.1
	无业	26.6	35.0	34.5	22.9	33.5	23.4
	其他	20.9	15.9	22.7	24.2	19.8	46.2
个人月收入	0～300元	30.9	22.5	13.1	18.2	10.4	25.3
	301～900元	2.2	0.9	0.6	1.3	2.6	5.0
	901～1700元	9.6	8.1	14.2	10.7	6.9	18.3
	1701～2600元	14.6	10.4	15.8	16.0	17.7	25.4
	2601～3500元	17.9	29.1	21.0	20.7	28.9	13.7
	3501～5000元	18.6	22.9	29.6	26.3	28.1	9.4
	5001元及以上	6.2	6.1	5.7	6.8	5.4	2.9

表 3.25.6 2020～2022 年新疆市场各类节目的播出比重和收视比重

单位：%

节目类别	2020 年		2021 年		2022 年	
	播出比重	收视比重	播出比重	收视比重	播出比重	收视比重
财经	1.0	0.3	1.1	0.8	1.1	1.1
电视剧	22.2	23.9	22.3	31.8	23.0	23.0
电影	4.5	6.0	3.5	7.8	3.2	3.2
法制	0.6	0.6	0.7	0.7	0.9	0.9
教学	0.3	0.2	0.4	0.1	0.4	0.4
青少	7.2	6.9	6.9	5.9	7.2	7.2
生活服务	7.4	6.4	8.2	5.1	7.3	7.3
体育	4.5	3.0	4.9	4.0	6.0	6.0
外语	0.2	0.0	0.2	0.0	0.3	0.3
戏剧	0.7	0.2	0.6	0.2	0.7	0.7
新闻/时事	16.1	18.7	15.2	13.0	14.8	14.8
音乐	1.9	1.0	1.7	0.9	1.9	1.9
专题	14.5	9.2	15.9	9.2	16.4	16.4
综艺	6.3	8.4	6.5	10.5	5.8	5.8
其他	12.6	15.2	11.9	10.0	11.0	11.0

表 3.25.7 2022 年新疆市场所有节目收视率排名前三十位

单位：%

名次	节目名称	节目类别	播出频道	平均收视率	平均占有率
1	《2022 中央广播电视总台春节联欢晚会》	综艺	中央电视台综合频道	8.0	27.8
2	《2022 北京冬奥会开幕式》	体育	中央电视台综合频道	4.1	15.3
3	《开学第一课》	青少	中央电视台综合频道	3.3	21.2
4	《2022 年中央广播电视总台元宵晚会》	综艺	中央电视台综合频道	2.7	11.7
5	《狂暴巨兽》（1 月 9 日）	电影	中央台六套	2.5	12.1
6	《烈马争锋上海滩》（11 月 8 日）	电影	中央台六套	2.3	8.5
7	《特战行动》	电视剧	中央台八套	2.3	8.3
8	《2022 年中央广播电视总台中秋晚会》	综艺	中央电视台综合频道	2.1	13.6
9	《风雪狼道》	电影	中央台六套	2.1	7.8
10	《四夫英雄传》（1 月 27 日）	电影	中央台六套	2.1	7.4
11	《叶问四完结篇》（10 月 3 日）	电影	中央台六套	2.0	9.6
12	《向风而行》	电视剧	中央台八套	2.0	9.1
13	《那山那海》	电视剧	中央电视台综合频道	2.0	7.8

续表

名次	节目名称	节目类别	播出频道	平均收视率	平均占有率
14	《48 小时》	电影	中央台六套	2.0	7.8
15	《雪狼花》（1 月 22 日）	电影	中央台六套	2.0	7.7
16	《天道王》	电影	中央台六套	2.0	7.6
17	《我的特工爷爷》	电影	中央台六套	2.0	7.5
18	《黄金刀客》（1 月 24 日）	电影	中央台六套	2.0	7.3
19	《打过长江去》（1 月 18 日）	电影	中央台六套	2.0	6.8
20	《龙腾虎跃中国年》	专题	中央电视台综合频道	1.9	12.3
21	《人世间》	电视剧	中央电视台综合频道	1.9	8.3
22	《守岛人》（10 月 19 日）	电影	中央台六套	1.9	7.6
23	《山河锦绣》	电视剧	中央电视台综合频道	1.9	7.6
24	《红海行动》（10 月 23 日）	电影	中央台六套	1.9	7.4
25	《雪劫》（12 月 12 日）	电影	中央台六套	1.8	11.5
26	《浴血边关》	电影	中央台六套	1.8	10.9
27	《阴阳剑》（12 月 26 日）	电影	中央台六套	1.8	10.1
28	《相知跨千年携手创未来——习近平主席赴沙特利雅得出访纪实》	专题	中央电视台综合频道	1.8	9.2
29	《航拍中国第四季》	专题	中央电视台综合频道	1.8	7.9
30	《终劫十二》	电影	中央台六套	1.8	7.4

表 3.25.8　2022 年新疆市场电视剧收视率排名前十位

单位：%

名次	节目名称	播出频道	平均收视率	平均占有率
1	《特战行动》	中央台八套	2.3	8.3
2	《向风而行》	中央台八套	2.0	9.1
3	《那山那海》	中央电视台综合频道	2.0	7.8
4	《人世间》	中央电视台综合频道	1.9	8.3
5	《山河锦绣》	中央电视台综合频道	1.9	7.6
6	《灿烂的季节》	中央台八套	1.6	7.4
7	《县委大院》	中央电视台综合频道	1.6	7.0
8	《爱拼会赢》	中央电视台综合频道	1.5	9.5
9	《索玛花开》	中央台八套	1.4	6.8
10	《破晓东方》	中央电视台综合频道	1.4	6.0

表 3.25.9　2022 年新疆市场新闻节目收视率排名前十位

单位：%

名次	节目名称	播出频道	平均收视率	平均占有率
1	《中国共产党第二十次全国代表大会开幕会专题新闻》	中央电视台综合频道	1.6	6.9
2	《一起向未来》	中央电视台综合频道	1.4	10.4
3	《国务院总理会见中外记者并回答提问》	中央电视台综合频道	1.4	8.1
4	《第五届中国国际进口博览会开幕式特别报道》	中央电视台综合频道	1.4	6.6
5	《新闻联播》	中央电视台综合频道	1.1	9.0
6	《晚间新闻》	中央电视台综合频道	1.0	4.9
7	《焦点访谈》	中央电视台综合频道	0.8	6.0
8	《中国共产党第二十次全国代表大会专题新闻》	中央电视台综合频道	0.8	3.8
9	《2022 年世界经济论坛视频会议特别报道》	中央电视台综合频道	0.7	6.6
10	《传奇中国节中秋节》	中央电视台综合频道	0.7	6.0

表 3.25.10　2022 年新疆市场专题节目收视率排名前十位

单位：%

名次	节目名称	播出频道	平均收视率	平均占有率
1	《龙腾虎跃中国年》	中央电视台综合频道	1.9	12.3
2	《相知跨千年携手创未来——习近平主席赴沙特利雅得出访纪实》	中央电视台综合频道	1.8	9.2
3	《航拍中国第四季》	中央电视台综合频道	1.8	7.9
4	《零容忍》	中央电视台综合频道	1.6	6.1
5	《长风浩荡启新程——习近平主席出席二十国集团领导人第十七次峰会》	中央电视台综合频道	1.5	7.2
6	《朗读者》	中央电视台综合频道	1.4	5.8
7	《人类的记忆中国的世界遗产》	中央电视台综合频道	1.2	10.7
8	《最强大脑之字从遇见你》	中央电视台综合频道	1.2	7.9
9	《非凡的领航 2021》	中央电视台综合频道	1.2	5.6
10	《2022 中国诗词大会》（3 月 7 日）	中央电视台综合频道	1.1	5.8

表 3.25.11　2022 年新疆市场综艺节目收视率排名前十位

单位：%

名次	节目名称	播出频道	平均收视率	平均占有率
1	《2022 中央广播电视总台春节联欢晚会》	中央电视台综合频道	8.0	27.8
2	《2022 年中央广播电视总台元宵晚会》	中央电视台综合频道	2.7	11.7
3	《2022 年中央广播电视总台中秋晚会》	中央电视台综合频道	2.1	13.6
4	《启航 2023 中央广播电视总台跨年晚会》	中央电视台综合频道	1.7	7.7

续表

名次	节目名称	播出频道	平均收视率	平均占有率
5	《新春喜剧之夜》	中央台三套	1.5	6.2
6	《第四届海南岛国际电影节闭幕式暨颁奖典礼》	中央台六套	1.1	6.5
7	《揭晓时刻》	浙江卫视	1.0	7.9
8	《开门大吉》（2月14日）	中央台三套	1.0	5.4
9	《生龙活虎迎春来》	中央电视台综合频道	1.0	4.5
10	《星光大道》（2月13日）	中央台三套	1.0	3.7

表 3.25.12　2022 年新疆市场体育节目收视率排名前十位

单位：%

名次	节目名称	播出频道	平均收视率	平均占有率
1	《2022 北京冬奥会开幕式》	中央电视台综合频道	4.1	15.3
2	《女足亚洲杯颁奖仪式》	中央台五套	1.7	6.4
3	《现场直播：2022/2023 赛季 CBA 常规赛第 4 轮》（山东高速 VS 广东东莞大益）	中央台五套	1.3	5.2
4	《2022 北京冬残奥会闭幕式》	中央电视台综合频道	1.1	7.6
5	《最前线》	中央台五套	1.1	4.6
6	《现场直播：2022 年世界乒乓球团体锦标赛女团决赛》	中央台五套	1.0	4.3
7	《实况录像：2022 年世界女排锦标赛小组赛第 4 轮》（中国队 VS 捷克队）	中央台五套	0.9	3.2
8	《现场直播：2022 年女篮世界杯半决赛》（澳大利亚队 VS 中国队）	中央台五套	0.8	6.1
9	《艺术里的奥林匹克》	中央电视台综合频道	0.8	3.9
10	《奥秘无穷》	中央电视台综合频道	0.8	3.3

二十六　云南收视数据

表 3.26.1　2018～2022 年云南市场各类频道的占有率

单位：%

频道类别	2018 年	2019 年	2020 年	2021 年	2022 年
中央广播电视总台	49.1	47.0	41.7	38.9	36.6
中国教育台频道	0.1	0.1	0.2	0.2	0.2
云南省级频道	11.1	10.3	10.8	10.0	11.0
其他省级卫视频道	28.2	25.3	22.1	18.5	17.7
其他频道	11.5	17.3	25.2	32.4	34.5

表 3.26.2　2022 年云南市场各类频道在各目标观众中的占有率

单位：%

目标观众		中央广播电视总台	中国教育台频道	云南省级频道	其他省级卫星频道	其他频道
4 岁及以上所有人		36.6	0.2	11.0	17.7	34.5
城乡	城市	33.7	0.2	11.5	12.8	41.8
	农村	38.0	0.3	10.8	20.2	30.7
性别	男	38.2	0.2	11.5	16.4	33.7
	女	34.8	0.2	10.5	19.1	35.4
年龄	4～14 岁	31.7	0.2	8.4	18.1	41.6
	15～24 岁	31.0	0.2	6.6	20.7	41.5
	25～34 岁	32.4	0.2	8.4	17.3	41.7
	35～44 岁	36.6	0.3	8.8	20.5	33.8
	45～54 岁	38.2	0.3	10.6	16.5	34.4
	55～64 岁	38.1	0.2	16.2	15.7	29.8
	65 岁及以上	46.5	0.2	17.9	15.2	20.2
受教育程度	未受过正规教育	35.6	0.1	9.3	21.5	33.5
	小学	35.5	0.3	10.7	16.7	36.8
	初中	36.6	0.2	12.1	19.5	31.6
	高中	37.6	0.3	10.3	15.0	36.8
	大学及以上	37.9	0.1	10.4	16.2	35.4

续表

目标观众		中央广播电视总台	中国教育台频道	云南省级频道	其他省级卫星频道	其他频道
职业类别	干部/管理人员	40.5	0.2	12.2	18.5	28.6
	个体/私营企业人员	37.0	0.3	11.6	20.3	30.8
	初级公务员/雇员	35.9	0.2	8.7	16.7	38.5
	工人	35.9	0.1	10.2	17.8	36.0
	学生	34.3	0.3	7.7	18.4	39.3
	无业	39.5	0.1	13.8	15.1	31.5
	其他	34.7	0.5	10.9	18.3	35.6
个人月收入	0~300元	34.4	0.3	9.1	19.2	37.0
	301~900元	37.4	0.4	10.9	17.4	33.9
	901~1700元	35.8	0.3	12.0	16.3	35.6
	1701~2600元	36.5	0.2	12.8	19.2	31.3
	2601~3500元	38.8	0.2	12.0	17.4	31.6
	3501~5000元	37.0	0.2	10.3	15.4	37.1
	5001元及以上	39.2	0.2	12.1	14.7	33.8

表3.26.3　2022年云南市场各类频道在不同时段的占有率

单位：%

时间段	中央广播电视总台	中国教育台频道	云南省级频道	其他省级卫星频道	其他频道
02:00~03:00	28.0	0.4	2.2	11.6	57.8
03:00~04:00	30.0	0.7	2.1	16.6	50.6
04:00~05:00	43.8	0.5	2.8	22.1	30.8
05:00~06:00	57.7	0.4	3.7	16.2	22.0
06:00~07:00	58.8	0.3	3.6	13.7	23.6
07:00~08:00	55.5	0.2	5.2	13.6	25.5
08:00~09:00	43.7	0.6	7.8	18.6	29.3
09:00~10:00	40.4	0.5	7.4	18.8	32.9
10:00~11:00	41.5	0.4	6.0	20.4	31.7
11:00~12:00	44.2	0.2	6.3	19.5	29.8
12:00~13:00	52.9	0.2	4.5	16.1	26.3
13:00~14:00	43.0	0.2	4.5	18.3	34.0
14:00~15:00	36.6	0.3	4.8	25.0	33.3
15:00~16:00	34.1	0.2	5.6	26.4	33.7
16:00~17:00	36.5	0.3	6.8	24.8	31.6

续表

时间段	中央广播电视总台	中国教育台频道	云南省级频道	其他省级卫星频道	其他频道
17：00～18：00	37.1	0.3	10.2	19.7	32.7
18：00～19：00	37.4	0.3	13.2	13.6	35.5
19：00～20：00	46.1	0.2	10.8	14.1	28.8
20：00～21：00	33.9	0.2	14.0	16.9	35.0
21：00～22：00	29.7	0.2	14.9	17.4	37.8
22：00～23：00	27.5	0.2	10.0	20.7	41.6
23：00～00：00	27.8	0.2	6.6	19.8	45.6
00：00～01：00	26.8	0.0	5.8	21.4	46.0
01：00～02：00	22.9	0.0	3.7	8.5	64.9

表 3.26.4　2022 年云南市场收视份额排名前十位的频道

单位：%

名次	频道名称	收视份额
1	中央电视台综合频道	7.5
2	中央台八套	6.8
3	云南广播电视台都市频道（二套）	5.5
4	中央台六套	5.2
5	中央电视台少儿频道	4.3
6	湖南卫视	2.6
7	中央电视台新闻频道	2.4
8	云南广播电视台卫视频道（一套）	2.3
9	中央台四套	1.7
10	湖南电视台金鹰卡通频道	1.5

表 3.26.5　2022 年云南市场各主要频道的观众构成

单位：%

目标观众		所有频道	主要频道				
			中央电视台综合频道	中央台八套	云南广播电视台都市频道（二套）	中央台六套	中央电视台少儿频道
4 岁及以上所有人		100.0	100.0	100.0	100.0	100.0	100.0
城乡	城市	33.4	39.4	27.5	37.7	23.5	23.8
	农村	66.6	60.6	72.5	62.3	76.5	76.2
性别	男	51.3	53.8	49.7	51.4	54.7	48.4
	女	48.7	46.2	50.3	48.6	45.3	51.6

续表

目标观众		所有频道	主要频道				
			中央电视台综合频道	中央台八套	云南广播电视台都市频道（二套）	中央台六套	中央电视台少儿频道
年龄	4～14岁	15.1	7.5	6.5	8.2	10.0	54.8
	15～24岁	11.7	10.3	12.1	4.9	9.1	4.6
	25～34岁	13.1	12.0	11.5	8.9	13.2	11.6
	35～44岁	16.9	17.3	13.6	9.7	19.3	9.7
	45～54岁	14.8	14.0	19.2	16.2	19.8	6.9
	55～64岁	13.6	15.3	16.2	23.3	14.7	7.1
	65岁及以上	14.8	23.6	20.9	28.8	13.9	5.3
受教育程度	未受过正规教育	7.4	3.1	5.7	5.1	6.3	26.7
	小学	26.4	22.9	26.7	26.3	25.5	36.6
	初中	37.0	34.2	43.2	41.5	45.2	24.3
	高中	19.9	27.4	16.8	16.1	16.5	8.6
	大学及以上	9.4	12.4	7.5	11.0	6.5	3.8
职业类别	干部/管理人员	0.7	0.8	0.1	0.5	0.2	0.1
	个体/私营企业人员	17.9	18.5	17.6	17.0	20.6	9.6
	初级公务员/雇员	6.1	7.7	3.7	5.4	2.4	2.3
	工人	17.9	17.8	20.9	18.6	23.5	11.1
	学生	13.3	10.5	7.7	6.4	9.5	31.7
	无业	24.2	28.9	24.3	34.0	15.3	34.3
	其他	20.0	15.8	25.7	18.1	28.4	11.0
个人月收入	0～300元	28.5	21.8	23.0	20.0	21.2	63.2
	301～900元	9.0	8.4	11.4	8.8	12.9	3.5
	901～1700元	7.8	5.5	11.0	9.7	10.4	5.6
	1701～2600元	17.6	15.6	23.0	20.7	21.5	8.4
	2601～3500元	18.4	25.1	19.7	19.6	18.1	9.9
	3501～5000元	11.9	16.2	7.5	12.4	10.7	6.5
	5001元及以上	6.8	7.4	4.4	8.8	5.2	2.9

表3.26.6 2020～2022年云南市场各类节目的播出比重和收视比重

单位：%

节目类别	2020年		2021年		2022年	
	播出比重	收视比重	播出比重	收视比重	播出比重	收视比重
财经	1.0	0.6	1.0	0.9	1.1	1.1

续表

节目类别	2020 年		2021 年		2022 年	
	播出比重	收视比重	播出比重	收视比重	播出比重	收视比重
电视剧	22.3	33.2	22.0	30.9	22.9	31.4
电影	3.8	8.6	3.5	7.3	3.2	6.6
法制	0.6	1.3	0.6	1.5	0.9	0.9
教学	0.3	0.1	0.3	0.1	0.3	0.1
青少	7.8	5.9	7.6	6.7	7.8	7.4
生活服务	6.7	5.9	7.6	5.9	7.1	6.1
体育	3.9	0.9	4.0	1.4	5.2	2.1
外语	0.2	0.0	0.2	0.0	0.3	0.0
戏剧	0.7	0.3	0.6	0.3	0.7	0.6
新闻/时事	16.7	13.9	15.7	13.7	15.3	14.2
音乐	1.9	1.1	1.7	1.3	1.8	0.8
专题	14.0	6.0	15.0	7.4	15.4	7.2
综艺	6.0	7.1	6.3	7.2	5.3	6.9
其他	14.1	15.1	13.8	15.4	12.8	14.6

表 3.26.7　2022 年云南市场所有节目收视率排名前三十位

单位：%

名次	节目名称	节目类别	播出频道	平均收视率	平均占有率
1	《2022 中央广播电视总台春节联欢晚会》	综艺	中央电视台综合频道	14.8	50.3
2	《北京 2022 年冬残奥会闭幕式特别报道》	体育	中央电视台综合频道	4.2	12.3
3	《新闻联播》	新闻/时事	中央电视台综合频道	4.1	20.0
4	《焦点访谈》	新闻/时事	云南广播电视台都市频道（二套）	4.1	11.6
5	《第 24 届冬季奥林匹克运动会闭幕式特别报道》	体育	中央电视台综合频道	4.0	13.1
6	《航拍中国》（第四季）	专题	云南广播电视台都市频道（二套）	4.0	10.8
7	《相知跨千年携手创未来习近平主席赴沙特利雅得出访纪实》	专题	中央电视台综合频道	3.9	12.9
8	《2022 年中央广播电视总台中秋晚会》	综艺	中央电视台综合频道	3.9	10.9
9	《天气预报》	生活服务	中央电视台综合频道	3.8	14.7
10	《长风浩荡启新程习近平主席出席二十国集团领导人第十七次峰会》	专题	中央电视台综合频道	3.4	11.3
11	《姥爷的抗战》	电视剧	云南广播电视台都市频道（二套）	3.4	10.7

续表

名次	节目名称	节目类别	播出频道	平均收视率	平均占有率
12	《抗倭传奇》	电影	中央台六套	3.2	9.4
13	《尖刀》	电视剧	云南广播电视台都市频道（二套）	3.1	9.8
14	《黎明前的抉择》	电视剧	云南广播电视台都市频道（二套）	3.1	9.7
14	《一代洪商》	电视剧	中央台八套	3.1	9.7
16	《我爷爷和奶奶的故事》	电视剧	云南广播电视台都市频道（二套）	3.1	9.4
17	《刑警兄弟》	电影	中央台六套	3.1	8.4
18	《情系天山习近平总书记新疆考察纪实》	专题	中央电视台综合频道	3.0	11.4
18	《乱世佳人》	电视剧	云南广播电视台都市频道（二套）	3.0	9.6
20	《潜伏在黎明之前》	电视剧	云南广播电视台都市频道（二套）	3.0	9.4
21	《龙藏深泉王隐林》	电影	中央台六套	3.0	8.9
22	《亲爱的小孩》	电视剧	中央台八套	3.0	8.7
23	《战火青春》	电视剧	云南广播电视台都市频道（二套）	2.9	9.4
24	《美术里的中国》	专题	云南广播电视台都市频道（二套）	2.9	9.3
25	《红箭》	电视剧	云南广播电视台都市频道（二套）	2.9	9.0
26	《怒海红尘》	电视剧	云南广播电视台都市频道（二套）	2.9	8.7
27	《百家拳之董海川》	电影	中央台六套	2.9	8.4
27	《毒海风云》	电影	中央台六套	2.9	8.4
29	《窃听风云三》	电影	中央台六套	2.9	7.7
30	《我和萌犬的夏天》	电影	中央台六套	2.9	7.6

表 3.26.8　2022 年云南市场电视剧收视率排名前十位

单位：%

名次	节目名称	播出频道	平均收视率	平均占有率
1	《姥爷的抗战》	云南广播电视台都市频道（二套）	3.4	10.7
2	《尖刀》	云南广播电视台都市频道（二套）	3.1	9.8
3	《黎明前的抉择》	云南广播电视台都市频道（二套）	3.1	9.7
3	《一代洪商》	中央台八套	3.1	9.7
5	《我爷爷和奶奶的故事》	云南广播电视台都市频道（二套）	3.1	9.4

续表

名次	节目名称	播出频道	平均收视率	平均占有率
6	《乱世佳人》	云南广播电视台都市频道（二套）	3.0	9.6
7	《潜伏在黎明之前》	云南广播电视台都市频道（二套）	3.0	9.4
8	《亲爱的小孩》	中央台八套	3.0	8.7
9	《战火青春》	云南广播电视台都市频道（二套）	2.9	9.4
10	《红箭》	云南广播电视台都市频道（二套）	2.9	9.0

表 3.26.9　2022 年云南市场新闻节目收视率排名前十位

单位：%

名次	节目名称	播出频道	平均收视率	平均占有率
1	《新闻联播》	中央电视台综合频道	4.1	20.0
2	《焦点访谈》	云南广播电视台都市频道（二套）	4.1	11.6
3	《中共中央新闻发布会专题新闻》	中央电视台综合频道	2.7	7.8
4	《第五届中国国际进口博览会开幕式特别报道》	中央电视台综合频道	2.2	7.2
5	《中国共产党第二十次全国代表大会开幕会专题新闻》	中央电视台综合频道	2.1	5.2
6	《国务院总理会见中外记者并回答提问》	中央电视台综合频道	1.8	4.8
7	《新闻直播间》	中央电视台综合频道	1.3	12.9
8	《中国共产党第二十次全国代表大会专题新闻》	中央电视台新闻频道	1.2	3.5
9	《共同关注》	中央电视台综合频道	1.1	10.3
10	《晚间新闻》	云南广播电视台都市频道（二套）	1.0	6.8

表 3.26.10　2022 年云南市场专题节目收视率排名前十位

单位：%

名次	节目名称	播出频道	平均收视率	平均占有率
1	《航拍中国》（第四季）	云南广播电视台都市频道（二套）	4.0	10.8
2	《相知跨千年携手创未来——习近平主席赴沙特利雅得出访纪实》	中央电视台综合频道	3.9	12.9
3	《长风浩荡启新程——习近平主席出席二十国集团领导人第十七次峰会》	中央电视台综合频道	3.4	11.3
4	《情系天山——习近平总书记新疆考察纪实》	中央电视台综合频道	3.0	11.4
5	《美术里的中国》	云南广播电视台都市频道（二套）	2.9	9.3
6	《丝路古道焕新机——习近平主席出席上合组织撒马尔罕峰会出访中亚两国》	中央电视台综合频道	2.8	10.7
7	《端牢中国饭碗》	云南广播电视台都市频道（二套）	2.6	10.0

续表

名次	节目名称	播出频道	平均收视率	平均占有率
8	《龙腾虎跃中国年》	中央电视台综合频道	2.5	22.0
9	《香江永奔流》	中央电视台综合频道	2.4	6.4
10	《零容忍》	中央电视台综合频道	2.3	5.8

表 3.26.11　2022 年云南市场综艺节目收视率排名前十位

单位：%

名次	节目名称	播出频道	平均收视率	平均占有率
1	《2022 中央广播电视总台春节联欢晚会》	中央电视台综合频道	14.8	50.3
2	《2022 年中央广播电视总台中秋晚会》	中央电视台综合频道	3.9	10.9
3	《2022 微博电影之夜》	中央台六套	2.5	8.2
4	《中央广播电视总台元宵晚会》	中央电视台综合频道	1.8	9.1
5	《第三届庐山国际爱情电影周主题盛典》	中央台六套	1.7	5.2
6	《今日影评》	中央台六套	1.6	5.9
7	《2022 年奋斗的青春五四青年节特别节目》	中央电视台综合频道	1.6	4.7
8	《2022 中央广播电视总台网络春晚》	中央电视台综合频道	1.5	4.4
9	《中国梦祖国颂 2022 国庆特别节目》	中央电视台综合频道	1.4	6.5
10	《第 36 届大众电影百花奖颁奖典礼》	中央台六套	1.4	4.5

表 3.26.12　2022 年云南市场体育节目收视率排名前十位

名次	节目名称	播出频道	平均收视率	平均占有率
1	《北京 2022 年冬残奥会闭幕式特别报道》	中央电视台综合频道	4.2	12.3
2	《第 24 届冬季奥林匹克运动会闭幕式特别报道》	中央电视台综合频道	4.0	13.1
3	《女足亚洲杯颁奖仪式》	中央台五套	1.8	5.5
4	《我爱世界杯：2022 年世界杯 C 组第 2 轮》（波兰 VS 沙特阿拉伯）	中央台五套	1.5	6.0
5	《2022 年女足亚洲杯决赛》（中国 VS 韩国）	中央台五套	1.5	4.4
5	《梦想飞扬前进前进 2022 玉溪云南省十六届运动会》	云南广播电视台卫视频道（一套）	1.4	3.8
7	《2022 云南省第十二届少数民族传统体育运动会开幕式》	云南广播电视台卫视频道（一套）	1.1	3.3
7	《体坛英豪》	中央电视台综合频道	0.8	9.4
9	《实况录像：2022 年世界羽联巡回赛年终总决赛混双决赛》	中央台五套	0.8	4.3
10	《实况录像：2022 年国际泳联世界锦标赛跳水男子十米台决赛》	中央台五套	0.8	2.4

二十七　浙江收视数据

表 3.27.1　2018～2022 年浙江市场各类频道的占有率

单位：%

频道类别	2018 年	2019 年	2020 年	2021 年	2022 年
中央广播电视总台	34.4	29.3	27.6	25.3	27.7
中国教育台频道	0.2	0.2	0.2	0.2	0.2
浙江省级频道	27.2	26.5	23.9	24.5	22.3
其他省级卫视频道	19.2	20.2	21.0	20.4	18.3
其他频道	19.0	23.8	27.3	29.6	31.5

表 3.27.2　2022 年浙江市场各类频道在不同目标观众中的占有率

单位：%

目标观众		中央广播电视总台	中国教育台频道	浙江省级频道	其他省级卫视频道	其他频道
4 岁及以上所有人		27.7	0.2	22.3	18.3	31.5
城乡	城市	25.8	0.1	15.0	20.4	38.7
	农村	29.5	0.2	29.6	16.2	24.5
性别	男	29.7	0.2	21.9	17.0	31.2
	女	25.7	0.1	22.8	19.6	31.8
年龄	4～14 岁	16.1	0.1	25.1	23.5	35.2
	15～24 岁	21.7	0.1	31.1	16.2	30.9
	25～34 岁	16.2	0.2	23.3	19.7	40.6
	35～44 岁	24.8	0.1	29.4	13.3	32.4
	45～54 岁	29.0	0.1	22.1	16.5	32.3
	55～64 岁	27.0	0.2	19.9	19.9	33.0
	65 岁及以上	38.3	0.2	19.0	18.6	23.9
受教育程度	未受过正规教育	25.3	0.1	21.6	23.6	29.4
	小学	28.0	0.2	22.6	20.2	29.0
	初中	29.2	0.2	27.6	16.4	26.6
	高中	29.4	0.1	16.0	17.2	37.3
	大学及以上	24.0	0.1	17.3	17.5	41.1

续表

目标观众		中央广播电视总台	中国教育台频道	浙江省级频道	其他省级卫视频道	其他频道
职业类别	干部/管理人员	13.1	0.1	35.2	9.8	41.8
	个体/私营企业人员	30.4	0.2	26.5	12.9	30.0
	初级公务员/雇员	23.3	0.1	23.0	17.7	35.9
	工人	32.7	0.3	19.5	17.4	30.1
	学生	20.1	0.0	27.5	18.4	34.0
	无业	30.1	0.2	19.4	20.9	29.4
	其他	29.8	0.3	26.9	17.5	25.5
个人月收入	0～300 元	23.7	0.1	23.5	22.7	30.0
	301～900 元	36.7	0.3	18.0	20.9	24.1
	901～1700 元	23.1	0.3	20.7	20.5	35.4
	1701～2600 元	29.7	0.1	23.9	19.6	26.7
	2601～3500 元	30.9	0.2	16.7	19.6	32.6
	3501～5000 元	30.8	0.2	23.9	15.4	29.7
	5001 元及以上	26.0	0.1	22.1	15.4	36.4

表 3.27.3　2022 年浙江市场各类频道在不同时段的占有率

单位：%

时间段	中央广播电视总台	中国教育台频道	浙江省级频道	其他省级卫视频道	其他频道
02:00～03:00	40.5	0.3	6.5	16.2	36.5
03:00～04:00	42.6	0.1	6.3	15.5	35.5
04:00～05:00	49.7	0.1	5.8	16.1	28.3
05:00～06:00	53.0	0.1	7.4	16.6	22.9
06:00～07:00	47.1	0.1	14.4	13.9	24.5
07:00～08:00	37.0	0.4	12.1	19.6	30.9
08:00～09:00	32.5	0.6	7.5	25.3	34.1
09:00～10:00	26.5	0.5	12.7	27.2	33.1
10:00～11:00	28.5	0.4	9.5	28.0	33.6
11:00～12:00	30.6	0.2	9.9	25.6	33.7
12:00～13:00	31.6	0.1	7.1	24.9	36.3
13:00～14:00	26.0	0.3	9.3	30.0	34.4
14:00～15:00	24.3	0.3	11.5	30.4	33.5
15:00～16:00	26.2	0.3	8.7	30.8	34.0
16:00～17:00	27.5	0.3	12.0	27.5	32.7

续表

时间段	中央广播电视总台	中国教育台频道	浙江省级频道	其他省级卫视频道	其他频道
17：00～18：00	24.7	0.1	26.0	20.8	28.4
18：00～19：00	26.0	0.0	30.8	11.6	31.6
19：00～20：00	25.7	0.1	35.2	9.8	29.2
20：00～21：00	23.7	0.1	35.8	12.8	27.6
21：00～22：00	26.2	0.1	27.8	14.6	31.3
22：00～23：00	30.3	0.1	16.4	18.4	34.8
23：00～00：00	33.4	0.1	12.9	18.5	35.1
00：00～01：00	37.7	0.2	11.8	14.1	36.2
01：00～02：00	39.5	0.5	8.7	12.1	39.2

表 3.27.4　2022 年浙江市场收视份额排名前十位的频道

单位：%

名次	频道名称	收视份额
1	浙江电视台教科影视频道	9.5
2	浙江电视台钱江都市频道	6.7
3	中央台四套	4.6
4	中央台八套	4.0
5	中央台六套	3.7
6	中央电视台新闻频道	3.2
7	浙江卫视	2.9
8	湖南电视台金鹰卡通频道	2.5
9	湖南卫视	2.4
10	中央电视台综合频道	2.3

表 3.27.5　2022 年浙江市场各主要频道的观众构成

单位：%

目标观众		所有频道	浙江电视台教科影视频道	浙江电视台钱江都市频道	中央台四套	中央台八套	中央台六套
4 岁及以上所有人		100.0	100.0	100.0	100.0	100.0	100.0
城乡	城市	49.7	29.0	19.7	49.0	33.0	48.7
	农村	50.3	71.0	80.3	51.0	67.0	51.3
性别	男	49.7	50.7	44.7	66.2	40.3	57.5
	女	50.3	49.3	55.3	33.8	59.7	42.5

续表

目标观众		所有频道	浙江电视台教科影视频道	浙江电视台钱江都市频道	中央台四套	中央台八套	中央台六套
年龄	4～14岁	9.0	8.9	14.1	2.2	2.4	4.9
	15～24岁	3.7	4.9	6.1	1.7	1.6	5.4
	25～34岁	11.4	12.1	12.2	5.3	6.4	5.6
	35～44岁	10.0	10.8	19.7	6.9	3.9	10.7
	45～54岁	22.1	18.3	29.9	19.0	25.9	34.3
	55～64岁	18.1	17.5	11.5	13.9	19.1	19.4
	65岁及以上	25.7	27.5	6.5	51.0	40.7	19.7
受教育程度	未受过正规教育	9.6	11.3	7.9	6.2	9.0	8.6
	小学	24.2	29.1	15.1	24.8	30.5	22.8
	初中	34.5	39.2	57.8	41.1	39.5	42.0
	高中	14.6	9.4	8.1	15.6	13.7	13.7
	大学及以上	17.1	11.0	11.1	12.3	7.3	12.9
职业类别	干部/管理人员	2.5	3.3	7.4	1.9	0.6	0.6
	个体/私营企业人员	11.8	12.7	19.2	19.2	8.4	17.1
	初级公务员/雇员	24.7	20.6	31.8	16.8	16.6	26.7
	工人	8.5	10.0	2.8	9.8	11.8	16.0
	学生	5.5	6.4	8.6	2.4	1.3	4.2
	无业	42.0	38.4	27.6	44.4	57.9	30.3
	其他	5.0	8.6	2.6	5.5	3.4	5.1
个人月收入	0～300元	22.2	22.8	27.6	12.2	13.5	18.1
	301～900元	1.0	0.9	0.4	0.8	2.5	2.3
	901～1700元	3.7	4.1	1.4	4.8	2.3	2.7
	1701～2600元	12.2	16.1	8.4	11.7	21.7	9.9
	2601～3500元	12.0	9.8	6.1	10.7	13.6	12.4
	3501～5000元	24.5	26.2	26.2	33.8	31.6	27.3
	5001元及以上	24.4	20.1	29.9	26.0	14.8	27.3

表3.27.6　2020～2022年浙江市场各类节目的播出比重和收视比重

单位：%

节目类别	2020年		2021年		2022年	
	播出比重	收视比重	播出比重	收视比重	播出比重	收视比重
财经	1.3	1.0	1.4	0.8	1.4	0.8
电视剧	21.2	34.5	21.0	32.8	21.8	31.4

续表

节目类别	2020 年		2021 年		2022 年	
	播出比重	收视比重	播出比重	收视比重	播出比重	收视比重
电影	3.4	4.9	3.2	4.9	3.0	5.0
法制	0.8	0.6	0.9	0.6	1.1	0.5
教学	0.3	0.0	0.3	0.0	0.3	0.0
青少	7.8	5.1	7.6	4.3	7.8	4.2
生活服务	8.0	8.9	8.7	11.9	8.3	12.5
体育	3.9	0.8	4.2	2.0	5.2	2.6
外语	0.2	0.0	0.3	0.0	0.4	0.0
戏剧	0.7	0.4	0.6	0.4	0.7	0.6
新闻/时事	17.3	16.8	16.1	14.7	15.7	16.6
音乐	1.9	1.3	1.7	1.0	1.8	0.9
专题	14.6	6.0	15.7	6.4	16.0	6.0
综艺	6.1	8.9	6.4	9.1	5.4	7.6
其他	12.5	10.8	11.9	11.1	11.1	11.3

表 3.27.7　2022 年浙江市场所有节目收视率排名前三十位

单位：%

名次	节目名称	节目类型	播出频道	平均收视率	平均占有率
1	《津门飞鹰》	电视剧	浙江电视台教科影视频道	4.2	25.4
2	《情定三生》	电视剧	浙江电视台教科影视频道	4.2	20.9
3	《绝地枪王》	电视剧	浙江电视台教科影视频道	4.1	20.6
4	《飞虎神鹰》	电视剧	浙江电视台教科影视频道	4.0	19.6
5	《姐妹情缘》	电视剧	浙江电视台教科影视频道	3.8	24.0
6	《乱世丽人行》	电视剧	浙江电视台教科影视频道	3.8	20.7
7	《忍冬艳蔷薇》	电视剧	浙江电视台教科影视频道	3.6	22.8
8	《花灯满城》	电视剧	浙江电视台教科影视频道	3.6	20.0
9	《执着的追踪》	电视剧	浙江电视台教科影视频道	3.5	21.7
10	《光芒》	电视剧	浙江电视台教科影视频道	3.4	18.3
11	《妇道》	电视剧	浙江电视台教科影视频道	3.3	20.4
12	《前行者》	电视剧	浙江电视台教科影视频道	3.3	19.0
13	《风声》	电视剧	浙江电视台教科影视频道	3.3	17.1
14	《一个鬼子都不留之二上海滩生死较量》	电视剧	浙江电视台教科影视频道	3.1	20.4
15	《边城》	电视剧	浙江电视台教科影视频道	3.1	20.2
16	《凭栏一片风云起》	电视剧	浙江电视台教科影视频道	3.0	19.3

续表

名次	节目名称	节目类型	播出频道	平均收视率	平均占有率
17	《金战》	电视剧	浙江电视台教科影视频道	3.0	18.8
18	《巡回检察组》	电视剧	浙江电视台教科影视频道	3.0	18.6
19	《勇敢的心二》	电视剧	浙江电视台教科影视频道	3.0	18.3
20	《战时我们正年少》	电视剧	浙江电视台教科影视频道	3.0	18.2
21	《北京冬奥会短道速滑混合接力颁奖仪式》	体育	中央台五套	3.0	14.3
22	《爱人同志》	电视剧	浙江电视台教科影视频道	2.9	17.4
23	《乔家的儿女》	电视剧	浙江电视台钱江都市频道	2.8	16.2
24	《霞光》	电视剧	浙江电视台教科影视频道	2.8	15.5
25	《赶考》	专题	浙江电视台教科影视频道	2.8	15.0
26	《神勇武工队传奇》	电视剧	浙江电视台钱江都市频道	2.7	14.9
27	《怒海红尘》	电视剧	浙江电视台教科影视频道	2.5	16.8
28	《警察荣誉》	电视剧	浙江电视台教科影视频道	2.5	15.9
29	《你好检察官》	电视剧	浙江电视台钱江都市频道	2.5	13.8
30	《美好的日子》	电视剧	浙江电视台钱江都市频道	2.5	13.2

表 3.27.8　2022 年浙江市场电视剧收视率排名前十位

单位：%

名次	节目名称	播出频道	平均收视率	平均占有率
1	《津门飞鹰》	浙江电视台教科影视频道	4.2	25.4
2	《情定三生》	浙江电视台教科影视频道	4.2	20.9
3	《绝地枪王》	浙江电视台教科影视频道	4.1	20.6
4	《飞虎神鹰》	浙江电视台教科影视频道	4.0	19.6
5	《姐妹情缘》	浙江电视台教科影视频道	3.8	24.0
6	《乱世丽人行》	浙江电视台教科影视频道	3.8	20.7
7	《忍冬艳蔷薇》	浙江电视台教科影视频道	3.6	22.8
8	《花灯满城》	浙江电视台教科影视频道	3.6	20.0
9	《执着的追踪》	浙江电视台教科影视频道	3.5	21.7
10	《光芒》	浙江电视台教科影视频道	3.4	18.3

表 3.27.9　2022 年浙江市场新闻节目收视率排名前十位

单位：%

名次	节目名称	播出频道	平均收视率	平均占有率
1	《小强热线》	浙江电视台教科影视频道	1.6	10.3
2	《新闻 007 特别节目浙江 119》	浙江电视台钱江都市频道	1.3	7.8

续表

名次	节目名称	播出频道	平均收视率	平均占有率
3	《今日关注》	中央台四套	1.2	8.5
4	《范大姐帮忙》	浙江电视台钱江都市频道	1.1	10.0
4	《直击台风梅花特别节目》（9月14日）	浙江电视台教科影视频道	1.1	10.0
6	《筑梦空间站神舟十四号航天员返回特别报道》（12月4日）	中央台四套	1.1	6.2
7	《中国舆论场》	中央台四套	1.1	5.8
8	《中国空间站神州十三号航天员返回2022》（6月5日）	中央电视台新闻频道	1.0	8.0
8	《中国空间站神舟十四号航天员返回2022》（12月4日）	中央电视台新闻频道	1.0	6.4
10	《中国新闻》（21点档）	中央台四套	1.0	5.8

表3.27.10　2022年浙江市场专题节目收视率排名前十位

单位：%

名次	节目名称	播出频道	平均收视率	平均占有率
1	《赶考》	浙江电视台教科影视频道	2.8	15.0
2	《浙江有礼有礼讲堂》	浙江电视台钱江都市频道	2.3	11.6
3	《最美税务人第二届浙江省最美税务人发布会》	浙江电视台钱江都市频道	2.2	12.2
4	《2021年度最美浙江人浙江骄傲人物评选活动颁奖仪式》	浙江电视台钱江都市频道	2.1	10.0
5	《2021年度浙江有礼最美家庭云发布活动》	浙江电视台钱江都市频道	1.9	9.9
6	《追梦在最美路上》	浙江电视台钱江都市频道	1.8	9.4
7	《最美浙江人最美自然守护者》	浙江电视台钱江都市频道	1.7	9.2
8	《2022年度最美浙江人最美工匠发布活动》	浙江电视台钱江都市频道	1.7	8.8
9	《文化大舞台》	浙江电视台教科影视频道	1.6	16.4
10	《第六届全国红十字应急救护大赛总决赛》	浙江电视台钱江都市频道	1.5	10.9

表3.27.11　2022年浙江市场综艺节目收视率排名前十位

单位：%

名次	节目名称	播出频道	平均收视率	平均占有率
1	《2022中央广播电视总台春节联欢晚会》	中央电视台综合频道	2.1	9.6
2	《新春喜剧之夜》	中央台三套	2.0	10.3
3	《为歌而赞》（第二季）（5月21日）	浙江卫视	1.7	9.0
4	《2021新松计划浙江省青年歌手大赛》	浙江电视台钱江都市频道	1.7	8.0
5	《闪光的乐队》（1月1日、1月8日）	浙江卫视	1.6	9.0

续表

名次	节目名称	播出频道	平均收视率	平均占有率
6	《中国好声音》（8 月 19 日）	浙江卫视	1.5	9.1
7	《唱响这一年 2022 浙江卫视虎年春节特别节目》	浙江卫视	1.5	7.3
8	《中央广播电视总台元宵晚会》	中央电视台综合频道	1.3	6.7
9	《开门大吉》（2 月 7 日）	中央台三套	1.3	6.0
10	《听说很好吃》	浙江卫视	1.2	14.0

表 3.27.12　2022 年浙江市场体育节目收视率排名前十位

单位：%

名次	节目名称	播出频道	平均收视率	平均占有率
1	《北京冬奥会短道速滑混合接力颁奖仪式》	中央台五套	3.0	14.3
2	《2021 年浙江省体坛十佳颁奖盛典》	浙江电视台钱江都市频道	1.9	12.2
3	《2022 年女足亚洲杯决赛》（中国 VS 韩国）	中央台五套	1.8	8.1
4	《我爱世界杯：2022 年世界杯 C 组第 2 轮》（波兰 VS 沙特阿拉伯）	中央台五套	1.7	13.1
5	《现场直播：2022 年世界乒乓球团体锦标赛女团决赛》	中央台五套	1.3	7.3
6	《现场直播：2022 年女篮世界杯半决赛》	中央台五套	1.0	9.4
7	《现场直播：2022 年世乒联冠军赛澳门站女单半决赛》	中央台五套	0.8	5.8
8	《现场直播：2022 年国际泳联世锦赛跳水女子双人三米板决赛》	中央台五套	0.8	5.1
9	《现场直播：2022 年世乒联世界杯决赛男单决赛》	中央台五套	0.8	5.0
10	《现场直播：2022 年 CBA 全明星周末技巧挑战赛决赛》	中央台五套	0.8	4.0

二十八　北京收视数据

表 3.28.1　2018～2022 年北京市场各类频道的占有率

单位：%

频道类别	2018 年	2019 年	2020 年	2021 年	2022 年
中央广播电视总台	29.2	26.9	27.4	27.1	31.1
中国教育台频道	0.4	0.4	0.4	0.4	0.3
北京台频道	32.0	29.2	29.5	27.6	26.3
其他省级卫视频道	19.3	22.2	19.8	18.4	16.8
其他频道	19.1	21.3	22.9	26.5	25.5

表 3.28.2　2022 年北京市场各类频道在不同目标观众中的占有率

单位：%

目标观众		中央广播电视总台	中国教育台频道	北京台频道	其他省级卫视频道	其他频道
4 岁及以上所有人		31.1	0.3	26.3	16.8	25.5
性别	男	33.3	0.4	25.2	16.1	25.0
	女	29.0	0.3	27.3	17.6	25.8
年龄	4～14 岁	19.6	0.1	16.0	18.3	46.0
	15～24 岁	26.1	0.1	14.5	24.1	35.2
	25～34 岁	22.9	0.2	18.1	16.4	42.4
	35～44 岁	21.3	0.3	18.4	21.3	38.7
	45～54 岁	30.6	0.3	21.5	17.6	30.0
	55～64 岁	34.3	0.4	29.7	16.4	19.2
	65 岁及以上	37.8	0.5	35.4	14.4	11.9
受教育程度	未受过正规教育	23.2	0.2	20.1	21.4	35.1
	小学	30.7	0.6	26.9	19.7	22.1
	初中	34.7	0.5	33.6	15.4	15.8
	高中	31.2	0.4	27.4	16.9	24.1
	大学及以上	29.1	0.2	20.6	16.9	33.2
职业类别	干部/管理人员	28.4	0.2	19.8	18.0	33.6
	个体/私营企业人员	29.5	0.4	19.1	20.3	30.7

续表

目标观众		中央广播电视总台	中国教育台频道	北京台频道	其他省级卫视频道	其他频道
职业类别	初级公务员/雇员	26.6	0.2	17.6	17.8	37.8
	工人	31.2	0.3	23.1	14.6	30.8
	学生	24.7	0.2	15.7	19.3	40.1
	无业	33.8	0.4	32.1	15.7	18.0
	其他	25.6	0.7	26.6	27.2	19.9
个人月收入	0～600元	22.8	0.2	20.4	19.2	37.4
	601～1200元	33.4	0.4	34.2	21.1	10.9
	1201～1700元	26.4	0.9	37.2	16.4	19.1
	1701～2600元	32.3	0.4	35.3	17.4	14.6
	2601～3500元	30.5	0.7	31.2	18.3	19.3
	3501～5000元	32.5	0.4	30.8	16.0	20.3
	5001元及以上	32.5	0.2	22.0	16.0	29.3

表3.28.3　2022年北京市场各类频道在不同时段的占有率

单位：%

时间段	中央广播电视总台	中国教育台频道	北京台频道	其他省级卫视频道	其他频道
02：00～03：00	24.2	0.4	7.1	18.6	49.7
03：00～04：00	28.1	0.3	7.5	20.3	43.8
04：00～05：00	29.2	0.3	5.8	17.1	47.6
05：00～06：00	36.2	0.8	7.3	19.3	36.4
06：00～07：00	44.2	0.7	25.9	9.5	19.7
07：00～08：00	34.4	1.0	41.7	8.1	14.8
08：00～09：00	37.4	1.4	33.5	10.5	17.2
09：00～10：00	34.8	1.0	22.7	19.0	22.5
10：00～11：00	32.4	0.9	20.7	21.0	25.0
11：00～12：00	35.4	0.5	20.8	18.8	24.5
12：00～13：00	33.0	0.3	28.7	13.2	24.8
13：00～14：00	28.7	0.5	20.4	19.8	30.6
14：00～15：00	27.4	0.5	16.5	23.8	31.8
15：00～16：00	27.2	0.6	17.6	24.4	30.2
16：00～17：00	29.0	0.6	19.9	22.4	28.1

续表

时间段	中央广播电视总台	中国教育台频道	北京台频道	其他省级卫视频道	其他频道
17：00～18：00	33.5	0.3	23.0	16.8	26.4
18：00～19：00	26.4	0.1	45.3	5.2	23.0
19：00～20：00	31.1	0.1	36.7	10.7	21.4
20：00～21：00	31.2	0.1	27.9	19.5	21.3
21：00～22：00	33.4	0.1	24.5	19.2	22.8
22：00～23：00	30.5	0.2	20.2	20.0	29.1
23：00～00：00	29.1	0.3	10.8	21.1	38.7
00：00～01：00	26.5	0.7	8.2	16.6	48.0
01：00～02：00	23.5	0.9	7.7	14.7	53.2

表 3.28.4　2022 年北京市场收视份额排名前十位的频道

单位：%

名次	频道名称	收视份额
1	北京卫视	11.2
2	北京广播电视台影视频道	5.7
3	中央台四套	5.1
4	中央台八套	3.7
4	中央台五套	3.7
4	中央电视台新闻频道	3.7
4	中央电视台综合频道	3.7
8	中央台六套	2.7
9	湖南卫视	2.5
10	江苏卫视	2.1

表 3.28.5　2022 年北京市场各主要频道的观众构成

单位：%

目标观众		所有频道	北京卫视	北京广播电视台影视频道	中央台四套	中央台八套	中央台五套	中央电视台新闻频道	中央电视台综合频道
4 岁及以上所有人		100.0	100.0	100.0	100.0	100.0	100.0	100.0	100.0
性别	男	49.1	43.9	48.7	53.7	44.8	56.6	54.7	48.9
	女	50.9	56.1	51.3	46.3	55.2	43.4	45.3	51.1

续表

目标观众		所有频道	北京卫视	北京广播电视台影视频道	中央台四套	中央台八套	中央台五套	中央电视台新闻频道	中央电视台综合频道
年龄	4~14岁	3.8	2.1	1.0	1.9	1.8	2.4	1.5	2.2
	15~24岁	2.9	1.8	1.3	2.6	2.0	3.8	3.5	1.9
	25~34岁	12.2	9.0	4.2	4.9	4.6	10.6	8.7	14.6
	35~44岁	10.6	4.9	7.7	3.9	9.5	10.3	4.0	6.0
	45~54岁	20.6	15.3	18.3	17.4	16.1	22.1	19.8	20.6
	55~64岁	18.0	19.3	19.6	24.4	19.1	18.8	23.4	16.7
	65岁及以上	31.9	47.6	47.8	44.8	46.9	32.0	39.1	38.1
受教育程度	未受过正规教育	2.0	1.6	0.6	2.0	0.8	1.1	2.2	0.9
	小学	8.0	7.7	10.8	6.8	17.1	3.6	7.3	5.1
	初中	25.8	30.6	39.9	32.8	33.1	23.1	25.2	27.1
	高中	27.2	28.4	27.1	28.2	25.4	26.3	28.3	27.4
	大学及以上	37.0	31.7	21.6	30.1	23.7	45.9	36.9	39.5
职业类别	干部/管理人员	2.4	2.2	1.2	1.9	1.1	3.8	2.0	2.7
	个体/私营企业人员	8.2	4.9	6.2	5.3	7.1	8.2	8.2	6.0
	初级公务员/雇员	24.1	14.7	12.5	17.3	13.8	25.5	20.4	21.7
	工人	3.4	2.7	3.2	4.3	3.3	2.8	2.3	3.5
	学生	3.9	2.2	1.9	2.1	2.8	4.5	3.2	2.6
	无业	57.4	72.8	73.6	68.7	71.2	54.9	63.5	63.0
	其他	0.7	0.5	1.4	0.4	0.7	0.3	0.4	0.5
个人月收入	0~600元	12.2	9.2	6.5	4.8	9.8	8.6	8.1	11.7
	601~1200元	2.1	3.5	2.9	3.1	2.2	1.9	2.4	2.0
	1201~1700元	1.0	0.9	2.1	1.1	0.7	0.8	0.2	0.8
	1701~2600元	7.6	9.1	14.7	7.4	17.2	4.1	4.4	7.9
	2601~3500元	9.3	10.3	11.3	7.3	10.6	7.2	10.5	8.1
	3501~5000元	25.3	29.5	31.2	28.4	28.9	21.2	27.2	26.6
	5001元及以上	42.6	37.5	31.3	47.9	30.7	56.2	47.2	42.8

表3.28.6　2020~2022年北京市场各类节目的播出比重和收视比重

单位：%

节目类别	2020年		2021年		2022年	
	播出比重	收视比重	播出比重	收视比重	播出比重	收视比重
财经	1.5	0.6	1.5	0.6	1.5	0.7
电视剧	20.5	31.4	20.5	31.7	21.4	30.8

续表

节目类别	2020 年		2021 年		2022 年	
	播出比重	收视比重	播出比重	收视比重	播出比重	收视比重
电影	3.6	3.2	3.4	3.4	3.1	3.9
法制	1.0	0.6	1.1	0.7	1.2	0.6
教学	0.7	0.1	0.5	0.0	0.4	0.0
青少	7.1	2.5	6.7	2.2	6.9	1.9
生活服务	8.2	9.0	9.2	9.1	9.0	8.4
体育	3.7	3.2	4.1	4.4	5.0	7.0
外语	0.2	0.0	0.2	0.0	0.3	0.0
戏剧	0.6	0.4	0.6	0.4	0.7	0.5
新闻/时事	16.6	17.6	15.2	15.2	15.0	17.2
音乐	1.8	0.9	1.7	0.9	1.7	0.6
专题	15.1	8.3	17.1	8.2	17.1	7.8
综艺	7.0	12.3	6.9	13.5	6.1	11.6
其他	12.3	10.1	11.3	9.7	10.6	9.1

表 3.28.7　2022 年北京市场所有节目收视率排名前三十位

单位：%

名次	节目名称	节目类型	播出频道	平均收视率	平均占有率
1	《北京冬奥会短道速滑混合接力颁奖仪式》	体育	中央台五套	10.2	31.2
2	《2022 中央广播电视总台春节联欢晚会》	综艺	北京卫视	10.1	29.0
3	《2022 年北京广播电视台春节联欢晚会》	综艺	北京卫视	9.1	33.1
4	《龙腾虎跃中国年》	专题	北京卫视	8.3	26.6
5	《我爱世界杯：2022 年世界杯 H 组第 1 轮》（乌拉圭 VS 韩国）	体育	中央台五套	7.7	35.0
6	《2022 年女足亚洲杯决赛》（中国 VS 韩国）	体育	中央台五套	7.4	23.4
7	《天气预报》	生活服务	北京卫视	7.1	33.9
8	《向前一步》（18：30）	专题	北京卫视	5.5	23.0
9	《鼓楼外》	电视剧	北京卫视	5.3	20.2
10	转播中央台《新闻联播》	新闻	北京卫视	5.0	22.1
11	《幸福到万家》（6 月 29 日至 7 月 20 日）	电视剧	北京卫视	4.9	21.7
12	《运河风流》	电视剧	北京卫视	4.9	17.9
13	《2023BRTV 踏上新征程跨年之夜》	综艺	北京卫视	4.9	17.3

续表

名次	节目名称	节目类型	播出频道	平均收视率	平均占有率
14	《一年月色最明夜 2022 北京广播电视台中秋晚会》	综艺	北京卫视	4.8	19.2
15	《北京新闻》	新闻	北京卫视	4.6	23.9
16	《生命缘》（19：30）	专题	北京卫视	4.6	21.1
17	《林深见鹿》	电视剧	北京卫视	4.3	18.0
18	《现场直播：2022 年世乒联世界杯决赛男单决赛》	体育	中央台五套	4.3	17.7
19	《欢乐二打一》（12 月 21 日）	综艺	北京广播电视台体育休闲频道	4.2	18.9
20	《欢乐二打一》（1 月 26 日）	综艺	北京广播电视台生活频道	4.1	22.5
21	《山河月明》（4 月 6 日至 4 月 29 日）	电视剧	北京卫视	4.1	15.6
22	《促醒者》	电视剧	北京卫视	4.0	16.2
23	《输赢》（19～40 集）	电视剧	北京卫视	3.9	14.5
24	《欢迎光临》	电视剧	北京卫视	3.8	15.0
25	《我们和春天在一起》	综艺	北京卫视	3.8	14.0
26	《县委大院》（1～24 集）	电视剧	北京卫视	3.8	13.8
27	《中央广播电视总台元宵晚会》	综艺	中央电视台综合频道	3.6	19.4
28	《筑梦空间站神舟十四号航天员返回特别报道》	新闻	中央台四套	3.6	13.0
29	《勇者无惧》	电视剧	北京卫视	3.5	15.2
30	《警察荣誉》	电视剧	北京卫视	3.4	14.5

表 3.28.8　2022 年北京市场电视剧收视率排名前十位

单位：%

名次	节目名称	播出频道	平均收视率	平均占有率
1	《鼓楼外》	北京卫视	5.3	20.2
2	《幸福到万家》（6 月 29 日至 7 月 20 日）	北京卫视	4.9	21.7
3	《运河风流》	北京卫视	4.9	17.9
4	《林深见鹿》	北京卫视	4.3	18.0
5	《山河月明》（4 月 6 日至 4 月 29 日）	北京卫视	4.1	15.6
6	《促醒者》	北京卫视	4.0	16.2
7	《输赢》（19～40 集）	北京卫视	3.9	14.5
8	《欢迎光临》	北京卫视	3.8	15.0
9	《县委大院》（1～24 集）	北京卫视	3.8	13.8
10	《勇者无惧》	北京卫视	3.5	15.2

表 3.28.9　2022 年北京市场新闻节目收视率排名前十位

单位：%

名次	节目名称	播出频道	平均收视率	平均占有率
1	转播中央台《新闻联播》	北京卫视	5.0	22.1
2	《北京新闻》	北京卫视	4.6	23.9
3	《筑梦空间站神舟十四号航天员返回特别报道》	中央台四套	3.6	13.0
4	《中国空间站神舟十四号航天员返回 2022》	中央电视台新闻频道	2.7	10.5
5	《今日关注》	中央台四套	2.1	10.1
6	《筑梦空间站神舟十五号载人飞船发射特别报道》	中央台四套	1.9	9.3
7	《中国舆论场》	中央台四套	1.8	6.7
8	《今日亚洲》	中央台四套	1.6	6.5
9	《俄乌局势突变》	中央台四套	1.5	8.6
10	《一起向未来第 24 届冬季奥林匹克运动会闭幕式倒计时特别节目》	中央电视台新闻频道	1.5	6.1

表 3.28.10　2022 年北京市场专题节目收视率排名前十位

单位：%

名次	节目名称	播出频道	平均收视率	平均占有率
1	《龙腾虎跃中国年》	北京卫视	8.3	26.6
2	《向前一步》（18：30）	北京卫视	5.5	23.0
3	《生命缘》（19：30）	北京卫视	4.6	21.1
4	《315 公平守正安心消费》	中央台二套	2.9	12.3
5	《大国首都十年跨越见微知著》	北京卫视	2.7	14.7
6	《幸福到万家特别节目》	北京卫视	2.3	10.0
7	《北京卫视抗疫问答》	北京卫视	1.9	7.6
8	《感动中国 2021 年度人物颁奖盛典》	中央电视台综合频道	1.7	7.6
9	《忠诚铸警魂人民赞英雄致敬全国公安系统英雄模范立功集体》	北京卫视	1.7	6.9
10	《2021 年大国工匠年度人物发布仪式》	中央电视台综合频道	1.6	6.6

表 3.28.11　2022 年北京市场综艺节目收视率排名前十位

单位：%

名次	节目名称	播出频道	平均收视率	平均占有率
1	《2022 中央广播电视总台春节联欢晚会》	北京卫视	10.1	29.0
2	《2022 年北京广播电视台春节联欢晚会》	北京卫视	9.1	33.1
3	《2023BRTV 踏上新征程跨年之夜》	北京卫视	4.9	17.3

续表

名次	节目名称	播出频道	平均收视率	平均占有率
4	《一年月色最明夜 2022 北京广播电视台中秋晚会》	北京卫视	4.8	19.2
5	《欢乐二打一》（12 月 21 日）	北京广播电视台体育休闲频道	4.2	18.9
6	《欢乐二打一》（1 月 26 日）	北京广播电视台生活频道	4.1	22.5
7	《我们和春天在一起》	北京卫视	3.8	14.0
8	《中央广播电视总台元宵晚会》	中央电视台综合频道	3.6	19.4
9	《为歌而赞》（第二季）（6 月 18 日）	浙江卫视	3.1	13.4
10	《2022 年中央广播电视总台中秋晚会》	中央电视台综合频道	2.9	11.6

表 3.28.12　2022 年北京市场体育节目收视率排名前十位

单位：%

名次	节目名称	播出频道	平均收视率	平均占有率
1	《北京冬奥会短道速滑混合接力颁奖仪式》	中央台五套	10.2	31.2
2	《我爱世界杯：2022 年世界杯 H 组第 1 轮》（乌拉圭 VS 韩国）	中央台五套	7.7	35.0
3	《2022 年女足亚洲杯决赛》（中国 VS 韩国）	中央台五套	7.4	23.4
4	《现场直播：2022 年世乒联世界杯决赛男单决赛》	中央台五套	4.3	17.7
5	《现场直播：2022 年女篮世界杯半决赛》（澳大利亚队 VS 中国队）	中央台五套	2.5	15.8
6	《现场直播：2022 年世界女排锦标赛小组赛第 4 轮》（中国队 VS 捷克队）	中央台五套	2.1	8.8
7	《北京向未来》	北京卫视	2.1	8.4
8	《实况录像：2022 年跳水世界杯女子三米板决赛》	中央台五套	2.0	15.8
9	《现场直播：2022 年东亚足球锦标赛女足第 3 轮》（日本女足 VS 中国女足）	中央台五套	1.6	8.2
10	《现场直播：2021/2022 赛季 CBA 总决赛第一场》（辽宁本钢 VS 浙江广厦控股）	中央台五套	1.5	6.5

二十九　上海收视数据

表 3.29.1　2018～2022 年上海市场各类频道的占有率

单位：%

频道类别	2018 年	2019 年	2020 年	2021 年	2022 年
中央广播电视总台	17.6	17.0	17.2	15.4	20.1
中国教育台频道	0.1	0.1	0.1	0.1	0.1
上海市级频道	46.9	43.1	36.9	35.3	36.8
其他省级卫视频道	13.4	13.3	18.7	21.4	18.9
其他频道	22.0	26.5	27.1	27.8	24.1

表 3.29.2　2022 年上海市场各类频道在不同目标观众中的占有率

单位：%

目标观众		中央广播电视总台	中国教育台频道	上海市级频道	其他省级卫视频道	其他频道
4 岁及以上所有人		20.1	0.1	36.8	18.9	24.1
性别	男	22.3	0.1	36.0	19.3	22.3
	女	17.8	0.1	37.7	18.5	25.9
年龄	4～14 岁	10.9	0.1	19.1	20.0	49.9
	15～24 岁	13.2	0.1	28.2	28.8	29.7
	25～34 岁	17.6	0.0	28.2	24.0	30.2
	35～44 岁	15.3	0.1	26.7	22.7	35.2
	45～54 岁	22.4	0.1	31.8	20.8	24.9
	55～64 岁	19.7	0.1	40.3	13.9	26.0
	65 岁及以上	23.3	0.1	45.8	16.1	14.7
受教育程度	未受过正规教育	12.3	0.0	20.6	16.3	50.8
	小学	20.2	0.2	36.2	20.1	23.3
	初中	23.0	0.1	44.6	18.2	14.1
	高中	19.7	0.1	40.2	16.9	23.1
	大学及以上	19.1	0.1	28.8	21.8	30.2
职业类别	干部/管理人员	19.2	0.0	21.4	20.0	39.4
	个体/私营企业人员	20.2	0.0	35.9	19.1	24.8

续表

目标观众		中央广播电视总台	中国教育台频道	上海市级频道	其他省级卫视频道	其他频道
职业类别	初级公务员/雇员	18.7	0.1	28.5	22.2	30.5
	工人	19.7	0.1	35.8	21.3	23.1
	学生	14.4	0.1	28.6	25.0	31.9
	无业	21.4	0.1	42.6	16.3	19.6
	其他	19.0	0.0	51.7	20.6	8.7
个人月收入	0～600元	13.4	0.1	26.0	24.3	36.2
	601～1200元	18.0	0.1	62.6	9.9	9.4
	1201～1700元	17.2	0.3	49.7	21.4	11.4
	1701～2600元	21.4	0.1	47.5	22.9	8.1
	2601～3500元	23.6	0.0	47.0	12.9	16.5
	3501～5000元	24.5	0.1	40.5	16.9	18.0
	5001元及以上	18.3	0.1	34.3	19.7	27.6

表3.29.3　2022年上海市场各类频道在不同时段的占有率

单位：%

时间段	中央广播电视总台	中国教育台频道	上海市级频道	其他省级卫视频道	其他频道
02：00～03：00	20.5	0.1	16.3	18.7	44.4
03：00～04：00	23.0	0.1	9.4	18.7	48.8
04：00～05：00	30.6	0.1	8.3	21.6	39.4
05：00～06：00	37.9	0.1	9.1	23.8	29.1
06：00～07：00	44.8	0.1	26.7	11.2	17.2
07：00～08：00	19.4	0.1	59.8	6.0	14.7
08：00～09：00	21.0	0.1	50.3	8.1	20.5
09：00～10：00	23.5	0.1	36.2	14.3	25.9
10：00～11：00	21.0	0.1	38.7	14.6	25.6
11：00～12：00	22.2	0.1	38.2	14.7	24.8
12：00～13：00	24.1	0.1	33.2	16.3	26.3
13：00～14：00	20.5	0.1	28.1	21.0	30.3
14：00～15：00	20.2	0.1	25.2	21.8	32.7
15：00～16：00	21.8	0.1	24.0	21.6	32.5
16：00～17：00	24.5	0.1	24.8	19.9	30.7

续表

时间段	中央广播电视总台	中国教育台频道	上海市级频道	其他省级卫视频道	其他频道
17：00～18：00	21.2	0.1	39.2	14.2	25.3
18：00～19：00	14.1	0.0	61.0	5.4	19.5
19：00～20：00	18.4	0.0	45.0	19.2	17.4
20：00～21：00	17.5	0.0	35.4	29.0	18.1
21：00～22：00	19.7	0.0	33.0	26.1	21.2
22：00～23：00	17.6	0.0	33.5	22.1	26.8
23：00～00：00	21.8	0.1	25.8	20.3	32.0
00：00～01：00	23.6	0.1	23.4	13.6	39.3
01：00～02：00	20.8	0.2	22.0	13.6	43.4

表 3.29.4　2022 年上海市场收视份额排名前十位的频道

单位：%

名次	频道名称	收视份额
1	上海电视台新闻综合频道	11.7
2	东方卫视	8.2
3	上海电视台东方影视频道	7.8
4	中央台四套	3.8
5	上海电视台五星体育频道	3.3
5	湖南卫视	3.3
7	中央台六套	2.9
8	江苏卫视	2.6
9	浙江卫视	2.5
9	上海电视台都市频道	2.5

表 3.29.5　2022 年上海市场各主要频道的观众构成

单位：%

目标观众		所有频道	上海电视台新闻综合频道	东方卫视	上海电视台东方影视频道	中央台四套	上海电视台五星体育频道	湖南卫视
4 岁及以上所有人		100.0	100.0	100.0	100.0	100.0	100.0	100.0
性别	男	51.2	53.5	47.0	44.1	60.9	63.2	49.5
	女	48.8	46.5	53.0	55.9	39.1	36.8	50.5

续表

目标观众		所有频道	上海电视台新闻综合频道	东方卫视	上海电视台东方影视频道	中央台四套	上海电视台五星体育频道	湖南卫视
年龄	4～14岁	3.4	1.4	2.2	1.0	0.7	1.8	2.9
	15～24岁	4.3	2.9	4.6	1.9	0.8	4.0	5.8
	25～34岁	12.7	8.6	13.7	6.5	6.1	7.5	23.0
	35～44岁	12.2	8.6	10.2	6.7	4.7	11.9	15.2
	45～54岁	14.0	12.1	14.3	9.0	13.6	13.0	14.6
	55～64岁	15.0	17.3	15.4	16.8	16.8	17.6	11.5
	65岁及以上	38.4	49.1	39.6	58.1	57.3	44.2	27.0
受教育程度	未受过正规教育	2.1	0.6	1.1	1.5	2.1	0.5	1.5
	小学	6.6	5.6	4.2	11.0	6.9	4.9	5.8
	初中	21.1	27.4	18.2	30.3	27.4	26.7	18.2
	高中	38.4	44.0	42.5	40.4	43.5	41.9	33.1
	大学及以上	31.8	22.4	34.0	16.8	20.1	26.0	41.4
职业类别	干部/管理人员	1.3	0.5	0.7	0.6	0.4	0.8	0.3
	个体/私营企业人员	3.6	4.1	3.8	1.8	3.4	2.8	3.8
	初级公务员/雇员	31.3	22.4	29.8	20.3	19.8	26.6	44.6
	工人	3.4	3.2	3.2	3.1	1.9	5.6	4.0
	学生	5.1	3.7	5.7	2.3	1.2	5.0	6.1
	无业	54.8	65.7	56.5	70.2	73.0	59.1	40.2
	其他	0.5	0.4	0.3	1.7	0.3	0.1	1.0
个人月收入	0～600元	8.4	6.1	7.3	3.3	3.1	6.1	8.4
	601～1200元	0.1	0.2	0.0	0.5	0.0	0.0	0.0
	1201～1700元	1.0	1.2	0.5	2.7	0.6	1.0	0.5
	1701～2600元	2.9	3.2	3.1	6.6	3.5	3.0	3.9
	2601～3500元	6.6	8.2	6.1	11.8	10.7	7.4	4.2
	3501～5000元	28.7	30.5	28.4	35.1	35.1	33.7	24.4
	5001元及以上	52.3	50.6	54.6	40.0	47.0	48.8	58.6

表3.29.6　2020～2022年上海市场各类节目的播出比重和收视比重

单位：%

节目类别	2020年		2021年		2022年	
	播出比重	收视比重	播出比重	收视比重	播出比重	收视比重
财经	1.7	1.1	1.8	0.9	1.9	0.9
电视剧	20.7	32.8	20.4	35.4	20.9	33.7

续表

节目类别	2020 年		2021 年		2022 年	
	播出比重	收视比重	播出比重	收视比重	播出比重	收视比重
电影	3.6	3.1	3.6	2.9	3.4	3.8
法制	0.6	0.7	0.7	1.1	1.0	1.1
教学	0.4	0.1	0.4	0.0	0.4	0.0
青少	6.9	1.4	6.7	1.2	7.0	1.2
生活服务	8.7	7.9	9.5	7.9	9.0	7.2
体育	4.9	4.7	5.1	5.5	6.2	7.6
外语	0.2	0.0	0.3	0.0	0.3	0.0
戏剧	1.7	0.6	1.7	0.5	1.7	0.5
新闻/时事	16.0	20.3	14.9	17.4	14.6	20.3
音乐	1.8	1.0	1.6	0.8	1.7	0.6
专题	14.4	5.1	15.3	4.6	15.8	4.8
综艺	6.1	10.6	6.2	11.1	5.3	8.7
其他	12.3	10.6	11.8	10.7	10.8	9.6

表 3.29.7　2022 年上海市场所有节目收视率排名前三十位

单位：%

名次	节目名称	节目类型	播出频道	平均收视率	平均占有率
1	《三生有幸遇上你》	电视剧	东方卫视	8.1	24.6
2	《2023 梦圆东方跨年盛典》	综艺	东方卫视	7.3	27.9
3	《2022 中央广播电视总台春节联欢晚会》	综艺	东方卫视	6.8	28.0
4	《新闻透视》	新闻	上海电视台新闻综合频道	6.0	28.1
5	《观众中来》	新闻	上海电视台新闻综合频道	5.8	27.3
6	《2022 年女足亚洲杯决赛》（中国 VS 韩国）	体育	中央台五套	5.5	19.6
7	《2022 北京冬奥会闭幕式》	体育	东方卫视	5.5	19.4
8	《新闻报道》	新闻	上海电视台新闻综合频道	5.3	27.2
9	《闪光的乐队》（1 月 8 日）	综艺	浙江卫视	4.9	20.1
10	《2023 跨年演唱会》（用奋斗点亮幸福）	音乐	江苏卫视	4.9	18.2
11	《极限挑战》	综艺	东方卫视	4.3	21.5
12	《心居》	电视剧	东方卫视	4.3	16.0
13	《海派新春大赏》	综艺	东方卫视	3.9	18.5
14	《直通发布会》	新闻	上海电视台新闻综合频道	3.9	16.1
15	《开播情景喜剧》（7 月 9 日）	综艺	东方卫视	3.8	17.1

续表

名次	节目名称	节目类型	播出频道	平均收视率	平均占有率
16	《幸福到万家》	电视剧	东方卫视	3.8	16.4
17	《我爱世界杯：2022 年世界杯决赛》（阿根廷 VS 法国）	体育	中央台五套	3.7	37.8
18	《新闻坊》	新闻	上海电视台新闻综合频道	3.6	24.5
19	《众志成城坚决打赢疫情防控大仗硬仗特别报道》	新闻	上海电视台新闻综合频道	3.6	13.6
20	《新居之约》	电视剧	中央电视台综合频道	3.6	12.6
21	《欢迎光临》	电视剧	东方卫视	3.6	12.1
22	《向往的生活大海篇》	综艺	湖南卫视	3.5	23.2
23	《冰雪正当燃》（1 月 7 日）	综艺	浙江卫视	3.4	26.2
24	《中国好声音》（9 月 23 日）	综艺	浙江卫视	3.4	15.3
25	《狭路》	电视剧	上海电视台东方影视频道	3.4	13.4
26	《请叫我总监》	电视剧	东方卫视	3.4	11.5
27	《输赢》	电视剧	北京卫视	3.4	10.2
28	《春满东方点亮幸福 2022 东方卫视春节晚会》	综艺	东方卫视	3.3	13.8
29	《庭审纪实》	法制	上海电视台新闻综合频道	3.3	13.6
30	《林深见鹿》	电视剧	东方卫视	3.3	11.8

表 3.29.8　2022 年上海市场电视剧收视率排名前十位

单位：%

名次	节目名称	播出频道	平均收视率	平均占有率
1	《三生有幸遇上你》	东方卫视	8.1	24.6
2	《心居》	东方卫视	4.3	16.0
3	《幸福到万家》	东方卫视	3.8	16.4
4	《新居之约》	中央电视台综合频道	3.6	12.6
5	《欢迎光临》	东方卫视	3.6	12.1
6	《狭路》	上海电视台东方影视频道	3.4	13.4
7	《请叫我总监》	东方卫视	3.4	11.5
8	《输赢》	北京卫视	3.4	10.2
9	《林深见鹿》	东方卫视	3.3	11.8
10	《特战荣耀》	东方卫视	3.3	11.4

表 3.29.9 2022 年上海市场新闻节目收视率排名前十位

单位：%

名次	节目名称	播出频道	平均收视率	平均占有率
1	《新闻透视》	上海电视台新闻综合频道	6.0	28.1
2	《观众中来》	上海电视台新闻综合频道	5.8	27.3
3	《新闻报道》	上海电视台新闻综合频道	5.3	27.2
4	《直通发布会》	上海电视台新闻综合频道	3.9	16.1
5	《新闻坊》	上海电视台新闻综合频道	3.6	24.5
6	《众志成城坚决打赢疫情防控大仗硬仗特别报道》	上海电视台新闻综合频道	3.6	13.6
7	《转播中央台新闻联播》	东方卫视	2.7	12.0
8	《上海市十五届人大六次会议上海市政协十三届五次会议》（1 月 9 日）	上海电视台新闻综合频道	2.7	10.5
9	《东方新闻》	东方卫视	2.2	12.2
10	《上海市人民政府记者招待会》（1 月 23 日）	上海电视台新闻综合频道	1.9	6.6

表 3.29.10 2022 年上海市场专题节目收视率排名前十位

单位：%

名次	节目名称	播出频道	平均收视率	平均占有率
1	《凝心聚力共谱发展新篇章 2021 年上海市政协履职纪实》（1 月 18 日）	上海电视台新闻综合频道	3.2	13.2
2	《战疫 2022》	上海电视台新闻综合频道	3.2	12.9
3	《初心如磐谱新篇》（6 月 25 日）	东方卫视	2.5	8.8
4	《鲜花经纪人》（6 月 16 日）	湖南卫视	2.0	6.6
5	《课外有课》	上海电视台新闻综合频道	1.7	5.8
6	《光绘摄影师》（6 月 14 日）	湖南卫视	1.4	5.0
7	《水下你未见的中国》	上海电视台新闻综合频道	1.3	7.9
8	《未来说执牛耳者》	上海电视台新闻综合频道	1.3	5.2
9	《傲椒的湘菜》（第 2 季）	湖南卫视	1.2	4.8
10	《铭记》	江苏卫视	1.2	4.3

表 3.29.11 2022 年上海市场综艺节目收视率排名前十位

单位：%

名次	节目名称	播出频道	平均收视率	平均占有率
1	《2023 梦圆东方跨年盛典》	东方卫视	7.3	27.9
2	《2022 中央广播电视总台春节联欢晚会》	东方卫视	6.8	28.0
3	《闪光的乐队》（1 月 8 日）	浙江卫视	4.9	20.1
4	《极限挑战》	东方卫视	4.3	21.5

续表

名次	节目名称	播出频道	平均收视率	平均占有率
5	《海派新春大赏》	东方卫视	3.9	18.5
6	《开播情景喜剧》（7 月 9 日）	东方卫视	3.8	17.1
7	《向往的生活大海篇》	湖南卫视	3.5	23.2
8	《冰雪正当燃》（1 月 7 日）	浙江卫视	3.4	26.2
9	《中国好声音》（9 月 23 日）	浙江卫视	3.4	15.3
10	《春满东方点亮幸福 2022 东方卫视春节晚会》	东方卫视	3.3	13.8

表 3.29.12　2022 年上海市场体育节目收视率排名前十位

单位：%

名次	节目名称	播出频道	平均收视率	平均占有率
1	《2022 年女足亚洲杯决赛》（中国 VS 韩国）	中央台五套	5.5	19.6
2	《2022 北京冬奥会闭幕式》	东方卫视	5.5	19.4
3	《我爱世界杯：2022 年世界杯决赛》（阿根廷 VS 法国）	中央台五套	3.7	37.8
4	《现场直播：2022 年世界乒乓球团体锦标赛男团决赛》	中央台五套	3.1	12.6
5	《2022 北京冬残奥会闭幕式》	东方卫视	3.0	12.0
6	《现场直播：2022 年世乒联世界杯决赛男单决赛》	中央台五套	2.6	10.9
7	《现场直播：2022 年女篮世界杯半决赛》（澳大利亚队 VS 中国队）	中央台五套	2.3	13.6
8	《现场直播：2022 年世界女排锦标赛小组赛第 4 轮》（中国队 VS 捷克队）	中央台五套	2.2	8.8
9	《2022 年中国平安中国足球协会超级联赛第二阶段第 21 轮》（上海申花 VS 河南嵩山龙门）	上海电视台五星体育频道	2.0	8.3
10	《弈棋耍大牌》	上海电视台五星体育频道	1.9	10.7

三十　天津收视数据

表 3.30.1　2018～2022 年天津市场各类频道的占有率

单位：%

频道类别	2018 年	2019 年	2020 年	2021 年	2022 年
中央广播电视总台	28.4	25.9	25.4	24.5	26.3
中国教育台频道	0.1	0.1	0.1	0.1	0.1
天津市级频道	29.3	25.4	22.6	19.7	20.7
其他省级卫视频道	23.4	30.9	32.5	29.6	24.1
其他频道	18.8	17.7	19.4	26.1	28.9

表 3.30.2　2022 年天津市场各类频道在不同目标观众中的占有率

单位：%

目标观众		中央广播电视总台	中国教育台频道	天津市级频道	其他省级卫视频道	其他频道
4 岁及以上所有人		26.3	0.0	20.7	24.1	28.9
性别	男	27.9	0.1	20.7	23.7	27.6
	女	24.3	0.0	20.7	24.6	30.4
年龄	4～14 岁	10.6	0.0	12.1	26.4	50.9
	15～24 岁	27.5	0.0	18.9	24.2	29.4
	25～34 岁	16.5	0.0	10.9	30.0	42.6
	35～44 岁	20.4	0.0	15.7	28.5	35.4
	45～54 岁	27.2	0.0	19.1	24.2	29.5
	55～64 岁	29.0	0.0	26.3	22.5	22.2
	65 岁及以上	35.4	0.1	28.4	19.1	17.0
受教育程度	未受过正规教育	9.9	0.0	14.2	28.4	47.5
	小学	20.5	0.1	25.4	23.1	30.9
	初中	26.6	0.1	23.2	26.6	23.5
	高中	29.2	0.0	19.4	20.8	30.6
	大学及以上	27.4	0.0	16.9	24.9	30.8
职业类别	干部/管理人员	23.3	0.0	18.2	28.2	30.3
	个体/私营企业人员	26.6	0.0	17.1	24.6	31.7

续表

目标观众		中央广播电视总台	中国教育台频道	天津市级频道	其他省级卫视频道	其他频道
职业类别	初级公务员/雇员	24.8	0.0	15.6	28.0	31.6
	工人	32.0	0.0	19.9	20.6	27.5
	学生	17.4	0.0	17.7	25.2	39.7
	无业	27.0	0.0	22.9	22.8	27.3
	其他	29.6	0.3	33.9	21.1	15.1
个人月收入	0～600元	16.8	0.1	20.0	25.9	37.2
	601～1200元	31.4	0.1	21.6	21.2	25.7
	1201～1700元	16.8	0.0	26.8	19.2	37.2
	1701～2600元	27.5	0.0	26.4	25.6	20.5
	2601～3500元	31.9	0.0	20.6	22.3	25.2
	3501～5000元	31.4	0.0	19.9	23.1	25.6
	5001元及以上	24.4	0.0	17.4	25.8	32.4

表3.30.3　2022年天津市场各类频道在不同时段的占有率

单位：%

时间段	中央广播电视总台	中国教育台频道	天津市级频道	其他省级卫视频道	其他频道
02：00～03：00	20.1	0.0	12.8	12.4	54.7
03：00～04：00	22.0	0.0	13.8	9.7	54.5
04：00～05：00	30.1	0.1	13.9	10.5	45.4
05：00～06：00	37.6	0.2	12.0	13.4	36.8
06：00～07：00	51.2	0.1	10.0	12.1	26.6
07：00～08：00	42.0	0.4	21.8	11.6	24.2
08：00～09：00	36.9	0.1	20.7	13.7	28.6
09：00～10：00	29.9	0.1	15.9	20.2	33.9
10：00～11：00	28.0	0.1	11.2	23.6	37.1
11：00～12：00	30.5	0.1	11.3	22.7	35.4
12：00～13：00	32.9	0.0	15.1	18.1	33.9
13：00～14：00	25.4	0.0	15.9	21.8	36.9
14：00～15：00	25.7	0.0	10.4	25.0	38.9
15：00～16：00	25.5	0.0	10.1	25.4	39.0
16：00～17：00	25.3	0.1	14.2	23.8	36.6

续表

时间段	中央广播电视总台	中国教育台频道	天津市级频道	其他省级卫视频道	其他频道
17：00～18：00	25.8	0.0	26.4	16.9	30.9
18：00～19：00	22.0	0.0	45.6	8.1	24.3
19：00～20：00	25.9	0.0	30.0	23.3	20.8
20：00～21：00	23.5	0.0	19.7	35.8	21.0
21：00～22：00	25.3	0.0	18.3	33.2	23.2
22：00～23：00	23.0	0.0	16.4	30.9	29.7
23：00～00：00	24.3	0.1	11.6	28.9	35.1
00：00～01：00	29.4	0.1	8.6	16.0	45.9
01：00～02：00	25.2	0.1	9.4	13.3	52.0

表 3.30.4　2022 年天津市场收视份额排名前十位的频道

单位：%

名次	频道名称	收视份额
1	天津电视台三套（影视频道）	5.6
2	中央台四套	4.6
3	天津电视台一套（新闻频道）	3.4
4	中央电视台综合频道	3.2
5	湖南卫视	3.1
5	中央台六套	3.1
5	浙江卫视	3.1
8	天津电视台五套（体育频道）	3.0
8	中央台八套	3.0
8	天津卫视	3.0

表 3.30.5　2022 年天津市场各主要频道的观众构成

单位：%

目标观众		所有频道	主要频道						
			天津电视台三套（影视频道）	中央台四套	天津电视台一套（新闻频道）	中央电视台综合频道	湖南卫视	中央台六套	浙江卫视
4 岁及以上所有人		100.0	100.0	100.0	100.0	100.0	100.0	100.0	100.0
性别	男	54.2	57.2	61.6	56.3	55.5	46.4	57.1	53.9
	女	45.8	42.8	38.4	43.7	44.5	53.6	42.9	46.1

续表

目标观众		所有频道	主要频道						
			天津电视台三套（影视频道）	中央台四套	天津电视台一套（新闻频道）	中央电视台综合频道	湖南卫视	中央台六套	浙江卫视
年龄	4～14岁	6.3	3.2	1.1	2.8	2.5	5.4	3.5	4.5
	15～24岁	6.2	7.1	4.6	4.7	4.8	7.2	7.3	7.7
	25～34岁	14.7	4.8	11.0	9.2	10.6	22.0	13.8	23.0
	35～44岁	10.2	5.0	7.6	8.5	6.8	13.0	9.5	15.5
	45～54岁	20.3	18.4	15.6	21.1	14.8	21.3	38.6	24.3
	55～64岁	17.9	25.6	24.9	19.5	20.2	14.5	10.6	11.1
	65岁及以上	24.4	35.8	35.2	34.3	40.2	16.6	16.8	13.8
受教育程度	未受过正规教育	3.5	2.6	0.5	1.3	1.4	3.7	1.4	2.1
	小学	12.1	20.1	6.8	8.2	10.0	12.6	9.2	7.8
	初中	32.3	40.1	31.5	38.4	29.5	38.4	39.3	37.2
	高中	31.2	24.2	37.0	32.0	33.7	24.8	27.8	27.0
	大学及以上	20.9	13.0	24.2	20.0	25.4	20.5	22.2	25.8
职业类别	干部/管理人员	1.4	0.8	2.6	1.2	1.1	1.2	0.6	1.2
	个体/私营企业人员	13.8	12.3	13.3	11.9	9.4	16.0	18.4	18.5
	初级公务员/雇员	20.4	14.2	18.7	16.7	19.5	24.4	27.6	28.2
	工人	5.6	4.9	9.8	4.0	5.6	6.4	8.4	4.5
	学生	6.7	6.9	2.3	4.7	3.8	7.0	5.7	5.8
	无业	46.5	47.9	46.3	57.0	54.8	41.2	34.7	38.6
	其他	5.7	13.0	7.0	4.5	5.8	3.8	4.5	3.2
个人月收入	0～600元	22.7	25.6	10.2	17.5	11.5	24.5	18.5	24.1
	601～1200元	3.4	4.1	4.5	3.2	4.6	2.7	2.6	2.1
	1201～1700元	2.8	3.9	1.1	1.9	0.9	2.3	0.7	2.2
	1701～2600元	11.6	16.5	17.3	21.1	10.6	11.4	14.3	13.4
	2601～3500元	20.7	16.6	28.9	20.7	25.7	17.5	17.4	17.1
	3501～5000元	23.3	18.3	24.1	23.3	30.4	25.3	29.2	25.8
	5001元及以上	15.5	15.0	14.0	12.4	16.3	16.4	17.4	15.3

表 3.30.6　2020～2022年天津市场各类节目的播出比重和收视比重

单位：%

节目类别	2020年		2021年		2022年	
	播出比重	收视比重	播出比重	收视比重	播出比重	收视比重
财经	1.0	0.4	1.0	0.8	0.8	0.4

续表

节目类别	2020 年		2021 年		2022 年	
	播出比重	收视比重	播出比重	收视比重	播出比重	收视比重
电视剧	20.9	36.2	25.4	36.2	21.6	35.5
电影	3.2	3.4	3.5	3.7	2.8	3.8
法制	1.5	1.7	1.4	1.6	1.7	1.3
教学	0.7	0.1	0.4	0.1	0.5	0.0
青少	7.7	3.8	7.3	3.6	7.7	3.1
生活服务	8.0	6.9	7.8	6.4	8.5	6.7
体育	4.4	3.1	4.4	4.5	5.6	6.1
外语	0.2	0.0	0.2	0.0	0.3	0.0
戏剧	0.7	0.5	0.9	0.5	0.8	0.4
新闻/时事	16.2	14.3	10.3	12.1	14.8	14.9
音乐	1.8	1.1	1.5	1.0	1.7	0.5
专题	15.0	5.5	15.0	5.8	16.3	5.7
综艺	7.0	13.9	5.4	14.2	6.4	13.2
其他	11.7	9.1	15.4	9.6	10.3	8.4

表 3.30.7　2022 年天津市场所有节目收视率排名前三十位

单位：%

名次	节目名称	节目类型	播出频道	平均收视率	平均占有率
1	《2022 中央广播电视总台春节联欢晚会》	综艺	中央电视台综合频道	9.5	27.0
2	《龙腾虎跃中国年》	专题	中央电视台综合频道	9.4	28.5
3	《2022 年北京冬奥会短道速滑男子 1500 米半决赛》	体育	中央台五套	7.0	23.5
4	《2022 年女足亚洲杯决赛》（中国 VS 韩国）	体育	中央台五套	6.9	22.3
5	《我爱世界杯：2022 年世界杯小组赛 E 组第 1 轮》（德国 VS 日本）	体育	中央台五套	5.7	27.6
6	《蒙面舞王》（7 月 31 日）	综艺	江苏卫视	5.5	29.1
7	《天赐的声音 3》（4 月 22 日）	综艺	浙江卫视	5.4	34.6
8	《2022 年中央广播电视总台元宵晚会》	综艺	中央电视台综合频道	5.0	18.3
9	《天津卫视相声春晚》	综艺	天津卫视	4.5	20.0
10	《勇敢的翅膀》	电视剧	湖南卫视	4.3	16.0
11	《2023 跨年演唱会》（用奋斗点亮幸福）	音乐	江苏卫视	4.1	15.8
12	《2022～2023 跨年晚会》	综艺	湖南卫视	4.0	15.8

续表

名次	节目名称	节目类型	播出频道	平均收视率	平均占有率
13	《信仰》	电视剧	东方卫视	4.0	13.2
14	《天下长河》	电视剧	湖南卫视	3.9	14.1
15	《T5 直播：2022/2023 赛季中国女子排球超级联赛第 16 轮》（天津渤海银行 VS 辽宁东化）	体育	天津电视台五套（体育频道）	3.8	17.7
16	《王牌对王牌》	综艺	浙江卫视	3.8	16.5
17	《现场直播：2022 年世界乒乓球团体锦标赛男团决赛》	体育	中央台五套	3.7	13.0
18	《现场直播：2022 年世界女排联赛土耳其站》（中国 VS 泰国）	体育	中央台五套	3.6	22.9
19	《旗开得胜斗地主电视擂台赛》	综艺	天津电视台五套（体育频道）	3.5	19.3
20	《2021 国剧盛典致敬美好》	综艺	安徽卫视	3.5	19.0
21	《2060 元音之境》	综艺	江苏卫视	3.2	18.4
22	《思想耀江山》	专题	江苏卫视	3.1	14.1
23	《无限超越班》（12 月 17 日）	综艺	浙江卫视	3.1	11.9
24	《为歌而赞》（第二季）	综艺	浙江卫视	3.0	12.9
24	《新居之约》	电视剧	中央电视台综合频道	3.0	12.9
26	《乐高大师动手表达爱》	综艺	安徽卫视	2.9	15.5
27	《飞哥战队》	电视剧	天津电视台三套（影视频道）	2.9	11.0
28	《冲天炮》	电视剧	天津电视台三套（影视频道）	2.9	10.0
29	《会画少年的天空》	综艺	湖南卫视	2.8	22.5
30	《超级 818 汽车狂欢夜 2022 浙江卫视年中盛典》	综艺	浙江卫视	2.8	11.4

表 3.30.8　2022 年天津市场电视剧收视率排名前十位

单位：%

名次	节目名称	播出频道	平均收视率	平均占有率
1	《勇敢的翅膀》	湖南卫视	4.3	16.0
2	《信仰》	东方卫视	4.0	13.2
3	《天下长河》	湖南卫视	3.9	14.1
4	《新居之约》	中央电视台综合频道	3.0	12.9
5	《飞哥战队》	天津电视台三套（影视频道）	2.9	11.0

续表

名次	节目名称	播出频道	平均收视率	平均占有率
6	《冲天炮》	天津电视台三套（影视频道）	2.9	10.0
7	《勇者》	天津电视台三套（影视频道）	2.7	11.0
8	《苍狼》	天津电视台三套（影视频道）	2.7	10.9
9	《津门飞鹰》	天津电视台三套（影视频道）	2.7	10.7
10	《英雄联盟》	天津电视台三套（影视频道）	2.6	11.3

表 3.30.9　2022 年天津市场新闻节目收视率排名前十位

单位：%

名次	节目名称	播出频道	平均收视率	平均占有率
1	《省党代会特别报道》	浙江卫视	2.2	10.1
2	《中国这十年安徽主题新闻发布会特别报道》	浙江卫视	2.1	10.3
3	《俄乌局势突变》	中央台四套	2.0	9.9
4	《连线北京二十大特别报道》	浙江卫视	1.8	8.1
5	《今日关注》	中央台四套	1.7	8.0
6	《中国舆论场》	中央台四套	1.7	6.5
7	《都市报道 60 分》	天津电视台一套（新闻频道）	1.6	6.6
8	《上海市人民政府记者招待会》	东方卫视	1.5	7.6
9	《中国空间站神舟十四号航天员返回 2022》	中央电视台新闻频道	1.5	5.2
10	《省委十五届一次全会特别报道》	浙江卫视	1.4	6.1

表 3.30.10　2022 年天津市场专题节目收视率排名前十位

单位：%

名次	节目名称	播出频道	平均收视率	平均占有率
1	《龙腾虎跃中国年》	中央电视台综合频道	9.4	28.5
2	《思想耀江山》	江苏卫视	3.1	14.1
3	《315 公平守正安心消费》	中央台二套	2.1	8.7
4	《初心如磐谱新篇》	东方卫视	1.9	6.7
5	《幸福到万家特别节目》	广东卫视	1.8	7.1
6	《中国共产党为什么能第十八季而今迈步从头越》	浙江卫视	1.5	6.8
7	《感动中国 2021 年度人物颁奖盛典》	中央电视台综合频道	1.5	6.3
8	《中国》（第一季）	湖南卫视	1.4	9.3
9	《2021 年大国工匠年度人物发布仪式》	中央电视台综合频道	1.3	4.9
10	《日出之食》（第二季）	湖南卫视	1.2	4.9

表 3. 30. 11　2022 年天津市场综艺节目收视率排名前十位

单位：%

名次	节目名称	播出频道	平均收视率	平均占有率
1	《2022 中央广播电视总台春节联欢晚会》	中央电视台综合频道	9.5	27.0
2	《蒙面舞王》（7 月 31 日）	江苏卫视	5.5	29.1
3	《天赐的声音 3》（4 月 22 日）	浙江卫视	5.4	34.6
4	《2022 年中央广播电视总台元宵晚会》	中央电视台综合频道	5.0	18.3
5	《天津卫视相声春晚》	天津卫视	4.5	20.0
6	《2022～2023 跨年晚会》	湖南卫视	4.0	15.8
7	《王牌对王牌》	浙江卫视	3.8	16.5
8	《旗开得胜斗地主电视擂台赛》	天津电视台五套（体育频道）	3.5	19.3
9	《2021 国剧盛典致敬美好》	安徽卫视	3.5	19.0
10	《2060 元音之境》	江苏卫视	3.2	18.4

表 3. 30. 12　2022 年天津市场体育节目收视率排名前十位

单位：%

名次	节目名称	播出频道	平均收视率	平均占有率
1	《2022 年北京冬奥会短道速滑男子 1500 米半决赛》	中央台五套	7.0	23.5
2	《2022 年女足亚洲杯决赛》（中国 VS 韩国）	中央台五套	6.9	22.3
3	《我爱世界杯：2022 年世界杯小组赛 E 组第 1 轮》（德国 VS 日本）	中央台五套	5.7	27.6
4	《T5 直播：2022/2023 赛季中国女子排球超级联赛第 16 轮》（天津渤海银行 VS 辽宁东化）	天津电视台五套（体育频道）	3.8	17.7
5	《现场直播：2022 年世界乒乓球团体锦标赛男团决赛》	中央台五套	3.7	13
6	《现场直播：2022 年世界女排联赛土耳其站》（中国 VS 泰国）	中央台五套	3.6	22.9
7	《T5 直播参与：2022 年中国足球协会超级联赛第 21 轮》（大连人 VS 天津津门虎）	天津电视台五套（体育频道）	2.7	9.6
8	《现场直播：2022 年女篮世界杯半决赛》（澳大利亚队 VS 中国队）	中央台五套	2.3	14
9	《现场直播：2022 年女排亚洲杯决赛》（中国队 VS 日本队）	中央台五套	2.3	8.6
10	《冬奥新闻》	中央台五套	2.0	9.9

三十一　重庆收视数据

表 3.31.1　2018～2022 年重庆市场各类频道的占有率

单位：%

频道类别	2018 年	2019 年	2020 年	2021 年	2022 年
中央广播电视总台	26.6	23.0	22.4	18.7	24.0
中国教育台频道	0.1	0.1	0.1	0.1	0.1
重庆市级频道	23.6	21.3	18.6	15.7	18.4
其他省级卫视频道	25.1	25	31.9	41.0	33.1
其他频道	24.6	30.6	27.0	24.5	24.4

表 3.31.2　2022 年重庆市场各类频道在不同目标观众中的占有率

单位：%

目标观众		中央广播电视总台	中国教育台频道	重庆市级频道	其他省级卫视频道	其他频道
4 岁及以上所有人		24.0	0.1	18.4	33.1	24.4
性别	男	25.9	0.1	18.3	32.3	23.4
	女	22.0	0.1	18.6	33.9	25.4
年龄	4～14 岁	13.8	0.0	12.8	30.6	42.8
	15～24 岁	20.8	0.0	14.7	33.3	31.2
	25～34 岁	19.7	0.0	12.9	42.7	24.7
	35～44 岁	22.0	0.0	11.3	41.0	25.7
	45～54 岁	24.7	0.1	15.6	35.2	24.4
	55～64 岁	24.9	0.1	23.4	30.6	21.0
	65 岁及以上	30.9	0.1	26.5	25.0	17.5
受教育程度	未受过正规教育	16.9	0.0	16.9	33.3	32.9
	小学	24.1	0.1	23.4	31.3	21.1
	初中	23.8	0.1	19.1	32.5	24.5
	高中	25.7	0.0	14.8	35.2	24.3
	大学及以上	24.4	0.0	11.0	35.4	29.2
职业类别	干部/管理人员	26.1	0.0	7.7	46.3	19.9
	个体/私营企业人员	23.2	0.1	17.9	33.9	24.9
	初级公务员/雇员	25.9	0.0	8.4	37.3	28.4

续表

目标观众		中央广播电视总台	中国教育台频道	重庆市级频道	其他省级卫视频道	其他频道
职业类别	工人	23.2	0.0	14.8	39.5	22.5
	学生	13.8	0.0	11.5	31.3	43.4
	无业	25.5	0.1	22.4	29.7	22.3
	其他	30.7	0.1	26.0	28.8	14.4
个人月收入	0~600元	19.9	0.1	18.1	31.2	30.7
	601~1200元	28.7	0.1	29.2	30.9	11.1
	1201~1700元	26.1	0.1	28.5	31.1	14.2
	1701~2600元	25.3	0.1	20.3	35.1	19.2
	2601~3500元	25.8	0.1	19.1	31.2	23.8
	3501~5000元	24.7	0.1	13.4	34.8	27.0
	5001元及以上	25.1	0.0	14.2	38.0	22.7

表3.31.3　2022年重庆市场各类频道在不同时段的占有率

单位：%

时间段	中央广播电视总台	中国教育台频道	重庆市级频道	其他省级卫视频道	其他频道
02:00~03:00	25.2	0.1	6.6	26.6	41.5
03:00~04:00	26.7	0.1	5.1	22.5	45.6
04:00~05:00	33.8	0.1	3.9	21.5	40.7
05:00~06:00	37.3	0.1	8.0	23.3	31.3
06:00~07:00	47.8	0.1	11.6	17.4	23.1
07:00~08:00	44.9	0.1	17.4	14.1	23.5
08:00~09:00	33.5	0.2	15.4	19.3	31.6
09:00~10:00	27.4	0.2	13.8	25.1	33.5
10:00~11:00	26.8	0.2	12.7	27.9	32.4
11:00~12:00	28.7	0.1	13.6	26.6	31.0
12:00~13:00	31.2	0.0	14.8	25.0	29.0
13:00~14:00	23.8	0.1	10.1	37.2	28.8
14:00~15:00	20.2	0.1	8.9	41.9	28.9
15:00~16:00	19.5	0.1	8.7	42.6	29.1
16:00~17:00	19.9	0.1	8.5	43.2	28.3
17:00~18:00	21.0	0.0	14.5	37.0	27.5
18:00~19:00	23.1	0.0	35.0	17.8	24.1
19:00~20:00	24.8	0.0	28.2	29.9	17.1
20:00~21:00	21.4	0.0	22.6	39.7	16.3
21:00~22:00	21.9	0.0	22.2	36.9	19.0

续表

时间段	中央广播电视总台	中国教育台频道	重庆市级频道	其他省级卫视频道	其他频道
22：00～23：00	24.1	0.0	12.5	36.0	27.4
23：00～00：00	24.9	0.1	9.0	34.0	32.0
00：00～01：00	25.3	0.1	8.9	27.9	37.8
01：00～02：00	24.1	0.1	8.2	27.0	40.6

表 3.31.4　2022 年重庆市场收视份额排名前十位的频道

单位：%

名次	频道名称	收视份额
1	重庆电视台文体娱乐频道（五套）	5.5
2	浙江卫视	4.5
3	中央台六套	4.4
4	江苏卫视	4.2
5	中央台八套	3.9
6	中央电视台综合频道	3.4
6	湖南卫视	3.4
8	中央台四套	2.7
8	重庆电视台新闻频道（二套）	2.7
10	重庆卫视	2.5

表 3.31.5　2022 年重庆市场各主要频道的观众构成

单位：%

目标观众		所有频道	主要频道				
			重庆电视台文体娱乐频道（五套）	浙江卫视	中央台六套	江苏卫视	中央台八套
4 岁及以上所有人		100.0	100.0	100.0	100.0	100.0	100.0
性别	男	50.8	54.4	48.0	58.2	47.3	51.0
	女	49.2	45.6	52.0	41.8	52.7	49.0
年龄	4～14 岁	9.6	4.3	7.8	5.4	6.8	5.4
	15～24 岁	3.5	2.1	4.7	2.1	4.4	2.7
	25～34 岁	12.1	6.9	15.0	11.2	18.3	11.3
	35～44 岁	8.8	3.9	15.5	10.8	11.9	8.3
	45～54 岁	25.2	20.9	30.2	30.4	23.6	25.6
	55～64 岁	20.2	28.8	16.3	18.9	20.1	22.7
	65 岁及以上	20.6	33.1	10.5	21.2	14.9	24.0

续表

目标观众		所有频道	主要频道				
			重庆电视台文体娱乐频道（五套）	浙江卫视	中央台六套	江苏卫视	中央台八套
受教育程度	未受过正规教育	5.0	4.5	3.0	2.7	4.0	5.4
	小学	27.9	35.9	20.7	28.5	23.4	30.8
	初中	35.4	39.7	36.5	35.7	36.9	37.8
	高中	20.6	13.4	27.3	21.8	23.7	18.5
	大学及以上	11.1	6.5	12.5	11.3	12.0	7.5
职业类别	干部/管理人员	0.7	0.3	1.3	0.7	0.8	0.6
	个体/私营企业人员	12.6	13.8	15.9	12.5	13.2	13.0
	初级公务员/雇员	6.3	3.4	8.5	6.9	6.6	5.6
	工人	22.2	17.1	29.6	27.0	29.4	23.6
	学生	8.7	2.9	10.1	4.6	8.0	3.2
	无业	43.6	51.3	32.0	38.3	35.3	44.2
	其他	5.9	11.2	2.6	10.0	6.7	9.8
个人月收入	0～600 元	27.7	23.0	23.1	26.9	23.8	22.4
	601～1200 元	4.9	9.7	3.7	7.2	6.4	9.3
	1201～1700 元	6.0	9.7	3.4	5.1	4.8	6.9
	1701～2600 元	13.0	15.8	14.5	10.3	13.2	13.7
	2601～3500 元	18.5	20.0	15.3	16.8	19.1	20.2
	3501～5000 元	20.2	15.4	25.5	23.4	20.7	18.4
	5001 元及以上	9.7	6.4	14.5	10.3	12.0	9.1

表 3.31.6　2020～2022 年重庆市场各类节目的播出比重和收视比重

单位：%

节目类别	2020 年		2021 年		2022 年	
	播出比重	收视比重	播出比重	收视比重	播出比重	收视比重
财经	1.0	0.5	1.0	0.5	1.1	0.6
电视剧	22.3	36.7	26.3	39.5	22.4	36.8
电影	3.5	3.5	3.8	4.5	3.1	5.1
法制	0.8	0.6	0.7	0.7	1.1	0.6
教学	0.3	0.1	0.3	0.0	0.3	0.1
青少	7.9	3.7	7.2	4.0	7.8	3.7
生活服务	7.5	6.1	6.5	5.5	7.7	6.0
体育	3.8	1.0	4.2	1.3	4.9	2.4

续表

节目类别	2020 年		2021 年		2022 年	
	播出比重	收视比重	播出比重	收视比重	播出比重	收视比重
外语	0.2	0.0	0.2	0.0	0.3	0.0
戏剧	0.6	0.1	0.9	0.1	0.7	0.2
新闻/时事	16.0	15.7	10.4	11.6	14.7	13.6
音乐	1.8	1.3	1.5	1.0	1.7	0.8
专题	14.2	5.4	14.2	4.9	16.2	5.4
综艺	6.3	12.7	4.8	13.6	5.5	13.0
其他	13.8	12.6	18.0	12.8	12.5	11.7

表 3.31.7 2022 年重庆市场所有节目收视率排名前三十位

单位：%

名次	节目名称	节目类型	播出频道	平均收视率	平均占有率
1	《2023 跨年演唱会》(用奋斗点亮幸福)	音乐	江苏卫视	9.8	27.0
2	《2023 梦圆东方跨年盛典》	综艺	东方卫视	7.6	20.6
3	《蒙面舞王》(7 月 31 日)	综艺	江苏卫视	7.5	29.2
4	《2022 中央广播电视总台春节联欢晚会》	综艺	中央电视台综合频道	7.0	22.1
5	《科学控疫情统筹谋发展》	新闻/时事	浙江卫视	6.9	16.7
6	《中国好声音》(10 月 28 日)	综艺	浙江卫视	6.6	23.8
7	《为歌而赞》(第二季)(5 月 21 日)	综艺	浙江卫视	6.6	19.4
8	《输赢》(19～40)	电视剧	浙江卫视	6.5	14.9
9	《龙腾虎跃中国年》	专题	中央电视台综合频道	6.4	20.9
10	《开学第一课》	青少	中央电视台综合频道	6.2	18.2
11	《2022 年中央广播电视总台元宵晚会》	综艺	中央电视台综合频道	6.1	18.9
12	《闪光的乐队》(2 月 19 日)	综艺	浙江卫视	6.1	17.8
13	《最强大脑之燃烧吧大脑》(2 月 11 日)	综艺	江苏卫视	5.9	22.2
14	《我们的歌》(11 月 6 日)	综艺	东方卫视	5.8	22.5
15	《奔跑吧·共同富裕篇》	综艺	浙江卫视	5.7	17.8
16	《青春环游记》	综艺	浙江卫视	5.6	14.0
17	《2022 北京冬奥会闭幕式》	体育	中央电视台综合频道	5.5	15.8
18	《王牌部队》(11～40)	电视剧	江苏卫视	5.5	12.7
19	《神枪匪王》	电视剧	重庆电视台文体娱乐频道（五套）	5.4	16.3
20	《冰雪正当燃》(1 月 21 日)	综艺	浙江卫视	5.3	21.0
21	《开播情景喜剧》(7 月 16 日)	综艺	东方卫视	5.3	18.6

续表

名次	节目名称	节目类型	播出频道	平均收视率	平均占有率
22	《中国婚礼我的女儿出嫁了》	综艺	湖南卫视	5.2	27.2
23	《嗨放派》	综艺	浙江卫视	5.1	16.2
24	《一起深呼吸》（13～37）	电视剧	江苏卫视	5.1	14.0
25	《一路唱响后传》	综艺	东方卫视	5.0	15.0
26	《无限超越班》	综艺	浙江卫视	5.0	14.9
27	《春天花会开》	综艺	湖南卫视	5.0	14.5
28	《一桌年夜饭》	综艺	浙江卫视	4.9	25.4
29	《决战龙牙山》	电视剧	重庆电视台文体娱乐频道（五套）	4.9	16.6
30	《超级818汽车狂欢夜2022浙江卫视年中盛典》	综艺	浙江卫视	4.8	17.4

表3.31.8　2022年重庆市场电视剧收视率排名前十位

单位：%

名次	节目名称	播出频道	平均收视率	平均占有率
1	《输赢》（19～40）	浙江卫视	6.5	14.9
2	《王牌部队》（11～40）	江苏卫视	5.5	12.7
3	《神枪匪王》	重庆电视台文体娱乐频道（五套）	5.4	16.3
4	《一起深呼吸》（13～37）	江苏卫视	5.1	14.0
5	《决战龙牙山》	重庆电视台文体娱乐频道（五套）	4.9	16.6
6	《县委大院》	浙江卫视	4.8	12.4
7	《舌尖上的心跳》	浙江卫视	4.7	12.9
8	《决战凤凰山》	重庆电视台文体娱乐频道（五套）	4.5	14.7
9	《勇敢的翅膀》	湖南卫视	4.5	13.2
10	《战龙》	重庆电视台文体娱乐频道（五套）	4.4	13.1

表3.31.9　2022年重庆市场新闻节目收视率排名前十位

单位：%

名次	节目名称	播出频道	平均收视率	平均占有率
1	《科学控疫情统筹谋发展》	浙江卫视	6.9	16.7
2	《省委十五届一次全会特别报道》	浙江卫视	2.6	7.7
3	《省党代会特别报道》	浙江卫视	2.2	7.5
4	《国务院总理会见中外记者并回答提问》	中央电视台综合频道	2.2	6.8

续表

名次	节目名称	播出频道	平均收视率	平均占有率
5	《上海市人民政府记者招待会》	东方卫视	1.7	6.6
6	《中国共产党第二十次全国代表大会开幕会专题新闻》	中央电视台综合频道	1.5	4.8
7	《转播中央台新闻联播》	重庆卫视	1.3	5.1
8	《重庆新闻联播》	重庆卫视	1.2	6.0
9	《中国舆论场》	中央台四套	1.2	3.7
10	《中共中央新闻发布会专题新闻》	中央电视台综合频道	1.2	3.2

表 3.31.10　2022 年重庆市场专题节目收视率排名前十位

单位：%

名次	节目名称	播出频道	平均收视率	平均占有率
1	《龙腾虎跃中国年》	中央电视台综合频道	6.4	20.9
2	《创业在安徽》	安徽卫视	3.6	16.3
3	《2022 中国诗词大会》（3 月 6 日）	中央电视台综合频道	3.1	9.7
4	《思想耀江山》	江苏卫视	3.0	12.1
5	《零容忍》	中央电视台综合频道	2.4	5.5
6	《2021 年大国工匠年度人物发布仪式》	中央电视台综合频道	2.0	7.0
7	《追梦人叠彩人生》	浙江卫视	1.8	10.8
8	《感动中国 2021 年度人物颁奖盛典》	中央电视台综合频道	1.8	6.3
9	《领航》	江苏卫视	1.7	13.0
10	《今天你也辛苦了》	湖南卫视	1.6	4.1

表 3.31.11　2022 年重庆市场综艺节目收视率排名前十位

单位：%

名次	节目名称	播出频道	平均收视率	平均占有率
1	《2023 梦圆东方跨年盛典》	东方卫视	7.6	20.6
2	《蒙面舞王》（7 月 31 日）	江苏卫视	7.5	29.2
3	《2022 中央广播电视总台春节联欢晚会》	中央电视台综合频道	7.0	22.1
4	《中国好声音》（10 月 28 日）	浙江卫视	6.6	23.8
5	《为歌而赞》（第二季）（5 月 21 日）	浙江卫视	6.6	19.4
6	《2022 年中央广播电视总台元宵晚会》	中央电视台综合频道	6.1	18.9
7	《闪光的乐队》（2 月 19 日）	浙江卫视	6.1	17.8
8	《最强大脑之燃烧吧大脑》（2 月 11 日）	江苏卫视	5.9	22.2
9	《我们的歌》（11 月 6 日）	东方卫视	5.8	22.5
10	《奔跑吧·共同富裕篇》	浙江卫视	5.7	17.8

表 3.31.12　2022 年重庆市场体育节目收视率排名前十位

单位：%

名次	节目名称	播出频道	平均收视率	平均占有率
1	《2022 北京冬奥会闭幕式》	中央电视台综合频道	5.5	15.8
2	《我爱世界杯：2022 年世界杯 C 组小组赛第 1 轮》（阿根廷 VS 沙特阿拉伯）	中央台五套	4.2	14.1
3	《2022 北京冬残奥会开幕式》	中央电视台综合频道	3.3	9.6
4	《现场直播：2022 年世乒联世界杯决赛女单决赛》	中央台五套	2.1	6.3
5	《女足亚洲杯颁奖仪式》	中央台五套	1.8	4.8
6	《现场直播：2022/2023 赛季 CBA 常规赛第 13 轮》（辽宁本钢 VS 广东东莞大益）	中央台五套	1.3	3.5
7	《现场直播：2022 年世界乒乓球团体锦标赛女团决赛》	中央台五套	1.2	3.8
8	《现场直播：2022 年全国男子举重锦标赛 73 公斤级决赛挺举》	中央台五套	1.2	3.5
9	《现场直播：2022 年跳水世界杯女子三米板决赛》	中央台五套	1.2	3.4
10	《现场直播：2022 年世乒联大满贯赛新加坡站女双决赛》	中央台五套	1.1	3.8

三十二　长春收视数据

表 3.32.1　2018～2022 年长春市场各类频道的占有率

单位：%

频道类别	2018 年	2019 年	2020 年	2021 年	2022 年
中央广播电视总台	38.0	33.2	32.1	29.6	31.3
中国教育台频道	0.1	0.1	0.2	0.1	0.1
吉林省级频道	23.6	20.4	18.8	17.4	19.4
长春市级频道	3.5	3.0	2.3	1.2	1.0
其他省级卫视频道	22.6	25.5	29.4	28.7	17.6
其他频道	12.2	17.8	17.2	23.0	30.6

表 3.32.2　2022 年长春市场各类频道在不同目标观众中的占有率

单位：%

目标观众		中央广播电视总台	中国教育台频道	吉林省级频道	长春市级频道	其他省级卫视频道	其他频道
4 岁及以上所有人		31.5	0.1	19.4	1.0	17.6	30.4
性别	男	33.6	0.1	18.4	1.0	15.9	31.0
	女	29.2	0.0	20.5	1.0	19.4	29.9
年龄	4～14 岁	13.3	0.1	10.6	0.5	18.9	56.6
	15～24 岁	24.7	0.1	12.5	0.6	19.3	42.8
	25～34 岁	17.0	0.1	20.6	0.7	23.5	38.1
	35～44 岁	24.9	0.0	12.3	1.2	20.1	41.5
	45～54 岁	29.4	0.1	14.9	0.9	19.7	35.0
	55～64 岁	39.1	0.0	21.2	1.2	17.2	21.3
	65 岁及以上	42.1	0.0	27.3	1.2	12.3	17.1
受教育程度	未受过正规教育	9.4	0.1	13.8	0.7	21.0	55.0
	小学	29.8	0.0	27.7	0.9	13.0	28.6
	初中	32.5	0.1	24.1	1.5	17.2	24.6
	高中	33.6	0.1	17.6	0.9	17.2	30.6
	大学及以上	31.2	0.0	15.8	0.9	19.6	32.5
职业类别	干部/管理人员	*	*	*	*	*	*
	个体/私营企业人员	24.6	0.1	14.3	1.0	19.0	41.0

续表

目标观众		中央广播电视总台	中国教育台频道	吉林省级频道	长春市级频道	其他省级卫视频道	其他频道
职业类别	初级公务员/雇员	26.6	0.1	14.7	0.6	24.8	33.2
	工人	27.3	0.1	20.0	1.0	19.3	32.3
	学生	20.7	0.1	11.3	0.4	19.7	47.8
	无业	36.4	0.0	22.6	1.2	14.9	24.9
	其他	*	*	*	*	*	*
个人月收入	0～600	21.9	0.1	14.3	0.7	17.6	45.4
	601～1200	30.6	0.0	38.0	2.2	10.7	18.5
	1201～1700	32.3	0.1	33.4	0.6	20.1	13.5
	1701～2600	34.5	0.0	23.9	1.5	18.3	21.8
	2601～3500	26.9	0.1	21.2	1.0	21.1	29.7
	3501～5000	34.9	0.1	18.6	0.9	16.2	29.3
	5001 元及以上	43.2	0.0	15.0	1.1	13.5	27.2

注：“*”表示目标观众样本量不足，无法进行统计推断。

表 3.32.3　2022 年长春市场各类频道在不同时段的占有率

单位：%

时间段	中央广播电视总台	中国教育台频道	吉林省级频道	长春市级频道	其他省级卫视频道	其他频道
02：00～03：00	31.9	0.1	10.8	0.7	12.6	43.9
03：00～04：00	36.4	0.0	15.6	2.0	11.1	34.9
04：00～05：00	37.7	0.0	26.4	1.2	8.4	26.3
05：00～06：00	40.2	0.0	20.9	1.1	8.2	29.6
06：00～07：00	43.4	0.0	19.6	1.0	9.4	26.6
07：00～08：00	49.0	0.0	15.3	0.8	8.2	26.7
08：00～09：00	47.9	0.1	11.2	0.6	10.0	30.2
09：00～10：00	39.6	0.1	10.1	0.9	15.2	34.1
10：00～11：00	34.6	0.1	10.3	1.2	17.4	36.4
11：00～12：00	34.0	0.1	9.6	1.1	18.4	36.8
12：00～13：00	34.5	0.1	7.6	0.8	18.9	38.1
13：00～14：00	31.1	0.1	7.2	1.0	22.0	38.6
14：00～15：00	31.5	0.1	7.5	1.2	23.3	36.4
15：00～16：00	32.4	0.1	8.0	1.3	23.1	35.1

续表

时间段	中央广播电视总台	中国教育台频道	吉林省级频道	长春市级频道	其他省级卫视频道	其他频道
16：00～17：00	32.4	0.1	13.4	1.0	20.1	33.0
17：00～18：00	26.4	0.0	28.1	1.5	13.9	30.1
18：00～19：00	26.9	0.0	36.6	1.1	7.3	28.1
19：00～20：00	31.7	0.0	28.2	1.1	14.0	25.0
20：00～21：00	27.9	0.0	25.9	0.6	21.5	24.1
21：00～22：00	29.5	0.0	21.6	0.9	22.5	25.5
22：00～23：00	30.0	0.1	11.1	1.1	25.2	32.5
23：00～00：00	28.9	0.1	8.2	0.5	24.0	38.3
00：00～01：00	26.8	0.0	10.9	0.6	16.3	45.4
01：00～02：00	29.5	0.1	9.8	0.5	14.0	46.1

表 3.32.4　2022 年长春市场收视份额排名前十位的频道

单位：%

名次	频道名称	收视份额
1	中央电视台综合频道	5.0
2	中央台四套	4.7
3	中央电视台新闻频道	4.2
4	吉林广播电视台生活频道	4.1
5	吉林广播电视台都市频道	3.7
6	中央台六套	3.3
6	中央台五套	3.3
8	中央台八套	3.1
9	吉林卫视	2.8
10	吉林广播电视台公共新闻频道	2.4

表 3.32.5　2022 年长春市场各主要频道的观众构成

单位：%

目标观众		所有频道	主要频道				
			中央电视台综合频道	中央台四套	中央电视台新闻频道	吉林广播电视台生活频道	吉林广播电视台都市频道
4 岁及以上所有人		100.0	100.0	100.0	100.0	100.0	100.0
性别	男	51.5	51.8	60.9	54.1	45.4	48.1
	女	48.5	48.2	39.1	45.9	54.6	51.9

续表

目标观众		所有频道	主要频道				
			中央电视台综合频道	中央台四套	中央电视台新闻频道	吉林广播电视台生活频道	吉林广播电视台都市频道
年龄	4～14 岁	7.5	3.8	1.0	2.1	2.4	11.3
	15～24 岁	4.5	3.5	3.2	2.2	1.4	3.3
	25～34 岁	11.4	6.3	7.5	4.8	8.0	16.2
	35～44 岁	10.6	9.0	3.0	10.8	6.3	6.6
	45～54 岁	19.2	16.3	14.0	22.4	10.0	13.8
	55～64 岁	19.9	25.3	24.4	29.3	22.3	22.8
	65 岁及以上	26.9	35.7	46.8	28.4	49.5	26.1
受教育程度	未受过正规教育	3.9	1.7	0.4	0.8	1.1	10.3
	小学	9.3	8.5	6.2	4.7	15.1	7.0
	初中	23.2	15.4	34.4	20.9	35.2	20.6
	高中	37.4	44.4	32.4	41.4	33.4	31.5
	大学及以上	26.2	29.9	26.6	32.2	15.2	30.7
职业类别	干部/管理人员	*	*	*	*	*	*
	个体/私营企业人员	11.0	8.6	7.1	6.4	4.2	10.6
	初级公务员/雇员	13.1	11.0	10.2	16.2	8.7	15.5
	工人	15.2	12.4	11.8	7.4	14.8	11.9
	学生	6.5	3.4	3.4	2.4	2.0	2.9
	无业	54.1	64.6	67.5	67.6	70.3	59.1
	其他	*	*	*	*	*	*
个人月收入	0～600	20.3	15.0	12.1	8.6	12.2	20.0
	601～1200	1.3	1.1	0.3	0.1	5.9	1.0
	1201～1700	3.8	2.8	4.3	2.3	8.3	6.6
	1701～2600	14.9	14.2	19.8	14.3	18.5	11.4
	2601～3500	22.8	19.2	20.1	17.7	20.7	18.7
	3501～5000	22.9	24.4	25.6	31.4	23.0	29.9
	5001 元及以上	14.0	23.2	17.8	25.5	11.5	12.4

注：“*”表示目标观众样本量不足，无法进行统计推断。

表 3.32.6　2020～2022 年长春市场各类节目的播出比重和收视比重

单位：%

节目类型	2020 年		2021 年		2022 年	
	播出比重	收视比重	播出比重	收视比重	播出比重	收视比重
财经	0.9	0.8	1.0	0.8	1.2	0.8

续表

节目类型	2020 年		2021 年		2022 年	
	播出比重	收视比重	播出比重	收视比重	播出比重	收视比重
电视剧	22.8	31.6	21.9	34.2	22.3	31.8
电影	4.1	5.3	3.5	3.3	3.0	4.3
法制	0.6	0.4	0.6	0.3	0.8	0.3
教学	0.3	0.1	0.4	0.0	0.5	0.0
青少	6.6	4.1	6.4	2.5	6.7	2.2
生活服务	9.6	7.5	10.1	8.1	9.3	7.7
体育	3.6	2.3	3.8	4.1	4.8	5.7
外语	0.2	0.0	0.2	0.0	0.3	0.0
戏剧	0.7	0.5	0.5	0.2	0.6	0.2
新闻/时事	15.9	17.0	15.0	14.6	14.7	17.2
音乐	1.8	1.4	1.7	1.0	1.8	0.7
专题	13.4	5.7	14.7	5.7	15.7	5.6
综艺	6.8	11.8	7.4	13.4	6.2	11.7
其他	12.7	11.5	12.6	11.8	12.0	11.7

表 3.32.7　2022 年长春市场所有节目收视率排名前三十位

单位：%

名次	节目名称	节目类型	播出频道	平均收视率	平均占有率
1	《2022 中央广播电视总台春节联欢晚会》	综艺	中央电视台综合频道	10.6	31.8
2	《龙腾虎跃中国年》	专题	中央电视台综合频道	10.1	36.0
3	《2022 年北京冬奥会短道速滑男子 5000 米接力半决赛》	体育	中央台五套	9.0	26.0
4	《2022 年中央广播电视总台元宵晚会》	综艺	中央电视台综合频道	8.4	28.6
5	《最强大脑》（1 月 14 日）	综艺	江苏卫视	6.6	39.9
6	《2022 年女足亚洲杯决赛》（中国 VS 韩国）	体育	中央台五套	6.1	19.4
7	《我爱世界杯：2022 年世界杯决赛》（阿根廷 VS 法国）	体育	中央台五套	5.8	74.7
8	《辽宁卫视 2022 春节联欢晚会》	综艺	辽宁卫视	5.4	22.9
9	《启航 2023 中央广播电视总台跨年晚会》	综艺	中央电视台综合频道	3.6	15.3
10	《中国空间站神舟十四号航天员返回 2022》	新闻/时事	中央电视台新闻频道	3.5	14.0
11	《为歌而赞》（第二季）（6 月 18 日）	综艺	浙江卫视	3.4	18.0
12	《人世间》	电视剧	中央电视台综合频道	3.4	13.2

续表

名次	节目名称	节目类型	播出频道	平均收视率	平均占有率
13	《集合开心果》（1月22日）	综艺	东方卫视	3.1	28.3
14	《点赞达人秀》（1月9日）	综艺	江苏卫视	3.0	14.8
15	《完美伴侣》	电视剧	湖南卫视	3.0	10.3
16	《输赢》（19~40集）	电视剧	北京卫视	3.0	9.1
17	《现场直播：2022年女篮世界杯半决赛》（澳大利亚队VS中国队）	体育	中央台五套	2.9	16.7
18	《省党代会特别报道》	新闻/时事	浙江卫视	2.9	12.8
19	《王牌部队》（11~40集）	电视剧	江苏卫视	2.9	8.6
20	《2022年中央广播电视总台中秋晚会》	综艺	中央电视台综合频道	2.8	13.7
21	《闪光的乐队》（1月15日）	综艺	浙江卫视	2.8	10.4
22	《2022年北京广播电视台春节联欢晚会》	综艺	北京卫视	2.6	14.3
23	《超脑少年团》（8月26日）	综艺	江苏卫视	2.6	13.3
24	《现场直播：2022年世界乒乓球团体锦标赛女团决赛》	体育	中央台五套	2.6	12.4
25	《向阳而生》	电视剧	吉林卫视	2.5	10.1
26	《中国好声音》（9月16日）	综艺	浙江卫视	2.4	16.2
27	《新春喜剧之夜》	综艺	中央台三套	2.4	11.0
28	《陪你一起长大》	电视剧	吉林卫视	2.3	10.6
29	《中国梦祖国颂2022国庆特别节目》	综艺	中央电视台综合频道	2.3	10.5
30	《一起深呼吸》	电视剧	江苏卫视	2.3	7.8

表3.32.8　2022年长春市场电视剧收视率排名前十位

单位：%

名次	节目名称	播出频道	平均收视率	平均占有率
1	《人世间》	中央电视台综合频道	3.4	13.2
2	《完美伴侣》	湖南卫视	3.0	10.3
3	《输赢》（19~40集）	北京卫视	3.0	9.1
4	《王牌部队》（11~40集）	江苏卫视	2.9	8.6
5	《向阳而生》	吉林卫视	2.5	10.1
6	《陪你一起长大》	吉林卫视	2.3	10.6
7	《一起深呼吸》	江苏卫视	2.3	7.8
8	《家产》	吉林广播电视台生活频道	2.2	8.6
9	《输赢》	吉林卫视	2.1	11.3
10	《我是真的爱你》	吉林卫视	2.1	7.7

表 3.32.9　2022 年长春市场新闻节目收视率排名前十位

单位：%

名次	节目名称	播出频道	平均收视率	平均占有率
1	《中国空间站神舟十四号航天员返回 2022》	中央电视台新闻频道	3.5	14.0
2	《省党代会特别报道》	浙江卫视	2.9	12.8
3	《中国空间站神舟十三号航天员返回 2022》	中央电视台新闻频道	1.7	12.8
4	《守望都市》	吉林广播电视台都市频道	1.7	9.0
5	《中共吉林省委中国这十年吉林主题新闻发布会》	吉林卫视	1.6	9.2
6	《俄乌局势突变》	中央台四套	1.6	8.0
7	《新闻联播》	中央电视台综合频道	1.6	7.4
8	《中国舆论场》	中央台四套	1.6	6.4
9	《今日亚洲》	中央台四套	1.4	5.7
10	《一起向未来》	中央电视台综合频道	1.3	6.9

表 3.32.10　2022 年长春市场专题节目收视率排名前十位

单位：%

名次	节目名称	播出频道	平均收视率	平均占有率
1	《龙腾虎跃中国年》	中央电视台综合频道	10.1	36.0
2	《反腐倡廉永远在路上》	湖南卫视	2.2	6.8
3	《相知跨千年携手创未来——习近平主席赴沙特利雅得出访纪实》	中央电视台综合频道	2.1	7.8
4	《2022 中国诗词大会》（3 月 14 日）	中央电视台综合频道	1.6	6.2
5	《航拍中国》（第四季）	中央台四套	1.5	6.4
6	《中国共产党为什么能第十八季而今迈步从头越》	浙江卫视	1.3	10.6
7	《沿着总书记的足迹》	吉林卫视	1.3	6.9
8	《315 公平守正安心消费》	中央台二套	1.3	5.0
9	《万众一心坚持致胜 2022 吉林省抗疫纪实》	吉林卫视	1.2	6.0
10	《长风浩荡启新程——习近平主席出席二十国集团领导人第十七次峰会》	中央电视台综合频道	1.2	4.7

表 3.32.11　2022 年长春市场综艺节目收视率排名前十位

单位：%

名次	节目名称	播出频道	平均收视率	平均占有率
1	《2022 中央广播电视总台春节联欢晚会》	中央电视台综合频道	10.6	31.8
2	《2022 年中央广播电视总台元宵晚会》	中央电视台综合频道	8.4	28.6
3	《最强大脑》（1 月 14 日）	江苏卫视	6.6	39.9
4	《辽宁卫视 2022 春节联欢晚会》	辽宁卫视	5.4	22.9

续表

名次	节目名称	播出频道	平均收视率	平均占有率
5	《启航2023中央广播电视总台跨年晚会》	中央电视台综合频道	3.6	15.3
6	《为歌而赞》（第二季）（6月18日）	浙江卫视	3.4	18.0
7	《集合开心果》（1月22日）	东方卫视	3.1	28.3
8	《点赞达人秀》（1月9日）	江苏卫视	3.0	14.8
9	《2022年中央广播电视总台中秋晚会》	中央电视台综合频道	2.8	13.7
10	《闪光的乐队》（1月15日）	浙江卫视	2.8	10.4

表3.32.12　2022年长春市场体育节目收视率排名前十位

单位：%

名次	节目名称	播出频道	平均收视率	平均占有率
1	《2022年北京冬奥会短道速滑男子5000米接力半决赛》	中央台五套	9.0	26.0
2	《2022年女足亚洲杯决赛》（中国VS韩国）	中央台五套	6.1	19.4
3	《我爱世界杯：2022年世界杯决赛》（阿根廷VS法国）	中央台五套	5.8	74.7
4	《现场直播：2022年女篮世界杯半决赛》（澳大利亚队VS中国队）	中央台五套	2.9	16.7
5	《现场直播：2022年世界乒乓球团体锦标赛女团决赛》	中央台五套	2.6	12.4
6	《现场直播：2021/2022赛季CBA总决赛第一场》（辽宁本钢VS浙江广厦控股）	中央台五套	2.2	8.9
7	《现场直播：2022年世乒联世界杯决赛男单决赛》	中央台五套	2.1	13.4
8	《2022北京冬残奥会开幕式》	中央电视台综合频道	2.0	8.1
9	《现场直播：2022年世乒联冠军赛澳门站男单决赛》	中央台五套	1.8	8.0
10	《现场直播：2022年世乒联大满贯赛新加坡站男单决赛》	中央台五套	1.6	8.3

三十三　长沙收视数据

表 3. 33. 1　2018 ~ 2022 年长沙市场各类频道的占有率

单位：%

频道类别	2018 年	2019 年	2020 年	2021 年	2022 年
中央广播电视总台	20. 4	17. 7	18. 0	15. 8	16. 8
中国教育台频道	0. 1	0. 1	0. 1	0. 1	0. 1
湖南省级频道	50. 8	45. 2	42. 7	39. 4	39. 3
长沙市级频道	5. 0	3. 3	2. 1	1. 1	1. 2
其他省级卫视频道	9. 5	14. 3	14. 8	18. 6	13. 0
其他频道	14. 2	19. 4	22. 3	25. 0	29. 6

表 3. 33. 2　2022 年长沙市场各类频道在不同目标观众中的占有率

单位：%

目标观众		中央广播电视总台	中国教育台频道	湖南省级频道	长沙市级频道	其他省级卫视频道	其他频道
4 岁及以上所有人		16. 8	0. 1	39. 3	1. 2	13. 0	29. 6
性别	男	18. 5	0. 2	39. 7	1. 4	12. 6	27. 6
	女	15. 1	0. 1	38. 9	0. 9	13. 4	31. 6
年龄	4 ~ 14 岁	6. 2	0. 0	31. 2	0. 6	11. 4	50. 6
	15 ~ 24 岁	11. 6	0. 0	40. 2	0. 5	17. 2	30. 5
	25 ~ 34 岁	14. 6	0. 1	30. 6	0. 6	21. 2	32. 9
	35 ~ 44 岁	14. 8	0. 0	33. 6	0. 8	17. 8	33. 0
	45 ~ 54 岁	15. 8	0. 0	34. 7	0. 8	13. 6	35. 1
	55 ~ 64 岁	16. 6	0. 1	40. 1	1. 8	12. 0	29. 4
	65 岁及以上	24. 1	0. 3	51. 7	1. 8	6. 9	15. 2
受教育程度	未受过正规教育	5. 0	0. 0	41. 0	0. 4	7. 4	46. 2
	小学	12. 3	0. 0	46. 1	1. 2	9. 7	30. 7
	初中	15. 2	0. 0	42. 9	1. 1	13. 9	26. 9
	高中	18. 6	0. 1	37. 3	1. 4	13. 7	28. 9
	大学及以上	21. 7	0. 4	31. 5	1. 0	14. 1	31. 3
职业类别	干部/管理人员	30. 1	14. 9	19. 8	10. 7	2. 8	21. 7
	个体/私营企业人员	14. 5	0. 0	30. 7	0. 9	15. 6	38. 3
	初级公务员/雇员	19. 7	0. 0	35. 4	0. 8	15. 0	29. 1

续表

目标观众		中央广播电视总台	中国教育台频道	湖南省级频道	长沙市级频道	其他省级卫视频道	其他频道
职业类别	工人	14.4	0.1	34.0	0.8	18.1	32.6
	学生	9.7	0.0	30.5	0.6	13.8	45.4
	无业	20.1	0.0	41.5	1.6	10.9	25.9
	其他	10.9	0.1	59.1	0.7	9.4	19.8
个人月收入	0～600 元	9.8	0.0	37.5	0.7	13.1	38.9
	601～1200 元	14.4	0.1	53.2	1.1	13.3	17.9
	1201～1700 元	9.8	0.0	56.7	0.5	5.4	27.6
	1701～2600 元	14.7	0.0	44.7	1.2	9.8	29.6
	2601～3500 元	22.3	0.0	42.1	1.9	10.8	22.9
	3501～5000 元	23.3	0.0	38.7	0.9	14.4	22.7
	5001 元及以上	18.8	0.4	31.9	1.4	16.2	31.3

表 3.33.3　2022 年长沙市场各类频道在不同时段的占有率

单位：%

时间段	中央广播电视总台	中国教育台频道	湖南省级频道	长沙市级频道	其他省级卫视频道	其他频道
02：00～03：00	13.6	0.5	18.5	1.7	13.9	51.8
03：00～04：00	13.5	0.6	17.8	2.0	10.1	56.0
04：00～05：00	15.6	0.7	15.5	2.5	7.6	58.1
05：00～06：00	20.8	0.8	19.1	2.2	5.8	51.3
06：00～07：00	26.2	0.6	29.6	2.0	4.2	37.4
07：00～08：00	29.1	0.8	29.5	3.7	3.4	33.5
08：00～09：00	25.7	0.7	28.2	2.6	6.0	36.8
09：00～10：00	22.1	0.4	28.4	1.9	6.4	40.8
10：00～11：00	20.1	0.3	29.1	1.9	7.7	40.9
11：00～12：00	21.7	0.1	30.8	2.2	7.9	37.3
12：00～13：00	25.1	0.1	30.6	1.4	8.6	34.2
13：00～14：00	18.8	0.2	29.0	1.2	11.1	39.7
14：00～15：00	16.6	0.2	27.2	1.2	12.2	42.6
15：00～16：00	16.8	0.2	27.2	1.3	12.0	42.5
16：00～17：00	18.2	0.1	27.6	1.3	10.8	42.0
17：00～18：00	15.0	0.0	40.6	1.4	7.8	35.2
18：00～19：00	13.2	0.0	55.1	0.9	4.1	26.7

续表

时间段	中央广播电视总台	中国教育台频道	湖南省级频道	长沙市级频道	其他省级卫视频道	其他频道
19：00～20：00	17.6	0.0	44.8	0.9	15.5	21.2
20：00～21：00	13.4	0.0	44.7	0.6	21.2	20.1
21：00～22：00	15.9	0.0	43.3	0.9	17.4	22.5
22：00～23：00	14.0	0.1	45.4	1.0	14.4	25.1
23：00～00：00	15.3	0.2	38.5	1.1	13.2	31.7
00：00～01：00	18.9	0.8	22.1	1.4	11.7	45.1
01：00～02：00	16.3	1.0	18.1	1.9	12.5	50.2

表 3.33.4 2022 年长沙市场收视份额排名前十位的频道

单位：%

名次	频道名称	收视份额
1	湖南电视台娱乐频道	7.1
2	湖南电视台电视剧频道	6.0
3	湖南卫视	5.9
4	湖南电视台都市频道	4.9
5	湖南电视台经济频道	4.5
6	湖南电视台潇湘电影频道	4.4
7	湖南电视台爱晚频道	3.7
8	中央台四套	3.2
9	浙江卫视	2.9
10	中央电视台综合频道	2.7

表 3.33.5 2022 年长沙市场各主要频道的观众构成

单位：%

目标观众		所有频道	主要频道				
			湖南电视台娱乐频道	湖南电视台电视剧频道	湖南卫视	湖南电视台都市频道	湖南电视台经济频道
4 岁及以上所有人		100.0	100.0	100.0	100.0	100.0	100.0
性别	男	49.2	45.9	48.6	47.6	49.3	51.3
	女	50.8	54.1	51.4	52.4	50.7	48.7
年龄	4～14 岁	8.1	6.4	4.9	4.4	5.7	4.4
	15～24 岁	6.4	3.5	5.2	9.3	7.3	13.4
	25～34 岁	13.0	7.4	10.0	18.4	7.1	7.5
	35～44 岁	8.4	4.7	4.1	8.8	10.0	9.6
	45～54 岁	22.5	15.8	19.9	23.6	23.6	20.6
	55～64 岁	16.0	20.7	20.9	10.0	16.3	10.8
	65 岁及以上	25.5	41.5	35.1	25.5	30.0	33.8

续表

目标观众		所有频道	主要频道				
			湖南电视台娱乐频道	湖南电视台电视剧频道	湖南卫视	湖南电视台都市频道	湖南电视台经济频道
受教育程度	未受过正规教育	3.4	5.4	3.3	1.7	1.0	2.0
	小学	15.7	20.0	24.4	12.5	15.6	10.9
	初中	31.0	42.8	30.5	29.0	34.5	34.0
	高中	29.7	21.7	25.5	31.8	30.2	31.5
	大学及以上	20.2	10.2	16.2	25.1	18.7	21.7
职业类别	干部/管理人员	0.5	0.0	0.0	0.6	1.0	0.1
	个体/私营企业人员	9.7	5.1	5.8	10.6	9.1	6.9
	初级公务员/雇员	12.6	5.9	13.3	17.8	10.2	14.7
	工人	14.7	10.4	9.9	16.5	15.1	15.1
	学生	9.3	5.7	5.9	6.9	7.6	10.6
	无业	42.7	52.2	45.0	38.8	50.0	45.9
	其他	10.5	20.7	20.2	8.9	7.0	6.8
个人月收入	0～600元	26.9	27.4	25.1	22.6	20.4	23.4
	601～1200元	4.6	7.5	6.0	4.6	4.0	4.0
	1201～1700元	2.1	3.9	3.1	3.3	2.1	4.3
	1701～2600元	12.5	18.4	16.9	11.1	12.6	12.0
	2601～3500元	16.4	19.2	18.8	12.8	20.4	18.3
	3501～5000元	15.6	10.5	11.0	16.5	25.0	17.4
	5001元及以上	21.8	13.1	19.1	29.0	15.5	20.4

表3.33.6　2020～2022年长沙市场各类节目的播出比重和收视比重

单位：%

节目类型	2020年		2021年		2022年	
	播出比重	收视比重	播出比重	收视比重	播出比重	收视比重
财经	0.9	0.3	1.0	0.5	1.0	0.6
电视剧	24.2	42.2	28.3	40.4	28.8	39.1
电影	3.7	3.3	4.2	3.4	3.9	4.3
法制	0.8	0.8	0.8	0.4	1.0	0.5
教学	0.3	0.1	0.2	0.1	0.3	0.0
青少	6.9	2.7	6.7	2.7	7.1	2.8
生活服务	6.9	4.9	6.2	5.6	5.7	6.8
体育	4.2	1.0	4.7	2.3	5.8	3.0

续表

节目类型	2020 年		2021 年		2022 年	
	播出比重	收视比重	播出比重	收视比重	播出比重	收视比重
外语	0.2	0.0	0.2	0.0	0.2	0.0
戏剧	0.6	0.2	0.9	0.2	0.9	0.2
新闻/时事	16.2	16.1	10.5	13.4	10.5	13.7
音乐	1.7	0.8	1.5	0.9	1.6	0.7
专题	13.7	6.6	14.5	7.7	15.2	7.5
综艺	6.5	9.5	5.1	9.4	4.9	9.6
其他	13.2	11.5	15.2	12.9	13.1	11.2

表 3.33.7　2022 年长沙市场所有节目收视率排名前三十位

单位：%

名次	节目名称	节目类型	播出频道	平均收视率	平均占有率
1	《2022 中央广播电视总台春节联欢晚会》	中央电视台综合频道	综艺	6.1	21.0
2	《2022～2023 跨年晚会》	湖南卫视	综艺	4.9	18.6
3	《我爱世界杯：2022 年世界杯决赛》(阿根廷 VS 法国)	中央台五套	体育	4.4	52.9
4	《集合开心果》(1 月 8 日)	东方卫视	综艺	4.1	18.6
5	《2022 年北京广播电视台春节联欢晚会》	北京卫视	综艺	4.0	15.0
6	《2021 我们的年度总结大会》	北京卫视	综艺	3.8	11.8
7	《我们的歌》(12 月 11 日)	东方卫视	综艺	3.7	17.0
8	《输赢》	北京卫视	电视剧	3.6	10.9
9	《黑狐之风影》(38～39 集)	湖南电视台经济频道	电视剧	3.5	11.1
10	《2022 年北京冬奥会短道速滑女子 1000 米半决赛》	中央台五套	体育	3.4	11.5
11	《闪光的乐队》(2 月 5 日)	浙江卫视	综艺	3.2	12.8
12	《我是大赢家》	湖南电视台娱乐频道	综艺	2.9	22.4
13	《刘老庄八十二壮士》(12 月 6 日)	湖南电视台潇湘电影频道	电影	2.9	15.7
14	《晚八点音乐会温暖之声金秋回响》	北京卫视	音乐	2.9	12.2
15	《女足亚洲杯颁奖仪式》	中央台五套	体育	2.9	10.1
16	《四海同春 2022 全球华侨华人春节大联欢》	湖南卫视	综艺	2.9	9.4
17	《中国好声音》(8 月 12 日)	浙江卫视	综艺	2.8	11.6
18	《勇敢的翅膀》	湖南卫视	电视剧	2.8	10.9
19	《女匪首传奇》	湖南电视台经济频道	电视剧	2.7	12.3

续表

名次	节目名称	节目类型	播出频道	平均收视率	平均占有率
20	《天下长河》	湖南卫视	电视剧	2.7	10.9
21	《2023 梦圆东方跨年盛典》	东方卫视	综艺	2.7	9.9
22	《老酒馆》	湖南电视台经济频道	电视剧	2.7	9.7
23	《完美伴侣》	湖南卫视	电视剧	2.7	8.8
24	《奔跑吧·共同富裕篇》	浙江卫视	综艺	2.6	10.1
25	《我们这十年西乡明月精彩回顾》	浙江卫视	综艺	2.6	9.4
26	《2021 国剧盛典致敬美好》	安徽卫视	综艺	2.5	12.3
27	《镖行天下前传之至尊国宝》	湖南电视台潇湘电影频道	电影	2.5	12.0
28	《飘帅》	湖南电视台电视剧频道	电视剧	2.5	11.3
29	《彭雪枫纵横江淮》（12 月 4 日）	湖南电视台潇湘电影频道	电影	2.4	12.7
30	《蒙面舞王》（7 月 17 日）	江苏卫视	综艺	2.4	12.1

表 3.33.8　2022 年长沙市场电视剧收视率排名前十位

单位：%

名次	节目名称	播出频道	平均收视率	平均占有率
1	《输赢》	北京卫视	3.6	10.9
2	《黑狐之风影》（38～39 集）	湖南电视台经济频道	3.5	11.1
3	《勇敢的翅膀》	湖南卫视	2.8	10.9
4	《女匪首传奇》	湖南电视台经济频道	2.7	12.3
5	《天下长河》	湖南卫视	2.7	10.9
6	《老酒馆》	湖南电视台经济频道	2.7	9.7
7	《完美伴侣》	湖南卫视	2.7	8.8
8	《飘帅》	湖南电视台电视剧频道	2.5	11.3
9	《枪侠》	湖南电视台电视剧频道	2.4	10.8
10	《特战荣耀》	浙江卫视	2.4	9.8

表 3.33.9　2022 年长沙市场新闻节目收视率排名前十位

单位：%

名次	节目名称	播出频道	平均收视率	平均占有率
1	《转播中央台新闻联播》	湖南卫视	1.9	9.6
2	《都市 1 时间》	湖南电视台都市频道	1.8	10.8
3	《湖南新闻联播》	湖南卫视	1.3	8.3

续表

名次	节目名称	播出频道	平均收视率	平均占有率
4	《连线北京二十大特别报道》	浙江卫视	1.3	5.5
5	《科学控疫情统筹谋发展》	浙江卫视	1.3	4.3
6	《国务院总理会见中外记者并回答提问》	中央电视台综合频道	1.2	5.0
7	《中国空间站神舟十四号航天员返回 2022》	中央电视台新闻频道	1.2	4.9
8	《中国共产党第二十次全国代表大会开幕会专题新闻》	中央电视台综合频道	1.1	4.0
9	《今日关注》	中央台四套	1.0	4.7
10	《省委十五届一次全会特别报道》	浙江卫视	1.0	4.5

表 3.33.10　2022 年长沙市场专题节目收视率排名前十位

单位：%

名次	节目名称	播出频道	平均收视率	平均占有率
1	《寻情记》	湖南电视台都市频道	2.4	9.4
2	《思想耀江山》	江苏卫视	1.9	9.8
3	《追寻贺龙元帅》	湖南卫视	1.7	24.3
4	《反腐倡廉永远在路上》	湖南卫视	1.7	5.0
5	《向你致敬》	湖南卫视	1.6	5.0
6	《时代回响》	湖南电视台经济频道	1.5	12.7
7	《党旗飘扬》	东南卫视	1.5	6.4
8	《龙腾虎跃中国年》	中央电视台综合频道	1.4	7.6
9	《傲椒的湘菜》（第 2 季）	湖南卫视	1.3	5.7
10	《主播读宪法》	湖南卫视	1.3	3.8

表 3.33.11　2022 年长沙市场综艺节目收视率排名前十位

单位：%

名次	节目名称	播出频道	平均收视率	平均占有率
1	《2022 中央广播电视总台春节联欢晚会》	中央电视台综合频道	6.1	21.0
2	《2022～2023 跨年晚会》	湖南卫视	4.9	18.6
3	《集合开心果》（1 月 8 日）	东方卫视	4.1	18.6
4	《2022 年北京广播电视台春节联欢晚会》	北京卫视	4.0	15.0
5	《2021 我们的年度总结大会》	北京卫视	3.8	11.8
6	《我们的歌》（12 月 11 日）	东方卫视	3.7	17.0
7	《闪光的乐队》（2 月 5 日）	浙江卫视	3.2	12.8
8	《我是大赢家》	湖南电视台娱乐频道	2.9	22.4
9	《四海同春 2022 全球华侨华人春节大联欢》	湖南卫视	2.9	9.4
10	《中国好声音》（8 月 12 日）	浙江卫视	2.8	11.6

表 3.33.12　2022 年长沙市场体育节目收视率排名前十位

单位：%

名次	节目名称	播出频道	平均收视率	平均占有率
1	《我爱世界杯：2022 年世界杯决赛》（阿根廷 VS 法国）	中央台五套	4.4	52.9
2	《2022 年北京冬奥会短道速滑女子 1000 米半决赛》	中央台五套	3.4	11.5
3	《女足亚洲杯颁奖仪式》	中央台五套	2.9	10.1
4	《2022 北京冬残奥会闭幕式》	湖南卫视	1.9	7.8
5	《现场直播：2022 年女篮世界杯半决赛》（澳大利亚队 VS 中国队）	中央台五套	1.3	10.3
6	《现场直播：2022 年 CBA 全明星周末全明星赛》（南区明星队 VS 北区明星队）	中央台五套	1.3	5.4
6	《最前线》	中央台五套	1.3	5.4
8	《实况录像：2022 年世界田联钻石联赛苏黎世站男子跳高决赛》	中央台五套	1.2	5.1
8	《实况录像：2022 年世界蹦床锦标赛女子团体蹦床决赛》	中央台五套	1.2	5.1
10	《现场直播：2022 年世乒联冠军赛澳门站女单半决赛》	中央台五套	1.1	5.4

三十四　成都收视数据

表 3.34.1　2018～2022 年成都市场各类频道的占有率

单位：%

频道类别	2018 年	2019 年	2020 年	2021 年	2022 年
中央广播电视总台	32.6	31.4	32.0	30.3	34.0
中国教育台频道	0.0	0.1	0.1	0.1	0.1
四川省级频道	19.9	18	16.1	15.7	20.2
成都市级频道	5.8	4.2	2.5	2.0	1.8
其他省级卫视频道	23.1	28.3	32.3	35.3	24.4
其他频道	18.6	18.0	17.0	16.6	19.5

表 3.34.2　2022 年成都市场各类频道在不同目标观众中的占有率

单位：%

目标观众		中央广播电视总台	中国教育台频道	四川省级频道	成都市级频道	其他省级卫视频道	其他频道
4 岁及以上所有人		34.0	0.1	20.2	1.8	24.4	19.5
性别	男	32.9	0.1	20.8	1.9	24.6	19.7
	女	35.3	0.1	19.6	1.8	24.2	19.0
年龄	4～14 岁	16.9	0.0	11.2	3.0	27.5	41.4
	15～24 岁	19.9	0.3	16.8	2.7	37.8	22.5
	25～34 岁	29.4	0.0	14.3	1.2	33.9	21.2
	35～44 岁	27.8	0.0	17.1	1.5	26.1	27.5
	45～54 岁	33.1	0.1	17.4	1.8	27.2	20.4
	55～64 岁	36.7	0.1	25.0	1.4	19.1	17.7
	65 岁及以上	45.3	0.1	27.2	1.9	15.5	10.0
受教育程度	未受过正规教育	22.2	0.2	9.2	2.7	28.6	37.1
	小学	28.6	0.1	29.8	2.5	23.8	15.2
	初中	38.0	0.1	21.2	1.5	24.6	14.6
	高中	33.6	0.1	16.5	1.9	24.5	23.4
	大学及以上	37.5	0.1	15.1	1.3	23.8	22.2

续表

目标观众		中央广播电视总台	中国教育台频道	四川省级频道	成都市级频道	其他省级卫视频道	其他频道
职业类别	干部/管理人员	40.4	0.0	11.3	0.7	20.3	27.3
	个体/私营企业人员	29.3	0.1	21.3	1.6	24.2	23.5
	初级公务员/雇员	30.7	0.1	13.7	1.4	29.7	24.4
	工人	30.2	0.2	19.8	3.0	29.5	17.3
	学生	18.1	0.0	16.6	1.7	27.8	35.8
	无业	38.7	0.1	23.2	1.8	21.6	14.6
	其他	*	*	*	*	*	*
个人月收入	0～600 元	20.5	0.1	15.7	1.9	34.1	27.7
	601～1200 元	27.8	0.6	38.1	4.2	20.4	8.9
	1201～1700 元	38.9	0.0	30.4	2.1	19.2	9.4
	1701～2600 元	40.2	0.1	26.7	1.5	19.7	11.8
	2601～3500 元	38.9	0.1	19.6	1.8	24.6	15.0
	3501～5000 元	33.8	0.1	22.2	2.0	22.9	19.0
	5001 元及以上	40.0	0.1	12.7	1.1	19.3	26.8

注：“*”表示目标观众样本量不足，无法进行统计推断。

表 3.34.3　2022 年成都市场各类频道在不同时段的占有率

单位：%

时间段	中央广播电视总台	中国教育台频道	四川省级频道	成都市级频道	其他省级卫视频道	其他频道
02：00～03：00	21.0	0.2	14.5	3.1	29.4	31.8
03：00～04：00	22.6	0.1	15.1	4.7	26.5	31.0
04：00～05：00	29.3	0.1	14.9	5.8	23.2	26.7
05：00～06：00	38.6	0.2	14.9	5.8	21.3	19.2
06：00～07：00	53.5	0.1	12.3	3.7	14.9	15.5
07：00～08：00	55.7	0.3	16.8	2.3	11.7	13.2
08：00～09：00	55.8	0.4	12.4	2.6	12.6	16.2
09：00～10：00	43.3	0.3	13.0	2.8	20.1	20.5
10：00～11：00	38.5	0.2	14.3	2.5	23.0	21.5
11：00～12：00	40.7	0.1	15.1	1.6	22.4	20.1
12：00～13：00	44.4	0.0	15.1	1.6	19.7	19.2
13：00～14：00	35.7	0.1	16.3	1.9	24.1	21.9
14：00～15：00	30.7	0.1	15.5	1.7	28.8	23.2
15：00～16：00	29.5	0.1	14.3	2.2	30.6	23.3

续表

时间段	中央广播电视总台	中国教育台频道	四川省级频道	成都市级频道	其他省级卫视频道	其他频道
16：00～17：00	32.2	0.1	14.2	1.9	28.8	22.8
17：00～18：00	36.3	0.1	16.4	1.3	24.4	21.5
18：00～19：00	40.1	0.0	24.1	2.0	13.4	20.4
19：00～20：00	37.5	0.0	21.4	1.9	22.1	17.1
20：00～21：00	28.8	0.0	22.5	1.5	31.9	15.3
21：00～22：00	28.8	0.0	25.6	1.7	27.4	16.5
22：00～23：00	24.5	0.0	31.3	1.4	24.1	18.7
23：00～00：00	26.1	0.1	23.0	1.3	26.3	23.2
00：00～01：00	27.7	0.2	14.1	2.2	25.6	30.2
01：00～02：00	24.9	0.4	13.3	2.6	25.8	33.0

表 3.34.4　2022 年成都市场收视份额排名前十位的频道

单位：%

名次	频道名称	收视份额
1	四川电视台影视文艺频道	7.2
2	中央电视台综合频道	5.8
3	中央台八套	5.4
4	中央台四套	4.8
5	中央台六套	4.1
6	中央电视台新闻频道	3.9
7	四川电视台新闻频道	3.7
8	浙江卫视	2.9
9	江苏卫视	2.3
9	四川电视台文化旅游频道（原经济频道）	2.3

表 3.34.5　2022 年成都市场各主要频道的观众构成

单位：%

目标观众		所有频道	主要频道				
			四川电视台影视文艺频道	中央电视台综合频道	中央台八套	中央台四套	中央台六套
4 岁及以上所有人		100.0	100.0	100.0	100.0	100.0	100.0
性别	男	52.4	54.6	47.2	41.4	54.9	54.5
	女	47.6	45.4	52.8	58.6	45.1	45.5

续表

目标观众		所有频道	主要频道				
			四川电视台影视文艺频道	中央电视台综合频道	中央台八套	中央台四套	中央台六套
年龄	4～14岁	5.9	3.9	3.9	1.9	1.7	2.6
	15～24岁	7.3	4.4	4.1	2.9	2.8	5.2
	25～34岁	11.6	7.1	11.0	10.7	6.9	16.0
	35～44岁	10.2	9.9	9.2	6.4	6.5	6.2
	45～54岁	24.8	20.6	18.0	26.9	24.6	33.7
	55～64岁	12.1	17.6	12.9	12.9	13.5	14.7
	65岁及以上	28.0	36.5	40.9	38.3	43.9	21.6
受教育程度	未受过正规教育	4.3	1.7	2.5	1.5	2.3	2.3
	小学	22.3	36.8	17.0	25.9	19.8	17.7
	初中	29.0	29.9	28.4	31.9	35.3	35.2
	高中	25.4	20.2	26.0	25.1	24.5	24.9
	大学及以上	19.0	11.3	26.0	15.5	18.0	19.8
职业类别	干部/管理人员	1.5	1.3	2.4	0.9	1.0	4.0
	个体/私营企业人员	11.7	12.0	7.9	8.5	9.6	15.2
	初级公务员/雇员	18.8	11.7	17.6	15.3	14.6	19.3
	工人	10.0	7.7	6.2	13.0	6.4	13.0
	学生	5.3	5.0	4.1	1.5	2.4	2.0
	无业	52.6	62.2	61.7	60.8	65.9	46.5
	其他	*	*	*	*	*	*
个人月收入	0～600元	19.8	15.7	12.7	8.1	8.8	15.6
	601～1200元	2.0	5.6	1.7	4.5	0.6	2.8
	1201～1700元	2.8	3.9	2.2	5.3	4.3	1.9
	1701～2600元	14.5	17.4	16.3	22.7	19.4	12.8
	2601～3500元	19.0	17.2	20.7	22.5	22.1	20.0
	3501～5000元	28.7	33.4	27.5	26.6	30.2	27.5
	5001元及以上	13.2	6.8	18.9	10.3	14.6	19.3

注：“*”表示目标观众样本量不足，无法进行统计推断。

表3.34.6　2020～2022年成都市场各类节目的播出比重和收视比重

单位：%

节目类别	2020年		2021年		2022年	
	播出比重	收视比重	播出比重	收视比重	播出比重	收视比重
财经	1.1	0.6	1.0	0.8	1.4	0.8

续表

节目类别	2020 年		2021 年		2022 年	
	播出比重	收视比重	播出比重	收视比重	播出比重	收视比重
电视剧	23.2	37.3	27.0	39.4	22.5	35.8
电影	3.8	4.6	4.1	5.1	3.6	5.7
法制	0.6	0.3	0.5	0.6	0.8	0.3
教学	0.3	0.1	0.2	0.0	0.3	0.0
青少	7.2	2.7	6.8	3.1	7.6	4.4
生活服务	8.2	5.6	8.4	5.5	8.0	5.7
体育	3.7	1.4	3.9	2.1	5.0	2.9
外语	0.2	0.0	0.1	0.0	0.3	0.0
戏剧	0.6	0.2	0.8	0.2	0.7	0.3
新闻/时事	16.8	17.1	10.7	14.4	15.6	17.0
音乐	1.7	1.3	1.4	0.8	1.7	0.6
专题	13.6	6.0	13.3	5.8	16.0	6.9
综艺	6.0	11.2	4.5	10.6	5.1	8.3
其他	13.0	11.6	17.3	11.6	11.4	11.3

表 3.34.7　2022 年成都市场所有节目收视率排名前三十位

单位：%

名次	节目名称	节目类别	播出频道	平均收视率	平均占有率
1	《龙腾虎跃中国年》	专题	中央电视台综合频道	9.7	29.9
2	《2022 中央广播电视总台春节联欢晚会》	综艺	中央电视台综合频道	8.3	24.7
3	《2022 北京冬奥会闭幕式》	体育	中央电视台综合频道	6.1	17.8
4	《女足亚洲杯颁奖仪式》	体育	中央台五套	5.5	15.5
5	《2022 年中央广播电视总台元宵晚会》	综艺	中央电视台综合频道	5.1	16.1
6	《开学第一课》	青少	中央电视台综合频道	4.6	16.5
7	《一起深呼吸》（13～37 集）	电视剧	江苏卫视	4.6	13.5
8	《王牌部队》（11～40 集）	电视剧	江苏卫视	4.5	12.2
9	《2022 年北京广播电视台春节联欢晚会》	综艺	北京卫视	4.2	16.6
10	《青春环游记》	综艺	浙江卫视	4.2	11.6
11	《闪光的乐队》（1 月 1 日）	综艺	浙江卫视	4.1	13.3
12	《最强大脑之燃烧吧大脑》（1 月 28 日）	综艺	江苏卫视	3.9	16.2
13	《大漠枪神》	电视剧	四川电视台影视文艺频道	3.7	18.1
14	《2023 梦圆东方跨年盛典》	综艺	东方卫视	3.7	16.1
15	《天狼星行动》	电视剧	四川电视台影视文艺频道	3.6	16.1

续表

名次	节目名称	节目类别	播出频道	平均收视率	平均占有率
16	《蒙面舞王》（7月24日）	综艺	江苏卫视	3.6	14.2
17	《天赐的声音3》（5月20日）	综艺	浙江卫视	3.5	17.2
18	《历史的进程》	电视剧	四川电视台影视文艺频道	3.5	14.2
19	《飞虎神鹰》	电视剧	四川电视台影视文艺频道	3.4	15.7
20	《我爱世界杯：2022年世界杯C组第2轮》（波兰VS沙特阿拉伯）	体育	中央台五套	3.4	14.5
21	《2022北京冬残奥会闭幕式》	体育	中央电视台综合频道	3.3	12.3
22	《新居之约》	电视剧	中央电视台综合频道	3.3	11.1
23	《花女的抗战》	电视剧	四川电视台影视文艺频道	3.2	15.4
24	《长沙保卫战》	电视剧	四川电视台影视文艺频道	3.2	14.9
25	《榆阳秋》	电视剧	四川电视台影视文艺频道	3.2	12.1
26	《中国好时节春分》	综艺	浙江卫视	3.2	11.4
27	《决战江南》	电视剧	四川电视台影视文艺频道	3.1	14.0
28	《开播情景喜剧》（7月16日）	综艺	东方卫视	3.1	12.4
29	《斥候之剑》	电视剧	四川电视台影视文艺频道	3.1	12.1
30	《人世间》	电视剧	中央电视台综合频道	3.1	10.0

表3.34.8　2022年成都市场电视剧收视率排名前十位

单位：%

名次	节目名称	播出频道	平均收视率	平均占有率
1	《一起深呼吸》（13～37集）	江苏卫视	4.6	13.5
2	《王牌部队》（11～40集）	江苏卫视	4.5	12.2
3	《大漠枪神》	四川电视台影视文艺频道	3.7	18.1
4	《天狼星行动》	四川电视台影视文艺频道	3.6	16.1
5	《历史的进程》	四川电视台影视文艺频道	3.5	14.2
6	《飞虎神鹰》	四川电视台影视文艺频道	3.4	15.7
7	《新居之约》	中央电视台综合频道	3.3	11.1
8	《花女的抗战》	四川电视台影视文艺频道	3.2	15.4
9	《长沙保卫战》	四川电视台影视文艺频道	3.2	14.9
10	《榆阳秋》	四川电视台影视文艺频道	3.2	12.1

表3.34.9　2022年成都市场新闻节目收视率排名前十位

单位：%

名次	节目名称	播出频道	平均收视率	平均占有率
1	《国务院总理会见中外记者并回答提问》	中央电视台综合频道	1.9	6.1

续表

名次	节目名称	播出频道	平均收视率	平均占有率
2	《俄乌局势突变》	中央台四套	1.8	10.2
3	《黄金 30 分》	四川电视台新闻频道	1.8	6.9
3	《中国舆论场》	中央台四套	1.8	6.9
5	《省党代会特别报道》	浙江卫视	1.7	7.2
6	《省委十五届一次全会特别报道》	浙江卫视	1.7	6.6
7	《18：00 新闻现场》	四川电视台新闻频道	1.6	8.2
8	《新闻联播》	中央电视台综合频道	1.6	7.3
9	《第五届中国国际进口博览会开幕式特别报道》	中央电视台综合频道	1.6	7.0
10	《今日关注》	中央台四套	1.6	6.6

表 3.34.10　2022 年成都市场专题节目收视率排名前十位

单位：%

名次	节目名称	播出频道	平均收视率	平均占有率
1	《龙腾虎跃中国年》	中央电视台综合频道	9.7	29.9
2	《2022 中国诗词大会》（3 月 6 日）	中央电视台综合频道	2.1	7.8
3	《感动中国 2021 年度人物颁奖盛典》	中央电视台综合频道	1.7	6.4
3	《老板不知道的我》	江苏卫视	1.7	6.4
5	《非常话题》	四川电视台新闻频道	1.6	5.9
6	《315 公平守正安心消费》	中央台二套	1.6	5.8
7	《零容忍》	中央电视台综合频道	1.6	4.1
8	《情系天山——习近平总书记新疆考察纪实》	中央电视台综合频道	1.5	7.8
9	《航拍中国》（第四季）	中央台四套	1.4	5.1
10	《香江永奔流》	中央电视台综合频道	1.4	5.0

表 3.34.11　2022 年成都市场综艺节目收视率排名前十位

单位：%

名次	节目名称	播出频道	平均收视率	平均占有率
1	《2022 中央广播电视总台春节联欢晚会》	中央电视台综合频道	8.3	24.7
2	《2022 年中央广播电视总台元宵晚会》	中央电视台综合频道	5.1	16.1
3	《2022 年北京广播电视台春节联欢晚会》	北京卫视	4.2	16.6
4	《青春环游记》	浙江卫视	4.2	11.6
5	《闪光的乐队》（1 月 1 日）	浙江卫视	4.1	13.3
6	《最强大脑之燃烧吧大脑》（1 月 28 日）	江苏卫视	3.9	16.2
7	《2023 梦圆东方跨年盛典》	东方卫视	3.7	16.1

续表

名次	节目名称	播出频道	平均收视率	平均占有率
8	《蒙面舞王》（7月24日）	江苏卫视	3.6	14.2
9	《天赐的声音3》（5月20日）	浙江卫视	3.5	17.2
10	《中国好时节春分》	浙江卫视	3.2	11.4

表3.34.12 2022年成都市场体育节目收视率排名前十位

单位：%

名次	节目名称	播出频道	平均收视率	平均占有率
1	《2022北京冬奥会闭幕式》	中央电视台综合频道	6.1	17.8
2	《女足亚洲杯颁奖仪式》	中央台五套	5.5	15.5
3	《我爱世界杯：2022年世界杯C组第2轮》（波兰VS沙特阿拉伯）	中央台五套	3.4	14.5
4	《2022北京冬残奥会闭幕式》	中央电视台综合频道	3.3	12.3
5	《现场直播：2022年世界乒乓球团体锦标赛女团决赛》	中央台五套	1.9	7.5
6	《现场直播：2022年世乒联世界杯决赛男单决赛》	中央台五套	1.4	5.6
7	《现场直播：2022年女排亚洲杯决赛》（中国队VS日本队）	中央台五套	1.2	5.0
8	《现场直播：2022年东亚足球锦标赛女足第3轮》（日本女足VS中国女足）	中央台五套	1.0	5.4
9	《现场直播：2022年世乒联冠军赛澳门站女单半决赛》	中央台五套	1.0	4.7
10	《现场直播：2022年国际泳联世锦赛跳水女子双人三米板决赛》	中央台五套	1.0	3.8

三十五　大连收视数据

表 3.35.1　2018～2022 年大连市场各类频道的占有率

单位：%

频道类别	2018 年	2019 年	2020 年	2021 年	2022 年
中央广播电视总台	35.6	34.1	33.3	33.1	36.7
中国教育台频道	0.1	0.2	0.2	0.1	0.1
辽宁省级频道	11.4	11.9	11.6	11.5	10.1
大连市级频道	13.4	11.3	9.6	9.1	6.8
其他省级卫视频道	26.5	27.1	27.2	26.8	24.4
其他频道	13.0	15.4	18.1	19.4	21.9

表 3.35.2　2022 年大连市场各类频道在各目标观众中的占有率

单位：%

目标观众		中央广播电视总台	中国教育台频道	辽宁省级频道	大连市级频道	其他省级卫视频道	其他频道
4 岁及以上所有人		36.7	0.1	10.1	6.8	24.4	21.9
性别	男	38.8	0.1	11.1	7.4	23.0	19.6
	女	34.5	0.1	9.1	6.1	26.0	24.2
年龄	4～14 岁	16.1	0.1	2.0	2.4	24.9	54.5
	15～24 岁	20.8	0.1	4.0	4.5	30.3	40.3
	25～34 岁	35.6	0.0	8.0	3.8	23.6	29.0
	35～44 岁	24.2	0.1	7.8	4.3	33.5	30.1
	45～54 岁	35.6	0.2	9.1	2.8	28.1	24.2
	55～64 岁	37.6	0.1	14.4	10.5	23.6	13.8
	65 岁及以上	47.7	0.2	11.9	9.3	20.2	10.7
受教育程度	未受过正规教育	13.9	0.1	6.1	2.9	37.2	39.8
	小学	32.2	0.3	14.0	4.0	24.3	25.2
	初中	41.8	0.1	11.8	8.2	23.5	14.6
	高中	34.0	0.2	7.1	8.9	25.5	24.3
	大学及以上	37.5	0.0	7.8	4.0	22.6	28.1
职业类别	干部/管理人员	34.2	0.0	5.0	4.1	25.0	31.7
	个体/私营企业人员	39.0	0.2	7.0	2.7	27.7	23.4

续表

目标观众		中央广播电视总台	中国教育台频道	辽宁省级频道	大连市级频道	其他省级卫视频道	其他频道
职业类别	初级公务员/雇员	28.9	0.0	9.9	2.9	28.2	30.1
	工人	29.2	0.1	15.3	6.5	23.4	25.5
	学生	19.0	0.1	2.3	4.1	22.7	51.8
	无业	42.3	0.1	10.5	9.6	22.5	15.0
	其他	31.6	0.1	13.6	5.0	29.7	20.0
个人月收入	0～600元	24.7	0.3	7.3	5.4	28.5	33.8
	601～1200元	39.1	0.1	14.1	5.5	38.1	3.1
	1201～1700元	34.9	0.0	15.0	7.9	24.7	17.5
	1701～2600元	40.3	0.1	10.0	7.1	26.3	16.2
	2601～3500元	36.2	0.1	11.0	8.2	26.6	17.9
	3501～5000元	37.4	0.0	11.1	9.0	18.2	24.3
	5001元及以上	45.4	0.0	6.9	3.6	15.4	28.7

表3.35.3　2022年大连市场各类频道在不同时段的占有率

单位：%

时间段	中央广播电视总台	中国教育台频道	辽宁省级频道	大连市级频道	其他省级卫视频道	其他频道
02：00～03：00	29.6	0.1	17.4	0.2	23.6	29.1
03：00～04：00	29.1	0.1	22.6	0.1	21.4	26.7
04：00～05：00	34.9	0.1	16.6	0.0	26.9	21.5
05：00～06：00	39.7	0.0	7.9	0.0	35.7	16.7
06：00～07：00	55.1	0.1	8.7	2.3	18.0	15.8
07：00～08：00	56.0	0.2	5.5	2.8	17.4	18.1
08：00～09：00	51.3	0.3	5.3	3.8	16.3	23.0
09：00～10：00	37.6	0.4	4.8	5.7	25.7	25.8
10：00～11：00	34.2	0.6	3.4	5.3	30.6	25.9
11：00～12：00	36.2	0.5	3.5	2.7	30.8	26.3
12：00～13：00	40.2	0.1	5.6	2.1	25.7	26.3
13：00～14：00	34.7	0.1	3.8	2.6	32.6	26.2
14：00～15：00	32.3	0.2	3.2	3.1	35.7	25.5
15：00～16：00	31.8	0.1	3.3	4.5	35.8	24.5
16：00～17：00	35.2	0.1	5.5	2.9	33.4	22.9

续表

时间段	中央广播电视总台	中国教育台频道	辽宁省级频道	大连市级频道	其他省级卫视频道	其他频道
17：00～18：00	33.5	0.0	12.7	8.5	24.5	20.8
18：00～19：00	38.5	0.0	18.2	14.8	9.0	19.5
19：00～20：00	39.4	0.0	14.9	11.8	14.3	19.6
20：00～21：00	33.4	0.0	11.9	10.8	24.3	19.6
21：00～22：00	36.9	0.1	13.9	4.4	25.1	19.6
22：00～23：00	33.6	0.1	12.7	3.6	30.6	19.4
23：00～00：00	38.3	0.1	5.9	4.5	29.5	21.7
00：00～01：00	42.1	0.2	6.3	2.4	20.6	28.4
01：00～02：00	36.5	0.1	10.7	0.5	20.8	31.4

表 3.35.4 2022 年大连市场收视份额排名前十位的频道

单位：%

名次	频道名称	收视份额
1	中央台四套	7.6
2	中央电视台新闻频道	5.1
3	中央台六套	4.8
4	中央台五套	3.9
5	中央台八套	3.5
6	辽宁广播电视台影视剧频道	3.4
6	大连广播电视台新闻综合频道	3.4
8	中央电视台综合频道	3.1
9	湖南卫视	2.6
9	浙江卫视	2.6

表 3.35.5 2022 年大连市场各主要频道的观众构成

单位：%

目标观众		所有频道	主要频道				
			中央台四套	中央电视台新闻频道	中央台六套	中央台五套	中央台八套
4 岁及以上所有人		100.0	100.0	100.0	100.0	100.0	100.0
性别	男	50.7	59.0	49.7	53.9	59.1	50.3
	女	49.3	41.0	50.3	46.1	40.9	49.7

续表

目标观众		所有频道	主要频道				
			中央台四套	中央电视台新闻频道	中央台六套	中央台五套	中央台八套
年龄	4～14岁	6.7	1.5	1.5	5.7	2.6	1.4
	15～24岁	5.7	1.3	6.4	3.1	4.4	3.1
	25～34岁	13.8	8.5	20.9	19.3	11.5	10.6
	35～44岁	8.5	2.9	2.7	9.0	6.7	9.7
	45～54岁	13.3	10.1	10.4	15.8	20.6	14.1
	55～64岁	21.1	24.7	14.0	22.3	22.5	24.3
	65岁及以上	30.9	51.0	44.1	24.8	31.7	36.8
受教育程度	未受过正规教育	3.8	0.8	0.2	1.5	0.9	1.7
	小学	14.8	11.8	10.0	17.2	7.9	17.1
	初中	40.0	53.6	42.3	47.6	43.2	41.2
	高中	22.9	19.7	21.8	15.7	22.1	24.0
	大学及以上	18.5	14.1	25.7	18.0	25.9	16.0
职业类别	干部/管理人员	0.3	0.0	0.3	0.2	0.5	0.2
	个体/私营企业人员	15.3	13.1	26.6	17.1	20.2	16.1
	初级公务员/雇员	12.7	5.8	6.9	15.4	14.2	8.8
	工人	12.0	5.9	3.3	11.8	13.1	14.0
	学生	5.9	1.1	4.0	6.0	2.4	1.5
	无业	49.4	70.9	57.5	46.0	48.5	52.2
	其他	4.4	3.2	1.4	3.5	1.1	7.2
个人月收入	0～600元	17.0	6.7	10.4	17.8	7.6	11.4
	601～1200元	2.8	2.4	3.5	2.0	1.5	2.8
	1201～1700元	3.8	3.0	1.9	3.8	2.0	4.2
	1701～2600元	23.5	29.3	25.9	25.7	24.1	29.8
	2601～3500元	25.2	23.1	30.5	23.2	24.4	26.0
	3501～5000元	14.2	16.2	14.2	9.9	20.5	11.2
	5001元及以上	13.5	19.1	13.7	17.6	19.8	14.6

表3.35.6　2020～2022年大连市场各类节目的播出比重和收视比重

单位：%

节目类别	2020年		2021年		2022年	
	播出比重	收视比重	播出比重	收视比重	播出比重	收视比重
财经	1.3	0.5	1.5	0.5	1.2	0.4
电视剧	21.2	31.1	21.1	31.7	23.0	28.9

续表

节目类别	2020 年		2021 年		2022 年	
	播出比重	收视比重	播出比重	收视比重	播出比重	收视比重
电影	3.4	5.0	3.2	5.2	2.8	6.1
法制	0.8	1.1	0.8	0.9	0.9	0.6
教学	0.3	0.0	0.3	0.0	0.2	0.0
青少	7.3	2.4	7.0	1.7	6.9	2.3
生活服务	8.8	5.5	10.1	5.9	8.7	5.0
体育	4.3	3.2	4.6	4.6	5.7	6.3
外语	0.1	0.0	0.2	0.0	0.3	0.0
戏剧	0.6	0.2	0.5	0.2	0.6	0.3
新闻/时事	16.2	19.4	15.0	17.5	15.0	19.7
音乐	1.8	1.1	1.5	0.7	1.7	0.5
专题	13.9	5.9	15.0	5.7	15.0	6.5
综艺	7.4	13.7	7.2	14.6	6.6	12.9
其他	12.6	10.9	12.1	10.9	11.5	10.4

表 3.35.7 2022 年大连市场所有节目收视率排名前三十位

单位：%

名次	节目名称	节目类别	播出频道	平均收视率	平均占有率
1	《北京冬奥会短道速滑混合接力颁奖仪式》	体育	中央台五套	11.4	39.5
2	《2022 年女足亚洲杯决赛》（中国 VS 韩国）	体育	中央台五套	10.7	31.4
3	《辽宁卫视 2022 春节联欢晚会》	综艺	辽宁卫视	10.4	36.2
4	《2022 中央广播电视总台春节联欢晚会》	综艺	中央电视台综合频道	9.5	25.9
5	《我爱世界杯：2022 年世界杯 E 组第 2 轮》（日本 VS 哥斯达黎加）	体育	中央台五套	9.1	31.2
6	《2022 年中央广播电视总台元宵晚会》	综艺	中央电视台综合频道	6.4	24.6
7	《超脑少年团》（8 月 12 日）	综艺	江苏卫视	4.8	18.8
8	《新春喜剧之夜》	综艺	中央台三套	4.1	15.6
9	《神偷燕子李三》	电影	中央台六套	3.6	14.2
10	《龙腾虎跃中国年》	专题	中央电视台综合频道	3.6	12.3
11	《人世间》	电视剧	中央电视台综合频道	3.5	13.2
12	《中国好声音》（10 月 7 日）	综艺	浙江卫视	3.4	20.6
13	《蒙面舞王》（8 月 28 日）	综艺	江苏卫视	3.4	20.4
14	《听风者》	电影	中央台六套	3.4	13.1

续表

名次	节目名称	节目类别	播出频道	平均收视率	平均占有率
15	《火线之上》	电影	中央台六套	3.4	12.2
16	《现场直播：2022 年女篮世界杯半决赛》（澳大利亚队 VS 中国队）	体育	中央台五套	3.3	18.9
17	《最强大脑之字从遇见你》	综艺	江苏卫视	3.3	16.6
18	《联通 5G 看赛事》	体育	中央台五套	3.3	14.3
19	《2021 国剧盛典致敬美好》	综艺	安徽卫视	3.2	22.6
20	《追影行动》	电影	中央台六套	3.2	11.1
21	《现场直播：2022 年东亚足球锦标赛女足第 3 轮》（日本女足 VS 中国女足）	体育	中央台五套	3.1	18.0
22	《芒刺在吻》	电影	中央台六套	3.1	15.0
23	《现场直播：2022 年世界乒乓球团体锦标赛女团决赛》	体育	中央台五套	3.1	14.7
24	《俄乌局势突变》	新闻	中央台四套	3.1	14.0
25	《红海行动》（10 月 23 日）	电影	中央台六套	3.0	18.0
26	《少林寺弟子》	电影	中央台六套	3.0	12.4
27	《快手枪手快枪手》	电影	中央台六套	3.0	12.0
28	《风云太白山》	电影	中央台六套	3.0	11.4
29	《2022 年中央广播电视总台中秋晚会》	综艺	中央台三套	3.0	10.7
30	《天气预报》	生活服务	大连广播电视台新闻综合频道	2.9	13.6

表 3.35.8　2022 年大连市场电视剧收视率排名前十位

单位：%

名次	节目名称	播出频道	平均收视率	平均占有率
1	《人世间》	中央电视台综合频道	3.5	13.2
2	《护卫者》	江苏卫视	2.6	10.1
3	《怒血红颜》	辽宁广播电视台影视剧频道	2.5	12.0
4	《铁胆奇兵》	辽宁广播电视台影视剧频道	2.4	12.5
5	《完美伴侣》	湖南卫视	2.4	9.2
6	《输赢》（19～40 集）	北京卫视	2.4	8.4
7	《烽火尖兵》	辽宁广播电视台影视剧频道	2.3	12.0
8	《神勇武工队传奇》	辽宁广播电视台影视剧频道	2.3	10.3
9	《大博弈》	浙江卫视	2.3	10.0
10	《铁在烧》	辽宁广播电视台影视剧频道	2.3	9.6

表 3.35.9　2022 年大连市场新闻节目收视率排名前十位

单位：%

名次	节目名称	播出频道	平均收视率	平均占有率
1	《俄乌局势突变》	中央台四套	3.1	14.0
2	《新闻锋线》	大连广播电视台新闻综合频道	2.7	15.3
3	《省委十五届一次全会特别报道》	浙江卫视	2.7	11.2
4	《辽宁新闻》	大连广播电视台新闻综合频道	2.3	11.4
5	《中国舆论场》	中央台四套	2.3	8.8
6	《科学控疫情统筹谋发展》	浙江卫视	2.2	8.4
7	《转播中央台新闻联播》	大连广播电视台新闻综合频道	2.1	9.1
8	《今日亚洲》	中央台四套	2.1	8.5
9	《这一年 2022 重返新闻现场》	大连广播电视台新闻综合频道	1.9	8.3
10	《今日关注》	中央台四套	1.8	10.9

表 3.35.10　2022 年大连市场专题节目收视率排名前十位

单位：%

名次	节目名称	播出频道	平均收视率	平均占有率
1	《龙腾虎跃中国年》	中央电视台综合频道	3.6	12.3
2	《红色大连》	大连广播电视台新闻综合频道	2.6	13.6
3	《八千里路英雄情一堂跨越时空的思政课》	大连广播电视台新闻综合频道	2.4	12.2
4	《创新争先自立自强 2022 大连最美科技工作者团队发布仪式》	大连广播电视台新闻综合频道	2.0	11.6
5	《恢宏新时代逐梦向未来》	大连广播电视台新闻综合频道	1.8	9.3
5	《遇见大连》	大连广播电视台新闻综合频道	1.8	9.3
7	《新生万物》	江苏卫视	1.7	9.9
8	《恢宏新时代逐梦向未来国家广电总局 2022 年重点节目展播》	大连广播电视台新闻综合频道	1.6	10.7
9	《故事里的红色辽宁》	大连广播电视台新闻综合频道	1.6	9.2
10	《并不遥远的记忆寻访特殊解放区兵工往事》	大连广播电视台新闻综合频道	1.4	7.9

表 3.35.11　2022 年大连市场综艺节目收视率排名前十位

单位：%

名次	节目名称	播出频道	平均收视率	平均占有率
1	《辽宁卫视 2022 春节联欢晚会》	辽宁卫视	10.4	36.2
2	《2022 中央广播电视总台春节联欢晚会》	中央电视台综合频道	9.5	25.9
3	《2022 年中央广播电视总台元宵晚会》	中央电视台综合频道	6.4	24.6
4	《超脑少年团》（8 月 12 日）	江苏卫视	4.8	18.8

续表

名次	节目名称	播出频道	平均收视率	平均占有率
5	《新春喜剧之夜》	中央台三套	4.1	15.6
6	《中国好声音》（10 月 7 日）	浙江卫视	3.4	20.6
7	《蒙面舞王》（8 月 28 日）	江苏卫视	3.4	20.4
8	《最强大脑之字从遇见你》	江苏卫视	3.3	16.6
9	《2021 国剧盛典致敬美好》	安徽卫视	3.2	22.6
10	《2022 年中央广播电视总台中秋晚会》	中央台三套	3.0	10.7

表 3.35.12　2022 年大连市场体育节目收视率排名前十位

单位：%

名次	节目名称	播出频道	平均收视率	平均占有率
1	《北京冬奥会短道速滑混合接力颁奖仪式》	中央台五套	11.4	39.5
2	《2022 年女足亚洲杯决赛》（中国 VS 韩国）	中央台五套	10.7	31.4
3	《我爱世界杯：2022 年世界杯 E 组第 2 轮》（日本 VS 哥斯达黎加）	中央台五套	9.1	31.2
4	《现场直播：2022 年女篮世界杯半决赛》（澳大利亚队 VS 中国队）	中央台五套	3.3	18.9
5	《联通 5G 看赛事》	中央台五套	3.3	14.3
6	《现场直播：2022 年东亚足球锦标赛女足第 3 轮》（日本女足 VS 中国女足）	中央台五套	3.1	18.0
7	《现场直播：2022 年世界乒乓球团体锦标赛女团决赛》	中央台五套	3.1	14.7
8	《现场直播：2022 年中国足球协会超级联赛第 5 轮》（山东泰山 VS 大连人）	中央台五套	2.8	12.9
9	《现场直播：2022 年世界女排锦标赛小组赛》（中国 VS 日本）	中央台五套	2.7	16.0
10	《现场直播：2021/2022 赛季 CBA 季后赛半决赛》（广东东莞大益 VS 辽宁本钢）	中央台五套	2.7	12.5

三十六 福州收视数据

表 3.36.1 2018～2022 年福州市场各类频道的占有率

单位：%

频道类别	2018 年	2019 年	2020 年	2021 年	2022 年
中央广播电视总台	34.9	29.2	27.8	25.7	33.2
中国教育台频道	0.1	0.1	0.1	0.1	0.1
福建省级频道	10.5	11.0	9.4	8.4	11.0
福州市级频道	7.0	6.8	6.8	3.9	3.9
其他省级卫视频道	28.6	31.0	28.7	33.2	22.6
其他频道	18.9	21.9	27.2	28.7	29.2

表 3.36.2 2022 年福州市场各类频道在不同目标观众中的占有率

单位：%

目标观众		中央广播电视总台	中国教育台频道	福建省级频道	福州市级频道	其他省级卫视频道	其他频道
4 岁及以上所有人		33.2	0.1	11.0	3.9	22.6	29.2
性别	男	36.7	0.1	11.5	3.5	20.4	27.8
	女	29.3	0.1	10.5	4.4	25.2	30.5
年龄	4～14 岁	13.8	0.1	5.5	3.6	24.7	52.3
	15～24 岁	28.2	0.1	14.5	4.4	16.9	35.9
	25～34 岁	24.1	0.0	12.8	1.4	34.0	27.7
	35～44 岁	20.1	0.1	5.9	1.3	28.4	44.2
	45～54 岁	36.1	0.1	10.3	3.0	22.8	27.7
	55～64 岁	33.0	0.1	13.7	3.6	18.9	30.7
	65 岁及以上	43.4	0.2	11.8	6.1	19.3	19.2
受教育程度	未受过正规教育	31.3	0.1	13.7	8.1	19.0	27.8
	小学	32.7	0.1	11.9	5.4	23.1	26.8
	初中	39.4	0.2	11.6	4.2	21.9	22.7
	高中	33.0	0.2	9.7	2.8	20.0	34.3
	大学及以上	29.7	0.1	10.3	2.3	26.3	31.3
职业类别	干部/管理人员	*	*	*	*	*	*
	个体/私营企业人员	32.0	0.2	9.4	2.2	22.9	33.3

续表

目标观众		中央广播电视总台	中国教育台频道	福建省级频道	福州市级频道	其他省级卫视频道	其他频道
职业类别	初级公务员/雇员	25.5	0.1	10.1	1.7	27.3	35.3
	工人	40.7	0.1	21.7	3.0	15.4	19.1
	学生	20.9	0.1	5.2	3.6	19.9	50.3
	无业	38.6	0.2	12.6	5.3	21.6	21.7
	其他	*	*	*	*	*	*
个人月收入	0～600元	26.7	0.1	10.6	5.4	23.8	33.4
	601～1200元	45.1	0.1	15.4	4.5	20.5	14.4
	1201～1700元	31.6	0.1	8.8	5.4	28.1	26.0
	1701～2600元	43.9	0.1	11.6	4.2	19.0	21.2
	2601～3500元	35.4	0.2	13.3	4.4	23.8	22.9
	3501～5000元	33.8	0.1	10.0	3.2	21.7	31.2
	5001元及以上	30.7	0.2	9.4	1.6	22.0	36.1

注：“*”表示目标观众样本量不足，无法进行统计推断。

表3.36.3　2022年福州市场各类频道在不同时段的占有率

单位：%

时间段	中央广播电视总台	中国教育台频道	福建省级频道	福州市级频道	其他省级卫视频道	其他频道
02:00～03:00	29.1	0.1	25.6	1.0	16.8	27.4
03:00～04:00	27.8	0.1	30.1	1.0	14.3	26.7
04:00～05:00	30.6	0.1	23.1	1.1	11.1	34.0
05:00～06:00	39.3	0.1	11.6	2.1	12.0	34.9
06:00～07:00	50.6	0.1	9.0	1.3	15.8	23.2
07:00～08:00	48.7	0.1	5.7	4.8	14.3	26.4
08:00～09:00	39.9	0.2	5.9	4.5	14.3	35.2
09:00～10:00	29.0	0.2	7.4	4.5	20.3	38.6
10:00～11:00	27.9	0.2	8.0	3.8	22.5	37.6
11:00～12:00	32.8	0.4	6.4	3.7	22.0	34.7
12:00～13:00	37.9	0.1	5.2	3.6	19.7	33.5
13:00～14:00	30.5	0.3	4.8	2.8	24.8	36.8
14:00～15:00	26.2	0.3	5.1	3.0	27.8	37.6
15:00～16:00	25.1	0.2	5.6	3.1	28.4	37.6

续表

时间段	中央广播电视总台	中国教育台频道	福建省级频道	福州市级频道	其他省级卫视频道	其他频道
16：00～17：00	28.2	0.2	6.2	3.3	25.6	36.5
17：00～18：00	31.7	0.2	7.5	4.5	21.5	34.6
18：00～19：00	33.8	0.1	14.4	9.1	11.2	31.4
19：00～20：00	36.6	0.1	17.4	4.8	19.4	21.7
20：00～21：00	30.7	0.0	16.7	3.4	28.7	20.5
21：00～22：00	34.8	0.1	14.0	3.3	26.6	21.2
22：00～23：00	36.1	0.1	7.9	2.3	28.0	25.6
23：00～00：00	36.6	0.4	9.4	2.1	22.5	29.0
00：00～01：00	36.4	0.3	11.6	2.4	15.0	34.3
01：00～02：00	33.9	0.3	17.7	0.8	13.9	33.4

表 3.36.4　2022 年福州市场收视份额排名前十位的频道

单位：%

名次	频道名称	收视份额
1	中央台四套	5.2
2	中央电视台新闻频道	4.9
3	中央电视台综合频道	4.6
4	中央台八套	4.4
4	福建省广播影视集团电视剧频道	4.4
6	中央台六套	4.3
7	湖南卫视	3.4
8	江苏卫视	3.2
9	东南卫视	2.8
10	浙江卫视	2.3

表 3.36.5　2022 年福州市场各主要频道的观众构成

单位：%

目标观众		所有频道	主要频道				
			中央台四套	中央电视台新闻频道	中央电视台综合频道	中央台八套	福建省广播影视集团电视剧频道
4 岁及以上所有人		100.0	100.0	100.0	100.0	100.0	100.0
性别	男	53.1	67.4	67.7	57.6	44.6	69.0
	女	46.9	32.6	32.3	42.4	55.4	31.0

续表

目标观众		所有频道	主要频道				
			中央台四套	中央电视台新闻频道	中央电视台综合频道	中央台八套	福建省广播影视集团电视剧频道
年龄	4～14岁	7.0	2.7	2.5	2.8	1.3	0.8
	15～24岁	6.3	5.9	5.0	2.7	4.6	15.3
	25～34岁	10.9	10.2	7.9	9.3	6.3	4.5
	35～44岁	10.8	4.6	4.2	9.6	2.8	1.6
	45～54岁	16.5	13.8	20.7	12.0	22.5	16.9
	55～64岁	13.2	13.2	8.4	11.9	12.4	17.8
	65岁及以上	35.3	49.6	51.3	51.7	50.1	43.1
受教育程度	未受过正规教育	7.6	3.7	11.8	4.4	8.7	7.5
	小学	21.8	16.1	13.6	19.1	33.3	27.8
	初中	19.7	21.0	21.3	24.1	22.7	20.0
	高中	24.6	30.8	22.0	28.2	17.5	24.4
	大学及以上	26.3	28.4	31.3	24.2	17.8	20.3
职业类别	干部/管理人员	*	*	*	*	*	*
	个体/私营企业人员	12.9	12.5	16.6	10.4	11.8	14.0
	初级公务员/雇员	22.1	14.1	14.0	21.1	14.8	17.6
	工人	2.1	3.9	2.4	0.9	2.8	2.6
	学生	9.5	6.5	5.9	4.1	3.9	2.3
	无业	53.4	63.0	61.1	63.5	66.7	63.5
	其他	*	*	*	*	*	*
个人月收入	0～600元	24.0	16.2	21.3	17.6	21.9	19.1
	601～1200元	2.6	2.0	1.2	1.1	8.8	3.5
	1201～1700元	3.0	1.9	2.8	1.9	4.8	1.7
	1701～2600元	10.6	14.9	8.7	15.5	14.0	15.7
	2601～3500元	22.6	25.4	25.1	23.8	23.6	27.7
	3501～5000元	19.5	23.9	21.8	18.1	14.2	12.9
	5001元及以上	17.7	15.7	19.1	22.0	12.7	19.4

注："*"表示目标观众样本量不足，无法进行统计推断。

表3.36.6　2020～2022年福州市场各类节目的播出比重和收视比重

单位：%

节目类别	2020年		2021年		2022年	
	播出比重	收视比重	播出比重	收视比重	播出比重	收视比重
财经	1.1	0.8	1.2	0.5	1.2	0.9

续表

节目类别	2020 年		2021 年		2022 年	
	播出比重	收视比重	播出比重	收视比重	播出比重	收视比重
电视剧	21.1	32.7	20.6	35.9	21.9	34.2
电影	3.2	3.6	3.2	3.7	2.7	5.2
法制	0.6	0.5	0.7	0.6	0.9	0.5
教学	0.4	0.1	0.4	0.0	0.5	0.0
青少	8.6	3.1	8.3	2.7	8.5	2.7
生活服务	7.7	6.0	7.9	5.8	7.9	5.9
体育	4.3	1.3	4.7	2.4	5.5	3.4
外语	0.2	0.0	0.2	0.0	0.3	0.0
戏剧	0.7	0.2	0.6	0.1	0.6	0.1
新闻/时事	16.6	20.1	15.7	16.4	15.0	18.2
音乐	2.1	1.7	1.9	1.4	1.9	0.9
专题	15.4	8.3	16.8	7.4	17.0	8.5
综艺	5.9	10.7	6.0	12.6	5.0	9.0
其他	12.1	10.9	11.8	10.4	11.1	10.5

表 3.36.7　2022 年福州市场所有节目收视率排名前三十位

单位：%

名次	节目名称	节目类型	播出频道	平均收视率	平均占有率
1	《2022 中央广播电视总台春节联欢晚会》	综艺	中央电视台综合频道	5.4	23.3
2	《龙腾虎跃中国年》	专题	中央电视台综合频道	4.6	19.2
3	《2022 年中央广播电视总台元宵晚会》	综艺	中央电视台综合频道	3.7	20.7
4	《2022 北京冬奥会开幕式》	体育	中央电视台综合频道	3.7	17.2
5	《2022～2023 跨年晚会》	综艺	湖南卫视	3.6	23.2
6	《开学第一课》	青少	中央电视台综合频道	3.5	18.4
7	《最强大脑之燃烧吧大脑》（2 月 3 日）	综艺	江苏卫视	3.4	21.9
8	《2022 知乎答案奇遇夜》	综艺	湖南卫视	3.1	18.0
9	《急先锋》（1 月 3 日）	电影	中央台六套	3.0	14.9
10	《2022 跨年演唱会》（用奋斗点亮幸福）	音乐	江苏卫视	2.9	14.9
11	《御猫传》（1 月 9 日）	电影	中央台六套	2.8	14.5
12	《我爱世界杯：2022 年世界杯小组赛 H 组第 2 轮》（韩国 VS 加纳）	体育	中央台五套	2.7	24.3
13	《女足亚洲杯颁奖仪式》	体育	中央台五套	2.7	12.7
14	《一起深呼吸》（13～37）	电视剧	江苏卫视	2.6	12.0

续表

名次	节目名称	节目类型	播出频道	平均收视率	平均占有率
15	《中国好声音》（9月2日）	综艺	浙江卫视	2.5	14.9
16	《新春喜剧之夜》	综艺	中央台三套	2.3	11.7
17	《人世间》	电视剧	中央电视台综合频道	2.2	12.4
18	《唱响这一年 2022 浙江卫视虎年春节特别节目》	综艺	浙江卫视	2.2	11.3
19	《寒战二》	电影	中央台六套	2.1	11.0
20	《科学控疫情统筹谋发展》（1月5日）	新闻/时事	浙江卫视	2.1	8.9
21	《北京 2022 年冬残奥会开幕式特别报道》	体育	中央电视台新闻频道	2.0	18.6
22	《感动中国 2021 年度人物颁奖盛典》	专题	中央电视台综合频道	2.0	14.5
23	《2023 跨年演唱会》（用奋斗点亮幸福）	音乐	江苏卫视	2.0	12.7
24	《澳门风云二》	电影	中央台六套	2.0	12.2
25	《2022 年中央广播电视总台中秋晚会》	综艺	中央电视台综合频道	2.0	11.6
26	《春风又绿江南岸》	电视剧	江苏卫视	2.0	10.4
27	《输赢》（19～40集）	电视剧	北京卫视	2.0	8.2
28	《我们的歌》（10月9日）	综艺	东方卫视	1.9	14.5
29	《百花迎春中国文学艺术界 2022 春节大联欢》	综艺	江苏卫视	1.9	10.6
30	《现场直播：2022 年世乒联世界杯决赛男单决赛》	体育	中央台五套	1.9	10.5

表 3.36.8　2022 年福州市场电视剧收视率排名前十位

单位：%

名次	节目名称	播出频道	平均收视率	平均占有率
1	《一起深呼吸》（13～37集）	江苏卫视	2.6	12.0
2	《人世间》	中央电视台综合频道	2.2	12.4
3	《春风又绿江南岸》	江苏卫视	2.0	10.4
4	《输赢》（19～40集）	北京卫视	2.0	8.2
5	《完美伴侣》	湖南卫视	1.9	9.4
6	《追爱家族》	江苏卫视	1.8	10.2
7	《王牌部队》	江苏卫视	1.8	7.5
8	《天下长河》	湖南卫视	1.7	11.5
9	《好好说话》	湖南卫视	1.7	9.4
10	《欢迎光临》	广东卫视	1.6	10.8

表 3.36.9　2022 年福州市场新闻节目收视率排名前十位

单位：%

名次	节目名称	播出频道	平均收视率	平均占有率
1	《科学控疫情统筹谋发展》（1 月 5 日）	浙江卫视	2.1	8.9
2	《中国空间站神舟十四号航天员返回 2022》	中央电视台新闻频道	1.7	12.2
3	《筑梦空间站神舟十四号航天员返回特别报道》	中央台四套	1.7	11.5
4	《今日关注》	中央台四套	1.4	10.2
5	《国务院总理会见中外记者并回答提问》	中央电视台综合频道	1.4	8.1
6	《新闻直播间》（1 月 17 日）	中央电视台新闻频道	1.3	9.6
7	《今日亚洲》	中央台四套	1.3	9.5
8	《一起向未来第 24 届冬季奥林匹克运动会闭幕式倒计时特别节目》	中央电视台新闻频道	1.2	6.9
9	《连线北京二十大特别报道》	浙江卫视	1.1	8.0
10	《中国舆论场》	中央台四套	1.1	6.4

表 3.36.10　2022 年福州市场专题节目收视率排名前十位

单位：%

名次	节目名称	播出频道	平均收视率	平均占有率
1	《龙腾虎跃中国年》	中央电视台综合频道	4.6	19.2
2	《感动中国 2021 年度人物颁奖盛典》	中央电视台综合频道	2.0	14.5
3	《2022 年福建省家风家教主题宣传活动家风润心田福见千万家》	东南卫视	1.5	10.7
4	《相知跨千年携手创未来——习近平主席赴沙特利雅得出访纪实》	中央电视台综合频道	1.2	8.4
5	《丝路古道焕新机——习近平主席出席上合组织撒马尔罕峰会出访中亚两国》	中央电视台综合频道	1.2	8.3
6	《八闽楷模陈炜先进事迹发布仪式》	福建省广播影视集团综合频道	1.2	7.9
7	《春天的回响在新思想指引下踔厉奋发系列宣讲活动》	东南卫视	1.1	5.7
8	《零容忍》	中央电视台综合频道	1.1	4.8
9	《夜长沙》	湖南卫视	1.0	7.2
10	《知识进化论——樊登 4.23 世界读书日年度主题演讲》	深圳卫视	1.0	6.2
10	《长风浩荡启新程——习近平主席出席二十国集团领导人第十七次峰会》	中央电视台新闻频道	1.0	6.2

表 3. 36. 11　2022 年福州市场综艺节目收视率排名前十位

单位：%

名次	节目名称	播出频道	平均收视率	平均占有率
1	《2022 中央广播电视总台春节联欢晚会》	中央电视台综合频道	5. 4	23. 3
2	《2022 年中央广播电视总台元宵晚会》	中央电视台综合频道	3. 7	20. 7
3	《2022～2023 跨年晚会》	湖南卫视	3. 6	23. 2
4	《最强大脑之燃烧吧大脑》（2 月 3 日）	江苏卫视	3. 4	21. 9
5	《2022 知乎答案奇遇夜》	湖南卫视	3. 1	18. 0
6	《中国好声音》（9 月 2 日）	浙江卫视	2. 5	14. 9
7	《新春喜剧之夜》	中央台三套	2. 3	11. 7
8	《唱响这一年 2022 浙江卫视虎年春节特别节目》	浙江卫视	2. 2	11. 3
9	《2022 年中央广播电视总台中秋晚会》	中央电视台综合频道	2. 0	11. 6
10	《我们的歌》（10 月 9 日）	东方卫视	1. 9	14. 5

表 3. 36. 12　2022 年福州市场体育节目收视率排名前十位

单位：%

名次	节目名称	播出频道	平均收视率	平均占有率
1	《2022 北京冬奥会开幕式》	中央电视台综合频道	3. 7	17. 2
2	《我爱世界杯：2022 年世界杯小组赛 H 组第 2 轮》（韩国 VS 加纳）	中央台五套	2. 7	24. 3
3	《女足亚洲杯颁奖仪式》	中央台五套	2. 7	12. 7
4	《北京 2022 年冬残奥会开幕式特别报道》	中央电视台新闻频道	2. 0	18. 6
5	《现场直播：2022 年世乒联世界杯决赛男单决赛》	中央台五套	1. 9	10. 5
6	《现场直播：2022 年世界乒乓球团体锦标赛男团1/4决赛》	中央台五套	1. 6	10. 3
7	《现场直播：2022 年世界斯诺克锦标赛决赛》	中央台五套	1. 4	9. 0
8	《现场直播：2022 年女篮世界杯半决赛》（澳大利亚 VS 中国队）	中央台五套	1. 0	13. 4
9	《实况录像：2022 年世界女子排球锦标赛第二阶段小组赛》（中国队 VS 比利时队）	中央台五套	0. 7	12. 6
10	《实况录像：2023 年男篮世界杯亚洲区预选赛》（哈萨克斯坦 VS 中国）	中央台五套	0. 7	6. 4

三十七　广州收视数据

表 3.37.1　2018～2022 年广州市场各类频道的占有率

单位：%

频道类别	2018 年	2019 年	2020 年	2021 年	2022 年
中央广播电视总台	14.8	14.5	13.4	12.2	13.3
中国教育台频道	0.1	0.1	0.1	0.2	0.1
广东省级频道	32.8	27.8	26.5	27.3	31.9
广州市级频道	11.4	11.0	9.9	9.3	8.3
其他省级卫视频道	15.6	14.9	17.7	16.4	13.9
境外频道	7.1	8.1	9.0	6.5	6.5
其他频道	18.2	23.6	23.4	28.1	26.0

表 3.37.2　2022 年广州市场各类频道在各目标观众中的占有率

单位：%

目标观众		中央广播电视总台	中国教育台频道	广东省级频道	广州市级频道	其他省级卫视频道	境外频道	其他频道
4 岁及以上所有人		13.3	0.1	31.9	8.3	13.9	6.5	26.0
性别	男	14.6	0.1	32.3	7.8	13.7	6.2	25.3
	女	11.8	0.1	31.4	8.7	14.2	6.7	27.1
年龄	4～14 岁	6.3	0.1	31.1	2.5	12.2	2.9	44.9
	15～24 岁	14.7	0.0	36.8	3.7	14.3	3.5	27.0
	25～34 岁	9.6	0.1	29.0	10.9	14.2	8.4	27.8
	35～44 岁	12.4	0.0	26.5	5.3	12.8	4.5	38.5
	45～54 岁	15.4	0.1	27.4	8.7	15.2	6.0	27.2
	55～64 岁	13.8	0.1	34.7	9.9	14.2	9.2	18.1
	65 岁及以上	17.4	0.1	38.4	9.5	13.7	6.3	14.6
受教育程度	未受过正规教育	5.8	0.1	39.6	4.7	12.0	3.4	34.4
	小学	8.4	0.1	46.2	7.2	10.3	2.5	25.3
	初中	13.3	0.2	36.1	7.8	16.4	5.6	20.6
	高中	17.1	0.1	28.9	7.7	13.1	7.1	26.0
	大学及以上	13.0	0.1	19.8	11.0	15.1	9.8	31.2

续表

目标观众		中央广播电视总台	中国教育台频道	广东省级频道	广州市级频道	其他省级卫视频道	境外频道	其他频道
职业类别	干部/管理人员	20.7	0.0	16.1	5.8	17.4	5.0	35.0
	个体/私营企业人员	16.9	0.1	31.4	4.0	13.8	4.1	29.7
	初级公务员/雇员	10.8	0.0	21.5	11.3	14.1	9.0	33.3
	工人	11.7	0.1	33.9	10.4	12.6	6.3	25.0
	学生	8.0	0.1	33.2	3.4	11.8	2.3	41.2
	无业	14.7	0.1	34.5	8.5	15.1	7.5	19.6
	其他	4.0	0.8	65.4	6.4	3.8	1.2	18.4
个人月收入	0～600元	7.6	0.1	39.1	3.5	12.1	3.2	34.4
	601～1200元	8.0	0.0	55.5	5.8	9.1	3.4	18.2
	1201～1700元	11.5	0.2	39.8	8.8	9.6	4.9	25.2
	1701～2600元	13.1	0.2	38.4	12.2	21.6	7.0	7.5
	2601～3500元	12.7	0.1	36.4	12.1	14.7	8.2	15.8
	3501～5000元	18.9	0.1	21.8	10.6	12.9	9.4	26.3
	5001元及以上	14.2	0.1	23.3	6.0	15.0	5.3	36.1

表3.37.3 2022年广州市场各类频道在不同时段的占有率

单位：%

时间段	中央广播电视总台	中国教育台频道	广东省级频道	广州市级频道	其他省级卫视频道	境外频道	其他频道
02：00～03：00	14.5	0.2	19.5	2.0	15.1	2.6	46.1
03：00～04：00	16.8	0.1	21.3	2.4	13.6	1.8	44.0
04：00～05：00	15.4	0.1	26.4	2.5	14.8	2.3	38.5
05：00～06：00	9.5	0.0	31.8	2.6	22.1	2.5	31.5
06：00～07：00	13.7	0.0	33.7	3.1	21.6	5.8	22.1
07：00～08：00	20.0	0.1	38.1	6.8	5.7	9.5	19.8
08：00～09：00	20.7	0.2	26.2	6.3	8.4	14.1	24.1
09：00～10：00	19.2	0.3	24.3	5.1	13.0	6.2	31.9
10：00～11：00	19.5	0.3	24.1	3.1	14.5	3.5	35.0
11：00～12：00	18.5	0.1	26.4	3.7	14.5	4.1	32.7
12：00～13：00	19.1	0.0	31.6	4.6	11.3	6.6	26.8
13：00～14：00	13.6	0.2	30.7	3.9	14.5	7.3	29.8
14：00～15：00	13.5	0.3	26.7	3.8	18.3	4.0	33.4
15：00～16：00	13.9	0.3	25.2	4.1	18.8	3.1	34.6
16：00～17：00	14.0	0.3	27.3	2.8	17.8	2.2	35.6

续表

时间段	中央广播电视总台	中国教育台频道	广东省级频道	广州市级频道	其他省级卫视频道	境外频道	其他频道
17：00～18：00	14.2	0.1	30.2	5.8	13.9	2.3	33.5
18：00～19：00	9.0	0.0	36.2	20.4	5.3	7.1	22.0
19：00～20：00	10.1	0.0	40.6	13.3	11.0	5.1	19.9
20：00～21：00	12.0	0.0	35.2	9.4	17.5	5.4	20.5
21：00～22：00	12.2	0.0	31.7	7.9	16.8	8.9	22.5
22：00～23：00	12.3	0.0	29.6	6.9	14.6	11.3	25.3
23：00～00：00	12.9	0.1	31.4	4.9	15.5	8.3	26.9
00：00～01：00	14.1	0.4	20.8	4.5	15.3	11.1	33.8
01：00～02：00	15.0	0.6	18.2	3.5	15.3	5.2	42.2

表 3.37.4　2022 年广州市场收视份额排名前十位的频道

单位：%

排名	频道名称	收视份额
1	广东广播电视台珠江频道	10.0
2	广东广播电视台影视频道	5.4
3	广东广播电视台大湾区卫视	4.7
4	翡翠台（中文）（有线网转播）	4.6
5	广州市广播电视台综合频道	4.2
6	广东广播电视台公共频道	3.1
7	广州市广播电视台影视频道	2.3
8	湖南卫视	2.2
9	中央电视台综合频道	2.1
10	广东广播电视台体育频道	1.9

表 3.37.5　2022 年广州市场各主要频道的观众构成

单位：%

目标观众		所有频道	主要频道				
			广东广播电视台珠江频道	广东广播电视台影视频道	广东广播电视台大湾区卫视	翡翠台（中文）（有线网转播）	广州市广播电视台综合频道
4 岁及以上所有人		100.0	100.0	100.0	100.0	100.0	100.0
性别	男	51.9	50.4	56.6	54.7	47.8	52.7
	女	48.1	49.6	43.4	45.3	52.2	47.3

续表

目标观众		所有频道	主要频道				
			广东广播电视台珠江频道	广东广播电视台影视频道	广东广播电视台大湾区卫视	翡翠台（中文）（有线网转播）	广州市广播电视台综合频道
年龄	4～14岁	9.0	7.6	9.9	4.5	4.2	2.2
	15～24岁	5.5	5.7	1.6	17.8	1.3	2.9
	25～34岁	18.5	20.6	10.5	14.4	28.4	26.5
	35～44岁	11.1	9.5	10.4	8.9	7.7	5.9
	45～54岁	19.0	12.0	17.8	17.7	19.4	19.0
	55～64岁	16.8	21.4	17.9	11.0	24.5	19.2
	65岁及以上	20.1	23.2	31.9	25.7	14.5	24.3
受教育程度	未受过正规教育	4.6	5.9	3.2	6.7	2.6	0.8
	小学	15.7	22.5	37.5	18.7	6.6	11.2
	初中	26.1	26.9	28.7	37.4	18.9	24.7
	高中	30.4	30.3	24.0	25.0	34.9	28.1
	大学及以上	23.2	14.4	6.6	12.2	37.0	35.2
职业类别	干部/管理人员	3.4	1.1	0.9	1.0	2.0	2.7
	个体/私营企业人员	11.0	12.7	8.4	6.2	6.9	5.1
	初级公务员/雇员	14.1	12.6	2.9	6.5	23.7	20.4
	工人	21.1	19.9	25.2	25.2	21.1	24.0
	学生	8.4	6.7	7.6	18.7	2.7	3.6
	无业	40.8	45.5	47.3	41.7	43.3	43.7
	其他	1.2	1.5	7.7	0.7	0.3	0.5
个人月收入	0～600元	21.6	28.3	23.5	34.8	10.2	7.9
	601～1200元	5.1	9.7	11.3	9.4	3.2	3.0
	1201～1700元	1.6	1.8	4.0	0.2	1.5	0.6
	1701～2600元	8.5	9.4	18.6	5.0	9.6	12.6
	2601～3500元	17.9	21.1	22.0	20.9	26.5	26.3
	3501～5000元	25.7	15.5	12.0	16.2	35.2	35.8
	5001元及以上	19.6	14.2	8.6	13.5	13.8	13.8

表3.37.6　2020～2022年广州市场各类节目的播出比重和收视比重

单位：%

节目类别	2020年		2021年		2022年	
	播出比重	收视比重	播出比重	收视比重	播出比重	收视比重
财经	1.0	0.4	1.2	0.5	1.1	0.6

续表

节目类别	2020年		2021年		2022年	
	播出比重	收视比重	播出比重	收视比重	播出比重	收视比重
电视剧	21.8	32.2	21.7	32.2	22.6	32.5
电影	3.4	2.3	3.2	2.0	3.0	2.1
法制	1.0	0.3	1.1	0.3	1.3	0.3
教学	0.3	0.1	0.3	0.0	0.3	0.0
青少	7.8	3.9	7.6	4.4	7.7	5.0
生活服务	7.6	7.5	8.0	6.8	7.6	6.7
体育	5.4	3.3	5.8	5.1	6.7	5.5
外语	0.3	0.0	0.3	0.0	0.4	0.0
戏剧	0.6	0.1	0.5	0.1	0.6	0.1
新闻/时事	16.3	20.9	15.6	20.6	15.4	21.6
音乐	1.9	1.6	1.6	0.8	1.6	0.5
专题	13.8	5.8	14.7	5.5	15.2	5.9
综艺	5.8	7.6	6.0	7.5	5.3	6.5
其他	13.0	14.0	12.4	14.2	11.3	12.7

表3.37.7 2022年广州市场所有节目收视率排名前三十位

单位：%

名次	节目名称	节目类型	播出频道	平均收视率	平均占有率
1	《珠江春暖幸福年2022珠江频道除夕特别节目》	综艺	广东广播电视台珠江频道	6.1	22.1
2	《燃情世界杯：2022年世界杯小组赛D组第二轮》（突尼斯VS澳大利亚）	体育	广东广播电视台体育频道	3.9	12.2
3	《2022年女足亚洲杯决赛》（中国VS韩国）	体育	中央台五套	3.8	13.7
4	《天气预报》	生活服务	广东广播电视台珠江频道	3.7	16.1
5	《万千星辉贺台庆》	综艺	翡翠台（中文）（有线网转播）	3.7	15.5
6	《我们的歌》（12月18日）	综艺	东方卫视	3.6	13.5
7	《爱的厘米》	电视剧	广东广播电视台珠江频道	3.6	12.9
8	《珠江新闻》	新闻/时事	广东广播电视台珠江频道	3.4	18.7
9	《广视新闻》	新闻/时事	广州市广播电视台综合频道	3.4	17.9
10	《如果我爱你》	电视剧	广东广播电视台珠江频道	3.4	12.9
11	《北京冬奥会短道速滑混合接力颁奖仪式》	体育	中央台五套	3.4	12.8
12	《天狼星行动》	电视剧	广东广播电视台影视频道	3.4	12.2

续表

名次	节目名称	节目类型	播出频道	平均收视率	平均占有率
13	《金牛犇腾迎新春珠江频道 2021 除夕特别节目》	综艺	广东广播电视台珠江频道	3.3	17.1
14	《海上繁花》	电视剧	广东广播电视台珠江频道	3.3	13.2
15	《乱世丽人行》	电视剧	广东广播电视台珠江频道	3.3	12.5
16	《哥哥姐姐的花样年华》	电视剧	广东广播电视台珠江频道	3.3	11.0
17	《妻子的谎言》	电视剧	广东广播电视台珠江频道	3.2	11.8
18	《外来媳妇本地郎》	电视剧	广东广播电视台珠江频道	3.1	11.8
19	《只为那一刻与你相见》	电视剧	广东广播电视台珠江频道	3.1	11.6
20	《不得不爱》	电视剧	广东广播电视台珠江频道	3.0	12.2
21	《爱盛开》（22～30 集）	电视剧	广东广播电视台珠江频道	3.0	11.6
22	《我和我的传奇奶奶》	电视剧	广东广播电视台珠江频道	3.0	11.2
23	《现场直播：2022 年世乒联世界杯决赛男单决赛》	体育	中央台五套	3.0	9.9
24	《浴血重生》	电视剧	广东广播电视台影视频道	2.9	12.7
25	《冰锋》	电视剧	广东广播电视台影视频道	2.9	12.4
26	《2023 跨年演唱会》（用奋斗点亮幸福）	音乐	江苏卫视	2.8	12.2
27	《现场直播：2022 年世界乒乓球团体锦标赛女团决赛》	体育	中央台五套	2.8	11.3
28	《庆祝香港回归祖国二十五周年文艺晚会》	综艺	翡翠台（中文）（有线网转播）	2.7	10.5
29	《家庭秘密》	电视剧	广东广播电视台珠江频道	2.7	10.3
30	《爱的套索》	电视剧	广东广播电视台珠江频道	2.7	10.2

表 3.37.8　2022 年广州市场电视剧收视率排名前十位

单位：%

名次	节目名称	播出频道	平均收视率	平均占有率
1	《爱的厘米》	广东广播电视台珠江频道	3.6	12.9
2	《如果我爱你》	广东广播电视台珠江频道	3.4	12.9
3	《天狼星行动》	广东广播电视台影视频道	3.4	12.2
4	《海上繁花》	广东广播电视台珠江频道	3.3	13.2
5	《乱世丽人行》	广东广播电视台珠江频道	3.3	12.5
6	《哥哥姐姐的花样年华》	广东广播电视台珠江频道	3.3	11.0
7	《妻子的谎言》	广东广播电视台珠江频道	3.2	11.8
8	《外来媳妇本地郎》	广东广播电视台珠江频道	3.1	11.8
9	《只为那一刻与你相见》	广东广播电视台珠江频道	3.1	11.6
10	《不得不爱》	广东广播电视台珠江频道	3.0	12.2

表 3.37.9　2022 年广州市场新闻节目收视率排名前十位

单位：%

名次	节目名称	播出频道	平均收视率	平均占有率
1	《珠江新闻》	广东广播电视台珠江频道	3.4	18.7
2	《广视新闻》	广州市广播电视台综合频道	3.4	17.9
3	《今日关注》	广东广播电视台珠江频道	2.6	10.5
4	《政务司司长记者会》（2 月 12 日）	翡翠台（中文）（有线网转播）	2.1	7.8
5	《2022 两岸大事回顾》（12 月 24 日）	翡翠台（中文）（有线网转播）	2.0	6.4
6	《DV 现场》	广东广播电视台公共频道	2.0	7.6
7	《6 点半新闻报道》	翡翠台（中文）（有线网转播）	1.9	8.6
8	《转播中央台新闻联播》	广州市广播电视台综合频道	1.8	7.3
9	《2022 国际大事回顾》（12 月 25 日）	翡翠台（中文）（有线网转播）	1.5	5.0
10	《中国空间站神舟十四号航天员返回 2022》（12 月 4 日）	中央电视台新闻频道	1.3	4.5

表 3.37.10　2022 年广州市场专题节目收视率排名前十位

单位：%

名次	节目名称	播出频道	平均收视率	平均占有率
1	《无穷之路》	翡翠台（中文）（有线网转播）	1.7	8.3
2	《南粤工匠》	广东广播电视台珠江频道	1.7	6.8
3	《党建引领聚合力乡村振兴添动力》	广东广播电视台珠江频道	1.5	9.2
4	《乡村振兴纪事》	广东广播电视台珠江频道	1.5	7.2
5	《龙腾虎跃中国年》	中央电视台综合频道	1.5	5.0
6	《文化珠江》	广东广播电视台珠江频道	1.4	7.4
7	《2022 中国诗词大会》（3 月 6 日）	中央电视台综合频道	1.4	6.6
8	《第六任行政长官李家超》	翡翠台（中文）（有线网转播）	1.4	5.9
9	《摇钱树》	广东广播电视台珠江频道	1.3	11.7
10	《诸朋恋友》	翡翠台（中文）（有线网转播）	1.3	8.6

表 3.37.11　2022 年广州市场综艺节目收视率排名前十位

单位：%

名次	节目名称	播出频道	平均收视率	平均占有率
1	《珠江春暖幸福年 2022 珠江频道除夕特别节目》	广东广播电视台珠江频道	6.1	22.1
2	《万千星辉贺台庆》	翡翠台（中文）（有线网转播）	3.7	15.5
3	《我们的歌》（12 月 18 日）	东方卫视	3.6	13.5

续表

名次	节目名称	播出频道	平均收视率	平均占有率
4	《金牛犇腾迎新春珠江频道 2021 除夕特别节目》	广东广播电视台珠江频道	3.3	17.1
5	《庆祝香港回归祖国二十五周年文艺晚会》	翡翠台（中文）（有线网转播）	2.7	10.5
6	《会画少年的天空》	湖南卫视	2.6	16.3
7	《奔跑吧·共同富裕篇》	浙江卫视	2.5	8.7
8	《万千星辉颁奖典礼 2021》	翡翠台（中文）（有线网转播）	2.3	10.5
9	《中年好声音》（12 月 25 日）	翡翠台（中文）（有线网转播）	2.2	11.7
9	《蒙面舞王》（7 月 24 日）	江苏卫视	2.2	11.7

表 3.37.12　2022 年广州市场体育节目收视率排名前十位

单位：%

名次	节目名称	播出频道	平均收视率	平均占有率
1	《燃情世界杯：2022 年世界杯小组赛 D 组第二轮》（突尼斯 VS 澳大利亚）	广东广播电视台体育频道	3.9	12.2
2	《2022 年女足亚洲杯决赛》（中国 VS 韩国）	中央台五套	3.8	13.7
3	《北京冬奥会短道速滑混合接力颁奖仪式》	中央台五套	3.4	12.8
4	《现场直播：2022 年世乒联世界杯决赛男单决赛》	中央台五套	3.0	9.9
5	《现场直播：2022 年世界乒乓球团体锦标赛女团决赛》	中央台五套	2.8	11.3
6	《2021/2022 赛季中国男子篮球职业联赛季后赛 1/4 决赛第 1 场》（浙江稠州金租 VS 广东东莞大益）	广东广播电视台体育频道	2.4	9.7
7	《2022/2023 赛季中国男子篮球职业联赛常规赛第 11 轮》（广东东莞大益 VS 广州龙狮）	广东广播电视台体育频道	2.3	8.3
8	《现场直播：2022 年世乒联冠军赛澳门站女单半决赛》	中央台五套	1.8	7.5
9	《现场直播：2022 年世界女排联赛土耳其站》（中国 VS 泰国）	中央台五套	1.7	8.3
10	《2022 年中国足球协会超级联赛第十四轮》（广州队 VS 深圳队）	广东广播电视台体育频道	1.7	6.4

三十八　贵阳收视数据

表 3.38.1　2018～2022 年贵阳市场各类频道的占有率

单位：%

频道类别	2018 年	2019 年	2020 年	2021 年	2022 年
中央广播电视总台	30.6	26.1	29.9	23.3	34.5
中国教育台频道	0.1	0.1	0.1	0.1	0.1
贵州省级频道	19.8	16.5	12.1	9.9	14.8
贵阳市级频道	0.8	0.6	0.9	0.9	0.7
其他省级卫视频道	31.6	34.0	31.6	34.7	22.0
其他频道	17.1	22.7	25.4	31.1	27.9

表 3.38.2　2022 年贵阳市场各类频道在不同目标观众中的占有率

单位：%

目标观众		中央广播电视总台	中国教育台频道	贵州省级频道	贵阳市级频道	其他省级卫视频道	其他频道
4 岁及以上所有人		34.5	0.1	14.8	0.7	22.0	27.9
性别	男	37.5	0.1	13.7	0.7	21.6	26.4
	女	31.2	0.1	16.1	0.8	22.5	29.3
年龄	4～14 岁	25.5	0.1	10.6	0.3	19.2	44.3
	15～24 岁	29.3	0.0	12.8	0.5	24.3	33.1
	25～34 岁	18.4	0.1	10.6	0.3	33.3	37.3
	35～44 岁	28.4	0.1	15.0	0.7	25.8	30.0
	45～54 岁	36.5	0.0	14.6	0.8	20.9	27.2
	55～64 岁	42.2	0.1	19.0	1.2	19.6	17.9
	65 岁及以上	44.0	0.1	17.7	1.0	18.9	18.3
受教育程度	未受过正规教育	25.2	0.1	16.9	0.3	22.9	34.6
	小学	27.7	0.1	16.7	0.8	21.7	33.0
	初中	34.5	0.0	17.0	0.9	22.0	25.6
	高中	37.6	0.0	10.4	0.6	23.1	28.3
	大学及以上	43.2	0.0	14.0	0.6	19.7	22.5
职业类别	干部/管理人员	54.0	0.1	6.3	0.1	13.1	26.4
	个体/私营企业人员	32.9	0.0	12.7	0.8	23.5	30.1

续表

目标观众		中央广播电视总台	中国教育台频道	贵州省级频道	贵阳市级频道	其他省级卫视频道	其他频道
职业类别	初级公务员/雇员	31.7	0.0	15.7	0.6	27.4	24.6
	工人	33.3	0.0	14.6	0.6	24.7	26.8
	学生	31.2	0.1	10.9	0.4	19.2	38.2
	无业	37.5	0.1	15.9	0.9	21.1	24.5
	其他	28.0	0.1	18.2	0.9	16.1	36.7
个人月收入	0～600 元	27.4	0.1	13.5	0.5	20.1	38.4
	601～1200 元	34.6	0.0	26.2	1.0	15.6	22.6
	1201～1700 元	25.5	0.0	18.4	2.1	20.2	33.8
	1701～2600 元	34.6	0.1	14.6	0.6	27.3	22.8
	2601～3500 元	42.0	0.0	16.5	1.0	20.9	19.6
	3501～5000 元	33.8	0.1	16.3	0.9	23.4	25.5
	5001 元及以上	41.1	0.1	11.0	0.4	21.6	25.8

表 3.38.3　2022 年贵阳市场各类频道在不同时段的占有率

单位：%

时间段	中央广播电视总台	中国教育台频道	贵州省级频道	贵阳市级频道	其他省级卫视频道	其他频道
02：00～03：00	31.1	0.1	15.8	1.7	14.3	37.0
03：00～04：00	34.5	0.2	14.1	1.0	12.5	37.7
04：00～05：00	37.0	0.2	11.9	0.7	11.8	38.4
05：00～06：00	40.5	0.1	11.7	0.1	11.6	36.0
06：00～07：00	48.7	0.0	9.0	0.1	6.4	35.8
07：00～08：00	47.6	0.0	7.0	0.6	12.0	32.8
08：00～09：00	42.2	0.1	8.9	0.9	13.0	34.9
09：00～10：00	36.7	0.1	8.9	0.9	19.7	33.7
10：00～11：00	34.7	0.1	8.7	0.9	23.4	32.2
11：00～12：00	36.9	0.1	8.5	0.9	22.1	31.5
12：00～13：00	39.4	0.0	8.5	0.9	20.5	30.7
13：00～14：00	33.2	0.1	8.7	0.9	25.5	31.6
14：00～15：00	31.7	0.1	9.0	0.7	27.6	30.9
15：00～16：00	32.4	0.1	9.3	0.7	27.4	30.1
16：00～17：00	34.4	0.1	9.1	0.7	25.5	30.2

续表

时间段	中央广播电视总台	中国教育台频道	贵州省级频道	贵阳市级频道	其他省级卫视频道	其他频道
17：00～18：00	38.1	0.1	11.0	0.6	20.5	29.7
18：00～19：00	35.2	0.0	28.1	0.7	9.6	26.4
19：00～20：00	34.2	0.0	26.1	0.4	17.2	22.1
20：00～21：00	32.2	0.0	18.2	0.4	27.2	22.0
21：00～22：00	32.8	0.0	16.3	0.5	26.2	24.2
22：00～23：00	32.6	0.0	13.9	1.2	24.7	27.6
23：00～00：00	34.0	0.1	12.2	1.3	24.1	28.3
00：00～01：00	34.1	0.0	10.6	0.9	20.6	33.8
01：00～02：00	33.4	0.1	11.4	1.2	17.3	36.6

表 3.38.4　2022 年贵阳市场收视份额排名前十位的频道

单位：%

名次	频道名称	收视份额
1	中央台八套	5.8
1	中央电视台新闻频道	5.8
3	贵州广播电视台公共频道	5.6
4	中央电视台综合频道	5.1
5	中央台六套	4.6
6	中央台四套	4.0
7	湖南卫视	3.7
8	贵州卫视	3.6
9	贵州广播电视台影视文艺频道	3.4
10	浙江卫视	3.0

表 3.38.5　2022 年贵阳市场各主要频道的观众构成

单位：%

目标观众		所有频道	主要频道				
			中央台八套	中央电视台新闻频道	贵州广播电视台公共频道	中央电视台综合频道	中央台六套
4 岁及以上所有人		100.0	100.0	100.0	100.0	100.0	100.0
性别	男	52.8	59.9	55.2	44.4	52.0	59.5
	女	47.2	40.1	44.8	55.6	48.0	40.5

续表

目标观众		所有频道	主要频道				
			中央台八套	中央电视台新闻频道	贵州广播电视台公共频道	中央电视台综合频道	中央台六套
年龄	4～14岁	11.6	8.7	5.7	9.4	9.4	8.6
	15～24岁	8.9	5.1	10.2	7.9	7.6	8.9
	25～34岁	9.8	3.8	3.6	8.2	6.1	9.0
	35～44岁	8.9	3.8	6.3	14.1	9.3	10.2
	45～54岁	26.1	35.8	20.1	22.0	22.9	33.2
	55～64岁	10.6	10.7	18.1	14.5	12.6	12.3
	65岁及以上	24.1	32.0	36.1	24.0	32.1	17.7
受教育程度	未受过正规教育	5.8	6.5	3.1	6.1	4.7	4.2
	小学	20.9	20.2	12.6	23.6	16.9	21.6
	初中	34.1	36.7	33.8	41.2	28.8	33.9
	高中	24.4	24.2	28.8	17.8	28.8	24.5
	大学及以上	14.8	12.3	21.6	11.3	20.8	15.9
职业类别	干部/管理人员	0.7	0.4	0.5	0.2	2.5	1.1
	个体/私营企业人员	9.7	12.8	5.5	9.9	9.5	16.7
	初级公务员/雇员	14.5	10.3	13.5	16.9	14.0	15.1
	工人	11.0	11.8	9.1	11.2	9.6	10.1
	学生	13.1	11.8	11.8	8.6	11.7	10.8
	无业	45.4	46.7	58.1	47.8	48.6	39.4
	其他	5.6	6.2	1.5	5.4	4.1	6.8
个人月收入	0～600元	28.5	22.4	21.0	25.1	22.4	21.9
	601～1200元	2.4	1.8	1.6	4.1	3.2	4.4
	1201～1700元	2.7	2.5	1.2	1.3	1.9	3.6
	1701～2600元	15.2	28.8	10.6	15.6	9.6	20.8
	2601～3500元	18.7	24.3	21.1	21.7	25.0	19.3
	3501～5000元	17.4	10.8	21.5	20.4	19.5	14.4
	5001元及以上	15.1	9.4	23.0	11.8	18.3	15.5

表3.38.6 2020～2022年贵阳市场各类节目的播出比重和收视比重

单位：%

节目类型	2020年		2021年		2022年	
	播出比重	收视比重	播出比重	收视比重	播出比重	收视比重
财经	0.9	0.4	1.0	0.6	1.1	0.9

续表

节目类型	2020 年		2021 年		2022 年	
	播出比重	收视比重	播出比重	收视比重	播出比重	收视比重
电视剧	26.8	32.7	27.3	38.3	28.4	34.6
电影	4.0	6.8	3.7	5.3	3.3	5.8
法制	0.7	0.7	0.7	0.4	0.7	0.5
教学	0.3	0.1	0.2	0.1	0.3	0.1
青少	7.0	7.0	6.8	4.3	7.4	3.8
生活服务	6.4	5.9	5.9	6.1	6.7	6.0
体育	3.8	1.0	3.9	1.8	5.1	3.3
外语	0.1	0.0	0.2	0.0	0.2	0.0
戏剧	0.9	0.1	0.9	0.1	0.9	0.1
新闻/时事	10.7	17.6	10.3	13.9	10.9	18.4
音乐	1.7	0.8	1.6	0.8	1.6	0.9
专题	13.6	4.8	14.3	5.6	15.7	6.5
综艺	4.7	9.8	4.6	10.6	4.1	7.1
其他	18.4	12.3	18.7	12.2	13.6	12.0

表 3.38.7　2022 年贵阳市场所有节目收视率排名前三十位

单位：%

名次	节目名称	节目类型	播出频道	平均收视率	平均占有率
1	《2022 中央广播电视总台春节联欢晚会》	中央电视台综合频道	综艺	12.4	37.6
2	《龙腾虎跃中国年》	中央电视台综合频道	专题	7.9	29.4
3	《中国好声音》（9 月 9 日）	浙江卫视	综艺	7.7	24.2
4	《我爱世界杯：2022 年世界杯 C 组第 2 轮》（波兰 VS 沙特阿拉伯）	中央台五套	体育	6.0	21.9
5	《2022 北京冬奥会开幕式》	中央电视台新闻频道	体育	5.9	17.4
6	《最强大脑之燃烧吧大脑》（2 月 3 日）	江苏卫视	综艺	5.6	20.9
7	《新居之约》	中央电视台综合频道	电视剧	5.3	18.0
8	《闪光的乐队》（1 月 8 日）	浙江卫视	综艺	5.1	26.4
9	《2022 年中央广播电视总台元宵晚会》	中央电视台综合频道	综艺	5.0	16.1
10	《舌尖上的心跳》	浙江卫视	电视剧	4.9	13.7
11	《匹夫英雄传》（1 月 27 日）	中央台六套	电影	4.9	13.1
12	《超级 818 汽车狂欢夜 2022 浙江卫视年中盛典》	浙江卫视	综艺	4.6	16.9
13	《2021 我们的年度总结大会》	北京卫视	综艺	4.6	13.3
14	《科学控疫情统筹谋发展》	浙江卫视	新闻/时事	4.5	12.5

续表

名次	节目名称	节目类型	播出频道	平均收视率	平均占有率
15	《2021 国剧盛典致敬美好》	安徽卫视	综艺	4.1	13.2
16	《一桌年夜饭》	浙江卫视	综艺	4.0	18.0
17	《怒火重案》（2 月 6 日）	中央台六套	电影	4.0	14.0
18	《断魂刀》（1 月 27 日）	中央台六套	电影	4.0	12.1
19	《输赢》（19～40 集）	浙江卫视	电视剧	4.0	10.5
20	《2060 元音之境》	江苏卫视	综艺	3.9	17.4
21	《晚八点音乐会温暖之声金秋回响》	北京卫视	音乐	3.9	14.7
22	《奔跑吧・共同富裕篇》	浙江卫视	综艺	3.8	13.0
23	无限超越班（12 月 24 日）	浙江卫视	综艺	3.8	11.7
24	《百姓关注》	贵州广播电视台公共频道	新闻/时事	3.7	14.1
25	《我们的歌》（10 月 9 日）	东方卫视	综艺	3.7	11.9
26	《花好月圆中秋赏歌会》	浙江卫视	音乐	3.7	10.9
27	《一年月色最明月夜千里人心共赏时》	北京卫视	综艺	3.6	8.4
28	《反特大案之一级戒备》	中央台六套	电影	3.5	13.2
29	《2021 国剧盛典致敬奋斗》	安徽卫视	综艺	3.4	12.3
30	《夺宝黑狐岭》（11 月 11 日）	中央台六套	电影	3.4	11.5

表 3.38.8　2022 年贵阳市场电视剧收视率排名前十位

单位：%

名次	节目名称	播出频道	平均收视率	平均占有率
1	《新居之约》	中央电视台综合频道	5.3	18.0
2	《舌尖上的心跳》	浙江卫视	4.9	13.7
3	《输赢》（19～40 集）	浙江卫视	4.0	10.5
4	《决胜零距离》	中央台八套	3.4	10.8
5	《勇敢的翅膀》	湖南卫视	3.3	10.5
6	《输赢》（19～40 集）	北京卫视	3.3	8.7
7	《生死钟声》	贵州卫视	3.2	10.8
8	《人世间》	中央电视台综合频道	3.2	10.3
9	《完美伴侣》	湖南卫视	2.9	8.3
10	《一代洪商》	中央台八套	2.8	10.8

表 3.38.9　2022 年贵阳市场新闻节目收视率排名前十位

单位：%

名次	节目名称	播出频道	平均收视率	平均占有率
1	《科学控疫情统筹谋发展》	浙江卫视	4.5	12.5
2	《百姓关注》	贵州广播电视台公共频道	3.7	14.1
3	《中国共产党第二十次全国代表大会开幕会专题新闻》	中央电视台综合频道	2.7	10.1
4	《江泽民同志因病在上海逝世》	中央电视台新闻频道	2.6	12.5
5	《团结奋斗向复兴》	中央电视台新闻频道	2.6	9.4
6	《中国空间站神舟十四号航天员返回 2022》	中央电视台新闻频道	2.5	9.1
7	《共同关注》	中央电视台综合频道	2.4	10.9
8	《直击台风轩岚诺》	浙江卫视	2.2	6.0
9	《转播中央台新闻联播》	贵州卫视	2.1	8.3
10	《0 度时评》	贵州广播电视台公共频道	2.1	7.0

表 3.38.10　2022 年贵阳市场专题节目收视率排名前十位

单位：%

名次	节目名称	播出频道	平均收视率	平均占有率
1	《龙腾虎跃中国年》	中央电视台综合频道	7.9	29.4
2	《相知跨千年携手创未来——习近平主席赴沙特利雅得出访纪实》	中央电视台新闻频道	2.4	8.3
3	《2022 中国诗词大会》（3 月 5 日）	中央电视台综合频道	2.3	9.4
4	《党的女儿 2 与时代同行》	湖南卫视	2.1	22.0
5	《零容忍》	中央电视台综合频道	2.1	5.3
6	《党课开讲啦》	中央电视台综合频道	2.0	7.8
7	《一刻不停歇贵州正风肃纪反腐》	贵州卫视	2.0	5.7
8	《中国共产党为什么能第十八季而今迈步从头越》	浙江卫视	1.8	6.9
9	《领航》	中央电视台综合频道	1.8	5.9
10	《我就是中国中国正能量五个一百网络精品年度发布盛典》	中央电视台综合频道	1.7	9.2

表 3.38.11　2022 年贵阳市场综艺节目收视率排名前十位

单位：%

名次	节目名称	播出频道	平均收视率	平均占有率
1	《2022 中央广播电视总台春节联欢晚会》	中央电视台综合频道	12.4	37.6
2	《中国好声音》（9 月 9 日）	浙江卫视	7.7	24.2
3	《最强大脑之燃烧吧大脑》（2 月 3 日）	江苏卫视	5.6	20.9

续表

名次	节目名称	播出频道	平均收视率	平均占有率
4	《闪光的乐队》（1月8日）	浙江卫视	5.1	26.4
5	《2022年中央广播电视总台元宵晚会》	中央电视台综合频道	5.0	16.1
6	《超级818汽车狂欢夜2022浙江卫视年中盛典》	浙江卫视	4.6	16.9
7	《2021我们的年度总结大会》	北京卫视	4.6	13.3
8	《2021国剧盛典致敬美好》	安徽卫视	4.1	13.2
9	《一桌年夜饭》	浙江卫视	4.0	18.0
10	《2060元音之境》	江苏卫视	3.9	17.4

表3.38.12　2022年贵阳市场体育节目收视率排名前十位

单位：%

名次	节目名称	播出频道	平均收视率	平均占有率
1	《我爱世界杯：2022年世界杯C组第2轮》（波兰VS沙特阿拉伯）	中央台五套	6.0	21.9
2	《2022北京冬奥会开幕式》	中央电视台新闻频道	5.9	17.4
3	《北京2022年冬残奥会闭幕式特别报道》	中央电视台新闻频道	3.3	11.6
4	《2022年女足亚洲杯决赛》（中国VS韩国）	中央台五套	2.7	8.5
5	《现场直播：2022年CBA全明星周末三分球大赛决赛》	中央台五套	2.4	7.7
6	《实况录像：2022年世界蹦床锦标赛女子团体蹦床决赛》	中央台五套	2.1	8.4
7	《实况录像：2022年国际田联钻石联赛奥斯陆站男子100米决赛》	中央台五套	1.6	13.8
8	《现场直播：2022年男篮亚洲杯1/4决赛》（黎巴嫩VS中国）	中央台五套	1.6	7.9
9	《实况录像：2022年国际泳联世锦赛花样游泳单人技术决赛》	中央台五套	1.6	6.0
10	《现场直播：2022年世界乒乓球团体锦标赛女团决赛》	中央台五套	1.6	5.2

三十九　哈尔滨收视数据

表 3.39.1　2018～2022 年哈尔滨市场各类频道的占有率

单位：%

频道类别	2018 年	2019 年	2020 年	2021 年	2022 年
中央广播电视总台	27.4	24.8	26.8	27.0	31.2
中国教育台频道	0.2	0.2	0.2	0.2	0.1
黑龙江省级频道	27.6	26.1	19.0	17.6	19.2
哈尔滨市级频道	4.1	3.9	2.9	2.0	1.7
其他省级卫视频道	29.6	30.8	32.1	33.5	29.7
其他频道	11.1	14.2	19.0	19.7	18.1

表 3.39.2　2022 年哈尔滨市场各类频道在不同目标观众中的占有率

单位：%

目标观众		中央广播电视总台	中国教育台频道	黑龙江省级频道	哈尔滨市级频道	其他省级卫视	其他频道
4 岁及以上所有人		31.2	0.1	19.2	1.7	29.7	18.1
性别	男	32.7	0.1	19.0	1.7	29.3	17.2
	女	29.7	0.1	19.4	1.8	30.1	18.9
年龄	4～14 岁	17.0	0.1	6.8	0.6	35.5	40.0
	15～24 岁	22.5	0.1	19.8	0.6	40.2	16.8
	25～34 岁	25.7	0.1	14.8	1.1	36.9	21.4
	35～44 岁	25.8	0.1	14.3	0.8	40.0	19.0
	45～54 岁	26.9	0.2	17.3	1.1	30.7	23.8
	55～64 岁	36.2	0.2	22.2	2.0	21.9	17.5
	65 岁及以上	39.2	0.1	23.8	3.2	24.6	9.1
受教育程度	未受过正规教育	29.8	0.1	8.3	0.9	27.8	33.1
	小学	27.7	0.2	26.6	2.4	26.7	16.4
	初中	29.0	0.1	25.1	2.0	30.2	13.6
	高中	32.1	0.1	17.6	1.9	29.9	18.4
	大学及以上	33.8	0.1	12.6	0.7	30.4	22.4
职业类别	干部/管理人员	10.5	0.2	11.2	0.3	20.3	57.5
	个体/私营企业人员	30.5	0.2	13.2	0.9	35.6	19.6

续表

目标观众		中央广播电视总台	中国教育台频道	黑龙江省级频道	哈尔滨市级频道	其他省级卫视	其他频道
职业类别	初级公务员/雇员	27.0	0.1	10.9	0.6	30.9	30.5
	工人	27.8	0.1	16.9	0.9	35.0	19.3
	学生	20.5	0.1	14.2	0.4	39.3	25.5
	无业	36.2	0.1	19.2	2.7	26.9	14.9
	其他	31.5	0.2	39.2	2.1	17.9	9.1
个人月收入	0～600元	22.7	0.1	18.0	1.0	36.8	21.4
	601～1200元	38.3	0.3	34.7	1.7	21.3	3.7
	1201～1700元	26.2	0.2	37.8	2.5	22.0	11.3
	1701～2600元	34.9	0.1	18.3	2.0	27.6	17.1
	2601～3500元	29.7	0.1	16.2	2.5	31.9	19.6
	3501～5000元	30.9	0.2	14.8	1.3	34.5	18.3
	5001元及以上	36.1	0.1	11.5	0.5	24.1	27.7

表3.39.3　2022年哈尔滨市场各类频道在不同时段的占有率

单位：%

时间段	中央广播电视总台	中国教育台频道	黑龙江省级频道	哈尔滨市级频道	其他省级卫视频道	其他频道
02：00～03：00	34.6	0.1	12.7	1.8	11.8	39.0
03：00～04：00	40.2	0.1	16.1	2.1	13.5	28.0
04：00～05：00	41.1	0.1	21.8	2.4	14.2	20.4
05：00～06：00	37.7	0.1	27.3	2.6	18.0	14.3
06：00～07：00	51.6	0.1	27.8	4.7	6.7	9.1
07：00～08：00	51.3	0.2	17.5	7.9	9.4	13.7
08：00～09：00	44.5	0.4	13.5	4.0	16.4	21.2
09：00～10：00	33.5	0.4	19.4	1.5	23.5	21.7
10：00～11：00	30.8	0.3	18.5	1.3	27.2	21.9
11：00～12：00	31.8	0.3	17.5	1.1	28.0	21.3
12：00～13：00	31.8	0.1	12.5	1.1	32.4	22.1
13：00～14：00	27.7	0.2	8.3	1.1	40.3	22.4
14：00～15：00	28.3	0.3	7.7	1.2	40.2	22.3
15：00～16：00	29.6	0.3	7.6	1.7	38.3	22.5
16：00～17：00	31.9	0.3	9.6	2.1	34.2	21.9

续表

时间段	中央广播电视总台	中国教育台频道	黑龙江省级频道	哈尔滨市级频道	其他省级卫视频道	其他频道
17：00～18：00	36.0	0.1	16.5	2.2	24.8	20.4
18：00～19：00	36.1	0.0	33.8	3.5	9.1	17.5
19：00～20：00	32.4	0.1	27.2	1.6	25.3	13.4
20：00～21：00	25.1	0.0	20.6	0.9	40.6	12.8
21：00～22：00	27.2	0.1	20.7	0.9	37.2	13.9
22：00～23：00	27.3	0.1	16.6	1.0	36.9	18.1
23：00～00：00	27.6	0.1	9.3	1.5	31.4	30.1
00：00～01：00	27.7	0.1	11.2	2.0	15.5	43.5
01：00～02：00	28.3	0.1	11.4	1.7	10.7	47.8

表 3.39.4　2022 年哈尔滨市场收视份额排名前十位的频道

单位：%

名次	频道	收视份额
1	黑龙江卫视	5.3
2	黑龙江电视台影视频道	4.8
3	浙江卫视	4.7
4	中央台四套	4.4
5	中央台八套	4.3
6	中央电视台新闻频道	3.9
7	中央台六套	3.8
8	中央电视台综合频道	3.3
9	湖南卫视	3.1
10	黑龙江电视台都市频道	3.0

表 3.39.5　2022 年哈尔滨市场各主要频道的观众构成

单位：%

目标观众		所有频道	主要频道				
			黑龙江卫视	黑龙江电视台影视频道	浙江卫视	中央台四套	中央台八套
4 岁及以上所有人		100.0	100.0	100.0	100.0	100.0	100.0
性别	男	48.3	46.6	42.8	47.7	54.8	37.1
	女	51.7	53.4	57.2	52.3	45.2	62.9

续表

目标观众		所有频道	主要频道				
			黑龙江卫视	黑龙江电视台影视频道	浙江卫视	中央台四套	中央台八套
年龄	4～14 岁	3.7	0.7	0.4	3.4	1.3	1.6
	15～24 岁	5.8	7.9	2.7	12.8	1.2	5.5
	25～34 岁	9.4	11.0	4.5	11.1	3.6	8.5
	35～44 岁	14.3	15.5	7.7	23.7	10.4	8.7
	45～54 岁	18.8	20.1	13.1	17.1	14.3	18.6
	55～64 岁	24.3	17.4	28.9	19.0	34.6	23.4
	65 岁及以上	23.7	27.4	42.7	12.9	34.6	33.7
受教育程度	未受过正规教育	1.9	0.2	0.2	0.5	0.5	1.0
	小学	11.1	10.3	19.9	11.4	12.6	15.2
	初中	25.3	32.0	40.3	24.2	25.7	26.2
	高中	40.0	38.3	30.9	38.5	39.6	39.2
	大学及以上	21.7	19.2	8.7	25.4	21.6	18.4
职业类别	干部/管理人员	0.9	1.0	0.1	0.7	0.2	0.1
	个体/私营企业人员	9.6	10.3	3.4	13.7	6.3	8.1
	初级公务员/雇员	7.7	6.7	2.9	6.7	10.2	3.5
	工人	24.1	28.4	13.0	31.1	18.2	22.5
	学生	6.2	7.6	3.0	14.3	1.8	3.4
	无业	40.9	29.1	51.2	28.1	50.4	50.9
	其他	10.6	16.9	26.4	5.4	12.9	11.5
个人月收入	0～600 元	14.3	14.3	6.2	23.7	6.5	13.2
	601～1200 元	5.7	6.6	7.4	5.6	10.6	7.3
	1201～1700 元	8.0	13.6	31.0	2.5	13.4	6.5
	1701～2600 元	27.8	19.4	32.8	19.2	25.4	30.4
	2601～3500 元	20.1	22.4	12.7	20.2	22.3	24.6
	3501～5000 元	15.4	16.6	7.1	18.8	14.4	11.8
	5001 元及以上	8.7	7.1	2.8	10.0	7.4	6.2

表 3.39.6　2020～2022 年哈尔滨市场各类节目的播出比重和收视比重

单位：%

节目类别	2020 年		2021 年		2022 年	
	播出比重	收视比重	播出比重	收视比重	播出比重	收视比重
财经	0.9	0.2	1.0	0.3	1.0	0.4
电视剧	22.5	37.4	22.6	38.9	23.0	36.2

续表

节目类别	2020年		2021年		2022年	
	播出比重	收视比重	播出比重	收视比重	播出比重	收视比重
电影	3.6	4.4	3.1	3.8	2.8	3.9
法制	1.4	2.5	1.4	2.3	1.7	2.2
教学	0.3	0.1	0.3	0.0	0.3	0.0
青少	7.7	2.4	7.7	1.8	7.9	1.7
生活服务	7.4	4.9	8.0	5.0	7.8	4.8
体育	4.0	1.8	4.2	3.0	5.0	4.0
外语	0.2	0.0	0.2	0.0	0.3	0.0
戏剧	0.7	0.2	0.5	0.2	0.6	0.3
新闻/时事	16.9	17.1	16.1	15.6	15.8	16.6
音乐	1.8	1.4	1.7	1.2	1.7	0.6
专题	14.0	4.8	15.1	4.7	15.4	6.0
综艺	6.6	11.6	6.8	12.4	6.0	13.2
其他	12.0	11.2	11.3	10.8	10.7	10.1

表 3.39.7　2022 年哈尔滨市场所有节目收视率排名前三十位

单位：%

名次	节目名称	节目类型	播出频道	平均收视率	平均占有率
1	《2022 年北京冬奥会短道速滑女子 3000 米接力半决赛》	体育	中央台五套	8.2	27.6
2	《2022 年北京广播电视台春节联欢晚会》	综艺	北京卫视	6.4	23.8
3	《2022 中央广播电视总台春节联欢晚会》	综艺	中央电视台综合频道	6.2	22.0
4	《2023 梦圆东方跨年盛典》	综艺	东方卫视	5.9	21.4
5	《蒙面舞王》（8 月 7 日）	综艺	江苏卫视	5.3	26.8
6	《中国好声音》（8 月 26 日）	综艺	浙江卫视	5.2	21.6
7	《龙腾虎跃中国年》	专题	中央电视台综合频道	5.2	21.3
8	《女足亚洲杯颁奖仪式》	体育	中央台五套	5.2	18.1
9	《天赐的声音 3》（5 月 20 日）	综艺	浙江卫视	4.7	36.0
10	《我们的歌》（10 月 2 日）	综艺	东方卫视	4.3	22.9
11	《2022 年中央广播电视总台元宵晚会》	综艺	中央电视台综合频道	4.3	17.2
12	《最强大脑之燃烧吧大脑》（3 月 11 日）	综艺	江苏卫视	4.2	24.1
13	《2023 跨年演唱会》（用奋斗点亮幸福）	音乐	江苏卫视	4.2	15.1
14	《开播情景喜剧》（7 月 9 日）	综艺	东方卫视	4.1	14.6

续表

名次	节目名称	节目类型	播出频道	平均收视率	平均占有率
15	《奔跑吧》	综艺	浙江卫视	3.8	15.7
16	《超级 818 汽车狂欢夜 2022 浙江卫视年中盛典》	综艺	浙江卫视	3.7	16.0
17	《辽宁卫视 2022 春节联欢晚会》	综艺	辽宁卫视	3.7	14.8
18	《2022～2023 浙江卫视美好跨年夜》	综艺	浙江卫视	3.7	14.1
19	《正是青春璀璨时》	电视剧	黑龙江卫视	3.5	12.1
20	《我和我的三个姐姐》	电视剧	黑龙江卫视	3.5	10.1
21	《王牌部队》（11～40 集）	电视剧	江苏卫视	3.5	9.2
22	《新居之约》	电视剧	中央电视台综合频道	3.4	12.5
23	《我爱世界杯：2022 年世界杯 H 组第 1 轮》（乌拉圭 VS 韩国）	体育	中央台五套	3.3	16.5
24	《极限挑战》	综艺	东方卫视	3.3	15.3
25	《舌尖上的心跳》	电视剧	浙江卫视	3.3	10.0
26	《追星星的人》	综艺	浙江卫视	3.2	28.3
27	《北京 2022 年冬残奥会开幕式特别报道》	体育	中央电视台综合频道	3.2	11.1
28	《星辰大海》	电视剧	黑龙江卫视	3.2	10.9
29	《理想之城》（13～40 集）	电视剧	黑龙江卫视	3.2	8.4
30	《为歌而赞》（第二季）（5 月 7 日）	综艺	浙江卫视	3.1	11.9

表 3.39.8　2022 年哈尔滨市场电视剧收视率排名前十位

单位：%

名次	节目名称	播出频道	平均收视率	平均占有率
1	《正是青春璀璨时》	黑龙江卫视	3.5	12.1
2	《我和我的三个姐姐》	黑龙江卫视	3.5	10.1
3	《王牌部队》（11～40 集）	江苏卫视	3.5	9.2
4	《新居之约》	中央电视台综合频道	3.4	12.5
5	《舌尖上的心跳》	浙江卫视	3.3	10.0
6	《星辰大海》	黑龙江卫视	3.2	10.9
7	《理想之城》（13～40 集）	黑龙江卫视	3.2	8.4
8	《小敏家》	黑龙江卫视	2.9	10.8
9	《大牧歌》	黑龙江卫视	2.9	9.9
10	《心居》	黑龙江卫视	2.9	9.7

表 3.39.9　2022 年哈尔滨市场新闻节目收视率排名前十位

单位：%

名次	节目名称	播出频道	平均收视率	平均占有率
1	《中国空间站神舟十四号航天员返回 2022》	中央电视台新闻频道	2.3	8.9
2	《共同关注》	中央电视台综合频道	1.8	8.8
3	《中国舆论场》	中央台四套	1.8	5.9
4	《俄乌局势突变》	中央台四套	1.5	7.6
5	《连线北京二十大特别报道》	浙江卫视	1.4	7.0
6	《2022 年世界经济论坛视频会议特别报道》	中央电视台新闻频道	1.4	6.9
7	《团结奋斗向复兴》	中央电视台新闻频道	1.4	6.5
8	《今日亚洲》	中央台四套	1.4	5.1
9	《新闻夜航》	黑龙江电视台都市频道	1.3	6.3
10	《转播中央台新闻联播》	黑龙江卫视	1.3	5.6
10	《中国新闻》	中央台四套	1.3	5.6

表 3.39.10　2022 年哈尔滨市场专题节目收视率排名前十位

单位：%

名次	节目名称	播出频道	平均收视率	平均占有率
1	《龙腾虎跃中国年》	中央电视台综合频道	5.2	21.3
2	《追寻 1928》	黑龙江卫视	2.6	12.8
3	《劳动最光荣》	黑龙江卫视	1.9	10.2
4	《2021 感动龙江年度人物群体发布仪式》	黑龙江卫视	1.8	9.1
5	《我在岛屿读书》	江苏卫视	1.8	9.0
6	《抗联英雄传》	黑龙江卫视	1.8	8.7
7	《一起学习第二季燃烧吧青春》	黑龙江卫视	1.8	8.6
8	《知识进化论——樊登 4.23 世界读书日年度主题演讲》	深圳卫视	1.8	7.4
9	《幸福驿站》	黑龙江卫视	1.6	8.1
10	《致敬英雄特别节目礼赞》	黑龙江卫视	1.6	7.7

表 3.39.11　2022 年哈尔滨市场综艺节目收视率排名前十位

单位：%

名次	节目名称	播出频道	平均收视率	平均占有率
1	《2022 年北京广播电视台春节联欢晚会》	北京卫视	6.4	23.8
2	《2022 中央广播电视总台春节联欢晚会》	中央电视台综合频道	6.2	22.0
3	《2023 梦圆东方跨年盛典》	东方卫视	5.9	21.4
4	《蒙面舞王》（8 月 7 日）	江苏卫视	5.3	26.8

续表

名次	节目名称	播出频道	平均收视率	平均占有率
5	《中国好声音》（8月26日）	浙江卫视	5.2	21.6
6	《天赐的声音3》（5月20日）	浙江卫视	4.7	36.0
7	《我们的歌》（10月2日）	东方卫视	4.3	22.9
8	《2022年中央广播电视总台元宵晚会》	中央电视台综合频道	4.3	17.2
9	《最强大脑之燃烧吧大脑》（3月11日）	江苏卫视	4.2	24.1
10	《开播情景喜剧》（7月9日）	东方卫视	4.1	14.6

表 3.39.12　2022年哈尔滨市场体育节目收视率排名前十位

单位：%

名次	节目名称	播出频道	平均收视率	平均占有率
1	《2022年北京冬奥会短道速滑女子3000米接力半决赛》	中央台五套	8.2	27.6
2	《女足亚洲杯颁奖仪式》	中央台五套	5.2	18.1
3	《我爱世界杯：2022年世界杯H组第1轮》（乌拉圭VS韩国）	中央台五套	3.3	16.5
4	《北京2022年冬残奥会开幕式特别报道》	中央电视台综合频道	3.2	11.1
5	《现场直播：2022年世界乒乓球团体锦标赛男团决赛》	中央台五套	2.6	9.3
6	《现场直播：2022年世乒联冠军赛布达佩斯站男单决赛》	中央台五套	2.2	8.7
7	《现场直播：2021/2022赛季季后赛半决赛》（广东东莞大益VS辽宁本钢）	中央台五套	2.0	7.2
8	《现场直播：2022年女篮世界杯半决赛》（澳大利亚队VS中国队）	中央台五套	1.8	11.1
9	《现场直播：2022年世乒联世界杯决赛女单决赛》	中央台五套	1.7	6.6
10	《现场直播：2022年CBA全明星周末扣篮大赛》	中央台五套	1.7	5.9

四十　海口收视数据

表 3.40.1　2018～2022 年海口市场各类频道的占有率

单位：%

频道类别	2018 年	2019 年	2020 年	2021 年	2022 年
中央广播电视总台	30.1	28.0	24.9	27.1	31.5
中国教育台频道	0.1	0.1	0.1	0.1	0.0
海南省级频道	19.9	19.1	17.8	13.5	16.1
海口市级频道	3.1	2.5	2.4	1.3	1.7
其他省级卫视频道	30.2	30.1	31.0	33.7	25.4
其他频道	16.6	20.2	23.8	24.3	25.3

表 3.40.2　2022 年海口市场各类频道在不同目标观众中的占有率

单位：%

目标观众		中央广播电视总台	中国教育台频道	海南省级频道	海口市级频道	其他省级卫视频道	其他频道
4 岁及以上所有人		31.5	0.0	16.1	1.7	25.4	25.3
性别	男	34.9	0.0	15.3	1.8	22.8	25.2
	女	28.8	0.0	16.8	1.6	27.5	25.3
年龄	4～14 岁	17.2	0.0	8.7	0.4	32.9	40.8
	15～24 岁	35.0	0.0	9.7	1.7	17.7	35.9
	25～34 岁	19.2	0.0	14.9	0.6	33.2	32.1
	35～44 岁	29.7	0.0	18.3	0.7	37.4	13.9
	45～54 岁	41.6	0.0	12.3	3.2	18.4	24.5
	55～64 岁	34.7	0.1	20.5	2.3	22.2	20.2
	65 岁及以上	37.7	0.1	21.9	1.9	21.1	17.3
受教育程度	未受过正规教育	24.1	0.0	16.5	0.8	34.4	24.2
	小学	23.2	0.1	16.5	1.1	27.3	31.8
	初中	32.0	0.0	14.9	1.5	27.4	24.2
	高中	38.6	0.0	17.2	3.0	20.5	20.7
	大学及以上	42.6	0.0	17.3	1.3	13.1	25.7
职业类别	干部/管理人员	32.4	0.1	3.1	0.1	8.0	56.3
	个体/私营经企业人员	42.4	0.0	17.0	1.9	18.6	20.1

续表

目标观众		中央广播电视总台	中国教育台频道	海南省级频道	海口市级频道	其他省级卫视频道	其他频道
职业类别	初级公务员/雇员	37.9	0.0	22.1	2.8	17.5	19.7
	工人	30.0	0.0	11.5	2.0	25.4	31.1
	学生	19.3	0.1	7.5	0.5	23.4	49.2
	无业	31.4	0.0	19.1	1.4	28.7	19.4
	其他	31.3	0.1	17.1	2.5	28.8	20.2
个人月收入	0～600元	21.8	0.0	14.1	0.8	31.8	31.5
	601～1200元	27.5	0.2	14.0	1.3	17.1	39.9
	1201～1700元	40.8	0.1	15.5	3.0	27.5	13.1
	1701～2600元	36.1	0.0	18.8	1.6	19.6	23.9
	2601～3500元	37.4	0.0	15.8	2.3	26.7	17.8
	3501～5000元	30.3	0.0	16.4	3.2	23.0	27.1
	5001元及以上	44.4	0.0	17.4	1.4	16.9	19.9

表3.40.3 2022年海口市场各类频道在不同时段的占有率

单位：%

时间段	中央广播电视总台	中国教育台频道	海南省级频道	海口市级频道	其他省级卫视频道	其他频道
02：00～03：00	24.2	0.0	1.9	0.5	36.4	37.0
03：00～04：00	23.3	0.0	1.8	0.4	42.4	32.1
04：00～05：00	19.8	0.0	2.1	0.8	43.2	34.1
05：00～06：00	22.3	0.0	2.4	1.2	36.9	37.2
06：00～07：00	34.0	0.0	1.6	1.0	27.7	35.7
07：00～08：00	27.0	0.0	10.1	0.4	32.5	30.0
08：00～09：00	31.0	0.1	14.4	0.9	25.0	28.6
09：00～10：00	28.1	0.1	14.7	2.3	26.3	28.5
10：00～11：00	29.0	0.1	14.8	2.6	27.4	26.1
11：00～12：00	36.9	0.0	12.1	0.8	26.2	24.0
12：00～13：00	40.0	0.0	8.8	0.5	25.5	25.2
13：00～14：00	32.7	0.0	6.0	1.4	31.1	28.8
14：00～15：00	26.2	0.1	6.2	1.6	34.9	31.0
15：00～16：00	26.0	0.1	6.3	1.6	35.6	30.4
16：00～17：00	27.0	0.1	8.0	1.2	33.1	30.6
17：00～18：00	30.6	0.0	11.4	1.1	27.9	29.0

续表

时间段	中央广播电视总台	中国教育台频道	海南省级频道	海口市级频道	其他省级卫视频道	其他频道
18：00～19：00	33.9	0.0	28.7	0.8	14.2	22.4
19：00～20：00	41.3	0.0	19.3	1.4	19.2	18.8
20：00～21：00	31.0	0.0	22.6	2.6	23.4	20.4
21：00～22：00	28.3	0.0	23.9	2.8	22.0	23.0
22：00～23：00	27.4	0.1	15.3	2.0	28.5	26.7
23：00～00：00	23.5	0.0	18.3	1.5	28.3	28.4
00：00～01：00	28.2	0.1	6.7	1.2	26.9	36.9
01：00～02：00	27.8	0.1	2.4	1.6	27.2	40.9

表 3.40.4　2022 年海口市场收视份额排名前十位的频道

单位：%

名次	频道名称	收视份额
1	海南广播电视总台经济频道	8.1
2	中央电视台综合频道	5.4
3	中央台四套	5.2
4	中央台八套	4.5
5	中央台六套	4.2
6	湖南电视台金鹰卡通频道	3.5
7	湖南卫视	3.2
8	中央台五套	3.1
9	浙江卫视	2.8
10	广东广播电视台嘉佳卡通频道	2.6
10	海南广播电视总台文旅频道	2.6

表 3.40.5　2022 年海口市场各主要频道的观众构成

单位：%

目标观众		所有频道	主要频道				
			海南广播电视总台经济频道	中央电视台综合频道	中央台四套	中央台八套	中央台六套
4 岁及以上所有人		100.0	100.0	100.0	100.0	100.0	100.0
性别	男性	44.6	41.6	48.4	54.3	42.1	45.1
	女性	55.4	58.4	51.6	45.7	57.9	54.9

续表

目标观众		所有频道	主要频道				
			海南广播电视总台经济频道	中央电视台综合频道	中央台四套	中央台八套	中央台六套
年龄	4～14 岁	14.1	5.4	6.9	4.9	8.8	8.1
	15～24 岁	5.4	4.4	3.6	11.8	1.6	7.8
	25～34 岁	14.8	14.3	11.0	7.3	10.3	6.0
	35～44 岁	8.2	8.1	7.6	3.8	3.9	12.5
	45～54 岁	17.5	14.9	25.6	27.4	18.6	23.7
	55～64 岁	15.8	22.6	15.7	15.9	23.0	14.8
	65 岁及以上	24.1	30.4	29.6	28.9	33.9	27.2
受教育程度	未受正规教育	9.7	9.5	6.4	6.1	6.0	8.8
	小学	23.2	20.4	18.5	8.3	18.0	23.6
	初中	36.8	31.4	31.6	29.1	47.0	40.0
	高中	23.1	28.3	33.1	35.9	24.1	23.9
	大学及以上	7.3	10.4	10.4	20.6	4.9	3.7
职业类别	干部/管理人员	1.0	0.3	0.9	0.4	0.6	0.1
	初级公务员/雇员	10.1	12.5	21.1	11.7	7.1	16.5
	个体/私营企业人员	8.2	12.9	12.0	17.8	8.7	6.3
	工人	18.9	15.0	17.5	18.0	19.1	14.6
	学生	10.4	4.7	5.2	2.5	5.6	7.2
	无业	42.2	44.7	36.5	42.5	52.9	38.8
	其他	9.1	10.0	6.8	7.2	6.0	16.5
个人月收入	0～600 元	8.1	8.6	5.3	3.3	5.2	8.9
	601～1200 元	3.9	3.1	1.7	2.8	1.7	2.9
	1201～1700 元	6.5	6.0	7.6	7.8	10.5	7.6
	1701～2600 元	36.4	39.9	37.8	37.4	36.2	42.1
	2601～3500 元	25.7	24.0	28.0	34.8	26.4	20.2
	3501～5000 元	14.1	13.7	12.0	8.2	10.7	14.8
	5001 元及以上	5.3	4.7	7.6	5.6	9.3	3.5

表 3.40.6　2020～2022 年海口市场各类节目的播出比重和收视比重

单位：%

节目类别	2020 年		2021 年		2022 年	
	播出比重	收视比重	播出比重	收视比重	播出比重	收视比重
财经	0.9	0.5	1.0	0.5	1.0	0.7

续表

节目类别	2020 年		2021 年		2022 年	
	播出比重	收视比重	播出比重	收视比重	播出比重	收视比重
电视剧	22.0	43.0	25.2	37.8	25.2	33.8
电影	3.6	3.7	3.9	5.4	3.5	5.8
法制	0.9	0.3	0.8	0.6	0.9	0.7
教学	0.4	0.1	0.3	0.0	0.4	0.0
青少	7.7	5.1	7.3	7.1	7.7	10.5
生活服务	7.0	4.9	5.7	4.9	5.5	4.3
体育	3.8	1.1	3.7	3.2	4.9	4.8
外语	0.2	0.0	0.2	0.0	0.2	0.0
戏剧	0.7	0.4	1.2	1.3	1.3	2.3
新闻/时事	18.0	14.2	11.5	12.4	11.5	13.4
音乐	1.9	1.1	1.6	0.9	1.7	0.7
专题	14.1	4.9	14.6	5.6	15.2	5.8
综艺	6.1	10.3	4.8	9.6	4.1	6.6
其他	12.7	10.4	18.3	10.6	17.0	10.5

表 3.40.7　2022 年海口市场所有节目收视率排名前三十位

单位：%

名次	节目名称	节目类型	播出频道	平均收视率	平均占有率
1	《现场直播：2022 年世界女排锦标赛小组赛第 4 轮》（中国队 VS 捷克队）	体育	中央台五套	5.7	22.5
2	《我爷爷和奶奶的故事》	电视剧	海南广播电视总台经济频道	5.4	23.6
3	《我爱世界杯：2022 年世界杯小组赛 H 组第 2 轮》（韩国 VS 加纳）	体育	中央台五套	5.2	30.2
4	《战魂》	电视剧	海南广播电视总台经济频道	5.2	22.7
5	《2022 年北京冬奥会短道速滑女子 500 米半决赛》	体育	中央台五套	4.8	17.1
6	《现场直播：2022 年世界乒乓球团体锦标赛男团 1/4 决赛》	体育	中央台五套	4.7	19.3
7	《现场直播：2022 年世界女排联赛菲律宾站》（日本 VS 中国）	体育	中央台五套	3.7	20.7
8	《双枪》	电视剧	海南广播电视总台经济频道	4.5	21.7
9	《铁血 718》	电视剧	海南广播电视总台经济频道	4.5	20.5
10	《利箭纵横》	电视剧	海南广播电视总台经济频道	4.5	20.0
11	《铁在烧》	电视剧	海南广播电视总台经济频道	4.4	19.9

续表

名次	节目名称	节目类型	播出频道	平均收视率	平均占有率
12	《战金岭》	电视剧	海南广播电视总台经济频道	4.1	19.6
13	《铁血战狼》	电视剧	海南广播电视总台经济频道	4.1	18.1
14	《利箭行动》	电视剧	海南广播电视总台经济频道	4.0	18.4
15	《2021 国剧盛典致敬美好》	综艺	安徽卫视	3.9	22.1
16	《尖刀之风雷诀》	电视剧	海南广播电视总台经济频道	3.8	18.7
17	《毒海风云》	电影	中央台六套	3.0	14.9
18	《2022 中央广播电视总台春节联欢晚会》	综艺	中央电视台综合频道	3.0	13.0
19	《惊天时速》	电影	中央台六套	2.9	13.8
20	《现场直播：2022 年女排亚洲杯决赛》（中国队 VS 日本队）	体育	中央台五套	2.9	12.0
21	《黄飞鸿之王者无敌》	电影	中央台六套	2.9	11.3
22	《蒙面舞王》（8 月 28 日）	综艺	江苏卫视	2.8	15.4
23	《玩转海南共享农庄》	生活服务	海南广播电视总台经济频道	2.8	14.3
24	《神勇武工队传奇》	电视剧	海南广播电视总台经济频道	2.7	16.5
25	《澳门风云二》	电影	中央台六套	2.7	15.7
26	《天气预报》	生活服务	中央电视台综合频道	2.7	13.1
27	《现场直播：2022 年世乒联冠军赛澳门站女单半决赛》	体育	中央台五套	2.6	13.9
28	《现场直播：2022 年世乒联世界杯决赛男单决赛》	体育	中央台五套	2.6	13.8
29	《解放终局营救》	电影	中央台六套	2.6	11.1
30	《2022 年中央广播电视总台中秋晚会》	综艺	中央电视台综合频道	2.5	11.5

表 3.40.8　2022 年海口市场电视剧收视率排名前十位

单位：%

名次	节目名称	播出频道	平均收视率	平均占有率
1	《我爷爷和奶奶的故事》	海南广播电视总台经济频道	5.4	23.6
2	《战魂》	海南广播电视总台经济频道	5.2	22.7
3	《双枪》	海南广播电视总台经济频道	4.5	21.7
4	《铁血 718》	海南广播电视总台经济频道	4.5	20.5
5	《利箭纵横》	海南广播电视总台经济频道	4.5	20.0
6	《铁在烧》	海南广播电视总台经济频道	4.4	19.9
7	《战金岭》	海南广播电视总台经济频道	4.1	19.6
8	《铁血战狼》	海南广播电视总台经济频道	4.1	18.1

续表

名次	节目名称	播出频道	平均收视率	平均占有率
9	《利箭行动》	海南广播电视总台经济频道	4.0	18.4
10	《尖刀之风雷诀》	海南广播电视总台经济频道	3.8	18.7

表 3.40.9　2022 年海口市场新闻节目收视率排名前十位

单位：%

名次	节目名称	播出频道	平均收视率	平均占有率
1	《科学控疫情统筹谋发展》	浙江卫视	2.3	9.1
2	《新闻联播》	中央电视台综合频道	2.2	12.3
3	《直播海南》	海南广播电视总台经济频道	2.0	17.2
4	《中国舆论场》	中央台四套	2.0	8.9
5	《连线北京二十大特别报道》	浙江卫视	1.9	9.4
6	《第五届中国国际进口博览会特别报道》	中央台四套	1.8	8.6
7	《今日亚洲》	中央台四套	1.7	7.9
8	《海峡两岸》	中央台四套	1.4	5.8
9	《俄乌局势突变》	中央台四套	1.2	11.4
10	《焦点访谈》	中央电视台综合频道	1.2	5.4

表 3.40.10　2022 年海口市场专题节目收视率排名前十位

单位：%

名次	节目名称	播出频道	平均收视率	平均占有率
1	《小城故事喜迎二十大走进县城看发展》	海南广播电视总台经济频道	2.3	11.1
2	《乡村振兴工作队在行动》	海南广播电视总台经济频道	2.2	12.7
3	《乡村振兴进行时》	海南广播电视总台经济频道	2.1	13.0
4	《看见自贸港》	海南广播电视总台经济频道	2.1	12.1
5	《绝笔》（第二季）	中央台四套	1.7	7.6
6	《情系天山——习近平总书记新疆考察纪实》	中央台四套	1.6	14.0
7	《零容忍》	中央电视台综合频道	1.6	6.0
7	《中国》（第一季）	湖南卫视	1.5	12.0
9	《中国共产党为什么能第十八季而今迈步从头越》	浙江卫视	1.5	7.7
10	《闪亮的名字——2022 最美教师发布仪式》	中央电视台综合频道	1.5	5.5

表 3.40.11　2022 年海口市场综艺节目收视率排名前十位

单位：%

名次	节目名称	播出频道	平均收视率	平均占有率
1	《2021 国剧盛典致敬美好》	安徽卫视	3.9	22.1

续表

名次	节目名称	播出频道	平均收视率	平均占有率
2	《2022 中央广播电视总台春节联欢晚会》	中央电视台综合频道	3.0	13.0
3	《蒙面舞王》（8 月 28 日）	江苏卫视	2.8	15.4
4	《2022 年中央广播电视总台中秋晚会》	中央电视台综合频道	2.5	11.5
5	《2022 年北京广播电视台春节联欢晚会春天共享春光》	北京卫视	2.1	13.2
6	《2021 我们的年度总结大会》	北京卫视	2.1	10.6
7	《2022～2023 浙江卫视美好跨年夜》	浙江卫视	1.8	14.0
8	《2022 年中央广播电视总台元宵晚会》	中央电视台综合频道	1.5	10.1
9	《荔枝大剧秀简言的夏冬之恋人搭档》	江苏卫视	1.5	6.5
10	《中秋之夜我在他乡挺好的》	湖南卫视	1.4	9.7

表 3.40.12　2022 年海口市场体育节目收视率排名前十位

单位：%

名次	节目名称	播出频道	平均收视率	平均占有率
1	《现场直播：2022 年世界女排锦标赛小组赛第 4 轮》（中国队 VS 捷克队）	中央台五套	5.7	22.5
2	《我爱世界杯：2022 年世界杯小组赛 H 组第 2 轮》（韩国 VS 加纳）	中央台五套	5.2	30.2
3	《2022 年北京冬奥会短道速滑女子 500 米半决赛》	中央台五套	4.8	17.1
4	《现场直播：2022 年世界乒乓球团体锦标赛男团1/4 决赛》	中央台五套	4.7	19.3
5	《现场直播：2022 年世界女排联赛菲律宾站》（日本 VS 中国）	中央台五套	4.6	25.9
6	《现场直播：2022 年女排亚洲杯决赛》（中国队 VS 日本队）	中央台五套	2.9	12.0
7	《现场直播：2022 年世乒联冠军赛澳门站女单半决赛》	中央台五套	2.6	13.9
8	《现场直播：2022 年世乒联世界杯决赛男单决赛》	中央台五套	2.6	13.8
9	《2022 年女足亚洲杯决赛》（中国 VS 韩国）	中央台五套	2.5	10.1
10	《现场直播：2022 年世界男排联赛巴西站》（巴西 VS 中国）	中央台五套	2.4	14.4

四十一 杭州收视数据

表 3.41.1 2018～2022 年杭州市场各类频道的占有率

单位：%

频道类别	2018 年	2019 年	2020 年	2021 年	2022 年
中央广播电视总台	24.9	21.7	22.1	19.8	25.2
中国教育台频道	0.1	0.1	0.1	0.1	0.1
浙江省级频道	20.5	17.0	15.5	13.8	13.7
杭州市级频道	12.5	14.7	13.2	12.3	12.2
其他省级卫视频道	21.8	20.3	23.9	26.8	23.0
其他频道	20.2	26.2	25.2	27.2	25.8

表 3.41.2 2022 年杭州市场各类频道在不同目标观众中的占有率

单位：%

目标观众		中央广播电视总台	中国教育台频道	浙江省级频道	杭州市级频道	其他省级卫视频道	其他频道
4 岁及以上所有人		25.2	0.1	13.7	12.2	23.0	25.8
性别	男	27.6	0.1	14.4	12.8	22.8	22.3
	女	22.6	0.1	13.1	11.6	23.2	29.4
年龄	4～14 岁	17.4	0.1	8.0	5.3	27.0	42.2
	15～24 岁	21.4	0.0	20.0	9.2	28.7	20.7
	25～34 岁	17.1	0.1	15.2	8.9	29.0	29.7
	35～44 岁	28.3	0.0	11.3	6.7	23.7	30.0
	45～54 岁	26.6	0.1	13.7	8.9	21.8	28.9
	55～64 岁	27.7	0.1	13.3	16.3	19.0	23.6
	65 岁及以上	30.2	0.1	14.4	20.3	19.3	15.7
受教育程度	未受过正规教育	11.8	0.1	13.0	10.7	32.1	32.3
	小学	25.6	0.2	12.7	18.8	23.0	19.7
	初中	28.0	0.1	14.4	14.2	21.4	21.9
	高中	25.7	0.1	13.3	9.9	20.9	30.1
	大学及以上	24.2	0.1	14.2	8.6	24.4	28.5
职业类别	干部/管理人员	23.5	0.0	6.5	9.8	12.8	47.4
	个体/私营企业人员	24.1	0.1	13.4	8.3	24.2	29.9

续表

目标观众		中央广播电视总台	中国教育台频道	浙江省级频道	杭州市级频道	其他省级卫视频道	其他频道
职业类别	初级公务员/雇员	22.6	0.1	14.7	10.2	25.9	26.5
	工人	32.0	0.0	12.7	6.4	17.9	31.0
	学生	25.9	0.0	10.0	5.9	23.1	35.1
	无业	27.4	0.1	13.7	14.6	21.1	23.1
	其他	17.4	0.4	15.6	26.7	24.7	15.2
个人月收入	0～600元	21.2	0.1	11.9	8.4	28.8	29.6
	601～1200元	20.2	2.1	6.2	7.2	52.7	11.6
	1201～1700元	16.2	0.1	35.1	24.0	20.3	4.3
	1701～2600元	21.3	0.1	16.2	22.2	17.5	22.7
	2601～3500元	29.3	0.1	12.9	15.4	27.0	15.3
	3501～5000元	28.8	0.1	15.6	14.5	17.5	23.5
	5001元及以上	24.0	0.1	13.0	9.9	23.0	30.0

表3.41.3　2022年杭州市场各类频道在不同时段的占有率

单位：%

时间段	中央广播电视总台	中国教育台频道	浙江省级频道	杭州市级频道	其他省级卫视频道	其他频道
02：00～03：00	18.9	0.3	4.2	0.5	18.9	57.2
03：00～04：00	19.6	0.1	4.9	0.2	17.1	58.1
04：00～05：00	28.4	0.1	7.0	0.2	19.0	45.3
05：00～06：00	38.5	0.1	10.7	0.7	22.1	27.9
06：00～07：00	38.1	0.1	16.7	13.7	13.1	18.3
07：00～08：00	33.4	0.2	19.2	12.8	17.3	17.1
08：00～09：00	36.0	0.3	9.7	9.3	20.1	24.6
09：00～10：00	28.3	0.3	15.5	6.4	22.4	27.1
10：00～11：00	28.5	0.2	11.5	7.8	24.0	28.0
11：00～12：00	31.4	0.1	11.2	8.1	21.3	27.9
12：00～13：00	31.3	0.1	9.1	7.5	21.2	30.8
13：00～14：00	27.3	0.2	10.1	7.1	23.4	31.9
14：00～15：00	25.8	0.2	11.6	7.1	25.6	29.7
15：00～16：00	26.9	0.1	9.3	7.8	27.4	28.5
16：00～17：00	29.3	0.1	8.1	8.4	26.1	28.0

续表

时间段	中央广播电视总台	中国教育台频道	浙江省级频道	杭州市级频道	其他省级卫视频道	其他频道
17：00～18：00	30.6	0.1	10.6	10.0	21.8	26.9
18：00～19：00	27.4	0.0	14.7	18.3	13.8	25.8
19：00～20：00	22.7	0.0	18.7	19.3	18.8	20.5
20：00～21：00	20.0	0.0	19.8	14.4	26.6	19.2
21：00～22：00	20.1	0.0	13.2	18.2	26.3	22.2
22：00～23：00	22.5	0.0	13.5	7.3	28.2	28.5
23：00～00：00	22.6	0.0	11.6	5.4	26.5	33.9
00：00～01：00	23.3	0.1	8.1	5.6	17.2	45.7
01：00～02：00	19.5	0.1	6.7	1.1	16.7	55.9

表 3.41.4　2022 年杭州市场收视份额排名前十位的频道

单位：%

名次	频道名称	收视份额
1	浙江卫视	5.5
2	杭州电视台影视频道	4.9
3	中央电视台综合频道	4.1
4	中央台四套	3.8
5	浙江电视台教科影视频道	3.6
6	湖南卫视	3.4
7	中央台六套	3.2
7	中央电视台新闻频道	3.2
9	江苏卫视	3.1
10	浙江电视台民生休闲频道	2.8

表 3.41.5　2022 年杭州市场各主要频道的观众构成

单位：%

目标观众		所有频道	浙江卫视	杭州电视台影视频道	中央电视台综合频道	中央台四套	浙江电视台教科影视频道
4 岁及以上所有人		100.0	100.0	100.0	100.0	100.0	100.0
性别	男	51.3	54.9	52.8	64.6	55.5	51.8
	女	48.7	45.1	47.2	35.4	44.5	48.2

续表

目标观众		所有频道	浙江卫视	杭州电视台影视频道	中央电视台综合频道	中央台四套	浙江电视台教科影视频道
年龄	4～14 岁	6.7	3.8	3.0	3.6	4.7	3.6
	15～24 岁	4.9	11.7	4.8	1.4	4.6	5.2
	25～34 岁	18.7	29.9	13.1	11.2	9.7	17.1
	35～44 岁	12.0	12.0	4.3	29.9	7.1	5.5
	45～54 岁	19.3	20.1	11.5	13.8	22.1	15.1
	55～64 岁	14.3	11.6	21.2	12.2	16.3	14.3
	65 岁及以上	24.1	10.9	42.1	27.9	35.5	39.2
受教育程度	未受过正规教育	4.8	1.2	5.7	1.6	1.7	9.2
	小学	17.1	10.2	33.8	13.8	23.8	20.1
	初中	26.5	24.9	27.1	27.6	29.3	29.1
	高中	20.5	21.5	16.2	13.5	21.7	19.8
	大学及以上	31.1	42.2	17.2	43.5	23.5	21.8
职业类别	干部/管理人员	1.0	0.9	0.6	1.6	0.9	0.1
	个体/私营企业人员	8.6	10.3	5.1	6.6	9.1	5.0
	初级公务员/雇员	34.0	48.1	25.1	23.9	29.0	24.4
	工人	2.2	3.0	1.8	1.4	4.2	1.6
	学生	5.3	6.1	3.2	3.6	7.6	1.7
	无业	46.2	30.4	56.7	61.8	46.9	62.7
	其他	2.7	1.2	7.5	1.1	2.3	4.5
个人月收入	0～600 元	17.8	16.5	15.9	11.6	12.7	17.2
	601～1200 元	0.6	0.1	0.6	0.1	0.2	0.7
	1201～1700 元	0.8	1.9	0.8	0.1	1.4	0.6
	1701～2600 元	4.6	3.9	10.8	2.7	4.1	9.0
	2601～3500 元	12.5	8.7	18.4	30.7	12.6	16.2
	3501～5000 元	25.9	27.9	27.0	25.9	32.5	31.3
	5001 元及以上	37.8	41.0	26.5	28.9	36.5	25.0

表 3.41.6　2020～2022 年杭州市场各类节目的播出比重和收视比重

单位：%

节目类别	2020 年		2021 年		2022 年	
	播出比重	收视比重	播出比重	收视比重	播出比重	收视比重
财经	1.3	0.5	1.4	0.6	1.3	0.6
电视剧	21.4	33.2	21.6	35.8	22.5	33.6

续表

节目类别	2020 年		2021 年		2022 年	
	播出比重	收视比重	播出比重	收视比重	播出比重	收视比重
电影	3.3	2.7	3.0	2.7	2.7	3.9
法制	0.8	0.4	0.8	0.4	1.0	0.4
教学	0.3	0.1	0.3	0.0	0.3	0.0
青少	7.4	3.9	7.3	3.5	7.7	4.1
生活服务	9.5	8.6	10.1	8.7	9.6	8.2
体育	3.7	1.1	4.2	2.0	5.1	3.8
外语	0.2	0.0	0.3	0.0	0.4	0.0
戏剧	0.6	0.2	0.5	0.1	0.6	0.3
新闻/时事	16.5	20.0	15.4	16.3	15.1	16.9
音乐	1.8	1.1	1.6	0.7	1.7	0.7
专题	14.1	5.9	14.9	5.4	14.9	5.2
综艺	6.2	11.2	6.4	13.2	5.6	11.9
其他	12.9	11.1	12.2	10.6	11.5	10.4

表 3.41.7　2022 年杭州市场所有节目收视率排名前三十位

单位：%

名次	节目名称	节目类型	播出频道	平均收视率	平均占有率
1	《我们的歌》（9 月 25 日）	综艺	东方卫视	5.8	32.5
2	《听说很好吃》	综艺	浙江卫视	5.4	37.2
3	《超燃美食记》（第二季）	综艺	浙江卫视	5.3	39.6
4	《嗨放派》	综艺	浙江卫视	5.2	22.3
5	《无限超越班》（12 月 17 日）	综艺	浙江卫视	5.1	21.0
6	《蒙面舞王》（7 月 31 日）	综艺	江苏卫视	4.9	29.4
7	《2022 年北京冬奥会短道速滑女子 1000 米预赛》	体育	中央台五套	4.9	21.8
8	《超脑少年团》（10 月 7 日）	综艺	江苏卫视	4.8	21.9
9	《极限挑战》	综艺	东方卫视	4.5	23.0
10	《开播情景喜剧》（7 月 9 日）	综艺	东方卫视	4.5	19.6
11	《大博弈》	电视剧	浙江卫视	4.3	19.2
12	《中国好声音》（8 月 5 日）	综艺	浙江卫视	3.8	15.6
13	《京东晚八点音乐会温暖之声金秋回响》	音乐	北京卫视	3.7	18.2
14	《奔跑吧》	综艺	浙江卫视	3.6	16.9
15	《点赞达人秀》（1 月 9 日）	综艺	江苏卫视	3.5	23.5

续表

名次	节目名称	节目类型	播出频道	平均收视率	平均占有率
16	《我爱世界杯：2022 年世界杯 H 组第 1 轮》（乌拉圭 VS 韩国）	体育	中央台五套	3.5	21.7
17	《为歌而赞》（第二季）（5 月 21 日）	综艺	浙江卫视	3.4	14.3
18	《闪闪发光的你韧性前行青春在奋斗中闪光》	综艺	江苏卫视	3.3	20.1
19	《2022 中央广播电视总台春节联欢晚会》	综艺	中央电视台综合频道	3.3	13.7
20	《2023 梦圆东方跨年》	综艺	东方卫视	3.2	16.1
21	《2022 年北京广播电视台春节联欢晚会》	综艺	北京卫视	3.1	14.3
22	《决胜零距离》	电视剧	中央台八套	3.1	13.5
23	《天赐的声音》（第三季）（5 月 27 日）	综艺	浙江卫视	2.9	26.3
24	《一年月色最明夜 2022 北京广播电视台中秋晚会》	综艺	北京卫视	2.9	12.1
25	《会画少年的天空》	综艺	湖南卫视	2.8	31.6
26	《最强大脑之燃烧吧大脑》（4 月 15 日）	综艺	江苏卫视	2.8	18.8
27	《我们这十年》	电视剧	浙江卫视	2.8	14.2
28	《底线》	电视剧	湖南卫视	2.8	13.9
29	《匆匆的青春》	电视剧	浙江卫视	2.8	12.5
30	《第二次拥抱》	电视剧	浙江卫视	2.8	11.4

表 3.41.8　2022 年杭州市场电视剧收视率排名前十位

单位：%

名次	节目名称	播出频道	平均收视率	平均占有率
1	《大博弈》	浙江卫视	4.3	19.2
2	《决胜零距离》	中央台八套	3.1	13.5
3	《我们这十年》	浙江卫视	2.8	14.2
4	《底线》	湖南卫视	2.8	13.9
5	《匆匆的青春》	浙江卫视	2.8	12.5
6	《第二次拥抱》	浙江卫视	2.8	11.4
7	《计中计》	杭州电视台影视频道	2.6	14.8
8	《大考》	浙江卫视	2.6	14.7
9	《王牌部队》	江苏卫视	2.6	11.4
10	《二十不惑二》	湖南卫视	2.6	11.3

表 3.41.9 2022 年杭州市场新闻节目收视率排名前十位

单位：%

名次	节目名称	播出频道	平均收视率	平均占有率
1	《筑梦空间站神舟十四号航天员返回特别报道》	中央台四套	2.0	9.9
2	《中国空间站神舟十四号航天员返回 2022》	中央电视台新闻频道	1.7	9.6
3	《直击台风梅花特别节目》（9 月 13 日）	浙江卫视	1.5	9.0
4	《科学控疫情统筹谋发展》	浙江卫视	1.3	5.8
5	《阿六头说新闻》	杭州电视台西湖明珠频道	1.2	7.4
6	《连线北京二十大特别报道》	浙江卫视	1.2	6.6
7	《我和你说》	杭州电视台生活频道	1.2	6.0
8	《中国空间站神州十三号航天员返回 2022》	中央电视台新闻频道	1.1	8.0
9	《筑梦空间站神舟十五号载人飞船发射特别报道》	中央台四套	1.1	6.9
10	《转播中央台新闻联播》	杭州电视台综合频道	1.1	6.2

表 3.41.10 2022 年杭州市场专题节目收视率排名前十位

单位：%

名次	节目名称	播出频道	平均收视率	平均占有率
1	《光绘摄影师》（8 月 8 日）	湖南卫视	2.1	8.8
2	《新中国第一部宪法草案西湖边诞生》	杭州电视台生活频道	1.8	10.4
3	《龙腾虎跃中国年》	北京卫视	1.6	7.2
4	《党的女儿 2 与时代同行》	湖南卫视	1.5	46.0
5	《奥秘无穷的总台高科技》	中央台五套	1.4	16.7
6	《追梦人叠彩人生》	浙江卫视	1.4	12.8
7	《2022 中国诗词大会》（3 月 5 日）	中央电视台综合频道	1.3	8.2
8	《奋斗新征程福满新天堂杭州祈福 2023 农历癸卯年大型祈福系列活动》	杭州电视台影视频道	1.3	5.5
9	《闪亮的名字——最美基层高校毕业生发布仪式》	安徽卫视	1.2	9.3
10	《阿里我的第二个故乡》	西藏二套（汉语卫视）	1.2	9.0

表 3.41.11 2022 年杭州市场综艺节目收视率排名前十位

单位：%

名次	节目名称	播出频道	平均收视率	平均占有率
1	《我们的歌》（9 月 25 日）	东方卫视	5.8	32.5
2	《听说很好吃》	浙江卫视	5.4	37.2
3	《超燃美食记》（第二季）	浙江卫视	5.3	39.6
4	《嗨放派》	浙江卫视	5.2	22.3
5	《无限超越班》（12 月 17 日）	浙江卫视	5.1	21.0

续表

名次	节目名称	播出频道	平均收视率	平均占有率
6	《蒙面舞王》（7 月 31 日）	江苏卫视	4.9	29.4
7	《超脑少年团》（10 月 7 日）	江苏卫视	4.8	21.9
8	《极限挑战》	东方卫视	4.5	23.0
9	《开播情景喜剧》（7 月 9 日）	东方卫视	4.5	19.6
10	《中国好声音》（8 月 5 日）	浙江卫视	3.8	15.6

表 3.41.12　2022 年杭州市场体育节目收视率排名前十位

单位：%

名次	节目名称	播出频道	平均收视率	平均占有率
1	《2022 年北京冬奥会短道速滑女子 1000 米预赛》	中央台五套	4.9	21.8
2	《我爱世界杯：2022 年世界杯 H 组第 1 轮》（乌拉圭 VS 韩国）	中央台五套	3.5	21.7
3	《女足亚洲杯颁奖仪式》	中央台五套	2.2	10.2
4	《现场直播：2022 年世界乒乓球团体锦标赛女团决赛》	中央台五套	2.2	9.7
5	《现场直播：2021/2022 赛季 CBA 季后赛半决赛》（广东东莞大益 VS 辽宁本钢）	中央台五套	1.7	9.6
6	《现场直播：2022 年女篮世界杯半决赛》（澳大利亚队 VS 中国队）	中央台五套	1.6	13.4
7	《现场直播：2022 年世乒联冠军赛澳门站女单半决赛》	中央台五套	1.6	9.7
8	《实况录像：21/22 赛季自由式滑雪世界杯美国猛犸山站女坡面障碍技巧》	中央台五套	1.5	29.8
9	《现场直播：2022 年国际泳联世锦赛跳水女子双人三米板决赛》	中央台五套	1.4	6.6
10	《现场直播：2022 年世界斯诺克锦标赛决赛》	中央台五套	1.3	9.4

四十二　合肥收视数据

表 3. 42. 1　2018 ~ 2022 年合肥市场各类频道的占有率

单位：%

频道类别	2018 年	2019 年	2020 年	2021 年	2022 年
中央广播电视总台频道	33. 1	28. 1	25. 1	20. 2	27. 1
中国教育台频道	0. 3	0. 2	0. 1	0. 1	0. 1
安徽省级频道	23. 8	24. 4	21. 4	17. 3	15. 0
合肥市级频道	2. 5	2. 1	2. 2	1. 4	1. 3
其他省级卫视频道	21. 1	21. 6	23. 1	27. 6	24. 3
其他频道	19. 2	23. 6	28. 1	33. 4	32. 2

表 3. 42. 2　2022 年合肥市场各类频道在不同目标观众中的占有率

单位：%

目标观众		中央广播电视总台频道	中国教育台频道	安徽省级频道	合肥市级频道	其他省级卫视频道	其他频道
4 岁及以上所有人		27. 1	0. 1	15. 0	1. 3	24. 3	32. 2
性别	男	29. 0	0. 1	15. 2	1. 3	24. 8	29. 6
	女	25. 0	0. 1	14. 8	1. 4	23. 7	35. 0
年龄	4 ~ 14 岁	11. 5	0. 2	5. 5	0. 4	20. 2	62. 2
	15 ~ 24 岁	26. 4	0. 0	12. 7	1. 2	22. 1	37. 6
	25 ~ 34 岁	22. 1	0. 1	7. 5	0. 6	35. 0	34. 7
	35 ~ 44 岁	22. 7	0. 1	7. 7	0. 5	28. 5	40. 5
	45 ~ 54 岁	22. 4	0. 2	12. 3	1. 5	26. 1	37. 5
	55 ~ 64 岁	33. 7	0. 2	19. 2	1. 4	19. 3	26. 2
	65 岁及以上	36. 3	0. 1	26. 9	2. 5	17. 9	16. 3
受教育程度	未受过正规教育	16. 2	0. 1	21. 2	1. 5	18. 2	42. 8
	小学	26. 9	0. 1	20. 0	1. 6	23. 8	27. 6
	初中	26. 3	0. 1	17. 6	1. 6	21. 7	32. 7
	高中	30. 5	0. 2	13. 8	1. 2	23. 1	31. 2
	大学及以上	26. 8	0. 2	8. 6	0. 9	29. 5	34. 0
职业类别	干部/管理人员	29. 5	0. 3	2. 9	0. 2	27. 2	39. 9
	个体/私营企业人员	26. 9	0. 2	10. 4	1. 1	28. 9	32. 5

续表

目标观众		中央广播电视总台频道	中国教育台频道	安徽省级频道	合肥市级频道	其他省级卫视频道	其他频道
职业类别	初级公务员/雇员	26.3	0.2	8.5	0.7	32.6	31.7
	工人	24.1	0.1	15.2	1.0	25.2	34.4
	学生	16.3	0.1	10.9	1.0	15.2	56.5
	无业	30.3	0.1	19.7	1.8	20.8	27.3
	其他	23.9	0.8	68.6	1.6	2.6	2.5
个人月收入	0～600元	17.3	0.1	12.9	1.1	21.0	47.6
	601～1200元	24.7	0.1	15.8	1.5	22.5	35.4
	1201～1700元	32.2	0.2	21.9	2.2	26.4	17.1
	1701～2600元	27.6	0.1	22.0	2.1	22.4	25.8
	2601～3500元	36.0	0.1	18.9	1.6	18.0	25.4
	3501～5000元	31.5	0.1	13.6	1.2	25.0	28.6
	5001元及以上	24.8	0.2	8.8	0.8	34.3	31.1

表3.42.3　2022年合肥市场各类频道在不同时段的占有率

单位：%

时间段	中央广播电视总台频道	中国教育台频道	安徽省级频道	合肥市级频道	其他省级卫视频道	其他频道
02：00～03：00	31.6	0.1	2.9	0.2	24.4	40.8
03：00～04：00	35.7	0.1	2.2	0.2	17.7	44.1
04：00～05：00	39.5	0.2	1.8	0.1	16.6	41.8
05：00～06：00	47.2	0.1	15.2	0.2	11.6	25.7
06：00～07：00	57.0	0.1	17.7	0.4	6.6	18.2
07：00～08：00	49.5	0.2	11.4	1.0	9.9	28.0
08：00～09：00	37.0	0.2	9.8	2.8	13.9	36.3
09：00～10：00	29.2	0.3	9.3	2.9	19.1	39.2
10：00～11：00	27.6	0.3	11.1	2.8	20.2	38.0
11：00～12：00	29.6	0.2	13.7	1.5	17.8	37.2
12：00～13：00	33.2	0.1	9.8	1.0	16.2	39.7
13：00～14：00	24.7	0.2	6.6	0.8	23.4	44.3
14：00～15：00	20.4	0.3	5.6	1.4	28.3	44.0
15：00～16：00	20.9	0.3	5.9	1.8	29.0	42.1
16：00～17：00	23.7	0.3	5.7	1.7	27.1	41.5

续表

时间段	中央广播电视总台频道	中国教育台频道	安徽省级频道	合肥市级频道	其他省级卫视频道	其他频道
17：00～18：00	27.5	0.1	14.0	1.4	19.3	37.7
18：00～19：00	31.8	0.0	27.2	2.3	8.3	30.4
19：00～20：00	30.0	0.1	21.2	0.9	23.1	24.7
20：00～21：00	22.7	0.0	18.7	0.6	35.2	22.8
21：00～22：00	23.1	0.1	18.6	0.9	32.4	24.9
22：00～23：00	24.1	0.1	14.9	1.8	29.3	29.8
23：00～24：00	25.9	0.3	9.5	1.2	29.5	33.6
00：00～01：00	27.7	1.0	7.6	0.4	25.3	38.0
01：00～02：00	28.7	0.8	3.9	0.2	27.5	38.9

表 3.42.4　2022 年合肥市场收视份额排名前十位的频道

单位：%

名次	频道名称	收视份额
1	中央台四套	5.2
2	安徽卫视	3.9
3	安徽经视	3.8
4	浙江卫视	3.7
5	中央电视台综合频道	3.6
6	中央电视台新闻频道	3.4
7	安徽影视	3.1
7	中央台六套	3.1
9	湖南卫视	3.0
9	安徽综艺·体育	3.0

表 3.42.5　2022 年合肥市场各主要频道的观众构成

单位：%

目标观众		所有频道	主要频道				
			中央台四套	安徽卫视	安徽经视	浙江卫视	中央电视台综合频道
4 岁及以上所有人		100.0	100.0	100.0	100.0	100.0	100.0
性别	男	51.3	58.1	49.9	47.2	51.8	51.3
	女	48.7	41.9	50.1	52.8	48.2	48.7

续表

目标观众		所有频道	主要频道				
			中央台四套	安徽卫视	安徽经视	浙江卫视	中央电视台综合频道
年龄	4～14 岁	7.7	1.6	4.2	4.3	6.1	4.3
	15～24 岁	7.2	13.3	6.1	3.9	8.7	5.7
	25～34 岁	19.7	11.5	16.0	13.9	32.5	16.1
	35～44 岁	12.6	6.2	7.1	6.0	18.8	10.7
	45～54 岁	13.0	7.2	14.7	7.7	11.5	14.0
	55～64 岁	14.5	18.3	13.5	19.9	8.5	14.4
	65 岁及以上	25.4	42.0	38.4	44.4	13.8	34.8
受教育程度	未受过正规教育	4.5	0.9	6.4	5.6	2.7	2.6
	小学	18.0	22.1	24.6	25.5	14.1	18.1
	初中	28.8	27.4	29.9	37.4	24.6	28.3
	高中	23.2	28.1	21.3	19.8	23.3	28.7
	大学及以上	25.5	21.5	17.8	11.7	35.3	22.4
职业类别	干部/管理人员	1.1	1.3	0.6	0.0	2.2	0.8
	个体/私营企业人员	11.3	11.4	9.3	11.9	15.7	11.2
	初级公务员/雇员	20.6	15.5	15.2	8.8	32.2	20.5
	工人	14.9	16.5	17.2	14.5	15.3	13.6
	学生	7.9	2.1	5.2	5.7	5.0	5.6
	无业	43.7	52.2	51.3	56.0	29.6	47.2
	其他	0.5	1.0	1.2	3.1	0.0	1.1
个人月收入	0～600 元	21.2	9.3	17.5	18.2	16.2	15.7
	601～1200 元	5.0	4.4	5.7	5.4	4.9	5.9
	1201～1700 元	2.8	3.9	3.7	5.6	2.7	1.9
	1701～2600 元	15.7	12.9	19.1	20.4	12.8	16.8
	2601～3500 元	14.9	21.9	20.2	18.5	11.3	20.0
	3501～5000 元	22.1	33.3	19.7	20.7	23.0	25.3
	5001 元及以上	18.4	14.3	13.9	11.2	29.0	14.3

表 3.42.6　2020～2022 年合肥市场各类节目的播出份额和收视份额

单位：%

节目类型	2020 年		2021 年		2022 年	
	播出份额	收视份额	播出份额	收视份额	播出份额	收视份额
财经	1.0	0.5	1.1	0.6	1.1	0.7
电视剧	21.7	32.9	21.4	36.1	22.3	32.9

续表

节目类型	2020 年		2021 年		2022 年	
	播出份额	收视份额	播出份额	收视份额	播出份额	收视份额
电影	3.7	4.8	3.4	3.6	2.9	4.0
法制	0.9	0.3	0.8	0.3	1.0	0.4
教学	0.3	0.1	0.3	0.0	0.3	0.0
青少	7.0	4.9	6.9	2.6	7.1	2.0
生活服务	8.1	7.3	8.3	7.0	7.8	6.8
体育	3.7	1.7	4.0	2.2	5.0	3.5
外语	0.2	0.0	0.2	0.0	0.3	0.0
戏剧	0.7	0.2	0.5	0.1	0.6	0.2
新闻/时事	17.4	18.6	16.5	16.4	15.8	18.7
音乐	1.9	0.9	1.6	0.7	1.8	0.6
专题	14.1	5.4	15.6	5.6	16.0	7.0
综艺	6.1	11.3	6.3	13.1	5.4	11.5
其他	13.4	11.2	13.0	11.5	12.8	11.6

表 3.42.7　2022 年合肥市场所有节目收视率排名前三十位

单位：%

名次	节目名称	节目类型	播出频道	平均收视率	平均占有率
1	《2023 跨年演唱会》（用奋斗点亮幸福）	音乐	江苏卫视	6.8	29.0
2	《2022 年北京广播电视台春节联欢晚会》	综艺	北京卫视	4.7	20.3
3	《中国好声音》（8 月 19 日）	综艺	浙江卫视	4.4	21.8
4	《闪光的乐队》（1 月 8 日）	综艺	浙江卫视	4.4	19.9
5	《2022 北京冬奥会开幕式》	体育	中央电视台综合频道	4.2	19.9
6	《输赢》（19～40 集）	电视剧	浙江卫视	3.9	13.5
7	《2022～2023 跨年晚会》	综艺	湖南卫视	3.8	16.6
8	《我爱世界杯：2022 年世界杯 C 组小组赛第 1 轮》（阿根廷 VS 沙特阿拉伯）	体育	中央台五套	3.7	20.3
9	《我们的歌》（10 月 9 日）	综艺	东方卫视	3.7	17.8
10	《最强大脑之燃烧吧大脑》（2 月 3 日）	综艺	江苏卫视	3.6	24.1
11	《2022 中央广播电视总台春节联欢晚会》	综艺	中央电视台综合频道	3.6	14.0
12	《科学控疫情统筹谋发展》	新闻	浙江卫视	3.6	13.1
13	《新居之约》	电视剧	中央电视台综合频道	3.5	17.6

续表

名次	节目名称	节目类型	播出频道	平均收视率	平均占有率
13	《盛开的心愿 2022 安徽卫视春节联欢晚会》	综艺	安徽卫视	3.5	17.6
15	《开学第一课》	青少	中央电视台综合频道	3.3	12.7
16	《青春环游记》	综艺	浙江卫视	3.2	13.4
17	《天道王》	电影	中央台六套	3.2	12.6
18	《为歌而赞》（第二季）（6 月 4 日）	综艺	浙江卫视	3.1	13.2
19	《蒙面舞王》（9 月 4 日）	综艺	江苏卫视	3.0	14.6
20	《舌尖上的心跳》	电视剧	浙江卫视	3.0	12.8
21	《完美伴侣》	电视剧	湖南卫视	3.0	12.2
22	《天下长河》	电视剧	湖南卫视	2.9	14.1
22	《省委十五届一次全会特别报道》	新闻	浙江卫视	2.9	14.1
24	《极限挑战》	综艺	东方卫视	2.8	15.2
25	《超脑少年团》（9 月 9 日）	综艺	江苏卫视	2.8	11.8
26	《开播情景喜剧》（7 月 2 日）	综艺	东方卫视	2.7	13.3
27	《中秋之夜我在他乡挺好的》（9 月 10 日）	综艺	湖南卫视	2.7	12.6
28	《2021 国剧盛典》	综艺	安徽卫视	2.7	10.5
29	《超级 818 汽车狂欢夜 2022 浙江卫视年中盛典》	综艺	浙江卫视	2.6	12.3
30	《超燃美食记》（第二季）	综艺	浙江卫视	2.5	22.3

表 3.42.8　2022 年合肥市场电视剧收视率排名前十位

单位：%

名次	节目名称	播出频道	平均收视率	平均占有率
1	《输赢》（19～40 集）	浙江卫视	3.9	13.5
2	《新居之约》	中央电视台综合频道	3.5	17.6
3	《舌尖上的心跳》	浙江卫视	3.0	12.8
4	《完美伴侣》	湖南卫视	3.0	12.2
5	《天下长河》	湖南卫视	2.9	14.1
6	《勇敢的翅膀》（1～28 集）	湖南卫视	2.5	12.0
7	《运河边的人们》	浙江卫视	2.5	10.2
8	《我们这十年》	东方卫视	2.4	10.2
9	《输赢》（19～40 集）	北京卫视	2.4	8.3
10	《王牌部队》（11～40 集）	江苏卫视	2.4	8.2

表 3.42.9　2022 年合肥市场新闻节目收视率排名前十位

单位：%

名次	节目名称	播出频道	平均收视率	平均占有率
1	《科学控疫情统筹谋发展》	浙江卫视	3.6	13.1
2	《省委十五届一次全会特别报道》	浙江卫视	2.9	14.1
3	《筑梦空间站神舟十四号航天员返回特别报道》	中央台四套	2.2	12.5
4	《连线北京二十大特别报道》	浙江卫视	2.0	9.4
5	《第 1 时间》	安徽经视	1.7	10.9
6	《中国舆论场》	中央台四套	1.5	6.6
7	《第 1 资讯》	安徽经视	1.5	6.5
8	《中国空间站神舟十四号航天员返回 2022》	中央电视台新闻频道	1.4	8.2
9	《今日关注》	中央台四套	1.3	7.6
10	《此时此刻的安徽》	安徽经视	1.3	6.7

表 3.42.10　2022 年合肥市场专题节目收视率排名前十位

单位：%

名次	节目名称	播出频道	平均收视率	平均占有率
1	《老槐树下讲述美好故事》	安徽经视	2.4	15.6
2	《思想耀江山》	江苏卫视	2.0	12.0
3	《今天你也辛苦了》	湖南卫视	1.8	7.0
4	《龙腾虎跃中国年》	中央电视台新闻频道	1.7	11.6
5	《歌声里的追梦人》	中央台四套	1.7	10.3
6	《追梦人叠彩人生》	浙江卫视	1.6	13.9
7	《国家记忆》	中央台四套	1.6	10.2
8	《我在岛屿读书》	江苏卫视	1.5	9.0
9	《我们的奋斗 2022 安徽年度经济人物评选颁奖盛典》	安徽经视	1.5	5.7
10	《中国共产党为什么能第十七季探索共同富裕一年间》	浙江卫视	1.2	9.3

表 3.42.11　2022 年合肥市场综艺节目收视率排名前十位

单位：%

名次	节目名称	播出频道	平均收视率	平均占有率
1	《2022 年北京广播电视台春节联欢晚会》	北京卫视	4.7	20.3
2	《中国好声音》（8 月 19 日）	浙江卫视	4.4	21.8
3	《闪光的乐队》（1 月 8 日）	浙江卫视	4.4	19.9
4	《2022～2023 跨年晚会》	湖南卫视	3.8	16.6
5	《我们的歌》（10 月 9 日）	东方卫视	3.7	17.8

续表

名次	节目名称	播出频道	平均收视率	平均占有率
6	《最强大脑之燃烧吧大脑》（2 月 3 日）	江苏卫视	3.6	24.1
7	《2022 中央广播电视总台春节联欢晚会》	中央电视台综合频道	3.6	14.0
8	《盛开的心愿 2022 安徽卫视春节联欢晚会》	安徽卫视	3.5	17.6
9	《青春环游记》	浙江卫视	3.2	13.4
10	《为歌而赞》（第二季）（6 月 4 日）	浙江卫视	3.1	13.2

表 3.42.12　2022 年合肥市场体育节目收视率排名前十位

单位：%

名次	节目名称	播出频道	平均收视率	平均占有率
1	《2022 北京冬奥会开幕式》	中央电视台综合频道	4.2	19.9
2	《我爱世界杯：2022 年世界杯 C 组小组赛第 1 轮》（阿根廷 VS 沙特阿拉伯）	中央台五套	3.7	20.3
3	《现场直播：2022 年世界乒乓球团体锦标赛男团决赛》	中央台五套	2.0	9.2
4	《现场直播：2022 年世界女排锦标赛小组赛》（中国 VS 阿根廷）	中央台五套	1.6	7.0
5	《现场直播：2022 年世乒联冠军赛布达佩斯站男子单打 1/4 决赛》	中央台五套	1.4	7.2
6	《现场直播：2022 年女排亚洲杯决赛》（中国队 VS 日本队）	中央台五套	1.3	5.3
7	《现场直播：2022 年全国体操锦标赛单项决赛》	中央台五套	1.2	13.5
8	《现场直播：2022 年女篮世界杯半决赛》（澳大利亚队 VS 中国队）	中央台五套	1.2	9.1
9	《现场直播：2022 年东亚足球锦标赛女足第 3 轮》（日本女足 VS 中国女足）	中央台五套	1.2	6.5
10	《实况录像：2022 年世界羽毛球锦标赛混双决赛》	中央台五套	0.9	14.1

四十三 呼和浩特收视数据

表 3.43.1 2018 ~ 2022 年呼和浩特市场各类频道的占有率

单位：%

频道	2018 年	2019 年	2020 年	2021 年	2022 年
中央广播电视总台	48.3	39.5	37.5	33.7	39.4
中国教育台频道	0.1	0.1	0.2	0.1	0.1
内蒙古自治区级频道	10.4	10.3	10.4	8.5	8.4
呼和浩特市级频道	3.8	4.8	5.4	4.5	4.2
其他省级卫视频道	23.6	24.4	21.8	26.6	20.1
其他频道	13.8	20.9	24.7	26.6	27.8

表 3.43.2 2022 年呼和浩特市场各类频道在不同目标观众中的占有率

单位：%

目标观众		中央广播电视总台	中国教育台频道	内蒙古自治区级频道	呼和浩特市级频道	其他省级卫视频道	其他频道
4 岁及以上所有人		39.4	0.1	8.4	4.2	20.1	27.8
性别	男	40.5	0.1	8.0	4.1	19.0	28.3
	女	38.3	0.1	8.8	4.3	21.3	27.2
年龄	4 ~ 14 岁	22.5	0.2	5.7	1.9	20.0	49.7
	15 ~ 24 岁	42.1	0.2	6.4	1.1	23.4	26.8
	25 ~ 34 岁	28.7	0.0	6.2	1.4	20.7	43.0
	35 ~ 44 岁	36.0	0.1	7.3	3.1	21.2	32.3
	45 ~ 54 岁	44.4	0.0	8.9	3.8	20.7	22.2
	55 ~ 64 岁	39.6	0.1	9.6	6.3	23.2	21.2
	65 岁及以上	54.5	0.1	12.0	9.0	14.7	9.7
受教育程度	未受过正规教育	19.9	0.1	5.5	1.0	24.0	49.5
	小学	42.2	0.3	11.3	5.0	15.8	25.4
	初中	37.9	0.1	10.1	6.0	19.4	26.5
	高中	39.5	0.1	7.8	4.5	21.8	26.3
	大学及以上	42.3	0.0	6.2	2.3	20.9	28.3

续表

目标观众		中央广播电视总台	中国教育台频道	内蒙古自治区级频道	呼和浩特市级频道	其他省级卫视频道	其他频道
职业类别	干部/管理人员	52.2	0.0	4.4	2.3	25.0	16.1
	个体/私营企业人员	37.0	0.1	6.5	2.9	20.6	32.9
	初级公务员/雇员	39.5	0.0	7.1	2.0	22.4	29.0
	工人	40.0	0.1	9.5	4.9	20.0	25.5
	学生	33.4	0.2	6.3	1.8	20.3	38.0
	无业	41.7	0.1	9.9	6.2	18.9	23.2
	其他	36.4	1.1	9.2	4.1	12.5	36.7
个人月收入	600 元及以下	30.3	0.1	7.4	2.9	21.0	38.3
	601～1200 元	41.0	0.1	10.6	3.9	26.2	18.2
	1201～1700 元	31.4	0.6	10.8	11.0	17.6	28.6
	1701～2600 元	49.9	0.1	11.8	6.2	18.2	13.8
	2601～3500 元	44.1	0.0	8.9	5.2	20.3	21.5
	3501～5000 元	42.8	0.1	8.2	3.8	18.4	26.7
	5001 元及以上	35.6	0.0	5.6	2.2	22.7	33.9

表 3.43.3　2022 年呼和浩特市场各类频道在不同时段的占有率

单位：%

时间段	中央广播电视总台	中国教育台频道	内蒙古自治区级频道	呼和浩特市级频道	其他省级卫视频道	其他频道
02：00～03：00	43.0	0.0	3.6	1.7	19.1	32.6
03：00～04：00	42.8	0.0	2.9	1.8	19.8	32.7
04：00～05：00	44.7	0.1	1.7	2.8	16.9	33.8
05：00～06：00	32.4	0.2	2.4	1.9	16.3	46.8
06：00～07：00	47.4	0.0	4.2	1.1	10.4	36.9
07：00～08：00	53.2	0.1	6.0	1.4	11.9	27.4
08：00～09：00	48.3	0.3	6.9	1.7	14.6	28.2
09：00～10：00	39.8	0.4	6.9	1.6	20.5	30.8
10：00～11：00	37.0	0.3	5.8	1.3	22.5	33.1
11：00～12：00	39.9	0.1	5.1	1.2	20.4	33.3
12：00～13：00	45.3	0.1	3.9	1.4	16.0	33.3
13：00～14：00	35.5	0.1	3.6	1.7	20.5	38.6
14：00～15：00	32.3	0.1	4.0	1.5	22.8	39.3
15：00～16：00	32.4	0.1	4.6	1.4	23.5	38.0
16：00～17：00	33.5	0.1	5.0	1.1	22.1	38.2

续表

时间段	中央广播电视总台	中国教育台频道	内蒙古自治区级频道	呼和浩特市级频道	其他省级卫视频道	其他频道
17：00～18：00	37.0	0.1	6.6	0.7	19.5	36.1
18：00～19：00	40.3	0.0	19.8	2.5	8.7	28.7
19：00～20：00	44.9	0.1	15.0	3.9	16.6	19.5
20：00～21：00	39.4	0.0	8.3	6.0	25.9	20.4
21：00～22：00	39.2	0.1	8.1	6.8	23.5	22.3
22：00～23：00	35.6	0.1	5.0	10.5	21.8	27.0
23：00～00：00	39.8	0.1	3.6	6.7	20.0	29.8
00：00～01：00	44.0	0.1	3.3	2.9	14.3	35.4
01：00～02：00	46.3	0.0	3.2	1.7	13.7	35.1

表 3.43.4　2022 年呼和浩特市场收视份额排名前十位频道

单位：%

名次	频道	收视份额
1	中央电视台综合频道	7.1
2	中央台八套	7.0
3	中央台六套	5.7
4	中央台四套	4.2
5	中央台五套	3.8
6	中央电视台新闻频道	3.2
6	呼和浩特电视台影视娱乐频道	3.2
8	内蒙古广播电视台新闻综合频道	3.1
9	江苏卫视	2.8
10	浙江卫视	2.3

表 3.43.5　2022 年呼和浩特市场各主要频道的观众构成

单位：%

目标观众		所有频道	主要频道				
			中央电视台综合频道	中央台八套	中央台六套	中央台四套	中央台五套
4 岁及以上所有人		100.0	100.0	100.0	100.0	100.0	100.0
性别	男	51.2	49.1	49.2	56.2	56.9	53.2
	女	48.8	50.9	50.8	43.8	43.1	46.8

续表

目标观众		所有频道	主要频道				
			中央电视台综合频道	中央台八套	中央台六套	中央台四套	中央台五套
年龄	4～14 岁	9.4	5.0	5.6	6.4	3.3	4.3
	15～24 岁	7.8	10.4	5.7	6.2	7.7	10.7
	25～34 岁	18.2	14.4	12.5	12.5	10.0	13.6
	35～44 岁	13.2	12.0	16.2	16.7	5.6	12.5
	45～54 岁	19.4	19.8	19.1	27.4	15.7	24.5
	55～64 岁	13.4	15.1	11.2	12.7	14.5	11.6
	65 岁及以上	18.6	23.3	29.7	18.1	43.2	22.8
受教育程度	未受过正规教育	4.3	1.2	2.1	2.3	1.3	1.1
	小学	14.7	11.9	20.3	19.5	19.0	7.2
	初中	26.9	23.1	29.7	27.9	27.3	18.6
	高中	24.8	23.2	18.8	25.9	23.4	29.0
	大学及以上	29.3	40.6	29.1	24.4	29.0	44.1
职业类别	干部/管理人员	1.1	1.2	0.4	0.3	0.5	5.9
	个体/私营企业人员	12.5	9.2	7.6	16.4	10.8	14.7
	初级公务员/雇员	19.1	26.6	20.4	16.9	17.1	22.2
	工人	13.6	10.6	12.8	20.4	10.8	7.7
	学生	12.6	10.3	9.5	10.3	9.2	12.0
	无业	39.6	40.6	48.7	34.7	49.5	37.3
	其他	1.5	1.5	0.6	1.0	2.1	0.2
个人月收入	600 元及以下	27.9	21.3	21.6	22.6	14.6	22.0
	601～1200 元	1.2	0.6	1.0	1.8	0.6	0.1
	1201～1700 元	2.2	2.8	0.5	1.9	1.8	0.9
	1701～2600 元	12.9	14.5	21.9	12.5	21.0	15.9
	2601～3500 元	22.2	25.4	23.1	25.9	31.5	21.2
	3501～5000 元	22.4	23.2	21.4	24.8	23.4	29.3
	5001 元及以上	11.2	12.2	10.5	10.5	7.1	10.6

表 3.43.6　2020～2022 年呼和浩特市场各类节目的播出比重和收视比重

单位：%

节目类别	2020 年		2021 年		2022 年	
	播出比重	收视比重	播出比重	收视比重	播出比重	收视比重
财经	1.0	0.6	1.0	0.6	1.2	0.9
电视剧	21.7	32.6	21.7	36.9	22.7	35.1

续表

节目类别	2020年		2021年		2022年	
	播出比重	收视比重	播出比重	收视比重	播出比重	收视比重
电影	3.9	7.2	3.8	6.1	3.4	7.0
法制	0.6	0.5	0.8	0.6	1.2	0.7
教学	0.4	0.1	0.3	0.1	0.3	0.0
青少	7.9	3.9	7.6	3.4	8.2	3.2
生活服务	6.9	5.0	7.6	5.0	7.4	4.9
体育	3.8	1.6	4.3	3.3	5.2	5.6
外语	0.2	0.0	0.3	0.0	0.3	0.0
戏剧	0.7	0.2	0.8	0.2	0.7	0.2
新闻/时事	17.6	21.1	16.5	16.6	15.6	16.4
音乐	2.0	1.1	1.7	0.7	1.8	0.5
专题	14.7	6.2	15.6	5.5	15.8	6.3
综艺	6.1	9.9	6.2	10.9	5.4	9.4
其他	12.5	10.0	11.8	10.1	10.8	9.8

表 3.43.7　2022 年呼和浩特市场所有节目收视率排名前三十位

单位：%

名次	节目名称	节目类别	播出频道	平均收视率	平均占有率
1	《2022 中央广播电视总台春节联欢晚会》	综艺	中央电视台综合频道	14.6	36.6
2	《2022 年北京冬奥会短道速滑男子 1000 米决赛》	体育	中央台五套	9.5	29.9
3	《我爱世界杯：2022 年世界杯决赛》（阿根廷 VS 法国）	体育	中央台五套	6.6	69.7
4	《2022 年中央广播电视总台元宵晚会》	综艺	中央电视台综合频道	6.3	28.5
5	《2022 年北京广播电视台春节联欢晚会春天共享春光》	综艺	北京卫视	6.3	19.9
6	《2022 年中央广播电视总台中秋晚会》	综艺	中央电视台综合频道	6.0	21.2
7	《女足亚洲杯颁奖仪式》	体育	中央台五套	6.0	21.0
8	《人世间》	电视剧	中央电视台综合频道	5.7	17.5
9	《侍神令》（2 月 2 日）	电影	中央台六套	5.0	17.5
10	《天气预报》	生活服务	中央电视台综合频道	4.6	18.0
11	《开学第一课》	青少	中央电视台综合频道	4.5	18.2
12	《长津湖》（10 月 1 日）	电影	中央台六套	4.4	16.5
13	《澳门风云三》	电影	中央台六套	4.1	11.4
14	《最强大脑之燃烧吧大脑》（3 月 11 日）	综艺	江苏卫视	4.0	17.8
15	《红海行动》（10 月 23 日）	电影	中央台六套	3.9	13.0

续表

名次	节目名称	节目类别	播出频道	平均收视率	平均占有率
16	《现场直播：2022 年世界乒乓球团体锦标赛男团 1/4 决赛》	体育	中央台五套	3.8	12.6
17	《2021 国剧盛典致敬美好》	综艺	安徽卫视	3.7	15.7
18	《爱拼会赢》	电视剧	中央电视台综合频道	3.7	12.2
19	《感动中国 2021 年度人物颁奖盛典》	专题	中央电视台综合频道	3.7	11.3
20	《亲爱的小孩》	电视剧	中央台八套	3.6	13.1
21	《一起深呼吸》	电视剧	江苏卫视	3.6	10.4
22	《闪光的乐队》（2 月 19 日）	综艺	浙江卫视	3.6	9.5
23	《龙腾虎跃中国年》	专题	中央电视台综合频道	3.5	20.7
24	《新居之约》	电视剧	中央电视台综合频道	3.4	14.4
25	《虎胆巍城》	电视剧	中央台八套	3.4	13.6
26	《追虎擒龙》（3 月 1 日）	电影	中央台六套	3.4	10.4
27	《决战狂沙镇》（1 月 29 日）	电影	中央台六套	3.3	9.5
28	《新闻联播》	新闻/时事	中央电视台综合频道	3.2	14.5
29	《中国好声音》（9 月 9 日）	综艺	浙江卫视	3.2	13.9
30	《信仰》	电视剧	东方卫视	3.2	11.9

表 3.43.8　2022 年呼和浩特市场电视剧收视率排名前十位

单位：%

名次	节目名称	播出频道	平均收视率	平均占有率
1	《人世间》	中央电视台综合频道	5.7	17.5
2	《爱拼会赢》	中央电视台综合频道	3.7	12.2
3	《亲爱的小孩》	中央台八套	3.6	13.1
4	《一起深呼吸》	江苏卫视	3.6	10.4
5	《新居之约》	中央电视台综合频道	3.4	14.4
6	《虎胆巍城》	中央台八套	3.4	13.6
7	《信仰》	东方卫视	3.2	11.9
8	《底线》	江苏卫视	3.2	11.2
9	《一代洪商》	中央台八套	3.1	10.9
10	《王牌部队》	江苏卫视	3.0	8.5

表 3.43.9　2022 年呼和浩特市场新闻节目收视率排名前十位

单位：%

名次	节目名称	播出频道	平均收视率	平均占有率
1	《新闻联播》	中央电视台综合频道	3.2	14.5

续表

名次	节目名称	播出频道	平均收视率	平均占有率
2	《中国空间站神舟十四号航天员返回2022》	中央电视台新闻频道	2.4	9.2
3	《新闻天天看》	内蒙古广播电视台新闻综合频道	2.2	11.9
4	《中国共产党第二十次全国代表大会开幕会专题新闻》	中央电视台综合频道	2.2	7.0
5	《科学控疫情统筹谋发展》	浙江卫视	2.1	6.3
6	《国务院总理会见中外记者并回答提问》	中央电视台综合频道	2.1	6.1
7	《焦点访谈》	中央电视台综合频道	1.9	7.3
8	《中国舆论场》	中央台四套	1.7	6.5
9	《第五届中国国际进口博览会特别报道》	中央台四套	1.7	5.7
10	《今日关注》	中央台四套	1.5	7.0

表3.43.10　2022年呼和浩特市场专题节目收视率排名前十位

单位：%

名次	节目名称	播出频道	平均收视率	平均占有率
1	《感动中国2021年度人物颁奖盛典》	中央电视台综合频道	3.7	11.3
2	《龙腾虎跃中国年》	中央电视台综合频道	3.5	20.7
3	《2022中国诗词大会》（3月5日）	中央电视台综合频道	3.1	9.0
4	《零容忍》	中央电视台综合频道	3.1	8.3
5	《功勋闪耀新时代》	中央电视台综合频道	2.7	11.5
6	《2021年大国工匠年度人物发布仪式》	中央电视台综合频道	2.7	8.3
7	《相知跨千年携手创未来——习近平主席赴沙特利雅得出访纪实》	中央电视台综合频道	2.4	9.1
8	《丝路古道焕新机——习近平主席出席上合组织撒马尔罕峰会出访中亚两国》	中央电视台综合频道	2.3	11.7
9	《闪亮的名字——2022最美教师发布仪式》	中央电视台综合频道	2.3	9.6
10	《共促消费公平推动高质量发展315特别节目》	内蒙古广播电视台经济生活频道	2.0	8.5

表3.43.11　2022年呼和浩特市场综艺节目收视率排名前十位

单位：%

名次	节目名称	播出频道	平均收视率	平均占有率
1	《2022中央广播电视总台春节联欢晚会》	中央电视台综合频道	14.6	36.6
2	《2022年中央广播电视总台元宵晚会》	中央电视台综合频道	6.3	28.5
3	《2022年北京广播电视台春节联欢晚会》	北京卫视	6.3	19.9

续表

名次	节目名称	播出频道	平均收视率	平均占有率
4	《2022 年中央广播电视总台中秋晚会》	中央电视台综合频道	6.0	21.2
5	《最强大脑之燃烧吧大脑》（3 月 11 日）	江苏卫视	4.0	17.8
6	《2021 国剧盛典致敬美好》	安徽卫视	3.7	15.7
7	《闪光的乐队》（2 月 19 日）	浙江卫视	3.6	9.5
8	《中国好声音》（9 月 9 日）	浙江卫视	3.2	13.9
9	《开门大吉》（1 月 24 日）	中央台三套	3.2	8.3
10	《中国梦劳动美 2022 五一国际劳动节心连心特别节目》	中央电视台综合频道	3.1	11.7

表 3.43.12　2022 年呼和浩特市场体育节目收视率排名前十位

单位：%

名次	节目名称	播出频道	平均收视率	平均占有率
1	《2022 年北京冬奥会短道速滑男子 1000 米决赛》	中央台五套	9.5	29.9
2	《我爱世界杯：2022 年世界杯决赛》（阿根廷 VS 法国）	中央台五套	6.6	69.7
3	《女足亚洲杯颁奖仪式》	中央台五套	6.0	21.0
4	《现场直播：2022 年世界乒乓球团体锦标赛男团 1/4 决赛》	中央台五套	3.8	12.6
5	《2022 北京冬残奥会开幕式》	中央电视台综合频道	3.1	9.6
6	《现场直播：2022 年世乒联大满贯赛新加坡站男单决赛》	中央台五套	2.8	9.8
7	《现场直播：2022 年尤伯杯羽毛球赛决赛》	中央台五套	2.5	8.3
8	《现场直播：2022 年 CBA 全明星周末扣篮大赛》	中央台五套	2.2	8.0
9	《现场直播：2022 年跳水世界杯男子十米台决赛》	中央台五套	1.9	10.4
10	《联通 5G 看赛事》	中央台五套	1.9	10.2

四十四　济南收视数据

表 3.44.1　2018～2022 年济南市场各类频道的占有率

单位：%

频道类别	2018 年	2019 年	2020 年	2021 年	2022 年
中央广播电视总台	23.5	22.3	21.2	17.5	25.0
中国教育台频道	0.1	0.1	0.1	0.1	0.1
山东省级频道	18.5	14.9	13.3	7.9	10.0
济南市级频道	17.1	12.6	7.3	4.8	5.9
其他省级卫视频道	25.8	26.6	32.9	36.0	31.5
其他频道	15.0	23.5	25.2	33.7	27.5

表 3.44.2　2022 年济南市场各类频道在不同目标观众中的占有率

单位：%

目标观众		中央广播电视总台	中国教育台频道	山东省级频道	济南市级频道	其他省级卫视频道	其他频道
4 岁及以上所有人		25.0	0.1	10.0	5.9	31.5	27.5
性别	男	26.7	0.1	10.2	6.1	30.3	26.6
	女	23.5	0.1	9.9	5.7	32.6	28.2
年龄	4～14 岁	13.5	0.1	7.7	2.2	30.3	46.2
	15～24 岁	25.7	0.1	6.9	4.1	32.7	30.5
	25～34 岁	21.1	0.1	6.1	2.9	39.1	30.7
	35～44 岁	19.4	0.0	6.2	3.7	35.4	35.3
	45～54 岁	32.2	0.1	11.1	4.3	27.8	24.5
	55～64 岁	27.7	0.0	12.4	7.4	32.6	19.9
	65 岁及以上	30.9	0.1	15.9	12.3	23.9	16.9
受教育程度	未受过正规教育	18.6	0.1	9.1	3.6	31.9	36.7
	小学	19.6	0.1	12.7	5.8	29.2	32.6
	初中	26.1	0.1	11.8	6.6	29.2	26.2
	高中	27.4	0.1	10.2	6.5	30.5	25.3
	大学及以上	26.1	0.0	6.4	4.7	36.3	26.5
职业类别	干部/管理人员	*	*	*	*	*	100.0
	个体/私营企业人员	24.2	0.1	8.6	3.1	30.8	33.2

续表

目标观众		中央广播电视总台	中国教育台频道	山东省级频道	济南市级频道	其他省级卫视频道	其他频道
职业类别	初级公务员/雇员	25.5	0.1	7.2	4.9	37.0	25.3
	工人	23.4	0.0	6.1	4.3	26.7	39.5
	学生	19.0	0.1	6.3	2.0	30.9	41.7
	无业	26.5	0.1	12.3	8.6	30.4	22.1
	其他	28.3	0.1	19.4	5.5	24.4	22.3
个人月收入	0～600 元	19.9	0.1	9.4	4.0	32.6	34.0
	601～1200 元	24.2	0.0	20.1	3.6	27.4	24.7
	1201～1700 元	21.3	0.2	10.7	6.1	23.4	38.3
	1701～2600 元	30.3	0.1	13.8	5.9	26.5	23.4
	2601～3500 元	29.4	0.1	11.0	12.7	24.8	22.0
	3501～5000 元	29.0	0.1	10.2	6.4	32.9	21.4
	5001 元及以上	24.7	0.1	8.3	4.6	34.4	27.9

注：* 表示目标观众样本量不足，无法进行统计推断。

表 3.44.3　2022 年济南市场各类频道在不同时段的占有率

单位：%

时间段	中央广播电视总台	中国教育台频道	山东省级频道	济南市级频道	其他省级卫视频道	其他频道
02：00～03：00	14.9	0.0	3.4	0.8	42.4	38.5
03：00～04：00	16.9	0.0	4.2	0.8	37.8	40.3
04：00～05：00	19.0	0.0	4.6	1.2	31.3	43.9
05：00～06：00	30.4	0.0	3.5	1.7	29.9	34.5
06：00～07：00	49.4	0.1	11.0	1.1	15.9	22.5
07：00～08：00	38.3	0.3	20.6	3.0	14.2	23.6
08：00～09：00	34.3	0.3	11.5	2.3	21.2	30.4
09：00～10：00	25.6	0.3	10.6	2.8	26.9	33.8
10：00～11：00	24.0	0.2	8.5	3.2	29.3	34.8
11：00～12：00	27.6	0.1	8.4	2.9	27.9	33.1
12：00～13：00	29.4	0.1	8.2	2.5	26.3	33.5
13：00～14：00	21.5	0.1	8.2	1.5	33.6	35.1
14：00～15：00	18.5	0.1	7.6	1.8	36.7	35.3
15：00～16：00	19.0	0.1	7.9	2.3	37.9	32.8

续表

时间段	中央广播电视总台	中国教育台频道	山东省级频道	济南市级频道	其他省级卫视频道	其他频道
16：00～17：00	19.7	0.1	8.3	2.6	38.9	30.4
17：00～18：00	21.5	0.1	11.8	6.5	31.5	28.6
18：00～19：00	27.6	0.0	16.3	12.8	16.3	27.0
19：00～20：00	28.0	0.0	12.8	10.4	27.3	21.5
20：00～21：00	23.3	0.0	10.1	7.1	39.2	20.3
21：00～22：00	24.8	0.0	9.6	5.5	37.5	22.6
22：00～23：00	24.2	0.1	4.1	7.0	36.5	28.1
23：00～00：00	29.2	0.0	3.2	3.1	34.5	30.0
00：00～01：00	35.3	0.1	2.6	0.8	26.8	34.4
01：00～02：00	22.8	0.0	2.4	0.6	36.1	38.1

表 3.44.4　2022 年济南市场收视份额排名前十位的频道

单位：%

名次	频道名称	收视份额
1	中央电视台综合频道	4.7
2	江苏卫视	4.0
3	中央台六套	3.8
4	浙江卫视	3.5
5	山东卫视	3.3
6	湖南卫视	3.1
7	中央台四套	2.7
8	济南广播电视台新闻综合频道	2.6
8	山东广播电视台齐鲁频道	2.6
10	中央电视台新闻频道	2.4

表 3.44.5　2022 年济南市场各主要频道的观众构成

单位：%

目标观众		所有频道	主要频道				
			中央电视台综合频道	江苏卫视	中央台六套	浙江卫视	山东卫视
4 岁及以上所有人		100.0	100.0	100.0	100.0	100.0	100.0
性别	男	48.2	49.5	43.5	47.4	46.7	49.3
	女	51.8	50.5	56.5	52.6	53.3	50.7

续表

目标观众		所有频道	主要频道				
			中央电视台综合频道	江苏卫视	中央台六套	浙江卫视	山东卫视
年龄	4～14 岁	9.6	6.1	10.3	4.5	8.2	4.0
	15～24 岁	6.7	4.9	5.9	15.1	11.5	3.2
	25～34 岁	17.9	12.7	19.2	15.8	27.6	9.8
	35～44 岁	15.9	14.8	24.1	12.3	20.9	8.5
	45～54 岁	14.3	12.9	15.7	31.7	10.1	15.8
	55～64 岁	14.8	23.1	13.9	9.6	13.3	18.3
	65 岁及以上	20.7	25.5	10.9	11.0	8.5	40.3
受教育程度	未受过正规教育	4.9	3.0	5.6	2.5	3.1	3.2
	小学	14.8	11.8	13.1	8.0	9.1	18.9
	初中	30.8	27.0	22.5	42.0	26.2	34.4
	高中	22.9	31.2	21.1	21.4	23.8	25.4
	大学及以上	26.6	27.0	37.7	26.1	37.8	18.1
职业类别	干部/管理人员	*	*	*	*	*	*
	个体/私营企业人员	11.8	10.8	12.6	8.2	11.9	8.9
	初级公务员/雇员	23.4	20.8	32.0	30.2	33.1	17.1
	工人	7.6	5.6	3.4	10.1	7.6	3.9
	学生	10.5	6.7	9.4	15.4	15.4	3.2
	无业	40.8	48.4	40.4	27.4	29.5	49.6
	其他	5.8	7.6	2.1	8.6	2.5	17.2
个人月收入	0～600 元	28.9	19.6	33.2	33.8	30.5	20.0
	601～1200 元	2.4	1.5	1.2	2.8	2.1	7.7
	1201～1700 元	2.7	1.2	0.6	4.5	0.9	5.0
	1701～2600 元	5.4	6.4	2.4	9.4	2.8	7.5
	2601～3500 元	11.9	11.5	8.9	10.5	5.2	14.6
	3501～5000 元	21.9	34.6	18.8	16.2	22.7	25.2
	5001 元及以上	26.7	25.3	34.8	22.9	35.8	20.0

注：* 表示目标观众样本量不足，无法进行统计推断。

表 3.44.6　2020～2022 年济南市场各类节目的播出比重和收视比重

单位：%

节目类别	2020 年		2021 年		2022 年	
	播出比重	收视比重	播出比重	收视比重	播出比重	收视比重
财经	1.0	0.3	1.0	0.3	1.0	0.5

续表

节目类别	2020 年		2021 年		2022 年	
	播出比重	收视比重	播出比重	收视比重	播出比重	收视比重
电视剧	20.6	35.9	21.0	37.3	21.8	32.7
电影	3.7	4.3	3.4	3.6	3.0	4.9
法制	0.6	0.2	0.7	0.2	1.1	0.3
教学	0.3	0.2	0.3	0.0	0.2	0.0
青少	8.3	4.8	7.9	3.4	8.1	5.2
生活服务	8.6	6.7	8.9	6.8	8.9	6.5
体育	4.2	1.6	4.6	2.5	5.4	4.4
外语	0.2	0.0	0.2	0.0	0.3	0.0
戏剧	0.6	0.2	0.5	0.2	0.6	0.4
新闻/时事	16.3	16.0	15.3	15.3	14.8	15.9
音乐	1.7	0.9	1.5	0.6	1.6	0.6
专题	13.7	4.8	15.2	5.2	15.9	6.8
综艺	7.5	12.7	7.3	13.2	5.9	10.7
其他	12.8	11.4	12.2	11.3	11.4	11.2

表 3.44.7　2022 年济南市场所有节目收视率排名前三十位

单位：%

名次	节目名称	节目类型	播出频道	平均收视率	平均占有率
1	《龙腾虎跃中国年》	专题	中央电视台综合频道	14.7	36.1
2	《2022 中央广播电视总台春节联欢晚会》	综艺	中央电视台综合频道	14.0	32.9
3	《2023 跨年演唱会》（用奋斗点亮幸福）	音乐	江苏卫视	9.5	24.2
4	《2022 北京冬奥会开幕式》	体育	中央电视台综合频道	7.5	22.0
5	《2023 梦圆东方跨年盛典》	综艺	东方卫视	7.2	17.8
6	《蒙面舞王》（8 月 14 日）	综艺	江苏卫视	7.0	31.0
7	《2022～2023 浙江卫视美好跨年夜》	综艺	浙江卫视	6.7	18.2
8	《点赞达人秀》（1 月 9 日）	综艺	江苏卫视	6.6	30.7
9	《中国好声音》（9 月 23 日）	综艺	浙江卫视	6.6	26.3
10	《闪光的乐队》（1 月 8 日）	综艺	浙江卫视	6.5	18.0
11	《我们的歌》（12 月 11 日）	综艺	东方卫视	6.2	25.1
12	《王牌部队》（11～40 集）	电视剧	江苏卫视	6.2	15.4
13	《2022 年中央广播电视总台元宵晚会》	综艺	中央电视台综合频道	6.1	19.4
14	《为歌而赞》（第二季）（5 月 21 日）	综艺	浙江卫视	6.0	22.7
15	《科学控疫情统筹谋发展》	新闻/时事	浙江卫视	5.9	15.6

续表

名次	节目名称	节目类型	播出频道	平均收视率	平均占有率
16	《百川文明诀》	综艺	北京卫视	5.8	18.3
17	《新居之约》	电视剧	中央电视台综合频道	5.4	17.6
18	《黄河文化大会》（11月5日）	专题	山东卫视	5.2	14.9
19	《一起深呼吸》（13～37集）	电视剧	江苏卫视	5.1	14.8
20	《我在岛屿读书》	专题	江苏卫视	4.9	20.2
21	《我爱世界杯：2022年世界杯D组首轮》（丹麦VS突尼斯）	体育	中央台五套	4.8	22.7
22	《会画少年的天空》	综艺	湖南卫视	4.7	34.8
23	《百川可逗镇》	综艺	北京卫视	4.5	16.0
24	《勇敢的翅膀》（1～28集）	电视剧	湖南卫视	4.3	13.0
25	《风起陇西》	电视剧	中央台八套	4.3	12.4
26	《开播情景喜剧》（6月5日）	综艺	东方卫视	4.2	25.1
27	《2022年北京广播电视台春节联欢晚会》	综艺	北京卫视	4.1	14.8
28	《天下长河》	电视剧	湖南卫视	4.1	12.9
29	《女足亚洲杯颁奖仪式》	体育	中央台五套	4.1	12.4
30	《时光音乐会》（第二季）	综艺	湖南卫视	4.1	10.7

表3.44.8　2022年济南市场电视剧收视率排名前十位

单位：%

名次	节目名称	播出频道	平均收视率	平均占有率
1	《王牌部队》（11～40集）	江苏卫视	6.2	15.4
2	《新居之约》	中央电视台综合频道	5.4	17.6
3	《一起深呼吸》（13～37集）	江苏卫视	5.1	14.8
4	《勇敢的翅膀》（1～28集）	湖南卫视	4.3	13.0
5	《风起陇西》	中央台八套	4.3	12.4
6	《天下长河》	湖南卫视	4.1	12.9
7	《输赢》（19～40集）	浙江卫视	4.1	10.3
8	《大博弈》	东方卫视	3.7	10.2
9	《信仰》	东方卫视	3.7	10.0
10	《县委大院》（1～24集）	浙江卫视	3.7	9.4

表3.44.9　2022年济南市场新闻节目收视率排名前十位

单位：%

名次	节目名称	播出频道	平均收视率	平均占有率
1	《科学控疫情统筹谋发展》	浙江卫视	5.9	15.6

续表

名次	节目名称	播出频道	平均收视率	平均占有率
2	《团结奋斗向复兴》	中央电视台综合频道	2.9	8.2
3	《筑梦空间站神舟十四号航天员返回特别报道》	中央台四套	2.4	7.3
4	《国务院总理会见中外记者并回答提问》	中央电视台综合频道	2.3	8.2
5	《中国空间站神舟十四号航天员返回 2022》	中央电视台新闻频道	2.0	6.4
6	《一起向未来》	中央电视台综合频道	1.9	9.8
7	《新闻联播》	中央电视台综合频道	1.8	6.6
8	《中国共产党第二十次全国代表大会开幕会专题新闻》	中央电视台综合频道	1.8	5.5
9	《第五届中国国际进口博览会开幕式特别报道》	中央电视台综合频道	1.7	4.9
10	《转播中央台新闻联播》	山东卫视	1.6	5.8

表 3.44.10　2022 年济南市场专题节目收视率排名前十位

单位：%

名次	节目名称	播出频道	平均收视率	平均占有率
1	《龙腾虎跃中国年》	中央电视台综合频道	14.7	36.1
2	《黄河文化大会》（11 月 5 日）	山东卫视	5.2	14.9
3	《我在岛屿读书》	江苏卫视	4.9	20.2
4	《老板不知道的我》	江苏卫视	3.6	14.4
5	《感动中国 2021 年度人物颁奖盛典》	中央电视台综合频道	3.0	12.1
6	《反腐倡廉永远在路上》	湖南卫视	3.0	7.8
7	《思想耀江山》	江苏卫视	2.4	9.8
8	《追梦人叠彩人生》	浙江卫视	2.3	16.3
9	《2022 中国诗词大会》（3 月 9 日）	中央电视台综合频道	2.2	8.8
10	《2021 年大国工匠年度人物发布仪式》	中央电视台综合频道	2.1	8.2

表 3.44.11　2022 年济南市场综艺节目收视率排名前十位

单位：%

名次	节目名称	播出频道	平均收视率	平均占有率
1	《2022 中央广播电视总台春节联欢晚会》	中央电视台综合频道	14.0	32.9
2	《2023 梦圆东方跨年盛典》	东方卫视	7.2	17.8
3	《蒙面舞王》（8 月 14 日）	江苏卫视	7.0	31.0
4	《2022～2023 浙江卫视美好跨年夜》	浙江卫视	6.7	18.2
5	《点赞达人秀》（1 月 9 日）	江苏卫视	6.6	30.7
6	《中国好声音》（9 月 23 日）	浙江卫视	6.6	26.3
7	《闪光的乐队》（1 月 8 日）	浙江卫视	6.5	18.0

续表

名次	节目名称	播出频道	平均收视率	平均占有率
8	《我们的歌》（12 月 11 日）	东方卫视	6.2	25.1
9	《2022 年中央广播电视总台元宵晚会》	中央电视台综合频道	6.1	19.4
10	《为歌而赞》（第二季）（5 月 21 日）	浙江卫视	6.0	22.7

表 3.44.12　2022 年济南市场体育节目收视率排名前十位

单位：%

名次	节目名称	播出频道	平均收视率	平均占有率
1	《2022 北京冬奥会开幕式》	中央电视台综合频道	7.5	22.0
2	《我爱世界杯：2022 年世界杯 D 组首轮》（丹麦 VS 突尼斯）	中央台五套	4.8	22.7
3	《女足亚洲杯颁奖仪式》	中央台五套	4.1	12.4
4	《2022 北京冬残奥会开幕式》	中央电视台综合频道	3.2	10.7
5	《现场直播：2022 年世界乒乓球团体锦标赛男团 1/4 决赛》	中央台五套	2.9	9.9
6	《超级赛场：2022 年中超第 9 轮》（长春亚泰 VS 山东泰山）	山东广播电视台体育频道	2.4	7.9
7	《现场直播：2022 年世乒联世界杯决赛女单决赛》	中央台五套	2.4	6.6
8	《实况录像：2022 年女篮世界杯 1/4 决赛》（中国 VS 法国）	中央台五套	1.7	6.3
9	《现场直播：2022 年世乒联冠军赛布达佩斯站男单决赛》	中央台五套	1.7	5.8
10	《现场直播：2022 年女排亚洲杯决赛》（中国队 VS 日本队）	中央台五套	1.5	5.1

四十五　昆明收视数据

表 3.45.1　2018～2022 年昆明市场各类频道的占有率

单位：%

频道类别	2018 年	2019 年	2020 年	2021 年	2022 年
中央广播电视总台	30.9	30.3	32.0	31.3	33.9
中国教育台频道	0.2	0.1	0.1	0.1	0.1
云南省级频道	13.0	13.7	14.3	10.5	8.9
昆明市级频道	9.7	10.2	9.1	6.6	7.4
其他省级卫视频道	26.8	25.4	25.8	27.5	19.0
其他频道	19.4	20.3	18.7	24.0	30.7

表 3.45.2　2022 年昆明市场各类频道在不同目标观众中的占有率

单位：%

目标观众		中央广播电视总台	中国教育台频道	云南省级频道	昆明市级频道	其他省级卫星频道	其他频道
4 岁及以上所有人		33.9	0.1	8.9	7.4	19.0	30.7
性别	男	37.0	0.1	8.8	7.4	17.8	28.9
	女	30.6	0.1	9.1	7.3	20.3	32.6
年龄	4～14 岁	18.1	0.1	5.4	8.6	21.4	46.4
	15～24 岁	31.0	0.0	4.6	4.1	19.2	41.1
	25～34 岁	29.6	0.0	3.2	3.6	23.3	40.3
	35～44 岁	27.7	0.1	4.6	9.2	22.6	35.8
	45～54 岁	34.8	0.1	7.1	8.3	16.1	33.6
	55～64 岁	35.9	0.1	15.8	6.2	17.7	24.3
	65 岁及以上	45.0	0.1	15.0	9.5	16.8	13.6
受教育程度	未受过正规教育	25.0	0.1	9.1	11.2	15.3	39.3
	小学	26.8	0.1	14.4	10.4	20.9	27.4
	初中	36.0	0.1	10.2	8.1	16.8	28.8
	高中	39.0	0.1	7.9	7.1	18.6	27.3
	大学及以上	33.5	0.1	5.0	4.2	21.0	36.2

续表

目标观众		中央广播电视总台	中国教育台频道	云南省级频道	昆明市级频道	其他省级卫星频道	其他频道
职业类别	干部/管理人员	29.8	0.0	3.5	1.6	25.5	39.6
	个体/私营企业人员	36.1	0.1	5.7	5.0	17.8	35.3
	初级公务员/雇员	30.0	0.0	4.3	6.0	21.9	37.8
	工人	35.4	0.1	12.3	11.0	16.8	24.4
	学生	23.3	0.1	5.6	6.8	23.6	40.6
	无业	38.7	0.1	12.8	8.1	17.0	23.3
	其他	29.5	0.1	11.7	16.4	9.6	32.7
个人月收入	0～600 元	26.1	0.1	8.3	8.1	22.1	35.3
	601～1200 元	42.7	0.1	16.2	10.9	16.4	13.7
	1201～1700 元	18.1	0.2	15.3	20.2	13.2	33.0
	1701～2600 元	41.8	0.1	11.9	11.2	14.9	20.1
	2601～3500 元	38.6	0.1	11.6	6.9	15.8	27.0
	3501～5000 元	33.2	0.1	7.5	7.5	18.4	33.3
	5001 元及以上	35.2	0.1	4.8	2.6	22.9	34.4

表 3.45.3　2022 年昆明市场各类频道在不同时段的占有率

单位：%

时间段	中央广播电视总台	中国教育台频道	云南省级频道	昆明市级频道	其他省级卫星频道	其他频道
02：00～03：00	44.7	0.4	5.2	1.4	12.2	36.1
03：00～04：00	58.8	0.2	1.5	0.9	6.5	32.1
04：00～05：00	66.2	0.1	0.6	0.6	4.6	27.9
05：00～06：00	49.8	0.0	6.0	1.2	6.7	36.3
06：00～07：00	53.5	0.0	13.8	4.6	3.7	24.4
07：00～08：00	59.2	0.1	6.3	3.4	8.8	22.2
08：00～09：00	46.8	0.1	4.2	2.9	11.9	34.1
09：00～10：00	33.2	0.2	4.5	3.9	19.9	38.3
10：00～11：00	30.1	0.2	4.2	3.9	21.6	40.0
11：00～12：00	32.3	0.2	4.3	3.6	20.6	39.0
12：00～13：00	38.0	0.1	4.1	3.2	18.6	36.0
13：00～14：00	35.0	0.1	4.2	2.9	19.5	38.3
14：00～15：00	30.2	0.1	4.7	3.0	21.5	40.5
15：00～16：00	29.6	0.1	5.1	2.9	21.9	40.4
16：00～17：00	29.8	0.1	5.1	3.2	23.6	38.2

续表

时间段	中央广播电视总台	中国教育台频道	云南省级频道	昆明市级频道	其他省级卫星频道	其他频道
17：00～18：00	27.9	0.1	9.0	8.9	20.0	34.1
18：00～19：00	29.6	0.0	15.1	14.0	11.5	29.8
19：00～20：00	35.7	0.0	11.5	10.0	18.7	24.1
20：00～21：00	33.1	0.0	11.0	8.6	24.2	23.1
21：00～22：00	34.2	0.1	11.2	9.2	19.6	25.7
22：00～23：00	35.3	0.1	8.0	9.6	17.2	29.8
23：00～00：00	36.9	0.2	7.9	4.3	16.1	34.6
00：00～01：00	37.6	0.2	9.5	1.6	12.1	39.0
01：00～02：00	39.6	0.5	9.4	1.4	12.0	37.1

表 3.45.4　2022 年昆明市场收视份额排名前十位的频道

单位：%

名次	频道名称	收视份额
1	中央电视台综合频道	6.1
2	中央台六套	4.7
3	昆明广播电视台春城民生频道	4.6
4	云南广播电视台都市频道（二套）	4.5
5	中央台四套	4.3
6	中央电视台新闻频道	3.8
7	湖南卫视	3.1
8	中央台八套	2.7
8	中央台五套	2.7
10	浙江卫视	2.6

表 3.45.5　2022 年昆明市场各主要频道的观众构成

单位：%

目标观众		所有频道	主要频道				
			中央电视台综合频道	中央台六套	昆明广播电视台春城民生频道	云南广播电视台都市频道（二套）	中央台四套
4 岁及以上所有人		100.0	100.0	100.0	100.0	100.0	100.0
性别	男	52.4	55.3	56.9	51.6	51.1	59.5
	女	47.6	44.7	43.1	48.4	48.9	40.5

续表

目标观众		所有频道	主要频道				
			中央电视台综合频道	中央台六套	昆明广播电视台春城民生频道	云南广播电视台都市频道（二套）	中央台四套
年龄	4～14岁	9.1	4.6	5.5	10.7	3.4	4.2
	15～24岁	7.4	4.7	8.3	4.4	3.3	5.8
	25～34岁	15.1	9.8	15.3	7.1	4.6	8.3
	35～44岁	10.5	8.6	9.6	16.2	4.0	4.4
	45～54岁	21.3	22.9	30.0	23.3	16.4	18.4
	55～64岁	14.4	14.2	14.4	10.0	27.0	14.5
	65岁及以上	22.3	35.2	16.8	28.3	41.3	44.4
受教育程度	未受过正规教育	4.4	2.5	4.5	7.0	5.2	2.7
	小学	17.7	17.3	16.2	23.1	24.2	12.5
	初中	28.3	29.0	29.8	31.9	35.9	38.4
	高中	22.8	28.1	22.4	21.5	20.4	22.5
	大学及以上	26.9	23.1	27.1	16.5	14.3	23.9
职业类别	干部/管理人员	2.8	1.8	3.6	0.7	1.6	1.0
	个体/私营企业人员	12.7	12.6	11.0	6.6	7.2	12.8
	初级公务员/雇员	22.2	22.1	21.3	17.7	9.4	11.2
	工人	8.6	7.1	15.3	12.1	13.4	5.6
	学生	11.0	6.4	7.6	8.9	4.2	6.7
	无业	40.3	48.3	38.9	47.5	62.1	60.7
	其他	2.5	1.8	2.3	6.5	2.1	2.0
个人月收入	0～600元	23.8	13.3	25.1	28.5	14.5	18.4
	601～1200元	2.7	2.8	3.8	4.5	4.5	3.4
	1201～1700元	1.9	0.8	1.8	5.4	4.2	0.6
	1701～2600元	10.9	13.4	14.4	15.8	18.2	17.0
	2601～3500元	21.8	29.0	23.4	19.5	34.4	23.9
	3501～5000元	20.8	21.2	18.5	19.3	17.5	20.5
	5001元及以上	18.2	19.5	13.1	7.1	6.7	16.1

表3.45.6　2020～2022年昆明市场各类节目的播出比重和收视比重

单位：%

节目类别	2020年		2021年		2022年	
	播出比重	收视比重	播出比重	收视比重	播出比重	收视比重
财经	0.8	0.8	0.9	0.9	1.0	1.4

续表

节目类别	2020 年		2021 年		2022 年	
	播出比重	收视比重	播出比重	收视比重	播出比重	收视比重
电视剧	26.9	36.4	26.6	36.2	27.2	33.3
电影	3.7	6.0	3.6	6.4	3.2	6.2
法制	0.5	0.4	0.6	0.7	0.7	0.8
教学	0.3	0.1	0.2	0.0	0.3	0.0
青少	6.7	5.1	6.7	3.4	7.1	3.0
生活服务	7.0	4.4	7.8	5.0	6.5	5.3
体育	3.6	1.6	3.7	2.7	4.8	4.9
外语	0.1	0.0	0.2	0.0	0.2	0.0
戏剧	0.8	0.3	0.8	0.2	0.9	0.3
新闻/时事	11.1	19.2	10.6	16.1	10.4	16.9
音乐	1.5	0.9	1.4	1.0	1.5	1.0
专题	13.2	5.2	13.8	6.4	14.5	7.5
综艺	4.5	8.1	4.3	9.4	3.9	7.5
其他	19.3	11.5	18.8	11.5	17.9	11.9

表 3.45.7　2022 年昆明市场所有节目收视率排名前三十位

单位：%

名次	节目名称	节目类型	播出频道	平均收视率	平均占有率
1	《2022 中央广播电视总台春节联欢晚会》	综艺	中央电视台综合频道	10.4	34.4
2	《我爱世界杯：2022 年世界杯决赛》（阿根廷 VS 法国）	体育	中央台五套	7.8	45.0
3	《2021 国剧盛典致敬美好》	综艺	安徽卫视	6.8	23.0
4	《女足亚洲杯颁奖仪式》	体育	中央台五套	6.0	15.9
5	《北京冬奥会短道速滑混合接力颁奖仪式》	体育	中央台五套	5.8	15.6
6	《开学第一课》	青少	中央电视台综合频道	5.0	18.3
7	《龙腾虎跃中国年》	专题	中央电视台综合频道	4.4	24.3
8	《2022 年中央广播电视总台中秋晚会》	综艺	中央电视台综合频道	4.4	15.3
9	《人世间》	电视剧	中央电视台综合频道	4.4	14.0
10	《2022 年北京广播电视台春节联欢晚会》	综艺	北京卫视	4.3	14.8
11	《舌尖上的心跳》	电视剧	浙江卫视	4.2	13.0
12	《新春年夜饭》	综艺	浙江卫视	3.7	14.1
13	《2022～2023 跨年晚会》	综艺	湖南卫视	3.7	13.4
14	《2022 年中央广播电视总台元宵晚会》	综艺	中央电视台综合频道	3.6	16.4

续表

名次	节目名称	节目类型	播出频道	平均收视率	平均占有率
15	《珍珠港》	电影	中央台六套	3.3	12.9
16	《超燃美食记》	综艺	浙江卫视	3.2	13.2
17	《桃花小霸王》	电影	中央台六套	3.2	11.2
18	《输赢》（19～40集）	电视剧	北京卫视	3.2	9.3
19	《现场直播：2022年世乒联世界杯决赛男单决赛》	体育	中央台五套	3.1	11.4
20	《完美伴侣》	电视剧	湖南卫视	3.1	9.7
21	《复仇行动》	电影	中央台六套	3.0	17.3
22	《叶问二宗师传奇》	电影	中央台六套	3.0	10.7
22	《黎明前的抉择》	电视剧	云南广播电视台都市频道（二套）	3.0	10.7
24	《一起深呼吸》	电视剧	江苏卫视	3.0	8.8
25	《神枪决》	电影	中央台六套	3.0	8.4
25	《狂暴飞车》	电影	中央台六套	2.9	18.0
27	《尖刀》	电视剧	云南广播电视台都市频道（二套）	2.9	10.5
28	《王牌部队》	电视剧	江苏卫视	2.9	8.4
29	《麓山之歌》	电视剧	中央电视台综合频道	2.8	9.6
30	《勇敢的翅膀》	电视剧	湖南卫视	2.8	9.5

表 3.45.8　2022年昆明市场电视剧收视率排名前十位

单位：%

名次	节目名称	播出频道	平均收视率	平均占有率
1	《人世间》	中央电视台综合频道	4.4	14.0
2	《舌尖上的心跳》	浙江卫视	4.2	13.0
3	《输赢》（19～40集）	北京卫视	3.2	9.3
4	《完美伴侣》	湖南卫视	3.1	9.7
5	《黎明前的抉择》	云南广播电视台都市频道（二套）	3.0	10.7
6	《一起深呼吸》	江苏卫视	3.0	8.8
7	《尖刀》	云南广播电视台都市频道（二套）	2.9	10.5
8	《王牌部队》	江苏卫视	2.9	8.4
9	《麓山之歌》	中央电视台综合频道	2.8	9.6
10	《勇敢的翅膀》	湖南卫视	2.8	9.5

表 3.45.9 2022 年昆明市场新闻节目收视率排名前十位

单位：%

名次	节目名称	播出频道	平均收视率	平均占有率
1	《科学控疫情统筹谋发展》	浙江卫视	2.6	7.3
2	《中国共产党第二十次全国代表大会开幕会专题新闻》	中央电视台综合频道	2.4	9.3
3	《中国空间站神舟十四号航天员返回 2022》	中央电视台新闻频道	2.2	7.2
4	《新闻联播》	中央电视台综合频道	1.9	9.2
5	《国务院总理会见中外记者并回答提问》	中央电视台综合频道	1.9	6.1
6	《今日关注》	中央台四套	1.7	6.1
7	《中共中央新闻发布会专题新闻》	中央电视台综合频道	1.7	5.9
8	《一起向未来第 24 届冬季奥林匹克运动会闭幕式倒计时特别节目》	中央电视台新闻频道	1.5	6.7
9	《焦点访谈》	中央电视台综合频道	1.5	6.1
10	《中国舆论场》	中央台四套	1.5	5.8

表 3.45.10 2022 年昆明市场专题节目收视率排名前十位

单位：%

名次	节目名称	播出频道	平均收视率	平均占有率
1	《龙腾虎跃中国年》	中央电视台综合频道	4.4	24.3
2	《长风浩荡启新程——习近平主席出席二十国集团领导人第十七次峰会》	中央电视台综合频道	2.6	10.1
3	《反腐倡廉永远在路上》	湖南卫视	2.5	8.2
4	《315 公平守正安心消费》	中央台二套	2.4	7.6
5	《非遗里的中国》	中央电视台综合频道	2.3	7.2
6	《情系天山——习近平总书记新疆考察纪实》	中央电视台综合频道	2.1	12.2
7	《2021 年大国工匠年度人物发布仪式》	中央电视台综合频道	2.0	7.0
8	《党课开讲啦》	中央电视台综合频道	1.8	6.5
9	《零容忍》	中央电视台综合频道	1.8	4.9
10	《好记者讲好故事——2022 年中国记者节特别节目》	中央电视台综合频道	1.7	6.6

表 3.45.11 2022 年昆明市场综艺节目收视率排名前十位

单位：%

名次	节目名称	播出频道	平均收视率	平均占有率
1	《2022 中央广播电视总台春节联欢晚会》	中央电视台综合频道	10.4	34.4
2	《2021 国剧盛典致敬美好》	安徽卫视	6.8	23.0
3	《2022 年中央广播电视总台中秋晚会》	中央电视台综合频道	4.4	15.3

续表

名次	节目名称	播出频道	平均收视率	平均占有率
4	《2022年北京广播电视台春节联欢晚会》	北京卫视	4.3	14.8
5	《新春年夜饭》	浙江卫视	3.7	14.1
6	《2022～2023跨年晚会》	湖南卫视	3.7	13.4
7	《2022年中央广播电视总台元宵晚会》	中央电视台综合频道	3.6	16.4
8	《超燃美食记》	浙江卫视	3.2	13.2
9	《大戏看北京输赢》	北京卫视	2.8	6.9
10	《万里走单骑》（第二季）	浙江卫视	2.7	9.1

表3.45.12　2022年昆明市场体育节目收视率排名前十位

单位：%

名次	节目名称	播出频道	平均收视率	平均占有率
1	《我爱世界杯：2022年世界杯决赛》（阿根廷VS法国）	中央台五套	7.8	45.0
2	《女足亚洲杯颁奖仪式》	中央台五套	6.0	15.9
3	《北京冬奥会短道速滑混合接力颁奖仪式》	中央台五套	5.8	15.6
4	《现场直播：2022年世乒联世界杯决赛男单决赛》	中央台五套	3.1	11.4
5	《现场直播：2022年世界女排锦标赛小组赛第4轮》（中国队VS捷克队）	中央台五套	2.5	8.0
6	《现场直播：2022年世界乒乓球团体锦标赛女团决赛》	中央台五套	2.4	8.1
7	《现场直播：2022年世乒联冠军赛澳门站女单半决赛》	中央台五套	2.3	9.1
8	《北京2022年冬残奥会开幕式特别报道》	中央电视台综合频道	2.1	9.2
9	《现场直播：2022年世界女排联赛保加利亚站》（中国VS韩国）	中央台五套	1.8	7.6
10	《最前线》	中央台五套	1.7	5.9

四十六　兰州收视数据

表 3. 46. 1　2018 ~ 2022 年兰州市场各类频道的占有率

单位：%

频道类别	2018 年	2019 年	2020 年	2021 年	2022 年
中央广播电视总台	35. 1	29. 9	30. 3	27. 5	38. 2
中国教育台频道	0. 2	0. 1	0. 2	0. 1	0. 1
甘肃省级频道	7. 9	6. 0	6. 0	4. 3	4. 9
兰州市级频道	4. 3	4. 1	3. 2	1. 9	1. 1
其他省级卫视频道	25. 5	29. 6	30. 3	34. 3	25. 0
其他频道	27. 1	30. 3	30. 0	31. 9	30. 7

表 3. 46. 2　2022 年兰州市场各类频道在不同目标观众中的占有率

单位：%

目标观众		中央广播电视总台	中国教育台频道	甘肃省级频道	兰州市级频道	其他省级卫视频道	其他频道
4 岁及以上所有人		38. 2	0. 1	4. 9	1. 1	25. 0	30. 7
性别	男	39. 8	0. 1	5. 1	1. 1	24. 4	29. 5
	女	36. 6	0. 1	4. 7	1. 2	25. 6	31. 8
年龄	4 ~ 14 岁	17. 0	0. 1	2. 7	0. 6	30. 0	49. 6
	15 ~ 24 岁	34. 3	0. 1	2. 3	1. 0	39. 8	22. 5
	25 ~ 34 岁	22. 7	0. 1	2. 8	0. 4	34. 9	39. 1
	35 ~ 44 岁	29. 7	0. 1	3. 1	0. 5	25. 0	41. 6
	45 ~ 54 岁	40. 1	0. 1	2. 9	1. 4	19. 5	36. 0
	55 ~ 64 岁	36. 6	0. 2	8. 3	0. 9	27. 1	26. 9
	65 岁及以上	55. 5	0. 2	7. 8	1. 8	18. 6	16. 1
受教育程度	未受过正规教育	20. 7	0. 0	1. 3	0. 4	19. 4	58. 2
	小学	34. 4	0. 1	5. 4	0. 8	27. 0	32. 3
	初中	38. 8	0. 2	6. 6	1. 5	25. 5	27. 4
	高中	38. 7	0. 1	5. 2	1. 1	26. 1	28. 8
	大学及以上	40. 4	0. 1	3. 3	1. 0	22. 7	32. 5
职业类别	干部/管理人员	46. 3	0. 1	2. 1	2. 2	10. 5	38. 8
	个体/私营企业人员	31. 2	0. 1	3. 1	0. 6	29. 5	35. 5

续表

目标观众		中央广播电视总台	中国教育台频道	甘肃省级频道	兰州市级频道	其他省级卫视频道	其他频道
职业类别	初级公务员/雇员	31.5	0.1	2.1	0.8	23.4	42.1
	工人	40.2	0.1	8.2	0.9	26.3	24.3
	学生	25.3	0.1	2.9	0.9	32.3	38.5
	无业	46.0	0.2	6.9	1.5	22.4	23.0
	其他	9.0	0.0	23.0	1.0	14.1	52.9
个人月收入	600 元及以下	27.4	0.1	3.6	0.9	29.7	38.3
	601～1200 元	29.8	0.1	1.4	0.5	23.8	44.4
	1201～1700 元	28.0	0.1	7.6	0.9	21.6	41.8
	1701～2600 元	32.7	0.2	6.1	1.7	27.3	32.0
	2601～3500 元	46.7	0.2	6.3	1.1	24.7	21.0
	3501～5000 元	44.2	0.1	5.5	0.9	24.6	24.7
	5001 元及以上	39.2	0.1	2.5	0.9	19.0	38.3

表 3.46.3　2022 年兰州市场各类频道在不同时段的占有率

单位：%

时间段	中央广播电视总台	中国教育台频道	甘肃省级频道	兰州市级频道	其他省级卫视频道	其他频道
02：00～03：00	27.8	0.1	2.6	0.9	10.2	58.4
03：00～04：00	36.7	0.2	1.8	1.4	7.9	52.0
04：00～05：00	48.0	0.0	1.3	1.1	7.0	42.6
05：00～06：00	54.6	0.0	1.7	1.5	7.8	34.4
06：00～07：00	69.1	0.0	1.7	1.4	8.4	19.4
07：00～08：00	78.9	0.1	1.6	0.7	6.3	12.4
08：00～09：00	64.4	0.1	2.6	1.5	14.1	17.3
09：00～10：00	47.4	0.2	4.4	1.6	21.7	24.7
10：00～11：00	38.8	0.2	5.0	1.5	23.4	31.1
11：00～12：00	38.9	0.3	4.5	1.0	22.5	32.8
12：00～13：00	46.0	0.1	2.8	0.8	18.9	31.4
13：00～14：00	33.5	0.2	2.6	1.0	26.6	36.1
14：00～15：00	31.7	0.3	3.3	1.0	26.3	37.4
15：00～16：00	31.6	0.3	4.1	1.0	25.9	37.1
16：00～17：00	31.5	0.3	4.1	1.0	25.7	37.4

续表

时间段	中央广播电视总台	中国教育台频道	甘肃省级频道	兰州市级频道	其他省级卫视频道	其他频道
17：00～18：00	34.8	0.2	3.2	1.0	23.9	36.9
18：00～19：00	41.2	0.1	11.7	2.4	12.3	32.3
19：00～20：00	44.9	0.0	6.9	2.2	22.9	23.1
20：00～21：00	37.0	0.0	4.4	0.5	34.0	24.1
21：00～22：00	37.4	0.1	4.9	0.7	30.4	26.5
22：00～23：00	35.3	0.2	4.8	0.8	26.7	32.2
23：00～00：00	32.6	0.3	3.4	0.5	24.2	39.0
00：00～01：00	29.9	0.1	2.6	0.4	17.3	49.7
01：00～02：00	27.1	0.2	2.3	0.4	12.8	57.2

表 3.46.4　2022 年兰州市场收视份额排名前十位的频道

单位：%

名次	频道名称	收视份额
1	中央电视台综合频道	10.1
2	中央台四套	4.4
3	浙江卫视	3.9
3	中央电视台新闻频道	3.9
3	中央台八套	3.9
6	中央台六套	3.3
7	中央台五套	3.1
8	江苏卫视	2.4
9	卡酷少儿频道	2.2
10	湖南卫视	2.1

表 3.46.5　2022 年兰州市场各主要频道的观众构成

单位：%

目标观众		所有频道	主要频道				
			中央电视台综合频道	中央台四套	浙江卫视	中央电视台新闻频道	中央台八套
4 岁及以上所有人		100.0	100.0	100.0	100.0	100.0	100.0
性别	男	50.8	51.9	58.9	50.3	56.5	43.0
	女	49.2	48.1	41.1	49.7	43.5	57.0

续表

目标观众		所有频道	主要频道				
			中央电视台综合频道	中央台四套	浙江卫视	中央电视台新闻频道	中央台八套
年龄	4～14岁	6.1	2.8	0.9	6.4	2.4	2.0
	15～24岁	5.2	7.0	2.9	13.3	2.4	4.9
	25～34岁	15.0	8.2	4.5	19.9	6.5	13.6
	35～44岁	10.7	6.7	5.9	10.5	13.4	5.1
	45～54岁	22.3	20.2	20.8	28.6	17.6	27.3
	55～64岁	14.1	16.6	10.2	10.0	12.3	19.8
	65岁及以上	26.6	38.5	54.8	11.3	45.4	27.3
受教育程度	未受正规教育	2.4	1.2	0.2	0.8	2.4	1.5
	小学	11.5	7.2	8.5	8.7	13.8	9.2
	初中	23.0	22.7	24.8	17.1	23.0	26.6
	高中	34.2	34.3	45.1	34.2	33.3	32.8
	大学及以上	28.9	34.6	21.4	39.2	27.5	29.9
职业类别	干部/管理人员	2.4	2.0	2.6	0.2	2.3	3.6
	个体/私营企业人员	24.6	14.9	18.4	31.4	21.0	23.1
	初级公务员/雇员	15.6	17.0	6.0	22.5	10.9	11.1
	工人	4.2	3.5	3.7	3.6	2.0	8.4
	学生	7.6	6.1	3.0	14.8	3.4	4.9
	无业	45.4	56.5	66.3	27.5	60.3	48.8
	其他	0.2	0.0	0.0	0.0	0.1	0.1
个人月收入	0～600元	16.6	10.3	10.5	19.8	12.6	12.3
	601～1200元	1.4	0.7	1.8	0.5	0.4	0.6
	1201～1700元	3.3	2.4	1.7	5.6	2.7	2.3
	1701～2600元	18.1	15.3	14.7	18.2	15.2	19.3
	2601～3500元	22.9	24.8	31.3	16.3	31.2	32.9
	3501～5000元	19.9	28.6	16.6	24.2	24.8	20.7
	5001元及以上	17.8	17.9	23.4	15.4	13.1	11.9

表3.46.6　2020～2022年兰州市场各类节目的播出比重和收视比重

单位：%

节目类别	2020年		2021年		2022年	
	播出比重	收视比重	播出比重	收视比重	播出比重	收视比重
财经	1.0	0.9	1.2	0.7	1.2	0.9
电视剧	22.4	36.6	22.2	37.0	22.1	30.6

续表

节目类别	2020年		2021年		2022年	
	播出比重	收视比重	播出比重	收视比重	播出比重	收视比重
电影	3.3	3.1	3.2	3.2	2.9	4.9
法制	0.7	0.4	0.7	0.4	0.9	0.3
教学	0.3	0.1	0.3	0.0	0.3	0.0
青少	7.7	3.2	7.6	3.1	7.8	4.2
生活服务	7.0	5.9	7.8	6.3	8.3	6.1
体育	3.8	1.4	4.1	2.4	5.1	5.3
外语	0.2	0.0	0.2	0.0	0.3	0.0
戏剧	0.6	0.5	0.5	0.2	0.6	0.5
新闻/时事	17.1	18.1	15.7	15.1	15.3	17.3
音乐	1.9	1.1	1.7	0.7	1.8	0.5
专题	15.1	7.5	16.4	7.2	16.7	7.6
综艺	6.0	11.1	6.4	13.3	5.3	11.1
其他	12.9	10.1	12.0	10.4	11.4	10.7

表3.46.7　2022年兰州市场所有节目收视率排名前三十位

单位：%

名次	节目名称	节目类别	播出频道	平均收视率	平均占有率
1	《2022中央广播电视总台春节联欢晚会》	综艺	中央电视台综合频道	16.4	45.2
2	《2022北京冬奥会闭幕式》	体育	中央电视台综合频道	8.6	29.8
3	《我爱世界杯：2022年世界杯C组小组赛第1轮》（阿根廷VS沙特阿拉伯）	体育	中央台五套	7.6	32.0
4	《龙腾虎跃中国年》	专题	中央电视台综合频道	7.0	33.4
5	《2022年中央广播电视总台元宵晚会》	综艺	中央电视台综合频道	6.1	32.7
6	《人世间》	电视剧	中央电视台综合频道	5.8	20.9
7	《2022北京冬残奥会开幕式》	体育	中央电视台综合频道	5.6	21.2
8	《开播情景喜剧》（5月29日）	综艺	东方卫视	5.3	31.8
9	《王牌对王牌揭晓时刻》	综艺	浙江卫视	5.2	57.2
10	《2021我们的年度总结大会》	综艺	北京卫视	5.1	13.2
11	《最强大脑之燃烧吧大脑》（3月18日）	综艺	江苏卫视	4.7	18.2
12	《王牌部队》	电视剧	江苏卫视	4.6	12.4
13	《蒙面舞王》（7月24日）	综艺	江苏卫视	4.5	19.1
14	《县委大院》	电视剧	中央电视台综合频道	4.5	18.2

续表

名次	节目名称	节目类别	播出频道	平均收视率	平均占有率
15	《2021 国剧盛典致敬美好》	综艺	安徽卫视	4.5	16.5
16	《天气预报》	生活服务	中央电视台综合频道	4.4	19.3
17	《相知跨千年携手创未来——习近平主席赴沙特利雅得出访纪实》	专题	中央电视台综合频道	4.1	17.3
18	《2022 年中央广播电视总台中秋晚会》	综艺	中央电视台综合频道	4.0	18.3
19	《中国空间站神舟十四号航天员返回 2022》	新闻/时事	中央电视台新闻频道	3.9	15.4
20	《一起深呼吸》	电视剧	江苏卫视	3.9	12.1
21	《2022 知乎答案奇遇夜》	综艺	湖南卫视	3.9	11.6
22	《青春环游记》	综艺	浙江卫视	3.8	11.7
23	《为歌而赞》（第二季）（4 月 23 日）	综艺	浙江卫视	3.7	13.6
24	《一路唱响后传》	综艺	东方卫视	3.7	12.2
25	《新居之约》	电视剧	中央电视台综合频道	3.6	17.4
26	《开学第一课》	青少	中央电视台综合频道	3.6	15.2
27	《第五届中国国际进口博览会开幕式特别报道》	新闻/时事	中央电视台综合频道	3.6	13.3
28	《女足亚洲杯颁奖仪式》	体育	中央台五套	3.6	12.8
29	《长风浩荡启新程——习近平主席出席二十国集团领导人第十七次峰会》	专题	中央电视台综合频道	3.4	13.5
30	《2022 中国诗词大会》（3 月 8 日）	专题	中央电视台综合频道	3.3	14.6

表 3.46.8　2022 年兰州市场电视剧收视率排名前十位

单位：%

名次	节目名称	播出频道	平均收视率	平均占有率
1	《人世间》	中央电视台综合频道	5.8	20.9
2	《王牌部队》	江苏卫视	4.6	12.4
3	《县委大院》	中央电视台综合频道	4.5	18.2
4	《一起深呼吸》	江苏卫视	3.9	12.1
5	《新居之约》	中央电视台综合频道	3.6	17.4
6	《那山那海》	中央电视台综合频道	3.3	13.3
7	《破晓东方》	中央电视台综合频道	3.3	12.6
8	《爱拼会赢》	中央电视台综合频道	3.3	12.3
9	《高山清渠》	中央电视台综合频道	3.2	13.5
10	《舌尖上的心跳》	浙江卫视	3.1	9.8

表 3. 46. 9　2022 年兰州市场新闻节目收视率排名前十位

单位：%

名次	节目名称	播出频道	平均收视率	平均占有率
1	《中国空间站神舟十四号航天员返回 2022》	中央电视台新闻频道	3. 9	15. 4
2	《第五届中国国际进口博览会开幕式特别报道》	中央电视台综合频道	3. 6	13. 3
3	《中国共产党第二十次全国代表大会开幕会专题新闻》	中央电视台综合频道	3. 2	15. 2
4	《新闻联播》	中央电视台综合频道	3. 1	15. 7
5	《科学控疫情统筹谋发展》	浙江卫视	2. 9	7. 9
6	《焦点访谈》	中央电视台综合频道	2. 5	10. 9
7	《国务院总理会见中外记者并回答提问》	中央电视台综合频道	2. 5	8. 4
8	《新闻直播间》	中央电视台综合频道	2. 2	12. 4
9	《筑梦空间站神舟十四号航天员返回特别报道》	中央台四套	2. 2	8. 4
10	《上海市人民政府记者招待会》	东方卫视	1. 9	7. 2

表 3. 46. 10　2022 年兰州市场专题节目收视率排名前十位

单位：%

名次	节目名称	播出频道	平均收视率	平均占有率
1	《龙腾虎跃中国年》	中央电视台综合频道	7. 0	33. 4
2	《相知跨千年携手创未来——习近平主席赴沙特利雅得出访纪实》	中央电视台综合频道	4. 1	17. 3
3	《长风浩荡启新程——习近平主席出席二十国集团领导人第十七次峰会》	中央电视台综合频道	3. 4	13. 5
4	《2022 中国诗词大会》（3 月 8 日）	中央电视台综合频道	3. 3	14. 6
5	《丝路古道焕新机——习近平主席出席上合组织撒马尔罕峰会出访中亚两国》	中央电视台综合频道	3. 1	17. 5
6	《功勋闪耀新时代》	中央电视台综合频道	3. 1	12. 4
7	《2021 年大国工匠年度人物发布仪式》	中央电视台综合频道	3. 0	15. 0
8	《航拍中国》（第四季）	中央电视台综合频道	2. 8	10. 6
9	《零容忍》	中央电视台综合频道	2. 7	7. 4
10	《香江永奔流》	中央电视台综合频道	2. 5	12. 9

表 3. 46. 11　2022 年兰州市场综艺节目收视率排名前十位

单位：%

名次	节目名称	播出频道	平均收视率	平均占有率
1	《2022 中央广播电视总台春节联欢晚会》	中央电视台综合频道	16. 4	45. 2
2	《2022 年中央广播电视总台元宵晚会》	中央电视台综合频道	6. 1	32. 7

续表

名次	节目名称	播出频道	平均收视率	平均占有率
3	《开播情景喜剧》（5月29日）	东方卫视	5.3	31.8
4	《王牌对王牌揭晓时刻》	浙江卫视	5.2	57.2
5	《2021我们的年度总结大会》	北京卫视	5.1	13.2
6	《最强大脑之燃烧吧大脑》（3月18日）	江苏卫视	4.7	18.2
7	《蒙面舞王》（7月24日）	江苏卫视	4.5	19.1
8	《2021国剧盛典致敬美好》	安徽卫视	4.5	16.5
9	《2022年中央广播电视总台中秋晚会》	中央电视台综合频道	4.0	18.3
10	《2022知乎答案奇遇夜》	湖南卫视	3.9	11.6

表3.46.12　2022年兰州市场体育节目收视率排名前十位

单位：%

名次	节目名称	播出频道	平均收视率	平均占有率
1	《2022北京冬奥会闭幕式》	中央电视台综合频道	8.6	29.8
2	《我爱世界杯：2022年世界杯C组小组赛第1轮》（阿根廷VS沙特阿拉伯）	中央台五套	7.6	32.0
3	《2022北京冬残奥会开幕式》	中央电视台综合频道	5.6	21.2
4	《女足亚洲杯颁奖仪式》	中央台五套	3.6	12.8
5	《现场直播：2022年世乒联世界杯决赛女单决赛》	中央台五套	3.2	11.7
6	《现场直播：2022年世界女排锦标赛小组赛第4轮》（中国队VS捷克队）	中央台五套	2.8	13.1
7	《现场直播：2022年世界乒乓球团体锦标赛男团1/4决赛》	中央台五套	2.4	10.0
8	《实况录像：2022年女篮世界杯1/4决赛》（中国VS法国）	中央台五套	2.0	10.3
9	《现场直播：2022年跳水世界杯女子三米板决赛》	中央台五套	1.9	7.8
10	《实况录像：2022年世界蹦床锦标赛网上同步决赛》	中央台五套	1.6	7.5

四十七　南昌收视数据

表 3.47.1　2018～2022 年南昌市场各类频道的占有率

单位：%

频道类别	2018 年	2019 年	2020 年	2021 年	2022 年
中央广播电视总台	26.4	22.8	25.0	22.4	27.1
中国教育台频道	0.1	0.1	0.1	0.1	0.1
江西省级频道	32.9	28.1	15.9	11.5	13.3
南昌市级频道	3.8	4.3	4.6	3.3	3.4
其他省级卫视频道	18.1	21.2	29.9	34.0	21.9
其他频道	18.7	23.5	24.5	28.7	34.2

表 3.47.2　2022 年南昌市场各类频道在不同目标观众中的占有率

单位：%

目标观众		中央广播电视总台	中国教育台频道	江西省级频道	南昌市级频道	其他省级卫视频道	其他频道
4 岁及以上所有人		27.1	0.1	13.3	3.4	21.9	34.2
性别	男	28.1	0.1	11.5	2.7	20.2	37.4
	女	26.1	0.1	15.1	4.0	23.7	31.0
年龄	4～14 岁	11.7	0.1	8.6	0.5	23.2	55.9
	15～24 岁	14.0	0.1	7.6	5.0	18.1	55.2
	25～34 岁	13.1	0.1	7.0	0.3	44.2	35.3
	35～44 岁	22.8	0.2	7.4	4.3	21.2	44.1
	45～54 岁	28.5	0.1	12.6	3.7	18.7	36.4
	55～64 岁	33.5	0.2	17.5	1.6	19.5	27.7
	65 岁及以上	44.7	0.2	20.5	7.6	12.1	14.9
受教育程度	未受过正规教育	12.0	0.2	11.0	0.6	29.1	47.1
	小学	23.8	0.1	16.3	2.5	18.6	38.7
	初中	26.5	0.1	13.1	5.3	25.1	29.9
	高中	31.1	0.2	13.2	3.0	15.4	37.1
	大学及以上	36.1	0.1	9.3	1.3	25.3	27.9

续表

目标观众		中央广播电视总台	中国教育台频道	江西省级频道	南昌市级频道	其他省级卫视频道	其他频道
职业类别	干部/管理人员	*	*	*	*	*	*
	个体/私营企业人员	15.0	0.1	8.6	2.8	29.8	43.7
	初级公务员/雇员	29.5	0.1	9.2	2.6	24.7	33.9
	工人	24.5	0.1	16.0	0.9	22.5	36.0
	学生	12.1	0.1	7.7	1.1	19.8	59.2
	无业	35.6	0.2	16.3	5.2	19.4	23.3
	其他	21.6	0.1	31.2	2.7	20.6	23.8
个人月收入	0～600元	13.5	0.1	9.3	2.0	26.8	48.3
	601～1200元	14.3	0.1	36.7	4.5	20.8	23.6
	1201～1700元	19.7	0.1	24.3	14.0	14.6	27.3
	1701～2600元	30.1	0.2	19.5	7.0	22.4	20.8
	2601～3500元	36.8	0.1	15.7	3.2	16.2	28.0
	3501～5000元	33.9	0.1	13.3	5.0	19.4	28.3
	5001元及以上	27.6	0.2	10.5	0.9	25.3	35.5

注：*表示目标观众样本量不足，无法进行统计推断。

表3.47.3　2022年南昌市场各类频道在不同时段的占有率

单位：%

时间段	中央广播电视总台	中国教育台频道	江西省级频道	南昌市级频道	其他省级卫视频道	其他频道
02：00～03：00	21.3	0.1	11.3	0.1	31.9	35.3
03：00～04：00	29.2	0.0	11.2	0.0	27.3	32.3
04：00～05：00	40.4	0.0	10.0	0.0	21.4	28.2
05：00～06：00	48.1	0.1	9.8	0.0	17.5	24.5
06：00～07：00	49.9	0.0	7.3	1.7	11.8	29.3
07：00～08：00	48.2	0.1	5.3	1.5	12.8	32.1
08：00～09：00	38.2	0.2	4.8	2.0	16.7	38.1
09：00～10：00	28.8	0.2	6.1	1.9	22.4	40.6
10：00～11：00	27.1	0.2	7.0	2.2	22.4	41.1
11：00～12：00	29.6	0.4	8.3	2.6	19.6	39.5
12：00～13：00	31.1	0.1	12.2	1.7	16.5	38.4
13：00～14：00	20.0	0.2	17.1	1.8	20.7	40.2
14：00～15：00	21.1	0.2	10.0	2.3	24.2	42.2
15：00～16：00	23.0	0.2	8.9	2.3	23.6	42.0

续表

时间段	中央广播电视总台	中国教育台频道	江西省级频道	南昌市级频道	其他省级卫视频道	其他频道
16：00～17：00	25.3	0.2	8.6	2.7	21.2	42.0
17：00～18：00	27.1	0.1	9.9	3.8	18.3	40.8
18：00～19：00	27.6	0.1	21.0	4.4	11.3	35.6
19：00～20：00	31.5	0.0	16.1	4.7	20.2	27.5
20：00～21：00	27.6	0.0	14.7	4.1	28.2	25.4
21：00～22：00	26.0	0.1	15.7	4.9	27.2	26.1
22：00～23：00	19.4	0.1	18.9	4.9	27.3	29.4
23：00～00：00	19.9	0.5	14.0	2.8	27.6	35.2
00：00～01：00	18.6	0.6	14.6	1.7	22.3	42.2
01：00～02：00	18.4	0.6	13.0	0.1	27.5	40.4

表 3.47.4　2022 年南昌市场收视份额排名前十位的频道

单位：%

名次	频道名称	收视份额
1	江西电视台都市频道（二套）	7.5
2	中央电视台综合频道	6.1
3	中央台四套	4.8
4	浙江卫视	3.0
5	中央电视台新闻频道	2.6
5	湖南卫视	2.6
5	中央台八套	2.6
8	江西卫视	2.5
9	南昌电视台公共频道（四套）	2.4
9	湖南电视台金鹰卡通频道	2.4

表 3.47.5　2022 年南昌市场各主要频道的观众构成

单位：%

目标观众		所有频道	主要频道						
			江西电视台都市频道（二套）	中央电视台综合频道	中央台四套	浙江卫视	中央电视台新闻频道	湖南卫视	中央台八套
4 岁及以上所有人		100.0	100.0	100.0	100.0	100.0	100.0	100.0	100.0
性别	男	50.5	43.1	46.3	63.0	50.9	57.7	39.0	44.9
	女	49.5	56.9	53.7	37.0	49.1	42.3	61.0	55.1

续表

目标观众		所有频道	主要频道						
			江西电视台都市频道（二套）	中央电视台综合频道	中央台四套	浙江卫视	中央电视台新闻频道	湖南卫视	中央台八套
年龄	4～14岁	16.7	9.0	6.4	3.0	15.7	6.1	11.2	6.4
	15～24岁	5.5	3.2	4.7	1.2	7.6	1.8	7.8	1.9
	25～34岁	15.1	7.4	6.2	3.4	37.8	6.6	30.1	6.2
	35～44岁	6.6	4.6	5.6	2.9	9.5	7.8	6.4	5.8
	45～54岁	14.2	14.3	14.3	20.6	13.0	10.0	12.0	12.4
	55～64岁	16.7	22.9	16.4	24.9	9.3	29.9	15.6	20.3
	65岁及以上	25.2	38.6	46.4	44.0	7.1	37.8	16.9	47.0
受教育程度	未受过正规教育	5.7	4.7	1.9	1.0	4.0	1.0	6.2	3.5
	小学	25.1	31.8	18.3	23.8	21.9	26.0	22.7	24.9
	初中	37.7	35.3	31.7	42.3	37.8	31.0	46.1	42.3
	高中	18.7	20.1	24.5	18.9	13.6	24.9	9.9	15.4
	大学及以上	12.8	8.1	23.6	14.0	22.7	17.1	15.1	13.9
职业类别	干部/管理人员	*	*	*	*	*	*	*	*
	个体/私营企业人员	10.7	5.2	4.7	4.3	14.8	3.2	13.6	5.9
	初级公务员/雇员	18.0	12.6	17.5	28.3	33.9	21.5	21.2	13.1
	工人	8.3	11.7	5.3	5.8	8.2	16.2	8.4	5.5
	学生	15.6	8.5	7.5	3.0	16.6	6.5	15.0	5.1
	无业	43.7	53.6	63.0	55.8	24.4	50.5	41.0	67.3
	其他	3.7	8.4	2.0	2.8	2.1	2.1	0.8	3.1
个人月收入	0～600元	26.8	17.9	12.7	9.5	28.9	9.5	26.4	13.6
	601～1200元	1.6	4.3	0.2	0.6	0.3	1.3	0.5	1.2
	1201～1700元	1.5	3.4	1.1	0.5	0.5	0.3	0.6	0.9
	1701～2600元	9.1	13.6	11.8	6.7	8.5	14.5	15.5	15.6
	2601～3500元	22.6	27.3	32.5	31.9	13.4	26.0	21.9	33.5
	3501～5000元	20.7	19.1	27.4	27.8	21.7	26.4	15.2	22.9
	5001元及以上	17.7	14.4	14.3	23.0	26.7	22.0	19.9	12.3

注：*表示目标观众样本量不足，无法进行统计推断。

表3.47.6　2020～2022年南昌市场各类节目的播出比重和收视比重

单位：%

节目类型	2020年		2021年		2022年	
	播出比重	收视比重	播出比重	收视比重	播出比重	收视比重
财经	0.9	0.6	1.0	0.5	1.0	0.7

续表

节目类型	2020 年		2021 年		2022 年	
	播出比重	收视比重	播出比重	收视比重	播出比重	收视比重
电视剧	24.5	37.3	23.7	39.9	23.4	34.0
电影	3.2	2.5	3.0	2.9	2.8	3.6
法制	0.8	0.9	1.0	1.0	1.2	1.0
教学	0.4	0.1	0.4	0.1	0.3	0.0
青少	7.6	5.4	7.4	4.0	7.6	5.2
生活服务	7.2	5.9	7.9	6.3	7.5	6.2
体育	3.6	0.6	3.9	1.2	4.9	2.4
外语	0.2	0.0	0.2	0.0	0.3	0.0
戏剧	0.6	0.2	0.5	0.1	0.6	0.3
新闻/时事	16.8	18.0	15.9	13.9	15.6	18.6
音乐	1.8	1.3	1.7	1.0	1.9	0.7
专题	14.7	6.7	15.9	6.8	16.5	8.3
综艺	5.6	10.1	5.9	11.9	5.3	8.7
其他	12.1	10.4	11.6	10.4	11.1	10.3

表 3.47.7　2022 年南昌市场所有节目收视率排名前三十位

单位：%

名次	节目名称	节目类型	播出频道	平均收视率	平均占有率
1	《龙腾虎跃中国年》	中央电视台综合频道	专题	6.6	28.5
2	《2022 中央广播电视总台春节联欢晚会》	中央电视台综合频道	综艺	5.5	21.3
3	《最强大脑之燃烧吧大脑》（1 月 14 日）	江苏卫视	综艺	4.3	23.9
4	《北京冬奥会短道速滑混合接力颁奖仪式》	中央台五套	体育	4.0	17.3
5	《2021 国剧盛典》	安徽卫视	综艺	3.8	14.8
6	《2022 年中央广播电视总台元宵晚会》	中央电视台综合频道	综艺	3.7	23.2
7	《开学第一课》	中央电视台综合频道	青少	3.5	22.8
8	《女足亚洲杯颁奖仪式》	中央台五套	体育	3.5	16.2
9	《科学控疫情统筹谋发展》	浙江卫视	新闻/时事	3.3	11.7
9	《闪光的乐队》（1 月 1 日）	浙江卫视	综艺	3.3	11.7
11	《完美伴侣》	湖南卫视	电视剧	3.0	13.3
12	《中国好声音》（10 月 28 日）	浙江卫视	综艺	2.8	24.0
13	《2021 我们的年度总结大会》	北京卫视	综艺	2.8	19.6

续表

名次	节目名称	节目类型	播出频道	平均收视率	平均占有率
14	《唱响这一年 2022 浙江卫视虎年春节特别节目》	浙江卫视	综艺	2.8	12.0
15	《输赢》（19～40）	浙江卫视	电视剧	2.8	9.4
16	《冰雪正当燃》（1月7日）	浙江卫视	综艺	2.7	21.8
17	《天赐的声音3》（4月1日）	浙江卫视	综艺	2.7	13.6
18	《为歌而赞》（第二季）（6月4日）	浙江卫视	综艺	2.6	15.2
19	《时光音乐会》	湖南卫视	综艺	2.5	10.6
20	《小敏家》	湖南卫视	电视剧	2.5	9.2
21	《王牌部队》（11～40集）	江苏卫视	电视剧	2.5	8.7
22	《2022年中央广播电视总台中秋晚会》	中央电视台综合频道	综艺	2.3	16.2
23	《特战荣耀》	浙江卫视	电视剧	2.3	10.4
24	《输赢》（19～40集）	北京卫视	电视剧	2.3	7.6
25	《北京2022年冬残奥会闭幕式特别报道》	中央电视台新闻频道	体育	2.2	16.9
26	《云上的小店》	湖南卫视	综艺	2.1	20.8
27	《王牌对王牌》	浙江卫视	综艺	2.1	12.4
28	《青春环游记》	浙江卫视	综艺	2.1	8.9
29	《突围》（27～45集）	深圳卫视	电视剧	2.1	7.1
30	《国务院总理会见中外记者并回答提问》	中央电视台综合频道	新闻/时事	2.0	10.7

表3.47.8　2022年南昌市场电视剧收视率排名前十位

单位：%

名次	节目名称	播出频道	平均收视率	平均占有率
1	《完美伴侣》	湖南卫视	3.0	13.3
2	《输赢》（19～40集）	浙江卫视	2.8	9.4
3	《小敏家》	湖南卫视	2.5	9.2
4	《王牌部队》（11～40集）	江苏卫视	2.5	8.7
5	《特战荣耀》	浙江卫视	2.3	10.4
6	《输赢》（19～40集）	北京卫视	2.3	7.6
7	《突围》（27～45集）	深圳卫视	2.1	7.1
8	《好好说话》	湖南卫视	1.9	9.8
9	《舌尖上的心跳》	浙江卫视	1.9	8.7
10	《妈妈的秘密》	江西电视台都市频道（二套）	1.8	10.5

表 3.47.9　2022 年南昌市场新闻节目收视率排名前十位

单位：%

名次	节目名称	播出频道	平均收视率	平均占有率
1	《科学控疫情统筹谋发展》	浙江卫视	3.3	11.7
2	《国务院总理会见中外记者并回答提问》	中央电视台综合频道	2.0	10.7
3	《中国共产党第二十次全国代表大会开幕会专题新闻》	中央电视台综合频道	1.9	12.0
4	《省党代会特别报道》	浙江卫视	1.7	9.8
5	《都市现场》	江西电视台都市频道（二套）	1.5	12.9
6	《省委十五届一次全会特别报道》	浙江卫视	1.5	9.5
7	《筑梦空间站神舟十四号航天员返回特别报道》	中央台四套	1.4	9.4
8	《中国舆论场》	中央台四套	1.3	7.3
9	《新闻联播》	中央电视台综合频道	1.2	8.6
10	《今日亚洲》	中央台四套	1.1	6.7

表 3.47.10　2022 年南昌市场专题节目收视率排名前十位

单位：%

名次	节目名称	播出频道	平均收视率	平均占有率
1	《龙腾虎跃中国年》	中央电视台综合频道	6.6	28.5
2	《幸福配方》	江西电视台都市频道（二套）	1.7	7.4
3	《相知跨千年携手创未来——习近平主席赴沙特利雅得出访纪实》	中央电视台综合频道	1.5	9.4
4	《都市情缘》	江西电视台都市频道（二套）	1.5	9.0
5	《老区潮起》	江西电视台都市频道（二套）	1.5	8.5
6	《古韵新声清明》	中央电视台综合频道	1.5	7.7
7	《丝路古道焕新机——习近平主席出席上合组织撒马尔罕峰会出访中亚两国》	中央电视台综合频道	1.4	9.9
8	《长风浩荡启新程——习近平主席出席二十国集团领导人第十七次峰会》	中央电视台综合频道	1.3	7.1
9	《2021 诚信之星》	安徽卫视	1.2	11.3
10	《功勋闪耀新时代》	中央电视台综合频道	1.1	8.0

表 3.47.11　2022 年南昌市场综艺节目收视率排名前十位

单位：%

名次	节目名称	播出频道	平均收视率	平均占有率
1	《2022 中央广播电视总台春节联欢晚会》	中央电视台综合频道	5.5	21.3
2	《最强大脑之燃烧吧大脑》（1 月 14 日）	江苏卫视	4.3	23.9

续表

名次	节目名称	播出频道	平均收视率	平均占有率
3	《2021 国剧盛典》	安徽卫视	3.8	14.8
4	《2022 年中央广播电视总台元宵晚会》	中央电视台综合频道	3.7	23.2
5	《闪光的乐队》（1 月 1 日）	浙江卫视	3.3	11.7
6	《中国好声音》（10 月 28 日）	浙江卫视	2.8	24.0
7	《2021 我们的年度总结大会》	北京卫视	2.8	19.6
8	《唱响这一年 2022 浙江卫视虎年春节特别节目》	浙江卫视	2.8	12.0
9	《冰雪正当燃》（1 月 7 日）	浙江卫视	2.7	21.8
10	《天赐的声音 3》（4 月 1 日）	浙江卫视	2.7	13.6

表 3.47.12　2022 年南昌市场体育节目收视率排名前十位

单位：%

名次	节目名称	播出频道	平均收视率	平均占有率
1	《北京冬奥会短道速滑混合接力颁奖仪式》	中央台五套	4.0	17.3
2	《女足亚洲杯颁奖仪式》	中央台五套	3.5	16.2
3	《北京 2022 年冬残奥会闭幕式特别报道》	中央电视台综合频道	2.2	16.9
4	《我爱世界杯：2022 年世界杯小组赛 H 组第 2 轮》（韩国 VS 加纳）	中央台五套	1.9	16.0
5	《现场直播：2022 年世界乒乓球团体锦标赛男团决赛》	中央台五套	1.0	6.7
6	《现场直播：2022 年世界女排锦标赛小组赛第 4 轮》（中国队 VS 捷克队）	中央台五套	1.0	6.6
7	《现场直播：2021/2022 赛季 CBA 总决赛第三场》（浙江广厦控股 VS 辽宁本钢）	中央台五套	0.8	3.6
8	《实况录像：2022 年世界举重锦标赛男子 67 公斤级决赛抓举》	中央广播电视总台奥林匹克频道	0.7	6.7
8	《现场直播：2022 年女排亚洲杯决赛》（中国队 VS 日本队）	中央台五套	0.7	5.8
10	《现场直播：2022 年世乒联世界杯决赛男单 1/4 决赛》	中央台五套	0.6	3.6

四十八　南京收视数据

表 3.48.1　2018～2022 年南京市场各类频道的占有率

单位：%

频道类别	2018 年	2019 年	2020 年	2021 年	2022 年
中央广播电视总台	38.7	34.2	31.4	27.4	36.5
中国教育台频道	0.1	0.1	0.1	0.0	0.1
江苏省级频道	17.0	18.9	15.5	15.6	10.1
南京市级频道	4.9	4.2	4.0	3.0	2.7
其他省级卫视频道	20.5	21.4	24.2	24.1	21.2
其他频道	18.8	21.2	24.8	29.9	29.4

表 3.48.2　2022 年南京市场各类频道在不同目标观众中的占有率

单位：%

目标观众		中央广播电视总台	中国教育台频道	江苏省级频道	南京市级频道	其他省级卫视频道	其他频道
4 岁及以上所有人		36.5	0.1	10.1	2.7	21.2	29.4
性别	男	39.9	0.1	9.6	2.5	20.3	27.6
	女	33.0	0.1	10.7	2.9	22.2	31.1
年龄	4～14 岁	13.1	0.0	5.0	1.7	23.0	57.2
	15～24 岁	28.3	0.1	13.7	1.0	23.6	33.3
	25～34 岁	21.0	0.1	8.3	1.5	29.5	39.6
	35～44 岁	22.7	0.1	12.9	1.2	25.8	37.3
	45～54 岁	40.8	0.0	8.4	1.3	16.4	33.1
	55～64 岁	39.5	0.2	10.6	3.6	23.7	22.4
	65 岁及以上	46.1	0.0	11.3	4.6	18.6	19.4
受教育程度	未受过正规教育	37.8	0.0	9.6	4.2	23.3	25.1
	小学	38.0	0.1	12.5	3.9	21.2	24.3
	初中	37.7	0.1	12.5	3.4	20.4	25.9
	高中	38.3	0.1	7.6	2.1	18.7	33.2
	大学及以上	31.6	0.0	8.5	1.2	24.6	34.1

续表

目标观众		中央广播电视总台	中国教育台频道	江苏省级频道	南京市级频道	其他省级卫视频道	其他频道
职业类别	干部/管理人员	*	*	*	*	*	*
	个体/私营企业人员	36.6	0.0	9.7	1.0	19.7	33.0
	初级公务员/雇员	33.3	0.1	8.2	1.0	24.0	33.4
	工人	37.3	0.0	13.5	2.6	20.8	25.8
	学生	15.9	0.1	14.1	1.6	17.0	51.3
	无业	39.1	0.1	9.8	3.6	21.1	26.3
	其他	44.8	0.1	10.9	4.6	19.3	20.3
个人月收入	0～600元	24.6	0.1	10.8	2.5	20.0	42.0
	601～1200元	55.1	0.0	9.2	4.5	23.1	8.1
	1201～1700元	32.2	0.0	11.2	7.5	17.3	31.8
	1701～2600元	35.2	0.1	9.9	2.6	23.8	28.4
	2601～3500元	36.3	0.1	11.3	3.5	19.4	29.4
	3501～5000元	44.9	0.0	9.7	2.7	21.9	20.8
	5001元及以上	35.2	0.1	9.6	1.5	21.7	31.9

注：* 表示该目标观众样本量不足，无法进行统计推断。

表 3.48.3　2022年南京市场各类频道在不同时段的占有率

单位：%

时间段	中央广播电视总台	中国教育台频道	江苏省级频道	南京市级频道	其他省级卫视频道	其他频道
02：00～03：00	26.2	0.1	3.5	0.2	21.9	48.1
03：00～04：00	29.8	0.0	3.1	0.3	21.5	45.3
04：00～05：00	35.3	0.0	2.9	0.2	21.8	39.8
05：00～06：00	47.6	0.1	2.2	0.1	20.0	30.0
06：00～07：00	58.8	0.1	3.1	0.5	14.5	23.0
07：00～08：00	63.6	0.2	3.8	1.6	10.2	20.6
08：00～09：00	52.6	0.4	4.9	1.8	13.7	26.6
09：00～10：00	39.9	0.3	6.4	2.0	20.8	30.6
10：00～11：00	36.6	0.2	6.7	2.2	21.4	32.9
11：00～12：00	38.9	0.1	8.2	1.5	19.3	32.0
12：00～13：00	42.7	0.0	6.8	1.1	18.0	31.4
13：00～14：00	35.2	0.1	7.2	0.9	23.4	33.2
14：00～15：00	31.3	0.1	6.5	1.1	27.8	33.2
15：00～16：00	30.5	0.1	6.2	1.5	28.4	33.3

续表

时间段	中央广播电视总台	中国教育台频道	江苏省级频道	南京市级频道	其他省级卫视频道	其他频道
16：00～17：00	32.9	0.1	6.4	1.2	25.9	33.5
17：00～18：00	35.7	0.0	9.5	4.6	19.9	30.3
18：00～19：00	38.3	0.0	20.4	6.2	9.1	26.0
19：00～20：00	42.6	0.0	14.2	2.9	17.5	22.8
20：00～21：00	35.4	0.0	11.5	3.8	25.5	23.8
21：00～22：00	34.8	0.0	11.3	3.3	24.0	26.6
22：00～23：00	29.9	0.0	11.4	2.0	23.7	33.0
23：00～00：00	29.5	0.1	7.4	1.8	23.0	38.2
00：00～01：00	28.2	0.1	5.0	0.8	17.4	48.5
01：00～02：00	24.2	0.1	4.5	0.3	18.0	52.9

表 3.48.4　2022 年南京市场收视份额排名前十位的频道

单位：%

名次	频道名称	收视份额
1	中央台四套	6.2
2	中央台八套	6.1
3	中央台六套	4.9
4	中央电视台综合频道	4.3
5	中央电视台新闻频道	3.6
6	江苏卫视	3.5
7	浙江卫视	3.4
8	江苏电视台城市频道	3.1
9	中央台五套	2.9
10	湖南卫视	2.8

表 3.48.5　2022 年南京市场各主要频道的观众构成

单位：%

目标观众		所有频道	中央台四套	中央台八套	中央台六套	中央电视台综合频道	中央电视台新闻频道
4 岁及以上所有人		100.0	100.0	100.0	100.0	100.0	100.0
性别	男	51.2	62.0	47.1	60.5	55.7	57.8
	女	48.8	38.0	52.9	39.5	44.3	42.2

续表

目标观众		所有频道	中央台四套	中央台八套	中央台六套	中央电视台综合频道	中央电视台新闻频道
年龄	4～14 岁	4.5	0.9	0.8	1.1	2.6	1.2
	15～24 岁	5.9	1.3	4.2	4.5	3.8	5.9
	25～34 岁	11.5	3.7	3.9	5.2	9.7	4.6
	35～44 岁	7.7	2.2	7.2	6.1	5.3	5.3
	45～54 岁	23.4	20.9	23.7	35.7	22.5	34.8
	55～64 岁	16.8	19.1	21.3	17.8	18.6	16.5
	65 岁及以上	30.2	51.9	38.9	29.6	37.5	31.7
受教育程度	未受过正规教育	6.9	4.9	7.5	12.9	5.8	4.7
	小学	14.4	11.7	20.7	15.3	16.1	14.3
	初中	30.8	33.4	34.7	38.8	31.4	24.0
	高中	25.8	36.8	22.3	20.8	26.0	30.5
	大学及以上	22.1	13.2	14.8	12.2	20.7	26.5
职业类别	干部/管理人员	*	*	*	*	*	*
	个体/私营企业人员	9.9	4.9	6.3	9.7	7.5	18.7
	初级公务员/雇员	18.9	12.7	12.7	21.4	23.2	14.7
	工人	12.6	12.1	16.8	19.5	9.3	9.9
	学生	4.9	1.1	0.9	2.4	2.5	4.8
	无业	48.5	63.9	56.3	35.3	51.5	46.8
	其他	4.7	5.0	6.5	11.0	5.1	4.8
个人月收入	0～600 元	17.5	8.6	13.1	10.9	11.0	12.6
	601～1200 元	5.3	5.4	13.9	13.4	6.1	6.3
	1201～1700 元	3.2	2.5	3.2	4.4	2.5	2.5
	1701～2600 元	8.6	8.8	6.9	10.7	7.6	10.0
	2601～3500 元	15.1	14.6	11.7	13.1	16.6	19.8
	3501～5000 元	21.3	32.5	32.2	20.1	31.0	15.2
	5001 元及以上	29.0	27.6	19.0	27.4	25.2	33.6

注：* 表示该目标观众样本量不足，无法进行统计推断。

表 3.48.6　2020～2022 年南京市场各类节目的播出比重和收视比重

单位：%

节目类别	2020 年		2021 年		2022 年	
	播出比重	收视比重	播出比重	收视比重	播出比重	收视比重
财经	1.6	0.6	1.7	0.5	1.7	0.9
电视剧	20.6	33.0	20.1	33.4	20.7	29.7

续表

节目类别	2020 年		2021 年		2022 年	
	播出比重	收视比重	播出比重	收视比重	播出比重	收视比重
电影	3.2	4.8	3.1	4.7	3.2	6.5
法制	0.8	1.1	0.9	1.1	1.1	0.8
教学	0.4	0.1	0.4	0.1	0.3	0.0
青少	6.9	4.0	6.7	2.8	7.0	2.1
生活服务	9.2	6.8	9.4	6.8	9.5	6.5
体育	5.0	1.8	5.0	3.0	5.9	4.1
外语	0.1	0.0	0.2	0.0	0.2	0.0
戏剧	0.6	0.4	0.5	0.3	0.6	0.3
新闻/时事	15.4	17.8	14.5	15.7	14.2	17.4
音乐	1.8	1.1	1.6	0.6	1.8	0.8
专题	14.6	5.9	16.5	6.4	16.3	7.6
综艺	6.6	10.9	6.6	13.3	5.8	12.4
其他	13.2	11.7	12.8	11.3	11.7	10.9

表 3.48.7　2022 年南京市场所有节目收视率排名前三十位

单位：%

名次	节目名称	节目类型	播出频道	平均收视率	平均占有率
1	《2022 中央广播电视总台春节联欢晚会》	综艺	中央电视台综合频道	7.2	31.7
2	《2022～2023 跨年晚会》	综艺	湖南卫视	6.7	27.0
3	《天赐的声音 3》（5 月 6 日）	综艺	浙江卫视	5.3	45.2
4	《2023 跨年演唱会》（用奋斗点亮幸福）	音乐	江苏卫视	4.7	18.5
5	《中国好声音》（9 月 9 日）	综艺	浙江卫视	4.0	16.2
6	《2022 年北京冬奥会短道速滑女子 1000 米预赛》	体育	中央台五套	3.9	17.8
7	《凭栏一片风云起》	电视剧	湖南卫视	3.8	17.9
8	《为歌而赞》（第二季）（5 月 28 日）	综艺	浙江卫视	3.5	14.9
9	《超级 818 汽车狂欢夜 2022 浙江卫视年中盛典》	综艺	浙江卫视	3.4	15.5
10	《我们的歌》（第四季）（10 月 9 日）	综艺	东方卫视	3.3	19.0
11	《王牌对王牌》	综艺	浙江卫视	3.3	17.8
12	《超脑少年团》（9 月 9 日）	综艺	江苏卫视	3.3	13.1
13	《追星星的人》	综艺	浙江卫视	3.1	25.9
14	《特战荣耀》	电视剧	浙江卫视	3.1	15.0

续表

名次	节目名称	节目类型	播出频道	平均收视率	平均占有率
15	《花好月圆中秋赏歌会》	音乐	浙江卫视	3.1	14.5
16	《底线》（9月19日至10月18日）	电视剧	湖南卫视	3.0	15.7
17	《开播情景喜剧》（6月5日）	综艺	东方卫视	3.0	15.4
18	《运河边的人们》	电视剧	浙江卫视	3.0	12.5
19	《闪光的乐队》（1月29日）	综艺	浙江卫视	2.9	14.1
20	《她们的名字》	电视剧	浙江卫视	2.8	12.9
21	《蒙面舞王》（7月31日）	综艺	江苏卫视	2.6	18.4
22	《2022年女足亚洲杯决赛》（中国VS韩国）	体育	中央台五套	2.6	13.2
23	《我爱世界杯：2022年世界杯C组小组赛第1轮》（阿根廷VS沙特阿拉伯）	体育	中央台五套	2.5	20.8
24	《听说很好吃》	综艺	浙江卫视	2.5	19.5
25	《大考》	电视剧	浙江卫视	2.5	14.4
26	《舌尖上的心跳》	电视剧	浙江卫视	2.5	11.6
27	《现场直播：2022年世界乒乓球团体锦标赛女团决赛》	体育	中央台五套	2.5	11.1
28	《2022北京广播电视台中秋晚会》	综艺	北京卫视	2.5	10.9
29	《雪狼花》	电影	中央台六套	2.4	11.4
30	《金刚川》	电影	中央台六套	2.4	11.3

表3.48.8　2022年南京市场电视剧收视率排名前十位

单位：%

名次	节目名称	播出频道	平均收视率	平均占有率
1	《凭栏一片风云起》	湖南卫视	3.8	17.9
2	《特战荣耀》	浙江卫视	3.1	15.0
3	《底线》（9月19日至10月18日）	湖南卫视	3.0	15.7
4	《运河边的人们》	浙江卫视	3.0	12.5
5	《她们的名字》	浙江卫视	2.8	12.9
6	《大考》	浙江卫视	2.5	14.4
7	《舌尖上的心跳》	浙江卫视	2.5	11.6
8	《决胜零距离》	中央台八套	2.3	10.4
9	《新居之约》	中央电视台综合频道	2.2	11.5
10	《春风又绿江南岸》	浙江卫视	2.1	9.8

表 3.48.9　2022 年南京市场新闻节目收视率排名前十位

单位：%

名次	节目名称	播出频道	平均收视率	平均占有率
1	《科学控疫情统筹谋发展》	浙江卫视	2.2	9.1
2	《筑梦空间站神舟十四号航天员返回特别报道》	中央台四套	2.1	13.5
3	《中国舆论场》	中央台四套	1.8	9.0
4	《省委十五届一次全会特别报道》（6 月 23 日）	浙江卫视	1.8	6.6
5	《今日关注》	中央台四套	1.6	10.1
6	《中国共产党第二十次全国代表大会开幕会专题新闻》（10 月 16 日）	中央电视台综合频道	1.4	7.8
7	《省党代会特别报道》	浙江卫视	1.4	6.6
8	《团结奋斗向复兴》（12 月 31 日）	中央电视台新闻频道	1.3	10.1
9	《新闻联播》	中央电视台综合频道	1.3	8.7
10	《今日亚洲》	中央台四套	1.3	6.9

表 3.48.10　2022 年南京市场专题节目收视率排名前十位

单位：%

名次	节目名称	播出频道	平均收视率	平均占有率
1	《时代楷模》（5 月 6 日）	中央电视台综合频道	2.0	9.2
2	《龙腾虎跃中国年》	中央电视台综合频道	1.8	13.4
3	《2021 诚信之星》	江苏电视台城市频道	1.8	7.6
4	《江苏时代楷模发布厅》（2 月 8 日）	江苏电视台城市频道	1.8	7.3
5	《我在岛屿读书》	江苏卫视	1.4	11.5
6	《知识进化论——樊登 4.23 世界读书日年度主题演讲》	深圳卫视	1.3	6.1
7	《315 公平守正安心消费》	中央台二套	1.2	6.8
8	《闪亮的名字——2022 最美教师发布仪式》	中央电视台综合频道	1.2	4.8
9	《相知跨千年携手创未来——习近平主席赴沙特利雅得出访纪实》	中央电视台综合频道	1.1	5.6
10	《航拍中国》（第四季）	中央台四套	1.1	5.3

表 3.48.11　2022 年南京市场综艺节目收视率排名前十位

单位：%

名次	节目名称	播出频道	平均收视率	平均占有率
1	《2022 中央广播电视总台春节联欢晚会》	中央电视台综合频道	7.2	31.7
2	《2022～2023 跨年晚会》	湖南卫视	6.7	27.0
3	《天赐的声音 3》（5 月 6 日）	浙江卫视	5.3	45.2

续表

名次	节目名称	播出频道	平均收视率	平均占有率
4	《中国好声音》（9月9日）	浙江卫视	4.0	16.2
5	《为歌而赞》（第二季）（5月28日）	浙江卫视	3.5	14.9
6	《超级818汽车狂欢夜2022浙江卫视年中盛典》	浙江卫视	3.4	15.5
7	《我们的歌》（第四季）（10月9日）	东方卫视	3.3	19.0
8	《王牌对王牌》	浙江卫视	3.3	17.8
9	《超脑少年团》（9月9日）	江苏卫视	3.3	13.1
10	《追星星的人》	浙江卫视	3.1	25.9

表 3.48.12 2022年南京市场体育节目收视率排名前十位

单位：%

名次	节目名称	播出频道	平均收视率	平均占有率
1	《2022年北京冬奥会短道速滑女子1000米预赛》	中央台五套	3.9	17.8
2	《2022年女足亚洲杯决赛》（中国VS韩国）	中央台五套	2.6	13.2
3	《我爱世界杯：2022年世界杯C组小组赛第1轮》（阿根廷VS沙特阿拉伯）	中央台五套	2.5	20.8
4	《现场直播：2022年世界乒乓球团体锦标赛女团决赛》	中央台五套	2.5	11.1
5	《现场直播：2022年全国男子举重锦标赛61公斤级决赛抓举》	中央台五套	1.8	12.6
6	《现场直播：2022年女篮世界杯1/4决赛》（中国队VS法国队）	中央台五套	1.7	20.0
7	《现场直播：2022年世界女排锦标赛小组赛》（中国VS日本）	中央台五套	1.7	8.6
8	《现场直播：2022年世乒联世界杯决赛男单决赛》	中央台五套	1.7	7.9
9	《现场直播：2022年CBA全明星周末扣篮大赛》	中央台五套	1.5	9.2
10	《现场直播：2022年世界女排联赛总决赛1/4决赛》（中国VS意大利）	中央台五套	1.4	8.0

四十九　南宁收视数据

表 3.49.1　2018～2022 年南宁市场各类频道的占有率

单位：%

频道类别	2018 年	2019 年	2020 年	2021 年	2022 年
中央广播电视总台	31.7	30.8	29.1	23.5	30.9
中国教育台频道	0.1	0.1	0.1	0.1	0.1
广西自治区级频道	24.1	17.0	13.6	12.3	16.1
南宁市级频道	7.7	7.2	8.5	7.5	7.5
其他省级卫视频道	19.8	23.2	24.5	25.4	19.0
其他频道	16.6	21.7	24.2	31.2	26.4

表 3.49.2　2022 年南宁市场各类频道在不同目标观众中的占有率

单位：%

目标观众		中央广播电视总台	中国教育台频道	广西自治区级频道	南宁市级频道	其他省级卫视频道	其他频道
4 岁及以上所有人		30.9	0.1	16.1	7.5	19.0	26.4
性别	男	33.6	0.1	15.0	7.4	17.5	26.4
	女	28.0	0.1	17.3	7.7	20.5	26.5
年龄	4～14 岁	15.2	0.1	6.2	2.6	21.7	54.3
	15～24 岁	28.4	0.1	14.3	4.5	25.1	27.7
	25～34 岁	17.9	0.1	12.1	9.8	20.0	40.1
	35～44 岁	28.5	0.1	12.3	5.2	23.7	30.3
	45～54 岁	32.7	0.1	17.2	9.8	20.5	19.9
	55～64 岁	33.0	0.1	25.3	9.8	14.7	17.2
	65 岁及以上	44.5	0.1	19.6	8.7	14.7	12.5
受教育程度	未受过正规教育	16.8	0.1	5.2	2.9	26.9	48.1
	小学	23.5	0.1	18.7	7.1	20.2	30.5
	初中	36.1	0.1	16.2	7.6	17.7	22.4
	高中	30.1	0.1	20.2	8.2	19.6	22.0
	大学及以上	34.4	0.0	11.4	8.6	16.7	28.9

续表

目标观众		中央广播电视总台	中国教育台频道	广西自治区级频道	南宁市级频道	其他省级卫视频道	其他频道
职业类别	干部/管理人员	*	*	*	*	*	*
	个体/私营企业人员	33.1	0.1	11.8	6.7	18.4	29.9
	初级公务员/雇员	22.3	0.1	17.7	7.7	21.6	30.6
	工人	42.8	0.2	11.4	4.5	23.9	17.3
	学生	19.8	0.1	8.8	3.4	21.1	46.8
	无业	36.5	0.1	17.5	8.5	16.3	21.2
	其他	23.1	0.1	25.4	10.4	22.3	18.7
个人月收入	0～600元	20.6	0.1	13.6	6.9	19.9	38.9
	601～1200元	41.2	0.1	17.3	3.5	14.1	24.0
	1201～1700元	25.2	0.0	17.3	10.8	38.5	8.2
	1701～2600元	31.7	0.0	20.0	8.8	16.9	22.6
	2601～3500元	34.9	0.1	20.0	8.8	19.2	17.0
	3501～5000元	35.7	0.1	10.5	6.4	18.2	29.1
	5001元及以上	35.1	0.0	15.6	6.2	16.3	26.7

注：*表示该目标观众样本量不足，无法进行统计推断。

表3.49.3　2022年南宁市场各类频道不同时段的占有率

单位：%

时间段	中央广播电视总台	中国教育台频道	广西自治区级频道	南宁市级频道	其他省级卫视频道	其他频道
02：00～03：00	36.8	0.0	6.0	2.4	15.5	39.3
03：00～04：00	34.3	0.0	4.1	2.8	11.9	46.9
04：00～05：00	35.1	0.0	2.0	3.9	11.2	47.8
05：00～06：00	29.8	0.0	3.2	3.8	13.1	50.1
06：00～07：00	53.6	0.0	7.0	0.9	14.2	24.3
07：00～08：00	46.5	0.0	4.8	3.7	16.9	28.1
08：00～09：00	37.6	0.1	3.8	5.5	17.4	35.6
09：00～10：00	28.5	0.2	6.5	5.1	19.7	40.0
10：00～11：00	30.1	0.3	7.9	5.1	17.8	38.8
11：00～12：00	33.9	0.1	10.4	4.3	17.0	34.3
12：00～13：00	40.8	0.0	8.1	3.3	16.7	31.1
13：00～14：00	31.6	0.1	8.1	4.0	20.8	35.4
14：00～15：00	25.8	0.1	8.8	4.9	22.1	38.3
15：00～16：00	27.2	0.1	9.2	4.6	21.8	37.1

续表

时间段	中央广播电视总台	中国教育台频道	广西自治区级频道	南宁市级频道	其他省级卫视频道	其他频道
16：00～17：00	29.8	0.1	9.5	4.6	21.6	34.4
17：00～18：00	34.3	0.0	8.4	5.1	22.0	30.2
18：00～19：00	31.6	0.0	17.8	12.4	14.2	24.0
19：00～20：00	30.2	0.0	21.1	12.7	14.9	21.1
20：00～21：00	28.3	0.0	23.1	7.4	19.7	21.5
21：00～22：00	30.0	0.0	20.6	7.0	20.1	22.3
22：00～23：00	29.5	0.1	15.1	9.0	23.3	23.0
23：00～00：00	27.8	0.1	21.7	6.4	22.6	21.4
00：00～01：00	36.8	0.2	18.4	5.6	14.4	24.6
01：00～02：00	45.0	0.3	8.5	2.2	13.8	30.2

表 3.49.4　2022 年南宁市场收视份额排名前十位的频道

单位：%

名次	频道名称	收视份额
1	广西广播电视台综艺旅游频道	6.6
2	中央台四套	4.7
3	中央台五套	4.5
4	中央电视台新闻频道	4.0
5	南宁广播电视台新闻综合频道	3.5
6	广西广播电视台影视频道	3.3
7	中央电视台综合频道	3.2
8	中央台六套	3.0
9	南宁广播电视台影视娱乐频道	2.7
10	江苏卫视	2.6

表 3.49.5　2022 年南宁市场各主要频道的观众构成

单位：%

目标观众		所有频道	主要频道				
			广西广播电视台综艺旅游频道	中央台四套	中央台五套	中央电视台新闻频道	南宁广播电视台新闻综合频道
4 岁及以上所有人		100.0	100.0	100.0	100.0	100.0	100.0
性别	男	50.3	45.9	63.4	52.5	59.3	49.3
	女	49.7	54.1	36.6	47.5	40.7	50.7

续表

目标观众		所有频道	主要频道				
			广西广播电视台综艺旅游频道	中央台四套	中央台五套	中央电视台新闻频道	南宁广播电视台新闻综合频道
年龄	4～14岁	13.5	5.3	3.1	5.7	5.9	4.9
	15～24岁	7.0	5.7	3.6	7.0	5.5	4.2
	25～34岁	11.2	10.4	3.1	8.8	5.9	16.1
	35～44岁	13.4	4.9	7.1	12.0	7.4	10.4
	45～54岁	14.2	17.8	17.0	11.7	20.6	17.9
	55～64岁	15.3	27.4	14.5	19.9	22.8	18.5
	65岁及以上	25.4	28.5	51.6	35.0	31.9	28.1
受教育程度	未受过正规教育	5.7	2.2	1.6	3.1	2.8	2.5
	小学	19.1	16.0	9.9	14.5	12.6	15.6
	初中	32.6	37.1	52.0	34.1	32.6	33.8
	高中	24.5	31.3	22.2	23.4	16.1	26.6
	大学及以上	18.2	13.4	14.4	24.8	35.9	21.5
职业类别	干部/管理人员	*	*	*	*	*	*
	个体/私营企业人员	16.5	8.9	14.2	18.4	19.8	19.4
	初级公务员/雇员	14.6	18.0	7.9	13.0	8.0	12.0
	工人	5.2	3.8	8.1	7.3	12.9	4.1
	学生	11.0	3.8	3.4	7.2	5.9	5.6
	无业	41.4	45.5	58.1	47.8	37.3	47.7
	其他	11.1	19.9	8.3	6.3	16.1	11.1
个人月收入	0～600元	25.0	17.5	10.1	16.2	14.6	19.0
	601～1200元	4.9	6.9	8.2	6.2	10.7	1.8
	1201～1700元	3.7	3.0	2.1	1.2	3.5	6.9
	1701～2600元	19.4	26.3	22.0	20.9	21.0	22.0
	2601～3500元	21.6	31.4	26.6	22.7	9.1	29.7
	3501～5000元	18.3	7.9	25.9	21.0	30.0	15.9
	5001元及以上	7.1	7.1	5.1	11.9	11.1	4.7

注：*表示该目标观众样本量不足，无法进行统计推断。

表3.49.6　2020～2022年南宁市场各类节目的播出比重和收视比重

单位：%

节目类别	2020年		2021年		2022年	
	播出比重	收视比重	播出比重	收视比重	播出比重	收视比重
财经	0.9	0.8	1.0	0.7	1.0	0.9

续表

节目类别	2020 年		2021 年		2022 年	
	播出比重	收视比重	播出比重	收视比重	播出比重	收视比重
电视剧	23.9	33.4	24.0	33.9	24.0	31.1
电影	3.3	2.7	3.1	2.8	3.1	3.7
法制	0.9	1.2	0.9	1.1	0.9	1.5
教学	0.3	0.1	0.3	0.0	0.3	0.0
青少	7.3	5.3	7.2	5.8	7.2	5.4
生活服务	7.4	5.6	7.8	5.7	7.8	5.7
体育	3.7	3.6	4.1	5.4	4.1	6.8
外语	0.2	0.0	0.5	0.1	0.5	0.0
戏剧	0.6	0.1	0.6	0.1	0.6	0.1
新闻/时事	16.6	20.1	15.5	16.6	15.5	18.7
音乐	1.9	1.1	1.7	1.0	1.7	0.7
专题	14.2	6.4	15.0	5.7	15.0	7.4
综艺	5.7	8.9	6.0	10.5	6.0	6.7
其他	13.1	10.7	12.4	10.7	12.5	11.2

表 3.49.7　2022 年南宁市场所有节目收视率排名前三十位

单位：%

名次	节目名称	节目类别	播出频道	平均收视率	平均占有率
1	《北京冬奥会短道速滑混合接力颁奖仪式》	体育	中央台五套	8.0	26.4
2	《女足亚洲杯颁奖仪式》	体育	中央台五套	7.1	23.3
3	《我爱世界杯：2022 年世界杯小组赛 E 组第 1 轮》（德国 VS 日本）	体育	中央台五套	6.8	34.4
4	《2022 中央广播电视总台春节联欢晚会》	综艺	中央电视台综合频道	6.5	21.9
5	《开学第一课》	青少	中央电视台综合频道	6.4	21.3
6	《龙腾虎跃中国年》	专题	中央电视台综合频道	5.8	18.9
7	《现场直播：2022 年世乒联世界杯决赛男单决赛》	体育	中央台五套	5.4	25.6
8	《蒙面舞王》（9 月 4 日）	综艺	江苏卫视	4.6	22.2
9	《现场直播：2022 年世界女排联赛土耳其站》（中国 VS 意大利）	体育	中央台五套	4.3	20.2
10	《抗战豪侠李二枪》（9～33 集）	电视剧	广西广播电视台综艺旅游频道	4.0	14.9
11	《丛林战狼》	电视剧	广西广播电视台综艺旅游频道	4.0	14.0
12	《绞杀狼穴》	电视剧	广西广播电视台综艺旅游频道	3.7	14.1

续表

名次	节目名称	节目类别	播出频道	平均收视率	平均占有率
13	《野狼行动组》	电视剧	广西广播电视台综艺旅游频道	3.6	15.2
14	《血战到底》	电视剧	广西广播电视台综艺旅游频道	3.5	12.3
15	《傲骨秋霜》	电视剧	广西广播电视台综艺旅游频道	3.4	14.1
16	《天下书院半湖湘》	专题	湖南卫视	3.3	14.1
17	《现场直播：2022 年女篮世界杯半决赛》（澳大利亚队 VS 中国队）	体育	中央台五套	3.2	23.4
18	《新居之约》	电视剧	中央电视台综合频道	2.9	11.2
19	《眼镜蛇突击队》	电视剧	广西广播电视台综艺旅游频道	2.8	12.8
20	《2022 跨年演唱会》（用奋斗点亮幸福）	音乐	江苏卫视	2.8	11.9
21	《现场直播：2023 年男篮世界杯亚洲区预选赛》（伊朗队 VS 中国队）	体育	中央台五套	2.7	16.0
22	《刀客英雄》	电视剧	广西广播电视台综艺旅游频道	2.7	11.0
23	《实况录像：2022 年国际泳联世锦赛跳水女子双人三米板预赛》	体育	中央台五套	2.7	10.8
24	《草根英雄赵传奇二》	电视剧	广西广播电视台综艺旅游频道	2.6	12.9
25	《绝地重生》	电视剧	广西广播电视台综艺旅游频道	2.6	11.1
26	《新春喜剧之夜》	综艺	中央台三套	2.6	8.0
27	《代号磐石》	电视剧	广西广播电视台综艺旅游频道	2.5	10.6
28	《2022 年中央广播电视总台中秋晚会》	综艺	中央电视台综合频道	2.5	10.2
29	《百川可逗镇》	综艺	北京卫视	2.5	9.2
30	《现场直播：2022 年男排亚洲杯决赛》（日本 VS 中国）	体育	中央台五套	2.4	10.9

表 3.49.8　2022 年南宁市场电视剧收视率排名前十位

单位：%

名次	节目名称	播出频道	平均收视率	平均占有率
1	《抗战豪侠李三枪》（9～33 集）	广西广播电视台综艺旅游频道	4.0	14.9
2	《丛林战狼》	广西广播电视台综艺旅游频道	4.0	14.0
3	《绞杀狼穴》	广西广播电视台综艺旅游频道	3.7	14.1
4	《野狼行动组》	广西广播电视台综艺旅游频道	3.6	15.2
5	《血战到底》	广西广播电视台综艺旅游频道	3.5	12.3
6	《傲骨秋霜》	广西广播电视台综艺旅游频道	3.4	14.1
7	《新居之约》	中央电视台综合频道	2.9	11.2
8	《眼镜蛇突击队》	广西广播电视台综艺旅游频道	2.8	12.8

续表

名次	节目名称	播出频道	平均收视率	平均占有率
9	《刀客英雄》	广西广播电视台综艺旅游频道	2.7	11.0
10	《草根英雄赵传奇二》	广西广播电视台综艺旅游频道	2.6	12.9

表 3.49.9　2022 年南宁市场新闻节目收视率排名前十位

单位：%

名次	节目名称	播出频道	平均收视率	平均占有率
1	《转播中央台新闻联播》	南宁广播电视台新闻综合频道	2.0	10.0
2	《筑梦空间站神舟十四号航天员返回特别报道》	中央台四套	1.8	6.9
3	《今日关注》	中央台四套	1.6	7.6
4	《一起向未来第 24 届冬季奥林匹克运动会闭幕式倒计时特别节目》	中央电视台新闻频道	1.6	7.2
5	《南宁市十五届人大二次会议南宁市政协十二届二次会议特别节目》	南宁广播电视台新闻综合频道	1.5	5.6
6	《新闻联播》	中央电视台新闻频道	1.3	6.4
7	《今日亚洲》	中央台四套	1.3	5.8
8	《中国舆论场》	中央台四套	1.3	5.5
9	《海峡两岸》	中央台四套	1.3	5.1
10	《2022 年壮族三月三・八桂嘉年华》（喜迎党的二十大，中华民族一家亲）	广西广播电视台综艺旅游频道	1.3	4.9

表 3.49.10　2022 年南宁市场专题节目收视率排名前十位

单位：%

名次	节目名称	播出频道	平均收视率	平均占有率
1	《龙腾虎跃中国年》	中央电视台综合频道	5.8	18.9
2	《天下书院半湖湘》	湖南卫视	3.3	14.1
3	《丝路古道焕新机——习近平主席出席上合组织撒马尔罕峰会出访中亚两国》	中央电视台综合频道	2.0	7.4
4	《315 公平守正安心消费》	中央台二套	1.9	8.3
5	《紧跟伟大复兴领航人踔厉笃行》	广西广播电视台综艺旅游频道	1.8	7.0
6	《南宁龙翔学校发现之旅》	广西广播电视台综艺旅游频道	1.6	10.1
7	《广西牢记领袖嘱托书写北港华章主题情景党课》	广西广播电视台综艺旅游频道	1.3	10.5
8	《家风不正遗祸患清廉传家惠久远——领导干部家风不正典型案件警示录》	广西卫视	1.3	4.7
9	《非凡的领航 2021》	中央电视台新闻频道	1.3	4.4
10	《八桂楷模发布会》	广西广播电视台综艺旅游频道	1.2	6.5

表 3.49.11　2022 年南宁市场综艺节目收视率排名前十位

单位：%

名次	节目名称	播出频道	平均收视率	平均占有率
1	《2022 中央广播电视总台春节联欢晚会》	中央电视台综合频道	6.5	21.9
2	《蒙面舞王》（9 月 4 日）	江苏卫视	4.6	22.2
3	《新春喜剧之夜》	中央台三套	2.6	8.0
4	《2022 年中央广播电视总台中秋晚会》	中央电视台综合频道	2.5	10.2
5	《百川可逗镇》	北京卫视	2.5	9.2
6	《荔枝大剧秀风吹半夏》	江苏卫视	2.1	9.7
7	《中国婚礼我的女儿出嫁了》	湖南卫视	1.9	13.1
8	《百川文明诀》	北京卫视	1.9	8.1
9	《2022 年中央广播电视总台元宵晚会》	中央电视台综合频道	1.8	6.6
10	《百川老朋友》	北京卫视	1.7	8.1

表 3.49.12　2022 年南宁市场体育节目收视率排名前十位

单位：%

名次	节目名称	播出频道	平均收视率	平均占有率
1	《北京冬奥会短道速滑混合接力颁奖仪式》	中央台五套	8.0	26.4
2	《女足亚洲杯颁奖仪式》	中央台五套	7.1	23.3
3	《我爱世界杯：2022 年世界杯小组赛 E 组第 1 轮》（德国 VS 日本）	中央台五套	6.8	34.4
4	《现场直播：2022 年世乒联世界杯决赛男单决赛》	中央台五套	5.4	25.6
5	《现场直播：2022 年世界女排联赛土耳其站》（中国 VS 意大利）	中央台五套	4.3	20.2
6	《现场直播：2022 年女篮世界杯半决赛》（澳大利亚队 VS 中国队）	中央台五套	3.2	23.4
7	《现场直播：2023 年男篮世界杯亚洲区预选赛》（伊朗队 VS 中国队）	中央台五套	2.7	16.0
8	《实况录像：2022 年国际泳联世锦赛跳水女子双人三米板预赛》	中央台五套	2.7	10.8
9	《现场直播：2022 年男排亚洲杯决赛》（日本 VS 中国）	中央台五套	2.4	10.9
10	《现场直播：2022 年跳水世界杯女子 10 米台决赛》	中央台五套	2.2	15.0

五十　宁波收视数据

表 3.50.1　2018～2022 年宁波市场各类频道的占有率

单位：%

频道类别	2018 年	2019 年	2020 年	2021 年	2022 年
中央广播电视总台	28.7	24.4	23.1	19.5	23.2
中国教育台频道	0.5	0.4	0.4	0.2	0.2
浙江省级频道	8.4	8.3	7.3	8.6	8.1
宁波市级频道	25.1	22.7	20.9	15.9	15.7
其他省级卫视频道	18.0	19.1	25.3	33.3	24.2
其他频道	19.3	25.1	23.0	22.5	28.6

表 3.50.2　2022 年宁波市场各类频道在不同目标观众中的占有率

单位：%

目标观众		中央广播电视总台	中国教育台频道	浙江省级频道	宁波市级频道	其他省级卫视频道	其他频道
4 岁及以上所有人		23.2	0.2	8.1	15.7	24.2	28.6
性别	男	26.2	0.2	7.2	14.7	21.5	30.2
	女	20.3	0.3	8.9	16.6	26.9	27.0
年龄	4～14 岁	9.9	0.0	5.9	5.1	25.6	53.5
	15～24 岁	10.7	0.0	4.2	5.3	22.8	57.0
	25～34 岁	17.9	0.5	10.7	5.9	34.4	30.6
	35～44 岁	21.8	0.1	9.0	5.7	22.8	40.6
	45～54 岁	26.3	0.3	6.9	12.3	22.7	31.5
	55～64 岁	28.9	0.2	9.0	18.2	23.7	20.0
	65 岁及以上	24.4	0.2	8.4	28.2	22.6	16.2
受教育程度	未受过正规教育	26.6	0.2	6.9	9.6	26.2	30.5
	小学	22.6	0.3	10.5	23.3	23.1	20.2
	初中	24.5	0.2	6.8	16.4	23.8	28.3
	高中	21.7	0.2	8.6	12.0	28.9	28.6
	大学及以上	21.9	0.3	7.5	7.8	22.4	40.1

续表

目标观众		中央广播电视总台	中国教育台频道	浙江省级频道	宁波市级频道	其他省级卫视频道	其他频道
职业类别	干部/管理人员	*	*	*	*	*	*
	个体/私营企业人员	29.1	0.1	8.3	12.7	23.0	26.8
	初级公务员/雇员	26.1	0.4	6.9	8.8	24.1	33.7
	工人	15.7	0.3	13.6	4.5	37.4	28.5
	学生	7.9	0.0	5.3	5.6	21.7	59.5
	无业	22.5	0.2	8.8	23.2	24.5	20.8
	其他	*	*	*	*	*	*
个人月收入	0~600元	11.4	0.2	8.9	13.9	24.8	40.8
	601~1200元	24.8	0.1	5.7	44.5	21.1	3.8
	1201~1700元	20.1	0.3	10.6	15.0	26.3	27.7
	1701~2600元	21.7	0.1	7.8	19.2	24.8	26.4
	2601~3500元	29.2	0.2	8.7	18.7	24.3	18.9
	3501~5000元	24.2	0.4	7.1	15.7	22.8	29.8
	5001元及以上	28.4	0.1	7.6	8.4	25.0	30.5

注：*表示该目标观众样本量不足，无法进行统计推断。

表3.50.3 2022年宁波市场各类频道在不同时段的占有率

单位：%

时间段	中央广播电视总台	中国教育台频道	浙江省级频道	宁波市级频道	其他省级卫视频道	其他频道
02:00~03:00	20.6	0.3	5.8	5.7	24.7	42.9
03:00~04:00	22.9	0.2	6.3	8.2	26.7	35.7
04:00~05:00	25.3	0.1	3.8	9.5	27.5	33.8
05:00~06:00	29.1	0.2	2.4	10.1	25.3	32.9
06:00~07:00	43.2	0.1	10.8	5.0	17.9	23.0
07:00~08:00	33.3	0.2	7.9	8.4	25.3	24.9
08:00~09:00	31.5	0.8	5.0	13.9	20.9	27.9
09:00~10:00	24.2	1.2	11.7	8.1	26.4	28.4
10:00~11:00	27.0	0.8	7.3	8.3	27.8	28.8
11:00~12:00	29.5	0.5	5.4	9.6	26.7	28.3
12:00~13:00	30.5	0.1	5.9	7.9	27.8	27.8
13:00~14:00	21.7	0.4	9.0	6.6	34.2	28.1
14:00~15:00	20.1	0.6	11.5	7.6	33.2	27.0
15:00~16:00	19.4	0.6	10.0	8.9	32.6	28.5

续表

时间段	中央广播电视总台	中国教育台频道	浙江省级频道	宁波市级频道	其他省级卫视频道	其他频道
16：00～17：00	21.2	0.4	8.7	11.5	29.9	28.3
17：00～18：00	22.5	0.2	6.6	20.0	22.3	28.4
18：00～19：00	23.6	0.0	5.9	28.3	13.5	28.7
19：00～20：00	22.5	0.1	8.9	26.9	13.9	27.7
20：00～21：00	21.5	0.0	9.4	21.4	21.4	26.3
21：00～22：00	22.6	0.1	7.7	15.4	25.6	28.6
22：00～23：00	19.5	0.1	7.6	7.8	34.0	31.0
23：00～00：00	18.8	0.1	8.1	5.1	30.3	37.6
00：00～01：00	17.8	0.2	6.2	5.7	21.2	48.9
01：00～02：00	17.6	0.3	6.0	5.6	20.1	50.4

表 3.50.4 2022 年宁波市场收视份额排名前十位的频道

单位：%

名次	频道名称	收视份额
1	宁波电视台四套（影视剧频道）	6.4
2	中央台四套	5.1
3	湖南卫视	4.4
4	浙江卫视	4.1
5	宁波电视台三套（都市文体频道）	3.4
6	江苏卫视	3.2
7	中央电视台新闻频道	3.0
8	中央台六套	2.8
9	东方卫视	2.6
9	宁波电视台二套（经济生活频道）	2.6

表 3.50.5 2022 年宁波市场各主要频道的观众构成

单位：%

目标观众		所有频道	宁波电视台四套（影视剧频道）	中央台四套	湖南卫视	浙江卫视	宁波电视台三套（都市文体频道）
4 岁及以上所有人		100.0	100.0	100.0	100.0	100.0	100.0
性别	男	49.2	51.5	56.7	28.0	43.6	33.7
	女	50.8	48.5	43.3	72.0	56.4	66.3

续表

目标观众		所有频道	宁波电视台四套（影视剧频道）	中央台四套	湖南卫视	浙江卫视	宁波电视台三套（都市文体频道）
年龄	4～14岁	5.6	0.4	0.5	3.0	4.5	0.4
	15～24岁	5.1	3.1	0.9	7.7	4.5	0.3
	25～34岁	10.1	3.7	3.8	18.1	13.4	4.3
	35～44岁	9.7	2.7	11.5	12.0	14.8	3.8
	45～54岁	24.4	19.3	19.6	21.8	20.0	26.6
	55～64岁	17.4	21.9	27.6	12.3	18.5	17.9
	65岁及以上	27.7	48.9	36.1	25.1	24.3	46.7
受教育程度	未受过正规教育	2.9	0.5	6.8	2.4	2.4	1.4
	小学	25.0	47.9	26.2	12.0	22.4	26.1
	初中	38.5	31.5	36.9	53.8	36.8	56.0
	高中	15.1	10.8	11.6	12.6	15.9	9.7
	大学及以上	18.5	9.3	18.5	19.2	22.5	6.8
职业类别	干部/管理人员	*	*	*	*	*	*
	个体/私营企业人员	9.6	11.1	12.1	8.4	7.9	3.8
	初级公务员/雇员	31.2	17.4	24.9	27.0	26.6	17.8
	工人	3.4	1.1	1.7	6.9	9.4	0.7
	学生	6.8	2.9	0.6	6.6	6.6	0.6
	无业	47.6	66.3	55.2	50.4	48.5	75.9
	其他	*	*	*	*	*	*
个人月收入	0～600元	15.3	10.3	2.7	23.5	22.2	21.8
	601～1200元	2.2	6.9	2.7	0.9	1.1	4.8
	1201～1700元	6.0	3.2	3.6	9.0	12.1	11.6
	1701～2600元	14.4	20.7	13.5	13.4	7.5	14.2
	2601～3500元	17.1	21.1	23.6	14.8	12.5	18.7
	3501～5000元	27.6	29.3	29.2	17.9	23.2	18.2
	5001元及以上	17.4	8.5	24.7	20.5	21.4	10.7

注：*表示该目标观众样本量不足，无法进行统计推断。

表3.50.6　2020～2022年宁波市场各类节目的播出比重和收视比重

单位：%

节目类别	2020年		2021年		2022年	
	播出比重	收视比重	播出比重	收视比重	播出比重	收视比重
财经	1.2	1.0	1.3	0.7	1.3	0.8

续表

节目类别	2020 年		2021 年		2022 年	
	播出比重	收视比重	播出比重	收视比重	播出比重	收视比重
电视剧	21.9	34.8	22.2	36.7	23.0	33.1
电影	3.4	3.4	3.1	2.6	2.8	3.4
法制	0.8	0.5	0.8	0.3	1.0	0.4
教学	0.3	0.0	0.3	0.0	0.3	0.0
青少	8.0	3.2	7.9	3.3	8.2	3.8
生活服务	8.0	5.7	8.5	6.1	8.2	6.2
体育	3.7	1.5	3.9	3.0	4.9	3.9
外语	0.2	0.0	0.3	0.0	0.4	0.0
戏剧	0.7	0.1	0.5	0.1	0.6	0.2
新闻/时事	16.8	17.1	15.9	13.1	15.3	15.9
音乐	1.8	1.1	1.6	0.7	1.7	0.5
专题	14.4	7.6	15.4	6.7	15.6	7.4
综艺	6.0	12.4	6.3	15.5	5.3	13.0
其他	12.8	11.6	12.0	11.2	11.4	11.4

表 3.50.7　2022 年宁波市场所有节目收视率排名前三十位

单位：%

名次	节目名称	节目类型	播出频道	平均收视率	平均占有率
1	《沉睡花园》	电视剧	湖南卫视	4.4	47.6
2	《集合开心果》（1 月 1 日）	综艺	东方卫视	4.4	40.3
3	《2022 年北京冬奥会短道速滑男子 1000 米决赛》	体育	中央台五套	4.3	22.1
4	《闪光的乐队》（1 月 8 日）	综艺	浙江卫视	4.3	21.6
5	《我爱世界杯：2022 年世界杯 A 组第 2 轮》（卡塔尔 VS 塞内加尔）	体育	中央台五套	4.0	37.2
6	《冠军 VS 冠军》（2 月 18 日）	综艺	东方卫视	4.0	28.9
7	《最强大脑之燃烧吧大脑》（4 月 1 日）	综艺	江苏卫视	3.9	35.0
8	《2022 知乎答案奇遇夜》	综艺	湖南卫视	3.9	28.7
9	《女足亚洲杯颁奖仪式》	体育	中央台五套	3.8	19.4
10	《点赞达人秀》（1 月 9 日）	综艺	江苏卫视	3.4	31.7
11	《超脑少年团》（8 月 19 日）	综艺	江苏卫视	3.3	20.0
12	《幸福合家欢——江苏卫视春节联欢晚会 2022》	综艺	江苏卫视	3.2	22.9
13	《我们的歌》（9 月 25 日）	综艺	东方卫视	3.1	35.2

续表

名次	节目名称	节目类型	播出频道	平均收视率	平均占有率
14	《黎明破晓前》	电视剧	宁波电视台四套（影视剧频道）	3.0	21.3
15	《玉面桃花总相逢》	电视剧	湖南卫视	3.0	17.4
16	《2022～2023 浙江卫视美好跨年夜》	综艺	浙江卫视	2.9	18.9
17	《2023 跨年演唱会》（用奋斗点亮幸福）	音乐	江苏卫视	2.9	17.4
18	《完美伴侣》	电视剧	湖南卫视	2.8	14.8
19	《计中计》	电视剧	宁波电视台四套（影视剧频道）	2.7	21.1
20	《中国好声音》（9 月 9 日）	综艺	浙江卫视	2.6	17.7
21	《科学控疫情统筹谋发展》	新闻	浙江卫视	2.6	12.8
22	《开播情景喜剧》（5 月 22 日）	综艺	东方卫视	2.5	22.9
23	《一起深呼吸》	电视剧	江苏卫视	2.5	12.0
24	《输赢》	电视剧	浙江卫视	2.4	11.4
25	《王牌部队》	电视剧	江苏卫视	2.4	11.0
26	《开学第一课》	青少	中央电视台综合频道	2.3	15.9
27	《2022～2023 跨年晚会》	综艺	湖南卫视	2.3	14.1
28	《护宝风云》	电视剧	宁波电视台四套（影视剧频道）	2.3	13.3
29	《舌尖上的心跳》	电视剧	浙江卫视	2.3	11.8
30	《青春环游记》	综艺	浙江卫视	2.3	11.6

表 3.50.8　2022 年宁波市场电视剧收视率排名前十位

单位：%

名次	节目名称	播出频道	平均收视率	平均占有率
1	《沉睡花园》	湖南卫视	4.4	47.6
2	《黎明破晓前》	宁波电视台四套（影视剧频道）	3.0	21.3
3	《玉面桃花总相逢》	湖南卫视	3.0	17.4
4	《完美伴侣》	湖南卫视	2.8	14.8
5	《计中计》	宁波电视台四套（影视剧频道）	2.7	21.1
6	《一起深呼吸》	江苏卫视	2.5	12.0
7	《输赢》	浙江卫视	2.4	11.4
8	《王牌部队》	江苏卫视	2.4	11.0
9	《护宝风云》	宁波电视台四套（影视剧频道）	2.3	13.3
10	《舌尖上的心跳》	浙江卫视	2.3	11.8

表 3. 50. 9　2022 年宁波市场新闻节目收视率排名前十位

单位：%

名次	节目名称	播出频道	平均收视率	平均占有率
1	《科学控疫情统筹谋发展》	浙江卫视	2. 6	12. 8
2	《直击梅花特别报道》（9 月 14 日）	宁波电视台一套（新闻综合频道）	1. 6	11. 2
3	《中国空间站神州十三号航天员返回 2022》	中央电视台新闻频道	1. 4	11. 8
4	《俄乌局势突变》	中央台四套	1. 1	11. 1
5	《筑梦空间站神舟十四号航天员返回特别报道》	中央台四套	1. 1	7. 5
6	《中国舆论场》	中央台四套	1. 1	6. 9
7	《中国空间站神舟十四号航天员返回 2022》	中央电视台新闻频道	1. 0	7. 6
8	《来发讲啥西》（20：30）	宁波电视台二套（经济生活频道）	1. 0	6. 8
9	《今日亚洲》	中央台四套	1. 0	6. 7
10	《今日关注》	中央台四套	0. 9	8. 7

表 3. 50. 10　2022 年宁波市场专题节目收视率排名前十位

单位：%

名次	节目名称	播出频道	平均收视率	平均占有率
1	《我们的新时代》	深圳卫视	1. 5	19. 7
2	《2021 年度最美浙江人浙江骄傲人物评选活动颁奖仪式》	浙江卫视	1. 3	33. 3
3	《日出之食》（第二季）	湖南卫视	1. 2	6. 9
4	《讲大道》（19：30）	宁波电视台三套（都市文体频道）	1. 1	7. 5
5	《幸福落地》（第二季）	广东卫视	1. 1	6. 0
6	《315 公平守正安心消费》	中央台二套	1. 0	7. 7
7	《日出之食》（第一季）	湖南卫视	1. 0	5. 7
8	《老板不知道的我》	江苏卫视	0. 9	8. 3
9	《我们的国潮》	湖南卫视	0. 9	6. 4
10	《绝笔》（第二季）	中央台四套	0. 9	4. 4

表 3. 50. 11　2022 年宁波市场综艺节目收视率排名前十位

单位：%

名次	节目名称	播出频道	平均收视率	平均占有率
1	《集合开心果》（1 月 1 日）	东方卫视	4. 4	40. 3
2	《闪光的乐队》（1 月 8 日）	浙江卫视	4. 3	21. 6
3	《冠军 VS 冠军》（2 月 18 日）	东方卫视	4. 0	28. 9

续表

名次	节目名称	播出频道	平均收视率	平均占有率
4	《最强大脑之燃烧吧大脑》（4 月 1 日）	江苏卫视	3.9	35.0
5	《2022 知乎答案奇遇夜》	湖南卫视	3.9	28.7
6	《点赞达人秀》（1 月 9 日）	江苏卫视	3.4	31.7
7	《超脑少年团》（8 月 19 日）	江苏卫视	3.3	20.0
8	《幸福合家欢——江苏卫视春节联欢晚会 2022》	江苏卫视	3.2	22.9
9	《我们的歌》（9 月 25 日）	东方卫视	3.1	35.2
10	《2022～2023 浙江卫视美好跨年夜》	浙江卫视	2.9	18.9

表 3.50.12　2022 年宁波市场体育节目收视率排名前十位

单位：%

名次	节目名称	播出频道	平均收视率	平均占有率
1	《2022 年北京冬奥会短道速滑男子 1000 米决赛》	中央台五套	4.3	22.1
2	《我爱世界杯：2022 年世界杯 A 组第 2 轮》（卡塔尔 VS 塞内加尔）	中央台五套	4.0	37.2
3	《女足亚洲杯颁奖仪式》	中央台五套	3.8	19.4
4	《现场直播：2022 年世界乒乓球团体锦标赛女团决赛》	中央台五套	1.0	7.4
5	《现场直播：2022 年世乒联世界杯决赛女单决赛》	中央台五套	1.0	6.5
6	《现场直播：2022 年国际篮联三人篮球世界杯小组赛》（中国队 VS 德国队）	中央台五套	0.8	10.1
7	《实况录像：2022 年射箭世界杯总决赛男子复合弓决赛》	中央台五套	0.8	6.4
8	《现场直播：2022 年世界女排锦标赛小组赛第 4 轮》（中国队 VS 捷克队）	中央台五套	0.8	5.2
9	《现场直播：2021/2022 赛季 CBA 常规赛第 19 轮》（辽宁本钢 VS 北京首钢）	中央台五套	0.8	4.0
10	《现场直播：2022 年世界斯诺克锦标赛 1/4 决赛》	CCTV5＋体育赛事频道	0.7	6.0

五十一　青岛收视数据

表 3.51.1　2018～2022 年青岛市场各类频道的占有率

单位：%

频道类别	2018 年	2019 年	2020 年	2021 年	2022 年
中央广播电视总台	31.1	27.2	23.7	21.6	27.5
中国教育台频道	0.1	0.1	0.1	0.1	0.1
山东省级频道	11.1	9.3	8.4	6.4	7.3
青岛市级频道	18.3	16.1	11.2	8.0	8.6
其他省级卫视频道	22.2	21.7	22.4	23.2	23.5
其他频道	17.2	25.6	34.2	40.7	33.0

表 3.51.2　2022 年青岛市场各类频道在不同目标观众中的占有率

单位：%

目标观众		中央广播电视总台	中国教育台频道	山东省级频道	青岛市级频道	其他省级卫视频道	其他频道
4 岁及以上所有人		27.5	0.1	7.3	8.6	23.5	33.0
性别	男	29.4	0.1	7.1	9.1	22.6	31.7
	女	25.4	0.1	7.4	8.2	24.5	34.4
年龄	4～14 岁	11.9	0.1	8.8	1.8	21.5	55.9
	15～24 岁	28.8	0.0	4.0	5.8	29.6	31.8
	25～34 岁	18.0	0.1	5.3	5.5	24.7	46.4
	35～44 岁	24.6	0.1	5.5	2.5	21.1	46.2
	45～54 岁	26.8	0.0	6.8	6.4	25.0	35.0
	55～64 岁	30.2	0.1	8.9	11.8	22.9	26.1
	65 岁及以上	37.1	0.1	8.6	14.8	22.1	17.3
受教育程度	未受过正规教育	20.4	0.1	11.8	8.1	19.7	39.9
	小学	25.8	0.1	6.8	14.5	22.1	30.7
	初中	28.5	0.1	8.1	9.0	23.7	30.6
	高中	30.1	0.0	7.2	7.0	22.7	33.0
	大学及以上	25.7	0.0	4.6	5.6	26.8	37.3

续表

目标观众		中央广播电视总台	中国教育台频道	山东省级频道	青岛市级频道	其他省级卫视频道	其他频道
职业类别	干部/管理人员	26.9	0.0	0.8	0.6	17.7	54.0
	个体/私营企业人员	25.9	0.1	6.9	7.8	27.2	32.1
	初级公务员/雇员	23.1	0.0	4.7	4.1	25.7	42.4
	工人	26.9	0.1	9.4	8.6	25.0	30.0
	学生	17.5	0.1	4.9	2.4	20.4	54.7
	无业	32.8	0.1	8.5	12.6	21.9	24.1
	其他	20.1	0.1	9.5	6.8	19.1	44.4
个人月收入	0～600 元	21.7	0.1	9.1	6.9	20.4	41.8
	601～1200 元	29.5	0.1	9.2	11.6	15.7	33.9
	1201～1700 元	25.5	0.1	12.1	5.1	21.3	35.9
	1701～2600 元	26.0	0.1	8.0	10.6	18.6	36.7
	2601～3500 元	30.4	0.1	5.6	10.8	24.6	28.5
	3501～5000 元	30.2	0.0	7.1	7.9	22.6	32.2
	5001 元及以上	27.4	0.1	5.9	7.8	30.4	28.4

表 3.51.3　2022 年青岛市场各类频道在不同时段的占有率

单位：%

时间段	中央广播电视总台	中国教育台频道	山东省级频道	青岛市级频道	其他省级卫视频道	其他频道
02：00～03：00	24.5	0.1	4.6	2.0	19.9	48.9
03：00～04：00	26.5	0.2	3.2	1.5	19.2	49.4
04：00～05：00	30.9	0.2	4.2	2.5	20.0	42.2
05：00～06：00	27.3	0.1	5.3	7.4	28.1	31.8
06：00～07：00	51.9	0.0	4.9	4.9	14.8	23.5
07：00～08：00	46.7	0.1	7.9	5.0	12.7	27.6
08：00～09：00	43.2	0.1	8.6	3.4	13.2	31.5
09：00～10：00	32.0	0.1	9.7	2.1	21.3	34.8
10：00～11：00	29.1	0.1	8.5	2.0	25.3	35.0
11：00～12：00	34.3	0.1	7.5	2.2	23.6	32.3
12：00～13：00	40.6	0.1	6.0	2.3	18.1	32.9
13：00～14：00	27.0	0.1	6.4	2.9	24.4	39.2
14：00～15：00	23.1	0.2	7.5	1.9	27.9	39.4
15：00～16：00	24.0	0.1	7.5	2.1	28.4	37.9
16：00～17：00	25.4	0.1	7.5	3.5	27.7	35.8

续表

时间段	中央广播电视总台	中国教育台频道	山东省级频道	青岛市级频道	其他省级卫视频道	其他频道
17：00~18：00	22.8	0.1	8.6	13.2	22.8	32.5
18：00~19：00	30.2	0.0	10.3	14.2	13.4	31.9
19：00~20：00	30.6	0.0	7.6	12.8	19.4	29.6
20：00~21：00	22.3	0.0	6.7	13.0	28.4	29.6
21：00~22：00	21.5	0.1	6.1	12.8	28.8	30.7
22：00~23：00	21.3	0.0	3.2	7.2	31.6	36.7
23：00~00：00	22.0	0.1	3.6	4.4	29.3	40.6
00：00~01：00	25.9	0.1	4.2	4.1	20.3	45.4
01：00~02：00	26.5	0.2	4.5	2.7	18.1	48.0

表 3.51.4　2022 年青岛市场收视份额排名前十位的频道

单位：%

名次	频道名称	收视份额
1	中央台四套	4.8
2	中央电视台综合频道	4.6
3	江苏卫视	4.0
4	湖南卫视	3.2
4	中央电视台新闻频道	3.2
4	中央台六套	3.2
7	青岛广播电视台新闻综合频道	3.1
7	中央台八套	2.5
9	青岛广播电视台影视频道	2.2
9	浙江卫视	2.2

表 3.51.5　2022 年青岛市场各主要频道的观众构成

单位：%

目标观众		所有频道	主要频道					
			中央台四套	中央电视台综合频道	江苏卫视	湖南卫视	中央电视台新闻频道	中央台六套
4 岁及以上所有人		100.0	100.0	100.0	100.0	100.0	100.0	100.0
性别	男	52.4	59.4	50.5	53.3	43.0	62.2	58.9
	女	47.6	40.6	49.5	46.7	57.0	37.8	41.1

续表

目标观众		所有频道	主要频道					
			中央台四套	中央电视台综合频道	江苏卫视	湖南卫视	中央电视台新闻频道	中央台六套
年龄	4~14岁	6.9	1.3	3.7	3.6	4.9	2.3	3.6
	15~24岁	5.4	5.7	7.6	12.4	6.6	3.2	8.2
	25~34岁	15.7	4.1	7.2	21.4	18.2	12.2	9.3
	35~44岁	8.8	3.1	5.6	6.3	7.2	10.0	12.9
	45~54岁	20.0	17.0	21.0	29.5	23.6	17.8	33.2
	55~64岁	17.7	17.6	24.9	14.2	22.5	18.8	14.7
	65岁及以上	25.4	51.2	30.0	12.6	17.0	35.8	18.1
受教育程度	未受过正规教育	5.5	1.8	3.4	1.9	3.8	6.9	3.9
	小学	14.7	14.0	15.0	6.7	11.6	18.6	6.7
	初中	36.6	42.4	35.3	33.2	32.7	34.5	41.9
	高中	24.9	26.6	30.6	28.0	29.8	18.9	36.8
	大学及以上	18.3	15.2	15.7	30.2	22.2	21.1	10.7
职业类别	干部/管理人员	0.6	0.1	0.8	1.3	0.7	0.2	2.6
	个体/私营企业人员	12.1	10.1	9.7	13.3	13.9	12.6	14.1
	初级公务员/雇员	23.4	16.4	19.3	47.5	28.9	16.6	29.4
	工人	10.0	4.1	11.1	8.5	13.3	12.6	15.5
	学生	6.3	3.6	5.4	4.2	3.6	2.6	4.1
	无业	42.9	64.0	51.8	23.0	36.8	53.2	29.2
	其他	4.7	1.7	1.9	2.2	2.8	2.2	5.0
个人月收入	0~600元	17.4	11.6	14.6	7.6	10.2	15.7	10.8
	601~1200元	5.4	4.4	3.6	1.2	4.8	9.2	4.7
	1201~1700元	4.0	2.5	5.4	3.8	2.7	2.9	5.6
	1701~2600元	9.6	8.9	12.2	6.0	7.4	5.6	7.4
	2601~3500元	20.7	21.3	23.9	22.7	18.1	23.8	24.5
	3501~5000元	21.1	25.3	23.2	22.7	29.7	21.4	23.2
	5001元及以上	21.8	26.0	17.1	35.9	27.0	21.6	23.8

表3.51.6　2020~2022年青岛市场各类节目的播出比重和收视比重

单位：%

节目类别	2020年		2021年		2022年	
	播出比重	收视比重	播出比重	收视比重	播出比重	收视比重
财经	1.0	0.6	1.1	0.7	1.2	0.6

续表

节目类别	2020年		2021年		2022年	
	播出比重	收视比重	播出比重	收视比重	播出比重	收视比重
电视剧	20.2	30.6	20.1	31.1	21.1	28.4
电影	3.1	3.7	3.1	3.8	2.7	4.5
法制	0.6	0.2	0.6	0.2	0.8	0.3
教学	0.3	0.1	0.5	0.1	0.6	0.1
青少	8.6	6.6	7.8	5.3	7.9	5.2
生活服务	8.7	7.2	9.2	7.0	9.0	7.0
体育	4.3	2.1	4.8	3.8	5.5	4.6
外语	0.2	0.0	0.2	0.0	0.3	0.0
戏剧	0.6	0.3	0.5	0.3	0.6	0.5
新闻/时事	16.8	17.4	16.0	16.7	15.5	19.7
音乐	1.8	1.1	1.6	0.8	1.6	0.7
专题	13.5	6.4	14.9	6.3	15.5	6.1
综艺	7.7	12.8	7.6	13.2	6.3	11.7
其他	12.6	10.9	12.0	10.7	11.4	10.6

表 3.51.7　2021 年青岛市场所有节目收视率排名前三十位

单位：%

名次	节目名称	节目类型	播出频道	平均收视率	平均占有率
1	《2022 中央广播电视总台春节联欢晚会》	综艺	中央电视台综合频道	14.1	34.3
2	《龙腾虎跃中国年》	专题	中央电视台综合频道	13.1	33.3
3	《2022 年北京冬奥会短道速滑男子 1000 米决赛》	体育	中央台五套	8.0	25.9
4	《2022 年中央广播电视总台元宵晚会》	综艺	中央电视台综合频道	7.7	24.3
5	《我爱世界杯：2022 年世界杯 E 组第 2 轮》（日本 VS 哥斯达黎加）	体育	中央台五套	5.5	17.9
6	《女足亚洲杯颁奖仪式》	体育	中央台五套	4.5	13.6
7	《无限超越班》（12 月 24 日）	综艺	浙江卫视	4.1	16.0
8	《2023 梦圆东方跨年盛典》	综艺	东方卫视	4.1	15.8
9	《为歌而赞》（第二季）（7 月 2 日）	综艺	浙江卫视	3.8	18.5
10	《闪光的乐队》（1 月 15 日）	综艺	浙江卫视	3.6	15.3
11	《2022 江苏中秋戏曲晚会》	戏剧	江苏卫视	3.6	11.9
12	《我们的歌》（11 月 6 日）	综艺	东方卫视	3.5	19.1
13	《2022～2023 跨年晚会》	综艺	湖南卫视	3.5	14.3
14	《蒙面舞王》（7 月 3 日）	综艺	江苏卫视	3.4	22.5

续表

名次	节目名称	节目类型	播出频道	平均收视率	平均占有率
15	《超脑少年团》（9 月 2 日）	综艺	江苏卫视	3.4	11.8
16	《天赐的声音 3》（3 月 19 日）	综艺	浙江卫视	3.3	10.8
17	《2023 跨年演唱会》（用奋斗点亮幸福）	音乐	江苏卫视	3.2	12.6
18	《功勋闪耀新时代》	专题	中央电视台综合频道	3.2	11.2
19	《中国好声音》（9 月 23 日）	综艺	浙江卫视	3.0	12.9
20	《新春喜剧之夜》	综艺	中央台三套	3.0	9.1
21	《星光大道》（2 月 2 日）	综艺	中央台三套	2.9	8.8
22	《2060 元音之境》	综艺	江苏卫视	2.8	16.0
23	《百川文明诀》	综艺	北京卫视	2.8	10.3
24	《开播情景喜剧》（6 月 5 日）	综艺	东方卫视	2.6	17.0
25	《中国好时节春分》	综艺	浙江卫视	2.6	11.4
26	《追虎擒龙》（2 月 4 日）	电影	中央台六套	2.6	9.1
27	《风吹半夏》	电视剧	浙江卫视	2.6	9.0
28	《战狼二》	电影	中央台六套	2.5	10.6
29	《金刚川》（3 月 4 日）	电影	中央台六套	2.5	10.1
29	《好好说话》	电视剧	湖南卫视	2.5	10.1

表 3.51.8　2022 年青岛市场电视剧收视率排名前十位

单位：%

名次	节目名称	播出频道	平均收视率	平均占有率
1	《风吹半夏》	浙江卫视	2.6	9.0
2	《好好说话》	湖南卫视	2.5	10.1
3	《春风又绿江南岸》	江苏卫视	2.5	9.6
4	《护卫者》	江苏卫视	2.4	9.2
5	《大博弈》	浙江卫视	2.3	8.4
6	《县委大院》	北京卫视	2.3	8.0
7	《完美伴侣》	湖南卫视	2.2	8.2
8	《八月桂花开》	安徽卫视	2.2	8.0
9	《风吹半夏》	江苏卫视	2.2	7.9
10	《一起深呼吸》（13～37 集）	江苏卫视	2.2	7.8

表 3.51.9　2022 年青岛市场新闻节目收视率排名前十位

单位：%

名次	节目名称	播出频道	平均收视率	平均占有率
1	《筑梦空间站神舟十四号航天员返回特别报道》	中央台四套	2.5	8.2

续表

名次	节目名称	播出频道	平均收视率	平均占有率
2	《俄乌局势突变》	中央台四套	2.2	10.2
3	《一起向未来》	中央电视台综合频道	2.1	8.7
4	《中国空间站神舟十四号航天员返回 2022》	中央电视台新闻频道	2.1	7.4
5	《省党代会特别报道》	浙江卫视	2.0	8.0
6	《中国共产党第二十次全国代表大会开幕会专题新闻》	中央电视台综合频道	1.8	6.3
7	《国务院总理会见中外记者并回答提问》	中央电视台综合频道	1.7	5.8
8	《新闻联播》	中央电视台综合频道	1.6	6.5
9	《中国新闻》（19：00）	中央台四套	1.6	6.3
10	《中国舆论场》	中央台四套	1.6	5.6

表 3.51.10　2022 年青岛市场专题节目收视率排名前十位

单位：%

名次	节目名称	播出频道	平均收视率	平均占有率
1	《龙腾虎跃中国年》	中央电视台综合频道	13.1	33.3
2	《功勋闪耀新时代》	中央电视台综合频道	3.2	11.2
3	《记住乡愁第五季》	中央台四套	2.4	9.7
4	《相知跨千年携手创未来——习近平主席赴沙特利雅得出访纪实》	中央电视台综合频道	2.2	8.3
5	《融媒体特别策划时代之问青岛答卷》	青岛广播电视台新闻综合频道	1.8	6.2
6	《追梦人叠彩人生》	浙江卫视	1.6	14.7
7	《情系天山——习近平总书记新疆考察纪实》	中央台四套	1.6	10.1
8	《老板不知道的我》	江苏卫视	1.4	7.7
9	《长风浩荡启新程——习近平主席出席二十国集团领导人第十七次峰会》	中央电视台综合频道	1.4	5.5
10	《“中国共产党为什么能”第十八季〈而今迈步从头越〉》	浙江卫视	1.3	6.4

表 3.51.11　2022 年青岛市场综艺节目收视率排名前十位

单位：%

名次	节目名称	播出频道	平均收视率	平均占有率
1	《2022 中央广播电视总台春节联欢晚会》	中央电视台综合频道	14.1	34.3
2	《2022 年中央广播电视总台元宵晚会》	中央电视台综合频道	7.7	24.3
3	《无限超越班》（12 月 24 日）	浙江卫视	4.1	16.0
4	《2023 梦圆东方跨年盛典》	东方卫视	4.1	15.8
5	《为歌而赞》（第二季）（7 月 2 日）	浙江卫视	3.8	18.5

续表

名次	节目名称	播出频道	平均收视率	平均占有率
6	《闪光的乐队》（1月15日）	浙江卫视	3.6	15.3
7	《我们的歌》（11月6日）	东方卫视	3.5	19.1
8	《2022～2023跨年晚会》	湖南卫视	3.5	14.3
9	《蒙面舞王》（7月3日）	江苏卫视	3.4	22.5
10	《超脑少年团》（9月2日）	江苏卫视	3.4	11.8

表3.51.12　2022年青岛市场体育节目收视率排名前十位

单位：%

名次	节目名称	播出频道	平均收视率	平均占有率
1	《2022年北京冬奥会短道速滑男子1000米决赛》	中央台五套	8.0	25.9
2	《我爱世界杯：2022年世界杯E组第2轮》（日本VS哥斯达黎加）	中央台五套	5.5	17.9
3	《女足亚洲杯颁奖仪式》	中央台五套	4.5	13.6
4	《现场直播：2022年东亚足球锦标赛女足第3轮》（日本女足VS中国女足）	中央台五套	2.4	9.8
5	《北京2022年冬残奥会闭幕式特别报道》	中央电视台综合频道	2.3	7.0
6	《现场直播：2022年世界乒乓球团体锦标赛女团决赛》	中央台五套	1.8	6.8
7	《现场直播：2022年世乒联冠军赛澳门站男单决赛》	中央台五套	1.7	5.9
8	《现场直播：2022年男篮亚洲杯小组赛》（巴林VS中国）	CCTV5+体育赛事频道	1.4	9.5
9	《现场直播：2022年世乒联大满贯赛新加坡站男单半决赛》	中央台五套	1.4	4.0
10	《荣誉殿堂》	中央电视台综合频道	1.3	5.4

五十二　沈阳收视数据

表 3.52.1　2018～2022 年沈阳市场各类频道的占有率

单位：%

频道类别	2018 年	2019 年	2020 年	2021 年	2022 年
中央广播电视总台	34.0	30.2	27.7	27.2	33.1
中国教育台频道	0.2	0.1	0.1	0.1	0.1
辽宁省级频道	21.9	21.3	20.1	16.7	19.8
沈阳市级频道	8.8	8.3	6.3	4.6	3.5
其他省级卫视频道	23.0	23.8	25.7	24.8	23.6
其他频道	12.1	16.3	20.1	26.6	19.9

表 3.52.2　2022 年沈阳市场各类频道在不同目标观众中的占有率

单位：%

目标观众		中央广播电视总台	中国教育台频道	辽宁省级频道	沈阳市级频道	其他省级卫视频道	其他频道
4 岁及以上所有人		33.1	0.1	19.8	3.5	23.6	19.9
性别	男	34.1	0.1	19.5	3.4	23.2	19.7
	女	31.9	0.1	20.1	3.7	24.0	20.2
年龄	4～14 岁	27.0	0.1	7.6	0.7	26.2	38.4
	15～24 岁	26.1	0.1	14.9	0.7	31.1	27.1
	25～34 岁	29.8	0.0	11.8	1.9	28.2	28.3
	35～44 岁	29.0	0.0	15.5	1.8	27.7	26.0
	45～54 岁	33.8	0.0	16.1	2.1	24.6	23.4
	55～64 岁	35.2	0.1	23.2	4.2	24.4	12.9
	65 岁及以上	35.5	0.1	26.4	6.0	18.0	14.0
受教育程度	未受过正规教育	36.5	0.0	3.9	0.7	28.3	30.6
	小学	29.2	0.1	26.2	2.3	24.3	17.9
	初中	33.6	0.1	22.1	4.5	23.1	16.6
	高中	35.2	0.1	16.7	2.8	21.3	23.9
	大学及以上	31.3	0.0	13.1	3.3	26.9	25.4

续表

目标观众		中央广播电视总台	中国教育台频道	辽宁省级频道	沈阳市级频道	其他省级卫视频道	其他频道
职业类别	干部/管理人员	34.9	0.1	12.5	0.9	23.1	28.5
	个体/私营企业人员	33.2	0.1	21.8	1.7	21.3	21.9
	初级公务员/雇员	26.0	0.0	11.0	2.9	30.0	30.1
	工人	34.0	0.1	16.4	2.4	29.0	18.1
	学生	22.6	0.1	12.1	0.8	24.8	39.6
	无业	34.1	0.1	20.4	4.7	22.4	18.3
	其他	36.7	0.0	39.0	2.1	13.2	9.0
个人月收入	0～600 元	28.4	0.1	16.4	1.7	26.9	26.5
	601～1200 元	38.1	0.0	31.5	2.4	9.8	18.2
	1201～1700 元	40.3	0.1	33.0	2.6	17.2	6.8
	1701～2600 元	36.0	0.1	26.0	5.6	21.4	10.9
	2601～3500 元	30.9	0.1	19.0	4.9	23.5	21.6
	3501～5000 元	35.5	0.1	16.3	3.0	24.2	20.9
	5001 元及以上	35.1	0.0	13.4	2.0	28.4	21.1

表 3.52.3　2022 年沈阳市场各类频道不同时段的占有率

单位：%

时间段	中央广播电视总台	中国教育台	辽宁省级频道	沈阳市级频道	其他省级上星频道	其他频道
02：00～03：00	21.8	0.2	22.7	2.8	22.1	30.4
03：00～04：00	23.1	0.2	24.2	3.4	18.8	30.3
04：00～05：00	34.1	0.1	20.7	5.0	18.1	22.0
05：00～06：00	37.8	0.1	21.7	4.0	21.6	14.8
06：00～07：00	39.5	0.1	25.2	10.7	13.8	10.7
07：00～08：00	40.2	0.2	18.5	15.1	12.7	13.3
08：00～09：00	44.1	0.3	13.8	6.7	17.4	17.7
09：00～10：00	42.0	0.3	9.2	2.8	24.4	21.3
10：00～11：00	40.2	0.3	7.2	1.9	27.5	22.9
11：00～12：00	39.4	0.1	7.5	1.7	28.2	23.1
12：00～13：00	37.6	0.1	10.7	1.9	26.9	22.8
13：00～14：00	34.2	0.1	6.9	2.0	33.7	23.1
14：00～15：00	34.2	0.1	5.7	1.8	35.4	22.8
15：00～16：00	34.5	0.1	6.3	2.3	34.4	22.4
16：00～17：00	35.1	0.1	11.0	3.5	28.5	21.8

续表

时间段	中央广播电视总台	中国教育台	辽宁省级频道	沈阳市级频道	其他省级上星频道	其他频道
17：00～18：00	29.0	0.0	26.5	5.8	19.3	19.4
18：00～19：00	29.8	0.0	36.2	6.4	8.7	18.9
19：00～20：00	33.0	0.0	30.6	2.9	16.7	16.8
20：00～21：00	30.3	0.0	23.6	2.1	27.2	16.8
21：00～22：00	28.9	0.0	24.9	2.8	24.9	18.5
22：00～23：00	24.5	0.1	25.7	1.8	25.4	22.5
23：00～00：00	26.7	0.1	21.4	1.4	26.5	23.9
00：00～01：00	26.5	0.2	20.6	1.8	22.6	28.3
01：00～02：00	24.0	0.3	21.5	2.0	21.2	31.0

表 3.52.4　2022 年沈阳市场收视份额排名前十位的频道

单位：%

名次	频道名称	收视份额
1	辽宁广播电视台都市频道	5.8
2	中央台八套	5.5
3	辽宁广播电视台影视剧频道	5.1
4	中央台六套	4.8
5	中央台四套	4.5
6	中央台五套	3.1
6	中央电视台新闻频道	3.1
8	中央电视台综合频道	2.9
9	中央电视台少儿频道	2.7
10	浙江卫视	2.6

表 3.52.5　2022 年沈阳市场各主要频道的观众构成

单位：%

目标观众		所有频道	主要频道				
			辽宁广播电视台都市频道	中央台八套	辽宁广播电视台影视剧频道	中央台六套	中央台四套
4 岁及以上所有人		100.0	100.0	100.0	100.0	100.0	100.0
性别	男	52.5	51.6	48.1	52.3	58.4	61.1
	女	47.5	48.4	51.9	47.7	41.6	38.9

续表

目标观众		所有频道	主要频道				
			辽宁广播电视台都市频道	中央台八套	辽宁广播电视台影视剧频道	中央台六套	中央台四套
年龄	4～14岁	6.2	2.4	2.2	3.1	4.0	0.9
	15～24岁	3.5	4.9	1.7	0.1	2.7	1.3
	25～34岁	7.6	5.3	4.9	4.1	8.9	3.4
	35～44岁	11.8	7.7	6.6	15.3	14.2	3.7
	45～54岁	18.7	16.3	20.8	11.3	28.2	15.8
	55～64岁	22.7	29.9	28.1	26.1	28.5	25.1
	65岁及以上	29.5	33.6	35.7	39.9	13.6	49.8
受教育程度	未受过正规教育	2.6	0.7	1.0	0.4	2.2	1.1
	小学	15.2	15.0	19.5	21.9	13.0	9.6
	初中	45.7	52.8	47.2	54.8	49.9	46.1
	高中	23.0	23.5	26.8	18.7	25.4	29.0
	大学及以上	13.5	8.0	5.5	4.2	9.6	14.1
职业类别	干部/管理人员	0.5	0.5	0.2	0.0	0.6	0.6
	个体/私营企业人员	8.4	8.5	7.9	14.3	12.8	4.0
	初级公务员/雇员	7.1	4.8	3.2	2.7	5.2	4.9
	工人	17.9	14.7	22.0	9.4	29.2	15.7
	学生	4.9	1.9	2.5	3.1	2.6	0.6
	无业	55.1	55.5	58.0	61.7	44.2	68.5
	其他	6.1	14.1	6.2	8.8	5.4	5.7
个人月收入	0～600元	21.7	19.0	14.5	17.2	21.3	8.6
	601～1200元	4.2	5.4	9.9	9.8	3.1	6.4
	1201～1700元	4.6	4.8	4.1	11.4	4.5	7.8
	1701～2600元	15.5	20.3	17.9	18.0	16.3	17.8
	2601～3500元	28.0	30.8	30.5	23.7	23.9	30.2
	3501～5000元	18.4	16.3	16.1	12.2	19.1	23.1
	5001元及以上	7.6	3.3	7.0	7.8	11.8	6.0

表3.52.6　2020～2022年沈阳市场各类节目的播出比重和收视比重

单位：%

节目类别	2020年		2021年		2022年	
	播出比重	收视比重	播出比重	收视比重	播出比重	收视比重
财经	1.0	0.5	1.1	0.4	1.2	0.5
电视剧	21.4	30.8	21.1	30.8	22.3	30.0

续表

节目类别	2020 年		2021 年		2022 年	
	播出比重	收视比重	播出比重	收视比重	播出比重	收视比重
电影	3.7	4.1	3.5	5.4	2.9	5.0
法制	0.8	0.4	0.8	0.3	0.9	0.3
教学	0.3	0.1	0.3	0.0	0.3	0.0
青少	7.1	2.9	6.8	3.0	7.0	4.0
生活服务	8.8	8.6	9.9	8.2	8.7	7.8
体育	4.2	3.4	4.5	4.5	5.4	6.0
外语	0.2	0.0	0.2	0.0	0.3	0.0
戏剧	0.6	0.2	0.5	0.2	0.6	0.2
新闻/时事	16.8	19.5	15.8	16.9	15.5	17.6
音乐	1.8	1.1	1.6	0.9	1.7	0.7
专题	13.8	4.6	14.9	4.8	15.5	4.7
综艺	7.3	12.8	7.2	13.1	6.3	11.3
其他	12.2	11.0	11.9	11.4	11.4	11.9

表 3.52.7　2022 年沈阳市场所有节目收视率排名前三十位

单位：%

名次	节目名称	节目类别	播出频道	平均收视率	平均占有率
1	《辽宁卫视 2022 春节联欢晚会》	综艺	辽宁卫视	9.8	39.9
2	《2022 年北京冬奥会短道速滑男子 1000 米决赛》	体育	中央台五套	6.8	27.1
3	《2022 中央广播电视总台春节联欢晚会》	综艺	中央电视台综合频道	6.0	19.7
4	《现场直播：2021/2022 赛季 CBA 季后赛半决赛》（广东东莞大益 VS 辽宁本钢）	体育	中央台五套	5.8	19.2
5	《龙腾虎跃中国年》	专题	中央电视台综合频道	5.1	17.0
6	《2022 年中央广播电视总台元宵晚会》	综艺	中央电视台综合频道	5.0	18.9
7	《2022 年女足亚洲杯决赛》（中国 VS 韩国）	体育	中央台五套	5.0	17.5
8	《蒙面舞王》（7 月 31 日）	综艺	江苏卫视	3.5	27.3
9	《扫毒二天地对决》（5 月 29 日）	电影	中央台六套	3.5	14.3
10	《黄金大劫案》	电影	中央台六套	3.4	10.8
11	《我爱世界杯：2022 年世界杯 E 组第 2 轮》（日本 VS 哥斯达黎加）	体育	中央台五套	3.3	13.0
12	《澳门风云二》	电影	中央台六套	3.2	12.9
13	《猎豹纵队》	电视剧	辽宁广播电视台影视剧频道	3.1	16.0

续表

名次	节目名称	节目类别	播出频道	平均收视率	平均占有率
14	《绝地出击》	电视剧	辽宁广播电视台影视剧频道	3.1	15.6
15	《千里追踪》	电影	中央台六套	3.1	9.9
16	《最强大脑之燃烧吧大脑》（2月3日）	综艺	江苏卫视	3.0	18.6
17	《新北方》	新闻/时事	辽宁广播电视台都市频道	3.0	15.1
18	《现场直播：2022年女篮世界杯半决赛》（澳大利亚队VS中国队）	体育	中央台五套	3.0	15.0
19	《追虎擒龙》（5月6日）	电影	中央台六套	3.0	13.1
20	《一起深呼吸》（13～37集）	电视剧	江苏卫视	3.0	11.7
21	《绝地归途》	电视剧	辽宁广播电视台影视剧频道	3.0	10.9
22	《铁血征途》	电视剧	辽宁广播电视台影视剧频道	2.9	14.8
23	《风吹半夏》	电视剧	浙江卫视	2.9	12.7
24	《鼠胆英雄》	电影	中央台六套	2.9	10.9
25	《中国好声音巅峰之夜》	综艺	浙江卫视	2.8	19.5
26	《烈火战魂》	电视剧	辽宁广播电视台影视剧频道	2.8	15.2
27	《烽火勇士》	电视剧	辽宁广播电视台影视剧频道	2.8	14.3
28	《烽火尖兵》	电视剧	辽宁广播电视台影视剧频道	2.8	13.9
29	《谍影追踪》	电视剧	辽宁广播电视台影视剧频道	2.8	13.7
30	《寒刀凛》（11月11日）	电影	中央台六套	2.8	11.9

表3.52.8　2022年沈阳市场电视剧收视率排名前十位

单位：%

名次	节目名称	播出频道	平均收视率	平均占有率
1	《猎豹纵队》	辽宁广播电视台影视剧频道	3.1	16.0
2	《绝地出击》	辽宁广播电视台影视剧频道	3.1	15.6
3	《一起深呼吸》（13～37集）	江苏卫视	3.0	11.7
4	《绝地归途》	辽宁广播电视台影视剧频道	3.0	10.9
5	《铁血征途》	辽宁广播电视台影视剧频道	2.9	14.8
6	《风吹半夏》	浙江卫视	2.9	12.7
7	《烈火战魂》	辽宁广播电视台影视剧频道	2.8	15.2

续表

名次	节目名称	播出频道	平均收视率	平均占有率
8	《烽火勇士》	辽宁广播电视台影视剧频道	2.8	14.3
9	《烽火尖兵》	辽宁广播电视台影视剧频道	2.8	13.9
10	《谍影追踪》	辽宁广播电视台影视剧频道	2.8	13.7

表 3.52.9　2022 年沈阳市场新闻节目收视率排名前十位

单位：%

名次	节目名称	播出频道	平均收视率	平均占有率
1	《新北方》	辽宁广播电视台都市频道	3.0	15.1
2	《新闻正前方》	辽宁广播电视台都市频道	2.7	17.5
3	《中国空间站神舟十四号航天员返回 2022》	中央电视台新闻频道	2.4	11.1
4	《省委十五届一次全会特别报道》	浙江卫视	2.2	9.8
5	《俄乌局势突变》	中央台四套	1.9	8.3
6	《一起向未来》	中央电视台新闻频道	1.8	8.1
7	《中国舆论场》	中央台四套	1.7	6.5
8	《连线北京二十大特别报道》	浙江卫视	1.4	8.3
9	《今日亚洲》	中央台四套	1.4	5.5
10	《科学控疫情统筹谋发展》	浙江卫视	1.4	4.7

表 3.52.10　2022 年沈阳市场专题节目收视率排名前十位

单位：%

名次	节目名称	播出频道	平均收视率	平均占有率
1	《龙腾虎跃中国年》	中央电视台综合频道	5.1	17.0
2	《夜长沙》	湖南卫视	1.7	7.7
3	《故事刚刚好》	辽宁广播电视台都市频道	1.6	8.8
4	《“中国共产党为什么能”第十八季〈而今迈步从头越〉》	浙江卫视	1.3	7.8
5	《长风浩荡启新程——习近平主席出席二十国集团领导人第十七次峰会》	中央电视台新闻频道	1.3	5.3
6	《夜间急救医生》	湖南卫视	1.3	5.2
7	《追寻贺龙元帅》	湖南卫视	1.2	5.5
8	《丝路古道焕新机——习近平主席出席上合组织撒马尔罕峰会出访中亚两国》	中央电视台综合频道	1.2	5.3
9	《航拍中国》（第四季）	辽宁广播电视台都市频道	1.1	5.3
10	《报社印刷员》	湖南卫视	1.1	4.8

表 3.52.11　2022 年沈阳市场综艺节目收视率排名前十位

单位：%

名次	节目名称	播出频道	平均收视率	平均占有率
1	《辽宁卫视 2022 春节联欢晚会》	辽宁卫视	9.8	39.9
2	《2022 中央广播电视总台春节联欢晚会》	中央电视台综合频道	6.0	19.7
3	《2022 年中央广播电视总台元宵晚会》	中央电视台综合频道	5.0	18.9
4	《蒙面舞王》（7 月 31 日）	江苏卫视	3.5	27.3
5	《最强大脑之燃烧吧大脑》（2 月 3 日）	江苏卫视	3.0	18.6
6	《中国好声音巅峰之夜》	浙江卫视	2.8	19.5
7	《2022 年北京广播电视台春节联欢晚会》	北京卫视	2.7	18.6
8	《我们的歌》（9 月 25 日）	东方卫视	2.7	17.9
9	《闪光的乐队》（3 月 5 日）	浙江卫视	2.7	15.5
10	《超脑少年团》（8 月 12 日）	江苏卫视	2.5	10.6

表 3.52.12　2022 年沈阳市场体育节目收视率排名前十位

单位：%

名次	节目名称	播出频道	平均收视率	平均占有率
1	《2022 年北京冬奥会短道速滑男子 1000 米决赛》	中央台五套	6.8	27.1
2	《现场直播：2021/2022 赛季 CBA 季后赛半决赛》（广东东莞大益 VS 辽宁本钢）	中央台五套	5.8	19.2
3	《2022 年女足亚洲杯决赛》（中国 VS 韩国）	中央台五套	5.0	17.5
4	《我爱世界杯：2022 年世界杯 E 组第 2 轮》（日本 VS 哥斯达黎加）	中央台五套	3.3	13.0
5	《现场直播：2022 年女篮世界杯半决赛》（澳大利亚队 VS 中国队）	中央台五套	3.0	15.0
6	《现场直播：2022 年世乒联世界杯决赛女单决赛》	中央台五套	2.7	10.9
7	《现场直播：2022 年世界乒乓球团体锦标赛女团决赛》	中央台五套	2.4	10.1
8	《现场直播：2022 年世乒联冠军赛澳门站男单决赛》	中央台五套	2.3	10.0
9	《现场直播：2022 年世乒联大满贯赛新加坡站女单决赛》	中央台五套	2.3	7.1
10	《现场直播：2022 年男篮亚洲杯 1/4 决赛资格赛》（中国 VS 印度尼西亚）	中央台五套	2.1	10.9

五十三　深圳收视数据

表 3.53.1　2018～2022 年深圳市场各类频道的占有率

单位：%

频道类别	2018 年	2019 年	2020 年	2021 年	2022 年
中央广播电视总台	22.5	18.1	16.3	13.2	15.9
中国教育台频道	0.2	0.1	0.1	0.1	0.1
广东省级频道	6.7	8.0	8.4	8.6	8.6
深圳市级频道	25.6	22.6	22.0	17.1	19.8
境外频道	3.1	2.8	2.4	2.2	2.1
其他省级卫视频道	20.9	22.9	24.6	33.0	28.3
其他频道	21.0	25.5	26.2	25.8	25.2

表 3.53.2　2022 年深圳市场各类频道在各目标观众中的占有率

单位：%

目标观众		中央广播电视总台	中国教育台频道	广东省级频道	深圳市级频道	境外频道	其他省级卫视频道	其他频道
4 岁及以上所有人		15.9	0.1	8.6	19.8	2.1	28.3	25.2
性别	男	17.1	0.1	8.5	20.5	1.9	27.6	24.3
	女	14.6	0.1	8.8	19.1	2.4	29.1	25.9
年龄	4～14 岁	9.6	0.1	11.6	12.2	0.9	25.0	40.6
	15～24 岁	11.2	0.0	7.0	21.7	1.0	36.1	23.0
	25～34 岁	14.4	0.1	8.7	18.5	1.8	32.2	24.3
	35～44 岁	13.6	0.0	9.3	15.9	1.7	31.2	28.3
	45～54 岁	20.6	0.1	6.4	22.3	3.3	24.2	23.1
	55～64 岁	23.2	0.1	9.8	26.9	3.0	17.6	19.4
	65 岁及以上	23.5	0.1	15.0	23.9	4.3	15.4	17.8
受教育程度	未受过正规教育	10.4	0.1	13.7	27.6	0.5	19.3	28.4
	小学	15.9	0.1	9.8	16.9	1.5	25.8	30.0
	初中	16.0	0.1	8.5	21.2	2.4	29.1	22.7
	高中	16.2	0.1	8.4	18.8	2.8	26.1	27.6
	大学及以上	16.3	0.0	7.5	19.3	1.8	32.1	23.0

续表

目标观众		中央广播电视总台	中国教育台频道	广东省级频道	深圳市级频道	境外频道	其他省级卫视频道	其他频道
职业类别	干部/管理人员	11.9	0.1	2.3	14.3	1.4	25.8	44.2
	个体/私营企业人员	18.2	0.1	8.9	19.1	1.4	28.5	23.8
	初级公务员/雇员	16.1	0.1	7.2	21.0	2.3	32.1	21.2
	工人	16.7	0.1	11.0	20.2	1.8	29.5	20.7
	学生	9.6	0.0	9.1	12.2	1.1	32.9	35.1
	无业	15.7	0.1	9.3	23.4	3.5	21.7	26.3
	其他	*	*	*	*	*	*	*
个人月收入	0～600元	11.8	0.1	9.3	17.7	2.0	27.5	31.6
	601～1200元	25.8	0.2	11.4	25.0	6.9	10.1	20.6
	1201～1700元	15.5	0.1	7.2	25.4	5.7	10.3	35.8
	1701～2600元	13.6	0.3	9.6	27.4	8.8	27.0	13.3
	2601～3500元	19.7	0.1	11.6	28.3	4.1	18.5	17.7
	3501～5000元	16.3	0.1	7.5	20.4	2.7	27.6	25.4
	5001元及以上	17.6	0.1	8.3	19.8	1.6	30.1	22.5

注：*表示由于样本量不足，无法进行统计推断。

表3.53.3　2022年深圳市场各类频道在不同时段的占有率

单位：%

时间段	中央广播电视总台	中国教育台频道	广东省级频道	深圳市级频道	境外频道	其他省级卫视频道	其他频道
02：00～03：00	13.8	0.1	2.2	13.7	1.3	18.3	50.6
03：00～04：00	12.7	0.0	1.5	9.8	1.2	18.8	56.0
04：00～05：00	13.7	0.0	1.5	6.4	1.0	18.5	58.9
05：00～06：00	14.8	0.1	2.8	9.2	1.3	15.1	56.7
06：00～07：00	21.2	0.0	7.2	8.4	12.8	8.9	41.5
07：00～08：00	22.0	0.1	6.5	26.1	11.6	7.0	26.7
08：00～09：00	25.1	0.2	8.9	17.5	9.1	9.3	29.9
09：00～10：00	22.3	0.2	10.0	17.6	4.0	13.5	32.4
10：00～11：00	20.7	0.2	9.3	16.1	2.4	16.6	34.7
11：00～12：00	22.7	0.1	9.9	15.0	2.5	17.4	32.4
12：00～13：00	21.1	0.0	9.4	19.3	3.6	16.1	30.5
13：00～14：00	17.1	0.1	8.2	17.3	2.1	21.4	33.8
14：00～15：00	13.7	0.1	6.8	20.0	1.1	23.3	35.0
15：00～16：00	13.2	0.1	6.9	21.7	1.1	24.3	32.7

续表

时间段	中央广播电视总台	中国教育台频道	广东省级频道	深圳市级频道	境外频道	其他省级卫视频道	其他频道
16：00～17：00	13.1	0.1	8.1	20.8	0.9	26.8	30.2
17：00～18：00	13.9	0.1	9.4	20.0	1.6	24.6	30.4
18：00～19：00	16.8	0.0	10.8	23.7	3.4	16.4	28.9
19：00～20：00	15.6	0.1	9.7	21.5	1.8	32.2	19.1
20：00～21：00	14.4	0.0	8.7	18.7	1.3	41.0	15.9
21：00～22：00	15.3	0.0	8.5	17.8	1.7	39.4	17.3
22：00～23：00	13.8	0.0	7.7	22.8	2.0	32.4	21.3
23：00～00：00	14.0	0.1	8.2	22.9	2.6	25.7	26.5
00：00～01：00	16.8	0.1	6.5	19.2	3.3	16.6	37.5
01：00～02：00	16.3	0.1	3.2	16.0	2.0	15.2	47.2

表 3.53.4　2022 年深圳市场收视份额排名前十位的频道

单位：%

名次	频道名称	收视份额
1	深圳卫视	7.9
2	深圳电视台二套（电视剧频道）	5.3
3	江苏卫视	5.2
4	浙江卫视	4.9
5	湖南卫视	4.7
6	中央电视台综合频道	3.1
7	东方卫视	2.7
8	广东卫视	2.6
8	深圳电视台一套（都市频道）	2.6
10	深圳电视台七套（公共频道）	2.3

表 3.53.5　2022 年深圳市场各主要频道的观众构成

单位：%

目标观众		所有频道	主要频道				
			深圳卫视	深圳电视台二套（电视剧频道）	江苏卫视	浙江卫视	湖南卫视
4 岁及以上所有人		100.0	100.0	100.0	100.0	100.0	100.0
性别	男	49.9	52.8	55.8	43.7	50.0	47.4
	女	50.1	47.2	44.2	56.3	50.0	52.6

续表

目标观众		所有频道	主要频道				
			深圳卫视	深圳电视台二套（电视剧频道）	江苏卫视	浙江卫视	湖南卫视
年龄	4～14 岁	8.9	4.8	5.3	9.6	6.6	6.7
	15～24 岁	14.8	17.6	4.5	18.5	20.4	25.3
	25～34 岁	28.2	32.2	22.9	29.1	35.6	29.2
	35～44 岁	13.4	11.1	12.0	18.9	16.9	13.5
	45～54 岁	22.2	23.4	33.0	16.7	15.3	17.6
	55～64 岁	7.5	6.7	13.7	4.9	3.5	4.7
	65 岁及以上	5.0	4.2	8.6	2.3	1.7	3.0
受教育程度	未受过正规教育	4.5	1.9	3.0	3.7	1.9	3.3
	小学	14.4	9.4	15.9	11.6	10.1	13.1
	初中	31.8	30.9	39.4	31.1	31.5	34.7
	高中	23.4	24.1	25.1	23.3	20.9	21.4
	大学及以上	25.9	33.7	16.6	30.3	35.6	27.5
职业类别	干部/管理人员	1.9	1.6	1.5	1.9	2.2	1.9
	个体/私营企业人员	30.5	33.5	30.9	26.5	30.6	28.0
	初级公务员/雇员	24.7	29.7	28.7	32.1	30.7	28.5
	工人	7.3	6.1	10.7	7.5	8.1	7.2
	学生	11.3	10.7	3.3	15.2	14.0	14.8
	无业	24.3	18.4	24.9	16.8	14.4	19.6
	其他	*	*	*	*	*	*
个人月收入	0～600 元	29.2	22.1	15.9	29.4	25.6	31.4
	601～1200 元	0.6	0.9	0.5	0.1	0.2	0.1
	1201～1700 元	0.7	0.6	0.4	0.2	0.3	0.2
	1701～2600 元	1.3	1.3	1.5	2.5	0.9	1.4
	2601～3500 元	4.5	3.6	11.6	2.9	2.7	3.0
	3501～5000 元	12.2	12.3	18.7	11.1	13.2	13.9
	5001 元及以上	51.5	59.2	51.4	53.8	57.1	50.0

注：*表示样本量不足，无法进行统计推断。

表 3.53.6　2020～2022 年深圳市场各类节目的播出比重和收视比重

单位：%

节目类别	2020 年		2021 年		2022 年	
	播出比重	收视比重	播出比重	收视比重	播出比重	收视比重
财经	1.3	0.5	1.4	0.3	1.3	0.4

续表

节目类别	2020 年		2021 年		2022 年	
	播出比重	收视比重	播出比重	收视比重	播出比重	收视比重
电视剧	22.6	41.4	22.7	42.8	23.9	40.9
电影	3.2	2.0	2.8	1.8	2.6	2.4
法制	0.6	0.2	0.6	0.2	0.8	0.2
教学	0.3	0.1	0.3	0.1	0.3	0.1
青少	8.0	5.1	7.9	4.4	7.9	3.5
生活服务	7.8	6.2	8.1	6.0	7.5	6.0
体育	4.8	1.4	5.1	1.9	6.0	2.7
外语	0.2	0.0	0.2	0.0	0.2	0.0
戏剧	0.5	0.1	0.5	0.1	0.5	0.2
新闻/时事	16.8	16.5	16.1	13.7	15.9	14.9
音乐	1.8	1.1	1.6	0.8	1.6	0.7
专题	13.0	4.8	13.9	5.0	14.6	5.3
综艺	6.1	9.9	6.5	12.8	5.6	12.9
其他	13.0	10.7	12.3	10.1	11.3	9.8

表 3.53.7　2022 年深圳市场所有节目收视率排名前三十位

单位：%

名次	节目名称	类型	播出频道	平均收视率	平均占有率
1	《2023 梦圆东方跨年盛典》	综艺	东方卫视	7.0	22.6
2	《最强大脑之燃烧吧大脑》（3 月 11 日）	综艺	江苏卫视	6.5	27.1
3	《天赐的声音 3》（4 月 1 日）	综艺	浙江卫视	6.1	21.7
4	《2021 国剧盛典》	综艺	安徽卫视	6.0	21.4
5	《我们的歌》（12 月 11 日）	综艺	东方卫视	5.6	28.0
6	《王牌对王牌》	综艺	浙江卫视	5.6	21.9
7	《冰雪正当燃》（2 月 25 日）	综艺	浙江卫视	5.5	25.6
8	《2023 跨年演唱会》（用奋斗点亮幸福）	音乐	江苏卫视	5.4	17.2
9	《闪光的乐队》（2 月 19 日）	综艺	浙江卫视	5.3	18.3
10	《蒙面舞王》（7 月 31 日）	综艺	江苏卫视	5.2	30.9
11	《奔跑吧》	综艺	浙江卫视	4.7	20.7
12	《京东晚八点音乐会温暖之声金秋回响》	音乐	北京卫视	4.4	21.8
13	《超脑少年团》（8 月 5 日）	综艺	江苏卫视	4.4	18.7
14	《新居之约》	电视剧	中央电视台综合频道	4.4	17.3
15	《底线》	电视剧	湖南卫视	4.3	19.7
16	《向往的生活大海篇》	综艺	湖南卫视	4.2	28.5

续表

名次	节目名称	类型	播出频道	平均收视率	平均占有率
17	《2022 年北京广播电视台春节联欢晚会》	综艺	北京卫视	4.2	22.7
18	《极限挑战》	综艺	东方卫视	4.2	20.3
19	《开播情景喜剧》（6 月 25 日）	综艺	东方卫视	4.2	18.6
20	《一起深呼吸》（13～37 集）	电视剧	江苏卫视	4.2	17.5
21	《我爱世界杯：2022 年世界杯 H 组第 1 轮》（乌拉圭 VS 韩国）	体育	中央台五套	4.1	19.5
22	《中国好时节春分》	综艺	浙江卫视	4.1	17.0
23	《2022～2023 跨年晚会》	综艺	湖南卫视	4.1	13.3
24	《超燃美食记》（第二季）	综艺	浙江卫视	4.0	23.6
25	《为歌而赞》（第二季）（5 月 7 日）	综艺	浙江卫视	4.0	13.1
26	《技惊四座》（2 月 19 日）	综艺	广东卫视	3.9	15.6
27	《奔跑吧·共同富裕篇》	综艺	浙江卫视	3.9	15.3
28	《三生有幸遇上你》（16～40 集）	电视剧	东方卫视	3.9	13.2
28	《超有趣滑雪大会》	综艺	江苏卫视	3.8	20.5
30	《2022 知乎答案奇遇夜》	综艺	湖南卫视	3.8	20.4

表 3.53.8　2022 年深圳市场电视剧收视率排名前十位

单位：%

名次	节目名称	播出频道	平均收视率	平均占有率
1	《新居之约》	中央电视台综合频道	4.4	17.3
2	《底线》	湖南卫视	4.3	19.7
3	《一起深呼吸》（13～37 集）	江苏卫视	4.2	17.5
4	《三生有幸遇上你》（16～40 集）	东方卫视	3.9	13.2
5	《勇敢的翅膀》	湖南卫视	3.8	14.2
6	《输赢》（19～40 集）	北京卫视	3.8	12.8
7	《县委大院》	浙江卫视	3.5	12.4
8	《输赢》	深圳卫视	3.4	13.9
9	《完美伴侣》	湖南卫视	3.4	13.3
10	《婚姻的两种猜想》	湖南卫视	3.1	14.4

表 3.53.9　2022 年深圳市场新闻节目收视率排名前十位

单位：%

名次	节目名称	播出频道	平均收视率	平均占有率
1	《省委十五届一次全会特别报道》（6 月 23 日）	浙江卫视	1.5	8.9
2	《中央台新闻联播》（转播）	深圳卫视	1.3	7.8

续表

名次	节目名称	播出频道	平均收视率	平均占有率
3	《中央台新闻联播》（转播）	江苏卫视	1.2	6.8
4	《第1现场》	深圳电视台一套（都市频道）	1.0	6.9
5	《一起向未来第24届冬季奥林匹克运动会闭幕式倒计时特别节目》（2月20日）	中央电视台新闻频道	1.0	6.3
6	《省党代会特别报道》	浙江卫视	1.0	5.1
7	《中国这十年安徽主题新闻发布会特别报道》（7月20日）	安徽卫视	1.0	4.9
8	《连线北京二十大特别报道》	浙江卫视	1.0	4.6
9	《科学控疫情统筹谋发展》	浙江卫视	1.0	3.8
10	《一起向未来》	中央电视台综合频道	0.9	9.6

表3.53.10　2022年深圳市场专题节目收视率排名前十位

单位：%

名次	节目名称	播出频道	平均收视率	平均占有率
1	《我在岛屿读书》	江苏卫视	3.3	15.5
2	《思想耀江山》	江苏卫视	2.7	11.4
3	《知识进化论——樊登4.23世界读书日年度主题演讲》	深圳卫视	2.7	9.1
4	《粮安天下种铸基石天津种业砥砺前行》（10月19日）	天津卫视	2.6	12.1
5	《铭记》（12月13日）	江苏卫视	2.4	8.4
6	《功勋闪耀新时代》	中央电视台综合频道	1.8	7.2
7	《龙腾虎跃中国年》	中央电视台综合频道	1.7	14.8
8	《追梦人叠彩人生》	浙江卫视	1.7	11.1
9	《感动中国2021年度人物颁奖盛典》	中央电视台综合频道	1.7	7.7
10	《超级发布会》（5月16日）	深圳卫视	1.7	6.1

表3.53.11　2022年深圳市场综艺节目收视率排名前十位

单位：%

名次	节目名称	播出频道	平均收视率	平均占有率
1	《2023梦圆东方跨年盛典》	东方卫视	7.0	22.6
2	《最强大脑之燃烧吧大脑》（3月11日）	江苏卫视	6.5	27.1
3	《天赐的声音3》（4月1日）	浙江卫视	6.1	21.7
4	《2021国剧盛典》	安徽卫视	6.0	21.4
5	《我们的歌》（12月11日）	东方卫视	5.6	28.0

续表

名次	节目名称	播出频道	平均收视率	平均占有率
6	《王牌对王牌》	浙江卫视	5.6	21.9
7	《冰雪正当燃》（2月25日）	浙江卫视	5.5	25.6
8	《闪光的乐队》（2月19日）	浙江卫视	5.3	18.3
9	《蒙面舞王》（7月31日）	江苏卫视	5.2	30.9
10	《奔跑吧》	浙江卫视	4.7	20.7

表 3.53.12　2022 年深圳市场体育节目收视率排名前十位

单位：%

名次	节目名称	播出频道	平均收视率	平均占有率
1	《我爱世界杯：2022 年世界杯 H 组第 1 轮》（乌拉圭 VS 韩国）	中央台五套	4.1	19.5
2	《2022 年北京冬奥会短道速滑男子 1000 米半决赛》	中央台五套	2.3	11.5
3	《2022 北京冬残奥会开幕式》	中央电视台综合频道	1.6	7.2
4	《现场直播：2022 年 CBA 全明星周末扣篮大赛》	中央台五套	1.6	6.4
5	《2022 年女足亚洲杯决赛》（中国 VS 韩国）	中央台五套	1.5	9.3
6	《实况录像：2022 年世界蹦床锦标赛男子个人蹦床决赛》（12 月 8 日）	中央台五套	1.3	5.7
7	《现场直播：2022 年世界乒乓球团体锦标赛男团决赛》	中央台五套	1.2	6.2
8	《实况录像：2022 年世界体操锦标赛单项决赛女子自由操决赛》	中央台五套	1.2	5.5
9	《实况录像：2022 年国际泳联世界锦标赛女子 100 米蝶泳决赛》（6 月 30 日）	中央台五套	1.1	5.4
10	《现场直播：2022 年全国男子举重锦标赛 109 公斤以上级决赛挺举》	中央台五套	1.0	4.7

五十四　石家庄收视数据

表 3.54.1　2018～2022 年石家庄市场各类频道的占有率

单位：%

频道类别	2018 年	2019 年	2020 年	2021 年	2022 年
中央广播电视总台	36.3	34.0	33.5	29.7	32.9
中国教育台频道	0.2	0.2	0.1	0.1	0.1
河北省级频道	18.9	15.0	10.4	9.0	10.4
石家庄市级频道	6.5	4.3	3.3	2.6	1.7
其他省级卫视频道	19.4	25.6	29.0	30.2	22.6
其他频道	18.7	20.9	23.7	28.4	32.3

表 3.54.2　2022 年石家庄市场各类频道在不同目标观众中的占有率

单位：%

目标观众		中央广播电视总台	中国教育台频道	河北省级频道	石家庄市级频道	其他省级卫视频道	其他频道
4 岁及以上所有人		32.9	0.1	10.4	1.7	22.6	32.3
性别	男	34.3	0.1	10.4	1.8	21.7	31.7
	女	31.4	0.0	10.5	1.7	23.4	33.0
年龄	4～14 岁	17.0	0.1	5.2	0.6	22.7	54.4
	15～24 岁	26.4	0.0	8.1	1.4	32.6	31.5
	25～34 岁	17.3	0.1	7.3	1.4	25.3	48.6
	35～44 岁	25.1	0.0	7.0	1.1	25.0	41.8
	45～54 岁	33.9	0.0	9.4	1.9	24.7	30.1
	55～64 岁	39.4	0.1	12.4	1.7	20.2	26.2
	65 岁及以上	46.6	0.1	15.5	2.5	16.8	18.5
受教育程度	未受过正规教育	27.1	0.1	7.5	0.4	19.0	45.9
	小学	33.6	0.0	13.1	1.6	20.5	31.2
	初中	33.9	0.0	13.9	2.1	21.4	28.7
	高中	33.8	0.1	9.1	1.9	26.7	28.4
	大学及以上	31.0	0.0	6.3	1.5	21.0	40.2

续表

目标观众		中央广播电视总台	中国教育台频道	河北省级频道	石家庄市级频道	其他省级卫视频道	其他频道
职业类别	干部/管理人员	28.0	0.1	5.2	1.9	20.7	44.1
	个体/私营企业人员	29.1	0.0	9.9	1.8	23.1	36.1
	初级公务员/雇员	25.7	0.1	8.0	0.8	22.6	42.8
	工人	32.3	0.1	8.0	1.7	29.6	28.3
	学生	22.9	0.0	7.5	0.7	29.1	39.8
	无业	40.5	0.1	13.1	2.4	19.3	24.6
	其他	41.6	0.0	11.2	0.9	27.3	19.0
个人月收入	0～600元	25.6	0.1	11.3	1.1	25.8	36.1
	601～1200元	37.3	0.0	12.9	2.8	18.1	28.9
	1201～1700元	42.9	0.1	11.5	1.7	20.4	23.4
	1701～2600元	39.3	0.0	12.1	1.9	22.9	23.8
	2601～3500元	35.2	0.0	10.8	2.9	21.2	29.9
	3501～5000元	30.3	0.1	8.9	1.1	20.3	39.3
	5001元及以上	31.1	0.1	6.1	1.4	23.1	38.2

表3.54.3　2022年石家庄市场各类频道在不同时段的占有率

单位：%

时间段	中央广播电视总台	中国教育台频道	河北省级频道	石家庄市级频道	其他省级卫视频道	其他频道
02：00～03：00	25.6	0.0	5.5	0.2	16.4	52.3
03：00～04：00	25.8	0.0	7.2	0.1	18.3	48.6
04：00～05：00	28.8	0.0	9.7	0.3	22.9	38.3
05：00～06：00	29.1	0.1	9.8	0.4	31.6	29.0
06：00～07：00	56.9	0.1	4.9	0.8	14.9	22.4
07：00～08：00	57.4	0.0	3.6	0.7	15.4	22.9
08：00～09：00	46.7	0.1	4.5	1.4	14.4	32.9
09：00～10：00	36.8	0.1	4.2	1.5	19.4	38.0
10：00～11：00	35.6	0.1	4.2	1.5	19.7	38.9
11：00～12：00	37.5	0.1	5.4	2.3	17.0	37.7
12：00～13：00	37.0	0.0	15.3	1.8	12.1	33.8
13：00～14：00	31.3	0.1	7.7	0.9	18.3	41.7
14：00～15：00	29.9	0.1	5.8	1.2	20.5	42.5
15：00～16：00	31.1	0.1	5.1	1.3	20.3	42.1
16：00～17：00	33.1	0.1	4.4	1.2	19.0	42.2

续表

时间段	中央广播电视总台	中国教育台频道	河北省级频道	石家庄市级频道	其他省级卫视频道	其他频道
17：00～18：00	35.6	0.1	4.9	1.3	16.1	42.0
18：00～19：00	37.6	0.0	15.6	2.9	9.5	34.4
19：00～20：00	36.5	0.0	13.4	2.2	21.8	26.1
20：00～21：00	27.9	0.0	13.6	1.5	32.9	24.1
21：00～22：00	28.3	0.0	12.7	2.2	31.0	25.8
22：00～23：00	25.0	0.1	11.1	1.7	30.4	31.7
23：00～00：00	26.9	0.0	8.0	0.7	28.2	36.2
00：00～01：00	29.5	0.1	4.6	0.5	19.6	45.7
01：00～02：00	25.8	0.1	4.4	0.4	14.9	54.4

表 3.54.4　2022 年石家庄市场收视份额排名前十位的频道

单位：%

名次	频道名称	收视份额
1	中央电视台综合频道	5.4
2	中央台四套	4.8
3	浙江卫视	3.9
4	中央台八套	3.6
5	江苏卫视	3.3
6	中央台六套	3.2
7	中央台五套	3.1
8	河北广播电视台卫视频道	2.9
8	河北广播电视台农民频道	2.9
10	中央电视台新闻频道	2.8

表 3.54.5　2022 年石家庄市场各主要频道的观众构成

单位：%

目标观众		所有频道	主要频道				
			中央电视台综合频道	中央台四套	浙江卫视	中央台八套	江苏卫视
4 岁及以上所有人		100.0	100.0	100.0	100.0	100.0	100.0
性别	男	50.1	48.1	59.4	48.8	40.9	43.7
	女	49.9	51.9	40.6	51.2	59.1	56.3

续表

目标观众		所有频道	主要频道				
			中央电视台综合频道	中央台四套	浙江卫视	中央台八套	江苏卫视
年龄	4～14 岁	8.1	4.8	2.5	7.2	3.2	6.2
	15～24 岁	8.0	7.2	5.0	15.4	8.7	10.8
	25～34 岁	12.6	6.5	6.6	11.7	3.6	28.3
	35～44 岁	12.7	11.6	5.7	17.6	5.7	15.6
	45～54 岁	18.7	21.0	13.8	27.7	21.6	16.9
	55～64 岁	12.6	12.7	18.1	9.4	14.8	9.5
	65 岁及以上	27.3	36.2	48.3	11.0	42.5	12.8
受教育程度	未受过正规教育	4.7	3.7	4.0	2.3	3.7	1.9
	小学	17.1	14.2	23.7	13.1	16.9	11.7
	初中	28.1	31.2	23.5	29.3	34.5	20.9
	高中	28.0	27.1	29.9	33.1	28.5	41.8
	大学及以上	22.2	23.9	18.9	22.1	16.5	23.6
职业类别	干部/管理人员	1.9	2.7	0.6	2.9	1.5	1.5
	个体/私营企业人员	21.4	18.9	18.8	26.8	15.6	21.2
	初级公务员/雇员	17.8	15.8	10.6	20.1	9.9	27.8
	工人	6.3	5.2	4.7	8.0	7.1	9.6
	学生	10.1	7.0	6.5	16.4	7.8	11.8
	无业	40.1	48.2	57.9	22.3	52.0	25.8
	其他	2.4	2.2	0.9	3.5	6.1	2.4
个人月收入	0～600 元	24.7	19.9	11.4	27.2	26.6	26.7
	601～1200 元	3.9	3.2	7.1	2.9	3.8	2.0
	1201～1700 元	6.0	9.4	6.8	4.6	8.3	4.8
	1701～2600 元	18.3	20.4	28.2	16.8	20.4	18.4
	2601～3500 元	19.8	18.9	23.5	19.0	16.6	10.1
	3501～5000 元	15.4	13.0	17.0	13.3	14.6	20.7
	5001 元及以上	11.9	15.3	6.0	16.2	9.6	17.3

表 3.54.6　2020～2022 年石家庄市场各类节目的播出比重和收视比重

单位：%

节目类别	2020 年		2021 年		2022 年	
	播出比重	收视比重	播出比重	收视比重	播出比重	收视比重
财经	1.2	0.6	1.2	0.7	1.2	0.9
电视剧	22.0	36.0	22.0	37.8	22.6	33.6

续表

节目类别	2020年		2021年		2022年	
	播出比重	收视比重	播出比重	收视比重	播出比重	收视比重
电影	3.6	3.6	3.4	3.3	2.9	4.1
法制	1.0	0.6	0.8	0.4	1.0	0.3
教学	0.3	0.1	0.3	0.0	0.3	0.0
青少	7.3	3.6	7.1	2.6	7.3	2.3
生活服务	8.8	7.2	9.6	6.9	9.2	7.1
体育	3.7	1.6	4.0	2.6	4.9	5.2
外语	0.2	0.0	0.2	0.0	0.3	0.0
戏剧	0.9	1.6	0.6	0.7	0.7	0.8
新闻/时事	16.4	16.5	15.4	14.1	15.1	16.2
音乐	1.8	1.0	1.6	0.9	1.7	0.5
专题	13.7	6.5	15.0	6.4	15.6	6.7
综艺	6.6	10.5	6.6	13.2	5.7	11.9
其他	12.5	10.6	12.2	10.3	11.6	10.3

表 3.54.7　2022 年石家庄市场所有节目收视率排名前三十位

单位：%

名次	节目名称	节目类型	播出频道	平均收视率	平均占有率
1	《龙腾虎跃中国年》	专题	中央电视台综合频道	14.0	43.8
2	《2022 中央广播电视总台春节联欢晚会》	综艺	中央电视台综合频道	12.4	37.8
3	《2022 年中央广播电视总台元宵晚会》	综艺	中央电视台综合频道	7.3	27.3
4	《2022 年北京广播电视台春节联欢晚会》	综艺	北京卫视	6.9	26.6
5	《2022 北京冬奥会开幕式》	体育	中央电视台综合频道	6.8	21.8
6	《我爱世界杯：2022 年世界杯 H 组第 1 轮》（乌拉圭 VS 韩国）	体育	中央台五套	5.7	30.8
7	《最强大脑之燃烧吧大脑》（2 月 25 日）	综艺	江苏卫视	5.6	29.0
8	《开学第一课》	青少	中央电视台综合频道	5.5	19.2
9	《输赢》（19～40 集）	电视剧	北京卫视	4.9	16.2
10	《女足亚洲杯颁奖仪式》	体育	中央台五套	4.4	18.3
11	《蒙面舞王》（7 月 10 日）	综艺	江苏卫视	4.3	24.7
12	《风吹半夏》	电视剧	浙江卫视	4.1	15.9
13	《超级 818 汽车狂欢夜 2022 浙江卫视年中盛典》	综艺	浙江卫视	3.8	18.9
14	《现场直播：2022 年世界乒乓球团体锦标赛男团决赛》	体育	中央台五套	3.7	17.2
15	《2023 跨年演唱会》（用奋斗点亮幸福）	音乐	江苏卫视	3.7	16.6

续表

名次	节目名称	节目类型	播出频道	平均收视率	平均占有率
16	《新春喜剧之夜》	综艺	中央台三套	3.6	12.0
17	《乐高大师动手表达爱》	综艺	安徽卫视	3.5	20.8
18	《梦想与担当 2022 年江苏省中小学开学第一课》	青少	江苏卫视	3.3	11.6
19	《2022～2023 跨年晚会》	综艺	湖南卫视	3.1	14.3
20	《2023 梦圆东方跨年盛典》	综艺	东方卫视	3.0	13.5
21	《大考》	电视剧	安徽卫视	2.8	11.3
22	《一起深呼吸》（13～37 集）	电视剧	江苏卫视	2.7	10.6
23	《2021 我们的年度总结大会》	综艺	北京卫视	2.7	9.6
24	《大考》	电视剧	浙江卫视	2.6	14.3
25	《王牌部队》（11～40 集）	电视剧	江苏卫视	2.6	8.8
26	《2022 年中央广播电视总台中秋晚会》	综艺	中央电视台综合频道	2.5	10.4
26	《2022 知乎答案奇遇夜》	综艺	湖南卫视	2.5	10.4
28	《大博弈》	电视剧	东方卫视	2.5	9.2
29	《中国好声音巅峰对决》	综艺	浙江卫视	2.4	25.6
30	《2060 元音之境》	综艺	江苏卫视	2.4	16.7

表 3.54.8　2022 年石家庄市场电视剧收视率排名前十位

单位：%

名次	节目名称	播出频道	平均收视率	平均占有率
1	《输赢》（19～40 集）	北京卫视	4.9	16.2
2	《风吹半夏》	浙江卫视	4.1	15.9
3	《大考》	安徽卫视	2.8	11.3
4	《一起深呼吸》（13～37 集）	江苏卫视	2.7	10.6
5	《大考》	浙江卫视	2.6	14.3
6	《王牌部队》（11～40 集）	江苏卫视	2.6	8.8
7	《大博弈》	东方卫视	2.5	9.2
8	《舌尖上的心跳》	浙江卫视	2.3	9.3
9	《人世间》	中央电视台综合频道	2.3	9.2
10	《她们的名字》	浙江卫视	2.2	10.5

表 3.54.9　2022 年石家庄市场新闻节目收视率排名前十位

单位：%

名次	节目名称	播出频道	平均收视率	平均占有率
1	《一起向未来》	中央电视台综合频道	2.3	13.8

续表

名次	节目名称	播出频道	平均收视率	平均占有率
2	《连线北京二十大特别报道》	浙江卫视	2.2	11.9
3	《十三届全国人大五次会议全国政协十三届五次会议特别节目》	河北广播电视台卫视频道	2.0	8.4
3	《中国空间站神舟十四号航天员返回 2022》	中央电视台新闻频道	2.0	8.4
5	《新闻联播》	中央电视台综合频道	1.6	8.5
6	《今日亚洲》	中央台四套	1.6	7.4
7	《中国舆论场》	中央台四套	1.6	7.1
8	《科学控疫情统筹谋发展》	浙江卫视	1.5	5.4
9	《俄乌局势突变》	中央台四套	1.4	11.9
10	《筑梦空间站神舟十四号航天员返回特别报道》	中央台四套	1.4	5.3

表 3.54.10　2022 年石家庄市场专题节目收视率排名前十位

单位：%

名次	节目名称	播出频道	平均收视率	平均占有率
1	《龙腾虎跃中国年》	中央电视台综合频道	14.0	43.8
2	《315 公平守正安心消费》	中央台二套	2.2	9.9
3	《2022 中国诗词大会》（3 月 5 日）	中央电视台综合频道	1.9	8.4
4	《感动中国 2021 年度人物颁奖盛典》	中央电视台综合频道	1.8	9.9
5	《“中国共产党为什么能”第十八季〈而今迈步从头越〉》	浙江卫视	1.5	9.6
6	《最美的家最爱的国 2022 年河北省最美家庭发布会》	河北广播电视台卫视频道	1.5	8.5
7	《知识进化论——樊登 4.23 世界读书日年度主题演讲》	深圳卫视	1.4	7.2
8	《丝路古道焕新机——习近平主席出席上合组织撒马尔罕峰会出访中亚两国》	中央电视台综合频道	1.4	6.2
9	《零容忍》	中央电视台综合频道	1.3	4.4
10	《相知跨千年携手创未来——习近平主席赴沙特利雅得出访纪实》	中央电视台综合频道	1.2	4.5

表 3.54.11　2022 年石家庄市场综艺节目收视率排名前十位

单位：%

名次	节目名称	播出频道	平均收视率	平均占有率
1	《2022 中央广播电视总台春节联欢晚会》	中央电视台综合频道	12.4	37.8
2	《2022 年中央广播电视总台元宵晚会》	中央电视台综合频道	7.3	27.3
3	《2022 年北京广播电视台春节联欢晚会》	北京卫视	6.9	26.6

续表

名次	节目名称	播出频道	平均收视率	平均占有率
4	《最强大脑之燃烧吧大脑》（2月25日）	江苏卫视	5.6	29.0
5	《蒙面舞王》（7月10日）	江苏卫视	4.3	24.7
6	《超级818汽车狂欢夜2022浙江卫视年中盛典》	浙江卫视	3.8	18.9
7	《新春喜剧之夜》	中央台三套	3.6	12.0
8	《乐高大师动手表达爱》	安徽卫视	3.5	20.8
9	《2022～2023跨年晚会》	湖南卫视	3.1	14.3
10	《2023梦圆东方跨年盛典》	东方卫视	3.0	13.5

表3.54.12　2022年石家庄市场体育节目收视率排名前十位

单位：%

名次	节目名称	播出频道	平均收视率	平均占有率
1	《2022北京冬奥会开幕式》	中央电视台综合频道	6.8	21.8
2	《我爱世界杯：2022年世界杯H组第1轮》（乌拉圭VS韩国）	中央台五套	5.7	30.8
3	《女足亚洲杯颁奖仪式》	中央台五套	4.4	18.3
4	《现场直播：2022年世界乒乓球团体锦标赛男团决赛》	中央台五套	3.7	17.2
5	《2022北京冬残奥会闭幕式》	中央电视台综合频道	2.3	10.8
6	《现场直播：2022年女篮世界杯半决赛》（澳大利亚队VS中国队）	中央台五套	1.9	17.3
7	《现场直播：2022年男排亚洲杯决赛》（日本VS中国）	中央台五套	1.5	7.3
8	《现场直播：2022年世界女排锦标赛小组赛第4轮》（中国队VS捷克队）	中央台五套	1.5	6.9
9	《2022年钻石联赛洛桑站女子3000米决赛》	中央台五套	1.3	22.8
10	《现场直播：2021/2022赛季CBA总决赛第三场》（浙江广厦控股VS辽宁本钢）	中央台五套	1.2	6.2

五十五　太原收视数据

表 3.55.1　2018～2022 年太原市场各类频道的占有率

单位：%

频道类别	2018 年	2019 年	2020 年	2021 年	2022 年
中央广播电视总台	38.3	34.8	31.9	30.3	29.5
中国教育台频道	0.3	0.3	0.2	0.2	0.1
山西省级频道	15.6	15.2	10.5	8.8	8.7
太原市级频道	5.2	4.2	2.8	2.7	2.5
其他省级卫视频道	26.2	25.4	27.5	27.5	31.2
其他频道	14.4	20.1	27.1	30.5	28.0

表 3.55.2　2022 年太原市场各类频道在不同目标观众中的占有率

单位：%

目标观众		中央广播电视总台	中国教育台频道	山西省级频道	太原市级频道	其他省级卫星频道	其他频道
4 岁及以上所有人		29.5	0.1	8.7	2.5	31.2	28.0
性别	男	30.6	0.1	9.3	2.7	30.4	26.9
	女	28.4	0.1	8.0	2.2	32.1	29.2
年龄	4～14 岁	14.2	0.1	3.6	0.5	29.2	52.4
	15～24 岁	23.9	0.0	5.7	4.4	41.3	24.7
	25～34 岁	18.3	0.1	4.8	1.2	38.3	37.3
	35～44 岁	25.5	0.1	5.5	0.8	31.6	36.5
	45～54 岁	26.8	0.1	6.0	2.4	27.0	37.7
	55～64 岁	33.8	0.2	10.1	2.4	33.6	19.9
	65 岁及以上	43.8	0.1	15.9	4.1	25.5	10.6
受教育程度	未受过正规教育	21.2	0.1	9.2	2.0	28.0	39.5
	小学	22.9	0.2	13.7	1.9	29.2	32.1
	初中	29.6	0.1	10.3	2.5	34.8	22.7
	高中	34.5	0.1	9.5	3.8	29.0	23.1
	大学及以上	28.7	0.1	4.2	1.6	29.6	35.8

续表

目标观众		中央广播电视总台	中国教育台频道	山西省级频道	太原市级频道	其他省级卫星频道	其他频道
职业类别	干部/管理人员	42.4	0.0	2.5	0.3	28.1	26.7
	个体/私营经企业人员	22.5	0.1	7.0	2.1	33.3	35.0
	初级公务员/雇员	29.5	0.1	5.9	1.9	32.0	30.6
	工人	36.5	0.1	6.5	0.4	22.6	33.9
	学生	16.6	0.1	4.6	1.3	32.2	45.2
	无业	34.2	0.1	10.5	3.0	30.4	21.8
	其他	19.3	0.0	27.0	4.2	21.9	27.6
个人月收入	0～600元	18.5	0.1	6.3	1.5	32.9	40.7
	601～1200元	24.5	0.0	28.0	4.7	28.3	14.5
	1201～1700元	34.1	0.0	14.2	3.7	28.4	19.6
	1701～2600元	36.1	0.1	9.9	3.9	29.6	20.4
	2601～3500元	33.3	0.2	9.6	2.6	34.0	20.3
	3501～5000元	35.1	0.1	9.2	2.7	27.9	25.0
	5001元及以上	25.5	0.1	6.6	2.1	32.7	33.0

表3.55.3　2022年太原市场各类频道在不同时段的占有率

单位：%

时间段	中央广播电视总台	中国教育台频道	山西省级频道	太原市级频道	其他省级卫视频道	其他频道
02：00～03：00	18.0	0.1	10.0	0.8	33.6	37.5
03：00～04：00	19.2	0.0	11.5	0.8	34.5	34.0
04：00～05：00	22.4	0.1	14.0	1.1	36.7	25.7
05：00～06：00	24.6	0.2	17.0	2.0	37.3	18.9
06：00～07：00	38.8	0.2	7.5	3.3	26.5	23.7
07：00～08：00	42.6	0.3	3.1	5.5	18.6	29.9
08：00～09：00	35.9	0.4	5.3	3.0	19.5	35.9
09：00～10：00	30.8	0.2	4.6	2.7	23.8	37.9
10：00～11：00	27.7	0.2	4.9	2.7	26.9	37.6
11：00～12：00	32.4	0.4	5.0	2.0	25.1	35.1
12：00～13：00	38.7	0.1	6.7	2.1	20.7	31.7
13：00～14：00	28.8	0.1	11.9	1.7	25.5	32.0
14：00～15：00	26.8	0.2	9.8	1.9	28.8	32.5
15：00～16：00	27.9	0.2	4.8	2.1	31.3	33.7
16：00～17：00	26.6	0.2	4.0	1.5	33.4	34.3

续表

时间段	中央广播电视总台	中国教育台频道	山西省级频道	太原市级频道	其他省级卫视频道	其他频道
17：00～18：00	28.0	0.1	6.1	1.3	29.2	35.3
18：00～19：00	35.5	0.0	10.9	3.0	17.8	32.8
19：00～20：00	32.1	0.1	9.5	3.1	32.8	22.4
20：00～21：00	24.3	0.0	9.5	2.4	42.8	21.0
21：00～22：00	27.5	0.1	10.9	1.9	37.6	22.0
22：00～23：00	26.7	0.1	10.9	4.6	32.6	25.1
23：00～00：00	33.8	0.1	7.1	3.2	28.1	27.7
00：00～01：00	36.5	0.2	7.9	1.6	24.9	28.9
01：00～02：00	28.7	0.1	9.2	2.4	30.1	29.5

表 3.55.4　2022 年太原市场收视份额排名前十位的频道

单位：%

名次	频道名称	收视份额
1	中央电视台综合频道	6.5
2	中央台四套	4.4
3	江苏卫视	3.9
4	浙江卫视	3.3
4	中央台八套	3.3
6	湖南卫视	2.9
7	中央台五套	2.8
7	中央电视台新闻频道	2.8
9	山西广播电视台影视频道	2.6
10	中央台六套	2.4

表 3.55.5　2022 年太原市场各主要频道的观众构成

单位：%

目标观众		所有频道	主要频道				
			中央电视台综合频道	中央台四套	江苏卫视	浙江卫视	中央台八套
4 岁及以上所有人		100.0	100.0	100.0	100.0	100.0	100.0
性别	男	52.1	48.2	59.7	51.6	48.3	49.5
	女	47.9	51.8	40.3	48.4	51.7	50.5

续表

目标观众		所有频道	主要频道				
			中央电视台综合频道	中央台四套	江苏卫视	浙江卫视	中央台八套
年龄	4～14 岁	7.4	5.5	1.1	4.6	7.2	1.9
	15～24 岁	6.9	5.8	7.9	9.5	12.0	3.2
	25～34 岁	17.2	14.2	8.7	21.7	30.3	8.6
	35～44 岁	11.1	12.5	3.0	17.0	12.4	7.7
	45～54 岁	16.6	15.0	12.1	17.9	18.4	8.8
	55～64 岁	15.1	16.6	15.7	11.5	9.6	24.2
	65 岁及以上	25.6	30.4	51.5	17.8	10.1	45.6
受教育程度	未受过正规教育	4.8	2.6	2.4	1.5	3.7	3.7
	小学	8.4	8.5	6.9	4.9	7.1	3.1
	初中	35.9	28.6	42.8	34.9	36.5	46.6
	高中	23.2	28.6	22.9	24.1	17.1	24.3
	大学及以上	27.7	31.7	25.0	34.6	35.6	22.2
职业类别	干部/管理人员	1.2	2.5	1.6	1.4	1.7	1.5
	个体/私营企业人员	24.8	21.9	11.1	29.6	35.8	14.4
	初级公务员/雇员	14.3	15.5	9.8	19.9	16.8	11.2
	工人	1.1	3.8	0.2	0.3	0.8	0.2
	学生	6.2	5.4	1.2	7.0	6.6	1.5
	无业	51.1	50.1	75.7	41.0	37.1	70.6
	其他	1.3	0.8	0.4	0.7	1.2	0.6
个人月收入	0～600 元	25.4	19.4	16.8	25.4	31.7	9.6
	601～1200 元	1.1	0.6	0.5	1.2	1.2	0.4
	1201～1700 元	1.5	1.4	3.1	0.8	0.8	1.7
	1701～2600 元	9.4	10.3	13.9	11.2	9.9	11.8
	2601～3500 元	23.9	25.8	30.2	25.6	18.8	31.1
	3501～5000 元	29.4	34.3	29.5	25.8	26.0	39.1
	5001 元及以上	9.2	8.3	6.0	10.0	11.6	6.2

表 3.55.6 2020～2022 年太原市场各类节目的播出比重和收视比重

单位：%

节目类型	2020 年		2021 年		2022 年	
	播出比重	收视比重	播出比重	收视比重	播出比重	收视比重
财经	1.1	0.7	1.1	0.8	1.3	0.7
电视剧	21.9	33.2	22.2	34.3	22.9	37.0

续表

节目类型	2020 年		2021 年		2022 年	
	播出比重	收视比重	播出比重	收视比重	播出比重	收视比重
电影	3.7	4.4	3.1	3.3	2.8	3.2
法制	1.3	0.9	1.4	0.9	1.6	0.6
教学	0.3	0.1	0.3	0.0	0.3	0.1
青少	7.7	4.3	6.7	2.8	6.9	3.3
生活服务	8.0	6.4	8.7	7.0	9.0	6.4
体育	3.8	2.2	4.1	3.5	4.9	4.7
外语	0.2	0.0	0.2	0.0	0.3	0.0
戏剧	1.0	0.6	0.9	0.6	0.8	0.7
新闻/时事	16.1	19.0	15.6	16.5	15.2	15.6
音乐	1.8	0.9	1.7	0.7	1.7	0.5
专题	13.8	5.8	14.8	6.7	15.2	6.4
综艺	6.5	10.5	6.8	11.7	5.7	10.0
其他	12.8	11.0	12.5	11.1	11.5	10.9

表 3.55.7　2022 年太原市场所有节目收视率排名前三十位

单位：%

名次	节目名称	节目类型	播出频道	平均收视率	平均占有率
1	《2022 中央广播电视总台春节联欢晚会》	综艺	中央电视台综合频道	14.5	38.4
2	《2022 北京冬奥会开幕式》	体育	中央电视台综合频道	7.2	22.7
3	《2023 跨年演唱会》（用奋斗点亮幸福）	音乐	江苏卫视	5.6	21.2
4	《我爱世界杯：2022 年世界杯小组赛 H 组第 1 轮》（乌拉圭 VS 韩国）	体育	中央台五套	5.5	26.1
5	《2023 梦圆东方跨年盛典》	综艺	东方卫视	5.1	19.9
6	《开学第一课》	青少	中央电视台综合频道	5.0	17.5
7	《奔跑吧·共同富裕篇》	综艺	浙江卫视	4.8	20.8
8	《2022 年中央广播电视总台元宵晚会》	综艺	中央电视台综合频道	4.7	27.6
9	《龙腾虎跃中国年》	专题	中央电视台综合频道	4.6	25.6
10	《无限超越班》（12 月 10 日）	综艺	浙江卫视	4.4	17.0
11	《人世间》	电视剧	中央电视台综合频道	4.4	16.5
12	《天赐的声音 3》（5 月 6 日）	综艺	浙江卫视	4.1	30.1
13	《2022 年中央广播电视总台中秋晚会》	综艺	中央电视台综合频道	3.8	12.3
14	《蒙面舞王》（7 月 24 日）	综艺	江苏卫视	3.5	20.7
15	《中国好声音》（9 月 16 日）	综艺	浙江卫视	3.5	14.6
16	《新居之约》	电视剧	中央电视台综合频道	3.5	13.9

续表

名次	节目名称	节目类型	播出频道	平均收视率	平均占有率
17	《为歌而赞》（第二季）（5 月 7 日）	综艺	浙江卫视	3.5	13.4
18	《开播情景喜剧》（6 月 4 日）	综艺	东方卫视	3.3	15.2
19	《女足亚洲杯颁奖仪式》	体育	中央台五套	3.3	12.5
20	《天气预报》	生活服务	中央电视台综合频道	3.1	14.6
21	《现场直播：2022 年世界乒乓球团体锦标赛女团决赛》	体育	中央台五套	3.0	12.0
22	《一起深呼吸》（13～37 集）	电视剧	江苏卫视	3.0	11.0
23	《中国这十年安徽主题新闻发布会特别报道》	新闻	安徽卫视	2.9	17.5
24	《省党代会特别报道》	新闻	浙江卫视	2.7	14.1
25	《欢乐颂三》	电视剧	东方卫视	2.7	11.4
26	《2021 国剧盛典》	综艺	安徽卫视	2.7	10.8
27	《麓山之歌》	电视剧	中央电视台综合频道	2.6	10.6
28	《2021 年大国工匠年度人物发布仪式》	专题	中央电视台综合频道	2.6	10.4
29	《2022 年北京广播电视台春节联欢晚会》	综艺	北京卫视	2.6	10.0
30	《省委十五届一次全会特别报道》	新闻	浙江卫视	2.5	12.3

表 3.55.8　2022 年太原市场电视剧收视率排名前十位

单位：%

名次	节目名称	播出频道	平均收视率	平均占有率
1	《人世间》	中央电视台综合频道	4.4	16.5
2	《新居之约》	中央电视台综合频道	3.5	13.9
3	《一起深呼吸》（13～37 集）	江苏卫视	3.0	11.0
4	《欢乐颂三》	东方卫视	2.7	11.4
5	《麓山之歌》	中央电视台综合频道	2.6	10.6
6	《风吹半夏》	浙江卫视	2.4	9.6
7	《三生有幸遇上你》（16～40 集）	东方卫视	2.4	8.0
8	《麓山之歌》	湖南卫视	2.3	11.2
9	《五号特工组之偷天换月》	山西广播电视台影视频道	2.3	10.7
10	《输赢》（19～40 集）	北京卫视	2.3	7.8

表 3.55.9　2022 年太原市场新闻节目收视率排名前十位

单位：%

名次	节目名称	播出频道	平均收视率	平均占有率
1	《中国这十年安徽主题新闻发布会特别报道》	安徽卫视	2.9	17.5

续表

名次	节目名称	播出频道	平均收视率	平均占有率
2	《省党代会特别报道》	浙江卫视	2.7	14.1
3	《省委十五届一次全会特别报道》	浙江卫视	2.5	12.3
4	《科学控疫情统筹谋发展》	浙江卫视	2.2	7.2
5	《新闻联播》	中央电视台综合频道	2.1	12.4
6	《中国空间站神舟十四号航天员返回 2022》	中央电视台新闻频道	2.0	8.3
7	《国务院总理会见中外记者并回答提问》	中央电视台综合频道	1.8	7.1
8	《中国共产党第二十次全国代表大会开幕会专题新闻》	中央电视台综合频道	1.6	6.8
9	《焦点访谈》	中央电视台综合频道	1.6	6.7
10	《筑梦空间站神舟十四号航天员返回特别报道》	中央台四套	1.6	6.2

表 3.55.10　2022 年太原市场专题节目收视率排名前十位

单位：%

名次	节目名称	播出频道	平均收视率	平均占有率
1	《龙腾虎跃中国年》	中央电视台综合频道	4.6	25.6
2	《2021 年大国工匠年度人物发布仪式》	中央电视台综合频道	2.6	10.4
3	《零容忍》	中央电视台综合频道	2.2	7.9
4	《感动中国 2021 年度人物颁奖盛典》	中央电视台综合频道	2.1	9.5
5	《长风浩荡启新程——习近平主席出席二十国集团领导人第十七次峰会》	中央电视台综合频道	2.1	7.9
6	《老板不知道的我》	江苏卫视	1.6	7.2
7	《2022 中国诗词大会》（3 月 5 日）	中央电视台综合频道	1.6	6.5
8	《丝路古道焕新机——习近平主席出席上合组织撒马尔罕峰会出访中亚两国》	中央电视台综合频道	1.5	6.2
9	《功勋闪耀新时代》	中央电视台综合频道	1.3	5.4
10	《江苏省“纪录小康工程”纪实》	江苏卫视	1.2	17.1

表 3.55.11　2022 年太原市场综艺节目收视率排名前十位

单位：%

名次	节目名称	播出频道	平均收视率	平均占有率
1	《2022 中央广播电视总台春节联欢晚会》	中央电视台综合频道	14.5	38.4
2	《2023 梦圆东方跨年盛典》	东方卫视	5.1	19.9
3	《奔跑吧·共同富裕篇》	浙江卫视	4.8	20.8
4	《2022 年中央广播电视总台元宵晚会》	中央电视台综合频道	4.7	27.6
5	《无限超越班》（12 月 10 日）	浙江卫视	4.4	17.0

续表

名次	节目名称	播出频道	平均收视率	平均占有率
6	《天赐的声音3》（5月6日）	浙江卫视	4.1	30.1
7	《2022年中央广播电视总台中秋晚会》	中央电视台综合频道	3.8	12.3
8	《蒙面舞王》（7月24日）	江苏卫视	3.5	20.7
9	《中国好声音》（9月16日）	浙江卫视	3.5	14.6
10	《为歌而赞》（第二季）（5月7日）	浙江卫视	3.5	13.4

表3.55.12　2022年太原市场体育节目收视率排名前十位

单位：%

名次	节目名称	播出频道	平均收视率	平均占有率
1	《2022北京冬奥会开幕式》	中央电视台综合频道	7.2	22.7
2	《我爱世界杯：2022年世界杯小组赛H组第1轮》（乌拉圭VS韩国）	中央台五套	5.5	26.1
3	《女足亚洲杯颁奖仪式》	中央台五套	3.3	12.5
4	《现场直播：2022年世界乒乓球团体锦标赛女团决赛》	中央台五套	3.0	12.0
5	《现场直播：2022/2023赛季CBA常规赛第2轮》（辽宁本钢VS北京首钢）	中央台五套	1.4	5.8
6	《现场直播：2022年世界女排锦标赛小组赛第4轮》（中国队VS捷克队）	中央台五套	1.4	5.7
7	《现场直播：2022年跳水世界杯女子三米板决赛》	中央台五套	1.3	5.9
8	《现场直播：2022年女排亚洲杯决赛》（中国队VS日本队）	中央台五套	1.3	5.5
9	《现场直播：2022年女篮世界杯半决赛》（澳大利亚队VS中国队）	中央台五套	1.2	12.8
10	《现场直播：2022年CBA全明星周末技巧挑战赛决赛》	中央台五套	1.2	5.1

五十六　乌鲁木齐收视数据

表 3. 56. 1　2018～2022 年乌鲁木齐市场各类频道的占有率

单位：%

频道类别	2018 年	2019 年	2020 年	2021 年	2022 年
中央广播电视总台	39. 0	41. 6	37. 9	32. 3	36. 7
中国教育台频道	0. 2	0. 2	0. 2	0. 1	0. 1
新疆自治区级频道	7. 0	6. 3	5. 0	4. 5	5. 5
乌鲁木齐市级频道	2. 5	2. 0	1. 5	1. 0	1. 0
其他省级卫视频道	24. 1	22. 6	18. 3	23. 2	17. 6
其他频道	27. 2	27. 3	37. 1	38. 9	39. 1

表 3. 56. 2　2022 年乌鲁木齐市场各类频道在不同目标观众中的占有率

单位：%

目标观众		中央广播电视总台	中国教育台频道	新疆自治区级频道	乌鲁木齐市级频道	其他省级卫视频道	其他频道
4 岁及以上所有人		36. 7	0. 1	5. 5	1. 0	17. 6	39. 1
性别	男	38. 1	0. 1	5. 2	0. 9	17. 0	38. 7
	女	35. 3	0. 1	5. 9	1. 0	18. 3	39. 4
年龄	4～14 岁	16. 1	0. 0	4. 2	0. 6	15. 4	63. 7
	15～24 岁	23. 0	0. 1	7. 4	0. 8	22. 0	46. 7
	25～34 岁	26. 6	0. 1	5. 5	0. 9	21. 8	45. 1
	35～44 岁	22. 2	0. 1	3. 8	0. 6	15. 1	58. 2
	45～54 岁	41. 5	0. 1	4. 8	0. 9	15. 4	37. 3
	55～64 岁	46. 4	0. 3	9. 4	1. 4	18. 1	24. 4
	65 岁及以上	56. 6	0. 1	5. 2	1. 5	19. 4	17. 2
受教育程度	未受过正规教育	15. 5	0. 0	4. 3	0. 9	23. 0	56. 3
	小学	32. 5	0. 1	9. 9	1. 3	15. 6	40. 6
	初中	39. 0	0. 2	4. 8	1. 3	18. 9	35. 8
	高中	40. 2	0. 1	5. 0	0. 9	15. 8	38. 0
	大学及以上	35. 5	0. 1	4. 7	0. 7	19. 3	39. 7

续表

目标观众		中央广播电视总台	中国教育台频道	新疆自治区级频道	乌鲁木齐市级频道	其他省级卫视频道	其他频道
职业类别	干部/管理人员	*	*	*	*	*	*
	个体/私营企业人员	41.2	0.1	3.9	1.4	16.6	36.8
	初级公务员/雇员	33.2	0.1	5.3	0.7	17.3	43.4
	工人	31.5	0.2	6.5	1.0	14.2	46.6
	学生	18.8	0.1	5.2	0.7	16.8	58.4
	无业	44.9	0.2	6.3	1.2	19.0	28.4
	其他	*	*	*	*	*	*
个人月收入	0~600元	18.3	0.1	5.9	0.8	19.7	55.2
	601~1200元	*	*	*	*	*	*
	1201~1700元	45.9	0.1	8.7	1.7	17.7	25.9
	1701~2600元	42.7	0.1	11.9	1.7	19.3	24.3
	2601~3500元	44.0	0.1	4.6	1.1	18.1	32.1
	3501~5000元	43.2	0.1	4.8	1.0	16.2	34.7
	5001元及以上	29.0	0.1	4.2	0.6	16.2	49.9

注：*表示目标样本量不足，无法进行统计推断。

表3.56.3　2022年乌鲁木齐市场各类频道在不同时段的占有率

单位：%

时间段	中央广播电视总台	中国教育台频道	新疆自治区级频道	乌鲁木齐市级频道	其他省级卫视频道	其他频道
02:00~03:00	30.2	0.1	2.3	0.1	12.4	54.9
03:00~04:00	32.2	0.0	2.6	0.1	9.9	55.2
04:00~05:00	33.6	0.0	2.2	0.1	9.8	54.3
05:00~06:00	27.8	0.0	1.9	0.1	10.7	59.5
06:00~07:00	41.6	0.0	2.1	0.0	9.5	46.8
07:00~08:00	59.9	0.1	1.6	0.0	12.3	26.1
08:00~09:00	63.2	0.2	1.8	0.1	14.8	19.9
09:00~10:00	52.0	0.2	2.9	0.9	15.0	29.0
10:00~11:00	42.9	0.1	4.6	0.6	16.3	35.5
11:00~12:00	37.4	0.1	5.7	0.8	16.5	39.5
12:00~13:00	35.2	0.1	6.7	0.7	15.3	42.0
13:00~14:00	32.1	0.2	6.2	0.7	16.8	44.0
14:00~15:00	30.6	0.2	4.8	0.9	17.5	46.0
15:00~16:00	29.6	0.1	5.0	0.8	17.5	47.0

续表

时间段	中央广播电视总台	中国教育台频道	新疆自治区级频道	乌鲁木齐市级频道	其他省级卫视频道	其他频道
16：00～17：00	29.8	0.1	5.3	0.8	17.0	47.0
17：00～18：00	31.4	0.1	5.9	0.7	16.0	45.9
18：00～19：00	41.5	0.1	5.4	0.7	11.3	41.0
19：00～20：00	47.8	0.1	4.0	1.5	17.1	29.5
20：00～21：00	40.9	0.0	3.1	2.2	23.7	30.1
21：00～22：00	39.0	0.1	5.8	1.0	21.1	33.0
22：00～23：00	34.4	0.1	8.6	0.9	19.5	36.5
23：00～00：00	33.0	0.2	7.2	1.0	17.5	41.1
00：00～01：00	31.0	0.2	7.0	0.5	13.5	47.8
01：00～02：00	31.9	0.3	4.0	0.2	12.2	51.4

表 3.56.4　2022 年乌鲁木齐市场收视份额排名前十位的频道

单位：%

名次	频道名称	收视份额
1	中央台八套	5.7
2	中央电视台综合频道	5.5
3	中央电视台新闻频道	4.9
4	中央台六套	4.4
5	中央台四套	3.4
6	中央台五套	3.1
7	浙江卫视	2.4
8	江苏卫视	1.8
9	中央台九套纪录频道	1.5
9	湖南卫视	1.5

表 3.56.5　2022 年乌鲁木齐市场各主要频道的观众构成

单位：%

目标观众		所有频道	主要频道				
			中央台八套	中央电视台综合频道	中央电视台新闻频道	中央台六套	中央台四套
4 岁及以上所有人		100.0	100.0	100.0	100.0	100.0	100.0
性别	男	50.8	44.4	46.2	58.9	53.2	57.6
	女	49.2	55.6	53.8	41.1	46.8	42.4

续表

目标观众		所有频道	主要频道				
			中央台八套	中央电视台综合频道	中央电视台新闻频道	中央台六套	中央台四套
年龄	4～14岁	10.3	2.0	5.6	2.9	7.8	2.7
	15～24岁	6.7	2.5	7.4	2.2	5.3	1.5
	25～34岁	12.9	9.4	10.4	8.0	8.6	9.0
	35～44岁	10.9	4.4	7.3	3.0	9.0	5.6
	45～54岁	29.7	31.2	33.4	37.3	38.8	30.5
	55～64岁	12.1	16.4	14.4	13.4	13.8	16.2
	65岁及以上	17.4	34.1	21.5	33.2	16.7	34.5
受教育程度	未受过正规教育	3.1	0.6	1.6	1.2	1.2	1.6
	小学	14.2	15.3	8.7	13.5	13.7	11.5
	初中	20.3	23.8	21.3	22.7	20.2	26.0
	高中	33.6	32.1	36.4	38.9	40.1	34.3
	大学及以上	28.8	28.2	32.0	23.7	24.8	26.6
职业类别	干部/管理人员	*	*	*	*	*	*
	个体/私营企业人员	16.6	17.0	18.4	17.0	21.0	19.0
	初级公务员/雇员	29.7	23.0	30.9	22.8	29.2	24.1
	工人	4.0	3.3	3.3	1.4	4.0	3.3
	学生	13.6	4.0	10.9	3.8	10.8	3.8
	无业	36.1	52.7	36.5	55.0	35.0	49.8
	其他	*	*	*	*	*	*
个人月收入	0～600元	21.8	7.8	15.2	6.0	15.9	7.2
	601～1200元	*	*	*	*	*	*
	1201～1700元	3.0	3.1	2.4	4.0	2.0	6.9
	1701～2600元	6.8	10.4	6.7	5.9	6.2	5.5
	2601～3500元	23.4	26.2	24.8	34.7	27.7	33.3
	3501～5000元	35.5	46.0	40.6	43.9	40.6	39.5
	5001元及以上	9.5	6.5	10.3	5.5	7.6	7.6

注：*表示目标样本量不足，无法进行统计推断。

表3.56.6　2020～2022年乌鲁木齐市场各类节目的播出比重和收视比重

单位：%

节目类别	2020年		2021年		2022年	
	播出比重	收视比重	播出比重	收视比重	播出比重	收视比重
财经	0.9	1.0	1.0	0.9	1.1	1.0

续表

节目类别	2020 年		2021 年		2022 年	
	播出比重	收视比重	播出比重	收视比重	播出比重	收视比重
电视剧	21.4	29.4	22.2	32.9	23.0	28.0
电影	5.0	7.9	3.6	6.2	3.1	6.9
法制	0.6	0.6	0.6	0.5	0.9	0.7
教学	0.3	0.0	0.4	0.0	0.3	0.0
青少	6.8	4.0	6.8	2.1	6.9	3.4
生活服务	7.9	5.1	8.8	5.2	7.7	5.3
体育	4.3	2.7	4.6	3.7	5.7	6.7
外语	0.2	0.0	0.2	0.0	0.3	0.0
戏剧	0.6	0.3	0.5	0.6	0.6	0.3
新闻/时事	16.2	18.8	15.0	15.5	14.9	17.2
音乐	2.0	1.3	1.8	0.8	1.9	0.7
专题	14.4	9.5	15.8	9.4	16.7	9.9
综艺	6.1	9.5	6.5	12.7	5.5	10.6
其他	13.3	9.9	12.2	9.5	11.4	9.3

表 3.56.7　2022 年乌鲁木齐市场所有节目收视率排名前三十位

单位：%

名次	节目名称	节目类别	播出频道	平均收视率	平均占有率
1	《2022 中央广播电视总台春节联欢晚会》	综艺	中央电视台综合频道	14.9	42.0
2	《我爱世界杯：2022 年世界杯决赛》（阿根廷 VS 法国）	体育	中央台五套	10.3	46.0
3	《最强大脑之燃烧吧大脑》（4 月 1 日）	综艺	江苏卫视	6.5	22.7
4	《2022 北京冬奥会开幕式》	体育	中央电视台综合频道	6.5	18.7
5	《为歌而赞》（第二季）（7 月 2 日）	综艺	浙江卫视	5.1	25.4
6	《开学第一课》	青少	中央电视台综合频道	5.1	18.2
7	《冰雪正当燃》（2 月 4 日）	综艺	浙江卫视	5.1	16.0
8	《闪光的乐队》（2 月 5 日）	综艺	浙江卫视	4.8	14.7
9	《2022 年中央广播电视总台中秋晚会》	综艺	中央电视台综合频道	4.6	15.8
10	《2022 中国诗词大会》（3 月 7 日）	专题	中央电视台综合频道	4.0	13.6
11	《2022 知乎答案奇遇夜》	综艺	湖南卫视	3.9	10.9
12	《巴霍巴利王二终结》（6 月 11 日）	电影	中央台六套	3.8	24.6
13	《为歌而赞》（第二季）	综艺	浙江卫视	3.8	18.6

续表

名次	节目名称	节目类别	播出频道	平均收视率	平均占有率
14	《2022年中央广播电视总台元宵晚会》	综艺	中央电视台综合频道	3.8	14.6
15	《蒙面舞王》（7月3日）	综艺	江苏卫视	3.7	17.2
16	《人世间》	电视剧	中央电视台综合频道	3.7	12.7
17	《青春环游记》	综艺	浙江卫视	3.5	10.4
18	《现场直播：2022年世界乒乓球团体锦标赛女团决赛》	体育	中央台五套	3.4	11.8
19	《狂暴巨兽》（1月9日）	电影	中央台六套	3.3	14.8
20	《大转折下集挺进大别山》	电影	中央台六套	3.3	10.9
21	《一起深呼吸》	电视剧	江苏卫视	3.3	10.1
22	《红海行动》（10月23日）	电影	中央台六套	3.3	9.8
23	《龙腾虎跃中国年》	专题	中央电视台综合频道	3.2	18.2
24	《舌尖上的心跳》	电视剧	浙江卫视	3.2	10.3
25	《红番区》	电影	中央台六套	3.1	12.4
26	《大决战第三部平津战役》（10月15日）	电影	中央台六套	3.1	9.7
27	《女足亚洲杯颁奖仪式》	体育	中央台五套	3.1	9.2
28	《2022年北京广播电视台春节联欢晚会》	综艺	北京卫视	3.1	9.0
29	《天气预报》	生活服务	中央电视台综合频道	3.0	14.1
30	《大黄蜂》（1月8日）	电影	中央台六套	3.0	12.3

表3.56.8　2022年乌鲁木齐市场电视剧收视率排名前十位

单位：%

名次	节目名称	播出频道	平均收视率	平均占有率
1	《人世间》	中央电视台综合频道	3.7	12.7
2	《一起深呼吸》	江苏卫视	3.3	10.1
3	《舌尖上的心跳》	浙江卫视	3.2	10.3
4	《输赢》	北京卫视	3.0	10.4
5	《完美伴侣》	湖南卫视	3.0	9.5
6	《县委大院》	中央电视台综合频道	2.9	11.5
7	《大山的女儿》	中央台八套	2.9	9.8
8	《山河锦绣》	中央电视台综合频道	2.9	9.5
9	《虎胆巍城》	中央台八套	2.8	10.6
10	《那山那海》	中央电视台综合频道	2.8	9.2

表 3.56.9 2022 年乌鲁木齐市场新闻节目收视率排名前十位

单位：%

名次	节目名称	播出频道	平均收视率	平均占有率
1	《中国共产党第二十次全国代表大会开幕会专题新闻》	中央电视台综合频道	2.9	9.2
2	《新闻联播》	中央电视台综合频道	2.7	14.2
3	《国务院总理会见中外记者并回答提问》	中央电视台综合频道	2.3	8.7
4	《第五届中国国际进口博览会开幕式特别报道》	中央电视台综合频道	2.2	8.3
5	《中国空间站神舟十四号航天员返回 2022》	中央电视台新闻频道	2.2	7.6
6	《筑梦空间站神舟十四号航天员返回特别报道》	中央台四套	2.1	7.0
7	《科学控疫情统筹谋发展》	浙江卫视	2.1	6.9
8	《今日关注》	中央台四套	1.7	6.5
9	《一起向未来》	中央电视台综合频道	1.5	8.4
10	《共同关注》	中央电视台综合频道	1.5	7.4

表 3.56.10 2022 年乌鲁木齐市场专题节目收视率排名前十位

单位：%

名次	节目名称	播出频道	平均收视率	平均占有率
1	《2022 中国诗词大会》（3 月 7 日）	中央电视台综合频道	4.0	13.6
2	《龙腾虎跃中国年》	中央电视台综合频道	3.2	18.2
3	《长风浩荡启新程——习近平主席出席二十国集团领导人第十七次峰会》	中央电视台新闻频道	2.6	8.7
4	《相知跨千年携手创未来——习近平主席赴沙特利雅得出访纪实》	中央电视台综合频道	2.4	12.2
5	《航拍中国》（第四季）	中央电视台综合频道	2.3	8.9
6	《感动中国 2021 年度人物颁奖盛典》	中央电视台综合频道	2.2	8.3
7	《2021 年大国工匠年度人物发布仪式》	中央电视台综合频道	2.1	8.5
8	《功勋闪耀新时代》	中央电视台综合频道	1.8	7.1
9	《党课开讲啦》	中央电视台综合频道	1.8	5.8
10	《情系天山——习近平总书记新疆考察纪实》	中央电视台综合频道	1.7	12.4

表 3.56.11 2022 年乌鲁木齐市场综艺节目收视率排名前十位

单位：%

名次	节目名称	播出频道	平均收视率	平均占有率
1	《2022 中央广播电视总台春节联欢晚会》	中央电视台综合频道	14.9	42.0
2	《最强大脑之燃烧吧大脑》（4 月 1 日）	江苏卫视	6.5	22.7
3	《为歌而赞》（第二季）（7 月 2 日）	浙江卫视	5.1	25.4

续表

名次	节目名称	播出频道	平均收视率	平均占有率
4	《冰雪正当燃》（2月4日）	浙江卫视	5.1	16.0
5	《闪光的乐队》（2月5日）	浙江卫视	4.8	14.7
6	《2022年中央广播电视总台中秋晚会》	中央电视台综合频道	4.6	15.8
7	《2022知乎答案奇遇夜》	湖南卫视	3.9	10.9
8	《2022年中央广播电视总台元宵晚会》	中央电视台综合频道	3.8	14.6
9	《蒙面舞王》（7月3日）	江苏卫视	3.7	17.2
10	《青春环游记》	浙江卫视	3.5	10.4

表3.56.12　2022年乌鲁木齐市场体育节目收视率排名前十位

单位：%

名次	节目名称	播出频道	平均收视率	平均占有率
1	《我爱世界杯：2022年世界杯决赛》（阿根廷VS法国）	中央台五套	10.3	46.0
2	《2022北京冬奥会开幕式》	中央电视台综合频道	6.5	18.7
3	《现场直播：2022年世界乒乓球团体锦标赛女团决赛》	中央台五套	3.4	11.8
4	《女足亚洲杯颁奖仪式》	中央台五套	3.1	9.2
5	《现场直播：2022年世乒联世界杯决赛男单决赛》	中央台五套	3.0	9.9
6	《现场直播：2022/2023赛季CBA常规赛第4轮》（山东高速VS广东东莞大益）	中央台五套	2.9	9.8
7	《2022北京冬残奥会闭幕式》	中央电视台综合频道	2.7	10.4
8	《最前线》	中央台五套	2.4	8.3
9	《现场直播：2022年世界女排锦标赛小组赛第4轮》（中国队VS捷克队）	中央台五套	2.4	7.8
10	《现场直播：2023年男篮世界杯预选赛》（哈萨克斯坦VS中国）	中央台五套	2.1	7.3

五十七　武汉收视数据

表 3.57.1　2018～2022 年武汉市场各类频道的占有率

单位：%

频道类别	2018 年	2019 年	2020 年	2021 年	2022 年
中央广播电视总台	34.3	33.0	31.1	26.2	25.6
中国教育台频道	0.1	0.1	0.2	0.1	0.1
湖北省级频道	18.0	15.6	15.4	16.3	16.9
武汉市级频道	4.0	3.7	3.0	2.1	1.7
其他省级卫视频道	25.6	26.3	28.0	33.5	28.9
其他频道	18.0	21.3	22.3	21.8	26.8

表 3.57.2　2022 年武汉市场各类频道在不同目标观众中的占有率

单位：%

目标观众		中央广播电视总台	中国教育台频道	湖北省级频道	武汉市级频道	其他省级卫视频道	其他频道
4 岁及以上所有人		25.6	0.1	16.9	1.7	28.9	26.8
性别	男	27.4	0.1	17.0	1.7	27.6	26.2
	女	23.6	0.1	16.9	1.7	30.3	27.4
年龄	4～14 岁	11.4	0.0	6.9	0.7	27.1	53.9
	15～24 岁	13.7	0.0	11.9	0.6	40.4	33.4
	25～34 岁	18.5	0.1	10.7	0.8	40.6	29.3
	35～44 岁	19.9	0.0	15.4	0.8	35.2	28.7
	45～54 岁	27.7	0.1	14.2	1.7	25.6	30.7
	55～64 岁	28.8	0.1	19.8	2.9	23.9	24.5
	65 岁及以上	35.6	0.1	25.8	2.4	21.3	14.8
受教育程度	未受过正规教育	16.6	0.1	18.0	2.1	25.0	38.2
	小学	26.8	0.1	23.4	1.8	27.1	20.8
	初中	26.1	0.1	18.4	1.9	27.4	26.1
	高中	26.7	0.1	15.8	1.7	30.3	25.4
	大学及以上	24.8	0.0	11.7	1.2	31.2	31.1

续表

目标观众		中央广播电视总台	中国教育台频道	湖北省级频道	武汉市级频道	其他省级卫视频道	其他频道
职业类别	干部/管理人员	21.2	0.0	3.5	1.2	46.0	28.1
	个体/私营企业人员	23.4	0.1	14.3	1.3	34.6	26.3
	初级公务员/雇员	20.8	0.0	11.6	0.9	33.8	32.9
	工人	23.2	0.1	15.7	1.4	33.8	25.8
	学生	15.1	0.0	7.6	0.5	32.5	44.3
	无业	29.6	0.1	20.2	2.2	23.6	24.3
	其他	26.1	0.1	31.5	2.5	26.0	13.8
个人月收入	0～600元	18.5	0.1	14.4	1.0	30.1	35.9
	601～1200元	35.1	0.1	28.9	2.1	22.4	11.4
	1201～1700元	28.2	0.1	20.3	2.1	21.9	27.4
	1701～2600元	28.5	0.1	19.0	1.8	29.4	21.2
	2601～3500元	30.2	0.1	20.4	2.8	25.6	20.9
	3501～5000元	29.2	0.0	17.3	1.5	26.7	25.3
	5001元及以上	20.9	0.1	12.3	1.2	35.5	30.0

表3.57.3　2022年武汉市场各类频道在不同时段的占有率

单位：%

时间段	中央广播电视总台	中国教育台频道	湖北省级频道	武汉市级频道	其他省级卫视频道	其他频道
02：00～03：00	15.0	0.0	18.9	1.0	20.0	45.1
03：00～04：00	17.5	0.0	25.5	1.4	13.5	42.1
04：00～05：00	18.3	0.0	31.4	2.4	11.8	36.1
05：00～06：00	23.0	0.0	33.8	2.1	11.3	29.8
06：00～07：00	43.9	0.1	21.5	1.3	7.7	25.5
07：00～08：00	54.2	0.1	11.2	1.8	6.9	25.8
08：00～09：00	40.2	0.2	17.0	2.9	10.7	29.0
09：00～10：00	32.8	0.2	17.2	2.6	17.1	30.1
10：00～11：00	32.6	0.1	15.6	2.9	18.7	30.1
11：00～12：00	31.5	0.1	18.6	2.0	17.8	30.0
12：00～13：00	31.5	0.0	17.4	1.7	17.4	32.0
13：00～14：00	24.7	0.1	13.7	1.6	26.9	33.0
14：00～15：00	21.5	0.1	16.0	1.7	28.6	32.1
15：00～16：00	21.6	0.1	16.8	1.6	27.9	32.0
16：00～17：00	23.7	0.1	15.5	1.6	26.6	32.5

续表

时间段	中央广播电视总台	中国教育台频道	湖北省级频道	武汉市级频道	其他省级卫视频道	其他频道
17：00~18：00	24.1	0.1	21.3	1.7	21.2	31.6
18：00~19：00	28.6	0.0	26.2	2.4	12.4	30.4
19：00~20：00	29.1	0.0	16.5	1.8	31.8	20.8
20：00~21：00	23.6	0.0	13.7	0.9	44.0	17.8
21：00~22：00	22.5	0.1	15.7	1.1	40.5	20.1
22：00~23：00	18.7	0.0	17.8	1.6	36.1	25.8
23：00~00：00	20.8	0.0	10.9	1.9	35.1	31.3
00：00~01：00	21.4	0.0	12.8	2.0	26.0	37.8
01：00~02：00	17.8	0.0	15.0	2.0	22.8	42.4

表 3.57.4　2022 年武汉市场收视份额排名前十位的频道

单位：%

名次	频道名称	收视份额
1	湖北经视	5.3
2	湖南卫视	4.7
3	浙江卫视	4.6
4	中央电视台综合频道	4.5
5	湖北影视	4.0
6	中央台六套	3.5
7	湖北卫视	3.4
8	江苏卫视	3.3
9	中央台四套	3.2
10	中央电视台新闻频道	3.1
10	中央台八套	3.1

表 3.57.5　2022 年武汉市场各主要频道的观众构成

单位：%

目标观众		所有频道	主要频道				
			湖北经视	湖南卫视	浙江卫视	中央电视台综合频道	湖北影视
4 岁及以上所有人		100.0	100.0	100.0	100.0	100.0	100.0
性别	男	51.5	48.4	45.3	50.1	53.7	54.5
	女	48.5	51.6	54.7	49.9	46.3	45.5

续表

目标观众		所有频道	主要频道				
			湖北经视	湖南卫视	浙江卫视	中央电视台综合频道	湖北影视
年龄	4～14 岁	5.9	2.3	4.2	5.3	3.2	3.1
	15～24 岁	5.1	5.7	6.5	8.9	3.8	1.1
	25～34 岁	17.4	8.8	30.7	28.4	10.7	9.9
	35～44 岁	12.5	16.2	14.2	21.1	8.7	5.6
	45～54 岁	19.1	16.6	15.4	16.7	15.1	11.5
	55～64 岁	15.6	12.1	11.9	9.5	12.9	24.7
	65 岁及以上	24.4	38.3	17.0	10.0	45.6	44.2
受教育程度	未受过正规教育	5.4	5.1	3.5	3.6	2.9	5.9
	小学	15.0	17.5	19.7	10.2	10.9	26.0
	初中	30.6	25.7	28.1	25.5	28.3	37.8
	高中	28.4	31.0	27.6	33.8	33.5	21.4
	大学及以上	20.7	20.7	21.1	26.9	24.5	8.8
职业类别	干部/管理人员	1.1	0.2	2.3	1.3	1.3	0.1
	个体/私营企业人员	12.4	10.7	17.6	17.0	7.1	8.8
	初级公务员/雇员	14.1	9.4	14.9	19.4	12.3	7.5
	工人	12.9	12.9	12.0	19.8	10.1	7.8
	学生	7.0	3.9	7.9	6.6	5.6	2.2
	无业	47.4	57.8	38.7	31.2	60.9	61.4
	其他	5.2	5.1	6.6	4.7	2.7	12.2
个人月收入	0～600 元	23.1	18.6	24.1	24.1	16.3	17.4
	601～1200 元	2.5	3.3	1.3	2.0	2.7	5.5
	1201～1700 元	3.8	2.5	3.7	0.8	2.4	5.6
	1701～2600 元	13.2	16.1	13.3	9.3	15.7	16.2
	2601～3500 元	19.8	22.1	20.2	14.0	27.1	26.8
	3501～5000 元	20.5	26.0	19.0	18.3	19.8	20.0
	5001 元及以上	17.1	11.4	18.5	31.4	16.1	8.4

表 3.57.6　2020～2022 年武汉市场各类节目的播出比重和收视比重

单位：%

节目类别	2020 年		2021 年		2022 年	
	播出比重	收视比重	播出比重	收视比重	播出比重	收视比重
财经	0.9	0.8	1.2	1.1	1.3	1.1
电视剧	27.4	37.9	26.2	40.4	27.1	40.2

续表

节目类别	2020 年		2021 年		2022 年	
	播出比重	收视比重	播出比重	收视比重	播出比重	收视比重
电影	3.7	4.4	3.5	4.3	3.1	4.2
法制	0.6	0.6	0.6	0.5	0.7	0.6
教学	0.4	0.1	0.5	0.1	0.4	0.1
青少	6.9	3.0	7.0	2.7	7.5	1.6
生活服务	7.8	5.0	8.4	5.2	7.1	6.3
体育	3.9	2.0	4.1	2.5	5.0	3.0
外语	0.2	0.0	0.4	0.0	0.5	0.0
戏剧	0.9	0.6	1.0	0.4	1.0	0.4
新闻/时事	11.5	16.4	10.5	12.0	10.6	13.0
音乐	1.6	1.2	1.4	0.9	1.5	0.7
专题	14.3	6.8	15.0	6.5	15.9	6.2
综艺	5.7	10.2	5.8	12.1	5.1	11.0
其他	14.2	11.0	14.3	11.2	13.2	11.6

表 3.57.7　2022 年武汉市场所有节目收视率排名前三十位

单位：%

名次	节目名称	节目类别	播出频道	平均收视率	平均占有率
1	《2022 中央广播电视总台春节联欢晚会》	中央电视台综合频道	综艺	9.9	32.1
2	《为歌而赞》(第二季)(6 月 11 日)	浙江卫视	综艺	7.2	25.6
3	《我们的歌》(11 月 27 日)	东方卫视	综艺	7.1	24.0
4	《蒙面舞王》(7 月 24 日)	江苏卫视	综艺	6.8	28.9
5	《2023 跨年演唱会》(用奋斗点亮幸福)	江苏卫视	音乐	6.6	20.7
6	《2023 梦圆东方跨年盛典》	东方卫视	综艺	6.1	18.7
7	《开播情景喜剧》(7 月 16 日)	东方卫视	综艺	5.7	21.2
8	《中国好声音》(8 月 19 日)	浙江卫视	综艺	5.7	20.8
9	《晚八点音乐会温暖之声金秋回响》	北京卫视	音乐	5.7	20.7
10	《新居之约》	中央电视台综合频道	电视剧	5.4	20.7
11	《勇敢的翅膀》	湖南卫视	电视剧	5.4	19.8
12	《超燃美食记》(第二季)	浙江卫视	综艺	5.2	27.8
13	《向往的生活大海篇》	湖南卫视	综艺	5.1	35.0
14	《2022 北京广播电视台中秋晚会》	北京卫视	综艺	5.0	15.5
15	《奔跑吧·共同富裕篇》	浙江卫视	综艺	4.8	17.0
16	《无限超越班》(12 月 17 日)	浙江卫视	综艺	4.8	16.4

续表

名次	节目名称	节目类别	播出频道	平均收视率	平均占有率
17	《凭栏一片风云起》	湖南卫视	电视剧	4.7	18.8
18	《我爱世界杯：2022 年世界杯 C 组第 2 轮》（波兰 VS 沙特阿拉伯）	中央台五套	体育	4.7	17.3
19	《闪光的乐队》（1 月 22 日）	浙江卫视	综艺	4.6	19.3
20	《我在岛屿读书》	江苏卫视	专题	4.4	17.6
21	《2022～2023 浙江卫视美好跨年夜》	浙江卫视	综艺	4.3	13.8
22	《极限挑战》	东方卫视	综艺	4.2	19.1
23	《2022 年中央广播电视总台元宵晚会》	中央电视台综合频道	综艺	4.2	17.5
24	《超脑少年团》（9 月 23 日）	江苏卫视	综艺	4.2	17.4
25	《中秋之夜我在他乡挺好的》	湖南卫视	综艺	4.2	12.4
26	《会画少年的天空》	湖南卫视	综艺	4.1	30.3
27	《冰雪正当燃》（3 月 12 日）	浙江卫视	综艺	4.0	26.1
28	《2022 年北京冬奥会短道速滑男子 1000 米决赛》	中央台五套	体育	4.0	17.3
29	《最强大脑之燃烧吧大脑》（4 月 8 日）	江苏卫视	综艺	3.9	22.8
30	《天下长河》	湖南卫视	电视剧	3.8	13.7

表 3.57.8　2022 年武汉市场电视剧收视率排名前十位

单位：%

名次	节目名称	播出频道	平均收视率	平均占有率
1	《新居之约》	中央电视台综合频道	5.4	20.7
2	《勇敢的翅膀》	湖南卫视	5.4	19.8
3	《凭栏一片风云起》	湖南卫视	4.7	18.8
4	《天下长河》	湖南卫视	3.8	13.7
5	《大博弈》	浙江卫视	3.8	12.7
6	《大博弈》	安徽卫视	3.5	11.6
7	《王牌部队》（11～40 集）	江苏卫视	3.4	12.1
8	《县委大院》	浙江卫视	3.4	10.8
9	《特战荣耀》	浙江卫视	3.3	14.0
10	《风起陇西》	中央台八套	3.3	13.3

表 3.57.9　2022 年武汉市场新闻节目收视率排名前十位

单位：%

名次	节目名称	播出频道	平均收视率	平均占有率
1	《科学控疫情统筹谋发展》	浙江卫视	2.6	9.2

续表

名次	节目名称	播出频道	平均收视率	平均占有率
2	《中国这十年安徽主题新闻发布会特别报道》	安徽卫视	2.0	7.0
3	《连线北京二十大特别报道》	浙江卫视	1.9	8.7
4	《中国空间站神州十三号航天员返回 2022》	中央电视台新闻频道	1.7	14.3
5	《经视直播》	湖北经视	1.5	9.7
6	《新闻联播》	中央电视台综合频道	1.5	7.2
7	《国务院总理会见中外记者并回答提问》	中央电视台综合频道	1.4	6.3
8	《中国空间站神舟十四号航天员返回 2022》	中央电视台新闻频道	1.4	5.0
9	《江泽民同志因病在上海逝世》	中央电视台新闻频道	1.3	6.6
10	《新闻直播间》	中央电视台综合频道	1.3	6.6

表 3.57.10　2022 年武汉市场专题节目收视率排名前十位

单位：%

名次	节目名称	播出频道	平均收视率	平均占有率
1	《我在岛屿读书》	江苏卫视	4.4	17.6
2	《龙腾虎跃中国年》	中央电视台综合频道	2.6	15.4
3	《闪亮的名字 2022 最美家庭发布仪式》	湖北卫视	2.4	8.9
4	《星星之火湖北红色馆藏里的微党史》	湖北卫视	2.1	15.8
5	《2021 年大国工匠年度人物发布仪式》	中央电视台综合频道	2.1	9.8
6	《幸福到万家特别节目》	北京卫视	2.1	9.3
7	《“中国共产党为什么能”第十八季〈而今迈步从头越〉》	浙江卫视	2.1	9.0
8	《追梦人叠彩人生》	浙江卫视	2.0	12.1
9	《315 公平守正安心消费》	中央台二套	2.0	9.0
10	《感动中国 2021 年度人物颁奖盛典》	中央电视台综合频道	2.0	8.9

表 3.56.11　2022 年武汉市场综艺节目收视率排名前十位

单位：%

名次	节目名称	播出频道	平均收视率	平均占有率
1	《2022 中央广播电视总台春节联欢晚会》	中央电视台综合频道	9.9	32.1
2	《为歌而赞》(第二季)(6 月 11 日)	浙江卫视	7.2	25.6
3	《我们的歌》(11 月 27 日)	东方卫视	7.1	24.0
4	《蒙面舞王》(7 月 24 日)	江苏卫视	6.8	28.9
5	《2023 梦圆东方跨年盛典》	东方卫视	6.1	18.7
6	《开播情景喜剧》(7 月 16 日)	东方卫视	5.7	21.2
7	《中国好声音》(8 月 19 日)	浙江卫视	5.7	20.8

续表

名次	节目名称	播出频道	平均收视率	平均占有率
8	《超燃美食记》（第二季）	浙江卫视	5.2	27.8
9	《向往的生活大海篇》	湖南卫视	5.1	35.0
10	《2022 北京广播电视台中秋晚会》	北京卫视	5.0	15.5

表 3.57.12　2022 年武汉市场体育节目收视率排名前十位

单位：%

名次	节目名称	播出频道	平均收视率	平均占有率
1	《我爱世界杯：2022 年世界杯 C 组第 2 轮》（波兰 VS 沙特阿拉伯）	中央台五套	4.7	17.3
2	《2022 年北京冬奥会短道速滑男子 1000 米决赛》	中央台五套	4.0	17.3
3	《2022 年女足亚洲杯决赛》（中国 VS 韩国）	中央台五套	3.7	14.6
4	《2022 北京冬残奥会开幕式》	湖北卫视	2.5	9.5
5	《现场直播：2022 年世乒联世界杯决赛男单决赛》	中央台五套	2.2	7.4
6	《现场直播：2022 年世界乒乓球团体锦标赛男团决赛》	中央台五套	1.8	6.6
7	《现场直播：2022 年世乒联冠军赛澳门站男单决赛》	中央台五套	1.1	4.9
8	《实况录像：2022 年世乒联大满贯赛新加坡站男单半决赛》	中央台五套	1.0	4.5
9	《现场直播：2022 年跳水世界杯女子三米板决赛》	中央台五套	1.0	4.2
10	《现场直播：2022 年中国足球协会超级联赛第 18 轮》（山东泰山 VS 武汉三镇）	中央台五套	1.0	4.1

五十八　西安收视数据

表 3.58.1　2018～2022 年西安市场各类频道的占有率

单位：%

频道类别	2018 年	2019 年	2020 年	2021 年	2022 年
中央广播电视总台	35.4	29.9	28.5	24.6	30.4
中国教育台频道	0.3	0.3	0.4	0.2	0.2
陕西省级频道	16.1	15.0	10.8	10.6	9.4
西安市级频道	1.4	1.3	1.2	1.0	1.3
其他省级卫视频道	20.7	23.7	27.0	29.9	19.5
其他频道	26.1	29.8	32.1	33.7	39.2

表 3.58.2　2022 年西安市场各类频道在各目标观众中的占有率

单位：%

目标观众		中央广播电视总台	中国教育台频道	陕西省级频道	西安市级频道	其他省级卫视频道	其他频道
4 岁及以上所有人		30.4	0.2	9.4	1.3	19.5	39.2
性别	男	32.0	0.3	10.0	1.3	20.0	36.4
	女	28.9	0.2	8.8	1.2	19.0	41.9
年龄	4～14 岁	14.8	0.2	2.6	0.5	18.7	63.2
	15～24 岁	24.7	0.1	8.7	1.2	29.0	36.3
	25～34 岁	21.5	0.1	4.0	0.6	23.0	50.8
	35～44 岁	17.2	0.1	5.0	0.9	21.2	55.6
	45～54 岁	31.2	0.1	9.4	1.0	15.4	42.9
	55～64 岁	34.9	0.3	11.3	1.1	18.3	34.1
	65 岁及以上	42.7	0.3	14.6	2.2	18.6	21.6
受教育程度	未受过正规教育	17.5	0.4	1.5	0.2	24.6	55.8
	小学	21.8	0.1	13.5	1.2	15.3	48.1
	初中	33.9	0.4	13.2	1.8	20.6	30.1
	高中	32.0	0.2	8.9	1.2	22.0	35.7
	大学及以上	28.6	0.1	5.6	0.9	16.3	48.5

续表

目标观众		中央广播电视总台	中国教育台频道	陕西省级频道	西安市级频道	其他省级卫视频道	其他频道
职业类别	干部/管理人员	29.4	0.0	9.4	0.9	14.0	46.3
	个体/私营企业人员	22.5	0.2	11.6	0.9	20.0	44.8
	初级公务员/雇员	26.9	0.1	6.1	0.9	18.8	47.2
	工人	35.5	0.1	11.2	1.2	19.0	33.0
	学生	19.6	0.1	5.6	0.9	23.1	50.7
	无业	35.1	0.3	10.6	1.6	19.3	33.1
	其他	*	*	*	*	*	*
个人月收入	0～600 元	21.4	0.1	5.0	1.1	21.9	50.5
	601～1200 元	*	*	*	*	*	*
	1201～1700 元	29.3	0.2	20.7	3.1	20.5	26.2
	1701～2600 元	35.7	0.3	15.4	1.8	17.3	29.5
	2601～3500 元	35.7	0.3	11.4	1.3	19.9	31.4
	3501～5000 元	34.3	0.2	9.0	1.3	18.9	36.3
	5001 元及以上	26.9	0.2	7.8	0.8	18.4	45.9

注：* 表示样本量不足，无法进行统计推断。

表 3.58.3　2022 年西安市场各类频道在各时段的占有率

单位：%

时间段	中央广播电视总台	中国教育台频道	陕西省级频道	西安市级频道	其他省级卫视频道	其他频道
02：00～03：00	23.9	0.3	1.1	0.2	27.5	47.0
03：00～04：00	25.8	0.5	1.1	0.1	30.0	42.5
04：00～05：00	26.5	0.6	1.3	0.1	31.6	39.9
05：00～06：00	29.2	0.5	1.3	0.0	32.2	36.8
06：00～07：00	49.4	0.4	3.0	0.1	20.3	26.8
07：00～08：00	53.7	0.4	8.1	1.1	9.2	27.5
08：00～09：00	45.8	0.4	8.0	1.3	9.8	34.7
09：00～10：00	37.0	0.4	7.7	1.5	14.5	38.9
10：00～11：00	31.6	0.3	7.9	2.1	16.8	41.3
11：00～12：00	31.2	0.6	8.3	2.1	15.4	42.4
12：00～13：00	32.0	0.1	10.1	1.3	13.1	43.4
13：00～14：00	27.1	0.3	6.6	1.1	18.0	46.9
14：00～15：00	25.0	0.3	5.2	1.2	20.7	47.6
15：00～16：00	25.1	0.3	5.4	1.7	21.5	46.0

续表

时间段	中央广播电视总台	中国教育台频道	陕西省级频道	西安市级频道	其他省级卫视频道	其他频道
16：00～17：00	26.9	0.3	5.8	1.7	20.1	45.2
17：00～18：00	29.2	0.2	6.4	1.8	16.7	45.7
18：00～19：00	35.9	0.1	12.3	1.4	8.3	42.0
19：00～20：00	38.3	0.1	10.6	0.9	18.4	31.7
20：00～21：00	29.5	0.1	10.7	1.0	28.0	30.7
21：00～22：00	27.8	0.2	13.8	1.2	24.3	32.7
22：00～23：00	24.9	0.1	13.6	1.0	22.0	38.4
23：00～00：00	26.7	0.3	6.4	0.8	21.7	44.1
00：00～01：00	26.2	0.3	4.8	0.8	17.6	50.3
01：00～02：00	24.2	0.5	1.9	0.3	21.2	51.9

表 3.58.4　2022 年西安市场收视份额排名前十位的频道

单位：%

名次	频道名称	收视份额
1	中央电视台综合频道	5.4
2	中央台八套	4.9
3	中央电视台新闻频道	3.3
3	陕西广播电视台都市青春频道（二套）	3.3
5	中央台四套	3.1
6	中央台六套	3.0
7	中央台五套	2.7
8	江苏卫视	2.4
9	浙江卫视	2.0
9	湖南卫视	2.0

表 3.58.5　2022 年西安市场各主要频道的观众构成

单位：%

目标观众		所有频道	中央电视台综合频道	中央台八套	中央电视台新闻频道	陕西广播电视台都市青春频道（二套）	中央台四套
4 岁及以上所有人		100.0	100.0	100.0	100.0	100.0	100.0
性别	男	48.7	49.6	42.5	57.4	48.1	55.6
	女	51.3	50.4	57.5	42.6	51.9	44.4

续表

目标观众		所有频道	中央电视台综合频道	中央台八套	中央电视台新闻频道	陕西广播电视台都市青春频道（二套）	中央台四套
年龄	4～14 岁	6.4	2.9	5.2	1.2	1.4	1.0
	15～24 岁	6.6	8.0	3.9	6.2	7.6	5.7
	25～34 岁	13.2	6.3	15.4	6.1	5.8	3.6
	35～44 岁	11.4	7.6	6.3	3.2	7.6	3.5
	45～54 岁	19.7	20.5	19.5	20.2	21.0	19.6
	55～64 岁	16.7	17.6	15.5	26.8	20.3	18.7
	65 岁及以上	26.0	37.1	34.1	36.2	36.3	47.8
受教育程度	未受过正规教育	2.3	0.6	2.7	0.4	0.2	0.2
	小学	7.8	5.3	6.6	5.9	8.6	5.0
	初中	28.6	24.2	42.5	34.9	43.1	35.0
	高中	32.3	35.3	30.5	31.2	30.8	34.3
	大学及以上	29.1	34.5	17.7	27.6	17.2	25.5
职业类别	干部/管理人员	2.5	2.3	2.3	2.9	3.2	1.9
	个体/私营企业人员	12.4	6.2	12.5	7.9	17.0	6.9
	初级公务员/雇员	19.8	19.5	12.2	15.5	11.3	14.2
	工人	6.0	6.8	9.8	4.2	8.7	6.5
	学生	8.8	7.6	5.8	3.7	6.2	5.8
	无业	50.5	57.6	57.4	65.8	53.6	64.7
	其他	*	*	*	*	*	*
个人月收入	0～600 元	21.5	13.4	21.1	12.3	10.9	14.3
	601～1200 元	*	*	*	*	*	*
	1201～1700 元	1.9	1.3	2.1	3.1	6.1	2.0
	1701～2600 元	13.1	16.3	14.3	9.2	23.0	18.3
	2601～3500 元	15.4	17.5	19.8	21.5	16.1	16.4
	3501～5000 元	29.6	37.8	25.4	36.1	28.4	35.6
	5001 元及以上	18.5	13.6	17.3	17.7	15.5	13.5

注：* 表示样本量不足，无法进行统计推断。

表 3.58.6　2020～2022 年西安市场各类节目的播出比重和收视比重

单位：%

节目类别	2020 年		2021 年		2022 年	
	播出比重	收视比重	播出比重	收视比重	播出比重	收视比重
财经	0.9	0.8	1.0	0.8	1.1	0.6

续表

节目类别	2020 年		2021 年		2022 年	
	播出比重	收视比重	播出比重	收视比重	播出比重	收视比重
电视剧	21.9	33.9	26.8	39.1	22.7	35.2
电影	4.1	4.6	4.1	4.0	4.0	10.4
法制	0.6	0.4	0.6	0.6	0.9	0.3
教学	0.3	0.1	0.3	0.1	0.3	0.0
青少	6.8	2.7	6.7	2.4	7.0	5.1
生活服务	8.0	5.6	7.2	5.4	7.8	5.0
体育	4.1	1.9	4.6	3.4	5.9	5.0
外语	0.2	0.0	0.2	0.0	0.3	0.0
戏剧	0.9	0.9	1.2	0.7	0.9	1.2
新闻/时事	17.5	19.1	11.5	14.7	15.2	12.6
音乐	1.9	1.1	1.8	0.7	2.0	0.7
专题	13.9	6.2	14.5	5.9	15.3	5.8
综艺	5.9	12.2	4.7	11.4	5.5	7.8
其他	13.0	10.5	14.9	10.7	11.1	10.3

表 3.58.7　2022 年西安市场所有节目收视率排名前三十位

单位：%

名次	节目名称	节目类别	播出频道	平均收视率	平均占有率
1	《2022 中央广播电视总台春节联欢晚会》	综艺	中央电视台综合频道	12.5	38.5
2	《龙腾虎跃中国年》	专题	中央电视台综合频道	10.8	37.4
3	《2022 年中央广播电视总台元宵晚会》	综艺	中央电视台综合频道	5.5	22.2
4	《我爱世界杯：2022 年世界杯 E 组第 2 轮》（日本 VS 哥斯达黎加）	体育	中央台五套	5.3	24.4
5	《2022 年女足亚洲杯决赛》（中国 VS 韩国）	体育	中央台五套	4.9	18.0
6	《北京冬奥会短道速滑混合接力颁奖仪式》	体育	中央台五套	4.9	17.3
7	《开学第一课》	青少	中央电视台综合频道	4.6	19.4
8	《百川老朋友》	综艺	北京卫视	3.4	14.6
9	《2022 年中央广播电视总台中秋晚会》	综艺	中央电视台综合频道	3.3	14.5
10	《2023 跨年演唱会》（用奋斗点亮幸福）	音乐	江苏卫视	3.2	17.6
11	《人世间》	电视剧	中央电视台综合频道	3.1	12.8
12	《底线》	电视剧	湖南卫视	3.0	15.5
13	《2021 国剧盛典》	综艺	安徽卫视	3.0	10.6
14	《我们的歌》（10 月 21 日）	综艺	东方卫视	2.8	15.6
15	《2022 年北京广播电视台春节联欢晚会》	综艺	北京卫视	2.7	11.7

续表

名次	节目名称	节目类别	播出频道	平均收视率	平均占有率
16	《时光音乐会》（第一季）	综艺	湖南卫视	2.7	9.3
17	《现场直播：2022 年世界乒乓球团体锦标赛女团决赛》	体育	中央台五套	2.6	13.6
18	《天气预报》	生活服务	中央电视台综合频道	2.6	13.5
19	《风吹半夏》	电视剧	浙江卫视	2.6	13.0
20	《新春喜剧之夜》	综艺	中央台三套	2.5	9.1
21	《现场直播：2022 年世乒联世界杯决赛男单决赛》	体育	中央台五套	2.4	12.1
22	《傻春》（20～34 集）	电视剧	陕西广播电视台都市青春频道（二套）	2.4	7.8
23	《现场直播：2022 年女篮世界杯半决赛》（澳大利亚队 VS 中国队）	体育	中央台五套	2.2	20.5
24	《现场直播：2022 年世乒联冠军赛澳门站女单决赛》	体育	中央台五套	2.2	13.8
25	《新居之约》	电视剧	中央电视台综合频道	2.2	12.2
26	《315 公平守正安心消费》	专题	中央台二套	2.2	10.6
27	《星辰大海》	电视剧	陕西广播电视台都市青春频道（二套）	2.2	8.0
28	《王牌部队》（11～40 集）	电视剧	江苏卫视	2.2	6.7
29	《中国好声音》（8 月 19 日）	综艺	浙江卫视	2.1	10.1
30	《长风浩荡启新程——习近平主席出席二十国集团领导人第十七次峰会》	专题	中央电视台综合频道	2.1	9.6

表 3.58.8　2022 年西安市场电视剧收视率排名前十位

单位：%

名次	节目名称	播出频道	平均收视率	平均占有率
1	《人世间》	中央电视台综合频道	3.1	12.8
2	《底线》	湖南卫视	3.0	15.5
3	《风吹半夏》	浙江卫视	2.6	13.0
4	《傻春》（20～34 集）	陕西广播电视台都市青春频道（二套）	2.4	7.8
5	《新居之约》	中央电视台综合频道	2.2	12.2
6	《星辰大海》	陕西广播电视台都市青春频道（二套）	2.2	8.0
7	《王牌部队》（11～40 集）	江苏卫视	2.2	6.7
8	《输赢》（19～40 集）	北京卫视	2.1	6.6
9	《大博弈》	浙江卫视	2.0	10.6
10	《小娘惹》	中央台八套	2.0	8.7

表 3.58.9　2022 年西安市场新闻节目收视率排名前十位

单位：%

名次	节目名称	播出频道	平均收视率	平均占有率
1	《新闻联播》	中央电视台综合频道	2.0	11.8
2	《陕西新闻联播》	陕西广播电视台都市青春频道（二套）	2.0	8.0
3	《中国共产党第二十次全国代表大会开幕会专题新闻》	中央电视台综合频道	1.6	8.2
4	《一起向未来》	中央电视台新闻频道	1.5	11.8
5	《共同关注》	中央电视台综合频道	1.4	9.3
6	《省委十五届一次全会特别报道》	浙江卫视	1.4	8.2
7	《中国空间站神舟十四号航天员返回 2022》	中央电视台新闻频道	1.4	6.9
8	《疫情就是命令防控就是责任特别节目》	陕西广播电视台都市青春频道（二套）	1.2	6.3
9	《科学控疫情统筹谋发展》	浙江卫视	1.2	3.9
10	《都市快报》	陕西广播电视台都市青春频道（二套）	1.1	6.8

表 3.58.10　2022 年西安市场专题节目收视率排名前十位

单位：%

名次	节目名称	播出频道	平均收视率	平均占有率
1	《龙腾虎跃中国年》	中央电视台综合频道	10.8	37.4
2	《315 公平守正安心消费》	中央台二套	2.2	10.6
3	《长风浩荡启新程——习近平主席出席二十国集团领导人第十七次峰会》	中央电视台综合频道	2.1	9.6
4	《零容忍》	中央电视台综合频道	1.8	5.5
5	《思想耀江山》	江苏卫视	1.7	8.6
6	《相知跨千年携手创未来——习近平主席赴沙特利雅得出访纪实》	中央电视台综合频道	1.6	8.1
7	《功勋闪耀新时代》	中央电视台综合频道	1.4	6.7
7	《2022 中国诗词大会》（3 月 6 日）	中央电视台综合频道	1.4	6.7
9	《感动中国 2021 年度人物颁奖盛典》	中央电视台综合频道	1.2	7.2
10	《知识进化论——樊登 4.23 世界读书日年度主题演讲》	深圳卫视	1.1	5.9

表 3.58.11　2022 年西安市场综艺节目收视率排名前十位

单位：%

名次	节目名称	播出频道	平均收视率	平均占有率
1	《2022 中央广播电视总台春节联欢晚会》	中央电视台综合频道	12.5	38.5

续表

名次	节目名称	播出频道	平均收视率	平均占有率
2	《2022 年中央广播电视总台元宵晚会》	中央电视台综合频道	5.5	22.2
3	《百川老朋友》	北京卫视	3.4	14.6
4	《2022 年中央广播电视总台中秋晚会》	中央电视台综合频道	3.3	14.5
5	《2021 国剧盛典》	安徽卫视	3.0	10.6
6	《我们的歌》（10 月 21 日）	东方卫视	2.8	15.6
7	《2022 年北京广播电视台春节联欢晚会》	北京卫视	2.7	11.7
8	《时光音乐会》（第一季）	湖南卫视	2.7	9.3
9	《新春喜剧之夜》	中央台三套	2.5	9.1
10	《中国好声音》（8 月 19 日）	浙江卫视	2.1	10.1

表 3.58.12　2022 年西安市场体育节目收视率排名前十位

单位：%

名次	节目名称	播出频道	平均收视率	平均占有率
1	《我爱世界杯：2022 年世界杯 E 组第 2 轮》（日本 VS 哥斯达黎加）	中央台五套	5.3	24.4
2	《2022 年女足亚洲杯决赛》（中国 VS 韩国）	中央台五套	4.9	18.0
3	《北京冬奥会短道速滑混合接力颁奖仪式》	中央台五套	4.9	17.3
4	《现场直播：2022 年世界乒乓球团体锦标赛女团决赛》	中央台五套	2.6	13.6
5	《现场直播：2022 年世乒联世界杯决赛男单决赛》	中央台五套	2.4	12.1
6	《现场直播：2022 年女篮世界杯半决赛》（澳大利亚队 VS 中国队）	中央台五套	2.2	20.5
7	《现场直播：2022 年世乒联冠军赛澳门站女单决赛》	中央台五套	2.2	13.8
8	《现场直播：2022 年女排亚洲杯决赛》（中国队 VS 日本队）	中央台五套	1.8	8.2
9	《现场直播：2022 年世乒联大满贯赛新加坡站女双决赛》	中央台五套	1.8	7.8
10	《2022 北京冬残奥会闭幕式》	中央电视台综合频道	1.3	6.3

五十九　西宁收视数据

表 3.59.1　2018～2022 年西宁市场各类频道的占有率

单位：%

频道类别	2018 年	2019 年	2020 年	2021 年	2022 年
中央广播电视总台	54.3	51.9	44.9	38.7	45.3
中国教育台频道	0.1	0.2	0.1	0.1	0.2
青海省级频道	7.9	5.1	4.8	4.0	3.3
西宁市级频道	0.7	1.1	1.2	1.1	1.7
其他省级卫视频道	26.8	27.6	28.4	28.2	22.8
其他频道	10.2	14.1	20.6	27.9	26.7

表 3.59.2　2022 年西宁市场各类频道在不同目标观众中的占有率

单位：%

目标观众		中央广播电视总台	中国教育台频道	青海省级频道	西宁市级频道	其他省级卫视频道	其他频道
4 岁及以上所有人		45.3	0.2	3.3	1.7	22.8	26.7
性别	男	44.8	0.2	3.4	1.7	24.6	25.3
	女	46.0	0.2	3.2	1.7	20.9	28.0
年龄	4～14 岁	24.0	0.3	1.5	1.5	21.3	51.4
	15～24 岁	36.2	0.4	3.3	1.2	34.5	24.4
	25～34 岁	40.4	0.1	3.7	2.1	19.2	34.5
	35～44 岁	34.6	0.2	2.7	2.1	20.7	39.7
	45～54 岁	46.4	0.1	2.5	1.3	25.2	24.5
	55～64 岁	52.0	0.1	3.5	1.9	17.9	24.6
	65 岁及以上	58.8	0.3	4.8	1.8	24.7	9.6
受教育程度	未受过正规教育	46.3	0.2	4.5	1.7	23.3	24.0
	小学	43.8	0.1	2.9	1.0	21.6	30.6
	初中	45.6	0.3	3.7	2.5	24.3	23.6
	高中	46.7	0.2	2.9	1.3	24.7	24.2
	大学及以上	44.6	0.2	3.1	1.8	19.5	30.8

续表

目标观众		中央广播电视总台	中国教育台频道	青海省级频道	西宁市级频道	其他省级卫视频道	其他频道
职业类别	干部/管理人员	56.1	0.1	1.0	0.5	18.5	23.8
	个体/私营企业人员	44.5	0.1	2.6	1.6	21.3	29.9
	初级公务员/雇员	36.2	0.1	3.1	1.8	22.4	36.4
	工人	45.4	0.2	3.2	2.4	28.6	20.2
	学生	28.9	0.3	2.0	1.1	24.2	43.5
	无业	52.9	0.2	4.0	1.7	21.5	19.7
	其他	*	*	*	*	*	*
个人月收入	0～600元	31.6	0.3	2.3	1.2	25.4	39.2
	601～1200元	60.5	0.1	3.1	0.3	13.2	22.8
	1201～1700元	55.7	0.2	7.5	1.4	30.5	4.7
	1701～2600元	51.2	0.3	4.2	1.9	22.2	20.2
	2601～3500元	46.6	0.1	3.5	2.3	24.4	23.1
	3501～5000元	49.5	0.1	3.0	1.6	19.8	26.0
	5001元及以上	44.0	0.1	3.1	1.8	23.0	28.0

注：*表示目标样本量不足，无法进行统计推断。

表3.59.3　2022年西宁市场各类频道在不同时段的占有率

单位：%

时间段	中央广播电视总台	中国教育台频道	青海省级频道	西宁市级频道	其他省级卫视频道	其他频道
02：00～03：00	31.6	0.0	1.5	0.0	20.6	46.3
03：00～04：00	30.3	0.0	1.9	0.0	22.9	44.9
04：00～05：00	34.8	0.0	0.2	0.0	26.3	38.7
05：00～06：00	35.2	0.0	0.1	0.0	33.2	31.5
06：00～07：00	52.0	0.0	0.3	0.4	22.8	24.5
07：00～08：00	61.8	0.2	1.4	0.9	14.3	21.4
08：00～09：00	55.9	0.3	1.9	1.5	20.1	20.3
09：00～10：00	45.1	0.4	2.7	1.6	26.9	23.3
10：00～11：00	40.5	0.5	2.8	1.0	29.1	26.1
11：00～12：00	40.6	0.3	2.4	0.8	27.5	28.4
12：00～13：00	43.2	0.1	2.3	0.8	24.1	29.5
13：00～14：00	36.5	0.2	2.0	1.0	28.9	31.4
14：00～15：00	32.7	0.3	1.8	1.2	31.2	32.8
15：00～16：00	32.0	0.4	2.0	0.8	32.4	32.4

续表

时间段	中央广播电视总台	中国教育台频道	青海省级频道	西宁市级频道	其他省级卫视频道	其他频道
16：00～17：00	34.8	0.4	2.3	0.6	31.6	30.3
17：00～18：00	42.7	0.2	1.7	1.0	26.2	28.2
18：00～19：00	53.5	0.1	6.2	5.4	10.0	24.8
19：00～20：00	57.0	0.1	5.9	2.4	13.3	21.3
20：00～21：00	48.5	0.1	3.5	0.9	24.6	22.4
21：00～22：00	47.8	0.2	2.8	1.9	22.7	24.6
22：00～23：00	43.9	0.2	3.4	2.1	21.7	28.7
23：00～00：00	42.9	0.2	2.1	1.1	22.9	30.8
00：00～01：00	40.9	0.2	1.8	1.4	18.4	37.3
01：00～02：00	37.4	0.1	1.7	0.4	17.5	42.9

表 3.59.4　2022 年西宁市场收视份额排名前十位的频道

单位：%

名次	频道名称	收视份额
1	中央台八套	7.5
2	中央台六套	7.3
3	中央电视台综合频道	6.4
4	中央电视台新闻频道	5.5
5	中央台五套	3.5
6	中央台四套	3.4
7	湖南卫视	2.0
7	浙江卫视	2.0
9	中央台二套	1.8
9	青海卫视	1.8

表 3.59.5　2022 年西宁市场各主要频道的观众构成

单位：%

目标观众		所有频道	主要频道				
			中央台八套	中央台六套	中央电视台综合频道	中央电视台新闻频道	中央台五套
4 岁及以上所有人		100.0	100.0	100.0	100.0	100.0	100.0
性别	男	51.8	46.2	55.7	48.6	54.6	54.8
	女	48.2	53.8	44.3	51.4	45.4	45.2

续表

目标观众		所有频道	主要频道				
			中央台八套	中央台六套	中央电视台综合频道	中央电视台新闻频道	中央台五套
年龄	4 ~ 14 岁	9.5	3.5	6.4	4.3	7.2	3.2
	15 ~ 24 岁	5.4	4.4	3.6	3.6	3.3	7.1
	25 ~ 34 岁	9.2	8.8	7.8	10.4	7.3	6.3
	35 ~ 44 岁	13.8	6.1	11.4	12.3	12.2	8.0
	45 ~ 54 岁	22.2	19.4	34.8	15.6	20.7	28.8
	55 ~ 64 岁	16.4	13.3	19.4	19.2	20.6	27.6
	65 岁及以上	23.4	44.4	16.7	34.7	28.7	19.1
受教育程度	未受过正规教育	5.1	10.2	4.1	4.2	4.3	1.1
	小学	19.0	25.8	24.2	11.3	13.8	16.7
	初中	29.7	24.9	31.0	30.1	38.9	26.2
	高中	24.4	21.5	22.2	29.3	22.2	33.0
	大学及以上	21.8	17.5	18.5	25.1	20.8	23.0
职业类别	干部/管理人员	1.2	0.3	0.9	2.8	1.6	1.2
	个体/私营企业人员	13.4	11.1	18.4	9.3	10.9	18.5
	初级公务员/雇员	15.6	10.0	12.9	13.3	11.9	12.5
	工人	14.4	11.9	21.4	13.2	13.6	14.2
	学生	11.3	6.3	8.7	6.0	8.0	7.7
	无业	44.0	60.4	37.6	55.4	54.0	45.8
	其他	*	*	*	*	*	*
个人月收入	0 ~ 600 元	18.7	15.1	14.6	10.2	12.7	15.4
	601 ~ 1200 元	2.8	10.4	2.0	3.5	3.2	0.6
	1201 ~ 1700 元	2.3	3.4	2.4	1.8	4.8	1.4
	1701 ~ 2600 元	16.5	19.3	19.0	19.1	18.2	21.1
	2601 ~ 3500 元	21.3	18.5	19.9	27.0	21.6	16.2
	3501 ~ 5000 元	22.3	22.2	29.2	21.6	25.6	21.8
	5001 元及以上	16.2	11.1	12.9	16.9	13.9	23.6

注：* 表示目标样本量不足，无法进行统计推断。

表 3.59.6　2020 ~ 2022 年西宁市场各类节目的播出比重和收视比重

单位：%

节目类别	2020 年		2021 年		2022 年	
	播出比重	收视比重	播出比重	收视比重	播出比重	收视比重
财经	1.0	0.8	1.0	0.7	1.1	0.8

续表

节目类别	2020 年		2021 年		2022 年	
	播出比重	收视比重	播出比重	收视比重	播出比重	收视比重
电视剧	21.3	31.1	21.1	33.4	21.9	30.2
电影	3.6	7.9	3.4	7.2	3.1	9.5
法制	0.7	0.8	0.8	0.8	1.2	0.9
教学	0.4	0.0	0.4	0.0	0.3	0.0
青少	7.5	4.7	7.4	3.9	7.5	3.0
生活服务	7.8	5.7	8.4	5.9	8.1	5.7
体育	4.0	2.4	4.3	3.5	5.3	5.6
外语	0.2	0.0	0.2	0.0	0.3	0.0
戏剧	0.7	0.4	0.6	0.3	0.7	0.4
新闻/时事	17.4	18.4	16.3	15.4	15.7	17.1
音乐	1.9	1.0	1.8	0.5	1.8	0.5
专题	14.8	8.4	16.0	8.7	16.4	9.4
综艺	6.1	8.1	6.4	9.7	5.4	6.6
其他	12.6	10.3	11.9	10.0	11.3	10.2

表 3.59.7　2022 年西宁市场所有节目收视率排名前三十位

单位：%

名次	节目名称	节目类别	播出频道	平均收视率	平均占有率
1	《2022 中央广播电视总台春节联欢晚会》	综艺	中央电视台综合频道	14.2	43.0
2	《开学第一课》	青少	中央电视台综合频道	8.8	28.3
3	《我爱世界杯：2022 年世界杯 A 组第 2 轮》（卡塔尔 VS 塞内加尔）	体育	中央台五套	8.4	35.7
4	《2022 年中央广播电视总台元宵晚会》	综艺	中央电视台综合频道	7.6	33.3
5	《红海行动》（10 月 23 日）	电影	中央台六套	6.9	28.6
6	《2022 北京冬奥会闭幕式》	体育	中央电视台综合频道	6.4	23.0
7	《人世间》	电视剧	中央电视台综合频道	5.9	22.8
8	《2022 年女足亚洲杯决赛》（中国 VS 韩国）	体育	中央台五套	5.4	19.9
9	《决战狂沙镇》	电影	中央台六套	4.7	16.2
10	《决战中途岛》	电影	中央台六套	4.6	23.0
11	《战狼》（6 月 25 日）	电影	中央台六套	4.6	21.0
12	《龙腾虎跃中国年》	专题	中央电视台综合频道	4.5	23.1
13	《你好李焕英》（5 月 8 日）	电影	中央台六套	4.5	17.2
14	《火线之上》	电影	中央台六套	4.5	15.7
15	《夺命枪痕》	电影	中央台六套	4.4	24.4

续表

名次	节目名称	节目类别	播出频道	平均收视率	平均占有率
16	《大进军解放大西北》	电影	中央台六套	4.3	21.3
17	《梭梭草》	电影	中央台六套	4.3	17.7
18	《我最爱的家人》	电视剧	中央台八套	4.2	17.5
19	《人世间》	电视剧	中央台八套	4.1	19.3
20	《大决战第二部淮海战役》（10 月 14 日）	电影	中央台六套	4.0	22.3
21	《大决战第一部辽沈战役》（10 月 13 日）	电影	中央台六套	3.9	19.6
22	《2022 年中央广播电视总台中秋晚会》	综艺	中央电视台综合频道	3.8	17.0
23	《黄金战士》	电影	中央台六套	3.8	13.3
24	《虎胆巍城》	电视剧	中央台八套	3.6	16.0
25	《2022 中央广播电视总台网络春晚》	综艺	中央电视台综合频道	3.6	13.4
26	《向风而行》（1～12 集）	电视剧	中央台八套	3.5	15.6
27	《亲爱的小孩》	电视剧	中央台八套	3.3	13.1
28	《爱拼会赢》	电视剧	中央电视台综合频道	3.2	15.4
29	《对手》（33～37 集）	电视剧	中央台八套	3.2	12.3
30	《养父的花样年华》	电视剧	中央台八套	3.0	17.5

表 3.59.8　2022 年西宁市场电视剧收视率排名前十位

单位：%

名次	节目名称	播出频道	平均收视率	平均占有率
1	《人世间》	中央电视台综合频道	5.9	22.8
2	《我最爱的家人》	中央台八套	4.2	17.5
3	《人世间》	中央台八套	4.1	19.3
4	《虎胆巍城》	中央台八套	3.6	16.0
5	《向风而行》（1～12 集）	中央台八套	3.5	15.6
6	《亲爱的小孩》	中央台八套	3.3	13.1
7	《爱拼会赢》	中央电视台综合频道	3.2	15.4
8	《对手》（33～37 集）	中央台八套	3.2	12.3
9	《养父的花样年华》	中央台八套	3.0	17.5
10	《灿烂的季节》	中央台八套	2.9	14.3

表 3.59.9　2022 年西宁市场新闻节目收视率排名前十位

单位：%

名次	节目名称	播出频道	平均收视率	平均占有率
1	《中国空间站神舟十四号航天员返回 2022》	中央电视台新闻频道	2.9	12.5

续表

名次	节目名称	播出频道	平均收视率	平均占有率
2	《新闻联播》	中央电视台综合频道	2.5	12.7
3	《中国共产党第二十次全国代表大会开幕会专题新闻》	中央电视台新闻频道	2.1	10.8
4	《国务院总理会见中外记者并回答提问》	中央电视台综合频道	2.0	6.8
5	《一起向未来》	中央电视台新闻频道	1.7	10.6
6	《焦点访谈》	中央电视台综合频道	1.7	8.0
7	《科学控疫情统筹谋发展》	浙江卫视	1.7	6.9
8	《团结奋斗向复兴》	中央电视台新闻频道	1.6	12.0
9	《中国空间站神舟十三号航天员返回 2022》	中央电视台新闻频道	1.5	13.2
10	《筑梦空间站神舟十四号航天员返回特别报道》	中央台四套	1.5	6.4

表 3.59.10　2022 年西宁市场专题节目收视率排名前十位

单位：%

名次	节目名称	播出频道	平均收视率	平均占有率
1	《龙腾虎跃中国年》	中央电视台综合频道	4.5	23.1
2	《零容忍》	中央电视台综合频道	2.6	9.3
3	《2022 中国诗词大会》（3 月 5 日）	中央电视台综合频道	2.5	12.2
4	《功勋闪耀新时代》	中央电视台综合频道	2.3	8.6
5	《情系天山——习近平总书记新疆考察纪实》	中央电视台新闻频道	1.9	9.6
6	《感动中国 2021 年度人物颁奖盛典》	中央电视台综合频道	1.8	10.4
7	《长风浩荡启新程——习近平主席出席二十国集团领导人第十七次峰会》	中央电视台综合频道	1.8	6.9
8	《丝路古道焕新机——习近平主席出席上合组织撒马尔罕峰会出访中亚两国》	中央电视台综合频道	1.7	9.7
9	《2021 年大国工匠年度人物发布仪式》	中央电视台综合频道	1.7	8.7
10	《相知跨千年携手创未来——习近平主席赴沙特利雅得出访纪实》	中央电视台综合频道	1.7	7.3

表 3.59.11　2022 年西宁市场综艺节目收视率排名前十位

单位：%

名次	节目名称	播出频道	平均收视率	平均占有率
1	《2022 中央广播电视总台春节联欢晚会》	中央电视台综合频道	14.2	43.0
2	《2022 年中央广播电视总台元宵晚会》	中央电视台综合频道	7.6	33.3
3	《2022 年中央广播电视总台中秋晚会》	中央电视台综合频道	3.8	17.0
4	《2022 中央广播电视总台网络春晚》	中央电视台综合频道	3.6	13.4

续表

名次	节目名称	播出频道	平均收视率	平均占有率
5	《中国梦祖国颂 2022 国庆特别节目》	中央电视台综合频道	2.8	13.3
6	《2022 年奋斗的青春五四青年节特别节目》	中央电视台综合频道	2.5	11.8
7	《开门大吉》（1 月 1 日）	中央台三套	2.2	8.4
8	《2022 ~ 2023 跨年晚会》	湖南卫视	2.1	12.8
9	《2021 国剧盛典致敬美好》	安徽卫视	2.0	9.9
10	《2022 年中国金鸡百花电影节红毯仪式》	中央台六套	1.8	8.4

表 3.59.12　2022 年西宁市场体育节目收视率排名前十位

单位：%

名次	节目名称	播出频道	平均收视率	平均占有率
1	《我爱世界杯：2022 年世界杯 A 组第 2 轮》（卡塔尔 VS 塞内加尔）	中央台五套	8.4	35.7
2	《2022 北京冬奥会闭幕式》	中央电视台综合频道	6.4	23.0
3	《2022 年女足亚洲杯决赛》（中国 VS 韩国）	中央台五套	5.4	19.9
4	《2022 北京冬残奥会开幕式》	中央电视台综合频道	2.9	11.6
5	《现场直播：2022 年世界乒乓球团体锦标赛女团 1/8 决赛》	中央台五套	2.4	9.3
6	《现场直播：2022 年世界女排锦标赛小组赛第 4 轮》（中国队 VS 捷克队）	中央台五套	2.2	10.2
7	《现场直播：2022/2023 赛季 CBA 常规赛第 4 轮》（山东高速 VS 广东东莞大益）	中央台五套	2.0	9.5
8	《现场直播：2022 年女篮世界杯半决赛》（澳大利亚队 VS 中国队）	中央台五套	1.8	12.4
9	《最前线》	中央台五套	1.6	7.5
10	《现场直播：2021/2022 赛季 CBA 常规赛第 23 轮》（新疆伊力王酒 VS 四川金荣实业）	中央台五套	1.6	6.0

六十　厦门收视数据

表 3.60.1　2018～2022 年厦门市场各类频道的占有率

单位：%

频道类别	2018 年	2019 年	2020 年	2021 年	2022 年
中央广播电视总台	30.8	25.2	24.8	23.9	32.0
中国教育台频道	0.1	0.3	0.3	0.3	0.4
福建省级频道	4.8	5.1	5.1	3.7	5.2
厦门市级频道	19.3	21.0	17.8	12.4	18.9
其他省级卫视频道	17.6	24.5	26.0	31.6	18.7
其他频道	27.4	23.9	26.0	28.1	24.8

表 3.60.2　2022 年厦门市场各类频道在不同目标观众中的占有率

单位：%

目标观众		中央广播电视总台	中国教育台频道	福建省级频道	厦门市级频道	其他省级卫视频道	其他频道
4 岁及以上所有人		32.0	0.4	5.2	18.9	18.7	24.8
性别	男	34.5	0.5	5.2	18.1	16.9	24.8
	女	29.2	0.2	5.1	19.7	20.7	25.1
年龄	4～14 岁	20.3	0.1	4.9	9.0	18.2	47.5
	15～24 岁	37.9	0.9	4.5	17.6	19.1	20.0
	25～34 岁	35.9	0.2	4.2	13.0	23.9	22.8
	35～44 岁	19.3	0.2	3.4	17.9	27.8	31.4
	45～54 岁	35.1	0.2	5.1	16.5	16.8	26.3
	55～64 岁	31.6	0.4	7.7	21.7	15.2	23.4
	65 岁及以上	35.3	0.6	6.2	31.3	12.8	13.8
受教育程度	未受过正规教育	20.3	0.5	3.6	31.7	14.4	29.5
	小学	31.7	0.3	5.9	18.9	15.9	27.3
	初中	34.9	0.3	8.0	13.8	20.9	22.1
	高中	34.2	0.7	4.3	19.8	18.1	22.9
	大学及以上	32.5	0.2	2.7	18.1	21.4	25.1

续表

目标观众		中央广播电视总台	中国教育台频道	福建省级频道	厦门市级频道	其他省级卫视频道	其他频道
职业类别	干部/管理人员	22.7	0.2	1.1	29.5	17.3	29.2
	个体/私营经企业人员	32.6	0.2	3.3	19.4	25.2	19.3
	初级公务员/雇员	42.2	0.7	4.4	10.6	15.8	26.3
	工人	26.9	0.2	6.6	18.3	25.8	22.2
	学生	24.1	0.1	5.4	9.9	22.0	38.5
	无业	31.4	0.4	5.2	23.6	15.0	24.4
	其他	34.3	0.6	8.5	25.8	14.9	15.9
个人月收入	0~600元	27.1	0.2	4.9	14.1	18.4	35.3
	601~1200元	29.9	0.1	2.4	33.3	27.4	6.9
	1201~1700元	24.9	0.4	7.3	27.8	23.0	16.6
	1701~2600元	25.4	0.7	4.8	41.5	14.4	13.2
	2601~3500元	31.3	0.4	9.5	25.8	16.3	16.7
	3501~5000元	36.7	0.8	4.5	20.3	13.5	24.2
	5001元及以上	35.0	0.2	4.6	15.3	22.9	22.0

表3.60.3　2022年厦门市场各类频道在不同时段的占有率

单位：%

时间段	中央广播电视总台	中国教育台频道	福建省级频道	厦门市级频道	其他省级卫视频道	其他频道
02:00~03:00	21.9	0.4	7.3	4.4	11.1	54.9
03:00~04:00	23.8	0.5	10.6	0.8	13.8	50.5
04:00~05:00	33.1	1.1	7.7	1.6	7.6	48.9
05:00~06:00	48.3	0.8	4.1	1.2	8.2	37.4
06:00~07:00	51.2	0.3	7.3	9.4	2.8	29.0
07:00~08:00	42.3	0.3	7.0	8.7	10.4	31.3
08:00~09:00	42.4	0.7	8.1	8.6	11.6	28.6
09:00~10:00	31.6	0.9	9.1	13.9	13.6	30.9
10:00~11:00	30.7	1.1	8.6	16.9	13.6	29.1
11:00~12:00	34.4	0.6	5.8	17.6	14.6	27.0
12:00~13:00	34.6	0.2	3.0	23.5	13.9	24.8
13:00~14:00	37.9	0.6	3.5	12.4	17.7	27.9
14:00~15:00	36.3	0.8	4.8	14.6	15.8	27.7
15:00~16:00	35.5	0.8	5.5	14.3	17.2	26.7
16:00~17:00	35.2	0.9	6.3	14.3	16.1	27.2

续表

时间段	中央广播电视总台	中国教育台频道	福建省级频道	厦门市级频道	其他省级卫视频道	其他频道
17：00～18：00	34.1	0.2	6.8	13.0	16.4	29.5
18：00～19：00	34.4	0.1	6.7	19.3	12.0	27.5
19：00～20：00	34.9	0.2	4.7	21.4	19.1	19.7
20：00～21：00	28.6	0.1	4.0	22.2	26.4	18.7
21：00～22：00	26.8	0.1	4.8	23.5	24.7	20.1
22：00～23：00	23.9	0.2	4.6	22.5	23.6	25.2
23：00～00：00	24.6	0.5	3.2	15.1	22.7	33.9
00：00～01：00	23.7	0.8	3.6	18.1	13.0	40.8
01：00～02：00	20.3	1.2	5.1	18.4	7.6	47.4

表 3.60.4　2022 年厦门市场收视份额排名前十位的频道

单位：%

名次	频道名称	收视份额
1	厦门电视台影视频道	9.8
2	中央电视台综合频道	7.7
3	中央台四套	5.1
4	厦门电视台综合频道	4.1
4	中央台六套	4.1
6	江苏卫视	3.1
7	浙江卫视	2.9
8	中央电视台新闻频道	2.7
8	中央台五套	2.7
10	厦门电视台海峡频道	2.6

表 3.60.5　2022 年厦门市场各主要频道的观众构成

单位：%

目标观众		所有频道	主要频道				
			厦门电视台影视频道	中央电视台综合频道	中央台四套	厦门电视台综合频道	中央台六套
4 岁及以上所有人		100.0	100.0	100.0	100.0	100.0	100.0
性别	男	52.0	47.2	56.7	62.8	53.0	57.2
	女	48.0	52.8	43.3	37.2	47.0	42.8

续表

目标观众		所有频道	主要频道				
			厦门电视台影视频道	中央电视台综合频道	中央台四套	厦门电视台综合频道	中央台六套
年龄	4～14岁	9.9	5.8	5.8	5.8	4.2	5.9
	15～24岁	10.2	9.9	21.0	8.2	7.1	9.6
	25～34岁	18.1	12.0	16.0	16.5	12.6	29.4
	35～44岁	11.3	11.9	7.3	5.1	13.0	7.7
	45～54岁	19.5	16.1	20.7	21.6	20.3	26.7
	55～64岁	11.4	11.8	4.0	13.5	14.3	9.7
	65岁及以上	19.6	32.5	25.2	29.3	28.5	11.0
受教育程度	未受正规教育	9.8	17.6	3.8	6.0	12.7	7.1
	小学	24.8	23.1	28.5	22.0	29.7	30.1
	初中	24.7	16.7	37.1	26.2	18.9	20.2
	高中	16.7	16.8	11.7	20.3	14.9	19.9
	大学及以上	24.0	25.8	18.9	25.5	23.8	22.7
职业类别	干部/管理人员	1.7	2.2	2.7	0.4	4.8	0.6
	个体/私营企业人员	11.5	13.5	13.5	8.8	8.1	16.1
	初级公务员/雇员	17.0	9.0	24.7	21.5	9.0	16.6
	工人	14.9	12.2	8.0	16.4	22.6	15.7
	学生	10.1	5.9	9.7	4.2	3.1	9.8
	无业	39.9	49.9	38.6	42.8	47.4	33.0
	其他	4.9	7.3	2.8	5.9	5.0	8.2
个人月收入	0～600元	28.5	23.9	28.0	14.9	18.7	30.1
	601～1200元	1.0	1.9	0.6	1.0	1.1	2.9
	1201～1700元	1.8	2.8	0.5	0.7	1.9	2.6
	1701～2600元	6.0	11.1	2.9	8.0	14.6	5.1
	2601～3500元	9.5	11.7	13.3	9.8	8.7	7.9
	3501～5000元	19.5	20.2	24.1	24.1	24.6	15.1
	5001元及以上	33.7	28.4	30.6	41.5	30.4	36.3

表3.60.6　2020～2022年厦门市场各类节目的播出比重和收视比重

单位：%

节目类别	2020年		2021年		2022年	
	播出比重	收视比重	播出比重	收视比重	播出比重	收视比重
财经	1.1	0.5	1.1	0.9	1.1	1.1
电视剧	21.5	36.6	21.0	36.8	22.3	35.5

续表

节目类别	2020年		2021年		2022年	
	播出比重	收视比重	播出比重	收视比重	播出比重	收视比重
电影	3.6	5.2	3.5	3.7	3.0	5.9
法制	0.6	0.3	0.7	0.2	0.9	0.3
教学	0.4	0.1	0.4	0.0	0.5	0.0
青少	7.8	4.4	7.5	3.1	7.6	3.5
生活服务	7.6	5.4	7.9	6.3	7.8	4.9
体育	4.2	1.6	4.7	3.1	5.5	3.8
外语	0.2	0.0	0.2	0.0	0.3	0.0
戏剧	0.6	0.3	0.5	0.1	0.6	0.2
新闻/时事	17.0	17.2	16.2	15.6	15.6	16.9
音乐	2.0	1.2	1.8	1.0	1.8	0.6
专题	14.8	6.7	16.3	7.8	16.7	7.4
综艺	5.9	9.6	6.1	11.1	5.0	9.3
其他	12.7	10.9	12.1	10.3	11.3	10.6

表3.60.7　2022年厦门市场所有节目收视率排名前三十位

单位：%

名次	节目名称	节目类型	播出频道	平均收视率	平均占有率
1	《2022中央广播电视总台春节联欢晚会》	综艺	中央电视台综合频道	9.2	34.4
2	《2022北京冬奥会闭幕式》	体育	中央台五套	7.8	28.0
3	《龙腾虎跃中国年》	专题	中央电视台综合频道	6.7	24.4
4	《最强大脑之燃烧吧大脑》（1月14日）	综艺	江苏卫视	6.0	38.4
5	《我爱世界杯：2022年世界杯决赛》（阿根廷VS法国）	体育	中央台五套	5.3	73.4
6	《王牌部队》（11~40集）	电视剧	江苏卫视	4.9	15.5
7	《2022年中央广播电视总台元宵晚会》	综艺	中央电视台综合频道	4.8	21.6
8	《2022年北京广播电视台春节联欢晚会》	综艺	北京卫视	4.6	19.9
9	《开学第一课》	青少	中央电视台综合频道	4.5	20.5
10	《中国好声音》（9月30日）	综艺	浙江卫视	4.5	20.2
11	《青春环游记》	综艺	浙江卫视	4.3	15.4
12	《点赞达人秀》	综艺	江苏卫视	4.2	18.5
13	《2022知乎答案奇遇夜》	综艺	湖南卫视	4.0	19.4

续表

名次	节目名称	节目类型	播出频道	平均收视率	平均占有率
14	《一起深呼吸》（13～37 集）	电视剧	江苏卫视	3.8	15.1
15	《2021 国剧盛典》	综艺	安徽卫视	3.7	14.0
16	《一桌年夜饭》	综艺	浙江卫视	3.5	25.6
17	《孤岛飞鹰》	电视剧	厦门电视台影视频道	3.5	23.8
18	《2022 北京冬残奥会闭幕式》	体育	中央电视台综合频道	3.5	19.6
19	《2021 我们的年度总结大会》	综艺	北京卫视	3.5	14.7
20	《拳天下之拳力》	电影	中央台六套	3.4	19.1
21	《与狼共舞》	电视剧	厦门电视台影视频道	3.4	17.0
22	《国务院总理会见中外记者并回答提问》	新闻/时事	中央电视台综合频道	3.4	14.8
23	《舌尖上的心跳》	电视剧	浙江卫视	3.4	14.2
24	《2023 跨年演唱会》（用奋斗点亮幸福）	音乐	江苏卫视	3.3	16.0
25	《隋唐英雄第四部》	电视剧	厦门电视台影视频道	3.2	18.5
26	《功勋闪耀新时代》	专题	中央电视台综合频道	3.2	15.4
27	《女足亚洲杯颁奖仪式》	体育	中央台五套	3.2	13.8
28	《中国共产党第二十次全国代表大会开幕会专题新闻》	新闻/时事	中央电视台综合频道	3.2	13.4
29	《唱响这一年 2022 浙江卫视虎年春节特别节目》	综艺	浙江卫视	3.2	12.1
30	《大侠霍元甲》	电视剧	厦门电视台影视频道	3.1	20.9

表 3.60.8　2022 年厦门市场电视剧收视率排名前十位

单位：%

名次	节目名称	播出频道	平均收视率	平均占有率
1	《王牌部队》（11～40 集）	江苏卫视	4.9	15.5
2	《一起深呼吸》（13～37 集）	江苏卫视	3.8	15.1
3	《孤岛飞鹰》	厦门电视台影视频道	3.5	23.8
4	《与狼共舞》	厦门电视台影视频道	3.4	17.0
5	《舌尖上的心跳》	浙江卫视	3.4	14.2
6	《隋唐英雄第四部》	厦门电视台影视频道	3.2	18.5
7	《大侠霍元甲》	厦门电视台影视频道	3.1	20.9
8	《平原烽火》	厦门电视台影视频道	3.1	17.1
9	《输赢》（19～49 集）	浙江卫视	3.1	12.9
10	《红色使命》	厦门电视台影视频道	3.0	20.9

表 3.60.9　2022 年厦门市场新闻节目收视率排名前十位

单位：%

名次	节目名称	播出频道	平均收视率	平均占有率
1	《国务院总理会见中外记者并回答提问》	中央电视台综合频道	3.4	14.8
2	《中国共产党第二十次全国代表大会开幕会专题新闻》	中央电视台综合频道	3.2	13.4
3	《中国共产党第二十次全国代表大会专题新闻》	中央电视台综合频道	2.9	13.5
4	《中共中央新闻发布会专题新闻》	中央电视台综合频道	2.6	12.4
5	《科学控疫情统筹谋发展》	浙江卫视	2.5	8.6
6	《第五届中国国际进口博览会开幕式特别报道》	中央电视台综合频道	2.3	11.3
7	《筑梦空间站神舟十四号航天员返回特别报道》	中央台四套	2.3	8.6
8	《中国空间站神州十三号航天员返回 2022》	中央电视台新闻频道	1.8	21.8
9	《新闻联播》	中央电视台综合频道	1.8	9.6
10	《俄乌局势突变》	中央台四套	1.7	11.8

表 3.60.10　2022 年厦门市场专题节目收视率排名前十位

单位：%

名次	节目名称	播出频道	平均收视率	平均占有率
1	《龙腾虎跃中国年》	中央电视台综合频道	6.7	24.4
2	《功勋闪耀新时代》	中央电视台综合频道	3.2	15.4
3	《情系天山——习近平总书记新疆考察纪实》	中央电视台综合频道	2.8	15.9
4	《315 公平守正安心消费》	中央台二套	2.5	14.5
5	《2021 年大国工匠年度人物发布仪式》	中央电视台综合频道	2.3	11.6
6	《我在岛屿读书》	江苏卫视	2.1	12.7
7	《闪亮的名字 2022 最美教师发布仪式》	中央电视台综合频道	2.1	11.0
8	《丝路古道焕新机——习近平主席出席上合组织撒马尔罕峰会出访中亚两国》	中央电视台综合频道	2.1	10.9
9	《党课开讲啦》	中央电视台综合频道	2.0	10.1
10	《古韵新声七夕》	中央电视台综合频道	1.9	11.4

表 3.60.11　2022 年厦门市场综艺节目收视率排名前十位

单位：%

名次	节目名称	播出频道	平均收视率	平均占有率
1	《2022 中央广播电视总台春节联欢晚会》	中央电视台综合频道	9.2	34.4
2	《最强大脑之燃烧吧大脑》（1 月 14 日）	江苏卫视	6.0	38.4
3	《2022 年中央广播电视总台元宵晚会》	中央电视台综合频道	4.8	21.6
4	《2022 年北京广播电视台春节联欢晚会》	北京卫视	4.6	19.9

续表

名次	节目名称	播出频道	平均收视率	平均占有率
5	《中国好声音》（9月30日）	浙江卫视	4.5	20.2
6	《青春环游记》	浙江卫视	4.3	15.4
7	《点赞达人秀》	江苏卫视	4.2	18.5
8	《2022知乎答案奇遇夜》	湖南卫视	4.0	19.4
9	《2021国剧盛典》	安徽卫视	3.7	14.0
10	《一桌年夜饭》	浙江卫视	3.5	25.6

表3.60.12　2022年厦门市场体育节目收视率排名前十位

单位：%

名次	节目名称	播出频道	平均收视率	平均占有率
1	《2022北京冬奥会闭幕式》	中央台五套	7.8	28.0
2	《我爱世界杯：2022年世界杯决赛》（阿根廷VS法国）	中央台五套	5.3	73.4
3	《2022北京冬残奥会闭幕式》	中央电视台综合频道	3.5	19.6
4	《女足亚洲杯颁奖仪式》	中央台五套	3.2	13.8
5	《现场直播：2022年世乒联大满贯赛新加坡站女双决赛》	中央台五套	2.4	11.9
6	《现场直播：2022年世乒联世界杯决赛男单第1轮》	中央台五套	1.8	9.0
7	《现场直播：国际足联2022年世界杯预选赛亚洲区第三阶段B组第8轮》（越南VS中国）	中央台五套	1.7	6.5
8	《现场直播：2022年世界乒乓球团体锦标赛女团决赛》	中央台五套	1.5	6.3
9	《现场直播：2022/2023赛季CBA揭幕战》（辽宁本钢VS浙江东阳光）	中央台五套	1.4	6.3
10	《现场直播：2022年女篮世界杯半决赛》（澳大利亚队VS中国队）	中央台五套	1.3	11.9

六十一　银川收视数据

表 3.61.1　2018~2022 年银川市场各类频道的占有率

单位：%

频道类别	2018 年	2019 年	2020 年	2021 年	2022 年
中央广播电视总台	41.2	37.1	34.7	34.0	37.2
中国教育台频道	0.1	0.1	0.2	0.1	0.1
宁夏自治区级频道	7.8	6.5	5.4	3.6	2.8
银川市级频道	5.8	5.4	4.4	3.7	1.7
其他省级卫视频道	19.5	18.7	21.2	21.4	19.7
其他频道	25.6	32.2	34.1	37.2	38.5

表 3.61.2　2022 年银川市场各类频道在不同目标观众中的占有率

单位：%

目标观众		中央广播电视总台	中国教育台频道	宁夏自治区级频道	银川市级频道	其他省级卫视频道	其他频道
4 岁及以上所有人		37.2	0.1	2.8	1.7	19.7	38.5
性别	男	39.1	0.1	2.5	1.8	18.0	38.5
	女	35.5	0.1	3.0	1.6	21.2	38.6
年龄	4~14 岁	16.6	0.1	1.8	0.4	18.7	62.4
	15~24 岁	25.7	0.1	1.3	0.9	28.3	43.7
	25~34 岁	24.5	0.1	1.5	0.6	19.3	54.0
	35~44 岁	33.4	0.2	1.9	0.6	18.3	45.6
	45~54 岁	50.0	0.1	3.6	2.2	19.1	25.0
	55~64 岁	42.1	0.1	3.9	1.3	15.3	37.3
	65 岁及以上	47.6	0.1	3.4	4.3	23.8	20.8
受教育程度	未受过正规教育	31.2	0.1	2.8	0.7	14.5	50.7
	小学	34.1	0.1	2.9	1.4	23.4	38.1
	初中	38.8	0.2	3.5	2.1	15.7	39.7
	高中	34.1	0.1	2.6	2.1	23.4	37.7
	大学及以上	42.5	0.1	2.2	1.3	19.4	34.5

续表

目标观众		中央广播电视总台	中国教育台频道	宁夏自治区级频道	银川市级频道	其他省级卫视频道	其他频道
职业类别	干部/管理人员	44.6	0.0	1.7	0.6	15.3	37.8
	个体/私营企业人员	41.0	0.1	1.8	1.5	20.0	35.6
	初级公务员/雇员	42.3	0.1	3.2	1.1	18.0	35.3
	工人	38.6	0.1	4.0	1.4	18.1	37.8
	学生	18.9	0.1	1.2	0.4	24.7	54.7
	无业	38.0	0.1	2.9	2.4	19.3	37.3
	其他	*	*	*	*	*	*
个人月收入	0～600 元	24.3	0.1	1.7	0.7	20.4	52.8
	601～1200 元	*	*	*	*	*	*
	1201～1700 元	68.5	0.0	2.8	2.8	11.8	14.1
	1701～2600 元	45.5	0.1	5.2	2.5	19.0	27.7
	2601～3500 元	42.5	0.0	2.6	3.1	19.8	32.0
	3501～5000 元	40.4	0.2	2.2	1.2	20.3	35.7
	5001 元及以上	37.4	0.1	2.3	1.2	18.0	41.0

注：* 表示该目标观众样本不足，无法进行统计推断。

表 3.61.3　2022 年银川市场各类频道在不同时段的占有率

单位：%

时间段	中央广播电视总台	中国教育台频道	宁夏自治区级频道	银川市级频道	其他省级卫视频道	其他频道
02：00～03：00	30.4	0.1	0.7	0.0	10.5	58.3
03：00～04：00	30.1	0.1	0.5	0.0	9.1	60.2
04：00～05：00	39.3	0.0	0.3	0.0	6.9	53.5
05：00～06：00	55.7	0.0	0.9	0.0	6.8	36.6
06：00～07：00	67.7	0.1	0.3	0.1	5.0	26.8
07：00～08：00	52.4	0.1	6.5	1.1	7.1	32.8
08：00～09：00	37.9	0.4	4.5	1.4	11.0	44.8
09：00～10：00	35.0	0.4	2.8	1.2	14.1	46.5
10：00～11：00	34.7	0.3	2.8	1.2	16.3	44.7
11：00～12：00	36.3	0.1	2.4	1.3	16.8	43.1
12：00～13：00	40.0	0.1	1.9	0.9	15.3	41.8
13：00～14：00	33.5	0.1	2.3	0.9	19.5	43.7
14：00～15：00	29.8	0.2	2.7	1.1	21.8	44.4
15：00～16：00	29.1	0.2	2.7	1.1	22.1	44.8

续表

时间段	中央广播电视总台	中国教育台频道	宁夏自治区级频道	银川市级频道	其他省级卫视频道	其他频道
16：00～17：00	29.9	0.2	2.7	1.1	21.3	44.8
17：00～18：00	34.1	0.1	2.7	1.1	18.3	43.7
18：00～19：00	43.1	0.0	4.6	2.5	10.7	39.1
19：00～20：00	47.4	0.0	3.2	1.4	18.4	29.6
20：00～21：00	39.6	0.0	2.6	1.8	25.8	30.2
21：00～22：00	37.6	0.1	2.8	2.4	24.6	32.5
22：00～23：00	32.8	0.1	2.8	3.4	23.1	37.8
23：00～00：00	31.2	0.1	2.1	1.8	20.6	44.2
00：00～01：00	27.8	0.1	1.8	0.8	13.6	55.9
01：00～02：00	26.4	0.1	1.5	0.4	10.1	61.5

表 3.61.4　2022 年银川市场收视份额位于前十位的频道

单位：%

名次	频道名称	收视份额
1	中央电视台综合频道	6.9
2	中央台八套	5.8
3	中央台六套	5.5
4	中央电视台新闻频道	3.4
5	浙江卫视	3.3
5	中央台四套	3.3
7	中央台五套	3.0
8	湖南卫视	2.7
9	江苏卫视	2.5
10	中央台三套	1.8

表 3.61.5　2022 年银川市场各主要频道的观众构成

单位：%

目标观众		所有频道	主要频道					
			中央电视台综合频道	中央台八套	中央台六套	中央电视台新闻频道	浙江卫视	中央台四套
4 岁及以上所有人		100.0	100	100	100	100	100	100
性别	男	48.1	45.4	47.0	60.9	38.5	42.9	59.7
	女	51.9	54.6	53.0	39.1	61.5	57.1	40.3

续表

目标观众		所有频道	主要频道					
			中央电视台综合频道	中央台八套	中央台六套	中央电视台新闻频道	浙江卫视	中央台四套
年龄	4～14岁	10.8	4.4	2.4	5.7	3.0	7.0	2.5
	15～24岁	6.1	5.8	3.1	5.1	2.1	13.5	3.4
	25～34岁	14.7	11.6	5.1	7.9	14.7	11.7	6.7
	35～44岁	12.2	11.9	10.4	12.5	7.5	15.4	5.9
	45～54岁	20.5	29.8	18.4	34.0	33.9	30.9	36.7
	55～64岁	18.5	16.3	23.3	20.4	23.5	13.1	16.2
	65岁及以上	17.3	20.1	37.4	14.3	15.2	8.4	28.6
受教育程度	未受过正规教育	7.4	4.0	5.3	6.8	3.8	1.4	11.8
	小学	14.1	13.2	18.5	11.8	9.4	13.3	10.4
	初中	27.6	26.2	33.0	34.4	26.6	11.9	21.8
	高中	26.6	22.1	24.9	23.9	30.0	43.1	26.1
	大学及以上	24.3	34.4	18.3	23.1	30.2	30.3	29.9
职业类别	干部/管理人员	2.7	5.1	5.2	0.6	2.5	3.7	1.6
	个体/私营企业人员	11.9	13.6	10.8	19.7	12.9	15.4	9.8
	初级公务员/雇员	9.4	11.8	6.1	10.2	14.5	12.5	13.9
	工人	19.8	19.4	22.0	25.2	20.8	22.3	11.5
	学生	10.0	5.5	3.6	7.4	2.9	16.6	2.3
	无业	46.2	44.5	52.3	36.8	46.3	29.5	61.0
	其他	*	*	*	*	*	*	*
个人月收入	0～600元	29.1	21.5	14.3	18.8	20.3	33.1	10.7
	601～1200元	*	*	*	*	*	*	*
	1201～1700元	3.2	3.4	12.4	6.2	5.1	0.3	6.9
	1701～2600元	14.5	21.5	18.0	14.6	21.9	12.7	16.0
	2601～3500元	17.5	17.7	18.0	19.4	23.3	21.1	28.3
	3501～5000元	19.6	19.9	22.1	24.4	14.4	17.0	24.0
	5001元及以上	16.0	16.1	15.1	16.5	15.0	15.8	14.1

注：*表示该目标观众样本不足，无法进行统计推断。

表3.61.6　2020～2022年银川市场各类节目的播出比重和收视比重

单位：%

节目类别	2020年		2021年		2022年	
	播出比重	收视比重	播出比重	收视比重	播出比重	收视比重
财经	1.0	0.8	1.0	1.0	1.1	1.0

续表

节目类别	2020 年		2021 年		2022 年	
	播出比重	收视比重	播出比重	收视比重	播出比重	收视比重
电视剧	22.5	33.3	26.8	34.7	26.4	30.8
电影	3.8	6.9	3.9	6.7	3.5	8.2
法制	0.8	0.6	0.7	1.3	0.7	1.4
教学	0.3	0.1	0.3	0.1	0.4	0.1
青少	7.9	4.2	7.2	4.0	7.7	6.0
生活服务	6.7	4.8	5.4	4.4	5.1	4.5
体育	3.8	2.2	3.8	3.9	4.9	5.4
外语	0.2	0.0	0.2	0.0	0.2	0.0
戏剧	0.7	0.3	0.9	0.4	0.9	0.4
新闻/时事	17.2	16.7	10.6	14.7	10.5	14.2
音乐	1.9	1.2	1.5	0.9	1.6	0.9
专题	14.4	7.1	14.5	7.1	15.2	7.1
综艺	6.0	10.7	4.6	10.3	4.0	9.6
其他	12.8	11.1	18.7	10.6	17.7	10.6

表 3.61.7　2022 年银川市场所有节目收视率排名前三十位

单位：%

名次	节目名称	节目类别	播出频道	平均收视率	平均占有率
1	《2022 中央广播电视总台春节联欢晚会》	综艺	中央电视台综合频道	12.1	35.0
2	《2022 北京冬奥会开幕式》	体育	中央电视台综合频道	8.6	29.0
3	《我爱世界杯：2022 年世界杯决赛》（阿根廷 VS 法国）	体育	中央台五套	7.1	57.2
4	《开学第一课》	青少	中央电视台综合频道	6.0	27.6
5	《2022 年北京广播电视台春节联欢晚会》	综艺	北京卫视	5.7	20.7
6	《人世间》	电视剧	中央电视台综合频道	5.3	19.2
7	《2022 年中央广播电视总台元宵晚会》	综艺	中央电视台综合频道	4.4	25.9
8	《火线之上》	电影	中央台六套	4.0	17.2
9	《长津湖》（10 月 17 日）	电影	中央台六套	3.9	16.4
10	《2021 年大国工匠年度人物发布仪式》	专题	中央电视台综合频道	3.8	15.7
11	《风雪狼道》	电影	中央台六套	3.6	11.9
12	《一起深呼吸》	电视剧	江苏卫视	3.5	12.5
13	《战狼》	电影	中央台六套	3.4	20.2
14	《一路唱响后传》	综艺	东方卫视	3.4	12.8
15	《2022 年女足亚洲杯决赛》（中国 VS 韩国）	体育	中央台五套	3.4	11.1

续表

名次	节目名称	节目类别	播出频道	平均收视率	平均占有率
16	《幸福合家欢——江苏卫视春节联欢晚会2022》	综艺	江苏卫视	3.3	12.5
17	《王牌部队》	电视剧	江苏卫视	3.3	11.8
18	《夜宿梨树湾》	电影	中央台六套	3.2	17.6
19	《2021 我们的年度总结大会》	综艺	北京卫视	3.2	11.0
20	《2021 国剧盛典致敬美好》	综艺	安徽卫视	3.1	15.2
21	《宝贝计划》	电影	中央台六套	3.1	13.1
22	《龙腾虎跃中国年》	专题	中央电视台综合频道	2.9	16.4
23	《天气预报》	生活服务	中央电视台综合频道	2.9	15.9
24	《现场直播：2022 年世界乒乓球团体锦标赛女团决赛》	体育	中央台五套	2.9	14.2
25	《2022～2023 跨年晚会》	综艺	湖南卫视	2.9	13.7
26	《勇士》	电影	中央台六套	2.9	12.6
27	《2022 知乎答案奇遇夜》	综艺	湖南卫视	2.9	11.2
28	《我的特工爷爷》	电影	中央台六套	2.9	11.1
29	《科学控疫情统筹谋发展》	新闻/时事	浙江卫视	2.9	9.8
30	《新居之约》	电视剧	中央电视台综合频道	2.8	14.6

表 3.61.8　2022 年银川市场电视剧收视率排名前十位

单位：%

名次	节目名称	播出频道	平均收视率	平均占有率
1	《人世间》	中央电视台综合频道	5.3	19.2
2	《一起深呼吸》	江苏卫视	3.5	12.5
3	《王牌部队》	江苏卫视	3.3	11.8
4	《新居之约》	中央电视台综合频道	2.8	14.6
5	《舌尖上的心跳》	浙江卫视	2.7	10.6
6	《爱拼会赢》	中央电视台综合频道	2.5	12.3
7	《输赢》（19～40 集）	浙江卫视	2.5	11.2
8	《完美伴侣》	湖南卫视	2.5	9.4
9	《玉面桃花总相逢》	湖南卫视	2.3	11.3
10	《风吹半夏》	浙江卫视	2.2	10.5

表 3.61.9　2022 年银川市场新闻节目收视率排名前十位

单位：%

名次	节目名称	播出频道	平均收视率	平均占有率
1	《科学控疫情统筹谋发展》	浙江卫视	2.9	9.8

续表

名次	节目名称	播出频道	平均收视率	平均占有率
2	《中国共产党第二十次全国代表大会开幕会专题新闻》	中央电视台综合频道	2.6	10.5
3	《新闻联播》	中央电视台综合频道	2.2	14.0
4	《国务院总理会见中外记者并回答提问》	中央电视台综合频道	1.9	7.4
5	《第五届中国国际进口博览会开幕式特别报道》	中央电视台综合频道	1.7	8.6
6	《中国空间站神舟十四号航天员返回2022》	中央电视台新闻频道	1.6	7.0
7	《焦点访谈》	中央电视台综合频道	1.5	8.2
8	《新闻直播间》	中央电视台综合频道	1.4	9.1
9	《俄乌局势突变》	中央台四套	1.3	11.9
10	《筑梦空间站神舟十四号航天员返回特别报道》	中央台四套	1.2	5.1

表3.61.10 2022年银川市场专题节目收视率排名前十位

单位：%

名次	节目名称	播出频道	平均收视率	平均占有率
1	《2021年大国工匠年度人物发布仪式》	中央电视台综合频道	3.8	15.7
2	《龙腾虎跃中国年》	中央电视台综合频道	2.9	16.4
3	《长风浩荡启新程——习近平主席出席二十国集团领导人第十七次峰会》	中央电视台综合频道	2.5	12.8
4	《老板不知道的我》	江苏卫视	2.3	11.0
5	《闪亮的名字2022最美教师发布仪式》	中央电视台综合频道	2.1	11.5
6	《零容忍》	中央电视台综合频道	2.0	6.7
7	《夜长沙》	湖南卫视	1.8	14.2
8	《功勋闪耀新时代》	中央电视台综合频道	1.6	10.1
9	《情系天山——习近平总书记新疆考察纪实》	中央电视台综合频道	1.5	9.3
10	《相知跨千年携手创未来——习近平主席赴沙特利雅得出访纪实》	中央电视台综合频道	1.5	6.8

表3.61.11 2022年银川市场综艺节目收视率排名前十位

单位：%

名次	节目名称	播出频道	平均收视率	平均占有率
1	《2022中央广播电视总台春节联欢晚会》	中央电视台综合频道	12.1	35.0
2	《2022年北京广播电视台春节联欢晚会》	北京卫视	5.7	20.7
3	《2022年中央广播电视总台元宵晚会》	中央电视台综合频道	4.4	25.9
4	《一路唱响后传》	东方卫视	3.4	12.8
5	《幸福合家欢——江苏卫视春节联欢晚会2022》	江苏卫视	3.3	12.5

续表

名次	节目名称	播出频道	平均收视率	平均占有率
6	《2021 我们的年度总结大会》	北京卫视	3.2	11.0
7	《2021 国剧盛典致敬美好》	安徽卫视	3.1	15.2
8	《2022～2023 跨年晚会》	湖南卫视	2.9	13.7
9	《2022 知乎答案奇遇夜》	湖南卫视	2.9	11.2
10	《时光音乐会先导篇》	湖南卫视	2.8	9.3

表 3.61.12　2022 年银川市场体育节目收视率排名前十位

单位：%

名次	节目名称	播出频道	平均收视率	平均占有率
1	《2022 北京冬奥会开幕式》	中央电视台综合频道	8.6	29.0
2	《我爱世界杯：2022 年世界杯决赛》（阿根廷 VS 法国）	中央台五套	7.1	57.2
3	《2022 年女足亚洲杯决赛》（中国 VS 韩国）	中央台五套	3.4	11.1
3	《现场直播：2022 年世界乒乓球团体锦标赛女团决赛》	中央台五套	2.9	14.2
5	《现场直播：2022 年世乒联世界杯决赛男单半决赛》	中央台五套	2.4	11.4
6	《现场直播：2022 年世乒联冠军赛澳门站男单决赛》	中央台五套	2.3	8.8
7	《2022 北京冬残奥会开幕式》	中央电视台综合频道	2.2	9.7
8	《现场直播：2022 年世乒联大满贯赛新加坡站男单决赛》	中央台五套	1.8	7.4
9	《实况录像：2022 年女篮世界杯 1/4 决赛》（中国队 VS 法国队）	中央台五套	1.7	18.0
10	《现场直播：2022 年跳水世界杯女子三米板决赛》	中央台五套	1.7	7.1

六十二 郑州收视数据

表 3.62.1 2018～2022 年郑州市场各类频道的占有率

单位：%

频道类别	2018 年	2019 年	2020 年	2021 年	2022 年
中央广播电视总台	32.6	27.8	27.3	27.8	30.0
中国教育台频道	0.2	0.2	0.2	0.1	0.1
河南省级频道	18.3	17.4	13.5	13.2	14.1
郑州市级频道	2.8	2.0	1.6	1.4	1.1
其他省级卫视频道	22.8	25.7	28.7	29.4	22.2
其他频道	23.3	26.9	28.7	28.1	32.5

表 3.62.2 2022 年郑州市场各类频道在各目标观众中的占有率

单位：%

目标观众		中央广播电视总台	中国教育台频道	河南省级频道	郑州市级频道	其他省级卫视频道	其他频道
4 岁及以上所有人		30.0	0.1	14.1	1.1	22.2	32.5
性别	男	31.0	0.1	14.4	1.1	19.3	34.1
	女	28.9	0.1	13.6	1.1	25.3	31.0
年龄	4～14 岁	15.5	0.1	5.3	0.4	24.0	54.7
	15～24 岁	27.7	0.1	11.5	0.4	21.1	39.2
	25～34 岁	19.0	0.2	10.6	0.4	28.3	41.5
	35～44 岁	22.1	0.1	8.1	0.4	28.1	41.2
	45～54 岁	32.0	0.1	18.4	1.4	21.0	27.1
	55～64 岁	33.1	0.1	15.5	1.3	22.6	27.4
	65 岁及以上	41.0	0.2	18.7	2.0	17.8	20.3
受教育程度	未受过正规教育	21.6	0.0	8.6	1.2	24.5	44.1
	小学	25.0	0.1	11.3	1.1	19.5	43.0
	初中	27.7	0.1	19.4	1.9	22.3	28.6
	高中	35.5	0.1	13.8	0.9	20.4	29.3
	大学及以上	29.1	0.1	10.5	0.4	25.4	34.5

续表

目标观众		中央广播电视总台	中国教育台频道	河南省级频道	郑州市级频道	其他省级卫视频道	其他频道
职业类别	干部/管理人员	29.7	0.0	7.0	0.9	33.6	28.8
	个体/私营企业人员	25.4	0.1	19.5	1.5	17.8	35.7
	初级公务员/雇员	25.2	0.1	11.8	0.3	35.4	27.2
	工人	31.5	0.1	12.8	0.9	20.8	33.9
	学生	22.5	0.1	8.7	0.3	23.5	44.9
	无业	33.8	0.1	15.7	1.5	19.8	29.1
	其他	*	*	*	*	*	*
个人月收入	0～600元	23.1	0.1	10.3	0.8	21.4	44.3
	601～1200元	29.9	0.3	18.2	2.0	31.8	17.8
	1201～1700元	22.6	0.1	32.7	3.2	23.7	17.7
	1701～2600元	39.4	0.1	15.1	1.3	19.5	24.6
	2601～3500元	31.7	0.2	14.3	1.1	22.3	30.4
	3501～5000元	34.8	0.1	18.8	1.2	20.3	24.8
	5001元及以上	29.6	0.0	11.0	1.4	27.5	30.5

注：*表示目标观众样本量不足，无法进行统计推断。

表3.62.3 2022年郑州市场各类频道在各时段的占有率

单位：%

时间段	中央广播电视总台	中国教育台频道	河南省级频道	郑州市级频道	其他省级卫视频道	其他频道
02：00～03：00	25.3	0.2	16.0	0.9	24.2	33.4
03：00～04：00	32.8	0.0	15.0	0.4	19.0	32.8
04：00～05：00	38.8	0.0	12.3	0.4	17.4	31.1
05：00～06：00	33.5	0.1	9.0	0.3	12.6	44.5
06：00～07：00	54.1	0.1	5.8	0.7	8.4	30.9
07：00～08：00	51.0	0.2	7.6	1.2	11.4	28.6
08：00～09：00	42.0	0.3	7.6	1.2	13.0	35.9
09：00～10：00	32.9	0.2	6.7	1.1	18.3	40.8
10：00～11：00	31.5	0.2	6.6	1.2	20.1	40.4
11：00～12：00	33.3	0.3	9.4	1.0	19.0	37.0
12：00～13：00	36.1	0.1	11.2	1.9	16.0	34.7
13：00～14：00	29.8	0.1	8.2	2.8	19.3	39.8
14：00～15：00	28.8	0.2	5.9	1.2	21.3	42.6
15：00～16：00	28.3	0.1	5.6	1.4	21.2	43.4

续表

时间段	中央广播电视总台	中国教育台频道	河南省级频道	郑州市级频道	其他省级卫视频道	其他频道
16：00～17：00	30.2	0.2	5.8	1.3	19.2	43.3
17：00～18：00	32.1	0.1	9.9	1.1	16.6	40.2
18：00～19：00	32.1	0.0	22.6	1.1	11.1	33.1
19：00～20：00	32.7	0.1	19.3	0.7	21.6	25.6
20：00～21：00	25.5	0.1	17.1	0.7	32.8	23.8
21：00～22：00	24.8	0.1	19.6	0.7	30.9	23.9
22：00～23：00	22.2	0.1	21.2	0.8	27.7	28.0
23：00～00：00	25.0	0.3	15.8	0.9	26.9	31.1
00：00～01：00	28.0	0.2	13.5	1.0	21.6	35.7
01：00～02：00	26.3	0.5	15.5	0.9	22.4	34.4

表 3.62.4　2022 年郑州市场收视份额排名前十位的频道

单位：%

名次	频道名称	收视份额
1	中央电视台综合频道	5.4
2	中央台四套	5.1
3	河南广播电视台民生频道（三套）	4.2
4	中央台八套	3.4
5	中央台六套	3.0
6	浙江卫视	2.9
6	中央电视台新闻频道	2.9
8	河南广播电视台都市频道（二套）	2.8
8	河南广播电视台电视剧频道（五套）	2.8
10	江苏卫视	2.6
10	东方卫视	2.6

表 3.62.5　2022 年郑州市场各主要频道的观众构成

单位：%

目标观众		主要频道（去年没有）					
		所有频道	中央电视台综合频道	中央台四套	河南广播电视台民生频道（三套）	中央台八套	中央台六套
4 岁及以上所有人		100.0	100.0	100.0	100.0	100.0	100.0
性别	男	51.8	51.7	55.9	56.7	42.3	61.7
	女	48.2	48.3	44.1	43.3	57.7	38.3

续表

目标观众		主要频道（去年没有）					
		所有频道	中央电视台综合频道	中央台四套	河南广播电视台民生频道（三套）	中央台八套	中央台六套
年龄	4～14岁	9.8	4.8	2.3	2.7	5.6	6.2
	15～24岁	11.8	11.9	9.5	13.9	7.1	10.9
	25～34岁	9.6	5.9	3.8	10.2	3.8	9.1
	35～44岁	11.6	6.6	5.2	5.3	9.5	15.8
	45～54岁	18.1	18.7	16.3	28.3	19.8	25.7
	55～64岁	12.8	15.9	14.5	19.4	15.4	10.7
	65岁及以上	26.3	36.2	48.4	20.2	38.8	21.6
受教育程度	未受过正规教育	4.6	2.6	2.3	2.1	4.6	2.5
	小学	11.4	9.1	8.4	5.1	10.8	10.7
	初中	28.1	24.6	24.7	36.5	30.5	27.0
	高中	32.5	37.7	40.3	38.6	35.6	33.7
	大学及以上	23.4	26.0	24.3	17.7	18.5	26.1
职业类别	干部/管理人员	1.8	2.3	0.7	0.9	3.3	1.6
	个体/私营企业人员	9.5	6.5	5.0	16.3	8.5	14.3
	初级公务员/雇员	10.4	8.7	7.2	11.3	5.8	15.4
	工人	15.9	15.1	15.3	17.7	15.1	18.5
	学生	14.4	12.0	7.9	11.6	8.4	13.7
	无业	48.0	55.4	63.9	42.2	58.9	36.5
	其他	*	*	*	*	*	*
个人月收入	0～600元	30.5	22.9	20.0	20.8	23.1	24.4
	601～1200元	2.5	0.6	2.6	2.7	4.7	2.6
	1201～1700元	1.7	0.8	1.1	2.9	3.2	1.0
	1701～2600元	9.3	13.6	13.1	10.1	12.5	9.7
	2601～3500元	25.1	24.5	25.1	25.3	23.9	28.8
	3501～5000元	19.7	25.1	27.6	25.7	20.9	22.1
	5001元及以上	11.2	12.5	10.5	12.5	11.7	11.4

注：*表示目标观众样本量不足，无法进行统计推断。

表3.62.6 2020～2022年郑州市场各类节目的播出比重和收视比重

单位：%

节目类别	2020年		2021年		2022年	
	播出比重	收视比重	播出比重	收视比重	播出比重	收视比重
财经	0.9	0.8	1.1	0.5	1.2	0.6

续表

节目类别	2020 年		2021 年		2022 年	
	播出比重	收视比重	播出比重	收视比重	播出比重	收视比重
电视剧	25.9	32.1	21.4	34.5	21.8	31.1
电影	4.1	4.1	3.5	3.3	3.3	4.5
法制	0.6	0.7	0.8	0.3	1.1	0.3
教学	0.3	0.1	0.3	0.0	0.2	0.0
青少	6.6	5.8	6.7	3.0	6.7	3.6
生活服务	8.3	6.5	9.9	7.8	9.2	7.6
体育	3.6	1.9	3.9	2.6	4.8	3.6
外语	0.1	0.0	0.2	0.0	0.3	0.0
戏剧	1.4	1.0	0.8	0.4	1.3	0.7
新闻/时事	10.9	17.1	15.8	16.8	15.2	18.0
音乐	1.6	1.2	1.6	0.7	1.7	0.6
专题	14.2	6.8	15.8	7.1	16.3	7.9
综艺	4.7	11.0	6.6	13.1	5.9	11.9
其他	16.8	10.9	11.7	9.9	11.0	9.6

表 3.62.7　2022 年郑州市场所有节目收视率排名前三十位

单位：%

名次	节目名称	节目类别	播出频道	平均收视率	平均占有率
1	《2022 中央广播电视总台春节联欢晚会》	综艺	中央电视台综合频道	13.8	38.9
2	《龙腾虎跃中国年》	专题	中央电视台综合频道	11.8	35.7
3	《2022 北京冬奥会开幕式》	体育	中央电视台综合频道	6.0	20.0
4	《我爱世界杯：2022 年世界杯小组赛 E 组第 1 轮》（德国 VS 日本）	体育	中央台五套	5.2	27.0
5	《中国好声音》（8 月 5 日）	综艺	浙江卫视	4.6	22.0
6	《女足亚洲杯颁奖仪式》	体育	中央台五套	4.3	15.5
7	《开学第一课》	青少	中央电视台综合频道	4.2	20.9
8	《舌尖上的心跳》	电视剧	浙江卫视	4.0	15.4
9	《最强大脑之燃烧吧大脑》（3 月 18 日）	综艺	江苏卫视	3.8	22.0
10	《奔跑吧》	综艺	浙江卫视	3.8	21.1
11	《中国好时节春分》	综艺	浙江卫视	3.6	21.8
12	《2022 年中央广播电视总台中秋晚会》	综艺	中央电视台综合频道	3.5	14.3
13	《新春喜剧之夜》	综艺	中央台三套	3.5	12.1
14	《点赞达人秀》（1 月 2 日）	综艺	江苏卫视	3.4	19.0
15	《王牌对王牌》	综艺	浙江卫视	3.4	16.8

续表

名次	节目名称	节目类别	播出频道	平均收视率	平均占有率
16	《2022 年中央广播电视总台元宵晚会》	综艺	中央电视台综合频道	3.3	21.4
17	《王牌部队》（11～40 集）	电视剧	江苏卫视	3.1	10.3
18	《2022～2023 跨年晚会》	综艺	湖南卫视	3.0	14.8
19	《花好月圆中秋赏歌会》	音乐	浙江卫视	3.0	13.3
20	《天气预报》	生活服务	中央电视台综合频道	2.9	13.8
21	《2023 梦圆东方跨年盛典》	综艺	东方卫视	2.9	13.3
22	《非诚勿扰》	综艺	江苏卫视	2.7	13.0
23	《2022 知乎答案奇遇夜》	综艺	湖南卫视	2.7	12.0
24	《风吹半夏》	电视剧	浙江卫视	2.7	10.9
25	《人世间》	电视剧	中央电视台综合频道	2.6	12.0
26	《2021 国剧盛典》	综艺	安徽卫视	2.6	10.9
27	《2022 年北京广播电视台春节联欢晚会》	综艺	北京卫视	2.6	10.4
28	《科学控疫情统筹谋发展》	新闻/时事	浙江卫视	2.6	8.5
29	《极限挑战》	综艺	东方卫视	2.5	17.5
30	《2022～2023 浙江卫视美好跨年夜》	综艺	浙江卫视	2.5	12.8

表 3.62.8　2022 年郑州市场电视剧收视率排名前十位

单位：%

名次	节目名称	播出频道	平均收视率	平均占有率
1	《舌尖上的心跳》	浙江卫视	4.0	15.4
2	《王牌部队》（11～40 集）	江苏卫视	3.1	10.3
3	《风吹半夏》	浙江卫视	2.7	10.9
4	《人世间》	中央电视台综合频道	2.6	12.0
5	《好好说话》	湖南卫视	2.5	12.1
6	《底线》	江苏卫视	2.5	10.0
7	《输赢》（19～40 集）	北京卫视	2.5	8.2
8	《一起深呼吸》	江苏卫视	2.3	8.0
9	《护卫者》	江苏卫视	2.2	10.1
10	《输赢》	浙江卫视	2.2	8.6

表 3.62.9　2022 年郑州市场新闻节目收视率排名前十位

单位：%

名次	节目名称	播出频道	平均收视率	平均占有率
1	《科学控疫情统筹谋发展》	浙江卫视	2.6	8.5

续表

名次	节目名称	播出频道	平均收视率	平均占有率
2	《中国共产党第二十次全国代表大会开幕会专题新闻》	中央电视台综合频道	2.1	7.4
3	《新闻联播》	中央电视台综合频道	1.7	9.3
4	《大参考》	河南广播电视台民生频道（三套）	1.7	8.8
5	《第五届中国国际进口博览会开幕式特别报道》	中央电视台综合频道	1.7	6.0
6	《俄乌局势突变》	中央台四套	1.6	13.3
7	《一起向未来》	中央电视台综合频道	1.5	11.0
8	《一起向未来第24届冬季奥林匹克运动会闭幕式倒计时特别节目》	中央电视台新闻频道	1.5	10.9
9	《郑州市新冠肺炎疫情防控第三十七场新闻发布会》	河南广播电视台民生频道（三套）	1.5	6.2
10	《中国舆论场》	中央台四套	1.4	6.4
10	《今日亚洲》	中央台四套	1.4	6.4

表 3.62.10 2022 年郑州市场专题节目收视率排名前十位

单位：%

名次	节目名称	播出频道	平均收视率	平均占有率
1	《龙腾虎跃中国年》	中央电视台综合频道	11.8	35.7
2	《丝路古道焕新机——习近平主席出席上合组织撒马尔罕峰会出访中亚两国》	中央电视台综合频道	1.9	9.5
3	《315 公平守正安心消费》	中央台二套	1.7	9.3
4	《情系天山——习近平总书记新疆考察纪实》	中央电视台综合频道	1.6	9.7
5	《零容忍》	中央电视台综合频道	1.6	5.4
6	《2021 年大国工匠年度人物发布仪式》	中央电视台综合频道	1.5	8.1
7	《我在岛屿读书》	江苏卫视	1.3	8.0
8	《感动中国 2021 年度人物颁奖盛典》	中央电视台综合频道	1.2	7.5
9	《功勋闪耀新时代》	中央电视台综合频道	1.2	5.8
10	《长风浩荡启新程——习近平主席出席二十国集团领导人第十七次峰会》	中央电视台综合频道	1.2	4.7

表 3.62.11 2022 年郑州市场综艺节目收视率排名前十位

单位：%

名次	节目名称	播出频道	平均收视率	平均占有率
1	《2022 中央广播电视总台春节联欢晚会》	中央电视台综合频道	13.8	38.9
2	《中国好声音》（8 月 5 日）	浙江卫视	4.6	22.0

续表

名次	节目名称	播出频道	平均收视率	平均占有率
3	《最强大脑之燃烧吧大脑》（3 月 18 日）	江苏卫视	3.8	22.0
4	《奔跑吧》	浙江卫视	3.8	21.1
5	《中国好时节春分》	浙江卫视	3.6	21.8
6	《2022 年中央广播电视总台中秋晚会》	中央电视台综合频道	3.5	14.3
7	《新春喜剧之夜》	中央台三套	3.5	12.1
8	《点赞达人秀》（1 月 2 日）	江苏卫视	3.4	19.0
9	《王牌对王牌》	浙江卫视	3.4	16.8
10	《2022 年中央广播电视总台元宵晚会》	中央电视台综合频道	3.3	21.4

表 3.62.12　2022 年郑州市场体育节目收视率排名前十位

单位：%

名次	节目名称	播出频道	平均收视率	平均占有率
1	《2022 北京冬奥会开幕式》	中央电视台综合频道	6.0	20.0
2	《我爱世界杯：2022 年世界杯小组赛 E 组第 1 轮》（德国 VS 日本）	中央台五套	5.2	27.0
3	《女足亚洲杯颁奖仪式》	中央台五套	4.3	15.5
4	《北京 2022 年冬残奥会闭幕式特别报道》	中央电视台综合频道	2.0	9.8
5	《现场直播：2022 年世乒联世界杯决赛女单决赛》	中央台五套	1.9	7.4
6	《现场直播：2022 年世界乒乓球团体锦标赛男团决赛》	中央台五套	1.6	7.6
7	《现场直播：2022 年女篮世界杯半决赛》（澳大利亚 VS 中国队）	中央台五套	1.2	10.1
8	《现场直播：2022 年世界羽毛球锦标赛混双 1/4 决赛》	中央台五套	1.2	7.4
9	《最前线》	中央台五套	0.9	4.5
10	《现场直播：2022 年世乒联大满贯赛新加坡站男单半决赛》	中央台五套	0.9	4.2

六十三　其他城市收视概览

表 3.63.1　2022 年安庆市场（安徽省）收视份额排名前十位频道

单位：%

名次	频道名称	收视份额
1	安徽影视	7.6
2	安徽卫视	7.2
3	中央电视台综合频道	6.8
4	中央电视台新闻频道	5.0
5	中央台四套	3.9
6	中央台六套	3.4
7	安徽经视	3.1
8	中央电视台少儿频道	3.0
9	中央台五套	2.9
10	安庆广播电视台新闻综合频道	2.8

表 3.63.2　2022 年蚌埠市场（安徽省）收视份额排名前十位频道

单位：%

名次	频道名称	收视份额
1	中央台八套	6.3
1	中央台四套	6.3
3	中央电视台综合频道	5.5
4	安徽经视	4.2
5	湖南卫视	3.9
6	中央台六套	3.2
7	江苏卫视	3.0
8	中央台五套	2.5
8	安徽卫视	2.5
8	浙江卫视	2.5

表 3.63.3　2022 年包头市场（内蒙古自治区）收视份额排名前十位频道

单位：%

名次	频道名称	收视份额
1	中央台八套	8.9
2	中央台六套	6.0

续表

名次	频道名称	收视份额
3	中央电视台综合频道	5.9
4	中央台四套	5.6
5	中央台五套	3.9
6	中央电视台新闻频道	3.1
7	中央台三套	2.1
7	卡酷少儿频道	2.1
9	中央电视台少儿频道	1.7
9	江苏卫视	1.7

表 3.63.4　2022 年宝鸡市场（陕西省）收视份额排名前十位频道

单位：%

名次	频道名称	收视份额
1	中央台六套	6.0
2	中央台八套	5.9
3	中央电视台综合频道	4.5
4	中央台四套	3.4
4	中央电视台新闻频道	3.4
6	湖南卫视	2.9
7	中央台五套	2.5
8	陕西广播电视台都市青春频道（二套）	2.1
9	中央台二套	1.7
10	浙江卫视	1.4

表 3.63.5　2022 年北海市场（广西壮族自治区）收视份额排名前十位频道

单位：%

名次	频道名称	收视份额
1	广西广播电视台综艺旅游频道	5.2
2	中央电视台综合频道	4.9
2	中央电视台新闻频道	4.9
4	中央台五套	3.6
5	中央台八套	3.2
6	中央台四套	3.1
7	中央电视台少儿频道	2.7
7	广西卫视	2.7

续表

名次	频道名称	收视份额
9	中央台六套	2.6
9	湖南卫视	2.6

表 3.63.6　2022 年常德市场（湖南省）收视份额排名前十位频道

单位：%

名次	频道名称	收视份额
1	湖南电视台电视剧频道	7.8
2	湖南电视台潇湘电影频道	7.7
3	湖南电视台爱晚频道	5.6
4	湖南卫视	5.2
5	中央电视台综合频道	4.7
6	湖南电视台娱乐频道	4.4
7	中央台六套	2.9
8	浙江卫视	2.8
9	湖南电视台都市频道	2.7
9	中央台八套	2.7

表 3.63.7　2022 年常州市场（江苏省）收视份额排名前十位频道

单位：%

名次	频道名称	收视份额
1	中央台四套	8.2
2	中央电视台新闻频道	7.1
2	常州电视台一套（新闻综合频道）	7.1
4	中央台八套	6.4
5	中央台六套	5.5
6	中央电视台综合频道	4.5
7	中央台三套	3.3
8	中央台五套	2.8
9	中央台二套	2.4
10	江苏卫视	1.7

表 3.63.8　2022 年潮州市场（广东省）收视份额排名前十位频道

单位：%

名次	频道名称	收视份额
1	潮州广播电视台民生频道	15.3

续表

名次	频道名称	收视份额
2	中央台四套	5.0
3	潮州广播电视台综合频道	4.2
4	中央电视台新闻频道	3.9
4	广东卫视	3.9
6	中央电视台综合频道	2.9
6	中央台六套	2.9
6	湖南卫视	2.9
9	中央台八套	2.8
10	翡翠台（中文）（有线网转播）	2.6

表 3.63.9　2022 年赤峰市场（内蒙古自治区）收视份额排名前十位频道

单位：%

名次	频道名称	收视份额
1	中央台八套	7.2
2	中央台六套	6.8
3	中央电视台新闻频道	3.6
4	中央台四套	3.5
5	中央电视台综合频道	2.7
6	中央台五套	2.6
7	中央台三套	2.4
8	内蒙古广播电视台内蒙古卫视频道	2.3
9	辽宁卫视	1.8
9	中央电视台少儿频道	1.8

表 3.63.10　2022 年大理市场（云南省）收视份额排名前十位频道

单位：%

名次	频道名称	收视份额
1	中央台八套	8.4
2	云南广播电视台都市频道（二套）	7.2
2	中央电视台综合频道	7.2
4	中央台六套	4.4
5	湖南电视台金鹰卡通频道	3.7
6	中央电视台少儿频道	3.0
7	湖南卫视	2.8

续表

名次	频道名称	收视份额
8	中央台四套	2.0
8	云南广播电视台卫视频道（一套）	2.0
10	中央电视台新闻频道	1.7

表 3.63.11　2022 年大同市场（山西省）收视份额排名前十位频道

单位：%

名次	频道名称	收视份额
1	中央电视台综合频道	13.4
2	中央台四套	7.9
3	中央台六套	7.1
4	中央台八套	5.9
5	中央台五套	4.0
6	中央台三套	3.5
7	中央台二套	3.4
8	中央电视台新闻频道	2.7
8	山西卫视	2.7
10	山西黄河电视台	1.7

表 3.63.12　2022 年大庆市场（黑龙江省）收视份额排名前十位频道

单位：%

名次	频道名称	收视份额
1	中央电视台综合频道	12.1
2	黑龙江电视台影视频道	9.2
3	黑龙江电视台新闻法治频道	5.3
4	中央台八套	5.2
5	中央台六套	5.1
6	中央电视台新闻频道	4.6
7	湖南卫视	4.3
8	中央台五套	3.6
9	黑龙江卫视	3.4
10	中央台四套	3.0

表 3.63.13　2022 年丹东市场（辽宁省）收视份额排名前十位频道

单位：%

名次	频道名称	收视份额
1	中央电视台综合频道	6.1

续表

名次	频道名称	收视份额
2	辽宁广播电视台都市频道	5.9
3	中央台八套	5.6
4	中央台六套	4.7
5	中央电视台新闻频道	4.5
6	中央台四套	3.3
7	辽宁广播电视台影视剧频道	3.1
8	中央台五套	3.0
9	江苏卫视	2.6
10	辽宁卫视	2.5

表 3.63.14　2022 年德州市场（山东省）收视份额排名前十位频道

单位：%

名次	频道名称	收视份额
1	山东广播电视台齐鲁频道	7.4
2	山东卫视	5.7
3	中央台四套	5.1
4	中央台六套	4.2
5	中央电视台综合频道	4.0
6	湖南卫视	3.7
7	中央台八套	3.6
8	山东广播电视台文旅频道	3.0
9	中央台三套	2.7
10	卡酷少儿频道	2.6

表 3.63.15　2022 年东莞市场（广东省）收视份额排名前十位频道

单位：%

名次	频道名称	收视份额
1	翡翠台（中文）（有线网转播）	10.6
2	广东广播电视台珠江频道	9.5
3	东莞电视台生活资讯频道	7.3
4	中央台六套	5.1
5	广东广播电视台公共频道	4.7
6	广东广播电视台少儿频道	4.5
7	广东广播电视台影视频道	3.8

续表

名次	频道名称	收视份额
8	广东广播电视台体育频道	3.6
9	广东广播电视台嘉佳卡通频道	3.3
10	湖南电视台金鹰卡通频道	3.0

表 3.63.16 2022 年佛山市场（广东省）收视份额排名前十位频道

单位：%

名次	频道名称	收视份额
1	翡翠台（中文）（有线网转播）	22.5
2	广东广播电视台珠江频道	17.0
3	广东广播电视台影视频道	7.0
4	广东广播电视台少儿频道	4.8
4	广东广播电视台公共频道	4.8
6	中央台六套	3.1
7	佛山电视公共频道	3.0
8	广东广播电视台体育频道	2.1
8	广东广播电视台大湾区卫视	2.1
10	凤凰卫视中文台	1.6

表 3.63.17 2022 年抚顺市场（辽宁省）收视份额排名前十位频道

名次	频道名称	收视份额
1	辽宁广播电视台都市频道	6.9
2	中央台四套	6.8
3	中央电视台新闻频道	6.0
4	中央台八套	5.1
5	辽宁卫视	4.0
5	中央电视台综合频道	4.0
7	中央台六套	3.3
8	天津卫视	2.7
9	辽宁广播电视台影视剧频道	2.6
9	中央台五套	2.6

表 3.63.18 2022 年赣州市场（江西省）收视份额排名前十位频道

单位：%

名次	频道名称	收视份额
1	中央电视台综合频道	8.8

续表

名次	频道名称	收视份额
2	中央台四套	4.3
3	浙江卫视	4.0
4	江苏卫视	3.9
5	中央电视台新闻频道	3.4
5	湖南卫视	3.4
7	中央台八套	3.1
8	中央台六套	3.0
9	江西电视台都市频道（二套）	2.7
10	江西卫视	2.4

表 3.63.19　2022 年广元市场（四川省）收视份额排名前十位频道

单位：%

名次	频道名称	收视份额
1	四川电视台影视文艺频道	10.0
2	中央台八套	6.5
3	中央台六套	6.4
3	中央电视台综合频道	6.4
5	中央台四套	3.2
6	四川电视台文化旅游频道（原经济频道）	3.0
7	湖南电视台金鹰卡通频道	2.5
8	广东广播电视台嘉佳卡通频道	2.1
9	卡酷少儿频道	2.0
10	中央电视台新闻频道	1.9

表 3.63.20　2022 年桂林市场（广西壮族自治区）收视份额排名前十位频道

单位：%

名次	频道名称	收视份额
1	中央电视台综合频道	12.8
2	东方卫视	9.3
3	中央台四套	9.0
4	广西广播电视台影视频道	4.3
5	中央台八套	4.1
6	中央台六套	3.7
7	广西广播电视台综艺旅游频道	2.9

续表

名次	频道名称	收视份额
8	广西卫视	2.7
9	中央电视台新闻频道	2.5
10	中央台五套	2.4

表 3.63.21 2022 年衡阳市场（湖南省）收视份额排名前十位频道

单位：%

名次	频道名称	收视份额
1	湖南电视台电视剧频道	9.8
2	湖南电视台娱乐频道	8.6
3	湖南卫视	8.3
4	中央电视台综合频道	5.2
5	中央台四套	5.0
6	湖南电视台潇湘电影频道	4.6
7	湖南电视台都市频道	3.8
8	中央电视台新闻频道	3.3
9	湖南电视台经济频道	2.6
9	湖南电视台爱晚频道	2.6

表 3.63.22 2022 年湖州市场（浙江省）收视份额排名前十位频道

单位：%

名次	频道名称	收视份额
1	湖州电视台文化娱乐频道	4.9
2	中央台六套	4.7
3	浙江电视台教科影视频道	4.1
4	中央台八套	3.7
5	湖州电视台新闻综合频道	3.4
6	中央台四套	2.9
7	湖州电视台公共民生频道	2.4
8	湖南卫视	2.2
8	中央电视台新闻频道	2.2
10	中央台五套	2.0

表 3.63.23 2022 年惠州市场（广东省）收视份额排名前十位频道

单位：%

名次	频道名称	收视份额
1	广东广播电视台珠江频道	6.6

续表

名次	频道名称	收视份额
2	广东卫视	5.5
3	江苏卫视	5.0
4	广东广播电视台影视频道	3.3
4	湖南卫视	3.3
6	浙江卫视	3.1
7	中央台六套	3.0
8	广东广播电视台经济科教频道	2.9
9	中央电视台新闻频道	2.8
10	中央台八套	2.3

表 3.63.24　2022 年吉林市市场（吉林省）收视份额排名前十位频道

单位：%

名次	频道名称	收视份额
1	中央电视台综合频道	11.2
2	中央电视台新闻频道	7.4
3	中央台八套	6.4
4	中央台四套	4.2
5	吉林广播电视台生活频道	3.5
6	中央台三套	3.4
7	吉林广播电视台乡村频道	3.1
7	中央台六套	3.1
7	中央台五套	3.1
10	吉林卫视	2.4

表 3.63.25　2022 年济宁市场（山东省）收视份额排名前十位频道

单位：%

名次	频道名称	收视份额
1	中央电视台综合频道	5.1
2	中央台四套	4.6
3	中央台六套	3.9
4	中央电视台新闻频道	3.6
5	山东卫视	3.5
6	中央台八套	3.1
7	山东广播电视台齐鲁频道	2.9

续表

名次	频道名称	收视份额
8	浙江卫视	2.5
9	中央台五套	2.4
9	济宁电视台综合频道	2.4

表 3.63.26　2022 年江门市场（广东省）收视份额排名前十位频道

单位：%

名次	频道名称	收视份额
1	广东广播电视台珠江频道	15.7
2	广东广播电视台影视频道	8.4
3	翡翠台（中文）（有线网转播）	8.1
4	广东广播电视台大湾区卫视	5.1
5	广东广播电视台嘉佳卡通频道	2.7
6	中央电视台综合频道	2.3
6	广东广播电视台少儿频道	2.3
8	中央台六套	2.2
8	江门电视侨乡生活频道	2.2
10	湖南卫视	2.1

表 3.63.27　2022 年金华市场（浙江省）收视份额排名前十位频道

单位：%

名次	频道名称	收视份额
1	中央台四套	6.5
2	中央台八套	6.3
3	中央台六套	5.0
4	湖南卫视	4.5
5	金华电视台教育科技频道	4.4
6	中央电视台新闻频道	4.1
7	浙江卫视	4.0
8	湖南电视台金鹰卡通频道	3.6
9	中央电视台综合频道	3.2
10	江苏卫视	2.9

表 3.63.28　2022 年锦州市场（辽宁省）收视份额排名前十位频道

单位：%

名次	频道名称	收视份额
1	中央台八套	6.5

续表

名次	频道名称	收视份额
2	辽宁广播电视台都市频道	4.9
3	中央台六套	4.8
4	辽宁广播电视台影视剧频道	4.3
5	中央台四套	4.0
6	中央台五套	3.4
7	中央电视台综合频道	3.0
8	辽宁广播电视台北方频道	2.8
8	中央电视台新闻频道	2.8
10	辽宁卫视	2.7

表 3.63.29　2022 年荆门市场（湖北省）收视份额排名前十位频道

单位：%

名次	频道名称	收视份额
1	中央电视台综合频道	6.8
2	中央台六套	5.7
3	湖北影视	5.4
4	中央电视台新闻频道	4.4
5	中央台八套	3.7
6	中央台五套	3.6
7	中央台四套	3.0
8	湖南卫视	2.4
8	中央台三套	2.4
10	浙江卫视	2.3

表 3.63.30　2022 年荆州市场（湖北省）收视份额排名前十位频道

单位：%

名次	频道名称	收视份额
1	中央台四套	6.3
2	湖北影视	6.0
3	中央电视台综合频道	4.8
4	荆州广播电视台新闻综合频道	4.2
5	中央电视台新闻频道	3.5
5	中央台六套	3.5
7	中央台八套	3.0

续表

名次	频道名称	收视份额
8	湖北垄上	2.7
8	湖南电视台金鹰卡通频道	2.7
10	湖北经视	2.6

表 3.63.31　2022 年九江市场（江西省）收视份额排名前十位频道

单位：%

名次	频道名称	收视份额
1	江西电视台都市频道（二套）	6.6
2	中央台四套	6.5
3	中央电视台综合频道	5.6
4	中央电视台新闻频道	5.0
5	江西卫视	3.6
6	中央台八套	2.9
7	中央台五套	2.2
8	中央台六套	2.1
9	浙江卫视	1.8
10	湖南卫视	1.5

表 3.63.32　2022 年拉萨市场（西藏自治区）收视份额排名前十位频道

单位：%

名次	频道名称	收视份额
1	西藏一套（藏语卫视）	21.7
2	拉萨广播电视台二套（藏语综合频道）	14.7
3	中央台六套	6.7
4	中央电视台少儿频道	5.0
5	西藏二套（汉语卫视）	3.0
5	中央电视台新闻频道	3.0
7	中央台五套	2.0
7	中央台八套	2.0
9	中央台四套	1.8
10	广东广播电视台嘉佳卡通频道	1.5

表 3.63.33　2022 年柳州市场（广西壮族自治区）收视份额排名前十位频道

单位：%

名次	频道名称	收视份额
1	中央台五套	5.9

续表

名次	频道名称	收视份额
2	广西广播电视台影视频道	5.8
3	广西广播电视台综艺旅游频道	5.4
4	中央电视台新闻频道	4.9
5	中央台四套	4.6
6	中央电视台综合频道	4.1
7	中央台六套	3.3
8	中央台八套	3.1
9	广西广播电视台都市频道	2.4
10	广西卫视	2.2

表 3.63.34　2022 年泸州市场（四川省）收视份额排名前十位频道

单位：%

名次	频道名称	收视份额
1	四川电视台影视文艺频道	11.3
2	中央电视台综合频道	7.8
3	中央台六套	7.4
4	中央台八套	6.4
5	中央台四套	4.0
6	四川电视台文化旅游频道（原经济频道）	3.0
6	中央电视台新闻频道	3.0
8	广东广播电视台嘉佳卡通频道	2.5
9	湖南卫视	2.3
9	中央电视台少儿频道	2.3

表 3.63.35　2022 年洛阳市场（河南省）收视份额排名前十位频道

单位：%

名次	频道名称	收视份额
1	中央电视台综合频道	8.9
2	中央台四套	7.5
3	中央台六套	3.7
4	河南广播电视台电视剧频道（五套）	3.3
5	河南广播电视台都市频道（二套）	3.1
5	中央台八套	3.1
7	中央电视台新闻频道	2.8

续表

名次	频道名称	收视份额
8	中央台五套	2.6
9	河南广播电视台公共频道（八套）	2.2
10	河南广播电视台卫星频道（一套）	2.0

表 3.63.36 2022 年牡丹江市场（黑龙江省）收视份额排名前十位频道

单位：%

名次	频道名称	收视份额
1	中央电视台综合频道	14.8
2	黑龙江卫视	6.0
3	中央电视台新闻频道	5.7
4	中央台四套	5.1
5	中央台八套	4.4
6	中央台三套	4.0
6	中央电视台少儿频道	4.0
8	黑龙江电视台影视频道	3.4
9	湖南卫视	3.2
9	中央台五套	3.2

表 3.63.37 2022 年南充市场（四川省）收视份额排名前十位频道

单位：%

名次	频道名称	收视份额
1	四川电视台影视文艺频道	12.4
2	中央台四套	7.0
3	中央台六套	6.2
4	中央台八套	5.9
5	中央电视台综合频道	5.3
6	中央电视台新闻频道	5.1
7	广东广播电视台嘉佳卡通频道	3.7
8	四川电视台新闻频道	2.8
9	四川电视台文化旅游频道（原经济频道）	2.4
10	中央台三套	2.2

表 3.63.38 2022 年平顶山市场（河南省）收视份额排名前十位频道

单位：%

名次	频道名称	收视份额
1	中央台四套	7.2

续表

名次	频道名称	收视份额
2	中央电视台综合频道	6.9
3	中央电视台新闻频道	4.7
4	中央台八套	4.2
5	中央台六套	3.5
6	河南广播电视台民生频道（三套）	3.1
7	河南广播电视台都市频道（二套）	2.8
8	中央台二套	2.6
9	中央台五套	2.3
10	江苏卫视	2.2

表 3.63.39　2022 年秦皇岛市场（河北省）收视份额排名前十位频道

单位：%

名次	频道名称	收视份额
1	中央台八套	6.7
2	中央台四套	4.7
3	中央电视台综合频道	4.2
4	中央台三套	4.0
5	中央台六套	3.8
6	河北广播电视台经济生活频道	3.2
7	河北广播电视台卫视频道	2.8
8	河北广播电视台农民频道	2.2
8	中央台五套	2.2
10	湖南卫视	2.0

表 3.63.40　2022 年衢州市场（浙江省）收视份额排名前十位频道

单位：%

名次	频道名称	收视份额
1	中央台四套	6.2
2	中央台八套	5.9
3	中央台六套	5.0
4	衢州电视新闻综合频道	4.0
5	浙江电视台教科影视频道	3.7
6	湖南卫视	3.1
7	衢州电视公共频道	2.9

续表

名次	频道名称	收视份额
8	浙江电视台民生休闲频道	2.8
9	中央电视台综合频道	2.4
9	衢州电视经济信息频道	2.4

表 3.63.41　2022 年泉州市场（福建省）收视份额排名前十位频道

单位：%

名次	频道名称	收视份额
1	湖南电视台金鹰卡通频道	7.2
2	泉州电视台影视剧频道	5.7
3	泉州电视台新闻综合频道	4.4
4	中央电视台综合频道	4.2
5	中央台六套	3.6
6	泉州电视台闽南语频道	2.9
6	中央台四套	2.9
8	江苏卫视	2.8
9	中央台八套	2.7
10	泉州电视台都市生活频道	2.6

表 3.63.42　2022 年三亚市场（海南省）收视份额排名前十位频道

单位：%

名次	频道名称	收视份额
1	中央台六套	8.6
2	中央台四套	7.5
3	中央台八套	6.2
4	中央电视台综合频道	5.2
5	中央电视台新闻频道	4.4
6	海南广播电视总台经济频道	4.2
6	中央台五套	4.2
8	湖南卫视	3.2
9	海南广播电视总台公共频道	2.2
10	浙江卫视	1.4

表 3.63.43　2022 年韶关市场（广东省）收视份额排名前十位频道

单位：%

名次	频道名称	收视份额
1	广东广播电视台珠江频道	11.2

续表

名次	频道名称	收视份额
2	广东广播电视台影视频道	5.1
3	中央台四套	4.5
4	中央电视台综合频道	3.3
5	中央台六套	3.2
6	翡翠台（中文）（有线网转播）	3.0
6	中央电视台新闻频道	3.0
8	湖南卫视	2.9
9	韶关广播电视台新闻综合频道	2.2
9	中央台五套	2.2

表 3.63.44　2022 年苏州市场（江苏省）收视份额排名前十位频道

单位：%

名次	频道名称	收视份额
1	苏州电视台新闻综合频道（一套）	17.8
2	苏州电视台社会经济频道（二套）	12.8
3	中央台四套	3.3
4	苏州电视台电影娱乐信息频道（四套）	3.0
5	中央台六套	2.8
6	中央电视台新闻频道	2.6
6	中央台五套	2.6
8	苏州电视台生活资讯频道（五套）	2.4
9	中央电视台综合频道	2.3
10	江苏卫视	2.0

表 3.63.45　2022 年台州市场（浙江省）收视份额排名前十位频道

单位：%

名次	频道名称	收视份额
1	中央台四套	7.8
2	台州电视台文化生活频道（二套）	5.8
3	中央台八套	5.6
3	中央台六套	5.6
5	湖南电视台金鹰卡通频道	4.9
6	浙江电视台教科影视频道	4.0
7	中央电视台新闻频道	3.6

续表

名次	频道名称	收视份额
8	湖南卫视	2.4
9	台州电视台新闻综合频道（一套）	2.3
10	中央电视台综合频道	2.2

表 3.63.46　2022 年唐山市场（河北省）收视份额排名前十位频道

单位：%

名次	频道名称	收视份额
1	中央电视台综合频道	5.8
2	中央台四套	5.3
2	中央台八套	5.3
4	中央台六套	4.7
5	唐山电视台一套（新闻综合频道）	3.5
6	中央电视台新闻频道	3.2
7	河北广播电视台经济生活频道	3.1
8	河北广播电视台卫视频道	2.5
8	河北广播电视台农民频道	2.5
10	中央台五套	2.3

表 3.63.47　2022 年铜陵市场（安徽省）收视份额排名前十位频道

单位：%

名次	频道名称	收视份额
1	中央电视台综合频道	14.7
2	安徽卫视	11.5
3	中央台八套	9.5
4	安徽影视	7.0
5	中央台六套	4.9
6	中央台四套	4.7
7	中央电视台新闻频道	4.5
8	湖南卫视	4.2
9	东方卫视	3.6
10	中央台五套	3.0

表 3.63.48　2022 年温州市场（浙江省）收视份额排名前十位频道

单位：%

名次	频道名称	收视份额
1	中央台四套	6.2

续表

名次	频道名称	收视份额
2	中央台五套	5.1
3	湖南卫视	4.2
4	浙江电视台民生休闲频道	4.1
5	温州市广播电视总台新闻综合频道	4.0
6	中央电视台新闻频道	3.9
7	中央台六套	3.5
8	浙江卫视	3.1
9	中央电视台综合频道	2.9
10	中央台八套	2.8

表 3.63.49　2022 年无锡市场（江苏省）收视份额排名前十位频道

名次	频道名称	收视份额
1	无锡广播电视台都市资讯频道	10.2
2	中央台四套	5.0
3	中央电视台新闻频道	4.3
4	中央台八套	4.1
5	湖南卫视	4.0
6	江苏卫视	3.3
6	中央台五套	3.3
8	无锡广播电视台新闻综合频道	3.2
9	中央台六套	2.8
10	东方卫视	2.2

表 3.63.50　2022 年芜湖市场（安徽省）收视份额排名前十位频道

单位：%

名次	频道名称	收视份额
1	中央台四套	4.8
2	中央台八套	4.7
3	中央台六套	4.3
4	中央电视台新闻频道	4.2
5	安徽卫视	3.6
6	中央电视台综合频道	2.8
7	安徽影视	2.7
8	芜湖电视台公共频道	2.6

续表

名次	频道名称	收视份额
9	中央台五套	2.3
10	湖南卫视	2.1

表 3.63.51　2022 年襄阳市场（湖北省）收视份额排名前十位频道

单位：%

名次	频道名称	收视份额
1	中央电视台综合频道	4.7
1	中央台六套	4.7
3	湖北影视	4.5
4	襄阳广播电视台综合频道	4.4
5	中央台八套	4.3
6	湖北卫视	3.1
7	中央台四套	2.7
7	湖南卫视	2.7
9	中央电视台新闻频道	2.6
10	湖北综合	2.4

表 3.63.52　2022 年徐州市场（江苏省）收视份额排名前十位频道

单位：%

名次	频道名称	收视份额
1	中央电视台综合频道	6.2
2	中央台四套	5.4
3	中央台八套	4.4
4	徐州电视台新闻综合频道	3.9
5	中央台六套	3.6
6	江苏卫视	2.7
7	湖南电视台金鹰卡通频道	2.3
7	中央台五套	2.3
9	中央台三套	2.1
10	中央电视台新闻频道	1.8

表 3.63.53　2022 年烟台市场（山东省）收视份额排名前十位频道

单位：%

名次	频道名称	收视份额
1	中央台四套	6.6

续表

名次	频道名称	收视份额
2	中央台六套	5.8
3	中央电视台综合频道	5.6
4	中央台八套	5.3
5	山东卫视	4.9
6	山东广播电视台齐鲁频道	4.8
7	江苏卫视	3.7
8	中央电视台新闻频道	3.6
9	中央台五套	2.7
10	湖南卫视	2.5

表 3.63.54　2022 年扬州市场（江苏省）收视份额排名前十位频道

单位：%

名次	频道名称	收视份额
1	扬州二套	10.8
2	扬州一套	7.2
3	中央台四套	5.8
4	中央台八套	5.0
5	中央电视台综合频道	4.5
6	中央台六套	4.4
7	中央电视台新闻频道	4.3
8	中央台五套	3.1
9	中央台三套	2.9
10	江苏卫视	2.7

表 3.63.55　2022 年宜昌市场（湖北省）收视份额排名前十位频道

单位：%

名次	频道名称	收视份额
1	中央电视台综合频道	5.9
1	中央电视台新闻频道	5.9
3	中央台八套	5.4
4	中央台六套	4.5
5	湖北影视	4.4
6	中央台四套	3.6
7	宜昌三峡综合频道	3.3

续表

名次	频道名称	收视份额
8	湖北经视	3.2
9	湖南卫视	2.3
9	浙江卫视	2.3

表 3.63.56　2022 年营口市场（辽宁省）收视份额排名前十位频道

单位：%

名次	频道名称	收视份额
1	中央台八套	5.8
2	辽宁广播电视台都市频道	4.9
3	中央电视台新闻频道	3.8
4	中央台六套	3.7
4	中央台四套	3.7
6	中央台五套	3.2
7	辽宁广播电视台体育频道	3.1
7	中央电视台综合频道	3.1
9	辽宁广播电视台影视剧频道	2.6
10	辽宁卫视	2.5

表 3.63.57　2022 年永济市场（山西省）收视份额排名前十位频道

单位：%

名次	频道名称	收视份额
1	中央电视台综合频道	16.9
2	中央台八套	6.6
3	中央电视台少儿频道	6.1
4	中央台六套	4.9
5	卡酷少儿频道	4.0
6	山西卫视	3.5
7	中央电视台新闻频道	3.3
8	湖南卫视	2.9
9	中央台三套	2.0
10	中央台四套	1.7

表 3.63.58　2022 年岳阳市场（湖南省）收视份额排名前十位频道

单位：%

名次	频道名称	收视份额
1	湖南电视台电视剧频道	5.6

续表

名次	频道名称	收视份额
2	湖南电视台娱乐频道	4.9
3	中央台四套	4.5
4	湖南电视台潇湘电影频道	4.4
5	湖南卫视	4.0
6	湖南电视台爱晚频道	3.4
7	中央电视台综合频道	2.9
8	江苏卫视	2.2
9	湖南电视台都市频道	2.1
10	湖南电视台金鹰卡通频道	2.0

表 3.63.59　2022 年玉溪市场（云南省）收视份额排名前十位频道

单位：%

名次	频道名称	收视份额
1	中央台八套	6.3
2	云南广播电视台都市频道（二套）	5.4
3	中央电视台综合频道	5.1
4	中央台六套	5.0
5	中央电视台少儿频道	2.4
6	云南广播电视台娱乐频道（三套）	2.0
7	云南广播电视台卫视频道（一套）	1.9
8	中央电视台新闻频道	1.6
9	中央台四套	1.5
10	湖南卫视	1.2

表 3.63.60　2022 年湛江市场（广东省）收视份额排名前十位频道

单位：%

名次	频道名称	收视份额
1	广东广播电视台珠江频道	11.7
2	广东广播电视台影视频道	9.6
3	中央电视台新闻频道	5.3
4	广东广播电视台嘉佳卡通频道	3.6
5	中央台四套	3.2
6	中央台五套	3.0
7	广东卫视	2.8

续表

名次	频道名称	收视份额
8	湖南卫视	2.7
9	广东广播电视台少儿频道	2.4
10	中央台六套	1.6

表 3.63.61 2022 年镇江市场（江苏省）收视份额排名前十位频道

单位：%

名次	频道名称	收视份额
1	中央台四套	9.4
2	中央电视台综合频道	4.7
3	中央电视台新闻频道	4.5
3	中央台八套	4.5
5	中央台五套	4.3
6	中央台六套	4.1
7	中央台三套	3.2
8	镇江电视台新闻综合频道	3.1
9	江苏卫视	3.0
10	江苏电视台城市频道	2.4

表 3.63.62 2022 年中山市场（广东省）收视份额排名前十位频道

单位：%

名次	频道名称	收视份额
1	广东广播电视台珠江频道	11.1
2	广东广播电视台影视频道	8.7
3	翡翠台（中文）（有线网转播）	7.3
4	广东广播电视台大湾区卫视	4.6
5	中山广播电视台香山文化频道	3.6
6	广东广播电视台公共频道	2.6
7	凤凰卫视中文台	2.4
8	广东广播电视台体育频道	2.0
8	中央台六套	2.0
8	中央台五套	2.0

表 3.63.63 2022 年珠海市场（广东省）收视份额排名前十位频道

单位：%

名次	频道名称	收视份额
1	翡翠台（中文）（有线网转播）	7.0

续表

名次	频道名称	收视份额
2	广东广播电视台珠江频道	6.8
3	广东广播电视台公共频道	5.5
4	凤凰卫视中文台	4.9
5	中央电视台新闻频道	3.5
6	广东卫视	3.4
7	湖南卫视	3.1
8	中央台六套	2.7
9	中央台四套	2.6
9	中央台五套	2.6

表 3.63.64　2022 年遵义市场（贵州省）收视份额排名前十位频道

单位：%

名次	频道名称	收视份额
1	中央电视台综合频道	8.2
2	中央电视台新闻频道	4.5
3	中央台八套	4.4
4	中央台六套	4.2
5	湖南卫视	3.4
6	贵州卫视	3.2
6	中央台五套	3.2
8	中央台四套	3.0
9	中央电视台少儿频道	2.6
10	贵州广播电视台影视文艺频道	2.0

附录　CSM 各收视调查网概况

表 3. 64. 1　2021～2022 年全国收视调查网样本规模及推及人口

	固定样组规模（户）	推及户数（千户）	推及人口（千人）
全国	10400	460578	1289830
城市	5290	237749	622907
农村	5110	222830	666922

表 3. 64. 2　2021～2022 年全国收视调查网家庭规模结构

单位：%

	1 人户	2 人户	3 人户	4 人及以上户
全国	9. 7	36. 9	25. 6	27. 8
城市	11. 0	39. 9	27	22. 1
农村	8. 4	33. 6	24. 1	33. 9

表 3. 64. 3　2021～2022 年全国收视调查网家庭收入结构

单位：%

	0～1500 元	1501～2500 元	2501～3500 元	3501～5000 元	5001～7000 元	7001～10000 元	10001 元及以上
全国	8. 2	7. 1	8. 1	12. 2	17. 9	20. 8	25. 6
城市	5. 3	5. 2	6. 4	9. 9	17. 4	22. 5	33. 2
农村	11. 2	9. 2	10	14. 7	18. 5	19. 1	17. 5

表 3. 64. 4　2021～2022 年全国收视调查网家庭购买决策者年龄结构

单位：%

	15～29 岁	30～49 岁	50 岁及以上
全国	7. 5	43. 4	49. 1
城市	8. 2	43	48. 8
农村	6. 8	43. 8	49. 4

表 3. 64. 5　2021～2022 年全国收视调查网性别与年龄结构

单位：%

	性别		年龄						
	男性	女性	4～14 岁	15～24 岁	25～34 岁	35～44 岁	45～54 岁	55～64 岁	65 岁及以上
全国	51	49	14. 3	10. 6	15. 8	14. 1	17. 5	13. 2	14. 5

续表

	性别		年龄						
	男性	女性	4～14 岁	15～24 岁	25～34 岁	35～44 岁	45～54 岁	55～64 岁	65 岁及以上
城市	50.9	49.1	12.2	11.7	17.8	15.3	17	12.8	13.2
农村	51.1	48.9	16.2	9.5	14	13	17.9	13.6	15.7

表 3.64.6　2021～2022 年各省级收视调查网样本规模及推及人口（4 改为 3）

省份	固定样组规模（户）	推及户数（千户）	推及人口（千人）
安徽省	600	18831	54240
福建省	800	13256	37994
甘肃省	450	6847	22401
广东省	1000	40971	119556
广西壮族自治区	600	13743	43599
贵州省	450	12930	34202
海南省	450	2672	8903
河北省	800	21160	67149
河南省	450	26901	88291
黑龙江省	600	13509	29580
湖北省	800	17656	53435
湖南省	800	18856	59580
吉林省	600	7463	21124
江苏省	800	30933	79051
江西省	450	12322	41714
辽宁省	800	13956	37608
内蒙古自治区	450	9717	22158
宁夏回族自治区	450	2200	6570
山东省	800	32333	92227
山西省	450	9920	30428
陕西省	450	12053	36460
四川省	800	27631	77876
新疆维吾尔自治区	450	8328	24723
云南省	600	12901	42633
浙江省	800	24127	61168

表 3.64.7　2021～2022 年各省级收视调查网家庭规模结构

单位：%

省份	1 人户	2 人户	3 人户	4 人及以上户
安徽省	9.1	33.3	28.2	29.4
福建省	8.2	34.4	27.5	29.9
甘肃省	8.5	23.7	27.0	40.8
广东省	12.1	36.1	21.1	30.7
广西壮族自治区	8.9	26.0	26.1	39.0
贵州省	15.3	38.3	20.1	26.3
海南省	6.5	28.8	21.7	43.0
河北省	4.4	29.6	29.8	36.2
河南省	5.9	25.7	25.6	42.8
黑龙江省	11.6	54.7	22.6	11.1
湖北省	8.0	29.8	31.9	30.3
湖南省	7.7	26.2	29.2	36.9
吉林省	5.7	35.1	33.2	26.0
江苏省	9.5	45.7	23.4	21.4
江西省	6.0	23.7	26.6	43.7
辽宁省	7.8	35.8	35.9	20.5
内蒙古自治区	7.3	55.9	25.1	11.7
宁夏回族自治区	7.6	29.3	31.0	32.1
山东省	6.5	34.7	32.4	26.4
山西省	5.3	29.5	29.6	35.6
陕西省	7.8	29.4	29.8	33.0
四川省	13.6	31.7	27.5	27.2
新疆维吾尔自治区	13.9	27.0	25.1	34.0
云南省	6.4	25.4	26.1	42.1
浙江省	9.6	44.0	26.2	20.2

表 3.64.8　2021～2022 年各省级收视调查网家庭收入结构

单位：%

省份	0～1500 元	1501～2500 元	2501～3500 元	3501～5000 元	5001～7000 元	7001～10000 元	10001 元及以上
安徽省	6.3	6.9	7.6	12.3	20.0	25.6	21.2
福建省	8.6	7.0	5.6	7.5	13.3	20.1	37.9
甘肃省	7.5	6.6	11.3	18.8	21.5	20.1	14.2
广东省	8.3	11.8	7.7	10.1	14.0	21.2	26.8

续表

省份	0～1500元	1501～2500元	2501～3500元	3501～5000元	5001～7000元	7001～10000元	10001元及以上
广西壮族自治区	10.0	11.6	14.1	18.3	18.3	16.0	11.7
贵州省	12.5	13.8	14.9	15.7	14.1	13.0	15.8
海南省	4.0	7.5	11.6	17.4	24.2	17.9	17.4
河北省	7.2	6.0	6.3	14.5	24.1	23.8	18.1
河南省	8.7	5.7	9.6	14.8	21.9	22.0	17.2
黑龙江省	6.2	7.2	10.1	19.4	23.2	22.6	11.3
湖北省	7.9	8.1	9.7	13.4	17.1	20.5	23.4
湖南省	10.0	6.9	11.3	12.0	19.7	20.7	19.5
吉林省	5.8	10.4	10.7	17.2	21.9	19.2	14.8
江苏省	7.4	3.6	4.8	7.8	14.7	21.8	39.7
江西省	3.8	5.3	6.1	12.2	19.6	25.9	27.1
辽宁省	7.0	7.0	8.2	16.0	24.6	20.6	16.7
内蒙古自治区	15.9	8.1	9.1	13.0	17.9	21.0	14.8
宁夏回族自治区	9.7	8.0	11.4	14.8	18.3	19.4	18.4
山东省	9.5	6.8	6.2	11.4	20.9	24.3	20.8
山西省	6.8	6.4	8.9	11.9	26.9	20.8	18.2
陕西省	6.6	6.2	7.1	12.4	21.9	26.2	19.5
四川省	17.5	7.9	9.6	14.0	17.4	15.9	17.8
新疆维吾尔自治区	1.8	4.9	9.2	11.4	17.8	21.0	33.8
云南省	8.6	8.3	9.1	14.7	21.3	19.6	18.3
浙江省	3.6	2.2	5.1	9.2	10.3	18.6	50.9

表3.64.9　2021～2022年各省级收视调查网家庭购买决策者年龄结构

单位：%

省份	15～29岁	30～49岁	50岁及以上
安徽省	8.1	44.0	47.9
福建省	7.0	43.5	49.5
甘肃省	7.0	49.5	43.5
广东省	9.7	43.3	47.0
广西壮族自治区	7.7	46.5	45.8
贵州省	11.4	43.0	45.6
海南省	7.4	50.2	42.4
河北省	6.2	48.6	45.2
河南省	8.2	46.5	45.3

续表

省份	15～29岁	30～49岁	50岁及以上
黑龙江省	5.4	42.9	51.7
湖北省	5.1	42.6	52.3
湖南省	7.7	46.9	45.4
吉林省	5.2	48.7	46.1
江苏省	5.1	35.4	59.5
江西省	5.6	45.7	48.7
辽宁省	5.9	43.0	51.1
内蒙古自治区	6.2	41.7	52.1
宁夏回族自治区	8.0	54.7	37.3
山东省	4.3	50.0	45.7
山西省	8.2	51.0	40.8
陕西省	6.6	47.2	46.2
四川省	8.7	42.7	48.6
新疆维吾尔自治区	12.0	53.6	34.4
云南省	13.8	49.8	36.4
浙江省	5.7	39.2	55.1

表3.64.10　2021～2022年各省级收视调查网性别与年龄结构

单位：%

省份	性别		年龄						
	男	女	4～14岁	15～24岁	25～34岁	35～44岁	45～54岁	55～64岁	65岁及以上
安徽省	50.5	49.5	13.4	16.9	13.6	20.6	13.0	11.7	10.8
福建省	51.1	48.9	11.3	18.7	18.3	19.9	14.0	9.4	8.4
甘肃省	50.9	49.1	14.7	10.6	15.5	12.3	20.3	13.0	13.6
广东省	52.1	47.9	12.2	21.6	21.2	18.7	12.0	7.5	6.8
广西壮族自治区	51.4	48.6	16.4	15.5	16.8	17.6	13.6	10.1	10.0
贵州省	50.8	49.2	18.9	14.0	14.1	13.7	16.3	10.4	12.6
海南省	52.4	47.6	14.6	17.6	18.9	16.9	14.3	8.6	9.1
河北省	50.6	49.4	16.3	9.4	15.7	14.0	15.6	14.1	14.9
河南省	49.8	50.2	19.3	11.4	14.9	11.7	16.0	12.0	14.7
黑龙江省	50.1	49.9	8.6	8.6	12.8	15.0	21.0	17.9	16.1
湖北省	51.1	48.9	12.9	8.9	15.5	13.7	18.1	15.2	15.7
湖南省	51.2	48.8	12.9	16.7	14.8	19.4	14.3	11.6	10.3
吉林省	50.4	49.6	9.2	15.1	14.9	19.9	18.3	13.3	9.3

续表

省份	性别		年龄						
	男	女	4～14岁	15～24岁	25～34岁	35～44岁	45～54岁	55～64岁	65岁及以上
江苏省	50.6	49.4	12.3	8.7	16.6	13.8	17.3	14.0	17.3
江西省	51.3	48.7	16.1	18.3	15.9	18.6	13.3	9.7	8.1
辽宁省	49.8	50.2	8.9	13.7	14.3	18.1	19.4	14.1	11.5
内蒙古自治区	50.9	49.1	10.9	8.4	15.0	15.6	20.0	16.1	14.0
宁夏回族自治区	50.8	49.2	16.5	17.7	17.3	19.2	13.5	8.8	7.0
山东省	50.2	49.8	11.6	16.1	14.8	18.4	15.8	12.7	10.6
山西省	51.1	48.9	13.3	19.1	14.9	18.6	15.7	10.2	8.2
陕西省	51.0	49.0	13.5	9.6	17.4	14.0	17.2	14.0	14.3
四川省	50.3	49.7	12.9	10.9	14.4	11.6	19.8	12.5	17.9
新疆维吾尔自治区	51.6	48.4	20.0	11.9	18.0	15.3	17.3	9.5	8.0
云南省	51.6	48.4	15.4	13.1	15.2	15.4	17.6	11.7	11.6
浙江省	51.3	48.7	9.9	15.7	17.2	20.5	15.8	11.2	9.7

表3.64.11　2021～2022年各城市收视调查网样本规模及推及人口

城市	固定样组规模（户）	推及户数（千户）	推及人口（千人）
安庆	100	276	713
蚌埠	100	352	924
包头	100	655	1650
宝鸡	100	347	938
北海	100	150	484
北京	1000	7803	20043
常德	100	450	1350
常州	100	761	2043
潮州	100	208	704
成都	400	4096	10537
赤峰	100	247	688
大理	100	203	713
大连	200	1764	4292
大庆	100	584	1440
大同	100	580	1571
丹东	100	289	751
德州	100	308	886
东莞	100	3928	9546

续表

城市	固定样组规模（户）	推及户数（千户）	推及人口（千人）
佛山	100	1932	5054
福州	300	953	2713
抚顺	100	480	1202
赣州	100	721	2414
广元	100	219	595
广州	400	6122	15733
贵阳	200	1454	4010
桂林	100	357	933
哈尔滨	300	2387	6173
海口	200	619	1962
杭州	400	3602	9043
合肥	300	1509	4095
衡阳	100	432	1250
呼和浩特	300	898	2280
湖州	100	334	983
惠州	100	1158	3273
吉林市	100	613	1667
济南	300	2783	7771
济宁	100	506	1459
江门	100	386	1171
金华	100	395	921
锦州	100	386	999
荆门	100	265	727
荆州	100	419	1179
九江	100	366	1077
昆明	300	1793	4249
拉萨	100	186	458
兰州	200	980	2576
柳州	100	630	1711
泸州	100	531	1517
洛阳	100	668	1882
牡丹江	100	340	908
南昌	300	1262	3991
南充	100	276	766
南京	400	3155	8526

续表

城市	固定样组规模（户）	推及户数（千户）	推及人口（千人）
南宁	200	1210	3600
宁波	200	1798	4298
平顶山	100	364	1094
秦皇岛	100	506	1323
青岛	300	1918	5028
衢州	100	188	488
泉州	100	612	1601
三亚	100	245	924
厦门	200	2043	4862
上海	1000	9693	23665
韶关	100	337	985
深圳	500	7972	16377
沈阳	300	2233	5596
石家庄	300	1586	4940
苏州	300	1778	4883
台州	100	737	1931
太原	300	1436	3852
唐山	100	669	1860
天津	500	4622	12721
铜陵	100	223	577
温州	100	408	983
乌鲁木齐	300	1586	3750
无锡	200	1596	4258
芜湖	100	654	1636
武汉	400	4277	11734
西安	300	2551	6650
西宁	200	564	1500
襄阳	100	689	2088
徐州	100	702	1985
烟台	100	793	2001
扬州	100	539	1628
宜昌	100	361	973
银川	200	642	1711
营口	100	402	1052
玉溪	100	178	543

续表

城市	固定样组规模（户）	推及户数（千户）	推及人口（千人）
岳阳	100	412	1196
湛江	100	521	1839
长春	300	1460	3920
长沙	300	1856	5119
镇江	100	311	843
郑州	300	2125	5718
中山	100	331	899
重庆	500	9822	23330
珠海	100	510	1293
遵义	100	508	1404

表 3.64.12　2021～2022 年各城市收视调查网家庭规模结构（%）

城市	1 人户	2 人户	3 人户	4 人及以上户
安庆	8.9	39.8	33.8	17.5
蚌埠	7.7	39.7	33.8	18.8
包头	6.1	40.1	43.7	10.1
宝鸡	9.2	37.7	34.5	18.6
北海	7.6	25.3	30.7	36.4
北京	7.3	44.5	29.4	18.8
常德	4.9	32.4	31.1	31.6
常州	9.1	36.7	33.4	20.8
潮州	4.9	26.5	22.0	46.6
成都	13.5	37.0	30.5	19.0
赤峰	4.0	35.9	38.9	21.2
大理	4.8	19.3	23.3	52.6
大连	8.1	42.7	37.9	11.3
大庆	11.0	37.6	39.9	11.5
大同	4.9	33.6	45.0	16.5
丹东	6.6	41.2	35.8	16.4
德州	3.8	35.6	36.7	23.9
东莞	14.4	50.5	16.6	18.5
佛山	10.9	42.9	20.3	25.9
福州	6.9	33.7	33.9	25.5
抚顺	11.8	38.2	38.0	12.0
赣州	6.5	23.3	25.0	45.2

续表

城市	1 人户	2 人户	3 人户	4 人及以上户
广元	8.6	36.6	31.9	22.9
广州	11.1	41.3	26.9	20.7
贵阳	10.4	32.6	32.6	24.4
桂林	9.4	35.8	34.8	20.0
哈尔滨	9.1	37.1	35.4	18.4
海口	5.5	27.4	29.9	37.2
杭州	6.8	48.0	25.6	19.6
合肥	9.5	33.3	38.7	18.5
衡阳	7.3	30.7	36.0	26.0
呼和浩特	7.9	38.2	40.7	13.2
湖州	5.1	35.3	30.6	29.0
惠州	4.9	44.2	20.3	30.6
吉林市	8.4	34.6	35.8	21.2
济南	7.8	33.7	36.7	21.8
济宁	5.4	31.8	39.8	23.0
江门	5.5	30.0	30.6	33.9
金华	9.4	47.2	30.0	13.4
锦州	7.3	39.1	38.1	15.5
荆门	10.6	33.9	35.7	19.8
荆州	5.4	38.8	33.0	22.8
九江	6.2	32.5	35.4	25.9
昆明	11.0	46.2	28.4	14.4
拉萨	14.5	46.2	21.2	18.1
兰州	9.1	34.9	38.1	17.9
柳州	8.3	35.2	33.6	22.9
泸州	11.2	33.2	27.0	28.6
洛阳	6.8	30.2	40.8	22.2
牡丹江	10.6	33.9	38.0	17.5
南昌	7.2	28.1	29.0	35.7
南充	14.5	28.9	32.2	24.4
南京	8.1	37.3	33.8	20.8
南宁	6.8	28.6	32.9	31.7
宁波	10.3	45.6	33.1	11.0
平顶山	6.5	27.5	38.2	27.8
秦皇岛	9.8	36.5	38.9	14.8

续表

城市	1 人户	2 人户	3 人户	4 人及以上户
青岛	6. 1	40. 3	36. 4	17. 2
衢州	9. 0	39. 6	33. 2	18. 2
泉州	14. 3	35. 5	25. 3	24. 9
三亚	4. 8	23. 8	24. 8	46. 6
厦门	13. 6	43. 2	26. 4	16. 8
上海	14. 6	42. 0	29. 2	14. 2
韶关	7. 5	33. 0	29. 0	30. 5
深圳	17. 0	45. 7	21. 3	16. 0
沈阳	10. 9	36. 0	37. 1	16. 0
石家庄	6. 3	25. 8	32. 5	35. 4
苏州	11. 5	37. 5	28. 6	22. 4
台州	11. 2	37. 0	28. 9	22. 9
太原	7. 5	34. 6	37. 8	20. 1
唐山	7. 4	33. 9	39. 5	19. 2
天津	5. 7	37. 5	36. 6	20. 2
铜陵	9. 2	37. 1	37. 5	16. 2
温州	8. 3	48. 4	26. 8	16. 5
乌鲁木齐	13. 1	43. 3	29. 3	14. 3
无锡	6. 9	41. 8	30. 1	21. 2
芜湖	7. 1	43. 6	33. 3	16. 0
武汉	7. 8	35. 3	35. 4	21. 5
西安	10. 2	38. 3	32. 9	18. 6
西宁	11. 3	37. 0	32. 2	19. 5
襄阳	6. 2	30. 3	30. 7	32. 8
徐州	5. 8	32. 6	37. 1	24. 5
烟台	9. 4	38. 7	40. 8	11. 1
扬州	6. 4	28. 6	33. 4	31. 6
宜昌	11. 5	34. 4	34. 6	19. 5
银川	9. 8	32. 7	38. 1	19. 4
营口	8. 5	36. 5	38. 0	17. 0
玉溪	6. 5	28. 8	29. 2	35. 5
岳阳	11. 6	28. 6	33. 7	26. 1
湛江	3. 7	24. 9	24. 5	46. 9
长春	7. 3	34. 6	38. 1	20. 0
长沙	12. 0	27. 9	36. 9	23. 2

续表

城市	1人户	2人户	3人户	4人及以上户
镇江	8.1	35.7	37.3	18.9
郑州	9.7	34.2	32.6	23.5
中山	11.1	42.3	19.1	27.5
重庆	16.5	43.5	21.7	18.3
珠海	9.7	39.8	29.2	21.3
遵义	9.3	36.6	28.9	25.2

表3.64.13　2021～2022年各城市收视调查网家庭收入结构（%）

城市	0～1500元	1501～3000元	3001～4500元	4501～6000元	6001～8000元	8001～12000元	12001元及以上
安庆	7.4	7.7	10.2	17.9	24.6	24.8	7.5
蚌埠	2.0	5.2	9.2	15.4	24.6	32.9	10.7
包头	1.5	2.8	10.8	13.3	27.3	29.2	15.1
宝鸡	3.4	2.4	12.2	13.4	26.2	32.6	9.8
北海	0.4	6.9	14.2	16.8	20.0	24.9	16.9
北京	0.5	2.2	2.7	4.4	6.7	24.9	58.5
常德	9.0	9.9	13.3	11.7	13.5	23.2	19.4
常州	2.8	1.8	8.9	13.1	19.4	26.6	27.5
潮州	4.6	5.3	5.8	11.8	12.9	34.7	24.8
成都	0.6	1.8	5.2	13.4	17.1	36.5	25.4
赤峰	2.7	6.6	10.6	16.0	24.7	29.7	9.6
大理	4.6	5.6	9.4	12.9	17.2	27.2	23.1
大连	1.2	3.4	9.0	11.2	23.8	32.7	18.6
大庆	0.5	2.3	8.7	6.8	19.9	40.2	21.7
大同	2.8	3.3	19.5	23.0	24.8	19.7	6.9
丹东	0.3	3.9	8.9	13.3	34.8	27.4	11.4
德州	3.9	2.0	6.4	10.0	13.5	40.4	23.8
东莞	2.0	5.6	9.1	9.5	15.5	29.1	29.0
佛山	3.1	4.4	6.3	13.3	11.4	25.0	36.6
福州	2.3	2.9	4.7	6.7	14.6	31.8	36.9
抚顺	2.7	6.9	13.2	18.8	25.8	23.2	9.3
赣州	2.7	9.5	8.6	6.9	19.0	35.1	18.3
广元	4.4	7.8	13.6	12.4	14.4	27.6	19.8
广州	4.0	4.6	9.2	10.2	14.1	28.7	29.2
贵阳	0.8	3.1	7.6	12.2	20.9	34.3	21.0

续表

城市	0～1500元	1501～3000元	3001～4500元	4501～6000元	6001～8000元	8001～12000元	12001元及以上
桂林	0.3	4.5	10.3	21.5	26.9	27.9	8.7
哈尔滨	0.6	6.4	10.0	16.2	22.4	30.5	13.9
海口	2.4	4.6	9.3	14.9	14.3	29.5	25.0
杭州	0.0	0.8	2.2	5.4	6.1	25.3	60.2
合肥	0.7	3.5	6.9	6.3	15.0	40.0	27.6
衡阳	0.6	5.2	11.7	15.5	17.9	31.6	17.4
呼和浩特	1.5	2.7	9.1	12.9	20.8	33.5	19.5
湖州	0.7	0.7	2.9	7.5	6.7	24.4	57.1
惠州	3.2	5.2	4.4	8.6	14.5	30.4	33.7
吉林市	0.4	9.2	16.8	25.7	25.9	15.4	6.7
济南	5.5	3.1	10.3	10.9	16.1	33.7	20.3
济宁	6.6	5.5	10.2	10.3	18.4	35.8	13.1
江门	2.6	2.9	12.1	12.9	17.6	24.8	27.2
金华	0.0	0.9	7.2	9.9	8.4	33.7	39.9
锦州	0.8	5.2	5.6	24.8	35.7	23.5	4.3
荆门	2.7	5.1	9.8	12.9	13.3	32.0	24.2
荆州	1.8	5.1	11.3	12.2	19.2	30.6	19.8
九江	6.2	7.5	16.4	12.4	16.2	22.3	19.0
昆明	0.9	2.7	11.8	11.3	19.8	29.5	24.1
拉萨	6.8	7.6	22.4	9.2	13.7	20.4	20.1
兰州	0.9	3.8	11.7	13.7	20.8	31.7	17.3
柳州	0.8	2.1	6.6	12.9	25.4	35.7	16.5
泸州	17.4	19.1	20.6	13.7	12.1	10.2	6.8
洛阳	1.8	5.0	8.0	15.9	26.6	32.0	10.8
牡丹江	0.2	6.9	10.6	24.8	25.1	25.8	6.6
南昌	0.6	3.8	6.1	8.1	12.0	32.8	36.6
南充	11.0	9.1	19.8	17.1	13.4	19.4	10.1
南京	2.7	2.3	5.8	7.2	11.7	30.2	40.0
南宁	7.4	9.1	13.4	12.8	15.9	24.1	17.4
宁波	2.9	2.7	7.7	7.9	10.2	27.2	41.4
平顶山	1.9	5.7	17.3	14.2	23.6	26.6	10.7
秦皇岛	2.3	7.7	16.5	15.9	28.5	23.6	5.5
青岛	8.0	5.3	8.6	6.8	16.7	31.5	23.1
衢州	3.0	3.7	9.2	6.7	11.4	30.1	35.9

续表

城市	0～1500元	1501～3000元	3001～4500元	4501～6000元	6001～8000元	8001～12000元	12001元及以上
泉州	3.3	3.3	6.1	6.0	7.6	27.6	46.1
三亚	1.9	3.5	7.9	12.0	20.3	31.8	22.7
厦门	1.6	2.7	9.4	9.9	11.4	29.4	35.6
上海	0.2	1.0	1.7	4.6	6.5	30.5	55.5
韶关	4.6	7.8	10.2	13.3	16.5	29.7	18.0
深圳	0.0	0.8	2.5	2.8	9.0	21.5	63.4
沈阳	2.7	6.1	12.0	15.6	20.1	25.4	18.1
石家庄	2.5	4.3	10.5	10.1	23.3	32.0	17.2
苏州	0.4	2.6	4.1	8.0	9.9	26.7	48.3
台州	3.7	2.5	7.8	12.6	6.9	26.5	40.0
太原	0.8	3.7	8.4	9.7	24.9	34.7	17.7
唐山	2.7	4.6	12.9	15.6	28.6	28.3	7.2
天津	1.9	4.5	11.1	11.1	21.0	32.8	17.6
铜陵	2.5	6.6	8.4	13.9	22.8	37.2	8.6
温州	0.0	0.4	2.6	5.4	4.3	31.8	55.4
乌鲁木齐	1.1	2.0	5.6	10.4	11.1	37.4	32.2
无锡	0.4	2.8	5.8	12.4	13.5	33.3	31.8
芜湖	2.3	6.0	9.8	15.0	16.2	27.8	22.9
武汉	1.2	4.8	9.9	9.9	17.7	30.6	25.9
西安	1.7	4.1	8.2	11.2	23.8	34.3	16.7
西宁	0.3	1.8	9.2	10.3	20.5	37.6	20.2
襄阳	13.7	8.4	11.7	16.4	16.2	24.5	9.2
徐州	0.5	3.5	9.9	11.5	16.0	33.3	25.3
烟台	4.8	7.7	12.4	8.1	13.9	40.1	13.0
扬州	1.8	2.4	5.0	7.0	15.1	27.8	40.9
宜昌	1.7	4.5	12.8	16.2	17.9	27.7	19.2
银川	1.8	5.4	9.9	11.8	21.1	32.7	17.3
营口	4.0	11.4	16.0	19.7	20.9	19.5	8.5
玉溪	8.9	10.8	15.2	13.0	22.9	18.6	10.7
岳阳	7.1	8.1	12.8	14.5	15.9	23.4	18.2
湛江	4.9	11.9	17.3	13.2	16.6	18.7	17.3
长春	2.1	4.9	8.4	10.5	20.2	35.2	18.7
长沙	2.5	5.7	5.4	10.1	11.3	35.4	29.6
镇江	1.2	5.4	5.7	7.8	13.9	31.9	34.1

续表

城市	0～1500 元	1501～3000 元	3001～4500 元	4501～6000 元	6001～8000 元	8001～12000 元	12001 元及以上
郑州	1.2	2.8	5.9	10.8	14.3	36.1	28.9
中山	2.0	6.4	5.3	9.1	8.3	23.5	45.4
重庆	15.3	14.2	15.8	11.0	14.1	17.9	11.7
珠海	3.0	3.3	6.8	13.7	13.4	28.5	31.3
遵义	1.3	7.2	15.5	13.5	29.8	24.9	7.9

表 3.64.14　2021～2022 年各城市收视调查网家庭购买决策者年龄结构（%）

城市	15～29 岁	30～49 岁	50 岁及以上
安庆	4.5	42.0	53.5
蚌埠	6.0	41.2	52.8
包头	4.7	50.2	45.1
宝鸡	8.8	47.6	43.6
北海	2.7	42.1	55.2
北京	8.6	45.5	45.9
常德	3.7	45.4	50.9
常州	5.9	48.4	45.7
潮州	2.7	47.6	49.7
成都	17.3	48.6	34.1
赤峰	5.6	50.7	43.7
大理	9.5	51.3	39.2
大连	9.1	45.9	45.0
大庆	5.1	40.5	54.4
大同	14.1	48.0	37.9
丹东	4.3	38.3	57.4
德州	6.8	52.2	41.0
东莞	12.4	52.3	35.3
佛山	0.7	32.7	66.6
福州	7.4	37.2	55.4
抚顺	3.6	41.0	55.4
赣州	4.5	47.5	48.0
广元	8.6	49.2	42.2
广州	11.7	41.4	46.9
贵阳	15.7	43.7	40.6
桂林	6.6	36.1	57.3

续表

城市	15～29 岁	30～49 岁	50 岁及以上
哈尔滨	6.5	44.2	49.3
海口	6.9	44.8	48.3
杭州	10.2	42.4	47.4
合肥	9.9	48.6	41.5
衡阳	6.6	44.9	48.5
呼和浩特	7.6	51.1	41.3
湖州	3.5	45.1	51.4
惠州	10.1	50.3	39.6
吉林市	4.2	41.2	54.6
济南	7.2	49.2	43.6
济宁	4.9	47.3	47.8
江门	6.5	43.4	50.1
金华	5.6	44.1	50.3
锦州	4.5	46.4	49.1
荆门	6.0	49.8	44.2
荆州	6.3	46.5	47.2
九江	5.9	47.4	46.7
昆明	15.1	44.5	40.4
拉萨	8.6	48.7	42.7
兰州	7.2	44.0	48.8
柳州	6.8	45.7	47.5
泸州	6.3	37.7	56.0
洛阳	4.9	45.7	49.4
牡丹江	4.5	49.9	45.6
南昌	8.3	46.3	45.4
南充	7.3	39.8	52.9
南京	4.7	48.7	46.6
南宁	9.5	53.1	37.4
宁波	10.6	46.8	42.6
平顶山	4.5	46.1	49.4
秦皇岛	9.4	43.8	46.8
青岛	5.6	43.7	50.7
衢州	3.1	41.8	55.1
泉州	6.7	48.8	44.5
三亚	6.2	45.7	48.1

续表

城市	15~29岁	30~49岁	50岁及以上
厦门	10.9	50.0	39.1
上海	7.7	32.4	59.9
韶关	5.2	46.1	48.7
深圳	19.9	53.1	27.0
沈阳	7.4	39.9	52.7
石家庄	7.7	51.5	40.8
苏州	18.3	46.2	35.5
台州	3.8	35.1	61.1
太原	5.7	44.8	49.5
唐山	3.5	45.7	50.8
天津	6.7	46.0	47.3
铜陵	3.5	49.3	47.2
温州	9.0	51.1	39.9
乌鲁木齐	15.0	54.3	30.7
无锡	5.4	36.8	57.8
芜湖	5.0	43.4	51.6
武汉	5.6	44.1	50.3
西安	10.2	37.5	52.3
西宁	9.3	48.0	42.7
襄阳	6.7	41.6	51.7
徐州	5.5	46.0	48.5
烟台	7.0	47.9	45.1
扬州	0.8	34.9	64.3
宜昌	9.3	43.8	46.9
银川	8.3	49.9	41.8
营口	4.8	44.6	50.6
玉溪	10.9	42.5	46.6
岳阳	8.1	54.4	37.5
湛江	5.1	46.7	48.2
长春	5.1	46.5	48.4
长沙	14.5	49.6	35.9
镇江	6.5	40.9	52.6
郑州	9.3	52.2	38.5
中山	13.3	48.1	38.6
重庆	6.9	33.3	59.8

续表

城市	15～29 岁	30～49 岁	50 岁及以上
珠海	9.1	44.5	46.4
遵义	8.2	47.9	43.9

表 3.64.15　2021～2022 年各城市收视调查网性别与年龄结构（%）

城市	性别		年龄						
	男性	女性	4～14 岁	15～24 岁	25～34 岁	35～44 岁	45～54 岁	55～64 岁	65 岁及以上
铜陵	51.3	48.7	10.8	13.5	14.3	24.2	16.3	10.6	10.3
杭州	51.4	48.6	7.8	20.0	19.9	18.6	15.0	10.1	8.6
银川	50.4	49.6	11.2	17.5	17.9	19.6	16.6	9.3	7.9
芜湖	52.6	47.4	7.2	21.6	14.6	19.0	15.8	11.2	10.6
安庆	49.3	50.7	10.7	15.7	13.2	21.6	15.6	12.3	10.9
湖州	50.2	49.8	8.0	19.7	16.2	18.6	15.7	11.6	10.2
南充	49.4	50.6	10.8	19.1	13.5	19.8	13.7	12.5	10.6
玉溪	50.2	49.8	13.8	17.9	17.1	19.2	12.6	9.9	9.5
荆州	50.7	49.3	8.2	18.0	14.4	19.9	17.6	12.9	9.0
宜昌	51.0	49.0	8.4	17.1	16.3	20.1	15.8	12.6	9.7
柳州	50.0	50.0	11.2	9.3	19.0	21.6	17.7	11.1	10.1
锦州	49.0	51.0	8.0	14.0	14.9	17.7	19.2	14.1	12.1
呼和浩特	50.8	49.2	10.6	19.4	18.9	19.5	14.7	9.3	7.6
西宁	51.3	48.7	10.9	17.4	16.0	22.4	15.6	8.5	9.2
福州	50.0	50.0	9.3	18.7	19.8	18.5	14.1	10.7	8.9
大连	49.7	50.3	6.9	16.4	17.9	17.5	16.8	13.0	11.5
合肥	52.1	47.9	9.8	21.8	19.3	19.7	11.9	9.4	8.1
包头	51.2	48.8	9.8	16.3	16.2	21.4	16.5	9.9	9.9
蚌埠	50.1	49.9	10.3	15.9	15.3	19.3	16.1	11.8	11.3
营口	51.3	48.7	8.1	15.1	15.7	19.5	18.2	12.9	10.5
长沙	49.9	50.1	9.3	19.9	15.8	20.0	14.7	11.2	9.1
青岛	50.3	49.7	9.2	17.7	17.3	17.1	15.7	12.2	10.8
牡丹江	49.5	50.5	7.7	15.2	14.6	20.0	19.1	12.7	10.7
大庆	48.8	51.2	7.3	11.6	16.3	21.3	20.8	11.7	11.0
常德	49.5	50.5	8.9	16.9	12.1	21.2	16.8	12.9	11.2
厦门	52.0	48.0	9.1	23.8	24.8	20.0	10.9	6.5	4.9
秦皇岛	49.7	50.3	8.5	20.4	16.6	17.2	16.2	11.9	9.2
金华	51.7	48.3	10.3	15.5	18.6	20.5	15.4	10.8	8.9
衢州	50.4	49.6	11.6	11.4	15.6	21.0	16.9	12.6	10.9

续表

城市	性别		年龄						
	男性	女性	4～14岁	15～24岁	25～34岁	35～44岁	45～54岁	55～64岁	65岁及以上
江门	50.3	49.7	11.6	13.5	19.0	19.7	16.6	10.2	9.4
长春	49.9	50.1	7.9	17.5	16.4	18.1	17.5	12.7	9.9
哈尔滨	49.7	50.3	6.3	16.3	15.5	16.8	18.0	15.6	11.5
宁波	51.2	48.8	8.3	17.9	19.5	20.6	15.2	10.7	7.8
扬州	50.2	49.8	8.2	18.1	14.7	19.2	15.4	13.2	11.2
太原	51.5	48.5	9.5	22.0	16.6	17.3	16.1	9.2	9.3
徐州	50.5	49.5	9.5	18.0	15.7	18.5	15.9	11.7	10.7
广州	50.9	49.1	9.0	14.6	24.4	18.8	15.0	9.9	8.3
湛江	52.0	48.0	13.9	16.7	18.5	15.5	14.5	10.8	10.1
温州	51.2	48.8	8.6	16.9	22.9	22.5	13.6	8.6	6.9
荆门	50.6	49.4	9.4	17.2	16.1	21.8	16.6	11.2	7.7
九江	50.8	49.2	11.1	21.6	14.9	19.1	14.2	10.3	8.8
遵义	50.5	49.5	14.7	16.7	14.2	22.9	13.2	9.9	8.4
大理	50.0	50.0	13.1	11.7	16.3	19.9	18.6	10.5	9.9
大同	50.1	49.9	11.5	14.4	15.7	20.5	18.8	9.9	9.2
惠州	53.4	46.6	13.0	16.9	23.1	19.5	15.0	6.7	5.8
岳阳	51.1	48.9	11.4	17.6	15.1	22.4	14.8	10.5	8.2
洛阳	50.5	49.5	11.1	15.2	16.3	20.9	15.7	10.8	10.0
唐山	50.3	49.7	8.3	15.6	16.3	16.1	18.6	15.0	10.1
中山	52.7	47.3	9.3	22.3	24.5	22.1	10.5	6.4	4.9
东莞	55.7	44.3	7.6	16.8	28.6	22.7	14.9	5.4	4.0
兰州	51.2	48.8	9.4	19.6	15.1	19.8	15.3	10.4	10.4
西安	51.0	49.0	8.5	21.6	17.8	18.1	14.9	9.6	9.5
南宁	50.2	49.8	11.4	12.1	22.5	18.9	15.3	11.4	8.4
珠海	51.2	48.8	10.8	14.9	21.2	21.4	17.1	7.9	6.7
昆明	51.0	49.0	9.0	19.6	19.3	20.5	13.2	9.6	8.8
丹东	49.9	50.1	6.8	13.7	12.3	18.0	21.1	15.2	12.9
无锡	52.1	47.9	7.4	18.9	18.7	19.9	14.3	11.6	9.2
襄阳	50.6	49.4	10.9	18.3	15.2	19.7	15.5	12.0	8.4
平顶山	51.4	48.6	11.6	18.1	16.0	22.7	14.0	9.5	8.1
贵阳	51.3	48.7	12.9	16.5	17.4	21.4	13.7	9.3	8.8
深圳	53.7	46.3	9.4	25.0	30.6	20.3	8.0	3.1	3.6
潮州	49.0	51.0	11.1	15.7	15.8	15.8	17.1	13.7	10.8
北海	50.7	49.3	11.3	16.8	18.7	20.3	15.5	9.3	8.1

续表

城市	性别		年龄						
	男性	女性	4～14岁	15～24岁	25～34岁	35～44岁	45～54岁	55～64岁	65岁及以上
台州	50.7	49.3	11.1	13.5	18.2	22.0	15.0	10.2	10.0
济南	50.1	49.9	10.4	17.8	15.5	17.9	16.2	12.3	9.9
抚顺	50.1	49.9	6.1	12.7	13.1	17.1	23.6	14.4	13.0
宝鸡	50.9	49.1	10.5	16.5	15.7	19.5	16.6	11.8	9.4
沈阳	49.6	50.4	7.0	12.4	15.0	17.4	20.2	15.1	12.9
桂林	50.7	49.3	9.6	16.5	18.9	19.9	15.0	11.3	8.8
武汉	50.7	49.3	7.4	23.2	15.6	16.9	15.9	11.8	9.2
南昌	52.2	47.8	12.7	24.9	15.2	17.0	12.9	9.4	7.9
佛山	53.9	46.1	8.9	14.7	24.0	20.6	16.4	8.3	7.1
韶关	48.7	51.3	12.1	14.1	14.0	16.5	18.6	12.6	12.1
烟台	49.9	50.1	7.9	22.3	16.1	18.5	15.3	10.9	9.0
苏州	50.6	49.4	6.6	24.8	20.6	17.4	12.3	10.0	8.3
南京	51.3	48.7	6.9	20.8	16.4	18.8	15.1	12.0	10.0
泉州	50.9	49.1	9.5	23.4	21.2	19.7	12.3	7.7	6.2
衡阳	50.4	49.6	11.0	20.6	14.0	18.5	15.6	11.9	8.4
天津	53.3	46.7	7.3	19.4	18.4	16.7	16.7	12.3	9.2
吉林市	50.0	50.0	7.8	14.9	13.7	18.5	19.2	14.4	11.5
郑州	51.3	48.7	11.1	22.7	19.5	19.1	12.1	8.0	7.5
泸州	49.8	50.2	13.4	14.1	11.2	21.2	14.2	14.3	11.6
上海	51.5	48.5	6.4	11.8	20.4	18.0	15.0	15.5	12.9
拉萨	51.8	48.2	8.6	21.7	21.9	25.4	13.2	5.6	3.6
海口	51.5	48.5	12.5	15.2	21.8	17.2	14.8	9.1	9.4
三亚	49.8	50.2	11.4	23.2	23.8	15.8	13.8	6.7	5.3
常州	50.9	49.1	8.2	17.6	18.3	19.6	14.9	11.6	9.8
镇江	52.6	47.4	7.3	17.2	15.6	19.6	17.1	12.8	10.4
北京	50.7	49.3	7.4	10.0	22.2	17.6	17.7	13.2	11.9
赣州	50.5	49.5	17.8	17.3	14.4	18.7	12.8	10.3	8.7
石家庄	49.7	50.3	13.9	12.8	18.6	15.6	14.3	12.4	12.4
赤峰	50.2	49.8	11.7	14.3	16.4	21.8	16.7	10.2	8.9
成都	49.5	50.5	9.8	12.2	20.3	14.5	18.4	11.7	13.1
广元	48.8	51.2	11.8	11.1	16.3	12.4	23.1	12.4	12.9
重庆	50.2	49.8	12.0	10.9	15.0	11.0	19.9	13.3	17.9
济宁	50.3	49.7	14.8	9.3	17.3	16.5	15.8	13.2	13.1
德州	49.3	50.7	14.7	12.0	16.3	16.5	16.4	12.2	11.9
乌鲁木齐	51.9	48.1	11.3	12.4	19.0	15.9	20.2	11.5	9.7

第四部分

广播收听数据

主要收听指标解释与广播节目收听排名规则

一　主要收听指标解释

1. 人均收听时间（分钟）：是实际听众日平均收听时间（分钟）与总体推及人口的比值。它是把实际听众的总收听时间平均分配给了总体推及人口，而不是分配给实际收听人口。

2. 收听率（%）：是针对某个特定时段（或节目），平均每分钟的收听人数占总体推及人口的百分比。收听率（%）反映的是在特定时段收听某一频率或某一节目的人数在总体推及人口中的百分比。

3. 市场份额（或称为市场占有率,%）：是指特定时段内收听某一频率或某一节目的人数占同一时段所有收听广播人数的百分比，也即是特定时段内某一频率（或某一节目）的收听率占所有频率（或所有节目）总收听率的百分比。

4. 听众构成（%）：是指对于特定频率（或节目），各目标听众平均每分钟的收听人数（千人）占所有听众平均每分钟收听人数（千人）的百分比。

二　广播节目收听排名规则

1. 本年鉴数据表中广播节目排名的节目单来源主要为中央级、省级、省会城市级和地市级广播电台提供的节目单；有少数城市的节目单参考其官网发布的节目单；没有进行节目排名的城市是由于无法获取当地电台节目单，故有缺失。

2. 节目收听排名主要按收听率由高到低排序，如收听率相同，再按市场份额排序，高者排前；如果两项指标都相同，则节目排名序号相同。

一　北京收听数据

表 4.1.1　2020～2022 年北京各目标听众人均收听时间

单位：分钟

目标听众		2020 年	2021 年	2022 年
15 岁及以上所有人		65	66	66
性别	男	66	68	68
	女	63	62	63
年龄	15～24 岁	44	46	59
	25～34 岁	53	51	51
	35～44 岁	60	60	61
	45～54 岁	83	81	75
	55～64 岁	90	96	99
	65 岁及以上	107	109	115
受教育程度	未受过正规教育	*	*	*
	小学	55	49	53
	初中	70	74	80
	高中	75	80	75
	大学及以上	59	57	60
职业	干部/管理人员	62	63	61
	初级公务员/雇员	60	59	60
	个体/私营企业人员	64	68	61
	工人	62	66	70
	学生	57	60	74
	无业（包括退休人员）	93	96	98
	其他	*	*	*
个人月收入	没有收入	56	61	68
	1～2000 元	68	68	81
	2001～3000 元	85	84	80
	3001～4000 元	80	81	76
	4001～5000 元	68	71	70
	5001～6000 元	60	59	63
	6001 元及以上	53	53	54

注：* 表示目标听众样本量不足，无法进行统计推断。

表 4.1.2　2020～2022 年北京听众在不同地点的人均收听时间

单位：分钟

地点	2020 年	2021 年	2022 年
家中	30	28	21
车上	22	25	36
工作/学习场所	5	5	5
其他场所	8	8	3

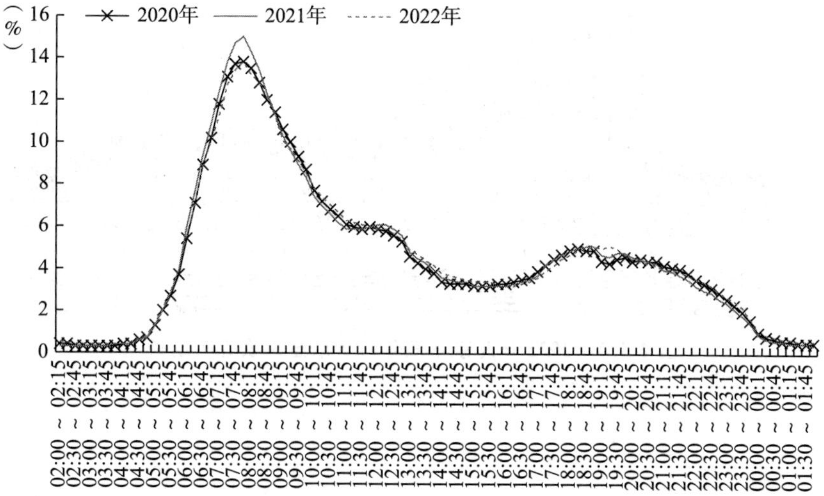

图 4.1.1　2020～2022 年北京听众全天收听率走势

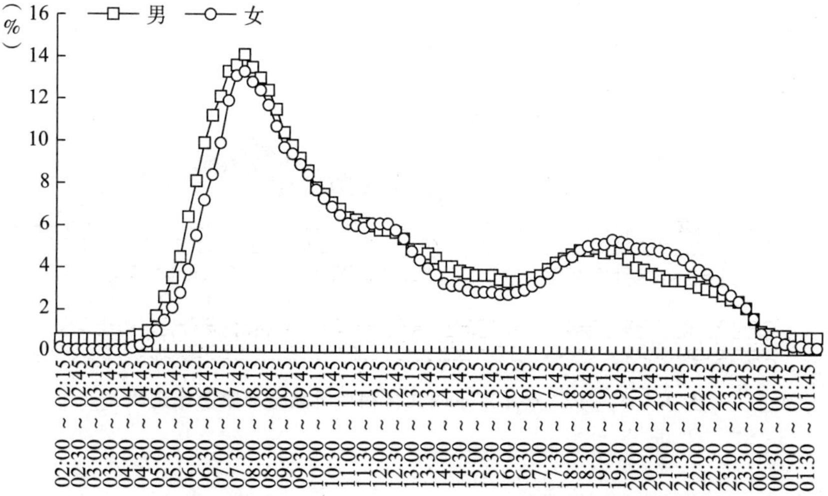

图 4.1.2　2022 年北京不同性别听众全天收听率走势

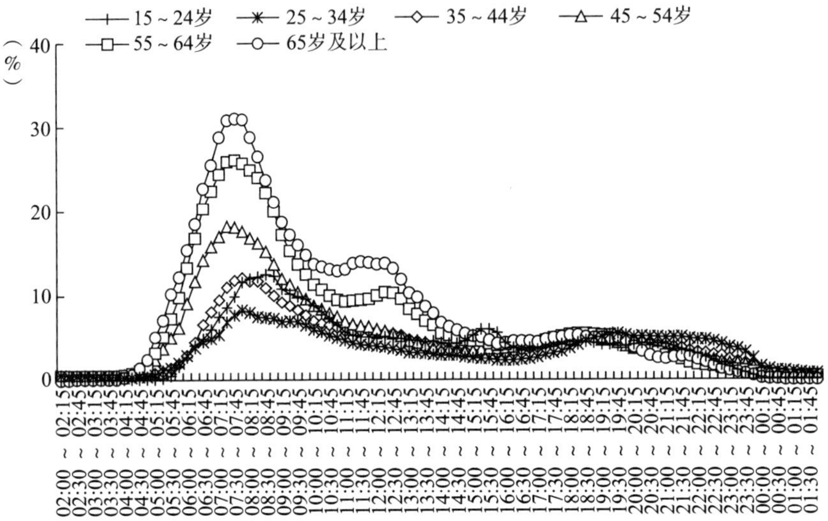

图 4.1.3　2022 年北京不同年龄听众全天收听率走势

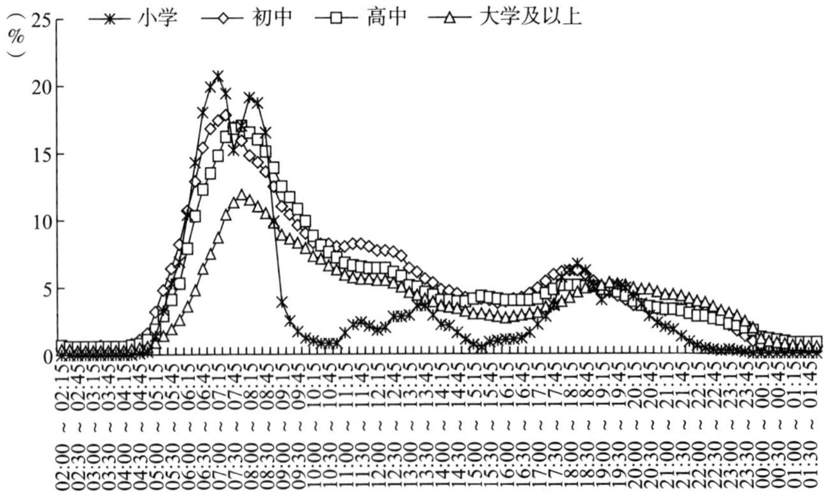

图 4.1.4　2022 年北京不同文化程度听众全天收听率走势

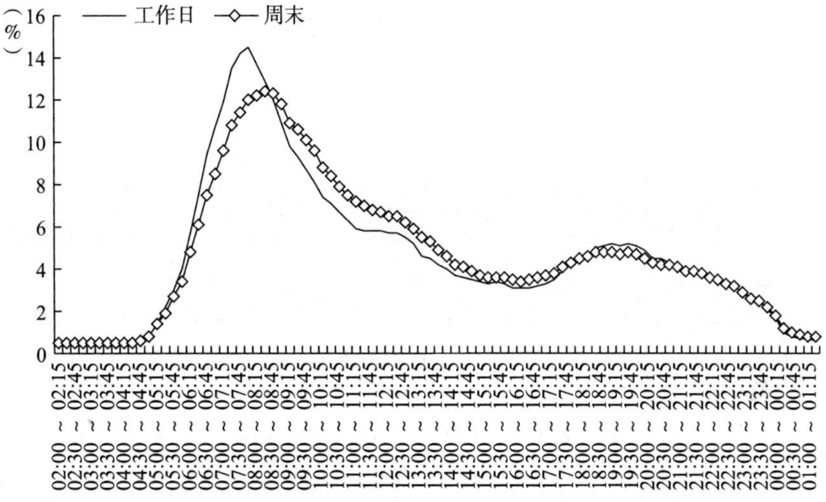

图 4.1.5　2022 年北京听众工作日与周末全天收听率走势

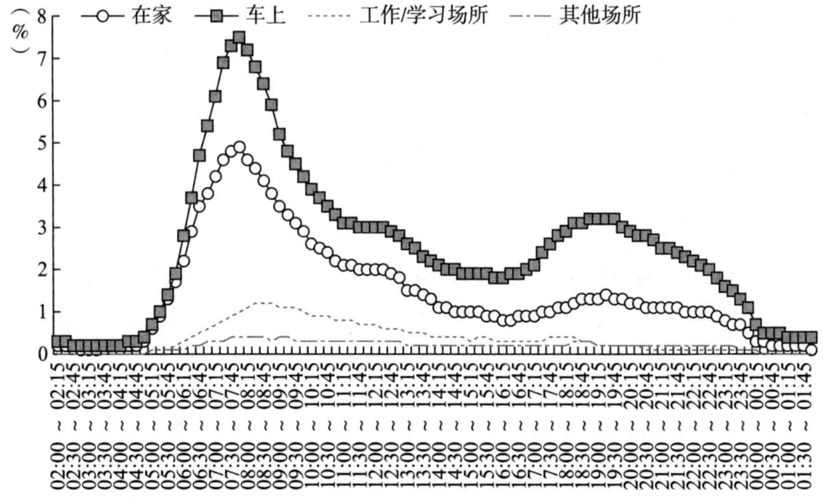

图 4.1.6　2022 年北京听众在不同收听地点全天收听率走势

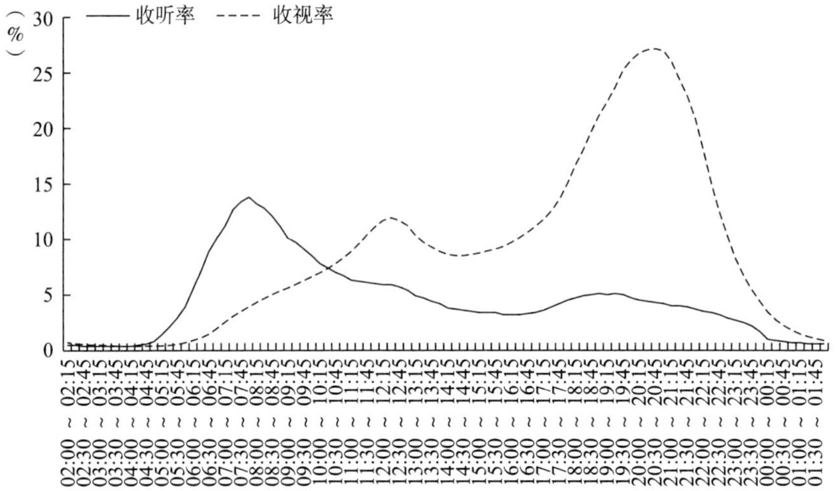

图 4.1.7　2022 年北京受众全天收听率、收视率走势比较（目标受众为 15 岁及以上）

表 4.1.3　2022 年北京市场听众构成

单位：%

目标听众		听众构成
15 岁及以上所有人		100.0
性别	男	62.6
	女	37.4
年龄	15～24 岁	7.6
	25～34 岁	27.7
	35～44 岁	22.6
	45～54 岁	20.0
	55～64 岁	10.8
	65 岁及以上	11.3
受教育程度	未受过正规教育	*
	小学	0.3
	初中	10.7
	高中	32.4
	大学及以上	56.6
职业	干部/管理人员	7.5
	初级公务员/雇员	54.5
	个体/私营企业人员	5.3
	工人	10.0
	学生	6.8
	无业（包括退休人员）	15.8
	其他	*

续表

目标听众		听众构成
个人月收入	没有收入	7.9
	1～2000 元	1.6
	2001～3000 元	7.1
	3001～4000 元	22.0
	4001～5000 元	19.2
	5001～6000 元	20.1
	6001 元及以上	22.1

注：* 表示目标听众样本量不足，无法进行统计推断。

表 4.1.4　2020～2022 年北京市场各广播电台的市场份额

单位：%

广播电台	2020 年	2021 年	2022 年
中央广播电视总台	27.1	25.5	18.7
北京广播电视台	72.9	74.5	81.3

表 4.1.5　2022 年北京市场各广播电台在不同目标听众中的市场份额

单位：%

目标听众		中央广播电视总台	北京广播电视台
15 岁及以上所有人		18.7	81.3
性别	男	20.2	79.8
	女	16.2	83.8
年龄	15～24 岁	12.0	88.0
	25～34 岁	17.4	82.6
	35～44 岁	19.4	80.6
	45～54 岁	16.5	83.5
	55～64 岁	19.9	80.1
	65 岁及以上	28.5	71.5
受教育程度	未受过正规教育	*	*
	小学	2.4	97.6
	初中	13.8	86.2
	高中	16.6	83.4
	大学及以上	21.0	79.0

续表

目标听众		中央广播电视总台	北京广播电视台
职业	干部/管理人员	13.7	86.3
	初级公务员/雇员	19.0	81.0
	个体/私营企业人员	20.0	80.0
	工人	18.4	81.6
	学生	6.0	94.0
	无业（包括退休人员）	26.2	73.8
	其他	*	*
个人月收入	没有收入	9.9	90.1
	1～2000元	9.0	91.0
	2001～3000元	22.1	77.9
	3001～4000元	15.0	85.0
	4001～5000元	22.0	78.0
	5001～6000元	16.9	83.1
	6001元及以上	24.8	75.2

注：*表示目标听众样本量不足，无法进行统计推断。

表4.1.6　2022年北京市场份额排名前5位的频率

单位：%

排名	频率名称	市场份额
1	北京交通广播（FM103.9/CFM95.6）	40.2
2	北京新闻广播（FM94.5/AM828/CFM90.4）	19.2
3	北京文艺广播（FM87.6/CFM93.8）	9.8
4	北京音乐广播（FM97.4/CFM94.6）	9.5
5	中央人民广播电台第一套节目中国之声	6.6

表4.1.7　2022年北京市场收听率排名前30位的节目

单位：%

排名	节目名称	播出频率	收听率	市场份额
1	《交通新闻热线》（7：20）	北京交通广播（FM103.9/CFM95.6）	5.9	43.0
2	《一路畅通》（7：30）	北京交通广播（FM103.9/CFM95.6）	5.0	41.6
3	《今日交通》	北京交通广播（FM103.9/CFM95.6）	4.9	44.3
4	《交通新闻》（7：00）	北京交通广播（FM103.9/CFM95.6）	4.9	43.9
5	《1039新闻早报》	北京交通广播（FM103.9/CFM95.6）	4.1	43.7
6	《跃动的坐标》	北京交通广播（FM103.9/CFM95.6）	3.4	38.6

续表

排名	节目名称	播出频率	收听率	市场份额
7	《主播在线 1》	北京新闻广播（FM94.5/AM828/CFM90.4）	3.3	24.2
8	《新闻热线》（短版）	北京新闻广播（FM94.5/AM828/CFM90.4）	3.1	23.9
9	《主播在线 2》	北京新闻广播（FM94.5/AM828/CFM90.4）	3.1	23.7
10	《主播在线》	北京新闻广播（FM94.5/AM828/CFM90.4）	2.9	23.1
11	《1039 听天下》	北京交通广播（FM103.9/CFM95.6）	2.8	44.1
12	《1039 汽车天下》	北京交通广播（FM103.9/CFM95.6）	2.8	38.7
13	《北京新闻》	北京新闻广播（FM94.5/AM828/CFM90.4）	2.7	23.2
14	《主播在线 3》	北京新闻广播（FM94.5/AM828/CFM90.4）	2.5	21.1
15	《1039 慧生活》	北京交通广播（FM103.9/CFM95.6）	2.4	39.4
16	《欢乐正前方》	北京交通广播（FM103.9/CFM95.6）	2.3	39.3
17	《今日交通》（重播）	北京交通广播（FM103.9/CFM95.6）	2.1	40.5
18	《转播：新闻和报纸摘要》	北京新闻广播（FM94.5/AM828/CFM90.4）	2.1	22.6
19	《交通新闻》（13：00）	北京交通广播（FM103.9/CFM95.6）	1.9	39.9
19	《应急时刻》	北京交通广播（FM103.9/CFM95.6）	1.9	39.9
21	《新闻要知道》	北京交通广播（FM103.9/CFM95.6）	1.9	38.6
22	《一路畅通》（17：00）	北京交通广播（FM103.9/CFM95.6）	1.8	40.6
23	《交通新闻热线》（13：15）	北京交通广播（FM103.9/CFM95.6）	1.8	40.3
24	《整点快报》	北京新闻广播（FM94.5/AM828/CFM90.4）	1.8	18.1
25	《八点更新》	北京交通广播（FM103.9/CFM95.6）	1.7	39.1
26	《新闻热线》（长版）	北京新闻广播（FM94.5/AM828/CFM90.4）	1.7	23.1
27	《假日节拍》	北京新闻广播（FM94.5/AM828/CFM90.4）	1.7	17.0
28	《1039 服务热线》	北京交通广播（FM103.9/CFM95.6）	1.6	41.2
29	《1039 先锋驾道》	北京交通广播（FM103.9/CFM95.6）	1.5	37.3
30	《徐徐道来话北京》	北京交通广播（FM103.9/CFM95.6）	1.4	41.4

二　重庆收听数据

表 4.2.1　2020～2022 年重庆各目标听众人均收听时间

单位：分钟

目标听众		2020 年	2021 年	2022 年
10 岁及以上所有人		35	32	28
性别	男	35	32	27
	女	35	32	28
年龄	10～14 岁	5	5	5
	15～24 岁	20	19	17
	25～34 岁	37	33	28
	35～44 岁	40	35	31
	45～54 岁	41	35	29
	55～64 岁	39	41	34
	65 岁及以上	50	42	36
受教育程度	未受过正规教育	38	61	62
	小学	29	27	23
	初中	35	31	26
	高中	38	33	28
	大学及以上	34	31	29
职业	干部/管理人员	49	39	28
	初级公务员/雇员	35	34	30
	个体/私营企业人员	42	36	32
	工人	35	32	28
	学生	15	10	11
	无业（包括退休人员）	45	42	33
	其他	*	*	*
个人月收入	没有收入	19	14	14
	1～2000 元	40	42	36
	2001～3000 元	37	34	29
	3001～4000 元	38	33	29
	4001～5000 元	36	32	28
	5001～6000 元	42	44	33
	6001 元及以上	*	36	31

注：* 表示该目标听众样本量不足，无法进行统计推断。

表 4.2.2　2020～2022 年重庆听众在不同地点的人均收听时间

单位：分钟

地点	2020 年	2021 年	2022 年
在家	19	17	16
车上	14	14	11
工作/学习场所	1	1	1
其他场所	1	1	1

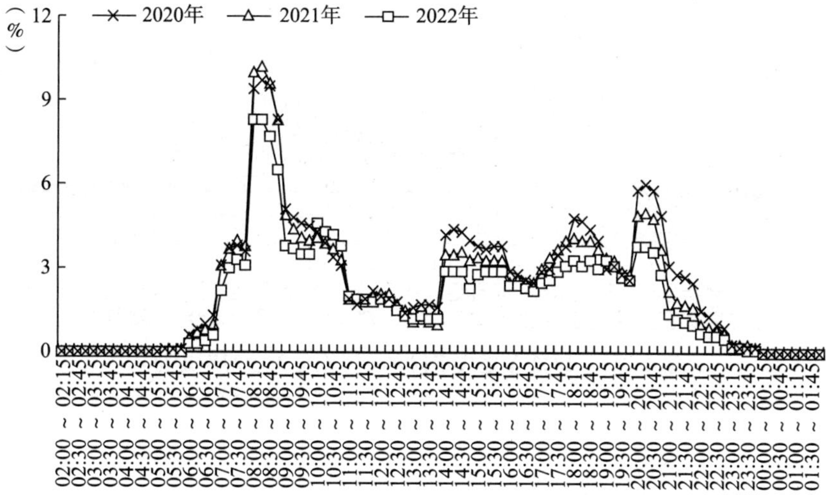

图 4.2.1　2020～2022 年重庆听众全天收听率走势

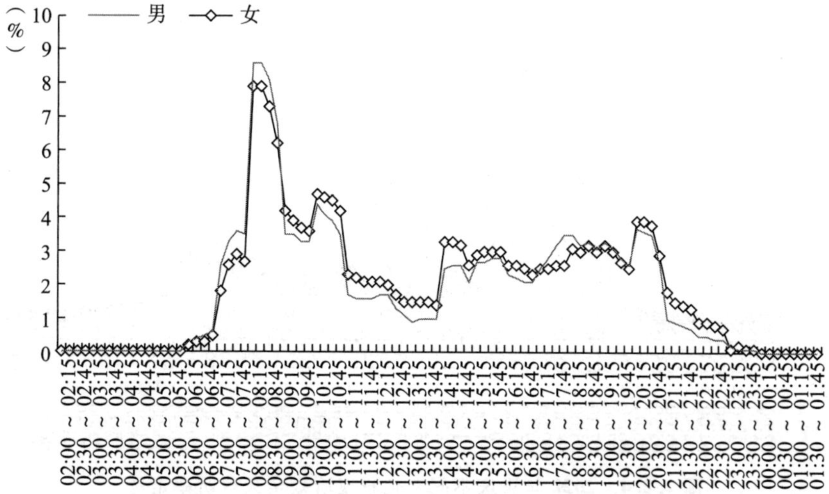

图 4.2.2　2022 年重庆不同性别听众全天收听率走势

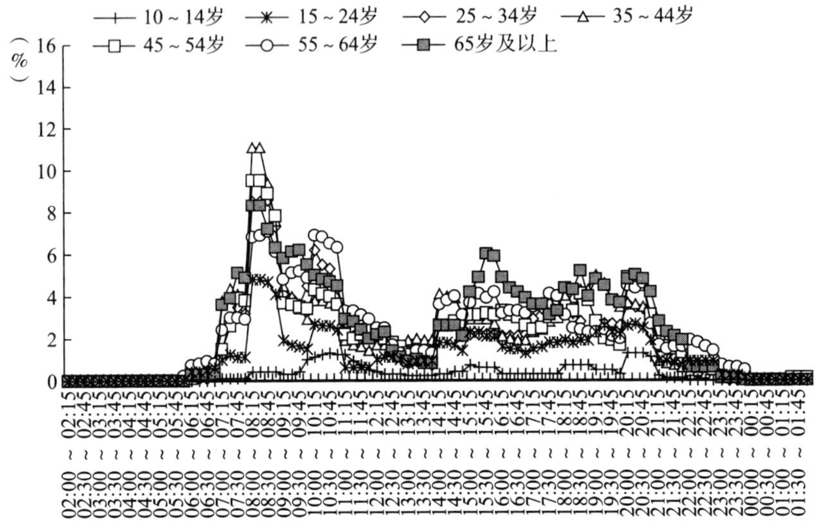

图 4.2.3　2022 年重庆不同年龄听众全天收听率走势

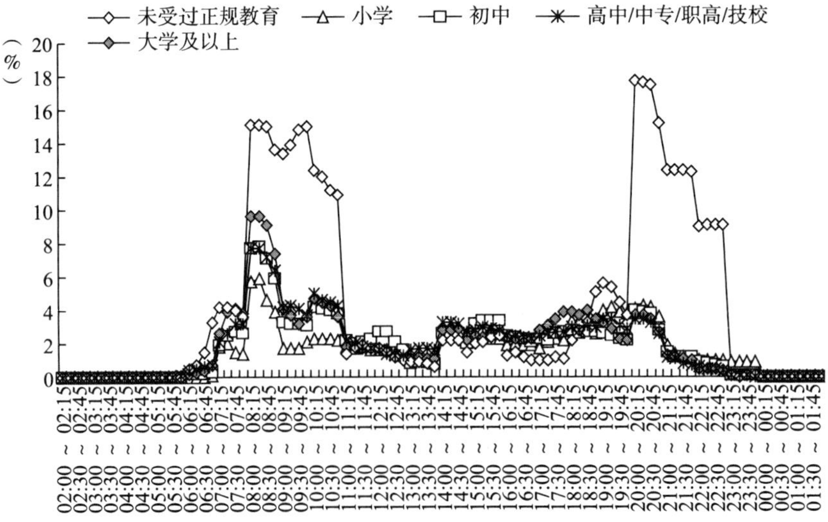

图 4.2.4　2022 年重庆不同文化程度听众全天收听率走势

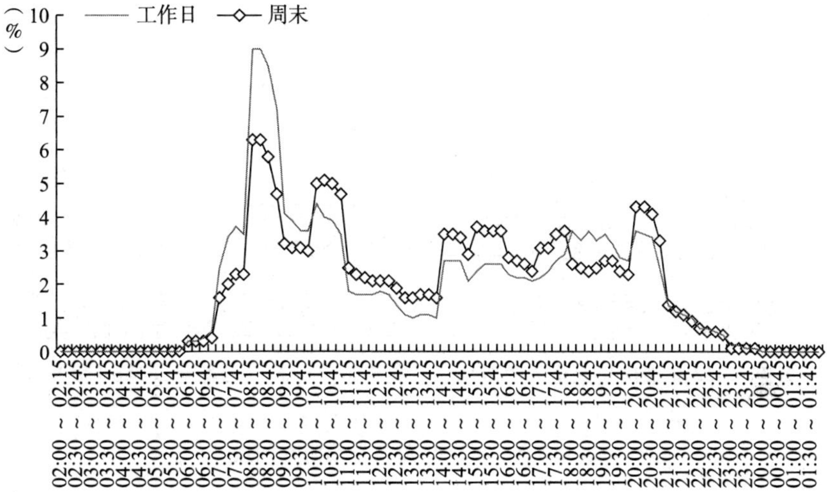

图 4.2.5 2022 年重庆听众工作日与周末全天收听率走势

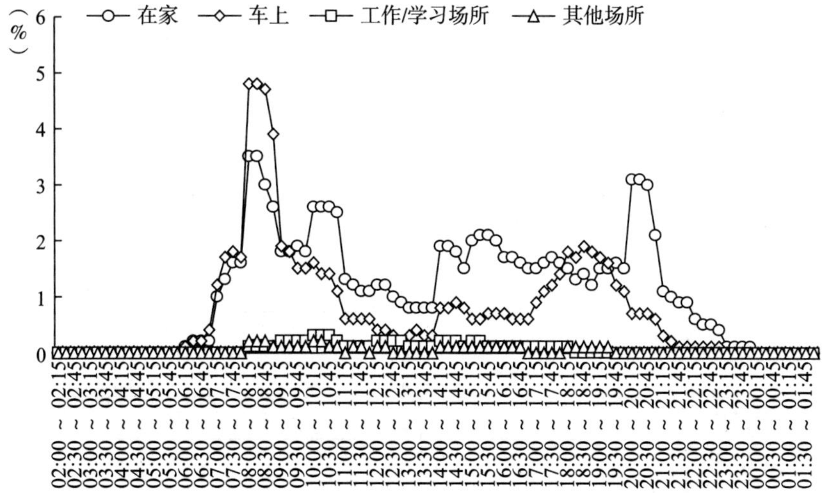

图 4.2.6 2022 年重庆听众在不同收听地点全天收听率走势

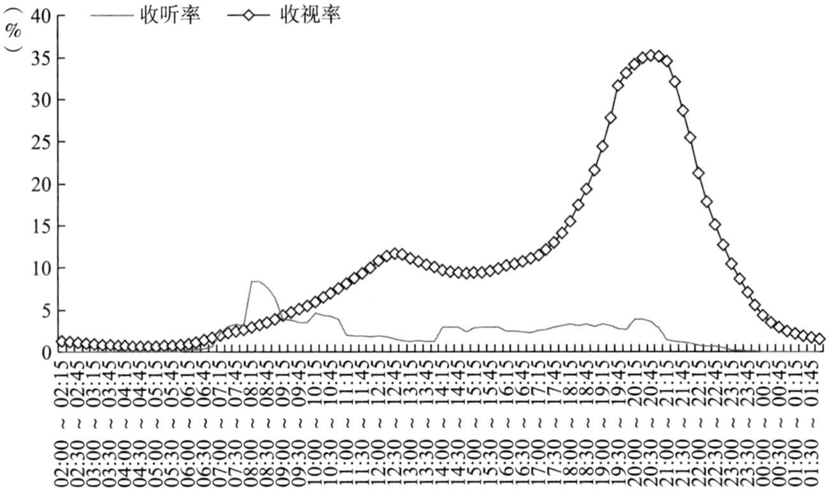

图 4.2.7　2022 年重庆受众全天收听率、收视率走势比较（目标受众为 10 岁及以上）

表 4.2.3　2022 年重庆市场听众构成

单位：%

目标听众		听众构成
10 岁及以上所有人		100.0
性别	男	50.8
	女	49.2
年龄	10～14 岁	0.6
	15～24 岁	9.3
	25～34 岁	21.6
	35～44 岁	29.3
	45～54 岁	16.3
	55～64 岁	13.8
	65 岁及以上	9.0
受教育程度	未受过正规教育	0.9
	小学	4.8
	初中	24.5
	高中	34.6
	大学及以上	35.1
职业	干部/管理人员	4.2
	初级公务员/雇员	16.0
	个体/私营企业人员	16.3
	工人	38.3

续表

目标听众		听众构成
职业	学生	5.0
	无业（包括退休人员）	20.1
	其他	*
个人月收入	没有收入	7.9
	1～2000 元	2.9
	2001～3000 元	9.4
	3001～4000 元	24.7
	4001～5000 元	16.1
	5001～6000 元	13.4
	6001 元及以上	25.6

注：* 表示该目标听众样本量不足，无法进行统计推断。

表 4.2.4　2020～2022 年重庆市场各广播电台的市场份额

单位：%

广播电台	2020 年	2021 年	2022 年
中央广播电视总台	4.2	2.7	2.1
重庆广播电视集团（总台）	95.4	96.1	97.0
其他广播电台	0.4	1.2	0.9

表 4.2.5　2022 年重庆市场各广播电台在不同目标听众中的市场份额

单位：%

目标听众		中央广播电视总台	重庆广播电视集团（总台）	其他广播电台
10 岁及以上所有人		2.1	97.0	0.9
性别	男	2.2	96.8	1.0
	女	2.0	97.1	0.9
年龄	10～14 岁	0.0	100.0	0.0
	15～24 岁	1.9	97.6	0.5
	25～34 岁	2.7	95.4	1.9
	35～44 岁	1.3	98.4	0.3
	45～54 岁	2.6	96.7	0.7
	55～64 岁	0.8	97.5	1.7
	65 岁及以上	4.9	94.8	0.3

续表

目标听众		中央广播电视总台	重庆广播电视集团（总台）	其他广播电台
受教育程度	未受过正规教育	0.7	99.3	0.0
	小学	0.4	99.3	0.3
	初中	1.7	96.9	1.4
	高中	1.9	97.8	0.3
	大学及以上	3.0	95.8	1.2
职业	干部/管理人员	0.6	99.2	0.2
	初级公务员/雇员	3.6	95.5	0.9
	个体/私营企业人员	1.4	97.0	1.6
	工人	1.4	97.5	1.1
	学生	0.7	98.9	0.4
	无业（包括退休人员）	3.6	96.1	0.3
	其他	*	*	*
个人月收入	没有收入	3.7	95.9	0.4
	1～2000元	0.2	99.8	0.0
	2001～3000元	1.4	98.0	0.6
	3001～4000元	1.0	98.8	0.2
	4001～5000元	5.1	94.1	0.8
	5001～6000元	3.0	94.8	2.2
	6001元及以上	0.8	97.8	1.4

注：*表示该目标听众样本量不足，无法进行统计推断。

表4.2.6　2022年重庆市场份额排名前5位的频率

单位：%

排名	频率	市场份额
1	重庆人民广播电台交通频率（FM95.5）	41.8
2	重庆人民广播电台音乐频率（FM88.1）	32.7
3	重庆人民广播电台重庆之声（FM96.8/AM1314）	8.1
4	重庆人民广播电台经济频率（FM101.5）	7.8
5	重庆人民广播电台都市频率（FM93.8）	6.6

表4.2.7　2022年重庆市场收听率排名前30位的节目

单位：%

排名	节目名称	播出频率	收听率	市场份额
1	《资讯早班车》07:00～08:30	重庆人民广播电台交通频率（FM95.5）	3.1	59.0

续表

排名	节目名称	播出频率	收听率	市场份额
2	《955与你相随》08：30～10：00	重庆人民广播电台交通频率（FM95.5）	2.5	53.3
3	《最流行周末版》20：00～21：00	重庆人民广播电台音乐频率（FM88.1）	2.0	49.9
4	《音乐风情之旅》10：00～11：00	重庆人民广播电台音乐频率（FM88.1）	1.9	37.9
5	《驾驶员俱乐部》10：00～11：00	重庆人民广播电台交通频率（FM95.5）	1.7	39.3
6	《交广关注》18：00～19：00	重庆人民广播电台交通频率（FM95.5）	1.6	48.9
7	《955车友生活》19：00～20：00	重庆人民广播电台交通频率（FM95.5）	1.3	43.1
8	《爵士星空》（周播）14：00～15：00	重庆人民广播电台音乐频率（FM88.1）	1.2	37.4
9	《路长情更长》（周末版）14：00～15：00	重庆人民广播电台交通频率（FM95.5）	1.2	37.0
10	《汽车俱乐部专业版》15：00～16：00	重庆人民广播电台交通频率（FM95.5）	1.2	34.1
10	《音乐爱周末》07：00～10：00	重庆人民广播电台音乐频率（FM88.1）	1.2	34.1
12	《汽车CD早安秀》（下）08：30～10：00	重庆人民广播电台音乐频率（FM88.1）	1.2	22.2
13	《交广乐逍遥》16：00～18：00	重庆人民广播电台交通频率（FM95.5）	1.1	46.9
14	《娱乐大人物》19：00～20：00	重庆人民广播电台音乐频率（FM88.1）	1.1	42.1
15	《汽车CD早安秀》（上）07：00～08：30	重庆人民广播电台音乐频率（FM88.1）	1.1	21.7
16	《人车在线》14：00～15：00	重庆人民广播电台交通频率（FM95.5）	1.0	39.5
17	《潮玩重庆》19：00～20：00	重庆人民广播电台音乐频率（FM88.1）	1.0	31.5
18	《潮妈驾到》15：00～16：00	重庆人民广播电台音乐频率（FM88.1）	0.9	35.6
19	《姐姐的音乐书吧》14：00～15：00	重庆人民广播电台音乐频率（FM88.1）	0.9	33.2
20	《城事在线》20：00～20：30	重庆人民广播电台交通频率（FM95.5）	0.9	22.9
21	《汽车音乐时间》17：00～19：00	重庆人民广播电台音乐频率（FM88.1）	0.8	27.2
22	《交广乐逍遥》17：00～18：00	重庆人民广播电台交通频率（FM95.5）	0.8	23.6
23	《小咖看世界》11：00～12：00	重庆人民广播电台交通频率（FM95.5）	0.7	39.8
24	《汽车俱乐部音乐版》16：00～17：00	重庆人民广播电台交通频率（FM95.5）	0.7	28.6
25	《汽车世界》15：00～16：00	重庆人民广播电台交通频率（FM95.5）	0.7	26.1
26	《非常可乐帮》12：00～13：00	重庆人民广播电台音乐频率（FM88.1）	0.6	41.8
27	《风尚A榜》11：00～12：00	重庆人民广播电台音乐频率（FM88.1）	0.6	34.9
28	《环球音乐网》21：00～22：00	重庆人民广播电台音乐频率（FM88.1）	0.5	47.4
29	《城事在线》07：00～07：30	重庆人民广播电台交通频率（FM95.5）	0.5	30.5
30	《格外心动》16：00～17：00	重庆人民广播电台音乐频率（FM88.1）	0.5	24.8

三　广州收听数据

表 4.3.1　2020～2022 年广州各目标听众人均收听时间

单位：分钟

目标听众		2020 年	2021 年	2022 年
15 岁及以上所有人		73	73	69
性别	男	78	75	70
	女	66	71	67
	15～24 岁	50	52	49
	25～34 岁	38	46	45
	35～44 岁	58	57	64
	45～54 岁	87	82	68
	55～64 岁	151	138	140
	65 岁及以上	141	135	118
受教育程度	未受过正规教育	*	*	*
	小学	123	120	99
	初中	115	119	109
	高中	103	98	97
	大学及以上	48	51	50
职业	干部/管理人员	53	56	53
	初级公务员/雇员	49	49	50
	个体/私营企业人员	75	70	57
	工人	80	79	80
	学生	47	59	52
	无业（包括退休人员）	130	126	115
	其他	*	*	*
个人月收入	没有收入	46	68	76
	1～2000 元	*	107	69
	2001～3000 元	102	83	82
	3001～4000 元	90	85	81
	4001～5000 元	87	87	73
	5001～6000 元	69	78	72
	6001 元及以上	56	56	57

注：* 表示该目标听众样本量不足，无法进行统计推断。

表 4.3.2 2020～2022 年广州听众在不同地点的人均收听时间

单位：分钟

地点	2020 年	2021 年	2022 年
在家	33	32	22
车上	20	24	37
工作/学习场所	9	7	5
其他场所	11	10	5

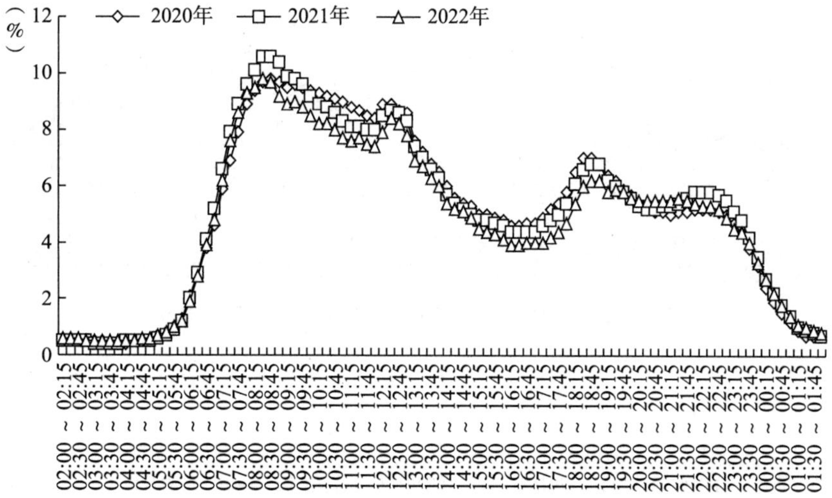

图 4.3.1 2020～2022 年广州听众全天收听率走势

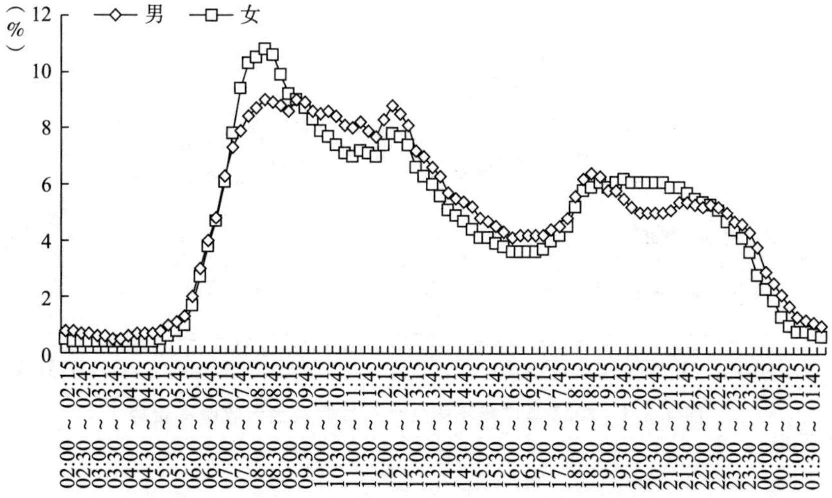

图 4.3.2 2022 年广州不同性别听众全天收听率走势

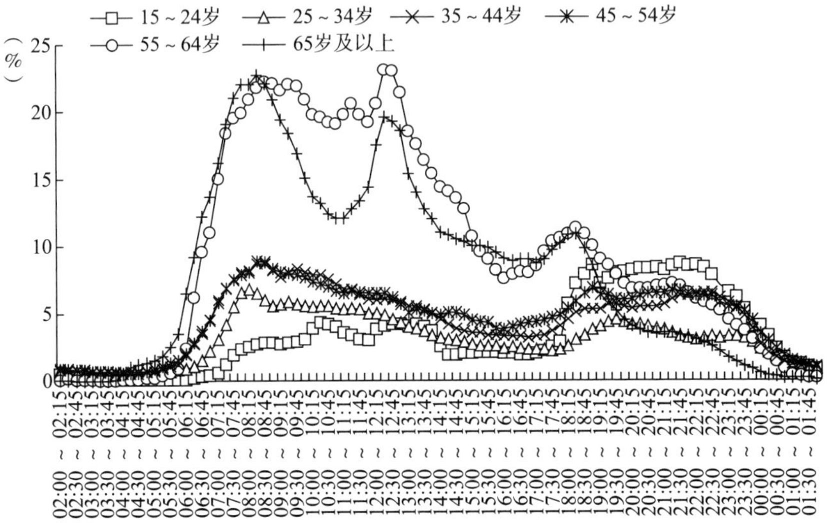

图 4.3.3　2022 年广州不同年龄听众全天收听率走势

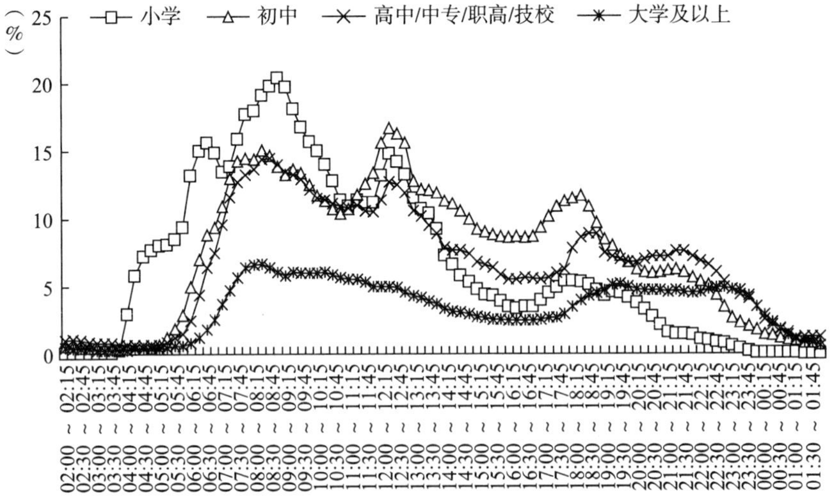

图 4.3.4　2022 年广州不同文化程度听众全天收听率走势

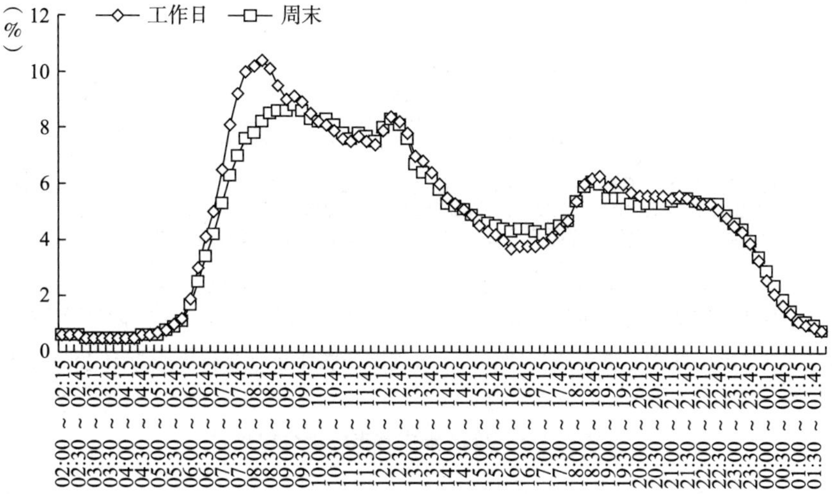

图 4.3.5　2022 年广州听众工作日与周末全天收听率走势

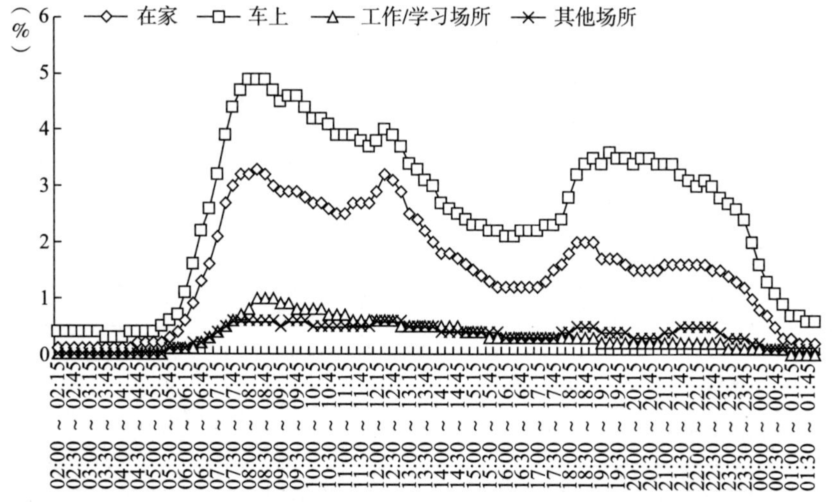

图 4.3.6　2022 年广州听众在不同收听地点全天收听率走势

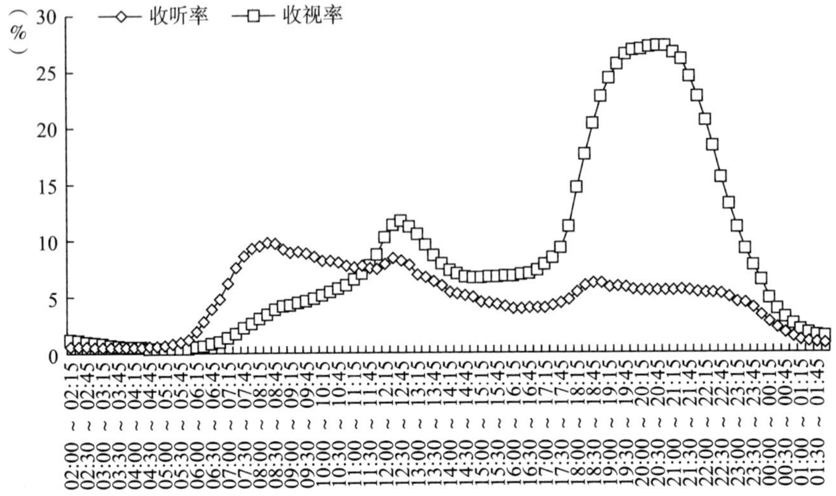

图 4.3.7　2022 年广州受众全天收听率、收视率走势比较（目标受众为 15 岁及以上）

表 4.3.3　2022 年广州市场听众构成

单位：%

目标听众		听众构成
15 岁及以上所有人		100
性别	男	56.8
	女	43.2
	15～24 岁	8.8
	25～34 岁	20.2
	35～44 岁	20.5
	45～54 岁	15.8
	55～64 岁	18.0
	65 岁及以上	16.7
受教育程度	未受过正规教育	*
	小学	2.4
	初中	12.9
	高中	40.8
	大学及以上	43.9
职业	干部/管理人员	5.1
	初级公务员/雇员	29.5
	个体/私营企业人员	5.4
	工人	24.7
	学生	5.2
	无业（包括退休人员）	30.1
	其他	*

续表

目标听众		听众构成
个人月收入	没有收入	6.5
	1～2000 元	2.3
	2001～3000 元	7.2
	3001～4000 元	19.6
	4001～5000 元	16.9
	5001～6000 元	17.2
	6001 元及以上	30.3

注：* 表示该目标听众样本量不足，无法进行统计推断。

表 4.3.4　2020～2022 年广州市场各广播电台的市场份额

单位：%

广播电台	2020 年	2021 年	2022 年
中央广播电视总台	5.8	7.1	4.8
广东广播电视台	60.6	58.1	62.3
广州广播电视台	32.6	33.9	32.0
佛山人民广播电台	1.0	0.9	0.9

表 4.3.5　2022 年广州市场各广播电台在不同目标听众中的市场份额

单位：%

目标听众		中央广播电视总台	广东广播电视台	广州广播电视台	佛山人民广播电台
15 岁及以上所有人		4.8	62.3	32.0	0.9
性别	男	5.5	60.1	33.6	0.8
	女	3.7	65.2	30.0	1.1
	15～24 岁	2.3	49.0	48.6	0.1
	25～34 岁	5.3	65.1	28.6	1.0
	35～44 岁	3.3	64.0	31.3	1.4
	45～54 岁	8.8	63.6	27.2	0.4
	55～64 岁	1.0	67.2	31.3	0.5
	65 岁及以上	7.4	57.2	33.8	1.6
受教育程度	未受过正规教育	*	*	*	*
	小学	5.1	87.8	6.8	0.3
	初中	1.1	67.8	29.3	1.8
	高中	6.0	56.1	37.3	0.6
	大学及以上	4.6	65.1	29.2	1.1

续表

目标听众		中央广播电视总台	广东广播电视台	广州广播电视台	佛山人民广播电台
职业	干部/管理人员	0.5	64.7	34.6	0.2
	初级公务员/雇员	5.2	63.0	31.6	0.2
	个体/私营企业人员	5.8	69.3	24.0	0.9
	工人	5.7	61.8	31.5	1.0
	学生	1.4	39.4	59.0	0.2
	无业（包括退休人员）	4.7	64.2	29.3	1.8
	其他	*	*	*	*
个人月收入	没有收入	1.2	52.5	43.8	2.5
	1～2000元	1.0	59.1	39.8	0.1
	2001～3000元	1.1	71.8	25.6	1.5
	3001～4000元	3.6	58.3	36.4	1.7
	4001～5000元	5.5	57.4	36.4	0.7
	5001～6000元	5.4	73.6	20.3	0.7
	6001元及以上	6.6	61.2	31.8	0.4

注：*表示该目标听众样本量不足，无法进行统计推断。

表4.3.6　2022年广州市场份额排名前五位的频率

单位：%

排名	频率	市场份额
1	广东广播电视台羊城交通广播台（FM105.2）	22.4
2	广东广播电视台珠江经济广播电台（E FM财富974）	16.4
3	广州市广播电视台经济交通广播（FM106.1/AM1098）	11.5
4	广州市广播电视台新闻资讯广播（FM96.2）	9.5
5	广东广播电视台音乐之声（FM99.3）	8.8

表4.3.7　2022年广州市场收听率排名前30位的节目

单位：%

排名	节目名称	播出频率	收听率	市场份额
1	《大吉利车队》（09：00）	广东广播电视台羊城交通广播台（FM105.2）	2.4	26.6
2	《小说连播》（12：00）	广东广播电视台珠江经济广播电台（E FM财富974）	2.2	26.9
3	《朝朝早 精神好》	广东广播电视台羊城交通广播台（FM105.2）	2.2	22.4
4	《珠江第一线》	广东广播电视台珠江经济广播电台（E FM财富974）	2.1	21.6

续表

排名	节目名称	播出频率	收听率	市场份额
5	《全国汽车音乐榜》	广东广播电视台羊城交通广播台（FM105.2）	2.0	26.5
6	《宝宝私家车》	广东广播电视台羊城交通广播台（FM105.2）	2.0	24.8
7	《随心出发/1052 航班》	广东广播电视台羊城交通广播台（FM105.2）	2.0	24.3
8	《一早上车》	广东广播电视台羊城交通广播台（FM105.2）	2.0	23.3
9	《早安，亲爱的》	广东广播电视台羊城交通广播台（FM105.2）	1.8	26.1
10	《欢笑出行》（大吉利车队重播）	广东广播电视台羊城交通广播台（FM105.2）	1.8	25.9
11	《律师说法》	广东广播电视台羊城交通广播台（FM105.2）	1.8	23.6
12	《财经红人馆》	广东广播电视台羊城交通广播台（FM105.2）	1.8	22.1
13	《一听即发》	广东广播电视台珠江经济广播电台（E FM 财富 974）	1.7	19.3
14	《财经第一线》	广东广播电视台珠江经济广播电台（E FM 财富 974）	1.7	18.9
15	《有车有得挥》	广东广播电视台羊城交通广播台（FM105.2）	1.6	20.8
16	《珠江拍案》	广东广播电视台珠江经济广播电台（E FM 财富 974）	1.6	19.0
17	《厨王驾到》	广东广播电视台珠江经济广播电台（E FM 财富 974）	1.5	19.4
18	《财富风云录》（粤语版）	广东广播电视台珠江经济广播电台（E FM 财富 974）	1.5	17.8
19	《奇迹唱片店》	广东广播电视台珠江经济广播电台（E FM 财富 974）	1.4	18.6
20	《午间驾到》	广东广播电视台羊城交通广播台（FM105.2）	1.4	16.7
21	《你好，铲屎官》	广东广播电视台珠江经济广播电台（E FM 财富 974）	1.4	15.9
22	《光阴的故事》	广东广播电视台珠江经济广播电台（E FM 财富 974）	1.4	15.4
23	《打开车窗说亮话》	广东广播电视台羊城交通广播台（FM105.2）	1.3	29.3
24	《DV 现场》（21 点）	广东广播电视台羊城交通广播台（FM105.2）	1.3	23.2
24	《刘颖讲财》	广东广播电视台珠江经济广播电台（E FM 财富 974）	1.3	21.3
26	《1052 航班/傅 sir 教路》	广东广播电视台羊城交通广播台（FM105.2）	1.3	18.1
27	《生活大广场》	广东广播电视台珠江经济广播电台（E FM 财富 974）	1.3	16.8
28	《世界因你而美丽》（夜版）	广东广播电视台羊城交通广播台（FM105.2）	1.2	26.7
29	《1052 卧谈会》	广东广播电视台羊城交通广播台（FM105.2）	1.2	25.6
30	《汽车音乐大激赏》	广东广播电视台羊城交通广播台（FM105.2）	1.2	24.7

四　杭州收听数据

表 4.4.1　2020～2022 年杭州各目标听众人均收听时间

单位：分钟

目标听众		2020 年	2021 年	2022 年
10 岁及以上所有人		32	34	29
性别	男	35	36	30
	女	28	32	28
年龄	10～14 岁	6	5	3
	15～24 岁	21	22	13
	25～34 岁	37	39	32
	35～44 岁	33	37	37
	45～54 岁	31	35	33
	55～64 岁	45	45	32
	65 岁及以上	37	45	45
受教育程度	未受过正规教育	4	6	5
	小学	18	19	16
	初中	33	32	26
	高中	34	36	32
	大学及以上	34	39	33
职业	干部/管理人员	34	38	41
	初级公务员/雇员	33	36	32
	个体/私营企业人员	35	37	32
	工人	37	41	33
	学生	15	13	7
	无业（包括退休人员）	38	43	33
	其他	23	21	44
个人月收入	没有收入	17	17	10
	1～2000 元	16	11	9
	2001～3000 元	27	26	23
	3001～4000 元	41	46	29
	4001～5000 元	35	35	34
	5001～6000 元	41	47	43
	6001 元及以上	37	40	36

表 4.4.2　2020～2022 年杭州听众在不同地点的人均收听时间

单位：分钟

地点	2020 年	2021 年	2022 年
在家	12	11	9
车上	18	21	19
工作/学习场所	1	1	1
其他场所	1	1	1

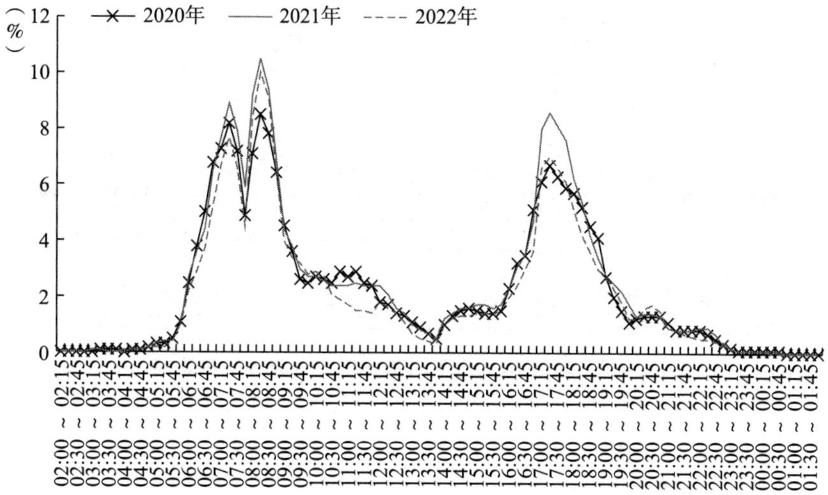

图 4.4.1　2020～2022 年杭州听众全天收听率走势

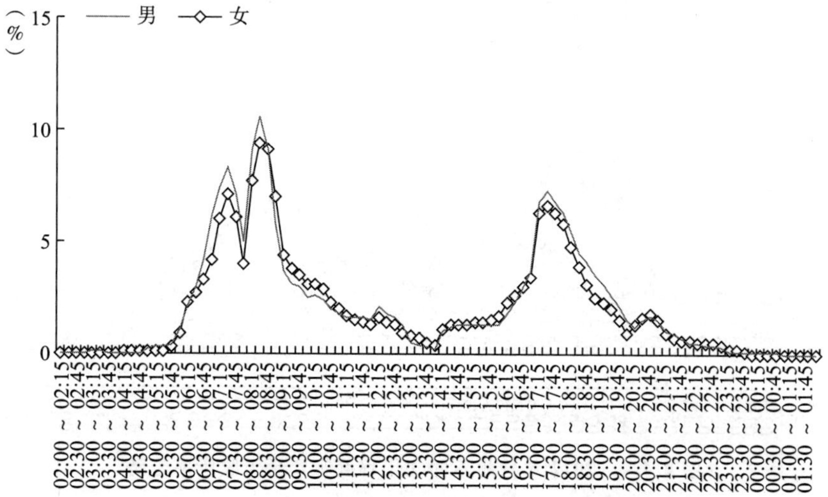

图 4.4.2　2022 年杭州不同性别听众全天收听率走势

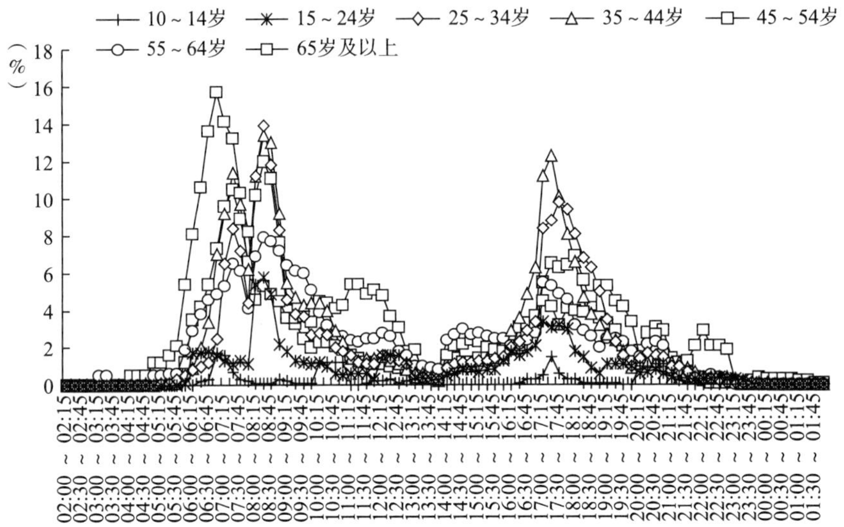

图 4.4.3　2022 年杭州不同年龄听众全天收听率走势

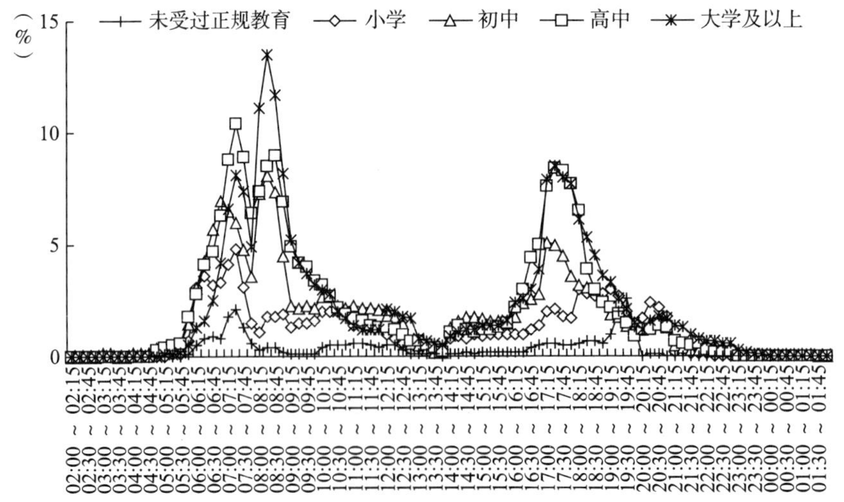

图 4.4.4　2022 年杭州不同文化程度听众全天收听率走势

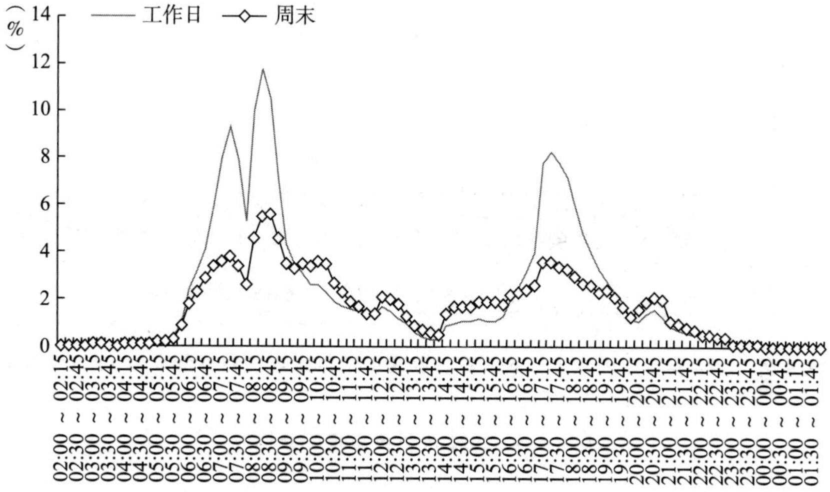

图 4.4.5　2022 年杭州听众工作日与周末全天收听率走势

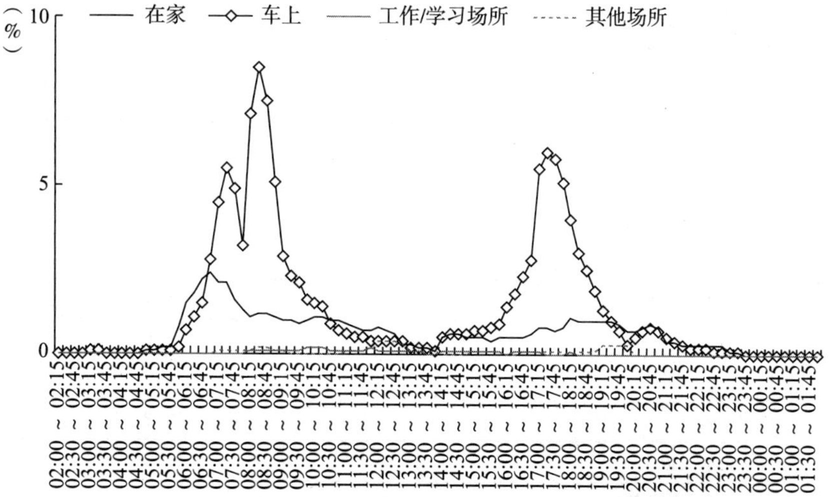

图 4.4.6　2022 年杭州听众在不同收听地点全天收听率走势

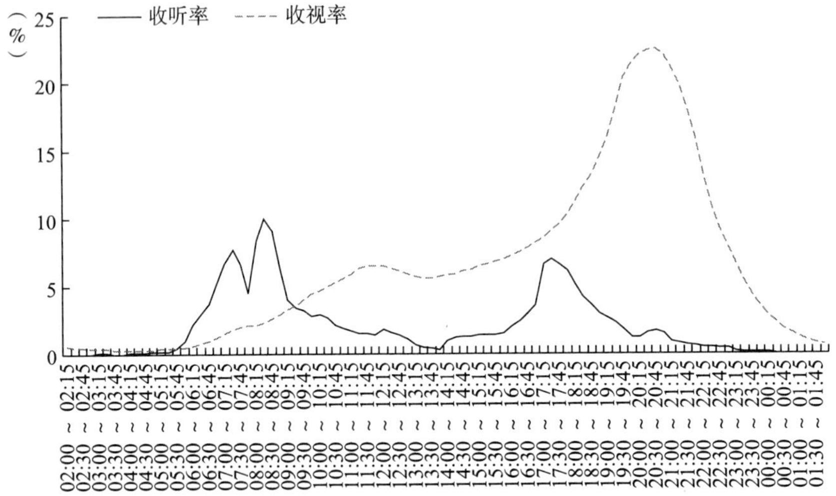

图 4.4.7　2022 年杭州受众全天收听率、收视率走势比较（目标受众为 10 岁及以上）

表 4.4.3　2022 年杭州市场听众构成

单位：%

目标听众		听众构成
10 岁及以上所有人		100.0
性别	男	52.8
	女	47.2
年龄	10～14 岁	0.4
	15～24 岁	10.0
	25～34 岁	23.3
	35～44 岁	25.8
	45～54 岁	17.4
	55～64 岁	10.8
	65 岁及以上	12.3
受教育程度	未受过正规教育	0.1
	小学	5.0
	初中	21.9
	高中	21.8
	大学及以上	51.2
职业	干部/管理人员	9.2
	初级公务员/雇员	35.9
	个体/私营企业人员	13.6
	工人	14.6
	学生	3.4
	无业（包括退休人员）	21.3
	其他	2.0

续表

目标听众		听众构成
个人月收入	没有收入	7.0
	1～2000 元	0.4
	2001～3000 元	5.3
	3001～4000 元	8.1
	4001～5000 元	15.5
	5001～6000 元	19.6
	6001 元及以上	44.1

表 4.4.4　2020～2022 年杭州市场各广播电台的市场份额

单位：%

广播电台	2020 年	2021 年	2022 年
中央广播电视总台	8.4	7.7	8.5
浙江广播电视集团	35.6	40.1	42.5
杭州文化广播电视集团	48.2	47.6	44.7
其他广播电台	7.8	4.6	4.3

表 4.4.5　2022 年杭州市场各广播电台在不同目标听众中的市场份额

单位：%

目标听众		中央广播电视总台	浙江广播电视集团	杭州文化广播电视集团	其他广播电台
10 岁及以上所有人		8.5	42.5	44.7	4.3
性别	男	8.5	41.9	46.3	3.3
	女	8.4	43.1	43.0	5.5
年龄	10～14 岁	1.2	39.9	58.2	0.7
	15～24 岁	2.5	37.0	52.6	7.9
	25～34 岁	6.6	48.1	43.5	1.8
	35～44 岁	5.6	44.7	46.8	2.9
	45～54 岁	11.9	39.0	44.4	4.7
	55～64 岁	7.0	38.1	44.6	10.3
	65 岁及以上	19.7	40.2	36.6	3.5
受教育程度	未受过正规教育	0.7	27.9	8.7	62.7
	小学	22.4	34.1	30.6	12.9
	初中	11.5	33.0	50.4	5.1
	高中	6.7	41.8	46.0	5.5
	大学及以上	6.6	47.7	43.2	2.5

续表

目标听众		中央广播电视总台	浙江广播电视集团	杭州文化广播电视集团	其他广播电台
职业	干部/管理人员	2.7	67.6	29.4	0.3
	初级公务员/雇员	7.4	37.6	50.4	4.6
	个体/私营企业人员	10.2	41.6	44.7	3.5
	工人	9.9	44.0	39.1	7.0
	学生	1.6	40.3	51.5	6.6
	无业（包括退休人员）	12.1	41.6	41.9	4.4
	其他	4.2	19.6	76.2	0.0
个人月收入	没有收入	2.9	39.4	53.3	4.4
	1～2000元	0.1	30.0	51.0	18.9
	2001～3000元	17.7	23.3	42.1	16.9
	3001～4000元	13.1	41.4	41.2	4.3
	4001～5000元	8.2	36.3	51.7	3.8
	5001～6000元	7.0	58.8	32.1	2.1
	6001元及以上	8.2	40.5	47.4	3.9

表4.4.6　2022年杭州市场份额排名前5位的频率

单位：%

排名	频率	市场份额
1	杭州交通经济广播（FM91.8）	27.7
2	浙江之声（FM88/FM101.6/AM810）	13.6
3	浙江私家车107城市之声（FM107）	13.2
4	杭州西湖之声（FM105.4）	9.0
5	动听968音乐调频（FM96.8）	7.7

表4.4.7　2022年杭州市场收听率排名前30位的节目

单位：%

排名	节目名称	播出频率	收听率	市场份额
1	《我和E哥有话说+观点约架》	杭州交通经济广播（FM91.8）	3.1	35.3
2	《快活晚高峰》	杭州交通经济广播（FM91.8）	2.0	34.7
3	《领先早高峰》	杭州交通经济广播（FM91.8）	1.6	27.2
4	《方雨大搜索》	浙江之声（FM88/FM101.6/AM810）	1.2	12.2
5	《天天听世界》(0730)	杭州交通经济广播（FM91.8）	1.1	26.7
6	《浙广早新闻》	浙江之声（FM88/FM101.6/AM810）	1.1	16.9
7	《私家车上班路上》	浙江私家车107城市之声（FM107）	1.0	14.4

续表

排名	节目名称	播出频率	收听率	市场份额
8	《领先一路晚高峰》	浙江之声（FM88/FM101.6/AM810）	1.0	13.3
9	《乐听乐动听 8 点》	动听 968 音乐调频（FM96.8）	1.0	9.6
10	《交通快活人》	杭州交通经济广播（FM91.8）	0.8	26.5
11	《转播：新闻和报纸摘要》	浙江之声（FM88/FM101.6/AM810）	0.8	17.1
12	《重播节目剪辑》	杭州西湖之声（FM105.4）	0.8	16.2
13	《1054 早班车》（0700）	杭州西湖之声（FM105.4）	0.8	12.0
14	《一路领先》（0830）	杭州交通经济广播（FM91.8）	0.7	21.9
15	《乐听乐动听》	动听 968 音乐调频（FM96.8）	0.7	8.1
16	《方雨朋友圈》	浙江之声（FM88/FM101.6/AM810）	0.6	19.2
17	《朝闻天下》	杭州交通经济广播（FM91.8）	0.6	16.6
18	《娱乐大爆炸》（精华版）	浙江私家车 107 城市之声（FM107）	0.6	11.5
19	《日落飞车 17 点》	动听 968 音乐调频（FM96.8）	0.6	7.6
20	《橙色派对》	杭州交通经济广播（FM91.8）	0.5	26.8
21	《主编时间 + E 哥有话说》	杭州交通经济广播（FM91.8）	0.5	19.3
22	《电视周刊》	浙江私家车 107 城市之声（FM107）	0.5	18.9
23	《人物周刊》	浙江私家车 107 城市之声（FM107）	0.5	16.5
24	《城市报话机》（0630）	杭州西湖之声（FM105.4）	0.5	15.5
25	《小西萌萌答》	杭州西湖之声（FM105.4）	0.5	13.6
26	《旅游周刊》	浙江私家车 107 城市之声（FM107）	0.5	13.4
27	《音乐晨报》	浙江私家车 107 城市之声（FM107）	0.5	12.2
28	《乘着歌声的翅膀》（0800）	杭州西湖之声（FM105.4）	0.5	11.5
29	《娱乐大爆炸》	浙江私家车 107 城市之声（FM107）	0.5	11.2
30	《浙江新闻联播》	浙江之声（FM88/FM101.6/AM810）	0.5	10.4

五　哈尔滨收听数据

表 4.5.1　2020～2022 年哈尔滨各目标听众人均收听时间

单位：分钟

目标听众		2020 年	2021 年	2022 年
10 岁及以上所有人		80	70	69
性别	男	77	72	74
	女	83	68	65
年龄	10～14 岁	48	25	17
	15～24 岁	42	46	43
	25～34 岁	69	64	58
	35～44 岁	82	74	70
	45～54 岁	84	81	80
	55～64 岁	98	77	81
	65 岁及以上	122	109	117
受教育程度	未受过正规教育	*	*	*
	小学	85	76	75
	初中	87	68	74
	高中	82	76	70
	大学及以上	68	64	62
职业	干部/管理人员	48	94	92
	初级公务员/雇员	84	66	57
	个体/私营企业人员	78	68	65
	工人	70	75	83
	学生	36	37	32
	无业（包括退休人员）	109	89	94
	其他	112	81	73
个人月收入	没有收入	46	47	41
	1～2000 元	67	67	69
	2001～3000 元	99	74	71
	3001～4000 元	87	75	80
	4001～5000 元	69	86	83
	5001～6000 元	96	105	93
	6001 元及以上	50	73	77

注：* 表示该目标听众样本量不足，无法进行统计推断。

表 4.5.2　2020 ~ 2022 年哈尔滨听众在不同地点的人均收听时间

单位：分钟

地点	2020 年	2021 年	2022 年
在家	58	47	46
车上	17	19	18
工作/学习场所	5	3	4
其他场所	1	1	1

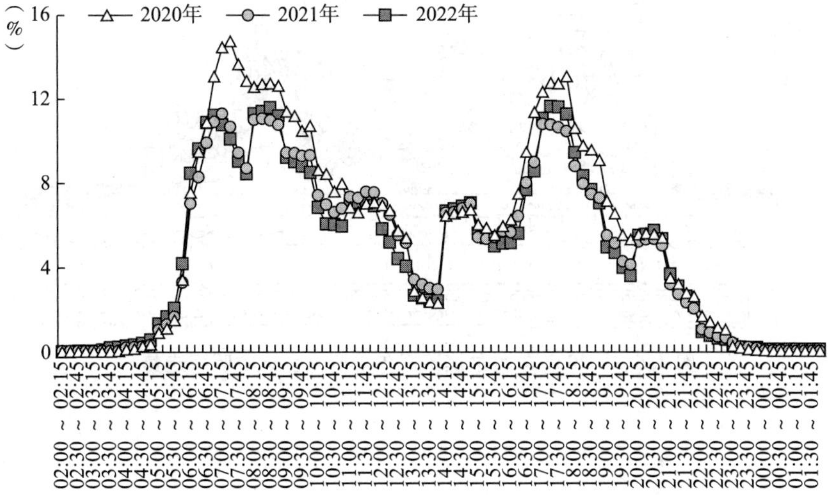

图 4.5.1　2020 ~ 2022 年哈尔滨听众全天收听率走势

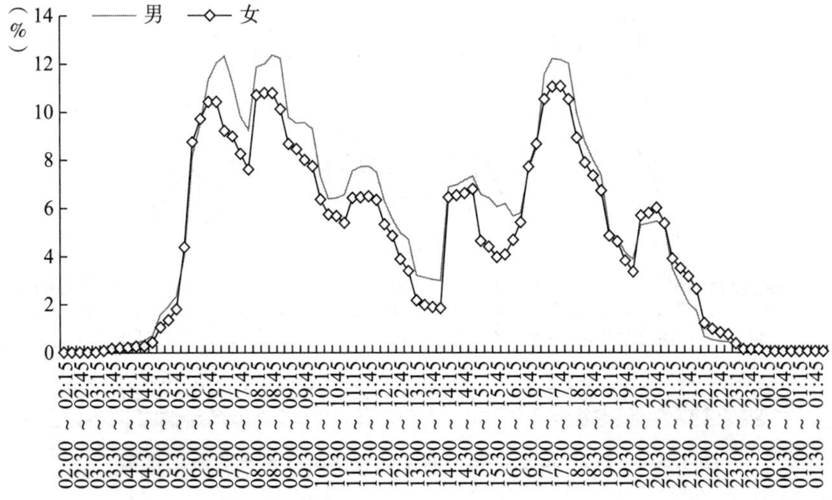

图 4.5.2　2022 年哈尔滨不同性别听众全天收听率走势

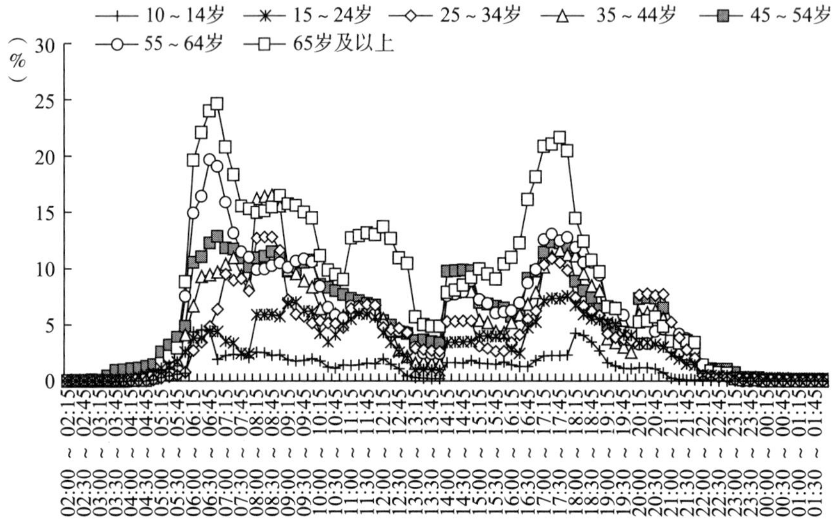

图 4.5.3　2022 年哈尔滨不同年龄听众全天收听率走势

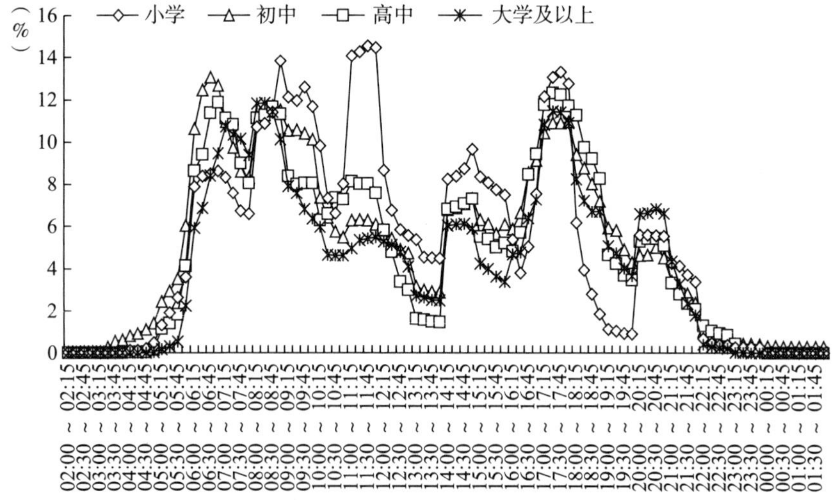

图 4.5.4　2022 年哈尔滨不同文化程度听众全天收听率走势

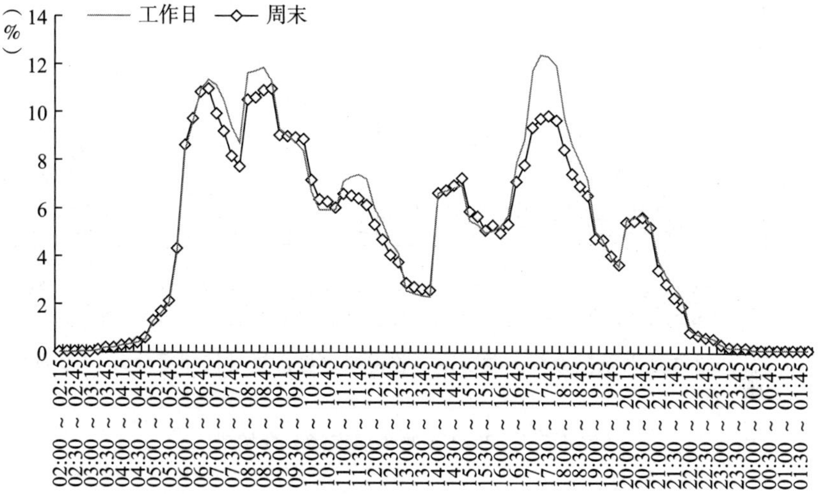

图 4.5.5　2022 年哈尔滨听众工作日与周末全天收听率走势

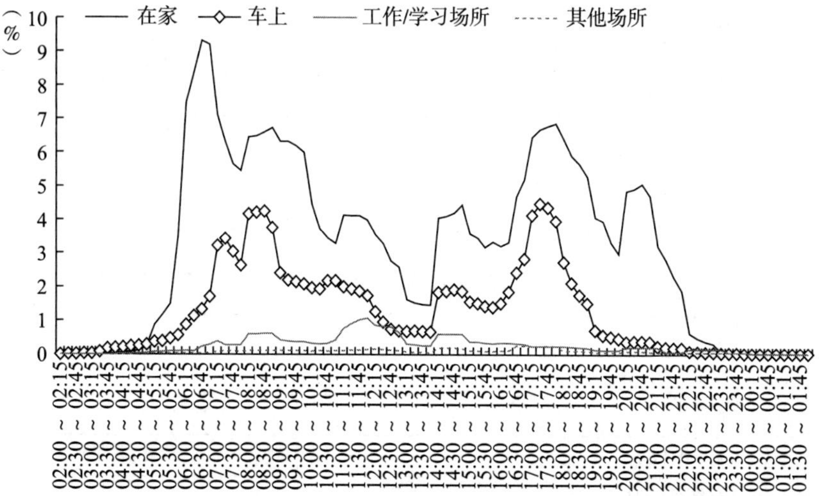

图 4.5.6　2022 年哈尔滨听众在不同收听地点全天收听率走势

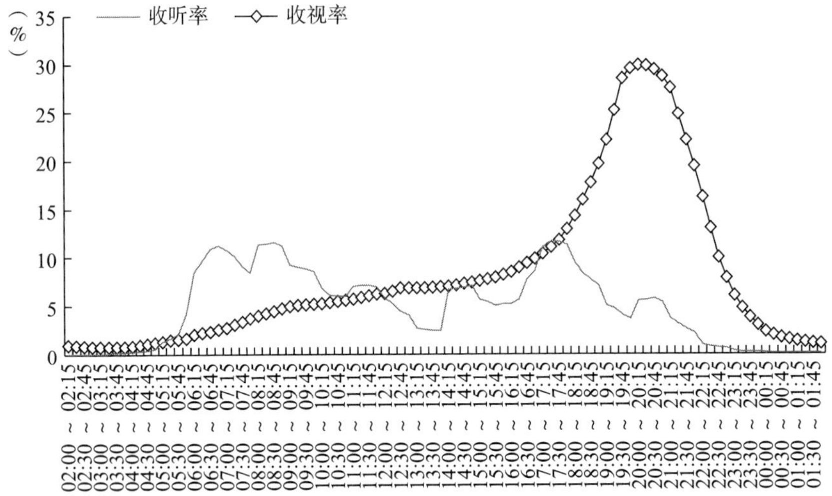

图 4.5.7　2022 年哈尔滨受众全天收听率、收视率走势比较（目标受众为 10 岁及以上）

表 4.5.3　2022 年哈尔滨市场听众构成

单位：%

目标听众		听众构成
10 岁及以上所有人		100.0
性别	男	53.1
	女	46.9
年龄	10～14 岁	0.7
	15～24 岁	11.5
	25～34 岁	16.0
	35～44 岁	17.9
	45～54 岁	20.8
	55～64 岁	15.4
	65 岁及以上	17.7
受教育程度	未受过正规教育	*
	小学	7.1
	初中	35.7
	高中	32.0
	大学及以上	25.2
职业	干部/管理人员	2.6
	初级公务员/雇员	11.4
	个体/私营企业人员	16.6
	工人	26.0
	学生	7.8
	无业（包括退休人员）	30.1
	其他	5.5

续表

目标听众		听众构成
个人月收入	没有收入	12.7
	1～2000 元	10.0
	2001～3000 元	24.1
	3001～4000 元	27.2
	4001～5000 元	15.5
	5001～6000 元	7.3
	6001 元及以上	3.2

表 4.5.4　2020～2022 年哈尔滨市场各广播电台的市场份额

单位：%

广播电台	2020 年	2021 年	2022 年
中央广播电视总台	2.9	2.1	1.5
黑龙江广播电视台	62.0	66.4	64.4
哈尔滨广播电视台	34.7	31.1	33.9
其他广播电台	0.4	0.4	0.2

表 4.5.5　2022 年哈尔滨市场各广播电台在不同目标听众中的市场份额

单位：%

目标听众		中央广播电视总台	黑龙江广播电视台	哈尔滨广播电视台	其他广播电台
10 岁及以上所有人		1.5	64.4	33.9	0.2
性别	男	1.5	63.8	34.5	0.2
	女	1.6	65.0	33.2	0.2
年龄	10～14 岁	3.0	75.1	21.4	0.5
	15～24 岁	1.9	50.5	47.3	0.3
	25～34 岁	0.5	69.6	29.8	0.1
	35～44 岁	1.4	62.4	35.8	0.4
	45～54 岁	1.1	67.1	31.8	0.0
	55～64 岁	1.4	61.4	37.0	0.2
	65 岁及以上	3.0	69.7	27.2	0.1
受教育程度	未受过正规教育	*	*	*	*
	小学	2.2	74.1	23.4	0.3
	初中	2.2	62.3	35.3	0.2
	高中	1.3	65.2	33.3	0.2
	大学及以上	0.7	63.7	35.5	0.1

续表

目标听众		中央广播电视总台	黑龙江广播电视台	哈尔滨广播电视台	其他广播电台
职业	干部/管理人员	0.1	58.2	41.7	0.0
	初级公务员/雇员	1.0	63.7	35.0	0.3
	个体/私营企业人员	0.2	70.1	29.7	0.0
	工人	1.6	57.8	40.4	0.2
	学生	1.7	61.0	37.0	0.3
	无业（包括退休人员）	1.7	67.3	30.9	0.1
	其他	6.1	71.8	21.4	0.7
个人	没有收入	1.7	70.2	27.8	0.3
	1～2000元	2.7	73.8	23.2	0.3
	2001～3000元	1.7	60.0	38.0	0.3
	3001～4000元	1.5	69.0	29.4	0.1
	4001～5000元	0.8	49.5	49.7	0.0
	5001～6000元	0.8	68.3	30.9	0.0
	6001元及以上	1.6	68.7	29.7	0.0

表4.5.6　2022年哈尔滨市场份额排名前5位的频率

单位：%

排名	频率	市场份额
1	黑龙江交通广播（FM99.8）	25.9
2	哈尔滨广播电视台文艺频率（FM98.4）	13.6
3	黑龙江都市女性广播（FM102.1）	10.9
4	黑龙江新闻广播（FM94.5/AM621）	10.2
5	哈尔滨广播电视台交通频率（FM92.5）	8.1

六　合肥收听数据

表 4.6.1　2020～2022 年合肥各目标听众人均收听时间

单位：分钟

目标听众		2020 年	2021 年	2022 年
15 岁及以上所有人		51	46	45
性别	男	57	52	51
	女	43	38	37
年龄	15～24 岁	41	38	36
	25～34 岁	41	40	37
	35～44 岁	47	38	36
	45～54 岁	63	56	57
	55～64 岁	74	72	67
	65 岁及以上	107	94	95
受教育程度	未受过正规教育	*	*	*
	小学	79	59	42
	初中	61	52	49
	高中	55	52	48
	大学及以上	43	39	41
职业	干部/管理人员	*	*	*
	初级公务员/雇员	46	44	43
	个体/私营企业人员	51	46	45
	工人	47	42	37
	学生	47	40	36
	无业（包括退休人员）	75	65	72
	其他	*	*	*
个人月收入	没有收入	54	40	37
	1～2000 元	62	55	64
	2001～3000 元	61	62	57
	3001～4000 元	48	49	49
	4001～5000 元	48	46	43
	5001～6000 元	50	39	46
	6001 元及以上	39	39	42

注：* 表示目标听众样本量不足，无法进行统计推断。

表 4.6.2　2020～2022 年合肥听众在不同地点的人均收听时间

单位：分钟

地点	2020 年	2021 年	2022 年
家中	25	21	15
车上	18	16	21
工作或学习场所	3	3	5
其他场所	5	5	4

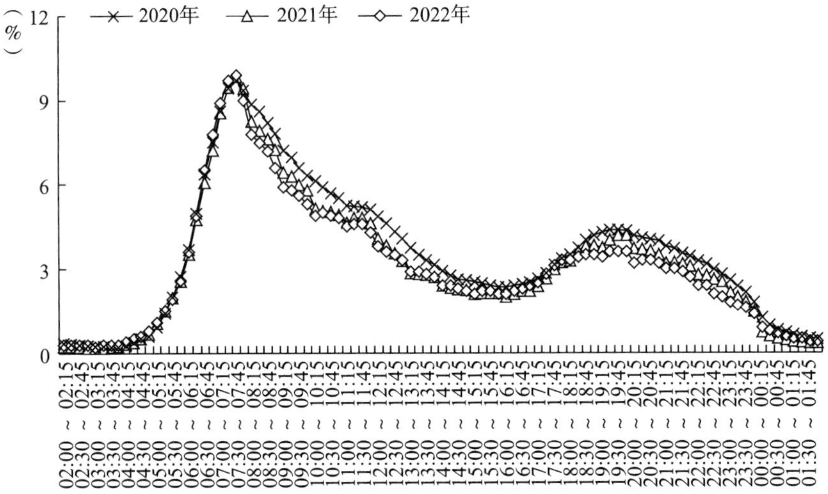

图 4.6.1　2020～2022 年合肥听众全天收听率走势

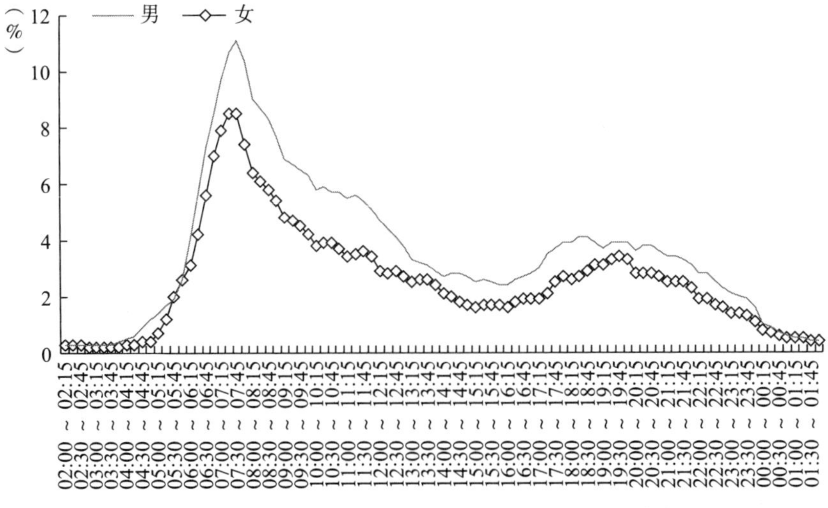

图 4.6.2　2022 年合肥不同性别听众全天收听率走势

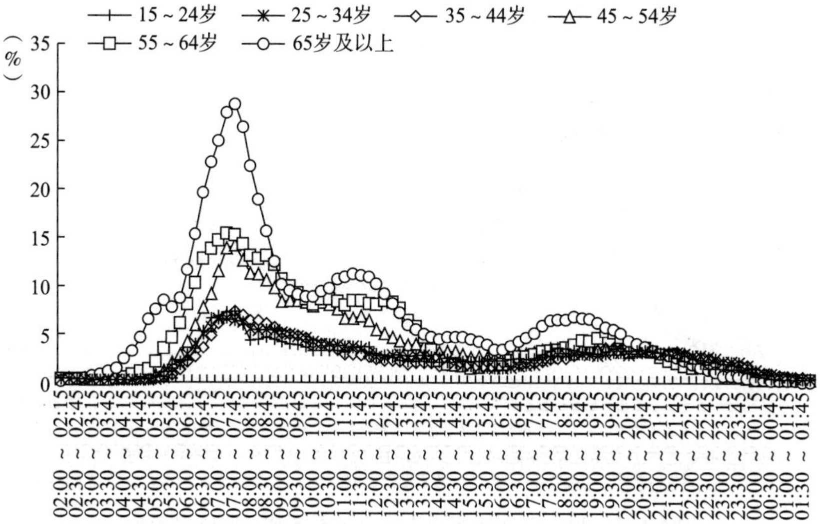

图 4.6.3　2022 年合肥不同年龄听众全天收听率走势

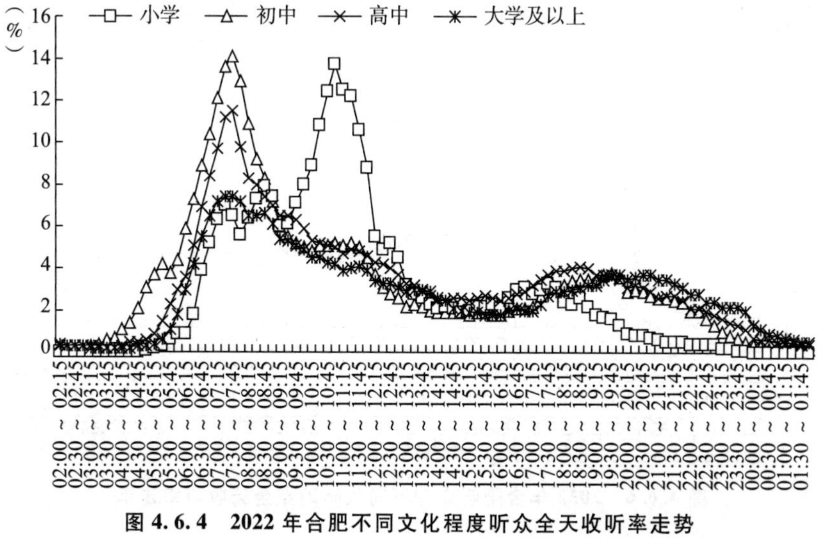

图 4.6.4　2022 年合肥不同文化程度听众全天收听率走势

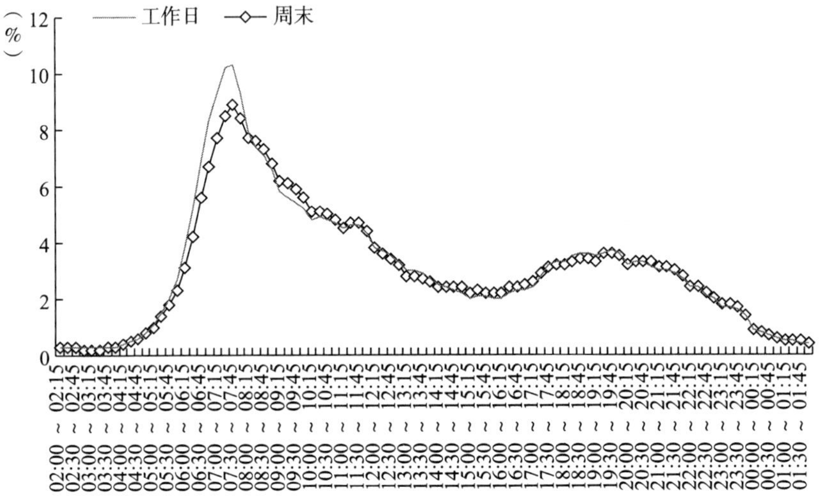

图 4.6.5　2022 年合肥听众工作日与周末全天收听率走势

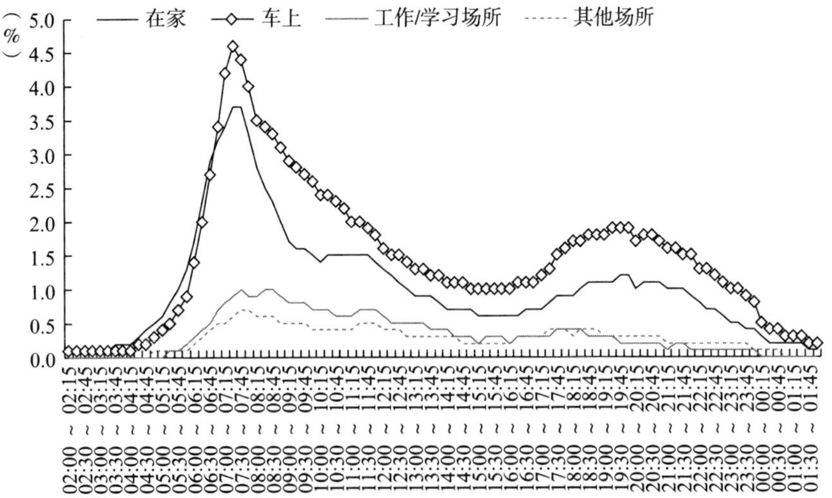

图 4.6.6　2022 年合肥听众在不同收听地点全天收听率走势

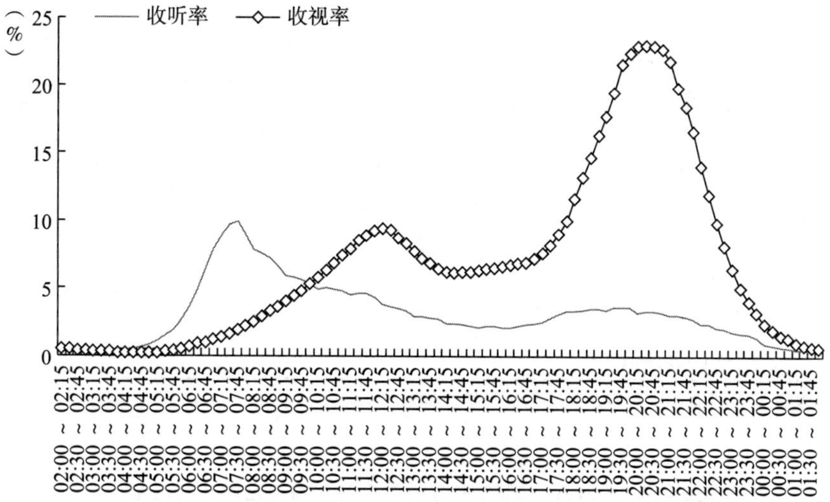

图 4.6.7　2022 年合肥受众全天收听率、收视率走势比较（目标受众为 15 岁及以上）

表 4.6.3　2022 年合肥市场听众构成

单位：%

目标听众		听众构成
15 岁及以上所有人		100.0
性别	男	61.6
	女	38.4
年龄	15 ~ 24 岁	18.9
	25 ~ 34 岁	22.3
	35 ~ 44 岁	21.1
	45 ~ 54 岁	13.9
	55 ~ 64 岁	7.8
	65 岁及以上	16.0
受教育程度	未受过正规教育	*
	小学	1.3
	初中	16.5
	高中	39.5
	大学及以上	42.7
职业	干部/管理人员	*
	初级公务员/雇员	46.2
	个体/私营企业人员	15.5
	工人	5.1
	学生	15.7
	无业（包括退休人员）	17.5
	其他	*

续表

目标听众		听众构成
个人月收入	没有收入	19.0
	1～2000 元	1.7
	2001～3000 元	10.9
	3001～4000 元	25.1
	4001～5000 元	21.2
	5001～6000 元	13.1
	6001 元及以上	9.0

注：*表示目标听众样本量不足，无法进行统计推断。

表 4.6.4　2020～2022 年合肥市场各广播电台的市场份额

单位：%

广播电台	2020 年	2021 年	2022 年
中央广播电视总台	19.9	22.7	14.0
安徽广播电视台	68.9	52.5	62.0
合肥广播电视台	11.2	24.8	23.9

表 4.6.5　2022 年合肥市场各广播电台在不同目标听众中的市场份额

单位：%

目标听众		中央人民广播电台	安徽广播电视台	合肥广播电视台
15 岁及以上所有人		14.0	62.0	23.9
性别	男	15.0	62.0	23.1
	女	12.5	62.2	25.3
年龄	15～24 岁	17.8	63.8	18.4
	25～34 岁	10.4	63.7	25.9
	35～44 岁	12.4	66.1	21.5
	45～54 岁	11.0	62.3	26.7
	55～64 岁	13.0	68.4	18.6
	65 岁及以上	20.0	49.0	31.0
受教育程度	未受过正规教育	*	*	*
	小学	9.0	27.1	26.7
	初中	24.7	23.9	27.9
	高中	32.5	24.0	24.2
	大学及以上	33.9	25.0	21.2

续表

目标听众		中央人民广播电台	安徽广播电视台	合肥广播电视台
职业类别	干部/管理人员	*	*	*
	初级公务员/雇员	23.9	19.4	19.5
	个体/私营企业人员	11.2	21.8	20.2
	工人	16.4	23.3	13.0
	学生	29.0	19.0	17.7
	无业（包括退休人员）	19.5	16.6	29.7
	其他	*	*	*
个人月收入	没有收入	18.5	14.9	11.0
	1～2000 元	5.5	10.8	25.9
	2001～3000 元	13.5	15.4	12.2
	3001～4000 元	21.1	14.4	11.0
	4001～5000 元	16.3	14.2	13.6
	5001～6000 元	9.0	15.0	15.0
	6001 元及以上	16.2	15.2	11.4

注：*表示目标听众样本量不足，无法进行统计推断。

表 4.6.6　2022 年合肥市场份额排名前 5 位的频率

单位：%

排名	频率名称	市场份额
1	安徽交通广播	25.6
2	安徽广播电视台综合广播（AM936/FM103.6/FM92.9）	13.1
3	安徽音乐广播（FM89.5）	11.8
4	中央人民广播电台第一套节目中国之声	9.9
4	合肥广播电视台综合广播（FM91.5/FM88.1/AM666）	9.9

表 4.6.7　2022 年合肥市场收听率排名前 30 位的节目

单位：%

排名	节目名称	播出频率	收听率	市场份额
1	《新闻直通车》	安徽交通广播	2.2	25.2
2	《新闻周末特刊》	安徽交通广播	1.9	26.0
3	《快乐出发》	安徽交通广播	1.5	27.0
4	《新闻早高峰》	安徽广播电视台综合广播（AM936/FM103.6/FM92.9）	1.5	15.7
5	《全省新闻联播》	安徽广播电视台综合广播（AM936/FM103.6/FM92.9）	1.4	15.5

续表

排名	节目名称	播出频率	收听率	市场份额
6	《创意空间》	安徽交通广播	1.3	26.2
7	《生活百事通》	安徽交通广播	1.3	25.0
8	《随车听音乐》	安徽交通广播	1.2	24.5
9	《转播：新闻和报纸摘要》	安徽广播电视台综合广播（AM936/FM103.6/FM92.9）	1.2	16.7
10	《新闻和报纸摘要》	中央人民广播电台第一套节目中国之声	1.2	16.6
11	《维权进行时》	安徽交通广播	1.1	23.9
12	《超能加油站》	安徽交通广播	1.1	23.7
13	《听说很好》	安徽交通广播	1.0	26.1
14	《就业赢未来》	安徽广播电视台综合广播（AM936/FM103.6/FM92.9）	1.0	14.3
15	《经典留声机》	安徽交通广播	0.9	30.6
16	《周末私享会》	安徽交通广播	0.9	28.4
17	《成长公开课》	安徽交通广播	0.9	28.2
18	《畅通 2021》	安徽交通广播	0.9	26.6
19	《专题时间》	安徽交通广播	0.9	24.9
20	《音乐晨飞扬》	安徽音乐广播（FM89.5）	0.9	10.3
21	《青春集结号》	安徽交通广播	0.8	30.4
22	《畅通晚高峰》	安徽交通广播	0.8	25.5
23	《正午乐逍遥》	安徽交通广播	0.8	22.9
24	《生活百科》	安徽广播电视台综合广播（AM936/FM103.6/FM92.9）	0.8	17.8
25	《全省新闻联播》（重播）	安徽广播电视台综合广播（AM936/FM103.6/FM92.9）	0.8	12.9
26	《新闻纵横》	中央人民广播电台第一套节目中国之声	0.8	10.0
27	《周末乐逍遥》	安徽交通广播	0.7	22.5
28	《无人驾驶》	安徽交通广播	0.7	18.9
29	《炫动车世界》	安徽交通广播	0.6	28.7
30	《环球任我行》	安徽交通广播	0.6	24.7

七　济南收听数据

表 4.7.1　2020～2022 年济南各目标听众人均收听时间

单位：分钟

目标听众		2020 年	2021 年	2022 年
15 岁及以上所有人		59	59	58
性别	男	61	61	62
	女	56	57	52
年龄	15～24 岁	31	38	45
	25～34 岁	33	38	39
	35～44 岁	50	51	52
	45～54 岁	74	71	61
	55～64 岁	108	102	97
	65 岁及以上	102	97	94
受教育程度	未受过正规教育	*	*	*
	小学	86	81	68
	初中	60	58	54
	高中	67	70	69
	大学及以上	45	48	50
职业类别	干部/管理人员	42	52	59
	初级公务员/雇员	52	47	49
	个体/私营企业人员	49	58	63
	工人	52	55	53
	学生	29	26	39
	无业（包括退休人员）	95	94	86
	其他	55	46	*
个人月收入	没有收入	40	47	41
	1～2000 元	74	62	75
	2001～3000 元	68	77	75
	3001～4000 元	67	58	54
	4001～5000 元	55	59	58
	5001～6000 元	50	57	59
	6001 元及以上	50	51	52

注：济南为全年连续调查城市；* 表示目标听众样本量不足，无法进行统计推断。

表 4.7.2　2020～2022 年济南听众在不同地点的人均收听时间

单位：分钟

地点	2020 年	2021 年	2022 年
家中	36	34	25
车上	16	17	22
工作或学习场所	3	3	6
其他场所	4	6	5

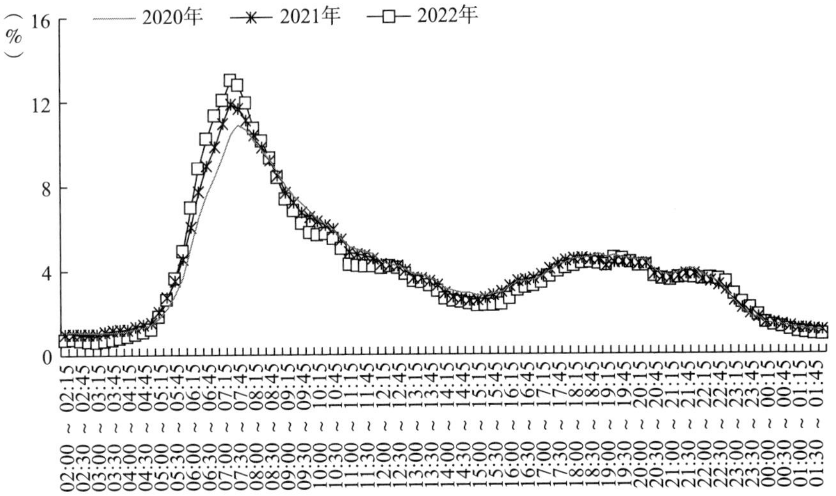

图 4.7.1　2020～2022 年济南听众全天收听率走势

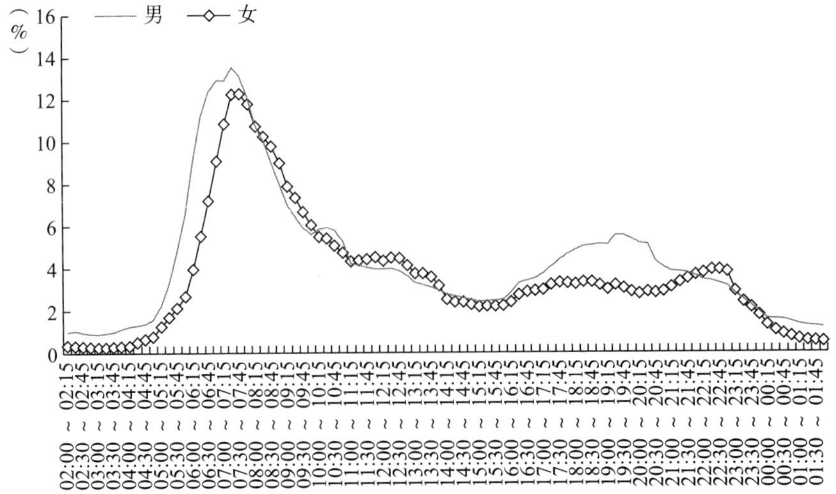

图 4.7.2　2022 年济南不同性别听众全天收听率走势

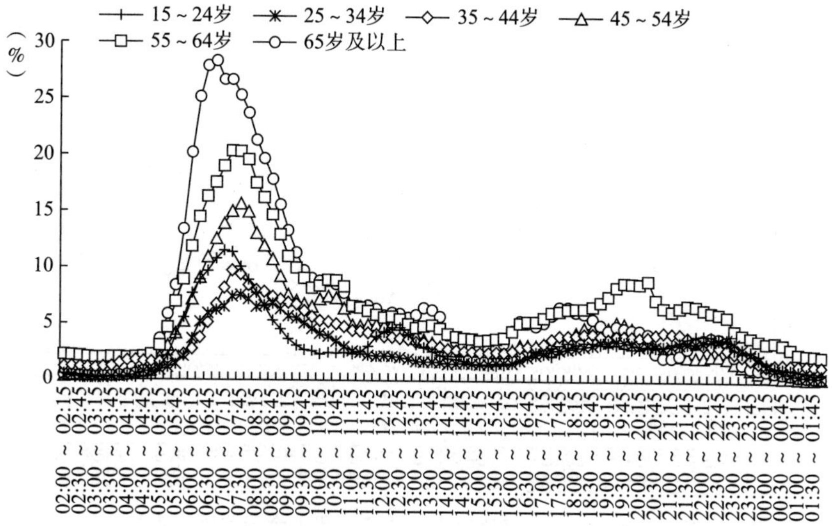

图 4.7.3　2022 年济南不同年龄听众全天收听率走势

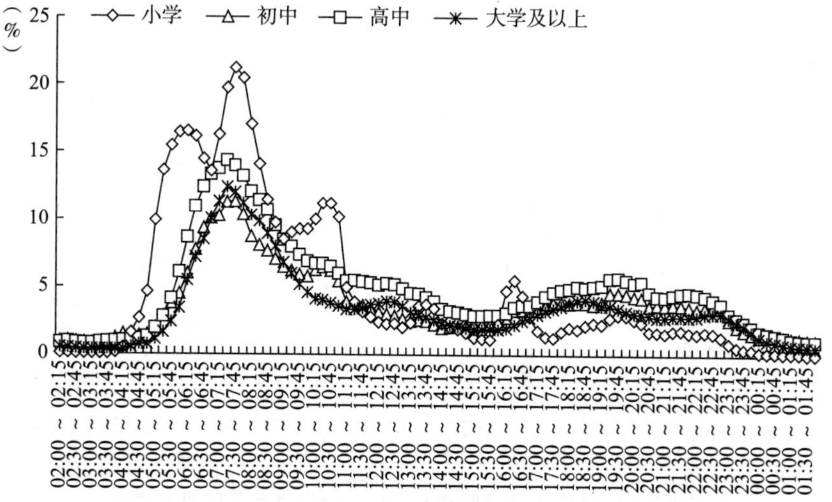

图 4.7.4　2022 年济南不同文化程度听众全天收听率走势

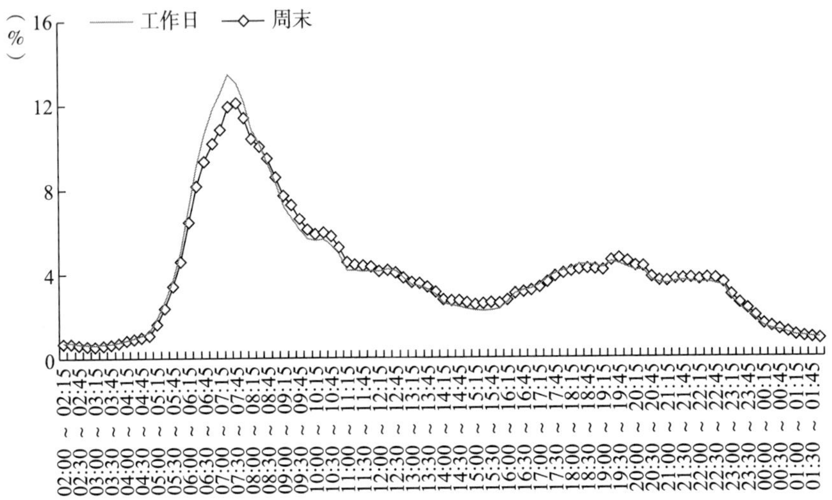

图 4.7.5　2022 年济南听众工作日与周末全天收听率走势

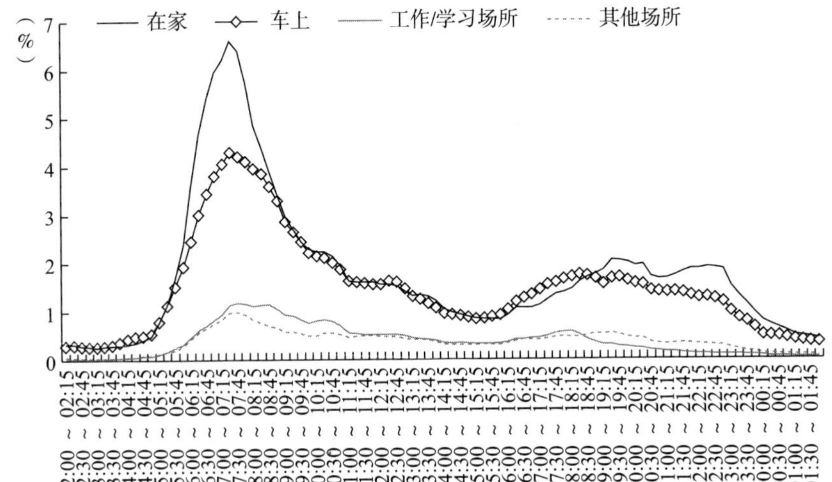

图 4.7.6　2022 年济南听众在不同收听地点全天收听率走势

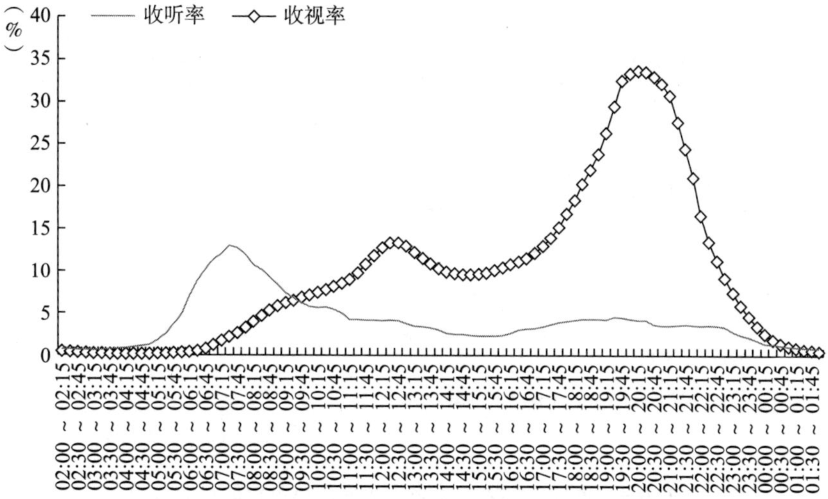

图 4.7.7　2022 年济南受众全天收听率、收视率走势比较（目标受众为 15 岁及以上）

表 4.7.3　2022 年济南市场听众构成

单位：%

目标听众		听众构成
15 岁及以上所有人		100.0
性别	男	62.8
	女	37.2
年龄	15～24 岁	9.8
	25～34 岁	16.4
	35～44 岁	22.8
	45～54 岁	19.8
	55～64 岁	15.5
	65 岁及以上	15.7
受教育程度	未受过正规教育	*
	小学	2.7
	初中	21.4
	高中	41.9
	大学及以上	34.0
职业	干部/管理人员	1.5
	初级公务员/雇员	30.3
	个体/私营企业人员	13.6
	工人	23.3
	学生	4.4
	无业（包括退休人员）	26.3
	其他	0.6

续表

目标听众		听众构成
个人月收入	没有收入	7.4
	1～2000 元	6.0
	2001～3000 元	18.8
	3001～4000 元	20.4
	4001～5000 元	24.3
	5001～6000 元	12.9
	6001 元及以上	10.3

注：* 表示目标听众样本量不足，无法进行统计推断。

表 4.7.4　2020～2022 年济南市场各广播电台的市场份额

单位：%

广播电台	2020 年	2021 年	2022 年
中央广播电视总台	4.4	3.2	1.8
山东广播电视台	17.8	17.2	19.3
济南广播电视台	77.8	79.6	78.9

表 4.7.5　2022 年济南市场各广播电台在不同目标听众中的市场份额

单位：%

目标听众		中央人民广播电台	山东广播电视台	济南广播电视台
15 岁及以上所有人		1.8	19.3	78.9
性别	男	2.1	18.8	79.1
	女	1.2	20.1	78.7
年龄	15～24 岁	0.5	14.0	85.5
	25～34 岁	0.9	32.3	66.8
	35～44 岁	1.1	22.5	76.4
	45～54 岁	3.2	15.4	81.4
	55～64 岁	1.6	13.2	85.2
	65 岁及以上	2.9	15.1	82.0
受教育程度	未受过正规教育	*	*	*
	小学	10.9	5.2	83.9
	初中	1.1	20.1	78.8
	高中	2.2	19.8	78.0
	大学及以上	1.0	19.1	79.9

续表

目标听众		中央人民广播电台	山东广播电视台	济南广播电视台
职业类别	干部/管理人员	0.7	20.5	78.8
	初级公务员/雇员	1.7	23.5	74.8
	个体/私营企业人员	1.3	25.1	73.6
	工人	2.2	19.7	78.1
	学生	0.4	4.6	95.0
	无业（包括退休人员）	2.1	13.5	84.4
	其他	*	*	*
个人月收入	没有收入	2.5	7.8	89.7
	1～2000元	1.8	13.2	85.0
	2001～3000元	1.4	23.2	75.4
	3001～4000元	1.5	17.0	81.5
	4001～5000元	2.4	19.3	78.3
	5001～6000元	1.5	19.5	79.0
	6001元及以上	1.3	27.9	70.8

注：*表示目标听众样本量不足，无法进行统计推断。

表4.7.6　2022年济南市场份额排名前5位的频率

单位：%

排名	频率名称	市场份额
1	济南新闻综合广播（FM105.8/AM1053）	35.2
2	济南经济广播（FM90.9/AM846）	14.6
3	济南交通广播（FM103.1）	11.5
4	济南音乐广播（FM88.7）	9.5
5	山东广播电视台音乐广播（FM99.1）	7.3

表4.7.7　2022年济南市场收听率排名前30位的节目

单位：%

排名	节目名称	播出频率	收听率	市场份额
1	《新闻六十分》	济南新闻综合广播（FM105.8/AM1053）	5.7	45.6
2	《转播：新闻和报纸摘要》	济南新闻综合广播（FM105.8/AM1053）	5.3	49.1
3	《新闻周刊》	济南新闻综合广播（FM105.8/AM1053）	4.5	42.3
4	《作风监督热线》	济南新闻综合广播（FM105.8/AM1053）	4.2	41.8
5	《早安泉城》	济南新闻综合广播（FM105.8/AM1053）	4.0	50.5
6	《小说连播》	济南新闻综合广播（FM105.8/AM1053）	2.9	36.1

续表

排名	节目名称	播出频率	收听率	市场份额
7	《城市爱生活·警界之声》	济南新闻综合广播（FM105.8/AM1053）	1.9	29.8
8	《博闻天下》	济南新闻综合广播（FM105.8/AM1053）	1.6	38.9
9	《听说很好看》	济南经济广播（FM90.9/AM846）	1.6	16.3
10	《经广新闻网·846传真》	济南经济广播（FM90.9/AM846）	1.6	12.7
11	《路过32号　叶文有话说》	济南新闻综合广播（FM105.8/AM1053）	1.5	43.6
12	《以案说法》	济南经济广播（FM90.9/AM846）	1.5	35.8
13	《爱情1+1》	济南新闻综合广播（FM105.8/AM1053）	1.4	41.7
14	《家住济南》	济南新闻综合广播（FM105.8/AM1053）	1.4	33.8
15	《女人花》	济南新闻综合广播（FM105.8/AM1053）	1.3	24.6
16	《交广听吧》	济南交通广播（FM103.1）	1.3	16.2
17	《天天说事儿》	济南新闻综合广播（FM105.8/AM1053）	1.2	29.0
18	《全国新闻联播》	济南新闻综合广播（FM105.8/AM1053）	1.2	27.0
19	《交通雷达网》	济南交通广播（FM103.1）	1.2	9.2
20	《法理人生》（法理讲堂）	济南新闻综合广播（FM105.8/AM1053）	1.0	23.4
21	《非想非非想》	济南经济广播（FM90.9/AM846）	1.0	15.0
22	《美食乐翻天》	济南新闻综合广播（FM105.8/AM1053）	0.9	28.6
23	《汪鑫非常说》	济南交通广播（FM103.1）	0.9	9.0
24	《晚安济南》	济南新闻综合广播（FM105.8/AM1053）	0.8	36.6
25	《鹊华读书会》（重播）	济南交通广播（FM103.1）	0.8	23.4
26	《领航家》	济南经济广播（FM90.9/AM846）	0.8	23.2
27	《八点聊天室》	济南新闻综合广播（FM105.8/AM1053）	0.8	22.4
28	《唱响好时光》	济南新闻综合广播（FM105.8/AM1053）	0.8	18.7
29	《城市Morning Call》	济南音乐广播（FM88.7）	0.8	7.9
30	《流行小说城》	济南经济广播（FM90.9/AM846）	0.7	17.0

八　南京收听数据

表 4.8.1　2020 ~ 2022 年南京各目标听众人均收听时间

单位：分钟

目标听众		2020 年	2021 年	2022 年
15 岁及以上所有人		53	53	49
性别	男	55	56	52
	女	51	51	46
年龄	15 ~ 24 岁	49	56	49
	25 ~ 34 岁	45	39	36
	35 ~ 44 岁	45	46	40
	45 ~ 54 岁	56	58	57
	55 ~ 64 岁	75	65	66
	65 岁及以上	81	80	81
受教育程度	未受过正规教育	*	*	*
	小学	*	*	*
	初中	57	55	53
	高中	56	57	58
	大学及以上	50	49	42
职业	干部/管理人员	42	39	34
	初级公务员/雇员	52	50	47
	个体/私营企业人员	51	49	55
	工人	46	45	37
	学生	49	59	50
	无业（包括退休人员）	73	70	70
	其他	*	*	*
个人月收入	没有收入	49	58	48
	1 ~ 2000 元	65	59	*
	2001 ~ 3000 元	61	59	58
	3001 ~ 4000 元	57	55	58
	4001 ~ 5000 元	50	48	45
	5001 ~ 6000 元	43	47	44
	6001 元及以上	50	48	42

注：* 表示该目标听众样本量不足，无法进行统计推断。

表 4.8.2　2020～2022 年南京听众在不同地点的人均收听时间

单位：分钟

地点	2020 年	2021 年	2022 年
在家	27	28	20
车上	15	15	22
工作/学习场所	3	3	4
其他场所	8	8	3

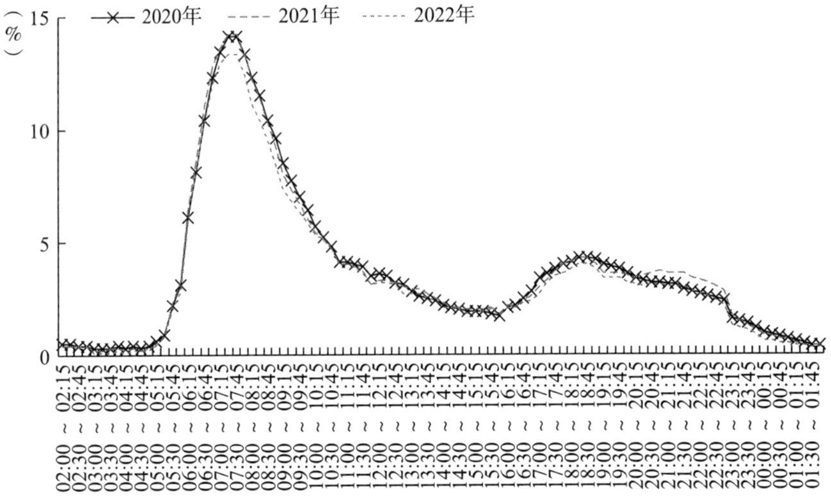

图 4.8.1　2020～2022 年南京听众全天收听率走势

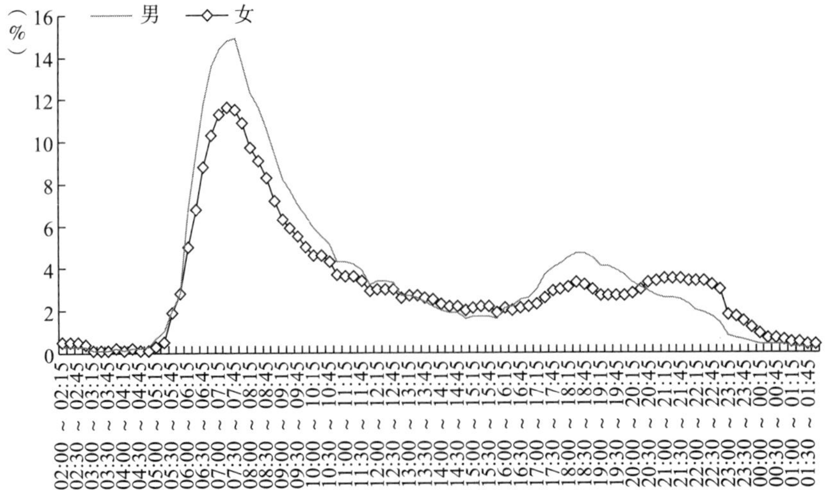

图 4.8.2　2022 年南京不同性别听众全天收听率走势

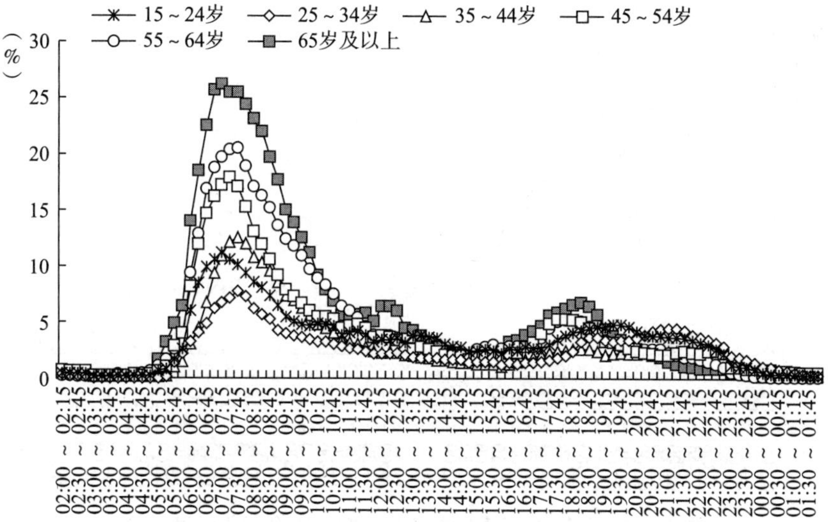

图 4.8.3　2022 年南京不同年龄听众全天收听率走势

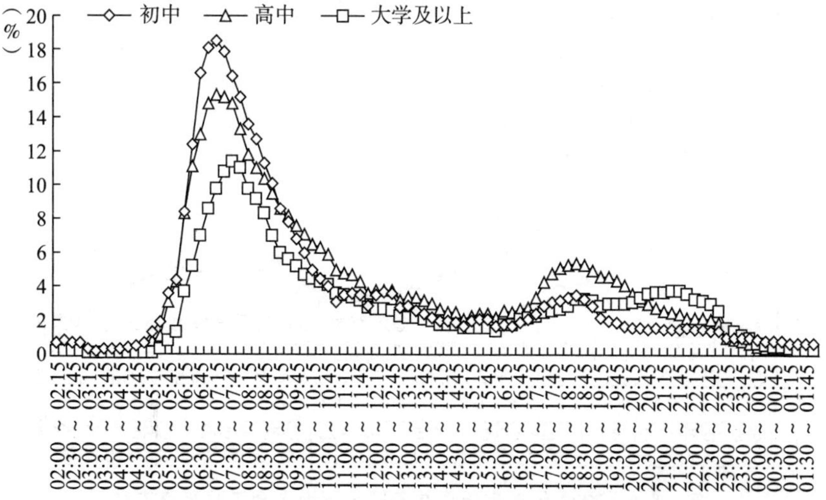

图 4.8.4　2022 年南京不同文化程度听众全天收听率走势

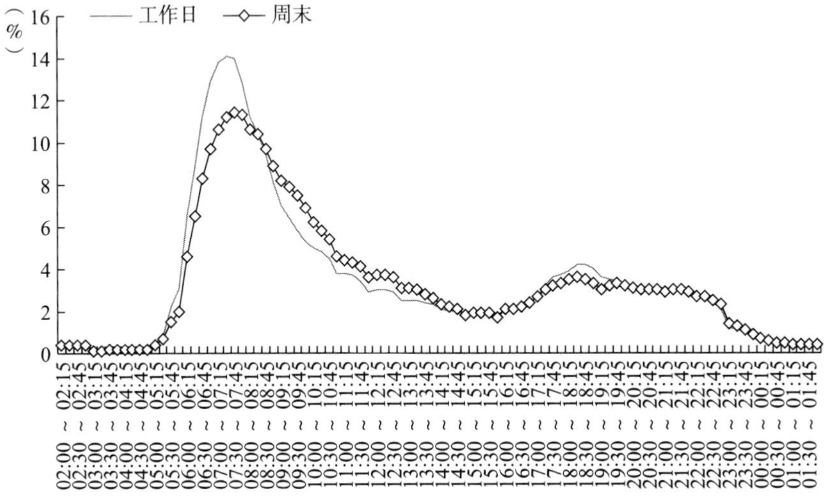

图 4.8.5　2022 年南京听众工作日与周末全天收听率走势

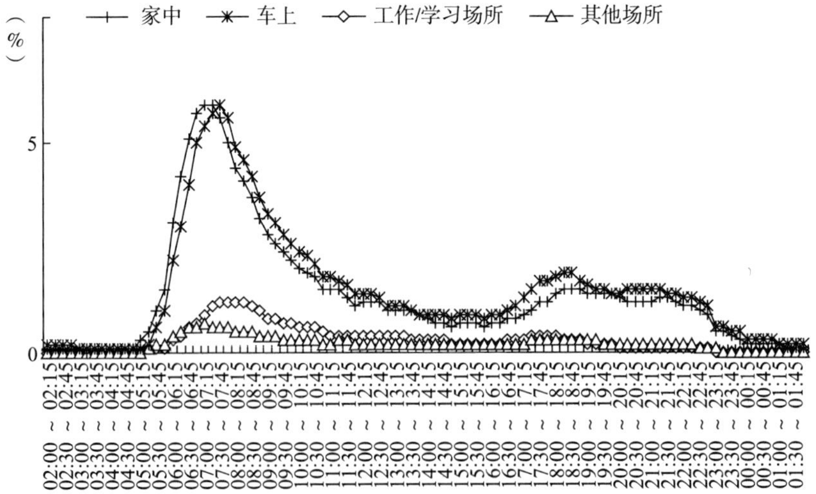

图 4.8.6　2022 年南京听众在不同收听地点全天收听率走势

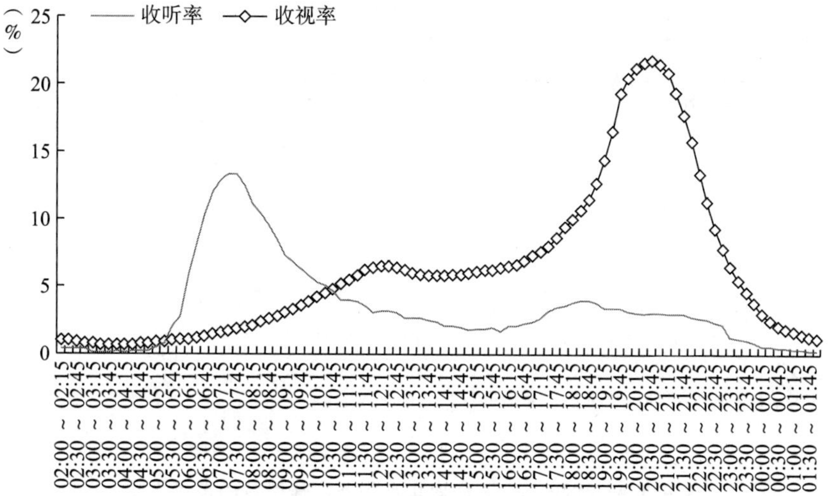

图 4.8.7　2022 年南京受众全天收听率、收视率走势比较（目标受众为 15 岁及以上）

表 4.8.3　2022 年南京市场听众构成

单位：%

目标听众		听众构成
15 岁及以上所有人		100.0
性别	男	55.4
	女	44.6
	15～24 岁	22.9
	25～34 岁	15.8
	35～44 岁	19.2
	45～54 岁	18.0
	55～64 岁	13.9
	65 岁及以上	10.2
受教育程度	未受过正规教育	*
	小学	*
	初中	14.0
	高中	41.8
	大学及以上	44.1
职业	干部/管理人员	3.8
	初级公务员/雇员	46.3
	个体/私营企业人员	4.5
	工人	8.1
	学生	20.4
	无业（包括退休人员）	17.0
	其他	*

续表

目标听众		听众构成
个人月收入	没有收入	21.7
	1～2000 元	*
	2001～3000 元	12.4
	3001～4000 元	23.7
	4001～5000 元	16.2
	5001～6000 元	9.6
	6001 元及以上	16.4

注：* 表示该目标听众样本量不足，无法进行统计推断。

表 4.8.4　2020～2022 年南京市场各广播电台的市场份额

单位：%

广播电台	2020 年	2021 年	2022 年
中央广播电视总台	5.1	5.3	3.9
江苏广播电视总台	76.7	78.1	84.3
南京广播电视集团	18.2	16.6	11.8

表 4.8.5　2022 年南京市场各广播电台在不同目标听众中的市场份额

单位：%

目标听众		中央广播电视总台	江苏广播电视总台	南京广播电视集团
15 岁及以上所有人		3.9	84.3	11.8
性别	男	4.7	84.2	11.1
	女	2.8	84.6	12.6
年龄	15～24 岁	3.0	87.4	9.6
	25～34 岁	4.1	83.5	12.4
	35～44 岁	3.4	87.0	9.6
	45～54 岁	4.6	85.7	9.7
	55～64 岁	3.6	79.0	17.4
	65 岁及以上	5.4	78.9	15.7
受教育程度	未受过正规教育	*	*	*
	小学	*	*	*
	初中	8.0	78.9	13.1
	高中	3.0	86.2	10.8
	大学及以上	3.4	84.8	11.7

续表

目标听众		中央广播电视总台	江苏广播电视总台	南京广播电视集团
职业	干部/管理人员	2.1	75.6	22.3
	初级公务员/雇员	3.5	84.8	11.6
	个体/私营企业人员	8.1	79.5	12.4
	工人	6.1	78.2	15.7
	学生	3.4	87.3	9.3
	无业（包括退休人员）	3.7	85.5	10.8
	其他	*	*	*
个人月收入	没有收入	3.2	87.6	9.2
	1～2000 元	*	*	*
	2001～3000 元	4.1	85.1	10.8
	3001～4000 元	3.6	84.9	11.5
	4001～5000 元	2.0	84.9	13.1
	5001～6000 元	2.9	87.1	10.0
	6001 元及以上	7.2	76.8	16.0

注：* 表示该目标听众样本量不足，无法进行统计推断。

表 4.8.6　2022 年南京市场份额排名前 5 位的频率

单位：%

排名	频率名称	市场份额
1	江苏新闻广播（FM93.7）	34.0
2	江苏经典流行音乐广播（FM97.5）	32.1
3	江苏交通广播网（FM101.1）	8.3
4	江苏音乐广播（FM89.7）	6.1
5	南京音乐广播（FM105.8）	4.3

表 4.8.7　2022 年南京市场收听率排名前 30 位的节目

单位：%

排名	节目名称	播出频率	收听率	市场份额
1	《江苏新闻联播》（07：00）	江苏新闻广播（FM93.7）	5.0	38.4
2	《新闻早高峰》（07：30）	江苏新闻广播（FM93.7）	4.8	37.6
3	《转播：新闻和报摘》（06：30）	江苏新闻广播（FM93.7）	4.6	41.0
4	《阳光倾城》（07：00）	江苏经典流行音乐广播（FM97.5）	4.5	33.4
5	《阳光倾城》（07：00）	江苏经典流行音乐广播（FM97.5）	4.5	32.2
6	《阳光倾城》（06：00）	江苏经典流行音乐广播（FM97.5）	4.0	38.5

续表

排名	节目名称	播出频率	收听率	市场份额
7	《新闻早高峰》（08：00）	江苏新闻广播（FM93.7）	3.8	39.1
8	《假日经典》（07：00）	江苏经典流行音乐广播（FM97.5）	3.7	31.7
9	《阳光倾城》（06：00）	江苏经典流行音乐广播（FM97.5）	3.6	42.1
10	《精选（周六版）》（07：00）	江苏经典流行音乐广播（FM97.5）	3.6	34.0
11	《春节特别节目》（09：00）	江苏新闻广播（FM93.7）	3.2	38.7
12	《SUNDAY 音乐天》（07：00）	江苏经典流行音乐广播（FM97.5）	3.2	29.7
13	《天天早知道》（06：00）	江苏新闻广播（FM93.7）	3.0	42.5
14	《阳光倾城》（08：00）	江苏经典流行音乐广播（FM97.5）	3.0	28.0
15	《精选（周六版）》（08：00）	江苏经典流行音乐广播（FM97.5）	2.9	28.0
16	《假日经典》（06：00）	江苏经典流行音乐广播（FM97.5）	2.8	34.7
17	《新春节目展播》（09：00）	江苏经典流行音乐广播（FM97.5）	2.7	29.5
18	《假日经典》（08：00）	江苏经典流行音乐广播（FM97.5）	2.7	28.1
19	《SUNDAY 音乐天》（08：00）	江苏经典流行音乐广播（FM97.5）	2.6	25.6
20	《阳光倾城》（08：00）	江苏经典流行音乐广播（FM97.5）	2.5	26.8
21	《政风热线》（09：00）	江苏新闻广播（FM93.7）	2.4	36.0
22	《SUNDAY 音乐天》（06：00）	江苏经典流行音乐广播（FM97.5）	2.3	32.0
23	《微风早晨》（09：00）	江苏经典流行音乐广播（FM97.5）	2.3	28.9
24	《微风早晨》（10：00）	江苏经典流行音乐广播（FM97.5）	2.1	34.0
25	《精选（周六版）》（06：00）	江苏经典流行音乐广播（FM97.5）	2.1	33.9
26	《今天我当班》（09：00）	江苏经典流行音乐广播（FM97.5）	2.1	29.6
27	《SUNDAY 音乐天》（09：00）	江苏经典流行音乐广播（FM97.5）	2.1	27.3
28	《唱游新世界》（09：00）	江苏经典流行音乐广播（FM97.5）	2.0	28.1
29	《SUNDAY 音乐天》（10：00）	江苏经典流行音乐广播（FM97.5）	1.9	32.3
30	《即时资讯》（10：00）	江苏新闻广播（FM93.7）	1.8	34.5

九　上海收听数据

表 4.9.1　2020～2022 年上海各目标听众人均收听时间

单位：分钟

目标听众		2020 年	2021 年	2022 年
15 岁及以上所有人		63	65	68
性别	男	67	69	72
	女	58	60	64
年龄	15～24 岁	59	65	71
	25～34 岁	55	57	58
	35～44 岁	50	53	61
	45～54 岁	65	66	75
	55～64 岁	85	87	87
	65 岁及以上	95	88	76
受教育程度	未受过正规教育	*	*	*
	小学	*	*	*
	初中	74	77	79
	高中	80	82	81
	大学及以上	55	57	62
职业	干部/管理人员	62	72	74
	初级公务员/雇员	55	56	62
	个体/私营企业人员	60	63	76
	工人	71	76	77
	学生	58	65	67
	无业（包括退休人员）	87	84	79
	其他	73	*	*
个人月收入	没有收入	58	64	66
	1～2000 元	*	*	*
	2001～3000 元	79	78	65
	3001～4000 元	85	80	77
	4001～5000 元	68	73	70
	5001～6000 元	61	59	65
	6001 元及以上	56	59	67

注：* 表示该目标听众样本量不足，无法进行统计推断。

表 4.9.2　2020～2022 年上海听众在不同地点的人均收听时间

单位：分钟

地点	2020 年	2021 年	2022 年
在家	32	29	35
车上	16	21	24
工作/学习场所	4	4	4
其他场所	11	11	4

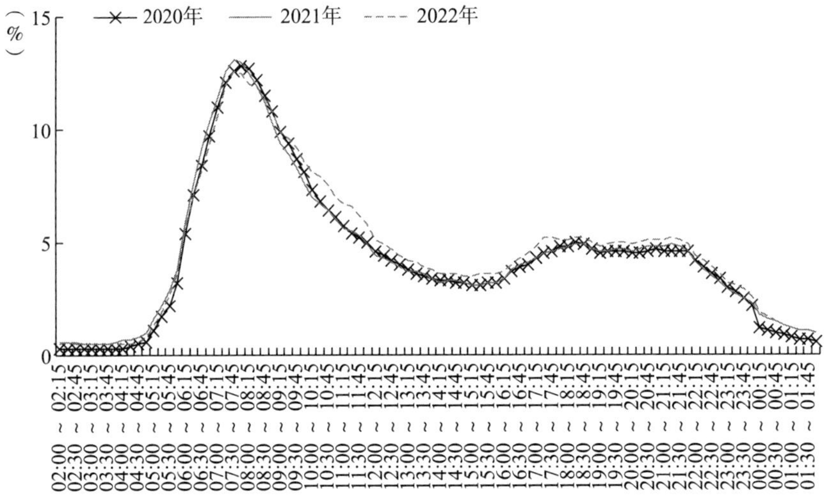

图 4.9.1　2020～2022 年上海听众全天收听率走势

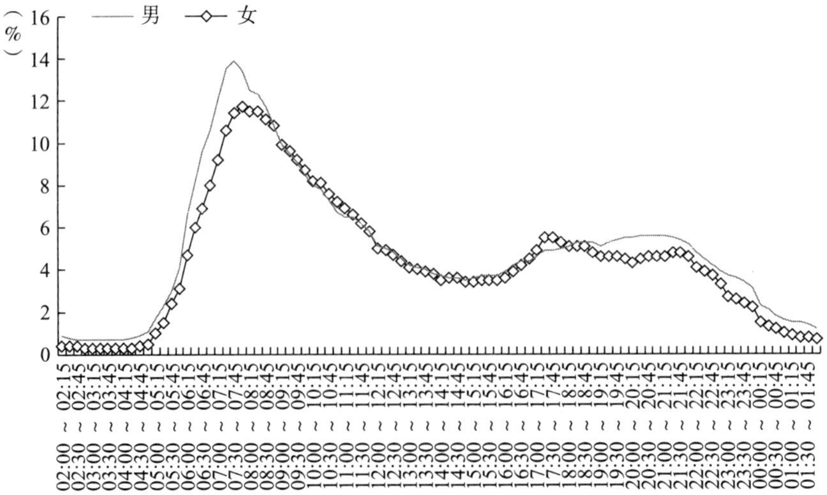

图 4.9.2　2022 年上海不同性别听众全天收听率走势

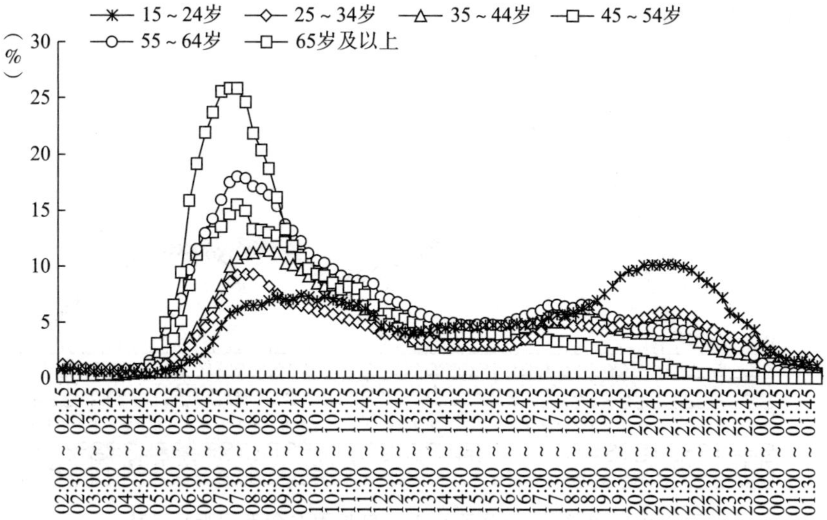

图 4.9.3　2022 年上海不同年龄听众全天收听率走势

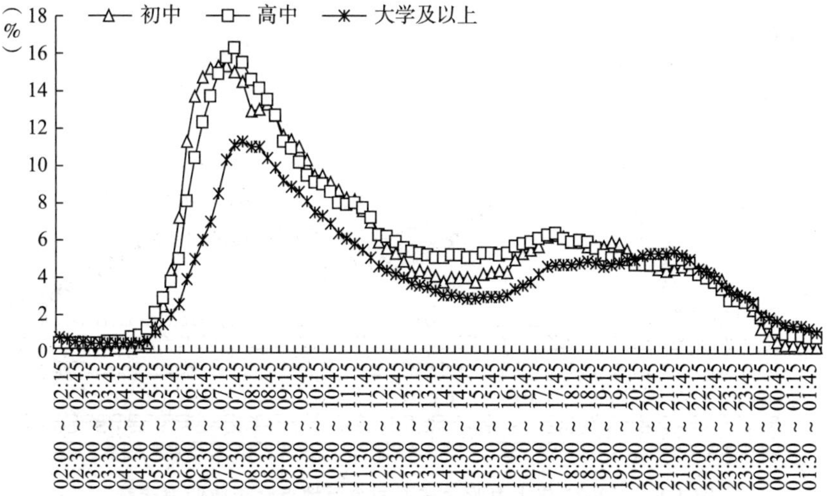

图 4.9.4　2022 年上海不同文化程度听众全天收听率走势

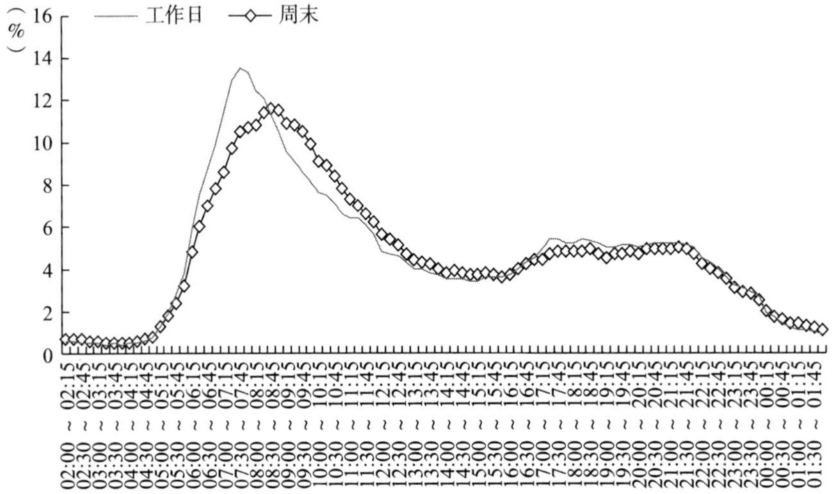

图 4.9.5　2022 年上海听众工作日与周末全天收听率走势

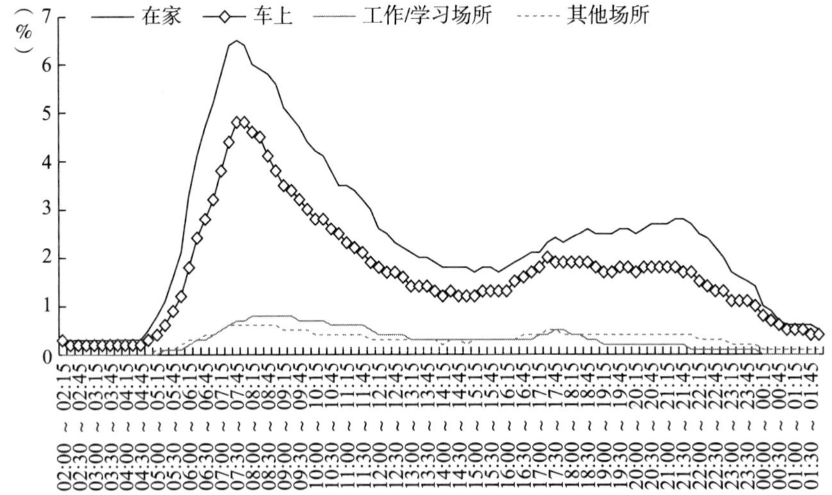

图 4.9.6　2022 年上海听众在不同收听地点全天收听率走势

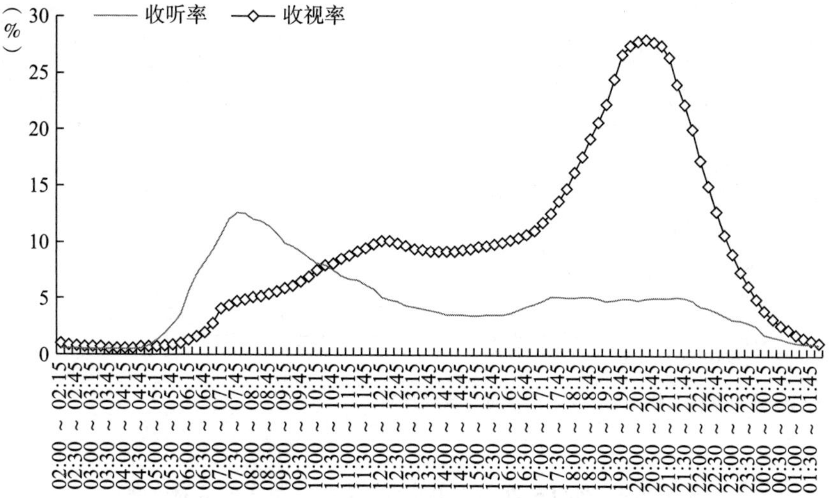

图 4.9.7　2022 年上海受众全天收听率、收视率走势比较（目标受众为 15 岁及以上）

表 4.9.3　2022 年上海市场听众构成

单位：%

目标听众		听众构成
15 岁及以上所有人		100.0
性别	男	51.3
	女	48.7
年龄	15 ~ 24 岁	11.1
	25 ~ 34 岁	23.6
	35 ~ 44 岁	23.2
	45 ~ 54 岁	20.7
	55 ~ 64 岁	12.6
	65 岁及以上	8.8
受教育程度	未受过正规教育	*
	小学	*
	初中	12.2
	高中	25.6
	大学及以上	62.2
职业	干部/管理人员	12.4
	初级公务员/雇员	51.0
	个体/私营企业人员	4.2
	工人	9.1
	学生	8.7
	无业（包括退休人员）	14.6
	其他	*

续表

目标听众		听众构成
个人月收入	没有收入	8.3
	1～2000 元	*
	2001～3000 元	2.8
	3001～4000 元	10.4
	4001～5000 元	15.7
	5001～6000 元	12.1
	6001 元及以上	50.8

注：* 表示该目标听众样本量不足，无法进行统计推断。

表 4.9.4　2020～2022 年上海市场各广播电台的市场份额

单位：%

广播电台	2020 年	2021 年	2022 年
中央广播电视总台	7.5	6.6	6.0
上海广播电视台	92.5	93.4	94.0

表 4.9.5　2022 年上海市场各广播电台在不同目标听众中的市场份额

单位：%

目标听众		中央广播电视总台	上海广播电视台
15 岁及以上所有人		6.0	94.0
性别	男	6.6	93.4
	女	5.4	94.6
年龄	15～24 岁	4.5	95.5
	25～34 岁	5.7	94.3
	35～44 岁	5.2	94.8
	45～54 岁	3.8	96.2
	55～64 岁	7.0	93.0
	65 岁及以上	14.3	85.7
受教育程度	未受过正规教育	*	*
	小学	*	*
	初中	4.6	95.4
	高中	7.7	92.3
	大学及以上	5.5	94.5

续表

目标听众		中央广播电视总台	上海广播电视台
职业	干部/管理人员	6.9	93.1
	初级公务员/雇员	4.6	95.4
	个体/私营企业人员	8.0	92.0
	工人	7.8	92.2
	学生	3.6	96.4
	无业（包括退休人员）	9.9	90.1
	其他	*	*
个人月收入	没有收入	3.8	96.2
	1～2000 元	*	*
	2001～3000 元	0.6	99.4
	3001～4000 元	5.5	94.5
	4001～5000 元	9.5	90.5
	5001～6000 元	5.8	94.2
	6001 元及以上	5.7	94.3

注：* 表示该目标听众样本量不足，无法进行统计推断。

表 4.9.6　2022 年上海市场份额排名前五位的频率

单位：%

排名	频率名称	市场份额
1	上海人民广播电台上海新闻广播（FM93.4/AM990）	30.6
2	上海流行音乐广播 动感 101（FM101.7）	29.1
3	上海经典金曲广播 LoveRadio 最爱调频（FM103.7）	15.7
4	上海交通广播（AM648/FM105.7）	6.4
4	第一财经广播（FM90.9）	6.4

表 4.9.7　2022 年上海市场收听率排名前 30 位的节目

单位：%

排名	节目名称	播出频率	收听率	市场份额
1	《990 早新闻》	上海人民广播电台上海新闻广播（FM93.4/AM990）	4.9	41.3
2	《转播：新闻和报纸摘要》	上海人民广播电台上海新闻广播（FM93.4/AM990）	4.6	51.8
3	《领航新时代奋进新征程》	上海人民广播电台上海新闻广播（FM93.4/AM990）	4.6	39.2
4	《13 届全国人大 5 次会议开幕会》	上海人民广播电台上海新闻广播（FM93.4/AM990）	3.7	33.2

续表

排名	节目名称	播出频率	收听率	市场份额
5	《市 15 届人大 6 次会议》	上海人民广播电台上海新闻广播（FM93.4/AM990）	3.6	43.7
6	《清晨新闻》	上海人民广播电台上海新闻广播（FM93.4/AM990）	3.5	56.3
7	《你好 2022 特别节目》	上海人民广播电台上海新闻广播（FM93.4/AM990）	3.4	33.0
8	《防疫特别节目》	上海人民广播电台上海新闻广播（FM93.4/AM990）	3.3	31.9
9	《中国人民协商会议上海市第 13 届委员会第 5 次会议》	上海人民广播电台上海新闻广播（FM93.4/AM990）	3.2	37.3
10	《上海市第 12 次党代会开幕式》	上海人民广播电台上海新闻广播（FM93.4/AM990）	3.0	35.1
11	《神州 14 号发射特别直播》	上海人民广播电台上海新闻广播（FM93.4/AM990）	3.0	31.6
12	《2022 上海两会政协专题会议特别节目》	上海人民广播电台上海新闻广播（FM93.4/AM990）	2.9	33.6
13	《直通 990》	上海人民广播电台上海新闻广播（FM93.4/AM990）	2.9	31.5
14	《中国共产党第二十次全国代表大会开幕式》	上海人民广播电台上海新闻广播（FM93.4/AM990）	2.8	33.2
15	《小畅翻牌》	上海流行音乐广播 动感 101（FM101.7）	2.8	27.6
16	《中国共产党第 20 届中央政治局常委同中外记者见面》	上海人民广播电台上海新闻广播（FM93.4/AM990）	2.7	31.1
17	《新闻发布会》	上海人民广播电台上海新闻广播（FM93.4/AM990）	2.6	34.4
18	《315 国际消费者权益保护日特别节目》	上海人民广播电台上海新闻广播（FM93.4/AM990）	2.6	32.5
19	《因为有你如虎添翼新春大直播》	上海流行音乐广播 动感 101（FM101.7）	2.6	28.8
20	《音乐零时差》	上海流行音乐广播 动感 101（FM101.7）	2.6	26.9
21	《绕着地球跑》	上海流行音乐广播 动感 101（FM101.7）	2.4	31.4
22	《音乐早餐》	上海流行音乐广播 动感 101（FM101.7）	2.4	21.5
23	《民生一网通》	上海人民广播电台上海新闻广播（FM93.4/AM990）	2.3	35.9
24	《2022 夏令热线》	上海人民广播电台上海新闻广播（FM93.4/AM990）	2.2	30.2

续表

排名	节目名称	播出频率	收听率	市场份额
25	《闪电生活家》	上海流行音乐广播 动感 101（FM101.7）	2.2	28.6
26	《全国两会特别报道》	上海人民广播电台上海新闻广播（FM93.4/AM990）	2.2	26.7
27	《兴业讲堂》	上海人民广播电台上海新闻广播（FM93.4/AM990）	2.2	26.4
28	《江泽民同志追悼大会现场直播》	上海人民广播电台上海新闻广播（FM93.4/AM990）	2.1	34.8
29	《周末来打卡》	上海人民广播电台上海新闻广播（FM93.4/AM990）	2.1	26.4
30	《音乐爱远行》	上海流行音乐广播 动感 101（FM101.7）	2.0	29.7

十　深圳收听数据

表 4.10.1　2020～2022 年深圳各目标听众人均收听时间

单位：分钟

目标听众		2020 年	2021 年	2022 年
15 岁及以上所有人		38	37	35
性别	男	41	40	38
	女	35	32	31
年龄	15～24 岁	41	37	31
	25～34 岁	32	30	29
	35～44 岁	38	39	35
	45～54 岁	47	46	49
	55～64 岁	54	52	55
	65 岁及以上	61	58	59
受教育程度	未受过正规教育	*	*	*
	小学	23	22	18
	初中	38	35	32
	高中	41	41	40
	大学及以上	35	33	29
职业	干部/管理人员	42	46	43
	初级公务员/雇员	37	34	31
	个体/私营企业人员	32	30	30
	工人	36	37	36
	学生	50	55	48
	无业（包括退休人员）	46	41	40
	其他	*	*	*
个人月收入	没有收入	45	44	40
	1～2000 元	43	30	28
	2001～3000 元	52	47	56
	3001～4000 元	42	44	43
	4001～5000 元	40	35	37
	5001～6000 元	37	37	30
	6001 元及以上	34	34	31

注：* 表示该目标听众样本量不足，无法进行统计推断。

表 4.10.2　2020～2022 年深圳听众在不同收听地点的人均收听时间

单位：分钟

地点	2020 年	2021 年	2022 年
在家	13	12	10
车上	16	18	19
工作/学习场所	3	2	3
其他场所	6	5	3

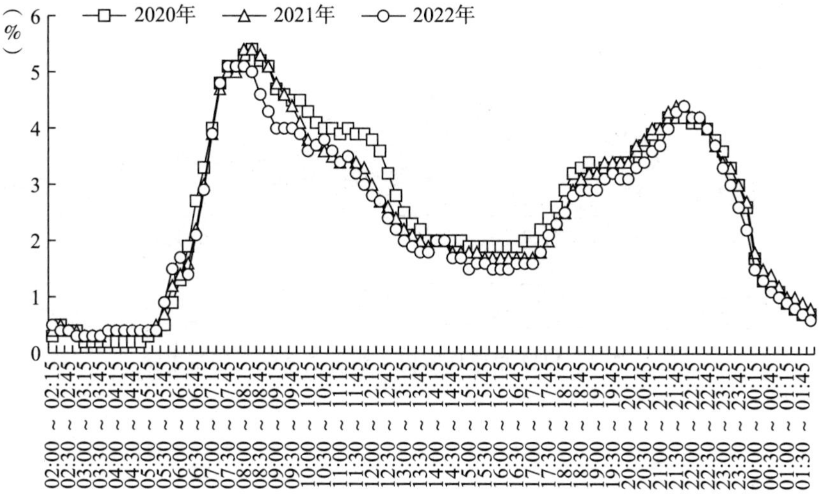

图 4.10.1　2020～2022 年深圳听众全天收听率走势

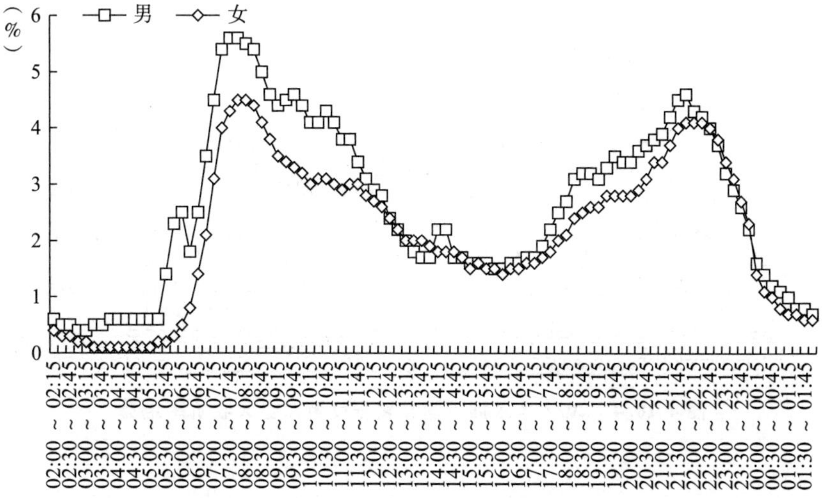

图 4.10.2　2022 年深圳不同性别听众全天收听率走势

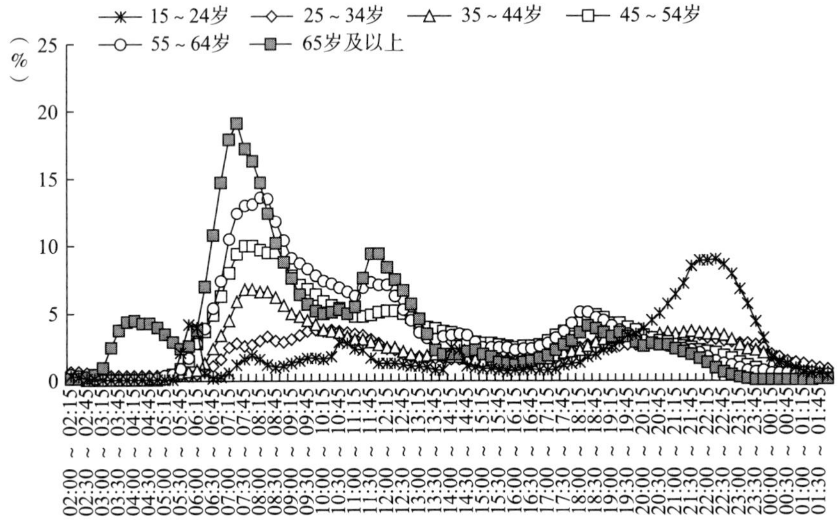

图 4.10.3　2022 年深圳不同年龄听众全天收听率走势

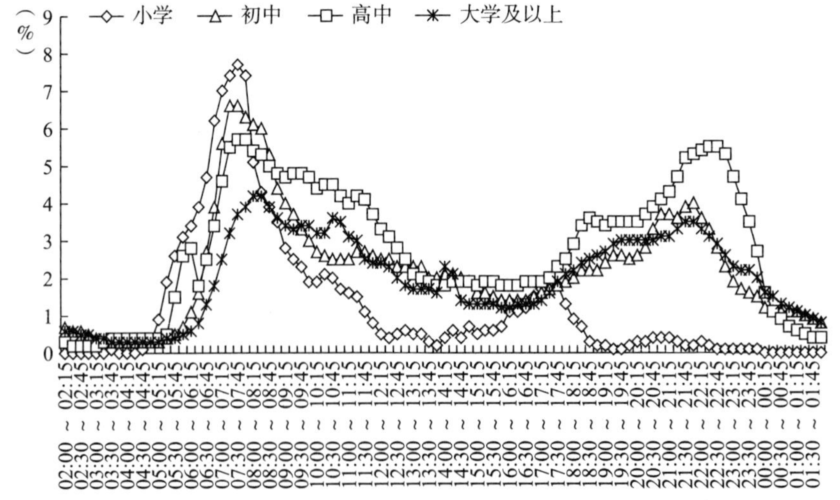

图 4.10.4　2022 年深圳不同文化程度听众全天收听率走势

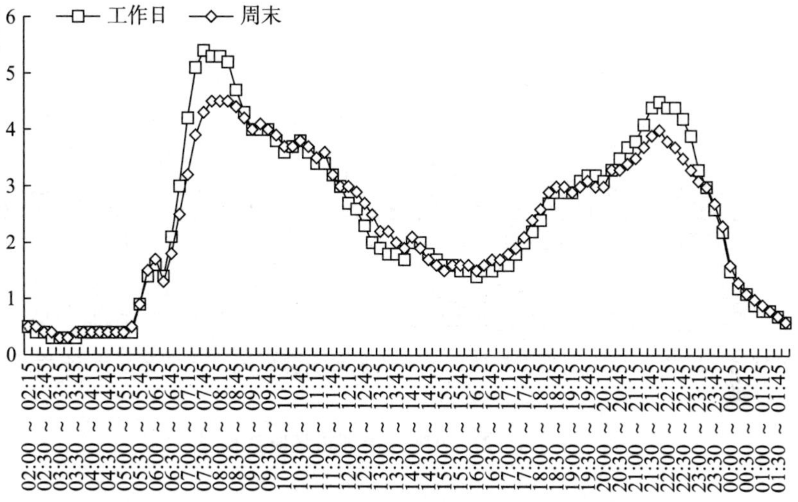

图 4.10.5　2022 年深圳听众工作日与周末全天收听率走势

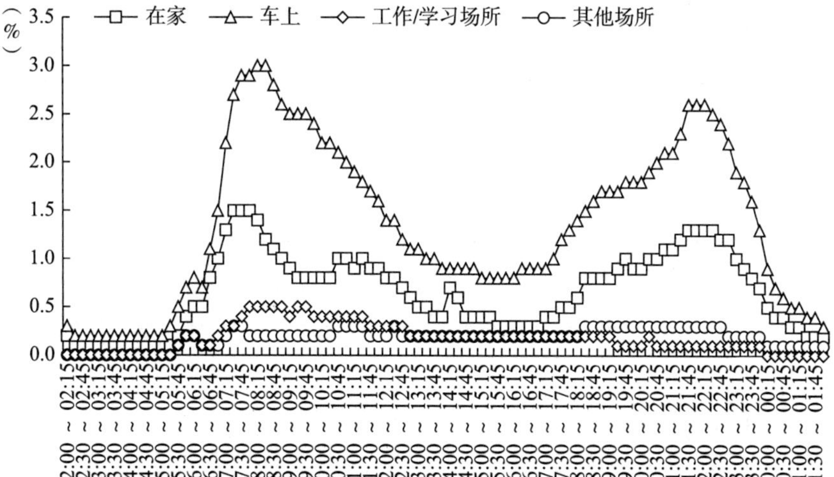

图 4.10.6　2022 年深圳听众在不同收听地点全天收听率走势

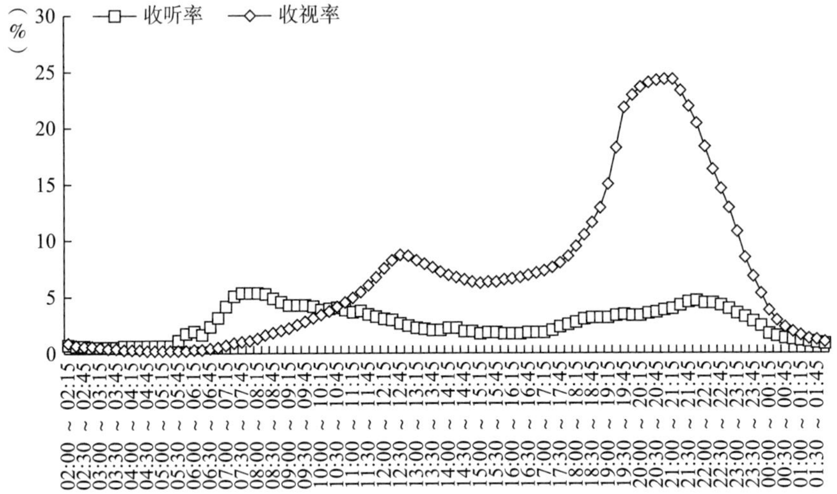

图 4.10.7　2022 年深圳受众全天收听率、收视率走势比较（目标受众为 15 岁及以上）

表 4.10.3　2022 年深圳市场听众构成

单位：%

目标听众		听众构成
15 岁及以上所有人		100
性别	男	61.5
	女	38.5
年龄	15～24 岁	17.4
	25～34 岁	30.5
	35～44 岁	31.0
	45～54 岁	10.5
	55～64 岁	4.8
	65 岁及以上	5.8
受教育程度	未受过正规教育	*
	小学	0.2
	初中	15.6
	高中	51.0
	大学及以上	33.2
职业	干部/管理人员	8.1
	初级公务员/雇员	42.8
	个体/私营企业人员	10.7
	工人	15.9
	学生	12.3
	无业（包括退休人员）	10.2
	其他	*

续表

目标听众		听众构成
个人月收入	没有收入	15.2
	1～2000 元	1.0
	2001～3000 元	2.1
	3001～4000 元	10.3
	4001～5000 元	19.4
	5001～6000 元	16.1
	6001 元及以上	35.9

注：* 表示该目标听众样本量不足，无法进行统计推断。

表 4.10.4　2020～2022 年深圳市场各广播电台的市场份额

单位：%

广播电台	2020 年	2021 年	2022 年
中央广播电视总台	10.9	9.8	9.5
广东广播电视台	5.7	3.6	3.6
深圳广播电影电视集团	78.6	81.4	81.7
其他广播电台	4.8	5.2	5.2

表 4.10.5　2022 年深圳市场各广播电台在不同目标听众中的市场份额

单位：%

目标听众		中央广播电视总台	广东广播电视台	深圳广播电影电视集团	其他广播电台
15 岁及以上所有人		9.5	3.6	81.7	5.2
性别	男	8.7	4.2	81.8	5.3
	女	10.7	2.6	81.7	5.0
年龄	15～24 岁	3.4	1.7	91.7	3.2
	25～34 岁	5.2	5.6	83.4	5.8
	35～44 岁	10.4	3.6	80.3	5.7
	45～54 岁	11.5	2.6	79.4	6.5
	55～64 岁	14.5	3.7	78.6	3.2
	65 岁及以上	37.6	0.9	57.5	4.0
受教育程度	未受过正规教育	*	*	*	*
	小学	3.9	12.2	83.5	0.4
	初中	13.9	2.8	80.4	2.9
	高中	8.8	3.7	83.6	3.9
	大学及以上	8.5	3.8	79.5	8.2

续表

目标听众		中央广播电视总台	广东广播电视台	深圳广播电影电视集团	其他广播电台
职业	干部/管理人员	8.1	3.2	81.1	7.6
	初级公务员/雇员	7.6	2.7	83.2	6.5
	个体/私营企业人员	11.3	3.8	77.3	7.6
	工人	9.6	9.1	79.3	2.0
	学生	4.2	2.1	89.9	3.8
	无业（包括退休人员）	23.2	0.7	74.4	1.7
	其他	*	*	*	*
个人月收入	没有收入	3.7	1.9	91.0	3.4
	1～2000 元	0.5	0.1	97.8	1.6
	2001～3000 元	45.1	7.1	47.8	0.0
	3001～4000 元	8.0	2.7	87.4	1.9
	4001～5000 元	7.9	5.7	83.8	2.6
	5001～6000 元	10.2	1.2	75.6	13.0
	6001 元及以上	11.0	4.4	79.5	5.1

注：*表示该目标听众样本量不足，无法进行统计推断。

表 4.10.6　2022 年深圳市场份额排名前 5 位的频率

单位：%

排名	频率名称	市场份额
1	深圳广播电台新闻频率（FM89.8）	33.4
2	深圳人民广播电台音乐广播（FM97.1）	20.3
3	深圳广播电台交通频率（FM106.2）	20.1
4	深圳电台生活频率（FM94.2）	7.9
5	中央人民广播电台第一套节目中国之声	6.3

表 4.10.7　2022 年深圳市场收听率排名前 30 位的节目

单位：%

名次	节目名称	播出频率	收听率	市场份额
1	《898 早新闻》	深圳广播电台新闻频率（FM89.8）	2.2	45.2
2	《898 早新闻》（重播）	深圳广播电台新闻频率（FM89.8）	1.8	40.1
3	《转播：新闻和报纸摘要》	深圳广播电台新闻频率（FM89.8）	1.3	54.2
4	《深圳早班车》	深圳广播电台交通频率（FM106.2）	1.3	26.7
5	《民心桥》	深圳广播电台新闻频率（FM89.8）	1.2	38.1
5	《深圳事大家议》	深圳广播电台新闻频率（FM89.8）	1.2	37.1

续表

名次	节目名称	播出频率	收听率	市场份额
7	《行游天下》	深圳广播电台新闻频率（FM89.8）	1.2	32.8
8	《岁月留声》	深圳广播电台新闻频率（FM89.8）	1.2	32.0
9	《新闻周刊》	深圳广播电台新闻频率（FM89.8）	1.2	31.4
10	《粤听越动听》	深圳广播电台新闻频率（FM89.8）	1.2	30.8
11	《文化星空》	深圳广播电台新闻频率（FM89.8）	1.2	30.2
12	《周末非常道》	深圳广播电台新闻频率（FM89.8）	1.2	29.9
13	《AI科技秀》	深圳广播电台新闻频率（FM89.8）	1.2	29.5
14	《先锋看天下》	深圳广播电台新闻频率（FM89.8）	1.2	29.2
15	《政协热线》	深圳广播电台新闻频率（FM89.8）	1.1	32.6
16	《鹏城夜话》	深圳广播电台新闻频率（FM89.8）	1.1	31.5
17	《新闻档案》（重播）	深圳广播电台新闻频率（FM89.8）	1.0	62.5
18	《缤纷车世界》	深圳广播电台交通频率（FM106.2）	1.0	25.2
19	《音乐私享家》	深圳人民广播电台音乐广播（FM97.1）	1.0	24.4
20	《馨竹的格调指路牌》	深圳广播电台交通频率（FM106.2）	1.0	23.6
21	《因为爱》	深圳人民广播电台音乐广播（FM97.1）	1.0	23.3
22	《898午新闻》	深圳广播电台新闻频率（FM89.8）	0.9	32.3
23	《希望对话》	深圳广播电台新闻频率（FM89.8）	0.9	31.1
24	《克奇的博物馆之旅》	深圳广播电台新闻频率（FM89.8）	0.9	29.1
25	《古曲音乐喵》	深圳人民广播电台音乐广播（FM97.1）	0.9	23.4
26	《晋一说科技》	深圳广播电台交通频率（FM106.2）	0.9	21.8
27	《898晚新闻》	深圳广播电台新闻频率（FM89.8）	0.8	31.3
28	《转播：全国新闻联播》	深圳广播电台新闻频率（FM89.8）	0.8	27.9
29	《最懂女人心》	深圳人民广播电台音乐广播（FM97.1）	0.8	26.1
30	《妈妈宝宝》	深圳广播电台新闻频率（FM89.8）	0.8	25.7

十一　石家庄收听数据

表 4.11.1　2020～2022 年石家庄各目标听众人均收听时间

单位：分钟

目标听众		2020 年	2021 年	2022 年
10 岁及以上所有人		75	65	56
性别	男	82	71	61
	女	68	59	50
年龄	10～14 岁	22	19	12
	15～24 岁	33	31	26
	25～34 岁	63	52	44
	35～44 岁	68	56	57
	45～54 岁	101	86	70
	55～64 岁	138	121	105
	65 岁及以上	146	144	117
受教育程度	未受过正规教育	*	*	*
	小学	66	49	40
	初中	97	80	73
	高中	81	64	53
	大学及以上	55	58	49
职业	干部/管理人员	49	55	51
	初级公务员/雇员	71	64	55
	个体/私营企业人员	69	60	58
	工人	85	66	50
	学生	25	21	16
	无业（包括退休人员）	135	124	103
	其他	*	*	*
个人月收入	没有收入	40	33	24
	1～2000 元	106	106	82
	2001～3000 元	100	84	69
	3001～4000 元	78	76	70
	4001～5000 元	80	67	59
	5001～6000 元	60	58	51
	6001 元及以上	86	71	64

注：* 表示该目标听众样本量不足，无法进行统计推断。

表 4.11.2　2020～2022 年石家庄听众在不同地点的人均收听时间

单位：分钟

地点	2020 年	2021 年	2022 年
在家	52	44	35
车上	20	18	17
工作/学习场所	2	1	2
其他场所	1	1	2

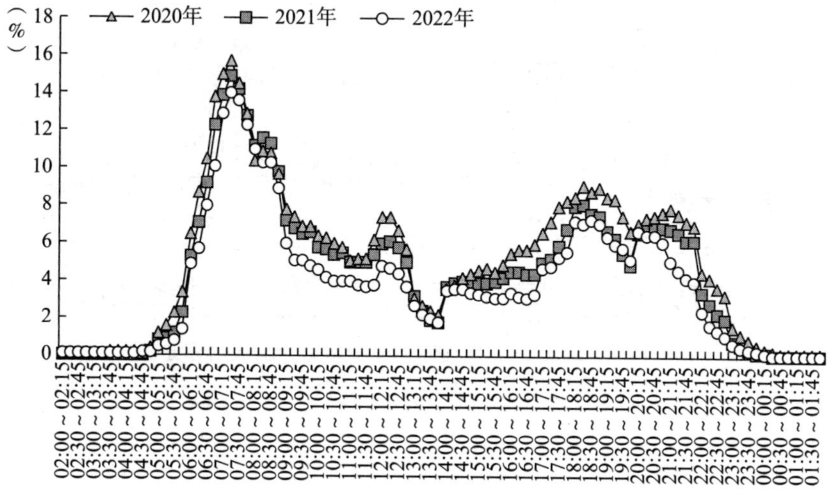

图 4.11.1　2020～2022 年石家庄听众全天收听率走势

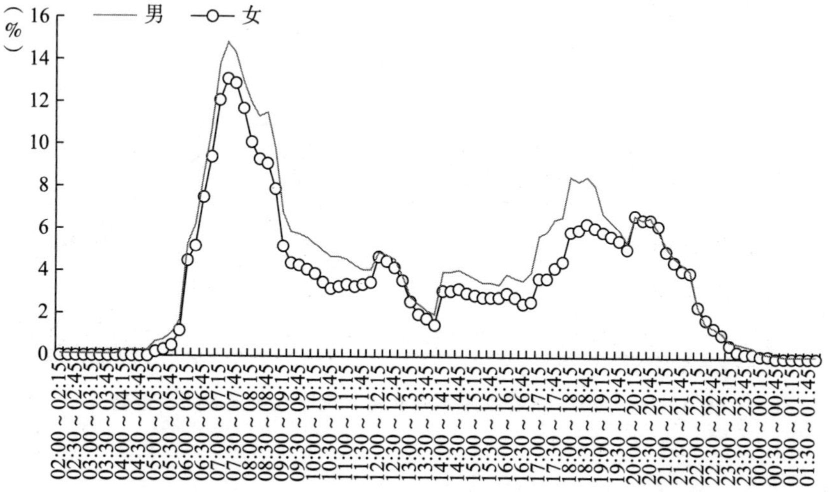

图 4.11.2　2022 年石家庄不同性别听众全天收听率走势

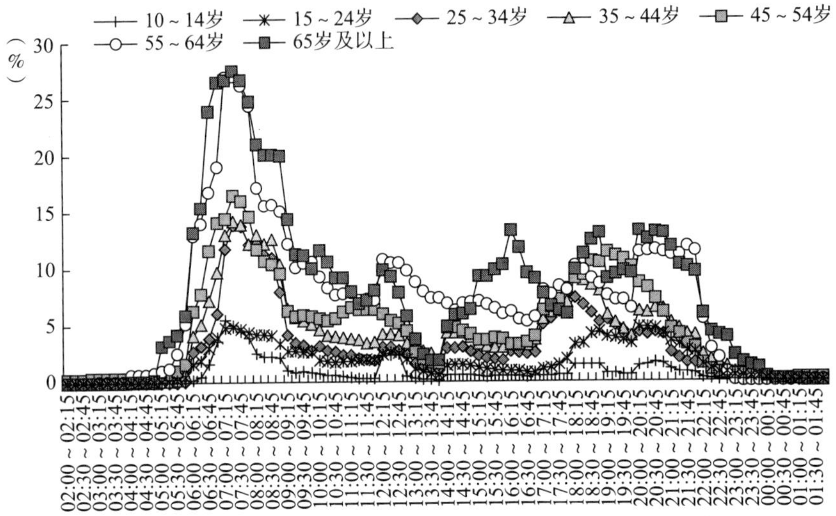

图 4.11.3　2022 年石家庄不同年龄听众全天收听率走势

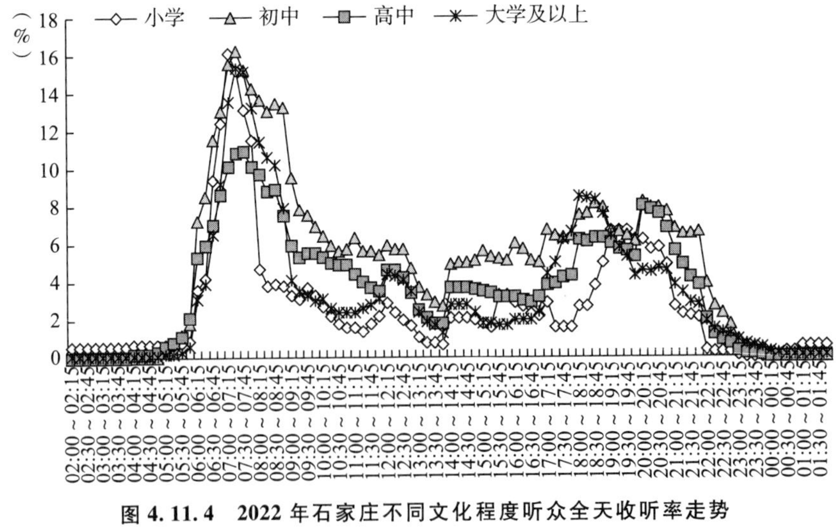

图 4.11.4　2022 年石家庄不同文化程度听众全天收听率走势

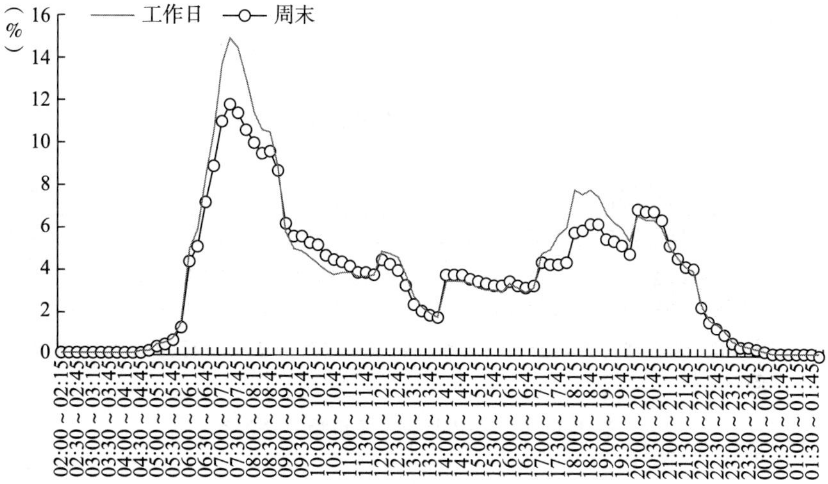

图 4.11.5　2022 年石家庄听众工作日与周末全天收听率走势

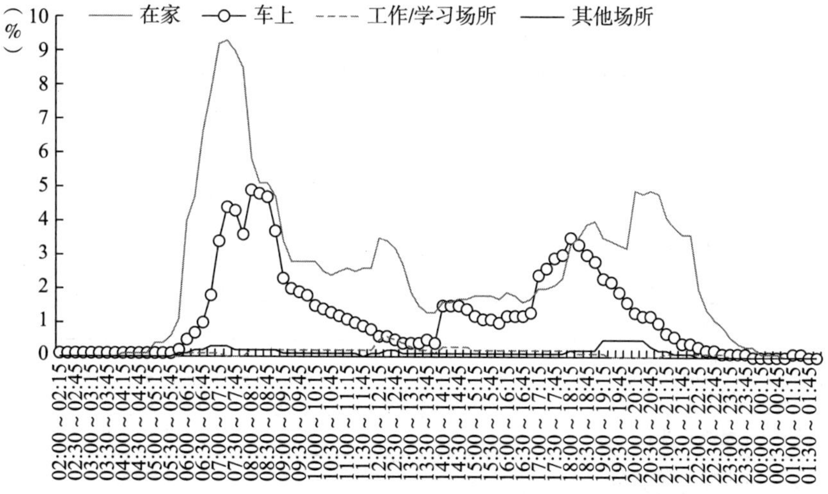

图 4.11.6　2022 年石家庄听众在不同收听地点全天收听率走势

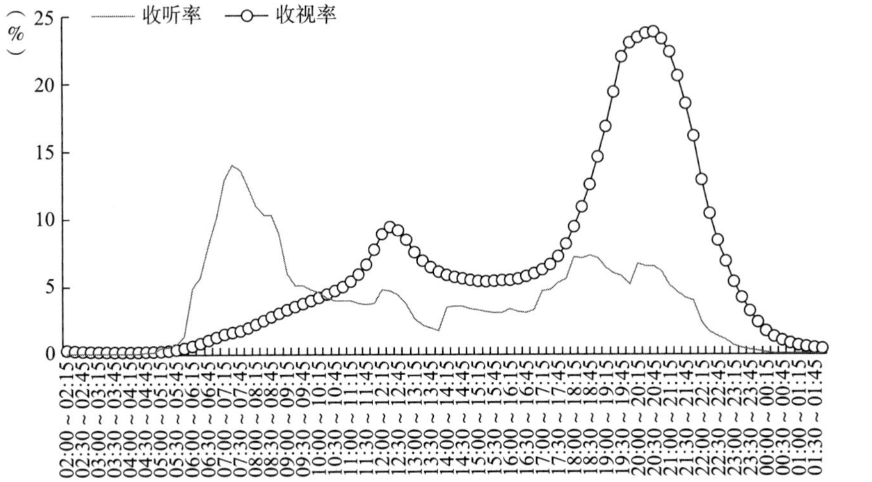

图 4.11.7　2022 年石家庄受众全天收听率、收视率走势比较（目标受众为 10 岁及以上）

表 4.11.3　2022 年石家庄市场听众构成

单位：%

目标听众		听众构成
10 岁及以上所有人		100.0
性别	男	54.2
	女	45.8
年龄	10 ~ 14 岁	0.8
	15 ~ 24 岁	11.5
	25 ~ 34 岁	16.0
	35 ~ 44 岁	20.0
	45 ~ 54 岁	19.0
	55 ~ 64 岁	17.8
	65 岁及以上	15.0
受教育程度	未受过正规教育	*
	小学	3.4
	初中	32.3
	高中	31.2
	大学及以上	32.7
职业	干部/管理人员	3.4
	初级公务员/雇员	29.5
	个体/私营企业人员	22.4
	工人	7.5
	学生	5.5
	无业（包括退休人员）	31.6
	其他	*

续表

目标听众		听众构成
个人月收入	没有收入	10.1
	1～2000 元	5.7
	2001～3000 元	20.2
	3001～4000 元	29.4
	4001～5000 元	17.5
	5001～6000 元	8.7
	6001 元及以上	8.4

注：* 表示该目标听众样本量不足，无法进行统计推断。

表 4.11.4　2020～2022 年石家庄市场各广播电台的份额

单位：%

广播电台	2020 年	2021 年	2022 年
中央广播电视总台	6.8	8.4	8.8
河北广播电视台	47.0	48.2	46.6
石家庄广播电视台	45.5	43.2	44.5
其他广播电台	0.7	0.2	0.1

表 4.11.5　2022 年石家庄市场各广播电台在不同目标听众中的份额

单位：%

目标听众		中央广播电视总台	河北广播电视台	石家庄广播电视台	其他广播电台
10 岁及以上所有人		8.8	46.6	44.5	0.1
性别	男	8.7	46.3	44.9	0.1
	女	9.0	46.9	44.0	0.2
年龄	10～14 岁	31.2	30.6	37.0	1.2
	15～24 岁	10.4	51.5	37.7	0.4
	25～34 岁	5.7	44.0	50.3	0.1
	35～44 岁	10.6	49.5	39.7	0.2
	45～54 岁	6.1	54.7	39.1	0.1
	55～64 岁	11.4	36.1	52.5	0.0
	65 岁及以上	7.9	44.7	47.4	0.0
受教育程度	未受过正规教育	*	*	*	*
	小学	19.0	39.2	41.7	0.1
	初中	10.9	40.6	48.5	0.0
	高中	5.9	50.3	43.7	0.1
	大学及以上	7.9	49.7	42.1	0.3

续表

目标听众		中央广播电视总台	河北广播电视台	石家庄广播电视台	其他广播电台
职业	干部/管理人员	20.0	69.1	10.6	0.3
	初级公务员/雇员	9.2	48.7	41.9	0.2
	个体/私营企业人员	3.8	46.9	49.3	0.0
	工人	13.1	51.3	35.5	0.1
	学生	19.5	46.9	32.6	1.1
	无业（包括退休人员）	8.0	40.8	51.2	0.0
	其他	*	*	*	*
个人月收入	没有收入	13.8	44.9	40.7	0.6
	1～2000元	13.8	39.9	46.2	0.0
	2001～3000元	8.5	46.4	45.1	0.0
	3001～4000元	9.0	43.2	47.7	0.1
	4001～5000元	6.6	44.9	48.2	0.2
	5001～6000元	6.4	58.9	34.6	0.1
	6001元及以上	7.0	55.5	37.4	0.1

注：*表示该目标听众样本量不足，无法进行统计推断。

表4.11.6　2022年石家庄市场份额排名前5位的频率

单位：%

排名	频率名称	市场份额
1	河北广播电视台交通广播（FM99.2）	17.2
2	石家庄广播电视台综合广播（AM882/FM88.2）	16.8
3	石家庄广播电视台交通广播（FM94.6）	14.8
4	河北广播电视台音乐广播（FM102.4）	11.3
5	石家庄广播电视台音乐广播（FM106.7）	9.0

表4.11.7　2022年石家庄市场收听率排名前30位的节目

单位：%

排名	节目名称	播出频率	收听率	市场份额
1	《转播：新闻和报纸摘要》	石家庄广播电视台综合广播(AM882/FM88.2)	2.8	30.4
2	《新闻882》	石家庄广播电视台综合广播(AM882/FM88.2)	2.7	22.7
3	《946领先早高峰》	石家庄广播电视台交通广播（FM94.6）	2.1	17.6
4	《992早高峰》	河北广播电视台交通广播（FM99.2）	1.9	16.5
5	《992晚高峰》	河北广播电视台交通广播（FM99.2）	1.5	25.1
6	《小雨来了》	河北广播电视台交通广播（FM99.2）	1.5	23.0

续表

排名	节目名称	播出频率	收听率	市场份额
7	《新闻和报纸摘要》	中央人民广播电台第一套节目中国之声	1.4	15.6
8	《大鹏来了》	河北广播电视台交通广播（FM99.2）	1.3	26.8
9	《946 动感晚高峰》	石家庄广播电视台交通广播（FM94.6）	1.1	17.1
10	《转播：新闻和报纸摘要》	石家庄广播电视台交通广播（FM94.6）	1.1	11.9
11	《快乐出发》	河北广播电视台音乐广播（FM102.4）	1.1	9.2
12	《992 大家帮》	河北广播电视台交通广播（FM99.2）	1.0	22.1
13	《全省新闻联播》（转播）	石家庄广播电视台综合广播（AM882/FM88.2）	1.0	16.2
14	《992 早班车》	河北广播电视台交通广播（FM99.2）	0.9	17.6
15	《依然动听》	河北广播电视台音乐广播（FM102.4）	0.9	16.9
16	《星河梦工厂》	石家庄广播电视台综合广播（AM882/FM88.2）	0.9	15.6
17	《882 城市热线》	石家庄广播电视台综合广播（AM882/FM88.2）	0.8	18.8
18	《交通热线》	石家庄广播电视台交通广播（FM94.6）	0.8	15.8
19	《国防时空》	中央人民广播电台第一套节目中国之声	0.8	14.3
20	《乐享大讲堂》	河北广播电视台音乐广播（FM102.4）	0.8	13.8
21	《新闻串串聊》	石家庄广播电视台综合广播（AM882/FM88.2）	0.8	13.6
22	《今晚听我的》	石家庄广播电视台交通广播（FM94.6）	0.8	13.5
23	《开心方向盘》	石家庄广播电视台交通广播（FM94.6）	0.8	12.1
24	《快乐晚点名》	河北广播电视台交通广播（FM99.2）	0.8	11.7
25	《建楼开讲》	河北广播电视台新闻广播（FM104.3）	0.8	7.7
26	《新闻纵横》	中央人民广播电台第一套节目中国之声	0.8	6.8
27	《大牌主打歌》	石家庄广播电视台交通广播（FM94.6）	0.7	31.1
28	《992 乐行天下》	河北广播电视台交通广播（FM99.2）	0.7	18.2
29	《潮流音乐风》	石家庄广播电视台音乐广播（FM106.7）	0.7	15.3
30	《畅听 946 周末上午版》	石家庄广播电视台交通广播（FM94.6）	0.7	13.5

十二　苏州收听数据

表 4.12.1　2020 ~ 2022 年苏州各目标听众人均收听时间

单位：分钟

目标听众		2020 年	2021 年	2022 年
15 岁及以上所有人		68	43	40
性别	男	69	46	43
	女	64	40	36
年龄	15 ~ 24 岁	38	52	43
	25 ~ 34 岁	61	31	33
	35 ~ 44 岁	70	39	31
	45 ~ 54 岁	75	49	41
	55 ~ 64 岁	89	54	68
	65 岁及以上	145	57	62
受教育程度	未受过正规教育	*	*	*
	小学	75	*	*
	初中	66	46	56
	高中	79	48	46
	大学及以上	58	41	35
职业	干部/管理人员	72	44	39
	初级公务员/雇员	62	40	34
	个体/私营企业人员	73	41	44
	工人	71	36	34
	学生	30	58	48
	无业（包括退休人员）	117	59	68
	其他	34	*	*
个人月收入	没有收入	33	56	48
	1 ~ 2000 元	48	*	*
	2001 ~ 3000 元	84	36	31
	3001 ~ 4000 元	75	56	55
	4001 ~ 5000 元	66	43	40
	5001 ~ 6000 元	89	30	26
	6001 元及以上	84	41	38

注：苏州从 2021 年 4 月 1 日起采用测量仪调查数据，其他广播电台频率不再纳入监测范围；* 表示目标听众样本量不足，无法进行统计推断。

表 4.12.2　2020～2022 年苏州听众在不同地点的人均收听时间

单位：分钟

地点	2020 年	2021 年	2022 年
在家	41	21	16
车上	23	17	17
工作/学习场所	4	2	3
其他场所	0	4	4

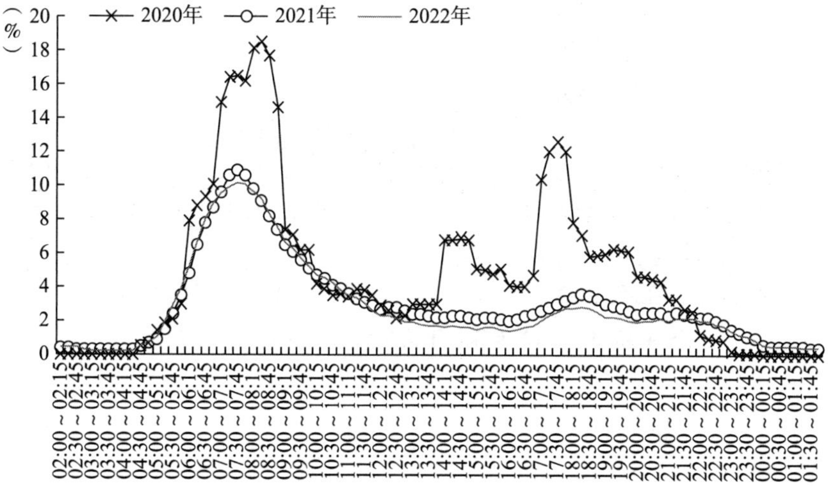

图 4.12.1　2020～2022 年苏州听众全天收听率走势

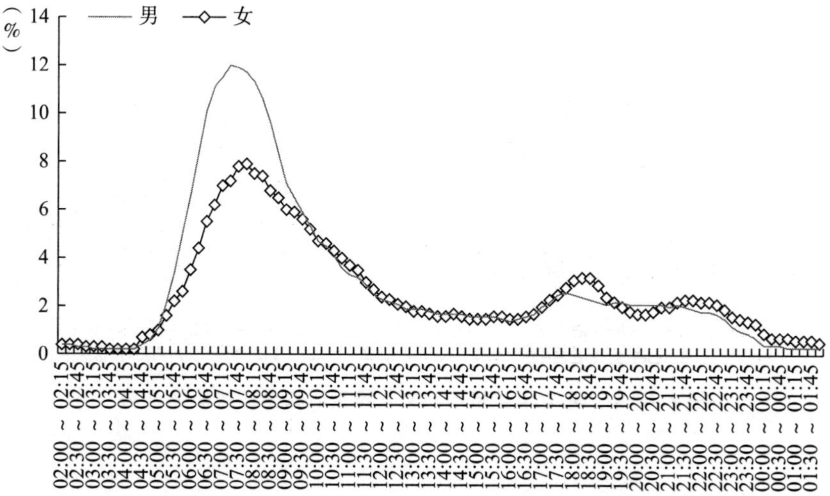

图 4.12.2　2022 年苏州不同性别听众全天收听率走势

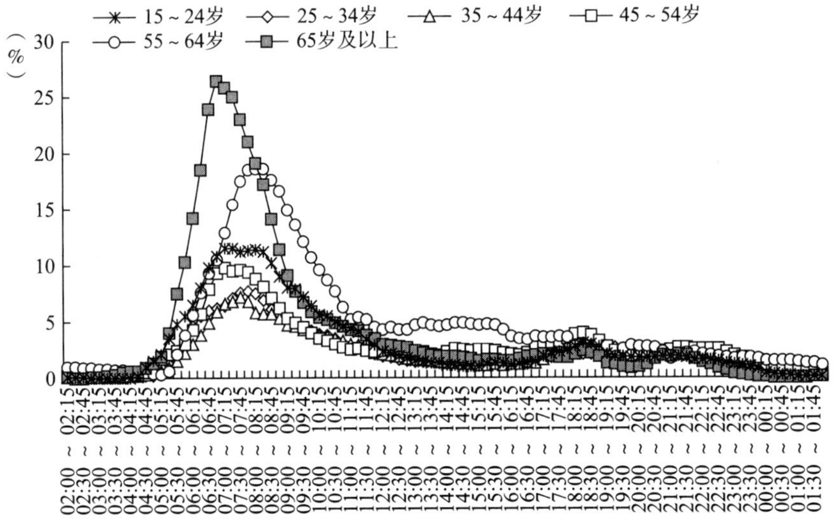

图 4.12.3　2022 年苏州不同年龄听众全天收听率走势

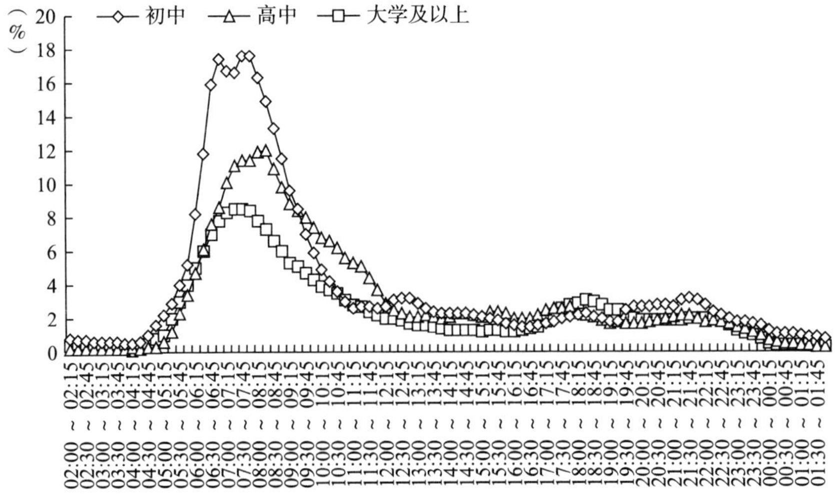

图 4.12.4　2022 年苏州不同文化程度听众全天收听率走势

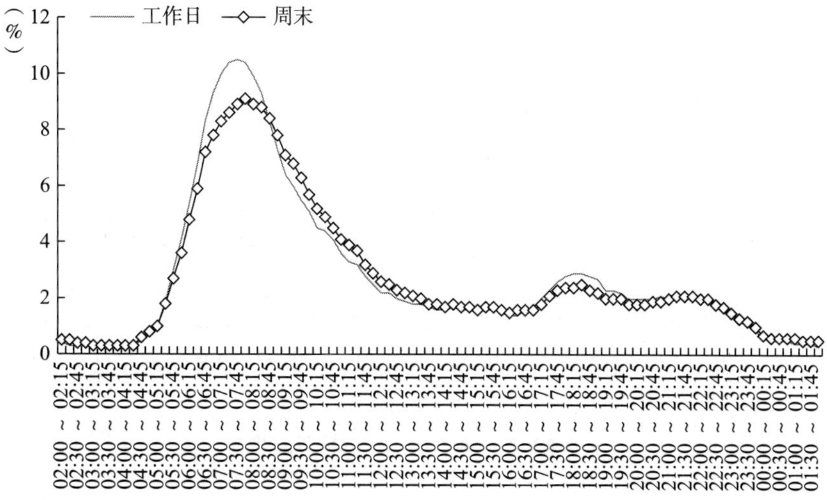

图 4.12.5　2022 年苏州听众工作日与周末全天收听率走势

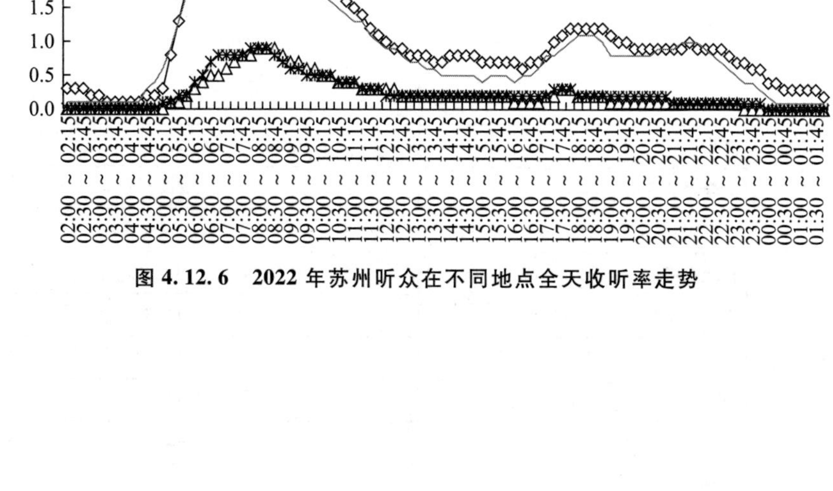

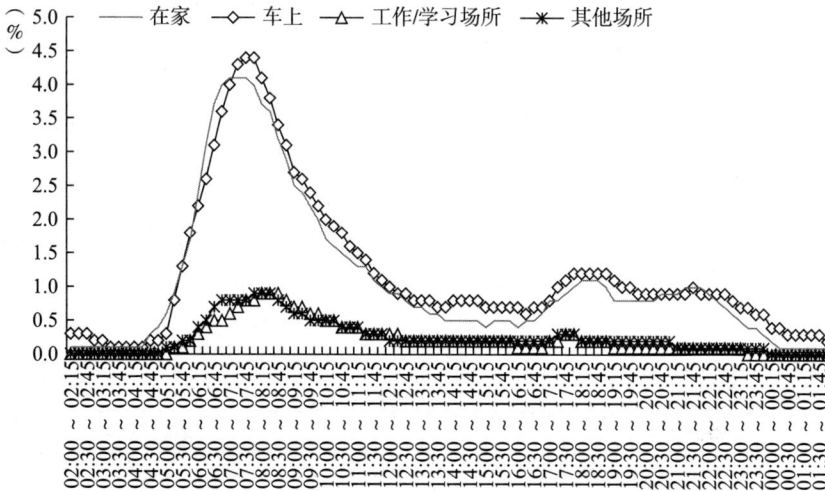

图 4.12.6　2022 年苏州听众在不同地点全天收听率走势

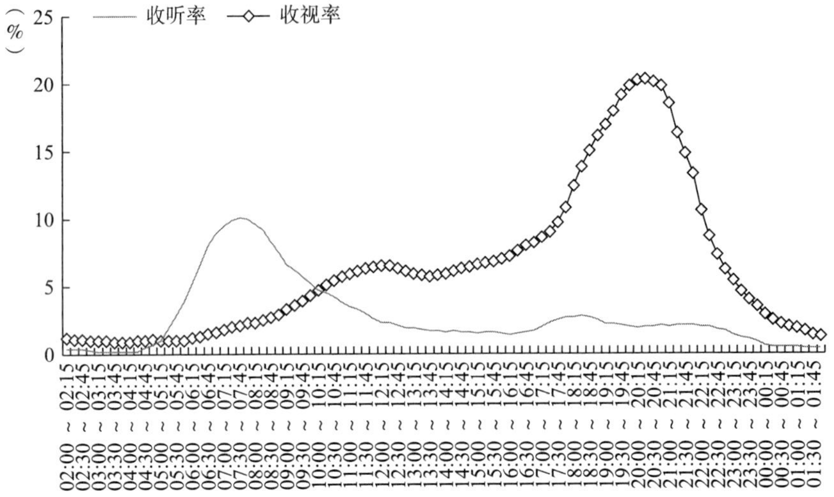

图 4.12.7　2022 年苏州受众全天收听率、收视率走势比较（目标受众为 15 岁及以上）

表 4.12.3　2022 年苏州市场听众构成

单位：%

目标听众		听众构成
15 岁及以上所有人		100.0
性别	男	58.9
	女	41.1
年龄	15 ~ 24 岁	26.1
	25 ~ 34 岁	25.7
	35 ~ 44 岁	17.2
	45 ~ 54 岁	10.6
	55 ~ 64 岁	12.5
	65 岁及以上	7.9
受教育程度	未受过正规教育	*
	小学	*
	初中	13.8
	高中	28.6
	大学及以上	57.6
职业	干部/管理人员	4.6
	初级公务员/雇员	38.9
	个体/私营企业人员	11.8
	工人	14.1
	学生	16.4
	无业（包括退休人员）	14.2
	其他	*

续表

目标听众		听众构成
个人月收入	没有收入	17.9
	1～2000 元	*
	2001～3000 元	1.5
	3001～4000 元	16.2
	4001～5000 元	23.3
	5001～6000 元	11.0
	6001 元及以上	30.1

注：* 表示该目标听众样本量不足，无法进行统计推断。

表 4.12.4　2020～2022 年苏州市场各广播电台的市场份额

单位：%

广播电台	2020 年	2021 年	2022 年
中央广播电视总台	4.9	1.6	1.7
江苏广播电视总台	15.0	2.2	4.3
苏州广播电视总台	79.5	96.2	94.0
上海广播电视台	0.6	—	—
无锡广播电视台	0.0	—	—
其他广播电台	0.0	0.0	0.0

注：苏州从 2021 年 4 月 1 日起采用测量仪调查数据，上海、无锡及其他广播电台频率不再纳入监测范围。

表 4.12.5　2022 年苏州市场各广播电台在不同目标听众中的市场份额

单位：%

目标听众		中央广播电视总台	江苏广播电视总台	苏州广播电视总台
15 岁及以上所有人		1.7	4.3	94.0
性别	男	1.8	4.4	93.8
	女	1.5	4.1	94.4
年龄	15～24 岁	1.6	3.4	95.0
	25～34 岁	1.1	5.7	93.2
	35～44 岁	2.7	4.8	92.5
	45～54 岁	2.9	2.5	94.6
	55～64 岁	1.3	4.6	94.1
	65 岁及以上	0.8	2.9	96.3

续表

目标听众		中央广播电视总台	江苏广播电视总台	苏州广播电视总台
受教育程度	未受过正规教育	*	*	*
	小学	*	*	*
	初中	0.8	1.4	97.8
	高中	1.6	4.3	94.1
	大学及以上	2.0	4.9	93.1
职业类别	干部/管理人员	1.0	5.7	93.3
	初级公务员/雇员	1.6	3.3	95.1
	个体/私营企业人员	0.6	7.5	91.9
	工人	3.8	4.4	91.8
	学生	2.0	4.0	94.0
	无业（包括退休人员）	0.6	4.2	95.2
	其他	*	*	*
个人月收入	没有收入	1.9	3.7	94.4
	1～2000 元	*	*	*
	2001～3000 元	1.3	4.4	94.3
	3001～4000 元	1.1	3.4	95.5
	4001～5000 元	0.7	4.6	94.7
	5001～6000 元	4.2	5.3	90.5
	6001 元及以上	1.8	4.6	93.6

注：苏州从 2021 年 4 月 1 日起采用测量仪调查数据，其他广播电台频率不再纳入监测范围；* 表示目标听众样本量不足，无法进行统计推断。

表 4.12.6　2022 年苏州市场份额排名前 5 位的频率

单位：%

排名	频率名称	市场份额
1	苏州广播电视总台交通经济广播（FM104.8）	34.1
2	苏州广播电视总台都市音乐广播（FM102.8）	31.9
3	苏州广播电视总台综合广播（FM91.1）	21.0
4	苏州广播电视总台儿童广播（FM95.7）	3.4
5	苏州广播电视总台生活广播（FM96.5）	2.0

表 4.12.7　2022 年苏州市场收听率排名前 30 位的节目

单位：%

名次	节目名称	频率名称	收听率	市场份额
1	《直播苏州》	苏州广播电视总台交通经济广播(FM104.8)	4.0	38.4

续表

名次	节目名称	频率名称	收听率	市场份额
2	《中国之声〈新闻和报纸摘要〉》	苏州广播电视总台交通经济广播（FM104.8）	3.9	45.9
3	《雷哥来啦》	苏州广播电视总台交通经济广播（FM104.8）	3.3	37.6
4	《直播苏州与你同行》（07:00）	苏州广播电视总台交通经济广播（FM104.8）	3.0	37.7
5	《六点辰光》	苏州广播电视总台交通经济广播（FM104.8）	2.8	47.1
6	《音乐快车道》	苏州广播电视总台都市音乐广播（FM102.8）	2.3	24.6
7	《苏州新闻》（07:00）	苏州广播电视总台综合广播（FM91.1）	2.2	23.2
8	《中国之声〈新闻和报纸摘要〉》	苏州广播电视总台综合广播（FM91.1）	2.1	24.8
9	《音乐优选 纯享自在》（07:00）	苏州广播电视总台都市音乐广播（FM102.8）	2.1	23.9
10	《与你同行》	苏州广播电视总台交通经济广播（FM104.8）	1.9	33.9
11	《毕口秀》	苏州广播电视总台综合广播（FM91.1）	1.9	21.8
12	《青春主理人》（09:00）	苏州广播电视总台都市音乐广播（FM102.8）	1.7	30.0
13	《放飞小时光》（日光版）	苏州广播电视总台都市音乐广播（FM102.8）	1.6	28.7
14	《苏阿姨谈家常》	苏州广播电视总台综合广播（FM91.1）	1.5	32.1
15	《天天健康》	苏州广播电视总台综合广播（FM91.1）	1.5	26.0
16	《老歌回忆录》	苏州广播电视总台交通经济广播（FM104.8）	1.4	41.7
17	《摆渡人的歌》	苏州广播电视总台都市音乐广播（FM102.8）	1.2	45.1
18	《来点音乐》（10:00）	苏州广播电视总台都市音乐广播（FM102.8）	1.2	34.5
19	《我的朋友圈》（09:00）	苏州广播电视总台综合广播（FM91.1）	1.2	24.8
20	《边走边唱》（10:00）	苏州广播电视总台交通经济广播（FM104.8）	1.1	30.2
21	《政风行风热线》（10:00）	苏州广播电视总台综合广播（FM91.1）	1.1	25.8
22	《放飞小时光》（月光版）	苏州广播电视总台都市音乐广播（FM102.8）	1.0	52.8
23	《立马音乐》	苏州广播电视总台都市音乐广播（FM102.8）	1.0	43.0
24	《艺文拾点》	苏州广播电视总台交通经济广播（FM104.8）	1.0	27.2
25	《朝闻天下》	苏州广播电视总台都市音乐广播（FM102.8）	1.0	13.9
26	《音乐优选 纯享自在》（17:00）	苏州广播电视总台都市音乐广播（FM102.8）	0.9	48.1
27	《开溜俱乐部》（19:00）	苏州广播电视总台都市音乐广播（FM102.8）	0.9	42.8
28	《那些你来不及亲临现场的夜晚》	苏州广播电视总台都市音乐广播（FM102.8）	0.8	72.2
29	《阿万茶楼》	苏州广播电视总台交通经济广播（FM104.8）	0.8	47.2
30	《1048 一起笑吧》	苏州广播电视总台交通经济广播（FM104.8）	0.8	40.1

十三　太原收听数据

表 4.13.1　2020～2022 年太原各目标听众人均收听时间

单位：分钟

目标听众		2020 年	2021 年	2022 年
10 岁及以上所有人		65	64	55
性别	男	69	68	59
	女	60	60	50
年龄	10～14 岁	25	24	26
	15～24 岁	46	50	48
	25～34 岁	70	68	53
	35～44 岁	73	66	53
	45～54 岁	59	62	59
	55～64 岁	92	84	59
	65 岁及以上	96	99	98
受教育程度	未受过正规教育	*	*	*
	小学	54	47	43
	初中	67	72	62
	高中	63	59	52
	大学及以上	67	63	52
职业	干部/管理人员	63	54	38
	初级公务员/雇员	65	61	47
	个体/私营企业人员	68	68	62
	工人	93	94	68
	学生	34	39	38
	无业（包括退休人员）	78	80	67
	其他	88	70	45
个人月收入	没有收入	43	48	42
	1～2000 元	92	70	49
	2001～3000 元	72	72	62
	3001～4000 元	69	69	61
	4001～5000 元	70	69	56
	5001～6000 元	59	59	61
	6001 元及以上	82	81	61

注：* 表示该目标听众样本量不足，无法进行统计推断。

表 4.13.2　2020～2022 年太原听众在不同地点的人均收听时间

单位：分钟

地点	2020 年	2021 年	2022 年
在家	37	35	30
车上	25	25	21
工作/学习场所	2	2	2
其他场所	1	1	2

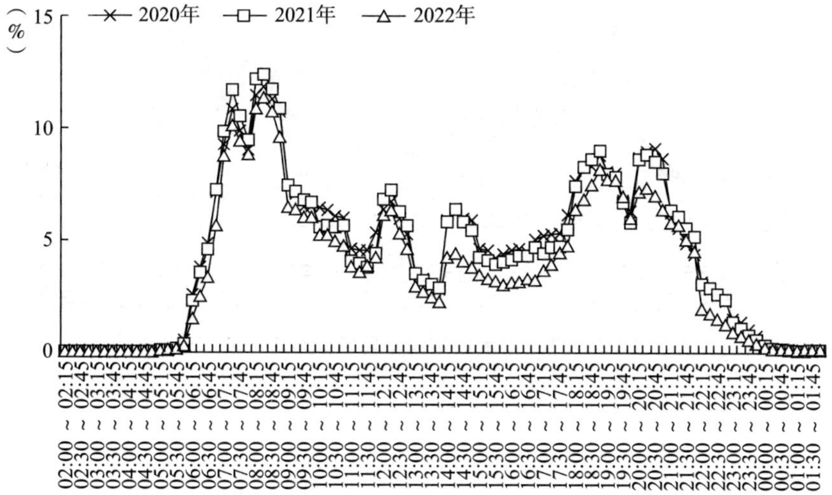

图 4.13.1　2020～2022 年太原听众全天收听率走势

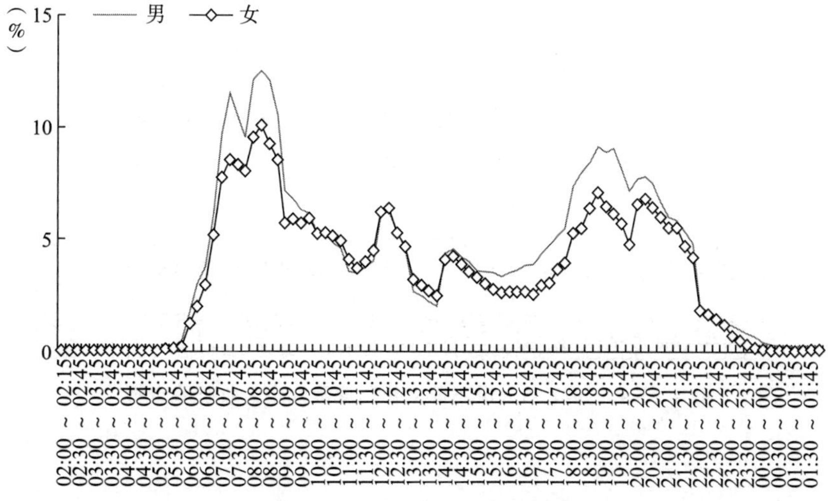

图 4.13.2　2022 年太原不同性别听众全天收听率走势

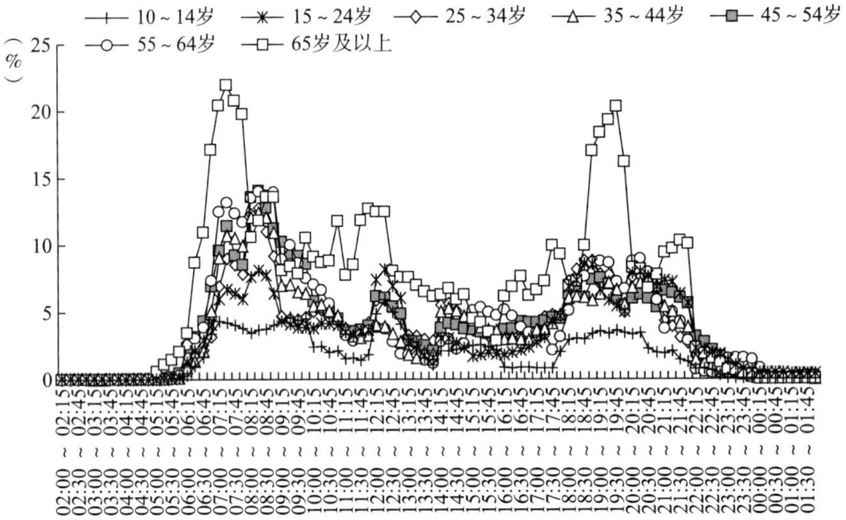

图 4. 13. 3　2022 年太原不同年龄听众全天收听率走势

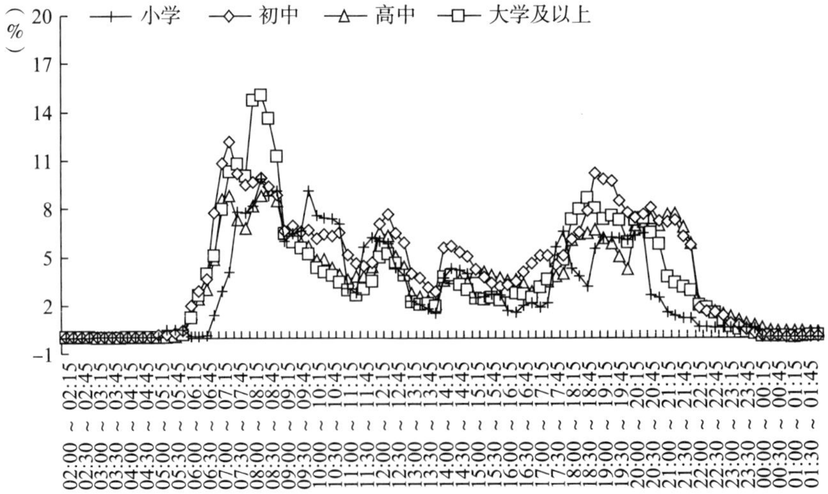

图 4. 13. 4　2022 年太原不同文化程度听众全天收听率走势

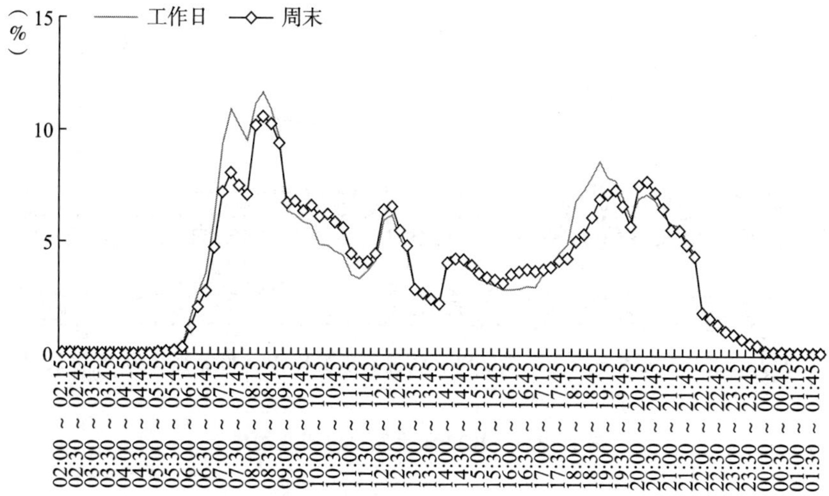

图 4. 13. 5　2022 年太原听众工作日与周末全天收听率走势

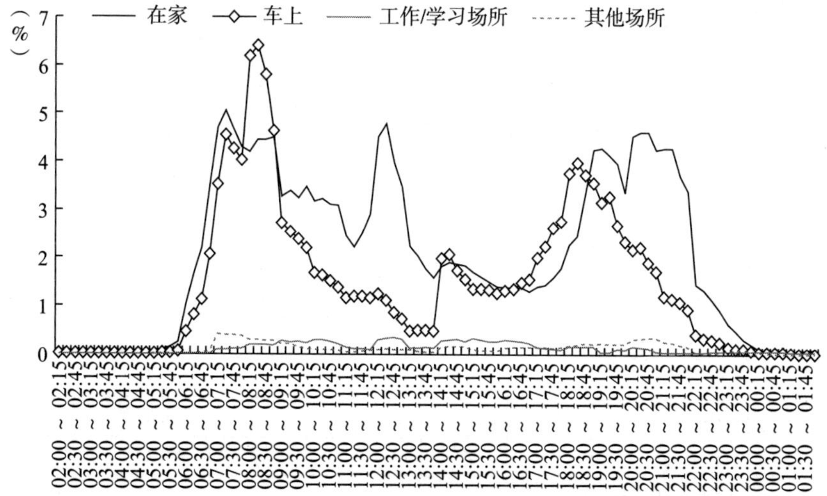

图 4. 13. 6　2022 年太原听众在不同收听地点全天收听率走势

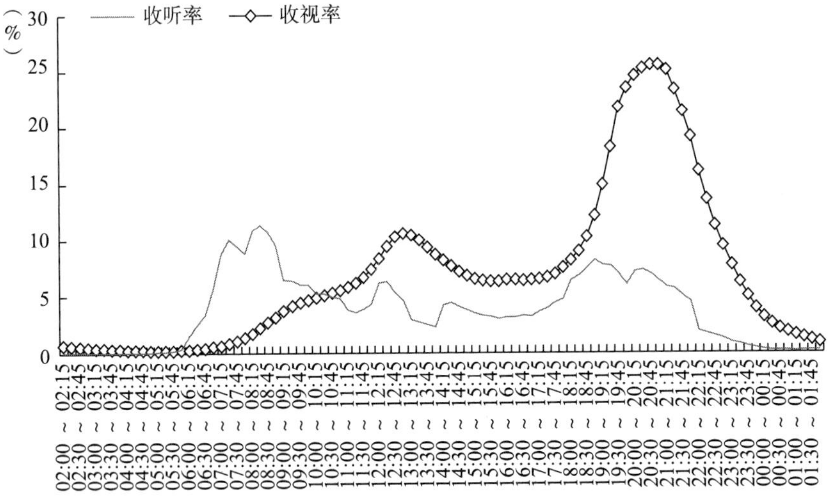

图 4.13.7　2022 年太原受众全天收听率、收视率走势比较（目标受众为 10 岁及以上）

表 4.13.3　2022 年太原市场听众构成

单位：%

目标听众		听众构成
10 岁及以上所有人		100.0
性别	男	56.1
	女	43.9
年龄	10～14 岁	2.4
	15～24 岁	20.8
	25～34 岁	19.9
	35～44 岁	20.0
	45～54 岁	16.8
	55～64 岁	8.1
	65 岁及以上	11.9
受教育程度	未受过正规教育	*
	小学	4.7
	初中	36.4
	高中	26.6
	大学及以上	32.2
职业	干部/管理人员	1.2
	初级公务员/雇员	19.9
	个体/私营企业人员	37.7
	工人	4.4
	学生	13.9
	无业（包括退休人员）	22.3
	其他	0.6

续表

目标听众		听众构成
个人月收入	没有收入	22.4
	1～2000 元	4.7
	2001～3000 元	17.1
	3001～4000 元	21.0
	4001～5000 元	15.0
	5001～6000 元	10.1
	6001 元及以上	9.7

注：* 表示该目标听众样本量不足，无法进行统计推断。

表 4.13.4　2020～2022 年太原市场各广播电台的市场份额

单位：%

广播电台	2020 年	2021 年	2022 年
中央广播电视总台	9.0	10.2	11.0
山西广播电视台	44.4	45.0	44.2
太原广播电视台	46.3	44.4	44.2
其他广播电台	0.3	0.4	0.6

表 4.13.5　2022 年太原市场各广播电台在不同目标听众中的市场份额

单位：%

目标听众		中央广播电视总台	山西广播电视台	太原广播电视台	其他广播电台
10 岁及以上所有人		11.0	44.2	44.2	0.6
性别	男	10.4	41.3	47.5	0.8
	女	11.8	47.8	40.0	0.4
年龄	10～14 岁	9.8	60.3	29.0	0.9
	15～24 岁	11.0	44.2	44.1	0.7
	25～34 岁	5.6	40.4	53.2	0.8
	35～44 岁	13.7	45.5	40.1	0.7
	45～54 岁	9.3	44.4	45.5	0.8
	55～64 岁	10.1	47.4	42.3	0.2
	65 岁及以上	18.7	42.3	39.0	0.0
受教育程度	未受过正规教育	*	*	*	*
	小学	10.7	51.8	37.5	0.0
	初中	12.3	47.2	39.1	1.4
	高中	10.1	43.8	46.0	0.1
	大学及以上	10.3	39.9	49.6	0.2

续表

目标听众		中央广播电视总台	山西广播电视台	太原广播电视台	其他广播电台
职业	干部/管理人员	14.8	24.0	61.2	0.0
	初级公务员/雇员	10.9	35.9	52.9	0.3
	个体/私营企业人员	8.4	42.8	48.1	0.7
	工人	6.2	42.6	49.5	1.7
	学生	15.4	53.6	30.1	0.9
	无业（包括退休人员）	13.4	50.3	36.0	0.3
	其他	11.9	12.9	70.3	4.9
个人月收入	没有收入	11.9	55.9	31.4	0.8
	1～2000元	17.2	42.4	39.5	0.9
	2001～3000元	9.0	40.3	50.4	0.3
	3001～4000元	10.3	43.0	46.0	0.7
	4001～5000元	14.4	42.0	43.3	0.3
	5001～6000元	11.6	33.8	53.5	1.1
	6001元及以上	5.2	41.5	53.0	0.3

注：＊表示该目标听众样本量不足，无法进行统计推断。

表4.13.6　2022年太原市场份额排名前5位的频率

单位：%

排名	频率名称	市场份额
1	太原人民广播电台交通频率（FM107）	25.9
2	山西广播电视台音乐广播（FM94.0）	11.7
2	山西广播电视台交通广播（FM88）	11.7
4	山西广播电视台健康之声广播（FM105.9）	7.7
5	太原人民广播电台音乐频率（FM102.6）	7.4

表4.13.7　2022年太原市场收听率排名前30位的节目

单位：%

排名	节目名称	播出频率	收听率	市场份额
1	《107帮助热线》	太原人民广播电台交通频率（FM107）	4.2	40.8
2	《107早班车》	太原人民广播电台交通频率（FM107）	2.4	34.1
3	《107高峰进行时》	太原人民广播电台交通频率（FM107）	2.1	32.5
4	《107阔阔论》	太原人民广播电台交通频率（FM107）	2.0	30.2
5	《107伴我行》	太原人民广播电台交通频率（FM107）	1.6	26.6
6	《一路畅行880》（早高峰）	山西广播电视台交通广播（FM88）	1.6	15.1

续表

排名	节目名称	播出频率	收听率	市场份额
7	《时尚 107》	太原人民广播电台交通频率（FM107）	1.5	26.6
8	《汽车音乐馆》	太原人民广播电台交通频率（FM107）	1.5	21.7
9	《微笑音乐调频》	山西广播电视台音乐广播（FM94.0）	1.3	22.7
10	《880 帮帮您》	山西广播电视台交通广播（FM88）	1.2	19.4
11	《假日早班车》	山西广播电视台交通广播（FM88）	1.2	13.9
12	《107 车友会》	太原人民广播电台交通频率（FM107）	1.1	18.3
13	《107 榜中榜》	太原人民广播电台交通频率（FM107）	1.1	17.1
14	《电波兄妹》	山西广播电视台音乐广播（FM94.0）	1.0	17.5
15	《每周听科学》	山西广播电视台健康之声广播（FM105.9）	1.0	9.6
16	《柠檬咖啡 Tea》	山西广播电视台音乐广播（FM94.0）	1.0	9.4
17	《107 交通热线》	太原人民广播电台交通频率（FM107）	0.9	27.4
18	《107 在路上》	太原人民广播电台交通频率（FM107）	0.9	25.8
19	《快乐 107》	太原人民广播电台交通频率（FM107）	0.9	23.8
20	《王宁听你说》	山西广播电视台经济广播（FM95.8）	0.9	17.9
21	《健康早晨》	山西广播电视台健康之声广播（FM105.9）	0.9	9.7
22	《看车有道》	太原人民广播电台交通频率（FM107）	0.8	26.8
23	《食在龙城》	太原人民广播电台交通频率（FM107）	0.8	20.7
24	《107 楼市解码》	太原人民广播电台交通频率（FM107）	0.8	18.0
25	《新闻和报纸摘要》	中央人民广播电台第一套节目中国之声	0.8	17.7
26	《律师热线》	山西广播电视台交通广播（FM88）	0.8	12.0
27	《一路畅行 880》（晚高峰）	山西广播电视台交通广播（FM88）	0.8	10.2
28	《新闻纵横》	中央人民广播电台第一套节目中国之声	0.8	8.4
29	《寻医问药》	山西广播电视台健康之声广播（FM105.9）	0.8	7.9
30	《畅通 107》	太原人民广播电台交通频率（FM107）	0.7	15.2

十四　乌鲁木齐收听数据

表 4.14.1　2020～2022 年乌鲁木齐各目标听众人均收听时间

单位：分钟

目标听众		2020 年	2021 年	2022 年
10 岁及以上所有人		68	73	61
性别	男	75	79	60
	女	60	66	62
年龄	10～14 岁	19	23	25
	15～24 岁	33	43	47
	25～34 岁	65	63	52
	35～44 岁	76	86	63
	45～54 岁	92	97	76
	55～64 岁	91	73	69
	65 岁及以上	98	106	96
受教育程度	未受过正规教育	24	20	102
	小学	59	71	54
	初中	67	69	62
	高中	77	77	64
	大学及以上	64	73	58
职业	干部/管理人员	51	68	46
	初级公务员/雇员	77	85	64
	个体/私营企业人员	77	88	71
	工人	73	63	52
	学生	27	34	37
	无业（包括退休人员）	82	80	74
	其他	*	*	*
个人月收入	没有收入	35	42	42
	1～2000 元	97	109	67
	2001～3000 元	100	84	69
	3001～4000 元	66	75	62
	4001～5000 元	87	85	74
	5001～6000 元	73	74	56
	6001 元及以上	70	96	74

注：* 表示目标听众样本量不足，无法进行统计推断，下同。

表 4.14.2　2020～2022 年乌鲁木齐听众在不同地点的人均收听时间

单位：分钟

地点	2020 年	2021 年	2022 年
在家	36	35	38
车上	26	33	20
工作/学习场所	5	4	1
其他场所	1	1	1

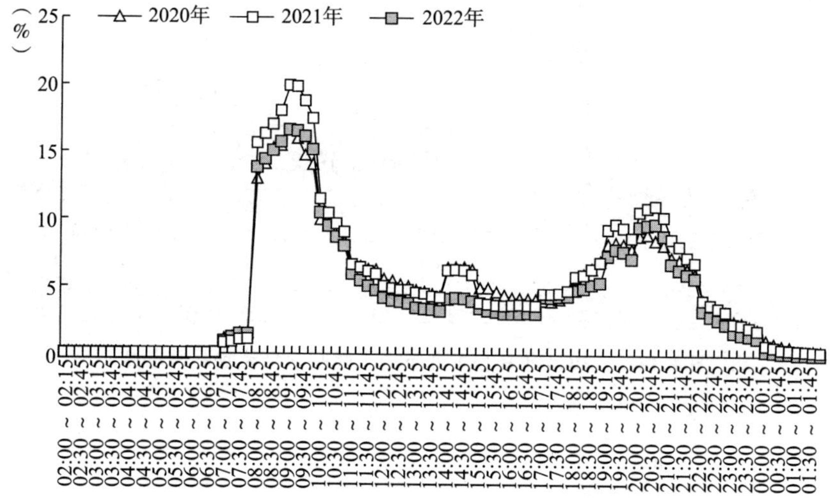

图 4.14.1　2020～2022 年乌鲁木齐听众全天收听率走势

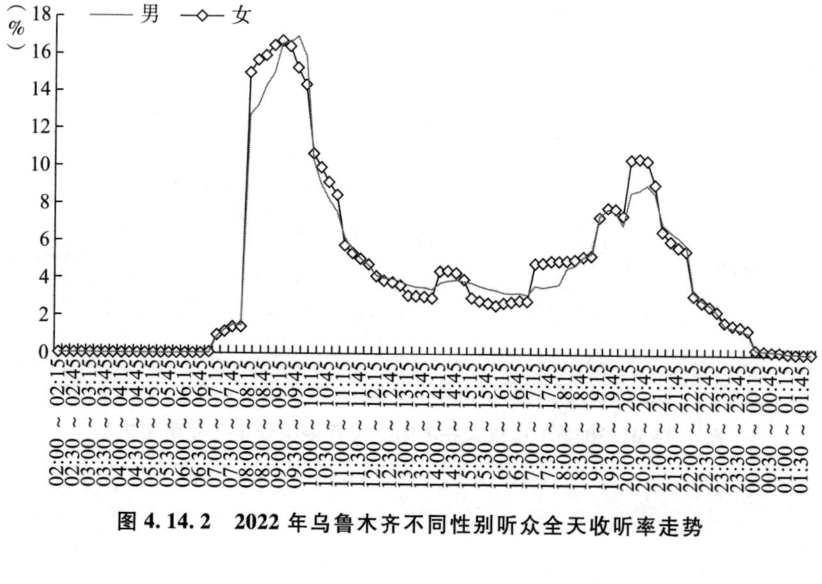

图 4.14.2　2022 年乌鲁木齐不同性别听众全天收听率走势

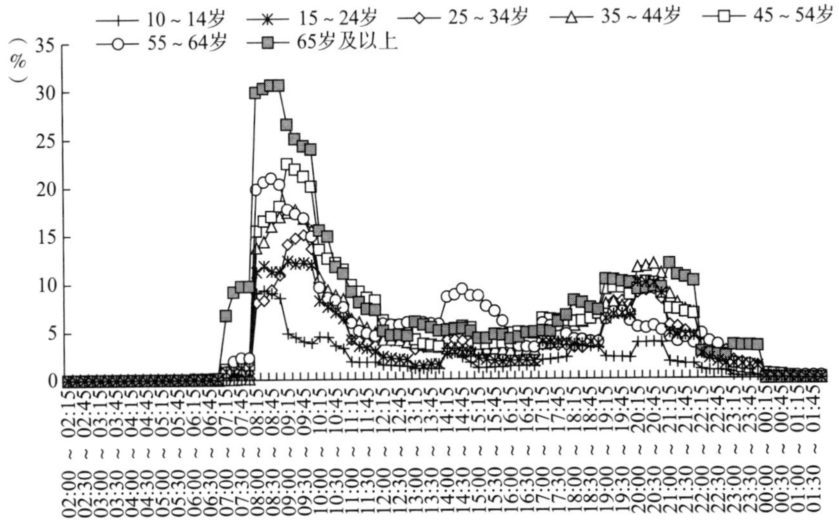

图 4.14.3　2022 年乌鲁木齐不同年龄听众全天收听率走势

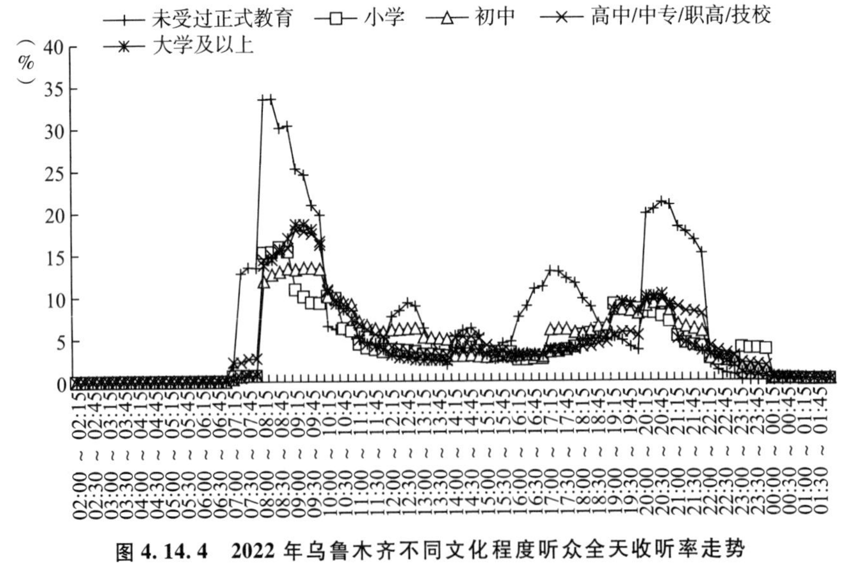

图 4.14.4　2022 年乌鲁木齐不同文化程度听众全天收听率走势

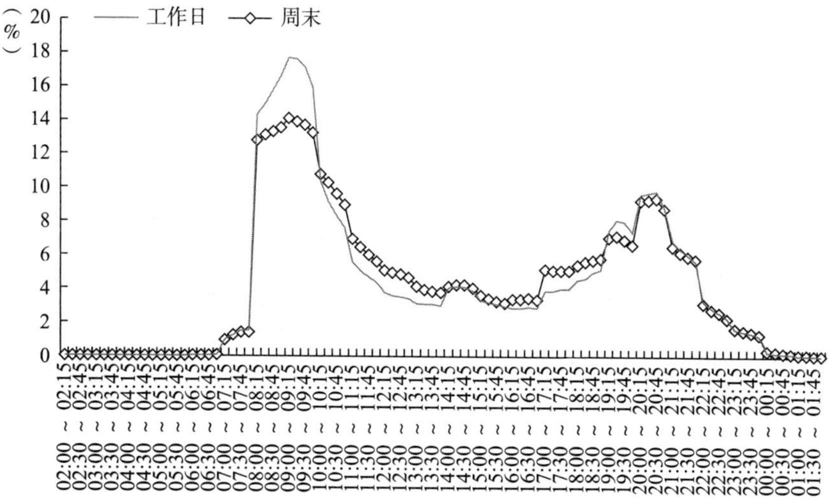

图 4.14.5　2022 年乌鲁木齐听众工作日与周末全天收听率走势

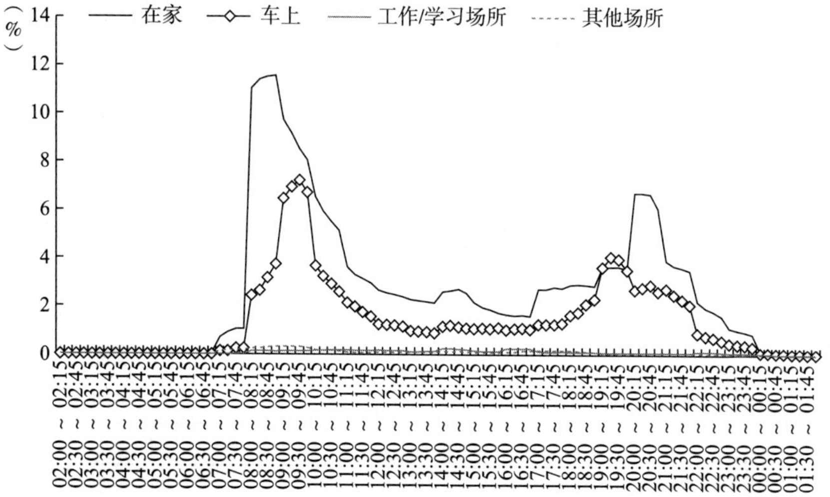

图 4.14.6　2022 年乌鲁木齐听众在不同收听地点全天收听率走势

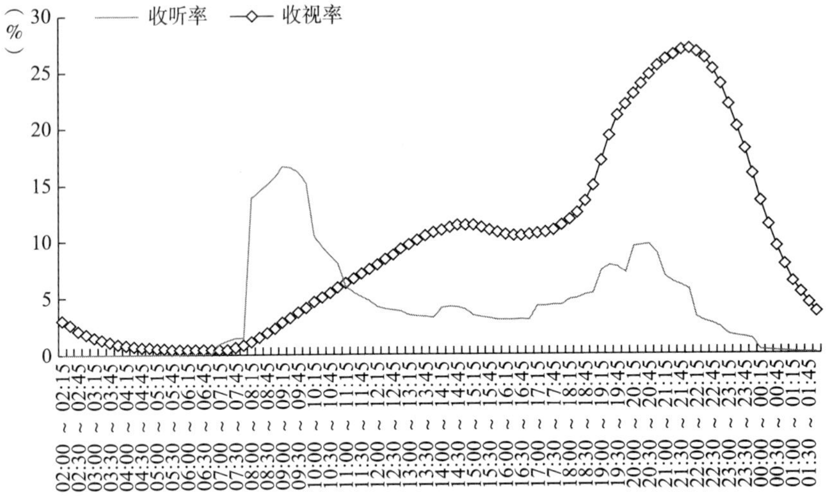

图 4.14.7　2022 年乌鲁木齐受众全天收听率、收视率走势比较（目标受众为 10 岁及以上）

表 4.14.3　2022 年乌鲁木齐市场听众构成

单位：%

目标听众		听众构成
10 岁及以上所有人		100.0
性别	男	50.8
	女	49.2
年龄	10～14 岁	1.8
	15～24 岁	14.9
	25～34 岁	16.5
	35～44 岁	27.7
	45～54 岁	18.5
	55～64 岁	8.3
	65 岁及以上	12.3
受教育程度	未受过正规教育	1.3
	小学	6.7
	初中	23.3
	高中	35.7
	大学及以上	33.0
职业	干部/管理人员	1.5
	初级公务员/雇员	26.6
	个体/私营企业人员	27.3
	工人	9.4
	学生	11.4
	无业（包括退休人员）	23.8
	其他	*

续表

目标听众		听众构成
个人月收入	没有收入	17.4
	1～2000 元	3.3
	2001～3000 元	14.7
	3001～4000 元	23.6
	4001～5000 元	20.8
	5001～6000 元	8.0
	6001 元及以上	12.2

注：* 表示目标听众样本量不足，无法进行统计推断，下同。

表 4.14.4　2020～2022 年乌鲁木齐市场各广播电台的市场份额

单位：%

广播电台	2020 年	2021 年	2022 年
中央广播电视总台	12.9	11.1	6.6
新疆广播电视台	71.2	73.0	78.3
乌鲁木齐广播电视台	11.9	13.3	12.8
其他广播电台	4.0	2.6	2.3

表 4.14.5　2022 年乌鲁木齐市场各广播电台在不同目标听众中的市场份额

单位：%

目标听众		中央广播电视总台	新疆广播电视台	乌鲁木齐广播电视台	其他广播电台
10 岁及以上所有人		6.6	78.3	12.8	2.3
性别	男	6.3	81.2	10.5	2.0
	女	6.9	75.4	15.2	2.5
年龄	10～14 岁	0.4	84.2	12.9	2.5
	15～24 岁	9.6	69.9	19.1	1.4
	25～34 岁	4.7	78.7	12.8	3.8
	35～44 岁	2.8	82.7	13.1	1.4
	45～54 岁	6.0	80.6	10.9	2.5
	55～64 岁	4.7	74.5	16.7	4.1
	65 岁及以上	17.3	76.5	4.5	1.7
受教育程度	未受过正规教育	0.0	99.6	0.4	0.0
	小学	9.3	74.4	12.4	3.9
	初中	4.7	72.2	19.5	3.6
	高中	5.5	81.6	11.4	1.5
	大学及以上	8.9	79.2	10.1	1.8

续表

目标听众		中央广播电视总台	新疆广播电视台	乌鲁木齐广播电视台	其他广播电台
职业	干部/管理人员	13.3	66.1	15.7	4.9
	初级公务员/雇员	3.4	77.7	16.8	2.1
	个体/私营企业人员	3.4	82.1	13.3	1.2
	工人	6.0	80.2	8.3	5.5
	学生	10.5	75.5	12.4	1.6
	无业（包括退休人员）	11.9	76.0	9.5	2.6
	其他	*	*	*	*
个人月收入	没有收入	9.8	75.8	12.2	2.2
	1～2000 元	2.4	76.5	14.0	7.1
	2001～3000 元	4.6	68.4	22.8	4.2
	3001～4000 元	8.3	79.9	9.8	2.0
	4001～5000 元	2.9	82.9	13.4	0.8
	5001～6000 元	10.2	80.4	7.0	2.4
	6001 元及以上	6.6	82.2	10.0	1.2

注：* 表示目标听众样本量不足，无法进行统计推断，下同。

表 4.14.6　2022 年乌鲁木齐市场份额排名前 5 位的频率

单位：%

排名	频率名称	市场份额
1	新疆人民广播电台 949 交通广播（FM94.9）	44.4
2	新疆人民广播电台维吾尔语交通文艺广播（FM107.4）	13.2
3	乌鲁木齐广播电视台交通文艺广播（维语）（FM104.6）	7.3
4	中央人民广播电台第一套节目中国之声	6.1
5	新疆人民广播电台 961 新闻广播（FM96.1）	6.0

表 4.14.7　2022 年乌鲁木齐市场收听率排名前 30 位的节目

单位：%

排名	节目名称	播出频率	收听率	市场份额
1	《新闻快车道》	新疆人民广播电台 949 交通广播（FM94.9）	6.7	43.5
2	《新闻和报纸摘要》	新疆人民广播电台 949 交通广播（FM94.9）	5.8	41.3
3	《开心路路通》	新疆人民广播电台 949 交通广播（FM94.9）	5.3	48.2
4	《交通热线》	新疆人民广播电台 949 交通广播（FM94.9）	4.3	47.0
5	《交通人在听》	新疆人民广播电台 949 交通广播（FM94.9）	3.2	52.1
6	《买卖二手车》	新疆人民广播电台 949 交通广播（FM94.9）	2.3	44.6

续表

排名	节目名称	播出频率	收听率	市场份额
7	《说法》	新疆人民广播电台 949 交通广播（FM94.9）	2.2	40.9
8	《一路畅通》	新疆人民广播电台 949 交通广播（FM94.9）	1.8	44.3
9	《新疆新闻联播》	新疆人民广播电台维吾尔语交通文艺广播（FM107.4）	1.7	20.9
10	《劲爆体育》	新疆人民广播电台 949 交通广播（FM94.9）	1.5	45.3
11	《美食美刻》	新疆人民广播电台 949 交通广播（FM94.9）	1.4	41.7
12	《我的私家车》	新疆人民广播电台 949 交通广播（FM94.9）	1.4	35.7
13	《我要说声谢谢你》	新疆人民广播电台 949 交通广播（FM94.9）	1.4	32.3
14	《新广早新闻》	新疆人民广播电台维吾尔语交通文艺广播（FM107.4）	1.4	8.9
15	《百姓热线》	新疆人民广播电台城市广播私家车调频（FM92.9）	1.4	8.9
16	《边走边听》	新疆人民广播电台 949 交通广播（FM94.9）	1.3	41.2
17	《花儿朵朵》	新疆人民广播电台维吾尔语交通文艺广播（FM107.4）	1.3	21.1
18	《新闻纵横》	中央人民广播电台第一套节目中国之声	1.3	16.6
19	《见多识广》	新疆人民广播电台 949 交通广播（FM94.9）	1.2	43.5
20	《这里是新疆》	新疆人民广播电台城市广播私家车调频（FM92.9）	0.9	6.3
21	《边走边听》	新疆人民广播电台维吾尔语交通文艺广播（FM107.4）	0.8	18.5
22	《爱车有话说》	新疆人民广播电台城市广播私家车调频（FM92.9）	0.8	8.5
23	《小宇爱家》	新疆人民广播电台城市广播私家车调频（FM92.9）	0.8	8.0
24	《新广行风热线》	新疆人民广播电台 961 新闻广播（FM96.1）	0.8	5.1
25	《我的国 我的家》	新疆人民广播电台维吾尔语交通文艺广播（FM107.4）	0.7	9.1
26	《拜托了晚高峰》	新疆人民广播电台城市广播私家车调频（FM92.9）	0.6	8.2
27	《全国新闻联播》（转播）	新疆人民广播电台 961 新闻广播（FM96.1）	0.6	6.7
28	《美好的夜晚》	新疆人民广播电台 949 交通广播（FM94.9）	0.5	36.8
29	《体育与健康》	新疆人民广播电台维吾尔语交通文艺广播（FM107.4）	0.4	15.1
30	《青湖听书馆》（正播）	新疆人民广播电台 102.8 故事广播（FM102.9）	0.4	10.4

十五　武汉收听数据

表 4.15.1　2020～2022 年武汉各目标听众人均收听时间

单位：分钟

目标听众		2020 年	2021 年	2022 年
10 岁及以上所有人		35	46	47
性别	男	36	52	54
	女	33	40	40
年龄	10～14 岁	4	7	10
	15～24 岁	15	19	20
	25～34 岁	26	38	43
	35～44 岁	36	53	50
	45～54 岁	38	59	61
	55～64 岁	53	66	72
	65 岁及以上	95	99	89
受教育程度	未受过正规教育	116	96	48
	小学	45	37	33
	初中	37	54	57
	高中	36	43	46
	大学及以上	29	46	46
职业	干部/管理人员	31	48	49
	初级公务员/雇员	30	44	47
	个体/私营企业人员	36	52	50
	工人	40	52	52
	学生	9	16	16
	无业（包括退休人员）	53	61	66
	其他	*	*	*
个人月收入	没有收入	11	18	24
	1～2000 元	43	59	67
	2001～3000 元	43	59	58
	3001～4000 元	45	46	45
	4001～5000 元	37	59	62
	5001～6000 元	39	47	40
	6001 元及以上	41	70	64

注：* 表示该目标听众样本量不足，无法进行统计推断。

表 4.15.2　2020～2022 年武汉听众在不同地点的人均收听时间

单位：分钟

地点	2020 年	2021 年	2022 年
在家	24	26	25
车上	10	19	20
工作/学习场所	1	1	1
其他场所	1	1	1

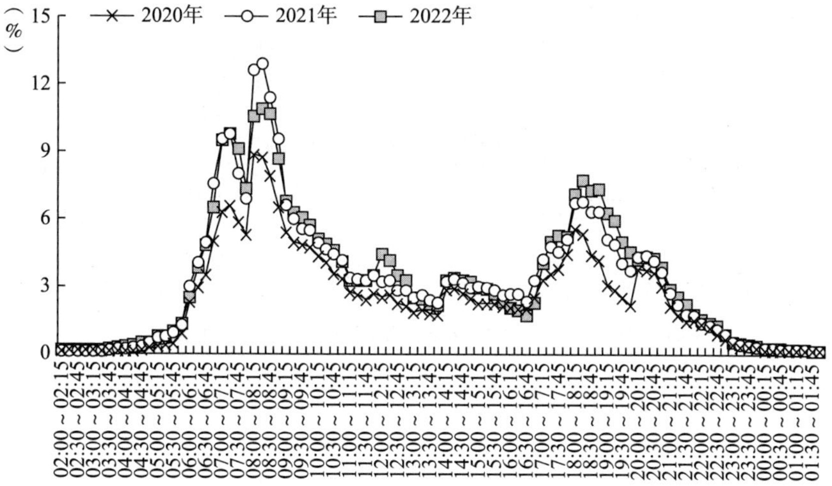

图 4.15.1　2020～2022 年武汉听众全天收听率走势

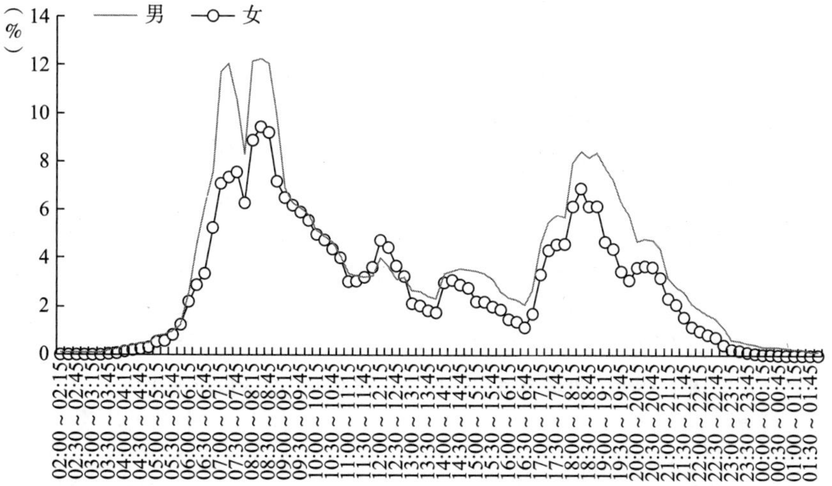

图 4.15.2　2022 年武汉不同性别听众全天收听率走势

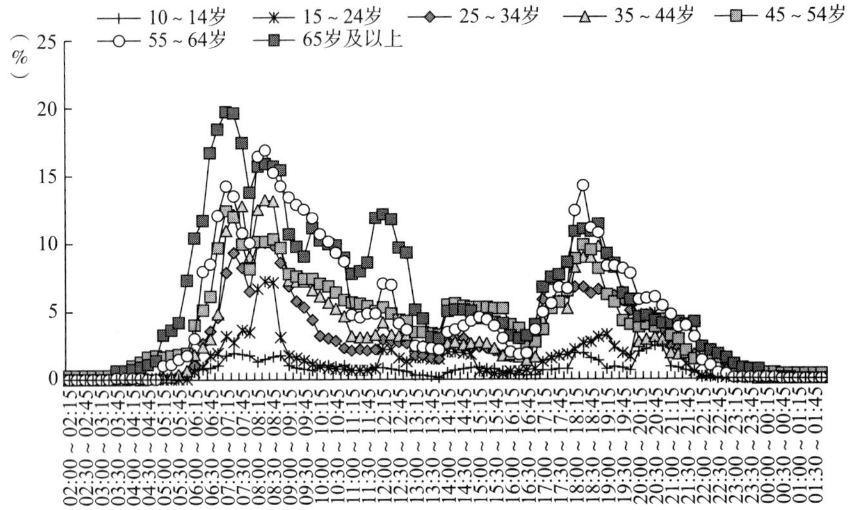

图 4.15.3　2022 年武汉不同年龄听众全天收听率走势

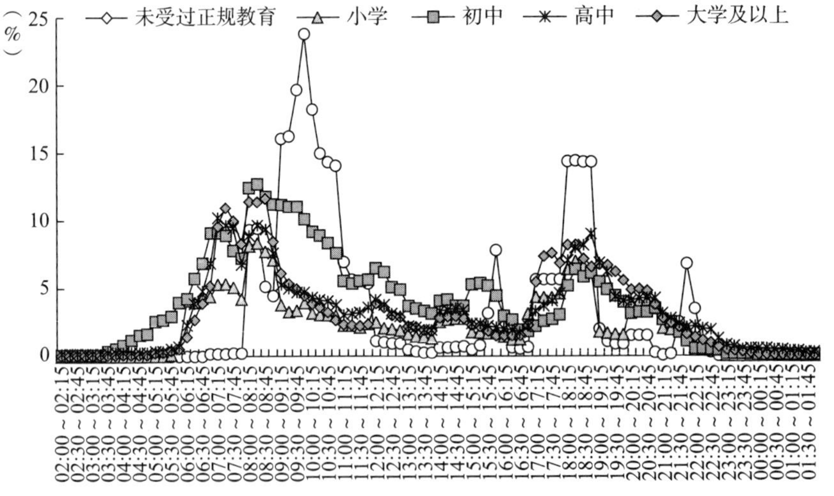

图 4.15.4　2022 年武汉不同文化程度听众全天收听率走势

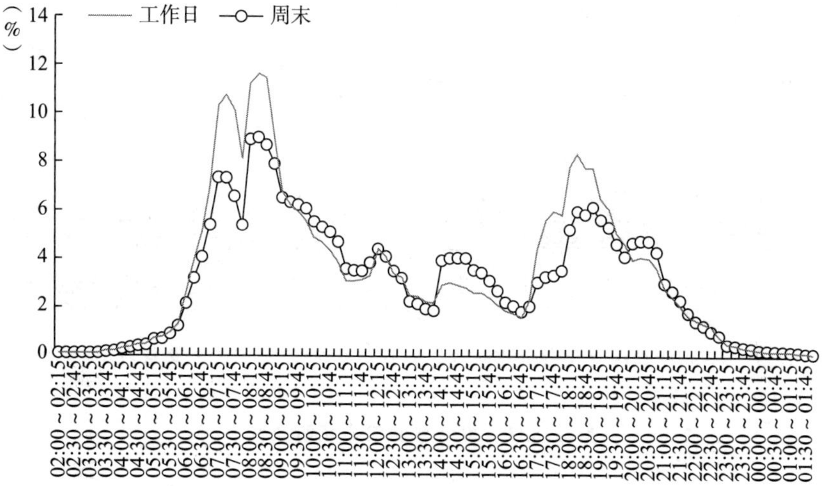

图 4.15.5　2022 年武汉听众工作日与周末全天收听率走势

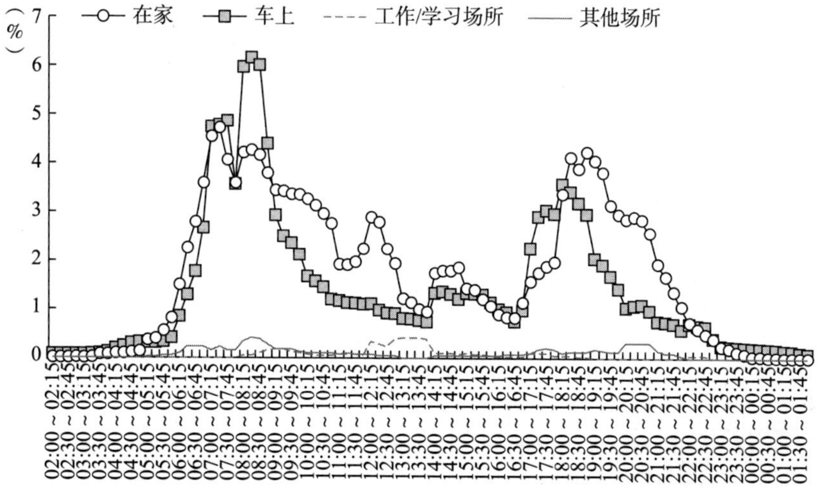

图 4.15.6　2022 年武汉听众在不同收听地点全天收听率走势

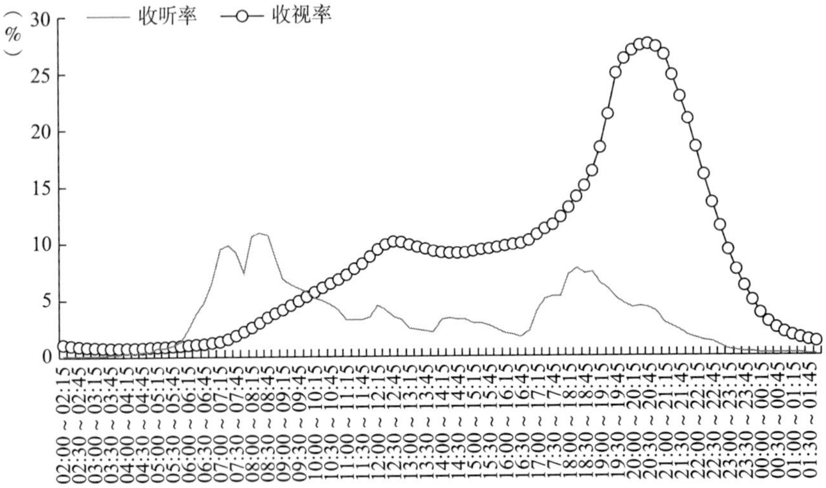

图 4.15.7　2022 年武汉受众全天收听率、收视率走势比较（目标受众为 10 岁及以上）

表 4.15.3　2022 年武汉市场听众构成

单位：%

目标听众		听众构成
10 岁及以上所有人		100.0
性别	男	57.9
	女	42.1
年龄	10～14 岁	0.8
	15～24 岁	9.3
	25～34 岁	19.8
	35～44 岁	21.0
	45～54 岁	21.2
	55～64 岁	15.3
	65 岁及以上	12.7
受教育程度	未受过正规教育	0.3
	小学	3.7
	初中	23.6
	高中	34.3
	大学及以上	38.1
职业	干部/管理人员	3.2
	初级公务员/雇员	24.3
	个体/私营企业人员	18.8
	工人	18.3
	学生	6.1
	无业（包括退休人员）	29.2
	其他	*

续表

目标听众		听众构成
个人月收入	没有收入	12.3
	1～2000 元	1.8
	2001～3000 元	11.4
	3001～4000 元	16.3
	4001～5000 元	20.5
	5001～6000 元	9.9
	6001 元及以上	27.7

注：* 表示该目标听众样本量不足，无法进行统计推断。

表 4.15.4　2020～2022 年武汉市场各广播电台的市场份额

单位：%

广播电台	2020 年	2021 年	2022 年
中央广播电视总台	17.1	19.8	19.4
湖北广播电视台	48.4	48.3	48.6
武汉广播电视台	34.2	31.8	31.7
其他广播电台	0.3	0.1	0.3

表 4.15.5　2022 年武汉市场各广播电台在不同目标听众中的市场份额

单位：%

目标听众		中央广播电视总台	湖北广播电视台	武汉广播电视台	其他广播电台
10 岁及以上所有人		19.4	48.6	31.7	0.3
性别	男	16.2	52.6	31.0	0.2
	女	23.8	43.2	32.6	0.4
年龄	10～14 岁	8.0	56.9	33.6	1.5
	15～24 岁	19.2	28.1	51.9	0.8
	25～34 岁	20.1	58.7	20.9	0.3
	35～44 岁	14.6	45.0	40.1	0.3
	45～54 岁	11.3	65.6	23.1	0.0
	55～64 岁	27.4	42.7	29.8	0.1
	65 岁及以上	31.2	32.3	36.3	0.2
受教育程度	未受过正规教育	79.6	14.2	6.2	0.0
	小学	28.2	47.3	24.4	0.1
	初中	19.4	54.5	26.0	0.1
	高中	15.8	47.8	36.1	0.3
	大学及以上	21.4	46.1	32.2	0.3

续表

目标听众		中央广播电视总台	湖北广播电视台	武汉广播电视台	其他广播电台
职业	干部/管理人员	17.3	52.8	29.6	0.3
	初级公务员/雇员	14.7	49.9	35.3	0.1
	个体/私营企业人员	15.2	57.0	27.6	0.2
	工人	20.0	60.0	19.7	0.3
	学生	20.9	34.2	43.7	1.2
	无业（包括退休人员）	26.0	37.1	36.7	0.2
	其他	*	*	*	*
个人月收入	没有收入	13.5	46.7	39.1	0.7
	1～2000元	35.5	45.3	19.2	0.0
	2001～3000元	33.8	41.5	24.7	0.0
	3001～4000元	21.1	33.0	45.7	0.2
	4001～5000元	15.1	35.8	48.9	0.2
	5001～6000元	16.1	67.6	16.2	0.1
	6001元及以上	18.5	64.9	16.3	0.3

注：*表示该目标听众样本量不足，无法进行统计推断。

表4.15.6　2022年武汉市场份额排名前5位的频率

单位：%

排名	频率名称	市场份额
1	楚天交通广播（FM92.7）	24.7
2	中央人民广播电台第一套节目中国之声	13.3
3	武汉广播电视台音乐广播（FM101.8）	11.9
4	湖北之声（AM774/FM104.6）	9.7
5	武汉广播电视台交通广播（FM89.6/AM603）	9.0

表4.15.7　2022年武汉市场收听率排名前30位的节目

单位：%

排名	节目名称	播出频率	收听率	市场份额
1	《城市新干线》	楚天交通广播（FM92.7）	2.6	25.6
2	《好吃佬》	楚天交通广播（FM92.7）	1.7	29.6
2	《的哥乐园》	楚天交通广播（FM92.7）	1.7	29.6
4	《事事关心》	楚天交通广播（FM92.7）	1.7	21.3
5	《市民直通车》	楚天交通广播（FM92.7）	1.5	25.1
6	《世纪回音》	武汉广播电视台音乐广播（FM101.8）	1.5	15.5

续表

排名	节目名称	播出频率	收听率	市场份额
7	《全国新闻联播》	中央人民广播电台第一套节目中国之声	1.4	19.5
8	《新闻纵横》	中央人民广播电台第一套节目中国之声	1.4	14.7
9	《音乐早点到》	武汉广播电视台音乐广播（FM101.8）	1.4	14.1
10	《行风连线》	武汉广播电视台新闻综合广播(AM873/FM88.4)	1.4	12.7
11	《董涛说车》	楚天交通广播（FM92.7）	1.3	20.0
12	《新闻有观点》	中央人民广播电台第一套节目中国之声	1.2	22.5
13	《新闻和报纸摘要》	中央人民广播电台第一套节目中国之声	1.2	22.2
14	《精彩故事会》	武汉广播电视台新闻综合广播(AM873/FM88.4)	1.1	13.2
15	《早安武汉》	武汉广播电视台交通广播（FM89.6/AM603）	1.1	11.2
16	《武汉之声》	武汉广播电视台新闻综合广播(AM873/FM88.4)	1.0	11.2
17	《一路有你》	楚天交通广播（FM92.7）	0.9	25.6
18	《畅行江城路》	武汉广播电视台交通广播（FM89.6/AM603）	0.9	8.0
19	《快活嘴》（重播）	楚天交通广播（FM92.7）	0.8	35.6
20	《辣妹说旅游》	楚天交通广播（FM92.7）	0.8	24.8
21	《一路有你》（周末版）	楚天交通广播（FM92.7）	0.8	20.4
22	《重播：新闻和报纸摘要》	中央人民广播电台第一套节目中国之声	0.8	12.8
23	《拉风车世界》	楚天交通广播（FM92.7）	0.7	27.7
24	《快活嘴》	楚天交通广播（FM92.7）	0.7	22.3
25	《长江讲坛》	楚天交通广播（FM92.7）	0.7	22.1
26	《城市至尊排行榜》	楚天交通广播（FM92.7）	0.7	21.5
27	《财经最前线》	楚天交通广播（FM92.7）	0.7	19.6
28	《正午66分》	中央人民广播电台第一套节目中国之声	0.7	16.0
29	《转播：新闻和报纸摘要》	武汉广播电视台新闻综合广播(AM873/FM88.4)	0.7	12.0
30	《健康武汉在行动》	武汉广播电视台交通广播（FM89.6/AM603）	0.7	11.9

十六　无锡收听数据

表 4.16.1　2020～2022 年无锡各目标听众人均收听时间

单位：分钟

目标听众		2020 年	2021 年	2022 年
15 岁及以上所有人		45	48	49
性别	男	46	48	48
	女	44	46	49
年龄	15～24 岁	47	52	54
	25～34 岁	36	40	40
	35～44 岁	42	43	46
	45～54 岁	54	51	49
	55～64 岁	58	64	69
	65 岁及以上	68	73	72
受教育程度	未受过正规教育	*	*	*
	小学	64	54	46
	初中	53	57	60
	高中	46	47	48
	大学及以上	41	45	46
职业	干部/管理人员	48	41	28
	初级公务员/雇员	42	46	49
	个体/私营企业人员	38	41	44
	工人	42	45	47
	学生	49	49	52
	无业（包括退休人员）	62	67	64
	其他	*	*	*
个人月收入	没有收入	47	46	49
	1～2000 元	58	58	62
	2001～3000 元	55	60	53
	3001～4000 元	46	48	48
	4001～5000 元	39	44	50
	5001～6000 元	38	44	48
	6001 元及以上	42	41	38

注：* 表示该目标听众样本量不足，无法进行统计推断。

表 4.16.2　2020～2022 年无锡听众在不同地点的人均收听时间

单位：分钟

地点	2020 年	2021 年	2022 年
在家	22	24	17
车上	14	15	25
工作/学习场所	4	4	4
其他场所	5	5	2

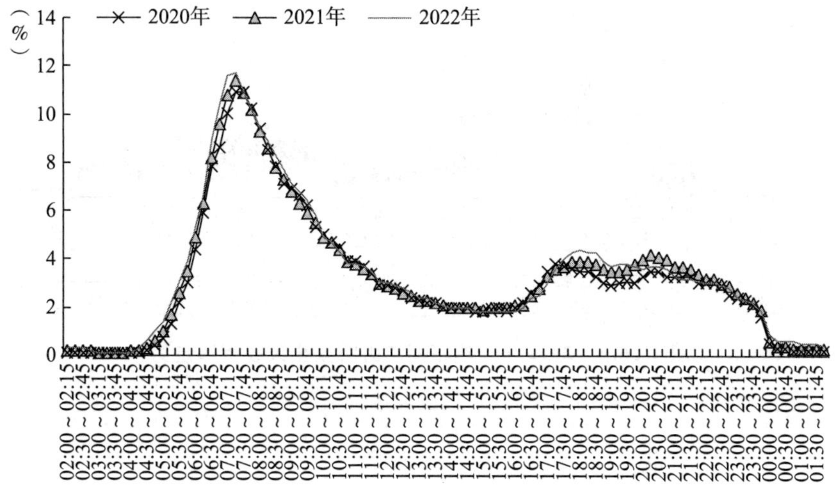

图 4.16.1　2020～2022 年无锡听众全天收听率走势

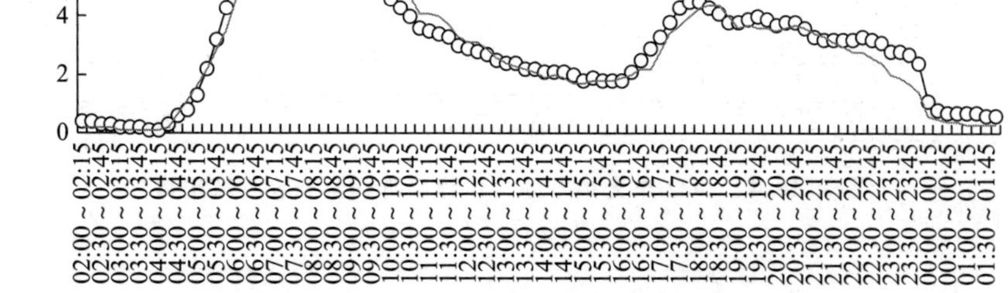

图 4.16.2　2022 年无锡不同性别听众全天收听率走势

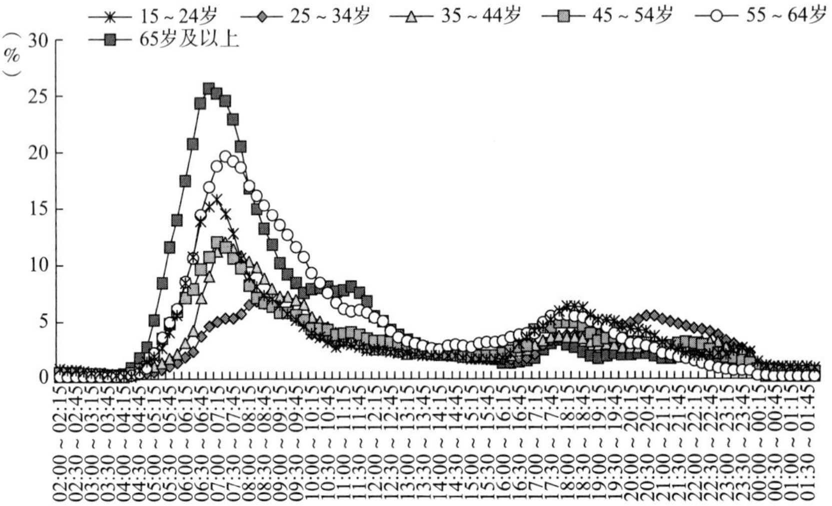

图 4. 16. 3　2022 年无锡不同年龄听众全天收听率走势

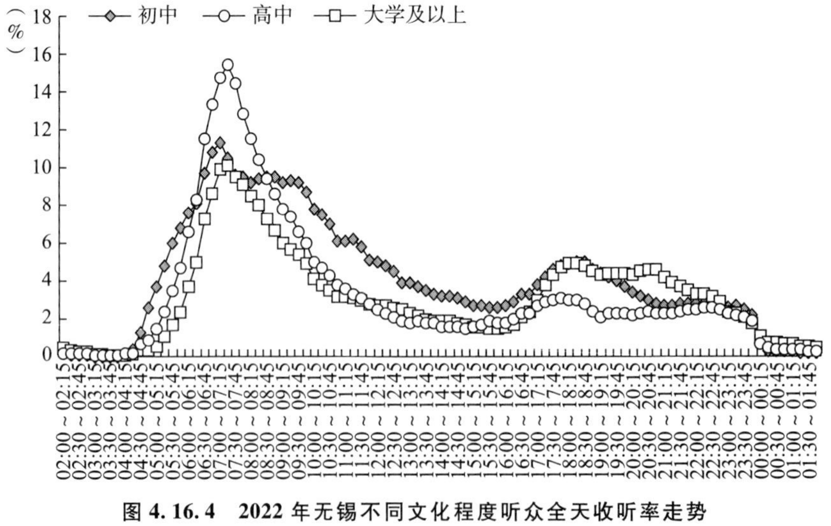

图 4. 16. 4　2022 年无锡不同文化程度听众全天收听率走势

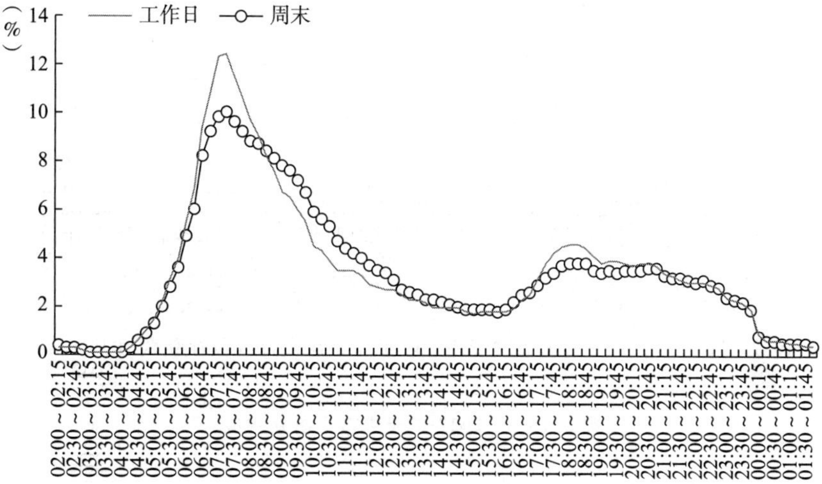

图 4.16.5　2022 年无锡听众工作日与周末全天收听率走势

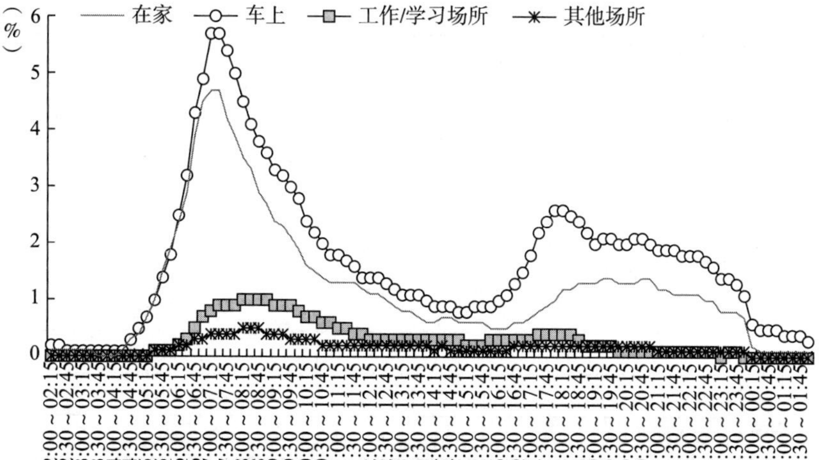

图 4.16.6　2022 年无锡听众在不同收听地点全天收听率走势

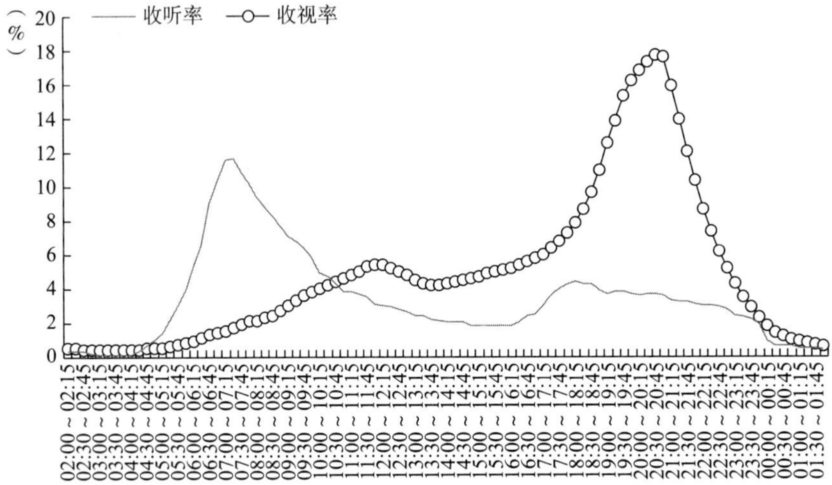

图 4.16.7　2022 年无锡受众全天收听率、收视率走势比较（目标受众为 15 岁及以上）

表 4.16.3　2022 年无锡市场听众构成

单位：%

目标听众		听众构成
15 岁及以上所有人		100.0
性别	男	50.3
	女	49.7
年龄	15～24 岁	19.0
	25～34 岁	23.0
	35～44 岁	26.4
	45～54 岁	14.2
	55～64 岁	9.4
	65 岁及以上	8.0
受教育程度	未受过正规教育	*
	小学	1.0
	初中	21.1
	高中	28.1
	大学及以上	49.7
职业	干部/管理人员	3.1
	初级公务员/雇员	37.2
	个体/私营企业人员	12.0
	工人	20.6
	学生	12.7
	无业（包括退休人员）	14.4
	其他	*

续表

目标听众		听众构成
个人月收入	没有收入	13.0
	1～2000 元	5.3
	2001～3000 元	12.6
	3001～4000 元	30.0
	4001～5000 元	22.0
	5001～6000 元	9.9
	6001 元及以上	7.2

注：* 表示该目标听众样本量不足，无法进行统计推断。

表 4.16.4　2020～2022 年无锡市场各广播电台的市场份额

单位：%

广播电台	2020 年	2021 年	2022 年
中央广播电视总台	3.40	4.70	3.0
江苏广播电视总台	6.8	8.3	10.6
无锡广播电视台	89.8	87.0	86.4

表 4.16.5　2022 年无锡市场各广播电台在不同目标听众中的市场份额

单位：%

目标听众		中央广播电视总台	江苏广播电视总台	无锡广播电视台
15 岁及以上所有人		3.0	10.6	86.4
性别	男	4.0	15.4	80.6
	女	2.0	5.7	92.3
年龄	15～24 岁	2.7	24.0	73.3
	25～34 岁	2.9	7.2	89.9
	35～44 岁	4.7	6.7	88.6
	45～54 岁	2.4	9.8	87.8
	55～64 岁	0.7	6.6	92.7
	65 岁及以上	2.3	7.0	90.7
受教育程度	未受过正规教育	*	*	*
	小学	0.3	20.0	79.7
	初中	1.2	11.6	87.2
	高中	2.0	8.8	89.2
	大学及以上	4.4	10.9	84.7
职业类别	干部/管理人员	1.3	4.4	94.3
	初级公务员/雇员	3.8	7.9	88.3
	个体/私营企业人员	1.8	11.8	86.4

续表

目标听众		中央广播电视总台	江苏广播电视总台	无锡广播电视台
职业类别	工人	3.0	9.5	87.5
	学生	3.8	22.6	73.6
	无业（包括退休人员）	1.6	8.8	89.6
	其他	*	*	*
个人月收入	没有收入	3.9	20.9	75.2
	1～2000元	0.6	11.4	88.0
	2001～3000元	0.8	5.7	93.5
	3001～4000元	2.9	9.1	88.0
	4001～5000元	4.7	9.9	85.4
	5001～6000元	4.1	6.1	89.8
	6001元及以上	1.3	14.2	84.5

注：*表示该目标听众样本量不足，无法进行统计推断。

表4.16.6　2022年无锡市场份额排名前5位的频率

单位：%

排名	频率名称	市场份额
1	无锡广播电视台音乐广播（FM91.4/AM900）	21.4
2	无锡广播电视台交通广播（FM106.9/AM1098）	18.2
3	无锡广播电视台新闻综合广播（FM93.7）	17.2
4	无锡广播电视台梁溪之声广播（FM92.6）	14.4
5	江苏新闻广播（FM93.7）	8.0

表4.16.7　2022年无锡市场收听率排名前30位的节目

单位：%

名次	节目名称	频率名称	收听率	市场份额
1	《无锡早新闻》（07:00）	无锡广播电视台新闻综合广播（FM93.7）	2.4	21.8
2	《七彩金曲排行榜》（09:00）	无锡广播电视台音乐广播（FM91.4/AM900）	2.2	28.7
3	《七彩金曲原创榜》（09:00）	无锡广播电视台音乐广播（FM91.4/AM900）	2.0	28.2
4	《七彩金曲排行榜》（10:00）	无锡广播电视台音乐广播（FM91.4/AM900）	1.8	31.9
5	《转播：新闻与报纸摘要》	无锡广播电视台新闻综合广播（FM93.7）	1.8	18.9
6	《早安无锡》	无锡广播电视台音乐广播（FM91.4/AM900）	1.8	17.4
7	《七彩金曲原创榜》（10:00）	无锡广播电视台音乐广播（FM91.4/AM900）	1.7	32.7
8	《七彩金曲怀旧风》	无锡广播电视台音乐广播（FM91.4/AM900）	1.6	25.3
9	《面对面》（周末版）（08:00）	无锡广播电视台新闻综合广播（FM93.7）	1.6	18.6

续表

名次	节目名称	频率名称	收听率	市场份额
10	《萧萧新闻》（周末版）（08:00）	无锡广播电视台新闻综合广播（FM93.7）	1.6	18.4
11	《快乐任我行》（早高峰版）	无锡广播电视台梁溪之声广播（FM92.6）	1.5	17.3
12	《赖床听音乐》	无锡广播电视台音乐广播（FM91.4/AM900）	1.5	16.0
13	《萧萧新闻》（08:15）	无锡广播电视台新闻综合广播（FM93.7）	1.4	17.5
14	《快乐星期天》（08:00）	无锡广播电视台梁溪之声广播（FM92.6）	1.4	17.4
15	《转播：新闻与报纸摘要》	无锡广播电视台交通广播（FM106.9/AM1098）	1.4	14.8
16	《梁溪早班车》	无锡广播电视台梁溪之声广播（FM92.6）	1.4	11.8
17	《一炮双响》	无锡广播电视台梁溪之声广播（FM92.6）	1.3	21.6
18	《一炮双响法制版》	无锡广播电视台梁溪之声广播（FM92.6）	1.3	18.8
19	《经典私藏》	无锡广播电视台梁溪之声广播（FM92.6）	1.3	15.9
19	《周末生活》	无锡广播电视台新闻综合广播（FM93.7）	1.3	15.9
21	《新闻风云榜》（重播）	无锡广播电视台新闻综合广播（FM93.7）	1.3	15.7
22	《转播：新闻和报纸摘要》	无锡广播电视台都市生活广播（FM88.1）	1.3	13.9
23	《法律讲堂 每周质量报告》	无锡广播电视台梁溪之声广播（FM92.6）	1.3	13.2
24	《1069 直播无锡》	无锡广播电视台交通广播（FM106.9/AM1098）	1.3	13.1
25	《新闻早高峰 937》（07:30）	江苏新闻广播（FM93.7）	1.3	12.5
26	《江苏新闻联播 937》（07:00）	江苏新闻广播（FM93.7）	1.3	11.1
27	《歌友会特辑》	无锡广播电视台音乐广播（FM91.4/AM900）	1.2	28.8
28	《由你音乐榜》	无锡广播电视台音乐广播（FM91.4/AM900）	1.1	27.4
29	《行走江南》	无锡广播电视台新闻综合广播（FM93.7）	1.1	14.3
30	《一路唱行》	无锡广播电视台音乐广播（FM91.4/AM900）	1.0	23.1

十七　郑州收听数据

表 4.17.1　2020～2022 年郑州各目标听众人均收听时间

单位：分钟

目标听众		2020 年	2021 年	2022 年
10 岁及以上所有人		45	44	44
性别	男	47	49	48
	女	43	40	40
年龄	10～14 岁	11	14	10
	15～24 岁	10	14	19
	25～34 岁	39	35	37
	35～44 岁	55	52	53
	45～54 岁	63	62	55
	55～64 岁	79	74	74
	65 岁及以上	130	132	110
受教育程度	未受过正规教育	*	*	22
	小学	38	36	29
	初中	48	43	43
	高中	51	49	50
	大学及以上	40	43	42
职业	干部/管理人员	51	50	42
	初级公务员/雇员	42	42	40
	个体/私营企业人员	49	48	53
	工人	54	50	46
	学生	9	10	13
	无业（包括退休人员）	83	82	79
	其他	*	54	*
个人月收入	没有收入	20	22	22
	1～2000 元	61	54	66
	2001～3000 元	76	78	73
	3001～4000 元	51	49	50
	4001～5000 元	50	49	46
	5001～6000 元	34	42	44
	6001 元及以上	72	62	55

注：* 表示目标听众样本量不足，无法进行统计推断

表 4.17.2　2020～2022 年郑州听众在不同地点的人均收听时间

单位：分钟

地点	2020 年	2021 年	2022 年
在家	28	26	26
车上	13	15	15
工作/学习场所	2	2	2
其他场所	2	1	2

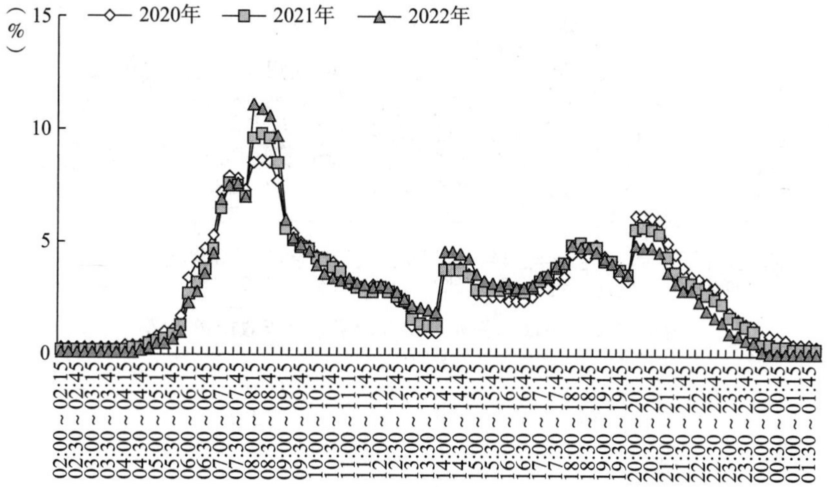

图 4.17.1　2020～2022 年郑州听众全天收听率走势

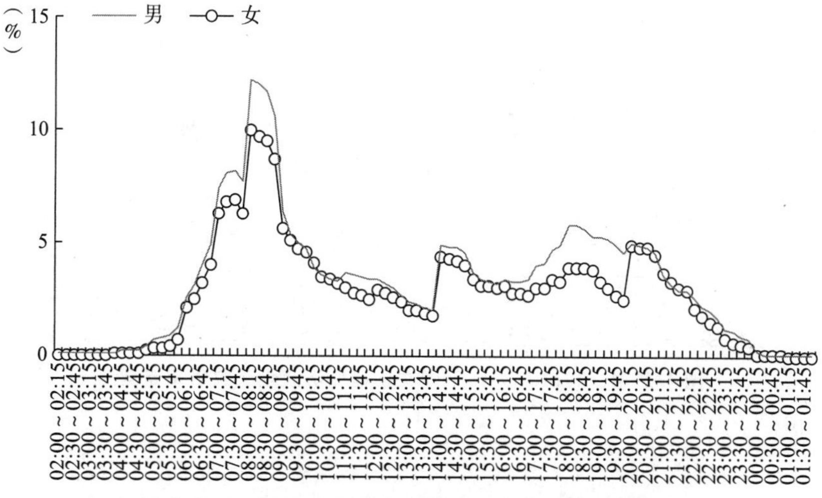

图 4.17.2　2022 年郑州不同性别听众全天收听率走势

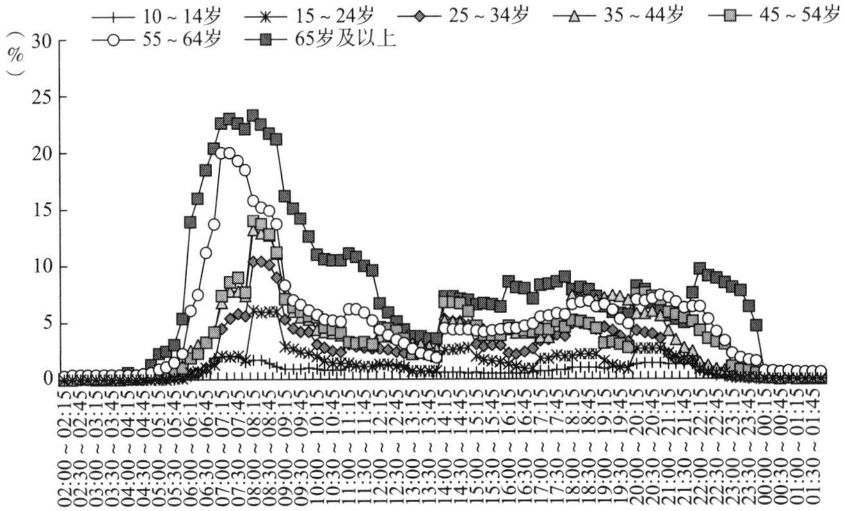

图 4.17.3　2022 年郑州不同年龄听众全天收听率走势

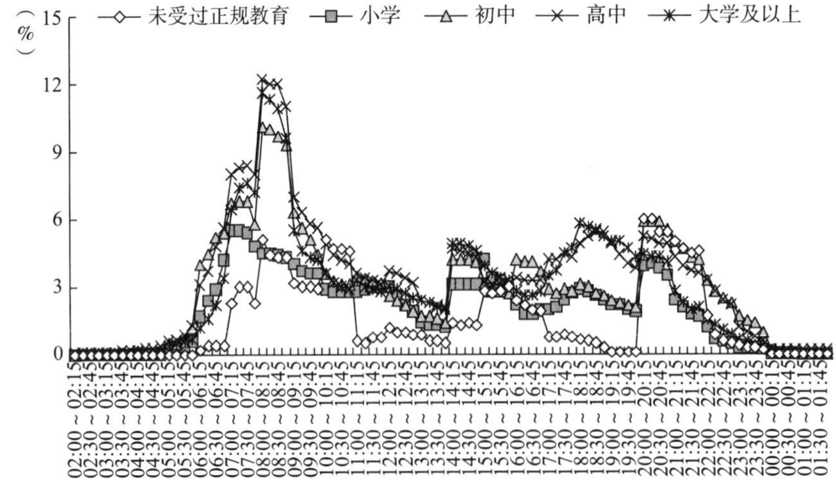

图 4.17.4　2022 年郑州不同文化程度听众全天收听率走势

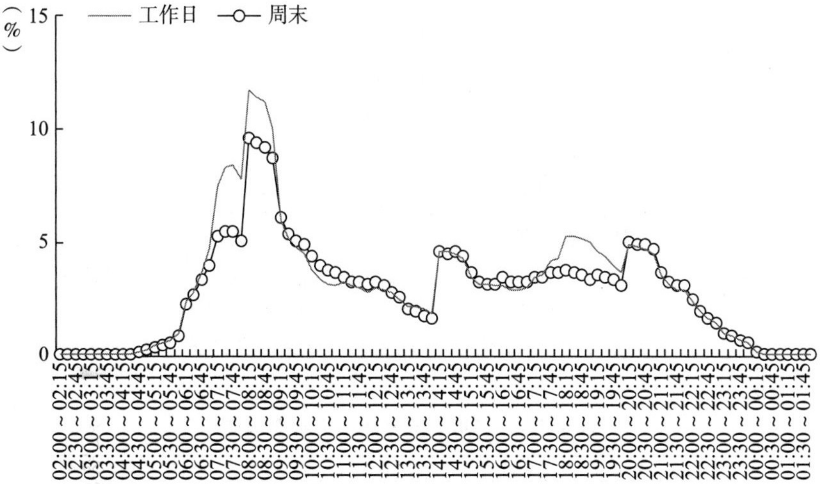

图 4.17.5　2022 年郑州听众工作日与周末全天收听率走势

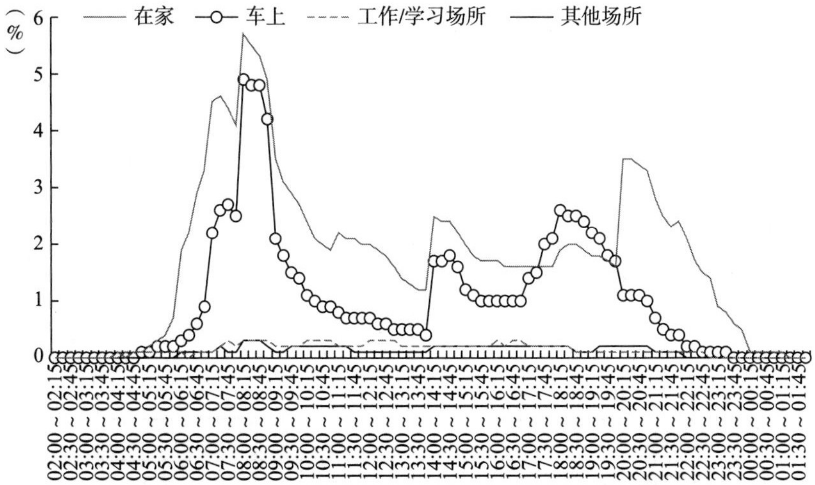

图 4.17.6　2022 年郑州听众在不同收听地点全天收听率走势

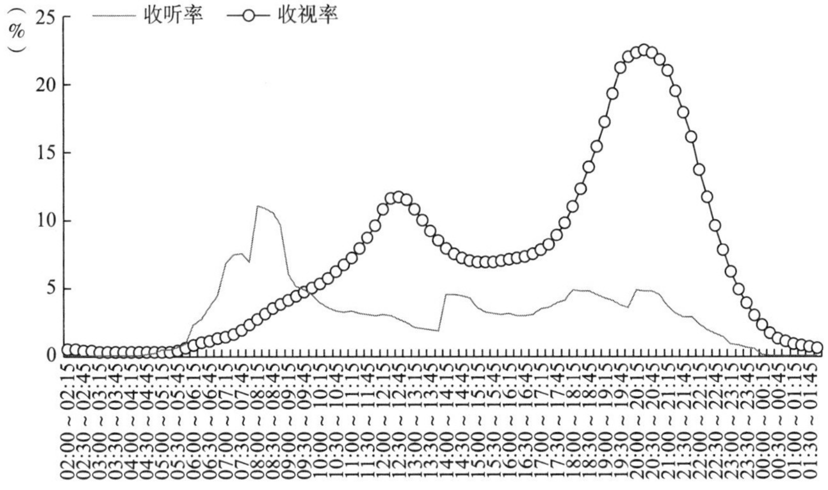

图 4.17.7　2022 年郑州受众全天收听率、收视率走势比较（目标受众为 10 岁及以上）

表 4.17.3　2022 年郑州市场听众构成

单位：%

目标听众		听众构成
10 岁及以上所有人		100.0
性别	男	55.5
	女	44.5
年龄	10 ~ 14 岁	1.0
	15 ~ 24 岁	11.4
	25 ~ 34 岁	18.9
	35 ~ 44 岁	25.2
	45 ~ 54 岁	15.4
	55 ~ 64 岁	13.2
	65 岁及以上	14.9
受教育程度	未受过正规教育	0.1
	小学	3.7
	初中	18.1
	高中	34.7
	大学及以上	43.4
职业	干部/管理人员	7.5
	初级公务员/雇员	28.9
	个体/私营企业人员	16.3
	工人	10.1
	学生	5.8
	无业（包括退休人员）	31.4
	其他	*

续表

目标听众		听众构成
个人月收入	没有收入	13.5
	1~2000 元	2.0
	2001~3000 元	14.9
	3001~4000 元	21.6
	4001~5000 元	17.1
	5001~6000 元	13.4
	6001 元及以上	17.5

注：* 表示目标听众样本量不足，无法统计推断

表 4.17.4　2020~2022 年郑州市场各广播电台的市场份额

单位：%

广播电台	2020 年	2021 年	2022 年
中央广播电视总台	4.9	5.4	6.9
河南广播电视台	46.5	49.2	52.9
郑州广播电视台	47.5	43.6	38.5
其他广播电台	1.1	1.8	1.7

表 4.17.5　2022 年郑州市场各广播电台在不同目标听众中的市场份额

单位：%

目标听众		中央广播电视总台	河南广播电视台	郑州广播电视台	其他广播电台
10 岁及以上所有人		6.9	52.9	38.5	1.7
性别	男	6.9	52.6	38.6	1.9
	女	6.8	53.2	38.4	1.6
年龄	10~14 岁	7.6	45.2	37.3	9.9
	15~24 岁	4.3	46.9	46.0	2.8
	25~34 岁	16.0	57.9	25.0	1.1
	35~44 岁	4.2	56.0	37.9	1.9
	45~54 岁	4.7	55.5	36.2	3.6
	55~64 岁	8.5	46.0	45.1	0.4
	65 岁及以上	2.4	49.6	47.3	0.7
受教育程度	未受过正规教育	7.5	48.5	44.0	0.0
	小学	3.1	43.1	50.8	3.0
	初中	4.1	60.0	34.8	1.1
	高中	5.0	52.7	41.0	1.3
	大学及以上	9.8	50.8	37.1	2.3

续表

目标听众		中央广播电视总台	河南广播电视台	郑州广播电视台	其他广播电台
职业	干部/管理人员	4.3	51.9	41.9	1.9
	初级公务员/雇员	8.5	54.9	34.8	1.8
	个体/私营企业人员	9.2	57.1	31.3	2.4
	工人	8.3	53.5	36.1	2.1
	学生	7.2	45.6	42.6	4.6
	无业（包括退休人员）	4.4	50.5	44.4	0.7
	其他	*	*	*	*
个人月收入	没有收入	4.8	58.4	34.2	2.6
	1~2000元	5.3	30.4	62.3	2.0
	2001~3000元	6.3	48.2	43.6	1.9
	3001~4000元	8.7	49.1	41.7	0.5
	4001~5000元	12.9	51.0	33.8	2.3
	5001~6000元	4.4	60.1	33.5	2.0
	6001元及以上	2.9	55.8	39.4	1.9

注：*表示目标听众样本量不足，无法进行统计推断。

表4.17.6　2022年郑州市场份额排名前5位的频率

单位：%

排名	频率名称	市场份额
1	河南广播电视台交通广播（FM104.1）	13.3
2	郑州广播电视台新闻综合广播（AM549/FM98.8）	12.3
3	河南音乐广播（FM88.1/FM93.6）	10.8
4	郑州广播电视台交通广播（FM91.2）	9.6
5	河南新闻广播（FM95.5/AM657）	8.3

附录　CSM 各收听率调查网概况

表 4.18.1　2021～2022 年各城市收听率调查网样本规模及推及人口

城市	固定样组规模（户，人）	推及户数（千户）	推及人口（千人）
北京（M）	1200	—	4159
广州（M）	500	—	2789
合肥（M）	500	—	2303
济南（M）	500	—	2398
南京（M）	500	—	4684
上海（M）	600	—	9228
深圳（M）	600	—	7488
苏州（M）	500	—	1500
无锡（M）	500	—	1343
哈尔滨	300	1701	4342
杭州	300	3078	8181
石家庄	300	866	2323
太原	300	1064	2975
乌鲁木齐	300	1540	3391
武汉	300	1598	4310
郑州	300	1841	4722
重庆	300	1210	3039

注：标注（M）的城市为采用虚拟测量仪调查城市，固定样组规模单位为人，调查样本及推及总体为 15 岁及以上人口。

表 4.18.2　2021～2022 年各城市收听率调查网家庭规模结构

单位：%

城市	1 人户	2 人户	3 人户	4 人及以上户
北京（M）	8.4	42.1	31.1	18.3
广州（M）	9.9	33.1	30.6	26.5
合肥（M）	12.6	27.5	38.6	21.2
济南（M）	6.2	28.8	41.3	23.6
南京（M）	7.0	22.6	44.7	25.7
上海（M）	8.0	30.2	34.9	26.9
深圳（M）	12.8	37.8	27.7	21.7
苏州（M）	6.9	27.9	37.0	28.1

续表

城市	1人户	2人户	3人户	4人及以上户
无锡（M）	3.3	26.5	37.5	32.7
哈尔滨	8.8	33.5	37.8	19.9
杭州	6.1	43.0	28.7	22.3
石家庄	6.3	26.1	39.9	27.7
太原	6.5	29.1	40.4	24.0
乌鲁木齐	13.4	42.0	29.9	14.7
武汉	8.6	30.8	40.1	20.6
郑州	12.3	31.3	32.7	23.6
重庆	14.5	36.1	25.8	23.6

注：标注（M）的城市为采用虚拟测量仪调查城市，调查样本及推及总体为15岁及以上人口。

表4.18.3　2021～2022年各城市收听率调查网性别与年龄结构

单位：%

城市	性别		年龄						
	男性	女性	10～14岁	15～24岁	25～34岁	35～44岁	45～54岁	55～64岁	65岁及以上
北京（M）	52.2	47.8	3.6	17.1	25.2	21.9	15.0	9.6	7.6
广州（M）	50.0	50.0	4.1	14.8	25.7	20.0	15.7	10.0	9.7
合肥（M）	54.0	46.0	4.2	22.8	23.8	22.6	12.2	7.7	6.6
济南（M）	50.9	49.1	3.2	22.5	20.4	20.1	16.4	9.9	7.5
南京（M）	51.4	48.6	3.8	20.3	21.0	21.2	15.5	10.9	7.3
上海（M）	51.6	48.4	3.5	11.5	24.0	22.7	16.2	12.5	9.6
深圳（M）	53.9	46.1	4.3	24.0	33.0	23.5	8.3	3.3	3.7
苏州（M）	50.1	49.9	3.0	24.2	24.5	19.9	12.5	9.2	6.8
无锡（M）	52.4	47.6	3.5	19.8	21.9	23.1	13.8	10.9	7.0
哈尔滨	50.1	49.9	3.1	18.1	18.2	18.6	19.5	12.3	10.2
杭州	51.1	48.9	3.2	21.7	21.2	20.1	15.8	10.1	7.8
石家庄	48.5	51.5	6.3	14.9	21.3	20.1	16.5	11.2	9.7
太原	51.7	48.3	5.1	23.2	20.1	21.1	16.2	7.6	6.8
乌鲁木齐	52.0	48.0	5.0	13.8	20.9	17.4	22.4	11.7	8.8
武汉	51.9	48.1	3.1	23.0	20.5	18.9	17.3	11.1	6.1
郑州	52.1	47.9	4.8	26.4	22.7	20.8	12.6	7.1	5.7
重庆	50.0	50.0	4.9	11.9	26.4	18.3	16.9	10.3	11.4

注：标注（M）的城市为采用虚拟测量仪调查城市，调查样本及推及总体为15岁及以上人口。

表 4.18.4　2021～2022 年各城市收听率调查网人均月收入结构

单位：%

城市	没有收入	1～2000 元	2001～3000 元	3001～4000 元	4001～5000 元	5001～6000 元	6001 元及以上
北京（M）	14.7	0.6	0.9	3.3	10.3	20.6	49.5
广州（M）	18.5	5.8	5.5	12.6	18.9	14.1	24.7
合肥（M）	23.9	2.4	3.9	12.0	25.1	15.0	17.7
济南（M）	21.5	5.4	3.5	14.3	14.3	20.8	20.3
南京（M）	21.7	4.8	4.3	9.6	14.9	14.0	30.7
上海（M）	12.6	0.5	3.7	4.3	8.9	12.9	57.1
深圳（M）	25.4	0.2	0.8	2.6	3.1	8.7	59.2
苏州（M）	20.3	3.2	7.2	9.0	14.7	16.2	29.4
无锡（M）	19.2	3.2	4.1	12.2	21.1	20.5	19.6
哈尔滨	16.9	8.9	22.8	21.7	13.9	7.4	8.4
杭州	17.6	2.1	6.5	6.1	8.7	16.0	42.9
石家庄	20.8	3.8	10.8	25.1	17.5	14.7	7.3
太原	27.7	3.4	11.0	21.9	17.9	8.9	9.3
乌鲁木齐	19.3	2.9	6.9	7.2	19.7	19.2	24.8
武汉	25.4	2.2	5.1	14.7	16.6	15.2	20.9
郑州	26.0	2.1	5.5	15.1	15.6	19.2	16.5
重庆	15.3	6.8	6.3	18.8	15.0	17.5	20.3

图书在版编目(CIP)数据

中国广播电视视听年鉴. 2023 / 丁迈主编. -- 北京：社会科学文献出版社，2023.10
ISBN 978 - 7 - 5228 - 2587 - 8

Ⅰ.①中… Ⅱ.①丁… Ⅲ.①广播工作 - 收视率 - 中国 - 2023 - 年鉴 ②电视工作 - 收视率 - 中国 - 2023 - 年鉴 Ⅳ.①G229.2 - 54

中国国家版本馆 CIP 数据核字（2023）第 187477 号

中国广播电视视听年鉴（2023）

主　　编 / 丁　迈

出 版 人 / 冀祥德
责任编辑 / 胡庆英　孙海龙
责任印制 / 王京美

出　　版 / 社会科学文献出版社 · 群学出版分社（010）59367002
地址：北京市北三环中路甲 29 号院华龙大厦　邮编：100029
网址：www.ssap.com.cn
发　　行 / 社会科学文献出版社（010）59367028
印　　装 / 三河市东方印刷有限公司

规　　格 / 开 本：787mm × 1092mm　1/16
印 张：67.75　字 数：1320 千字
版　　次 / 2023 年 10 月第 1 版　2023 年 10 月第 1 次印刷
书　　号 / ISBN 978 - 7 - 5228 - 2587 - 8
定　　价 / 998.00 元

读者服务电话：4008918866